Opferorientierung im Strafvollzug

Katharina Marianne Radke

Opferorientierung im Strafvollzug

Eine rechtsdogmatische Untersuchung zur Auslegung opferbezogener Vorschriften im deutschen Strafvollzugsrecht

Springer

Katharina Marianne Radke
Leipzig, Deutschland

Zugl: Dissertation, Friedrich Schiller University Jena, 2022

ISBN 978-3-658-39043-3 ISBN 978-3-658-39044-0 (eBook)
https://doi.org/10.1007/978-3-658-39044-0

Die Deutsche Nationalbibliothek verzeichnet diese Publikation in der Deutschen Nationalbibliografie; detaillierte bibliografische Daten sind im Internet über http://dnb.d-nb.de abrufbar.

Springer ist ein Imprint der eingetragenen Gesellschaft Springer Fachmedien Wiesbaden GmbH und ist ein Teil von Springer Nature.
Die Anschrift der Gesellschaft ist: Abraham-Lincoln-Str. 46, 65189 Wiesbaden, Germany

Vorwort

Die vorliegende Arbeit wurde im Sommersemester 2022 von der Rechtswissenschaftlichen Fakultät der Friedrich-Schiller-Universität Jena als Dissertation angenommen. Literatur, Rechtsprechung und Gesetzesänderungen konnten bis Juni 2022 berücksichtigt werden.

Die Ausarbeitung entstand im Wesentlichen während meiner Tätigkeit als wissenschaftliche Mitarbeiterin am Lehrstuhl für Strafrecht, Kriminologie, Strafvollzugsrecht und Jugendstrafrecht von Herrn Prof. Dr. Florian Knauer an der Friedrich-Schiller-Universität Jena.

Mein Dank gilt zunächst Herrn Prof. Dr. Dr. Dr. h. c. Günter Jerouschek dafür, dass er bei mir das Interesse am wissenschaftlichen Arbeiten weckte und mich in meinem Wunsch zu promovieren bestärkte. Herrn Prof. Dr. Florian Knauer danke ich die Erstellung des Erstgutachtens. Daneben danke ich Frau Prof. Dr. Anette Grünewald für die Erstellung des Zweitgutachtens und Frau Prof. Dr. Wiebke Brose für ihre Tätigkeit als Drittprüferin im Rahmen der Disputation.

Überaus dankbar bin ich für die zahlreichen fachlichen, aber auch motivierenden und bestärkenden Gespräche am Lehrstuhl mit meinen Kolleg:innen und Freund:innen Melanie Höhn, Isabelle Schaal, Miriam Nomanni, Dr. Philipp Köhler und Sylvia Bernhardt. Isabelle Schaal und Miriam Nomanni danke ich zudem für das Korrekturlesen des Manuskripts und ihre wertschätzenden Anmerkungen. Den studentischen Hilfskräften des Lehrstuhls danke ich für ihre Unterstützung bei der Literaturbeschaffung. Meinen Freund:innen Dr. Sindy Schubert, Dr. Sandra Gröschel, Dr. Christoph Fröb, Dr. Christina Fröb, Scarlett Smolenski und Ulrike Winter danke ich für ihren Beistand während der Promotionszeit, ihre motivierenden Worte und ihr Verständnis.

Von ganzem Herzen danke ich meiner Mutter und meinem Bruder dafür, dass sie mich bei allen meinen Vorhaben unterstützt und bestärkt haben. Martin Scholz danke ich für seine Unterstützung, sein Verständnis und dafür, dass er auch dann an mich glaubte, wenn ich es selbst nicht konnte.

Ohne den Zuspruch meiner Familie und meiner Freund:innen hätte ich mein Promotionsvorhaben wohl kaum erfolgreich abschließen können. Ihnen ist daher diese Arbeit gewidmet.

Leipzig
im Juni 2022

Katharina Marianne Radke

Inhaltsverzeichnis

Abkürzungsverzeichnis

a. A.	andere Ansicht
a. a. O.	am angegebenen Ort
a. F.	alte Fassung
a. E.	am Ende
Abs.	Absatz, Absätze
AE-StVollzG	Alternativ-Entwurf Strafvollzugsgesetz
AE-Wiedergutmachung	Alternativ-Entwurf Wiedergutmachung
AG	Amtsgericht
AK-StPO	Alternativkommentar Strafprozessordnung
Alt.	Alternative
Amtsbl. SL	Amtsblatt des Saarlandes
Anh.	Anhang
Art.	Artikel
AsJ	Arbeitskreis sozialdemokratischer Juristen
AT	Allgemeiner Teil
AV	Allgemeine Verfügungen
BayGVBl.	Gesetz- und Verordnungsblatt Bayern
BayJAVollzG	Bayerisches Jugendarrestvollzugsgesetz
BayStVollzG	Bayerisches Strafvollzugsgesetz
BbgGVBl.	Gesetz- und Verordnungsblatt Brandenburg
BbgJVollzG	Brandenburgisches Justizvollzugsgesetz
Bd.	Band
BE GVBl.	Gesetz- und Verordnungsblatt Berlin
BeckOK	Beck'scher Onlinekommentar
Beschl. v.	Beschluss vom
Beschw.-Nr.	Beschwerde-Nummer

BewHi	Bewährungshilfe
BGB	Bürgerliches Gesetzbuch
BGBl.	Bundesgesetzblatt
BGH	Bundesgerichtshof
BGHSt	Entscheidungen des Bundesgerichtshofs in Strafsachen
BKA	Bundeskriminalamt
BMJ	Bundesjustizministerium
BMJV	Bundesministerium für Justiz und Verbraucherschutz
BR-Drs	Drucksachen des Deutschen Bundesrates
BremGBl.	Gesetzblatt Bremen
BremStVollzG	Bremisches Strafvollzugsgesetz
BT-Drs.	Drucksachen des Deutschen Bundestages
BVerfG	Bundesverfassungsgericht
BVerfGE	Entscheidungen des Bundesverfassungsgerichts
BWGBl.	Gesetzblatt Baden-Württemberg
bzw.	beziehungsweise
CCC	Costitutio Criminalis Carolina
CDU	Christlich Demokratische Union
CEDAW	Convention on the Elimination of All Forms of Discrimination against Women
DJT	Deutscher Juristentag
DPT	Deutscher Präventionstag
DRiZ	Deutsche Richterzeitung
Drs.	Drucksache
DVBl.	Deutsche Verwaltungsblätter
DVollzO	Dienst- und Vollzugsordnung
ECOSCO	Wirtschafts- und Sozialrat der Vereinten Nationen
Ed.	Edition
EGMR (GK)	Europäischer Gerichtshof für Menschenrechte (Große Kammer)
Einf.	Einführung
EJPD	Eidgenössisches Justiz- und Polizeidepartment (Schweiz)
EMRK	Europäische Menschenrechtskonvention
EPR	European Prison Rules/Europäische Strafvollzugsgrundsätze
ERA Forum	Journal of the Academy of European Law
EU	Europäische Union
EU DSGVO	Europäische Datenschutz-Grundverordnung

EuGH	Gerichtshof der Europäischen Union
f.	folgende (Seite, Randnummer oder Paragraph)
FamFG	Gesetz über das Verfahren in Familiensachen und in den Angelegenheiten der freiwilligen Gerichtsbarkeit
FamRZ	Zeitschrift für das gesamte Familienrecht
FDP	Freie Demokratische Partei
ff.	folgende (Seiten, Randnummern oder Paragraphen)
Fn.	Fußnote
Forum Strafvollzug SH	Sonderheft Forum Strafvollzug
FPPK	Forensische Psychiatrie, Psychologie, Kriminologie
FS	Festschrift
GA	Goltdammer's Archiv für Strafrecht (Zeitschrift)
GewSchG	Gesetz zum zivilrechtlichen Schutz vor Gewalttaten und Nachstellungen
GG	Grundgesetz
GRCh	Charta der Grundrechte der europäischen Union
GS	Gedächtnisschrift
GVBl. LSA	Gesetz- und Verordnungsblatt Sachsen-Anhalt
GVBl. RLP	Gesetz- und Verordnungsblatt Rheinland-Pfalz
GVOBl. MV	Gesetz- und Verordnungsblatt Mecklenburg-Vorpommern
h. L.	herrschende Lehre
h. M.	herrschende Meinung
HGVBl.	Gesetz- und Verordnungsblatt Hessen
HJStVollzG	Hessisches Jugendstrafvollzugsgesetz
HmbGVBl.	Gesetz- und Verordnungsblatt Hamburg
HmbJStVollzG	Hamburger Jugendstrafvollzugsgesetz
HmbResOG	Hamburgisches Resozialisierungs- und Opferhilfegesetz
HmbStVollzG	Hamburger Strafvollzugsgesetz
HRRS	Höchstrichterliche Rechtsprechung im Strafrecht (Zeitschrift)
HStVollzG	Hessisches Strafvollzugsgesetz
HSVVollzG	Hessisches Sicherungsverwahrungsvollzugsgesetz
HVV	Verwaltungsvorschriften zu den hessischen Vollzugsgesetzen
i. e. S.	im engeren Sinne
i. S. d.	im Sinne des, im Sinne der
i. V. m.	in Verbindung mit

i. w. S.	im weiteren Sinne
JA	Juristische Arbeitsblätter
JGG	Jugendgerichtsgesetz
JMBl. Hessen	Justizministerialblatt Hessen
JR	Juristische Rundschau
JURA	Juristische Ausbildung (Zeitschrift)
JVA	Justizvollzugsanstalt
JVollzDSG	Justizvollzugsdatenschutzgesetz
JVollzDSG	Justizvollzugsdatenschutzgesetz
JVollzGB BaWü	Justizvollzugsgesetzbuch Baden-Württemberg
JVollzGB LSA	Justizvollzugsgesetzbuch Sachsen-Anhalt
JZ	Juristenzeitung
Kap.	Kapitel
KG	Kammergericht
KJ	Kritische Justiz
KK-StPO	Karlsruher Kommentar zur StPO
KrimJ	Kriminologisches Journal
KritV	Kritische Vierteljahresschrift
LandesR	Landesrecht
LG	Landgericht
LJStVollzG RP	Landesjugendstrafvollzugsgesetz Rheinland-Pfalz
LJVollzG RP	Landesjustizvollzugsgesetz Rheinland-Pfalz
LK-StGB	Leipziger Kommentar zum StGB
LStVollzG SH	Landesstrafvollzugsgesetz Schleswig-Holstein
m. w. N.	mit weiteren Nachweisen
ME LStVollzG	Musterentwurf zu einem Landesstrafvollzugsgesetz
MSchrKrim	Monatsschrift für Kriminologie
MüKo	Münchener Kommentar
n. Chr.	nach Christus
n. F.	neue Fassung
NAV	Niedersächsische Ausführungsvorschriften
Nds. GVBl.	Gesetz- und Verordnungsblatt Niedersachsen
Nds. Rpfl.	Niedersächsischer Rechtspfleger
NJ	Neue Justiz
NJVollzG	Niedersächsisches Justizvollzugsgesetz
NJW	Neue Juristische Wochenschrift
NK	Neue Kriminalpolitik
Nr.	Nummer
NStZ	Neue Zeitschrift für Strafrecht

NStZ-RR	Neue Zeitschrift für Strafrecht Rechtsprechungs-Report
NVwZ	Neue Zeitschrift für Verwaltungsrecht
NW GVBl.	Gesetz- und Verordnungsblatt Nordrhein-Westfalen
NZFam	Neue Zeitschrift für Familienrecht
OEG	Opferentschädigungsgesetz
ÖJT	Österreichischer Juristentag
ÖJZ	Österreichische Juristenzeitung
OLG	Oberlandesgericht
PC-CP	Council for Penological Co-operation
PKS	Polizeiliche Kriminalstatistik
Plpr. BR	Plenarprotokoll des Deutschen Bundesrates
Plpr. BT	Plenarprotokoll des Deutschen Bundestages
RegE	Regierungsentwurf
Rn.	Randnummer(n)
RuP	Recht und Politik
RW	Rechtswissenschaft
SächsAbl.	Sächsisches Amtsblatt
SächsGVBl.	Gesetz- und Verordnungsblatt Sachsen
SächsJMBl.	Sächsisches Justizministerialblatt
SächsStVollzG	Sächsisches Strafvollzugsgesetz
SH GVBl.	Gesetz- und Verordnungsblatt Schleswig-Holstein
SK-StPO	Systematischer Kommentar zur StPO
SLStVollzG	Saarländisches Strafvollzugsgesetz
Sp.	Spalte
SPD	Sozialdemokratische Partei Deutschlands
StGB	Strafgesetzbuch
StPO	Strafprozessordnung
StraFO	Strafverteidiger Forum
StV	Strafverteidiger
StVollzG Bln	Strafvollzugsgesetz Berlin
StVollzG Bund	Bundesstrafvollzugsgesetz
StVollzG MV	Strafvollzugsgesetz Mecklenburg-Vorpommern
StVollzG NRW	Strafvollzugsgesetz Nordrhein-Westfalen
StVollzR	Strafvollzugsrecht
Tb.	Teilband
ThürGVBl.	Gesetz- und Verordnungsblatt Thüringen
ThürJVollzGB	Thüringer Justizvollzugsgesetzbuch
TOA	Täter-Opfer-Ausgleich

u. a.	unter anderem
UN	United Nations/Vereinte Nationen
UNAFEI	United Nations Asia and Far East Institute of the Prevention of Crime and the Theatment of Offenders
Urt. v.	Urteil vom
USA	Vereinigte Staaten von Amerika
VerfGH	Verfassungsgerichtshof
vgl.	vergleiche
Vorb.	Vorbemerkung
VV	Verwaltungsvorschriften
VVBayStVollzG	Verwaltungsvorschriften zum Bayerischen Strafvollzugsgesetz
VVStVollzG	Verwaltungsvorschriften zum Bundesstrafvollzugsgesetz
z. B.	zum Beispiel
ZaöRV	Zeitschrift für ausländisches öffentliches Recht und Völkerrecht
ZfStrVo	Zeitschrift für Strafvollzug und Straffälligenhilfe
ZfStrVo SH	Sonderheft der Zeitschrift für Strafvollzug und Straffälligenhilfe
ZIS	Zeitschrift für Internationale Strafrechtsdogmatik
ZJJ	Zeitschrift für Jugendkriminalrecht und Jugendhilfe
ZRG GA	Zeitschrift der Savigny-Stiftung für Rechtsgeschichte – Germanische Abteilung
ZRP	Zeitschrift für Rechtspolitik
ZStrR	Schweizerische Zeitschrift für Strafrecht
ZStW	Zeitschrift für die gesamte Strafrechtswissenschaft

Teil I
Einführung

1 Anlass der Arbeit

In den vergangenen Jahrzehnten sind die Opfer von Straftaten immer stärker in den Blickpunkt des Straf- und Strafprozessrechts gerückt. Insbesondere der Schutz von Opfern gewann vermehrt an Bedeutung und wurde immer häufiger zum Gegenstand der Gesetzgebung.[1] Im Zuge dieser Entwicklung haben zunächst vor allem die Rechte von Opfern im Strafverfahren eine erhebliche Stärkung erfahren.[2] Dieser zunehmende Opferbezug im Strafprozessrecht ist nicht zuletzt dem Umstand geschuldet, dass die Opfer von Straftaten später häufig Zeug:innen[3] im Strafprozess sind. In dieser prozessualen Rolle haben sie an das Strafverfahren und die mögliche Verurteilung von Täter:innen eigene Erwartungen, die sich

[1] Erstes Gesetz zur Verbesserung der Stellung des Verletzten im Strafverfahren (Opferschutzgesetz) vom 18.12.1986, BGBl. I 1986, S. 2496; Gesetz zur Änderung des Strafgesetzbuches, der Strafprozeßordnung und anderer Gesetze (Verbrechensbekämpfungsgesetz) vom 28.10.1994, BGBl. I 1994, S. 3186; Gesetz zur Änderung der Strafprozeßordnung und der Bundesgebührenordnung für Rechtsanwälte (Gesetz zum Schutz von Zeugen bei Vernehmungen im Strafverfahren und zur Verbesserung des Opferschutzes; Zeugenschutzgesetz) vom 30.04.1998, BGBl. I 1998, S. 820; Gesetz zur strafverfahrensrechtlichen Verankerung des Täter-Opfer-Ausgleichs und zur Änderung des Gesetzes über Fernmeldeanlagen vom 20.12.1999, BGBl. I 1999, S. 2491; Gesetz zur Verbesserung der Rechte von Verletzten im Strafverfahren (Opferrechtsreformgesetz) vom 24.06.2004, BGBl. I 2004, S. 1354; Gesetz zur Stärkung der Rechte von Verletzten und Zeugen im Strafverfahren (2. Opferrechtsreformgesetz) vom 29.07.2009, BGBl. I 2009, S. 2280; Gesetz zur Stärkung von Opferrechten im Strafverfahren (3. Opferrechtsreformgesetz) vom 21.12.2015, BGBl. I 2015, S. 2525; ein weitergehender Überblick mit Analyse findet sich bei *Schlepper*, Strafgesetzgebung in der Spätmoderne, 2014, S. 123 ff.

[2] Insbesondere durch die §§ 406d ff. StPO.

[3] Innerhalb der vorliegenden Arbeit wurde soweit möglich eine genderneutrale Sprache gewählt. Feststehende Begriff wie beispielsweise „Täter-Opfer-Ausgleich" wurden gleichwohl in der etablierten Formulierung des generischen Maskulinums belassen, um die Einordnung nicht zu erschweren. Weiterhin wurde im Rahmen der historischen Grundlagen im

K. M. Radke, *Opferorientierung im Strafvollzug*,
https://doi.org/10.1007/978-3-658-39044-0_1

von den Interessen der öffentlichen Strafverfolgung unterscheiden und durch den Opferbezug im Strafprozessrecht Berücksichtigung fanden. Zugleich sollte mit der Stärkung des Opferschutzes die Gefahr einer sekundären Viktimisierung – insbesondere einer erneuten Traumatisierung – des Straftatopfers im Rahmen der Strafverfolgung verringert werden.[4]

Neben der Diskussion über die Berücksichtigung von Opferinteressen im Straf- und Strafprozessrecht wurde bereits seit Mitte der 1980er Jahre auch über eine Einbeziehung des Opfers in den Strafvollzug nachgedacht.[5] Diesbezüglich wird bis heute eine Veränderung des bislang vornehmlich täter:innenorientierten Strafvollzugs dergestalt gefordert, dass Opferbelange innerhalb des Vollzugs der Freiheitsstrafe größere Bedeutung erlangen sollen.[6] Im Vollzug wären danach nicht mehr nur die Justizvollzugsbehörde und die verurteilten Straftäter:innen die maßgeblichen Akteur:innen, sondern auch das Opfer. Ob und inwieweit sich eine solche Opferorientierung im Strafvollzug mit dem Vollzugsziel der Resozialisierung vereinbaren lässt, erscheint fraglich. Wie viel Raum das Opfer und seine Belange im Strafvollzug einnehmen sollen und dürfen, bedarf daher einer genauen Analyse. Die Einbeziehung des Opfers in den Strafvollzug könnte auf der einen Seite zu einer Erweiterung des Strafübels gegenüber den inhaftierten Täter:innen führen oder gar negative Auswirkungen auf das Opfer selbst haben. Auf der anderen Seite könnten sich in einem opferbezogenen Strafvollzug auch neue Behandlungsmöglichkeiten ergeben, die sowohl für die Opfer als auch für die Täter:innen von Vorteil sind. Zu denken ist hierbei insbesondere an den Täter-Opfer-Ausgleich oder ähnliche Konzepte, welche die Aussöhnung von Täter:in und Opfer zum Ziel haben. Daneben spielt auch der Opferschutz eine bedeutende Rolle, wobei sich die Frage stellt, welches Ausmaß dieser mit Blick auf den Strafvollzug erreichen darf.

Kapitel 6 auf eine genderneutrale Sprache weitestgehend verzichtet, da im historischen Kontext vor allem männliche Personen von gesellschaftlicher Bedeutung waren, vgl. nur *His*, Das Strafrecht des deutschen Mittelalters Teil 1, 1964, S. 304.

[4] Eine ausführliche Darstellung der Entwicklung des Opferschutzes mit Blick auf das Straf- und Strafprozessrecht erfolgt unten im Abschnitt 6.3.

[5] Vgl. u. a. *Rössner/Wulf*, Opferbezogene Strafrechtspflege, 1984, S. 103 ff.; *Wulf*, ZfStrVo 1985, 67 ff.; *Kawamura*, ZfStrVo 1994, 3 ff.; *Rixen*, ZfStrVo 1994, 215 ff.; *Walter*, Strafvollzug, 2. Aufl. 1999, Rn. 288, 413; *Walther*, Möglichkeiten und Perspektiven einer opferbezogenen Gestaltung des Strafvollzuges, 2002; aus der neueren Literatur siehe u. a. *Gelber*, MSchrKrim 2012, 142 ff.; *Kaspar/Mayer*, Forum Strafvollzug 2015, 261 ff.; *Hagenmaier*, Straftäter und ihre Opfer, 2016; *Kilchling*, Täter-Opfer-Ausgleich im Strafvollzug, 2017; *Mayer*, Täter-Opfer-Ausgleich im Strafvollzug, 2017.

[6] Vgl. insbesondere *Walter*, Strafvollzug, 2. Aufl. 1999, Rn. 288, 413; *Gelber*, MSchrKrim 2012, 142 ff.

Die nähere Betrachtung der opferbezogenen Vorschriften im geltenden Strafvollzugsrecht stellt sich als eine sehr umfangreiche Aufgabe dar, da insgesamt 16 Landesstrafvollzugsgesetze auf die jeweilige Bedeutung des Opferbezugs hin untersucht werden müssen. Nachdem die Gesetzgebungskompetenz für den Strafvollzug im Rahmen der Föderalismusreform 2006 auf die Länder übergegangen ist[7], haben nunmehr alle Landesgesetzgeber den Strafvollzug auf Landesebene geregelt. Hierbei lassen sich mehrere Gesetzesmodelle unterscheiden. In einigen Bundesländern erfolgte die Regelung der unterschiedlichen Vollzugsarten und des Vollzugs anderer freiheitsentziehender Sanktionen und Maßnahmen in jeweils eigenständigen Gesetzen.[8] Andere Landesgesetze regeln neben dem Erwachsenenstrafvollzug auch den Vollzug der Jugendstrafe, der Untersuchungshaft und teilweise auch der Sicherungsverwahrung in kombinierten Gesetzen.[9]

Vorangetrieben wurde der Erlass von landesrechtlichen Regelungen zum Strafvollzug nicht zuletzt auch durch das Urteil des BVerfG vom 31. Mai 2006.[10] Das BVerfG stellte die Notwendigkeit einer gesonderten gesetzlichen Regelung des Jugendstrafvollzugs fest, da ein Vollzug der Jugendstrafe nach den Regelungen des StVollzG Bund nicht den spezifischen Anforderungen des Jugendstrafvollzugs entspräche und somit eine gesonderte Gesetzesgrundlage unabdingbar sei. Entsprechend der vom BVerfG gesetzten Frist traten in allen Bundesländern bis spätestens zum 1. Januar 2008 die neuen Landesgesetze zum Jugendstrafvollzug in Kraft.[11] In Bayern[12] und Hamburg[13] wurde gleichzeitig auch der Erwachsenenstrafvollzug in sogenannten Kombinationsgesetzen geregelt.[14] Niedersachsen

[7] Siehe BGBl. I 2006, S. 2034 (2035).

[8] Nur Vollzug der Freiheitsstrafe: HStVollzG, HmbStVollzG, StVollzG NRW; mit Vollzug des Strafarrests: StVollzG MV, StVollzG Bln, BremStVollzG, SLStVollzG, SächsStVollzG, LStVollzG SH.

[9] JVollzGB BaWü, BayStVollzG, BbgJVollzG, NJVollzG, LJVollzG RP, JVollzGB I LSA, ThürJVollzGB; *Laubenthal*, Strafvollzug, 8. Aufl. 2019, Rn. 133 verwendet den Begriff „Kombinationsgesetz".

[10] BVerfG NJW 2006, 2093.

[11] Ausführlich hierzu *Laubenthal*, Strafvollzug, 8. Aufl. 2019, Rn. 132 f.

[12] Gesetz über den Vollzug der Freiheitsstrafe und der Jugendstrafe vom 10.12.2007, BayGVBl. 2007, S. 866 ff.

[13] Gesetz über den Vollzug der Freiheitsstrafe, der Jugendstrafe und der Sicherungsverwahrung vom 14.12.2007, HmbGVBl. 2007, S. 471 ff.

[14] *Laubenthal*, Strafvollzug, 8. Aufl. 2019, Rn. 133.

regelte in einem am 1. Januar 2008 in Kraft getretenen Justizvollzugsgesetzbuch neben dem Jugend- und Erwachsenenstrafvollzug auch noch den Vollzug der Untersuchungshaft.[15]

Noch bevor alle Bundesländer den Vollzug der Freiheitsstrafe für Erwachsene geregelt hatten, folgten bereits Änderungen der ersten Landesgesetze. So erfuhr das Hamburger Gesetz schon 2009 eine grundlegende Novellierung, in deren Folge separate Gesetze für den Jugendstrafvollzug[16] sowie den Vollzug der Freiheitsstrafe und der Sicherungsverwahrung[17] erlassen wurden. Seit dem Änderungsgesetz vom 21. Mai 2013 beschränkt sich der Anwendungsbereich des Hamburger Strafvollzugsgesetzes nunmehr auf den Vollzug der Freiheitsstrafe.[18] Das Justizvollzugsgesetzbuch des Landes Niedersachsen wurde durch das Gesetz zur Neuregelung der Sicherungsverwahrung in Niedersachsen vom 12. Dezember 2012[19] um Regelungen zur Sicherungsverwahrung ergänzt.

Im Jahr 2010 traten die landesrechtlichen Regelungen zum Erwachsenenstrafvollzug in Hessen und Baden-Württemberg in Kraft. Während Hessen ein eigenständiges Gesetz zum Vollzug der Freiheitsstrafe und der Sicherungsverwahrung erließ[20], integrierte Baden-Württemberg das seit 2008 geltende Jugendstrafvollzugsgesetz in das baden-württembergische Justizvollzugsgesetzbuch[21], welches seither die unterschiedlichen Vollzugsarten in insgesamt vier Büchern regelt.

Alle übrigen Bundesländer[22] – mit Ausnahme von Nordrhein-Westfalen – beteiligten sich am „Musterentwurf zu einem Landesstrafvollzugsgesetz"

---

15 Gesetz zur Neuregelung des Justizvollzugs in Niedersachsen vom 14.12.2007, Nds. GVBl. 2007, S. 720 ff.

16 Gesetz über den Vollzug der Jugendstrafe in Hamburg vom 14.07.2009, HmbGVBl. 2009, S. 257 ff.

17 Gesetz über den Vollzug der Freiheitsstrafe und der Sicherungsverwahrung vom 14.07.2009, HmbGVBl. 2009, S. 257 ff.

18 Gesetz über den Vollzug der Sicherungsverwahrung und zur Änderung weiter Gesetze vom 21.05.2013, HmbGVBl. 2013, S. 211 ff., 233 ff.

19 Gesetz zur Neuregelung des Vollzuges der Unterbringung in der Sicherungsverwahrung in Niedersachsen vom 12.12.2012, Nds. GVBl. 2021 S. 566 ff.

20 Gesetz zur Schaffung und Änderung hessischer Vollzugsgesetze vom 28.06.2010, HGVBl. I 2010, S. 185 ff.

21 Gesetz über den Vollzug der Jugendstrafe in Baden-Württemberg vom 03.07.2007, BWGBl. 2007, S. 298 ff.

22 Sogenannte Zehnergruppe: Berlin, Brandenburg, Bremen, Mecklenburg-Vorpommern, Rheinland-Pfalz, Saarland, Sachsen, Sachsen-Anhalt, Schleswig-Holstein und Thüringen; vgl. auch Landtag Mecklenburg-Vorpommern Drs. 6/1337, S. 64.

(ME LStVollzG), der am 6. September 2011 vorgestellt wurde.[23] Infolgedessen orientierten sich die beteiligten Bundesländer bei der landesrechtlichen Regelung des Strafvollzugsrechts am ME LStVollzG, weshalb sich diese Landesgesetze mitunter stark ähneln. Aus dem Kreis der am ME LStVollzG beteiligten Bundesländer machten zunächst Brandenburg[24], Mecklenburg-Vorpommern[25], Rheinland-Pfalz[26], Sachsen[27] und das Saarland[28] von ihrer Gesetzgebungskompetenz bezüglich des Strafvollzugsrechts im Jahr 2013 Gebrauch. Es folgten das Thüringer Justizvollzugsgesetzbuch[29] im Jahr 2014 sowie ein Jahr später das Bremische Strafvollzugsgesetz[30] und das Justizvollzugsgesetzbuch des Landes Sachsen-Anhalt[31]. Schließlich traten 2016 mit den Landesgesetzen von Berlin[32] und Schleswig-Holstein[33] die letzten Landesstrafvollzugsgesetze aus der sogenannten Zehnergruppe des ME LStVollzG in Kraft. Die Gesetze der Bundesländer Brandenburg, Rheinland-Pfalz, Sachsen-Anhalt und Thüringen regeln neben dem Erwachsenenstrafvollzug auch den Vollzug der Jugendstrafe und der Untersuchungshaft; dementsprechend sind zuvor erlassene Gesetze zum Jugendstrafvollzug und zum Untersuchungshaftvollzug entweder in die neuen Gesetze integriert oder außer Kraft gesetzt worden. Die übrigen Landesgesetze der sogenannten Zehnergruppe regeln ausschließlich den Vollzug der Freiheitsstrafe in den genannten Gesetzen.

---

[23] *Feest*, NK 2012, 4 (4 ff.); der ME LStVollzG ist samt Begründung abrufbar unter https://www.regierung-mv.de/serviceassistent/download?id=43753 (zuletzt aufgerufen am 11.06.2022).

[24] Gesetz über den Vollzug der Freiheitsstrafe, der Jugendstrafe und der Untersuchungshaft im Land Brandenburg vom 24.04.2013, BbgGVBl. 2013 I, Nr. 14, S. 1 ff.

[25] Gesetz über den Vollzug der Freiheitsstrafe in Mecklenburg-Vorpommern vom 07.05.2013, GVOBl. MV 2013, S. 322 ff.

[26] Landesgesetz zur Weiterentwicklung von Justizvollzug, Sicherungsverwahrung und Datenschutz vom 08.05.2013, GVBl. RLP 2013, S. 79 ff.

[27] Gesetz über den Vollzug der Freiheitsstrafe und des Strafarrests im Freistaat Sachsen vom 16.05.2013, SächsGVBl. 2013, S. 250 ff.

[28] Gesetz über den Vollzug der Freiheitsstrafe im Saarland vom 24.04.2013, Amtsbl. I SL 2013, S. 116 ff.

[29] Thüringer Justizvollzugsgesetzbuch vom 27.02.2014, ThürGVBl. 2014, S. 13 ff.

[30] Gesetz zur Neuregelung des Vollzugs der Freiheitsstrafe in der Freien Hansestadt Bremen vom 25.11.2014, BremGBl. 2014, S. 639 ff.

[31] Justizvollzugsgesetzbuch Sachsen-Anhalt vom 18.12.2015, GVBl. LSA 2015, S. 666 ff.

[32] Gesetz zur Weiterentwicklung des Berliner Justizvollzugs vom 04.04.2016, BE GVBl. 2016, S. 152 ff.

[33] Gesetz über den Vollzug der Freiheitsstrafe in Schleswig-Holstein und zur Schaffung eines Justizvollzugsdatenschutzgesetzes vom 21.07.2016, SH GVBl. 2016, S. 618 ff.

In Nordrhein-Westfalen trat das Landesstrafvollzugsgesetz am 27. Januar 2015 in Kraft.[34] Damit machte Nordrhein-Westfalen weder frühzeitig von seiner Gesetzgebungskompetenz hinsichtlich des Strafvollzugsrechts Gebrauch noch gehörte es der sogenannten Zehnergruppe des ME LStVollzG an. Wenngleich das nordrhein-westfälische Strafvollzugsgesetz noch vor den Landesgesetzen Berlins und Schleswig-Holsteins in Kraft trat, deutet bereits die verhältnismäßig späte Regelung des Strafvollzugs auf Landesebene in Nordrhein-Westfalen auf eine erhebliche Abweichung des Gesetzes von den übrigen Landesgesetzen hin. Während sich alle ab 2013 erlassenen Landesgesetze am ME LStVollzG orientierten, lag dem StVollzG NRW eine eigene Konzeption zugrunde.

Als Vorarbeit für das nordrhein-westfälische Strafvollzugsgesetz wurden im Jahr 2011 die sogenannten „Leitlinien für den Strafvollzug des Landes Nordrhein-Westfalen“[35] durch das nordrhein-westfälische Justizministerium unter Mitwirkung des damaligen Justizvollzugsbeauftragten des Landes Nordrhein-Westfalen *Michael Walter* erarbeitet.[36] Die Leitlinien sollten als Orientierungshilfe bei der Konzeption eines gezielt an verfassungsrechtlichen Vorgaben orientierten Strafvollzugsgesetzes dienen.[37] Hinsichtlich der Mitwirkung des Justizvollzugsbeauftragten lag der Schwerpunkt insbesondere auf der Entwicklung eines opferbezogenen Strafvollzugs.[38] Dieses Anliegen wird besonders deutlich durch die Leitlinie 8 hervorgehoben, nach welcher eine opferbezogene Vollzugsgestaltung in Nordrhein-Westfalen angestrebt[39] und auch innerhalb eines nordrhein-westfälischen Strafvollzugsgesetzes systematisch verortet werden sollte[40].

Um die konkrete Umsetzung eines opferbezogenen Strafvollzugs noch vor der gesetzlichen Normierung durch den Landesgesetzgeber zu erörtern, führten der Justizvollzugsbeauftragte des Landes Nordrhein-Westfalen *Michael Walter* und seine Mitarbeiterin *Claudia Gelber* ab 2011 ein Praxisprojekt zur opferbezogenen Vollzugsgestaltung durch.[41] Innerhalb dieses Projekts wurde sowohl ein Konzept zur systematischen Einbeziehung des Opfers und seiner Belange in

---

[34] Gesetz zur Regelung des Vollzuges der Freiheitsstrafe und zur Änderung des Jugendstrafvollzugsgesetzes in Nordrhein-Westfalen vom 13.01.2015, NW GVBl. 2015, S. 75 ff.

[35] Der Text dieser Vollzugsrichtlinien ist abgedruckt bei *Walter*, Tätigkeitsbericht des Justizvollzugsbeauftragten NRW 2011, 2012, Anhang 3, S. 318 ff.

[36] *Walter*, Tätigkeitsbericht des Justizvollzugsbeauftragten NRW 2011, 2012, S. 27 f.

[37] *Walter*, Tätigkeitsbericht des Justizvollzugsbeauftragten NRW 2011, 2012, S. 27 f.

[38] *Walter*, Tätigkeitsbericht des Justizvollzugsbeauftragten NRW 2011, 2012, S. 28.

[39] Siehe Leitlinie 8 in: *Walter*, Tätigkeitsbericht des Justizvollzugsbeauftragten NRW 2011, 2012, S. 343 f.

[40] *Walter*, Tätigkeitsbericht des Justizvollzugsbeauftragten NRW 2011, 2012, S. 29, 31 f.

[41] *Walter*, Tätigkeitsbericht des Justizvollzugsbeauftragten NRW 2011, 2012, S. 55 ff.

den Strafvollzug entwickelt als auch die Durchführung eines opferorientierten Strafvollzugs in einer Modellanstalt, der JVA Schwerte, erprobt.[42] Die so gewonnen Erkenntnisse zur opferbezogenen Vollzugsgestaltung fanden schließlich im Entwurf des nordrhein-westfälischen Strafvollzugsgesetzes vom 27. März 2014 Berücksichtigung.[43]

Da in allen seit der Föderalismusreform erlassenen Landesstrafvollzugsgesetzen auf das Opfer Bezug genommen wird, zeichnet sich bereits jetzt eine einheitliche Tendenz hin zu einer Einbeziehung des Opfers in die Strafvollzugspraxis ab. Jedoch unterscheidet sich der Opferbezug in den einzelnen Gesetzen teilweise erheblich. In den meisten Bundesländern wird das Opfer vor allem in den strafvollzugsrechtlichen Vorschriften zu den Außenkontakten des bzw. der Gefangenen sowie zu Vollzugslockerungen und vollzugsöffnenden Maßnahmen erwähnt. Demgegenüber wird in den Landesgesetzen von Bayern, Berlin und Nordrhein-Westfalen allgemein eine opferbezogene bzw. verletztenbezogene Gestaltung des Vollzugs durch eine eigenständige Vorschrift gefordert.[44] Diese Unterschiede in der Strafvollzugsgesetzgebung und die Einbeziehung des Opfers in die verschiedenen Bereiche des Strafvollzugs bedürfen einer genaueren Betrachtung. Fraglich ist insbesondere, welche Auswirkungen die unterschiedliche Einbeziehung des Opfers in den Landesgesetzen auf den Strafvollzug insgesamt hat und welche Probleme sich hieraus ergeben können. Daher sollen in der vorliegenden Arbeit die Ausgestaltung des Opferbezugs in den einzelnen Landesstrafvollzugsgesetzen und deren Auswirkungen auf den deutschen Strafvollzug insgesamt untersucht werden.

Dabei wird die Arbeit einerseits die Möglichkeiten der Einbeziehung des Opfers in den Strafvollzug aus rechtlicher Perspektive beleuchten und andererseits die Vereinbarkeit von Belangen der Opfer und der Resozialisierung des Täters bzw. der Täterin untersuchen.

[42] *Walter*, Tätigkeitsbericht des Justizvollzugsbeauftragten NRW 2011, 2012, S. 13 ff.

[43] Rechtsausschuss Nordrhein-Westfahlen, Sitzung am 18. Juni 2014, Vorlage 16/1962, TOP 4, S. 2 f.; zum Gesetzesentwurf siehe Landtag Nordrhein-Westfalen Drs. 16/5413.

[44] Art. 5a BayStVollzG, § 6 StVollzG Bln und § 7 StVollzG NRW.

2 Bisheriger Forschungsstand

Die Literatur zur allgemeinen Viktimologie ist mittlerweile vergleichsweise weit ausdifferenziert und zeugt von einer intensiven wissenschaftlichen Auseinandersetzung mit dem Opfer als kriminologisch und strafrechtlich relevantem Forschungsobjekt. Nach den grundlegenden Werken zur Viktimologie von *Hans von Hentig* und *Benjamin Mendelsohn*[1] haben sich inzwischen mehrere Lehrbücher mit der Wissenschaft vom Opfer befasst[2]. Seit Ende der 1980er Jahre wurden die allgemeinen Abhandlungen zur Viktimologie durch zahlreiche Veröffentlichungen ergänzt, die sich mit der Rolle des Opfers im Strafprozess befassten.[3] Auch die Wiedergutmachung seitens der Täter:innen und der Täter-Opfer-Ausgleich als opfer- und täter:innenorientierte Behandlungsform wurden in der Literatur bereits mehrfach thematisiert und in den Mittelpunkt von wissenschaftlichen Veröffentlichungen gestellt.[4]

---

[1] *von Hentig*, The criminal and his victim, 1948; *Mendelsohn*, Victimology: An International Journal 1976, 8 ff.; ausführlich zu den Anfängen der viktimologischen Literatur *Sautner*, Viktimologie, 2014, S. 2 ff.

[2] Insbesondere *Schneider*, Viktimologie, 1975 und *Sautner*, Viktimologie, 2014.

[3] U. a. *Jung*, ZStW (93) 1981, 1147 ff.; *Schöch*, NStZ 1984, 385 ff.; *Weigend*, Deliktsopfer und Strafverfahren, 1989; *Wu*, Die Rechtsstellung des Verbrechensopfers im staatlichen Strafverfahren am Beispiel der Nebenklage, 2007; *Peter*, Verbesserung der Stellung des Opfers im Strafverfahren, 2014; *Weigend*, GS Walter, 2014, S. 243 ff.; *Zöller*, FS Paeffgen, 2015, S. 719 ff.; *Schroth/Schroth*, Die Rechte des Verletzten im Strafprozess, 3. Aufl. 2018.

[4] U. a. *Frühauf*, Wiedergutmachung zwischen Täter und Opfer. Eine neue Alternative in der strafrechtlichen Sanktionspraxis, 1988; *Trenczek*, ZRP 1992, 130 ff.; *Kilchling*, NStZ 1996, 309 ff.; *Steffens*, Wiedergutmachung und Täter-Opfer-Ausgleich, 1999; *Netzig*, „Brauchbare Gerechtigkeit". Täter-Opfer-Ausgleich aus der Perspektive der Betroffenen, 2000; *Bemmann*, JR 2003, 226 ff.; *Rössner*, FS Böttcher, 2007, S. 357 ff.; *Steffen*, Der Täter-Opfer-Ausgleich und die Wiedergutmachung. Historische Bezüge und moderne Ausgestaltung, 2005; *Bals*, BewHi 2007, 258 ff.; *Winter/Matt*, NK 2012, 73 ff.; *Meier*, JZ 2015, 488 ff.;

K. M. Radke, *Opferorientierung im Strafvollzug*,
https://doi.org/10.1007/978-3-658-39044-0_2

Im Gegensatz dazu gibt es bisher nur wenige Veröffentlichungen, die sich speziell mit der Einbeziehung des Opfers und seiner Belange in den Strafvollzug befassen. Zwar wird ein opferbezogener Strafvollzug seit den 1980er Jahren immer wieder thematisiert,[5] jedoch ist die vorhandene Literatur bisher überschaubar. Dies mag zum einen daran liegen, dass das Bundesstrafvollzugsgesetz kaum gesetzliche Ansatzpunkte für einen opferorientierten Vollzug beinhaltete. Zum anderen steht die Resozialisierung der verurteilten Straftäter:innen im Mittelpunkt der wissenschaftlichen Debatte über den modernen Strafvollzug, weswegen dieser als täter:innenorientiert anzusehen ist.[6] Diese Fokussierung der Forschung zum Strafvollzug auf die Täter:innen ließ lange Zeit keinen Raum für eine Berücksichtigung der Opfer von Straftaten. Lediglich die Dissertation von *Jutta Walther* aus dem Jahr 2002 befasste sich bereits unter der Geltung des Bundesstrafvollzugsgesetzes vertieft mit den Möglichkeiten und Perspektiven des Opferbezugs im Strafvollzug, einschließlich einer eingehenden Betrachtung des Täter-Opfer-Ausgleichs.[7] Im Übrigen lassen sich bis in die Mitte der 2000er Jahre hinein nur wenige Beiträge zu diesem Themenkreis verzeichnen.[8]

Erst im Zuge der Föderalismusreform im Jahr 2006 und der damit einhergehenden Übertragung der Gesetzgebungskompetenz für den Strafvollzug auf die Länder[9], gerieten das Opfer und seine Interessen verstärkt in das Blickfeld der

Matt/Winter, Täter-Opfer-Ausgleich, in: Ochmann/Schmidt-Semisch/Temme (Hrsg.), Healthy Justice, 2016, S. 167 ff.; *Hartmann/Schmidt/Kerner*, Täter-Opfer-Ausgleich in Deutschland, Jahrgänge 2017 und 2018, herausgegeben vom BMJV, 2020.

[5] Vgl. *Rössner/Wulf*, Opferbezogene Strafrechtspflege, 1984, S. 103 ff.; *Wulf*, ZfStrVo 1985, 67 ff.; *Müller-Dietz*, GA 1985, 147 ff.; *Walter*, Strafvollzug, 2. Aufl. 1999, Rn. 288, 413; *Kawamura*, ZfStrVo 1994, 3 ff.; *Rixen*, ZfStrVo 1994, 215 ff.; aus der neueren Literatur u. a. *Walther*, Möglichkeiten und Perspektiven einer opferbezogenen Gestaltung des Strafvollzuges, 2002; *Gelber*, MSchrKrim 2012, 142 ff.; *Kaspar/Mayer*, Forum Strafvollzug 2015, 261 ff.; *Hagenmaier*, Straftäter und ihre Opfer, 2016; *Kilchling*, Täter-Opfer-Ausgleich im Strafvollzug, 2017; *Mayer*, Täter-Opfer-Ausgleich im Strafvollzug, 2017; *Wulf*, Workshop 4: Täter-Opfer-Ausgleich im Vollzug, in: Höffler/Jesse/Bliesener (Hrsg.), Opferorientierung im Strafvollzug, 2019, S. 63 ff.

[6] Ausführlich zum Vollzugsziel der Resozialisierung unten im Abschnitt 5.1.1.

[7] *Walther*, Möglichkeiten und Perspektiven einer opferbezogenen Gestaltung des Strafvollzuges, 2002.

[8] Mit diesem Themenkreis befassten sich z. B. *Rössner/Wulf*, Opferbezogene Strafrechtspflege, 1984, S. 103 ff.; *Wulf*, ZfStrVo 1985, 67 ff.; *Kawamura*, ZfStrVo 1994, 3 ff.; *Rixen*, ZfStrVo 1994, 215 ff.; *Walter*, Strafvollzug, 2. Aufl. 1999, Rn. 288, 413; *Steffen*, ZRP 2005, 218 f.

[9] Gesetz zur Änderung des Grundgesetzes vom 28.08.2006, BGBl. I 2006, S. 2034 (2035).

Strafvollzugsgesetzgebung. Mittlerweile finden die Opfer in allen Landesstrafvollzugsgesetzen ausdrücklich Erwähnung.[10] Zudem soll die Opferperspektive in einigen Bundesländern insbesondere bei der Zulassung von Außenkontakten und im Rahmen von Ermessensentscheidungen zu Vollzugslockerungen Beachtung finden.[11] Das nordrhein-westfälische Strafvollzugsgesetz bezieht die Belange der Opfer in besonders großem Umfang ein und deutet an vielen Stellen eine Ausrichtung am Opferschutzgedanken an. In diesem Zusammenhang ist zu erwähnen, dass viele der einschlägigen jüngeren Veröffentlichungen zum Opferschutz im Vollzug vom ehemaligen nordrhein-westfälischen Justizvollzugsbeauftragten *Michael Walter* und seiner damaligen Referentin *Claudia Gelber* stammen.[12] Auch der Tätigkeitsbericht des Justizvollzugbeauftragten des Landes Nordrhein-Westfalen aus dem Jahr 2011 weist bereits auf Tendenzen dieses

---

[10] Für allgemeine Regelungen vgl. § 2 Abs. 5 JVollzGB III BaWü; Art. 3 S. 2 und Art. 5a BayStVollzG; § 6 StVollzG Bln unter Verwendung des Begriffs „Verletzte"; § 8 Abs. 1 S. 2 BbgJVollzG; § 4 S. 2 und 3 HmbStVollzG; § 5 Abs. 1 S. 4 HStVollzG; § 7 StVollzG NRW; § 8 Abs. 1 S. 2 LJVollzG RP; § 3 Abs. 1 SLStVollzG; § 8 Abs. 1 S. 2 JVollzGB I LSA; § 8 Abs. 1 S. 2 ThürJVollzGB; in Bremen findet das Opfer in den allgemeinen Regelungen keine Erwähnung; für die Regelungen zur (sozialen) Hilfe vgl. § 5 S. 2 SächsStVollzG; § 21 LStVollzG SH unter Verwendung des Begriffs „Verletzte"; § 69 Abs. 2 S. 3 NJVollzG; für Regelungen zum Vollzugs- und Eingliederungsplan mit Nennung des Täter-Opfer-Ausgleichs vgl. § 9 Abs. 1 S. 1 Nr. 20 StVollzG MV; vgl. zudem zum Überbrückungs- bzw. Eingliederungsgeld § 73 Abs. 2 S. 2 BbgJVollzG; § 47 Abs. 3 S. 3 HmbStVollzG; § 62 Abs. 3 SächsStVollzG.

[11] Vgl. zu Außenkontakten: §§ 30 Nr. 3, 35 Nr. 3, 38 Abs. 1 Nr. 5 StVollzG Bln unter Verwendung des Begriffs „Verletzte";§§ 35 Nr. 3, 40 Nr. 3 BbgJVollzG; § 27 Nr. 3, 32 Nr. 3 BremStVollzG; § 33 Abs. 2 Nr. 3 HStVollzG; §§ 27 Nr. 3, 32 Nr. 3 StVollzG MV; § 25 Nr. 3 StVollzG NRW; §§ 34 Nr. 3, 39 Nr. 3 LJVollzG RP; §§ 27 Nr. 3, 32 Nr. 3 SLStVollzG; §§ 27 Nr. 3, 30 Abs. 1 S. 3, 32 Nr. 3, 35 Abs. 1 Nr. 3, 37 Abs. 5 S. 3 SächsStVollzG; §§ 34 Nr. 3, 39 Nr. 3 JVollzGB I LSA, §§ 43 Abs. 2, 48 Abs. 1 Nr. 3 LStVollzG SH unter Verwendung des Begriffs „Verletzte"; §§ 35 Nr. 3, 40 Nr. 3 ThürJVollzGB; in den Gesetzen der Länder Baden-Württemberg, Bayern, Hamburg und Niedersachen finden sich keine ausdrücklich opferbezogenen Regelungen zu den Außenkontakten; vgl. zu Lockerungen und vollzugsöffnenden Maßnahmen: § 40 S. 2 StVollzG Bln unter Verwendung des Begriffs „Verletzte"; § 48 Abs. 1 S. 2 BbgJVollzG; § 40 S. 2 BremStVollzG; § 12 Abs. 5 und 6 HmbStVollzG; § 13 Abs. 2 S. 2 HStVollzG; § 40 S. 2 StVollzG MV; § 15 Abs. 1 NJVollzG unter Verwendung des Begriffs „Verletzte"; §§ 53 Abs. 6, 57 S. 2 Nr. 4 StVollzG NRW; § 47 S. 2 LJVollzG RP; § 40 S. 2 SLStVollzG; § 40 S. 2 SächsStVollzG, §§ 22, 45, 47 Abs. 1 S. 2 Nr. 3, Abs. 3 JVollzGB I LSA; § 57 S. 2 LStVollzG SH unter Verwendung des Begriffs „Verletzte"; § 48 S. 2 ThürJVollzGB; in den Gesetzen der Länder Baden-Württemberg und Bayern finden sich keine ausdrücklich opferbezogenen Regelungen zu den vollzugsöffnenden Maßnahmen.

[12] Vgl. u. a. *Gelber/Walter*, Forum Strafvollzug 2012, 171 ff.; *Gelber*, MSchrKrim 2012, 142 ff.; *Gelber*, MSchrKrim 2012, 441 ff.; *Gelber/Walter*, NStZ 2013, 75 ff.; *Gelber/Walter*, BewHi 2013, 5 ff.; *Joiko/Gelber*, TOA-Magazin 01/2013, 14 ff.

Bundeslandes zu einem opferbezogenen Strafvollzug hin, welche schließlich durch das am 13. Januar 2015 in Kraft getretene Strafvollzugsgesetz des Landes Nordrhein-Westfalen[13] auch Eingang in die Vollzugswirklichkeit fanden.

In der seit der Föderalismusreform erschienenen Literatur ist die in vielen Landesgesetzen angelegte Opferorientierung des Strafvollzugs noch nicht in gebotener Weise wissenschaftlich untersucht worden. Zwar wird die Einbeziehung des Opfers in den Strafvollzug in Kommentaren zu den Strafvollzugsgesetzen thematisiert.[14] Eine vertiefte Auseinandersetzung mit diesem Thema ist in der Literatur jedoch bislang nicht erfolgt. Neben den bereits erwähnten Aufsätzen von *Michael Walter* und *Claudia Gelber* sind seit der Föderalismusreform nur wenige Beiträge erschienen, die sich mit der Einbeziehung des Opfers und seiner Belange in den Strafvollzug befassen.[15] Anfang 2016 ist zwar eine Monografie von *Martin Hagenmaier* zu dem Thema Restorative Justice im Gefängnis erschienen[16], allerdings wurde die Einbeziehung des Straftatopfers in den Vollzug auf der Grundlage der Landesstrafvollzugsgesetze von *Hagenmeier* nicht umfassend untersucht. Die im Jahr 2017 veröffentlichte Dissertation von *Stefanie Mayer*[17] untersucht zwar die rechtlichen und rechtstatsächlichen Umsetzungsmöglichkeiten des Täter-Opfer-Ausgleichs im Strafvollzug, behandelt damit jedoch nur einen Teil der opferbezogenen Vollzugsgestaltung. Ähnlich verhält es

[13] Gesetz zur Regelung des Vollzuges der Freiheitsstrafe und zur Änderung des Jugendstrafvollzugsgesetzes in Nordrhein-Westfalen, NW GVBl. 2015, S. 75 ff.

[14] Vgl. z. B. *Neubacher*, in: Laubenthal/Nestler/Neubacher/Verrel (Hrsg.), StVollzG, 12. Aufl. 2015, B Rn. 60; *Bahl/Pollähne*, in: AK-StVollzG, 8. Aufl. 2022, Teil II, § 5 LandesR Rn. 8, 70 ff.; *Knauer*, in: AK-StVollzG, 8. Aufl. 2022, Teil II, § 27 LandesR Rn. 17 ff.

[15] *Böhm*, ZRP 2007, 41 ff.; *Pollähne*, „Opfer" im Blickpunkt – „Täter" im toten Winkel?, in: Pollähne/Rode (Hrsg.), Opfer im Blickpunkt – Angeklage im Abseits?, 2012, S. 5 ff.; *Rössner*, TOA-Magazin 01/2013, 9 ff.; *Joiko/Gelber*, TOA-Magazin 01/2013, 14 ff.; *Graebsch/Burkhardt*, Legal Tribune Online 2014, Beitrag vom 30.05.2014; *Schöch*, GS Walter, 2014, S. 607 ff.; *Stibbe*, Evangelische Stimmen 2014, 36 ff.; *Kaspar/Mayer*, Forum Strafvollzug 2015, 261 ff.; *Schöch*, Forum Strafvollzug 2016, 274 ff.; *Köhne*, JR 2016, 7 ff.; *Kratzer-Ceylan/Kaspar*, Forum Strafvollzug 2017, 295 ff.; *Jacob*, Forum Strafvollzug 2017, 306 ff.; *Kilchling*, Täter-Opfer-Ausgleich im Strafvollzug, 2017; *Mayer*, Täter-Opfer-Ausgleich im Strafvollzug, 2017; *Kubink*, ZRP 2017, 237 ff.; *Kubink/Henningsmeier*, Forum Strafvollzug 2017, 301 ff.; *Kilchling*, Restorative Justice, insbesondere Täter-Opfer-Ausgleich im Strafvollzug, in: Kerner/Kinzig/Wulf (Hrsg.), Kriminologie und Strafvollzug, 2017, S. 45 ff.; *Jesse/Jacob/Prätor*, Opferorientierung im Justizvollzug, in: Maelicke/Suhling (Hrsg.), Das Gefängnis auf dem Prüfstand, 2018, S. 159 ff.

[16] *Hagenmaier*, Straftäter und ihre Opfer, 2016.

[17] *Mayer*, Täter-Opfer-Ausgleich im Strafvollzug, 2017.

sich mit der Monografie von *Michael Kilchling* zum Täter-Opfer-Ausgleich im baden-württembergischen Justizvollzug aus dem Jahr 2017.[18]

Die Sichtung der bisherigen Literatur macht deutlich, dass die Einbeziehung des Opfers in das Strafvollzugsrecht zwar durch die neuen Landesgesetze erfolgt ist, die wissenschaftliche Auseinandersetzung jedoch hinter dieser Entwicklung zurückbleibt. Dies ist insbesondere deswegen bedenklich, weil die Opfer von Straftaten im Strafvollzug nunmehr in allen Bundesländern an Bedeutung gewonnen haben. Seitens der Wissenschaft erfolgte bisher jedoch keine intensive Auseinandersetzung mit der Frage, wie Betroffene ihre Interessen in der Praxis wahrnehmen können. Problematisch ist weiterhin, dass bisher nicht gezielt untersucht wurde, ob und inwieweit die neuerdings betonte Opferorientierung des Strafvollzugs mit dem bislang in erster Linie an den Täter:innen orientierten Strafvollzug und insbesondere mit dem Vollzugsziel der Resozialisierung vereinbar ist

[18] *Kilchling*, Täter-Opfer-Ausgleich im Strafvollzug, 2017.

3 Ziele und Gang der Untersuchung

Die vorliegende Arbeit verfolgt in erster Linie das Ziel, die gegenwärtige Rechtslage hinsichtlich des Opferbezugs des Strafvollzugs rechtsdogmatisch zu untersuchen und einen Beitrag zur Anwendung der entsprechenden Vorschriften in den Landesstrafvollzugsgesetzen zu leisten. Dabei wird ein besonderer Fokus auf die Frage nach der Vereinbarkeit von Täter:innenorientierung und Opferbelangen im Strafvollzug gelegt.

Für eine vertiefte wissenschaftliche Betrachtung der Rechtsgrundlagen des opferbezogenen Strafvollzugs bedarf es in einem ersten Schritt der Entwicklung von Maßstäben für die Auslegung strafvollzugsrechtlicher Vorschriften mit Opferbezug. Dieses Vorhaben wird in einem umfassenden Grundlagenteil verfolgt. Um Wiederholungen innerhalb der Untersuchung zu vermeiden, erfolgt zunächst eine Darstellung der unterschiedlichen Perspektiven, aus denen sich die Opferorientierung im Strafvollzug betrachten lässt. Die Reihung der einzelnen Grundlagenkapitel im Teil II dieser Arbeit orientiert sich an der Entwicklung der Debatte zum opferorientierten Strafvollzug, um auch diesbezüglich Wiederholungen bestmöglich zu vermeiden.

Zur Entwicklung von Maßstäben für die Auslegung opferbezogener Vorschriften des Strafvollzugsrechts muss zunächst eine umfassende Auseinandersetzung mit den begrifflichen Grundlagen erfolgen (Kapitel 4). In diesem Zusammenhang wird der Forschungsgegenstand der vorliegenden Arbeit begrifflich eingegrenzt. Im Mittelpunkt stehen hierbei die Begriffe des Strafvollzugs (Abschnitt 4.1) und des Opfers (Abschnitt 4.2). Aus den Ergebnissen der begrifflichen Grundlagen werden sodann Folgen für die Auslegung des Strafvollzugsrechts abgeleitet (Abschnitt 4.3)

Im Rahmen der strafvollzugsrechtlichen Grundlagen (Kapitel 5) werden der bislang überwiegend an den Täter:innen orientierte Strafvollzug und die

K. M. Radke, *Opferorientierung im Strafvollzug*,
https://doi.org/10.1007/978-3-658-39044-0_3

Neuerungen durch einen nunmehr auch stärker an den Straftatopfern orientierten Strafvollzug näher betrachtet. Mit Blick auf die allgemeinen Grundlagen des bislang stark täter:innenorientierten Strafvollzugs (Abschnitt 5.1) stehen das Vollzugsziel der Resozialisierung und die Vollzugsaufgabe der Sicherheit der Allgemeinheit im Mittelpunkt der Betrachtung. Für die Darstellung des opferbezogenen Strafvollzugs (Abschnitt 5.2) wird neben den konzeptionellen Grundlagen die rechtliche Ausgestaltung des Opferbezugs im Strafvollzug sowohl hinsichtlich des StVollzG Bund als auch mit Blick auf die Landesstrafvollzugsgesetze näher betrachtet. Sodann werden die Folgen der Erkenntnisse der strafvollzugsrechtlichen Grundlagen für die Auslegung zusammengefasst (Abschnitt 5.3).

In dem Kapitel zu den historischen Grundlagen (Kapitel 6) wird nach kurzen Vorüberlegungen zur historischen Einordnung des Opferbezugs innerhalb der Strafrechtspflege (Abschnitt 6.1) zunächst der Frage nachgegangen, welche Bedeutung den Opfern von Straftaten für die strafrechtliche Konfliktlösung vor ihrer umfangreichen Einbeziehung in die Strafrechtspflege ab den 1980er Jahren zukam (Abschnitt 6.2). Den Ausgangspunkt hierfür bildet das germanische Recht. Anschließend wird die Bedeutung des Straftatopfers im deutschen Strafrechtssystem vom Hochmittelalter bis zur frühen Neuzeit und im 19. Jahrhundert nachgezeichnet. Daran anknüpfend wird ein besonderer Fokus auf die damalige Bedeutung des Opfers für den Strafvollzug gelegt. Hinsichtlich der sogenannten „Wiederentdeckung“[1] des Straftatopfers seit Mitte des 20. Jahrhunderts wird die opferbezogene Gesetzgebung im Straf- und Strafprozessrecht überblicksartig dargestellt, um die Entwicklung hin zu einer Einbeziehung des Straftatopfers in das Strafvollzugsrecht nachvollziehen zu können (Abschnitt 6.3). Hierzu werden die Hintergründe der Stärkung des Opfers in der deutschen Strafrechtsgesetzgebung ebenso wie die Entwicklung dieser Strafrechtsgesetzgebung betrachtet. Sodann wird die Entwicklung hin zu einer Stärkung des Opfers im Strafvollzugsrecht dargestellt. Schließlich soll festgestellt werden, welche Folgen sich aus den historischen Grundlagen für die Auslegung opferbezogener Strafvollzugsvorschriften ergeben (Abschnitt 6.4)

In den Ausführungen zu den kriminologischen Grundlagen (Kapitel 7) wird zunächst kurz der Einfluss der Viktimologie als wissenschaftliche Disziplin auf die opferbezogene Gesetzgebung seit den 1980er Jahren dargestellt

[1] Zum Begriff vgl. *Eser*, GS Armin Kaufmann, 1989, S. 723 ff.; *Jung*, ZRP 2000, 159 ff.; *Weigend*, RW 2010, 39 ff.; *Barton/Kölbel*, Einführung, in: Barton/Kölbel (Hrsg.), Ambivalenzen der Opferzuwendung des Strafrechts, 2012, S. 11 ff.; inhaltlich ebenso *Frehsee*, Schadenswiedergutmachung, 1987, S. 1 ff.

(Abschnitt 7.1). Ausführlich wird anschließend der Einfluss der Restorative-Justice-Bewegung auf die opferbezogene Gesetzgebung im Strafrecht betrachtet (Abschnitt 7.2). Diesbezüglich wird neben dem Begriff der Restorative Justice und dem ihr zugrunde liegenden Konzept im Allgemeinen auch die Bedeutung der Restorative Justice für das deutsche Strafrechtssystem im Speziellen näher untersucht. Sodann wird speziell mit Blick auf den Strafvollzug untersucht, inwiefern sich Ansätze der Restorative Justice innerhalb des deutschen Strafvollzugsrechts im StVollzG Bund, im ME LStVollzG und in den Landesgesetzen finden lassen. Weiterhin wird das Konzept der Restorative Justice einer kritischen Würdigung unterzogen. Aus den Erkenntnissen zu den kriminologischen Grundlagen werden schließlich Folgen für die Auslegung opferbezogenen Vollzugsrechts abgeleitet (Abschnitt 7.3)

In den Überlegungen zu den internationalrechtlichen Grundlagen (Kapitel 8) wird die Bedeutung internationaler Rechtsquellen für den Opferbezug im deutschen Strafrechtssystem im Allgemeinen und für den deutschen Strafvollzug im Speziellen untersucht. Neben der EMRK und der EU-Grundrechtecharta (Abschnitt 8.1) werden Übereinkommen und Empfehlungen des Europarats, europarechtliche Vorgaben und Richtlinien (Abschnitt 8.2) und weitere internationale Rechtsquellen (Abschnitt 8.3) auf ihre Bedeutung für die opferbezogene Gesetzgebung zum deutschen Strafrecht im Allgemeinen und den Strafvollzug im Besonderen Abschnitt 8.4) hin untersucht. Sodann werden die Folgen für die Auslegung des opferbezogenen Strafvollzugsrechts festgestellt (Abschnitt 8.5).

Aus kriminalpolitischer Perspektive (Kapitel 9) stellt sich insbesondere die Frage, ob die Einbeziehung des Straftatopfers in das Strafvollzugsrecht eher ein Annex zur Wiederentdeckung des Opfers im materiellen Strafrecht und im Strafprozessrecht ist oder ob die opferorientierte Gesetzgebung zum Vollzug eigenständige kriminalpolitische Motive verfolgte. Von Bedeutung ist diesbezüglich insbesondere das jeweilige Verständnis der kriminalpolitischen Begriffe des Opfers und des Opferschutzes. Daher werden zunächst diese beiden Begriffe auf ihre kriminalpolitische Bedeutung hin untersucht. Zudem werden die unterschiedlichen Einflussfaktoren kriminalpolitischer Entwicklungen im Überblick vorgestellt (Abschnitt 9.1). Daran anknüpfend folgt eine eingehende Betrachtung der allgemeinen kriminalpolitischen Motive opferbezogener Gesetzgebung (Abschnitt 9.2). Eine solche Betrachtung ist notwendig, da nur auf diese Weise beurteilt werden kann, ob die opferbezogene Strafvollzugsgesetzgebung auf die gleichen allgemeinen Motive wie die opferbezogene Gesetzgebung im Straf- und Strafprozessrecht zurückzuführen ist oder ob sich für das Strafvollzugsrecht eigenständige kriminalpolitische Leitgedanken finden lassen (Abschnitt 9.3). Aus den gewonnenen Erkenntnissen werden schließlich Folgen für die Auslegung des Strafvollzugsrechts abgeleitet (Abschnitt 9.4)

Mit Blick auf die verfassungsrechtlichen Grundlagen (Kapitel 10) stellt sich die Frage, inwiefern sich die opferbezogene Gesetzgebung mit aus den Grundrechten hergeleiteten Schutzpflichten legitimieren lässt (Abschnitt 10.1). Weiterhin wird untersucht, ob die Opferorientierung des Strafrechtssystems mithilfe allgemeiner verfassungsrechtlicher Prinzipien begründet werden kann (Abschnitt 10.2). Diesbezüglich werden das Sozialstaatsprinzip und das Rechtsstaatsprinzip näher betrachtet. Letztlich wird herausgearbeitet, inwiefern sich opferbezogene Strafvollzugsvorschriften verfassungsrechtlich legitimieren lassen und welche Folgen sich hieraus für die Auslegung des Strafvollzugsrechts ergeben (Abschnitt 10.3).

Schließlich werden die straftheoretischen Grundlagen (Kapitel 11) dahingehend näher betrachtet, inwiefern bereits Wesen und Rechtfertigung hoheitlicher Strafe Bezüge zum Opfer aufweisen (Abschnitt 11.1). Weiterhin werden sowohl die klassischen Straftheorien als auch neuere straftheoretische Ansätze daraufhin untersucht, ob und gegebenenfalls in welchem Umfang eine Berücksichtigung des Straftatopfers und seiner Belange für die Rechtfertigung von staatlicher Strafe legitim sein kann (Abschnitt 11.2). Aus den Ergebnissen der straftheoretischen Grundlagen werden sodann Folgen für die Auslegung opferbezogenen Strafvollzugsrechts abgeleitet (Abschnitt 11.3).

Die im Teil II gewonnenen Erkenntnisse zu den Grundlagen bilden die Basis für die anschließende Auslegung der opferbezogenen Vorschriften im geltenden Strafvollzugsrecht im Teil III der Arbeit. Nach einigen allgemeinen Vorbemerkungen zur Auslegung (Kapitel 12) werden die relevanten Strafvollzugsvorschriften in Themenkreise unterteilt und diese jeweils gesondert einer näheren Betrachtung unterzogen. Zum ersten Themenkreis unter dem Titel „allgemeine Vorschriften“ werden Vorschriften zur verletzten- bzw. opferbezogenen Vollzugsgestaltung und zu Gestaltungs- und Behandlungsgrundsätzen zusammengefasst (Kapitel 13). Der Themenkreis „Außenkontakte“ beinhaltet jene landesrechtlichen Vorschriften, welche die Kontaktaufnahme zu Personen außerhalb der Vollzugsanstalt betreffen und zugleich opferbezogene Regelungen enthalten (Kapitel 14). Im Themenkreis „vollzugsöffnende Maßnahmen“ werden die Vorschriften der Landesgesetze über die Gewährung und Ausgestaltung von Vollzugslockerungen und zur Unterbringung im offenen Vollzug näher betrachtet (Kapitel 15). Unter der Überschrift „Wiedergutmachung und Tatausgleich“ erfolgt eine Untersuchung jener Landesvorschriften, welche die Verankerung der Wiedergutmachung und des Tatausgleichs innerhalb des Strafvollzugsrechts betreffen

(Kapitel 16). Hierzu zählen insbesondere Regelungen zur Tataufarbeitung und zur Schadenswiedergutmachung während des Vollzugs.

Den fünften Themenkreis des opferorientierten Strafvollzugsrechts bilden opferbezogene Vorschriften, die den Datenschutz betreffen. Die betreffenden Vorschriften werden in der vorliegenden Untersuchung innerhalb der Auslegung nicht vertieft betrachtet. Dies hat im Wesentlichen zwei Gründe. Zum einen stellt das Datenschutzrecht eine umfangreiche Spezialmaterie dar, die in der vorliegenden Arbeit nicht in gebotenem Umfang und in der erforderlichen Tiefe betrachtet werden könnte. Zum anderen finden sich die opferbezogenen Regelungen zum Datenschutzrecht nicht nur in den Landesstrafvollzugsgesetzen, sondern teilweise auch in Justizvollzugsdatenschutzgesetzen. Es wäre der Übersichtlichkeit der Darstellung nicht zuträglich, wenn neben den 16 Landesstrafvollzugsgesetzen auch noch mehrere Justizvollzugsdatenschutzgesetze in die Untersuchung einbezogen würden. Gleichwohl werden insbesondere im Teil II vereinzelt auch die opferbezogenen Regelungen zum Datenschutz in der gebotenen Kürze betrachtet, um ein möglichst umfassendes Bild von der Opferorientierung im Strafvollzug zeichnen zu können.

Im Teil IV werden sodann kriminalpolitische Folgerungen für die künftige Ausgestaltung der Opferorientierung im Strafvollzugsrecht dargestellt. In diesem Zusammenhang werden die Ergebnisse des Teil III zur Auslegung des geltenden Rechts für die Fortentwicklung der Opferorientierung im Strafvollzug fruchtbar gemacht. Der Teil IV dieser Arbeit beginnt mit Vorbemerkungen zu den Reformüberlegungen zur Opferorientierung im Strafvollzugsrecht (Abschnitt 17). Hieran schließen sich allgemeine Reformüberlegungen (Abschnitt 18) und Überlegungen zu den einzelnen Themenkreisen (Abschnitt 19) an. Die Untersuchung endet mit einer Gesamtbetrachtung (Abschnitt 20)

Teil II

Grundlagen für die Auslegung opferbezogener Vorschriften im Strafvollzugsrecht

Begriffliche Grundlagen

4

Für die Untersuchung der Einbeziehung des Opfers in den Strafvollzug bedarf es zunächst einer Klärung der Begriffe „Strafvollzug“ (Abschnitt 4.1) und „Opfer“ (Abschnitt 4.2) als Ausgangspunkte für die nachfolgenden Betrachtungen. Anschließend werden die gewonnenen Erkenntnisse zusammengefasst und ihre Bedeutung für die Auslegung strafvollzugsrechtlicher Normen festgestellt (Abschnitt 4.3).

4.1 Begriff des Strafvollzugs

Für die nachfolgende Untersuchung muss zunächst der Forschungsgegenstand festgelegt werden. Hierzu bedarf es der Beantwortung mehrerer Fragen. Zunächst ist von Bedeutung, was unter dem Begriff des Strafvollzugs zu verstehen ist und wie er von dem der Strafvollstreckung zu unterscheiden ist. Sodann muss der Strafvollzug von anderen freiheitsbeschränkenden Maßnahmen abgegrenzt werden. Schließlich bedarf es einer Beschränkung des Forschungsgegenstandes in quantitativer Hinsicht, da auch zwischen dem Vollzug der Freiheitstrafe gegenüber Erwachsenen und dem Vollzug der Jugendstrafe zu unterscheiden ist und eine Einbeziehung des Jugendstrafvollzugs zu umfangreich für die vorliegende Betrachtung erscheint.

K. M. Radke, *Opferorientierung im Strafvollzug*,
https://doi.org/10.1007/978-3-658-39044-0_4

4.1.1 Abgrenzung des Strafvollzugs von der Strafvollstreckung

Der Strafvollzug ist ein Teilbereich der Strafvollstreckung i. w. S., welche die Ausführung aller Rechtsfolgen umfasst, zu denen Täter:innen von einem Strafgericht rechtskräftig verurteilt wurden.[1] Als Strafvollstreckung i. e. S. wird demgegenüber der letzte Teil des Strafprozesses bezeichnet, der alle Maßnahmen zur Ausführung des richterlichen Urteils erfasst. Hierzu gehören insbesondere alle vorbereitenden Maßnahmen, die vor Antritt der Haftstrafe nötig sind.[2] Ferner zählt zur Strafvollstreckung i. e. S. die Überwachung der Einhaltung aller vom Strafgericht festgesetzten Umstände gegenüber den rechtskräftig verurteilten Täter:innen, wie insbesondere die Art und Dauer des Vollzugs.[3]

Nach der heute h. M. bezeichnet der Begriff „Strafvollzug“ die Art und Weise stationärer Kriminalsanktionen, die auf den Entzug der Fortbewegungsfreiheit ausgerichtet sind.[4] Dies umfasst den Zeitraum von der Aufnahme der verurteilten Täter:innen in die Justizvollzugsanstalt bis zu ihrer Entlassung.[5] Der Strafvollzug betrifft somit den stationären Vollzug der staatlich angeordneten freiheitsentziehenden Maßnahmen,[6] sodass freiheitsentziehende Maßregeln der Besserung und Sicherung gemäß §§ 61 ff. StGB grundsätzlich vom Begriff des Strafvollzugs umfasst sind[7]. Ambulante Sanktionen wie die Geldstrafe oder Erziehungsmaßnahmen nach dem JGG werden demgegenüber nicht dem Strafvollzug zugeordnet.[8]

---

[1] Vgl. *Laubenthal*, Strafvollzug, 8. Aufl. 2019, Rn. 10.

[2] Vgl. *Laubenthal*, Strafvollzug, 8. Aufl. 2019, Rn. 10.

[3] Vgl. *Laubenthal*, Strafvollzug, 8. Aufl. 2019, Rn. 10.

[4] *Kaiser/Schöch*, Strafvollzug, 5. Aufl. 2002, § 1 Rn. 6.

[5] *Kaiser/Schöch*, Strafvollzug, 5. Aufl. 2002, § 1 Rn. 6.

[6] *Laubenthal*, Strafvollzug, 8. Aufl. 2019, Rn. 12.

[7] *Kaiser/Schöch*, Strafvollzug, 5. Aufl. 2002, § 1 Rn. 6 f.; *Calliess*, Strafvollzugsrecht, 3. Aufl. 1992, S. 9.

[8] Nach einem weiten Begriffsverständnis wurden diese Sanktionen teilweise ebenfalls als Strafvollzug bezeichnet; vgl. dazu die Zusammenfassung bei *Kaiser/Schöch*, Strafvollzug, 5. Aufl. 2002, § 1 Rn. 2 f. m. w. N.

4.1.2 Abgrenzung des Strafvollzugs von anderen freiheitsentziehenden Maßnahmen

Zwar ist die Untersuchungshaft ebenfalls durch die Entziehung der Fortbewegungsfreiheit gekennzeichnet. Allerdings dient sie nicht dem Vollzug der von einem Strafgericht verhängten Freiheitsstrafe, sondern der Gewährleistung eines geordneten Strafverfahrens und der Sicherstellung einer möglichen späteren Strafvollstreckung.[9] Da die Untersuchungshaft somit Teil des Strafverfahrensrechts ist, soll sie grundsätzlich nicht Gegenstand dieser Arbeit sein.

Maßregeln der Besserung und Sicherung werden strafrechtsdogmatisch zwar gleichfalls nicht zu den Strafen gezählt, sind jedoch ebenso wie die Freiheitsstrafe auf die Wiedereingliederung des Täters bzw. der Täterin und den Schutz der Allgemeinheit ausgerichtet.[10] Diese Erfordernisse bestehen bei den Maßregeln zwar unabhängig von der Schuld der Täter:innen[11], jedoch folgt im Ergebnis auf die rechtswidrige Verwirklichung eines Straftatbestandes auch bei den stationären Maßregeln der Besserung und Sicherung eine freiheitsentziehende Maßnahme. Daher werden die Maßregeln der Besserung und Sicherung zwar zu den freiheitsentziehenden Maßnahmen gezählt, jedoch nicht zum Strafvollzug i. e. S. Zudem gelten für Maßregeln der Besserung und Sicherung überwiegend gesonderte Vorschriften, die in dieser Arbeit grundsätzlich nicht genauer betrachtet werden. Nur ganz vereinzelt wird dort auf den Maßregelvollzug Bezug genommen, wo dies zur Vervollständigung der Untersuchung des opferbezogenen Strafvollzugs zweckmäßig erscheint.

Schließlich werden auch freiheitsentziehende Maßnahmen wie der Jugendarrest gemäß § 16 JGG nicht Gegenstand der nachfolgenden Betrachtung sein. Zwar wird auch durch den Jugendarrest die Fortbewegungsfreiheit des verurteilten Jugendlichen bzw. Heranwachsenden beschränkt. Allerdings unterfällt der Jugendarrest nicht dem Begriff des Strafvollzugs, wenngleich es sich um eine stationäre Sanktion handelt. Zum einen ist der Jugendarrest in zeitlicher Hinsicht auf wenige Tage bzw. maximal vier Wochen beschränkt.[12] Zum anderen ist der Jugendarrest zumindest formal nicht auf eine Strafwirkung gerichtet, wenngleich er sehr wohl repressiv-strafenden Charakter hat.[13] Mithin unterscheidet

---

[9] Siehe ausführlich hierzu *Böhm/Werner*, in: MüKo StPO I, 2014, § 112 Rn. 2 ff.

[10] *Kaiser/Schöch*, Strafvollzug, 5. Aufl. 2002, § 1 Rn. 6.

[11] *Kaiser/Schöch*, Strafvollzug, 5. Aufl. 2002, § 1 Rn. 6.

[12] *Ostendorf/Drenkhahn*, Jugendstrafrecht, 11. Aufl. 2021, § 16 Rn. 10 ff.

[13] Weiterführend *Ostendorf/Drenkhahn*, Jugendstrafrecht, 11. Aufl. 2021, § 16 Rn. 2.

sich der Jugendarrest vom Vollzug der Jugendstrafe, bei welcher neben dem Erziehungsziel der Schuldausgleich von Bedeutung ist.[14]

4.1.3 Abgrenzung des Vollzugs der Freiheitsstrafe von dem der Jugendstrafe

Nach den bisherigen Überlegungen beschränkt sich der Untersuchungsgegenstand der vorliegenden Betrachtung auf jene freiheitsbeschränkenden Maßnahmen, welche dem Vollzug von Kriminalstrafen dienen. Hierzu zählen der Vollzug der Freiheitsstrafe gegenüber Erwachsenen und der Vollzug der Jugendstrafe. Die nachfolgenden Ausführungen beschränken den Untersuchungsgegenstand allerdings noch weiter auf den Erwachsenenvollzug und lassen den Vollzug der Jugendstrafe weitestgehend außer Betracht. Die Gründe dafür sind die unterschiedlichen Ausrichtungen und Zielsetzungen von Erwachsenen- und Jugendstrafvollzug und die damit einhergehende besondere Ausgestaltung des Vollzugs der Jugendstrafe. Der Jugendstrafvollzug ist in seiner Gesamtheit vornehmlich auf die Erziehung der jugendlichen Delinquent:innen ausgerichtet.[15] Im Gegensatz dazu befinden sich im Erwachsenenvollzug Täter:innen, deren Persönlichkeitsentwicklung weitestgehend abgeschlossen ist, bei denen mithin der Erziehungsgedanke des Jugendstrafrechts nicht mehr zum Tragen kommt. Dennoch wird insbesondere hinsichtlich des Täter-Opfer-Ausgleichs und anderer Einbeziehungsmöglichkeiten von Opfern in den Vollzug der Freiheitsstrafe vereinzelt auch auf den Jugendstrafvollzug Bezug genommen, da viele dieser Modelle und Ideen zunächst im Jugendstrafrecht entwickelt und erprobt wurden.

4.2 Begriff des Opfers

Bislang existiert keine allgemein anerkannte Definition des Opfers im strafvollzugsrechtlichen Sinne. Eine strafvollzugsrechtliche Begriffsbestimmung ist für die Untersuchung jedoch deswegen erforderlich, weil der Begriff „Opfer“ zwar in den meisten Landesstrafvollzugsgesetzen verwendet wird, eine Begriffsbestimmung des strafvollzugsrechtlichen Opferbegriffs in den Gesetzen und Gesetzesmaterialien jedoch fehlt. Dieser Zustand ist insofern unbefriedigend, als für einen opferorientierten Strafvollzug wegen der hohen Eingriffsintensität

---

[14] *Kölbel*, in: Eisenberg/Kölbel, Jugendgerichtsgesetz, 23. Aufl. 2022, § 16 Rn. 5, § 17 Rn. 4.
[15] Vgl. BVerfG NJW 2006, 2093 (2095).

strafvollzugsrechtlicher Entscheidungen feststehen muss, wer Opfer im Sinne der jeweiligen Vorschrift ist. Daher muss ein für den Strafvollzug tauglicher Opferbegriff entwickelt werden. Zu diesem Zweck werden in einem ersten Schritt die bisherigen viktimologischen, strafrechtlichen und strafprozessrechtlichen Opferbegriffe analysiert. Zu untersuchen ist, ob sich in der Viktimologie, im materiellen Strafrecht und im Strafprozessrecht Anknüpfungspunkte für einen strafvollzugsrechtlichen Opferbegriff finden lassen. In einem zweiten Schritt wird anknüpfend an die bereits etablierten Opferbegriffe herausgearbeitet werden, ob und inwieweit diese für eine strafvollzugsrechtliche Opferdefinition nutzbar gemacht werden können.

4.2.1 Viktimologische, strafrechtliche und strafprozessrechtliche Opferbegriffe

Für den Begriff „Opfer" gibt es keine allgemeingültige wissenschaftliche Definition.[16] Vielmehr lassen sich viktimologische, strafrechtliche und strafprozessrechtliche Opferbegriffe unterscheiden. Während sich die Viktimologie hauptsächlich mit der Erforschung des Opfers befasst, stehen im Strafrecht und Strafverfahrensrecht die (mutmaßlichen) Täter:innen, die Straftat und die hoheitlichen Reaktionen des Staates auf die Tat im Mittelpunkt. Die Viktimologie ist nach h. M. als Teilbereich der Kriminologie einzuordnen[17], die sich wiederum mit der rechtstatsächlichen Erforschung von Straftäter:innen und deviantem Verhalten befasst[18]. Den Schwerpunkt viktimologischer Forschung bilden das Opfer, die Opferwerdung und Opferinteressen. Demgegenüber steht in der übrigen kriminologischen Forschung die Erforschung der Täter:innen im Mittelpunkt. Diesbezüglich sind das Opfer bzw. die Opferwerdung durch die Straftat zwar von Bedeutung; der Schwerpunkt der Betrachtung betrifft jedoch die Täter:innen. Die Strafrechtswissenschaft nähert sich dem Straftatopfer schließlich aus rechtlicher Perspektive, wobei erneut die Täter:innen bzw. deren strafrechtliche Verfolgung und Sanktionierung im Mittelpunkt der Forschung stehen.

---

[16] *Jung*, Viktimologie, in: Kaiser/Kerner/Sack/Schellhoss (Hrsg.), Kleines kriminologisches Wörterbuch, 1993, S. 583; *Kilchling*, Opferinteressen und Strafverfolgung, 1995, S. 22 m. w. N.

[17] *Schneider*, MSchrKrim 1998, 316 (316); *Sautner*, Viktimologie, 2014, S. 1; *Meier*, Kriminologie, 6. Aufl. 2021, § 8 Rn. 3; *Eisenberg/Kölbel*, Kriminologie, 7. Aufl. 2017, § 1 Rn. 6.

[18] Vgl. statt vieler *Meier*, Kriminologie, 6. Aufl. 2021, § 1 Rn. 5, *Schwind*, Kriminologie und Kriminalpolitik, 23. Aufl. 2016, § 1 Rn. 16.

Folglich nähern sich die Viktimologie auf der einen Seite sowie Straf- und Strafprozessrecht und ein Großteil kriminologischer Forschung auf der anderen Seite dem Begriff des Opfers von unterschiedlichen Standpunkten aus an. Daher werden nachfolgend viktimologische Opferbegriffe sowie strafrechtrechtliche und strafprozessrechtliche Opfer- und Verletztenbegriffe getrennt voneinander betrachtet.

4.2.1.1 Viktimologischer Opferbegriff

4.2.1.1.1 Gegenstand der Viktimologie

Für den viktimologischen Opferbegriff ist der allgemeine Streit um den Gegenstand der Viktimologie von Bedeutung.[19] Nach einem weiten Verständnis beschränkt sich der Forschungsgegenstand der Viktimologie nicht auf die Opfer von Straftaten, sondern umfasst daneben beispielsweise auch Opfer von Natur- und Umweltkatastrophen oder von Arbeits- und Verkehrsunfällen.[20] Dieser als „allgemeine Viktimologie“ bezeichnete Ansatz geht auf *Benjamin Mendelsohn* zurück und erforscht das Opfer allumfassend, ohne eine Begrenzung auf die Ursachen oder Auslöser der Opfererfahrung.[21] Entsprechend weit gefasst ist das Forschungsgebiet der allgemeinen Viktimologie. Ein Rückgriff auf die allgemeine Viktimologie erscheint für die vorliegende Betrachtung jedoch nicht praktikabel. Bei einer Einbeziehung des Opfers in das Strafvollzugsrecht kann nur das Opfer von strafrechtlich relevanten Handlungen von Bedeutung sein, wohingegen Opferwerdungen durch andere Ursachen unbeachtet bleiben müssen.

Nach einer anderen Auffassung stehen Opfer von Menschenrechtsverletzungen im Mittelpunkt des viktimologischen Forschungsinteresses.[22] Diese Ansicht wird als grundrechtsorientierte Viktimologie bezeichnet und lehnt sich an den Opferbegriff der Erklärung der Vereinten Nationen über die Grundprinzipien der gerechten Behandlung von Kriminalitätsopfern und Opfern von Missbrauch an.[23] Diesem Opferbegriff zufolge stehen gravierende Grundrechtsverletzungen gleichberechtigt neben physischen und psychischen Schäden, seelischem Leid

---

[19] *Sautner*, Viktimologie, 2014, S. 1.

[20] Vgl. *Mendelsohn*, Victimology: An International Journal 1976, 8 ff.; *Kirchhoff*, History and a Theoretical Structure of Victimology, in: Shoham/Knepper/Kett (Hrsg.), International Handbook of Victimology, 2010, S. 109.

[21] *Mendelsohn*, Victimology: An International Journal 1976, 8 ff.

[22] Näher hierzu *Kirchhoff*, History and a Theoretical Structure of Victimology, in: Shoham/Knepper/Kett (Hrsg.), International Handbook of Victimology, 2010, S. 113.

[23] *United Nations*, Declaration of Basic Principles of Justice for Victims of Crime and Abuse of Power, 29.11.1985, A/RES/40/34.

und materiellem Verlust als Folgen von kriminellen Taten.[24] Dieser Opferbegriff ist nach *Sautner* zwar primär strafrechtsakzessorisch, da er die Verletzung eines Strafgesetzes eines Mitgliedsstaates voraussetzt, allerdings werde eine Gleichsetzung gravierender Grundrechtsverletzungen mit den übrigen genannten Schädigungen dem fragmentarischen Charakter des Strafrechts nicht gerecht.[25] Insbesondere könne nicht jede Grundrechtsverletzung als strafwürdiges Verhalten eingeordnet werden.[26] Die grundrechtsorientierte Viktimologie gründe ihren Opferbegriff zwar auf einer rechtlichen Grundlage, allerdings sei der Forschungsgegenstand der grundrechtsorientierten Viktimologie aus strafrechtlicher Perspektive insgesamt zu weit gefasst.[27]

Nach der wohl herrschenden Meinung im deutschen Sprachraum[28] ist der Forschungsgegenstand der Viktimologie auf solche Opfer zu beschränken, die durch kriminelles Verhalten viktimisiert wurden, mithin auf Kriminalitäts- bzw. Verbrechensopfer.[29] Nach dieser Ansicht ist die Viktimologie ein Teilbereich der Kriminologie[30], der sich dem Opfer, dessen Viktimisierung durch die Straftat sowie der Beziehung zwischen Täter:innen und Opfern widmet.[31]

---

[24] So zumindest *Sautner*, Viktimologie, 2014, S. 2; zum Opferbegriff selbst siehe *United Nations*, A/RES/40/34: "Victims" means persons who, individually or collectively, have suffered harm, including physical or mental injury, emotional suffering, economic loss or substantial impairment of their fundamental rights, through acts or omissions that are in violation of criminal laws operative within Member States, including those laws proscribing criminal abuse of power.

[25] *Sautner*, Viktimologie, 2014, S. 2.

[26] *Sautner*, Viktimologie, 2014, S. 2 f.; ähnlich schon *Zipf*, MSchrKrim 1970, 1 (2) hinsichtlich der Mitbetroffenheit von anderen als den unmittelbar viktimisierten Personen.

[27] *Sautner*, Viktimologie, 2014, S. 2 f.

[28] Vgl. nur *Kaiser*, Kriminologie Einführung, 10. Aufl. 1997, S. 297 f.; *Meier*, Kriminologie, 6. Aufl. 2021, § 8 Rn. 1 ff.; *Kunz/Singelnstein*, Kriminologie, 8. Aufl. 2021, § 18 Rn. 22 f.; *Eisenberg/Kölbel*, Kriminologie, 7. Aufl. 2017, § 1 Rn. 22.

[29] In der vorliegenden Arbeit soll der Begriff des Verbrechensopfers weitestgehend vermieden werden, da dieser im strafrechtlichen Kontext eine Beschränkung auf solche Straftaten impliziert, die nach § 12 Abs. 1 StGB als Verbrechen einzuordnen sind. Demgegenüber werden aus viktimologischer und strafrechtlicher Sicht selbstverständlich auch Opfer von Vergehen i.S.v. § 12 Abs. 2 StGB erfasst.

[30] Zum Teil wird auch innerhalb der h. M., welche den Forschungsgestand der Viktimologie auf Kriminalitätsopfer begrenzt, die Viktimologie als eigenständige, von der Kriminologie unabhängige Wissenschaft angesehen; ausführlich *Sautner*, Viktimologie, 2014, S. 1 m. w. N.

[31] Vgl. *Meier*, Kriminologie, 6. Aufl. 2021, § 8 Rn. 26 f.; *Sautner*, Viktimologie, 2014, S. 1; *Kunz/Singelnstein*, Kriminologie, 8. Aufl. 2021, § 18 Rn. 22.

Der vorliegenden strafrechtswissenschaftlichen Forschungsfrage entspricht das Verständnis der h. M. hinsichtlich des Gegenstandes der Viktimologie am besten. Da im Strafvollzug nur Personen inhaftiert sind, die wegen der Begehung einer Straftat durch ein Strafgericht rechtskräftig zu einer Freiheitsstrafe verurteilt wurden[32], muss ein strafvollzugsrechtlicher Opferbegriff ebenfalls auf eine Opferwerdung durch ein strafrechtlich relevantes Viktimisierungsereignis zurückzuführen sein. Der am Strafrecht orientierte Opferbegriff der h. M. in der deutschsprachigen Viktimologie bildet daher den Ausgangspunkt für die weiteren Überlegungen.

4.2.1.1.2 Kriminalitätsopfer als Forschungsgegenstand der Viktimologie

4.2.1.1.2.1 Abhängigkeit des Opferbegriffs von der strafgerichtlichen Feststellung

Der hier zugrunde gelegte enge viktimologische Opferbegriff ist durch seine Beschränkung auf Kriminalitätsopfer strafrechtsakzessorisch.[33] Dementsprechend kann Opfer nach diesem Verständnis nur sein, wer durch ein strafrechtlich relevantes Verhalten eine strafrechtlich relevante Rechtsverletzung erlitten hat. Die Opferschaft[34] ist damit von der jeweiligen Gesetzeslage abhängig. Letztlich stellt der enge viktimologische Opferbegriff wegen seiner Inbezugnahme des Strafrechts damit ebenso ein normatives Konstrukt wie die Tat im strafrechtlichen Sinne dar.[35]

Die Einordnung eines Verhaltens als Straftat ist nicht abstrakt anhand der im Strafgesetz normierten Voraussetzungen vorzunehmen, sondern erfolgt in einem komplexen Wahrnehmungs- und Bewertungsprozess.[36] Die Bewertung eines Verhaltens als Straftat wird sowohl durch die subjektive Wahrnehmung

[32] Unberücksichtigt bleibt insofern die Vollstreckung der Ersatzfreiheitsstrafe i. S. d. § 459e StPO in Fällen, in denen eine Geldstrafe nicht eingebracht werden kann oder die Vollstreckung der Geldstrafe unterbeleibt.

[33] *Sautner*, Viktimologie, 2014, S. 15.

[34] Statt des häufig verwendeten Begriffs „Opfereigenschaft“ wurde der Ausdruck „Opferschaft“ vorliegend aus zwei Gründen gewählt. Erstens kann der Begriff der Opferschaft als Gegenbegriff zur Täterschaft verstanden werden und somit die opferbezogene Perspektive der Straftat umfassen. Zweitens hat der Begriff „Opfereigenschaft“ den Nachteil, dass durch diesen Ausdruck dem Opfer das „Opfersein“ als Eigenschaft zugeschrieben wird. Mit Blick auf die Vermeidung einer sekundären Viktimisierung sollen derartige Zuschreibungen durch die vorliegende Arbeit gerade nicht erfolgen. Der Begriff „Opferschaft“ findet sich beispielsweise bei *Kunz/Singelnstein*, Kriminologie, 8. Aufl. 2021, § 24 Rn. 25.

[35] So *Sautner*, Viktimologie, 2014, S. 15.

[36] *Meier*, Kriminologie, 6. Aufl. 2021, § 1 Rn. 23.

und Bewertung der jeweiligen Betrachter:innen als auch durch einen Abgleich mit den gesellschaftlichen Werten und den relevanten Normen geprägt. So kann sich eine Person viktimisiert fühlen, obwohl tatsächlich kein strafrechtlich relevantes Verhalten vorlag. Demgegenüber kann eine tatsächlich viktimisierte Person sich selbst nicht als Opfer einer Straftat ansehen. Ferner kann sich aus der Wahrnehmung und Bewertung des Geschehens durch die (mutmaßlichen) Täter:innen ergeben, dass aus ihrer Sicht keine Viktimisierung vorlag. Folglich sind unterschiedliche Wahrnehmungs- und Bewertungsergebnisse möglich. Dabei ist insbesondere von Bedeutung, ob die Bewertung des Geschehens aus Täter:innen- oder Opferperspektive vorgenommen wird.[37]

Die juristische Perspektive und die hiermit zusammenhängende Einordnung eines Verhaltens als Straftat bildet eine eigene Wirklichkeitsebene und unterliegt ihrerseits Wahrnehmungs- und Bewertungsprozessen.[38] Eine Einordnung eines Geschehens als Straftat und somit auch die Beurteilung, ob überhaupt ein Viktimisierung erfolgt sein kann, wird aus rechtlicher Perspektive erst durch ein Gericht in einem Strafprozess verbindlich festgestellt. Die Bewertung des Geschehens durch das Gericht und die Einordnung des viktimisierenden Erlebnisses durch das (vermeintliche) Opfer können durchaus auseinanderfallen. So kann es einerseits sein, dass eine Person, die nach Ansicht des Gerichts Opfer einer Straftat geworden ist, sich selbst nicht als Opfer ansieht und daher innerhalb seines eigenen Wahrnehmungs- und Bewertungsprozesses zu einem anderen Ergebnis kommt. Andererseits kann sich eine Person viktimisiert fühlen, obwohl nach Auffassung des Gerichts keine Straftat vorlag.

In der Kriminologie stehen die Wahrnehmungs- und Bewertungsprozesse der verschiedenen an der Straftat und ihrer Verfolgung beteiligten Akteur:innen zunächst einmal gleichberechtigt nebeneinander.[39] Für die weiteren Überlegungen wird jedoch maßgeblich auf die Perspektive der Strafverfolgungsbehörden und schließlich auf jene des Gerichts abgestellt und somit ein objektiver[40], genauer juristisch-strafrechtsbezogener Opferbegriff[41], zugrunde gelegt. Erst die Wahrnehmung und Bewertung einer Handlung oder eines Geschehens durch strafrechtliche Kontrollorgane als strafrechtlich relevant gibt dem überindividuellen

---

[37] Vgl. *Meier*, Kriminologie, 6. Aufl. 2021, § 1 Rn. 25.

[38] *Meier*, Kriminologie, 6. Aufl. 2021, § 1 Rn. 26.

[39] Vgl. *Meier*, Kriminologie, 6. Aufl. 2021, § 1 Rn. 27.

[40] *Sautner*, Viktimologie, 2014, S. 16; vgl. auch *Meier*, Kriminologie, 6. Aufl. 2021, § 8 Rn. 7 f.

[41] *Bock*, in: Göppinger/Bock (Hrsg.), Kriminologie, 6. Aufl. 2008, § 11 Rn. 6.

gesellschaftlichen Konstrukt der Straftat klare Konturen.[42] Auf der Grundlage dieses Verständnisses gelten im Folgenden nur solche Personen als Kriminalitätsopfer, die durch eine Tat geschädigt oder verletzt worden sind, die von einem Strafgericht als Straftat eingeordnet wurde.

4.2.1.1.2.2 Unterscheidung von individuellen und kollektiven Opfern

Von dem hier zugrunde gelegten, engen viktimologischen Opferbegriff werden individuelle Opfer ebenso erfasst wie kollektive Opfer. Individuelle Opfer einer Straftat können dabei natürliche und juristische Personen sein.[43] Für die Unterscheidung der verschiedenen Opfergruppen wird im Schrifttum mitunter an die jeweils verwirklichten Straftatbestände angeknüpft. Opfer einer Straftat kann danach nur sein, wer auch Träger des von dem verletzten Straftatbestand geschützten Rechtsguts ist.[44]

Im Hinblick auf natürliche und juristische Personen als individuelle Opfer von Straftaten gilt Folgendes. Natürliche Personen können sowohl durch Straftaten gegen Persönlichkeitswerte als auch durch solche gegen das Vermögen viktimisiert werden. Demgegenüber können juristische Personen grundsätzlich nicht Opfer von Straftaten gegen Persönlichkeitswerte sein. Eine Ausnahme von diesem Grundsatz bildet die von der h. M. im Strafrecht anerkannte unmittelbare Beleidigungsfähigkeit juristischer Personen gemäß §§ 185 ff. StGB.[45] Insgesamt sind juristische Personen daher hauptsächlich durch Straftaten gegen Vermögenswerte wie den Diebstahl gemäß § 242 StGB und die Untreue gemäß § 266 StGB betroffen. Ferner zählen die Sachbeschädigung gemäß § 303 StGB und der Hausfriedensbruch gemäß § 123 StGB zu den Delikten, von denen juristische Personen häufig als Opfer betroffen sind.

Von kollektiven Opfern ist die Rede, wenn die einzelnen Opfer nicht individualisierbar sind und daher von einer sich „verflüchtigenden Opfereigenschaft" gesprochen werden kann.[46] Mitunter wird in diesem Zusammenhang auch von „opferlosen Delikten" gesprochen.[47] Solche kollektiven Opfer sind nicht Träger von Individualrechtsgütern und daher vornehmlich im Zusammenhang

---

[42] *Meier*, Kriminologie, 6. Aufl. 2021, § 1 Rn. 27.

[43] *Sautner*, Viktimologie, 2014, S. 16 f.

[44] *Sautner*, Viktimologie, 2014, S. 17.

[45] Weiterführend zu den Voraussetzungen *Rengier*, Strafrecht Besonderer Teil II, 23. Aufl. 2022, § 28 Rn. 9 ff. m. w. N.

[46] *Kaiser*, Kriminologie, 3. Aufl. 1996, § 47 Rn. 12; ähnlich auch *Zipf*, MSchrKrim 1970, 1 (3).

[47] Zum Begriff siehe *Sautner*, Viktimologie, 2014, S. 27; *Kiefl/Lamnek*, Soziologie des Opfers, 1986, S. 32 f.

mit Straftaten gegen Gemeinschaftswerte von Bedeutung.[48] Zu diesen zählen beispielsweise Straftaten, die sich gegen die Staatsgewalt, die öffentliche Ordnung, die Rechtspflege oder die Umwelt richten. Opfer solcher Delikte kann dementsprechend insbesondere die Allgemeinheit sein.

Einen grundlegend anderen Ansatz, verschiedene Opfergruppen voneinander zu unterscheiden, verfolgen *Sellin* und *Wolfgang*. Sie schlagen eine abgestufte Klassifikation vor.[49] Demnach sind der „primary victimization"[50] diejenigen Opfer zuzuordnen, die sich als Person individualisieren lassen und durch die Straftat Teil einer Täter:in-Opfer-Beziehung geworden sind. Juristische Personen als Opfer seien hingegen auf der Ebene der „secondary victimization" zu verorten, wobei diese Opfer zwar keine Individuen seien, jedoch klar von der gesamten Gesellschaft abgegrenzt werden könnten. Die Ausdehnung der „victimization" auf die Allgemeinheit oder andere kollektive Gruppen bzw. Strukturen bezeichnen *Sellin* und *Wolfgang* als „tertiary victimization". Diese bezieht sich insbesondere auf die strafrechtliche Beeinträchtigung kollektiver Rechtsgüter.[51] Demnach lassen sich lediglich innerhalb der „primary victimization" und „secondary victimization" die Opfer einer Straftat personalisieren, während bei der „tertiary victimization" eine Erfassung der durch die Straftat beeinträchtigten Opfer kaum möglich erscheint.[52]

Sowohl die Unterscheidung der Opfergruppen nach den Kategorien der jeweils verletzten Straftatbestände als auch die Differenzierung nach *Sellin* und *Wolfgang* machen deutlich, dass bei kollektiven Opfern der Kreis der durch eine Straftat Geschädigten nur schwer zu erfassen ist. Häufig sind Auswirkungen von Straftaten gegen Gemeinschaftswerte für einzelne Personen kaum spürbar oder Verknüpfungen mit der Tat nicht nachweisbar.[53] Diese Beobachtung wird mit der anschaulichen Formulierung von einer „sich verflüchtigenden Opfereigenschaft" zutreffend beschrieben.[54]

48 *Sautner*, Viktimologie, 2014, S. 17; vgl. auch *Kaiser*, Kriminologie, 3. Aufl. 1996, § 47 Rn. 12.

49 *Sellin/Wolfgang*, Measurement of Delinquency, 1964, S. 374; siehe auch *Wolfgang/Singer*, Verbrechensopfer, in: Kirchhoff/Sessar (Hrsg.), Das Verbrechensopfer, 1979, S. 41 f.

50 Die englischen Begrifflichkeiten werden hier bewusst verwendet, da in der deutschen Viktimologie die Begriffe der primären, sekundären und tertiären Viktimisierung die einzelnen Stadien der Viktimisierung umschreiben und nicht der Unterscheidung einzelner Opfergruppen dienen; vgl. *Neubacher*, Kriminologie, 4. Aufl. 2020, 12. Kap. Rn. 4.

51 *Sellin/Wolfgang*, Measurement of Delinquency, 1964, S. 374.

52 Vgl. *Sellin/Wolfgang*, Measurement of Delinquency, 1964, S. 374.

53 *Sautner*, Viktimologie, 2014, S. 17.

54 *Kaiser*, Kriminologie, 3. Aufl. 1996, § 47 Rn. 12.

Während die Einordnung als individuelles Opfer unter Rückgriff auf das durch die Straftat betroffene Rechtsgut eindeutig erfolgen kann, stellt sich eine derartige Begrenzung des von der Straftat betroffenen Personenkreises bei Straftaten gegen Gemeinschaftswerte als schwierig bis kaum möglich dar. Bei der Bestimmung der Interessen kollektiver Opfer kann aufgrund der nicht möglichen Individualisierung allenfalls auf die Interessen der Allgemeinheit zurückgegriffen werden. Zu denken ist bei Straftaten gegen Gemeinschaftswerten an den Schutz vor weiteren (gleichgelagerten) Straftaten der Täter:innen, die das Gemeinwohl schädigen. Weiterhin könnte mit Blick auf Aspekte der Schadenswiedergutmachung insbesondere die symbolische Wiedergutmachung gegenüber der Gesellschaft von Bedeutung sein.[55] Allerdings scheinen kollektive Opfer mit Blick auf den Strafvollzug mangels eindeutiger Rechtsgutsverletzung im Vergleich zu individuellen Opfern nicht von großer Bedeutung zu sein.

Etwas anderes würde jedoch gelten, wenn auch bei Straftaten gegenüber individuellen Straftatopfern von einer Mitbetroffenheit der Allgemeinheit oder bestimmter Bevölkerungsgruppen ausgegangen wird.[56] Grundsätzlich möglich erscheint in diesem Zusammenhang eine auf die Gesellschaft bezogenen Dimension von Schutzinteressen gegenüber Täter:innen, welche als besonders gefährlich eingeordnet werden. Zu denken ist in diesem Zusammenhang an schwere Sexual- und Gewaltstraftaten, bei denen möglicherweise eine über das individuelle Straftatopfer hinausgehende „Ausstrahlwirkung“[57] auf andere Teile der Bevölkerung angenommen werden könnte. Daher könnten auch kollektive Opferinteressen innerhalb der Strafrechtspflege Berücksichtigung erfahren, wobei in diesem Zusammenhang wohl der Schutz bzw. die Sicherheit der Allgemeinheit vor bestimmten Täter:innengruppen im Vordergrund stehen dürfte. Eine derartige Berücksichtigung kollektiver Opferinteressen erscheint insbesondere auch im Strafvollzugsrecht von Bedeutung, da § 2 S. 2 StVollzG Bund den Schutz der Allgemeinheit als Aufgabe des Strafvollzugs nennt.[58]

---

[55] Zur symbolischen Wiedergutmachung als Teil einer „wiedergutmachenden Justiz“ unten in den kriminologischen Grundlagen im Abschnitt 7.2.1.2.3.

[56] Zu einer auf die Gesellschaft bezogenen Dimension des Opferschutzgedankens siehe im Abschnitt 9.1.2.3.

[57] Zur Ausstrahlwirkung von Straftaten siehe *Sautner*, Viktimologie, 2014, S. 18, welche dies bei Angehörigen direkter Opfer annimmt; ausführlich hierzu gleich im Abschnitt 4.2.1.1.2.3.

[58] Gleiches gilt für die Landesstrafvollzugsgesetze; ausführlich hierzu sogleich im Abschnitt 5.1.2.

4.2.1.1.2.3 Unterscheidung von direkten und indirekten Opfern

Die weitere im Schrifttum verbreitete Unterscheidung von direkten und indirekten Opfern erfolgt anhand der Intensität der Beeinträchtigung durch die Straftat. Dabei kommt es nicht auf das subjektive Empfinden des Opfers an, sondern auf die objektive Betroffenheit. Als direkte Opfer einer Straftat werden Personen bezeichnet, die eine unmittelbare Rechtsverletzung durch die Tat erfahren haben, wohingegen indirekte Opfer nur mittelbar durch die Straftat beeinträchtigt wurden.[59]

Direkte Opfer von Straftaten sind daher beispielsweise die durch eine Körperverletzung gemäß § 223 StGB verletzte oder durch einen Diebstahl gemäß § 242 StGB geschädigte Person.

Zum Kreis der indirekten Opfer zählen insbesondere Familienangehörige, nahe Verwandte oder andere dem Opfer nahestehende Personen.[60] Bei diesen indirekten Opfern wird auch von einer Ausstrahlwirkung des Viktimisierungsereignisses gesprochen.[61] Je nach der Art des Delikts und der Intensität der Rechtsgutsverletzung können neben dem direkten Opfer ebenfalls indirekte Opfer mitbetroffen sein. Insbesondere Tötungsdelikte und Delikte gegen die sexuelle Selbstbestimmung haben teilweise erhebliche Auswirkungen auf Personen im sozialen Nahraum des direkten Opfers.[62] Bisweilen können auch Personen, die vor der Tat in keinerlei persönlicher Beziehung zum Opfer standen, durch eine Straftat indirekt viktimisiert werden. Zu denken ist hier insbesondere an Zeug:innen einer Straftat[63] oder an Rettungskräfte, die durch belastende Umstände am Tatort traumatisiert werden. Schließlich können bei einigen Straftaten alle Mitglieder einer sozialen Gruppe zu indirekten Opfern werden. Dies ist insbesondere dann möglich, wenn sich aus der konkreten Tatbegehung ergibt, dass sich die Tat nicht nur gegen das konkrete Opfer, sondern zugleich gegen alle Gruppenangehörigen richtet.[64]

---

[59] Vgl. *Schneider*, Viktimologie, 1975, S. 15; *Sautner*, Opferinteressen und Strafrechtstheorie, 2010, S. 27.

[60] *Löschnig-Gspandl*, Das Recht des Opfers auf Wiedergutmachung, in: Dearing/Löschnig-Gspandl (Hrsg.), Opferrechte in Österreich, 2004, S. 159; *Sautner*, Opferinteressen und Strafrechtstheorie, 2010, S. 27.

[61] *Sautner*, Viktimologie, 2014, S. 18.

[62] Vgl. *Sautner*, Viktimologie, 2014, S. 18, welche als Beispiel die Tötung oder den sexuellen Missbrauch eines Kindes anführt.

[63] *Sautner*, Viktimologie, 2014, S. 18.

[64] Vgl. *Strobl*, Becoming a Victim, in: Shoham/Knepper/Kett (Hrsg.), International Handbook of Victimology, 2010, S. 19 f.; mit dem Verweis auf die sogenannten Hate Crimes als Hauptfall dieses Opferwerdungsprozesses *Sautner*, Viktimologie, 2014, S. 18.

4.2.1.1.3 Zusammenfassung zum viktimologischen Opferbegriff

Unter den in der Viktimologie vertretenen Opferbegriffen weist nur der im deutschen Sprachraum herrschende, enge Begriff des Kriminalitätsopfers einen ausreichend engen Bezug zum Strafrecht auf, um als Ausgangspunkt für die Entwicklung eines strafvollzugsrechtlichen Opferbegriffs zu dienen.

Dabei ist ein objektiver, juristisch-strafrechtsbezogener Opferbegriff zugrunde zu legen. Danach können nur solche Personen als Kriminalitätsopfer bezeichnet werden, deren Verletzung von einem Strafgericht als Straftat bewertet worden ist.

Individuelle Opfer von Straftaten können sowohl natürliche als auch juristische Personen werden. Nur wer Träger:in eines strafrechtlich geschützten Rechtsguts ist, kann auch Straftatopfer sein. Namentlich bei Straftaten gegen Gemeinschaftswerte kommt es zu kollektiven Viktimisierungen, bei denen die Beeinträchtigung einzelner Personen nur schwer zu erfassen ist.

Hinsichtlich der Betroffenheit von Kriminalitätsopfern wird des Weiteren zwischen direkten und indirekten Opfern unterschieden, und zwar je nachdem, ob die Viktimisierung unmittelbar oder mittelbar durch die Tat erfolgte. Zumeist erleiden direkte Kriminalitätsopfer eine intensivere Beeinträchtigung als indirekte Opfer, jedoch können auch indirekte Opfer durch eine Straftat erheblich betroffen sein.

4.2.1.2 Strafrechtliche und strafprozessrechtliche Opferbegriffe

Im Strafrecht und Strafverfahrensrecht gibt es keinen einheitlichen Opferbegriff.[65] Dies liegt unter anderem an der unterschiedlichen Zielrichtung des materiellen Strafrechts und des Strafprozessrechts. Daher werden die unterschiedlichen Ausprägungen des Opferbegriffs in beiden Rechtsgebieten im Folgenden einzeln dargestellt. Ziel der Überlegungen ist, aus den Opferbegriffen im Strafrecht und Strafverfahrensrecht unter Einbeziehung des engen viktimologischen Opferbegriffs einen für das Strafvollzugsrecht geeigneten Opferbegriff zu entwickeln.

---

[65] Dies gilt auch für das österreichische Strafrecht; vgl. *Sautner*, Viktimologie, 2014, S. 19.

4.2.1.2.1 Strafrechtlicher Opferbegriff

Im materiellen Strafrecht werden zwar im StGB die Begriffe „Opfer“[66], „Verletzter“[67] und „verletzte Person“[68] verwendet, eine Legaldefinition dieser Begriffe enthält das Gesetz jedoch nicht. Grundsätzlich regelt das Kernstrafrecht nur abstrakt, welche Verhaltensweisen verboten und mit Strafe bedroht sind. Daher dienen Straftatbestände dem Rechtsgüterschutz. Dies meint im Ergebnis zwar den Schutz der Rechtsgutsträger:innen vor einer Verletzung ihrer Rechtsgüter. Aus strafrechtsdogmatischer Sicht nehmen Straftatbestände jedoch nicht die tatsächlichen Opfer von Straftaten in den Blick, sondern zielen nur auf den Schutz potenzieller Opfer vor Rechtsgutsverletzungen.[69] Eine konkrete Opferschutzperspektive ist daher dogmatisch betrachtet lediglich eine Reflexfunktion des Rechtsgüterschutzes.[70]

Dennoch finden sich in der Literatur Bemühungen, aus den Tatbeständen des Besonderen Teils des StGB einen materiell-strafrechtlichen Opferbegriff abzuleiten. Den Ausgangspunkt für derartige Überlegungen bildet das durch die jeweilige Strafvorschrift geschützte Rechtsgut, welches den persönlichen und sachlichen Schutzbereich des Tatbestandes begrenzt.[71] Die Einbeziehung des Rechtsguts ermöglicht auf der einen Seite bei der Bestimmung des Opferbegriffs eine hohe Trennschärfe,[72] führt auf der anderen Seite aber auch zu Problemen im Hinblick auf dessen Reichweite. Zum einen werden nämlich von einem derart strengen materiell-rechtlichen Verständnis des Opferbegriffs Personen nicht erfasst, die

---

[66] Z.B. § 46a StGB (Täter-Opfer-Ausgleich); § 66 Abs, 1 S. 1 Nr. 4 StGB; § 66a Abs. 3 StGB; § 66b S. 1 Nr. 2 StGB; § 67d Abs. 3 S. 1 StGB; § 78b Abs. 1 Nr. 1 StGB; § 129b Abs. 1 S. 2 StGB; § 130 Abs. 4 StGB; § 177 Abs. 2 Nr. 4, Abs. 4, Abs. 5 Nr. 1 StGB; § 178 StGB; § 182 Abs. 3 StGB; § 194 Abs. 2 S. 2 StGB; § 221 Abs. 2 Nr. 2, Abs. 3 StGB; § 232 Abs. 3 S. 1 Nr. 1 StGB; § 238 Abs. 2 und 3 StGB; § 239 Abs. 3 und 4 StGB.

[67] Z.B. § 46 Abs. 2 S. 2 StGB; § 46a Nr. 1 StGB; § 59a Abs. 2 Nr. 1 StGB; § 77 Abs. 1 und 2 StGB; § 165 Abs. 1 StGB; § 194 Abs. 1 StGB; § 200 Abs. 1 StGB; § 205 Abs. 2 StGB; § 247 StGB.

[68] Z.B. § 56c Abs. 2 Nr. 3 StGB; § 68b Abs. 1 S. 1 Nr. 3 StGB; § 226 Abs. 1 StGB; § 227 Abs. 1 StGB; § 228 StGB; § 230 Abs. 1 S. 2 StGB.

[69] *Kilchling*, NStZ 2002, 57 (58).

[70] *Kilchling*, NStZ 2002, 57 (58).

[71] Vgl. *Jung*, ZStW (93) 1981, 1147 (1150); *Sautner*, Opferinteressen und Strafrechtstheorie, 2010, 28; *Sautner*, Viktimologie, 2014, S. 19 f.; *Löschnig-Gspandl*, Das Recht des Opfers auf Wiedergutmachung, in: Dearing/Löschnig-Gspandl (Hrsg.), Opferrechte in Österreich, 2004, S. 158 f.

[72] So *Sautner*, Opferinteressen und Strafrechtstheorie, 2010, S. 28; vgl. auch *Zipf*, MSchrKrim 1970, 1 (4).

zwar zivilrechtliche Schäden durch die Straftat erlitten haben, jedoch nicht Träger:in des geschützten Rechtsguts sind.[73] Zum anderen wird die Opferschaft vieler Personen nicht positiv festgestellt, da diese Feststellung erst durch ein rechtskräftiges Strafurteil nach der Durchführung eines Strafverfahrens erfolgt. Der materiell-rechtliche Opferbegriff stimmt folglich nicht mit der Realität überein, da wegen des Bestehens eines Dunkelfeldes und der Trichterwirkung des Strafverfolgungsprozesses viele Viktimisierungen nicht festgestellt werden bzw. nicht mit einer Verurteilung der Täter:innen enden.[74] Infolgedessen findet in diesen Fällen dann auch keine rechtlich verbindliche Feststellung der Opferschaft durch die Gerichte statt.

Dennoch kann der materiell-rechtliche Opferbegriff für die Entwicklung eines strafvollzugsrechtlichen Opferbegriffs fruchtbar gemacht werden. Dies folgt zum einen daraus, dass im Strafvollzug die Freiheitsstrafe gegenüber verurteilten Straftäter:innen vollzogen wird. Die Viktimisierung der von den Täter:innen geschädigten Personen und somit deren Opferschaft ist daher durch ein rechtskräftiges Strafurteil festgestellt worden. Zum anderen bietet der Rückgriff auf das jeweilige strafrechtlich geschützte Rechtsgut eine dogmatische Grundlage zur Begrenzung des Opferbegriffs. Eine solche Begrenzung erscheint insbesondere mit Blick auf die große Eingriffsintensität strafvollzugsrechtlicher Entscheidungen gegenüber den Inhaftierten auch im Strafvollzugsrecht geboten.

Opfer im Sinne des materiellen Strafrechts kann nach dem bisher Gesagten nur die Person sein, deren durch die jeweilige strafrechtliche Vorschrift geschütztes Rechtsgut verletzt wurde.[75] Der strafrechtliche Opferbegriff setzt daher eine Straftat voraus. Nach h. M. ist damit eine zumindest tatbestandliche und rechtswidrige Tat i. S. d. Strafrechts gemeint.[76] Nicht erfasst werden von diesem engen Opferbegriff Dritte, die nicht Inhaber:in des geschützten Rechtsguts sind. Sie können lediglich indirekte Opfer sein. Zu denken ist hierbei insbesondere an Familienmitglieder, Verwandte und andere nahestehende Personen von Kriminalitätsopfern.[77] Diese werden vom strafrechtlichen Opferbegriff ebenso wenig erfasst wie Personen, die ohne die Verletzung eines Strafgesetzes in ihren Rechten verletzt worden sind.

---

[73] Ausführlich hierzu *Sautner*, Opferinteressen und Strafrechtstheorie, 2010, S. 28 f.

[74] *Sautner*, Opferinteressen und Strafrechtstheorie, 2010, S. 29.

[75] *Jung*, ZStW (93) 1981, 1147 (1150); *Sautner*, Opferinteressen und Strafrechtstheorie, 2010, S. 28; *Sautner*, Viktimologie, 2014, S. 20; ebenso BGH NJW 2019, 319 (319).

[76] *Weder*, ZStrR 1995, 39 (40); zustimmend *Eder-Rieder*, Opferschutz, 1998, S. 5; andere Stimmen verlangen darüber hinaus auch eine schuldhafte Tat; vgl. etwa *Schiemann*, Opferinteressen in der Straftheorie, 2015, S. 19.

[77] *Sautner*, Viktimologie, 2014, S. 17 f.

Insgesamt kann dem materiellen Strafrecht damit eine Beschränkung des Opferbegriffs auf direkte Opfer der Rechtsgutsverletzung und die Feststellung der Opferwerdung durch ein Strafgericht entnommen werden. Dieser strafrechtliche Opferbegriff kann so als Ausgangspunkt der Entwicklung eines strafvollzugsrechtlichen Opferbegriffs dienen.

4.2.1.2.2 Strafprozessrechtlicher Opferbegriff

4.2.1.2.2.1 Grundsätzliche Unterschiede zwischen Strafrecht und Strafprozessrecht mit Folgen für den Opferbegriff

Im Strafprozessrecht erfährt der Schutz von Straftatopfern seit den 1980er Jahren zunehmend Bedeutung. Durch mehrere Gesetze und Gesetzesänderungen wurden die Rechte von Geschädigten im Strafverfahren erheblich gestärkt. Zugleich wurde das Bewusstsein für Opferbelange insgesamt gefördert.[78] Die Entwicklung der Opferrechte und des Opferschutzes im deutschen Straf- und Strafprozessrecht wird in dem Kapitel zu den historischen Grundlagen noch näher dargestellt.[79] An dieser Stelle soll zunächst nur der Begriff des Opfers im Strafprozessrecht genauer betrachtet werden.

Bereits aus ganz grundsätzlichen Erwägungen muss zwischen dem strafrechtlichen und dem strafprozessrechtlichen Opferbegriff ein Unterschied bestehen, wenn dem Opfer im Strafverfahren besondere Rechte eingeräumt werden sollen.[80] Denn während die Opferschaft im materiellen Strafrecht die Feststellung einer Rechtsgutsverletzung auf Seiten der Opfer durch die Täter:innen voraussetzt, müssen die Begrifflichkeiten des Strafverfahrensrechts weiter gefasst sein. Dies folgt aus dem Umstand, dass der Strafprozess neben der Verwirklichung des materiellen Strafrechts die Wahrheitsfindung hinsichtlich der konkreten Straftat erst zum Ziel hat.[81] Im Strafverfahren gilt für die Beschuldigten bis zum Zeitpunkt der Verurteilung die Unschuldsvermutung.[82] Folglich kann im Strafprozessrecht ebenfalls erst dann von tatsächlichen Opfern gesprochen werden, wenn das Gericht durch die rechtskräftige Verurteilung der Täter:innen eine strafbare Handlung zum Nachteil eines tatsächlichen Opfers festgestellt hat. Der

[78] Vgl. die Nachweise zur opferbezogenen Gesetzgebung oben in Kapitel 1 Fn. 1.

[79] Zur opferorientierten Gesetzgebung aus historischer Perspektive siehe unten im Abschnitt 6.3.

[80] *Sautner*, Viktimologie, 2014, S. 21.

[81] *Kudlich*, in: MüKo StPO I, 2014, Einleitung Rn. 11.

[82] Vgl. Art. 6 Abs. 2 EMRK; näher hierzu *Roxin/Schünemann*, Strafverfahrensrecht, 29. Aufl. 2017, § 11 Rn. 1 f.; *Schmitt*, in: Meyer-Goßner/Schmitt (Hrsg.), StPO, 64. Aufl. 2021, Anh. 4 EMRK Art. 6 Rn. 12 ff.

Opferbegriff des Strafprozessrechts muss sich daher vor diesem Zeitpunkt auf mutmaßliche Opfer beziehen.

Wenn im Strafprozessrecht also von einem tatsächlichen Opfer erst gesprochen werden kann, nachdem dessen Opferschaft durch das Gericht positiv festgestellt wurde, besteht ab diesem Zeitpunkt Übereinstimmung mit dem Opferbegriff des materiellen Strafrechts. Allerdings haben mutmaßliche Opfer im Strafverfahren besondere Rechte, die nicht an die rechtskräftige Feststellung einer strafbaren Handlung der Täter:innen zum Nachteil von Straftatopfern geknüpft sind. Wäre die rechtskräftige positive Feststellung der Opferschaft Voraussetzung für die Wahrnehmung von Opferrechten im Strafverfahren, so würden diese Rechte leerlaufen. Daher müssen diese Rechte auch vor einer Verurteilung der Täter:innen wahrgenommen werden können.

4.2.1.2.2.2 Strafprozessualer Begriff des Opfers

Die Strafprozessordnung verwendet den Begriff des Opfers ausschließlich in den Vorschriften über den Täter-Opfer-Ausgleich[83] und in § 154c Abs. 2 StPO.[84] Im Übrigen spricht das Strafprozessrecht vom „Verletzten"[85] oder von einer „verletzten Person"[86]. Die Unterscheidung macht deutlich, dass den mutmaßlich Geschädigten durch die StPO zwar bestimmte Rechte zukommen sollen (Verletztenrechte), sie jedoch noch nicht die Stellung eines Opfers im strafrechtlichen Sinne erlangt haben.[87] Diese Stellung erlangen Verletzte erst durch den Strafprozess, nachdem das Gericht das Vorliegen einer gegen sie gerichteten tatbestandlichen und rechtswidrigen Tat festgestellt hat.

Der Begriff „Täter-Opfer-Ausgleich" wird in § 153a Abs. 1 Nr. 5 StPO legaldefiniert. Demnach handelt es sich beim Täter-Opfer-Ausgleich um ein Verfahren, das durch das ernsthafte Bemühen geprägt ist, einen Ausgleich mit den Verletzten

---

[83] Vgl. §§ 153a Abs. 1 S. 2 Nr. 5, 155a, 155b StPO.

[84] Im Gegensatz dazu wird in der österreichischen StPO das Opfer sogar in § 65 Nr. 1 legaldefiniert. Demnach gilt als Opfer nach § 65 Nr. 1a. österreichische StPO „jede Person, die durch eine vorsätzlich begangene Straftat Gewalt oder gefährlicher Drohung ausgesetzt oder in ihrer sexuellen Integrität beeinträchtigt […] sein könnte". Daneben werden nach § 65 Nr. 1b auch noch Angehörige von Verletzten vom Begriff des Opfers i. S. d. der österreichischen StPO umfasst sowie nach § 65 Nr. 1c auch weitere Personen, die durch die Tat einen Schaden erlitten haben oder sonst in ihren strafrechtlich geschützten Rechtsgütern beeinträchtigt wurden. Insofern ist der Opferbegriff des österreichischen Strafprozessrechts sehr weit.

[85] Vgl. insbesondere § 48a Abs. 1 S. 1 StPO; § 153a Abs. 1 S. 2 Nr. 5 StPO; § 155a StPO; § 158 Abs. 1, 3 und 4 StPO; § 172 StPO; § 268 Abs. 2 S. 2 StPO; § 374 StPO; § 403 StPO.

[86] Vgl. § 68a Abs. 2 S. 1 StPO; § 58a Abs. 1 S. 1 Nr. 1, S. 3 StPO.

[87] Ähnlich für die österreichische StPO *Sautner*, Viktimologie, 2014, S. 21.

zu erreichen und dabei die Tat ganz oder zum überwiegenden Teil wieder gut zu machen oder deren Wiedergutmachung zu erstreben. Mithin setzt der Täter-Opfer-Ausgleich keine rechtskräftige Feststellung der Opferschaft der Verletzten durch das Strafgericht voraus. Vielmehr kann ein Täter-Opfer-Ausgleich auch schon vor oder während des Strafverfahrens durchgeführt werden.[88] Freilich wird der Begriff „Opfer" in § 153a Abs. 1 Nr. 5 StPO nicht einzeln verwendet, sondern ist dort Bestandteil des feststehenden Terminus „Täter-Opfer-Ausgleich" und muss demnach in Verbindung mit diesem gesehen werden. Eine gesonderte Verwendung des Opferbegriffs ist dieser Vorschrift gerade nicht zu entnehmen. Daher lassen sich aus § 153a Abs. 1 Nr. 5 StPO keine Kriterien für eine Bestimmung eines allgemein gültigen strafprozessualen Opferbegriffs ableiten.

In § 154c Abs. 2 StPO wird der Begriff des Opfers demgegenüber eigenständig verwendet. So kann die Staatsanwaltschaft unter den Voraussetzungen des § 154c Abs. 2 StPO von der Verfolgung etwaiger Vergehen von Opfern einer Nötigung, Erpressung oder eines Menschenhandels absehen, wenn dieses Vergehen durch die Anzeige der anderen Straftat bekannt wird. Die Vorschrift § 154c StPO dient dem Schutz von Opfern der genannten Straftaten und soll eine bestehende Zwangslage durch die Befürchtung der eigenen strafrechtlichen Verfolgung unter bestimmten Voraussetzungen auflösen.[89] Letztlich soll den Opfern einer Nötigung, Erpressung oder eines Menschenhandels die Aussage erleichtert werden, wenn hierdurch zugleich ein eigenes Vergehen offenkundig wird.[90] Allerdings setzt § 154c Abs. 2 StPO nicht voraus, dass die Opferschaft bereits rechtskräftig durch ein Strafgericht festgestellt wurde. Dies ergibt sich schon aus dem Umstand, dass bei einer rechtskräftigen Verurteilung der Täter:innen der relevanten Bezugstat keine Anzeige bzw. Aussage des Opfers mehr erforderlich wäre. Hieraus folgt, dass es sich bei einem Opfer i. S. d. § 154c StPO in den meisten Fällen um ein mutmaßliches Opfer handeln dürfte, d. h. um eine Person, deren Opferschaft noch nicht rechtskräftig durch ein Strafgericht festgestellt wurde. Mit Blick auf den ansonsten üblicherweise innerhalb der StPO verwendeten Verletztenbegriff erscheint die Formulierung in § 154c Abs. 2 StPO daher ungünstig. Allerdings ist zu beachten, dass § 154c StPO allein das „Opfer" der

---

[88] Im materiellen Strafrecht kann der Täter-Opfer-Ausgleich strafmildernd berücksichtigt werden oder gegebenenfalls sogar zu einem Absehen von Strafe führen, vgl. §§ 46 Abs. 2, 46a StGB; weiterführend *Fischer*, StGB, 69. Aufl. 2022, § 46 Rn. 47, § 46a Rn. 1 ff.

[89] Vgl. BT-Drs. 15/3045, S. 10; *Diemer*, in: KK-StPO, 8. Aufl. 2019, § 154c Rn. 1; *Teßmer*, in: MüKo StPO II, 2016, § 154c Rn. 3; *Beuckelmann*, in: BeckOK StPO, 43. Ed. Stand: 01.04.2022, StPO § 154c Vor Rn. 1.

[90] Vgl. *Teßmer*, in: MüKo StPO II, 2016, § 154c Rn. 3; ähnlich auch *Diemer*, in: KK-StPO, 8. Aufl. 2019, § 154c Rn. 1.

genannten Bezugstaten hinsichtlich der Verfolgung eigener Vergehen begünstigt, zugleich jedoch keine unmittelbaren Auswirkungen auf die Person hat, der die Bezugstat vorgeworfen wird. Gründe, weshalb mit § 154c Abs. 2 StPO von der übrigen Terminologie der StPO im Zusammenhang mit der sogenannten Opferschutzgesetzgebung abgewichen worden ist, lassen sich allerdings weder in den Gesetzgebungsmaterialien noch in der Kommentarliteratur finden.

Der Begriff des Opfers i. S. d. Strafprozessrechts umfasst folglich nicht nur Verletzte, deren Opferstellung bereits rechtskräftig festgestellt wurde. Da der Täter-Opfer-Ausgleich in jedem Stadium des Strafverfahrens durchgeführt werden kann, kommt es hinsichtlich dieses Ausgleichsverfahrens nicht auf die rechtskräftige Feststellung der Opferschaft an. Zumindest kann zunächst einmal jeder, der behauptet, durch die Tat verletzt worden zu sein, grundsätzlich an diesem Ausgleichsverfahren teilhaben.[91] Dies entspricht jedoch gerade nicht dem Begriff des Opfers, sofern hierunter mit der zutreffenden Ansicht nur Personen verstanden werden, die tatsächlich durch eine Straftat viktimisiert wurden. Die Feststellung dieser „Opferschaft“ kann nämlich erst durch den Strafprozess erfolgen, sofern der bzw. die Angeklagte tatsächlich Täter:in der zur Last gelegten Tat sein sollte.[92] In Strafverfahren, in denen entweder die angeklagte Person nicht Täter:in der vorgeworfenen Tat ist oder das vorgebliche Opfer überhaupt nicht verletzt wurde, sollte der Begriff des Opfers im juristischen Sinne daher nicht verwendet werden.

Vor diesem Hintergrund ist die Bezeichnung strafprozessualer Rechte mutmaßlicher Opfer als „Opferrechte“ oder „Opferschutzrechte“ begrifflich ungenau. In dem Kapitel zu den kriminalpolitischen Grundlagen werden die sich aus dieser sprachlichen Unschärfe ergebenden kriminalpolitischen Probleme des „Opferschutzes“ einer näheren Betrachtung unterzogen.[93]

4.2.1.2.2.3 Strafprozessualer Begriff des bzw. der Verletzten

Der Begriff des bzw. der Verletzten wurde bis vor kurzem in der StPO nicht legaldefiniert. Erst seit dem 1. Juli 2021 enthält § 373b Abs. 1 StPO eine Legaldefinition des strafprozessualen Verletztenbegriffs.[94] Demnach sind diejenigen Verletzte im Sinne der Strafprozessordnung, „die durch die Tat, ihre

[91] Ausführlich zum Problem der Verwendung des Opferbegriffs in diesem Zusammenhang *Weigend*, GS Walter, 2014, S. 243 ff.

[92] *Weigend*, GS Walter, 2014, S. 245 f; ähnlich bereits *Jung*, ZStW (93) 1981, 1147 (1149).

[93] Siehe hierzu unten im Abschnitt 9.1.1.2.

[94] Eingefügt durch das Gesetz zur Fortentwicklung der Strafprozessordnung und zur Änderung weiterer Vorschriften, BGBl. I 2021, S. 2099 ff.; zur Begründung siehe BT-Drs. 19/27654, S. 99 f.

Begehung unterstellt oder rechtskräftig festgestellt, in ihren Rechtsgütern unmittelbar beeinträchtigt worden sind oder unmittelbar einen Schaden erlitten haben". Die Schaffung einer Legaldefinition für den Begriff des bzw. der Verletzten im Strafprozessrecht diente der vollständigen Umsetzung der Opferschutzrichtlinie 2012/29/EU.[95] Die Einbeziehung von Personen, deren strafrechtlich relevante Viktimisierung rechtskräftig festgestellt wurde, ist erforderlich, weil die StPO beispielsweise in § 406d Abs. 2 StPO auch Auskunftsrechte der Verletzten enthält, die erst nach Abschluss des Strafprozesses von Bedeutung sind.

Vor Einführung von § 373b StPO war der Begriff des Verletzten innerhalb der StPO jeweils im Zusammenhang mit der betreffenden strafprozessualen Vorschrift auszulegen.[96] Einen einheitlichen Verletztenbegriff gab es bis Juli 2021 innerhalb der StPO daher nicht. Den Ausgangspunkt für den strafprozessualen Verletztenbegriff bildete bereits vor Einführung des § 373b StPO eine mögliche Rechtsverletzung durch die verbotene Handlung der mutmaßlichen Täter:innen.[97] Daneben ist auch der Schutzbereich der verletzten Strafnorm zu berücksichtigen. Als verletzte Person im strafprozessualen Sinne kann daher auch unter Berücksichtigung von § 373b Abs. 1 StPO nur gelten, wer durch die verletzte Strafrechtsnorm (zumindest auch) geschützt werden soll.[98] Ausweislich der Gesetzesbegründung zu § 373b Abs. 1 StPO wurde die bereits zuvor in Rechtsprechung und Literatur vertretene Ansicht zur Bestimmung des strafprozessualen Verletztenbegriffs nunmehr gesetzlich geregelt.[99] Eine Änderung der Rechtslage ist daher lediglich insofern ersichtlich, als nunmehr ein einheitlicher strafprozessualer Verletztenbegriff existiert. Bemerkenswert ist mit Blick auf § 373b StPO gleichwohl, dass nach Absatz 2 bestimmte Personen mit einer engen persönlichen Beziehung zu dem bzw. der Verletzten diesen bei vollendeten Tötungsdelikten gleichgestellt sind. Dies ist insbesondere deshalb erwähnenswert, weil so die

---

[95] RegE BR-Drs. 57/21, S. 39 f.; BT-Drs. 19/27654, S. 100; ausführlich zur Opferschutzrichtlinie sogleich im Abschnitt 8.2.2.3.3.

[96] Zur Auslegung des Verletztenbegriffs vor Juni 2021 siehe BGH NJW 1954, 203 (203); *Moldenhauer*, in: KK-StPO, 8. Aufl. 2019, § 172 Rn. 19; *Weiner*, in: BeckOK StPO, 43. Ed. Stand: 01.04.2022, StPO § 406d Rn. 1.

[97] Vgl. *Moldenhauer*, in: KK-StPO, 8. Aufl. 2019, § 172 Rn. 19; *Senge*, in: KK-StPO, 8. Aufl. 2019, § 374 Rn. 2.

[98] OLG Karlsruhe, NStZ-RR 2001, 112 (112 f.); OLG Celle, NStZ 2007, 483 (483); *Frisch*, JZ 1974, 7 (11); *Moschüring*, in: AK-StPO, 1992, § 172 Rn. 6.

[99] Siehe hierzu RegE BR-Drs. 57/21, S. 41.

klare begriffliche Unterscheidung von Verletzten und mitbetroffenen nahestehenden Personen innerhalb des Strafprozessrechts deutlich wird. Insofern wurden ebenfalls die Vorgaben der Opferschutzrichtlinie 2012/29/EU umgesetzt.[100]

Eine weitergehende Auseinandersetzung mit dem strafprozessualen Verletztenbegriff ist für die weitere Betrachtung nicht erforderlich, da der strafprozessuale Verletztenbegriff lediglich als Auslegungshilfe für einen strafvollzugsrechtlichen Opferbegriff dienen soll.

4.2.1.2.3 Zusammenfassung zum strafrechtlichen und strafprozessrechtlichen Opferbegriff

Für die hier angestrebte Entwicklung eines strafvollzugsrechtlichen Opferbegriffs kann zunächst mit Blick auf den strafrechtlichen Opferbegriff festgehalten werden, dass das Strafrecht dem Schutz von Rechtsgütern dient und somit strafrechtsdogmatisch der Schutz potenzieller Opfer im Mittelpunkt strafrechtlicher Vorschriften steht. Dennoch kann der Rückbezug auf das jeweils strafrechtlich geschützte Rechtsgut für die dogmatische Beschränkung des strafvollzugsrechtlichen Opferbegriffs im konkreten Fall nutzbar gemacht werden. Hieraus ergibt sich insbesondere die Beschränkung des Opferbegriffs auf den Rechtsgutsträger, mithin auf direkte Opfer. Weiterhin ist mit Blick auf das Strafvollzugsrecht ebenso wie nach dem materiell-strafrechtlichen Opferbegriff eine rechtskräftige Feststellung der Opferschaft durch ein Strafgericht notwendig. Nur in diesen Fällen findet das Strafvollzugsrecht bei einer Verurteilung zu einer Freiheitsstrafe überhaupt Anwendung und kann mithin ein strafvollzugsrechtlicher Opferbegriff von Bedeutung sein.

Mit Blick auf das Strafprozessrecht kann festgehalten werden, dass ein „Opfer“ nach strafprozessualem Verständnis eine Person ist, deren Opferschaft durch ein Strafgericht rechtskräftig festgestellt wurde. Ausnahmen hiervon finden sich allein in §§ 153a Abs. 1 S. 2 Nr. 5, 154c Abs. 2, 155a, 155b StPO. Zwar werden im Strafprozessrecht auch nur mutmaßlichen Opfern Verfahrensrechte zugestanden, jedoch wird in diesem Zusammenhang der Begriff „Verletzter“ verwendet. Im Hinblick auf den Verletztenbegriff des Strafprozessrechts ist wiederum festzuhalten, dass dieser seit 2021 in § 373b Abs. 1 StPO legaldefiniert ist und die StPO somit seither einen einheitlichen Verletztenbegriff enthält. Nach der dortigen Legaldefinition können nur Personen dem Verletztenbegriff unterfallen, die durch die Tat unmittelbar verletzt worden sein könnten. Personen, die nur mittelbar durch die infrage stehende Straftat beeinträchtigt sind, werden nicht

[100] BT-Drs. 19/27654, S. 101 f.; ausführlich zur Opferschutzrichtlinie sogleich im Abschnitt 8.2.2.3.3.

als „Verletzte“ bezeichnet. Allerdings gewährt das Strafprozessrecht ihnen in Ausnahmefällen die gleichen Rechte wie den Verletzten. Als Beispiel sei diesbezüglich die Nebenklageberechtigung von Angehörigen bestimmter Opfer nach § 395 Abs. 2 StPO und die Gleichstellung von Verletzten und Angehörigen bzw. anderen nahestehenden Personen von getöteten Opfern durch § 373b Abs. 2 StPO genannt.

Da im Strafvollzug nur rechtskräftig verurteilten Täter:innen die Freiheit entzogen wird, können im Strafvollzugsrecht auch nur deren Opfer von Bedeutung sein. Dementsprechend ist für den Opferbegriff des Strafvollzugsrechts festzuhalten, dass dieser gegenüber dem strafprozessrechtlichen Begriff des bzw. der Verletzten enger sein muss. Nur solche Opfer, deren Opferschaft durch einen Strafprozess bereits rechtskräftig festgestellt wurde, können mit Blick auf das Strafvollzugsrecht relevant sein.

Übereinstimmungen zwischen dem materiell-strafrechtlichen Opferbegriff und dem strafprozessrechtlichen Verletztenbegriff ergeben sich hinsichtlich des Erfordernisses der unmittelbaren Betroffenheit. Diese Voraussetzung sollte sich daher auch in einem strafvollzugsrechtlichen Opferbegriff niederschlagen.

4.2.2 Strafvollzugsrechtlicher Opferbegriff

Für die Entwicklung eines strafvollzugsrechtlichen Opferbegriffs kann zunächst auf die Unterscheidung von individuellen und kollektiven sowie direkten und indirekten Opfern innerhalb der viktimologischen Forschung abgestellt werden. Diese Begrifflichkeiten sollen auch im Folgenden grundsätzlich für die Einordnung einer Person als Opfer herangezogen werden. Zudem weist bereits der juristisch-strafrechtsbezogene Opferbegriff das Erfordernis der Feststellung einer strafrechtlich relevanten Viktimisierung durch ein Strafgericht auf, welches sich im Opferbegriff des materiellen Strafrechts wiederfindet.

Weiterhin liegt eine Anknüpfung an den materiell-strafrechtlichen und den strafprozessualen Opferbegriff aus mehreren Gründen nahe. Mit Blick auf den Ablauf des Kriminalisierungsprozesses folgt der Vollzug der Strafe auf deren Androhung durch den Gesetzgeber im materiellen Strafrecht und deren Ausspruch durch die Gerichte in einem dem Strafprozessrecht folgenden Verfahren. Wenn der Strafvollzug aber in dieser Weise an das materielle Strafrecht und das Strafverfahrensrecht anknüpft, liegt es nahe, bei zentralen Begriffen wie dem des Opfers in allen drei genannten Phasen des Kriminalisierungsprozesses eine einheitliche Handhabung anzustreben. Eine solche Einheitlichkeit stößt freilich dort an Grenzen, wo die unterschiedlichen Aufgaben des materiellen Strafrechts, des

Strafprozessrechts und des Strafvollzugsrechts eine jeweils eigene Auslegung der gesetzlichen Vorschriften erforderlich machen.

Aber auch die Entwicklung der Gesetzgebung zum Opferschutz legt für das Strafvollzugsrecht eine Anknüpfung an das materielle Strafrecht und das Strafprozessrecht nahe. Während der Opferschutz im materiellen Strafrecht und im Strafprozessrecht bereits seit einigen Jahrzehnten stetig ausgebaut worden ist, kannte das Strafvollzugsrecht den Begriff des Opfers bis zum Erlass der Landesstrafvollzugsgesetze nach der Föderalismusreform von 2006 nicht. Zwar enthalten nunmehr alle Landesgesetze zum Strafvollzug den Begriff des Opfers oder des bzw. der Verletzten,[101] jedoch fehlt es im Strafvollzugsrecht an einer Legaldefinition. Den Gesetzesmaterialien zu den einzelnen Landesstrafvollzugsgesetzen sind lediglich allgemeine Hinweise auf die vom Gesetzgeber intendierte Stärkung des Opferschutzes zu entnehmen.[102] Ein eigener Opferbegriff ist im Strafvollzugsrecht allerdings bislang weder vom Gesetzgeber noch von Rechtsprechung oder Wissenschaft entwickelt worden.

Die bisherigen Betrachtungen haben erstens gezeigt, dass der Begriff des Opfers im materiellen Strafrecht nur für solche Verletzte verwendet wird, deren Opferschaft in einem Strafprozess durch die Verurteilung der Täter:innen rechtskräftig festgestellt wurde. Zweitens muss es sich nach dem strafrechtlichen Opferbegriff um ein direktes Opfer der Tat handeln. Eine Einbeziehung indirekter Opfer, wie beispielsweise nach dem entsprechenden viktimologischen Begriff des Kriminalitätsopfers[103], kennt das Strafrecht nicht. Gleiches gilt für die Beschränkung des Verletztenbegriffs im Strafprozessrecht auf unmittelbar durch die Straftat verletzte Personen. Zwar räumt das Strafprozessrecht indirekten Opfern in Ausnahmefällen besondere Rechte ein, wie beispielsweise die Nebenklagebefugnis naher Angehöriger des direkten Opfers gemäß § 395 Abs. 2 Nr. 1 StPO belegt. Allerdings wird dieser Personenkreis mangels unmittelbarer Betroffenheit eben gerade nicht vom strafprozessualen Verletztenbegriff des § 373b Abs. 1 StPO erfasst.

Unter Berücksichtigung des materiellen Strafrechts und des Strafverfahrensrechts lassen sich somit zwei grundlegende Elemente eines strafjuristischen Opferbegriffs ausmachen: erstens die strafprozessual festgestellte Opferschaft

---

[101] Vgl. u. a. die oben in Kapitel 2 Fn. 10 und Fn. 11 genannten Vorschriften der Landesstrafvollzugsgesetze.

[102] Vgl. beispielsweise Landtag Hessen Drs. 18/1396, S. 2; Landtag Nordrhein-Westfalen Drs. 16/5413, S. 2; Landtag Mecklenburg-Vorpommern Drs. 6/1337, S. 2; eine detaillierte Auswertung der Materialen im Zusammenhang mit den kriminalpolitischen Grundlagen erfolgt unten im Abschnitt 9.3.

[103] Zum Begriff der indirekten Opfer siehe bereits oben im Abschnitt 4.2.1.1.2.3.

und zweitens die direkte Betroffenheit des Opfers durch die Straftat. Ein solch enges Verständnis vom Opfer erscheint auch für das Strafvollzugsrecht aus zwei Gründen angemessen.

Zum einen wird beim Vollzug der Freiheitsstrafe und anderer stationärer Kriminalsanktionen der intensivste staatliche Einfluss innerhalb des Strafrechtssystems auf das menschliche Individuum ausgeübt.[104] Durch die Inhaftierung verurteilter Straftäter:innen wird eine Vielzahl ihrer Grundrechte eingeschränkt und in erheblicher Weise auf die Täter:innen eingewirkt.[105] Dies ist nach Ansicht des BVerfG zulässig, wenn die Einschränkung „zur Erreichung eines von der Werteordnung des Grundgesetzes gedeckten gemeinschaftsbezogenen Zweckes unerlässlich ist“[106]. Die konkrete Ausgestaltung des Freiheitsentzugs als Strafübel erfolgt durch strafvollzugsrechtliche Vorschriften. Eine Berücksichtigung von Opferbelangen im Strafvollzug durch opferbezogene Regelungen hat somit direkte Auswirkungen auf die Ausgestaltung der Freiheitsstrafe gegenüber den inhaftierten Täter:innen. Beispielsweise könnte ein weites Verständnis des strafvollzugsrechtlichen Opferbegriffs zu einer restriktiveren Handhabung von Vollzugslockerungen[107] führen, wenn neben dem Schutz direkt betroffener Straftatopfer auch die Interessen indirekter oder sogar nur potenzieller Opfer berücksichtigt werden würden.

Zum anderen muss bei der Berücksichtigung von Opferbelangen im Vollzug immer ein direkter Bezug zu den konkreten Täter:innen bestehen, da diese durch eine Einbeziehung von Opferbelangen in ihren Rechten beschränkt werden können. Es muss also zwischen dem bzw. der betroffenen Gefangenen und dem konkreten Straftatopfer, dessen Belange innerhalb des Strafvollzugs berücksichtigt werden sollen, eine direkte Verbindung durch das Viktimisierungsereignis im Sinne einer direkten Betroffenheit des Opfers bestehen.

Im Ergebnis können für den Opferbegriff im Strafvollzugsrecht damit zwei Voraussetzungen festgehalten werden, nämlich erstens eine rechtskräftige Feststellung der Rechtsgutsverletzung des konkreten Opfers durch ein Strafgericht und zweitens eine direkte Betroffenheit dieses Opfers von der vollzugsrelevanten Entscheidung oder Maßnahme aufgrund der Viktimisierung durch den bzw. die

---

[104] *Calliess*, Strafvollzugsrecht, 3. Aufl. 1992, S. 3 f.

[105] Vgl. *Preusker*, Schutz der Bürger- und Menschenrechte im Strafvollzug, in: Puschke (Hrsg.), Strafvollzug in Deutschland, 2011, S. 98; ausführlich zu der Einschränkung von Grundrechten im Strafvollzug *Laubenthal*, Strafvollzug, 8. Aufl. 2019, Rn. 243.

[106] BVerfG NJW 1972, 811 (811).

[107] Zu der insgesamt regional unterschiedlichen Lockerungspraxis in den Bundesländern *Dünkel/Pruin/Beresnatzki u. a.*, NK 2018, 21 ff.

konkrete:n Gefangene:n. Nur wenn beide Voraussetzungen vorliegen, können die Belange eines Opfers im Strafvollzug Berücksichtigung finden.

Ein solch enges Verständnis eines strafvollzugrechtlichen Opferbegriffs sagt jedoch noch nichts darüber aus, ob die Landesgesetzgeber derartige Überlegungen auch bei der Einführung der Vorschriften zum Opferbezug in den Landesstrafvollzugsgesetzen angestellt haben. Es erscheint durchaus möglich, dass die Landesgesetzgeber bei den opferbezogenen Vorschriften des Strafvollzugsrechts etwa aus Gründen des Opferschutzes gezielt ein weites Verständnis des Opfers zugrunde legen wollten. Gerade die mitunter sehr allgemein gehaltenen Formulierungen zum Opferschutz und zur opferorientierten Vollzugsgestaltung[108] könnten für eine von den Landesgesetzgebern gewünschte Einbeziehung auch von Belangen kollektiver Opfer sprechen. In diesem Falle wird aber jeweils mit Blick auf die einzelnen konkreten Vorschriften zu klären sein, ob und inwiefern eine so weitgehende Einbeziehung von Opferinteressen über das direkte Opfer hinaus rechtlich zulässig ist. Dieser Problemkreis wird daher später bei der Auslegung der einzelnen strafvollzugsrechtlichen Vorschriften im Teil III dieser Arbeit noch einer genaueren Betrachtung unterzogen.

4.3 Folgen für die Auslegung opferorientierter Vorschriften des Strafvollzugsrechts

Aus den Überlegungen zu den begrifflichen Grundlagen ergibt sich für die Auslegung opferorientierter Vorschriften des Strafvollzugsrechts Folgendes.

Zum einen beschränkt sich der Untersuchungsgegenstand der vorliegenden Arbeit auf den Vollzug der Freiheitsstrafe gegenüber Erwachsenen. Ausgeschlossen von der Betrachtung sind somit alle anderen Arten von freiheitsentziehenden Maßnahmen, wie beispielsweise die Untersuchungshaft, der Maßregelvollzug und der Vollzug der Jugendstrafe. Dies ist insofern für die Auslegung der opferorientierten Vorschriften der Landesstrafvollzugsgesetze relevant, als in einigen Gesetzen neben dem Vollzug der Freiheitsstrafe auch die Untersuchungshaft, die Sicherungsverwahrung und der Vollzug der Jugendstrafe geregelt wurden. Daher wird die Beschränkung des Untersuchungsgegenstandes vornehmlich in der systematischen Auslegung zum Tragen kommen, wenn opferbezogene Vorschriften

[108] Nach § 13 Abs. 2 S. 2 HStVollzG sind beispielsweise „der Schutz der Allgemeinheit und die Belange des Opferschutzes“ bei der Prüfung von vollzugsöffnenden Maßnahmen in angemessener Weise zu berücksichtigen.

neben dem Strafvollzug auch andere Arten von freiheitsentziehenden Maßnahmen regeln.

Zum anderen wird den nachfolgenden Kapiteln des Teil II und auch dem Einstieg in die Auslegung der opferbezogenen Vorschriften im Teil III der soeben entwickelte strafvollzugsrechtliche Opferbegriff zugrunde gelegt. Nach dem hier im Anschluss an viktimologische, strafrechtliche und strafprozessrechtliche Opferbegriffe entwickelten strafvollzugsrechtlichen Opferbegriff ist für die Einordnung einer Person als Straftatopfer eine durch ein Strafgericht rechtskräftig festgestellte Viktimisierung durch den bzw. die Täter:in notwendig. Der gerichtlich festgestellte strafrechtliche Konflikt zwischen Opfer und Gefangenem bzw. Gefangener stellt die Grundlage der weiteren Betrachtungen dar, da sich hieraus besondere Bedürfnisse des Straftatopfers ergeben und diese wiederum durch opferbezogenes Strafvollzugsrecht Berücksichtigung erfahren können. Mithin orientiert sich die Auswahl der zu untersuchenden Regelungen an dem soeben entwickelten strafvollzugsrechtlichen Opferbegriff. Hierbei wird zwischen jenen Vorschriften unterschieden, welche den Opferbegriff bereits im Wortlaut enthalten und jenen, welche nach ihrem Telos einen Bezug zum Straftatopfer aufweisen. Diesbezüglich wird zu untersuchen sein, ob der strafvollzugsrechtliche Opferbegriff wie vorliegend vorgeschlagen eng auszulegen ist oder ob der Begriff mit Blick auf die Entstehungsgeschichte und den Sinn und Zweck der jeweiligen landesrechtliche Regelung mitunter auch einer weiten Auslegung des Begriffs zugänglich ist. Dies wird schließlich die Frage beantworten, ob der opferbezogene Strafvollzug allein auf die Berücksichtigung der Belange tatsächlicher Straftatopfer und deren Schutz ausgerichtet ist oder ob durch die Einbeziehung der Opferperspektive letztlich auch die Sicherheit der Allgemeinheit eine besondere Gewichtung erfahren hat. Letzteres könnte dann der Fall sein, wenn die Einbeziehung von Opferbelangen in den Strafvollzug neben der Beachtung der Interessen tatsächlicher Opfer gerade auch auf den Schutz potenzieller Opfer und somit auf den Schutz der Allgemeinheit abzielt.

Im Rahmen der grammatischen Auslegung opferbezogenen Strafvollzugsrechts wird daher zunächst von einem engen dieser Arbeit zugrunde liegenden Opferbegriff ausgegangen. Unter Berücksichtigung der übrigen Ergebnisse des Grundlagenteils kann sich jedoch insbesondere im Rahmen der historischen Auslegung mit Blick auf die Gesetzgebungshistorie und den durch die einzelnen Landesgesetzgeber verfolgten kriminalpolitischen Motiven eine weite Auslegung einzelner Vorschriften ergeben. Solche Befunde müssen dann gegebenenfalls eingeordnet und mit den übrigen Auslegungsergebnissen – insbesondere im Rahmen einer verfassungskonformen Auslegung unter Berücksichtigung des verfassungsrechtlich verankerten Resozialisierungsgebots – in Bezug gesetzt werden. Möglicherweise ergibt sich für das Strafvollzugsrecht kein einheitlicher Opferbegriff, sondern eine vorschriftenbezogene Auslegung.

5 Strafvollzugsrechtliche Grundlagen

In den nach der Föderalismusreform von 2006 erlassenen Landesstrafvollzugsgesetzen hat der sogenannte opferbezogene Strafvollzug durch entsprechende Vorschriften Berücksichtigung gefunden. Um die Diskrepanz zum vorherigen, in erster Linie an den Täter:innen ausgerichteten Strafvollzugsrecht herausarbeiten zu können, bedarf es in einem ersten Schritt zunächst einer Darstellung des bisherigen vornehmlich täter:innenorientierten Strafvollzugs nach Bundesrecht (Abschnitt 5.1). Zu diesem Zweck werden das Vollzugsziel der Resozialisierung gemäß § 2 S. 1 StVollzG Bund, die Vollzugaufgabe des Schutzes der Allgemeinheit gemäß § 2 S. 2 StVollzG Bund, ihr Verhältnis zueinander und die Diskussion um die Berücksichtigung allgemeiner Strafzwecke im Strafvollzugsrecht auf Grundlage des StVollzG Bund betrachtet. Im Anschluss daran werden in einem zweiten Schritt die Grundlagen des insbesondere seit der Föderalismusreform zunehmend auch am Opfer orientierten Strafvollzugs erläutert (Abschnitt 5.2). Hierzu wird die Entwicklung der Idee einer Opferorientierung des Strafvollzugsrechts, die rechtliche Ausgestaltung der Opferorientierung und das Verhältnis zwischen Vollzugsziel und Opferorientierung betrachtet. Hierauf folgt eine Zusammenfassung zum opferorientierten Strafvollzug. Durch die Untersuchung soll festgestellt werden, ob und gegebenenfalls wie die Opferorientierung des Vollzugs mit dem Vollzugsziel der Resozialisierung und der Vollzugsaufgabe des Schutzes der Allgemeinheit vereinbar ist. Schließlich werden in einem dritten Schritt die Folgen dieser allgemeinen Grundlagen des Strafvollzugsrechts für die spätere Auslegung strafvollzugsrechtlicher Regelungen mit Opferbezug bestimmt (Abschnitt 5.3).

K. M. Radke, *Opferorientierung im Strafvollzug*,
https://doi.org/10.1007/978-3-658-39044-0_5

5.1 Vornehmlich täter:innenorientierter Strafvollzug vor der Föderalismusreform von 2006

5.1.1 Resozialisierung als Vollzugsziel gemäß § 2 S. 1 StVollzG Bund

5.1.1.1 Begriff der Resozialisierung

5.1.1.1.1 Vollzugszieldiskussion bis zum Inkrafttreten des StVollzG Bund

Seit den 1930er Jahren entwickelten sich vornehmlich in den USA und in Nordeuropa erste Ansätze für eine Ausrichtung des Strafvollzugs am Ziel der Resozialisierung.[1] Mit dem zunehmenden Interesse an psychologischen und psychotherapeutischen Ansätzen erreichte die Diskussion um den Behandlungsvollzug in den 1960er ausgehend von den USA einen ersten Höhepunkt.[2]

In der Bundesrepublik Deutschland klang der Resozialisierungsgedanke erstmals in Nr. 57 Abs. 1 S. 1 der Dienst- und Vollzugsordnung von 1961 an.[3] Mit Nr. 57 Abs. 1 S. 1 DVollzO wurden der Schutz der Allgemeinheit, die Unterstützung der Gefangenen bei der Einsicht, dass sie für das begangene Unrecht einzustehen haben, und ihre Wiedereingliederung in die Gemeinschaft zu Zielen des Strafvollzugs erklärt. Insofern wurde zunächst die Ansicht vertreten, der Vollzug diene mehreren Zielen.[4]

Mit dem Inkrafttreten des Bundesstrafvollzugsgesetzes im Jahr 1977 hat der Gesetzgeber die Wiedereingliederung der Gefangenen schließlich zum alleinigen Ziel des Vollzugs erklärt.[5] Damit galt der bis dahin vorliegende Zielkonflikt zwischen den in Nr. 57 Abs. 1 S. 1 DVollzO genannten Vollzugszielen als beseitigt.[6] Die Wiedereingliederung, welche auch als Resozialisierung bezeichnet wird, ist

---

[1] *Kury*, FS Böhm, 1999, S. 251.

[2] *Kury*, FS Böhm, 1999, S. 251.

[3] Bei der Dienst- und Vollzugsordnung handelte es sich um ein von den Justizministern und -senatoren beschlossenes Verwaltungsabkommen, das den Strafvollzug in der BRD auch ohne ein Strafvollzugsgesetz vereinheitlichen sollte; vgl. *Laubenthal*, Strafvollzug, 8. Aufl. 2019, Rn. 125.

[4] Weiterführend *Bemmann*, FS Bockelmann, 1979, S. 893 f.

[5] BT-Drs. 7/918, S. 45, wobei das Vollzugsziel im Referentenentwurf noch als Behandlungsziel bezeichnet wurde; zu den Gründen für die Verwendung des Begriffs „Vollzugsziel" vgl. BT-Drs. 7/3998, S. 5 f.

[6] *Calliess/Müller-Dietz*, StVollzG, 11. Aufl. 2008, § 2 Rn. 4.

seither das einzige Ziel des Strafvollzugs. Dies ist in Rechtsprechung[7] und Literatur[8] heute die ganz herrschende Meinung und entspricht auch der Intention des Gesetzgebers[9]. Das Vollzugsziel der Resozialisierung ist als maßgebliche Gestaltungsmaxime des Strafvollzugs zu betrachten und erfordert eine Ausrichtung des gesamten Vollzugs hin auf die Wiedereingliederung der Gefangenen.[10]

5.1.1.1.2 Vollzugszieldiskussion auf der Grundlage des § 2 StVollzG Bund

Nach der Legaldefinition des Vollzugsziels in § 2 S. 1 StVollzG Bund sollen die Gefangenen „[i]m Vollzug der Freiheitsstrafe […] fähig werden, künftig in sozialer Verantwortung ein Leben ohne Straftaten zu führen".[11] Zwar enthält § 2 S. 1 StVollzG Bund den Begriff der Resozialisierung nicht ausdrücklich, jedoch wird die Befähigung der Gefangenen, ihr Leben in sozialer Verantwortung ohne Straftaten zu führen, gemeinhin als Resozialisierung oder auch Wiedereingliederung bezeichnet.[12]

An einer allgemein anerkannten Definition, was unter Resozialisierung oder Wiedereingliederung konkret zu verstehen ist, fehlt es bislang. Die Legaldefinition des Vollzugsziels in § 2 S. 1 StVollzG Bund erscheint hinsichtlich der Umgrenzung des Begriffs nicht sehr aussagekräftig, beschreibt sie doch nur das Ziel als solches, nicht aber einzelne Bestandteile oder Stationen des Resozialisierungsprozesses.[13] Zudem ist das Vollzugsziel sehr unpräzise formuliert.[14] Was Resozialisierung im Einzelnen bedeutet, wird durch § 2 S. 1 StVollzG Bund und die entsprechenden landesrechtlichen Vorschriften nicht konkretisiert.

In der strafvollzugsrechtlichen Literatur wird sogar die Ansicht vertreten, dass der Begriff der Resozialisierung nicht klar umgrenzt werden kann, weil eine

---

[7] BVerfGE 35, 202 (235); BVerfGE 98, 169 (200).

[8] *Bemmann*, StV 1988, 549 (549); *Bemmann*, StV 1998, 604 (604 f.); *Köhne*, ZRP 2003, 207 (207); *Laubenthal*, Strafvollzug, 8. Aufl. 2019, Rn. 140; *Neubacher*, in: Laubenthal/Nestler/Neubacher/Verrel (Hrsg.), StVollzG, 12. Aufl. 2015, B Rn. 28 m. w. N. zur h. L.

[9] BT-Drs. 7/3998, S. 5 f.

[10] *Laubenthal*, Strafvollzug, 8. Aufl. 2019, Rn. 137.

[11] Für eine übersichtliche Darstellung werden innerhalb der Ausführungen zu den allgemeinen Grundlagen des Strafvollzugs die Vorschriften des StVollzG Bund zitiert. Auch in sämtlichen Landesgesetzen sind die Resozialisierung als Vollzugsziel und die Sicherung der Allgemeinheit als Vollzugsaufgabe an den Anfang der Gesetze gestellt worden.

[12] Vgl. *Laubenthal*, Strafvollzug, 8. Aufl. 2019, Rn. 140.

[13] Vgl. *Köhne*, ZRP 2003, 207 (207).

[14] *Opp*, Resozialisierung, 1979, S. 16.

einfache Definition der Komplexität der Resozialisierung nicht gerecht werde.[15] Allgemein wird unter Resozialisierung die Wiedereingliederung von Menschen in die soziale Gemeinschaft verstanden.[16] Folglich muss es sich bei der Resozialisierung um einen Prozess handeln, in dem ein Individuum wieder ein Teil der Gemeinschaft wird. Um diese sehr abstrakte Umschreibung besser handhabbar zu machen, muss die Basis des Resozialisierungsbegriffs beleuchtet werden. Dies ist notwendig, um überprüfen zu können, ob und gegebenenfalls inwieweit Resozialisierung und Opferorientierung miteinander vereinbar sind.

Eine nähere Untersuchung des Begriffs Resozialisierung ist mit Blick auf die Einbeziehung des Straftatopfers in das Vollzugsrecht auch deswegen notwendig, weil die Resozialisierung zum einen durch die Berücksichtigung des Opfers und seiner Interessen im Strafvollzug gefördert werden kann, sie zum anderen jedoch zugleich die Grenzen für die Opferorientierung des Strafvollzugs festlegt. Letzteres folgt aus dem Umstand, dass der Strafvollzug auf die Resozialisierung der Gefangenen ausgerichtet ist und daher auch ein opferorientierter Strafvollzug mit dem Vollzugsziel vereinbar sein muss. Einerseits erscheint es möglich, dass die Berücksichtigung des Opfers und seiner Interessen Bestandteile des Resozialisierungsprozesses sein können und die Wiedereingliederung der Gefangenen positiv beeinflussen. Allerdings besteht anderseits ebenso die Möglichkeit, dass die Einbeziehung von Opferbelangen in das Strafvollzugsrecht den Resozialisierungsauftrag erschwert und daher nicht mit diesem vereinbar ist. Um darlegen zu können, inwiefern Resozialisierung und Opferbezug im Strafvollzugsrecht miteinander vereinbar sein können, bedarf es daher einer näheren Betrachtung der Frage, was unter dem Begriff der Resozialisierung zu verstehen ist.

5.1.1.1.3 Resozialisierung als Erst- oder Ersatzsozialisation?

5.1.1.1.3.1 Individuelles Resozialisierungsbedürfnis

Betrachtet man zunächst einmal nur den Wortlaut von § 2 S. 1 StVollzG Bund, so sollen die Gefangenen die Fähigkeit erlangen, ihr Leben zukünftig in sozialer Verantwortung ohne Straftaten zu führen. Auch in den Europäischen Strafvollzugsgrundsätzen ist von der Befähigung der Strafgefangenen zu einem Leben

---

[15] Vgl. *Walter*, FS Müller-Dietz, 2001 S. 962; *Hassemer*, FS Lüderssen, 2002, S. 232; *Cornel*, Zum Begriff der Resozialisierung, in: Cornel/Kawamura-Reindl/Maelicke/Sonnen (Hrsg.), Resozialisierung Handbuch, 2018, Rn. 1; *Haverkamp*, Frauenvollzug in Deutschland, 2011, S. 211.

[16] *Pecher*, Resozialisierung, in: Pecher (Hrsg.), Justizvollzugspsychologie in Schlüsselbegriffen, 2004, S. 215.

ohne Straftaten innerhalb der Gesellschaft die Rede.[17] Indem die Gefangenen danach zu einer solchen Lebensführung erst befähigt werden sollen, könnte angenommen werden, dass ihnen generell die Fähigkeit abgesprochen wird, ein Leben in sozialer Verantwortung ohne Straftaten führen zu können.[18] Denn wären die Gefangenen hierzu bereits in der Lage, so müssten sie sich diese Fähigkeit nicht erst im Vollzug aneignen. Mithin könnte nach dem Wortlaut des § 2 S. 1 StVollzG Bund von einem grundsätzlichen Sozialisationsdefizit Strafgefangener ausgegangen werden und somit ein Bedürfnis bestehen, dieses Defizit auszugleichen oder zu beheben.[19]

Häufig wird angenommen, dass ein Großteil der Inhaftierten bisher noch keine erfolgreiche Sozialisation erfahren hat und somit keine Resozialisation stattfinden könne. Vielmehr müsse in diesen Fällen von einer Erstsozialisation gesprochen werden.[20] Nach dieser Ansicht muss daher festgestellt werden, ob hinsichtlich des bzw. der einzelnen Gefangenen eine grundlegende (Neu-)Sozialisierung erforderlich ist, bevor eine Resozialisierung in Form einer Wiedereingliederung in die Gesellschaft überhaupt sinnvoll ist. Wenn eine Person bisher noch nicht sozialisiert worden ist, kann sie auch nicht wiedereingegliedert werden. Vielmehr muss überhaupt erst eine Sozialisation stattfinden.[21] Daher wird der Begriff der Resozialisierung teilweise als ungeeignet angesehen. Einige Autor:innen sprechen daher stattdessen von einer (Re-)Sozialisation[22] und bringen damit das Bedürfnis einer Erstsozialisation bei einem Teil der Straftäter:innen zum Ausdruck.

Mitunter wird § 2 S. 1 StVollzG Bund aber auch so gelesen, dass nicht von einer völligen Unfähigkeit der Inhaftierten zu einem straffreien Leben ausgegangen werden dürfe, sondern die Fähigkeiten der Gefangenen, straffrei zu leben, nur gestärkt und verbessert werden sollen.[23] Wird die Resozialisierung immer lediglich als Erstsozialisation begriffen, so würde generell jeder inhaftierten Person

[17] Recommendation Rec(2006)2 of the Committee of Ministers to Member States on the European Prison Rules, Rule 107.1; vgl. *BMJ Berlin/BMJ Wien/Bern* (Hrsg.), Europäische Strafvollzugsgrundsätze, 2007, Nr. 107.1.

[18] *Böhm*, FS Lüderssen, 2002, S. 807; dieser Standpunkt soll auch der Ansicht des Gesetzgebers entsprechen, vgl. *Jehle*, in: Schwind/Böhm/Jehle/Laubenthal (Hrsg.), StVollzG, 7. Aufl. 2019, 1. Kap. C. Rn. 14.

[19] *Seebode*, Strafvollzug I, 1997, S. 107.

[20] Vgl. *Schüler-Springorum*, Was stimmt nicht mit dem Strafvollzug?, 1970, S. 49; zustimmend *Leyendecker*, (Re-)Sozialisierung, 2002, S. 40.

[21] So *Leyendecker*, (Re-)Sozialisierung, 2002, S. 40.

[22] Siehe nur *Benda*, FS Faller, 1984, S. 307 ff.; *Leyendecker*, (Re-)Sozialisierung, 2002, S. 40.

[23] *Böhm*, FS Lüderssen, 2002, S. 807 f.

ein Mangel an Sozialisation unterstellt werden. Dies wird allerdings gerade jenen Gefangenen nicht gerecht, welche zwar grundsätzlich eine erfolgreiche Sozialisation durchlaufen haben und für die Allgemeinheit keine Gefahr darstellen, jedoch in Folge von beispielsweise situationsbezogenen (Konflikt-)Taten inhaftiert werden.[24] Gleiches gilt für jene Täter:innen, die zu Freiheitsstrafen von über zwei Jahren verurteilt wurden, weswegen keine Strafaussetzung zur Bewährung mehr in Betracht kommt, obwohl keine Sozialisationsdefizite vorliegen.[25] Mithin kann nicht grundsätzlich von einer fehlenden Erstsozialisation der Inhaftierten ausgegangen werden. Vielmehr stellt sich die Beschränkung auf die Sozialisation und mögliche Sozialisationsmängel als zu eng dar, um das Ziel des Strafvollzugs in Gestalt der Resozialisierung zu erfassen.

5.1.1.1.3.2 Sozialisation und Opferperspektive

Ganz gleich, ob der Kern der Resozialisierung in einer erstmaligen Sozialisation oder in einer erneuten Sozialisation gesehen wird, stellt sich für die vorliegende Untersuchung die Frage, inwiefern das Straftatopfer im Rahmen des Sozialisierungsprozesses von Bedeutung ist.

Bei der Sozialisierung an sich handelt es sich um den Prozess, durch den der einzelne Mensch zum Teil einer Gemeinschaft wird.[26] Nach heutigen Erkenntnissen dauert dieser Prozess ein Leben lang, erlangt jedoch seine grundlegende Ausrichtung bereits in der Kindheit und Jugend eines Menschen.[27] Zum eigentlichen Begriff der Sozialisation gibt es eine Vielzahl von Definitionsversuchen. Insgesamt ist man sich immerhin darüber weitgehend einig, dass im Rahmen der Sozialisation Normen und Werte eine entscheidende Rolle spielen.[28] Jedoch reicht für eine erfolgreiche Sozialisation die bloße Kenntnis von Normen und Werten nicht aus. Vielmehr muss das Individuum die gesellschaftlichen „Spielregeln“ auch akzeptieren, in seine eigenen Überzeugungen übernehmen[29] und letztlich sein Handeln an ihnen ausrichten. Zu diesen Normen zählen auch die

---

[24] Vgl. *Seebode*, Strafvollzug I, 1997, S. 114 m. w. N.; ähnlich mit Ausführungen zu NS-Straftätern bei *Benda*, FS Faller, 1984, S. 314 f.; zur geringeren Rückfallwahrscheinlichkeit bei Tötungsdelikten *Jehle*, FS Böttcher, 2007, S. 275.

[25] *Jehle*, in: Schwind/Böhm/Jehle/Laubenthal (Hrsg.), StVollzG, 7. Aufl. 2019, 1. Kap. C. Rn. 2.

[26] *Peuckert/Scherr*, Sozialisation, in: Kopp/Schäfers (Hrsg.), Grundbegriffe der Soziologie, 2010, S. 268.

[27] *Mühler*, Sozialisation, 2008, S. 46.

[28] *Mühler*, Sozialisation, 2008, S. 41.

[29] *Mühler*, Sozialisation, 2008, S. 41 f.

gesetzlichen Regelungen.[30] Durch die Internalisierung von Normen erhalten diese Geltung und werden somit bekräftigt.[31] Diese Akzeptanz beruht wiederum zum einen auf der freiwilligen Befolgung der Normen, zum anderen jedoch auch darauf, dass eine Bestrafung als Folge eines Normverstoßes in Aussicht gestellt wird.[32] Daher kann soziales Lernen als Teil des Sozialisierungsprozesses verstanden werden.[33] Insgesamt ist die Sozialisation des Einzelnen notwendig, um an der Gesellschaft teilhaben zu können. Gleichzeitig wird erst durch sie die soziale Ordnung einer Gemeinschaft gewährleistet.[34]

Wird die Verinnerlichung von gesellschaftlichen Werten und Normen als Voraussetzung für eine gelungene Sozialisation zugrunde gelegt, dann hätten Straftäter:innen keine erfolgreiche Sozialisation durchlaufen. Immerhin haben sie durch die Begehung ihrer Straftaten gezeigt, dass sie die Normen nicht hinreichend akzeptiert und verinnerlicht haben. Ihr Handeln stellt sich als Auflehnung gegen diese Regelungen und Werte der Gesellschaft dar. Durch die Begehung von Straftaten haben die Täter:innen die strafrechtlichen Normen abgelehnt und sich dadurch selbst aus dem Kreis derjenigen ausgeschlossen, für die diese Normen weiterhin Bestand haben.[35] Ziel eines auf Resozialisierung ausgerichteten Strafvollzugs muss es daher sein, bei den Gefangenen mögliche Sozialisationsdefizite hinsichtlich der Anerkennung strafrechtlich geschützter Rechtsgüter durch geeignete Maßnahmen auszugleichen.

Allerdings sind Straftaten nicht allein als Verletzung von Rechtsnormen zu verstehen. Vielmehr sind auch die Beeinträchtigungen der Rechtsgutsträger:innen zu beachten. Dies betrifft in besonderem Maße Taten mit individualisierbaren Opfern, bei welchen eine Negierung der viktimisierten Personen durch die Straftat stattfand.[36] Daher kann die Berücksichtigung der Opferperspektive relevant sein, wenn die Gefangenen sich im Vollzug nicht nur mit der Verletzung einer abstrakten Strafvorschrift, sondern mit den Folgen für das konkrete Straftatopfer auseinandersetzen. Von Bedeutung ist mit Blick auf die Resozialisierung

---

[30] *Peuckert*, Norm, soziale, in: Schäfers/Kopp (Hrsg.), Grundbegriffe der Soziologie, 2010, S. 216.

[31] *Mühler*, Sozialisation, 2008, S. 41 f.

[32] *Mühler*, Sozialisation, 2008, S. 42.

[33] *Neubacher*, in: Laubenthal/Nestler/Neubacher/Verrel (Hrsg.), StVollzG, 12. Aufl. 2015, B Rn. 41.

[34] Vgl. *Mühler*, Sozialisation, 2008, S. 42.

[35] Vgl. *Cornel*, Zum Begriff der Resozialisierung, in: Cornel/Kawamura-Reindl/Maelicke/Sonnen (Hrsg.), Resozialisierung Handbuch, 2018, Rn. 1.

[36] Vgl. zur Negation des Opfers durch die Straftat *Hörnle*, JZ 2006, 950 (957); *Schiemann*, Opferinteressen in der Straftheorie, 2015, S. 110 f.

der Gefangenen insbesondere die Tataufarbeitung unter Berücksichtigung der Straftatfolgen für das Opfer.[37] Durch eine Auseinandersetzung mit der eigenen Straftat und den Folgen für die viktimisierte Personen kann den Gefangenen aufgezeigt werden, inwiefern sie gegen anerkannte gesellschaftliche Regeln und Werte verstoßen haben. Zugleich können den Gefangenen innerhalb des Vollzugs Handlungsalternativen für ein zukünftiges Leben in sozialer Verantwortung aufgezeigt werden. Diese soziale Verantwortung kann gerade auch die Übernahme von Verantwortung für die Straftat und ihre Folgen beim konkreten Opfer beinhalten. Folglich stellt sich die Tataufarbeitung unter Berücksichtigung der Opferperspektive als ein Teilbereich der Resozialisation während des Strafvollzugs dar.

5.1.1.1.4 Abgrenzung des Begriffs der Resozialisierung zu anderen Begriffen

Eine weitere Möglichkeit, sich dem Begriff der Resozialisierung anzunähern, stellt die Abgrenzung zu anderen Begriffen dar. Die Abgrenzung von den Begriffen der Besserung und der Erziehung soll zeigen, worum es sich bei der Resozialisierung nach heutigem Verständnis gerade nicht handelt. Anhand der sich anschließenden Abgrenzung vom Begriff der Behandlung soll verdeutlicht werden, dass Resozialisierung und Behandlung zwar nicht identisch sind, jedoch zahlreiche Überschneidungen aufweisen.[38]

5.1.1.1.4.1 Besserung

Der Begriff der Besserung war zu Beginn des 20. Jahrhunderts noch eng mit dem Entzug der Freiheit von Straftäter:innen verknüpft.[39] Heute wird diese Bezeichnung als sehr negativ besetzt empfunden und nicht mehr im Zusammenhang mit

---

[37] Siehe hierzu bereits *Rössner*, Reader Gefängnisseelsorge 1996, 5 (9); ebenso *Calliess/Müller-Dietz*, StVollzG, 11. Aufl. 2008, § 2 Rn. 28 f.; *Laubenthal*, Strafvollzug, 8. Aufl. 2019, Rn. 165 ff.; noch kritisch hingegen *Müller-Dietz*, Resozialisierung, in: Janssen/Kerner (Hrsg.), Verbrechensopfer, Sozialarbeit und Justiz, 1985, S. 247 ff.; *Kawamura*, ZfStrVo 1994, 3 (4).

[38] Siehe darüber hinaus zur Abgrenzung der Resozialisierung von den Begriffen „(Soziale) Integration" und „Rehabilitation" *Cornel*, Zum Begriff der Resozialisierung, in: Cornel/Kawamura-Reindl/Maelicke/Sonnen (Hrsg.), Resozialisierung Handbuch, 2018, Rn. 37 ff., 40 ff.

[39] *Laubenthal*, Strafvollzug, 8. Aufl. 2019, Rn. 114 f.

dem modernen Strafvollzug verwendet. Insbesondere der mit dem Besserungsgedanken verbundene Zwangscharakter wird abgelehnt.[40] Nach Ansicht des BVerfG ist es nicht Aufgabe des Staates, seine Bürger zu bessern.[41] Durch den Versuch, einen Menschen (gegen seinen Willen) zu bessern, würde dieser zum bloßen Objekt staatlichen Handelns gemacht werden und somit in seiner Menschenwürde nach Art. 1 Abs. 1 GG verletzt. Daher sei ein wie auch immer gearteter Freiheitsentzug verfassungswidrig, wenn er nur das Ziel der Besserung eines Menschen verfolge.[42]

Mit Blick auf die Einbeziehung des Straftatopfers in den Strafvollzug lässt sich mit dieser Rechtsprechung des BVerfG für den Standpunkt argumentieren, dass eine Auseinandersetzung des bzw. der Gefangenen mit dem Opfer und den Straftatfolgen nicht durch die Vollzugsanstalt erzwungen werden darf. Freilich sind die Gefangenen dabei zu unterstützen und zu motivieren, das Unrecht ihrer Tat und die Folgen für das Straftatopfer anzuerkennen. Allerdings muss das Erlangen von Einsicht in das begangene Unrecht und die Übernahme von Verantwortung für die Straftat und ihre Folgen in einem autonomen Prozess der Täter:innen erfolgen[43], der nicht durch die Strafvollzugsbehörde erzwungen werden kann und dessen Ausbleiben keine negativen Folgen nach sich ziehen darf. Nur dann kann die gewonnene Einsicht einen Beitrag zu einem Leben ohne Straftaten in sozialer Verantwortung i. S. d. § 2 S. 1 StVollzG Bund leisten. Eine zwingende Voraussetzung für ein zukünftiges Leben ohne Straftaten ist diese Einsicht jedoch nicht. Vielmehr muss die Resozialisierung auch Raum für nur scheinbar normgemäßes und somit nur angepasstes Verhalten lassen, auch wenn dies nicht ihr eigentliches Ziel ist.[44]

---

[40] *Hassemer*, FS Lüderssen, 2002, S. 235 f.; lediglich hinsichtlich der Maßregeln der Sicherung und Besserung findet der Terminus noch Anwendung; vgl. *Leyendecker*, (Re-) Sozialisierung, 2002, S. 36.

[41] Vgl. BVerfG NJW 1967, 1795 (1800); *Cornel*, Zum Begriff der Resozialisierung, in: Cornel/Kawamura-Reindl/Maelicke/Sonnen (Hrsg.), Resozialisierung Handbuch, 2018, Rn. 16.

[42] Vgl. BVerfG NJW 1967, 1795 (1800).

[43] Vgl. *Roxin/Greco*, Strafrecht AT Bd. 1, 5. Aufl. 2020, § 3 Rn. 10.

[44] *Bemmann*, FS Bockelmann, 1979, S. 896; *Leyendecker*, (Re-)Sozialisierung, 2002, S. 38.

5.1.1.1.4.2 Erziehung

Der Inhalt des Erziehungsbegriffs ist ebenfalls stark umstritten.[45] Daher sollen für die Abgrenzung zum Resozialisierungsbegriff im Folgenden lediglich die wesentlichen Umrisse dieses Begriffs nachgezeichnet werden.

Erziehung meint nach der in der Pädagogik und der pädagogischen Psychologie herrschenden Auffassung eine geplante Einwirkung auf eine Person, die als erziehungsbedürftig erscheint.[46] Dies sind insbesondere Menschen, bei denen die Persönlichkeitsentwicklung noch nicht abgeschlossen ist, also vornehmlich Kinder und Jugendliche. Auch dient die Erziehung der Beeinflussung der Persönlichkeitsentwicklung der zu Erziehenden durch die Erzieher:innen.[47] Im Jugendstrafrecht stellt der Erziehungsgedanke daher ein grundlegendes Prinzip dar und soll die straffällig gewordenen Jugendlichen bei ihrer Persönlichkeitsentwicklung unterstützen und in die richtigen Bahnen lenken.[48]

Demgegenüber birgt die Verwendung des Erziehungsbegriffs im Zusammenhang mit der Resozialisierung im Erwachsenstrafvollzug die Gefahr, die erwachsenen Gefangenen zu infantilisieren. Das Erwachsenenstrafrecht zielt gerade nicht vornehmlich auf eine Beeinflussung der Persönlichkeit der Täter:innen ab, vielmehr stehen bei Erwachsenen die begangene Tat und die staatliche Reaktion auf diese im Mittelpunkt.[49] Dementsprechend kann es auch im Erwachsenenstrafvollzug nicht um die Erziehung der Täter:innen gehen – eine Beeinflussung der Persönlichkeit kann nicht das Ziel der Resozialisierung sein.[50] Wenngleich auch erwachsene Gefangene unter Umständen Defizite hinsichtlich ihrer psychischen Entwicklung haben, ändert dies nichts daran, dass sie nicht mehr als erziehungsbedürftig anzusehen sind.[51]

---

[45] *Cornel*, Zum Begriff der Resozialisierung, in: Cornel/Kawamura-Reindl/Maelicke/Sonnen (Hrsg.), Resozialisierung Handbuch, 2018, S. 20; ausführlich zum Meinungsstand *Brunner/Dölling*, JGG, 13. Aufl. 2018, Einf. Rn. 83 ff.

[46] Vgl. *Kölbel,* in: Eisenberg/Kölbel, Jugendgerichtsgesetz, 23. Aufl. 2022, § 2 Rn. 8; weiterführend *Krapp/Seidel*, Pädagogische Psychologie, 6. Aufl. 2014, S. 22 ff.

[47] *Peters*, FS Heinitz, 1972, S. 513; *Leyendecker*, (Re-)Sozialisierung, 2002, S. 38.

[48] Vgl. *Kölbel,* in: Eisenberg/Kölbel, Jugendgerichtsgesetz, 23. Aufl. 2022, § 2 Rn. 9.

[49] *Leyendecker*, (Re-)Sozialisierung, 2002, S. 38.

[50] Ähnlich bei *Leyendecker*, (Re-)Sozialisierung, 2002, S. 129.

[51] Allenfalls bei Heranwachsenden i. S. v. § 1 Abs. 2 Alt. 2 JGG kann unter besonderen Umständen trotz Volljährigkeit noch ein Erziehungsbedürfnis bestehen; vgl. u. a. *Brunner/Dölling*, JGG, 13. Aufl. 2018, Einf. Rn. 94 f. m. w. N.

Mithin meint Resozialisierung zumindest im Zusammenhang mit dem Erwachsenenstrafvollzug etwas anderes als Erziehung. Jedoch beinhaltet der Resozialisierungsprozess durchaus Elemente des sozialen Lernens, wenn die Gefangenen zukünftig in der Lage sein sollen, ein Leben in sozialer Verantwortung zu führen.

5.1.1.1.4.3 Behandlung

Betrachtet man den Begriff der Behandlung eingehend, so fällt zunächst auf, dass dieser ebenfalls nicht genau bestimmt ist.[52] Diese Unbestimmtheit soll primär die Fortentwicklung bestehender und die Einbeziehung neuer Behandlungsmethoden ermöglichen.[53] Anfänglich wurde unter „Behandlung“ im strafvollzugsrechtlichen Kontext nur die medizinische Behandlung verstanden.[54] Mit der Entwicklung des modernen, am Resozialisierungsgedanken orientierten Strafvollzugs wandelte sich das Begriffsverständnis dahingehend, dass auch therapeutische und allgemeine Maßnahmen vom Behandlungsbegriff erfasst werden sollen.[55] Nach der Gesetzesbegründung zum StVollzG Bund von 1977 zählen zu solchen allgemeinen Maßnahmen insbesondere jene, „die den Gefangenen durch Ausbildung und Unterricht, Beratung bei der Lösung persönlicher und wirtschaftlicher Probleme und Beteiligung an gemeinschaftlichen Aufgaben der Anstalt in das Sozial- und Wirtschaftsleben einbeziehen und der Behebung krimineller Neigungen dienen“.[56] Daher sind unter „Behandlung“ heute nicht mehr nur medizinische oder therapeutische Maßnahmen zu verstehen. Vielmehr umfasst die Behandlung alle Maßnahmen, welche die Reintegration der Gefangenen und ihre Fähigkeiten hinsichtlich eines eigenverantwortlichen Lebens ohne Straftaten fördern.[57]

Auch wenn damit Gemeinsamkeiten bestehen, können die Begriffe Behandlung und Resozialisierung nicht gleichgesetzt werden. Die Behandlung soll der

[52] *Laubenthal*, Strafvollzug, 8. Aufl. 2019, Rn. 158.

[53] BT-Drs. 7/918, S. 41; *Jung*, ZfStrVo 1987, 38 (38).

[54] Weiterführend hierzu *Cornel*, Zum Begriff der Resozialisierung, in: Cornel/Kawamura-Reindl/Maelicke/Sonnen (Hrsg.), Resozialisierung Handbuch, 2018, Rn. 33 ff.; zur Entwicklung des Behandlungsbegriffs auf europäischer Ebene siehe *Gonsa*, Die Europäischen Strafvollzugsgrundsätze und das österreichische Strafvollzugsgesetz, in: Probst (Hrsg.), Menschenrechte im Strafvollzug, 1998, S. 50 f.

[55] BT-Drs. 7/918, S. 45; siehe auch OLG Karlsruhe, NStZ-RR 2005, 122 (122 f.).

[56] BT-Drs. 7/918, S. 45.

[57] *Jung*, ZfStrVo 1987, 38 (38 ff.); *Calliess*, Strafvollzugsrecht, 3. Aufl. 1992, S. 22 f.; *Calliess/Müller-Dietz*, StVollzG, 11. Aufl. 2008, § 4 Rn. 6; *Jehle*, in: Schwind/Böhm/Jehle/Laubenthal (Hrsg.), StVollzG, 7. Aufl. 2019, 1. Kap. E. Rn. 4; siehe auch *Laubenthal*, Strafvollzug, 8. Aufl. 2019, Rn. 158 ff.

Resozialisierung von Straftäter:innen dienen und stellt sich als am Vollzugsziel orientierter Vorgang dar.[58] Daher wird die Behandlung teilweise auch als offener Begriff verstanden, der alle auf das Vollzugsziel der Resozialisierung ausgerichtete Interaktionen mit den Gefangenen umfasst.[59] Neben diesem weiten Behandlungsbegriff wird auch noch eine engere Auffassung vertreten, nach der die Behandlung nur jene Maßnahmen umfasst, die planmäßig zur Erreichung des Vollzugsziels eingesetzt werden.[60] Da die einzelnen Gefangenen unterschiedliche Voraussetzungen und Bedürfnisse hinsichtlich der Resozialisierung hätten, müsse das jeweilige Behandlungskonzept auf die betreffende inhaftierte Person zugeschnitten werden. Hierbei dürften die Maßnahmen nicht einzeln für sich stehen, sondern müssten geplant und aufeinander abgestimmt werden.[61] Behandlungsmaßnahmen haben im Rahmen der Resozialisierungsbemühungen im Vollzug einen hohen Stellenwert, weil durch sie die Resozialisierung der Gefangenen gefördert werden soll. Daher wird der moderne Strafvollzug häufig auch als Behandlungsvollzug bezeichnet.[62]

Unabhängig davon, welche Ausprägung des Behandlungsbegriffs man für vorzugswürdig hält, ist letztlich entscheidend, dass sich nach beiden Auffassungen Behandlung und Resozialisierung wechselseitig bedingen.[63] Der Begriff der Behandlung kann somit nicht als Synonym für die Resozialisierung verwendet werden.[64] Vielmehr ist die Behandlung nur ein Teil des umfassenden Resozialisierungsbemühens im Strafvollzug.[65] Durch verschiedene Behandlungsmaßnahmen soll die Resozialisierung erreicht werden, sodass das Behandlungsziel als Konkretisierung des Vollzugsziels mit Blick auf die einzelnen Gefangenen zu

---

[58] *Jung*, ZfStrVo 1987, 38 (39).

[59] *Jung*, ZfStrVo 1987, 38 (39 f.); *Calliess*, Strafvollzugsrecht, 3. Aufl. 1992, S. 22; ähnlich *Leyendecker*, (Re-)Sozialisierung, 2002, S. 37; *Neubacher*, in: Laubenthal/Nestler/Neubacher/Verrel (Hrsg.), StVollzG, 12. Aufl. 2015, B Rn. 78.

[60] *Mrozynski*, Resozialisierung und Soziales Betreuungsverhältnis, 1984, S. 116; vgl. auch *Walter*, Strafvollzug, 2. Aufl. 1999, Rn. 280.

[61] *Jung*, ZfStrVo 1987, 38 (40 f.).

[62] So *Haverkamp*, Frauenvollzug in Deutschland, 2011, S. 211; siehe auch BVerfG NJW 1977, 1525 (1527 f.); der „Behandlungsvollzug“ wird als begrifflicher Gegensatz zum „Verwahrvollzug“ verstanden, vgl. *Goerdeler*, in: AK-StVollzG, 8. Aufl. 2022, Teil II, § 4 LandesR Rn. 60.

[63] *Leyendecker*, (Re-)Sozialisierung, 2002, S. 37.

[64] *Jung*, ZfStrVo 1987, 38 (39 f.); *Leyendecker*, (Re-)Sozialisierung, 2002, S. 37.

[65] Vgl. *Kury*, FS Böhm, 1999, S. 255.

verstehen sei.[66] Mithin kann die Behandlung von Gefangenen dem Erreichen des Vollzugsziels zwar dienen, ist aber nicht mit diesem identisch.

5.1.1.1.4.4 Ergebnis

Die nähere Betrachtung der Begriffe Besserung und Erziehung hat gezeigt, dass beide etwas Anderes meinen als der Resozialisierungsbegriff. Das mit der Besserung und der Erziehung verfolgte Bestreben, die Persönlichkeit der Strafgefangenen zu verändern, kann im Erwachsenenvollzug kein legitimes Vollzugsziel sein und somit auch nicht den dort leitenden Begriff der Resozialisierung konkretisieren. Sehr wohl vom Resozialisierungsbegriff umfasst ist jedoch die Unterstützung der Gefangenen beim sozialen Lernen mit dem Ziel eines zukünftigen Lebens in sozialer Verantwortung ohne Straftaten. Die Begriffe der Erziehung und Besserung eignen sich allerdings nicht dazu, die Resozialisierung zu beschreiben, da diese Begrifflichkeiten eine Infantilisierung oder gar eine Herabwürdigung der Gefangenen beinhalten.

Demgegenüber kann der Begriff der Behandlung zwar das Vollzugsziel inhaltlich konkretisieren, er bezieht sich jedoch auf die Individualisierung des Resozialisierungskonzepts für die einzelne inhaftierte Person. Mithin ist die Behandlung notwendiger Bestandteil der Resozialisierung, jedoch nicht mit ihr identisch.

5.1.1.1.5 Resozialisierung und soziale Verantwortung

Nach § 2 S. 1 StVollzG Bund sollen die Gefangenen im Strafvollzug „fähig werden, künftig in sozialer Verantwortung ein Leben ohne Straftaten zu führen“. Demnach ist ein Leben in sozialer Verantwortung als ein Ziel des Resozialisierungsvorhabens anzusehen. Fraglich ist, was unter der Formulierung „soziale Verantwortung“ zu verstehen und wie diese Ausrichtung des Vollzugsziels umzusetzen ist.

Der Gesetzesbegründung zu § 2 StVollzG Bund lässt sich entnehmen, dass die „soziale Verantwortung“ der Konkretisierung des Vollzugsziels dienen soll.[67] Mit diesem Merkmal soll verhindert werden, dass die Gefangenen durch die vollzuglichen Resozialisierungsmaßnahmen zum bloßen Objekt staatlichen Handelns degradiert werden.[68] Durch die Forderung, dass die Gefangenen nach

[66] *Neubacher,* in: Laubenthal/Nestler/Neubacher/Verrel (Hrsg.), StVollzG, 12. Aufl. 2015, B Rn. 81; ähnlich auch *Leyendecker*, (Re-)Sozialisierung, 2002, S. 37.

[67] BT-Drs. 7/918, S. 45.

[68] BT-Drs. 7/918, S. 45.

dem Vollzug der Freiheitsstrafe fähig sein sollen, ihr Leben in sozialer Verantwortung ohne Straftaten zu gestalten, hob der Gesetzgeber die Förderung der Selbstverantwortlichkeit der Täter:innen durch den Strafvollzug hervor.[69] Die Gefangenen sollen somit durch die Resozialisierungsbemühungen nicht zu Musterbürger:innen umgeformt werden[70], sondern lediglich als „autonome Persönlichkeiten" fähig werden, ein straffreies Leben zu führen[71]. Schließlich soll es bei der Resozialisierung nur darum gehen können, die Gefangenen dabei zu unterstützen, in Zukunft den Versuchungen der kriminellen Betätigung zu widerstehen und dementsprechend sozialverantwortlich zu handeln.[72] Die Förderung der Eigenverantwortlichkeit der Gefangenen wird dabei als ein weiterer elementarer Bestandteil der Resozialisierungsbemühungen angesehen.[73] Folglich kann der Begriff der sozialen Verantwortung in diesem Zusammenhang als Einschränkung der Resozialisierung in der Weise verstanden werden, dass die Resozialisierung immer auf die Unterstützung der Eigenverantwortlichkeit der Gefangenen ausgerichtet sein muss.

Das Vollzugsziel bezieht sich zudem nur darauf, die Gefangenen auf ein Leben ohne Straftaten vorzubereiten. Die Resozialisierung ist demnach aus der Perspektive des Vollzugs dann als erfolgreich einzuordnen, wenn den Gefangenen zum Zeitpunkt ihrer Entlassung eine positive Legalbewährungsprognose bescheinigt werden kann. Das Vollzugsziel ist daher bereits erreicht, wenn die Gefangenen befähigt wurden, ein Leben ohne Straftaten zu führen[74], und ihr Wille und ihre Fähigkeiten zur Rückfallvermeidung gestärkt wurden[75]. Inwiefern diese Erwartung den tatsächlichen Entwicklungen nach der Haftentlassung entspricht, ist vom Vollzugsziel als solchem getrennt zu betrachten.[76]

Für das Erreichen des Vollzugsziels muss schließlich ausreichen, dass die Gefangenen grundsätzlich durch den Strafvollzug alle Unterstützung erhalten haben, um ihr zukünftiges Leben außerhalb des Gefängnisses straffrei zu

[69] BT-Drs. 7/918, S. 45.

[70] Vgl. *Bemmann*, FS Bockelmann, 1979, S. 896.

[71] Vgl. *Schüler-Springorum*, Was stimmt nicht mit dem Strafvollzug?, 1970, S. 48; *Müller-Dietz*, Wege zur Strafvollzugsreform, 1972, S. 28 f.; *Bemmann*, FS Bockelmann, 1979, S. 896.

[72] *Bemmann*, FS Bockelmann, 1979, S. 896.

[73] *Müller-Dietz*, Menschenwürde und Strafvollzug, 1994, S. 33.

[74] *Böhm*, FS Lüderssen, 2002, S. 809.

[75] *Seebode*, Strafvollzug I, 1997, S. 110.

[76] Vgl. *Haverkamp*, Frauenvollzug in Deutschland, 2011, S. 212.

gestalten. Andernfalls wäre das Vollzugsziel nur eine leere Hülle, da die Resozialisierung als solche niemals innerhalb des Strafvollzugs abgeschlossen werden kann.[77] Der Erfolg jeglicher Resozialisierungsbemühungen zeigt sich ohnehin erst nach dem Vollzug der Freiheitsstrafe, wenn die ehemaligen Gefangenen ihr Leben tatsächlich in Freiheit wieder eigenständig gestalten müssen. Hierfür ist wiederum zuvor die Förderung der Eigenverantwortlichkeit durch die Resozialisierungsmaßnahmen im Strafvollzug notwendig.

5.1.1.1.6 Resozialisierung als offener Begriff

Die bisherige Betrachtung hat gezeigt, dass sich die Resozialisierung als Begriff nicht eindeutig und umfassend bestimmen lässt. Letztlich handelt es sich bei der Resozialisierung um eine Vielzahl von Handlungsweisen und -optionen[78], die immer auf das betreffende Individuum abgestimmt und nach dessen Bedürfnissen zu einem Resozialisierungskonzept zusammengestellt werden sollten[79]. Dabei darf die einzelne inhaftierte Person nicht nur als Konsument:in des Resozialisierungsangebotes angesehen werden, sondern muss vielmehr durch die Resozialisierungsmaßnahmen gefordert werden.[80]

Mithilfe eines solchen individuellen Resozialisierungskonzepts sollen die Inhaftierten wieder in die Gesellschaft integriert werden und zugleich Hilfestellungen erhalten, das Leben nach dem Vollzug der Freiheitsstrafe selbständig und ohne neue Straftaten zu meistern. Die Resozialisierungsbemühungen des Strafvollzugs müssen daher immer mit dem Nutzen für das Leben der einzelnen Gefangenen in Freiheit abgeglichen und die Resozialisierungskonzepte dementsprechend angepasst und überarbeitet werden. Insbesondere sollen die Strafgefangenen durch die Förderung ihrer Eigenverantwortung die notwendige Unterstützung erfahren. Weiterhin sollen die Selbstsicherheit der Gefangenen – gerade im Hinblick auf ein Leben ohne Straftaten – und ihre Fähigkeit zur Konfliktbewältigung durch Resozialisierungsmaßnahmen gefördert werden, ebenso wie ihre intellektuellen Fähigkeiten und die damit zusammenhängende Leistungsmotivation.[81]

---

[77] Ähnlich *Opp*, Resozialisierung, 1979, S. 17; *Hassemer*, FS Lüderssen, 2002, S. 233.

[78] Vgl. nur *Calliess*, Strafvollzugsrecht, 3. Aufl. 1992, S. 23; *Calliess/Müller-Dietz*, StVollzG, 11. Aufl. 2008, § 2 Rn. 28; vgl. auch *Lindemann*, in: AK-StVollzG, 8. Aufl. 2022, Teil II, Vor § 2 LandesR Rn. 5 ff.

[79] *Calliess/Müller-Dietz*, StVollzG, 11. Aufl. 2008, § 2 Rn. 24 f.; *Meier*, JZ 2010, 112 (116).

[80] *Böhm*, FS Lüderssen, 2002, S. 809.

[81] *Kaiser/Schöch*, Strafvollzug, 5. Aufl. 2002, § 5 Rn. 12.

Durch einen individuellen Zuschnitt des jeweiligen Resozialisierungskonzepts auf die einzelnen Gefangenen kann einem schematischen, an einem bzw. einer vermeintlichen Durchschnittsgefangenen orientierten Resozialisierungsbemühen entgegengewirkt und konkret auf die Bedürfnisse der einzelnen inhaftierten Person eingegangen werden. Durch diese Gestaltungsmöglichkeit können auch zeitliche Komponenten – wie die Dauer des Freiheitsentzugs – und örtliche Gegebenheiten der Vollzugsanstalten berücksichtigt werden.[82] Auch benötigt nicht jede inhaftierte Person eine Behandlung im Sinne einer richtiggehenden psychologischen oder psychiatrischen Therapie; häufig ist vielmehr eher praktische Lebenshilfe notwendig.[83]

Die Resozialisierung im Vollzug muss weiterhin vor allem auf die Vermeidung der (weiteren) Entsozialisierung der Gefangenen[84] und damit auch auf die Unterstützung ihrer Vorbereitungen auf das Leben in Freiheit ausgerichtet sein. Straftäter:innen werden in der Regel nicht zu einer Freiheitsstrafe verurteilt, weil die Bedingungen für eine Resozialisierung im Strafvollzug besonders gut sind. Vielmehr muss die Perspektive dahingehend gewechselt werden, dass die Zeit im Vollzug bestmöglich für die Resozialisierung nutzbar gemacht wird.[85]

Vor diesem Hintergrund gehört zum Resozialisierungsauftrag gerade auch die Unterstützung der Inhaftierten bei der Aufrechterhaltung von persönlichen Bindungen zu Angehörigen und anderen nahestehenden Personen.[86] Gerade bei längeren Freiheitsstrafen leiden diese Beziehungen nach außen unter den eingeschränkten Kontaktmöglichkeiten während des Vollzugs. Bei der Rückkehr in die Gesellschaft können aber gerade jene Bindungen, welche die Zeit der Inhaftierung überdauern, die Wiedereingliederung nach Haftentlassung erleichtern.[87]

Das Ziel der Resozialisierung kann zudem nur dann erreicht werden, wenn es durch Angebote unterstützt wird, durch die Gefangene wieder in die Gemeinschaft integriert werden,[88] und wenn die Gesellschaft die ehemaligen Gefangenen

---

[82] Vgl. *Walter*, Strafvollzug – Ende der Resozialisierung?, in: Bieschke/Egg (Hrsg.), Strafvollzug im Wandel, 2001, S. 36 f.

[83] Vgl. *Baumann/Brauneck/Calliess u. a.*, AE-StVollzG, 1973, S. 55 f.; *Kury*, FS Böhm, 1999, S. 268.

[84] Vgl. *Hassemer*, FS Lüderssen, 2002, S. 233.

[85] Vgl. *Jehle*, in: Schwind/Böhm/Jehle/Laubenthal (Hrsg.), StVollzG, 7. Aufl. 2019, 1. Kap. C. Rn. 14 f.

[86] *Kaiser/Schöch*, Strafvollzug, 5. Aufl. 2002, § 5 Rn. 12, wobei hiermit natürlich nur die Unterstützung von „kriminalitätsfreien" Außenkontakten gemeint sein kann.

[87] Siehe hierzu ausführlich *Thiele*, Ehe- und Familienschutz im Strafvollzug, 2016, S. 40 ff.

[88] Vgl. *Pecher*, Resozialisierung, in: Pecher (Hrsg.), Justizvollzugspsychologie in Schlüsselbegriffen, 2004, S. 215; *Köhne*, ZRP 2003, 207 (207).

nach der Entlassung wieder als Mitglieder aufnimmt und ihrer sozialen Verantwortung so gerecht wird[89]. Diese Verantwortung umfasst auch die Unterstützung bei der Fortführung von im Vollzug begonnenen Resozialisierungsmaßnahmen. Die Resozialisierung ist nach Verbüßung der Freiheitsstrafe nämlich noch nicht abgeschlossen. Eine vollständige Wiedereingliederung der Gefangenen in die Gesellschaft ist während der Vollzugszeit kaum zu erreichen.[90] Vielmehr können im Strafvollzug lediglich die Weichen für ein Leben der Verurteilten in Freiheit ohne Straftaten neu justiert werden.[91] Die eigentliche Bewährungsprobe erwartet die Täter:innen erst nach dem Strafvollzug, wenn sie ihr Leben wieder eigenverantwortlich und selbstbestimmt gestalten müssen. Insgesamt müssen daher alle Resozialisierungsmaßnahmen so ausgestaltet und aufeinander abgestimmt sein, dass sie einerseits ein schlüssiges und erfolgversprechendes Konzept darstellen und andererseits den Gefangenen über den Strafvollzug hinaus nutzen.[92]

Speziell mit Blick auf die Einbeziehung des Straftatopfers in diesen Prozess erscheint die Tataufarbeitung von besonderer Bedeutung. Die Auseinandersetzung der Gefangenen mit ihren Straftaten und deren Folgen insbesondere für die Opfer kann positive Auswirkungen für die Resozialisierung haben.[93] Zur Veranschaulichung sind bereits an dieser Stelle etwa die Entwicklung von Opferempathie und die Wiedergutmachung zu nennen.[94]

5.1.1.2 Resozialisierungsauftrag und Verfassungsrecht

Für die vorliegend besonders relevante Frage, ob sich die Resozialisierung der Täter:innen und die Interessen der Opfer im Strafvollzug miteinander vereinbaren lassen, ist ferner ein kurzer Blick auf das Verhältnis des einfachgesetzlichen Resozialisierungsauftrags gemäß § 2 S. 1 StVollzG Bund zum Verfassungsrecht nötig. Schließlich muss die Resozialisierung als Vollzugsziel mit dem Grundgesetz in Einklang stehen, um als tauglicher Maßstab für die Beurteilung der Einbeziehungsmöglichkeiten des Opfers in den Strafvollzug dienen zu können. Nachfolgend soll daher auf die verfassungsrechtlichen Aspekte des Resozialisierungsauftrags eingegangen werden.

---

[89] *Peters*, FS Heinitz, 1972, S. 506; *Benda*, FS Faller, 1984, S. 313; *Baratta*, FS Müller-Dietz, 2001, S. 5 f.; vgl. auch BVerfG NJW 1973, 1226 (1232 f.).

[90] Vgl. *Hassemer*, FS Lüderssen, 2002, S. 233.

[91] Ähnlich *Benda*, FS Faller, 1984, S. 313.

[92] Ähnlich *Baratta*, FS Müller-Dietz, 2001, S. 6 f.

[93] Vgl. *Höffler/Gernbeck*, FS Rössner, 2015, S. 521 ff.; ähnlich auch *Pitzing*, Ambulante Psychotherapie von Sexualstraftätern, in: Kerner/Marks (Hrsg.), Internetdokumentation Deutscher Präventionstag, 2003, S. 10; *Liebmann*, Restorative Justice, 2007, S. 27.

[94] Umfassend zu den Methoden der Restorative Justice unten im Abschnitt 7.2.

Sowohl in der Rechtsprechung[95] als auch im Schrifttum[96] wird überwiegend davon ausgegangen, dass die Resozialisierung als Ziel des Strafvollzugs Verfassungsrang hat. Danach ist die Resozialisierung als ein zwingender Bestandteil der Durchführung des Strafvollzugs anzusehen. Der Staat ist verpflichtet, Angebote und Maßnahmen innerhalb des Vollzugs zu schaffen, welche die Resozialisierung der Gefangenen fördern.[97] Eine bloße Verwahrung der Inhaftierten ohne ein entsprechendes Resozialisierungsangebot lässt sich nicht mit dem Grundgesetz vereinbaren. Insgesamt herrscht weitgehend Konsens darüber, dass die bloße Verwahrung von Gefangenen im Strafvollzug gegen die Menschenwürde verstoßen würde.[98] Teilweise wird in einer nachhaltigen Resozialisierung sogar die einzige Möglichkeit gesehen, die Menschenwürde der Gefangenen zu schützen.[99]

Das BVerfG geht sogar von einem verfassungsrechtlichen Anspruch Strafgefangener auf ihre Resozialisierung aus, der sich aus Art. 2 Abs. 1 i. V. m. Art. 1 Abs. 1 GG ableiten lässt.[100] Die Resozialisierung der Gefangenen sei zudem eine staatliche Pflicht, die sich aus dem Sozialstaatsprinzip gemäß Art. 20 Abs. 1 GG ergebe.[101] Aufgabe des Sozialstaates sei es, auch jene Menschen, die außerhalb der Gesellschaft stehen, (wieder) zu integrieren.[102] Zudem entspreche eine erfolgreiche Resozialisierung auch dem Interesse der Gesellschaft an einem wirksamen Schutz vor weiteren Straftaten. Der Vollzug muss so ausgestaltet sein, dass das Vollzugsziel erreicht werden kann.[103] Daher habe der Staat zum einen die nötigen Mittel für die Erreichung des Vollzugsziels bereitzustellen.[104] Zum anderen

---

[95] BVerfG NJW 1973, 1226 (1231); BVerfG NJW 1977, 1525 (1528); BVerfG NJW 1998, 3337 (3337).

[96] Vgl. u. a. *Lüderssen*, KJ 1997, 179 ff.; *Preusker*, Schutz der Bürger- und Menschenrechte im Strafvollzug, in: Puschke (Hrsg.), Strafvollzug in Deutschland, 2011, S. 99.

[97] Vgl. BVerfG NJW 1998, 3337 (3339).

[98] Vgl. nur *Lüderssen*, KJ 1997, 179 (180); *Hassemer*, FS Lüderssen, 2002, S. 229; *Preusker*, Schutz der Bürger- und Menschenrechte im Strafvollzug, in: Puschke (Hrsg.), Strafvollzug in Deutschland, 2011, S. 99.

[99] *Preusker*, Schutz der Bürger- und Menschenrechte im Strafvollzug, in: Puschke (Hrsg.), Strafvollzug in Deutschland, 2011, S. 99; ähnlich *Hassemer*, FS Lüderssen, 2002, S. 229 f.

[100] BVerfG NStZ 1996, 614 (614); BVerfGE 98, 168 (199 f.); vgl. auch *Benda*, FS Faller, 1984, S. 313.

[101] Vgl. BVerfG NJW 1973, 1226 (1231); weiterführend hierzu *Benda*, FS Faller, 1984, S. 310.

[102] BVerfG NJW 1973, 1226 (1231); siehe hierzu auch *Benda*, FS Faller, 1984, S. 311.

[103] Vgl. BVerfGE 98, 168 (200).

[104] BVerfG NJW 1976, 37 (38); BVerfG NJW 2006, 2093 (2096); vgl. auch *Calliess/Müller-Dietz*, StVollzG, 11. Aufl. 2008, § 2 Rn. 23.

müsse mit Blick auf die Resozialisierung der Gefangenen jeder Eingriff in deren Grundrechte einer strengen Prüfung unterzogen werden. Eine Einschränkung komme nur in Betracht, wenn sie an den Werten des Grundgesetzes orientiert, für das Erreichen eines gemeinschaftsbezogenen Zwecks notwendig und auch im Übrigen verfassungsgemäß sei.[105] Allerdings könnten auch grundrechtseinschränkende Maßnahmen dann durch das Vollzugsziel gerechtfertigt sein, wenn der Eingriff die Resozialisierung der Gefangenen fördere.[106]

Aus der Verpflichtung des Staates, die nötigen Voraussetzungen für eine erfolgreiche Resozialisierung der Gefangenen zu schaffen, soll jedoch keine Pflicht der Gefangenen folgen, an ihrer Wiedereingliederung in die Gesellschaft mitzuwirken.[107] Der Versuch einer Resozialisierung gegen den Willen der Gefangenen würde nämlich wiederum zu einem Verstoß gegen Art. 2 Abs. 1 i. V. m. Art. 1 Abs. 1 GG führen.[108] Zudem sei der Versuch, Gefangene gegen ihren Willen zu resozialisieren, auch per se unmöglich,[109] erfordere die Resozialisierung doch auch immer den Willen der inhaftierten Person zur Wiedereingliederung in die Gesellschaft. Für eine erfolgreiche Resozialisierung sei daher das Mitwirken der Gefangenen an ihrer Wiedereingliederung nötig.[110] Insgesamt dürfe die Resozialisierung im Vollzug nicht als Zwangsmaßnahme begriffen werden. Es werde vielmehr lediglich ein Resozialisierungsangebot den Inhaftierten gegenüber gemacht, das diese nicht annehmen müssten.[111] Allerdings kann aus den vorstehenden Ausführungen nicht gefolgert werden, dass der Strafvollzug als solcher ein völlig zwangsfreier Raum ist. Vielmehr kennt das Strafvollzugsrecht

---

[105] BVerfGE 33, 1 (11).

[106] Vgl. BVerfG NJW 1976, 37 (38); zur Einschränkung der Kunstfreiheit LG Nürnberg ZfStrVo 1989, 374.

[107] *Calliess*, Strafvollzugsrecht, 3. Aufl. 1992, S. 24.

[108] Vgl. *Neubacher*, in: Laubenthal/Nestler/Neubacher/Verrel (Hrsg.), StVollzG, 12. Aufl. 2015, B Rn. 44.

[109] Zutreffend *Müller-Dietz*, Menschenwürde und Strafvollzug, 1994, S. 29; *Bemmann*, StV 1998, 604 (605).

[110] *Neubacher*, in: Laubenthal/Nestler/Neubacher/Verrel (Hrsg.), StVollzG, 12. Aufl. 2015, B Rn. 70 m. w. N.

[111] Vgl. *Peters*, FS Heinitz, 1972, S. 509; *Bemmann*, Strafvollzug und Menschenwürde, in: Prittwitz/Manoledakis (Hrsg.), Strafrecht und Menschenwürde, 1998, S. 125; *Lindemann*, in: AK-StVollzG, 8. Aufl. 2022, Teil II, Vor § 2 LandesR Rn. 22 m. w. N.

viele Maßnahmen, die gegen den Willen der Gefangenen durchgeführt werden können.[112] Solche Maßnahmen sind jedoch nur in engen Grenzen zulässig.[113]

5.1.1.3 Gestaltungsgrundsätze des Strafvollzugs gemäß § 3 StVollzG Bund

Die sogenannten Gestaltungsgrundsätze des § 3 StVollzG Bund dienen der Konkretisierung des Vollzugsziels der Resozialisierung und sind als Auslegungshilfe für das Strafvollzugsgesetz zu verstehen.[114] Ein auf die Resozialisierung von Straftäter:innen ausgerichteter Vollzug muss den Mindestanforderungen des § 3 StVollzG Bund genügen.[115] Mithin kann eine erfolgreiche Resozialisierung nur vorbereitet werden, wenn bei der Durchführung des Strafvollzugs die Grundsätze gemäß § 3 StVollzG Bund beachtet werden. Zu diesen Grundsätzen zählten nach § 3 StVollzG Bund der Angleichungsgrundsatz (Abs. 1), der Gegensteuerungsgrundsatz (Abs. 2) und der Eingliederungsgrundsatz (Abs. 3).

5.1.1.3.1 Angleichungsgrundsatz gemäß § 3 Abs. 1 StVollzG Bund

Der Angleichungsgrundsatz gemäß § 3 Abs. 1 StVollzG Bund fordert, dass das Leben im Vollzug so weit wie möglich an die allgemeinen Lebensverhältnisse außerhalb des Vollzugs angeglichen werden soll. Diese Angleichung umfasst die Förderung von sozialen Kontakten und die an den Umgangs- und Lebensformen der übrigen Gesellschaft orientierte Gestaltung des Strafvollzugs.[116] Hierbei ist zu beachten, dass es für eine Angleichung des Lebens im Vollzug an einer Vergleichsgröße bezüglich der allgemeinen Lebensverhältnisse außerhalb der Haftanstalten fehlt. Das Leben außerhalb des Strafvollzugs wird teilweise für zu komplex gehalten, um im Vollzug nachgebildet zu werden.[117] Daher könne eine tatsächliche Angleichung in diesem Sinne nicht erfolgen. Vielmehr sei

[112] Ausführlich hierzu *Bemmann*, Strafvollzug und Menschenwürde, in: Prittwitz/Manoledakis (Hrsg.), Strafrecht und Menschenwürde, 1998, S. 125 f.

[113] Vgl. hierzu beispielsweise §§ 27 Abs. 1, 29 Abs. 3 StVollzG Bund, welche die Erforderlichkeit für die Sicherheit und Ordnung der Anstalt oder für die Behandlung als Voraussetzung vorsehen; kritisch *Bemmann*, Strafvollzug und Menschenwürde, in: Prittwitz/Manoledakis (Hrsg.), Strafrecht und Menschenwürde, 1998, S. 126 ff.

[114] *Calliess/Müller-Dietz*, StVollzG, 11. Aufl. 2008, § 3 Rn. 2; *Laubenthal*, Strafvollzug, 8. Aufl. 2019, Rn. 196; vgl. auch BVerfG NJW 1993, 3188 (3189) für den Vollzugsplan.

[115] Vgl. *Neubacher*, in: Laubenthal/Nestler/Neubacher/Verrel (Hrsg.), StVollzG, 12. Aufl. 2015, B Rn. 49 f.

[116] *Laubenthal*, Strafvollzug, 8. Aufl. 2019, Rn. 197.

[117] *Laubenthal*, Strafvollzug, 8. Aufl. 2019, Rn. 197.

der Angleichungsgrundsatz zum einen darauf ausgerichtet, eine menschenwürdige Unterbringung der Gefangenen zu gewährleisten. Zum anderen müssten Unterschiede hinsichtlich der Eigenverantwortung und der Selbstachtung der Inhaftierten im Vollzug im Vergleich zum Leben in Freiheit minimiert werden.[118] Es ist also nicht die Aufgabe des Strafvollzugs, die Lebensverhältnisse der freien Gesellschaft in ihrer Pluralität in den Haftanstalten möglichst identisch abzubilden. Der Bezug zum Leben außerhalb des Vollzugs muss gleichwohl immer aufrechterhalten bleiben und durch geeignete Maßnahmen gefördert werden.

Speziell mit Blick auf die Einbeziehung des Straftatopfers in den Strafvollzug stellt sich die Frage, ob sich hierfür beim Angleichungsgrundsatz Anknüpfungspunkte finden lassen. Ganz generell ist zunächst daran zu denken, dass zwischenmenschliche Konflikte in der Gesellschaft außerhalb der Vollzugsanstalt im Idealfall gewaltlos gelöst werden und insgesamt Konsens drüber herrscht, die Rechtsgüter anderer Personen nicht zu schädigen. Diese allgemeinen gesamtgesellschaftlichen Umgangsformen betreffen jedoch nicht nur das individuelle Opfer, sondern die gesamte Gesellschaft. Dennoch trägt die Auseinandersetzung mit den eigenen Straftaten und ihren Folgen zu einer Annäherung des Lebens im Vollzug an die üblichen Umgangsformen außerhalb des Vollzugs bei. Für diesen Standpunkt spricht auch, dass einige Landesgesetze Regelungen zur informellen Konfliktschlichtung bei innervollzuglichen Konflikten enthalten, durch die eine Anwendung von Disziplinarmaßnahmen entbehrlich werden kann.[119] Es kann als Angleichung an die Lebensverhältnisse außerhalb des Vollzugs gedeutet werden, wenn die Gefangenen lernen sollen, Konflikte zu lösen, ohne dass ein hoheitliches Eingreifen notwendig wird.

Noch konkreter ist dran zu denken, dass den Gefangenen außerhalb des Vollzugs die Möglichkeit geboten wird, sich im Rahmen eines Täter-Opfer-Ausgleichs mit dem Straftatopfer auseinanderzusetzen und Wiedergutmachung zu leisten. Es erscheint daher plausibel, die Einbeziehung der Wiedergutmachung und des Tatausgleichs in den Resozialisierungsprozess als eine Ausprägung des Angleichungsgrundsatzes anzusehen.

Mithin lässt sich die Einbeziehung des Straftatopfers und seiner Belange in den Vollzug jedenfalls auf einer sehr allgemeinen Ebene mit dem Angleichungsgrundsatz begründen. Ob und gegebenenfalls inwieweit dies konkrete Folgen für

[118] *Laubenthal*, Strafvollzug, 8. Aufl. 2019, Rn. 198.

[119] Vgl. § 97 Abs. 2 StVollzG Bln; § 99 Abs. 1 BbgJVollzG; § 90 Abs. 2 BremStVollzG; § 89 Abs. 2 StVollzG MV; § 79 Abs. 3 StVollzG NRW; § 100 Abs. 2 LJVollzG RP; § 89 Abs. 2 SLStVollzG; § 93 Abs. 2 SächsStVollzG; § 101 Abs. 2 JVollzGB I LSA; § 120 Abs. 2 LStVollzG SH; § 101 Abs. 2 ThürJVollzGB.

die Auslegung der einzelnen opferbezogenen Vorschriften hat, wird erst im Teil III dieser Arbeit genauer untersucht werden.

5.1.1.3.2 Gegensteuerungsgrundsatz gemäß § 3 Abs. 2 StVollzG Bund

Nach dem sogenannten Gegensteuerungsgrundsatz gemäß § 3 Abs. 2 StVollzG Bund ist den schädlichen Folgen des Freiheitsentzugs entgegenzuwirken. Mit Blick auf die schädlichen Folgen des Vollzugs wird teilweise sogar angenommen, dass es gar nicht möglich sei, Gefangene durch Freiheitsentzug in die Gesellschaft zu reintegrieren. Zum Erreichen dieses Ziels müssten die ungünstigen Bedingungen der Inhaftierung daher abgemildert und so eine Reintegration der Gefangenen nach der Verbüßung ihrer Freiheitsstrafe ermöglicht werden.[120] Beispiele für ungünstige bzw. schädliche Vollzugsbedingungen sind die Auswirkungen der Haftdeprivation[121], die Folgen des Prisonisierungsprozesses[122], die subkulturellen Einflüsse auf die Gefangenen[123] und die Stigmatisierung durch die Inhaftierung[124].

Mit Blick auf die Frage der Resozialisierungsbedürftigkeit einzelner Gefangener ist zu berücksichtigen, dass es gerade durch die Inhaftierung von Straftäter:innen zu einer Entsozialisierung kommt, welche nicht alleine auf ein mögliches Sozialisationsdefizit der Täter:innen zurückzuführen ist.[125] Durch den Vollzug der Freiheitsstrafe werden die Gefangenen aus der Gesellschaft herausgenommen[126] und in die künstliche Umgebung des Strafvollzugs versetzt.[127] Dies kann dazu führen, dass bereits geringe Sozialisationsmängel verstärkt werden und somit das Vollzugsziel im Sinne der durch § 2 S. 1 StVollzG Bund vorgegebenen Legaldefinition erschwert oder sogar verhindert wird. Mitunter wird sogar angenommen, dass das Gefängnis keinen positiven Effekt für die

[120] *Baratta*, FS Müller-Dietz, 2001, S. 4.

[121] Ausführlich hierzu *Laubenthal*, Strafvollzug, 8. Aufl. 2019, Rn. 201 ff.

[122] *Dolde*, GS Krebs, 1994, S. 110; ausführlich hierzu *Laubenthal*, Strafvollzug, 8. Aufl. 2019, Rn. 224 ff.

[123] *Dolde*, GS Krebs, 1994, S. 110.

[124] *Kury*, FS Böhm, 1999, S. 259.

[125] Vgl. *Benda*, FS Faller, 1984, S. 307; *Hassemer*, FS Lüderssen, 2002, S. 233.

[126] Vgl. *Benda*, FS Faller, 1984, S. 307.

[127] Zum Strafvollzug als totale Institution z. B. *Laubenthal*, Strafvollzug, 8. Aufl. 2019, Rn. 196.

Resozialisierung hat.[128] Daher müsse insbesondere der durch den Vollzug bedingten Entsozialisierung bestmöglich entgegengewirkt werden.[129] Demgegenüber ermöglicht bei manchen Gefangenen erst der Strafvollzug die Resozialisierung, da dieser im Gegensatz zu den oft sehr unstrukturierten Lebensverhältnissen von Straftäter:innen in Freiheit einen klar strukturierten Tagesablauf bietet.[130]

Nach *Ortmann* wirkt sich insbesondere der Prisonisierungsprozess negativ auf die Resozialisierung der Gefangenen aus.[131] Durch die Identifikation mit dem Werte- und Normengefüge in der Anstalt durchlaufen die Gefangenen einen negativen Sozialisationsprozess.[132] Die „Gefängnisgesellschaft" unterscheidet sich mitunter so stark von dem außerhalb der Anstalt geltenden Wertesystem, dass sie eine sozial unerwünschte, subkulturell geprägte Abweichung darstellt.[133] Die negativen Einflüsse der Prisonisierung führen schließlich häufig zu einem Scheitern der Resozialisierungsbemühungen und haben mit Blick auf die Legalbewährung meist eine negative Sozialprognose zur Folge.[134] Insbesondere der geschlossene Vollzug und eine lange Inhaftierung werden als Faktoren genannt, welche die Prisonisierung begünstigen und eine erfolgreiche Resozialisierung erschweren.[135]

Die genannten negativen Auswirkungen des Freiheitsentzugs können jedoch wenigstens teilweise durch vollzugsöffnende Maßnahmen kompensiert werden. Dementsprechend stellen Vollzugslockerungen und andere vollzugsöffnende Maßnahmen wichtige Anwendungsbereiche des Gegensteuerungsgrundsatzes dar. Durch Vollzugslockerungen wird den Gefangenen ermöglicht, mit Personen außerhalb der Haftanstalt in Kontakt zu treten, was im besten Falle neue Bindungen zu Bezugspersonen ermöglicht oder deren Aufrechterhaltung fördert.[136] Daneben sind vollzugsöffnende Maßnahmen wie Hafturlaub und Freigang die einzigen Möglichkeiten, den Fortschritt der Resozialisierungsbemühungen im

---

[128] Vgl. *Baratta*, FS Müller-Dietz, 2001, S. 3.

[129] *Hassemer*, FS Lüderssen, 2002, S. 233.

[130] *Bock*, FS Böhm, 1999, S. 287.

[131] Ausführlich *Ortmann*, Nettobilanz einer Resozialisierung in: Kury (Hrsg.), Gesellschaftliche Umwälzung, 1992, S. 408 ff.

[132] *Kaiser/Schöch*, Strafvollzug, 5. Aufl. 2002, § 5 Rn. 13.

[133] *Kaiser/Schöch*, Strafvollzug, 5. Aufl. 2002, § 5 Rn. 13.

[134] Näher *Ortmann*, Nettobilanz einer Resozialisierung in: Kury (Hrsg.), Gesellschaftliche Umwälzung, 1992, S. 414 ff.

[135] *Dolde*, GS Krebs, 1994, S. 110.

[136] *Dolde*, GS Krebs, 1994, S. 110.

Vollzug bereits während der Inhaftierung zu erproben. Zwar sind die tatsächlichen Auswirkungen von Vollzugslockerungen auf die Resozialisierung von Gefangenen empirisch nur schwer nachweisbar. Jedoch kann die Aussicht auf Vollzugslockerungen Gefangene motivieren, sich für Resozialisierungsangebote zu öffnen.[137]

Wie beim Angleichungsgrundsatz ist auch beim Gegensteuerungsgrundsatz zu fragen, ob er grundsätzlich die Möglichkeit bietet, das Straftatopfer in den Vollzug einzubeziehen. Nahe liegt die Annahme, dass die Aufarbeitung der Tat und die Entwicklung von Opferempathie positive Auswirkungen auf die Gefangenen haben, da ihnen auch auf diese Weise in der Außengesellschaft anerkannte Normen und Werte vermittelt werden. Möglicherweise könnte so der Bildung von Subkulturen im Vollzug bzw. der Identifikation der Gefangenen mit diesen entgegengewirkt werden.[138] Mithin lassen sich die Förderung von Unrechtseinsicht und Opferempathie während des Vollzugs auch mit dem Grundsatz der Gegensteuerung begründen.

5.1.1.3.3 Eingliederungsgrundsatz gemäß § 3 Abs. 3 StVollzG Bund

Der Vollzug soll zudem gemäß § 3 Abs. 3 StVollzG Bund unter Berücksichtigung des sogenannten Eingliederungsgrundsatzes ausgestaltet werden. Im Vollzug sollen die Gefangenen Hilfestellungen für ihre Eingliederung in das Leben in Freiheit erhalten. Dies entspricht der Verpflichtung der JVA, bereits während des Strafvollzugs Maßnahmen durchzuführen, die auf das Leben der Gefangenen nach der Haftentlassung ausgerichtet sind. Hierzu gehört unter anderem die Aus- und Weiterbildung der Gefangenen, um ihnen einen (Wieder-)Einstieg in das Arbeitsleben zu ermöglichen.[139] Weiterhin bedarf es einer engen Zusammenarbeit mit Organisationen außerhalb der JVA, welche die Gefangenen bei der Fortführung der Wiedereingliederung nach Ende des Freiheitsentzugs unterstützen können.[140]

---

[137] *Dolde*, GS Krebs, 1994, S. 111.

[138] So bereits *Baumann/Brauneck/Burgstaller u. a.*, AE-Wiedergutmachung, 1992, S. 94 f.; zu einem Praxisprojekt zur Opferempathie in der JVA Kiel in Schleswig-Holstein siehe *Hagenmaier*, Vom aufregenden Projekt zum schnöden Alltag: Opferempathie im Strafvollzug, in: Höffler/Jesse/Bliesener (Hrsg.), Opferorientierung im Strafvollzug, 2019, S. 85 ff.

[139] Ausführlich hierzu *Calliess/Müller-Dietz*, StVollzG, 11. Aufl. 2008, § 3 Rn. 7 f.; *Laubenthal*, Strafvollzug, 8. Aufl. 2019, Rn. 235.

[140] Vgl. *Benda*, FS Faller, 1984 S. 317 f.; *Calliess/Müller-Dietz*, StVollzG, 11. Aufl. 2008, § 3, Rn. 8; *Laubenthal*, Strafvollzug, 8. Aufl. 2019, Rn. 235.

Der Strafvollzug ist bereits von Beginn an auf die Eingliederung der Gefangenen auszurichten[141], weshalb ihnen bereits vom ersten Tag der Haft an Hilfe zur Wiedereingliederung zu leisten ist.[142]

Mit Blick auf die Einbeziehung des Opfers erscheint auch der Eingliederungsgrundsatz von Bedeutung.[143] Dies gilt in besonderem Maße für solche Gefangenen, die ihre Straftaten in ihrem familiären Umfeld oder in ihrem sozialen Nahraum begangen haben. In diesen Fällen erscheint die Eingliederung der Gefangenen besonders schwierig, weshalb ein Schwerpunkt auf die Bereinigung des durch die Straftat ausgelösten zwischenmenschlichen Konflikts gelegt werden sollte. Daher ist im Rahmen des Übergangsmanagements und der Nachbetreuung eine enge Zusammenarbeit mit staatlichen und nichtstaatlichen Stellen außerhalb des Vollzugs notwendig. Zu denken ist insbesondere an Konfliktberatungsstellen und freie Träger, die einen Täter-Opfer-Ausgleich oder andere Methoden der informellen Konfliktlösung anbieten. Neben der Entlassung der Gefangenen in ein geregeltes soziales Umfeld erscheint es zudem wichtig, dass den Gefangenen Möglichkeiten aufgezeigt werden, wie sie in Konfliktsituationen zukünftig agieren können, ohne erneut Straftaten zu begehen.

5.1.1.3.4 Gestaltungsgrundsätze als Ausprägung des Resozialisierungsgedankens

Zusammenfassend lässt sich feststellen, dass in den Gestaltungsgrundsätzen i. S. d. § 3 StVollzG Bund unterschiedliche Ausformungen des Resozialisierungsgedankens konkretisiert wurden.[144] Der Vollzug ist nach diesen Grundsätzen auszugestalten, um die Resozialisierungschancen der Gefangenen zu verbessern. Durch die Gestaltungsgrundsätze wird die besondere Bedeutung des Resozialisierungsauftrags des Strafvollzugs hervorgehoben.[145] Zwar kann das Leben in den Vollzugsanstalten nicht vollkommen identisch mit einem Leben in Freiheit gestaltet werden, dennoch ist es Aufgabe der Strafvollzugsanstalten, die verbleibenden

---

[141] *Neubacher,* in: Laubenthal/Nestler/Neubacher/Verrel (Hrsg.), StVollzG, 12. Aufl. 2015, B Rn. 57 f.

[142] Vgl. OLG Hamm NStZ 1985, 573 (573); *Laubenthal*, Strafvollzug, 8. Aufl. 2019, Rn. 234.

[143] Ähnlich bereits *Wulf*, ZfStrVo 1985, 67 (68).

[144] *Kaiser/Schöch*, Strafvollzug, 5. Aufl. 2002, § 6 Rn. 60; *Laubenthal*, Strafvollzug, 8. Aufl. 2019, Rn. 196; ähnlich auch *Neubacher,* in: Laubenthal/Nestler/Neubacher/Verrel (Hrsg.), StVollzG, 12. Aufl. 2015, B Rn. 49.

[145] Ähnlich *Neubacher,* in: Laubenthal/Nestler/Neubacher/Verrel (Hrsg.), StVollzG, 12. Aufl. 2015, B Rn. 49 f.

Unterschiede möglichst gering zu halten.[146] Da der Vollzug der Freiheitsstrafe insgesamt auf die Wiedereingliederung der verurteilten Täter:innen in die freie Gesellschaft ausgerichtet ist, müssen hierfür die bestmöglichen Voraussetzungen geschaffen werden. Dementsprechend haben ähnliche Lebensverhältnisse, die Vermeidung negativer Haftfolgen und Maßnahmen zur Wiedereingliederung der Gefangenen einen hohen Stellenwert. Auch die nähere Betrachtung der Gestaltungsgrundsätze zeigt erneut die Ausrichtung des Strafvollzugs auf die Straftäter:innen und deren Resozialisierung. Zwar enthalten bereits die klassischen Gestaltungsgrundsätze gemäß § 3 StVollzG Bund Möglichkeiten, das Straftatopfer im Strafvollzug zu berücksichtigen. Zu beachten ist jedoch, dass diese Berücksichtigung ausschließlich aus der Täter:innenperspektive erfolgt und daher als täter:innenorientiert zu begreifen ist.

5.1.1.4 Zusammenfassung

Die Resozialisierung der Gefangenen stellt nicht nur das einzige Vollzugsziel dar, vielmehr hat die Gestaltungsmaxime des Strafvollzugs auch Verfassungsrang. Dementsprechend ist der gesamte Vollzug auf die Resozialisierung der Gefangenen hin auszurichten, weshalb sie bei allen Vollzugsentscheidungen berücksichtigt werden muss.

Die Untersuchung des Begriffs der Resozialisierung hat ergeben, dass eine allumfassende Begriffsbestimmung weder möglich noch zielführend ist. Während vor dem Inkrafttreten des StVollzG Bund mitunter angenommen wurde, dass der Vollzug der Freiheitsstrafe mehrere Ziele verfolgte, wurde dieser Zielkonflikt durch die Festlegung des Vollzugsziels in § 2 S. 1 StVollzG Bund zumindest nach h. M. zugunsten der Resozialisierung entschieden. Allerdings folgte auf die Festlegung der Resozialisierung als Ziel des Strafvollzugs eine Diskussion um Inhalt und Umfang ebendieser, welche Rechtsprechung und Wissenschaft fortwährend beschäftigt.

Dieser Diskussion wurde durch die Opferorientierung des Strafvollzugs ein weiterer Argumentationsstrang hinzugefügt. Nunmehr stellt sich die Frage, inwiefern die Opferorientierung mit der Resozialisierung vereinbar oder gar ein Teil dieser ist. Die bisherige Untersuchung hat gezeigt, dass insbesondere die Tataufarbeitung als Teilaspekt der Resozialisierung mit Bezugspunkten zum Straftatopfer eingeordnet werden kann.

Weiterhin hat die Abgrenzung der Resozialisierung zu den Begriffen „Besserung“ und „Erziehung“ gezeigt, dass eine Objektivierung und Infantilisierung der Gefangenen nicht unter den Resozialisierungsbegriff gefasst werden können. Für

[146] Vgl. *Laubenthal*, Strafvollzug, 8. Aufl. 2019, Rn. 198.

die weitere Untersuchung ist dies insofern von Bedeutung, als die Opferorientierung des Strafvollzugs ebenfalls nicht derartige Auswirkungen für die Gefangenen nach sich ziehen darf. Hinsichtlich des Behandlungsbegriffs ist insoweit zu differenzieren, als (opferbezogene) Behandlungsmaßnahmen durchaus Bestandteil des Resozialisierungskonzepts sein können, dieses aber nicht vollständig beschreiben. Daher kann Resozialisierung insgesamt als Prozess verstanden werden, bei dem die Gefangenen dabei unterstützt werden, ein Leben in sozialer Verantwortung zu führen. Um eine Orientierung an den Bedürfnissen der jeweiligen inhaftierten Person zu ermöglichen, erscheint daher eine starre Begriffsdefinition der Resozialisierung ungeeignet. Kern der Resozialisierung muss jedoch ein individuelles, auf die Bedürfnisse des Individuums abgestimmtes Resozialisierungskonzept sein.

Die Ablehnung einer schematischen Anwendung von Behandlungs- und Wiedereingliederungsmaßnahmen ergibt sich zudem bereits aus der verfassungsrechtlichen Verankerung des Resozialisierungsauftrags des Strafvollzugs und des verfassungsrechtlichen Resozialisierungsanspruchs der Gefangenen aus Art. 2 Abs. 1 i. V. m. Art. 1 Abs. 1 GG. Weiterhin ist die Resozialisierung als Angebot an die Gefangenen zu verstehen, woraus sich jedoch keine Pflicht zur Mitwirkung der Inhaftierten ableiten lässt. Dies muss auch für opferbezogene Behandlungs- und Wiedereingliederungsmaßnahmen gelten. Zugleich hat der Strafvollzug aufgrund des verfassungsrechtlichen Resozialisierungsauftrags die notwendigen Voraussetzungen für die Umsetzung desselben zu schaffen. Hierzu zählt mit Blick auf die opferbezogene Vollzugsgestaltung gerade auch die Ermöglichung entsprechender Behandlungsmaßnahmen und geeigneter Rahmenbedingungen.

Für die Schaffung der geeigneten Rahmenbedingungen einer opferbezogenen Vollzugsgestaltung unter Berücksichtigung des verfassungsrechtlichen Resozialisierungsauftrags bieten die Gestaltungsgrundsätze erste Anhaltspunkte. Die Untersuchung hat gezeigt, dass bereits die Gestaltungsgrundsätze des StVollzG Bund Möglichkeiten zur Berücksichtigung des Opfers im Rahmen der Resozialisierung enthielten. Allerdings kann diesbezüglich nicht von einer strukturierten Einbeziehung des Opfers als Bestandteil der Resozialisierung gesprochen werden.

5.1.2 Schutz der Allgemeinheit als Vollzugsaufgabe gemäß § 2 S. 2 StVollzG Bund

Gemäß § 2 S. 2 StVollzG Bund dient der Vollzug der Freiheitsstrafe auch dem Schutz der Allgemeinheit. Während die Resozialisierung auch als „Maximalziel“ des Strafvollzugs bezeichnet wird, wird der Schutz der Allgemeinheit durch den Strafvollzug als „Minimal- bzw. Basisaufgabe" des Vollzugs beschrieben.[147] Daher ist der Schutz der Allgemeinheit nach h. M. die generelle Aufgabe des Strafvollzugs[148], die letztlich – wie der gesamte Vollzug – auch unter Resozialisierungsgesichtspunkten zu betrachten ist.[149]

Unter der Allgemeinheit i. S. v. § 2 S. 2 StVollzG Bund sind sowohl Personen außerhalb als auch innerhalb der Strafvollzugsanstalt zu verstehen.[150] Daher kann es allenfalls dann zu Differenzen zwischen dem Vollzugsziel und der Vollzugsaufgabe kommen, wenn während des Vollzugs Gefahren für die Sicherheit von Personen außerhalb und/oder innerhalb der Strafvollzugsanstalt bestehen. Gemeint sind hiermit Straftaten der Gefangenen, welche durch unterschiedliche Maßnahmen, wie beispielsweise Kontrollen innerhalb der Anstalt oder die Vermeidung von Entweichungen, verhindert werden sollen.[151]

Während des Vollzugs stellt der Schutz der Allgemeinheit einen wichtigen Teilaspekt der negativen Spezialprävention dar.[152] Durch den Vollzug soll die Gesellschaft vor weiteren Straftaten durch die Gefangenen geschützt werden. Dies geschieht durch unterschiedliche Sicherheitsmaßnahmen im Vollzug.[153] Teilweise wird § 2 S. 2 StVollzG Bund auch als überflüssig angesehen, da es selbstverständlich sei, dass die Allgemeinheit während der Verbüßung der Freiheitsstrafe vor weiteren Straftaten der Gefangenen zu schützen sei.[154] Die Sicherheit der Allgemeinheit wird als notwendige Folge der Freiheitsstrafe angesehen, wobei es sich jedoch weder um den Zweck noch das Ziel des Strafvollzugs handele.[155] Wolle man die Allgemeinheit über die Haftzeit hinaus schützen, so müsse der

[147] *Calliess/Müller-Dietz*, StVollzG, 11. Aufl. 2008, § 2 Rn. 1.

[148] *Dünkel*, FS Schüler-Springorum, 1993, S. 642.

[149] Vgl. OLG Frankfurt NStZ 1983, 381 (381 f.); OLG Hamm NStZ 1984, 141 (141 f.); OLG Karlsruhe ZfStrVo SH 1978, 9 ff.; *Calliess/Müller-Dietz*, StVollzG, 11. Aufl. 2008, § 2 Rn. 3; *Dünkel*, FS Schüler-Springorum, 1993, S. 644.

[150] Vgl. *Böhm*, FS Lüderssen, 2002, S. 811; *Seebode*, Strafvollzug I, 1997, S. 127; *Kaiser/Schöch*, Strafvollzug, 5. Aufl. 2002, § 6 Rn. 24.

[151] *Böhm*, FS Lüderssen, 2002, S. 811.

[152] *Kaiser/Schöch*, Strafvollzug, 5. Aufl. 2002, § 6 Rn. 24 f.; *Laubenthal*, Strafvollzug, 8. Aufl. 2019, Rn. 171 f.

[153] Ausführlich *Jehle*, in: Schwind/Böhm/Jehle/Laubenthal (Hrsg.), StVollzG, 7. Aufl. 2019 1. Kap. C. Rn. 23.

[154] *Bemmann*, FS Bockelmann, 1979, S. 892.

[155] *Calliess*, Strafvollzugsrecht, 3. Aufl. 1992, S. 20 f.; *Calliess/Müller-Dietz*, StVollzG, 11. Aufl. 2008, § 2 Rn. 6.

gesamte Vollzug von Anfang an und kontinuierlich auf das Vollzugsziel, die Resozialisierung der Täter:innen, ausgerichtet sein.[156]

Diesbezüglich wird im Schrifttum von einer „Neuorientierung der Sicherheitsfunktion" des Strafvollzugs gesprochen und die damit korrespondierende Verpflichtung des Staates betont, die Gefangenen während des Resozialisierungsprozesses bestmöglich zu unterstützen.[157] Dieser aus dem Sozialstaatsprinzip gemäß Art. 20 Abs. 1 GG folgenden Pflicht[158] soll insbesondere durch die Vermeidung einer völligen Isolation der Gefangenen während des Strafvollzugs nachgekommen werden.[159] Durch vollzugsöffnende Maßnahmen, wie beispielsweise offener Vollzug, Hafturlaub und Vollzugslockerungen, müsse den negativen Folgen der Haft entgegengewirkt und so mit der Wiedereingliederung der Gefangenen schon während des Vollzugs begonnen werden.[160]

5.1.3 Verhältnis des Vollzugsziels der Resozialisierung zur Vollzugsaufgabe des Schutzes der Allgemeinheit

Im Folgenden wird genauer betrachtet werden, ob und gegebenenfalls wie sich Vollzugsziel und Vollzugsaufgabe miteinander vereinbaren lassen. Dies ist deswegen für die weitere Betrachtung von Bedeutung, weil das Verhältnis von Vollzugsziel und Vollzugsaufgabe bei vielen verschiedenen Vollzugsentscheidungen relevant ist. Das Zusammenspiel von Resozialisierung und Sicherheit der Allgemeinheit wird daher gerade bei solchen Vollzugentscheidungen von Belang sein, die auch Opferbelange berücksichtigen sollen.

Die Opfer von Straftaten sind Teil der Allgemeinheit i. S. v. § 2 S. 2 StVollzG Bund und sollen durch den Strafvollzug somit wie andere Bürger:innen auch vor den Gefangenen geschützt werden. Fraglich ist mit Blick auf den opferbezogenen Strafvollzug aber, ob und gegebenenfalls wie sich die Sicherheit der Allgemeinheit im Allgemeinen vom Schutz konkreter Straftatopfer im Besonderen unterscheidet. Dieser Frage soll im weiteren Verlauf der Arbeit und insbesondere bei der Auslegung der einzelnen opferbezogenen Strafvollzugsvorschriften im Teil III dieser Arbeit nachgegangen werden. Zunächst wird jedoch

[156] *Bemmann*, FS Bockelmann, 1979, S. 892 f.

[157] *Calliess/Müller-Dietz*, StVollzG, 11. Aufl. 2008, § 2 Rn. 6.

[158] BVerfGE 98, 169 (200); *Calliess/Müller-Dietz*, StVollzG, 11. Aufl. 2008, § 2 Rn. 6.

[159] BT-Drs. 7/918, 46.

[160] Vgl. *Jehle*, in: Schwind/Böhm/Jehle/Laubenthal (Hrsg.), StVollzG, 7. Aufl. 2019, 1. Kap. C. Rn. 27.

das Verhältnis zwischen dem Resozialisierungsauftrag und der Sicherheitsaufgabe des Vollzugs anhand der Rechtslage unter dem StVollzG Bund allgemein erläutert, da dies den Ausgangspunkt für weitere Überlegungen zur Einordnung des Opferbezugs bildet. Hierzu wird zunächst die alte Rechtslage unter dem StVollzG Bund dargestellt werden. Anschließend folgt ein kurzer Überblick hinsichtlich der Neuerungen, welche sich durch die Landesstrafvollzugsgesetze ergeben haben. Allerdings sind die meisten Gesetze erst vor wenigen Jahren erlassen worden, weshalb die Diskussion in Literatur und Rechtsprechung noch keine erhebliche Ausdifferenzierung erfahren hat. Dies mag insbesondere daran liegen, dass die Rechtslage durch die meisten Landesstrafvollzugsgesetze keine Änderungen erfahren hat. Daher kann im Folgenden in der Hauptsache nur auf die Gesetzestexte, die Gesetzesbegründungen sowie die vereinzelten Anmerkungen innerhalb der Literatur Bezug genommen werden. Die gewonnenen Erkenntnisse werden schließlich bei der Auslegung des opferbezogenen Strafvollzugsrechts im Teil III dieser Arbeit berücksichtigt werden.

Für die Vereinbarkeit zwischen Vollzugsziel und Vollzugsaufgabe auf der Grundlage des StVollzG Bund ist zunächst zu beachten, dass die Sicherheitsaufgabe sich nur auf die Zeit des Vollzugs bezieht.[161] Eine darüber hinausgehende Verpflichtung der Justizvollzugsbehörden, die Allgemeinheit vor Straftaten durch ehemalige Gefangene zu schützen, kann aus § 2 S. 2 StVollzG Bund nicht abgeleitet werden.[162] Zudem liegt es in der Natur der Sache, dass die Allgemeinheit während des Strafvollzugs vor weiteren Straftaten der Gefangenen geschützt wird; die Vollzugsaufgabe ist dem Vollzug somit gewissermaßen bereits immanent.[163] Der Strafvollzug soll schließlich darauf ausgerichtet sein, die Gefangenen in ihrem Resozialisierungsprozess zu unterstützen.[164] Entsprechend ist der gesamte Strafvollzug am Vollzugsziel zu messen und daran auszurichten.[165]

Zum allgemeinen Verhältnis von Vollzugsziel und Vollzugsaufgabe wird bisweilen angeführt, dass die Resozialisierung auch dem Schutz der Allgemeinheit diene, da eine erfolgreiche Resozialisierung zur Vermeidung von Rückfällen

---

[161] Siehe nur *Calliess/Müller-Dietz*, StVollzG, 11. Aufl. 2008, § 2 Rn. 5; *Lindemann*, in: AK-StVollzG, 8. Aufl. 2022, Teil II, § 2 LandesR Rn. 20.

[162] Vgl. *Laubenthal*, Strafvollzug, 8. Aufl. 2019, Rn. 171.

[163] Vgl. *Calliess/Müller-Dietz*, StVollzG, 11. Aufl. 2008, § 2 Rn. 1.

[164] *Calliess/Müller-Dietz*, StVollzG, 11. Aufl. 2008, § 2 Rn. 3; *Laubenthal*, Strafvollzug, 8. Aufl. 2019, Rn. 139.

[165] Vgl. OLG Frankfurt NStZ 1983, 381 (381 f.); OLG Hamm NStZ 1984, 141 (141 f.); *Calliess/Müller-Dietz*, StVollzG, 11. Aufl. 2008, § 2 Rn. 3.

beitrage und somit die Gemeinschaft vor weiteren Schäden schütze.[166] Die Vollzugsaufgabe sei daher am besten durch das Erreichen des Vollzugsziels zu lösen. Denn auf lange Sicht werde nur eine erfolgreiche Wiedereingliederung der Täter:innen dem Bedürfnis der Gesellschaft nach Sicherheit vor weiteren Straftaten gerecht.[167]

Damit ergibt sich also zumindest in der grundlegenden Ausgestaltung des Vollzugs kein fundamentaler Widerspruch zwischen der Resozialisierung und dem Schutz der Allgemeinheit. Jedoch ergeben sich im Vollzugsalltag immer wieder Situationen, in denen die Resozialisierung der Gefangenen und die Sicherheit der Allgemeinheit in einem gewissen Spannungsverhältnis zueinander stehen.[168] Diese Spannungen können beispielsweise auftreten bei der Gewährung von Kontakten der Gefangenen zur Außenwelt, bei der Genehmigung von Gegenständen oder bei Lockerungen des Vollzugs durch Freigang oder Hafturlaub.[169] Konflikte zwischen Vollzugsziel und Vollzugsaufgabe können insbesondere dann entstehen, wenn gerade durch die Förderung des Vollzugsziels zugleich ein Sicherheitsrisiko für den Schutz der Allgemeinheit entstehen kann.[170]

Die h. M. geht in diesen Fällen zunächst von einem Vorrang der Resozialisierung gegenüber dem Schutz der Allgemeinheit aus. Dieser Vorrang des Vollzugsziels wird zum einen mit der systematischen Stellung im Gesetz begründet und zum anderen mit der Entstehungsgeschichte des StVollzG Bund.[171] Die Priorität der Wiedereingliederung des Täters bzw. der Täterin gegenüber der Sicherheit der Allgemeinheit soll jedoch nicht zur Folge haben, dass der Resozialisierung gegenüber Sicherheitsinteressen immer Vorrang gebührt.[172] Vielmehr

---

[166] BVerfG NJW 1973, 1226 (1231); ebenso BVerfG NJW 1998, 3337 (3337); siehe auch *Köhne*, ZRP 2003, 207 (207); zur Therapie von Straftäter:innen auch *Egg*, FS Böhm, 1999, S. 397 ff.

[167] *Köhne*, ZRP 2003, 207 (207).

[168] *Gerhold*, in: BeckOK StVollzR Bund, 21. Ed. Stand: 01.02.2022, StVollzG Bund § 2 Rn. 3, 12.

[169] Siehe hierzu und zu weiteren Beispielen *Laubenthal*, Strafvollzug, 8. Aufl. 2019, Rn. 173.

[170] Siehe hierzu OLG Karlsruhe, Beschl. vom 18. Dez. 2003 – 2 Ws 276/02 – zitiert nach juris Rn. 6; vgl. auch *Jehle*, in: Schwind/Böhm/Jehle/Laubenthal (Hrsg.), StVollzG, 7. Aufl. 2019, 1. Kap. C. Rn. 8 f., 25 ff.

[171] Vgl. BT-Drs. 7/3998, S. 5 f.; *Calliess*, Strafvollzugsrecht, 3. Aufl. 1992, S. 20 ff.; *Laubenthal*, Strafvollzug, 8. Aufl. 2019, Rn. 149 f.; *Lindemann*, in: AK-StVollzG, 8. Aufl. 2022, Teil II, § 2 LandesR Rn. 7; ähnlich auch *Jehle*, in: Schwind/Böhm/Jehle/Laubenthal (Hrsg.), StVollzG, 7. Aufl. 2019, 1. Kap. C. Rn. 8 f.

[172] *Calliess/Müller-Dietz*, StVollzG, 11. Aufl. 2008, § 2 Rn. 4.

solle durch die Vorrangstellung des Vollzugsziels verhindert werden, dass vermeintlichen Sicherheitsinteressen grundsätzlich entsprochen wird, wenn es zu einem Konflikt zwischen Vollzugsziel und Vollzugsaufgabe kommt. In solchen Fällen sei vielmehr eine umfassende Interessenabwägung vorzunehmen und im Zweifel im Sinne der Resozialisierung zu entscheiden, auch wenn dies das Eingehen von Risiken in sich berge.[173] Daher sei das Vollzugsziel der Resozialisierung für alle Normen des Strafvollzugsrechts und bei allen Entscheidungen als Auslegungshilfe heranzuziehen, die auf der Grundlage des StVollzG Bund getroffen werden.[174]

Die Abwägung zwischen Vollzugsziel und Vollzugsaufgabe ist insbesondere mit Blick auf vollzugsöffnende Maßnahmen relevant. Gerade Vollzugslockerungen dienen dazu, den Gefangenen wieder an freiverantwortliches Handeln zu gewöhnen und ihnen die Übernahme sozialer Verantwortung zu ermöglichen.[175] Daher sei eine genaue und umfassende Abwägung zwischen dem Nutzen einer Vollzugslockerung für die Resozialisierung der Täter:innen und einer möglichen Gefährdung der Sicherheit der Allgemeinheit notwendig. In der Vollzugspraxis sei bei Entscheidungen über vollzugsöffnende Maßnahmen aber dennoch oft die Gefährlichkeit von Täter:innen und nicht die Notwendigkeit für die Resozialisierung das entscheidende Kriterium.[176]

Hinsichtlich des Sicherheitsbedürfnisses der Allgemeinheit muss daher zwischen gefährlichen und nicht bzw. weniger gefährlichen Täter:innen unterschieden werden. Während einige Täter:innengruppen einen eher größeren Bedarf an Resozialisierungsmaßnahmen haben – wie beispielsweise besonders gefährliche Täter:innen[177] – muss bei anderen Täter:innengruppen die Vermeidung von Haftschäden im Vordergrund stehen. Gerade bei Täter:innen, von denen keine Gefahr für die Allgemeinheit ausgeht, müssen bei der Abwägung zwischen Vollzugsziel und Vollzugsaufgabe der Resozialisierungsgedanke und mit ihm die vollzugsöffnenden Maßnahmen in besonderem Maße berücksichtigt werden.

Für die Praxis wird daher angenommen, dass zwischen dem Vollzugsziel und Vollzugsaufgabe eine Diskrepanz besteht.[178] Diese folge vor allem daraus, dass

---

[173] *Calliess/Müller-Dietz*, StVollzG, 11. Aufl. 2008, § 2 Rn. 4.

[174] *Calliess/Müller-Dietz*, StVollzG, 11. Aufl. 2008, § 2 Rn. 3; vgl. auch OLG Karlsruhe ZfStrVo SH 1978, 9 (9).

[175] Vgl. *Calliess/Müller-Dietz*, StVollzG, 11. Aufl. 2008, § 2 Rn. 4.

[176] *Böhm*, FS Lüderssen, 2002 S. 817.

[177] *Dünkel*, FS Schüler-Springorum, 1993, S. 649 f.

[178] So bei *Jehle*, in: Schwind/Böhm/Jehle/Laubenthal (Hrsg.), StVollzG, 7. Aufl. 2019, 1. Kap. C. Rn. 8 f.

die Resozialisierung nach dem StVollzG Bund nicht konsequent umgesetzt wurde. Als ein Beispiel für die offensichtliche Überbetonung der Sicherheitsaufgabe werden unter anderem Entscheidungen über Vollzugslockerungen angeführt.[179] Solche Lockerungen durften gemäß § 11 Abs. 2 StVollzG Bund dann nicht angeordnet werden, wenn zu befürchten war, dass die Gefangenen sich dem Vollzug der Freiheitsstrafe entziehen oder während der Lockerungen Straftaten begehen werden.[180] Die vom Gesetz geforderte Abwägung zwischen dem positiven Effekt der Lockerung für die Resozialisierung der Täter:innen und der Schwere der zu befürchtenden Straftat während der Lockerung erfolge jedoch häufig nicht.[181]

Durch die Landesgesetzgebung zum Strafvollzug ist das Verhältnis zwischen Vollzugsziel und Vollzugsaufgabe nicht mehr ganz so eindeutig wie nach § 2 StVollzG Bund. Während einige Bundesländer der Resozialisierung weiterhin zumindest innerhalb der Gesetzessystematik den Vorrang gewähren[182], steht in Art. 2 BayStVollzG der Schutz der Allgemeinheit an erster Stelle noch vor dem dort sogenannten Behandlungsauftrag[183]. In anderen Landesgesetzen werden Vollzugsziel und Vollzugsaufgabe sprachlich gleich behandelt[184] und somit eine vermeintliche Gleichrangigkeit von Ziel und Aufgabe normiert. Diese Gleichrangigkeit von Vollzugsziel und Vollzugsaufgabe wird als ein Indiz für die Hervorhebung des Sicherheitsbedürfnisses angesehen, wenngleich in den Gesetzesbegründungen die Resozialisierung nicht offensichtlich zurückgestellt werde.[185]

Im Schrifttum wird in diesem Zusammenhang befürchtet, dass es in den betreffenden Bundesländern künftig zu einem generellen Vorrang der Sicherheit vor der

---

[179] *Jehle,* in: Schwind/Böhm/Jehle/Laubenthal (Hrsg.), StVollzG, 7. Aufl. 2019, 1. Kap. C. Rn. 9.

[180] Vgl. auch OLG Karlsruhe ZfStrVo 1979, 54.

[181] *Jehle,* in: Schwind/Böhm/Jehle/Laubenthal (Hrsg.), StVollzG, 7. Aufl. 2019, 1. Kap. C. Rn. 9 f.

[182] Vgl. § 2 StVollzG Bln; § 2 BbgJVollzG; § 2 BremStVollzG, § 2 StVollzG MV, § 2 LJVollzG RP, § 2 SLStVollzG, § 2 SächsStVollzG, § 2 Abs. 1 JVollzGB I LSA, § 2 Abs. 1 ThürJVollzGB; in Nordrhein-Westfalen und Schleswig-Holstein sind Vollzugsziel und -aufgabe sogar in getrennten Vorschriften geregelt, vgl. §§ 1, 6 Abs. 1 StVollzG NRW; §§ 2, 5 Abs. 1 LStVollzG SH.

[183] Zu einer hieraus möglicherweise folgenden Verfassungswidrigkeit des BayStVollzG siehe u. a. *Neubacher,* in: Laubenthal/Nestler/Neubacher/Verrel (Hrsg.), StVollzG, 12. Aufl. 2015, B Rn. 37 m. w. N.

[184] Vgl. § 2 HmbStVollzG, § 5 NJVollzG; nicht ganz eindeutig in § 2 Abs. 1 JVollzGB I BaWü und § 1 JVollzGB III BaWü sowie § 2 HStVollzG.

[185] *Calliess/Müller-Dietz,* StVollzG, 11. Aufl. 2008, § 2 Rn. 19.

Resozialisierung kommt.[186] Diesen Befürchtungen ist jedoch entgegenzuhalten, dass die Resozialisierung durch die einfachgesetzliche Änderung der Rangordnung im Verhältnis zum Schutz der Allgemeinheit nicht ihren Verfassungsrang verliert.[187] Möglicherweise könnten aber dennoch die Vollzugsbehörden zukünftig eher geneigt sein, den Schutz der Gesellschaft über die Interessen der Inhaftierten zu stellen.[188] Dies könnte zur Folge haben, dass eine interessengerechte Abwägung zwischen beiden Aspekten nicht mehr stattfindet. Ob diese Zweifel berechtigt sind, lässt sich zum gegenwärtigen Zeitpunkt noch nicht sagen. Es bleibt daher abzuwarten, ob die genannten Befürchtungen eintreten oder ob der bisherige relative Vorrang der Resozialisierung der Gefangenen beibehalten wird.

Grundsätzlich ändern die neuen landesrechtlichen Vorschriften jedoch nichts an dem Verfassungsrang des Resozialisierungsauftrages und der Notwendigkeit einer umfassenden Interessenabwägung. Daher wird im Folgenden auch weiterhin von diesen Grundprinzipien und vom Vorrang der Resozialisierung bei einem ausgeglichenen Interessengewicht ausgegangen.

5.1.4 Strafzweckdiskussion auf der Grundlage des StVollzG Bund

5.1.4.1 Diskussion um die Berücksichtigung allgemeiner Strafzwecke im Vollzug

Von den allgemeinen Straftheorien findet allein die positive und negative Spezialprävention in § 2 StVollzG Bund eine ausdrückliche Grundlage im Gesetzestext. Zwar kann der Freiheitsentzug auch generalpräventive und vergeltende Wirkungen haben, jedoch ist der Vollzug der Freiheitsstrafe hierauf nicht ausgerichtet.[189] Generalprävention und Vergeltung sind lediglich Nachwirkungen der mit der Strafandrohung und der Strafverhängung verfolgten Ziele.[190] Ein über den bloßen Freiheitsentzug hinausgehendes Strafübel ist unzulässig.[191] Demzufolge gelten im

[186] *Calliess/Müller-Dietz*, StVollzG, 11. Aufl. 2008, § 2 Rn. 20.

[187] Vgl. *Laubenthal*, Strafvollzug, 8. Aufl. 2019, Rn. 151; *Neubacher,* in: Laubenthal/Nestler/Neubacher/Verrel (Hrsg.), StVollzG, 12. Aufl. 2015, B Rn. 38.

[188] So *Laubenthal*, Strafvollzug, 8. Aufl. 2019, Rn. 174.

[189] *Bemmann*, FS Bockelmann, 1979, S. 895.

[190] *Bemmann*, FS Bockelmann, 1979, S. 895.

[191] Vgl. u. a. *Seebode*, Strafvollzug I, 1997, S. 84; *Neubacher,* in: Laubenthal/Nestler/Neubacher/Verrel (Hrsg.), StVollzG, 12. Aufl. 2015, B Rn. 45; *Laubenthal,*

Strafvollzug die Resozialisierung als Vollzugsziel und die Sicherheit der Allgemeinheit als Vollzugsaufgabe als die einzigen zu beachtenden Strafzwecke.[192] Andere Strafzwecke wie insbesondere die Generalprävention und die Vergeltung dürfen im Strafvollzugsrecht daher nicht unmittelbar berücksichtigt werden.[193]

Bereits auf der Grundlage des StVollzG Bund ließ sich diese Ansicht damit begründen, dass andere allgemeine Strafzwecke als die positive und negative Spezialprävention keine Erwähnung im Gesetzestext fanden und die Wiedereingliederung in § 2 S. 1 StVollzG Bund als alleiniges Vollzugsziel genannt wurde.[194] Des Weiteren war die Aufnahme weiterer Strafzwecke in das StVollzG Bund im Gesetzgebungsverfahren von der Mehrheit der Abgeordneten ausdrücklich abgelehnt worden.[195] Der Abschreckung und der Stärkung des Normvertrauens im Sinne der Generalprävention werden zudem bereits durch die gesetzliche Sanktionsandrohung und die Anwendung des Strafrechts im Erkenntnisverfahren Genüge getan.[196] Innerhalb der richterlichen Strafzumessung werde schließlich der Gedanke des Schuldausgleichs berücksichtigt.[197] Weiterhin werden auch die anderen allgemeinen Strafzwecke neben der Spezialprävention an anderer Stelle im Kriminalisierungsprozess hinreichend berücksichtigt, weshalb keine Notwendigkeit für ihre Einbeziehung im Strafvollzug besteht.

Strafvollzug, 8. Aufl. 2019, Rn. 189 ff.; *Lindemann*, in: AK-StVollzG, 8. Aufl. 2022, Teil II, § 2 LandesR Rn. 3.

[192] Vgl. *Neubacher*, in: Laubenthal/Nestler/Neubacher/Verrel (Hrsg.), StVollzG, 12. Aufl. 2015, B Rn. 45; *Lindemann*, in: AK-StVollzG, 8. Aufl. 2022, Teil II, § 2 LandesR Rn. 5.

[193] *Neubacher*, in: Laubenthal/Nestler/Neubacher/Verrel (Hrsg.), StVollzG, 12. Aufl. 2015, B Rn. 45.

[194] So *Lindemann*, in: AK-StVollzG, 8. Aufl. 2022, Teil II, § 2 LandesR Rn. 5; vgl. auch *Neubacher*, in: Laubenthal/Nestler/Neubacher/Verrel (Hrsg.), StVollzG, 12. Aufl. 2015, B Rn. 45.

[195] So *Lindemann*, in: AK-StVollzG, 8. Aufl. 2022, Teil II, § 2 LandesR Rn. 5 mit Verweis auf die Ablehnung der Schuldvergeltung in Sonderausschuss für die Strafrechtsreform 1975, BT-Drs. 7/3998, S. 5; zur Ablehnung von Sühne und Abschreckung als Vollzugsziele siehe Sonderausschuss für die Strafrechtsreform 1975, BT-Drs. 7/3998, S. 6.

[196] So *Neubacher*, in: Laubenthal/Nestler/Neubacher/Verrel (Hrsg.), StVollzG, 12. Aufl. 2015, B Rn. 45; ähnlich auch *Puppe*, FS Grünwald, 1999, S. 477 f.

[197] *Neubacher*, in: Laubenthal/Nestler/Neubacher/Verrel (Hrsg.), StVollzG, 12. Aufl. 2015, B Rn. 45 mit Verweis auf § 46 Abs. 1 S. 1 StGB; weiterführend zur sogenannten Drei-Säulen-Theorie der Justiz *Kaiser/Schöch*, Strafvollzug, 5. Aufl. 2002, § 5 Rn. 39 f.

An diese Überlegungen knüpft die zutreffende h. M. im Schrifttum an, nach welcher der Strafvollzug keinen anderen Zweck als die Spezialprävention verfolgen darf.[198] Indem der Gesetzgeber die Resozialisierung in § 2 S. 1 StVollzG Bund als alleiniges Vollzugsziel festgelegt hat, ist er nach dieser Auffassung davon ausgegangen, dass ein Großteil der Gefangenen erhebliche Defizite insbesondere hinsichtlich ihrer Sozialisation aufweise.[199] Dementsprechend sei der Vollzug folgerichtig allein auf die Resozialisierung auszurichten. Für andere Strafzwecke als die Spezialprävention sei bei Vollzugsentscheidungen zumindest „als handlungs- und entscheidungsleitende Gesichtspunkte" kein Raum.[200] Vielmehr wirke § 2 S. 1 StVollzG Bund auch hier limitierend.[201] Insbesondere spiele die Schwere der konkreten Straftat bei der Durchführung des Strafvollzugs keine Rolle, weil der Unrechtsgehalt der Tat und die Schuld der Täter:innen bereits bei der Festsetzung der Länge des konkreten Freiheitsentzugs berücksichtigt worden seien.[202]

Entgegen der eindeutigen rechtlichen Vorgaben des § 2 StVollzG Bund haben Teile der Rechtsprechung vor allem in den siebziger und achtziger Jahren des vergangenen Jahrhunderts durchaus Versuche unternommen, im Vollzug neben der Spezialprävention noch andere Strafzwecke zu berücksichtigen.[203] Danach sollte die Schuldschwere insbesondere bei Vollzugsentscheidungen über Lockerungen bzw. Urlaub von Gefangenen Berücksichtigung finden.[204] Das BVerfG

---

[198] *Bemmann*, FS Bockelmann, 1979, S. 895; *Seebode*, Strafvollzug I, 1997, S. 101 f.; *Walter*, Strafvollzug, 2. Aufl. 1999, Rn. 48 ff.; *Kaiser/Schöch*, Strafvollzug, 5. Aufl. 2002, § 6 Rn. 45; *Calliess/Müller-Dietz*, StVollzG, 11. Aufl. 2008, § 2 Rn. 8; *Neubacher*, in: Laubenthal/Nestler/Neubacher/Verrel (Hrsg.), StVollzG, 12. Aufl. 2015, B Rn. 45 f.; *Laubenthal*, Strafvollzug, 8. Aufl. 2019, Rn. 176 ff.; *Lindemann*, in: AK-StVollzG, 8. Aufl. 2022, Teil II, § 2 LandesR Rn. 5; differenzierend *Jehle*, in: Schwind/Böhm/Jehle/Laubenthal (Hrsg.), StVollzG, 7. Aufl. 2019, 1. Kap. C: Rn. 6 ff.; a. A. *Arloth/Krä*, Strafvollzugsgesetze, 5. Aufl. 2021, § 2 StVollzG Rn. 3.

[199] *Calliess/Müller-Dietz*, StVollzG, 11. Aufl. 2008, § 2 Rn. 26.

[200] *Calliess/Müller-Dietz*, StVollzG, 11. Aufl. 2008, § 2 Rn. 11.

[201] *Calliess/Müller-Dietz*, StVollzG, 11. Aufl. 2008, § 2 Rn. 11; inwiefern die Tatschuld bei Entscheidungen über Lockerungen von Bedeutung sein darf, wird im Zusammenhang mit der Auslegung opferbezogener Strafvollzugsvorschriften im Kapitel 15 dieser Arbeit vertieft werden.

[202] *Calliess/Müller-Dietz*, StVollzG, 11. Aufl. 2008, § 2 Rn. 11.

[203] OLG Karlsruhe JR 1978, 213; OLG Frankfurt NStZ 1981, 157; BVerfG NJW 1984, 33 ff.; OLG Stuttgart NStZ 1984, 525 ff.; vgl. auch *Calliess/Müller-Dietz*, StVollzG, 10. Aufl. 2005, § 2 Rn. 8, 15 ff. m. w. N.

[204] Siehe nur OLG Karlsruhe JR 1978, 213; OLG Frankfurt NStZ 1981, 157; OLG Stuttgart NStZ 1984, 525 ff.

führte zu dieser Frage in seiner Entscheidung vom 28.06.1983 aus, dass der Strafvollzug zwar vornehmlich der Resozialisierung diene, neben dieser jedoch auch noch andere Zielvorstellungen berücksichtigt werden könnten.[205] Zwar dürften allgemeine Straftheorien wie die Schuldschwere bei Entscheidungen über die Gewährung von Vollzugslockerungen nicht das alleinige Abwägungskriterium sein. Vielmehr müsse aufgrund des Resozialisierungsgebots aus Art. 2 Abs. 1 i. V. m. Art. 1 Abs. 1 GG eine umfassende Abwägung aller Umstände des Einzelfalls erfolgen.[206] Eine Berücksichtigung der Schwere der Tatschuld im Strafvollzug sei allerdings grundsätzlich verfassungsrechtlich nicht zu beanstanden.[207]

Eine solche Berücksichtigung anderer Straftheorien als der Spezialprävention stieß allerdings insbesondere in der Literatur auf breite Ablehnung.[208] Zwar habe das durch die Tatschwere vermittelte Strafmaß durchaus einen indirekten Einfluss auf die Vollzugsgestaltung, insbesondere auf die Vollzugsplanung.[209] Ausschlaggebend für die Entscheidung über Lockerungen gemäß § 11 Abs. 2 StVollzG Bund dürfe jedoch allein die Flucht- bzw. Missbrauchsgefahr sein und somit die Prognose, ob sich die Gefangenen dem Vollzug der Freiheitsstrafe entziehen oder die Lockerungen für die Begehung von Straftaten missbrauchen könnten.[210] Eine etwaige besondere Schwere der Schuld könne allenfalls mittelbar bei der Beurteilung der Fluchtgefahr mit Blick auf die Länge der noch zu verbüßenden Freiheitsstrafe von Bedeutung sein.[211] Würde man zudem die Schuldschwere bei Vollzugsentscheidungen konsequent berücksichtigen wollen, so dürfte sie nicht nur bei lebenslangen Freiheitsstrafen

---

[205] BVerfG NJW 1984, 33 (33).

[206] BVerfG NJW 1984, 33 (34 f.).

[207] BVerfG NJW 1984, 33 (34 f.).

[208] Sondervotum *Mahrenholz*, BVerfG NJW 1984, 33 (36 ff.); *Müller-Dietz*, JR 1984, 353 (356 ff.); *Bemmann*, StV 1988, 549 ff.; *Calliess/Müller-Dietz*, StVollzG, 10. Aufl. 2005, § 13 Rn. 26 m. w. N.; vgl. auch *Müller-Dietz*, NStZ 1984, 526 (526 f.).

[209] Siehe hierzu *Müller-Dietz*, NStZ 1984, 526 (526); *Müller-Dietz*, JR 1984, 353 (360).

[210] *Neubacher*, in: Laubenthal/Nestler/Neubacher/Verrel (Hrsg.), StVollzG, 12. Aufl. 2015, B Rn. 46; vgl. auch *Laubenthal*, in: Laubenthal/Nestler/Neubacher/Verrel (Hrsg.), StVollzG, 12. Aufl. 2015, E Rn. 144 ff.

[211] *Neubacher*, in: Laubenthal/Nestler/Neubacher/Verrel (Hrsg.), StVollzG, 12. Aufl. 2015, B Rn. 46; *Laubenthal*, in: Laubenthal/Nestler/Neubacher/Verrel (Hrsg.), StVollzG, 12. Aufl. 2015, E Rn. 145.

bei Entscheidungen über die Gewährung von Urlaubs oder Vollzugslockerungen berücksichtigt werden, sondern auch bei zeitigen Freiheitsstrafen[212] und anderen Vollzugserleichterungen.[213] Eine derartige, nach der Schuld des Täters bzw. der Täterin differenzierende Ausgestaltung des Vollzugs der Freiheitsstrafe sei dem StVollzG Bund jedoch fremd.[214] Sie widerspräche zudem der Festlegung auf die Einheitsfreiheitsstrafe durch die große Strafrechtsreform von 1969/70.[215] Eine Berücksichtigung der Schuldschwere bei Vollzugsentscheidungen würde zwar keine vollständige Rückkehr zu einem unterschiedlich strengen Vollzug je nach begangener Tat bedeuten. Allerdings wäre bei einer konsequenten Berücksichtigung der Schwere der Schuld bei Vollzugsentscheidungen eine differenzierte Vorenthaltung und Gewährung von gesetzlich vorgesehenen Vollzugserleichterungen und Resozialisierungshilfen die notwendige Folge.[216]

Wenn zudem für eine direkte Berücksichtigung allgemeiner Strafzwecke angeführt wurde, dass zwischen Strafzumessung und Strafvollstreckung eine Kongruenz bestehen müsse und daher andere allgemeine Straftheorien als die Spezialprävention auch im Vollzug zu berücksichtigen seien[217], ist dem in der Literatur ebenfalls entgegengetreten worden. Zwar bildet die Schuld der Täter:innen gemäß § 46 Abs. 1 S. 1 StGB die Grundlage für die Strafzumessung; die Ausgestaltung der Freiheitsstrafe erfolgt jedoch unabhängig von der Schuld.[218] Diese Inkongruenz zwischen materiellem Strafrecht und Vollzugsrecht[219] entspreche dem Willen des Gesetzgebers.[220] Der Bundesgesetzgeber habe im Vollzug bewusst auf eine Einbeziehung weiterer Strafzwecke neben der Spezialprävention verzichtet.[221]

---

[212] Vgl. hierzu z. B. OLG Nürnberg NStZ 1984, 92 f.; für den Jugendstrafvollzug siehe OLG Frankfurt NStZ 1984, 382 ff.

[213] So *Müller-Dietz*, NStZ 1984, 526 (526); *Müller-Dietz*, JR 1984, 353 (360).

[214] *Müller-Dietz*, NStZ 1984, 526 (526).

[215] *Neubacher*, in: Laubenthal/Nestler/Neubacher/Verrel (Hrsg.), StVollzG, 12. Aufl. 2015, B Rn. 46.

[216] So *Müller-Dietz*, NStZ 1984, 526 (526); *Müller-Dietz*, JR 1984, 353(360).

[217] Vgl. OLG Karlsruhe, JR 1978, 213.

[218] Vgl. *Peters*, JR 1978, 177 (178); *Müller-Dietz*, Wege zur Strafvollzugsreform, 1972, S. 125; ebenso BVerfG NJW 2004, 739 (746 f.).

[219] *Müller-Dietz*, Wege zur Strafvollzugsreform, 1972, S. 125; ebenso BVerfG NJW 2004, 739 (746).

[220] Ausführlich zu den relevanten Reformbewegungen diesbezüglich *Peters*, JR 1978, 177 (178 f.).

[221] Vgl. BT-Drs. 7/3998, S. 5 f.; *Laubenthal*, Strafvollzug, 8. Aufl. 2019, Rn. 189; ebenso *Lindemann*, in: AK-StVollzG, 8. Aufl. 2022, Teil II, § 2 LandesR Rn. 5 mit Verweis auf

Nach seiner Entscheidung aus dem Jahr 1983 hat sich das BVerfG zwar längere Zeit nicht mehr ausdrücklich zu einer möglichen Berücksichtigung der Schuldschwere im Strafvollzug geäußert.[222] Gleichwohl hat das BVerfG den Stellenwert der Resozialisierung für den Strafvollzug in der Folgezeit in mehreren Entscheidungen ausdrücklich hervorgehoben.[223] Diese verfassungsgerichtliche Rechtsprechung seit den 1990er Jahren ist vom Schrifttum so interpretiert worden, dass das BVerfG die Resozialisierung nun ebenso wie der Bundesgesetzgeber und die Literatur als einziges Ziel des Vollzugs ansieht.[224]

In seinem Urteil zur Höchstdauer der erstmaligen Sicherungsverwahrung vom 5. Februar 2004 hat nunmehr auch das BVerfG in einem obiter dictum ausgeführt, dass die Gesichtspunkte der Vergeltung und des Schuldausgleichs keinen Einfluss auf die Ausgestaltung des Vollzugs haben.[225] Eine andere Praxis würde nicht nur gegen § 2 StVollzG Bund verstoßen, sondern auch gegen das Konzept der Einheitsstrafe. Danach fänden der Unrechtsgehalt der Tat und die Schwere der Schuld nur in der Dauer der Freiheitsstrafe Niederschlag.[226] Eine vollzugseigene Strafzumessung durch die Vollzugsbehörden bei der Ausgestaltung des Vollzugs sei nicht zulässig.[227] Insofern wurden die in der Literatur bereits seit längerem vertretenen Argumentationslinien durch das BVerfG aufgegriffen.

Eine unmittelbare Berücksichtigung allgemeiner Strafzwecke bei Vollzugsentscheidungen wird daher zwar nach heute ganz h. M. abgelehnt. Allerdings wird im Schrifttum vereinzelt immerhin die Auffassung vertreten, dass in besonders gelagerten Ausnahmefällen die besondere Schwere der Schuld bei Vollzugsentscheidungen unmittelbar berücksichtigt werden kann.[228] Weiterhin wird mitunter angenommen, dass andere Strafaspekte als die Spezialprävention beim Vollzug

die Ablehnung der Schuldvergeltung in Sonderausschuss für die Strafrechtsreform 1975, BT-Drs. 7/3998, S. 5; zur Ablehnung von Sühne und Abschreckung als Vollzugsziele siehe Sonderausschuss für die Strafrechtsreform 1975, BT-Drs. 7/3998, S. 6.

222 Vgl. die Zusammenfassung der Rechtsprechung des BVerfG bei *Bachmann*, Bundesverfassungsgericht und Strafvollzug, 2015, S. 154.

223 Siehe BVerfG NJW 1998, 1133 (1133 f.); BVerfG NStZ 1995, 613 (613 f.); BVerfGE 98, 169 (200).

224 So *Leyendecker*, (Re-)Sozialisierung, 2002, S. 88 f. mit Verweis auf BVerfG NStZ 1995, 613; BVerfGE 98, 169 (199 f.); BVerfG StV 1994, 147 (148); BVerfG NStZ 1996, 55 (56 f.); BVerfGE 98, 169 (200); vgl. auch BVerfG ZfStrVo 1998, 180 (183); NStZ 1998, 373 (374 f.); NStZ 1998, 430 (430 f.).

225 BVerfG NJW 2004, 739 (746 f.).

226 BVerfG NJW 2004, 739 (746 f.).

227 BVerfG NJW 2004, 739 (747 f.).

228 *Jehle* hielt dies beim Vollzug lebenslanger Freiheitsstrafen gegen verurteile NS-Verbrecher für zulässig, hat diese Auffassung nunmehr jedoch ausdrücklich aufgegeben,

der Freiheitsstrafe in bestimmten Fällen deswegen zu berücksichtigen seien, weil der Strafvollzug auch für solche Straftäter:innen sinnhaft sein müsse, die nicht resozialisierungsfähig oder -bedürftig seien.[229] Diesem Standpunkt wird jedoch von *Lindemann* entgegengehalten, dass dieser Annahme ein Zirkelschluss zugrunde liegt.[230] Denn nur wenn die Geltung anderer Straftheorien als der Spezialprävention bereits in der „Sinnhaftigkeit des Strafvollzuges"[231] notwendig vorausgesetzt sei, könne man diese auch in Vollzugsentscheidungen einbeziehen. Allerdings würden rechtskräftige Strafen unabhängig von ihrer Sinnfrage vollzogen, und zwar selbst dann, wenn ihr Vollzug faktisch sinnlos sei[232]. Aus der Außenperspektive würden sich zwar generalpräventive Effekte des Vollzugs ergeben[233], nach der normativen Innenperspektive sei die Vermengung von „Strafsinn" und „Vollzugssinn" jedoch verfehlt.[234] Während der Strafsinn auch generalpräventive und vergeltende Elemente enthalte, beziehe sich der Vollzugssinn allein auf die Resozialisierung der Gefangenen und die Sicherheit der Allgemeinheit während des Vollzugs. Infolgedessen dürfe die Schuldschwere weder bei der Beurteilung etwa von Flucht- oder Missbrauchsgefahr auf Tatbestandsseite noch bei vollzuglichen Ermessensentscheidungen auf Rechtsfolgenseite unmittelbar berücksichtigt werden.[235] Strafrechtsdogmatisch müsse zwischen den Statusentscheidungen der Gerichte und den Gestaltungsentscheidungen der Vollzugsbehörden unterschieden werden.[236] Während die Statusentscheidungen der Gerichte die Strafzumessung beträfen und die Schuldschwere somit über § 46 Abs. 1 S. 1 StGB Berücksichtigung finde, sei

vgl. *Jehle,* in: Schwind/Böhm/Jehle/Laubenthal (Hrsg.), StVollzG, 7. Aufl. 2019, 1. Kap. C. Rn. 7; *Harrendorf/Ullenbruch* wollen diesen Standpunkt unter Umständen sogar auf Wirtschaftsstraftäter:innen ausweiten; vgl. *Harrendorf/Ullenbruch,* in: Schwind/Böhm/Jehle/Laubenthal (Hrsg.), StVollzG, 7. Aufl. 2019, 1. Kap. C. Rn. 7; 10. Kap. C. Rn. 70.

[229] So *Arloth/Krä*, Strafvollzugsgesetze, 5. Aufl. 2021, § 2 StVollzG Rn. 3.

[230] *Lindemann*, in: AK-StVollzG, 8. Aufl. 2022, Teil II, § 2 LandesR Rn. 5.

[231] *Arloth/Krä*, Strafvollzugsgesetze, 5. Aufl. 2021, § 2 StVollzG Rn. 6; ebenso *Jehle,* in: Schwind/Böhm/Jehle/Laubenthal (Hrsg.), StVollzG, 7. Aufl. 2019, 1. Kap. C. Rn. 2.

[232] *Lindemann*, in: AK-StVollzG, 8. Aufl. 2022, Teil II, § 2 LandesR Rn. 5.

[233] *Lindemann*, in: AK-StVollzG, 8. Aufl. 2022, Teil II, § 2 LandesR Rn. 5; vgl. auch *Jehle,* in: Schwind/Böhm/Jehle/Laubenthal (Hrsg.), StVollzG, 7. Aufl. 2019, 1. Kap. C. Rn. 5, 23.

[234] *Lindemann*, in: AK-StVollzG, 8. Aufl. 2022, Teil II, § 2 LandesR Rn. 5.

[235] *Laubenthal,* in: Laubenthal/Nestler/Neubacher/Verrel (Hrsg.), StVollzG, 12. Aufl. 2015, E Rn. 145.

[236] *Laubenthal,* in: Laubenthal/Nestler/Neubacher/Verrel (Hrsg.), StVollzG, 12. Aufl. 2015, E Rn. 145; vgl. auch *Calliess/Müller-Dietz*, StVollzG, 11. Aufl. 2008, § 2 Rn. 9.

der Strafvollzug selbst schuldunabhängig zu gestalten, weshalb in den Gestaltungsentscheidungen der Vollzugsbehörden keine nachträgliche Strafzumessung stattfinden könne.[237] Anderen Strafzwecken als der Spezialprävention komme daher allenfalls eine Reflexwirkung zu, die durch die innerhalb der Strafzumessung festgelegte Dauer der Freiheitsstrafe bedingt werde.[238] Eine darüber hinausgehende Berücksichtigung anderer Strafzwecke als der Spezialprävention finde weder im StVollzG Bund noch im Verfassungsrecht eine rechtliche Grundlage.[239] Folglich enthalte § 2 StVollzG Bund vielmehr eine ausdrückliche Beschränkung der Strafzwecke auf die Spezialprävention.[240]

Der Beschränkung auf die Spezialprävention als einzigem Zweck des Strafvollzugs ist mit Blick auf die verfassungsrechtlichen und einfachgesetzlichen Vorgaben zuzustimmen. Eine unmittelbare Berücksichtigung allgemeiner Strafzwecke wie des Schuldausgleichs oder der Schuldschwere widerspricht nicht nur dem Konzept der Einheitsstrafe, sondern führt ebenso zu einer Vertiefung der Stigmatisierung, welche der Freiheitsstrafe bereits innewohnt. Dies ist mit dem Vollzugsziel des § 2 S. 1 StVollzG Bund unter Berücksichtigung der Konkretisierung durch den Gegensteuerungsgrundsatz nach § 3 Abs. 2 StVollzG Bund nicht vereinbar, da zu den schädlichen Folgen des Freiheitsentzugs gerade auch die Stigmatisierung durch die Inhaftierung zählt.[241]

Für die weiteren Betrachtungen ist die Diskussion um die Berücksichtigung allgemeiner Strafzwecke im Strafvollzugsrecht insofern relevant, als durch die Einbeziehung der Opferperspektive innerhalb der Landesgesetze eine Berücksichtigung von Gesichtspunkten der Schuldschwere oder des Schuldausgleichs unter dem Deckmantel des Opferschutzgedankens erfolgen könnte. Diese Problematik wird zunächst sogleich innerhalb der Grundlagen eines nunmehr auch am Opfer orientierten Strafvollzugs (Abschnitt 5.2.2) aufgegriffen und sodann im Teil III bei der Auslegung der Vorschriften über vollzugsöffnende Maßnahmen näher betrachtet werden.[242]

---

[237] *Müller-Dietz,* JR 1984, 353 (359 f.); *Laubenthal,* in: Laubenthal/Nestler/Neubacher/Verrel (Hrsg.), StVollzG, 12. Aufl. 2015, E Rn. 145; vgl. bereits *Calliess/Müller-Dietz,* StVollzG, 11. Aufl. 2008, § 2 Rn. 9.

[238] *Calliess/Müller-Dietz,* StVollzG, 11. Aufl. 2008, § 2 Rn. 10; *Laubenthal,* Strafvollzug, 8. Aufl. 2019, Rn. 195.

[239] *Calliess/Müller-Dietz,* StVollzG, 11. Aufl. 2008, § 2 Rn. 10.

[240] So *Calliess/Müller-Dietz,* StVollzG, 11. Aufl. 2008, § 2 Rn. 10.

[241] Vgl. *Kury,* FS Böhm, 1999, S. 259; ausführlich zum Gegensteuerungsgrundsatz bereits oben im Abschnitt 5.1.1.3.2.

[242] Siehe hierzu unten im Kapitel 15.

5.1.4.2 Diskussion um die Grenzen der Legitimation der Freiheitsstrafe durch das Vollzugsziel

Problematisch erscheint die ausschließliche Begründung der Freiheitsstrafe mit dem Ziel der Resozialisierung dann, wenn ein:e Täter:in nicht resozialisierbar ist, mithin eine Förderung der Resozialisierung durch den Strafvollzug nicht möglich ist.[243] In einem solchen Fall kann die Resozialisierung nach Ansicht von *Köhne* keine legitime Begründung für die Inhaftierung bieten, weil eine Wiedereingliederung in die Gesellschaft ohne das Risiko der Begehung weiterer Straftaten faktisch nicht möglich ist. Ein unter diesen Umständen durchgeführter Strafvollzug sei daher verfassungswidrig. Allerdings erkennt auch *Köhne* an, dass die Voraussetzungen für die Annahme des völligen Fehlens der Resozialisierbarkeit einzelner Täter:innen so eng sind, sodass eine solche Situation praktisch nahezu unmöglich erscheint.[244] Dennoch zeigen sich an diesem Beispiel die Schwächen der Legitimierung des Freiheitsentzugs allein mit dem Zweck der Resozialisierung der Gefangenen.

Von nicht resozialisierungsfähigen Verurteilten müssen Gefangene unterschieden werden, bei denen eine Resozialisierung zwar grundsätzlich möglich erscheint, die Gefangenen aber selbst kein Interesse an ihrer Wiedereingliederung haben[245] und resozialisierungsunwillig sind. Auch in diesen Fällen ist eine Resozialisierung unmöglich, da diese immer auch ein Mitwirken der Gefangenen voraussetzt. Die Resozialisierung kann nicht nur als passives Erdulden seitens des Inhaftierten verstanden werden. Vielmehr ist die Resozialisierung ein individueller Prozess, bei dem die Gefangenen aktiv mitwirken müssen.[246] Die Gefangenen müssen die seitens des Vollzugs angebotenen Behandlungsmaßnahmen annehmen wollen. Eine Pflicht der Gefangenen, an ihrer eigenen Resozialisierung mitzuwirken, enthielt das StVollzG Bund gerade nicht.[247] Die Vollzugsbehörden sind jedoch dazu verpflichtet, auch resozialisierungsunwillige Gefangene gemäß § 4 Abs. 1 StVollzG Bund zur sozialen Integration zu motivieren.[248]

---

[243] *Köhne*, ZRP 2003, 207 (208); ähnlich bereits *Seebode*, Strafvollzug I, 1997, S. 110.

[244] *Köhne*, ZRP 2003, 207 (208 f.).

[245] *Köhne*, ZRP 2003, 207 (208).

[246] *Benda*, FS Faller, 1984, S. 313; *Müller-Dietz*, Menschenwürde und Strafvollzug, 1994, S. 29.

[247] *Calliess*, Strafvollzugsrecht, 3. Aufl. 1992, S. 24; eine derartige Mitwirkungspflicht könnte nunmehr jedoch insbesondere aus § 5 Abs. 1 HmbStVollzG und § 6 S. 1 JVollzGB I LSA abgeleitet werden, da nach diesen Vorschriften die Gefangenen zur Mitwirkung „verpflichtet sind"; kritisch hierzu und zu weiteren Formulierungen in den Landesgesetzen *Goerdeler*, in: AK-StVollzG, 8. Aufl. 2022, Teil II, § 4 LandesR, Rn. 72 ff.

[248] *Müller-Dietz*, Menschenwürde und Strafvollzug, 1994, S. 29.

Mit Blick auf eine opferbezogene Vollzugsgestaltung könnten sich für jene Gefangenen, die als nicht resozialisierungsbedürftig im Sinne einer Wiedereingliederung in die Gesellschaft eingeordnet werden können, dennoch Perspektiven für das Vollzugsziel des § 2 S. 1 StVollzG Bund ergeben. Dies betrifft insbesondere die Einsicht in das Unrecht der Tat, die Folgen für das konkrete Opfer und den Tatausgleich. Problematisch erscheint diesbezüglich jedoch, dass die Unrechtseinsicht und die Verantwortungsübernahme für die Straftat und ihre Folgen nicht erzwungen werden können.[249] Inwiefern derartige Gesichtspunkte dennoch bei der straftheoretischen Legitimation der Freiheitsstrafe berücksichtigt werden können, wird im Rahmen der straftheoretischen Grundlagen (Kapitel 11) untersucht werden.

5.1.5 Zusammenfassung zum bislang in erster Linie täter:innenorientierten Strafvollzug

Der Strafvollzug ist nach h. M. auf das Vollzugsziel der Resozialisierung auszurichten. Die bisherige Untersuchung hat ergeben, dass sich dieses Ziel wohl am besten als individuelles, an den einzelnen Gefangenen orientiertes Wiedereingliederungskonzept beschreiben lässt, welches einer schematischen Anwendung von Behandlungs- und anderen strafvollzuglichen Maßnahmen entgegensteht. Die Individualisierung des Resozialisierungskonzepts folgt nicht zuletzt aus dem verfassungsrechtlichen Resozialisierungsauftrag des Strafvollzugs aus Art. 2 Abs. 1 i. V. m. Art. 2 Abs. 1 GG und dem Sozialstaatsprinzips des Art. 20 Abs. 1 GG sowie dem hiermit korrespondierenden verfassungsrechtlichen Resozialisierungsanspruch der Gefangenen aus Art. 2 Abs. 1 i. V. m. Art. 2 Abs. 1 GG. Eine inhaltliche Konkretisierung erfährt die Resozialisierung durch die Gestaltungsgrundsätze i. S. d. § 3 StVollzG Bund, welche zugleich als Auslegungshilfe für das übrige Strafvollzugsrecht dienen.

Demgegenüber stellt sich der Schutz der Allgemeinheit gemäß § 2 S. 2 StVollzG Bund als Vollzugsaufgabe dar und ist dem Strafvollzug infolge der Inhaftierung von Straftäter:innen immanent. So dient der Strafvollzug dem Schutz der Allgemeinheit vor erneuten Straftaten durch die inhaftierten Täter:innen während der Zeit der Inhaftierung. Das konkrete Straftatopfer ist zwar als Teil der Allgemeinheit anzusehen, jedoch ist die Vollzugsaufgabe des § 2 S. 2

[249] Ähnlich mit Blick auf den Begriff der Sühne im straftheoretischen Diskurs *Roxin/Greco*, Strafrecht AT Bd. 1, 5. Aufl. 2020, § 3 Rn. 10.

StVollzG Bund gerade nicht allein auf die konkreten Schutzbedürfnisse des einzelnen Opfers ausgerichtet.

Für das Verhältnis von Vollzugsziel und Vollzugsaufgabe hat sich aus der vorstehenden Betrachtung ergeben, dass auf der Grundlage des StVollzG Bund nach h. M. von einem grundsätzlichen Vorrang der Resozialisierung auszugehen war. Dies ergab sich insbesondere aus dem Verfassungsrang der Resozialisierung und der Gesetzessystematik. Wenngleich in einigen Landesstrafvollzugsgesetzen nunmehr die Tendenz einer Aufwertung der Sicherheit zum Nachteil der Resozialisierung erkennbar ist, ändert dies nichts am verfassungsrechtlich verankerten Resozialisierungsauftrag des Strafvollzugs. Daher wird nachfolgend weiterhin von einem Vorrang des Vollzugsziels vor der Sicherheitsaufgabe des Strafvollzugs ausgegangen. Folglich sind alle Vollzugsentscheidungen am Resozialisierungsgedanken zu messen und mit Blick auf die Unterstützung der Gefangenen bei deren Rückkehr in die Gesellschaft zu treffen.

Hinsichtlich der strafvollzugsrechtlichen Strafzweckdiskussion kann weiterhin festgehalten werden, dass allein die Strafzwecke der Resozialisierung und der Sicherheit der Allgemeinheit innerhalb des Vollzugsrechts unmittelbar berücksichtigt werden dürfen. Nach h. M. und unter Berücksichtigung der Rechtsprechung des BVerfG dürfen sich allgemeine Strafzwecke daher allenfalls mittelbar auf Vollzugsentscheidungen auswirken. Für die weitere Betrachtung des opferbezogenen Strafvollzugs könnte sich jedoch insbesondere bei einer Berücksichtigung von Opferbelangen im Rahmen der Entscheidungen über vollzugsöffnende Maßnahmen eine unmittelbare Einbeziehung allgemeiner Strafzwecke wie der Schuldschwere durch landesrechtliche Regelungen ergeben. Daneben könnte die Einbeziehung der Opferperspektive in den Strafvollzug für die Legitimation der Inhaftierung von nicht resozialisierungsbedürftigen Täter:innen fruchtbar gemacht werden. Derartige Gesichtspunkte müssen im Rahmen der straftheoretischen Grundlagen (Kapitel 11) näher betrachtet werden.

5.2 Nunmehr auch opferorientierter Strafvollzug seit der Föderalismusreform von 2006

5.2.1 Entwicklung der Idee einer Opferorientierung unter Geltung des StVollzG Bund

Die Idee der Einbeziehung von Opferinteressen in den Strafvollzug ist nicht neu. Schon in den 1970er Jahren gab es im Ausland beispielsweise in Minnesota[250] und in der Schweiz[251] Wiedergutmachungsprojekte im Strafvollzug. Im Mittelpunkt dieser Projekte stand neben dem materiellen Schadensausgleich die Bereinigung der Täter:in-Opfer-Beziehung durch konstruktive Wiedergutmachung. Mit der Einbeziehung des Opfers in die Behandlungsbemühungen sollte eine Wiederherstellung des sozialen Friedens nach einer Straftat erfolgen.[252] Für Deutschland sind seit den 1980er Jahren vermehrt Impulse für eine Opferorientierung des Strafvollzugs erkennbar.

5.2.1.1 Frühere Konzepte von *Rössner/Wulf* und *Schneider* seit den 1980er Jahren

In Deutschland sprachen sich *Rössner* und *Wulf* bereits ab 1984 für eine opferbezogene Strafrechtspflege und mit ihr für eine Einbeziehung des Opfers in den Strafvollzug aus.[253] Der Ausgangspunkt für die Entwicklung ihres Konzepts einer „opferbezogenen Strafrechtspflege" war die ihrer Ansicht nach fehlende Einbeziehung der Opferperspektive im gesamten Strafrechtssystem.[254] Zum Strafvollzug führten *Rössner* und *Wulf* aus, dass die Förderung der Einsicht der Täter:innen in die Schädigung ihrer Opfer und die Folgen ihrer Straftaten zur Erreichung des Vollzugsziels nach § 2 S. 1 StVollzG Bund – ein Leben in sozialer Verantwortung ohne Straftaten zu führen – unbedingt nötig sei. Zudem erleichtere die Wiedergutmachung die Wiedereingliederung der Täter:innen in die Gesellschaft.[255] Daher sei das Konzept einer opferbezogenen Vollzugsgestaltung eng mit dem

---

[250] *Rössner*, Reader Gefängnisseelsorge 1996, 5 (8) m. w. N; ausführlich zu diesem Projekt *Schneider*, Opferschaden, Wiedergutmachung und Opferbehandlung, in: Kirchhoff/Sessar (Hrsg.), Ein Reader zur Viktimologie, 1979, S. 370 f.

[251] *Brenzikofer*, Wiedergutmachung, in: Marks/Rössner (Hrsg.), Täter-Opfer-Ausgleich, 1989, S. 379 ff.; *Brenzikofer*, Reader Gefängnisseelsorge 1996, 23 ff.

[252] *Rössner*, Reader Gefängnisseelsorge 1996, 5 (8).

[253] *Rössner/Wulf*, Opferbezogene Strafrechtspflege, 1984, S. 103 ff., 133 f.; weiterführend *Wulf*, ZfStrVo 1985, 67 (69 ff.).

[254] *Rössner/Wulf*, Opferbezogene Strafrechtspflege, 1984, S. III.

[255] *Rössner*, Reader Gefängnisseelsorge 1996, 5 (9).

Vollzugsziel der Wiedereingliederung verbunden und die Opferperspektive Teil des Resozialisierungsvollzugs.[256]

Für die Einbeziehung der Opferperspektive in den Strafvollzug machten *Rössner* und *Wulf* mehrere konkrete Vorschläge. Zunächst sollte sich der Opferbezug durch den gesamten Strafvollzug ziehen, beginnend von der Behandlungsuntersuchung über die Vollzugsplanung bis hin zu opferbezogenen Behandlungsmaßnahmen.[257] Die rechtliche Grundlage für die Einbeziehung des Täter-Opfer-Ausgleichs sahen *Rössner* und *Wulf* im Vollzugsziel der Resozialisierung und in den Gestaltungsgrundsätzen.[258] Der Täter-Opfer-Ausgleich sollte freilich nicht die einzige opferbezogene Maßnahme sein. Nach *Rössner* sind zu den opferbezogenen Behandlungsmaßnahmen auch soziale Trainings, opferbezogene Gesprächsgruppen, Hilfen bei der Konfliktregelung und gemeinnützige Leistungen zu zählen. Weiterhin wurde zur Ermöglichung der Erfüllung ihrer sozialen Pflichten eine leistungsbezogene Entlohnung der Gefangenen gefordert[259], um so die materiellen Voraussetzungen für den Täter-Opfer-Ausgleich zu schaffen[260].

Einen ähnlichen Ansatz wie *Rössner* und *Wulf* verfolgte Ende der 1990er Jahre auch *Schneider*. Er befürwortete zum einen die Wiedergutmachung als eigenständige Sanktion, eine Stellung des Opfers als Rechtssubjekt im Strafverfahren und die Einführung eines Ausgleichs- und Schlichtungsverfahrens.[261] Zum anderen sollte die Wiedergutmachung aber auch als Vollzugsziel Eingang in den Strafvollzug finden.[262] Im Zusammenhang mit dem Ziel des Strafvollzugs sollte im Gesetz klargestellt werden, dass die „Einsicht des Gefangenen in seine Verantwortung in die Tat insbesondere für die beim Opfer verschuldeten Tatfolgen“ geweckt und durch „geeignete Maßnahmen des Ausgleichs vertieft“ werden soll.[263]

Die Vorschläge von *Rössner/Wulf* und *Schneider* haben heute in den landesrechtlichen Vorschriften zu den Vollzugsgrundsätzen der Tataufarbeitung

---

[256] *Rössner*, Reader Gefängnisseelsorge 1996, 5 (9); ebenso *Calliess/Müller-Dietz*, StVollzG, 11. Aufl. 2008, § 2 Rn. 28 f.; *Laubenthal*, Strafvollzug, 8. Aufl. 2019, Rn. 167; kritisch hingegen *Kawamura*, ZfStrVo 1994, 3 (4); *Müller-Dietz*, Resozialisierung, in: Janssen/Kerner (Hrsg.), Verbrechensopfer, Sozialarbeit und Justiz, 1985, S. 247 ff.

[257] *Rössner/Wulf*, Opferbezogene Strafrechtspflege, 1984, S. 111 ff.

[258] *Rössner/Wulf*, Opferbezogene Strafrechtspflege, 1984, S. 106 ff., 133 f.

[259] *Rössner*, Reader Gefängnisseelsorge 1996, 5 (9).

[260] *Rössner/Wulf*, Opferbezogene Strafrechtspflege, 1984, S. 134.

[261] *Schneider*, Kriminalpolitik an der Schwelle zum 21. Jahrhundert, 1998, S. 38 ff.

[262] *Schneider*, Kriminalpolitik an der Schwelle zum 21. Jahrhundert, 1998, S. 47 f.

[263] Zuerst *Baumann/Brauneck/Burgstaller u. a.*, AE-Wiedergutmachung, 1992, S. 8, 93 f.; zustimmend *Schneider*, Kriminalpolitik an der Schwelle zum 21. Jahrhundert, 1998, S. 48.

und der Opferorientierung Niederschlag gefunden.[264] Neben diesen allgemeinen Grundsätzen enthalten die Landesgesetze aber auch spezielle Regelungen zur Wiedergutmachung und zum Tatausgleich insbesondere in der Form des Täter-Opfer-Ausgleichs.[265]

5.2.1.2 Gesetzesentwürfe des Bundesrats von 1988 und des Bundesjustizministeriums von 1991

In der kriminalpolitischen Diskussion wurde bereits seit den 1980er Jahren die Einbeziehung des Opfers und seiner Belange in den Strafvollzug gefordert.[266]

Bereits 1988 brachte der Bundesrat einen Entwurf für ein Änderungsgesetz zum StVollzG Bund ein, der unter anderem eine opferbezogene Vollzugsgestaltung zum Ziel hatte.[267] Nach dem Entwurf sollte § 4 StVollzG Bund dahingehend erweitert werden, dass „zur Erreichung des Vollzugsziels die Einsicht des Gefangenen in die Folgen der Tat insbesondere für das Tatopfer geweckt und geeignete Formen des Ausgleichs angestrebt werden“ sollen.[268] Des Weiteren sollte die Vollzugsplanung gemäß § 7 Abs. 2 StVollzG Bund um „Maßnahmen zum Ausgleich der Tatfolgen“ erweitert werden.[269] Der Begründung des Entwurfs ist zu entnehmen, dass durch die angestrebte Änderung des StVollzG Bund das in § 2 zum Tragen kommende Prinzip der sozialen Verantwortung – in Gestalt der Resozialisierung – um die Opferperspektive erweitert und somit eine opferbezogene Vollzugsgestaltung normiert werden sollte.[270] Als Argumente für diesen Vorschlag wurden neben dem Nutzen für die Wiedereingliederung der Gefangenen durch die Vergegenwärtigung der sozialen Verantwortung für die Folgen der Tat auch die Interessen der Opfer an einem Ausgleich der Tatfolgen genannt.

---

[264] Siehe hierzu näher unten im Abschnitt 5.2.2.2 und im Abschnitt 5.2.3.2.

[265] Vgl. Art. 5a Abs. 2 BayStVollzG; § 10 Abs. 1 S. 1 Nr. 19 StVollzG Bln;§ 73 Abs. 2 S. 2 BbgJVollzG; § 9 Abs. 1 S. 1 Nr. 20 BremStVollzG; § 8 Abs. 2 S. 1 Nr. 5 HmbStVollzG; § 9 Abs. 1 S. 1 Nr. 20 StVollzG MV; § 69 Abs. 2 S. 3 NJVollzG; § 10 Abs. 1 S. 4 Nr. 12 StVollzG NRW; § 5 Abs. 2 S. 2 und § 9 Abs. 1 S. 1 Nr. 20 sowie § 62 Abs. 3 SächsStVollzG; § 21 LStVollzG SH; weiterführend zur Einbeziehung der sogenannten Restorative Justice in den Strafvollzug in den kriminologischen Grundlagen unten im Abschnitt 7.2.2 und innerhalb Auslegung im Kapitel 16.

[266] Die neuere Debatte um die Einbeziehung des Opfers in den Landessstrafvollzugsgesetzen wird später noch im Kapitel zu den kriminalpolitischen Grundlagen genauer betrachtet werden, vgl. im Abschnitt 9.3.

[267] BT-Drs. 11/3694, S. 1; der Antrag des Bundesrats ging auf einen Gesetzesantrag des Landes Berlin zurück; vgl. BR-Drs. 270/88, S. 2, 12 f.

[268] BT-Drs. 11/3694, S. 3.

[269] BT-Drs. 11/3694, S. 3.

[270] BT-Drs. 11/3694, S. 7.

Des Weiteren sollte durch die Einbeziehung des Opfers die gesellschaftliche Akzeptanz des Strafvollzugs erhöht werden. Schließlich wurde angeführt, dass die Einbeziehung der berechtigten Interessen von Tatopfern auf Ausgleich im materiellen Strafrecht bereits in der Grundsatznorm des § 46 StGB Anerkennung gefunden habe und auch der Strafvollzug seinen Beitrag zu einem Ausgleich zwischen Täter:innen und Opfern zu leisten habe.[271]

Die damalige Bundesregierung lehnte den Gesetzesantrag des Bundesrats ab. Nach ihrer Ansicht überzeugte die Begründung des Entwurfs hinsichtlich der Einbeziehung der Opferperspektive zur Erreichung des Vollzugsziels nicht. Die Förderung einer bestimmten Einsicht der Gefangenen sei bereits nach den geltenden Regelungen zulässig, „soweit dies zu der in § 2 [StVollzG Bund] geregelten Befähigung des Gefangenen zu straffreier Lebensführung oder zu der in § 3 [StVollzG Bund] geregelten Gestaltung des Vollzuges beiträgt".[272] Daher schlug die Bundesregierung vor, die Notwendigkeit einer gesetzlichen Regelung zunächst im weiteren Gesetzgebungsverfahren zu prüften.[273] Infolgedessen wurde der Entwurf des Bundesrats auf Vorschlag des Ältestenrates an den Rechtsausschuss überwiesen.[274] Jedoch wurde der Gesetzesentwurf dort in der laufenden Legislaturperiode nicht mehr thematisiert.[275] Damit fiel der Entwurf des Bundesrats infolge des Diskontinuitätsprinzips dem Ende der 11. Wahlperiode anheim.[276] Gleichwohl zeigt der Entwurf, dass bereits lange vor der Föderalismusreform von 2006 kriminalpolitische Tendenzen hin zu einem opferbezogenen Strafvollzug zu erkennen waren, wenngleich diese seinerzeit noch nicht Eingang ins Gesetz fanden.

Für den Jugendstrafvollzug wurde die Einbeziehung des Wiedergutmachungsgedankens 1991 in einem Entwurf des Bundesjustizministeriums für ein Jugendstrafvollzugsgesetz vorgeschlagen. Der Entwurf sah innerhalb des Erziehungsplans ausdrücklich „Maßnahmen zum Ausgleich von Tatfolgen" vor.[277]

---

[271] BT-Drs. 11/3694, S. 7; hinsichtlich der Einbeziehung von Opferinteressen bezieht sich die Argumentation vermutlich auf den Strafzumessungsgrund des Ausgleiches mit dem Verletzten i. S. d. § 46 Abs. 2 S. 2 StGB.

[272] BT-Drs. 11/3694, S. 15; Ausführungen zu der Frage, unter welchen Umständen sich eine derartige Einsicht mit den §§ 2, 3 StVollzG Bund vereinbaren lässt, enthält die Stellungnahme der Bundesregierung nicht.

[273] BT-Drs. 11/3694, S. 15.

[274] Plpr. BT 11/126, S. 9304.

[275] Zum Vorgang allgemein siehe BT-Drs. 12/853, S. 2.

[276] Vgl. *Walther*, Möglichkeiten und Perspektiven einer opferbezogenen Gestaltung des Strafvollzuges, 2002, S. 69.

[277] So *Rössner*, Reader Gefängnisseelsorge 1996, 5 (10).

Dieser Entwurf stieß jedoch auf verfassungsrechtliche Bedenken und wurde trotz der bereits bestehenden Einsicht in die Notwendigkeit einer gesetzlichen Grundlage für den Jugendstrafvollzug letztlich nicht umgesetzt.[278]

5.2.1.3 Alternativ-Entwurf Wiedergutmachung von 1992

Weitere Impulse erhielt die Diskussion um eine stärkere Opferorientierung des Strafvollzugs durch den Alternativ-Entwurf Wiedergutmachung (AE-Wiedergutmachung), der 1992 von einem Arbeitskreis deutschsprachiger Strafrechtslehrer:innen vorgelegt wurde. Das Hauptanliegen des AE-Wiedergutmachung war die Etablierung der Wiedergutmachung als „dritte Spur" im Strafrecht.[279] Ein wichtiges Ziel des AE-Wiedergutmachung sollte daher die Erweiterung der strafrechtlichen Sanktionsmöglichkeiten um die Einbeziehung des zivilrechtlichen Schadensersatzes sein.[280] Die Wiedergutmachung sollte eine Verbindung zwischen dem strafrechtlichen Schuldausgleich und dem zivilrechtlichen Schadensersatz herstellen[281] und die Idee der Aussöhnung mit der Gesellschaft fördern[282]. Durch die Wiedergutmachung solle den Täter:innen die Möglichkeit eröffnet werden, die Tat konstruktiv zu verarbeiten und aufzuarbeiten.[283]

Für den Strafvollzug enthielten die §§ 23 f. AE-Wiedergutmachung spezielle Wiedergutmachungsregeln. Nach § 23 AE-Wiedergutmachung sollte in § 3 StVollzG ein vierter Absatz eingefügt werden, um den Tatausgleich konkreter in das Strafvollzugsrecht einzubeziehen.[284] Nach dem Vorschlag der Verfasser:innen des AE-Wiedergutmachung sollte „die Einsicht des Gefangenen in seine Verantwortung für die Tat, insbesondere für die beim Opfer verschuldeten Tatfolgen (...) geweckt und durch geeignete Maßnahmen des Ausgleichs vertieft werden"[285]. Die opferbezogene Aufarbeitung der Tat gehöre zu den Grundlagen eines künftigen Lebens in sozialer Verantwortung ohne Straftaten i. S. d. § 2 StVollzG Bund. Daher solle das Grundprinzip des AE-Wiedergutmachung auch Eingang in das Strafvollzugsgesetz finden und als Gestaltungsgrundsatz in § 3

[278] Weiterführend hierzu *Laubenthal*, Strafvollzug, 8. Aufl. 2019, Rn. 860 m. w. N.

[279] *Baumann/Brauneck/Burgstaller u. a.*, AE-Wiedergutmachung, 1992, S. 22 ff.

[280] Vgl. *Schöch*, FS Eser, 2015, S. 188.

[281] Ausführlich *Weigend*, Deliktsopfer und Strafverfahren, 1989, S. 233 ff., 300 ff.

[282] *Schöch*, FS Eser, 2015, S. 188.

[283] *Schöch*, FS Eser, 2015, S. 188.

[284] Ebenso bereits *Rössner/Wulf*, Opferbezogene Strafrechtspflege, 1984, S. 134.

[285] *Baumann/Brauneck/Burgstaller u. a.*, AE-Wiedergutmachung, 1992, S. 93.

StVollzG Bund festgeschrieben werden.[286] Für die Straftatopfer könnten durch die Bemühungen der Täter:innen um Wiedergutmachung gegebenenfalls durch die Tat bedingte Beeinträchtigungen wie die Angst vor weiteren Straftaten abgebaut werden.[287] Die Verfasser:innen des AE-Wiedergutmachung betonen hierbei, dass die von ihnen vorgeschlagene Ergänzung des § 3 StVollzG Bund dem Strafvollzug insgesamt zu einer stärkeren Opferorientierung verhelfen und kein bloßes Lippenbekenntnis bleiben sollte.[288] In den meisten Landesstrafvollzugsgesetzen wurde dieser Vorschlag durch die Normierung des Gestaltungsgrundsatzes der Tataufarbeitung bzw. der Opferorientierung aufgegriffen und hat somit nunmehr Eingang in das Strafvollzugsrecht gefunden.[289]

Neben diesem opferbezogenen Gestaltungsgrundsatz in § 3 StVollzG Bund sollten nach dem AE-Wiedergutmachung zudem „Maßnahmen zur Förderung des Ausgleichs der Tatfolgen" Bestandteil des Vollzugsplanes gemäß § 7 StVollzG Bund werden.[290] Dieser Änderungsvorschlag folge zwingend aus der vorgeschlagenen Opferorientierung des gesamten Strafvollzugs. Die Berücksichtigung des Tatfolgenausgleichs gleich zu Beginn des Vollzugs stelle sicher, dass eine Durchführung opferbezogener Maßnahmen nicht durch subkulturelle Einflüsse oder eine Verdrängung der Tat durch die Täter:innen erschwert bzw. verhindert werde.[291] In der Sache gehe es nicht nur um finanzielle Entschädigungsleistungen, sondern auch um die Tataufarbeitung und eine Wiederherstellung des Rechtsfriedens.[292]

5.2.1.4 Neuere Überlegungen nach der Föderalismusreform von 2006

5.2.1.4.1 Opferbezogener Strafvollzug in Nordrhein-Westfalen nach dem Konzept von M. Walter

Die Idee einer stärkeren Einbeziehung des Opfers in den Strafvollzug wurde nach der Föderalismusreform insbesondere durch den ehemaligen Hochschullehrer und Justizvollzugsbeauftragten des Landes Nordrhein-Westfalen *Michael Walter* fortentwickelt. Zwar gab es auch in den Jahren zuvor immer wieder Stimmen, die

---

[286] *Baumann/Brauneck/Burgstaller u. a.*, AE-Wiedergutmachung, 1992, S. 93.
[287] *Baumann/Brauneck/Burgstaller u. a.*, AE-Wiedergutmachung, 1992, S. 94.
[288] *Baumann/Brauneck/Burgstaller u. a.*, AE-Wiedergutmachung, 1992, S. 94.
[289] Hierzu sogleich unten im Abschnitt 5.2.3.2.
[290] *Baumann/Brauneck/Burgstaller u. a.*, AE-Wiedergutmachung, 1992, S. 94 f.
[291] *Baumann/Brauneck/Burgstaller u. a.*, AE-Wiedergutmachung, 1992, S. 94 f.
[292] *Baumann/Brauneck/Burgstaller u. a.*, AE-Wiedergutmachung, 1992, S. 95.

eine opferbezogene Vollzugsgestaltung befürworteten; allerdings lag der Schwerpunkt dieser Beiträge häufig auf der Einbeziehung des Täter-Opfer-Ausgleichs in den Vollzug.[293] Demgegenüber umfasste *Walters* Konzept einer opferbezogenen Vollzugsgestaltung neben der Wiedergutmachung auch den Schutz der Opfer, der Informationsrechte der Opfer einschließen sollte.[294] Nach Ansicht von *Walter* stellt eine Opferorientierung des Strafvollzugs keinen Gegensatz zum täter:innen- und behandlungsorientierten Vollzug dar, sondern sei als dessen Ergänzung zu verstehen.[295] Die Grundgedanken eines opferorientierten Strafvollzugs seien die Einbeziehung berechtigter Opferbelange in den Resozialisierungsprozess und die Förderung einer sozialen Integration der jeweiligen Täter:innen durch die Beiträge für die konkreten Opfer.[296] Darüber hinaus müssten die Schutzinteressen der Straftatopfer insbesondere im Zusammenhang mit Vollzugslockerungen beachtet werden. Anzustreben sei die Ermöglichung von Vollzugslockerungen unter der Beachtung der berechtigten Schutzinteressen der Straftatopfer und gegebenenfalls Dritter. Diesen Interessen könne beispielsweise durch die Auferlegung von Weisungen im Rahmen von Vollzugslockerungen der Täter:innen Rechnung getragen werden.[297]

Das von *Walter* entwickelte Konzept eines opferbezogenen Vollzugs wurde zunächst in den „Leitlinien für den Strafvollzug des Landes Nordrhein-Westfalen" festgehalten,[298] welche die Grundlage für das nordrhein-westfälische Strafvollzugsgesetz bildeten.[299] Seit 2012 wird dieses Konzept in der nordrhein-westfälischen JVA Schwerte im Rahmen eines Modellprojekts in der Praxis erprobt.[300]

---

[293] *Müller-Dietz*, Resozialisierung, in: Janssen/Kerner (Hrsg.), Verbrechensopfer, Sozialarbeit und Justiz, 1985, S. 247 f.; *Walther*, Möglichkeiten und Perspektiven einer opferbezogenen Gestaltung des Strafvollzuges, 2002; *Kaspar*, ZfStrVo 2005, 85 (85).

[294] *Walter*, Tätigkeitsbericht des Justizvollzugsbeauftragten NRW 2011, 2012, S. 52 ff.; vgl. auch *Gelber/Walter*, kuckucksei 2/2012, 23 (23 f.).

[295] *Walter*, Tätigkeitsbericht des Justizvollzugsbeauftragten NRW 2011, 2012, S. 53.

[296] *Walter*, Tätigkeitsbericht des Justizvollzugsbeauftragten NRW 2011, 2012, S. 53.

[297] *Gelber/Walter*, kuckucksei 2/2012, 23 (24).

[298] *Walter*, Tätigkeitsbericht des Justizvollzugsbeauftragten NRW 2011, 2012, Anhang 3, S. 343.

[299] *Walter*, Tätigkeitsbericht des Justizvollzugsbeauftragten NRW 2011, 2012, S. 29, 31 f.

[300] Darstellung des Projektverlaufs bei *Walter*, Tätigkeitsbericht des Justizvollzugsbeauftragten NRW 2011, 2012, S. 48.

5.2.1.4.2 Projekt „Opferorientierung im Justizvollzug" in Niedersachsen

In Niedersachsen wurde das Projekt „Opferorientierung im Justizvollzug“ im Juli 2015 eingerichtet und bereits 2016 ein Abschlussbericht vorgelegt.[301] Als theoretische Grundlage wurde dem Projekt in Niedersachsen das Konzept der Restorative Justice zugrunde gelegt.[302] Dem Abschlussbericht ist weiterhin zu entnehmen, dass nach der Konzeption des Landes Niedersachsen auch die Berücksichtigung der Interessen von Familienangehörigen der Opfer und der Täter:innen Bestandteil eines opferorientierten Strafvollzugs sein sollen.[303]

Dieses Projekt des Landes Niedersachsen wurde anders als die Konzeption von *M. Walter* in Nordrhein-Westfalen nicht dem Landesgesetz zugrunde gelegt, da das Niedersächsische Justizvollzugsgesetz bereits im Jahr 2008 erlassen worden war.[304] Gleichwohl wird das Konzept des Landes Niedersachsen im Teil III bei der Auslegung der opferbezogenen Strafvollzugsvorschriften in die Betrachtung einbezogen, da die praktische Umsetzung der Opferorientierung in Niedersachsen an diesem Konzept ausgerichtet sein dürfte. Im Jahr 2018 fand zudem eine Tagung zum Thema „Opferorientierung im Strafvollzug“ in Göttingen statt.[305] Es ist also erkennbar, dass das Land Niedersachsen die Opferorientierung im Strafvollzug auch über das Projekt aus dem Jahr 2015 hinaus weiter fortentwickelt.

Soweit nach dem Konzept des Landes Niedersachsen die Familienangehörigen der Gefangenen in die Opferorientierung des Strafvollzugsrechts einbezogen werden,[306] entspricht dies nicht dem dieser Arbeit zugrunde liegenden engen strafvollzugsrechtlichen Opferbegriff.[307] Zwar erleiden auch die Familien der

---

[301] *Jacob/Prätor/Höher u. a.*, Projekt Opferorientierung im Justizvollzug. Abschlussbericht, herausgegeben von der Projektgruppe „Opferorientierung im Justizvollzug“, 2016.

[302] *Jacob/Prätor/Höher u. a.*, Projekt Opferorientierung im Justizvollzug. Abschlussbericht, herausgegeben von der Projektgruppe „Opferorientierung im Justizvollzug“, 2016, S. 19 ff.; ausführlich zur Restorativ Justice im Abschnitt 7.2.1.

[303] *Jacob/Prätor/Höher u. a.*, Projekt Opferorientierung im Justizvollzug. Abschlussbericht, herausgegeben von der Projektgruppe „Opferorientierung im Justizvollzug“, 2016, S. 9.

[304] Hierzu bereits oben im Kapitel 1.

[305] Für den Tagungsbericht siehe *Höffler/Jesse/Bliesener* (Hrsg.), Opferorientierung im Strafvollzug, 2019.

[306] Vgl. *Jacob/Prätor/Höher u. a.*, Projekt Opferorientierung im Justizvollzug. Abschlussbericht, herausgegeben von der Projektgruppe „Opferorientierung im Justizvollzug“, 2016, S. 9, 23, 37.

[307] Siehe hierzu oben im Abschnitt 4.2.2.

Gefangenen durch die Inhaftierung erhebliche Beeinträchtigungen.[308] Allerdings sind diese Beeinträchtigungen unmittelbare Folge der Inhaftierung und haben daher keinen direkten Bezug zu einer Viktimisierung durch eine Straftat. Daher wird dieser Gesichtspunkt nachfolgend nicht weitergehend betrachtet, zumal die Familienorientierung des Strafvollzugs beispielsweise in Schleswig-Holstein einen eigenen Schwerpunkt des Landesgesetzes bildet[309]. Nur wenn Angehörige von Gefangenen durch diese viktimisiert wurden und daher dem engen strafvollzugsrechtlichen Opferbegriff unterfallen, werden sie in die nachfolgende Betrachtung einbezogen.

5.2.2 Rechtliche Ausgestaltung

5.2.2.1 Weitgehendes Fehlen opferbezogener Vorschriften im StVollzG Bund

Vor der Föderalismusreform im Jahre 2006 ließen sich im damals geltenden Strafvollzugsrecht nur wenige Berührungspunkte zwischen dem zur Hauptsache an den Täter:innen orientierten Vollzug und den Belangen der Opfer finden. Obwohl das StVollzG Bund damit ersichtlich nicht auf einen opferorientierten Strafvollzug ausgerichtet war, ermöglichten einige Vorschriften dennoch bis zu einem gewissen Grad eine opferorientierte Ausgestaltung des Vollzugs.

Bereits das Vollzugsziel der Resozialisierung gemäß § 2 S. 1 StVollzG Bund eröffnete die Möglichkeit, die Opferperspektive im Strafvollzug einzubeziehen. Schon vor der Festschreibung der Resozialisierung als einzigem Vollzugsziel im StVollzG Bund enthielt Nr. 57 Abs. 1 S. 1 DVollzO die Vorgabe, die Gefangenen bei der Einsicht in ihre Tatverantwortung zu unterstützen. Im Gegensatz zum Schutz der Sicherheit der Allgemeinheit gemäß § 2 S. 2 StVollzG Bund hat dieser Gesichtspunkt zwar keinen Eingang in das StVollzG Bund gefunden. Wenn die Gefangenen jedoch durch den Vollzug der Freiheitsstrafe fähig werden sollen, zukünftig ein Leben in sozialer Verantwortung zu führen, muss der Resozialisierungsprozess nach Teilen der Literatur auch die Verantwortungsübernahme für die Straftatfolgen und somit für die Straftatopfer umfassen.[310] Daher sei der Täter-Opfer-Ausgleich bereits auf der Grundlage des StVollzG Bund

---

[308] Weiterführend *Hingst*, in: BeckOK LStVollzG SH, 14. Ed. Stand: 01.04.2020, LStVollzG SH § 3 Rn. 16.

[309] § 3 Abs. 6 LStVollzG SH; Landtag Schleswig-Holstein Drs. 18/3153, S. 88.

[310] *Wulf*, ZfStrVo 1985, 67 (68); *Steffens*, Wiedergutmachung und Täter-Opfer-Ausgleich, 1999, S. 80 f.; ähnlich auch *Kaspar*, ZfStrVo 2005, 85 (85).

als ein Bestandteil des Vollzugsziels der Resozialisierung i. S. d. § 2 S. 1 StVollzG Bund anzusehen.[311] Jedoch dürfe die Wiedergutmachung nicht auf den Täter-Opfer-Ausgleich beschränkt werden. Vielmehr sollten auch Maßnahmen der symbolischen Wiedergutmachung gegenüber der Allgemeinheit erfasst werden.[312]

Ferner wurde teilweise angenommen, dass eine opferbezogene Vollzugsgestaltung auch in den Gestaltungsgrundsätzen des StVollzG Bund angelegt war.[313] Mit Blick auf den Angleichungsgrundsatz gemäß § 3 Abs. 1 StVollzG Bund etwa verstehe es sich von selbst, dass zivilrechtliche Schadensersatzansprüche gegenüber dem Straftatopfer auch während der Zeit des Vollzugs so weit wie möglich zu regeln seien. Maßnahmen zur Tataufarbeitung seien zudem ein geeignetes Mittel zur Gegensteuerung im Sinne des § 3 Abs. 2 StVollzG Bund. Weiterhin könnten Elemente des Ausgleichs mit dem Opfer der Eingliederung von Gefangenen gemäß § 3 Abs. 3 StVollzG Bund zugeordnet werden, sofern der Eingliederungsgrundsatz nicht nur einseitig als Verpflichtung zur Kompensation von Sozialisationsdefiziten verstanden werde.[314] Die Einbeziehung des Straftatopfers und seiner Belange diene daher dem Vollzugsziel der Resozialisierung gemäß § 2 S. 1 StVollzG Bund und sei ein Bestandteil der Gestaltungsgrundsätze gemäß § 3 StVollzG Bund.[315]

In den Vorschriften zur sozialen Hilfe ließ sich § 73 StVollzG Bund die Vorgabe des Gesetzgebers entnehmen, die Gefangenen bei ihren Bemühungen zum Ausgleich des durch ihre Straftaten verursachten Schadens zu unterstützen.[316] Teilweise wird angenommen, dass sich der Ausgleich des Schadens i. S. v. § 73 StVollzG Bund lediglich auf die materielle Schadenswiedergutmachung bezieht.[317] Nach anderer Auffassung soll demgegenüber bereits durch § 73

---

[311] *Wulf*, ZfStrVo 1985, 67 (68); *Rössner*, Reader Gefängnisseelsorge 1996, 5 (12); *Steffens*, Wiedergutmachung und Täter-Opfer-Ausgleich, 1999, S. 80 f.; *Calliess/Müller-Dietz*, StVollzG, 11. Aufl. 2008, § 2 Rn. 28 f.; vgl. auch *Arloth/Krä*, Strafvollzugsgesetze, 5. Aufl. 2021, § 2 StVollzG Rn. 7; *Laubenthal*, Strafvollzug, 8. Aufl. 2019, Rn. 167; kritisch zum Nutzen der Opferorientierung für das Vollzugsziel *Köhne*, JR 2016, 7 (8).

[312] *Rössner*, Reader Gefängnisseelsorge 1996, 5 (12).

[313] *Wulf*, ZfStrVo 1985, 67 (68); für eine Implementierung in § 3 Abs. 4 StVollzG *Dölling/Bannenberg/ Hartmann u. a.*, Täter-Opfer-Ausgleich, 1998, S. 78.

[314] *Wulf*, ZfStrVo 1985, 67 (68).

[315] *Wulf*, ZfStrVo 1985, 67 (68); zu Reformvorschlägen für die §§ 2 und 3 StVollzG Bund siehe *Kaspar*, ZfStrVo 2005, 85 (86 f.).

[316] So zumindest die Auslegung nach *Wulf*, ZfStrVo 1985, 67 (67); ebenso *Steffens*, Wiedergutmachung und Täter-Opfer-Ausgleich, 1999, S. 80 f.; näheres hierzu und zur Einbeziehung der Restorative Justice im StVollzG Bund unten im Abschnitt 7.2.2.2.1.1.

[317] *Rössner*, Reader Gefängnisseelsorge 1996, 5 (11).

StVollzG Bund der Täter-Opfer-Ausgleich insgesamt erfasst sein[318] und somit auch die Möglichkeit eines ideellen Ausgleichs.

Seit 1998 enthielt das StVollzG Bund zudem in den Vorschriften zum Datenschutz in § 180 Abs. 5 S. 2 ein Auskunftsrecht der Verletzten bezüglich der Entlassungsadresse und der Vermögensverhältnisse der Gefangenen.[319] Folglich fanden Straftatopfer ab diesem Zeitpunkt im StVollzG Bund erstmals ausdrücklich mit dem Begriff „Verletzte" Erwähnung. Eine Erweiterung der Informationsrechte von Straftatopfern mit Bezug zum Strafvollzug erfolgte durch das Opferrechtsreformgesetz 2004 mit der Normierung eines Anspruchs der Straftatopfer auf Informationen bezüglich der erstmaligen Gewährung von Vollzugslockerungen und Hafturlaub gemäß § 406d Abs. 2 StPO.[320]

Insgesamt gab es damit bereits im StVollzG Bund einige wenige Vorschriften, die eine Einbeziehung des Opfers bzw. seiner Interessen in den Vollzug ermöglichten oder sogar vorsahen. Allerdings waren die Opferbezüge ersichtlich noch sehr vage und begrenzt. Anhaltspunkte für ein echtes Konzept einer Opferorientierung des Strafvollzugs lassen sich im StVollzG Bund nicht erkennen.

5.2.2.2 Gezielte Aufnahme opferbezogener Vorschriften in die Landesstrafvollzugsgesetze

Im Vergleich zum StVollzG Bund enthalten die Landesstrafvollzugsgesetze eine ganze Reihe verschiedener Vorschriften zur Opferorientierung des Vollzugs.[321] So

---

[318] *Wulf*, ZfStrVo 1985, 67 (67); *Steffens*, Wiedergutmachung und Täter-Opfer-Ausgleich, 1999, S. 80 f.; *Huchting/Majuntke*, in: AK-StVollzG, 6. Aufl. 2012, § 73 Rn. 5; *Laubenthal*, Strafvollzug, 8. Aufl. 2019, Rn. 166; *Arloth/Krä*, Strafvollzugsgesetze, 5. Aufl. 2021, § 73 StVollzG Rn. 5; noch weitergehender *Hartmann/Haas/Steengrafe u. a.*, Prison mediation in Germany, in: Barabás/Fellegi/Windt (Hrsg.), Responsibility-taking, Relationship-building and Restoration in Prisons, 2012, S. 211.

[319] Siehe Viertes Gesetz zur Änderung des Strafvollzugsgesetzes, BGBl. I 1998, S. 2461 (2465).

[320] Gesetz zur Verbesserung der Rechte von Verletzten im Strafverfahren (Opferrechtsreformgesetz), BGBl. I 2004, S. 1354 (1356); weiterführend zu den Opferinformationsrechten im Strafvollzugsrecht *Gelber/Walter*, NStZ 2013, 75 (77 ff.).

[321] Eigenständige JVollzDSG haben Berlin, Bremen, Hamburg, Mecklenburg-Vorpommern, Nordrhein-Westfalen, Rheinland-Pfalz, Saarland, Sachsen und Schleswig-Holstein erlassen; in Baden-Württemberg wurden die Vorschriften zum Datenschutz im Landesdatenschutzgesetz für Justiz- und Bußgeldbehörden (LDSG-JB BW) geregelt; in Brandenburg finden sich Regelungen zum Datenschutz in § 121 bis § 140 BbgJVollzG und im Brandenburgischen Polizei-, Justizvollzugs- und Maßregelvollzugsdatenschutzgesetz – BbgPJMDSG geregelt; in Hessen in § 58 bis § 65 HStVollzG und im Hessischen Datenschutz- und Informationsfreiheitsgesetz – HDISG; in Thüringen in § 119 bis § 140 ThürJVollzGB und im Thüringer Datenschutzgesetz (ThürDSG); in Bayern und Niedersachsen sind die Vorschriften

finden sich in allen Landesgesetzen Regelungen zur Berücksichtigung des Opfers und seiner Belange. Die Zahl und die Regelungsdichte dieser opferbezogenen Vorschriften unterscheiden sich jedoch zwischen den einzelnen Ländern mitunter stark.

Möchte man sich an einer Rangfolge versuchen, in welchem Umfang der Opfergedanke Eingang in die verschiedenen Landesgesetze gefunden hat, so wäre das sächsische Strafvollzugsgesetz wohl an erster Stelle zu nennen.[322] Dieses Gesetz enthält insgesamt neun Regelungen mit einem ausdrücklichen Opferbezug.[323] In den Gesetzen der Länder Bayern, Berlin und Nordrhein-Westfalen wird die Opferorientierung durch eine spezielle Regelung zum opfer- bzw. verletztenbezogenen Strafvollzug besonders hervorgehoben.[324] Am anderen Ende des Spektrums ist das Landesgesetz von Baden-Württemberg zu verorten, welches lediglich eine allgemeine Vorschrift zum Vollzug der Freiheitsstrafe mit einem ausdrücklichen Opferbezug beinhaltet.[325] Dazwischen lassen sich die übrigen Landesgesetze einordnen, in welchen die Opferorientierung an mehreren Stellen erkennbar ist, jedoch keine grundlegende Ausrichtung auf eine opferbezogene Vollzugsgestaltung festgelegt wurde.[326]

Neben Vorschriften, die ausdrücklich auf das Straftatopfer Bezug nehmen, enthalten die Landesgesetze wie bereits das StVollzG Bund Regelungen, die erst durch ihre Auslegung einer Einbeziehung des Opfers in den Vollzug zugänglich sind. Zu denken ist insbesondere an solche Vorschriften über die Gestaltung des

---

zum Datenschutz im jeweiligen Vollzugsgesetz geregelt; in Sachsen-Anhalt finden sich diese Vorschriften im vierten Buch des Justizvollzugsgesetzbuches Sachsen-Anhalt (JVollzGB IV LSA).

[322] Gesetz über den Vollzug der Freiheitsstrafe und des Strafarrests im Freistaat Sachsen vom 16.05.2013, SächsGVBl. 2013, S. 250 ff.

[323] In § 5 Abs. 2 S. 2, § 9 Abs. 1 S. 1 Nr. 20, § 27 Nr. 3, § 30 Abs. 1 S. 3, § 32 Nr. 3, § 35 Abs. 1 Nr. 3, § 37 Abs. 5 S. 3, § 40 S. 2, § 62 Abs. 3 SächsStVollzG.

[324] Art. 5a BayStVollzG; § 6 StVollzG Bln; § 7 StVollzG NRW.

[325] § 2 Abs. 5 JVollzGB III BaWü.

[326] Im Gesetz des Landes Saarland finden sich zwei Vorschriften, die die Zusammenarbeit der Vollzugsanstalten mit dem Kompetenzzentrum für Resozialisierung und Opferhilfe (Vorbereitung der Entlassung, § 42 Abs. 1 SLStVollzG) und mit Opferschutzverbänden (Evaluation, kriminologische Forschung, § 92 Abs. 2 SLStVollzG) betreffen. Weiterhin enthält § 39 StVollzG Bln (Kontakt zu bestimmten Personen und Institutionen) eine Regelung zum Kontakt der Gefangenen mit dem Opferschutzbeauftragten des Landes Berlin. Diese Vorschriften werden innerhalb der vorliegenden Untersuchung jedoch nicht weitergehend betrachtet, da sie keinen direkten Bezug zum tatsächlichen Straftatopfer aufweisen und die übrigen Landesgesetze keine vergleichbaren Vorschriften enthalten.

Vollzugs, in denen nur allgemein von einer Tataufarbeitung die Rede ist.[327] Da die Auseinandersetzung mit den Tatfolgen für das Opfer Teil der Tataufarbeitung ist, weisen diese Vorschriften implizit einen Opferbezug auf.

Bei einer systematischen Durchsicht aller 16 Landesstrafvollzugsgesetze unter Einbeziehung der Justizvollzugsdatenschutzgesetze[328] können die einzelnen Vorschriften mit Opferbezug insgesamt fünf Themenkreisen zugeordnet werden, die nachfolgend zunächst nur im Überblick dargestellt werden. Eine vertiefte Betrachtung der Regelungen zu den verschiedenen Themenkreisen erfolgt erst im Teil III dieser Arbeit zur Auslegung der einzelnen opferbezogener Strafvollzugsvorschriften. Lediglich die opferbezogenen Vorschriften zum Datenschutz werden in der vorliegenden Arbeit keiner näheren Betrachtung unterzogen.[329]

Erstens lassen sich in den meisten Landesstrafvollzugsgesetzen bereits vorne in den jeweiligen Abschnitten mit den allgemeinen Regelungen ausdrückliche Bezüge zum Opfer finden. Zu diesen allgemeinen Regelungen zählen Grundsätze zur Gestaltung des Vollzugs[330], zur Behandlung der Gefangenen[331] und zu vollzuglichen Maßnahmen[332]. Die Landesgesetze von Berlin und Nordrhein-Westfalen heben sich von den anderen Ländern noch einmal dadurch ab, dass die verletzten- bzw. opferbezogene Gestaltung des Vollzugs jeweils in einer eigenen Vorschrift geregelt wurde.[333] Seit 2019 enthält nunmehr auch das Bayerische Strafvollzugsgesetz in Art. 5a den Grundsatz der opferbezogenen Vollzugsgestaltung.[334] Mit § 8a HmbStVollzG wurde unter der Überschrift „Opferschutz"

[327] Siehe § 3 Abs. 1 BremStVollzG; § 3 Abs. 1 StVollzG MV; § 2 Abs. 3 S. 2 NJVollzG; § 3 Abs. 1 SächsStVollzG; § 3 Abs. 1 LStVollzG SH.

[328] Eigenständige JVollzDSG haben Berlin, Bremen, Hamburg, Mecklenburg-Vorpommern, Nordrhein-Westfalen, Rheinland-Pfalz, Saarland, Sachsen und Schleswig-Holstein erlassen; zu den anderen Ländern siehe soeben Fn. 321.

[329] Aus den bereits oben im Kapitel 3. genannten Gründen wird das Datenschutzrecht in der vorliegenden Arbeit nicht vertieft untersucht. Gleichwohl werden die grundlegenden Linien der Berücksichtigung von Opferinteressen im Strafvollzug durch opferbezogene Regelungen zum Datenschutz in den kriminalpolitischen Grundlagen überblicksartig dargestellt, siehe unten im Abschnitt 9.3.3.6.

[330] § 8 Abs. 1 S. 2 BbgJVollzG; § 8 Abs. 1 S. 2 LJVollzG RP; § 3 Abs. 1 SLStVollzG; § 8 Abs. 1 S. 2 JVollzGB I LSA; § 8 Abs. 1 ThürJVollzGB.

[331] § 2 Abs. 5 JVollzGB III BaWü; Art. 3 S. 2 BayStVollzG; § 4 S. 2 und 3 HmbStVollzG.

[332] § 5 Abs. 1 S. 4 HStVollzG.

[333] § 6 StVollzG Bln; § 7 StVollzG NRW; seit 2019 auch Art. 5a BayStVollzG.

[334] Art. 5a BayStVollzG wurde in das BayStVollzG eingefügt durch das Gesetz über den Vollzug des Jugendarrestes vom 26.06.2018, BayGVBl. 2018, S. 438 ff., 446.

im Jahr 2018 auch für das Hamburger Strafvollzugsgesetz eine augenscheinlich opferschutzbezogene Regelung geschaffen.[335] Die allgemeinen Vorschriften der Länder Baden-Württemberg, Brandenburg, Hamburg, Hessen, Rheinland-Pfalz, Saarland, Sachsen-Anhalt und Thüringen enthalten im Zusammenhang mit der Auseinandersetzung der Gefangenen mit ihren Straftaten und deren Folgen einen ausdrücklichen Opferbezug.[336] In den Gesetzen von Bremen, Mecklenburg-Vorpommern, Niedersachsen, Sachsen und Schleswig-Holstein wird die Auseinandersetzung den Straftaten und deren Folgen zwar auch als Bestandteil der Vollzugsgestaltung eingeordnet.[337] Nach dem Wortlaut der Vorschriften wird das Straftatopfer in den zuletzt genannten Ländern jedoch nicht ausdrücklich einbezogen. Die Förderung der Unrechtseinsicht und der Verantwortungsübernahme für die Straftatfolgen wird in den allgemeinen Vorschriften der genannten Länder nur allgemein und ohne ausdrückliche Nennung des Opfers angeführt.[338]

Zweitens können die Regelungen über Außenkontakte zu einem weiteren Themenkreis opferbezogener Vorschriften zusammengefasst werden. Im Mittelpunkt der landesrechtlichen Vorschriften dieses Themenkreises steht die Befugnis der Anstaltsleiter:innen, unter bestimmten Voraussetzungen den Kontakt zwischen Gefangenen und den Opfern ihrer Straftaten zu unterbinden. Diesbezüglich lassen sich in den verschiedenen Landesgesetzen einerseits generalklauselartige Regelungen[339] und andererseits Kataloge von Gründen für eine Begrenzung[340] finden. Die meisten Gesetze enthalten insbesondere hinsichtlich des Besuchs von Opfern

[335] Gesetz über das Hamburgische Resozialisierungs- und Opferhilfegesetz und zur Änderung vollzugsrechtlicher Vorschriften vom 31.08.2018, HmbGVBl. 2018, S. 265 ff., 274 f.; in Schleswig-Holstein ist derzeit ein Gesetz zur ambulanten Resozialisierung und zum Opferschutz geplant, vgl. Landtag Schleswig-Holstein Drs. 19/2681; weiterführend auch zur Entwicklung in anderen Bundesländern *Dünkel/Cornel/Pruin u. a.*, Brauchen wir ein Resozialisierungsgesetz?, in: Reichenbach/Bruns (Hrsg.), Resozialisierung neu denken, 2018, S. 42 ff.

[336] § 2 Abs. 5 JVollzGB III BaWü; § 8 Abs. 1 S. 2 BbgJVollzG;§ 4 S. 2 und 3 HmbStVollzG; § 5 Abs. 1 S. 4 HStVollzG; § 8 Abs. 1 S. 2 LJVollzG RP; § 3 Abs. 1 SLStVollzG; § 8 Abs. 1 S. 2 JVollzGB I LSA; § 8 Abs. 1 ThürJVollzGB.

[337] Vgl. § 3 Abs. 1 BremStVollzG; § 3 Abs. 1 StVollzG MV; § 2 Abs. 3 NJVollzG; § 3 Abs. 1 SächsStVollzG; § 3 Abs. 1 LStVollzG SH.

[338] § 3 Abs. 1 BremStVollzG; § 3 Abs. 1 StVollzG MV; §2 Abs. 3 S. 2 NJVollzG; § 3 Abs. 1 SächsStVollzG; § 3 Abs. 1 LStVollzG SH.

[339] § 33 HStVollzG; § 25 StVollzG NRW.

[340] §§ 30, 35, 38 Abs. 1 StVollzG Bln; §§ 35, 40 BbgJVollzG; §§ 27, 32 BremStVollzG; §§ 27, 32 StVollzG MV; §§ 34, 39 LJVollzG RP; §§ 27, 32 SLStVollzG; §§ 27, 32, 35 Abs. 1 SächsStVollzG; §§ 34, 39 JVollzGB I LSA; §§ 35, 40 ThürJVollzGB; ähnlich auch §§ 43 Abs. 2, 48 Abs. 2 LStVollzG SH.

und des Schriftverkehrs mit den Verletzten Untersagungsmöglichkeiten.[341] In Nordrhein-Westfalen und Sachsen finden sich zudem opferbezogene Untersagungsmöglichkeiten für Telefongespräche und für Sachsen zusätzlich für den Paketversand.[342] Eine Besonderheit weist zudem das Berliner Strafvollzugsgesetz auf, in dessen § 39 Abs. 1 S. 1 Nr. 17 StVollzG Bln der Kontakt der Gefangenen mit dem bzw. der Opferbeauftragten des Landes Berlin privilegiert wird.

Drittens enthalten einige Landesgesetze in ihren Regelungen zu den vollzugsöffnenden Maßnahmen und zum offenen Vollzug Bezüge zum Opfer. Dabei lassen sich opferbezogene Vorschriften zur Gewährung vollzugsöffnender Maßnahmen[343], zur Unterbringung im offenen Vollzug[344] und zur Ausgestaltung von Lockerungen insbesondere durch opferbezogene Weisungen[345] unterscheiden. In Nordrhein-Westfalen und in Sachsen-Anhalt wird die Einbeziehung von Opferinteressen zudem ausdrücklich als Regelbeispiel im jeweiligen Katalog von Weisungen für vollzugsöffnende Maßnahmen genannt.[346] Seit 2019 ist die Befugnis zur Erteilung solcher opferbezogener Weisungen nunmehr auch in § 12 Abs. 6 HmbStVollzG ausdrücklich vorgesehen. Darüber hinaus enthalten einige Landesgesetze auch noch spezielle Regelungen für Gefangene, die bestimmte Delikte wie namentlich Gewalt- und Sexualdelikte begangen haben.[347] Diese Vorschriften sehen bei Entscheidungen über vollzugsöffnende Maßnahmen eine besonders gründliche Prüfung und spezielle Voraussetzungen für eine Gewährung vor. Zwar enthalten diese Regelungen keinen ausdrücklichen Opferbezug, jedoch erscheinen sie einer Auslegung unter Berücksichtigung des Opferschutzgedankens zugänglich.

[341] Berlin, Brandenburg, Bremen, Hessen, Mecklenburg-Vorpommern, Nordrhein-Westfalen, Rheinland-Pfalz, Saarland, Sachsen, Sachsen-Anhalt, Schleswig-Holstein, Thüringen.

[342] § 25 Nr. 3 StVollzG NRW; §§ 30 Abs. 1 S. 3, 37 Abs. 5 S. 3 SächsStVollzG; vgl. auch § 33 Abs. 2 Nr. 3 HStVollzG.

[343] § 12 Abs. 5 S. 1 Alt. 1 HmbStVollzG; § 13 Abs. 2 S. 2 HStVollzG; § 45 Abs. 3 S. 3 JVollzGB I LSA.

[344] § 22 Abs. 2 S. 3 JVollzGB I LSA.

[345] § 44 S. 2 StVollzG Bln; § 48 Abs. 1 S. 2 BbgJVollzG; § 40 S. 2, 3 BremStVollzG; § 12 Abs. 5 S. 1 Alt. 2 HmbStVollzG; § 40 S. 2 StVollzG MV; § 15 Abs. 1 S. 2 NJVollzG; § 53 Abs. 6 StVollzG NRW; § 47 S. 2 LJVollzG RP; § 40 S. 2 SLStVollzG; § 40 S. 2 SächsStVollzG; § 47 Abs. 3 JVollzGB I LSA; § 57 S. 2 LStVollzG SH; § 48 S. 2 ThürJVollzGB.

[346] § 57 S. 2 Nr. 4 StVollzG NRW; § 47 Abs. 1 S. 2 Nr. 3 JVollzGB I LSA.

[347] Art. 15 BayStVollzG; §§ 8a, 11 Abs. 3 HmbStVollzG; § 13 Abs. 5 und 8 HStVollzG; § 16 NJVollzG; § 22 Abs. 5 und § 45 Abs. 6 JVollzGB I LSA; § 22 Abs. 4 und § 46 Abs. 3 ThürJVollzGB.

Viertens haben in einigen Landesstrafvollzugsgesetzen die Wiedergutmachung und der Tatausgleich eine Positivierung erfahren. Aspekte der Wiedergutmachung und des Tatausgleichs finden sich in den Landesgesetzen in den Vorschriften zum Vollzugs- und Eingliederungsplan[348], zur Hilfe im Vollzug[349] und zum Überbrückungs- bzw. Eingliederungsgeld[350]. In Schleswig-Holstein widmet das Strafvollzugsgesetz dem Ausgleich von Tatfolgen darüber hinaus mit § 21 LStVollzG SH sogar eine eigene Vorschrift. Schließlich umfassen die Regelungen zur verletzten- bzw. opferbezogenen Vollzugsgestaltung in Bayern, Berlin und Nordrhein-Westfalen ebenfalls Aspekte der Wiedergutmachung und des Tatausgleichs.[351]

Fünftens finden sich Vorschriften zur opferbezogenen Ausgestaltung des Strafvollzugs in den Regelungen zu den gefangenen- und opferbezogenen Daten sowie zu Auskunftsbegehren der Opfer. Teilweise enthalten die Landesstrafvollzugsgesetze selbst Vorschriften bezüglich der Auskunft über die Haftverhältnisse gegenüber dem Opfer[352], mitunter wird dieser Bereich auch in gesonderten JVollzDSG geregelt[353]. Darüber hinaus enthalten die Landesgesetze vereinzelt noch Regelungen zum Schutz opferbezogener Daten[354] und zur Benachrichtigung der Opfer bei einem Versterben der Gefangenen[355]. Da das Datenschutzrecht nicht Gegenstand der vorliegenden Untersuchung ist[356], werden die Vorschriften dieses fünften Themenkreises innerhalb der Auslegung im Teil III dieser

[348] § 10 Abs. 1 S. 1 Nr. 19 StVollzG Bln; § 15 Abs. 1 S. 1 Nr. 21 BbgJVollzG; § 9 Abs. 1 S. 1 Nr. 20 BremStVollzG; § 8 Abs. 2 S. 1 Nr. 5, Abs. 3 HmbStVollzG unter der Bezeichung „Resozialisierungsplan"; § 10 Abs. 4 S: 1 Nr. 9 HStVollzG § 9 Abs. 1 S. 1 Nr. 20 StVollzG MV; § 10 Abs. 1 S. 4 Nr. 12 StVollzG NRW; § 9 Abs. 1 S. 1 Nr. 20 SächsStVollzG; § 10 Abs. 1 Nr. 2 g LStVollzG SH.

[349] § 69 Abs. 2 S. 3 NJVollzG; § 5 Abs. 2 S. 2 SächsStVollzG; zur Regulierung des durch die Straftat verursachten Schadens vgl. § 41 Abs. 2 S. 2 JVollzGB III BaWü; § 5 Abs. 2 BremStVollzG; § 26 Abs. 1 S. 2 HStVollzG.

[350] § 73 Abs. 2 S. 2 BbgJVollzG; § 47 Abs. 3 S. 3 HmbStVollzG; § 62 Abs. 3 SächsStVollzG; vgl. auch § 47 Abs. 4 NJVollzG; § 37 Abs. 4 StVollzG NRW.

[351] Art. 5a Abs. 2 BayStVollzG; § 6 Abs. 2, 3 und 4 StVollzG Bln; § 7 Abs. 2, 3 und 4 StVollzG NRW.

[352] Ausdrücklich mit Blick auf die Opfer bzw. die Verletzten der Gefangenen beispielsweise Art. 197 Abs. 5 S. 2 BayStVollzG; § 192 Abs. 4 NJVollzG; § 130 Abs. 3 ThürJVollzGB.

[353] Siehe nur § 46 Abs. 2 und 3 JVollzDSG Bln; § 12 Abs. 2 HmbJVollzDSG; § 16 Abs. 1 und 2 JVollzDSG NRW; § 15 Abs. 2 und 3 JVollzDSG SH.

[354] Art. 197 Abs. 10 S. 2 BayStVollzG; § 34 Abs. 2 S. 3 JVollzDSG NRW.

[355] § 67 Abs. 3 HmbStVollzG.

[356] Zu den Gründen für diese Begrenzung des Umfangs der vorliegenden Arbeit siehe oben im Kapitel 3.

Arbeit nicht näher betrachtet. Gleichwohl erfolgt ein kurzer Überblick zu diesem Themenkreis und den ihm zugrunde liegenden kriminalpolitischen Motiven innerhalb der kriminalpolitischen Grundlagen[357], um das Bild des opferbezogenen Strafvollzugs zu vervollständigen.

5.2.3 Verhältnis zwischen dem Vollzugsziel der Resozialisierung und der Opferorientierung des Strafvollzugs

5.2.3.1 Verfassungsrechtlicher Resozialisierungsauftrag und Opferorientierung

In der Betrachtung des vornehmlich täter:innenorientierten Strafvollzugs wurde festgestellt, dass der verfassungsrechtliche Resozialisierungsauftrag und somit das Vollzugsziel[358] auch auf der Grundlage der Landesstrafvollzugsgesetze weiterhin grundsätzlich Vorrang vor der Vollzugsaufgabe der Sicherheit der Allgemeinheit hat.[359] Da das Opfer zwar Teil der Allgemeinheit ist, durch den opferorientierten Strafvollzug jedoch eine eigenständige Rolle innerhalb des Vollzugsrechts einnimmt, stellt sich die Frage nach dem Verhältnis zwischen dem Resozialisierungsauftrag des Vollzugs und dessen Opferorientierung. Wenn schon die Sicherheit der Allgemeinheit gegenüber dem Vollzugsziel im Regelfall als nachrangig einzuordnen ist, so könnte dies ebenfalls für die Opferorientierung gelten. Daher ergibt sich der verfassungsmäßige Resozialisierungsauftrag als Maßstab für die Einbeziehung des Opfers in das Strafvollzugsrecht. Denn wenn bereits die Sicherheit der Allgemeinheit mit dem Resozialisierungsziel in Einklang gebracht werden muss, so muss dies im Regelfall auch für die Opferorientierung gelten.

Allerdings erscheint in Ausnahmefällen ein Vorrang der Opferorientierung gegenüber der Resozialisierung möglich, wenn sich für das konkrete Opfer die Gefahr einer erneuten Viktimisierung aus der konkreten Resozialisierungsmaßnahme ergibt.[360] Zu denken ist diesbezüglich insbesondere an Außenkontakte mit dem Straftatopfer oder vollzugsöffnende Maßnahmen. Daher wird innerhalb der Auslegung der strafvollzugsrechtlichen Vorschriften untersucht werden, inwiefern

[357] Siehe hierzu unten im Abschnitt 9.3.3.6.

[358] Ausführlich hierzu oben im Abschnitt 5.1.1.2.

[359] Siehe hierzu oben im Abschnitt 5.1.3.

[360] Ausführlich hierzu mit Blick auf grundrechtliche Schutzpflichten gegenüber Straftatopfern unten in den verfassungsrechtlichen Grundlagen im Abschnitt 10.1.2.

Resozialisierung und Opferorientierung miteinander vereinbar sind und ob sich gegebenenfalls in Einzelfällen ein Vorrang der Opferorientierung ergeben kann.

5.2.3.2 Grundsatz der Tataufarbeitung und Opferorientierung

Neben diesen klassischen Grundsätzen der Vollzugsgestaltung[361] enthalten die Landesstrafvollzugsgesetze nunmehr noch einige weitere neue Vollzugsgrundsätze. In den meisten Landesgesetzen wurden der Öffnungsgrundsatz[362], der Differenzierungsgrundsatz[363] und der Grundsatz der Tataufarbeitung[364] bzw. ein hierüber noch hinausgehender Grundsatz der Opfer- oder Verletztenorientierung[365] normiert. Darüber hinaus enthalten die Landesstrafvollzugsgesetze in einigen Bundesländern noch weitere Vollzugsgrundsätze.[366]

Für die vorliegende Untersuchung ist neben den Vollzugsgrundsätzen des § 3 StVollzG Bund insbesondere der Grundsatz der Tataufarbeitung von besonderer Bedeutung. Die Auseinandersetzung der Gefangenen mit ihren Straftaten und den Folgen ist untrennbar mit der Viktimisierung des jeweiligen Straftatopfers und den Auswirkungen dieser Viktimisierung verbunden. Daher lässt sich die vertiefte Darstellung des Grundsatzes der Tataufarbeitung wie folgt begründen. Zum einen erfordert die Tataufarbeitung eine Auseinandersetzung mit der Straftat und weist somit eine evidente Nähe zum Viktimisierungsereignis und zum konkreten Straftatopfer auf. Zum anderen muss herausgestellt werden, was unter dem Grundsatz der Tataufarbeitung zu verstehen ist, wenn dieser ein übergeordneter Grundsatz sein soll, welcher die Ausgestaltung des Strafvollzugs neben den übrigen Vollzugsgrundsätzen mitbestimmt und ebenso zur Konkretisierung des

---

[361] Siehe hierzu im Abschnitt 5.1.1.3.

[362] Vgl. nur § 3 Abs. 5 StVollzG Bln; § 8 Abs. 5 BbgJVollzG; § 3 Abs. 6 BremStVollzG; § 3 Abs. 6 SLStVollzG; weiterführend hierzu *Lesting*, in: AK-StVollzG, 8. Aufl. 2022, Teil II, § 3 LandesR Rn. 40 ff.

[363] Vgl. nur § 2 Abs. 6 JVollzGB III BaWü; § 3 Abs. 6 StVollzG Bln; § 7 Abs. 4 BbgJVollzG; weiterführend hierzu *Lesting*, in: AK-StVollzG, 8. Aufl. 2022, Teil II, § 3 LandesR Rn. 44 ff.

[364] § 2 Abs. 5 JVollzGB III BaWü; § 3 Abs. 1 und § 6 Abs. 2 StVollzG Bln; § 8 Abs. 1 BbgJVollzG; § 3 Abs. 1 BremStVollzG; § 4 S. 3 HmbStVollzG; § 5 Abs. 1 S. 4 HStVollzG; § 3 Abs. 1 StVollzG MV; § 7 Abs. 2 StVollzG NRW; § 8 Abs. 1 LJVollzG RP; § 3 Abs. 1 SLStVollzG; § 3 Abs. 1 SächsStVollzG; § 8 Abs. 1 JVollzGB I LSA; § 3 Abs. 1 LStVollzG SH; § 8 Abs. 1 ThürJVollzGB.

[365] § 6 StVollzG Bln und § 7 StVollzG NRW; seit 2019 ebenso in Art. 5a BayStVollzG.

[366] Eine Übersicht findet sich bei *Lesting*, in: AK-StVollzG, 8. Aufl. 2022, Teil II, § 3 LandesR Rn. 47 f.

Vollzugsziels beiträgt. Daher kann auf der Grundlage des Grundsatzes der Tataufarbeitung bereits festgestellt werden, welche opferbezogenen Ansätze innerhalb des Strafvollzugsrechts Bestandteil des Resozialisierungsauftrags sein können.

Der Vollzugsgrundsatz der Tataufarbeitung wurde bereits durch den ME LStVollzG vorgeschlagen[367] und ist heute in den meisten Landesgesetzen zum Strafvollzug enthalten[368]. In den Vollzugsgesetzen von Hamburg und Hessen wird die Tataufarbeitung zwar nicht als übergeordneter Gestaltungsgrundsatz benannt, jedoch als Grundsatz der Behandlung bzw. als Grundsatz vollzuglicher Maßnahmen angesehen.[369] Das Bayerische Strafvollzugsgesetz verzichtete zunächst auf einen solchen Gestaltungsgrundsatz, enthielt die Tataufarbeitung jedoch zumindest in Art. 78 Abs. 2 S. 1 BayStVollzG a. F. im Zusammenhang mit der sozialen Hilfe im Vollzug. Seit 2019 enthält das BayStVollzG in Art. 5a Abs. 2 BayStVollzG die Tataufarbeitung als Bestandteil der opferbezogenen Vollzugsgestaltung. Daher enthält nur das Niedersächsische Strafvollzugsgesetz den Gedanken der Tataufarbeitung nicht, weder bei den Vollzugsgrundsätzen noch an anderer Stelle.

Nach der Begründung zum ME LStVollzG ist „Kern und Anknüpfungspunkt der Resozialisierung […] die Unterstützung der Gefangenen bei der Auseinandersetzung mit ihren Straftaten und den diese bedingenden persönlichen und sozialen Faktoren“[370]. Mit dem Grundsatz der Tataufarbeitung werden die Straftaten der Gefangenen und deren Folgen damit zum wesentlichen Bezugspunkt der Ausgestaltung des Vollzugs.[371] Unter Straftatfolgen sind jedoch nicht nur die Beeinträchtigungen der Opfer zu verstehen, sondern auch die Folgen für die Gefangenen selbst, für ihre Angehörigen und für andere nahestehende Personen.[372] Diese Ausrichtung des Vollzugs stimmt insoweit mit der bisherigen Praxis überein, als die Auseinandersetzung mit der Tat und deren Folgen bereits üblich ist und dem allgemeinen Verständnis des Resozialisierungsprinzips entspricht.[373]

---

367 § 3 Abs. 1 ME LStVollzG, vgl. auch Begründung zum ME LStVollzG, S. 68.

368 § 2 Abs. 5 JVollzGB III BaWü; § 3 Abs. 1 und § 6 Abs. 2 StVollzG Bln; § 8 Abs. 1 BbgJVollzG; § 3 Abs. 1 BremStVollzG, § 3 Abs. 1 StVollzG MV, § 7 Abs. 2 StVollzG NRW, § 8 Abs. 1 LJVollzG RP; § 3 Abs. 1 SLStVollzG; § 3 Abs. 1 SächsStVollzG, § 8 Abs. 1 JVollzGB I LSA, § 3 Abs. 1 LStVollzG SH, § 8 Abs. 1 ThürJVollzGB.

369 Vgl. § 4 S. 3 HmbStVollzG, § 5 Abs. 1 S. 4 HStVollzG.

370 Begründung zum ME LStVollzG, S. 68.

371 Vgl. Begründung zum ME LStVollzG, S. 68.

372 *Lesting*, in: AK-StVollzG, 8. Aufl. 2022, Teil II, § 3 LandesR Rn. 4; vgl. auch *Neubacher,* in: Laubenthal/Nestler/Neubacher/Verrel (Hrsg.), StVollzG, 12. Aufl. 2015, B Rn. 60.

373 *Lesting*, in: AK-StVollzG, 8. Aufl. 2022, Teil II, § 3 LandesR Rn. 4.

Die Feststellung der Straftatursachen und deren Beseitigung sind anerkanntermaßen Teil des Resozialisierungsprozesses[374] und beinhalten notwendig auch die Aufarbeitung der Tat. Schließlich kann die Motivation der Gefangenen zur aktiven Übernahme von Verantwortung die Wiedereingliederung begünstigen.[375]

Die Regelung der Tataufarbeitung als Vollzugsgrundsatz ist insofern problematisch, als dieser Grundsatz in der totalen Institution des Gefängnisses negative Auswirkungen auf die Gestaltung des Vollzugs haben kann. Zu denken ist insbesondere an eine mögliche Begründung von den Gefangenen belastenden Vollzugsentscheidungen mit einer (angeblich) fehlenden Tataufarbeitung.[376] Fraglich ist zudem, welcher Maßstab der Tataufarbeitung zugrunde gelegt werden soll und in welchem Umfang sie zu erfolgen hat. Insgesamt erscheint die Ausgestaltung der Tataufarbeitung als Gestaltungsgrundsatz recht unbestimmt und bedarf einer Konkretisierung. Ob und inwieweit dies nach der aktuellen Rechtslage möglich ist, wird im Zusammenhang mit der Auslegung der einzelnen strafvollzugrechtlichen Vorschriften mit Opferbezug im Teil III dieser Arbeit untersucht werden.

5.2.3.3 Berücksichtigung allgemeiner Strafzwecke und Opferorientierung

Nach h. M. dürfen allein die positive und negative Spezialprävention im Strafvollzug unmittelbar berücksichtigt werden.[377] Andere Strafzwecke kommen im Vollzug demgegenüber allenfalls mittelbar zum Tragen.[378]

Mit Blick auf die Landesstrafvollzugsgesetze könnte allerdings bereits die mittelbare Berücksichtigung allgemeiner Strafzwecke bei Vollzugsentscheidungen problematisch sein, wenn durch die Betonung des Opferschutzgedankens neben der Sicherheit der Allgemeinheit indirekt die Schuldschwere eine doppelte Gewichtung erfährt. Weiterhin sind in einigen Landesgesetzen Regelungen in Kraft getreten, welche für bestimmte Täter:innengruppen weitere Voraussetzungen für die Gewährung von Vollzugslockerungen und vollzugsöffnenden Maßnahmen vorsehen.[379] Auch diesbezüglich könnte die Einbeziehung des

---

[374] *Lesting*, in: AK-StVollzG, 8. Aufl. 2022, Teil II, § 3 LandesR Rn. 4.

[375] *Neubacher*, in: Laubenthal/Nestler/Neubacher/Verrel (Hrsg.), StVollzG, 12. Aufl. 2015, B Rn. 60.

[376] *Lesting*, in: AK-StVollzG, 8. Aufl. 2022, Teil II, § 3 LandesR Rn. 4.

[377] Siehe hierzu oben im Abschnitt 5.1.4.1.

[378] Ausführlich hierzu oben im Abschnitt 5.1.4.1.

[379] Vgl. Art. 15 BayStVollzG; § 11 Abs. 3 HmbStVollzG; § 13 Abs. 5 und 8 HStVollzG; § 16 NJVollzG; § 22 Abs. 5 und § 45 Abs. 6 JVollzGB I LSA; § 22 Abs. 4 und § 46 Abs. 3 ThürJVollzGB.

Opferschutzgedankens von Bedeutung gewesen sein, da die relevanten Vorschriften die besonderen Voraussetzungen vornehmlich für Gefangene vorsehen, welche wegen Sexual- oder anderer Gewaltdelikte inhaftiert sind. Im Rahmen der Auslegung der betreffenden Vorschriften wird daher zu prüfen sein, ob die Regelungen mit dem Resozialisierungsauftrag zu vereinbaren sind oder ob die Schwere der Schuld durch derartige Regelungen eine neue Gewichtung – gegebenenfalls sogar eine direkte Berücksichtigung – innerhalb des Strafvollzugsrechts erfahren hat.[380]

5.2.4 Zusammenfassung zum opferorientierten Strafvollzug

Die Einbeziehung des Opfers in den Strafvollzug wurde bereits unter der Geltung des StVollzG Bund diskutiert. Dabei standen zumeist die Berücksichtigung des Straftatopfers im Rahmen der Tataufarbeitung und die Wiedergutmachung und der Tatausgleich gegenüber dem konkreten Opfer im Mittelpunkt. Allerdings wurden zumindest in den neueren Überlegungen von *M. Walter* darüber hinaus ebenso der Schutz und die Informationsrechte von Opfern als Bestandteile der Opferorientierung des Strafvollzugs verstanden.

Hinsichtlich der rechtlichen Ausgestaltung eines opferorientierten Strafvollzugs konnte für das StVollzG Bund festgehalten werden, dass das Opfer zunächst nur im Rahmen einer entsprechenden Auslegung einzelner Vorschriften in das Strafvollzugsrecht einbezogen werden konnte. So wurde vertreten, dass das Vollzugsziel gemäß § 2 S. 1 StVollzG Bund, die Gestaltungsgrundsätze des § 3 StVollzG Bund sowie die Vorschrift über die soziale Hilfe im Vollzug gemäß § 73 StVollzG Bund einer derartigen Auslegung zugänglich sind. Seit 1998 enthielt das StVollzG Bund zudem mit § 180 Abs. 5 S. 2 eine ausdrücklich opferbezogene Regelung zu den Informationsrechten der Verletzten, welche im Jahr 2004 durch die vollzugsbezogenen Auskunftsrechte der Verletzten nach § 406d Abs. 2 StPO ergänzt wurde.

Seit der Föderalismusreform 2006 sind nunmehr opferbezogene Vorschriften in allen Landesstrafvollzugsgesetzen zu finden. Allerdings unterscheiden sich die Landesgesetze hinsichtlich der Regelungsdichte der opferbezogenen Vorschriften. Um die Auslegung der opferbezogenen Strafvollzugsvorschriften im Teil III dieser Arbeit zu vereinfachen, wurden fünf Themenkreise gebildet. Im ersten Themenkreis wird die Auslegung allgemeiner Strafvollzugsvorschriften

[380] Ausführlich hierzu mit Blick auf landesrechtliche Regelungen zu bestimmten Täter:innengruppen unten im Kapitel 15.

mit Opferbezug erfolgen.[381] Der zweite Themenkreis umfasst die Regelungen zu den Außenkontakten[382], wobei die vollzugsöffnenden Maßnahmen und der offene Vollzug zu einem eigenständigen dritten Themenkreis zusammengefasst werden[383]. Im vierten Themenkreis erfolgt eine Auslegung der strafvollzugsrechtlichen Vorschriften, welche die Wiedergutmachung und Tataufarbeitung betreffen.[384] Schließlich bilden die datenschutzrelevanten Vorschriften mit Opferbezug den fünften Themenkreis, welcher jedoch in der vorliegenden Untersuchung nicht näher betrachtet wird.[385]

Die Untersuchung des Verhältnisses zwischen Resozialisierung und Opferorientierung im Strafvollzug hat ergeben, dass die Opferorientierung ebenso wie die Vollzugsaufgabe der Sicherheit der Allgemeinheit mit dem Vollzugsziel der Resozialisierung in Einklang stehen muss. Dies ergibt sich zum einen aus dem Verfassungsrang des Resozialisierungsauftrags, zum anderen auch aus der Konkretisierung des Vollzugsziels durch den neuen Gestaltungsgrundsatz der Tataufarbeitung. Mit Blick auf die mittelbare Berücksichtigung allgemeiner Strafzwecke bei Vollzugsentscheidungen muss bei der Auslegung der Strafvollzugsvorschriften untersucht werden, ob die Opferorientierung sich in einer besonderen Betonung der Schuldschwere auswirkt. Zu denken ist diesbezüglich insbesondere an eine besondere Gewichtung des Opferschutzgedankens bei Entscheidungen über vollzugsöffnende Maßnahmen.

5.3 Folgen für die Auslegung opferorientierter Vorschriften des Strafvollzugsrechts

Für die Auslegung opferorientierter Vorschriften des Strafvollzugsrechts im Teil III dieser Arbeit ist das Vollzugsziel der Resozialisierung von besonderer Bedeutung. Seit dem Erlass des StVollzG Bund gilt die Resozialisierung als alleiniges Ziel des Strafvollzugs, dem nach der Rechtsprechung des BVerfG sogar Verfassungsrang zukommt. Hieran hat sich auch durch den Erlass der Landesstrafvollzugsgesetze nach der Föderalismusreform von 2006 nichts geändert. Mithin bildet der Resozialisierungsauftrag auch für die Auslegung bei opferbezogener

[381] Siehe hierzu unten im Kapitel 13.

[382] Siehe hierzu unten im Kapitel 14.

[383] Siehe hierzu unten im Kapitel 15.

[384] Siehe hierzu unten im Kapitel 16.

[385] Zu den Gründen siehe oben im Kapitel 3.

Einzelvorschriften eine wichtige Leitlinie. Dabei ist dem Vorrang des Vollzugsziels gegenüber dem Schutz der Allgemeinheit als Aufgabe des Vollzugs ebenso Rechnung zu tragen wie den strafvollzugsrechtlichen Gestaltungsgrundsätzen als Ausprägungen des Resozialisierungsprinzips.

Weiterhin hat die bisherige Untersuchung ergeben, dass die Einbeziehung von Opferinteressen in das Strafvollzugsrecht Schnittmengen mit dem Resozialisierungsziel aufweist. So wurde schon frühzeitig durch unterschiedliche Autor:innen und auch durch den Gesetzgeber eine Verbindung zwischen dem Vollzugsziel der Resozialisierung und der Tataufarbeitung unter Einbeziehung der Opferperspektive hergestellt. Daneben wurde das Wiedergutmachungsinteresse von Straftatopfern mit dem Vollzugsziel der Resozialisierung in Verbindung gebracht. Mit Blick auf die Auslegung der einzelnen opferbezogenen Vorschriften im Teil III dieser Arbeit könnte das Resozialisierungsgebot daher nicht nur eine Grenze für die Einbeziehung des Straftatopfers, sondern mit Blick auf Tataufarbeitung und Wiedergutmachung gewissermaßen dessen Grundlage bilden. Hierfür spricht insbesondere das oben befürwortete weite Begriffsverständnis der Resozialisierung. Die Tataufarbeitung und die Wiedergutmachung von Opferschäden können damit wichtige Schritte auf dem Weg der Gefangenen zu einem Leben in sozialer Verantwortung ohne Straftaten i. S. d. § 2 Abs. 1 StVollzG Bund sein.

Im Hinblick auf die Auslegungsmethoden werden die vorstehend erörterten strafvollzugsrechtlichen Grundlagen daher im Rahmen der systematischen und teleologischen Auslegung zu beachten sein.

Im Rahmen der systematischen Auslegung wird im Teil III dieser Arbeit näher zu untersuchen sein, ob sich die opferbezogenen Strafvollzugsvorschriften in den am Vollzugsziel der Resozialisierung ausgerichteten Strafvollzug einfügen oder ob durch die Berücksichtigung des Opfergedankens negative Folgen für die Resozialisierung drohen. Insbesondere wird dabei genau betrachtet werden müssen, ob durch die Einbeziehung des Straftatopfers in das Vollzugsrecht die Aufgabe des Vollzugs eine neue Ausprägung dahingehend erfährt, dass der Schutz der Allgemeinheit durch die besondere Betonung des Opferschutzes mittelbar höher als die Wiedereingliederung der Täter:innen gewichtet zu werden droht. So deutet bereits die Normierung der Tataufarbeitung bzw. der Opferorientierung als Gestaltungsgrundsatz in einigen Landesstrafvollzugsgesetzen auf ein erhebliches Gewicht der Opferinteressen hin. Auch dies wird bei der Auslegung der einzelnen Strafvollzugsvorschriften mit einem Opferbezug zu beachten sein. Ferner wird im Rahmen der systematischen Auslegung zu untersuchen sein, ob mit der Einbeziehung von Opferinteressen in Vollzugsentscheidungen in der Sache eine Berücksichtigung von Schuldschwereerwägungen zu befürchten ist. Eine solche Berücksichtigung der Schuldschwere durch die Beachtung von

Opferinteressen könnte für die Täter:innen beispielsweise negative Auswirkungen für die Gewährung von Vollzugslockerungen oder anderer vollzugsöffnender Maßnahmen haben.

Im Rahmen der teleologischen Auslegung werden die früheren Konzepte der opferbezogenen Vollzugsgestaltung und die Anknüpfungspunkte im StVollzG Bund bei der Auslegung von Vorschriften mit einem Opferbezug berücksichtigt. Denn sie liefern Hinweise auf die Ziele, die mit einer stärkeren Betonung des Opferbezugs im Strafvollzug ursprünglich verfolgt werden sollten. In Verbindung mit den noch zu untersuchenden kriminalpolitischen Motiven opferbezogener Strafvollzugsgesetzgebung[386] können diese Überlegungen voraussichtlich näheren Aufschluss über den Sinn und Zweck einzelner opferbezogener Vorschriften liefern.

[386] Siehe hierzu unten im Abschnitt 9.3.

Historische Grundlagen 6

6.1 Vorbemerkungen zu den historischen Grundlagen

Das Opfer und seine Belange stehen bereits seit mehreren Jahrzehnten verstärkt im Mittelpunkt der deutschen Gesetzgebung zum Straf- und Strafprozessrecht. Wie im vorstehenden Kapitel 5. gezeigt wurde, weisen alle Landesstrafvollzugsgesetze einen mehr oder weniger stark ausgeprägten Opferbezug auf. Dadurch haben die Belange von Opfern mittlerweile auch in großem Umfang Eingang in das Strafvollzugsrecht gefunden. Diese einheitliche Entwicklung hin zu einer stärkeren Opferorientierung zunächst im Straf- und Strafprozessrecht und nunmehr auch im Strafvollzugsrecht wirft die Frage nach ihren Ursachen auf. Dieser Frage wird im Folgenden aus historischer Perspektive nachgegangen, wobei die hiesigen Vorbemerkungen dem vorangestellt wurden. Den Ausgangspunkt für die weitere Untersuchung bildet ein Rückblick auf die geringe Bedeutung oder vielmehr den Bedeutungsverlust des Opfers innerhalb der strafrechtlichen Konfliktbewältigung ausgehen vom frühen Mittelalter bis zur Mitte des 20. Jahrhunderts (Abschnitt 6.2). Anschließend wird die zunehmende Berücksichtigung des Straftatopfers seit der Mitte des 20. Jahrhunderts bis in die Gegenwart nachgezeichnet (Abschnitt 6.3). Sodann wird ausgeführt, welche Folgen dieser Überlegungen für die Auslegung einzelner strafvollzugsrechtlicher Vorschriften mit einem Opferbezug haben (Abschnitt 6.4).

K. M. Radke, *Opferorientierung im Strafvollzug*,
https://doi.org/10.1007/978-3-658-39044-0_6

6.2 Bedeutung des Opfers bis zur Mitte des 20. Jahrhunderts

Im Zusammenhang mit der seit den 1970er Jahre stärker opferbezogenen Gesetzgebung im Straf- und Strafprozessrecht wird im Schrifttum häufig von einer „Renaissance“ oder einer „Wiederentdeckung“ des Opfers gesprochen.[1] Beide Begriffe implizieren, dass das Opfer früher bereits eine bedeutendere Stellung in der strafrechtlichen Konfliktbewältigung hatte. Nachfolgend soll daher zunächst die Stellung und Bedeutung des Opfers in der früheren strafrechtlichen Konfliktbewältigung dargestellt werden. In diesem Zusammenhang soll festgestellt werden, ob die heutige Berücksichtigung des Straftatopfers im Straf- und Strafprozessrecht tatsächlich als „Wiederentdeckung“ des Opfers bezeichnet werden kann. Auf der Grundlage der gewonnenen Erkenntnisse soll schließlich näher betrachtet werden, ob die Opferorientierung des Strafvollzugs ebenfalls als „Wiederentdeckung“ des Opfers historisch begründet werden kann oder ob sie sich vielmehr als Annex zu den Entwicklungen im Straf- und Strafprozessrecht darstellt.

6.2.1 Bedeutung des Opfers in der germanisch-fränkischen Zeit

Die nachfolgenden Ausführungen beschränken sich auf die Bedeutung des Verletzten für die strafrechtliche Konfliktbewältigung im mitteleuropäischen Raum seit der germanisch-fränkischen Zeit.[2] Da es sich bei den Germanen um eine Vielzahl verschiedener Stämme handelte, ergeben sich hinsichtlich der Reaktion auf die damals sogenannten Missetaten teils erhebliche Unterschiede zwischen

---

[1] *Eser*, GS Armin Kaufmann, 1989, S. 723 ff.; *Jung*, ZRP 2000, 159 ff.; *Weigend*, RW 2010, 39 ff.; *Barton/Kölbel*, Einführung, in: Barton/Kölbel (Hrsg.), Ambivalenzen der Opferzuwendung des Strafrechts, 2012, S. 11 ff.; inhaltlich ebenso *Frehsee*, Schadenswiedergutmachung, 1987, S. 1 ff.

[2] Unter germanischer Zeit wird im rechtshistorischen Kontext die Entwicklung des Rechts bis ca. 500 n. Chr. verstanden. Die fränkische Zeit umfasst die Zeit von ca. 500 n. Chr. bis 888 n. Chr. Der gesamte Zeitraum wird als germanisch-fränkische Zeit oder auch als frühes Mittelalter bezeichnet; vgl. *Rüping/Jerouschek*, Grundriss der Strafrechtsgeschichte, 6. Aufl. 2011, Rn. 1 ff.; *Hähnchen*, Rechtsgeschichte. Von der Römischen Antike bis zur Neuzeit, 6. Aufl. 2021, Rn. 230 ff.; weiterführend zu anderen Kulturkreisen *Frehsee*, Schadenswiedergutmachung, 1987, S. 12 ff.

den einzelnen Stämmen.[3] Im Folgenden werden diese Besonderheiten jedoch nicht vertieft dargestellt, da für die hier verfolgten Ziele eine überblicksartige Betrachtung ausreichend ist.

6.2.1.1 Grundlagen des germanischen Rechts

In der germanischen Zeit war die Ahndung von Rechtsverletzungen reine Privatsache, eine öffentliche Strafverfolgung nach heutigem Verständnis gab es damals noch nicht.[4] Im Mittelpunkt der germanischen Gesellschafts- und Rechtsordnung stand die Sippe, also der Verbund mehrerer Familienverbände gleicher Abstammung.[5] Die Einbindung des Einzelnen in die Sippe begründete dessen Stellung als freier Germane[6] und den damit einhergehenden Schutz der Solidargemeinschaft.[7] Im Falle einer Rechtsverletzung – der sogenannten Missetat[8] – kam dem Verletzten zwar eine Schlüsselstellung bezüglich der Reaktion auf die Beeinträchtigung zu.[9] Allerdings mussten sowohl das Opfer als auch der Täter einer Missetat immer als Angehörige einer Sippe und nicht als Individuen betrachtet werden. Durch die Missetat wurde die Mannheiligkeit (Unantastbarkeit)[10] des Opfers verletzt und damit zugleich die Ehre der Opfersippe.[11] In gleicher Weise

---

[3] Ein Überblick hierzu findet sich bei *Rüping/Jerouschek*, Grundriss der Strafrechtsgeschichte, 6. Aufl. 2011, Rn. 4 ff.; *Hähnchen*, Rechtsgeschichte. Von der Römischen Antike bis zur Neuzeit, 6. Aufl. 2021, Rn. 230 ff.

[4] *Schmidt*, Einführung in die Geschichte der deutschen Strafrechtspflege, 2. Aufl. 1951, S. 22.

[5] *Conrad*, Deutsche Rechtsgeschichte Bd. 1, 2. Aufl. 1962, S. 12.

[6] In den historischen Grundlagen wird in der vorliegenden Arbeit weitestgehend auf eine genderneutrale Sprache verzichtet, da weibliche Personen im frühen und späten Mittelalter nicht die gleiche Bedeutung innerhalb der Solidargemeinschaft genossen wie männliche Germanen. Insofern waren auch nur männliche Mitglieder der Sippe im Rahmen der strafrechtlichen Konfliktbewältigung als Täter von Missetaten von gesteigerter Bedeutung. Weiterführend *Schwab*, Gleichberechtigung der Geschlechter, in: Handwörterbuch zur deutschen Rechtsgeschichte, Bd. 2, 2021, Sp. 390–398.

[7] *Rüping/Jerouschek*, Grundriss der Strafrechtsgeschichte, 6. Aufl. 2011, Rn. 4 ff.

[8] Zum Begriff siehe *von Mayenburg*, Missetat, in: Handwörterbuch zur deutschen Rechtsgeschichte, Bd. 3, 2021, Sp. 1551–1558.

[9] *Weigend*, Deliktsopfer und Strafverfahren, 1989, S. 38; *von Hippel*, Strafrecht Bd. 1, 1925, S. 106 f.

[10] Zum Begriff *Strauch*, Mannheiligkeit, in: Handwörterbuch zur deutschen Rechtsgeschichte, Bd. 3, 2021, Sp. 1238–1240.

[11] Vgl. *Deutsch*, Ehre, in: Handwörterbuch zur deutschen Rechtsgeschichte, Bd. 1, 2021, Sp. 1224–1231; *Conrad*, Deutsche Rechtsgeschichte Bd. 1, 2. Aufl. 1962, S. 47, 168.

wurde auch der Täterkreis über den konkreten Missetäter hinaus auf die gesamte Tätersippe ausgeweitet.[12]

Der überfamiliären Gemeinschaft kam zwar bisweilen die Aufgabe der Streitschlichtung zwischen verschiedenen Sippen zu.[13] Am eigentlichen Konflikt zwischen Opfersippe und Tätersippe war die Stammesgemeinschaft jedoch nicht beteiligt.[14] Nur wenn die Missetat zugleich auch den allgemeinen Rechtsfrieden der Gemeinschaft betraf, konnte diese den Täter ebenfalls zur Verantwortung ziehen.[15]

Diese klare Unterscheidung zwischen der Sippenehre und dem allgemeinen Rechtsfrieden sowie die daraus folgende Bedeutung des Verletzten und seiner Sippe wird wie folgt erklärt. Da das Wesen des Verbrechens aus der Perspektive des germanischen Rechts kein Bruch einer formalen Rechtsordnung, sondern eine materielle Rechtsverletzung gewesen sei,[16] habe folglich nur derjenige ein Interesse an der Bestrafung des Täters haben können, der direkt durch die Missetat verletzt worden sei. Die Verletzung des einzelnen Individuums sei kein gleichzeitiger Gehorsamsbruch gegenüber einer größeren Gemeinschaft gewesen.[17] In einer Rechtsordnung, in der ein Delikt ausschließlich als Beeinträchtigung von Individualrechten verstanden wird, ist es nach *Weigend* nur konsequent, wenn die Durchsetzung und Bewährung des Rechts dem Einzelnen und seiner Sippe überlassen bleibt.[18] Daher habe dem Verletzten einer Missetat bzw. dessen Sippe die Disposition über die Bestrafung des Täters und seiner Sippe oblegen.[19] Diese

---

[12] *Binding*, Die Entstehung des öffentlichen Strafrechts im germanisch-deutschen Recht, in: Universität Leipzig (Hrsg.), Rektorwechsel an der Universität Leipzig am 31. Oktober 1908, Sonderdruck 1908, S. 25 f.; vgl. auch *Beyerle*, Entwicklungsproblem, 1915, S. 518 f.

[13] Vgl. *Brunner*, Rechtsgeschichte Bd. 1, 1887, S. 163; *Beyerle*, Entwicklungsproblem, 1915, S. 205; *Weigend*, Deliktsopfer und Strafverfahren, 1989, S. 41.

[14] *Schmidt*, Einführung in die Geschichte der deutschen Strafrechtspflege, 2. Aufl. 1951, S. 21 f.; vgl. auch *Brunner*, Rechtsgeschichte Bd. 1, 1887, S. 157.

[15] *Beyerle*, Entwicklungsproblem, 1915, S. 221; *Conrad*, Deutsche Rechtsgeschichte Bd. 1, 2. Aufl. 1962, S. 48.

[16] *von Bar*, Geschichte des deutschen Strafrechts und der Strafrechtstheorien, 1882, S. 58 f.

[17] Vgl. *Weigend*, Deliktsopfer und Strafverfahren, 1989, S. 29.

[18] *Weigend*, Deliktsopfer und Strafverfahren, 1989, S. 29.

[19] *Schmidt*, Einführung in die Geschichte der deutschen Strafrechtspflege, 2. Aufl. 1951, S. 22; *Brunner*, Rechtsgeschichte Bd. 1, 1887, S. 157.

Form der strafrechtlichen Konfliktbewältigung entspricht nach heutigem Verständnis eher einer privatrechtlichen Reaktion auf deviantes Verhalten[20], weshalb es sich hierbei nicht um Strafrecht nach modernem Verständnis handelt.

6.2.1.2 Komplementarität von Fehde und Buße im germanischen Recht

Das germanische Recht kannte im Wesentlichen zwei Reaktionsmöglichkeiten auf eine Missetat: Zum einen konnten das Opfer der Missetat und seine Sippe gegenüber dem jeweiligen Täter und dessen Angehörigen die Fehde erklären[21], die auf eine mindestens äquivalente Rechtseinbuße der Tätersippe hin ausgerichtet war[22]. Eine in rechtmäßiger Fehde verübte Handlung galt nach germanischem Recht selbst nicht als Missetat, sondern war vielmehr rechtmäßige Selbsthilfe, weshalb der Fehdeführer seinerseits keine Sanktionen zu erwarten hatte.[23] Zum anderen konnte der Verletzte auch eine Verurteilung des Täters durch das Volksgericht anstreben.[24] Diese Möglichkeit bot sich insbesondere dann an, wenn das Opfer den Missetäter zum Abschluss eines Sühnevertrages bewegen wollte oder der Täter sich weigerte, eine bereits vereinbarte Buße zu entrichten.[25] Die Einleitung des Verfahrens oblag dem Verletzten.[26] Nur wenn die Rechtsverletzung durch den Bruch des Volksfriedens (auch) die Gemeinschaft beeinträchtigte, wurde der Rechtsgang durch die Stammesgemeinschaft eingeleitet.[27] Wurde der Täter durch das Volksgericht verurteilt, so kam die Aufgabe der Vollstreckung des Urteils dem Opfer und seiner Sippe zu.[28]

Die Fehde als akkusatorische Form der Verfahrensführung im weitesten Sinne[29] war zuvörderst durch das Element der Rache geprägt – dem Ausgleich

---

[20] *von Hippel*, Strafrecht Bd. 1, 1925, S. 40 f., 103; *von Bar*, Geschichte des deutschen Strafrechts und der Strafrechtstheorien, 1882, S. 52.

[21] *Schmidt*, Einführung in die Geschichte der deutschen Strafrechtspflege, 2. Aufl. 1951, S. 22; *Gernhuber*, Landfriedensbewegung, 1952, S. 9.

[22] *Rüping/Jerouschek*, Grundriss der Strafrechtsgeschichte, 6. Aufl. 2011, Rn. 5.

[23] *Brunner*, Rechtsgeschichte Bd. 1, 1887, S. 157 f.

[24] *Weigend*, Deliktsopfer und Strafverfahren, 1989, S. 29; *Brunner*, Rechtsgeschichte Bd. 1, 1887, S. 163.

[25] *Brunner*, Rechtsgeschichte Bd. 1, 1887, S. 163, 179.

[26] *Brunner*, Rechtsgeschichte Bd. 1, 1887, S. 179.

[27] *Conrad*, Deutsche Rechtsgeschichte Bd. 1, 2. Aufl. 1962, S 48.

[28] Vgl. *Brunner*, Rechtsgeschichte Bd. 1, 1887, S. 181, 183.

[29] Weiterführend *Ambos*, JURA 2008, 586 (588 ff.).

der Rechtsverletzung zulasten des Täters und dessen Sippe.[30] Der Täter verlor durch die Erklärung der Fehde oder die Verurteilung durch das Volksgericht den Schutz der Rechtsgemeinschaft.[31] Hierbei waren dem Racheverlangen des Opfers zunächst keine Grenzen gesetzt.[32] Das Ziel der Rachehandlungen war nach germanischem Verständnis jedoch nicht Schmerzzufügung oder Quälerei des Gegners gewesen, vielmehr sollten der Missetäter und dessen Sippe eine Demütigung durch die Fehdehandlung erfahren.[33] Im Vordergrund stand mithin nicht die Verletzung durch die Missetat als solche, sondern vielmehr die damit einhergehende Ehrverletzung des Opfers und seiner Sippe.[34] Zwar erscheint der Ausgleich des Rechtsbruchs im Wege der Fehde auf den ersten Blick am Opfer orientiert zu sein, jedoch stand nicht der Einzelne im Mittelpunkt, sondern die gekränkte Ehre der Opfersippe. Individuelle Interessen traten hinter denen der Sippe zurück.[35]

Als Alternative zu langwierigen Fehdehandlungen boten sogenannte Sühneverträge im germanischen Recht die Möglichkeit, den Rechtsfrieden durch eine Sühneleistung seitens der Tätersippe wiederherzustellen.[36] Dies führte wiederum zu einem Fehdeverzicht oder zur Beendigung der Fehde.[37] Zu diesem Zweck wurden zumeist private Sühneverträge geschlossen, in denen die Ausgleichszahlungen in Form von erheblichen Vermögenswerten durch die Tätersippe und der Fehdeverzicht der Opfersippe vereinbart wurden.[38] Letztlich wurde der zuvor

[30] Weiterführend zur Bedeutung von Fehde und Rache im germanischen Recht *Schmidt*, Einführung in die Geschichte der deutschen Strafrechtspflege, 2. Aufl. 1951, S. 22 f.

[31] *Conrad*, Deutsche Rechtsgeschichte Bd. 1, 2. Aufl. 1962, S. 48.

[32] Vgl. *Brunner*, Rechtsgeschichte Bd. 1, 1887, S. 157 f.; *Conrad*, Deutsche Rechtsgeschichte Bd. 1, 2. Aufl. 1962, S. 47; *Schmidt*, Einführung in die Geschichte der deutschen Strafrechtspflege, 2. Aufl. 1951, S. 23.

[33] Vgl. *Schmidt*, Einführung in die Geschichte der deutschen Strafrechtspflege, 2. Aufl. 1951, S. 22 f.

[34] *Conrad*, Deutsche Rechtsgeschichte Bd. 1, 2. Aufl. 1962, S. 47, 168; *Rüping/Jerouschek*, Grundriss der Strafrechtsgeschichte, 6. Aufl. 2011, Rn. 5.

[35] *Rüping/Jerouschek*, Grundriss der Strafrechtsgeschichte, 6. Aufl. 2011, Rn. 5.

[36] *Brunner*, Rechtsgeschichte Bd. 1, 1887, S. 161; *Gernhuber*, Landfriedensbewegung, 1952, S. 10; *Schmidt*, Einführung in die Geschichte der deutschen Strafrechtspflege, 2. Aufl. 1951, S. 23 f., 37.

[37] *Brunner*, Rechtsgeschichte Bd. 1, 1887, S. 161; *Gernhuber*, Landfriedensbewegung, 1952, S. 10; *Schmidt*, Einführung in die Geschichte der deutschen Strafrechtspflege, 2. Aufl. 1951, S. 23 f., 37.

[38] *Schmidt*, Einführung in die Geschichte der deutschen Strafrechtspflege, 2. Aufl. 1951, S. 23 f.

gestörte Frieden zwischen den Sippen durch die Erfüllung des Sühnevertrages wiederhergestellt.[39] Der Abschluss eines solchen Sühnevertrages stand zur Disposition des Opfers und seiner Sippe.[40] Allerdings war der Fehdeverzicht wegen Bußzahlungen mitunter insbesondere bei Tötungen verpönt, wodurch der Abschluss von Sühneverträgen gerade in diesen Fällen nicht die Regel gewesen sein soll.[41]

Zusammenfassend lässt sich damit festhalten, dass dem Opfer einer Missetat und seiner Sippe eine zentrale Stellung im Rahmen des Konfliktlösungsprozesses zukam. Ihnen oblag ursprünglich die Verfolgung des Missetäters und die rechtliche Reaktion – sei es durch die Fehdehandlungen, die Vollstreckung des Urteils des Volksgerichts oder die Entscheidung, einen Sühnevertrag mit dem Täter und seiner Sippe abzuschließen.

6.2.1.3 Kompositionensystem und Anfänge peinlicher Strafe

Mit der allmählichen Etablierung der Staatsgewalt verlor das Deliktsopfer zunehmend seine zentrale Stellung in der strafrechtlichen Konfliktlösung. Die erstarkende Staatsgewalt war bereits früh um eine Zurückdrängung der Fehde bemüht, wobei insbesondere die Möglichkeit einer Beilegung der Fehde durch Sühneleistungen ihren Ausnahmecharakter verlieren sollte.[42]

Mit der Aufzeichnung der germanischen Stammesrechte ab dem 5. Jahrhundert[43] entstand das sogenannte Kompositionensystem, in dem die Sühneleistungen in Bußkatalogen niedergelegt wurden.[44] Diese Bußkataloge enthielten detaillierte Auflistungen der Bußleistungen, die nach der Schwere des Delikts und dem Stand des Opfers bzw. dessen Bedeutung für die Gemeinschaft untergliedert waren.[45] Dabei waren die Bußleistungen so bemessen, dass die Buße eine Wiederherstellung des Ehrgefühls auf Seiten des Opfers vermuten ließ.[46]

[39] Vgl. *Gernhuber*, Landfriedensbewegung, 1952, S. 10.

[40] *Brunner*, Rechtsgeschichte Bd. 1, 1887, S. 163.

[41] *Brunner*, Rechtsgeschichte Bd. 1, 1887, S. 161 f.; *Conrad*, Deutsche Rechtsgeschichte Bd. 1, 2. Aufl. 1962, S. 47.

[42] *Weigend*, Deliktsopfer und Strafverfahren, 1989, S. 32.

[43] Weiterführend *Mitteis/Lieberich*, Rechtsgeschichte, 19. Aufl. 1992, S. 88 ff.

[44] *von Hippel*, Strafrecht Bd. 1, 1925, S. 111; *von Bar*, Geschichte des deutschen Strafrechts und der Strafrechtstheorien, 1882, S. 111 f.; *Schmidt*, Einführung in die Geschichte der deutschen Strafrechtspflege, 2. Aufl. 1951, S. 24.

[45] *von Bar*, Geschichte des deutschen Strafrechts und der Strafrechtstheorien, 1882, S. 61 f.; *von Hippel*, Strafrecht Bd. 1, 1925, S. 111; *Schmidt*, Einführung in die Geschichte der deutschen Strafrechtspflege, 2. Aufl. 1951, S. 24.

[46] *Rüping/Jerouschek*, Grundriss der Strafrechtsgeschichte, 6. Aufl. 2011, Rn. 8.

Auf diese Weise sollte einerseits für das Opfer und seine Sippe der Verzicht auf die Fehde an Attraktivität gewinnen.[47] Andererseits waren die Bußtaxen insbesondere bei Tötungen derart hoch, dass der Missetäter diese nur mithilfe seiner Sippe erbringen konnte.[48] *Radbruch* begriff die Grundlage des Kompositionensystems als soziales Gefüge, in dem das Verbrechen ein „individuell bedingtes Einzelvorkommnis innerhalb einer Gemeinschaft sozial ungefähr gleichgestellter Volksgenossen"[49] sei. Entsprechend war die sogenannte compositio nur Freien – also den in die Sippe eingebundenen Germanen – vorbehalten, wohingegen Unfreie bereits in der fränkischen Zeit mit peinlichen Leibes- und Lebensstrafen sanktioniert wurden.[50] Mit der häufigen Anwendung peinlicher Strafen wurde insbesondere die Abschreckung potenzieller Täter bezweckt.[51] Die Vollstreckung der peinlichen Strafe erfolgte wiederum zumeist durch das Opfer und seine Sippe.[52] Folglich handelte es sich bei diesen peinlichen Strafen nicht um öffentliche Strafen im eigentlichen Sinne, sondern um Privatstrafen, die zu dieser Zeit noch vornehmlich der Genugtuung des Opfers und seiner Sippe dienten.[53]

6.2.1.4 Erste Ansätze öffentlichen Strafrechts

Unter Karl dem Großen begann sich der Charakter des Verbrechens zum Ende des 8. Jahrhunderts hin schließlich zu wandeln: neben die Verletzung des Individuums trat die Auflehnung gegen die Staatsmacht, mithin gegen den König selbst,[54] wodurch die Stellung des Verletzten in der Konfliktlösung bei Missetaten schwächer wurde. Mit der zunehmenden Macht des Königs erwachte zudem das Interesse der Staatsgewalt an einer eigenständigen Strafverfolgungspolitik, die nicht auf die Anklagebereitschaft des Verletzten angewiesen war.[55] Infolgedessen strebten die Machthaber einen Wandel von der privaten hin zu einer

---

[47] Vgl. *Schmidt*, Einführung in die Geschichte der deutschen Strafrechtspflege, 2. Aufl. 1951, S. 24; *Conrad*, Deutsche Rechtsgeschichte Bd. 1, 2. Aufl. 1962, S. 168 f.; *Weigend*, Deliktsopfer und Strafverfahren, 1989, S. 40.

[48] *Rüping/Jerouschek*, Grundriss der Strafrechtsgeschichte, 6. Aufl. 2011, Rn. 8.

[49] *Radbruch*, Geschichte, 2. Aufl. 1950, S. 8.

[50] Vgl. *Conrad*, Deutsche Rechtsgeschichte Bd. 1, 2. Aufl. 1962, S. 14 f.; *Rüping/Jerouschek*, Grundriss der Strafrechtsgeschichte, 6. Aufl. 2011, Rn. 53.

[51] *Rüping/Jerouschek*, Grundriss der Strafrechtsgeschichte, 6. Aufl. 2011, Rn. 53.

[52] *Brunner/von Schwerin*, Deutsche Rechtsgeschichte Bd. 2, 2. Aufl. 1928, S. 764 f., 778 f.

[53] *Brunner/von Schwerin*, Deutsche Rechtsgeschichte Bd. 2, 2. Aufl. 1928, S. 764 f.

[54] *Weigend*, Deliktsopfer und Strafverfahren, 1989, S. 43 f.

[55] *Weigend*, Deliktsopfer und Strafverfahren, 1989, S. 48; ähnlich auch *Schmidt*, Einführung in die Geschichte der deutschen Strafrechtspflege, 2. Aufl. 1951, S. 42.

institutionalisierten Konfliktlösung durch Gerichte an, die dem König unterstellt waren.[56]

Seitens der Obrigkeit wurden ferner immer wieder Versuche unternommen, neben der Fehde auch die privaten Bußzahlungen zu unterbinden.[57] Als kriminalpolitische Motive dominierten wohl einerseits die Bemühungen der Machthaber um eine systematische Verbrechensbekämpfung und andererseits fiskalische Erwägungen.[58] Während bei einer privaten Lösung des Konflikts durch eine Vereinbarung zur Bußzahlung kein „Friedensgeld“ (fredus) an die staatliche Macht gezahlt werden musste[59], war der fredus als Preis für die Beteiligung der Stammesgemeinschaft an der Auseinandersetzung zwischen Opfer und Täter zu entrichten gewesen.[60] Bei Zahlungen nach dem Kompositionensystem war die Abgabe des Friedensgeldes an die öffentlichen Machthaber obligatorisch.[61] Dies wurde später auch auf Teile der Bußleistung ausgeweitet.[62] Mitunter wurden durch die Obrigkeit sogar Versuche unternommen, den Abschluss privater Sühneverträge durch Verbote zu unterbinden.[63]

Trotz aller Bemühungen der Machthaber hatte die Zurückdrängung von Fehde und Buße vorerst noch keinen durchschlagenden Erfolg, was nicht zuletzt den noch unbeständigen staatlichen Strukturen geschuldet gewesen sein dürfte.[64] Allerdings begann sich zumindest der Charakter der Bußzahlungen von Entschädigungs- bzw. Wiedergutmachungsleistungen an das Opfer zu wandeln hin zu einer Einnahmequelle der Machthaber.[65]

Die festen Bußtaxen des Kompositionensystems und der wachsende Zugriff der Obrigkeit auf die Bußleistungen gelten heute als Anfänge des staatlichen

---

[56] Siehe ausführlich hierzu *Weigend*, Deliktsopfer und Strafverfahren, 1989, S. 45 ff. m. w. N.; *von Hippel*, Strafrecht Bd. 1, 1925, S. 119 ff.

[57] *Brunner/von Schwerin*, Deutsche Rechtsgeschichte Bd. 2, 2. Aufl. 1928, S. 696 f.; *Conrad*, Deutsche Rechtsgeschichte Bd. 1, 2. Aufl. 1962, S. 169 f.; *Schmidt*, Einführung in die Geschichte der deutschen Strafrechtspflege, 2. Aufl. 1951, S. 24.

[58] *Weigend*, Deliktsopfer und Strafverfahren, 1989, S. 51 f.

[59] *Brunner*, Rechtsgeschichte Bd. 1, 1887, S. 164 f.

[60] Vgl. *Brunner*, Rechtsgeschichte Bd. 1, 1887, S. 164 f.

[61] *Brunner*, Rechtsgeschichte Bd. 1, 1887, S. 165; *Schmidt*, Einführung in die Geschichte der deutschen Strafrechtspflege, 2. Aufl. 1951, S. 24.

[62] Vgl. *Mitteis/Lieberich*, Rechtsgeschichte, 19. Aufl. 1992, S. 99.

[63] *Beyerle*, Entwicklungsproblem, 1915, S. 267 f.

[64] *Weigend*, Deliktsopfer und Strafverfahren, 1989, S. 52.

[65] *Weigend*, Deliktsopfer und Strafverfahren, 1989, S. 54.

Strafrechts.[66] Die Höhe der zu leistenden Buße wurde durch die Machthaber vorgegeben und die Buße selbst diente nicht mehr allein den Interessen des Verletzten. Daher schwand bereits zum Ende der germanisch-fränkischen Zeit die zentrale Bedeutung des Opfers für die strafrechtliche Konfliktbewältigung. Die Gründe hierfür waren insbesondere die Systematisierung des Bußwesens und die beginnende Zurückdrängung der Fehde durch die Obrigkeit.

6.2.2 Bedeutung des Opfers ab dem hohen Mittelalter bis in die frühe Neuzeit

6.2.2.1 Entstehung des öffentlichen Strafrechts

Durch den Bedeutungsverlust der Sippe als gesellschaftliches Ordnungselement seit Ende des 5. Jahrhunderts[67] wurde der Wandel von privater Konfliktlösung bei Missetaten hin zur öffentlichen Strafverfolgung im hohen Mittelalter und der frühen Neuzeit[68] geebnet. In dieser Zeit traten die Herrscher in einem Territorium bei der Gewährleistung der gesellschaftlichen Ordnung in den Vordergrund, die sukzessive auch die Verfolgung und Bestrafung von Verbrechen für sich beanspruchten.[69]

Bezüglich der Fehde wurde durch Selbstverpflichtungen der Territorialherrscher zum Fehdeverzicht – die sogenannten Gottes- und Landfrieden – seit dem 11. Jahrhundert der Versuch unternommen, diese immer weiter einzuschränken, bis sie schließlich durch den ewigen Landfrieden vom 1495 vollständig delegitimiert wurde.[70]

Zunehmend wurden Körperstrafen nach dem Talionsprinzip verhängt, wobei sich die Legitimation der Strafen aus der moralischen Verurteilung durch die

---

[66] *Günther*, Die Idee der Wiedervergeltung in der Geschichte und Philosophie des Strafrecht, 1889, S. 164, ähnlich *Schmidt*, Einführung in die Geschichte der deutschen Strafrechtspflege, 2. Aufl. 1951, S. 55 f.

[67] Weiterführend *Brunner*, Rechtsgeschichte Bd. 1, 1887, S. 217 ff.

[68] Das hohe und späte Mittelalter erstreckte sich vom 8. Jahrhundert bis zum Beginn der frühen Neuzeit, vgl. *Rüping/Jerouschek*, Grundriss der Strafrechtsgeschichte, 6. Aufl. 2011, Rn. 26 ff.; *Hähnchen*, Rechtsgeschichte. Von der Römischen Antike bis zur Neuzeit, 6. Aufl. 2021, Rn. 275 ff.; als frühe Neuzeit wird der Zeitraum von 1500 bis 1800 bezeichnet; vgl. *Hähnchen*, Rechtsgeschichte. Von der Römischen Antike bis zur Neuzeit, 6. Aufl. 2021, Rn. 426 ff.

[69] *Weigend*, Deliktsopfer und Strafverfahren, 1989, S. 42 f., 57.

[70] Ausführlich hierzu *Carl*, Landfrieden, in: Handwörterbuch zur deutschen Rechtsgeschichte, Bd. 3, 2021, Sp. 483–505; *von Hippel*, Strafrecht Bd. 1, 1925, S. 123 ff.

Rechtsgemeinschaft ergab und somit nicht mehr mit einer vom Racheverlangen des Verletzten getragenen Fehdehandlung vergleichbar war.[71] Nach Ansicht von *Weigend* spiegelt sich in der vermehrten Anwendung peinlicher Strafen die öffentlich-rechtliche Auffassung von der Straftat als einer Verletzung der staatlichen Autorität wider.[72] Zwar diente die Bestrafung des Täters wohl auch noch der Genugtuung des Opfers[73], jedoch traten die Rechtsgemeinschaft als ideelles Opfer und deren Genugtuungsinteresse in den Vordergrund.[74]

Weiterhin lässt sich die Zunahme der peinlichen Strafen auch mit der abnehmenden Bedeutung der Sippe erklären. Durch die Lockerung des Sippenverbandes löste sich die Unterscheidung zwischen Freien und Unfreien allmählich auf.[75] Infolge der fehlenden Unterstützung beim Erbringen hoher Bußleistungen durch die Sippe war es armen Missetätern nicht mehr möglich, die compositio zu bezahlen.[76] Die Anwendung peinlicher Leibes- und Lebensstrafen wurde infolgedessen allmählich auf Freie ausgedehnt.[77] Dieses Herauslösen des Einzelnen aus dem Sippenverband führte somit zu einer stärkeren Individualisierung von Täter und Strafe.

6.2.2.2 Beginn der öffentlichen Strafverfolgung

Die Trennung von privatem und öffentlichem Recht schritt mit der beginnenden Strafverfolgung von Amts wegen im Prozessrecht weiter fort. Die Verfolgung und Ahndung von Missetaten wurde seitens der Machthaber zunehmend als

---

[71] *Weigend*, Deliktsopfer und Strafverfahren, 1989, S. 65.

[72] *Weigend*, Deliktsopfer und Strafverfahren, 1989, S. 52 f. m. w. N. zu älterer Literatur für diese Ansicht.

[73] *His*, Das Strafrecht des deutschen Mittelalters Teil 1, 1964, S. 367 ff.; *His*, Geschichte des deutschen Strafrechts bis zur Karolina, 1967, S. 75.

[74] *His*, Das Strafrecht des deutschen Mittelalters Teil 1, 1964, S. 370 f.; *His*, Geschichte des deutschen Strafrechts bis zur Karolina, 1967, S. 75; *Weigend*, Deliktsopfer und Strafverfahren, 1989, S. 65 m. w. N.

[75] *Schmidt*, Einführung in die Geschichte der deutschen Strafrechtspflege, 2. Aufl. 1951, S. 55 f.

[76] Vgl. *Binding*, Die Entstehung des öffentlichen Strafrechts im germanisch-deutschen Recht, in: Universität Leipzig (Hrsg.), Rektorwechsel an der Universität Leipzig am 31. Oktober 1908, Sonderdruck 1908, S. 38.

[77] Vgl. *Binding*, Die Entstehung des öffentlichen Strafrechts im germanisch-deutschen Recht, in: Universität Leipzig (Hrsg.), Rektorwechsel an der Universität Leipzig am 31. Oktober 1908, Sonderdruck 1908, S. 38; *Schmidt*, Einführung in die Geschichte der deutschen Strafrechtspflege, 2. Aufl. 1951, S. 55 ff.

öffentliche Angelegenheit betrachtet.[78] Erste Ansätze einer hoheitlichen Strafverfolgung ergaben sich bei Verbrechen, bei denen kein individuelles Opfer vorhanden oder ein privates Vorgehen des Geschädigten unwahrscheinlich war, wie dies beispielsweise bei der Tötung eines Fremden der Fall war.[79]

Entscheidende Impulse für die Entstehung des Inquisitionsprozesses und somit der schrittweisen Systematisierung hoheitlicher Strafverfolgung kamen aus dem kanonischen Recht.[80] Im geistlichen Recht war nicht die Wiederherstellung der verletzten Rechte des Einzelnen das Ziel der Sanktionierung gewesen, vielmehr sollten in erster Linie innere Fehlhaltungen des Täters korrigiert werden.[81] Das Opfer lieferte durch die Denunziation des Täters nur noch den Anstoß für das Verfahren, während die weitere Sachverhaltsaufklärung und die Verhängung der Strafe dem Bischof oblagen. Diese inquisitorische Verfolgung devianten Verhaltens wurde durch das weltliche Recht übernommen.[82] Infolge dieser Rezeption des kanonischen Rechts entstand schließlich der strafrechtliche Inquisitionsprozess als hoheitliche Form der Strafverfolgung.[83]

Wenngleich der Inquisitionsprozess den Parteienprozess erst im 18. Jahrhundert offiziell ablöste, galt die Verfolgung von Amts wegen schon wesentlich früher als in der Praxis vorherrschende Prozessform.[84] Die Constitutio Criminalis Carolina (CCC) von 1532 bezeichnete den Akkusationsprozess zwar weiterhin als processus ordinarius[85], jedoch war die Verfolgung von Amts wegen auf die Denunziation des Verletzten hin bereits im 16. Jahrhundert in vielen Territorien gängige Praxis.[86] Wichtige Elemente des Inquisitionsprozesses waren die

---

[78] *Weigend*, Deliktsopfer und Strafverfahren, 1989, S. 52.

[79] *His*, Das Strafrecht des deutschen Mittelalters Teil 1, 1964, S. 379.

[80] Vgl. *Conrad*, Deutsche Rechtsgeschichte Bd. 1, 2. Aufl. 1962,S. 391 ff.

[81] Vgl. *Hohenlohe*, Beiträge zum Einfluss des kanonischen Rechts auf Strafrecht und Prozeßrecht, 1918, S. 17.

[82] Vgl. u. a. *Binding*, Die Entstehung des öffentlichen Strafrechts im germanisch-deutschen Recht, in: Universität Leipzig (Hrsg.), Rektorwechsel an der Universität Leipzig am 31. Oktober 1908, Sonderdruck 1908, S. 43; *Oehler*, GS Hilde Kaufmann, 1986, S. 847 ff.; weiterführend *Hohenlohe*, Beiträge zum Einfluss des kanonischen Rechts auf Strafrecht und Prozeßrecht, 1918, S. 41 ff.

[83] *Binding*, Die Entstehung des öffentlichen Strafrechts im germanisch-deutschen Recht, in: Universität Leipzig (Hrsg.), Rektorwechsel an der Universität Leipzig am 31. Oktober 1908, Sonderdruck 1908, S. 43 f.

[84] *Rüping/Jerouschek*, Grundriss der Strafrechtsgeschichte, 6. Aufl. 2011, Rn. 129.

[85] *Weigend*, Deliktsopfer und Strafverfahren, 1989, S. 84.

[86] *Weigend*, Deliktsopfer und Strafverfahren, 1989, S. 91; *Krey*, Inquisitionsprozess, in: Handwörterbuch zur deutschen Rechtsgeschichte, Bd. 2, 2021, Sp. 1243–1248.

Verfahrensleitung durch den Richter (Offizialmaxime) und die Sachaufklärung von Amts wegen (Inquisitionsmaxime).[87] Die Befolgung dieser Prinzipien führte schließlich zum endgültigen Bruch mit der bis dahin zentralen Stellung des Verletzten in der strafrechtlichen Konfliktlösung. Dem Tatopfer oblagen bezüglich der ihn betreffenden Missetat nicht länger die Ermittlung, Anklage und Beweisführung, vielmehr lieferte das Opfer im Inquisitionsprozess lediglich den Anstoß für die staatliche Strafverfolgung durch das Erheben des generellen Vorwurfs der Rechtsverletzung.[88]

Zu Beginn des 18. Jahrhunderts war der Inquisitionsprozess schließlich auch offiziell die vorherrschende Form des Strafverfahrens.[89] Der Staat hatte fortan die Entscheidungsmacht über den Zugang zum Strafjustizsystem[90] und somit das Strafverfolgungsmonopol inne. Der strafrechtliche Konflikt wurde nicht mehr auf horizontaler Ebene zwischen Opfer und Täter ausgetragen; vielmehr erfolgte die strafrechtliche Konfliktlösung fortan in Form einer vertikal strukturierten Auseinandersetzung zwischen Staat und Täter durch das staatlich organisierte Strafverfahren.[91] Mit der CCC wurde zudem die öffentlich-rechtliche Auffassung von der Strafe erstmals für das gesamte Heilige Römische Reich Deutscher Nation vorgegeben, da eine monetäre Ablösung der Strafe durch den Täter nicht mehr möglich war.[92]

Mithin hatte das Opfer spätestens durch die CCC seine vorherrschende Stellung im Strafverfahren verloren und nunmehr allenfalls noch die Möglichkeit, sich privatrechtlich mit dem Täter auseinander zu setzen. Die Interessen des Opfers waren nicht länger entscheidend für eine strafrechtliche Verfolgung des Täters, sondern allein das öffentliche Interesse.[93] Das staatliche Strafverfolgungsmonopol und die öffentliche Strafe traten in den Vordergrund, das Opfer wurde im Straf- und Strafverfahrensrecht zu einer bloßen Randfigur.

---

[87] Vgl. *Schmidt*, Einführung in die Geschichte der deutschen Strafrechtspflege, 2. Aufl. 1951, S. 82.

[88] *Weigend*, Deliktsopfer und Strafverfahren, 1989, S. 83 f.

[89] *Weigend*, Deliktsopfer und Strafverfahren, 1989, S. 91; *Krey*, Inquisitionsprozess, in: Handwörterbuch zur deutschen Rechtsgeschichte, Bd. 2, 2021, Sp. 1243–1248.

[90] *Weigend*, Deliktsopfer und Strafverfahren, 1989, S. 91.

[91] Vgl. *Sarhan*, Wiedergutmachung zugunsten des Opfers im Lichte strafrechtlicher Trennungsdogmatik, 2006, S. 62 ff.

[92] *von Hippel*, Strafrecht Bd. 1, 1925, S. 178.

[93] *von Hippel*, Strafrecht Bd. 1, 1925, S. 311 f.

6.2.2.3 Entwicklung präventiver Strafzwecke

Während noch im späten Mittelalter der Zweck der Strafe nicht klar umrissen zu sein schien[94] und vom Vergeltungsgedanken das Genugtuungsinteresse des Opfers als Strafzweck mit umfasst war[95], verlagerte sich spätestens ab dem 18. Jahrhundert der Schwerpunkt staatlicher Sanktionspolitik auf die Verhütung künftiger Straftaten und somit auf die Spezial- und Generalprävention.[96] Nicht mehr die Genugtuung des Opfers stellte nun den Zweck der Strafe dar, sondern die auf den konkreten Täter bzw. die Bevölkerung ausgerichtete Verhinderung zukünftiger Straftaten. In der Folge verlor der Verletzte seine Berechtigung, auf die Bemessung der Strafe Einfluss zu nehmen.[97]

Mit der Entstehung des Gewohnheits- und Berufsverbrechertums im hohen Mittelalter[98] wurden die Bemühungen um die staatliche Monopolisierung der strafrechtlichen Konfliktlösung weiter verstärkt.Dabei traten neben das Interesse an einer Festigung der Macht und fiskalische Erwägungen auch kriminalpolitische Tendenzen, die auf eine Abschreckung potenzieller Täter gerichtet waren.[99] Neben dem Täter selbst sollte durch die öffentliche Vollstreckung der peinlichen Strafen auch die Allgemeinheit abgeschreckt werden.[100]

Die neue Kriminalitätsform der regelmäßigen bzw. berufsmäßigen Begehung von Verbrechen bestärkte auch die Auffassung, dass ein Verbrechen nicht nur einen Rechtsbruch gegen das konkrete Opfer darstellt, sondern auch das friedvolle gemeinschaftliche Zusammenleben durch die Tat gefährdet.[101] Durch Berufs- und Gewohnheitsverbrechen geriet jedermann in die Gefahr, Opfer einer Missetat zu werden[102], sodass eine staatlich organisierte Verfolgung von Verbrechen und die hoheitliche Sanktionierung der Täter auch im Interesse des Gemeinwohls war.

---

[94] *Brunner/von Schwerin*, Deutsche Rechtsgeschichte Bd. 2, 2. Aufl. 1928, S. 766 f.; *His*, Das Strafrecht des deutschen Mittelalters Teil 1, 1964, S. 367 ff.; *His*, Geschichte des deutschen Strafrechts bis zur Karolina, 1967, S. 75; *von Hippel*, Strafrecht Bd. 1, 1925, S. 130.

[95] *His*, Das Strafrecht des deutschen Mittelalters Teil 1, 1964, S. 369 f.; *von Hippel*, Strafrecht Bd. 1, 1925, S. 130.

[96] *Weigend*, Deliktsopfer und Strafverfahren, 1989, S. 92 m. w. N.

[97] *Weigend*, Deliktsopfer und Strafverfahren, 1989, S. 92.

[98] *Sellert*, Landschädliche Leute, in: Handwörterbuch zur deutschen Rechtsgeschichte, Bd. 3, 2021, Sp. 578–581.

[99] Vgl. *Weigend*, Deliktsopfer und Strafverfahren, 1989, S. 55 f.

[100] *von Hippel*, Strafrecht Bd. 1, 1925, S. 130; vgl. auch *Radbruch*, Geschichte, 2. Aufl. 1950, S. 8 f.

[101] Vgl. *von Bar*, Geschichte des deutschen Strafrechts und der Strafrechtstheorien, 1882, S. 91 f.

[102] *Vogt*, ZRG GA 1951, 234 (242).

Die Verletzung des einzelnen Opfers gab zwar weiterhin den Anlass für die Verfolgung von Missetätern; als Grund für die Bestrafung des Täters traten jedoch immer stärker die Interessen der Gemeinschaft in den Vordergrund.

6.2.3 Bedeutung des Opfers ab dem 19. Jahrhundert bis zur Mitte des 20. Jahrhunderts

Die Reformierung des Strafprozesses in den Partikularstaaten ab der Mitte des 19. Jahrhunderts änderte nichts an dem vorstehend beschriebenen Bedeutungsverlust des Opfers im Strafverfahren. Im Vordergrund der Reform standen vielmehr Forderungen nach der Mündlichkeit und Öffentlichkeit des Verfahrens, der Unabhängigkeit der Richter und einer Einführung der Staatsanwaltschaft.[103] Erst mit dem Reichsstrafgesetzbuch von 1871 erhielt das Kriminalitätsopfer bei Antragsdelikten ein Strafantragsrecht.[104] Durch die Reichsstrafprozessordnung von 1877 wurden sodann das Klageerzwingungsverfahren, die Privatklage und die Nebenklage eingeführt.[105] Diese Verfahrensformen zeugten jedoch nicht von einer Rückbesinnung auf das Opfer als einem zentralem Akteur im Strafprozess; vielmehr wurden hier lediglich einzelne Partikularrechte übernommen und vereinzelt auch Vorschläge aus der Wissenschaft aufgegriffen.[106] Insbesondere die Debatte um die Einführung der Privatklage kreiste eher um eine als notwendig angesehene Entlastung der Staatsanwaltschaft von Bagatelldelikten[107] als um eine Stärkung von Opferrechten. Selbst die Einführung des Adhäsionsverfahrens im Jahr 1943 zielte nicht auf eine Stärkung des Opfers, sondern diente in erster Linie der Prozessökonomie und somit der Kostenersparnis im Zweiten Weltkrieg.[108]

---

[103] *Glaser*, Handbuch des Strafprozesses, 1883, S. 162 ff.; *Weigend*, Deliktsopfer und Strafverfahren, 1989, S. 96; vgl. auch *Velten*, in: SK-StPO VIII, 5. Aufl. 2020, Vor §§ 374 – 406h Rn. 68.

[104] *Weigend*, Deliktsopfer und Strafverfahren, 1989, S. 134 f.; *Herrmann*, ZIS 2010, 236 (236).

[105] *Weigend*, Deliktsopfer und Strafverfahren, 1989, S. 140 ff. m. w. N.

[106] *Herrmann*, ZIS 2010, 236 (236).

[107] *Hahn/Stegemann*, Materialien zu den Reichs-Justizgesetzen, Bd. 3, 2. Aufl. 1885, S. 439, 1096; *Weigend*, Deliktsopfer und Strafverfahren, 1989, S. 115.

[108] *Weigend*, Deliktsopfer und Strafverfahren, 1989, S. 166; *Hilger*, in: Löwe/Rosenberg (Hrsg.), StPO VIII, 26. Aufl. 2009, Vor § 403 Rn. 3 ff.

6.2.4 Fehlende Bedeutung des Opfers im Strafvollzug

Von einem Strafvollzug nach heutigem Verständnis kann erst seit dem 16. Jahrhundert gesprochen werden, weil ab dieser Zeit allmählich der zeitlich beschränkte Freiheitsentzug an die Stelle der zuvor vorherrschenden Leibes- und Lebensstrafen trat und der staatlichen Strafe die Funktion der Besserung der Gefangenen und ihrer sozialen Wiedereingliederung zugewiesen wurde.[109] Aber auch in der Folgezeit war die Entwicklung des Strafvollzugs durch zahlreiche Umbrüche und Reformen geprägt.[110] Für die Entwicklung in Deutschland waren insbesondere Einflüsse aus Holland[111] und aus dem angloamerikanischen Sprachraum[112] von Bedeutung. Allerdings wurde der Strafvollzug in den deutschen Partikularstaaten nicht einheitlich gehandhabt, sodass die Reformvorstöße sich zunächst zur Hauptsache auf eine Vereinheitlichung des Rechts bezogen.[113] Demgegenüber spielten das Straftatopfer und seine Bedürfnisse im deutschen Strafvollzug in dieser Zeit keine Rolle.

Wenngleich der Schwerpunkt des Strafvollzugs zunächst auf der rechtlichen Vereinheitlichung des Freiheitsentzugs lag, lassen sich zum Ende des 19. Jahrhunderts zumindest für die Einbeziehung der Wiedergutmachung erste Impulse finde. So war die Wiedergutmachung im Strafvollzug Thema auf sechs internationalen Gefängniskongressen zwischen 1878 und 1900.[114] Sowohl diese internationalen Einflüsse als auch die weiteren Entwicklungen hinsichtlich der Einbeziehung der Wiedergutmachung in den Strafvollzug werden im Zusammenhang mit der Restorative-Justice-Bewegung sogleich in den kriminologischen Grundlagen im Abschnitt 4.2 näher betrachtet.[115]

---

[109] Vgl. *Kaiser/Schöch*, Strafvollzug, 5. Aufl. 2002, § 2 Rn. 3; *Laubenthal*, Strafvollzug, 8. Aufl. 2019, Rn. 89 f.

[110] Ausführlich *Kaiser/Schöch*, Strafvollzug, 5. Aufl. 2002, § 2 Rn. 3 ff.; *Laubenthal*, Strafvollzug, 8. Aufl. 2019, Rn. 91 ff.

[111] *Kaiser/Schöch*, Strafvollzug, 5. Aufl. 2002, § 2 Rn. 5 f.; *Laubenthal*, Strafvollzug, 8. Aufl. 2019, Rn. 93 ff.; weiterführend *von Hippel*, ZStW (18) 1898, 419 (437 ff.).

[112] *Krause*, Geschichte des Strafvollzugs, 1999, S. 69; *Kaiser/Schöch*, Strafvollzug, 5. Aufl. 2002, § 2 Rn. 15 ff.; *Laubenthal*, Strafvollzug, 8. Aufl. 2019, Rn. 92 ff.

[113] Weiterführend *Kaiser/Schöch*, Strafvollzug, 5. Aufl. 2002, § 2 Rn. 21 ff.; *Laubenthal*, Strafvollzug, 8. Aufl. 2019, Rn. 105 ff.

[114] *Gavrielides*, Internet Journal of Criminology 2011, 1 (11 f.); *Jacob*, Journal of Criminal Law, Criminology and Police Sience 1970, 152 (162 f.).

[115] Vertieft hierzu sogleich im Abschnitt 7.2.2.1.

6.2.5 Zusammenfassung

Im frühen Mittelalter war die strafrechtliche Konfliktbewältigung eine Angelegenheit zwischen dem Verletzten und dem Missetäter bzw. ihrer jeweiligen Sippen. Durch eine Missetat wurde die Ehre der Opfersippe verletzt, wodurch dem Opfer und seiner Sippe die Verfolgung und Ahndung der Rechtsverletzung als Privatangelegenheit zukam. Als Reaktionsmöglichkeiten standen dem Opfer und seiner Sippe Fehde und Buße zur Verfügung. Die allmählich entstehende staatliche Gewalt, die Zurückdrängung der Fehde durch das Kompositionensystem und die damit einhergehende Entwicklung der peinlichen Strafe führten schrittweise zu einem Bedeutungsverlust des Sippenverbandes und des Opfers innerhalb der strafrechtlichen Konfliktbewältigung.

Die Entstehung des öffentlichen Strafrechts und der Beginn der öffentlichen Strafverfolgung führten dazu, dass das Opfer endgültig seine zentrale Stellung bei der Verfolgung und Ahndung der Missetat verlor. Straftaten wurden mit dem Beginn der öffentlichen Strafverfolgung im hohen Mittelalter zunehmend als Verletzung des allgemeinen Rechtsfriedens verstanden; die Schädigung des Opfers bot lediglich den Anlass, aber nicht den Grund für die Verfolgung des Täters. Spätestens mit der offiziellen Vorherrschaft des Inquisitionsprozesses ab dem 18. Jahrhundert verlor das Straftatopfer seine zentrale Rolle in der nunmehr staatlichen Strafrechtspflege. Für das Opfer, seine Bedürfnisse und Interessen gab es keinen Raum mehr – nur die Rechtsverletzung und deren Ahndung war für die staatliche Strafverfolgung von Belang. Der Grund für die staatliche Verfolgung von Straftätern wurde zudem vermehrt im Schutz der Bevölkerung und somit in der Straftatprävention durch Bestrafung des Täters gesehen.

Während die strafrechtlichen Reformbewegungen im 19. Jahrhundert Fortschritte für den Strafprozess und die Kodifizierungen im Straf- und Strafprozessrecht brachten, änderte dies nichts am Bedeutungsverlust des Straftatopfers. Auch die Einführung des Strafantragsrechts des Opfers und des Adhäsionsverfahrens dienten eher der Entlastung der Justiz als einer Stärkung der Opferposition in der Strafrechtspflege.

Für den Strafvollzug lässt sich feststellen, dass das Straftatopfer bis zur Mitte des 20. Jahrhunderts nicht von Bedeutung war. Allenfalls im Hinblick auf die Einbeziehung der Wiedergutmachung lassen sich bereits zum Ende des 19. Jahrhunderts erste Impulse finden.

Mit der Entstehung des öffentlichen Strafrechts seit dem Mittelalter und in der frühen Neuzeit kam es aus der Perspektive der Täter im Vergleich zum Opfer zu einer gegenläufigen Entwicklung. Der Täter rückte nun in den Mittelpunkt des Strafverfahrens. Während Fehde und Buße noch Angelegenheiten der gesamten

Tätersippe waren, konzentrierte sich das staatliche Strafrecht auf den individuellen Täter. Peinliche Strafen trafen nur noch den einzelnen Täter, während aus seiner Bestrafung für seine Sippe allenfalls noch mittelbare Folgen resultierten, wie beispielsweise ein Ansehensverlust der Familie oder finanzielle Einbußen. Gleichzeitig erfuhren das Opfer und seine Sippe einen Bedeutungsverlust. Die staatliche Gewalt verfolgte Rechtsverletzungen zunehmend selbst und war in den meisten Fällen nicht mehr auf die Initiative des Opfers oder seiner Sippe angewiesen. Dementsprechend kam dem Opfer in der staatlichen Strafverfolgung nur noch eine Nebenrolle zu.

Insgesamt war der Bedeutungsverlust des Opfers im Strafrecht damit eine Folge der Entstehung des modernen, stärker am Täter orientierten öffentlichen Strafrechts. Allerdings ist zu beachten, dass dem Opfer in der germanisch-fränkischen Zeit auch nur als Mitglied seiner Sippe eine zentrale Stellung bei der Verfolgung und Ahndung von Rechtsverletzungen zukam. Auf die individuellen Interessen des einzelnen Opfers kam es nicht an. Dementsprechend kann bezüglich der seit einigen Jahrzehnten zu beobachtenden stärkeren Einbeziehung des Opfers in das heutige Strafrecht nicht ohne weiteres von einer „Wiederentdeckung“[116] gesprochen werden. Vielmehr handelt es sich unter Berücksichtigung der historischen Entwicklung eher um eine „Neupositionierung“ des Opfers im Strafrecht, da es nun erstmals als einzelnes Individuum und nicht lediglich als Mitglied seiner Sippe Beachtung findet.

6.3 Bedeutung des Opfers seit der Mitte des 20. Jahrhunderts

6.3.1 Hintergründe der Stärkung des Opfers in der deutschen Strafgesetzgebung

Bereits seit Mitte der 1960er Jahre wurden in mehreren, insbesondere den anglo-amerikanischen Ländern Gesetze zur Entschädigung von Kriminalitätsopfern erlassen.[117] Im deutschsprachigen Raum trat 1972 in Österreich das erste

[116] *Eser*, GS Armin Kaufmann, 1989, S. 723 ff.; *Jung*, ZRP 2000, 159 ff.; *Weigend*, RW 2010, 39 ff.; *Barton/Kölbel*, Einführung, in: Barton/Kölbel (Hrsg.), Ambivalenzen der Opferzuwendung des Strafrechts, 2012, S. 11 ff.; inhaltlich ebenso *Frehsee*, Schadenswiedergutmachung, 1987, S. 1 ff.

[117] Ausführlich zur Entwicklung hin zu einer opferbezogenen Gesetzgebung *Schneider*, Der gegenwärtige Stand der Viktimologie, in: Schneider (Hrsg.), Das Verbrechensopfer in der Strafrechtspflege, 1982, S. 10 f.

Gesetz in Kraft, das Opfern von Verbrechen Hilfeleistungen gewährte.[118] In der Bundesrepublik Deutschland folgte am 12. Mai 1976 das Gesetz über die Entschädigung für Opfer von Gewalttaten (OEG).[119] Dieses Gesetz gewährt Opfern von Straftaten und deren Hinterbliebenen bei Nicht-Vermögensschäden eine staatliche Entschädigung.[120] Zwar handelt es sich hierbei sachlich um sozialrechtliche Regelungen. Jedoch wurde den Opfern von Straftaten durch das OEG erstmals eine staatliche Unterstützung durch Entschädigungsleistungen zuteil.[121]

Wesentliche weitere Impulse hinsichtlich einer Stärkung des Opferschutzes im Strafverfahren kamen in den 1980er Jahren erneut aus den Vereinigten Staaten. Nachdem das erste Bundesgesetz zum Schutz von Opfern und Tatzeugen dort bereits 1982 erlassen wurde[122], fand dieser Themenkreis mit dem Opferschutzgesetz 1986 Eingang in die deutsche Gesetzgebung[123]. Diesem deutschen Gesetz war allerdings bereits eine rege Diskussion über die Notwendigkeit einer Stärkung der Opferposition im Strafprozess vorausgegangen.[124] Erheblichen Einfluss auf das Gesetzgebungsverfahren hatte namentlich das Gutachten von *Rieß* anlässlich des 55. Deutschen Juristentags 1984, in dem er die Notwendigkeit einer Verbesserung der Stellung des Geschädigten im Strafprozess hervorhob und die Zustimmung des 55. Deutschen Juristentags fand.[125]

Mit dem Alternativ-Entwurf Wiedergutmachung (AE-Wiedergutmachung) von 1992 wurde von mehreren deutschsprachigen Strafrechtslehrer:innen eine umfassende Einbeziehung der Wiedergutmachung in das Strafrechtssystem vorgeschlagen.[126] Wiedergutmachung im Strafrecht umfasse nach § 1 Abs. 1 und

---

[118] Bundesgesetz vom 9. Juli 1972 über die Gewährung von Hilfeleistungen an Opfer von Verbrechen (Verbrechensopfergesetz – VOG), BGBl. Österreich 1972, S. 1752 ff.

[119] Gesetz über die Entschädigung für Opfer von Gewalttaten (Opferentschädigungsgesetz – OEG) vom 11.05.1976, BGBl. I 1976, S. 1181 ff.

[120] *Neubacher*, Kriminologie, 4. Aufl. 2020, 12. Kap. Rn. 9; vgl. auch *Schroth/Schroth*, Die Rechte des Verletzten im Strafprozess, 3. Aufl. 2018, S. 5.

[121] *Krauß*, FS Lüderssen, 2002, S. 272 f.; *Neubacher*, Kriminologie, 4. Aufl. 2020, 12. Kap. Rn. 9.

[122] Public Law 97–291-12, Oktober 1982, http://uscode.house.gov/table3/97_291.htm (zuletzt aufgerufen am 11.06.2022).

[123] BGBl. I 1986, S. 2496 ff.

[124] Vgl. nur *Sessar*, BewHi 1980, 328 ff.; *Wulf*, DRiZ 1980, 205 ff.; *Jung*, ZStW (93) 1981, 1147 ff.

[125] *Rieß*, Gutachten C für den 55. DJT, in: Ständige Deputation des Deutschen Juristentages (Hrsg.), Verhandlungen 55. DJT, 1984; 55. Deutscher Juristentag, NJW 1984, 2674 (2679 ff.); zum Einfluss der Beschlüsse des 55. DJT auf die Gesetzgebung vgl. RegE BT-Drs. 10/5305, S. 8.

[126] Siehe hierzu näher oben im Abschnitt 5.2.1.3.

§ 2 AE-Wiedergutmachung den Ausgleich der Tatfolgen und die Wiederherstellung des Rechtsfriedens und beschränke sich damit gerade nicht allein auf den zivilrechtlichen Schadensersatz bzw. generell materielle Leistungen des Täters.[127] Als Wiedergutmachung in Betracht kämen insbesondere Geschenke, immaterielle Leistungen wie Entschuldigungen und unter Umständen eine symbolische Wiedergutmachung.[128] Der wesentliche Unterschied zum zivilrechtlichen Schadensersatz sollte darin bestehen, dass die strafrechtliche Wiedergutmachung eine freiwillige Leistung des Täters bzw. der Täterin ist, also gerade keine rechtliche Verpflichtung zu dieser Wiedergutmachungsleistung besteht und es sich somit um eine freiwillige Verantwortungsübernahme handelt.[129] Zwar wurde die Idee der Wiedergutmachung als „dritte Spur" im Strafrecht nicht wie vom AE-Wiedergutmachung vorgeschlagen in ihrer Gesamtheit umgesetzt. Jedoch bereicherte der Entwurf die wissenschaftliche Diskussion insofern, als er die Möglichkeiten und Grenzen der strafrechtlichen Wiedergutmachung aufzeigte.

6.3.2 Entwicklung der Stärkung des Opfers in der deutschen Strafgesetzgebung

Nach dem sozialrechtlichen Opferentschädigungsgesetz von 1976 trieb der Strafgesetzgeber die Einbeziehung von Opferinteressen in den deutschen Strafprozess 1986 mit dem „Gesetz zur Verbesserung der Stellung des Verletzten in Strafverfahren" (Opferschutzgesetz)[130] voran. Insbesondere die Änderung der Nebenklage stärkte die Position der Verletzten im Strafverfahren und ermöglichte ihnen so eine aktive Beteiligung am Verfahren.[131]

---

[127] Ausführlich hierzu oben im Abschnitt 5.2.1.3.; zum Umfang der Wiedergutmachung siehe in den kriminologischen Grundlagen unten im Abschnitt 7.2.1.2.3.

[128] *Schöch*, Gutachten C zum 59. DJT, in: Ständige Deputation des Deutschen Juristentages (Hrsg.), Verhandlungen 55. DJT, 1992, C 66 f.; *Schöch*, FS Maihofer, 1988, S. 470; zum Potenzial der symbolischen Wiedergutmachung siehe auch *Walter*, Referat zur gesetzlichen Verankerung des Täter-Opfer-Ausgleichs vor anderen strafrechtlichen Sanktionen, in: Bundesministerium der Justiz (Hrsg.), Abschlussbericht der Kommission zur Reform des strafrechtlichen Sanktionensystems, 2000, S. 67; *Heuchemer*, in: BeckOK StVollzR RP, 17. Ed. Stand: 01.03.2022, LJVollzG RP § 11 Rn. 3.

[129] *Schöch*, Gutachten C zum 59. DJT, in: Ständige Deputation des Deutschen Juristentages (Hrsg.), Verhandlungen 55. DJT, 1992, C 66, 68 f.

[130] BGBl. I 1986, S. 2496 ff.

[131] *Neubacher*, Kriminologie, 4. Aufl. 2020, 12. Kap. Rn. 8.

Nachdem der Täter-Opfer-Ausgleich bereits 1990 Eingang in das JGG gefunden hatte[132], wurde er durch das Verbrechensbekämpfungsgesetz von 1994[133] auch im Erwachsenenstrafrecht in § 46a StGB verankert. Damit fand das Opfer auch im Strafzumessungsrecht Beachtung. In das Strafprozessrecht wurde der Täter-Opfer-Ausgleich schließlich 1999 mit der Einführung der §§ 155a, 155b StPO durch das „Gesetz zur strafverfahrensrechtlichen Verankerung des Täter-Opfer-Ausgleichs"[134] aufgenommen. Fortan konnte sich ein erfolgreich durchgeführter Täter-Opfer-Ausgleich nicht nur im Rahmen der Strafzumessung positiv auf die Strafhöhe auswirken, sondern auch bereits während des gesamten Strafverfahrens Beachtung finden. Ein ernsthaftes Bemühen des Beschuldigten um einen Ausgleich mit dem bzw. der Geschädigten kann seitdem sogar gemäß § 153a Abs. 1 S. 2 Nr. 5 StPO sowie § 153b Abs. 1 StPO i.V. m. § 46a StGB zu einem Absehen von einer weiteren Strafverfolgung führen.

Das Zeugenschutzgesetz aus dem Jahr 1998[135] stärkte die Position des bzw. der Geschädigten im Strafprozess noch weiter und trug durch Regelungen zur audiovisuellen Vernehmung von Zeug:innen sowohl dem Schutz von Opferzeugen als auch dem technischen Fortschritt Rechnung.[136] Mit dem Opferanspruchssicherungsgesetz von 1998[137] fanden schließlich die finanziellen Interessen von Opfern noch einmal besondere Berücksichtigung. Durch dieses Gesetz wurde den Opfern ermöglicht, ihre finanziellen Ansprüche gegen den bzw. die verurteilte:n Täter:in durchzusetzen, wenn diese:r die Geschichte seiner bzw. ihrer Tat an Boulevardmedien verkauft hat und das Opfer trotz Entschädigungsansprüchen leer auszugehen droht.[138]

[132] Erstes Gesetz zur Änderung des Jugendgerichtsgesetzes, BGBl. I 1990, S. 1853.

[133] Gesetz zur Änderung des Strafgesetzbuches, der Strafprozeßordnung und anderer Gesetze (Verbrechensbekämpfungsgesetz), BGBl. I 1994, S. 3186.

[134] Gesetz zur strafverfahrensrechtlichen Verankerung des Täter-Opfer-Ausgleichs und zur Änderung des Gesetzes über Fernmeldeanlagen, BGBl. I 1999, S. 2491.

[135] Gesetz zum Schutz von Zeugen bei Vernehmungen im Strafverfahren und zur Verbesserung des Opferschutzes, BGBl. I 1998, S. 820 ff.

[136] *Neubacher*, Kriminologie, 4. Aufl. 2020, 12. Kap. Rn. 9.

[137] Gesetz zur Sicherung der zivilrechtlichen Ansprüche der Opfer von Straftaten (Opferanspruchssicherungsgesetz), BGBl. I 1998, S. 905 ff.

[138] *Neubacher*, Kriminologie, 4. Aufl. 2020, 12. Kap. Rn. 9.

Das Opferrechtsreformgesetz von 2004[139] und das Zweite Justizmodernisierungsgesetz von 2006[140] verbesserten wiederum die Rechte von Geschädigten insbesondere im Jugendstrafverfahren und im Adhäsionsverfahren. Für den Strafvollzug brachte das Opferrechtsreformgesetz insofern eine bedeutende Neuerung mit sich, als mit § 406d Abs. 2 StPO ein Informationsanspruch der Verletzten über die Vollzugsmaßnahmen – insbesondere über erstmalige Vollzugslockerungen, Hafturlaub und die Beendigung des Vollzugs – geschaffen wurde.[141]

Im materiellen Strafrecht wurden die Interessen der Opfer in besonderem Maße beispielsweise durch das „Gesetz zur Strafbarkeit beharrlicher Nachstellung"[142] berücksichtigt, durch das seit 2007 das sogenannte Stalking als Nachstellung in § 238 StGB unter Strafe gestellt wird. Durch den neuen Straftatbestand sollte der Schutz von Nachstellungsopfern verbessert werden.[143]

Mit dem „Gesetz zur Stärkung der Rechte von Verletzten und Zeugen im Strafverfahren" von 2009[144] erfuhren die Rechte von Opfern im Strafprozessrecht eine erneute Ausweitung. Dieses 2. Opferrechtsreformgesetz vereinfachte unter anderem die Nebenklage, was in Wissenschaft und Praxis unterschiedlich aufgenommen wurde.[145]

Das „Gesetz zur Stärkung der Rechte von Opfern sexuellen Missbrauchs" (StORMG) von 2013[146] war eine Reaktion des Gesetzgebers auf die ab 2010 bekannt gewordenen Fälle sexuellen Missbrauchs in kirchlichen und pädagogischen Einrichtungen.[147] Da diese Taten teilweise schon mehrere Jahrzehnte zurücklagen und eine Strafverfolgung und die Durchsetzung zivilrechtlicher Ansprüche daher nicht mehr oder nur schwer möglich waren, sah die Gesetzgebung einen Handlungsbedarf hinsichtlich einer Verlängerung der Verjährungsfristen im Straf- und Zivilrecht.[148] Weiterhin wurden beispielsweise die

---

[139] Gesetz zur Verbesserung der Rechte von Verletzten im Strafverfahren (Opferrechtsreformgesetz), BGBl. I 2004, S. 1354 ff.

[140] Zweites Gesetz zur Modernisierung der Justiz (2. Justizmodernisierungsgesetz), BGBl. I 2006, S. 3416 ff.

[141] Opferrechtsreformgesetz, BGBl. I 2004, S. 1356.

[142] Gesetz zur Strafbarkeit beharrlicher Nachstellung, BGBl. I 2007, S. 354 f.

[143] Vgl. BT-Drs. 16/3641, S. 1 f.

[144] Gesetz zur Stärkung der Rechte von Verletzten und Zeugen im Strafverfahren (2. Opferrechtsreformgesetz), BGBl. I 2009, S. 2280 ff.

[145] Ausführlicht hierzu *Neubacher*, Kriminologie, 4. Aufl. 2020, 12. Kap. Rn. 10 m. w. N.

[146] Gesetz zur Stärkung der Rechte von Opfern sexuellen Missbrauchs (StORMG), BGBl. I 2013, S. 1805 ff.

[147] *Neubacher*, Kriminologie, 4. Aufl. 2020, 12. Kap. Rn. 10.

[148] Siehe hierzu BR-Drs. 213/11, S. 9, 24 ff.; BT-Drs. 17/6261, S. 1, 18 ff., 23 f.

Möglichkeiten zur Begutachtung von Sexualstraftäter:innen erweitert und Einflussmöglichkeiten des Gerichts auf die Therapiegestaltung geschaffen.[149]

Das 3. Opferrechtsreformgesetz vom 21. Dezember 2015[150] stellt den vorläufigen Abschluss der neueren Gesetzgebung zur Stärkung von Opferrechten im Strafverfahren dar. Schwerpunkte dieses Gesetzes lagen insbesondere auf der psychosozialen Prozessbegleitung von Verletzten, auf der Beistandschaft des Nebenklägers bzw. der Nebenklägerin und auf der Unterrichtung der Verletzten über ihre Rechte im Strafverfahren und außerhalb des Prozesses.[151]

Als ergänzende Beispiele für die stark am Opferschutzgedanken[152] orientierte Strafgesetzgebung der letzten Jahre können zudem das „Fünfzigste Gesetz zur Änderung des Strafgesetzbuches – Verbesserung des Schutzes der sexuellen Selbstbestimmung" vom 4. November 2016[153] und das „Neunundfünfzigste Gesetz zur Änderung des Strafgesetzbuches – Verbesserung des Persönlichkeitsschutzes bei Bildaufnahmen" vom 9. Oktober 2020[154] angeführt werden.

Den Anlass zu dem Änderungsgesetz aus dem Jahr 2016 gab unter anderem die Silvesternacht 2015/2016, in der es insbesondere am Kölner Hauptbahnhof zu Verletzungen der sexuellen Selbstbestimmung kam. An diesem Abend erfolgte eine Vielzahl sexuell konnotierter Übergriffe vor allem gegenüber Frauen, insbesondere durch körperliche Berührungen in sexuell bestimmter Weise aus größeren Männergruppen heraus. Solche Verletzungen der sexuellen Selbstbestimmung sind nunmehr ausdrücklich durch die §§ 184i, 184j StGB unter Strafe gestellt. Zudem erfuhren die §§ 177, 178 StGB eine Verschärfung dahingehend, dass nunmehr die „Nein-heißt-Nein-Lösung"[155] gilt. Der Wortlaut des § 177 StGB sieht seitdem nicht mehr vor, dass der bzw. die Täter:in den entgegenstehenden Willen einer anderen Person durch Gewalt oder Drohung überwinden muss, um den Tatbestand zu erfüllen.[156] Es reicht für eine Strafbarkeit gemäß § 177 StGB nun

[149] *Neubacher*, Kriminologie, 4. Aufl. 2020, 12. Kap. Rn. 10.

[150] Gesetz zur Stärkung Opferrechte im Strafverfahren (3. Opferrechtsreformgesetz), BGBl. I 2015, S. 2525 ff.

[151] Vgl. BGBl. I 2015, S. 2525 ff.

[152] Eine ausführliche Darstellung des kriminalpolitischen Begriffs „Opferschutzes" erfolgt innerhalb der kriminalpolitischen Grundlagen im Abschnitt 9.1.1.2.

[153] Fünfzigstes Gesetz zur Änderung des Strafgesetzbuches – Verbesserung des Schutzes der sexuellen Selbstbestimmung, BGBl. I 2016, S. 2460 ff.

[154] BGBl. I 2020, S. 2075 f.

[155] Vgl. BT-Drs. 18/9097, S. 2.

[156] Vgl. § 177 Abs. 1 a. F. StGB.

vielmehr aus, dass ein entgegenstehender Wille des Opfers erkennbar ist und der bzw. die Täter:in die sexuelle Handlung dennoch vornimmt.[157]

Dem Änderungsgesetz zur Stärkung des Persönlichkeitsrechts bei Bildaufnahmen aus dem Jahr 2020 war die Petition zweier Frauen vorausgegangen, welche die Strafbarkeit des sogenannten Upskirting – also voyeuristischer Bildaufnahmen des Intimbereichs ohne Einwilligung der betroffenen Person – forderten.[158] Mit dem Änderungsgesetz aus dem Jahr 2020 wurde mit der Verletzung des Intimbereichs durch Bildaufnahmen gemäß § 184k StGB ein neuer Straftatbestand geschaffen. Nunmehr ist das unbefugte Herstellen und Übermitteln von Bildaufnahmen der Genitalien, des Gesäßes, der weiblichen Brust oder der diese Körperteile bedeckenden Unterbekleidung einer anderen Person gemäß § 184k Abs. 1 Nr. 1 bis 3 StGB strafbar. Die Einordnung des sogenannten Upskirting als Sexualdelikt entspreche dem Opferinteresse.[159] Durch die Gesetzesänderung sollten die Persönlichkeitsrechte und die Intimsphäre, vor allem aber das sexuelle Selbstbestimmungsrecht der betroffenen Personen auch im öffentlichen Bereich geschützt werden.[160] Vor der Einführung des § 184k StGB war gemäß § 201a Abs. 1 Nr. 1 StGB die Herstellung solcher unbefugten Bildaufnahmen lediglich bei Aufnahmen aus geschützten Bereichen wie der Wohnung des Opfers oder in anderen durch Einblicke besonders geschützten Räumen, wie beispielsweise Umkleidekabinen, strafbar.[161]

Mit Blick auf derartige Gesetzesänderungen wird besonders deutlich, dass vor allem das Sexualstrafrecht im Rahmen der Opferschutzgesetzgebung von gesteigerter Bedeutung ist. Inwiefern sich hieraus Schlüsse für die Auslegung opferbezogenen Strafvollzugsrechts – insbesondere im Hinblick auf besonders schutzwürdige Opfergruppen – ableiten lassen, wird im Zusammenhang mit den kriminalpolitischen Motiven opferbezogener Strafgesetzgebung innerhalb der kriminalpolitischen Grundlagen näher betrachtet werden.[162]

---

[157] Vgl. BT-Drs. 18/9097, S. 2; kritisch hierzu *Fischer*, StGB, 69. Aufl. 2022, § 177 Rn. 4, 10 ff.

[158] Zur Petition von *Ida Marie Sassenberg* und *Hanna Seidel* siehe nur Süddeutsche Zeitung Onlineartikel vom 26.04.2019, abrufbar unter https://www.sueddeutsche.de/muenchen/upskirting-petition-fotografien-1.4423810 (zuletzt aufgerufen am 11.06.2022); zum ursprünglichen Gesetzesentwurf des Bundesrates siehe BT-Drs. 19/15825; zur Gesetzesbegründung zu § 184k StGB siehe BT-Drs. 19/20668.

[159] BT-Drs. 19/20668, S. 15.

[160] Vgl. BT-Drs. 19/17795, S. 13; BT-Drs. 19/20668, S. 15 f.

[161] Vgl. § 201a Abs. 1 Nr. 1 StGB; siehe ergänzend BT-Drs. 19/17795, S. 1 f.; BT-Drs. 19/20668, S. 2.

[162] Siehe hierzu unten im Abschnitt 9.2 und 9.3.

Insgesamt lässt sich anhand der hier überblicksartig dargestellten Strafgesetzgebung mit Opferbezug in Deutschland seit Mitte der 1970er Jahre erkennen, dass die Stellung des Opfers im Straf- und Strafverfahrensrecht kontinuierlich immer weiter gestärkt worden ist. Nennenswerte gegenläufige Entwicklungen hin zu einer Schwächung der Opferposition und einer Stärkung der Täter:innenposition sind in diesem Zeitraum nicht zu verzeichnen.[163]

6.3.3 Entwicklung hin zu einer Stärkung des Opfers im Strafvollzugsrecht

Bereits nach dem Ersten Weltkrieg hatte sich in der Weimarer Republik der Besserungs- und Erziehungsgedanke als Leitprinzip des Strafvollzugs etabliert und somit die Orientierung des Vollzugs an der Persönlichkeit der Gefangenen erforderlich gemacht.[164] Allerdings wurden diese fortschrittlichen Tendenzen durch den nationalsozialistischen Vergeltungs- und Sicherungsvollzug und später durch den sicherheitsorientierten Verwahrvollzug nach der Dienst- und Vollzugsordnung (DVollzO) von 1961 zunächst ins Gegenteil verkehrt.[165] Nachdem bis in die 1970er Jahre hinein noch keine einheitliche Gesetzesgrundlage für den Strafvollzug in der Bundesrepublik Deutschland vorhanden war, lag der Schwerpunkt der Reformbestrebungen zunächst auf der Schaffung eines Strafvollzugsgesetzes auf Bundesebene.[166] Mit dem StVollzG Bund von 1977[167] setzte sich dann schließlich ein täter:innenorientierter Behandlungsvollzug mit dem Vollzugsziel der Resozialisierung durch.

[163] Im Allgemeinen hat jedoch die Stellung des bzw. der Beschuldigten im Strafprozess in der Vergangenheit vereinzelt eine Stärkung erfahren, ohne dass eine Schwächung der Opferposition ersichtlich wäre, vgl. hierzu beispielsweise das „Gesetz zur Stärkung der Verfahrensrechte von Beschuldigten im Strafverfahren“ vom 02.07. 2013, BGBl. I 2013, S. 1938 f.; „Zweites Gesetz zur Stärkung der Verfahrensrechte von Beschuldigten im Strafverfahren und zur Änderung des Schöffenrechts“ vom 27.08.2017, BGBl. I 2017, S. 3295 ff.; sowie für das Jugendstrafrecht das „Gesetz zur Stärkung der Verfahrensrechte von Beschuldigten im Jugendstrafverfahren“ vom 09.12.2019, BGBl. I 2019, S. 2146 ff.

[164] *Kaiser/Schöch*, Strafvollzug, 5. Aufl. 2002, § 2 Rn. 28 ff.; *Laubenthal*, Strafvollzug, 8. Aufl. 2019, Rn. 116 ff. m. w. N.

[165] Ausführlich zur Zeit des Nationalsozialismus *Kaiser/Schöch*, Strafvollzug, 5. Aufl. 2002, § 2 Rn. 32 ff.; zur Zeit des Nationalsozialismus und zur DVollzO *Laubenthal*, Strafvollzug, 8. Aufl. 2019, Rn. 121 ff.

[166] Siehe hierzu ausführlich *Laubenthal*, Strafvollzug, 8. Aufl. 2019, Rn. 127 ff.

[167] BGBl. I 1976, S. 581 ff.

Insgesamt war die rechtliche und rechtstatsächliche Entwicklung des Strafvollzugs bis zum Ende des 20. Jahrhunderts durch eine Vielzahl von Reformen und Umbrüchen geprägt. Im Vordergrund standen bei der Entstehung des StVollzG Bund zunächst die Rechtsstellung der Gefangenen und die Schaffung einer bundesweit einheitlichen gesetzlichen Rechtsgrundlage für den Eingriff in die Grundrechte der Inhaftierten durch den Vollzug.[168]

Obwohl weder die DVollzO noch das StVollzG Bund einen ausdrücklichen Bezug zum Straftatopfer aufwiesen, war eine Berücksichtigung der Opferperspektive, wie bereits gezeigt, nach beiden Rechtsgrundlagen grundsätzlich möglich.[169] Der Schwerpunkt lag hierbei jedoch weniger auf einer umfassenden Einbeziehung der Interessen und Belange konkreter Opfer in die Vollzugsgestaltung, sondern vielmehr auf der Konkretisierung des Resozialisierungsziels durch die Förderung der Tatverarbeitung. Erst seit dem Erlass der Landesstrafvollzugsgesetze nach der Föderalismusreform von 2006 ist dem Vollzugsrecht eine stärkere Berücksichtigung von Opferinteressen zu entnehmen, die sich nicht allein in der Tatverarbeitung durch die Gefangenen erschöpft.[170] Somit kann erst ab diesem Zeitpunkt von einer eigenständigen Bedeutung des Opfers für den Strafvollzug gesprochen werden.

Hinsichtlich der Hintergründe und Einflüsse der Einbeziehung in das Strafvollzugsrecht kann an dieser Stelle weitestgehend auf die Ausführung zu den Grundlagen des opferbezogenen Strafvollzugs verwiesen werden.[171] Für die Einbeziehung des Opfers und seiner Interessen in den ME LStVollzG und die Landesstrafvollzugsgesetze lassen sich kaum spezielle landesspezifische Einflüsse identifizieren. So enthielt zwar der ME LStVollzG an verschiedenen Stellen vereinzelte Opferbezüge. Daher sind derartige Bezüge ebenfalls in jenen Gesetzen zu finden, welche sich am ME LStVollzG orientiert oder die entsprechenden Regelungen gar übernommen haben.[172] Insgesamt kann jedoch festgehalten werden, dass die Regelungsdichte innerhalb der einzelnen Landesgesetze mitunter sehr stark divergiert[173], sodass ein einheitlicher Ursprung nicht zu erkennen ist. Dies

[168] Vgl. BVerfGE 33, 1 (9 ff.); weiterführend hierzu *Laubenthal*, Strafvollzug, 8. Aufl. 2019, Rn. 129.

[169] Siehe ausführlich hierzu oben im Abschnitt 5.2.2.1.

[170] Vgl. näher zu den einzelnen Themenkreisen opferbezogener Vorschriften in den Landesstrafvollzugsgesetzen im Abschnitt 5.2.2.2.

[171] Siehe Ausführungen im Abschnitt 5.2.

[172] Zu §§ 27, 32, 40 ME LStVollzG; vgl. beispielsweise §§ 34, 39, 47 LJVollzG RP; §§ 35, 40, 48 ThürJVollzGB; hierzu bereits oben im Abschnitt 5.2.2.2.

[173] Vgl. hierzu im Abschnitt 5.2.2.2.

gilt auch für die Gesetze der Länder, welche an der Entwicklung des ME LStVollzG beteiligt waren und daher zumindest auf einen gemeinsamen Entwurf zurückzuführen sind. Allenfalls für das Gesetz des Landes Nordrhein-Westfalen lässt sich die umfassende Normierung des Opferbezugs auf die entsprechenden Vorarbeiten des ehemaligen Justizvollzugsbeauftragten *Michael Walter* und seiner Mitarbeiterin *Claudia Gelber* zurückführen, welche sich im Entwurf zum nordrhein-westfälischen Strafvollzugsgesetz wiederfinden.[174] Neben den soeben genannten Gesichtspunkten dürften auch kriminologische und internationale Einflüsse relevant gewesen sein, welche im weiteren Verlauf der vorliegenden Untersuchung ebenfalls einer näheren Betrachtung unterzogen werden.[175]

6.4 Folgen für die Auslegung opferorientierter Vorschriften des Strafvollzugsrechts

Aus historischer Perspektive lässt sich zunächst über mehrere Jahrhunderte hinweg ein starker Bedeutungsverlust des Opfers bei der strafrechtlichen Konfliktbewältigung feststellen. Während das Straftatopfer in der germanischen Zeit bei der Verfolgung und Ahndung von Missetaten noch die Zentralgestalt war, wurde seine Position mit der Entstehung des öffentlichen Strafrechts schwächer. Durch die zunehmende Konzentration der staatlichen Gewalt auf die Täter:innen und die Verletzung des Rechts wurde das Opfer im Laufe der Entwicklung bis zur Mitte des 20. Jahrhunderts im Wesentlichen auf seine Funktion als Zeug:in reduziert.

Erst seit den 1970er Jahren gewann das Opfer im Strafrecht wieder deutlich an Bedeutung. Dies erfolgte zunächst durch die Gewährung von Entschädigungsansprüchen gegenüber dem Staat und später durch die Stärkung seiner Stellung im Strafprozessrecht und im materiellen Strafrecht.

Mit Blick auf den Strafvollzug hat die Betrachtung gezeigt, dass die heutige Berücksichtigung des Opfers und seiner Interessen im Vollzug keine längere Vorgeschichte in der Entwicklung des modernen Strafvollzugs aufweist. Noch dem Bundesstrafvollzugsgesetz von 1977 lag das Konzept eines am den Täter:innen orientierten Behandlungsstrafvollzugs mit dem Ziel der Wiedereingliederung

[174] Rechtsausschuss Nordrhein-Westfahlen, Sitzung am 18.06.2014, Vorlage 16/1962, TOP 4, S. 2 f.; zum Gesetzesentwurf siehe Landtag Nordrhein-Westfalen Drs. 16/5413; ausführlich hierzu im Abschnitt 5.2.1.4.

[175] Ausführlich zu Einflüssen der Restorative-Justice-Bewegung unten in den kriminologischen Grundlagen im Abschnitt 7.2.2; zu den Einflüssen des internationalen Rechts unten im Kapitel 8.

zugrunde. Zwar wurde die Idee der Einbeziehung von Opferbelangen in das Strafvollzugsrecht bereits seit den 1980er Jahren von einzelnen Wissenschaftler:innen und in einigen Gesetzesentwürfen verfolgt. Eine ausdrückliche Betonung einer opferorientierten Vollzugsgestaltung findet sich im geltenden Recht jedoch erst in den nach der Föderalismusreform von 2006 in Kraft getretenen Landesstrafvollzugsgesetzen, wobei der Umfang und der Inhalt der opferorientierten Vorschriften stark divergieren.

Für die Auslegung strafvollzugsrechtlicher Vorschriften mit Opferbezug ergibt sich daher Folgendes. Zum einen muss dem Umstand Rechnung getragen werden, dass die Einbeziehung des Straftatopfers im materiellen Strafrecht und im Strafprozessrecht bereits weit fortgeschritten war, als der opferorientierte Strafvollzug in den Landesstrafvollzugsgesetzen ausdrücklich geltendes Recht wurde. Daher sind im Rahmen der historischen Auslegung der einzelnen opferbezogenen Strafvollzugsvorschriften insbesondere die umfangreichen Vorarbeiten zur Stellung des Opfers im Straf- und Strafprozessrecht zu beachten. Nur auf diese Weise kann festgestellt werden, ob die opferbezogenen Strafvollzugsvorschriften eng an die Regelungen des Straf- und Strafprozessrechts anknüpfen oder ob sie über deren Regelungsgehalt hinausgehen und eigenständige Akzente setzen. Zum anderen wird bei der historischen Auslegung zu beachten sein, ob und inwieweit die früheren Vorarbeiten aus der Wissenschaft und die Gesetzesvorschläge zur Opferorientierung des Strafvollzugs seit den 1980er Jahren im geltenden Recht in Bezug genommen wurden. Beide Fragen werden in dem Kapitel zu den kriminalpolitischen Grundlagen noch weiter verfolgt werden.[176]

Innerhalb der systematischen und teleologischen Auslegung wird die Opferorientierung des gesamten Strafrechtssystems zumindest in Teilen von Bedeutung sein. Dabei ist die verstärkte Einbeziehung der Belange von Straftatopfern im Straf- und Strafprozessrecht seit der Mitte der 1980er Jahre für die systematische Auslegung insofern relevant, als sich in den Landesstrafvollzugsgesetzen diese Opferorientierung fortsetzt. Für die teleologische Auslegung sind die historischen Grundlagen sodann für die Frage von Bedeutung, ob mit der derzeitigen Ausgestaltung der Opferorientierung im Strafvollzug die angestrebte opferbezogene Ausrichtung im gesamten Strafrechtssystem auch für das Strafvollzugsrecht erreicht werden konnte.

---

[176] Siehe hierzu unten Kapitel 9.

7 Kriminologische Grundlagen

Die Kontinuität, mit welcher der Gesetzgeber die Opferposition in der Strafrechtspflege seit nunmehr fast 40 Jahren stärkt, wirft die Frage nach den Ursachen für diese Entwicklung auf. Die nun folgenden Ausführungen untersuchen insbesondere, ob und inwieweit die jüngere Gesetzgebung durch neuere Strömungen in der Kriminologie beeinflusst wurde. Ein erster Schwerpunkt liegt hierbei auf der wachsenden Bedeutung der Viktimologie seit der Mitte des 20. Jahrhunderts im Allgemeinen (Abschnitt 7.1) und ein zweiter auf dem Aufschwung der Restorative-Justice-Bewegung seit den 1970er Jahren im Besonderen (Abschnitt 7.2). Schließlich wird überlegt, welche Folgen diese Entwicklungen in der Kriminologie für die Auslegung strafvollzugsrechtlicher Vorschriften haben (Abschnitt 7.3).

7.1 Bedeutung der Viktimologie im Allgemeinen

7.1.1 Entstehung und Forschungsgegenstände der Viktimologie

In der kriminologischen Forschung rückte das Opfer bereits seit dem 2. Weltkrieg in das Blickfeld des wissenschaftlichen Interesses.[1] Die ersten rechtstatsächlichen Veröffentlichungen, die sich näher mit den Opfern von Straftaten beschäftigten, forderten übereinstimmend die Ausbildung einer eigenständigen Wissenschaft

[1] *Schneider*, Der gegenwärtige Stand der Viktimologie, in: Schneider (Hrsg.), Das Verbrechensopfer in der Strafrechtspflege, 1982, S. 9.

K. M. Radke, *Opferorientierung im Strafvollzug*,
https://doi.org/10.1007/978-3-658-39044-0_7

vom Opfer.[2] Als Begründer der modernen Viktimologie gilt der damals in den Vereinigten Staaten lehrende *Hans von Hentig*, der mit seiner 1948 veröffentlichten Untersuchung unter dem Titel „The Criminal and His Victim“ das erste grundlegende Werk zur wissenschaftlichen Auseinandersetzung mit dem Kriminalitätsopfer schuf.[3]

Da sich die Kriminologie an den deutschsprachigen Universitäten erst in den 1950er Jahren als eigenständige interdisziplinäre Wissenschaft zu etablieren begann,[4] verwundert es nicht, dass sich hierzulande zunächst nur wenige Wissenschaftler:innen mit der Opferforschung beschäftigten. Die Viktimologie bildete sich erst in den 1970er Jahren als eigenständige wissenschaftliche Disziplin heraus.[5] Diese Entwicklung wurde unter anderem durch das erste internationale Symposium für Viktimologie 1973 in Jerusalem vorangetrieben. Der akademische Austausch auf diesem und den darauffolgenden Symposien förderte die wissenschaftliche Etablierung der Viktimologie und führte 1979 zur Gründung der „World Society of Victimology“ als einer globalen Dachorganisation.[6]

Die umstrittene Frage, ob die Viktimologie nun als eine eigenständige Wissenschaft oder als ein Teilgebiet der Kriminologie anzusehen ist[7], spielt für eine überblicksartige Betrachtung wie die hiesige keine Rolle. Unabhängig von den in diesem Streit vertretenen Standpunkten bestehen zwischen Kriminologie und Viktimologie thematische Überschneidungen, insbesondere hinsichtlich der Beziehung zwischen Täter:innen und Opfern eines strafrechtlichen Konflikts. Während sich die tat- und täter:innenorientierte Kriminologie vornehmlich mit den Täter:innen, ihrem kriminellen Verhalten und ihren Persönlichkeiten befasst,[8] liegt der Schwerpunkt in der viktimologischen Forschung auf der Untersuchung des Opfers.

---

[2] Vgl. hierzu *Schneider*, Der gegenwärtige Stand der Viktimologie, in: Schneider (Hrsg.), Das Verbrechensopfer in der Strafrechtspflege, 1982, S. 10 m. w. N.

[3] *Mergen*, Hans von Hentig, in: Haesler (Hrsg.), Viktimologie, 1986, S. 9; zur früheren wissenschaftlichen Auseinandersetzung mit dem Verbrechensopfer *Sautner*, Viktimologie, 2014, S. 5 f.

[4] *von Hentig*, The criminal and his victim, 1948; weiterführend *Mergen*, Hans von Hentig, in: Haesler (Hrsg.), Viktimologie, 1986, S. 9 f.

[5] *Neubacher*, Kriminologie, 4. Aufl. 2020, 12. Kap. Rn. 1.

[6] *Sautner*, Viktimologie, 2014, S. 9 f.

[7] Zu den unterschiedlichen Ansichten siehe *Schneider*, Viktimologie, 1975, S. 17 f. m. w. N.; für die Einordnung der Viktimologie als Teilbereich der Kriminologie votieren u. a. *Mergen*, Hans von Hentig, in: Haesler (Hrsg.), Viktimologie, 1986, S. 13; *Neubacher*, Kriminologie, 4. Aufl. 2020, 12. Kap. Rn. 1.

[8] *Eder-Rieder*, Opferschutz, 1998, S. 1.

Der Umfang des Forschungsgegenstandes der Viktimologie wird bisweilen unterschiedlich weit gefasst. Teilweise wird die Viktimologie dabei als wissenschaftliches Studium vom Opfer an sich, beginnend vom Prozess des Opferwerdens und den daraus resultierenden Folgen, verstanden.[9] Andere Ansätze verstehen unter der Viktimologie vornehmlich die Erforschung von Sozialprozessen, aus denen soziale Probleme resultieren, die wiederum auf Misshandlungen von Individuen und Gruppen zurückzuführen sind[10] und setzen somit bereits vor dem Viktimisierungsereignis an. Mitunter werden neben den Ursachen der Opferwerdung auch die Bedürfnisse und Interessen der Opfer erforscht.[11] Als viktimologische Forschungsschwerpunkte sind insoweit die Sanktionseinstellungen der Opfer und die Rolle des Opfers im Strafrechtssystem hervorzuheben.[12] Trotz der unterschiedlichen Schwerpunktsetzung ist die Viktimologie insgesamt auf die Erforschung des Opfers unter Einschluss der Ursachen der Opferwerdung und der daraus resultierenden Bedürfnisse des Opfers gerichtet.

7.1.2 Einflüsse der Viktimologie auf das Straf- und Strafverfahrensrecht

Die lange Zeit vorherrschende Täter:innenorientierung des Strafrechts in Wissenschaft und Praxis wurde mit dem Zweck des Strafverfahrens begründet, der in der Durchsetzung des staatlichen Strafanspruchs als Gemeinschaftsinteresse gesehen wurde. Die (mutmaßlichen) Täter:innen sollten durch ein faires, rechtsstaatliches Verfahren vor ungerechtfertigten staatlichen Eingriffen geschützt und im Falle einer Verurteilung anschließend bestmöglich resozialisiert werden.[13] Demgegenüber waren die Opfer einer Straftat im Strafprozess nur Randfiguren[14], denen vor allem als Zeug:innen eine eigenständige Bedeutung zukam. Die Geschädigten einer Straftat dienten dem Gericht in erster Linie als Beweismittel zur Überführung der Täter:innen und waren auch im Übrigen nur ein Objekt des

---

[9] *Schneider*, Der gegenwärtige Stand der Viktimologie, in: Schneider (Hrsg.), Das Verbrechensopfer in der Strafrechtspflege, 1982, S. 10 m. w. N.

[10] *Schneider*, Der gegenwärtige Stand der Viktimologie, in: Schneider (Hrsg.), Das Verbrechensopfer in der Strafrechtspflege, 1982, S. 10.

[11] So beispielsweise *Kilchling*, Opferinteressen und Strafverfolgung, 1995.

[12] *Sautner*, Viktimologie, 2014, S. 10.

[13] *Schneider/Bussmeyer*, Fortschritte in der Rechtsstellung der Verbrechensopfer im Strafrecht und im Strafverfahren, in: Haesler (Hrsg.), Viktimologie, 1986, S. 17.

[14] So *Jung*, ZStW (93) 1981, 1147 (1148) m. w. N.

Strafverfahrens.[15] Die Interessen der Opfer, insbesondere hinsichtlich einer etwaigen Entschädigung für die Verletzung ihrer Rechtsgüter, wurden als Privatsache deklariert[16] und daher der Zivilgerichtsbarkeit zugeordnet.

Mit der beginnenden viktimologische Erforschung der Opfer von Straftaten gewannen auch in der Strafrechtswissenschaft das Opfer und seine aus der Opferwerdung resultierenden Bedürfnisse an Bedeutung.[17] Die Aufgabe des Strafrechts wurde fortan nicht mehr nur in der Überführung und Bestrafung der Täter:innen gesehen, vielmehr sollten die Bedürfnisse der Opfer bei der staatlichen Strafverfolgung stärker berücksichtigt werden.[18] Indem Straftaten nicht mehr nur als Verletzung eines Rechtsguts, sondern auch als Verletzung konkreter Opfer verstanden wurden, erfuhr das Kriminalitätsopfer eine Personalisierung.[19] Durch diese Personalisierung des Straftatopfers wuchs die Einsicht, dass direkte Opfer von Täter:innen durch die Straftat neutralisiert werden.[20] Zur Umkehrung dieses Prozesses wurden opferbezogene Maßnahmen vorgeschlagen, die auf Seiten der Täter:innen eine Tataufarbeitung und die Verantwortungsübernahme beinhalteten.[21] Zugleich sollten eine Fortführung der Neutralisierung oder gar weitere

[15] Vgl. *Rieß*, Gutachten C für den 55. DJT, in: Ständige Deputation des Deutschen Juristentages (Hrsg.), Verhandlungen 55. DJT, 1984, C 9, C 46 ff., C 51 f.; ebenso *Schneider/Bussmeyer*, Fortschritte in der Rechtsstellung der Verbrechensopfer im Strafrecht und im Strafverfahren, in: Haesler (Hrsg.), Viktimologie, 1986, S. 17.

[16] *Schneider/Bussmeyer*, Fortschritte in der Rechtsstellung der Verbrechensopfer im Strafrecht und im Strafverfahren, in: Haesler (Hrsg.), Viktimologie, 1986, S. 17.

[17] *Weigend*, Deliktsopfer und Strafverfahren, 1989, S. 13 ff.; *Weigend*, RW 2010, 39 (40).

[18] *Schneider/Bussmeyer*, Fortschritte in der Rechtsstellung der Verbrechensopfer im Strafrecht und im Strafverfahren, in: Haesler (Hrsg.), Viktimologie, 1986, S. 17 f.

[19] *Weigend*, RW 2010, 39 (40 f.).

[20] Vgl. *Winter/Matt*, NK 2012, 73 (74); allgemein zur Neutralisierung des Opfers durch den bzw. die Täter:in siehe *Hagemann*, Rundbrief für Straffälligenhilfe Nr. 41 2005, 42 (43); zur Neutralisierung des Opfers bei Gewaltstraftaten *Weidner*, Anti-Aggressivitäts-Training für Gewalttäter, 3. Aufl. 1995, S. 150 ff.; zur Neutralisierung des Opfers bei Vergewaltigungen *Ben-David*, Die Interaktion zwischen Täter und Opfer während der Vergewaltigung, in: Schneider (Hrsg.), Das Verbrechensopfer in der Strafrechtspflege, 1982, S. 242; zur Therapie von Sexualstraftäter:innen *Ben-David*, Die Rolle des Opfers in der Therapie von Tätern, in: Janssen/Kerner (Hrsg.), Verbrechensopfer, Sozialarbeit und Justiz, 1985, S. 276; weiterführend zur kriminologischen Theorie der Neutralisationstechniken *Sykes/Matza*, Techniken der Neutralisation, in: Sack/König (Hrsg.), Kriminalsoziologie, 1979, S. 360 ff.; zur Bedeutung einer Rückgängigmachung der Entpersonalisierung des Opfers im Strafvollzug siehe *Wulf*, ZfStrVo 1985, 67 (75).

[21] Siehe nur *Rössner/Wulf*, Opferbezogene Strafrechtspflege, 1984, S. III, 1 ff.; vgl. auch BT-Drs. 11/3694, S. 7; zur Bedeutung der Tataufarbeitung und Verantwortungsübernahme im Strafvollzug *Wulf*, ZfStrVo 1985, 67 (68 f.).

Viktimisierungen durch die staatliche Strafverfolgung verhindert werden.[22] Das Opfer sollte nicht mehr ein bloßes Objekt der Strafverfolgung sein, sondern vielmehr eine Subjektstellung erhalten.[23] Mit dieser Forderung nach einem Wandel des Opfers vom Objekt zum Subjekt im Strafrechtssystem wurde der Grundstein für die Einbeziehung von Opferbelangen in das Straf- und Strafprozessrecht gelegt.

Die wissenschaftliche Auseinandersetzung mit dem Straftatopfer und seine Einbeziehung in die Strafrechtspflege erhielten ab Mitte der 1970er Jahre durch erste einschlägige Monografien und Sammelbände weiteren Auftrieb.[24] Im Zentrum dieser wissenschaftlichen Arbeiten stand die Stellung des Straftatopfers im Strafprozess.[25] Einige Jahre später befasste sich der 55. Deutschen Juristentag 1984 umfassend mit der Rechtsstellung des Straftatopfers im Strafverfahren.[26] Darüber hinaus veröffentlichten *Rössner* und *Wulf* ebenfalls 1984 ihre Überlegungen zu einer opferbezogenen Strafrechtspflege.[27]

Richtungsweisend für die vertiefte wissenschaftliche Auseinandersetzung mit dem Opfer war die Einsicht, dass durch die Verurteilung der Täter:innen häufig noch keine Besserung der Ausgangsituation eintritt.[28] Den unterschiedlichen Interessen der viktimisierten Personen wird in den meisten Fällen nicht annähernd entsprochen. Viele Opfer wünschen sich eine Berücksichtigung ihrer ideellen und finanziellen Interessen.[29] Diese hatten bis vor wenigen Jahrzehnten jedoch noch keinen Platz in der Strafrechtspflege, insbesondere nicht im Strafprozess.[30] Demgegenüber sollten die Täter:innen durch ihren Rechtsbruch, mit dem sie sich selbst aus der Gesellschaft ausgeschlossen haben[31], nach Möglichkeit nicht noch weiter

---

22 Ausführlich hierzu *Rössner/Wulf*, Opferbezogene Strafrechtspflege, 1984, S. 34 ff.; *Rieß*, Gutachten C für den 55. DJT, in: Ständige Deputation des Deutschen Juristentages (Hrsg.), Verhandlungen 55. DJT, 1984, C 47 ff.

23 Siehe nur *Rieß*, Gutachten C für den 55. DJT, in: Ständige Deputation des Deutschen Juristentages (Hrsg.), Verhandlungen 55. DJT, 1984, C 9, C 47 ff.; *Jung*, ZStW (93) 1981, 1147 (1148).

24 Siehe nur *Schneider*, Viktimologie, 1975; *Kirchhoff/Sessar*, Das Verbrechensopfer, 1979.

25 *Jung*, ZStW (93) 1981, 1147 (1148, 1170 ff.) m. w. N.; *Schöch*, NStZ 1984, 385 ff.

26 *Rieß*, Gutachten C für den 55. DJT, in: Ständige Deputation des Deutschen Juristentages (Hrsg.), Verhandlungen 55. DJT, 1984.

27 *Rössner/Wulf*, Opferbezogene Strafrechtspflege, 1984.

28 Vgl. *Schneider/Bussmeyer*, Fortschritte in der Rechtsstellung der Verbrechensopfer im Strafrecht und im Strafverfahren, in: Haesler (Hrsg.), Viktimologie, 1986, S. 17.

29 *Kilchling*, Opferinteressen und Strafverfolgung, 1995, S. 628 f.

30 *Schneider*, Viktimologie, 1975, S. 159 f.

31 *Benda*, FS Faller, 1984, S. 307.

stigmatisiert werden.[32] Gerade durch die Bestrafung der Täter:innen kommt es jedoch – besonders bei der Verurteilung zu einer Freiheitsstrafe – zu einer Stigmatisierung, welche die Wiedereingliederung der Verurteilten erschweren kann. Auf der Seite des Staates stehen neben dem Interesse an einer staatlichen Strafverfolgung auch finanzielle Aspekte. Zwar wird der negativen Generalprävention und dem Interesse der Gemeinschaft an der Strafverfolgung durch die Durchführung des Strafverfahrens Genüge getan. Jedoch entstehen dem Staat und somit der Gemeinschaft beispielsweise durch die Verurteilung der Täter:innen zu Freiheitsstrafen Kosten für den Strafvollzug.[33] Folglich verließen im schlimmsten Fall neben den Opfern auch die Täter:innen und die Vertreter:innen des Staates bzw. der Gesellschaft den Gerichtssaal ohne eine Lösung des Kernproblems.[34] Die Viktimologie lieferte insofern erneut wichtige Impulse, als die wissenschaftliche Erforschung des Straftatopfers und seiner Bedürfnisse Voraussetzung ist für eine angemessene Einbeziehung des Straftatopfers in die Strafrechtspflege und die Auflösung des durch die Straftat entstandenen zwischenmenschlichen Konflikts.

Infolge der wissenschaftlichen Auseinandersetzung mit dem Opfer kam es dann ab der Mitte der 1980er Jahre zu einer Vielzahl von Gesetzesänderungen mit dem Ziel, die Rechte von Straftatopfern im Strafprozess zu stärken.[35]

7.2 Bedeutung der Restorative-Justice-Bewegung im Besonderen

Neben der allgemeinen Erforschung des Straftatopfers durch die Viktimologie hatte insbesondere die Restorative-Justice-Bewegung einen erheblichen Einfluss auf die Einbeziehung der Opferbelange in die Strafrechtspflege. Während sich die Viktimologie hauptsächlich mit dem Opfer und seinen aus der Straftat resultierenden Bedürfnissen befasst, handelt es sich bei der Restorative Justice um ein ganzheitliches Konzept mit dem Ziel, den durch die Straftat entstandenen Konflikt umfassend zu betrachten und im besten Falle aufzulösen. In der Gesamtschau ergeben sich zwischen der Viktimologie und Restorative Justice zwar ersichtlich Überschneidungen, mit Blick auf die zentralen Fragestellungen jedoch auch

[32] Vgl. *Schüler-Springorum*, FS Maihofer, 1988, S. 503.

[33] *Schneider/Bussmeyer*, Fortschritte in der Rechtsstellung der Verbrechensopfer im Strafrecht und im Strafverfahren, in: Haesler (Hrsg.), Viktimologie, 1986. S. 17.

[34] Ähnlich auch *Hagemann*, Restorative Justice, in: Lummer/Hagemann/Tein (Hrsg.), Restorative Justice – A European and Schleswig-Holsteinian Perspective, 2011, S. 159.

[35] Ausführlich hierzu bereits oben im Abschnitt 6.3.2.

wichtige Unterschiede. Daher wird die Restorative Justice im Folgenden gesondert vorgestellt. Um die Bedeutung der Restorative-Justice-Bewegung für die Einbeziehung des Straftatopfers in das deutsche Strafrechtssystem zutreffend erfassen zu können, werden nachfolgend zunächst die allgemeinen Grundlagen der Restorative Justice überblicksartig erläutert. Sodann wird die Bedeutung des Restorative-Justice-Konzepts speziell für den opferbezogenen Strafvollzug einer genaueren Betrachtung unterzogen. Hieran schließen sich eine kritische Würdigung des Konzepts der Restorative Justice und eine Zusammenfassung an.

7.2.1 Grundlagen der Restorative Justice

7.2.1.1 Begriff der Restorative Justice

Eine allgemein anerkannte deutsche Übersetzung des Begriffs „Restorative Justice" existiert bislang nicht. Etymologisch geht „restorative" auf das lateinische Wort „restaurare" zurück, was so viel wie „wiederherstellen", „heilen", „erneuern" oder „stärken" bedeutet.[36] Daher wird Restorative Justice zumeist mit „wiederherstellender Gerechtigkeit" übersetzt[37] und bildet den Oberbegriff für ein Konzept, das einen Gegenentwurf zum Vergeltungsstrafrecht (Retributive Justice) darstellen soll.[38]

Nach *Howard Zehr*, einem der Begründer und führenden Vertreter:innen dieses Konzepts, ist Restorative Justice „an approach to achieving justice that involves, to the extent possible, those who have a stake in a specific offense or harm or collectively identify and address harms, needs and obligations in order to heal and put things as right as possible"[39]. Indem sich die Definition von *Zehr* hauptsächlich auf die strafrechtliche Perspektive bezieht, erscheint sie im vorliegenden Kontext vorzugswürdig gegenüber anderen Begriffsbestimmungen, die auch noch andere Lebensbereiche in dieses Konzept einbeziehen wollen.[40]

---

[36] Vgl. *Harper*, restore (v.), in: Harper (Hrsg.), Online Etymology Dictionary, 2021; siehe auch *Früchtel/Halibrand*, Restorative Justice Theorie und Methode für die Soziale Arbeit, 2016, S. 28.

[37] *Hagemann*, Restorative Justice, in: Lummer/Hagemann/Tein (Hrsg.), Restorative Justice – A European and Schleswig-Holsteinian Perspective, 2011, S. 159 f.; *Schünemann*, ERA Forum 2011, 445 (446); für die Übersetzung als „heilende Gerechtigkeit" siehe *Weitekamp*, FS Rössner, 2015, S. 565 ff.

[38] So *Schünemann*, ERA Forum 2011, 445 (446).

[39] *Zehr*, The Little Book of Restorative Justice, 2015, S. 48.

[40] Ebenso *Hagemann*, Restorative Justice, in: Lummer/Hagemann/Tein (Hrsg.), Restorative Justice – A European and Schleswig-Holsteinian Perspective, 2011, S. 157; zu einer

Gavrielides fasst den Begriff der Restorative Justice insofern etwas weiter, als nach seiner Ansicht auch kriminalpräventive Gesichtspunkte umfasst werden sollten. Nach *Gavrielides* ist die Restorative Justice daher „an ethos with practical goals, among which to restore harm by including affected parties in a (direct or indirect) encounter and a process of understanding through voluntary and honest dialogue"[41].

Mit einer Erweiterung der engeren Definition von *Zehr* durch das weitere Begriffsverständnis von *Gavrielides* um die kriminalpräventive Perspektive soll das Konzept nicht nur dazu dienen, den einzelnen strafrechtlichen Konflikt zu lösen, sondern darüber hinaus allgemein zur Kontrolle strafrechtlicher Konflikte beitragen.

Die Restorative Justice beschreitet neue Wege der Konfliktlösung bzw. -kontrolle und verfolgt gleichzeitig verschiedene wiederherstellende Ziele.[42] Zu diesen Zielen zählen neben materiellen und ideellen Entschädigungsleistungen von Täter:innen an das konkrete Opfer insbesondere die Wiederherstellung von zwischenmenschlichen Beziehungen, die Verantwortungsübernahme der Täter:innen für ihre Taten[43] und die Unterstützung der Straftatopfer – und gegebenenfalls auch der Täter:innen – bei der Bewältigung von Traumatisierungen, die mit der Straftat in Bezug stehen[44]. Das übergeordnete Ziel ist die soziale Reintegration von Täter:innen und Opfern in die Gesellschaft.[45]

7.2.1.2 Konzept der Restorative Justice

7.2.1.2.1 Grundannahmen des Konzepts

Dem Konzept der Restorative Justice liegen nach *Zehr* drei Annahmen zugrunde. Erstens handele es sich bei Kriminalität um eine Verletzung von Individuen und zwischenmenschlichen Beziehungen. Zweitens führe diese Verletzung zu Verpflichtungen der Täter:innen gegenüber den Opfern, aber auch gegenüber der Gemeinschaft. Drittens stelle die Wiedergutmachung der Verletzungen die wichtigste Verpflichtung der Täter:innen dar. Aus diesen Grundannahmen ließen

---

weiterreichenden Definition z. B. *Braithwaite*, Principles of Restorative Justice, in: von Hirsch/Roberts/Bottoms (Hrsg.), Restorative Justice & Criminal Justice, 2003, S. 1 f.

[41] *Gavrielides*, Internet Journal of Criminology 2011,1 (2).

[42] *Gavrielides*, Internet Journal of Criminology 2011, 1 (2); weiterführend die rechtsvergleichende Arbeit von *Horrer*, Restorative Justice im Strafrecht, 2014.

[43] *Hagemann*, Restorative Justice, in: Lummer/Hagemann/Tein (Hrsg.), Restorative Justice – A European and Schleswig-Holsteinian Perspective, 2011, S. 160 f.

[44] *Zehr*, Conflict Resolution Quarterly 2004, 305 (309 ff.)

[45] Vgl. *Winter/Matt*, NK 2012, 73 (73).

sich die zentralen Prinzipien der Restorative Justice ableiten.[46] Diese umfassen insbesondere die Berücksichtigung der Bedürfnisse aller Beteiligten und Betroffenen einer Straftat, die umfassende Einbeziehung der betroffenen Parteien in den Konfliktlösungsprozess[47] und die freiwillige Teilnahme am Verfahren[48].

Der Schwerpunkt der Restorative Justice muss demnach auf den Schäden und Bedürfnissen von Opfern und Täter:innen bzw. je nach verfolgtem Modell auch jenen der Gemeinschaft liegen.[49] Alle Beteiligten des Restorative-Justice-Prozesses sollen die Möglichkeit erhalten, sich auf Augenhöhe zu begegnen und den Konflikt zu lösen, indem eine neue – für jeden Beteiligten akzeptable – Balance geschaffen[50] und so die zwischenmenschliche Beziehung wiederhergestellt werde[51]. Gekennzeichnet ist dieser Prozess durch einen respektvollen Umgang miteinander unter Anerkennung der Bedürfnisse des Gegenübers.[52] Die Beteiligten werden in diesen Prozess aktiv einbezogen[53] und nicht in eine passive Rolle gedrängt, wie es im formellen Strafverfahren typischerweise geschieht.[54]

---

[46] Ausführlich hierzu *Zehr*, The Little Book of Restorative Justice, 2015, S. 28 ff.

[47] Vgl. *Hagemann*, Restorative Justice, in: Lummer/Hagemann/Tein (Hrsg.), Restorative Justice – A European and Schleswig-Holsteinian Perspective, 2011, S. 157 ff.; *Früchtel/Halibrand*, Restorative Justice Theorie und Methode für die Soziale Arbeit, 2016, S. 27, 36.

[48] *Hagemann*, Restorative Justice, in: Lummer/Hagemann/Tein (Hrsg.), Restorative Justice – A European and Schleswig-Holsteinian Perspective, 2011, S. 157; *Böttcher*, 12. Forum für TOA 2008, 20 (25); *Meier*, JZ 2015, 488 (491); siehe auch *Hartmann/Haas/Steengrafe*, BewHi 2013, 39 (41).

[49] *Zehr*, Conflict Resolution Quarterly 2004, 305 (307 f.); *Hagemann*, Restorative Justice, in: Lummer/Hagemann/Tein (Hrsg.), Restorative Justice – A European and Schleswig-Holsteinian Perspective, 2011, S. 158 f.; *Früchtel/Halibrand*, Restorative Justice Theorie und Methode für die Soziale Arbeit, 2016, S. 27, 36 f.

[50] *Hagemann*, Restorative Justice, in: Lummer/Hagemann/Tein (Hrsg.), Restorative Justice – A European and Schleswig-Holsteinian Perspective, 2011, S. 160; ähnlich auch *Braithwaite*, Restorative Justice, in: Schneider (Hrsg.), Internationales Handbuch der Kriminologie, 2009, S. 497.

[51] Vgl. *McCold*, The recent history of restorative justice, in: Sullivan/Tifft (Hrsg.), Handbook of Restorative Justice, 2006, S. 28; ähnlich *Braithwaite*, Restorative Justice and Responsive Regulation, 2002, S. 74.

[52] Vgl. *Hagemann*, Restorative Justice, in: Lummer/Hagemann/Tein (Hrsg.), Restorative Justice – A European and Schleswig-Holsteinian Perspective, 2011, S. 160.

[53] *Zehr*, The Little Book of Restorative Justice, 2015, S. 36 f.; *Hagemann*, Restorative Justice, in: Lummer/Hagemann/Tein (Hrsg.), Restorative Justice – A European and Schleswig-Holsteinian Perspective, 2011, S. 157 f.

[54] So *Hagemann*, Restorative Justice, in: Lummer/Hagemann/Tein (Hrsg.), Restorative Justice – A European and Schleswig-Holsteinian Perspective, 2011, S. 154 ff.

Die elementaren Fragestellungen sind nicht in erster Linie auf den Normbruch und die Sanktionierung der Täter:innen ausgerichtet. Vielmehr bilden die Verletzung des Opfers als Individuum, die konkreten Folgen der Tat und die Möglichkeiten des Ausgleichs die zentralen Bezugspunkte eines informellen Verfahrens nach dem Restorative-Justice-Prinzip.[55] Diese Sichtweise steht damit in einem erkennbaren Gegensatz zum herkömmlichen Strafrechtssystem, in dem vor allem die Verletzung der strafrechtlichen Vorschrift und nicht die Beeinträchtigung des Opfers als Individuum im Vordergrund steht. *Kilchling* geht davon aus, dass „die konkrete Opferschutzperspektive [...] in einem solchen dogmatischen Konzept lediglich als Reflexfunktion" auftritt und sich „an dieser traditionellen dogmatischen Sichtweise [...] nach der vielgerühmten rechtspolitischen „Renaissance" des Opfers nicht wirklich Grundlegendes geändert" habe.[56] Die Restorative Justice kann daher als opferzentrierte Antwort auf Kriminalität verstanden werden.[57] Folglich kann die Restorative Justice als Abkehr vom ausschließlich tat- bzw. täter:innenorientierten Strafrecht hin zu einer (auch) opferorientierten strafrechtlichen Konfliktlösung angesehen werden.

Im Rahmen des nach dem Restorative-Justice-Prinzip anzustrebenden informellen Verfahrens sind unterschiedliche Gesichtspunkte von besonderer Relevanz. Auf der einen Seite soll Straftatopfern eine Möglichkeit geboten werden, ihren Bedürfnissen Ausdruck zu verleihen, eine Antwort auf offene Fragen zu Tat und Täter:innen zu erhalten und dadurch insbesondere den Konflikt bewältigen zu können sowie Wiedergutmachung zu erfahren.[58] Die Einsicht der Täter:innen in ihr Fehlverhalten, die Übernahme von Verantwortung und die Entwicklung von Empathie für das konkrete Opfer bilden hierfür wesentliche Voraussetzungen.[59]

---

[55] , Vgl. *Zehr*, The Little Book of Restorative Justice, 2015, S. 30, 43; *Hagemann*, Restorative Justice, in: Lummer/Hagemann/Tein (Hrsg.), Restorative Justice – A European and Schleswig-Holsteinian Perspective, 2011, S. 155 ff.; dieser Ansatz weist Ähnlichkeiten mit der Theorie der personalen Rechtsgutslehre von *Hassemer* auf, vgl. nur *Hassemer*, Grundlinien, in: Hassemer (Hrsg.), Strafen im Rechtsstaat, 2000, S. 160 ff.

[56] *Kilchling*, NStZ 2002, 57 (58).

[57] Vgl. *Umbreit*, The Handbook of Victim Offender Mediation, 2001, S. xxvii.

[58] *Liebmann*, Restorative Justice, 2007, S. 28; *Hagemann*, Restorative Justice, in: Lummer/Hagemann/Tein (Hrsg.), Restorative Justice – A European and Schleswig-Holsteinian Perspective, 2011, S. 155 ff.

[59] *Liebmann*, Restorative Justice, 2007, S. 29; *Früchtel/Halibrand*, Restorative Justice Theorie und Methode für die Soziale Arbeit, 2016, S. 30 f.; zu einem Praxisprojekt zur Opferempathie in der JVA Kiel in Schleswig-Holstein siehe *Hagenmaier*, Vom aufregenden Projekt zum schnöden Alltag: Opferempathie im Strafvollzug, in: Höffler/Jesse/Bliesener (Hrsg.), Opferorientierung im Strafvollzug, 2019, S. 85 ff.

Auf der anderen Seite werden aber auch die Bedürfnisse der Täter:innen berücksichtigt, indem eine Stigmatisierung möglichst vermieden oder sehr gering ausfallen soll.[60] Das Ziel eines Verfahrens nach dem Restorative-Justice-Prinzip ist daher nicht die Bestrafung der Täter:innen und ihre Stigmatisierung als Normbrecher:innen, sondern die Bereitschaft der Täter:innen zu wecken, für ihr Handeln Verantwortung zu übernehmen und als Konsequenz daraus Tatfolgen auszugleichen.

Das Verfahren nach dem Restorative-Justice-Prinzip wird durch den Dialog der Beteiligten bestimmt.[61] Der Austausch über die Straftat und ihre Folgen, die Verbalisierung des Erlebten aus Opfer- und Täter:innenperspektive und der jeweiligen Bedürfnisse sowie die Verständigung auf Wiedergutmachungs- oder Ausgleichsleistungen sind daher wesentliche Elemente des Konzepts der Restorative Justice.

Das übergeordnete Ziel der Reintegration von Täter:innen und Opfern in die Gemeinschaft soll nur dann erreicht werden können, wenn der Prozess zur Wiederherstellung des sozialen Friedens durch die Gemeinschaft begleitet und unterstützt wird.[62] Hieraus folgt die Verantwortung der Gemeinschaft, sich um die Reintegration von Täter:innen *und* Opfern zu kümmern.[63] Mithin muss auch die Gemeinschaft am Prozess der Wiederherstellung des sozialen Friedens beteiligt werden.[64] Bei einigen Modellen der Restorative Justice wird daher neben den Täter:innen und den Opfern auch die Gemeinschaft in die Konfliktlösung einbezogen.[65]

---

[60] *Braithwaite*, Crime, shame and reintegration, 1989, S. 12 f.; ähnlich auch *Hartmann/Haas/Steengrafe*, BewHi 2013, 39 (41).

[61] *Liebmann*, Restorative Justice, 2007, S. 26; *Hagemann*, Restorative Justice, in: Lummer/Hagemann/Tein (Hrsg.), Restorative Justice – A European and Schleswig-Holsteinian Perspective, 2011, S. 156 ff.; siehe auch die Definition von *Gavrielides*, Internet Journal of Criminology 2011, 1 (2).

[62] *Winter/Matt*, NK 2012, 73 (73 f.).

[63] *Liebmann*, Restorative Justice, 2007, S. 29; *Winter/Matt*, NK 2012, 73 (73 f.); *Gräfin von Galen*, StV 2013, 171 (171 f.).

[64] *Hagemann*, Restorative Justice, in: Lummer/Hagemann/Tein (Hrsg.), Restorative Justice – A European and Schleswig-Holsteinian Perspective, 2011, S. 155 f.

[65] *Van Ness*, Prisons and Restorative Justice, in: Johnstone/Van Ness (Hrsg.), Handbook of Restorative Justice, 2007, S. 315; *Hopkins*, Restorative Justice and Problem-Solving, in: Lummer/Hagemann/Tein (Hrsg.), Restorative Justice – A European and Schleswig-Holsteinian Perspective, 2011, S. 172.

Problematisch erscheint in diesem Zusammenhang, was genau unter der „Gemeinschaft“ im Rahmen der Restorative Justice zu verstehen ist.[66] Während in den Anfängen der Restorative-Justice-Bewegung häufig noch die Gesellschaft als Ganzes in Form einer „macro-communitiy“ gemeint war, wandelte sich dieses Verständnis durch die praktische Umsetzung von Restorative-Justice-Konzepten in den 1990er Jahren teilweise hin zur Einbeziehung der „micro-community“.[67] Diese „micro-community“ umfasst all jene Personen, die neben dem Opfer durch die Straftat in besonderer Weise beeinträchtigt wurden.[68] Daher ist unter Gemeinschaft im Rahmen der Restorative Justice insbesondere derjenige Personenkreis zu verstehen, der mit den Opfern und den Täter:innen in einer persönlichen Beziehung steht (sogenannte „caring community“).[69] Hierbei ist insbesondere an Familienangehörige und Freund:innen von Opfern und Täter:innen und an andere Bezugspersonen wie Lehrer:innen oder Nachbarn:innen zu denken.[70]

Primäres Ziel der Restorative Justice aus der Perspektive der „micro-community“ ist die Wiederherstellung der durch die Straftat entstandenen individuellen Schäden. Im Gegensatz dazu ist das Hauptanliegen aus der Sicht der „macro-community“ die Beseitigung der gesellschaftlichen Folgen von Kriminalität und der Schutz der Allgemeinheit vor den Täter:innen in der Zukunft.[71] Mithin stehen bei der Einbeziehung des persönlichen Nahraums von Opfern und Täter:innen die individuellen Folgen für das einzelne Individuum im Mittelpunkt, während bei der gesamtgesellschaftlichen Perspektive der Schwerpunkt des Verfahrens auf den gesellschaftlichen Folgen der Straftat liegt. Mit Blick auf den

---

[66] Vgl. *McCold*, The Role of Community, in: Zehr/Toews (Hrsg.), Critical Issues in Restorative Justice, 2010, S. 155.

[67] Vgl. hierzu *Braithwaite*, Crime, shame and reintegration, 1989, S. 6 ff., nach *Braithwaite* ist insoweit das Family Model von besonderer Bedeutung, a. a. O. S. 54 ff.

[68] *McCold*, The Role of Community, in: Zehr/Toews (Hrsg.), Critical Issues in Restorative Justice, 2010, S. 156.

[69] Vgl. *Braithwaite*, Restorative Justice: Theories and Worries, in: UNAFEI (Hrsg.), Resource Material Series No. 63, S. 47 m. w. N.

[70] *McCold*, The Role of Community, in: Zehr/Toews (Hrsg.), Critical Issues in Restorative Justice, 2010, S. 155; nach *Hagemann*, Restorative Justice, in: Lummer/Hagemann/Tein (Hrsg.), Restorative Justice – A European and Schleswig-Holsteinian Perspective, 2011, S. 157 können darüber hinaus auch beispielsweise Zeugen und Vertreter der Gemeinschaft gemeint sein, die einen Bezug zur Tat haben.

[71] *McCold*, The Role of Community, in: Zehr/Toews (Hrsg.), Critical Issues in Restorative Justice, 2010, S. 158.

umfassenden Konfliktlösungsansatz der Restorative Justice erscheint je nach Zielsetzung des einzelnen Restorative-Justice-Verfahrens sowohl eine Einbeziehung der „micro-community“ als auch der „macro-community“ möglich.[72]

7.2.1.2.2 „Reintegrative Shaming" nach *Braithwaite*

Im Zusammenhang mit der vorstehend angesprochenen Vermeidung einer Stigmatisierung der Täter:innen soll kurz auf die Theorie der reintegrativen Beschämung (*„reintegrative shaming“*) von *John Braithwaite*[73] eingegangen werden. Mit diesem Ansatz lieferte *Braithwaite* eine theoretische Grundlage für das Konzept der Restorative Justice.

Den Ausgangspunkt für die Entwicklung seiner Theorie bildeten insbesondere die Kontrolltheorien und der labeling approach-Ansatz.[74] *Braithwaite* geht davon aus, dass es sich bei jeder Reaktion auf deviantes Verhalten um „shaming“ handelt, wobei allerdings zwischen „disintegrative shaming“ und „reintegrative shaming“ unterschieden werden müsse. Während „disintegrative shaming“ zu einer (weiteren) Exklusion der Täter:innen aus der Gesellschaft durch Missbilligung ihrer Person führe, werde durch „reintegrative shaming“ zwar eine Missbilligung der Tat, nicht jedoch des Menschen zum Ausdruck gebracht.[75] *Braithwaite* selbst umschreibt diesen Prozess als „hating the sin, but loving the sinner“[76]. Die reintegrative Beschämung solle dabei bestenfalls in einem nichtformellen Verfahren erfolgen.[77] Folglich bilden die unterschiedlichen Modelle der Restorative Justice genau diesen von *Braithwaite* geforderten Rahmen. Gleichzeitig würden die Täter:innen durch das informelle Verfahren überhaupt erst die Möglichkeit zu einer reflektierten Auseinandersetzung mit ihrer Tat und deren Folgen erhalten.[78] Im Gegensatz dazu würden Täter:innen durch das formelle Strafverfahren und die Sanktionierung als „böse“ stigmatisiert und von den „Guten“, d. h. den normtreuen Menschen, getrennt werden.[79] Während diese Trennung im Strafverfahren und im Urteil noch hauptsächlich verbal erfolgt,

---

[72] *McCold*, The Role of Community, in: Zehr/Toews (Hrsg.), Critical Issues in Restorative Justice, 2010, S. 158 ff.

[73] *Braithwaite*, Crime, shame and reintegration, 1989.

[74] *Braithwaite*, Crime, shame and reintegration, 1989, S. 3 ff., 15.

[75] Ausführlich hierzu *Braithwaite*, Crime, shame and reintegration, 1989, S. 55, 100 f.

[76] *Braithwaite*, Crime, shame and reintegration, 1989, S. 101.

[77] *Braithwaite*, Crime, shame and reintegration, 1989, S. 6 ff.

[78] Speziell für den Täter-Opfer-Ausgleich *Dölling/Bannenberg/Hartmann u. a.*, Täter-Opfer-Ausgleich, 1998, S. 26.

[79] *Dölling/Bannenberg/Hartmann u. a.*, Täter-Opfer-Ausgleich, 1998, S. 10.

stellt der Vollzug der Freiheitsstrafe schließlich sogar eine tatsächliche räumliche Trennung der „Guten“ von den „Bösen“ dar.

Ob und inwieweit bei einer praktischen Anwendung der Theorie der reintegrativen Beschämung tatsächlich eine Stigmatisierung der Täter:innen verhindert und die Reintegration der Normbrecher:innen ermöglicht werden kann, muss an dieser Stelle dahingestellt bleiben. Zwar erscheint die Theorie des „reintegrative shamings“ grundsätzlich für einen Diskurs fruchtbar, in dem die über eine Sanktionierung hinausgehenden Folgen des derzeitigen Strafrechtssystems für die Täter:innen kritisch hinterfragt werden. Allerdings wird *Braithwaites* Ansatz in der deutschen Kriminologie mitunter eher kritisch gesehen.[80] Für die weiteren Betrachtungen ist die Praktikabilität der Theorie der reintegrativen Beschämung freilich deswegen nicht relevant, weil sich die Untersuchung auf die rechtlichen Möglichkeiten der Einbeziehung des Konzepts der Restorative Justice in den Strafvollzug beschränkt. Die Untersuchung der praktischen Umsetzung dieses Konzepts und seiner theoretischen Grundlagen im gesamten Kriminalisierungsprozess muss daher anderen Arbeiten vorbehalten bleiben.[81]

7.2.1.2.3 Formen der Restorative Justice

Die wohl bekanntesten Modelle der Restorative Justice sind zum einen der Täter-Opfer-Ausgleich bzw. die strafrechtliche Mediation[82] und zum anderen das sogenannte Conferencing[83]. Beide Modelle tragen dem Grundprinzip der Restorative Justice Rechnung, nach dem alle Personen an der Konfliktlösung teilhaben sollen, die durch den Konflikt beeinträchtigt oder beeinflusst wurden.[84] Dabei beziehen sich beide Varianten der Restorative Justice auf eine konkrete Straftat,

---

[80] Vgl. etwa *Neubacher*, Kriminologie, 4. Aufl. 2020, 10. Kap. Rn. 14; *Györy*, MSchrKrim 2008, 317 (334).

[81] Ausführlich zu *Braithwaites* Theorie beispielsweise *Münster*, Das Konzept des reintegrative shaming, 2006; zur praktischen Umsetzung des Täter-Opfer-Ausgleichs speziell im Strafvollzug siehe u. a. *Mayer*, Täter-Opfer-Ausgleich im Strafvollzug, 2017; *Kilchling*, Täter-Opfer-Ausgleich im Strafvollzug, 2017.

[82] Zwar ist das allgemeine Verständnis von Mediation nicht vollständig deckungsgleich mit dem Verfahren des Täter-Opfer-Ausgleichs. Allerdings werden die Begriffe „Täter-Opfer-Ausgleich“ und „strafrechtliche Mediation“ bisweilen synonym verwendet, wenngleich die Bezeichnung „Täter-Opfer-Ausgleich“ wohl die gängige ist. Weiterführend hierzu z. B. *Kaspar*, Wiedergutmachung, 2004, S. 3, 148 f. m. w. N.

[83] *Hagemann*, Gemeinschaftskonferenzen und andere Restorative Conferencing-Verfahren, in: Ochmann/Schmidt-Semisch/Temme (Hrsg.), Healthy Justice, 2016, S. 229 ff.

[84] Vgl. zu diesem „nothing about us, without us“ *Hopkins*, Restorative Justice and Problem-Solving, in: Lummer/Hagemann/Tein (Hrsg.), Restorative Justice – A European and Schleswig-Holsteinian Perspective, 2011, S. 175.

wodurch gleichzeitig der Kreis der Betroffenen konkretisiert wird. Die Einbeziehung des konkreten Opfers und des konkreten Täters bzw. der konkreten Täterin in den Konfliktlösungsprozess wird in zahlreichen Ländern im Wege des Täter-Opfer-Ausgleichs bzw. der Victim-Offender-Mediation umgesetzt.[85] Bei dem vor allem im anglo-amerikanischen Sprachraum[86], aber auch in einigen europäischen Ländern[87] verbreiteten „Conferencing-Modell" wird die Gemeinschaft im Rahmen von sogenannten „community circles" oder „Friedenszirkeln"[88] in die Konfliktaufarbeitung einbezogen, wobei teilweise nur das direkte soziale Umfeld beteiligt wird[89].

Das entscheidende Element bei der praktischen Umsetzung der Restorative Justice ist die Kommunikation zwischen den Beteiligten.[90] Durch die Einbeziehung von Opfern, Täter:innen und gegebenenfalls der Gemeinschaft soll ein Dialog entstehen, dessen Ziel die Lösung bzw. Aufarbeitung des Konflikts sein soll.[91] Voraussetzung für diesen Dialog ist beispielsweise beim Täter-Opfer-Ausgleich nicht notwendig ein persönliches Zusammentreffen von Opfern und Täter:innen, mindestens jedoch eine indirekte Kommunikation über Mediator:innen oder Vermittler:innen.[92]

---

[85] Zum Überblick *Hagemann*, Restorative Justice, in: Lummer/Hagemann/Tein (Hrsg.), Restorative Justice – A European and Schleswig-Holsteinian Perspective, 2011, S. 162 ff.; *Früchtel/Halibrand*, Restorative Justice Theorie und Methode für die Soziale Arbeit, 2016, S. 28 f.

[86] Vgl. *Pranis/Stuart/Wedge*, Peacemaking Circles: From Crime to Community, 2003; *Maxwell/Liu*, Restorative Justice and Practices in New Zealand, 2007; *Hagemann*, Praxis der Rechtspsychologie 2010, 306 ff.

[87] Mehrere Beiträge finden sich bei *Schöch/Jehle* (Hrsg.), Angewandte Kriminologie, 2004, S. 415 ff.

[88] Ursprünglich vor allem im kanadischen Recht, beeinflusst durch indigene Traditionen; siehe hierzu *Pranis/Stuart/Wedge*, Peacemaking Circles: From Crime to Community, 2003.

[89] Wie beispielsweise beim „Family Group Conferencing", welches seit 1989 im neuseeländischen Jugendstrafrecht durchgeführt wird; siehe hierzu ausführlich *Hagemann*, Restorative Justice, in: Lummer/Hagemann/Tein (Hrsg.), Restorative Justice – A European and Schleswig-Holsteinian Perspective, 2011, S. 164 f. mit Hinweisen zur englischsprachigen Literatur; ausführlich zu Gemeinschaftskonferenzen im Allgemeinen *Hagemann*, Gemeinschaftskonferenzen und andere Restorative Conferencing-Verfahren, in: Ochmann/Schmidt-Semisch/Temme (Hrsg.), Healthy Justice, 2016, S. 229.

[90] Vgl. *Liebmann*, Restorative Justice, 2007, S. 26; siehe auch *Maier*, in: MüKo StPO I, 2014, § 46a Rn. 26.

[91] Vgl. *Hagemann*, Restorative Justice, in: Lummer/Hagemann/Tein (Hrsg.), Restorative Justice – A European and Schleswig-Holsteinian Perspective, 2011, S. 156 f.

[92] *Dölling/Hartmann*, NStZ 2002, 366 (366); vgl. auch *Kaspar*, Wiedergutmachung, 2004, S. 110 f.

Daneben gibt es noch eine Vielzahl weiterer Ansätze, die als „restorativ" bezeichnet werden, die aber mitunter keine direkte oder indirekte Kommunikation zwischen Täter:innen und Opfern voraussetzen. Beispiele hierfür sind Programme, die eine Förderung von Opferempathie bei Täter:innen anstreben, einen Dialog zwischen Täter:innen und Opfern unterschiedlicher Straftaten herstellen oder dem bzw. der Straftäter:in gemeinnützige Arbeiten und somit eine symbolische Wiedergutmachung auferlegen.[93]

Um eine klare Unterscheidung der verschiedenen Varianten der Einbeziehung des Opfers in die strafrechtliche Konfliktlösung zu ermöglichen, werden der Täter-Opfer-Ausgleich und das Conferencing-Modell im Folgenden als „Restorative Justice i. e. S." bezeichnet, wohingegen andere Varianten unter den Begriff der „wiedergutmachenden Justiz"[94] gefasst werden. Da auch Formen dieser „wiedergutmachenden Justiz" vom Grundgedanken der Restorative Justice beeinflusst sind und das Opfer mehr oder weniger stark in die strafrechtliche Konfliktlösung einbeziehen, werden diese Varianten und die Modelle der „Restorative Justice i. e. S." gemeinsam nachfolgend als „Restorative Justice i. w. S." bezeichnet.

7.2.1.3 Entwicklung der Restorative-Justice-Bewegung

Die Idee eines informellen Ausgleichsverfahrens zur Konfliktlösung ist nicht neu. Lange bevor die Restorative Justice im 20. Jahrhundert den wissenschaftlichen Diskurs über den Umgang mit Straftäter:innen und Straftatopfern bereicherte, waren Ausgleichsverfahren zwischen den Beteiligten von Rechtsverletzungen weit verbreitet. Zu denken ist beispielsweise an die strafrechtliche Konfliktbewältigung bei den Germanen, bei welcher der Schwerpunkt gerade auf dem Ausgleich der Tatfolgen und der Versöhnung des Opfers und des Missetäters bzw. ihrer Sippen lag.[95] Die Entstehung des staatlichen Strafrechts und die damit einhergehende Verdrängung des Opfers aus seiner zentralen Position im Rahmen

---

[93] Siehe ausführlich hierzu u. a. *Liebmann*, Restorative Justice, 2007, S. 31; *Dünkel*, FS Rössner, 2015, S. 502; *Gelber*, MSchrKrim 2012, 441 ff.; speziell zum Potenzial der symbolischen Wiedergutmachung für den Strafvollzug siehe *Müller*, Workshop 3: Symbolische Wiedergutmachung, in: Höffler/Jesse/Bliesener (Hrsg.), Opferorientierung im Strafvollzug, 2019, S. 51 ff.

[94] Zum Begriff *Dünkel*, FS Rössner, 2015, S. 503; teilweise auch als "restorative practice" bezeichnet, vgl. *Shapland*, Restorative Justice and Prisons. Presentation on the Commission on English Prison Today, 07.11.2008.

[95] Vgl. hierzu die Ausführungen im Abschnitt 6.2.1; für noch weiter zurückgehende Hinweise auf restitutive Konfliktlösungsansätze siehe *Gavrielides*, Internet Journal of Criminology 2011, 1 (4 ff.).

der Konfliktbewältigung führten schließlich auch zu einer Zurückdrängung solcher Formen der Restitution.[96] Allerdings blieb der Gedanke des Ausgleichs der Tatfolgen auch weiterhin präsent, wenngleich die Verfolgung und Sanktionierung der Täter:innen nunmehr im Vordergrund stand.[97]

Die Anfänge der bis heute andauernden Restorative-Justice-Bewegung lassen sich international in den 1970er und 1980er Jahren verorten, wobei entscheidende Impulse aus dem angelsächsischen Sprachraum kamen.[98] Die Entwicklung der theoretischen und praktischen Grundlagen der Restorative Justice wurden dabei flankiert durch abolitionistische Strömungen, durch die Bürgerrechtsbewegung der 1980er Jahre und durch Forderungen von Vertreter:innen der Opferhilfe nach einer Opferentschädigung.[99] Grundlegend für die wissenschaftliche Entwicklung der Restorative Justice waren insbesondere die Beiträge von *Eglash*[100], *Christie*[101] und *Zehr*[102]. *Braithwaite* lieferte mit seiner Theorie des reintegrativen Beschämens[103] schließlich eine kriminaltheoretische Grundlage für das Restorative-Justice-Konzept.[104]

Die Entwicklung und Umsetzung erster Konzepte der Restorative Justice in der Praxis begann ebenfalls bereits ab Ende der 1970er Jahre in Kanada[105], den Vereinigten Staaten[106] und in Neuseeland[107]. Ab Mitte der 1980er Jahre gab es

---

96 *Gavrielides*, Internet Journal of Criminology 2011, 1 (6 ff.).

97 Vgl. *Gavrielides*, Internet Journal of Criminology 2011, 1 (10 ff.) m. w. N.

98 *Gavrielides*, Internet Journal of Criminology 2011, 1 (12 ff.); *Dünkel*, FS Rössner, 2015, S. 500.

99 *Dünkel*, FS Rössner, 2015, S. 500.

100 Vgl. nur *Eglash*, American Journal of Correction 1958, 20 ff.

101 *Christie*, British Journal of Criminology 1977, 1 ff.

102 *Zehr*, Changing lenses, 1990; *Zehr*, The Little Book of Restorative Justice, 2015.

103 *Braithwaite*, Crime, shame and reintegration, 1989; siehe hierzu soeben im Abschnitt 7.2.1.2.2.

104 So *Gavrielides*, Internet Journal of Criminology 2011, 1 (14).

105 Ausführlich hierzu *Yantzi*, Das Täter-Opfer-Ausgleichsprojekt (VORP) in Kitchener (Ontario), in: Janssen/Kerner (Hrsg.), Verbrechensopfer, Sozialarbeit und Justiz, 1985, S. 329 ff.

106 Ausführlich *Pranis/Stuart/Wedge*, Peacemaking Circles: From Crime to Community, 2003.

107 Ausführlich *Maxwell/Liu*, Restorative Justice and Practices in New Zealand, 2007; *Geske*, Restorative Justice in Prison, in: Höffler/Jesse/Bliesener (Hrsg.), Opferorientierung im Strafvollzug, 2019, S. 109 f.

schließlich in vielen weiteren Ländern vergleichbare Modellprojekte,[108] wobei in Europa das Format des Täter-Opfer-Ausgleichs schon damals vorherrschte.

In Deutschland wurden ab den 1980er Jahren erste Modellprojekte zum Täter-Opfer-Ausgleich zunächst mit jugendlichen Straftäter:innen durchgeführt.[109] Die erste Rechtsgrundlage für eine Anwendung der Restorative Justice in Deutschland wurde 1990 ebenfalls im Jugendstrafrecht mit der Normierung des Täter-Opfer-Ausgleichs in § 10 Abs. 1 S. 3 Nr. 7 JGG geschaffen. Durch die Einführung von § 46a StGB wurde der Anwendungsbereich des Täter-Opfer-Ausgleichs schließlich auf das Erwachsenenstrafrecht ausgeweitet.[110] Seitdem hat sich der Täter-Opfer-Ausgleich als ein Instrument der außergerichtlichen Konfliktbewältigung in Strafsachen in Deutschland etabliert.[111] Allerdings bleibt der Täter-Opfer-Ausgleich in ganz Europa quantitativ noch weit hinter seinem in Wissenschaft und Praxis vermuteten Potenzial zurück.[112]

Auf supranationaler Ebene wurden die Einbeziehung des Opfers in die Strafrechtspflege und Kompensationen zu seinen Gunsten bereits seit der Mitte der 1980er Jahre von den Vereinten Nationen, vom Europarat und von der Europäischen Union aufgegriffen. Das Konzept der Restorative Justice mit einem Schwerpunkt auf der Mediation wurde schließlich ab den 2000er Jahren vermehrt thematisiert.[113]

7.2.1.4 Restorative Justice in Deutschland

7.2.1.4.1 Restorative Justice und opferbezogene Gesetzgebung

Die in der Literatur bisweilen sogenannte „Wiederentdeckung" des Opfers insbesondere im Strafverfahren erscheint zwar auf den ersten Blick in großen Teilen deckungsgleich mit dem opferorientierten Konfliktlösungskonzept der Restorative Justice. Jedoch lag das Hauptaugenmerk der opferbezogenen Gesetzgebung seit Mitte der 1980er Jahre bei näherer Betrachtung auf der Vermeidung einer sekundären Viktimisierung des Opfers durch das Strafverfahren und die Verbesserung

[108] Beiträge zu einzelnen Ländern finden sich bei *Schöch/Jehle* (Hrsg.), Angewandte Kriminologie, 2004, S. 415 ff.

[109] *Kilchling*, Restorative justice developments in Germany, in: Miers/Aertsen (Hrsg.), Regulating Restorative Justice, 2012, S. 158 ff.; *Hagemann*, Restorative Justice, in: Lummer/Hagemann/Tein (Hrsg.), Restorative Justice – A European and Schleswig-Holsteinian Perspective, 2011, S. 162.

[110] Siehe hierzu bereits oben im Abschnitt 6.3.2.

[111] Zu statistischen Daten siehe *Hartmann/Schmidt/Kerner*, Täter-Opfer-Ausgleich in Deutschland Jahrgänge 2017 und 2018, herausgegeben vom BMJV, 2020, S. 2 ff.

[112] *Dünkel*, FS Rössner, 2015, S. 509.

[113] Ausführlich hierzu in den internationalrechtlichen Grundlagen unten im Abschnitt 8.2.

seiner Stellung im Strafprozess.[114] Demgegenüber sind weder die Betonung der Vulnerabilität des Opfers hinsichtlich der Vermeidung einer sekundären Viktimisierung, noch Forderungen nach prozessualen Angriffsrechten für Opfer, welche auf die Bestrafung der Täter:innen zielen, mit den Grundgedanken der Restorative Justice vereinbar.[115] Beide Aspekte entsprechen nicht dem Ziel der Restorative Justice, eine Alternative zur herkömmlichen Strafrechtspflege zu bieten, sondern sollten schädliche Nebenfolgen für die Opfer von Straftaten begrenzen bzw. sogar kompensieren oder zielten auf die Genugtuung der Verletzten.[116] Allerdings kann in der Etablierung des Wiedergutmachungsgedankens im deutschen Strafrecht ein erster Schritt hin zur Einbeziehung der Restorative Justice als alternativer Konfliktlösungsansatz gesehen werden.[117] Ein ähnlicher Ansatz wurde durch den AE-Wiedergutmachung verfolgt, nach dem die Wiedergutmachung als „dritte Spur" im Strafrecht begründet werden sollte.[118]

Im Zusammenhang mit der Gesetzgebung zur Stärkung der Stellung des Opfers im Strafrechtssystem wurden der Täter-Opfer-Ausgleich und die Wiedergutmachung schließlich im Jugendstrafrecht und im Strafprozessrecht normiert.[119]

---

[114] Zu den Motiven opferbezogener Gesetzgebung noch ausführlich unten in den kriminalpolitischen Grundlagen im Abschnitt 9.2.3 und im Abschnitt 9.3.4.

[115] Vgl. *Schünemann*, ERA Forum 2011, 445 (447).

[116] *Schünemann*, ERA Forum 2011, 445 (447, 449).

[117] Vgl. *Schünemann*, ERA Forum 2011, 445 (449).

[118] *Baumann/Brauneck/Burgstaller u. a.*, AE-Wiedergutmachung, 1992, S. 22 ff.; siehe zum AE-Wiedergutmachung bereits oben im Abschnitt 5.2.1.3; *Schünemann* sieht in der Wiedergutmachung die dritte Säule der Strafrechtspflege, neben der Generalprävention durch Strafandrohung als erster Säule und dem Strafverfahren als zweiter Säule, ausführlich *Schünemann*, Die Stellung des Opfers im System der Strafrechtspflege: Ein Drei-Säulen-Modell, in: Schünemann/Dubber (Hrsg.), Die Stellung des Opfers im Strafrechtssystem, 2000, S. 1 ff., 10 ff.

[119] Für den Täter-Opfer-Ausgleich siehe § 10 Abs. 1 S. 2 Nr. 7 JGG, § 46a Nr. 1 StGB, §§ 153a Abs. 1 S. 2 Nr. 5, §§ 155a, 155b StPO; hinsichtlich der Schadenswiedergutmachung siehe § 15 Abs. 1 S. 1 Nr. 1 JGG; § 46a Nr. 1 und Nr. 2 StGB; § 153a Abs. 1 S. 2 Nr. 1 StPO; vgl. weiterhin die Entschuldigungsauflage des § 15 Abs. 1 S. 1 Nr. 2 JGG; ausführlich zur opferbezogenen Gesetzgebung in Deutschland im Abschnitt 6.3.

7.2.1.4.2 Restorative Justice in der Rechtspraxis

7.2.1.4.2.1 Täter-Opfer-Ausgleich

Vorschriften zum Täter-Opfer-Ausgleich[120] finden sich im Strafprozessrecht in den §§ 153a Abs. 1, 155a, 155b StPO, im Strafzumessungsrecht in § 46a Nr. 1 StGB und im Jugendstrafrecht in § 10 Abs. 1 Nr. 7 JGG. Darüber hinaus wird der Täter-Opfer-Ausgleich in einigen Landesstrafvollzugsgesetzen ausdrücklich erwähnt.[121]

Der Auswertung der bundesweiten Täter-Opfer-Ausgleichsstatistik ist zu entnehmen, dass im Jahr 2018 insgesamt 7.367 Fälle des Täter-Opfer-Ausgleichs erfasst wurden, wobei dies Schätzungen zufolge nur ungefähr zwei Drittel der tatsächlich durchgeführten Ausgleichsverfahren sein dürften.[122] Die meisten Fälle des Täter-Opfer-Ausgleichs wurden bereits im Vor- bzw. Ermittlungsverfahren eingeleitet (2018: 86,3 %)[123] und durch die Staatsanwaltschaft angeregt (2018: 74,2 %).[124] Am häufigsten wurde der Versuch eines Täter-Opfer-Ausgleichs bei Straftaten gegen die körperliche Unversehrtheit unternommen (50,2 %).[125] Beschuldigte und Geschädigte kannten sich in knapp 65 % der erfassten Straftaten, wobei 41,7 % der Delikte den sozialen Nahraum der Täter:innen betrafen.[126] Bereits anhand dieser Zahlen lässt sich erkennen, dass der Täter-Opfer-Ausgleich insbesondere bei Eingriffen in die körperliche Integrität und bei schon vor der Tat bestehenden Beziehungen zwischen den (mutmaßlichen) Täter:innen und den Opfern von Bedeutung ist. Dies entspricht insofern dem Konzept der Restorative Justice, als dieses unter anderem auf die Wiederherstellung der sozialen Beziehungen ausgerichtet ist.

---

[120] Zum Begriff des Täter-Opfer-Ausgleich siehe bereits die Ausführungen zum Begriff des Opfers in der StPO oben im Abschnitt 4.2.1.2.2.2.

[121] Art. 5a Abs. 2 S. 3 BayStVollzG; § 8 Abs. 2 S. 1 Nr. 5 HmbStVollzG; § 9 Abs. 1 S. 1 Nr. 20 StVollzG MV; § 69 Abs. 2 S. 3 NJVollzG; § 9 Abs. 1 S. 1 Nr. 20 SächsStVollzG; § 21 LStVollzG SH.

[122] *Hartmann/Schmidt/Kerner*, Täter-Opfer-Ausgleich in Deutschland Jahrgänge 2017 und 2018, herausgegeben vom BMJV, 2020, S. 8; zur schwierigen Datenlage bereits *Kilchling*, TOA-E versus ATA-E, in: Jehle (Hrsg.), Täterbehandlung und neue Sanktionsformen, 2000, S. 296 ff.

[123] *Hartmann/Schmidt/Kerner*, Täter-Opfer-Ausgleich in Deutschland Jahrgänge 2017 und 2018, herausgegeben vom BMJV, 2020, S. 29.

[124] *Hartmann/Schmidt/Kerner*, Täter-Opfer-Ausgleich in Deutschland Jahrgänge 2017 und 2018, herausgegeben vom BMJV, 2020, S. 30.

[125] *Hartmann/Schmidt/Kerner*, Täter-Opfer-Ausgleich in Deutschland Jahrgänge 2017 und 2018, herausgegeben vom BMJV, 2020, S. 41.

[126] *Hartmann/Schmidt/Kerner*, Täter-Opfer-Ausgleich in Deutschland Jahrgänge 2017 und 2018, herausgegeben vom BMJV, 2020, S. 47.

Hinsichtlich der Vereinbarungen zwischen Beschuldigten und Geschädigten im Rahmen eines Täter-Opfer-Ausgleichs sind ideelle Ausgleichsvarianten wie Entschuldigungen (65,5 %) und Verhaltensvereinbarungen (28,3 %) häufiger als Zahlungen von Schadensersatz (27,5 %) und Schmerzensgeld (11,0 %).[127] Mit Blick auf die materielle Entschädigung durch die (mutmaßlichen) Täter:innen ist jedoch zu berücksichtigen, dass die finanzielle Situation vieler Straftäter:innen schwierig ist und daher eine solche Vereinbarung oft wenig erfolgversprechend erscheint.

Der Hauptanwendungsbereich des Täter-Opfer-Ausgleichs ist ausweislich der statistischen Daten das Ermittlungsverfahren.[128] Dies erscheint insofern schlüssig, als ein erfolgreicher Täter-Opfer-Ausgleich und eine damit einhergehende Bereinigung des strafrechtlichen Konflikts die staatliche Strafverfolgung obsolet machen kann. Weiterhin eröffnet der Täter-Opfer-Ausgleich insbesondere bei Taten im sozialen Nahfeld die Möglichkeit, zwischenmenschliche Konflikte umfassend zu lösen[129], wofür im formellen Strafverfahren häufig kein Raum bleibt.

Die Rückfallforschung deutet zwar darauf hin, dass die Rückfälligkeit nach der Durchführung eines Täter-Opfer-Ausgleichs geringer ist als in Fällen ohne einen solchen Ausgleich.[130] Allerdings gelten die allgemeinen methodischen Schwierigkeiten der Rückfallforschung auch beim Täter-Opfer-Ausgleich.[131] Daher kann ein besonders positiver Einfluss des Täter-Opfer-Ausgleichs auf die Rückfallwahrscheinlichkeit der Täter:innen nicht eindeutig bestimmt werden. Insgesamt gilt jedoch als empirisch belegt, dass die präventive Wirkung des Täter-Opfer-Ausgleichs auch im schlechtesten Fall keinen nachteiligen Effekt auf die Rückfallwahrscheinlichkeit hat und seine Wirkung mit formellen Sanktionen zumindest vergleichbar ist.[132]

---

[127] *Hartmann/Schmidt/Kerner*, Täter-Opfer-Ausgleich in Deutschland Jahrgänge 2017 und 2018, herausgegeben vom BMJV, 2020, S. 66.

[128] *Hartmann/Schmidt/Kerner*, Täter-Opfer-Ausgleich in Deutschland Jahrgänge 2017 und 2018, herausgegeben vom BMJV, 2020, S. 29 f.

[129] So auch *Bals*, BewHi 2007, 258 (268).

[130] Vgl. z. B. *Kempfer/Rössner*, 12. Forum für TOA 2008, 11 (4, 8); zu den methodischen Schwierigkeiten der Rückfallforschung zum TOA siehe *Rössner*, FS Böttcher, 2007, S. 370, 374.

[131] Vgl. z. B. *Kempfer/Rössner*, 12. Forum für TOA 2008, 11 (4, 8); zu den methodischen Schwierigkeiten der Rückfallforschung zum TOA siehe *Rössner*, FS Böttcher, 2007, S. 370, 374.

[132] *Kempfer/Rössner*, 12. Forum für TOA 2008, 11 (10), m. w. N. zu Rückfallstudien; siehe auch *Rössner*, BewHi 2009, 259 (266 f.).

7.2.1.4.2.2 Andere Formen der Wiedergutmachung

Wenngleich der Täter-Opfer-Ausgleich in Deutschland als Methode der Restorative Justice eindeutig vorherrscht und beide Begriffe teilweise sogar synonym verwendet werden[133], erscheint die Anwendung anderer Modelle der Restorative Justice auch hierzulande grundsätzlich möglich[134].

Beispielsweise können die Wiedergutmachungsauflage gemäß § 15 Abs. 1 Nr. 2 JGG bzw. § 153a Abs. 1 Nr. 1 StPO und die Regelungen über gemeinnützige Arbeit gemäß § 10 Abs. 1 Nr. 4 JGG und § 15 Abs. 1 Nr. 3 JGG Anknüpfungspunkte für die Restorative Justice im deutschen Recht darstellen. Gleiches gilt für die Auflage der Zahlung eines Geldbetrages an eine gemeinnützige Einrichtung gemäß § 15 Abs. 1 Nr. 4 JGG bzw. § 153a Abs. 1 Nr. 2 Alt. 1 StPO, die Entschuldigungsauflage gemäß § 15 Abs. 1 Nr. 2 JGG und die Erbringung einer sonstigen gemeinnützigen Leistung gemäß § 153a Abs. 1 Nr. 2 StPO.

Gemeinsam haben alle diese Regelungen, dass von den Täter:innen eine aktive Leistung i. w. S. gefordert wird, während die „Leistungsempfänger:innen" eine eher passive Rolle einnehmen. Zum Beispiel wird der Gemeinschaft bei der gemeinnützigen Arbeit i.S.v. § 153a Abs. 1 Nr. 2 StPO oder bei der Zahlung eines Geldbetrages an eine gemeinnützige Einrichtung nach § 15 Abs. 1 Nr. 4 JGG bzw. § 153a Abs. 1 Nr. 2 Alt. 1 StPO nur die Entgegennahme der Arbeitskraft oder des Geldes abverlangt. An einer darüberhinausgehenden aktiven Teilhabe der Gesellschaft am Konfliktlösungsprozess fehlt es hier jedoch. Gleiches gilt im Übrigen auch für die Wiedergutmachung der Straftatfolgen durch eine bestimmte Leistung gemäß § 153a Abs. 1 Nr. 1 StPO, da diese Form der Wiedergutmachung zumeist auf finanzielle Leistungen beschränkt sein dürfte[135] und die Straftatopfer lediglich als Leistungsempfänger:innen beteiligt sind. Bei der Wiedergutmachungsauflage gemäß § 15 Abs. 1 Nr. 1 JGG bieten sich mangels hinreichender finanzieller Mittel der jugendlichen Straftäter:innen häufig ebenfalls tatsächliche Wiedergutmachungsleistungen wie Arbeits- oder Ersatzleistungen an.[136] Auch in solchen

---

[133] *Hartmann*, Legal Provisions, in: Gyökös/Lányi (Hrsg.), European Best Practices of Restorative Justice in the Criminal Procedure, 2010, S. 125; ablehnend hinsichtlich einer synonymen Verwendung der Begriffe *Hagemann*, TOA-Infodienst 17/2002, 26 (26); *Dünkel*, FS Rössner, 2015, S. 501.

[134] Vgl. *Hagemann*, Restorative Justice, in: Lummer/Hagemann/Tein (Hrsg.), Restorative Justice – A European and Schleswig-Holsteinian Perspective, 2011, S. 154 ff.; *Hagemann*, Erster Zwischenbericht über Gemeinschaftskonferenzen in Elmshorn, 2008, S. 4 ff., abrufbar unter https://www.fh-kiel.de/fileadmin/data/sug/pdf-Dokument/Hagemann/Zwischenbericht_GMK.pdf (zuletzt aufgerufen am 11.06.2022).

[135] Ausführlich *Peters*, in: MüKo StPO II, 2016, § 153a Rn. 64 ff.

[136] Vgl. *Kölbel*, in: Eisenberg/Kölbel, Jugendgerichtsgesetz, 23. Aufl. 2022, § 15 Rn. 8.

Fällen fehlt es allerdings an einem kommunikativen Konfliktlösungsprozess im Sinne der Restorative Justice i. e. S. Ähnliches gilt für die Entschuldigungsauflage gemäß § 15 Abs. 1 Nr. 2 JGG.

Damit kann mit Blick auf die Rechtsgrundlagen im geltenden deutschen Strafrecht allein der Täter-Opfer-Ausgleich i. S. d. § 153a Abs. 1 Nr. 5 StPO der Restorative Justice i. e. S. zugeordnet werden, da nur innerhalb dieses Verfahrens sowohl die Opfer als auch die Täter:innen eine aktive Rolle innehaben. Alle anderen vom Gesetz vorgesehenen Möglichkeiten der Wiedergutmachung – sei es gegenüber dem Opfer oder gegenüber der Gesellschaft – können demgegenüber zwar als „restaurativ" bezeichnet werden, sind jedoch dem Begriff der „wiedergutmachenden Justiz" zuzuordnen.[137]

Wenngleich andere Formen der Restorative Justice als die vorstehend genannten bisher keine ausdrückliche Regelung im deutschen Strafrecht gefunden haben, so wurde zumindest zur Erprobung der sogenannten Gemeinschaftskonferenz bereits ein Modellprojekt in Deutschland durchgeführt.[138] Obwohl dieses Modellprojekt die Eignung des „Conferencing" für informelle strafrechtliche Konfliktlösungen auch hierzulande nachweisen konnte[139], hat sich dieses Konzept bisher nicht neben dem Täter-Opfer-Ausgleich durchgesetzt. Dies dürfte zum einen an der ausdrücklichen Nennung des Täter-Opfer-Ausgleichs im Gesetz liegen, zum anderen aber auch daran, dass die Diskussion zur Restorative Justice als eigentlich umfassenderes Konzept in Deutschland noch am Anfang steht.[140] Weitere vielversprechende Möglichkeiten der Konfliktlösung, die jedoch nicht zwangsläufig einen direkten oder indirekten Kontakt zwischen den Beteiligten vorsehen, werden in der gemeinnützigen Arbeit von Straftäter:innen[141],

---

[137] *Dünkel*, FS Rössner, 2015, S. 502, der jedoch der gemeinnützigen Arbeit kritisch gegenübersteht, weil diese eher eine repressive Denkzettelstrafe sei.

[138] *Hagemann*, Erster Zwischenbericht über Gemeinschaftskonferenzen in Elmshorn, 2008; *Hagemann*, Praxis der Rechtspsychologie 2010, 306 ff.

[139] Ausführlich hierzu *Hagemann*, Praxis der Rechtspsychologie 2010, 306 ff.; zu Friedenszirkeln im Vollzug *Ehert*, TOA-Magazin 01/2013, 36 ff.

[140] Vgl. *Dünkel*, FS Rössner, 2015, S. 510 f.

[141] Siehe nur *Dünkel*, FS Rössner, 2015, S. 502.

dem sogenannten Opfer-Empathie-Training[142] oder ähnlichen Konzepten[143] gesehen. Zwar werden diese Ansätze teilweise schon in Modellprojekten erprobt[144] oder von nichtstaatlichen Organisationen durchgeführt.[145] Eine breite staatliche Institutionalisierung weiterer Konzepte der Restorative Justice i. e. S. und der wiedergutmachenden Justiz neben dem Täter-Opfer-Ausgleich ist nach momentanem Stand jedoch nicht erkennbar.

7.2.1.4.3 Perspektiven der Restorative Justice in Deutschland

Soweit Restorative Justice in der wissenschaftlichen Diskussion als eine echte Alternative zur staatlichen Strafe verstanden wird[146], ist dies nach dem gegenwärtigen Stand der Diskussion in Deutschland allenfalls eine Zukunftsperspektive. Zum einen beschränkt sich die Anwendung von Verfahren der Restorative Justice i. e. S. in Deutschland bisher hauptsächlich auf den Täter-Opfer-Ausgleich, sodass das Gesamtpotenzial der informellen Konfliktlösung im Strafrecht bislang noch nicht annähernd ausgeschöpft wird. Zum anderen wird der Täter-Opfer-Ausgleich in Deutschland nicht flächendeckend durchgeführt und macht insgesamt nur einen geringen Anteil aller von den Strafverfolgungsbehörden erledigten Fälle aus.[147]

---

[142] *Lummer*, TOA-Magazin 01/2013, 30 (31 f.); *Haarländer*, Forum Strafvollzug 2016, 60 ff.; *Hagenmaier*, Vom aufregenden Projekt zum schnöden Alltag: Opferempathie im Strafvollzug, in: Höffler/Jesse/Bliesener (Hrsg.), Opferorientierung im Strafvollzug, 2019, S. 85 ff.

[143] *Lummer*, TOA-Magazin 01/2013, 30 (32); *Feasey/Williams*, An evaluation of the Sycamore Tree Programme, 2009, S. 3; *Johnstone*, Restorative Justice in Prison, herausgegeben vom PC-CP, PC-CP (2014) 17, S. 6 f.; *Hagemann*, Rundbrief für Straffälligenhilfe Nr. 41 2005, 42 ff.

[144] *Haarländer*, Forum Strafvollzug 2016, 60 ff.; *Hagemann*, Erster Zwischenbericht über Gemeinschaftskonferenzen in Elmshorn, 2008.

[145] So wird beispielsweise das Sycamore Tree Projekt von der christlichen Organisation Prison Fellowship International durchgeführt, vgl. z. B. http://www.prisonfellowship-rj.ch/de/was-ist-sycamore-tree-project-.html (zuletzt aufgerufen am 11.06.2022), für Deutschland durch Seehaus e. V. – Strafvollzug in freien Formen, siehe https://seehaus-ev.de/konzept/prison-fellowship-international/ (zuletzt aufgerufen am 11.06.2022).

[146] *Johnstone*, How, and in what terms, should restorative justice be conceived?, in: Zehr/Toews (Hrsg.), Critical Issues in Restorative Justice, 2010, S. 6 f.; *Bals/Hilgartner/Bannenberg*, Täter-Opfer-Ausgleich, 2005, S. 2 f.; vgl. auch *Walter*, Referat zur gesetzlichen Verankerung des Täter-Opfer-Ausgleichs vor anderen strafrechtlichen Sanktionen, in: Bundesministerium der Justiz (Hrsg.), Abschlussbericht der Kommission zur Reform des strafrechtlichen Sanktionensystems, 2000, S. 64 ff.

[147] *Hartmann/Schmidt/Kerner*, Täter-Opfer-Ausgleich in Deutschland Jahrgänge 2017 und 2018, herausgegeben vom BMJV, 2020, S. VII.

Zwar ist hinsichtlich des Täter-Opfer-Ausgleichs festzuhalten, dass die rechtlichen Möglichkeiten seiner Einbeziehung in den Strafprozess, wie gezeigt, durchaus vielfältig sind. So soll die Möglichkeit der Durchführung eines Täter-Opfer-Ausgleichs gemäß § 155a StPO von der Staatsanwaltschaft in jedem Verfahrensstadium geprüft und gefördert werden. Bei einem erfolgreichen Täter-Opfer-Ausgleich kann gemäß § 153b StPO sogar von der Anklageerhebung abgesehen oder das Verfahren eingestellt werden.[148] Daneben bietet § 153a Abs. 1 StPO eine weitere Möglichkeit der Verfahrenseinstellung im Falle eines Täter-Opfer-Ausgleichs.[149]

Dennoch unterliegt der Täter-Opfer-Ausgleich nach geltendem Recht noch zahlreichen Begrenzungen. In der Rechtspraxis wird der Täter-Opfer-Ausgleich zumeist im Ermittlungsverfahren durchgeführt und hat für die übrigen Verfahrensstadien dementsprechend wenig Relevanz.[150] Rechtlich ist ein Absehen von der weiteren Strafverfolgung in Deutschland gemäß § 153a Abs. 1 StPO nur möglich, wenn es sich bei der vorgeworfenen Tat um ein Vergehen i. S. d. § 12 Abs. 2 StGB handelt und das öffentliche Interesse an der Strafverfolgung sowie die Schwere der Tat dem nicht entgegenstehen. Nach § 46a StGB kann auch das Gericht nur dann von einer Bestrafung der Täter:innen absehen, wenn es sich bei der Straftat um ein Vergehen i. S. d. § 12 Abs. 2 StGB handelt. Beim Vorliegen eines Verbrechens i. S. d. § 12 Abs. 1 StGB kommt gemäß § 46a StGB nur eine Strafmilderung gemäß § 49 Abs. 1 StGB in Betracht.

Insgesamt sind der Restorative Justice i. e. S. und einer Tataufarbeitung unter Einbeziehung von Täter:innen und Opfern durch das geltende Recht und die bisherige rechtstatsächliche Anwendung somit Grenzen gesetzt. Dies betrifft insbesondere das Ziel einer möglichst geringen Stigmatisierung der Täter:innen durch die Durchführung eines informellen Verfahrens. Demgegenüber stimmt zumindest die Anwendung von Ausgleichsverfahren im Ermittlungsverfahren mit dieser Zielsetzung überein und ist daher aus der Sicht der Restorative-Justice-Bewegung zu begrüßen. Allerdings stellen der Täter-Opfer-Ausgleich und andere informelle Möglichkeiten der strafrechtlichen Konfliktlösung derzeit noch nicht in allen in Betracht kommenden Fällen echte Alternativen zur Bestrafung der Täter:innen dar. Nach aktuellem Stand kommt dem Täter-Opfer-Ausgleich damit eher eine das normale Strafverfahren ergänzende Funktion zu.

---

148 Vgl. *Peters*, in: MüKo StPO II, 2016, § 153b Rn. 12.

149 Zum Verhältnis von § 153a StPO zu § 153b StPO siehe *Peters*, in: MüKo StPO II, 2016, § 153b Rn. 9 ff.

150 *Hartmann/Schmidt/Kerner*, Täter-Opfer-Ausgleich in Deutschland Jahrgänge 2017 und 2018, herausgegeben vom BMJV, 2020, S. 29 ff.

7.2.2 Restorative Justice und Strafvollzug

Erst mit dem Erlass der Landesstrafvollzugsgesetze nach der Föderalismusreform von 2006 ist die Wiedergutmachung der Tatfolgen ausdrücklich Teil des deutschen Strafvollzugsrechts geworden. Auf internationaler Ebene gab es jedoch bereits seit Ende der 1870er Jahre Vorschläge für eine Berücksichtigung der Wiedergutmachung im Strafvollzug. Daher sollen nachfolgend die großen Linien der Idee einer Einbeziehung restaurativer Ansätze in den Strafvollzug seit Ende des 19. Jahrhunderts nachgezeichnet werden. Anschließend wird die Einbeziehung der hier sogenannten Restorative Justice i. w. S.[151] in Deutschland seit dem Inkrafttreten des StVollzG Bund dargestellt.

7.2.2.1 Die internationale Diskussion über Wiedergutmachung im Strafvollzug

Die Einbeziehung der Wiedergutmachung in den Strafvollzug wurde bereits zwischen 1878 und 1900 auf sechs internationalen Gefängniskongressen thematisiert und befürwortet.[152] Insbesondere auf dem zweiten Kongress 1895 in Rom und dem sechsten Kongress 1900 in Brüssel wurde über das Thema intensiv diskutiert.[153] Teilweise befasste sich die Diskussion mit der Restitution als einer möglichen Alternative zur Strafe oder als Auflage nach der Entlassung aus der Haft[154], wobei als Restitutionsleistung der Täter:innen eine finanzielle Entschädigung der Opfer vorgeschlagen wurde[155]. Zwar wurden damals keine konkreten Vorschläge für die Integration der Idee der Wiedergutmachung in den Strafvollzug erarbeitet.[156] Jedoch machen die damaligen Debatten deutlich, dass die Einbeziehung des Restitutionsinteresses des Opfers und ihr Verhältnis zum Strafvollzug schon frühzeitig thematisiert wurden.

In der Folgezeit wurde die finanzielle Entschädigung der Opfer durch die inhaftierten Täter:innen insbesondere in Großbritannien und den USA während des gesamten 20. Jahrhunderts mit unterschiedlicher Intensität diskutiert.[157]

---

[151] Zur hiesigen Verwendung Begrifflichkeit siehe oben im Abschnitt 7.2.1.2.3.

[152] *Gavrielides*, Internet Journal of Criminology 2011, 1 (11 f.); *Jacob*, Journal of Criminal Law, Criminology and Police Sience 1970, 152 (162 f.).

[153] *Schafer*, Southern California Law Review (43) 1970, 55 (66).

[154] *Barrows*, The sixth International Prison Congress held at Brussels, Belgium, August 1900, 1903, S. 25 f.

[155] *Jacob*, Journal of Criminal Law, Criminology and Police Sience 1970, 152 (163).

[156] *Gavrielides*, Internet Journal of Criminology 2011, 1 (12).

[157] *Jacob*, Journal of Criminal Law, Criminology and Police Sience 1970, 152 (152 ff.).

Dabei wurden mitunter Ansätze vertreten, die dem aus der früheren Entwicklung in Deutschland bekannten Kompositionensystem ähnelten.[158]

Ab den 1980er Jahren wurden Konzepte der Restorative Justice im ausländischen Strafvollzug in Modellprojekten insbesondere in Kanada, den USA und der Schweiz erprobt.[159] Später folgten ähnliche Projekte in Belgien[160], Ungarn[161] und Deutschland[162]. Neben derartigen Modellprojekten finden sich in weiteren europäischen und außereuropäischen Ländern zahlreiche Ansätze zur Einbeziehung der Restorative Justice in den Strafvollzug.[163] Der Restorative Justice i. e. S. sind dabei die Durchführung des Täter-Opfer-Ausgleichs[164] und des Conferencing-Modells[165] zuzuordnen. Darüber hinaus wurden Ansätze verfolgt, die nach der hier vertretenen Auffassung eher dem Begriff der wiedergutmachenden Justiz zuzuordnen sind, wie z. B. gemeinnützige Arbeit und ehrenamtliche

---

[158] Siehe hierzu ausführlich *Jacob*, Journal of Criminal Law, Criminology and Police Sience 1970, 152 (153, 165 f); zum Kompositionensystem siehe auch oben im Abschnitt 6.2.1.3.

[159] Ein Überblick hierzu und zu weiteren Projekten findet sich bei *Dünkel*, Täter-Opfer-Ausgleich und Schadenswiedergutmachung, in: Marks/Rössner (Hrsg.), Täter-Opfer-Ausgleich, 1990, S. 403 ff., und bei *Liebmann/Braithwaite*, Restorative Justice in Custodial Settings, 1999; ausführlich zum Wiedergutmachungsprogramm der Strafanstalt Saxerriet in der Schweiz *Brenzikofer*, Reader Gefängnisseelsorge 1996, 23 ff.; *Vinzens*, Rundbrief für Straffälligenhilfe Nr. 41, 2005, 27 ff.; zum Projekt in Saxerriet und einem weiteren in Bern siehe *Kaspar*, ZfStrVo 2005, 85 (88).

[160] *Goossens*, A case from Belgium, in: Barabás/Fellegi/Windt (Hrsg.), Responsibility-taking, Relationship-building and Restoration in Prisons, 2012, S. 279 ff.; *Gelber*, MSchrKrim 2012, 142 ff.

[161] Siehe diesbezüglich *Barabás*, The possibilities of reconciliation and restoration in prisons, in: Barabás/Fellegi/Windt (Hrsg.), Responsibility-taking, Relationship-building and Restoration in Prisons, 2012, S. 23 ff.

[162] *Hartmann/Haas/Steengrafe u. a.*, Prison mediation in Germany, in: Barabás/Fellegi/Windt (Hrsg.), Responsibility-taking, Relationship-building and Restoration in Prisons, 2012, S. 219 ff.

[163] Siehe z. B. für England *Zedner*, England, in: Eser/Walther (Hrsg.), Wiedergutmachung im Kriminalrecht. Internationale Perspektiven, Bd. 1, 1996, S. 183 f.; für Polen *Doda/Weigend*, Polen, in: Eser/Walther (Hrsg.), Wiedergutmachung im Kriminalrecht. Internationale Perspektiven, Bd. 1, 1996, S. 502 ff.; für Australien *Warner*, Australia, in: Eser/Walther (Hrsg.), Wiedergutmachung im Kriminalrecht. Internationale Perspektiven, Bd. 2, 1997, S. 249 ff.; für Frankreich *Pin/Lombard*, Frankreich, in: Eser/Walther (Hrsg.), Wiedergutmachung im Kriminalrecht. Internationale Perspektiven, Bd. 3, 2001, S. 81 ff.

[164] *Van Ness*, Prisons and Restorative Justice, in: Johnstone/Van Ness (Hrsg.), Handbook of Restorative Justice, 2007, S. 315; *Shapland*, Restorative Justice and Prisons. Presentation on the Commission on English Prison Today, 07.11.2008.

[165] *Van Ness*, Prisons and Restorative Justice, in: Johnstone/Van Ness (Hrsg.), Handbook of Restorative Justice, 2007, S. 315.

Tätigkeiten der Inhaftierten[166], Opfer-Empathie-Training[167] und das Sycamore Tree Project[168].

Restorative Justice i. w. S. und Strafvollzug erscheinen zwar auf den ersten Blick gegensätzlich. Während der Strafvollzug vornehmlich täter:innenorientiert ist und durch die Unterbringung in der Vollzugsanstalt die Täter:innen von den Straftatopfern und der Gesellschaft trennt, wird mit der opferorientierten Idee der Restorative Justice i. w. S. gerade eine Einbeziehung von Täter:innen, Opfern und Gemeinschaft in die Konfliktlösung angestrebt.[169] Überwiegend wird jedoch angenommen, dass die Restorative Justice i. w. S. mit dem Strafvollzug kompatibel ist, da das gemeinsame Ziel beider die Reintegration der Straftäter:innen in die Gesellschaft sei. Zu den Voraussetzungen hierfür gehöre auch die Verantwortungsübernahme der Täter:innen für ihre Taten.[170] Eine Einbeziehung der Restorative Justice i. w. S. in den Vollzug schaffe zudem die Möglichkeit, auch bei schweren Straftaten Maßnahmen wie den Täter-Opfer-Ausgleich oder andere Formen der Wiedergutmachung durchzuführen.[171] Allerdings muss beachtet werden, dass das weit verbreitete Verständnis des Täter-Opfer-Ausgleichs als einer besonders geeigneten Form der Diversion im Strafvollzug nicht mehr zum Tragen kommen kann.[172] Deswegen dient Restorative Justice im Strafvollzug zwar nicht mehr der Vermeidung von Stigmatisierungen. Wohl aber bietet sie auch im Vollzug noch Möglichkeiten der Tataufarbeitung und eröffnet Perspektiven für eine Konfliktbereinigung zwischen Täter:innen und Opfern.[173]

---

[166] *Eglash*, American Journal of Correction 1958, 20 ff.; *Stern*, Prisons and their communities, 2005.

[167] *Haarländer*, Forum Strafvollzug 2016, 60 ff.

[168] *Feasey/Williams*, An evaluation of the Sycamore Tree Programme, 2009, S. 3; *Johnstone*, Restorative Justice in Prison, herausgegeben vom PC-CP, PC-CP (2014) 17, S. 6 f.; das Sycamore Tree Project ist ein Programm von Prison Fellowship International. Dieser Ansatz ermöglicht eine Straftataufarbeitung, bei der Täter:innen und Opfer, die nicht in einer direkten Täter:in-Opfer-Beziehung stehen, in Kontakt treten, siehe http://www.prisonfellowship-rj.ch/de/was-ist-sycamore-tree-project-.html (zuletzt aufgerufen am 11.06.2022).

[169] Zu ablehnenden Stimmen einer Einbeziehung der Restorative Justice in den Strafvollzug siehe *Dhami/Mantle/Fox*, Contemporary Justice Review 2009, 433 (436) m. w. N.; *Johnstone*, Restorative Justice in Prison, herausgegeben vom PC-CP, PC-CP (2014) 17, S. 5 m. w. N.

[170] *Dhami/Mantle/Fox*, Contemporary Justice Review 2009, 433 (435).

[171] Vgl. *Edgar/Newell*, Restorative Justice in Prisons, 2006, S. 24 f.

[172] So schon *Rössner*, Reader Gefängnisseelsorge 1996, 5 (6).

[173] *Wulf*, ZfStrVo 1985, 67 ff.; *Rössner*, Reader Gefängnisseelsorge 1996, 5 (17 ff.).

Eine Einbeziehung des Restorative-Justice-Konzepts in den Strafvollzug ist auf vier Wegen denkbar.[174] Erstens können Maßnahmen zur Aufarbeitung der Tat und zur Sensibilisierung der Inhaftierten für Opferbelange durchgeführt werden. Zweitens sind informelle Verfahren nach dem Restorative-Justice-Konzept i. e. S. wie Täter-Opfer-Ausgleich und Conferencing auch im Strafvollzug möglich.[175] Drittens kann die Einbeziehung der Restorative Justice bei der Lösung von Konflikten helfen, die im Strafvollzug zwischen den Gefangenen untereinander oder zwischen den Gefangenen und dem Gefängnispersonal entstehen.[176] Viertens ist auch das ganzheitliche Konzept einer „restorativen Inhaftierung“ denkbar, worunter die Schaffung eines Mehrwerts der Inhaftierung für die Täter:innen selbst, aber auch die Gesellschaft zu verstehen ist. Letzteres bezieht sich insbesondere auf gemeinnützige Arbeit und ehrenamtliche Tätigkeiten der Gefangenen.[177] In Großbritannien und den USA entwickelte sich in Übereinstimmung mit dieser vierten Variante die Idee der Restorative Prisons, mit der die Restorative Justice i. w. S. umfassend in den Strafvollzug – und die lokale Gemeinschaft um die Vollzugsanstalten herum – einbezogen werden soll.[178]

7.2.2.2 Restorative Justice im deutschen Strafvollzug

Bereits in den 1980er Jahren wurde in Deutschland die Gesamtkonzeption eines opferorientierten Strafvollzugs als möglicher Gegenentwurf zum seinerzeit zur Hauptsache täter:innenorientierten Vollzug diskutiert.[179] Allerdings beschränkten sich die damaligen Überlegungen hauptsächlich auf die Etablierung des

---

[174] *Johnstone*, Restorative Justice in Prison, herausgegeben vom PC-CP, PC-CP (2014) 17, S. 6 ff.

[175] *Johnstone*, Restorative Justice in Prison, herausgegeben vom PC-CP, PC-CP (2014) 17, S. 7 ff.

[176] *Johnstone*, Restorative Justice in Prison, herausgegeben vom PC-CP, PC-CP (2014) 17, S. 9 ff.; in den Landesstrafvollzugsgesetzen findet sich der Gedanke der informellen innervollzuglichen Konfliktlösung und somit der Restorative Justice im Zusammenhang mit der Vermeidung von Disziplinarmaßnahmen, vgl. z. B. § 97 Abs. 2 StVollzG Bln; § 79 Abs. 3 StVollzG NRW; § 101 Abs. 2 ThürJVollzGB.

[177] *Johnstone*, Restorative Justice in Prison, herausgegeben vom PC-CP, PC-CP (2014) 17, S. 11 f.; *Dhami/Mantle/Fox*, Contemporary Justice Review 2009, 433 (435 f.); zu einem Modellprojekt unter Einbeziehung der örtlichen Gemeinschaft zwischen 2000 und 2004 in England siehe *Stern*, Prisons and their communities, 2005.

[178] *Stern*, Prisons and their communities, 2005; zur Weiterentwicklung des Ansatzes *Allen/Stern* (Hrsg.), Justice Reinvestment, 2007; *Edgar/Newell*, Restorative Justice in Prisons, 2006, S. 80.

[179] In Deutschland zuerst *Rössner/Wulf*, Opferbezogene Strafrechtspflege, 1984, S. 103 ff.; ausführlich hierzu bereits oben im Abschnitt 5.2.1.1.

Täter-Opfer-Ausgleichs und die Schadensregulierung gegenüber dem Opfer, wohingegen die Einbeziehung der Gemeinschaft allenfalls am Rande thematisiert wurde. In der deutschen Rechtswissenschaft wurde die Entschädigung von Opfern durch die Täter:innen zudem insbesondere im Zusammenhang mit der Arbeitsentlohnung im Strafvollzug erörtert.[180]

Schon das StVollzG Bund von 1977 enthielt Bezugspunkte zur Wiedergutmachung. Allerdings kann von einem ausdrücklich normierten Opferbezug des Strafvollzugsrechts erst seit dem Erlass der Landesstrafvollzugsgesetze nach der Föderalismusreform von 2006 gesprochen werden.[181] Daher werden zunächst das StVollzG Bund und der ME LStVollzG als wichtige Vorläufer der meisten Landesstrafvollzugsgesetze hinsichtlich der Möglichkeiten einer Einbeziehung der Restorative Justice in den Strafvollzug untersucht. Anschließend werden die landesgesetzlichen Regelungen und die praktische Umsetzung der Restorative Justice im Vollzug überblicksartig erörtert. Eine eingehende Betrachtung der landesrechtlichen Regelungen erfolgt erst im Teil III dieser Arbeit bei der Auslegung der Einzelvorschriften mit Opferbezug.[182]

7.2.2.2.1 Rechtliche Grundlagen der Restorative Justice im deutschen Strafvollzug

7.2.2.2.1.1 Ansätze für die Berücksichtigung der Restorative Justice im StVollzG Bund

Legt man den weiten Begriff der Restorative Justice zugrunde, so gab es im deutschen Strafvollzugsrecht bereits in § 73 StVollzG Bund einen gesetzlichen Anknüpfungspunkt für den Gedanken der Wiedergutmachung. Schon seit Erlass des StVollzG im Jahr 1976 war in § 73 StVollzG Bund die gesetzliche Vorgabe normiert, dass die Gefangenen dabei unterstützt werden, ihre Rechte und Pflichten wahrzunehmen, zu denen ausdrücklich auch die Regulierung des durch die Straftat verursachten Schadens zählte.

Diese Forderung nach einer Unterstützung der Inhaftierten war so zu verstehen, dass die Gefangenen zur Schadenswiedergutmachung – beispielsweise

[180] Siehe nur *Dünkel*, Täter-Opfer-Ausgleich und Schadenswiedergutmachung, in: Marks/Rössner (Hrsg.), Täter-Opfer-Ausgleich, 1990, S. 408; *Kawamura*, ZfStrVo 1994, 3 (3 f.).; *Steffens*, Wiedergutmachung und Täter-Opfer-Ausgleich, 1999, S. 81; *Laubenthal*, Strafvollzug, 8. Aufl. 2019, Rn. 168; *Laubenthal*, in: Laubenthal/Nestler/Neubacher/Verrel (Hrsg.), StVollzG, 12. Aufl. 2015, H Rn. 132.

[181] Siehe zu den unterschiedlichen Regelungsbereichen bereits oben im Abschnitt 5.2.2.2.

[182] Siehe hierzu unten im Kapitel 16.

im Rahmen eines Täter-Opfer-Ausgleichs – angeregt und motiviert werden sollen.[183] In der Sache ist hier zunächst an den materiellen Ausgleich des durch die Straftat entstandenen Schadens zu denken. Dabei konnten die Methoden der Restorative Justice i. e. S. – namentlich der Täter-Opfer-Ausgleich und das Conferencing – als Maßnahmen zur Erreichung des Ziels der Schadensregulierung herangezogen werden.[184] Nach dem weiten Verständnis des Schadens i. S. d. § 73 StVollzG Bund waren neben materiellen Einbußen auch emotionale bzw. psychische Folgen der Straftat umfasst.[185] Die Restorative Justice eröffnete die Möglichkeit, alle Arten von Schäden einer Straftat zu beseitigen, und unterstützte zudem die sozialen Fähigkeiten der Gefangenen.[186]

Wird daher die Unterstützung der Gefangenen bei der Schadensregulierung so weit gefasst, dass eine umfassende Wiedergutmachung geleistet werden sollte und die Anstalten die Gefangenen hierbei zu unterstützen hatten, so gab es mit § 73 StVollzG Bund bereits vor der Föderalismusreform von 2006 eine gesetzliche Grundlage für die Einbeziehung von Methoden der Restorative Justice in den Strafvollzug.[187] Gleichwohl kam der Wiedergutmachung und der Berücksichtigung der Opferperspektive in der Strafvollzugspraxis unter der Geltung von § 73 StVollzG Bund nie eine besondere Bedeutung zu.[188]

---

[183] *Arloth/Krä*, Strafvollzugsgesetze, 5. Aufl. 2021, § 73 StVollzG Rn. 1; ähnlich auch *Beck*, in: BeckOK StVollzR Bund, 21. Ed. Stand: 01.02.2022, StVollzG Bund § 73 Rn. 3.

[184] *Hartmann/Haas/Steengrafe u. a.*, Prison mediation in Germany, in: Barabás/Fellegi/Windt (Hrsg.), Responsibility-taking, Relationship-building and Restoration in Prisons, 2012, S. 211; *Arloth/Krä*, Strafvollzugsgesetze, 5. Aufl. 2021, § 73 StVollzG Rn. 5; siehe auch *Wulf*, ZfStrVo 1985, 67 (67); für die Annahme des Täter-Opfer-Ausgleichs als zentrales Instrument der Schadenswiedergutmachung siehe *Beck*, in: BeckOK StVollzR Bund, 21. Ed. Stand: 01.02.2022, StVollzG Bund § 73 Rn. 14.

[185] *Hartmann/Haas/Steengrafe u. a.*, Prison mediation in Germany, in: Barabás/Fellegi/Windt (Hrsg.), Responsibility-taking, Relationship-building and Restoration in Prisons, 2012, S. 211; gegen eine Beschränkung auf nur finanzielle Aspekte auch *Laubenthal*, Strafvollzug, 8. Aufl. 2019, Rn. 166; *Huchting/Majuntke*, in: AK-StVollzG, 6. Aufl. 2012, § 73 Rn. 5.

[186] Ähnlich bereits *Calliess/Müller-Dietz*, StVollzG, 11. Aufl. 2008, § 73 Rn. 3.

[187] *Hartmann/Haas/Steengrafe u. a.*, Prison mediation in Germany, in: Barabás/Fellegi/Windt (Hrsg.), Responsibility-taking, Relationship-building and Restoration in Prisons, 2012, S. 211; *Arloth/Krä*, Strafvollzugsgesetze, 5. Aufl. 2021, § 73 StVollzG Rn. 5.

[188] *Kawamura*, ZfStrVo 1994, 3 (4).

7.2.2.2.1.2 Ansätze für die Berücksichtigung der Restorative Justice im ME LStVollzG

Der ME LStVollzG vom 23. August 2011[189] enthielt in § 3 Abs. 1 als einen Grundsatz der Vollzugsgestaltung, dass der Vollzug auf die Auseinandersetzung der Gefangenen mit ihren Straftaten und deren Folgen auszurichten sei. Insgesamt wurde die Tataufarbeitung durch die Gefangenen als Gestaltungsgrundsatz des Vollzugs formuliert. Bestandteil der Tataufarbeitung soll insbesondere die Auseinandersetzung mit den Folgen der Straftat für das Opfer und somit auch mit dessen Belangen und Bedürfnissen sein.[190]

In systematischer Hinsicht fällt auf, dass die Nennung der Tataufarbeitung in § 3 Abs. 1 ME LStVollzG noch vor den bereits im StVollzG Bund enthaltenen Gestaltungsgrundsätzen[191] auf eine besondere Gewichtung dieses Grundsatzes hindeutet. Nach der Begründung des ME LStVollzG sollen die Straftaten der Gefangenen und deren Folgen der zentrale Bezugspunkt für die Arbeit mit den Gefangenen sein. Die Unterstützung der Gefangenen bei der Auseinandersetzung mit ihren Straftaten und den hieraus resultierenden persönlichen und sozialen Faktoren seien Kern und Anknüpfungspunkt der Resozialisierung.[192] Hieraus kann jedoch nicht geschlossen werden, dass der Grundsatz der Tataufarbeitung die übrigen Gestaltungsgrundsätze überlagert. Vielmehr deutet die Stellung im Gesetz darauf hin, dass die Tataufarbeitung ebenso wie die Grundsätze der Angleichung, der Gegensteuerung und der Eingliederung als eine Ausprägung des Resozialisierungsprinzips anzusehen ist.[193] Ausweislich der Begründung des ME LStVollzG ist insbesondere der Eingliederungsgrundsatz für die Erreichung des Vollzugsziels als wesentlich anzusehen.[194]

---

[189] Der ME LStVollzG ist mit Begründung abrufbar unter https://www.regierung-mv.de/serviceassistent/download?id=43753 (zuletzt aufgerufen am 11.06.2022).

[190] Vgl. *Hartmann/Haas/Steengrafe u. a.*, Prison mediation in Germany, in: Barabás/Fellegi/Windt (Hrsg.), Responsibility-taking, Relationship-building and Restoration in Prisons, 2012, S. 212.

[191] Siehe allgemein zu den Gestaltungsgrundsätzen des StVollzG Bund oben im Abschnitt 5.1.1.3.

[192] Begründung zum ME LStVollzG, S. 68.

[193] Zur Annahme, dass die Wiedergutmachung Teil des Resozialisierungsprinzips ist, vgl. u. a. *Rössner*, Reader Gefängnisseelsorge 1996, 5 (11 f.); *Calliess/Müller-Dietz*, StVollzG, 11. Aufl. 2008, § 2 Rn. 29; ähnlich auch *Arloth/Krä*, Strafvollzugsgesetze, 5. Aufl. 2021, § 2 StVollzG Rn. 7; kritisch zur Gewichtung des Tatausgleichs innerhalb der Gestaltungsgrundsätze *Laubenthal*, Strafvollzug, 8. Aufl. 2019, Rn. 167.

[194] Begründung zum ME LStVollzG, S. 68.

Gemäß § 5 Abs. 1 ME LStVollzG sollen die Gefangenen des Weiteren dabei unterstützt werden, ihre persönlichen, wirtschaftlichen und sozialen Probleme zu regeln. Im Rahmen dieser Unterstützung erscheint es möglich, den Täter-Opfer-Ausgleich, das Conferencing-Modell und andere Methoden der Restorative Justice i. w. S. als Konfliktlösungsstrategie anzuwenden.[195] Weiterhin sollen die Gefangenen nach § 5 Abs. 2 ME LStVollzG auch dazu angehalten werden, den durch die Straftat verursachten materiellen und immateriellen Schaden wieder gut zu machen. Auch insofern finden sich Anknüpfungspunkte für die Restorative Justice.

Ein weiterer Bezugspunkt für die Idee der Restorative Justice lässt sich in § 9 Abs. 1 Nr. 18 ME LStVollzG finden, der den Ausgleich der Tatfolgen gegebenenfalls als Bestandteil des Vollzugs- und Eingliederungsplanes ansieht. Die Begründung des ME LStVollzG zu dieser Vorschrift enthält hierzu keine näheren Ausführungen.[196] Die Formulierung von § 9 Abs. 1 Nr. 18 ME LStVollzG ist aber so weit gefasst, dass jegliche Folgen der Straftat erfasst werden können, wobei insbesondere an die Folgen für das konkrete Straftatopfer zu denken ist.

Mithin enthielt auch der ME LStVollzG bereits mehrere Anknüpfungspunkte für die Einbeziehung von Restorative-Justice-Verfahren in den Vollzug. Allerdings nahmen die vorgenannten Regelungen nur indirekt auf Straftatopfer Bezug. Von einer umfassenden Opferorientierung des ME LStVollzG unter gezielter Berücksichtigung der Restorative Justice kann daher nicht gesprochen werden.

7.2.2.2.1.3 Ansätze für die Berücksichtigung der Restorative Justice in den Landesgesetzen

Alle Landesgesetze enthalten Regelungen, die als Anknüpfungspunkt für Verfahren der Restorative Justice i. w. S. im Vollzug angesehen werden können. Innerhalb der verschiedenen Landesstrafvollzugsgesetze ist dabei zwischen Anknüpfungspunkten für eine Tataufarbeitung während der Haft einerseits und dem Ausgleich der Tatfolgen bzw. der ausdrücklichen Nennung des Täter-Opfer-Ausgleichs andererseits zu unterscheiden.

Vorschriften, nach denen während der Inhaftierung eine Aufarbeitung der Tat und ihrer Folgen erfolgen soll, enthalten alle Landesgesetze.[197] Die Mehrzahl

---

[195] Vgl. *Hartmann/Haas/Steengrafe u. a.*, Prison mediation in Germany, in: Barabás/Fellegi/Windt (Hrsg.), Responsibility-taking, Relationship-building and Restoration in Prisons, 2012. S. 213.

[196] Vgl. Begründung zum ME LStVollzG, S. 78 ff.

[197] § 2 Abs. 5 JVollzGB III BaWü; Art. 5a Abs. 2 S. 1 BayStVollzG; § 3 Abs. 1 und § 6 Abs. 2 StVollzG Bln; § 8 Abs. 1 S. 1 BbgJVollzG; § 3 Abs. 1 BremStVollzG; § 4 S. 3 HmbStVollzG; § 5 Abs. 1 S. 4 HStVollzG; § 3 Abs. 1 StVollzG MV; § 69 Abs. 2 S. 2 NJVollzG; § 7 Abs. 2

dieser Gesetze legt dieses Ziel als Gestaltungsgrundsatz fest und meint insbesondere auch die Auseinandersetzung mit den Straftatfolgen für das konkrete Opfer.[198] Der Vollzug soll so ausgestaltet werden, dass bei den Gefangenen die Einsicht in bzw. das Bewusstsein für die Tat und die aus ihr resultierenden Folgen geweckt wird.[199] Mitunter wird in diesem Zusammenhang auch der Tatausgleich gegenüber dem Opfer ausdrücklich genannt.[200]

In sechs Landesstrafvollzugsgesetzen wird darüber hinaus der Täter-Opfer-Ausgleich als vollzugliche Maßnahme benannt.[201] Das Gesetz von Bayern enthält den Täter-Opfer-Ausgleich in der allgemeinen Vorschrift des Art. 5a BayStVollzG zur opferbezogenen Vollzugsgestaltung. Die Länder Hamburg, Mecklenburg-Vorpommern und Sachsen nennen den Täter-Opfer-Ausgleich als Teil des Vollzugs- und Eingliederungsplanes.[202] Im Gesetz des Landes Schleswig-Holstein wurde dem Ausgleich der Tatfolgen unter ausdrücklicher Nennung des Täter-Opfer-Ausgleichs mit § 21 LStVollzG SH eine ganze Vorschrift gewidmet. In Niedersachsen wurde der Täter-Opfer-Ausgleich in der Vorschrift zur Hilfe im Vollzug geregelt[203]. Einige der genannten und auch weitere Landesgesetze enthalten zusätzlich oder statt des Täter-Opfer-Ausgleichs allgemeine Formulierungen hinsichtlich des Ausgleichs der Tatfolgen.[204]

StVollzG NRW; § 8 Abs. 1 LJVollzG RP; § 3 Abs. 1 SLStVollzG; § 3 Abs. 1 SächsStVollzG; § 8 Abs. 1 JVollzGB I LSA; § 3 Abs. 1 LStVollzG SH; § 8 Abs. 1 ThürJVollzGB.

198 Ausführlich hierzu in den strafvollzugsrechtlichen Grundlagen oben im Abschnitt 5.2.3.2.

199 Vgl. § 2 Abs. 5 JVollzGB III BaWü; § 8 Abs. 1 S. 1 BbgJVollzG; § 5 Abs. 1 S. 4 HStVollzG; § 7 Abs. 2 StVollzG NRW; § 8 Abs. 1 LJVollzG RP; § 5 Abs. 2 S. 2 SächsStVollzG; § 8 Abs. 1 JVollzGB I LSA; § 8 Abs. 1 ThürJVollzGB; ähnlich auch § 69 Abs. 2 NJVollzG.

200 Vgl. § 2 Abs. 5 JVollzGB III BaWü; § 5 Abs. 1 S. 4 HStVollzG; § 7 Abs. 2 StVollzG NRW; vgl. auch § 6 Abs. 2 und 3 StVollzG Bln.

201 Art. 5a Abs. 2 S. 3 BayStVollzG; § 8 Abs. 2 S. 1 Nr. 5 HmbStVollzG; § 9 Abs. 1 S. 1 Nr. 20 StVollzG MV; § 69 Abs. 2 S. 3 NJVollzG; § 9 Abs. 1 S. 1 Nr. 20 SächsStVollzG; § 21 LStVollzG SH.

202 § 8 Abs. 2 S. 1 Nr. 5 HmbStVollzG; § 9 Abs. 1 S. 1 Nr. 20 StVollzG MV; § 9 Abs. 1 S. 1 Nr. 20 SächsStVollzG.

203 § 69 Abs. 2 S. 3 NJVollzG; in einigen Ländern gibt es zudem Regelungen zur Durchführung Ausgleichs mit dem Opfer im Rahmen der Untersuchungshaft, siehe z. B. § 32 Abs. 2 S. 2 JVollzGB II BaWü und § 11 Abs. 4 ThürJVollzGB.

204 Art. 5a Abs. 2 S. 2 BayStVollzG; § 10 Abs. 1 S. 1 Nr. 19 StVollzG Bln; § 9 Abs. 1 S. 1 Nr. 20 BremStVollzG; § 10 Abs. 4 S. 1 Nr. 9 HStVollzG; § 9 Abs. 1 S. 1 Nr. 20 StVollzG MV; § 10 Abs. 1 S. 4 Nr. 12 StVollzG NRW; § 5 Abs. 2 SächsStVollzG; § 9 Abs. 1 S. 1 Nr. 20 SächsStVollzG.

Darüber hinaus regeln die Vollzugsgesetze von Brandenburg, Hamburg und Sachsen, dass die Gefangenen ihr Überbrückungs- bzw. Eingliederungsgeld mit Gestattung der Anstaltsleitung zur Entschädigung der Opfer ihrer Straftaten verwenden können.[205] Nach dem Strafvollzugsgesetz des Landes Nordrhein-Westfalen kann eine Verwendung des Überbrückungsgeldes für einen Tatausgleich nach § 7 StVollzG NRW verwendet werden.[206] In Niedersachsen ist zumindest die Verwendung zum Ausgleich des Straftatschadens vorgesehen.[207] In den übrigen Vollzugsgesetzen sind vergleichbare Regelungen nicht zu finden.

Bei einer Gesamtbetrachtung enthalten damit alle Landesstrafvollzugsgesetze Ansätze der Restorative Justice i. w. S., wenngleich die Gewichtung wiedergutmachender Maßnahmen und Ansätze in den verschiedenen Gesetzen mitunter erheblich abweicht. Während einige Gesetze allein den Täter-Opfer-Ausgleich als Form des Tatausgleichs nennen, sind andere in dieser Hinsicht offener. Insbesondere in den Bundesländern, in denen die Maßnahmen des Tatausgleichs im Gesetz allgemein gefasst wurden, erscheinen neben dem Täter-Opfer-Ausgleich auch weitere Formen der Restorative Justice ohne weiteres möglich. Mithin wird im Rahmen der Auslegung der opferbezogenen Strafvollzugsvorschriften im Einzelnen zu untersuchen sein, welche Möglichkeiten die einzelnen Landesgesetze für die Einbeziehung der Restorative Justice i. w. S. bieten und inwiefern dies mit dem Vollzugsziel der Resozialisierung vereinbar ist.

7.2.2.2.2 Praktische Umsetzung der Restorative Justice im deutschen Vollzug

Die nachfolgenden Ausführungen stellen die praktische Umsetzung der Restorative Justice im Strafvollzug vor. Dabei steht die Einbeziehung des Straftatopfers und seiner Belange im Mittelpunkt. Aufgrund des Zuschnitts der Untersuchung bleiben Aspekte der innervollzuglichen Konfliktlösung außen vor.[208]

Schon bevor in den Landesstrafvollzugsgesetzen ausdrückliche gesetzliche Grundlagen für Verfahren nach dem Restorative-Justice-Prinzip im Strafvollzug

[205] § 73 Abs. 2 S. 2 BbgJVollzG; § 47 Abs. 3 S. 3 HmbStVollzG; § 62 Abs. 3 SächsStVollzG.

[206] § 37 Abs. 4 StVollzG NRW.

[207] § 47 Abs. 4 NJVollzG.

[208] Zu einem Berliner Modellprojekt vgl. *Hartmann/Haas/Steengrafe u. a.*, Prison mediation in Germany, in: Barabás/Fellegi/Windt (Hrsg.), Responsibility-taking, Relationship-building and Restoration in Prisons, 2012, S. 219 f. m. w. N.; weiterführend *Schammler*, Gerichtliche Mediation in Strafvollzugssachen, in: Gläßer/Schroeter (Hrsg.), Gerichtliche Mediation, 2011, S. 243 ff.; *Fricke*, Mediation im Strafvollzug, in: Ochmann/Schmidt-Semisch/Temme (Hrsg.), Healthy Justice, 2016, S. 207 ff.

geschaffen worden waren, gab es in Deutschland hierzu bereits einige Modellprojekte. Die Berücksichtigung des Opfers bei der Tataufarbeitung wurde für den Maßregelvollzug bereits in den 1980er Jahren diskutiert[209] und in einigen sozialtherapeutischen Anstalten umgesetzt[210]. In der Regel erfolgte die Auseinandersetzung mit den Opferbelangen auf einer eher allgemeinen Ebene, wobei mitunter auch Versuche eines Ausgleichs im persönlichen Kontakt zwischen Täter:innen und Opfern unternommen wurden.[211] Häufiger wurde aber keine Konfrontation zwischen den Täter:innen und „ihren" Opfern für notwendig erachtet, vielmehr sollte eine grundsätzliche Einsicht in das Unrecht der Tat und ihre Folgen verdeutlicht werden. Zum Erreichen dieses Ziels bot sich beispielsweise die Konfrontation der Täter:innen mit anderen Opfern an, die auf eine ähnliche Weise viktimisiert wurden wie die tatsächlichen Opfer der jeweiligen Inhaftierten.[212] In der Jugendstrafanstalt Hameln beispielsweise wurde unter dieser Maßgabe bereits in den 1980er Jahren eine opferbezogene Sexualstraftäter:innentherapie durchgeführt.[213] Insofern gab es bereits frühzeitige Ansätze für die Durchführung von Maßnahmen der „wiedergutmachenden Justiz" im Strafvollzug.

Das erste, zeitlich begrenzte Pilotprojekt zum Täter-Opfer-Ausgleich im Strafvollzug wurde in den 1990er Jahren in der Justizvollzugsanstalt Ravensburg durchgeführt.[214] Ein weiteres Projekt zur Einbeziehung des Täter-Opfer-Ausgleichs in den Strafvollzug wurde in Baden-Württemberg ab 1993 durch eine Seminarreihe und mehrere Gesprächsrunden mit Vollzugsbediensteten und Gefangenen vorbereitet und schließlich in mehreren Justizvollzugsanstalten umgesetzt.[215] Neuere Pilotprojekte zum Täter-Opfer-Ausgleich im Vollzug wurden in

---

[209] *Müller-Dietz*, GA 1985, 147 (151 ff. m. w. N.).

[210] Grundlegend hierzu *Kaiser/Dünkel/Ortmann*, ZRP 1982, 198 ff.; den Ansatz der „täterorientierten Opferperspektive" vertrat insbesondere die Anstaltsleitung einer sozialtherapeutischen Anstalt in Baden-Württemberg, vgl. *Goderbauer/Engell*, ZfStrVo 1988, 84 ff.; siehe auch *Hagemann*, Rundbrief für Straffälligenhilfe Nr. 41 2005, 42 ff.

[211] *Dünkel*, Täter-Opfer-Ausgleich und Schadenswiedergutmachung, in: Marks/Rössner (Hrsg.), Täter-Opfer-Ausgleich, 1990, S. 403 f.

[212] Vgl. *Dünkel*, Täter-Opfer-Ausgleich und Schadenswiedergutmachung, in: Marks/Rössner (Hrsg.), Täter-Opfer-Ausgleich, 1990, S. 404.

[213] *Tügel/Heilemann*, Frauen verändern Vergewaltiger, 1987, S. 77 ff., 88 ff.

[214] *Kilchling*, Täter-Opfer-Ausgleich im Strafvollzug, 2017, S. 4.

[215] *Wandrey/Delattre*, Reader Gefängnisseelsorge 1996, 33 (33 f.).

Bremen von 2009 bis 2011[216], in Baden-Württemberg von 2013 bis 2014[217] und in Bayern seit Oktober 2013[218] durchgeführt und wissenschaftlich begleitet.[219] Seit 2018 wird durch den Ambulanten Justizsozialdienst Niedersachsen ein Projekt zum Täter-Opfer-Ausgleich mit Inhaftierten angeboten.[220]

Die Ergebnisse dieser kürzlich abgeschlossenen oder noch andauernden Modellprojekte zur Einbeziehung des Täter-Opfer-Ausgleichs in den Strafvollzug sind mit Blick auf die rechtstatsächlichen Möglichkeiten einer Einbeziehung von Maßnahmen der Restorative Justice in den Vollzug relevant. Daher werden sie erst im Zusammenhang mit der Auslegung der entsprechenden landesrechtlichen Vorschriften im Teil III dieser Arbeit berücksichtigt werden, wenn dort die Frage beantwortet werden soll, ob der Strafvollzug die durch die rechtlichen Vorgaben an ihn gestellten Aufgaben überhaupt erfüllen kann.[221]

7.2.3 Kritische Würdigung des Konzepts der Restorative Justice

Die Zielsetzung der Restorative Justice als einer ganzheitlichen Konfliktlösung ist grundsätzlich zu befürworten. Insbesondere die Fokussierung des Konzepts auf die Bedürfnisse und Interessen aller Beteiligter und die freiwillige und gleichberechtigte Einbeziehung aller Parteien ermöglichen eine Stärkung der Opferinteressen, die nicht zwangsläufig zulasten der Täter:inneninteressen geht.

---

[216] *Hartmann/Haas/Steengrafe u. a.*, Prison mediation in Germany, in: Barabás/Fellegi/Windt (Hrsg.), Responsibility-taking, Relationship-building and Restoration in Prisons, 2012, S. 241 ff.; *Hartmann/Haas/Steengrafe*, BewHi 2013, 39 (52 ff.);

[217] *Wulf*, TOA-Magazin 01/2013, 19 f.; *Kilchling*, Restorative Justice, insbesondere Täter-Opfer-Ausgleich im Strafvollzug, in: Kerner/Kinzig/Wulf (Hrsg.), Kriminologie und Strafvollzug, 2017, S. 48 ff.; *Kilchling*, Täter-Opfer-Ausgleich im Strafvollzug, 2017; *Wulf*, Workshop 4: Täter-Opfer-Ausgleich im Vollzug, in: Höffler/Jesse/Bliesener (Hrsg.), Opferorientierung im Strafvollzug, 2019, S. 63 ff. mit den Standards des Landes Baden-Württemberg für den Täter-Opfer-Ausgleich im Strafvollzug, a. a. O. Anh. S. 70 ff.

[218] *Kaspar/Mayer*, Forum Strafvollzug 2015, 261 ff.; *Mayer*, Täter-Opfer-Ausgleich im Strafvollzug, 2017.

[219] Ein Vergleich der Modellprojekte aus Bayern und Baden-Württemberg findet sich bei *Kaspar/Mayer*, Forum Strafvollzug 2015, 261 ff.

[220] Weitere Informationen finden sich auf der Homepage des Ambulanten Justizsozialdienstes Niedersachsen unter https://ajsd.niedersachsen.de/wir_ueber_uns/unsere_aufgaben/ajsd-projekt-tater-opfer-ausgleich-mit-inhaftierten-beteiligten-185810.html (zuletzt aufgerufen am 11.06.2022).

[221] Siehe unten im Kapitel 16.

Daher kann der Restorative Justice nicht entgegengehalten werden, sie würde den strafrechtlichen Konflikt nur einseitig aus der Perspektive des Opfers betrachten. Durch die Einbeziehung der Interessen aller Beteiligter – Opfern, Täter:innen und gegebenenfalls Gemeinschaft – bietet das Konzept einen bedenkenswerten Zugang zum Umgang mit strafrechtlichen Konflikten.

Indem die Restorative Justice die kommunikative Auseinandersetzung mit der Straftat und den Folgen für alle Beteiligten und die Wiedergutmachung der entstandenen Schäden fördert, eröffnet sie gleichzeitig Perspektiven für eine ganzheitliche Bereinigung des Konflikts. Die Förderung der Empathie bei den Täter:innen und bei den Opfern für den jeweils anderen und die umfassende Aufarbeitung der Tat können zumindest auf der zwischenmenschlichen Ebene den konkreten Konflikt eher auflösen als ein formelles Strafverfahren, welches für diese Gesichtspunkte wenig Raum bietet.[222] Die Möglichkeit der Individualisierung des Konflikts durch die Restorative Justice kann daher als eine wichtige Bereicherung für den Umgang mit Straftaten und ihren Folgen gesehen werden. Darüber hinaus kann sich die informelle Auseinandersetzung mit der Straftat und ihren Folgen für die Opfer positiv auf die Resozialisierung der Täter:innen auswirken.[223]

Diesen Vorzügen der Restorative Justice stehen allerdings auch Nachteile gegenüber. Beispielsweise droht die Gefahr, dass bei einem informellen Verfahren die rechtsstaatlichen Verfahrensgarantien für die Beteiligten möglicherweise nicht immer in hinreichendem Maße gewahrt werden könnten. Nicht ohne Grund wird die Durchführung des Täter-Opfer-Ausgleichs im Ermittlungsverfahren mit Blick auf die Unschuldsvermutung bisweilen kritisch gesehen.[224] Darüber hinaus bleibt fraglich, ob die Mehrheit der Täter:innen tatsächlich aufgrund eines persönlichen Wiedergutmachungsbedürfnisses Interesse an Restorative-Justice-Verfahren zeigt oder ob nicht vielmehr eine erwartete Einstellung des Verfahrens oder die Möglichkeit einer Strafmilderung den maßgeblichen Anreiz für die Teilnahme darstellen. Eine damit verbundene Instrumentalisierung des Opfers durch oder für die Täter:innen ist jedoch abzulehnen.[225]

---

[222] Ähnlich auch *Böök*, Opferschutz und Restorative Justice als ganzheitliche Aufgabe der Justiz?, in: Höffler/Jesse/Bliesener (Hrsg.), Opferorientierung im Strafvollzug, 2019, S. 136 f.

[223] Vgl. hierzu mit Blick auf den Täter-Opfer-Ausgleich z. B. *Höffler/Gernbeck*, FS Rössner, 2015, S. 521 ff.

[224] Vgl. u. a. *Kondziela*, MSchrKrim 1989, 177 ff.; *Finger*, ZRP 2002, 514 (516).

[225] Zur Gefahr einer Instrumentalisierung des Opfers bei der therapeutischen Behandlung von Gewaltstraftätern siehe z. B. *Weidner*, Anti-Aggressivitäts-Training für Gewalttäter, 3. Aufl. 1995, S. 152 f. m. w. N.

Bei der konkreten Umsetzung des Konzeptes können sich zudem Gefahren der Retraumatisierung und sekundären Viktimisierung des Opfers ergeben.[226] Zum einen besteht die Möglichkeit, dass die Opfer zum Zeitpunkt der Durchführung des informellen Verfahrens noch nicht hinreichend auf eine Konfrontation mit den Täter:innen vorbereitet sind und es daher durch das Verfahren zu einer erneuten Traumatisierung kommt. Zum anderen kann eine sehr frühe[227] und wohl auch eine sehr späte Durchführung eines Restorative-Justice-Verfahrens zu Retraumatisierungen führen. Insbesondere kann ein informelles Konfliktlösungsverfahren keine Therapie ersetzen.[228] Weiterhin kann die Konfrontation mit uneinsichtigen Täter:innen bei Opfern eine erneute Traumatisierung nach sich ziehen.[229] Zudem besteht die Möglichkeit, dass die Opfer durch die beteiligten Personen und Institutionen eine sekundäre Viktimisierung[230] erfahren.[231] Mitunter wird daher eine umfangreiche Vorbereitung der Opfer auf das Konfliktlösungsverfahren gefordert.[232]

Auch für die Täter:innen kann die Auseinandersetzung mit der Straftat und ihren Folgen sowie die Verantwortungsübernahme für die Folgen eine psychische und emotionale Herausforderung darstellen.[233] Daher müssen die Täter:innen ebenfalls in angemessener Weise auf das informelle Verfahren vorbereitet werden.

---

[226] Vgl. *Braithwaite*, Restorative Justice: Theories and Worries, in: UNAFEI (Hrsg.), Resource Material Series No. 63, S. 51 f.; *Höffler/Gernbeck*, FS Rössner, 2015, S. 525 ff.; *Hopkins*, Restorative Justice and Problem-Solving, in: Lummer/Hagemann/Tein (Hrsg.), Restorative Justice – A European and Schleswig-Holsteinian Perspective, 2011, S. 172 f.; *Böttcher*, 12. Forum für TOA 2008, 20 (24 f.).

[227] *Braithwaite*, Restorative Justice: Theories and Worries, in: UNAFEI (Hrsg.), Resource Material Series No. 63, S. 52.

[228] So *Böttcher*, 12. Forum für TOA 2008, 20 (26).

[229] *Williams*, Safer Communities 2005, 13 (14); *Meier*, JZ 2015, 488 (491).

[230] Unter dem Begriff der sekundären Viktimisierung wird eine Vertiefung der durch das Viktimisierungsereignis eingetretenen Beeinträchtigungen beim Opfer bezeichnet, welche ihre Ursache vor allem in Fehlreaktionen des sozialen Umfelds und/oder unangemessenen Reaktionen seitens der Strafverfolgungsbehörden hat; vgl. *Kiefl/Lamnek*, Soziologie des Opfers, 1986, S. 239; die primäre Viktimisierung erfolgt durch die Straftat selbst, bei einer tertiären Viktimisierung übernehmen die viktimisierten Personen die Opferrolle in ihr Selbstbild; vgl. *Neubacher*, Kriminologie, 4. Aufl. 2020, 12. Kap. Rn. 4; umfassend zur sekundären Viktimisierung *Kölbel/Bork*, Sekundäre Viktimisierung, 2012.

[231] Vgl. hierzu mit Blick auf den Täter-Opfer-Ausgleich z. B. *Höffler/Gernbeck*, FS Rössner, 2015, S. 525 ff.; *Böttcher*, 12. Forum für TOA 2008, 20 (25 f.).

[232] *Braithwaite*, Restorative Justice: Theories and Worries, in: UNAFEI (Hrsg.), Resource Material Series No. 63, S. 52.

[233] Ähnlich *Dünkel*, Täter-Opfer-Ausgleich und Schadenswiedergutmachung, in: Marks/Rössner (Hrsg.), Täter-Opfer-Ausgleich, 1990, S. 405.

Insbesondere im Hinblick auf die Ausgestaltung und Durchführung von Verfahren nach dem Restorative-Justice-Konzept im Strafvollzug ist schließlich zu beachten, dass die räumlichen und personellen Gegebenheiten oft problematisch sind. Soll eine sekundäre Viktimisierung des Opfers vermieden werden, so müssen die Ausgleichsverfahren aber auch im Vollzug möglichst schonend für das Opfer durchgeführt werden. Das ist im Vollzug nicht immer leicht.

Fraglich ist darüber hinaus, ob die Modelle der Restorative Justice ihrem eigenen Grundsatz der Freiwilligkeit gerecht werden können.[234] Zwar werden weder Opfer noch Täter:innen ausdrücklich zu einer Beteiligung an einem informellen Verfahren gezwungen. Allerdings erscheint möglich, dass sowohl Opfer als auch Täter:innen einem sozial-psychischen Druck hinsichtlich der Teilnahme an einem Restorative-Justice-Verfahren ausgesetzt sind. Wenn darauf hingewiesen wird, dass die Freiwilligkeit auf der Opferseite nicht nur die Freiheit von Zwang, sondern von jeglicher Art von Druck ist[235], so muss dies in gleicher Weise für die Täter:innenperspektive gelten. Während es nahe liegt, dass die Opfer durch die Täter:innen, das soziale Umfeld oder die Mediator:innen zu einer Teilnahme an einem informellen Verfahren gedrängt werden können[236], wird eine mögliche Zwangslage oder Drucksituation für die Täter:innen häufig kaum beachtet. Natürlich verdienen Straftatopfer infolge der Belastungen durch die Straftat einen besonderen Schutz. Allerdings darf dies nicht dazu führen, dass die Freiwilligkeit der Täter:innen hinsichtlich ihrer Teilnahme an Verfahren nach dem Restorative-Justice-Prinzip vernachlässigt wird. Insbesondere die Einbeziehung des Täter-Opfer-Ausgleichs in den Strafvollzug könnte insoweit problematisch sein, als beim Vollzug der Freiheitsstrafe naturgemäß eine erhebliche Fremdbestimmung der Gefangenen durch die Vollzugsanstalt gegeben ist. Weiterhin erscheinen negative Konsequenzen für solche Gefangene möglich, die einen Täter-Opfer-Ausgleich ablehnen.[237]

Hinsichtlich der aktiven Einbeziehung aller Betroffenen in den Konfliktlösungsprozess stößt die Restorative Justice ebenfalls an Grenzen. Gerade in Fällen, in denen die Täter:innen oder die Opfer die Bereitschaft zur Teilnahme an dem informellen Verfahren erklären, der andere Beteiligte diese jedoch ablehnt oder

---

[234] So auch bereits *Weigend*, Deliktsopfer und Strafverfahren, 1989, S. 324 ff.

[235] *Böttcher*, 12. Forum für TOA 2008, 20 (25).

[236] *Höffler/Gernbeck*, FS Rössner, 2015, S. 529.

[237] Diese Befürchtungen wurden bereits von mehreren Autor:innen geäußert, siehe nur *Kawamura*, ZfStrVo 1994, 3 (5); *Rixen*, ZfStrVo 1994, 215 (219); *Walter*, Strafvollzug, 2. Aufl. 1999, Rn. 413; ähnlich auch *Schüler-Springorum*, FS Maihofer, 1988, S. 513; *Walter*, Strafvollzug – Ende der Resozialisierung?, in: Bieschke/Egg (Hrsg.), Strafvollzug im Wandel, 2001, S. 34.

aus anderen Gründen nicht teilnehmen kann, ist die Einbeziehung aller Beteiligten nicht möglich. Dies muss bei der Anwendung von gesetzlich vorgesehenen Wiedergutmachungsformen im Strafprozess- und Strafzumessungsrecht die Position der Täter:innen nicht schmälern, weil beispielsweise für eine Einstellung nach § 153a Abs. 1 Nr. 5 StPO bereits ein ernsthaftes Bemühen der Täter:innen um den Tatausgleich mit der verletzten Person ausreicht.[238] Die Anforderungen an den Nachweis der Ernsthaftigkeit des Ausgleichsversuchs sind hier verhältnismäßig niedrig, da es nicht auf den Erfolg der Bemühungen ankommt.[239] Ausreichend für den Nachweis sind beispielsweise Ausgleichsbemühungen über soziale Netzwerke oder durch Briefe an die Geschädigten, sofern das ernsthafte Bemühen der Täter:innen deutlich wird.[240]

Mit Blick auf die Durchführung des Täter-Opfer-Ausgleichs und ähnlicher Verfahren im Strafvollzug ist zu befürchten, dass eine fehlende Bereitschaft der Täter:innen zum Tatausgleich negative Konsequenzen für Ermessensentscheidungen der Vollzugsbehörden hat.[241] Offen bleibt ferner, ob bei einer fehlenden Teilnahmebereitschaft der Opfer dennoch Möglichkeiten für die Täter:innen geschaffen werden, die Tat im Sinne der „wiedergutmachenden Justiz“ aufzuarbeiten und Wiedergutmachung zu leisten. Sofern eine direkte Konfrontation mit den Opfern nicht möglich oder nicht gewünscht ist, bedarf es einer entsprechenden Anpassung der strafvollzuglichen Konzepte.[242] Eine zu starke Fokussierung des Strafvollzugs auf den Täter-Opfer-Ausgleich ist daher zu vermeiden. Vielmehr sind alle geeigneten Maßnahmen der Restorative Justice i. w. S., also gerade auch jene der „wiedergutmachenden Justiz“ im Blick zu behalten.

Darüber hinaus ist fraglich, welche Straftatfolgen durch eine Verantwortungsübernahme und Wiedergutmachungsleistungen seitens der Täter:innen tatsächlich ausgeglichen werden können. Die Folgen der Viktimisierung durch eine Straftat sind so komplex und vielschichtig, dass sie nicht allein durch die Täter:innen beseitigt werden können. Eine solche Erwartungshaltung – die durchaus bei den Straftatopfern und in der Gesellschaft geweckt werden könnte – übersteigt das Leistungsvermögen der einzelnen Gefangenen oft erheblich. Es ist daher fraglich,

---

[238] *Peters*, in: MüKo StPO II, 2016, § 153a Rn. 89; zu § 15 JGG vgl. BT-Drs. 11/5829, S. 17; im Gegensatz dazu reicht ein einseitiges Wiedergutmachungsbestreben ohne den Versuch der Einbeziehung des Opfers i. R. d. § 46a StGB nicht aus, vgl. BGH NStZ 2002, 29 (29); BGH NStZ 2006, 275 (276) m. w. N.

[239] *Peters*, in: MüKo StPO II, 2016, § 153a Rn. 90.

[240] Vgl. Beispiele bei *Peters*, in: MüKo StPO II, 2016, § 153a Rn. 90.

[241] Vgl. hierzu nur *Walter*, Strafvollzug, 2. Aufl. 1999, Rn. 413; *Kawamura*, ZfStrVo 1994, 3 (5); *Rixen*, ZfStrVo 1994, 215 (219).

[242] *Wulf*, ZfStrVo 1985, 67 (69 f.).

wo die Grenzen des Täter-Opfer-Ausgleichs und anderer Maßnahmen der Restorative Justice liegen und welche Aufgaben der Konfliktbereinigung tatsächlich durch die Institution des Strafvollzugs geleistet werden können, wobei finanzielle und personelle Aspekte der Anstalt nicht außer Acht bleiben dürfen. Alle Aufgaben einer opferorientierten Strafrechtspflege, die weder einen Mehrwert für die Resozialisierung der Gefangenen bieten noch finanziell und personell durch den Strafvollzug zu leisten sind, müssen durch andere staatliche oder gesellschaftliche Angebote abgedeckt werden und können nicht allein deshalb dem Strafvollzug aufgeladen werden, weil dieser organisatorisch die letzte Phase des Strafverfolgungsprozesses darstellt.

Aufgrund dieser Schwierigkeiten bedürfen die rechtlichen Grenzen und die praktischen Möglichkeiten einer Einbeziehung der Restorative Justice in den Strafvollzug einer genaueren Betrachtung. Diese erfolgt im Teil III dieser Arbeit im Rahmen der Auslegung der einschlägigen landesrechtlichen Vorschriften.

7.2.4 Zusammenfassung

Die Korrektur des Bedeutungsverlusts des Straftatopfers innerhalb des staatlichen Strafrechtssystems wurde durch die viktimologische Forschung zum Straftatopfer und den Einfluss der Restorative-Justice-Bewegung erheblich beeinflusst. Mit der Entstehung der Viktimologie in den 1970er Jahren wurde das Straftatopfer zum Forschungsgegenstand. Die wissenschaftliche Auseinandersetzung mit dem Straftatopfer und dessen rechtstatsächliche Erforschung wirkten sich letztlich auch auf die Bedeutung des Opfers für das Straf- und Strafverfahrensrecht aus. Insbesondere die Diskussion um die Stellung des Opfers im Strafprozess wurde durch die viktimologische Forschung zu den Bedürfnissen und Interessen von Straftatopfern bereichert.

Für die Restorative-Justice-Bewegung konnte festgestellt werden, dass diese sowohl einen Einfluss auf die Einbeziehung der Wiedergutmachung und des Tatausgleichs im Straf- und Strafprozessrecht hatte, als auch für den Strafvollzug von gesteigerter Bedeutung war. Die Restorative Justice wird als Gegenentwurf zum geltenden staatlichen Strafrechtssystem verstanden und soll neue Perspektiven für eine umfassende Auflösung des strafrechtlichen Konflikts unter Einbeziehung von Täter:innen und Opfern sowie gegebenenfalls der Gesellschaft liefern. Vergleichbare Ansätze lassen sich beispielsweise bereits bei den Germanen finden, wenngleich Anfänge der heutigen Restorative-Justice-Bewegung ab dem 20. Jahrhundert im angloamerikanischen Sprachraum zu verorten sind. In der deutschen Strafrechtspflege zeugen insbesondere der Täter-Opfer-Ausgleich, aber auch andere Formen der Wiedergutmachung vom Einfluss der Restorative Justice.

Mit Blick auf den Strafvollzug konnte festgestellt werden, dass bereits ab Ende des 19. Jahrhunderts die Einbeziehung wiedergutmachender Elemente diskutiert wurde. Eine konkrete Einbeziehung erfuhren Konzepte der Restorative Justice in Deutschland schließlich ab den 1980er Jahren durch erste Modellprojekte in sozialtherapeutischen Anstalten sowie im Jugend- und Erwachsenenstrafvollzug. Darüber hinaus enthielten bereits das StVollzG Bund und auch der ME LSt-VollzG Möglichkeiten der Einbeziehung von Opferinteressen über Verfahren der Restorative Justice. Letztlich fand das Konzept der Restorative Justice als alternative Konfliktlösungsstrategie mit den Landesvollzugsgesetzen Eingang in das Strafvollzugsrecht. Neben der Tataufarbeitung werden durch die Landesgesetze die Wiedergutmachung und der Täter-Opfer-Ausgleich besonders hervorgehoben. Hinsichtlich der Einbeziehung des Opfers in das Strafrecht im Allgemeinen und in das Strafvollzugsrecht im Speziellen kam der Restorative-Justice-Bewegung in diesem Zusammenhang die wohl größte Bedeutung zu.

Die kritische Würdigung des Konzepts der Restorative Justice speziell mit Blick auf eine Einbeziehung in den Strafvollzug hat mehrere Probleme aufgezeigt. Erstens droht die Gefahr einer Instrumentalisierung von Straftatopfern zum Zwecke der Resozialisierung der inhaftierten Täter:innen. Daneben erscheint jedoch ebenso eine Instrumentalisierung der Gefangenen für die Opferorientierung möglich. Zweitens können sich bei der Durchführung von Methoden der Restorative Justice sowohl eine psychische und emotionale Überforderung der Gefangenen als auch die Gefahr einer (Re-)Traumatisierung oder sekundären Viktimisierung der Opfer ergeben. In diesem Zusammenhang ist insbesondere fraglich, ob die Rahmenbedingungen des Strafvollzugs mit Blick auf personelle und finanzielle Ausstattung der Anstalten für die Einbeziehungen von Maßnahmen der Restorative Justice i. w. S. geeignet sind. Drittens erscheint eine Durchführung von Maßnahmen der Restorative Justice i. e. S. im Strafvollzug mit Blick auf die Freiwilligkeit der Teilnahme von Täter:innen und Opfern bedenklich. Viertens ist zu befürchten, dass die Teilnahme oder Nichtteilnahme von Täter:innen an entsprechenden Maßnahmen Auswirkungen auf Vollzugsentscheidungen haben könnte. Zu denken ist hierbei insbesondere an die Versagung von Vollzugslockerungen oder anderer vollzugsöffnender Maßnahmen. Fünftens erscheint es möglich, dass bei Opfern und Gesellschaft zu hohe Erwartungen an den Erfolg von Methoden der Restorative Justice geweckt werden, deren Erfüllung jedoch insbesondere mit Blick auf die begrenzte finanzielle und persönliche Leistungsfähigkeit der Inhaftierten kaum möglich erscheint. Diesbezüglich ist danach zu fragen, welchen Beitrag der Strafvollzug zur Konfliktlösung i. S. d.

Restorative Justice i. w. S. tatsächlich leisten kann, wobei erneut die personelle und finanzielle Ausstattung der Vollzugsanstalten von Bedeutung ist.

7.3 Folgen für die Auslegung opferorientierter Vorschriften des Strafvollzugsrechts

Die vorstehenden Ausführungen zu den kriminologischen Grundlagen sind aus mehreren Gründen für die Auslegung opferbezogener Vorschriften der Landesstrafvollzugsgesetze von Bedeutung. Zunächst ist die viktimologische Perspektive insgesamt bei der Auslegung opferbezogener Strafvollzugsvorschriften zu beachten. Für die stärkere Einbeziehung des Straftatopfers in das Straf- und Strafprozessrecht war die viktimologische Forschung, wie gezeigt, ein erheblicher Einflussfaktor und ist daher für die historische Auslegung von Belang. Speziell mit Blick auf den Strafvollzug wird daher zu untersuchen sein, ob der bedeutsame Einfluss der Viktimologie auf das Straf- und Strafprozessrecht auch im Strafvollzugsrecht erkennbar ist.

Insbesondere wird in diesem Zusammenhang untersucht werden, ob die opferorientierten Regelungen im Strafvollzugsrecht ausschließlich auf die Einbeziehung des jeweiligen konkreten Straftatopfers gerichtet sind oder ob daneben auch noch potenzielle künftige Straftatopfer und damit die Allgemeinheit umfasst sind. Die Viktimologie wählt in erster Linie die Perspektive des tatsächlichen Straftatopfers als Ausgangspunkt ihrer Betrachtungen. Eine mögliche Stärkung von Sicherheitsinteressen der Allgemeinheit innerhalb des Strafvollzugs unter dem Schlagwort „Opferschutz" ist jedoch nicht zwangsläufig auf die Interessen tatsächlicher Opfer zurückzuführen. Daher muss innerhalb der Auslegung untersucht werden, ob sich die strafvollzugsrechtliche Einordnung des Begriffs Opferschutz vom viktimologischen Verständnis unterscheidet. Hierzu werden auch die Motive der opferbezogenen Gesetzgebung im Strafvollzug in die Betrachtung einbezogen. Diese Motive werden später im Rahmen der kriminalpolitischen Grundlagen noch einer näheren Betrachtung unterzogen.[243] Die hiesigen Überlegungen zu den viktimologischen Grundlagen werden zusammen mit den späteren Ausführungen zu den kriminalpolitischen Grundlagen im Rahmen der historischen Auslegung der opferorientierten Strafvollzugsvorschriften zu berücksichtigen sein.

Sofern in den Gesetzgebungsmaterialien keine konkreten Anhaltspunkte für die historische Auslegung einzelner strafvollzuglicher Vorschriften ersichtlich

[243] Siehe hierzu unten im Abschnitt 9.3.

sind, könnte ein Rückgriff auf gesetzgeberische Motive des Opferbezugs im Straf- und Strafprozessrecht unter Einbeziehung der viktimologischen Perspektive nötig sein. In einem nächsten Schritt müsste geprüft werden, inwiefern der Wille des Gesetzgebers mit Blick auf den Schutz von Straftatopfern und die Einbeziehung der Opferperspektive auf das Strafvollzugsrecht übertragbar ist. Hiermit ist folglich die systematische Auslegung angesprochen.

Von besonderer Bedeutung sind die vorstehenden Überlegungen zu den kriminologischen Grundlagen zudem für die Auslegung solcher strafvollzugsrechtlicher Vorschriften, die dem Themenkreis der Wiedergutmachung und des Tatausgleichs zugeordnet werden können.[244] Das insoweit näher vorgestellte Konzept der Restorative Justice wird dabei insbesondere für die teleologische Auslegung einiger Vorschriften relevant sein. In diesem Zusammenhang werden dann auch die innerhalb der kritischen Würdigung der Restorative Justice herausgearbeiteten rechtlichen und rechtstatsächlichen Problempunkte näher betrachtet werden.

---

[244] Siehe zur Auslegung dieses Themenkreises unten im Kapitel 16.

Internationalrechtliche Grundlagen

8

Im Folgenden werden mögliche Anknüpfungspunkte für die Einbeziehung des Opfers in die Strafrechtspflege im internationalen Recht dargestellt. Dabei beschränken sich die Ausführungen in der Hauptsache auf jene Gesichtspunkte, die für die Einbeziehung des Opfers in Europa relevant waren oder derzeit von Belang sind. Hierzu werden zunächst die entsprechenden Vorschriften in der Europäischen Menschenrechtskonvention und in der Grundrechtecharta der Europäischen Union betrachtet (Abschnitt 8.1). Anschließend werden einschlägige Empfehlungen des Europarats und Rechtsetzungsakte der Europäischen Union mit Opferbezug in den Blick genommen (Abschnitt 8.2). Sodann werden auch noch sonstige völkerrechtliche Rechtsgrundlagen einer näheren Betrachtung unterzogen, deren Bedeutung über den europäischen Rechtskreis hinausreicht (Abschnitt 8.3). Allerdings beschränken sich die Ausführungen dabei auf solche Aspekte, die für das deutsche Recht besonders relevant sind. An diese darstellenden Abschnitte anknüpfend wird in einem ersten Schritt zunächst die Bedeutung der internationalen Vorgaben für die deutsche Strafrechtspflege insgesamt erläutert (Abschnitt 8.4). Abschließend werden die aus den internationalrechtlichen Vorgaben ableitbaren Folgen für die Auslegung opferbezogener Vorschriften im deutschen Strafvollzugsrecht zusammengefasst (Abschnitt 8.5)

8.1 Opferschutz in der EMRK und der EU-Grundrechtecharta

Sowohl in der Europäischen Menschenrechtskonvention (EMRK) als auch in der Charta der Grundrechte der Europäischen Union (GRCh) lassen sich opferschützende Bezüge finden. Aus der EMRK werden die Art. 2, 3, 6, 8 und 13 zur Begründung einer opferorientierten Strafrechtspflege herangezogen. Im Hinblick

K. M. Radke, *Opferorientierung im Strafvollzug*,
https://doi.org/10.1007/978-3-658-39044-0_8

auf die GRCh sind Art. 2, 3, 4 und 47 GRCh einer opferorientierten Auslegung zugänglich.

8.1.1 Opferschutz und EMRK

Bei der EMRK handelt es sich um einen völkerrechtlichen Vertrag, der von den Mitgliedsstaaten des Europarats ausgearbeitet wurde.[1] Die EMRK wird nicht zu den allgemeinen Regeln des Völkerrechts i.S.v. Art. 25 GG gezählt.[2] Ihr kommt in Deutschland vielmehr der Rang eines einfachen Bundesgesetzes zu.[3] Als Teil des Bundesrechts ist die EMRK unmittelbar anwendbar, weshalb die Konventionsbestimmungen von Judikative, Legislative und Exekutive zu berücksichtigen sind.[4] Allerdings kommt der EMRK grundsätzlich keine andere Bedeutung zu als anderen innerstaatlichen einfachen Bundesgesetzen; insbesondere dient die EMRK dem BVerfG nicht als Prüfungsmaßstab für Grundrechtsverletzungen.[5] Dennoch handelt es sich nach der Rechtsprechung des BVerfG sowohl bei der EMRK als auch bei den Entscheidungen des Europäischen Gerichtshof für Menschenrechte (EGMR) um Auslegungshilfen für die durch das Grundgesetz gewährten Grundrechte.[6] Zudem sollen einfache Gesetze EMRK-konform ausgelegt werden, soweit dies nach den zulässigen Auslegungsmethoden und unter Beachtung der Rechtsprechung des EGMR möglich ist.[7] Nach Auffassung des BVerfG kann die fehlende Auseinandersetzung mit den Urteilen des EGMR zu einem Verstoß „gegen Grundrechte in Verbindung mit dem Rechtsstaatsprinzip" führen.[8] Dementsprechend haben die in der EMRK niedergelegten Prinzipien im

---

[1] *Meyer-Ladewig/Nettesheim*, in: Meyer-Ladewig/Nettesheim/von Raumer (Hrsg.), EMRK, 4. Aufl. 2017, Einleitung Rn. 14.

[2] *Meyer-Ladewig/Nettesheim*, in: Meyer-Ladewig/Nettesheim/von Raumer (Hrsg.), EMRK, 4. Aufl. 2017, Einleitung Rn. 18.

[3] BVerfG NJW 2004, 3407 (3408); *Grabenwarter/Pabel*, EMRK, 7. Aufl. 2021, § 3 Rn. 8; da es sich bei der EMRK um einen völkerrechtlichen Vertrag handelt, findet Art. 59 Abs. 2 S. 1 GG Anwendung.

[4] BVerfGE 111, 307 (317, 329); weiterführend zur Bindung deutscher Gerichte *Sauer*, ZaöRV 2005, 35 ff.

[5] Vgl. Art. 93 Abs. 1 Nr. 4a GG.

[6] BVerfG NJW 2004, 3407 (3408); BVerfG NJW 2011, 1931 (1935); ebenso BGH NStZ 2010, 381 (384); vgl. auch Art. 46 EMRK zur Verbindlichkeit von Entscheidungen des EGMR.

[7] BVerfG NJW 2004, 3407 (3408); BVerfG NJW 1987, 2427 (2427).

[8] BVerfG NJW 2004, 3407 (3408); ausführlich hierzu *Gerhold*, JR 2016, 122 (124).

Wege einer völkerrechtskonformen Auslegung des deutschen Rechts zumindest mittelbaren Einfluss auf das nationale Recht.[9]

8.1.1.1 Art. 2 EMRK

Nach Art. 2 Abs. 1 EMRK wird das Recht eines jeden Menschen auf Leben geschützt, weshalb die Tötung eines Menschen grundsätzlich verboten ist. Zwar handelt es sich bei Art. 2 Abs. 1 EMRK primär um ein Abwehrrecht des Bürgers gegen den Staat.[10] Allerdings ergibt sich aus der Vorschrift eine Verpflichtung der Mitgliedstaaten, das Leben der Menschen innerhalb ihres jeweiligen Hoheitsgebietes zu schützen[11] und die nötigen Maßnahmen hierfür zu ergreifen[12]. Daher folgt aus Art. 2 Abs. 1 EMRK die Verpflichtung des Staates zur Pönalisierung von vorsätzlichen Tötungen.[13] Unter Umständen kann im Einzelfall aus Art. 2 i.V. m Art. 1 EMRK sogar ein Anspruch auf eine Strafverfolgung gegenüber Dritten abgeleitet werden.[14]

Weiterhin lassen sich mit Art. 2 Abs. 1 EMRK generell Schutzpflichten des Staates gegenüber Opfern von Straftaten gegen das Leben begründen[15]. Nach der Rechtsprechung des EGMR besteht eine Handlungspflicht zum Schutz des Lebens, wenn staatliche Behörden eine tatsächliche und unmittelbare Gefahr für das Leben einer oder mehrerer Personen kannten oder hätten kennen müssen und dennoch nicht die ihnen möglichen Maßnahmen ergriffen haben, welche für den Schutz des Opfers zu erwarten waren.[16] Mit Blick auf die Opfer häuslicher

---

[9] Ein Überblick zur Bedeutung der EMRK und der Rechtsprechung des EGMR für das österreichische Strafprozessrecht findet sich bei *Dearing*, Das Recht des Opfers auf ein Strafverfahren und die Strafpflicht des Staates nach der EMRK, in: Dearing/Löschnig Gspandl (Hrsg.), Opferrechte in Österreich, 2004, S. 81 ff.

[10] *Valerius*, in: BeckOK StPO, 43. Ed. Stand: 01.04.2022, EMRK Art. 2 Rn. 4.

[11] *Valerius*, in: BeckOK StPO, 43. Ed. Stand: 01.04.2022, EMRK Art. 2 Rn. 5.

[12] EGMR NJW 2003, 3259 (3260).

[13] Vgl. *Meye*, in: SK-StPO X, 5. Aufl. 2019, Art. 2 EMRK Rn. 36; vgl. auch *Meyer-Ladewig/Huber*, in: Meyer-Ladewig/Nettesheim/von Raumer (Hrsg.), EMRK, 4. Aufl. 2017, Art. 2 Rn. 12.

[14] EGMR NJW 2001, 1989 (1990); EGMR NJW 2005, 727 (731); *Meyer-Ladewig/Huber*, in: Meyer-Ladewig/Nettesheim/von Raumer (Hrsg.), EMRK, 4. Aufl. 2017, Art. 2 Rn. 28; allgemein zu einem Anspruch auf die Strafverfolgung Dritter im deutschen Recht siehe unten in den verfassungsrechtlichen Grundlagen im Abschnitt 10.1.2.3.2.

[15] Vgl. EGMR NJW 2003, 3259 (3259); *Meyer-Ladewig/Huber*, in: Meyer-Ladewig/Nettesheim/von Raumer (Hrsg.), EMRK, 4. Aufl. 2017, Art. 2 Rn. 12.

[16] Vgl. EGMR (GK), Osman gegen Vereinigtes Königreich, Urteil vom 28.10.1998, Beschw.-Nr. 23452/94, Rn. 116 „(...) it must be established to its satisfaction that the authorities knew or ought to have known at the time of the existence of a real and immediate

Gewalt hat der EGMR bereits mehrfach Verstöße gegen Art. 2 Abs. 1 EMRK angenommen, wenn die Strafverfolgungsbehörden die erforderlichen Maßnahmen zum Schutz des Lebens des Opfers nicht oder nicht rechtzeitig eingeleitet haben.[17] Demgegenüber hat der EGMR einen Verstoß gegen Art. 2 EMRK in einem Fall abgelehnt, in dem für die Strafverfolgungsbehörden nicht erkennbar war, dass der spätere Täter sein Kind töten würde, nachdem seine Frau ihn nach wiederholten Übergriffen verlassen hatte.[18]

Für das Strafvollzugsrecht von besonderer Bedeutung dürfte wohl das Urteil der Großen Kammer des EGMR im Fall Mastromatteo gegen Italien vom 24. Oktober 2002[19] sein. In dem der Entscheidung zugrunde liegenden Sachverhalt war der Sohn des Beschwerdeführers von dem Straftäter M. erschossen worden, welcher zwar eine Gefängnisstrafe verbüßte, jedoch zur Tatzeit beurlaubt war.[20] Vor der Tötung des Sohnes des Beschwerdeführers hatte M. gemeinsam mit zwei Mittätern eine Bank ausgeraubt. Da die Flucht nicht wie geplant verlief, versuchten die Täter das Auto des späteren Opfers in ihre Gewalt zu bringen. Als dies nicht gelang, wurde der Sohn des Beschwerdeführers durch M. erschossen.[21] Von den insgesamt vier Mittätern des Banküberfalls verbüßten neben M. noch zwei weitere eine Gefängnisstrafe, wobei einer der Täter sich im offenen Vollzug befand und ein anderer ebenso wie M. zum Tatzeitpunkt beurlaubt war. Der ebenfalls beurlaubte Mittäter war zum Tatzeitpunkt wegen eines bewaffneten Überfalls in Mittäterschaft mit M. inhaftiert. Die Entscheidungen der jeweils zuständigen Richter:innen über die Beurlaubung bzw. Unterbringung im offenen Vollzug waren auf positive Berichte der Gefängnisverwaltung hinsichtlich der Resozialisierungs- und Wiedereingliederungsprognose der Gefangenen gestützt worden.[22] Der Beschwerdeführer rügte eine Verletzung von Art. 2 EMRK, da er der Ansicht war, die italienischen Behörden seien für den Tod seines Sohnes verantwortlich, weil dieser von Gefangenen ermordet wurde, welche beurlaubt

risk to the life of an identified individual or individuals from the criminal acts of a third party and that they failed to take measures within the scope of their powers which, judged reasonably, might have been expected to avoid that risk".

[17] Vgl. EGMR, Opuz gegen Türkei, Urteil vom 09.06.2009, Beschw.-Nr. 33401/02, Rn. 147 ff.; EGMR, Talpis gegen Italien, Urteil vom 02.03.2017, Beschw.-Nr. 41237/14, Rn. 113 ff, 125.

[18] EGMR, Kurt gegen Österreich, Urteil vom 04.07.2019, Beschw.-Nr. 62903/15, Rn. 67 ff.

[19] EGMR NJW 2003, 3259 ff.

[20] EGMR NJW 2003, 3259 (3259).

[21] EGMR NJW 2003, 3259 (3259).

[22] EGMR NJW 2003, 3259 (3259).

bzw. im offenen Vollzug untergebracht gewesen seien und dies zur Flucht genutzt hätten.[23]

Die Große Kammer des EGMR entschied durch das Urteil vom 25. Oktober 2002, dass Art. 2 EMRK nicht wegen des Unterlassens vorbeugender Maßnahmen verletzt worden sei. Der Gerichtshof bestätigte zwar, dass sich der Schutz des Art. 2 Abs. 1 S. 1 EMRK in einer staatlichen Obliegenheit äußere, notwendige Maßnahmen zum Schutz des Lebens innerhalb des jeweiligen Hoheitsgebiets zu treffen[24]. Aus Art. 2 EMRK könne unter besonderen, genau umschriebenen Umständen den Behörden die positive Verpflichtung auferlegt sein, vorbeugende praktische Maßnahmen zu treffen, um eine Person zu schützen, deren Leben durch Straftaten bedroht ist.[25] Dies bedeute jedoch nicht, dass aus Art. 2 EMRK eine positive Verpflichtung abgeleitet werden könne, jede mögliche Gewalttat zu verhindern.[26] Die staatlichen Behörden seien demnach nicht bei jeder angeblichen Gefahr für das Leben auf der Grundlage von Art. 2 EMRK verpflichtet, konkrete Gegenmaßnahmen zu treffen, um eine Gefahr abzuwenden. Die Große Kammer verweist diesbezüglich auf die bisherige Rechtsprechung des Gerichtshofs, nach der sich eine staatliche Handlungspflicht aus Art. 2 EMRK nur ergibt, wenn die Behörden das Bestehen einer wirklichen und unmittelbaren Gefahr für das Leben einer oder mehrerer Personen kannten oder hätten kennen müssen. Ein Verstoß gegen diese Handlungspflicht sei dann anzunehmen, wenn die Behörde schließlich nicht die Maßnahmen im Rahmen ihrer Möglichkeiten getroffen habe, die nach vernünftiger Beurteilung die Gefahr hätten vermeiden können.[27] So hat der EGMR in der Vergangenheit eine Schutzpflicht der staatlichen Behörden gegenüber Personen angenommen, bei denen bekannt war, dass sie ein mögliches Ziel eines tödlichen Angriffs waren.[28]

---

[23] EGMR NJW 2003, 3259 (3259).

[24] EGMR NJW 2003, 3259 (3260).

[25] EGMR NJW 2003, 3259 (3260).

[26] EGMR NJW 2003, 3259 (3260) mit Verweis auf EGMR, Tanribilir gegen Türkei, Entscheidung vom 16.11.2000, Beschw.-Nr. 21422/93, Rn. 71.

[27] EGMR NJW 2003, 3259 (3260) mit Verweis auf EGMR (GK), Osman gegen Vereinigtes Königreich, Urteil vom 28.10.1998, Beschw.-Nr. 23452/94, Rn. 116; EGMR; Paul and Audrey Edwards gegen Vereinigtes Königreich, Urteil vom 14.03.2002, Beschw.-Nr. 46477/99, Rn. 55.

[28] EGMR NJW 2003, 3259 (3260) mit Verweis auf EGMR (GK), Osman gegen Vereinigtes Königreich, Urteil vom 28.10.1998, Beschw.-Nr. 23452/94, Rn. 116; EGMR; Paul and Audrey Edwards gegen Vereinigtes Königreich, Urteil vom 14.03.2002, Beschw.-Nr. 46477/99, Rn. 55.

Im vorliegenden Fall gehe es jedoch nach Ansicht des Gerichtshofs nicht um die Verantwortung der Behörde wegen unterlassenen Personenschutzes für den Sohn des Beschwerdeführers. Die Große Kammer sah die Problemstellung des Falls vielmehr in der Frage nach der „Verpflichtung, allgemein die Gesellschaft vor möglichen Straftaten einer oder mehrerer Personen zu schützen, die eine Gefängnisstrafe wegen Gewalttaten verbüßen, und [darum] den Umfang einer solchen Verpflichtung zu bestimmen“[29]. In diesem Zusammenhang prüfte der Gerichtshof zunächst, ob ein Vollzugssystem mit alternativen Maßnahmen zur geschlossenen Haft für sich bereits eine Verantwortung des Staates nach Art. 2 EMRK begründe, wenn Passant:innen durch Gefangene getötet werden, welche wegen eines Gewaltdelikts inhaftiert sind und denen erlaubt war, sich außerhalb des Gefängnisses aufzuhalten.[30]

Der Gerichtshof stellte fest, dass im italienische Vollzugssystem das Verbüßen einer Mindeststrafe vorgehsehen ist, bevor Hafturlaub gewährt werden könne. Diese Mindestverbüßdauer sei von der Schwere jener Straftat abhängig, die der Inhaftierung zugrunde liege.[31] Zudem sei eine weitere Voraussetzung für die Urlaubsgewährung, dass die Gefangenen sich „im Vollzug wohl verhalten“ hätten und ihr Hafturlaub keine Gefahr für die Gesellschaft darstelle. Die Gefangenen müssten den ernsthaften Willen zur Teilnahme am Wiedereingliederungs- und Resozialisierungsprogramm zeigen. Weiterhin werde die Gefährlichkeit der Gefangenen für die Gesellschaft von den Richter:innen beurteilt, die für den Strafvollzug zuständig seien. Für die Entscheidung müssten diese Richter:innen eine Stellungnahme der Gefängnisverwaltung einholen. Die Entscheidung über die Urlaubsgewährung dürfe sich nach dem italienischen Strafvollzugssystem schließlich nicht allein auf die Stellungnahme der Gefängnisverwaltung stützen. Vielmehr müssten die Richter:innen auch Informationen der Polizei berücksichtigen, wenn sie dies für notwendig erachteten.[32] Für bestimmte Tat- und Täter:innengruppen sehe das italienische Recht zudem weitere Voraussetzungen für die Gewährung von Hafturlaub vor.[33] Insgesamt kommt der EGMR zu dem Ergebnis, dass das italienische System ausreichende Maßnahmen vorsieht, um den Schutz der Gesellschaft zu gewährleisten. Hierfür spreche auch, dass ausweislich der amtlichen Statistiken der offene Vollzug und der Hafturlaub selten für die Begehung von Straftaten oder für eine Flucht missbraucht würden. Der

[29] EGMR NJW 2003, 3259 (3260).

[30] EGMR NJW 2003, 3259 (3260).

[31] EGMR NJW 2003, 3259 (3260).

[32] EGMR NJW 2003, 3259 (3260).

[33] Siehe hierzu ausführlich EGMR NJW 2003, 3259 (3261).

EGMR stellt daher fest, dass das in Italien zur fraglichen Zeit geltende System der strafvollzuglichen Resozialisierungsmaßnahmen des Hafturlaubs und der Unterbringung im offenen Vollzug mit Art. 2 EMRK vereinbar ist.[34]

Weiterhin prüfte der Gerichtshof, ob die konkreten Entscheidungen zur Urlaubsgewährung und zur Unterbringung im offenen Vollzug sowie die Durchführung dieser Entscheidungen eine Verletzung der Sorgfaltspflicht darstellt, die sich in diesem Bereich aus Art. 2 EMRK ergibt.[35] Der EGMR stellte diesbezüglich zunächst fest, dass für die Begründung einer Verantwortlichkeit des Staates eine einfache conditio sine qua non nicht genüge. Vielmehr müsse die Tötung des Opfers eine Folge des Unterlassens der Behörde sein, alles zu tun, was von ihr in vernünftiger Weise erwartet werden könne, um eine gewisse und unmittelbare Lebensgefahr zu vermeiden, von der sie Kenntnis hätte haben müssen[36].[37] Vorliegend habe sich aus keiner der den Behörden bekannten Tatsachen ergeben, dass die Gefangenen die Resozialisierungsmaßnahme zum Missbrauch einer Straftat ausnutzen und oder gar das Leben einer Person gefährden sowie letztlich einen Menschen töten würden. Vielmehr deuteten alle bekannten Tatsachen darauf hin, dass die Gefangenen keine Gefahr für die Gesellschaft darstellten.[38] Daher wurde die aus Art. 2 EMRK resultierende Pflicht der Strafvollzugsbehörden zum Schutz der Allgemeinheit vor Straftaten gegen das Leben durch die Gewährung des Hafturlaubs und der Unterbringung im offenen Vollzug nicht verletzt.

Die Entscheidung des EGMR in der Sache Mastromatteo gegen Italien ist für die Auslegung opferbezogenen Strafvollzugsrechts insofern interessant, als der EGMR herausgearbeitet hat, dass auch bei der Gewährung von Hafturlaub und der Verlegung in den offenen Vollzug der Lebensschutz des Art. 2 EMRK bzw. die hieraus resultierende staatliche Schutzpflicht zu beachten ist. Mit Blick auf die Opferorientierung des Strafvollzugs muss hieraus auch unter Berücksichtigung der EGMR-Rechtsprechung zur häuslichen Gewalt eine solche individualisierte Schutzpflicht insbesondere auch gegenüber den tatsächlichen Opfern angenommen werden, wenn eine Gefahr für das Leben dieser Opfer besteht. Allerdings hat der EGMR in der betreffenden Entscheidung ebenso die Bedeutung der Resozialisierung hervorgehoben.[39] Hieraus kann geschlossen werden, dass auch

[34] EGMR NJW 2003, 3259 (3261).

[35] EGMR NJW 2003, 3259 (3261).

[36] Vgl. EGMR (GK), Osman gegen Vereinigtes Königreich, Urteil vom 28.10.1998, Beschw.-Nr. 23452/94, Rn. 116.

[37] EGMR NJW 2003, 3259 (3261).

[38] EGMR NJW 2003, 3259 (3261).

[39] Vgl. EGMR NJW 2003, 3259 (3260).

bei einer Gefährdung des konkreten Opfers im Rahmen von vollzugsöffnenden Maßnahmen eine Abwägung mit dem Vollzugsziel der Resozialisierung erfolgen muss.

Mit Blick auf Art. 2 EMRK kann daher festgehalten werden, dass aus dem Recht auf Leben eine staatliche Schutzpflicht resultiert, welche vom EGMR insbesondere mit Blick auf die Opfer häuslicher Gewalt wiederholt bestätigt wurde. Weiterhin hat der EGMR eine derartige Schutzpflicht in seinem Urteil in der Sache Mastromatteo gegen Italien gerade auch bei der Entscheidung über Hafturlaub und hinsichtlich der Unterbringung im offenen Vollzug angenommen. Wegen der Berücksichtigung von Entscheidungen des EGMR innerhalb der EMRK-konformen Auslegung des nationalen Rechts sind derartige Schutzpflichten aus Art. 2 EMRK auch im deutsche Strafvollzugsrecht für vollzugsöffnende Maßnahmen von Bedeutung.[40] Eine Konkretisierung einer staatlichen Schutzpflicht oder gar die Herleitung konkreter Ansprüche des Straftatopfers muss aufgrund der Rechtsnatur der EMRK im deutschen Recht eine Grundlage im Grundgesetz finden, wobei diesbezüglich die EMRK und die Rechtsprechung des EGMR bei der Auslegung der grundrechtlichen Schutzpflichten zu berücksichtigen sind.[41] Inwiefern sich schließlich aus den Grundrechten des Grundgesetzes Rechtspositionen für das Straftatopfer ergeben können, wird in dem Kapitel zu den verfassungsrechtlichen Grundlagen der Einbeziehung des Opfers in das deutsche Strafvollzugsrecht vertieft betrachtet werden.[42]

Weiterhin ist festzuhalten, dass die Landesstrafvollzugsgesetze insgesamt EMRK-konform auszulegen sind, wobei ebenfalls die Rechtsprechung des EGMR zu berücksichtigen ist. Folglich wird die staatliche Schutzpflicht aus Art. 2 EMRK insbesondere bei der Auslegung von Vorschriften aus dem Themenkreis „vollzugsöffnende Maßnahmen“[43] von Bedeutung sein.

8.1.1.2 Art. 3 EMRK

Aus Art. 3 EMRK ergibt sich neben einer Pflicht des Staates zur Unterlassung von Folter und unmenschlicher oder erniedrigender Strafen oder Behandlungen

---

[40] BVerfG NJW 2004, 3407 (3408); BVerfG NJW 2011, 1931 (1935); ebenso BGH NStZ 2010, 381 (384); vgl. auch Art. 46 EMRK zur Verbindlichkeit von Entscheidungen des EGMR.

[41] Vgl. BVerfG NJW 2004, 3407 (3408); ebenso BGH NStZ 2010, 381 (384).

[42] Zu den verfassungsrechtlichen Grundlagen siehe die Ausführungen im Kapitel 10.

[43] Siehe hierzu unten im Kapitel 15.

ebenfalls eine entsprechende Schutzpflicht des Staates.[44] Um dieser Schutzpflicht gerecht zu werden, muss der Staat geeignete Maßnahmen treffen, um Personen, die seiner Hoheitsgewalt unterstehen, vor Misshandlungen i. S. d. Art. 3 EMRK zu schützen.[45] Der EGMR hat die unmenschliche Behandlung i. S. d. Art. 3 EMRK in seiner Rechtsprechung insofern konkretisiert, als hierunter insbesondere Behandlungen fallen, die vorsätzlich vorgenommen wurden, mehrere Stunden andauerten und entweder tatsächliche Körperverletzungen oder intensive körperliche und geistige Leiden verursachten.[46] Als erniedrigende Behandlungen wurden jene eingeordnet, wenn sie beim Opfer Gefühle von Angst, Qual und Unterlegenheit weckten, die dazu geeignet waren, den physischen oder moralischen Widerstand des Opfers zu brechen.[47] Da Art. 3 EMRK einen umfassenden Schutz vor derartigen Behandlungen gewährleistet, wird eine aus Art. 3 i.V. m. Art. 1 EMRK ableitbare Schutzpflicht der Mitgliedsstaaten seitens des EGMR auch bei durch Privatpersonen vorgenommenen Misshandlungen angenommen.[48] Zu den geeigneten Maßnahmen für die Erfüllung der staatlichen Schutzpflicht aus Art. 3 EMRK gehören unter anderem die Strafgesetzgebung und eine wirksame Strafverfolgung.[49]

---

[44] *Meyer-Ladewig/Lehnert,* in: Meyer-Ladewig/Nettesheim/von Raumer (Hrsg.), EMRK, 4. Aufl. 2017, Art. 3 Rn. 7 f.; *Valerius*, in: BeckOK StPO, 43. Ed. Stand: 01.04.2022, EMRK Art. 3 Rn. 8.

[45] *Meyer-Ladewig/Lehnert,* in: Meyer-Ladewig/Nettesheim/von Raumer (Hrsg.), EMRK, 4. Aufl. 2017, Art. 3 Rn. 7; *Valerius*, in: BeckOK StPO, 43. Ed. Stand: 01.04.2022, EMRK Art. 3 Rn. 8; siehe auch EGMR NJW 2001, 2694 (2695).

[46] Siehe nur EGMR (GK), Labita gegen Italien, Urteil vom 06.04.2000, Beschw.-Nr. 26772/95, Rn. 120; EGMR, Beganović gegen Kroatien, Urteil vom 25.06.2009, Beschw.-Nr. 46423/06, Rn. 65.

[47] Siehe nur EGMR, Wieser gegen Österreich, Urteil vom 22.02.2007, Beschw.-Nr. 2293/03, Rn. 36; EGMR, Beganović gegen Kroatien, Urteil vom 25.06.2009, Beschw.-Nr. 46423/06, Rn. 65.

[48] Siehe nur EGMR (GK), Z. u. a. gegen Vereinigtes Königreich, Urteil vom 10.05.2001, Beschw.-Nr. 29392/95, Rn. 74 f.; EGMR, Pretty gegen Vereinigtes Königreich, Urteil vom 29.04.2002, Beschw.-Nr. 2346/02, Rn. 12 mit Verweis auf EGMR, A. gegen Vereinigtes Königreich, Urteil vom 23.09.1998, Beschw.-Nr. 25599/94, Rn. 22; EGMR, Beganović gegen Kroatien, Urteil vom 25.06.2009, Beschw.-Nr. 46423/06, Rn. 67 f.; EGMR, Ibrahim Demirtaş gegen Türkei, Urteil vom 28.10.2014, Beschw.-Nr. 25018/10, Rn. 25 ff.; *Meye*, in: SK-StPO X, 5. Aufl. 2019, Art. 3 EMRK, Rn. 144; *Meyer-Ladewig/Lehnert,* in: Meyer-Ladewig/Nettesheim/von Raumer (Hrsg.), EMRK, 4. Aufl. 2017, Art. 3 Rn. 7; *Valerius*, in: BeckOK StPO, 43. Ed. Stand: 01.04.2022, EMRK Art. 3 Rn. 8.

[49] Vgl. EGMR, M.C. gegen Bulgarien, Urteil vom 04.12.2003, Beschw.-Nr. 39272/98, Rn. 151; EGMR, A. gegen Vereinigtes Königreich, Urteil vom 23.09.1998, Beschw.-Nr. 25599/94, Rn. 22; EGMR, Ibrahim Demirtaş gegen Türkei, Urteil vom 28.10.2014,

In Betracht kommen können jedoch auch Maßnahmen, die tatsächliche Straftatopfer vor einer erneuten Viktimisierung oder Traumatisierung durch den bzw. die konkrete:n Täter:in schützen sollen. So hat der EGMR bereits eine Verletzung des Art. 3 EMRK in einem Fall angenommen, in dem die Polizei auf ein Hilfsgesuch konkret gefährdeter Personen hin nicht eingeschritten ist.[50] In der Rechtsprechung des EGMR finden sich zudem mehrere Fälle, in denen ein Verstoß gegen Art. 3 EMRK im Zusammenhang mit wiederholter häuslicher Gewalt angenommen wurde.[51] Der EGMR hat in diesen Fällen einen Verstoß gegen staatliche Schutzpflichten festgestellt, wenn den Behörden die Gefahr erneuter Übergriffe durch einen gewalttätigen Ehemann bzw. Vater bekannt war oder bekannt sein musste und sie gleichwohl nicht alle erforderlichen und möglichen Maßnahmen ergriffen haben, um die Opfer zu schützen.[52]

In diesem Zusammenhang wurde die besondere Schutzbedürftigkeit bestimmter Personengruppen betont.[53] Zu den vom Gerichtshof als „vulnerable individuals" bezeichneten Personengruppen gehören insbesondere Kinder, aber auch andere hilflose Personen[54]. In der Vergangenheit hat der EGMR vor allem die Schutzbedürftigkeit von Kindern betont[55], eine besondere staatliche Schutzpflicht aus der EMRK jedoch ebenso bei Opfern von Sexualdelikten[56] und häuslicher

---

Beschw.-Nr. 25018/10, Rn. 26 f.; siehe auch *Meyer-Ladewig/Lehnert,* in: Meyer-Ladewig/Nettesheim/von Raumer (Hrsg.), EMRK, 4. Aufl. 2017, Art. 3 Rn. 9.

[50] EGMR, Mitglieder Zeugen Jehovas gegen Georgien, Urteil vom 03.05.2007, Beschw.-Nr. 71156/91, Rn. 111.

[51] EGMR Opuz gegen Türkei, Urteil vom 09.06.2009, Beschw.-Nr. 33401/02, Rn. 158 ff.; EGMR, B. gegen Moldawien, Urteil vom 16.07.2013, Beschw.-Nr. 61382/09, Rn. 42 ff.; EGMR, Talpis gegen Italien, Urteil vom 02.03.2017, Beschw.-Nr. 41237/14, Rn. 126 ff.

[52] Vgl. EGMR Opuz gegen Türkei, Urteil vom 09.06.2009, Beschw.-Nr. 33401/02, Rn. 129 f., 176; EGMR, B. gegen Moldawien, Urteil vom 16.07.2013, Beschw.-Nr. 61382/09, Rn. 43 mit Verweis auf EGMR (GK), Osman gegen Vereinigtes Königreich, Urteil vom 28.10.1998, Beschw.-Nr. 23452/94, Rn. 116; EGMR, Talpis gegen Italien, Urteil vom 02.03.2017, Beschw.-Nr. 41237/14, Rn. 101 ff.

[53] EGMR, B. gegen Moldawien, Urteil vom 16.07.2013, Beschw.-Nr. 61382/09, Rn. 69 f.

[54] Allgemein zu derartigen Schutzpflichten bei der Gefahr von Misshandlungen gegenüber Kindern oder anderen besonders verletzlichen Personen siehe EGMR, A. gegen Vereinigtes Königreich. Urteil vom 23.09.1998, Beschw.-Nr. 25599/94, Rn. 22; EGMR (GK), O´Keeffe gegen Irland, Urteil vom 28.01.2014, Beschw.-Nr. 35810/09, Rn. 144.

[55] EGMR, A. gegen Vereinigtes Königreich. Urteil vom 23.09.1998, Beschw.-Nr. 25599/94, Rn. 22; EGMR, Osman gegen Vereinigtes Königreich, Urteil vom 28.10.1998, Beschw.-Nr. 23452/94, Rn. 116; EGMR (GK), O´Keeffe gegen Irland, Urteil vom 28.01.2014, Beschw.-Nr. 35810/09, Rn. 144.

[56] EGMR, I.C. gegen Rumänien, Urteil vom 24.05.2016, Beschw.-Nr. 36934/08, Rn. 52; EGMR, M.C. gegen Bulgarien, Urteil vom, Beschw.-Nr. 39272/98, Rn. 169 ff.

Schutzpflichten aus Art. 3 EMRK bei privaten Streitigkeiten zwischen gleichberechtigten Personen die Gefahr eines Bedeutungsverlusts dieses Menschenrechts bestehe.[72] Da Art. 3 EMRK in erster Linie ein Abwehrrecht gegen staatliche Akteur:innen darstelle, müssten für die Annahme einer Misshandlung i.S.v. Art. 3 EMRK durch Privatpersonen höhere Maßstäbe gelten als bei staatlichen Akteur:innen. Zu beachten sei insbesondere, dass schon nicht jede körperliche oder psychische Verletzung durch staatliche Akteur:innen als ein Verstoß gegen Art. 3 EMRK eingeordnet werde.[73]

Für die Annahme einer Schutzpflichtverletzung bei privaten Handlungen müsste daher nach Ansicht der Richter:innen *Sajó* und *Keller* festgestellt werden, inwieweit der Staat eine besondere Verantwortung für den Schutz des konkreten Opfers inne hatte.[74] Diesbezüglich betonte die Richter:innenminorität, dass diese Schutzpflicht sich insbesondere aus der erheblichen Traumatisierung des Opfers ergeben kann. Hinsichtlich der Maßstäbe für eine derartige staatliche Verantwortung wurde auf die bisherige Rechtsprechung des EGMR zu den sogenannten „vulnerabel individuals“ verwiesen.[75] Insbesondere stellten die Richter:innen *Sajó* und *Keller* heraus, dass ein nach den Maßstäben der bisherigen Rechtsprechung erforderliches Machtgefälle grundsätzlich auch bei Körperverletzungen bestehen kann.[76] Allerdings sei ein solches Machtgefälle nach Ansicht der Richter:innen *Sajó* und *Keller* in der Regel noch nicht zu bejahen, wenn zwei Einzelpersonen aufeinanderträfen und keine Gefährdung des Lebens des Opfers vorliege.[77] Die abweichende Ansicht der Richter:innen *Sajó* und *Keller* hat in der Literatur insofern Zustimmung erfahren, als die Richter:innenmehrheit den

---

[72] Vgl. EGMR, Ibrahim Demirtaş gegen Türkei, Urteil vom 28.10.2014, Beschw.-Nr. 25018/10, abweichende Voten der Richter:innen *Sajó* und *Keller*, Rn. 2.

[73] Vgl. EGMR, Ibrahim Demirtaş gegen Türkei, Urteil vom 28.10.2014, Beschw.-Nr. 25018/10, abweichende Voten der Richter:innen *Sajó* und *Keller*, Rn. 7.

[74] Vgl. EGMR, Ibrahim Demirtaş gegen Türkei, Urteil vom 28.10.2014, Beschw.-Nr. 25018/10, abweichende Voten der Richter:innen *Sajó* und *Keller*, Rn. 13.

[75] EGMR, Ibrahim Demirtaş gegen Türkei, Urteil vom 28.10.2014, Beschw.-Nr. 25018/10, abweichende Voten der Richter:innen *Sajó* und *Keller*, Rn. 13.

[76] Vgl. EGMR, Ibrahim Demirtaş gegen Türkei, Urteil vom 28.10.2014, Beschw.-Nr. 25018/10, abweichende Meinung der Richter:innen *Sajó* und *Keller*, Rn. 14 mit Verweis auf EGMR, Beganović gegen Kroatien, Urteil vom 25.06.2009, Beschw.-Nr. 46423/06, Rn. 67; den abweichenden Voten der Richter:innen *Sajó* und *Keller* zustimmend *Meyer-Ladewig/Petzold*, NJW 2015, 3772 (3773).

[77] Vgl. EGMR, Ibrahim Demirtaş gegen Türkei, Urteil vom 28.10.2014, Beschw.-Nr. 25018/10, abweichende Meinung der Richter:innen *Sajó* und *Keller*, Rn. 15; im Gegensatz dazu erfolgte der Angriff auf das Opfer im Fall Beganović gegen Kroatien durch sieben Personen, weshalb von einer Übermacht der Angreifer ausgegangen werden

Anwendungsbereich von Art. 3 EMRK ohne überzeugende Begründung ausgeweitet habe.[78] Dies führe dazu, dass für die Auslegung und die Anwendung des Art. 3 EMRK Unklarheiten bestünden.[79]

Bei einer engen Auslegung der aus Art. 3 i.V. m. Art. 1 EMRK abgeleiteten Schutzpflicht kann angenommen werden, dass von dieser Schutzpflicht zumindest Verletzungen solcher Straftatbestände erfasst sein müssen, die eine erhebliche physische und psychische Beeinträchtigung des Opfers zur Folge haben. Zu denken ist insbesondere an (versuchte) Tötungsdelikte, schwere Gewaltdelikte und Sexualdelikte. Aber auch Delikte, welche die Gefahr einer erheblichen Traumatisierung mit sich bringen, könnten von Art. 3 EMRK erfasst sein, wenn ein Machtgefälle zwischen Täter:in und Opfer besteht. Mithin erscheint es möglich, dass auch Straftaten gegen die körperliche Unversehrtheit gemäß §§ 223 ff. StGB und Straftaten gegen die persönliche Freiheit gemäß §§ 232 ff. StGB eine Schutzpflicht aus Art. 3 i.V. m. Art. 1 EMRK begründen können.

Aus der Rechtsprechung des EGMR lassen sich daher zwei Arten von Schutzpflichtverletzungen mit Bezug zu Opfern von Straftaten ableiten. Zum einen besteht eine solche Schutzpflicht bei ausbleibendem oder nicht ausreichendem Tätigwerden der Behörden zum Schutz von Opfern. Zum anderen hat der EGMR bei schwerwiegenden Viktimisierungen von Opfern aus Art. 3 i.V. m. Art. 1 EMRK eine staatliche Schutzpflicht abgeleitet, welche auf eine angemessene Strafverfolgung der Täter:innen ausgerichtet ist. In beiden Fällen entsteht die Schutzpflicht aus Art. 3 EMRK nach der Viktimisierung des Opfers und hat Auswirkungen auf das weitere Vorgehen der zuständigen Behörden.

Die Ableitung besonderer Schutzpflichten für Opfer besonders schwerwiegender Straftaten aus Art. 3 EGMR und somit die Einordnung als sogenannte „vulnerable individuals“ erscheint daher auch für das deutsche Strafrecht aus zwei Gründen angebracht. Zunächst können insbesondere schwerwiegende Gewalt- und Sexualdelikte als unmenschliche oder erniedrigende Behandlung eingeordnet werden, da bei derartigen Taten häufig ein Machtgefälle zwischen Täter:in und Opfer besteht bzw. offensichtlich ist. Des Weiteren wäre eine Viktimisierung durch den bzw. die gleiche:n Täter:in mit der staatlichen Schutzpflicht aus Art. 3 i.V. m. Art. 1 EMRK nicht vereinbar, wenn eine erneute Viktimisierung durch den bzw. die Täter:in gerade durch fehlende Schutzmaßnahmen seitens der staatlichen Behörden möglich war. Folglich kann Art. 3 EMRK zumindest

könne, vgl. a. a. O. Rn. 14; weiterführend EGMR, Beganović gegen Kroatien, Urteil vom 25.06.2009, Beschw.-Nr. 46423/06, Rn. 67.

[78] *Meyer-Ladewig/Petzold*, NJW 2015, 3772 (3773).

[79] *Meyer-Ladewig/Petzold*, NJW 2015, 3772 (3773).

für den Schutz konkreter Opfer bei Straftaten relevant sein, die als unmenschliche oder erniedrigende Behandlung eingeordnet werden können[80] und bei denen eine Reviktimisierungsgefahr durch den bzw. die konkrete:n Täter:in besteht[81]. Daher sind die vom EGMR entwickelten Voraussetzungen einer Schutzpflicht gegenüber Opfern schwerwiegender Straftaten aus Art. 3 EMRK im Rahmen einer EMRK-konformen Auslegung der grundrechtlichen Schutzpflichten zu berücksichtigen.[82]

Die genaue Ausgestaltung der Schutzpflichten aus Art. 3 EMRK, insbesondere die Wahl der konkreten Maßnahmen, obliegt den jeweils zuständigen Behörden, allerdings müssen die Maßnahmen effektiv sein und unter besonderer Berücksichtigung der Interessen der Opfer durchgeführt werden.[83] Eine erhöhte Schutzpflicht kann in diesem Zusammenhang gegenüber besonders verletzlichen Personen wie Kindern[84] und besonders traumatisierten Straftatopfern[85] bestehen. Jedoch muss gleichwohl im jeweiligen Einzelfall genau geprüft werden, ob der Schutzbereich des Art. 3 EMRK durch die konkrete Straftat eröffnet ist. Bemerkenswert ist, dass in der Rechtsprechung des EGMR bei kindlichen Opfern eine Schutzpflicht aus Art. 3 i.V. m. Art. 1 EMRK weitgehend anerkannt zu sein scheint. Hierauf deutet bereits die wiederholte ausdrückliche Nennung

---

[80] Für eine sehr restriktive Annahme einer Verletzung von Art. 3 EMRK in diesem Zusammenhang siehe EGMR, Ibrahim Demirtaş gegen Türkei, Urteil vom 28.10.2014, Beschw.-Nr. 25018/10, mit abweichenden Voten der Richter:innen *Sajó* und *Keller*, Rn. 1 ff.; den abweichenden Voten der Richter:innen *Sajó* und *Keller* zustimmend *Meyer-Ladewig/Petzold*, NJW 2015, 3772 (3773).

[81] Vgl. EGMR Opuz gegen Türkei, Urteil vom 09.06.2009, Beschw.-Nr. 33401/02, Rn. 129 f.; EGMR, B. gegen Moldawien, Urteil vom 16.07.2013, Beschw.-Nr. 61382/09, Rn. 43 mit Verweis auf EGMR (GK), Osman gegen Vereinigtes Königreich, Urteil vom 28.10.1998, Beschw.-Nr. 23452/94, Rn. 116; EGMR, Talpis gegen Italien, Urteil vom 02.03.2017, Beschw.-Nr. 41237/14, Rn. 101 ff.

[82] Ausführlich zu den grundrechtlichen Schutzpflichten gegenüber Straftatopfern unten im Abschnitt 10.1.2.

[83] Vgl. EGMR, Eremia gegen Republik Moldau, Urteil vom 28.05.2013, Beschw.-Nr. 3564/11, Rn. 52.

[84] Vgl. EGMR, Osman gegen Vereinigtes Königreich, Urteil vom 28.10.1998, Beschw.-Nr. 23452/94, Rn. 116; EGMR (GK), O´Keeffe gegen Irland, Urteil vom 28.01.2014, Beschw.-Nr. 35810/09, Rn. 144; vgl. EGMR, Ibrahim Demirtaş gegen Türkei, Urteil vom 28.10.2014, Beschw.-Nr. 25018/10, abweichende Meinung der Richter:innen *Sajó* und *Keller*, Rn. 13.

[85] Vgl. EGMR, Ibrahim Demirtaş gegen Türkei, Urteil vom 28.10.2014, Beschw.-Nr. 25018/10, abweichende Meinung der Richter:innen *Sajó* und *Keller*, Rn. 13.

von Kindern als „vulnerable individuals“ hin.[86] Andere Personengruppen wurden demgegenüber nur innerhalb einzelner Entscheidungen unter Berücksichtigung der Umstände des Einzelfalls als „vulnerable individuals“ eingeordnet.

Die Pflicht zum Schutz bestimmter Opfergruppen gemäß Art. 3 i.V. m. Art. 1 EMRK ist für das Strafvollzugsrecht aus zwei Gründen von besonderer Relevanz. Zum einen ließe sich unter Berücksichtigung der konventionsrechtlichen Schutzpflicht eine Pflicht zum Schutz bestimmter Opfergruppen durch die Justizvollzugsanstalten begründen. Hervorzuheben ist diesbezüglich die vorstehend beschriebene besondere Schutzbedürftigkeit von kindlichen Opfern und Opfern von schweren Gewalt- und Sexualdelikten sowie von erheblich traumatisierten Opfern. Im Strafvollzug könnte eine derartige Schutzpflicht konkrete Auswirkungen etwa auf Beschränkungen der Außenkontakte haben. Dies betrifft in einem besonderen Maße Straftaten im sozialen Nahraum der Gefangenen, namentlich häusliche Gewalt gegenüber Familienangehörigen. Zum anderen könnte die Pflicht zur Verhinderung einer erneuten Viktimisierung des Opfers durch den bzw. die konkrete:n Täter:in bei Entscheidungen über Vollzugslockerungen mit Blick auf die Missbrauchsprognose relevant sein. Zu denken ist in diesem Zusammenhang auch an opferschützende Weisungen bei solchen Lockerungen. Voraussetzung für eine derartige Berücksichtigung der Schutzpflicht des Art. 3 i.V. m. Art. 1 EMRK wäre nach dem oben Gesagten jedoch die Einordnung der haftrelevanten Straftat als Misshandlung i. S. d. Art. 3 EMRK.

Ebenso wie bei Art. 2 EMRK dienen die zu Art. 3 EMRK gewonnen Erkenntnisse als Auslegungshilfe für grundrechtliche Schutzpflichten gegenüber dem Straftatopfer[87] und können zudem im Rahmen einer EMRK-konformen Auslegung der Landesstrafvollzugsgesetze von Bedeutung sein.

8.1.1.3 Art. 6 EMRK

Art. 6 Abs. 1 S. 1 EMRK gewährleistet jeder angeklagten Person vor einem Strafgericht das Recht auf ein faires Verfahren,[88] und regelt daher die Durchführung eines rechtsstaatlichen Strafverfahrens gegenüber den Angeklagten. Ein Anspruch des Opfers auf eine Strafverfolgung Dritter lässt sich mit Art. 6 EMRK

---

[86] EGMR, A. gegen Vereinigtes Königreich. Urteil vom 23.09.1998, Beschw.-Nr. 25599/94, Rn. 22; EGMR, Osman gegen Vereinigtes Königreich, Urteil vom 28.10.1998, Beschw.-Nr. 23452/94, Rn. 116; EGMR (GK), O´Keeffe gegen Irland, Urteil vom 28.01.2014, Beschw.-Nr. 35810/09, Rn. 144.

[87] Ausführlich hierzu in den verfassungsrechtlichen Grundlagen unten im Abschnitt 10.1.2.

[88] Vgl. *Meyer-Ladewig/Harrendorf/König,* in: Meyer-Ladewig/Nettesheim/von Raumer (Hrsg.), EMRK, 4. Aufl. 2017, Art. 6 Rn. 56.

nicht begründen.[89] Da sich aus Art. 6 Abs. 1 S. 1 EMRK bereits kein Anspruch der Angeklagten auf ein Strafurteil ableiten lässt,[90] ergibt sich aus dieser Vorschrift erst recht kein Anspruch des Opfers auf eine Verurteilung und Bestrafung der angeklagten Person.[91]

Allerdings kann auf der Grundlage des Rechts auf ein faires Verfahren gemäß Art. 6 Abs. 1 S. 1 EMRK auch ein Recht des Tatopfers auf eine angemessene Behandlung im Strafprozess bestehen.[92] Einen solchen Anspruch soll ein Straftatopfer einer im Schrifttum vertretenen Ansicht zufolge jedoch nur dann haben, wenn das Opfer ein „civil right“ verfolgt.[93] Der Begriff „civil right“ werde durch den EGMR im Zusammenhang mit dem Strafverfahren insofern restriktiv ausgelegt, als der Schwerpunkt auf einem Entschädigungsinteresse des Opfers liegen müsse, wobei freilich auch eine symbolische Wiedergutmachungsleistung und mitunter auch nichtmonetäre Interessen ausreichend sein sollen.[94] Ein Recht auf Vergeltung („private revenge“) wird durch den EGMR nicht anerkannt.[95] Daher muss eine Beteiligungsbefugnis des Opfers am Strafverfahren nach nationalem Recht mit der Geltendmachung eines „civil right“ verbunden sein.[96] Das Vergeltungsbedürfnis des Opfers selbst sei kein konventionsrechtlich geschütztes Interesse.[97] Weiterhin wird gefordert, dass die betreffende nationale Rechtsordnung zumindest auch die Verfolgung zivilrechtlicher Interessen im Strafprozess vorsehe. Daher sei die Anwendung von Art. 6 Abs. 1 S. 1 EMRK in diesem

---

[89] Vgl. EGMR, Grams gegen Deutschland, Ablehnungsbeschluss vom 05.10.1999, Beschw.-Nr. 33677/96; *Meye*, in: SK-StPO X, 5. Aufl. 2019, EMRK Art. 6 Rn. 12.

[90] Vgl. EGMR, Kart gegen Türkei, Urteil vom 03.12.2009, Beschw.-Nr. 8917/05, Rn. 113; EGMR, Withey gegen Vereinigtes Königreich, Urteil vom 26.08.2003, Beschw.-Nr. 59493/00 unter „The Law, B.“.

[91] Europäische Kommission für Menschenrechte, X. gegen Bundesrepublik Deutschland, Entscheidung vom 04.10.1976, Beschw.-Nr. 7116/75, S. 92; EGMR, Helers gegen Schweden, Urteil vom 29.10.1191, Beschw.-Nr. 11826/85, Rn. 29.

[92] Vgl. statt vieler EGMR (GK), Perez gegen Frankreich, Urteil vom 12.02.2004, Beschw.-Nr. 47287/00, Rn. 54 ff.; ausführlich hierzu *Bock*, Internationale Perspektiven, in: Pollähne/Rode (Hrsg.), Opfer im Blickpunkt – Angeklagte im Abseits?, 2012, S. 45 ff.; *Helmken*, StV 2016, 456 ff.

[93] *Helmken*, StV 2016, 456 (459).

[94] *Helmken*, StV 2016, 456 (458 f.); kritisch *Bock*, Opferrechte im Lichte europäischer Vorgaben, in: Barton/Kölbel (Hrsg.), Ambivalenzen der Opferzuwendung des Strafrechts, 2012, S. 72.

[95] EGMR (GK), Perez gegen Frankreich, Urteil vom 12.02.2004, Beschw.-Nr. 47287/00, Rn. 70.

[96] *Helmken*, StV 2016, 456 (458) m. w. N. zur Rechtsprechung des EGMR.

[97] Vgl. *Helmken*, StV 2016, 456 (458).

Zusammenhang vornehmlich in Rechtsordnungen möglich, die einen Vorrang der Straf- gegenüber der Ziviljustiz vorsähen.[98] Hieraus folge, dass nur hinsichtlich dieser zivilrechtlichen Komponente ein Recht auf eine faire Behandlung des Straftatopfers aus Art. 6 Abs. 1 S. 1 EMRK abgeleitet werden könne. Ob mit der Nebenklage des deutschen Strafprozessrechts gemäß §§ 395 ff. StPO ein „civil right" i. S. d. Art. 6 Abs. 1 S. 1 EMRK verfolgt werden kann, sei noch nicht abschließend geklärt.[99] Demgegenüber werde mit dem Adhäsionsverfahren gemäß §§ 403 ff. StPO unstreitig ein „civil right" geltend gemacht. Allerdings sei fraglich, ob im Rahmen des Adhäsionsverfahrens, wie vom EGMR gefordert, der Ausgang des Strafverfahrens für die Wahrnehmung des „civil right" entscheidend sei.[100]

Weiterhin soll Art. 6 Abs. 1 EMRK einen Anspruch des Straftatopfers auf rechtliches Gehör gewähren und Schutz vor überlangen Verfahren oder belastenden Entscheidungen bieten.[101] Diese und andere möglicherweise aus Art. 6 Abs. 1 EMRK ableitbaren Schutzmaßnahmen zugunsten der Straftatopfer müssten aber stets mit dem Recht der Angeklagten auf ein faires Verfahren vereinbar sein.[102]

Mithin lassen sich spezielle strafprozessuale Opferrechte aus Art. 6 Abs. 1 S. 1 EMRK nur dann herleiten, wenn die nationale Rechtsordnung solche Rechte vorsieht. Eine darüberhinausgehende Relevanz von Art. 6 Abs. 1 S. 1 EMRK für die Einbeziehung des Straftatopfers in das Strafverfahrensrecht ist jedoch nicht ersichtlich. Ebenso können aus Art. 6 Abs. 1 S. 1 EMRK auch keine noch weitergehenden Folgerungen für das Strafvollzugsrecht gezogen werden.

8.1.1.4 Art. 8 EMRK

Nach Art. 8 EMRK hat jede Person das Recht auf Achtung ihres Privat- und Familienlebens, ihrer Wohnung und ihrer Korrespondenz. Für die Einbeziehung des Straftatopfers in das Strafrecht erscheint das Recht auf Achtung des Privatlebens von besonderer Bedeutung, da das Privatleben von Straftatopfern durch Ermittlungsmaßnahmen und den Strafprozess beeinträchtigt wird. Aus Art. 8

---

[98] *Helmken*, StV 2016, 456 (459).

[99] *Helmken*, StV 2016, 456 (459).

[100] Siehe hierzu ausführlicher *Helmken*, StV 2016, 456 (459 ff.).

[101] So *Bock*, Opferrechte im Lichte europäischer Vorgaben, in: Barton/Kölbel (Hrsg.), Ambivalenzen der Opferzuwendung des Strafrechts, 2012, S. 72 f. m. w. N. zur Rechtsprechung des EGMR.

[102] *Bock*, Opferrechte im Lichte europäischer Vorgaben, in: Barton/Kölbel (Hrsg.), Ambivalenzen der Opferzuwendung des Strafrechts, 2012, S. 74.

EMRK ergibt sich eine staatliche Pflicht zum Schutz von körperlicher, geistiger und sozialer Integrität.[103]

In diesem Sinne hat der EGMR in seiner Entscheidung im Fall Y. gegen Slowenien hervorgehoben, dass insbesondere Strafverfahren im Zusammenhang mit Sexualdelikten eine Belastung für die Opfer darstellen.[104] Den Staat treffe nicht nur die Pflicht, Maßnahmen zu unterlassen, welche die Rechte des Opfers aus Art. 8 Abs. 1 EMRK beeinträchtigen. Vielmehr bestünden ebenso staatliche Pflichten zum Schutz ebendieser Rechte.[105] Innerhalb eines Strafverfahrens müssten neben den Rechten der Angeklagten ebenso jene von Zeug:innen und Opfern beachtet und geschützt werden. Dies sei vor allem bei minderjährigen Opfern und Opfern von Sexualdelikten von besonderer Bedeutung.[106] Gerade bei Sexualdelikten könne eine direkte Konfrontation des mutmaßlichen Opfers mit dem bzw. der Angeklagten zu einer schweren (Re-)Traumatisierung führen.[107] Weiterhin sei es Aufgabe der vorsitzenden Richter:innen, die Rechte der (mutmaßlichen) Opfer zu wahren – vorliegend das Recht auf persönliche Integrität – und zugleich dem Recht der Angeklagten auf ein faires Verfahren gemäß Art. 6 Abs. 3 lit. d EMRK zu entsprechen.[108]

Im Ergebnis ergibt sich zumindest für das Strafverfahren eine besondere Relevanz des Art. 8 EMRK hinsichtlich des Schutzes des Opfers vor einer Beeinträchtigung. Neben einer möglichen (Re-)Traumatisierung ist ebenso an eine sekundäre Viktimisierung durch das Gericht, die Staatsanwaltschaft oder die Verteidigung zu denken. Aber auch mit Blick auf das Strafvollzugsrecht erscheint Art. 8 EMRK insofern relevant, als die Justizvollzugsanstalten ihrerseits den Schutz des Privatlebens des Opfers im Rahmen des opferorientierten Strafvollzugsrechts beachten müssen. Denkbar sind diesbezüglich neben dem Schutz des

---

[103] Vgl. EGMR, X. und Y. gegen Niederlande, Urteil vom 26.03.1985, Beschw.-Nr. 8978/80, Rn. 22; ausführlich *Meyer-Ladewig/Nettesheim,* in: Meyer-Ladewig/Nettesheim/von Raumer (Hrsg.), EMRK, 4. Aufl. 2017, Art. 8 Rn. 11 m. w. N. zur Rechtsprechung des EGMR.

[104] EGMR, Y. gegen Slowenien, Urteil vom 28.05.2015, Beschw.-Nr. 41107/10, Rn. 103.

[105] EGMR, Y. gegen Slowenien, Urteil vom 28.05.2015, Beschw.-Nr. 41107/10, Rn. 101; ebenso bereits EGMR, X. und Y. gegen Niederlande, Urteil vom 26.03.1985, Beschw.-Nr. 8978/80, Rn. 23.

[106] EGMR, Y. gegen Slowenien, Urteil vom 28.05.2015, Beschw.-Nr. 41107/10, Rn. 103.

[107] EGMR, Y. gegen Slowenien, Urteil vom 28.05.2015, Beschw.-Nr. 41107/10, Rn. 104.

[108] Vgl. EGMR, Y. gegen Slowenien, Urteil vom 28.05.2015, Beschw.-Nr. 41107/10, Rn. 109.

Opfers vor einer (Re-)Traumatisierung im Zusammenhang mit opferorientierten Maßnahmen innerhalb des Vollzugs ebenso der Schutz von Opferdaten[109].

8.1.1.5 Art. 13 EMRK

Aus Art. 13 EMRK ergibt sich bei der Verletzung von grundlegenden Rechten aus Art. 2 oder 3 EMRK die Verpflichtung der Mitgliedsstaaten, einen Rechtsbehelf auf die Zahlung von Schadensersatz zu gewährleisten[110] und grundsätzlich auch die Geltendmachung des Ersatzes von immateriellen Schäden zu ermöglichen[111]. Werden die Rechte aus Art. 2 oder 3 EMRK durch einen Hoheitsträger verletzt, so verlangt Art. 13 EMRK gründliche und wirksame Ermittlungen der Behörden.[112] Hinsichtlich einer behaupteten Verletzung der staatlichen Schutzpflichten beim Handeln oder Unterlassen von Privatpersonen sollen nach Art. 13 nicht in jedem Fall staatliche Ermittlungen nötig sein[113], allerdings müsse der Betroffene die Möglichkeit haben, Pflichtverletzungen des Staates durch ein Verfahren feststellen zu lassen.[114]

In Deutschland kommt diesbezüglich ein Amtshaftungsanspruch nach § 839 BGB i.V. m. Art. 34 GG in Betracht, sofern den staatlichen Behörden eine Amtspflichtverletzung vorzuwerfen ist. Liegt eine Verletzung der grundrechtlichen Schutzpflichten vor, so kann ein Straftatopfer diese zudem nach deutschem Recht möglicherweise im Rahmen einer Verfassungsbeschwerde geltend machen.[115] Folglich kennt das deutsche Recht ein Verfahren zur Feststellung der Schutzpflichtverletzung i. S. d. Art. 13 EMRK.

---

[109] Der Schutz von Opferdaten wird in der vorliegenden Untersuchung allerdings nicht näher betrachtet; zu den Gründen für diese Beschränkung der Untersuchung oben im Kapitel 3.

[110] Vgl. EGMR, McGlinchey u. a. gegen Vereinigtes Königreich, Urteil vom 29.04.2003, Beschw.-Nr. 50390/99, Rn 66.

[111] EGMR, McGlinchey u. a. gegen Vereinigtes Königreich, Urteil vom 29.04.2003, Beschw.-Nr. 50390/99, Rn. 66; EGMR, Poghosyan u. Baghdasaryan gegen Armenien, Urteil vom 12.06.2012, Beschw.-Nr. 22999/06, Rn. 46.

[112] Ausführlich hierzu *Meyer-Ladewig/Renger,* in: Meyer-Ladewig/Nettesheim/von Raumer (Hrsg.), EMRK, 4. Aufl. 2017, Art. 13 Rn. 29.

[113] *Meyer-Ladewig/Renger,* in: Meyer-Ladewig/Nettesheim/von Raumer (Hrsg.), EMRK, 4. Aufl. 2017, Art. 13 Rn. 29; weiterführend *Dearing*, Das Recht des Opfers auf ein Strafverfahren und die Strafpflicht des Staates nach der EMRK, in: Dearing/Löschnig-Gspandl (Hrsg.), Opferrechte in Österreich, 2004, S. 89 ff.

[114] Vgl. EGMR (GK), O'Keeffe gegen Irland, Urteil vom 28.01.2014, Beschw.-Nr. 35810/09, Rn. 177; *Dearing*, Das Recht des Opfers auf ein Strafverfahren und die Strafpflicht des Staates nach der EMRK, in: Dearing/Löschnig-Gspandl (Hrsg.), Opferrechte in Österreich, 2004, S. 92 f.

[115] Ausführlich zu den grundrechtlichen Schutzpflichten im Abschnitt 10.1.1.

8.1.2 Opferschutz und EU-Grundrechtecharta

8.1.2.1 Allgemeine Vorüberlegungen

Die Charta der Grundrechte der Europäischen Union (GRCh) ist Teil des Primärrechts der EU und hat damit rechtlich den gleichen Rang wie die Verträge (EUV/AEUV).[116] An die GRCh sind jedoch nur Unionsorgane gebunden, während sie für Mitgliedsstaaten nach Art. 51 Abs. 1 S. 1 GRCh lediglich bei der „Durchführung des Rechts der Union" gilt.[117] Aus Art. 51 Abs. 2 GRCh ergibt sich zudem, dass die Charta den Geltungsbereich des Unionsrechts nicht über den Zuständigkeitsbereich der EU hinaus ausdehnt und insbesondere keine neuen Zuständigkeiten oder Aufgaben der EU geschaffen werden.[118] Dies ist vorliegend insbesondere mit Blick auf das Strafvollzugsrecht relevant, da die Zuständigkeit der EU auf das Straf- und Strafverfahrensrecht beschränkt ist und ihr daher keine Rechtsetzung- oder Richtlinienkompetenz für das Strafvollzugsrecht zukommt.[119] Allerdings können sich opferbezogenes Straf- und Strafprozessrecht, welches durch Unionsrecht beeinflusst wurde, mittelbar auf das Strafvollzugsrecht auswirken. Zudem wäre es systemwidrig, wenn die Wirkung opferschützenden Straf- und Strafprozessrechts durch gegenläufiges Strafvollzugsrecht zunichtegemacht würde. Daher können mögliche opferorientierte Schutzpflichten der GRCh mit Blick auf ihre Einbeziehung im deutschen Straf- und Strafprozessrecht und unter Berücksichtigung der Einheit der Rechtsordnung für die systematische Auslegung opferbezogenen Vollzugsrechts dienlich sein.

Den nachfolgenden Überlegungen zu unionsrechtlichen Schutzpflichten gegenüber Straftatopfern ist noch vorauszuschicken, dass der GRCh als Teil des Unionsrechts im deutschen Strafrecht bei Kollisionen zwischen nationalem Recht und EU-Recht ein Anwendungsvorrang zukommt.[120] In solchen Fällen ist das nationale Recht nach der Rechtsprechung des EuGH europarechtskonform auszulegen. Führt eine derartige Auslegung nicht zu einer Auflösung des Konflikts,

---

[116] *Esser*, in: Sieber/Satzger/von Heintschel-Heinegg (Hrsg.), Europäisches Strafrecht, 2. Aufl. 2014, § 53 Rn. 6.

[117] Siehe hierzu ausführlich *Esser*, in: Sieber/Satzger/von Heintschel-Heinegg (Hrsg.), Europäisches Strafrecht, 2. Aufl. 2014, § 53 Rn. 7, 9; *Wanitschek*, Die Grundrechtecharta der Europäischen Union im Strafverfahren, 2018, S. 47 f.

[118] Vgl. hierzu EuGH NVwZ 2012, 97 (100).

[119] Vgl. zur Zuständigkeit der EU innerhalb des Straf- und Strafverfahrensrecht vgl. Art. 82, 83 AEUV; zur Aufnahme des für den Strafvollzug besonders relevanten Folterverbots in die GRCh siehe *Calliess*, in: Calliess/Ruffert (Hrsg.), EUV/AEUV, 6. Aufl. 2022, Art. 4 GRCh Rn. 3.

[120] *Jähnke/Schramm*, Europäisches Strafrecht, 2017, 2. Kap. Rn. 16.

so ist von einem Vorrang des Europarechts auszugehen.[121] Dieser Anwendungsvorrang des europäischen Rechts gilt grundsätzlich auch gegenüber dem Verfassungsrecht.[122] Allerdings behält sich das BVerfG eine Prüfungs- und Entscheidungskompetenz hinsichtlich der Frage vor, ob die EU fragliche Rechtsnormen innerhalb der ihr übertragenen Befugnisse erlassen hat oder Schutz und Durchsetzung der mitgliedstaatlichen Grundrechte beeinträchtigt werden.[123] Zudem verzichtet das BVerfG auf eine eigene Prüfung von Rechtsnormen der EU nur, solange der Grundrechtsschutz der EU nicht hinter jenem des Grundgesetzes zurückbleibt.[124] Bei den Grundrechten und Grundsätzen der GRCh handelt es sich folglich um europäisches Primärrecht, welches zum einen den gleichen Rang wie die europarechtlichen Verträge hat, zum anderen unmittelbar anwendbar ist.[125]

Aus den Grundrechten der Europäischen Union lassen sich ebenso wie aus der EMRK Schutzpflichten des Staates ableiten.[126] Allerdings ist insofern zu beachten, dass sich diese Schutzpflichten gegenüber der EU nur im Rahmen ihrer Zuständigkeit und gegenüber Mitgliedsstaaten bei der Durchführung von Unionsrecht ergeben können.[127] Da es nicht Ziel der vorliegenden Arbeit ist, die grundrechtlichen Schutzpflichten der GRCh vertieft zu untersuchen, werden nachfolgend allein die aus der Perspektive des Opferschutzes allgemein relevanten Rechte in einem Überblick dargestellt. Eine vertiefte Auseinandersetzung mit dem durch die GRCh vermittelten (mitglieds-)staatlichen Schutzpflichten muss anderen Arbeiten vorbehalten bleiben.

---

[121] EuGH NJW 1964, 2371 (2372); *Jähnke/Schramm*, Europäisches Strafrecht, 2017, 2. Kap. Rn. 16.

[122] *Jähnke/Schramm*, Europäisches Strafrecht, 2017, 2. Kap. Rn. 20.

[123] Siehe nur BVerfG NJW 2009, 2267 (2272 f.); *Jähnke/Schramm*, Europäisches Strafrecht, 2017, 2. Kap. Rn. 20 m. w. N.

[124] BVerfG NJW 1987, 577 (582) („Solange II"); ausführlich zur sogenannten Solange II-Rechtsprechung des BVerfG siehe *Calliess*, in: Dürig/Herzog/Scholz (Hrsg.), GG, 95. EL Juli 2021, GG Art. 24 Rn. 91 ff.

[125] *Jarass*, in: Jarass (Hrsg.), Charta der Grundrechte der Europäischen Union, 4. Aufl. 2021, Einleitung Rn. 11 f.

[126] *Calliess*, in: Calliess/Ruffert (Hrsg.), EUV/AEUV, 6. Aufl. 2022, Art. 1 GRCh Rn. 5; *Jarass*, in: Jarass (Hrsg.), Charta der Grundrechte der Europäischen Union, 4. Aufl. 2021, Art. 51 Rn. 7 m. w. N.

[127] Vgl. *Jarass*, in: Jarass (Hrsg.), Charta der Grundrechte der Europäischen Union, 4. Aufl. 2021, Art. 51 Rn. 1 f.

8.1.2.2 Einzelne Grundrechte

Hinsichtlich des Schutzes von Straftatopfern sind aus strafrechtlicher Sicht insbesondere das Recht auf Leben (Art. 2 GRCh)[128], das Recht auf körperliche Unversehrtheit (Art. 3 GRCh)[129], das Verbot der Folter (Art. 4 GRCh)[130] und das Recht auf einen wirksamen Rechtsbehelf (Art. 47 GRCh) relevant. Aus den jeweiligen Artikeln der GRCh lassen sich neben Abwehrrechten auch staatliche Schutzpflichten ableiten.[131]

Um die Kohärenz des Menschenrechtsschutzes innerhalb Europas bestmöglich zu wahren, sind einige Regelungen der GRCh und der EMRK inhaltlich identisch.[132] Für die mit Blick auf den Schutz von Straftatopfern relevanten Vorschriften ist die Identität von Art. 2 GRCh und Art. 2 EMRK sowie von Art. 4 GRCh und Art. 3 EMRK relevant. So ist beispielsweise die Schutzpflicht des Art. 2 Abs. 1 GRCh ebenso wie jene des Art. 2 EMRK auf den präventiven und repressiven Schutz des Lebens ausgerichtet. Schutzpflichtverletzungen sind daher auch nach Art. 2 Abs. 1 GRCh anzunehmen, wenn der Staat keinen effektiven strafrechtlichen Schutz für das Rechtsgut Leben gewährleistet.[133] Weiterhin trifft den Staat auf der Grundlage von Art. 4 GRCh, ebenso wie nach Art. 3 EMRK, die Pflicht private Übergriffe, welche als unmenschliche oder erniedrigende Behandlung einzuordnen sind, zu verhindern bzw. eine effektive Strafverfolgung zu gewährleisten.[134] Als unmenschliche und erniedrigende Behandlung können unter Rückgriff auf die Rechtsprechung des EGMR zu Art. 3

---

[128] *Borowsky,* in: Meyer (Hrsg.), Charta der Grundrechte der Europäischen Union, 5. Aufl. 2019, Art. 2 Rn. 37; *Calliess,* in: Calliess/Ruffert (Hrsg.), EUV/AEUV, 6. Aufl. 2022, Art. 2 GRCh Rn. 19 m. w. N.

[129] *Borowsky,* in: Meyer (Hrsg.), Charta der Grundrechte der Europäischen Union, 5. Aufl. 2019, Art. 3 Rn. 39; *Calliess,* in: Calliess/Ruffert (Hrsg.), EUV/AEUV, 6. Aufl. 2022, Art. 3 GRCh Rn. 11 m. w. N.

[130] *Borowsky,* in: Meyer (Hrsg.), Charta der Grundrechte der Europäischen Union, 5. Aufl. 2019, Art. 4 Rn. 21; *Calliess,* in: Calliess/Ruffert (Hrsg.), EUV/AEUV, 6. Aufl. 2022, Art. 4 GRCh Rn. 4.

[131] Für Art. 2 Abs. 1 GRCh siehe *Borowsky,* in: Meyer (Hrsg.), Charta der Grundrechte der Europäischen Union, 5. Aufl. 2019, Art. 2 Rn. 37; für Art. 3 Abs. 1 GRCh siehe a. a. O. Art. 3 Rn. 39, für Art. 4 GRCh siehe a. a. O. Art. 4 Rn. 21.

[132] *Borowsky,* in: Meyer (Hrsg.), Charta der Grundrechte der Europäischen Union, 5. Aufl. 2019, Vorb. vor Art. 1 Rn. 9.

[133] Ausführlich hierzu *Borowsky,* in: Meyer (Hrsg.), Charta der Grundrechte der Europäischen Union, 5. Aufl. 2019, Art. 2 Rn. 37.

[134] *Borowsky,* in: Meyer (Hrsg.), Charta der Grundrechte der Europäischen Union, 5. Aufl. 2019, Art. 4 Rn. 21; ähnlich auch *Jarass,* in: Jarass (Hrsg.), Charta der Grundrechte der Europäischen Union, 4. Aufl. 2021, Art. 4 GRCh Rn. 11.

EMRK insbesondere häusliche Gewalt und sexuelle Misshandlungen eingeordnet werden, weshalb sich in derartigen Fällen auch aus Art. 4 GRCh staatliche Schutzpflichten für die Opfer ableiten lassen.[135] Zudem stützt sich Art. 47 GRCh auf Art. 13 EMRK, weshalb beide Vorschriften hinsichtlich der Gewährleistung von Rechtsbehelfen grundsätzlich übereinstimmen.[136]

Demgegenüber findet der Schutz der körperlichen und geistigen Unversehrtheit nach Art. 3 Abs. 1 GRCh keine Entsprechung in der EMRK. Zwar werden das Folterverbot des Art. 3 EMRK und der Schutz von Privat- und Familienleben des Art. 8 EMRK vom EGMR bisweilen derart großzügig ausgelegt, dass neben der körperlichen Unversehrtheit auch die psychische Integrität dem Schutzbereich der Konventionsrechte unterfallen kann, sofern eine gewisse Eingriffsintensität vorliegt.[137] Allerdings kommt dem Gerichtshof der Europäischen Union (EuGH) bei der Auslegung von Art. 3 Abs. 1 GRCh wegen der fehlenden Entsprechung des Grundrechts auf körperliche und geistige Unversehrtheit in der EMRK ein erheblicher Spielraum zu, da er nicht an die Rechtsprechung des EGMR gebunden ist.[138] Gleichwohl sind dieser „Autonomie des Unionsrechts" insofern Grenzen gesetzt, als weiterhin Kohärenz und Rechtssicherheit bei der Auslegung und Anwendung der fundamentalen Rechte bestehen müsse.[139] Insbesondere sei Art. 3 EMRK als lex specialis gegenüber Art. 3 Abs. 1 GRCh anzusehen, um eine identische Auslegung und Anwendung des Folterverbots in EMRK und GRCh zu gewährleisten.[140] Ebenso wie Art. 3 EMRK ist der durch Art. 3 Abs. 1 GRCh gewährleistete Schutz vor Folter und unmenschlicher oder

---

[135] *Borowsky,* in: Meyer (Hrsg.), Charta der Grundrechte der Europäischen Union, 5. Aufl. 2019, Art. 4 Rn. 21; *Calliess,* in: Calliess/Ruffert (Hrsg.), EUV/AEUV, 6. Aufl. 2022, Art. 4 GRCh Rn. 4; *Jarass,* in: Jarass (Hrsg.), Charta der Grundrechte der Europäischen Union, 4. Aufl. 2021, Art. 4 GRCh Rn. 7 f.

[136] *Eser/Kubiciel,* in: Meyer (Hrsg.), Charta der Grundrechte der Europäischen Union, 5. Aufl. 2019, Art. 47 Rn. 2 ff.; aufgrund der Komplexität von Gemeinsamkeiten und Unterschieden der einzelnen aus Art. 13 EMRK und Art. 47 GRCh ableitbaren Rechte wird auf eine weitergehende Darstellung des Art. 47 GRCh verzichtet.

[137] Vgl. EGMR, Pretty gegen Vereinigtes Königreich, Urteil vom 29.04.2002, Beschw.-Nr. 2346/02, Rn. 61; EGMR, Jalloh gegen Deutschland, Urteil vom 11.07.2006, Beschw.-Nr. 54810/00, Rn. 67 ff.; *Bublitz,* RW 2011, 28 (61); *Borowsky,* in: Meyer (Hrsg.), Charta der Grundrechte der Europäischen Union, 5. Aufl. 2019, Art. 3 Rn. 34.

[138] *Borowsky,* in: Meyer (Hrsg.), Charta der Grundrechte der Europäischen Union, 5. Aufl. 2019, Art. 3 Rn. 35.

[139] *Borowsky,* in: Meyer (Hrsg.), Charta der Grundrechte der Europäischen Union, 5. Aufl. 2019, Art. 3 Rn. 35.

[140] So zumindest *Borowsky,* in: Meyer (Hrsg.), Charta der Grundrechte der Europäischen Union, 5. Aufl. 2019, Art. 3 Rn. 35 m. w. N.

erniedrigender Strafe oder Behandlung als umfassend anzusehen. Daher besteht die aus Art. 3 Abs. 1 GRCh i.V. m. der Menschenwürde des Art. 1 GRCh ableitbare staatliche Schutzpflicht auch hinsichtlich des Schutzes vor Übergriffen durch Private.[141]

Mit Blick auf den Schutz der psychischen Integrität nach Art. 3 Abs. 1 GRCh ist festzuhalten, dass dieser substanziell weitreichend gewährt wird. Die geistige Integrität umfasst die kognitiven, kommunikativen und emotionalen Fähigkeiten eines Menschen.[142] Die psychische Gesundheit ist insoweit wesentlich umfassender als die körperliche Unversehrtheit, weshalb aus Art. 3 Abs. 1 GRCh ein Grundrecht auf mentale Selbstbestimmung abgeleitet werden kann, welches den Schutz der Psyche beinhaltet.[143] Besondere Relevanz erreichen ein derartiges Grundrecht bzw. hieraus ableitbare staatliche Schutzpflichten mit Blick auf moderne Angriffsformen auf die Psyche, wie beispielsweise Stalking, Mobbing, psychische Folter und Zersetzung.[144] Zwar sind in der deutschen Diskussion zum Schutz der Psyche im Strafrecht in den vergangenen Jahren vermehrt Beiträge[145] sowie Monografien von *Knauer*[146] und *Steinberg*[147] erschienen. Allerdings ist eine umfassende Berücksichtigung der unionsrechtlichen Perspektive nicht ersichtlich.[148]

Da die Regelungen der GRCh mit Ausnahme des Art. 3 GRCh denen der EMRK gleichen und der EuGH in seiner Rechtsprechung an die Auslegung des EGMR gebunden ist, ist eine vertiefte Darstellung der Unionsgrundrechte an dieser Stelle entbehrlich. Hinsichtlich Art. 3 Abs. 1 GRCh konnte zwar festgestellt werden, dass dieses Grundrecht insbesondere auch den Schutz der

---

[141] *Borowsky,* in: Meyer (Hrsg.), Charta der Grundrechte der Europäischen Union, 5. Aufl. 2019, Art. 3 Rn. 36; *Voet van Vormizeele*, in: Becker/Hatje/Schoo/Schwarze (Hrsg.), EU-Kommentar, 4. Aufl. 2019, Art. 3 GRCh Rn. 3.

[142] *Frenz*, Handbuch Europarecht, Band 4 Europäische Grundrechte, 2009, Rn. 943; *Rixen*, in: Heselhaus/Nowak (Hrsg.), Handbuch der Europäischen Grundrechte, 2. Aufl. 2020, § 15 Rn. 9.

[143] Vgl. *Bublitz*, RW 2011, 28 (61 f.); *Borowsky,* in: Meyer (Hrsg.), Charta der Grundrechte der Europäischen Union, 5. Aufl. 2019, Art. 3 Rn. 36.

[144] In diesem Sinne *Borowsky,* in: Meyer (Hrsg.), Charta der Grundrechte der Europäischen Union, 5. Aufl. 2019, Art. 3 Rn. 36 mit Verweis auf *Knauer*, Der Schutz der Psyche im Strafrecht, 2013, S. 235 ff.

[145] *Bublitz*, RW 2011, 28 ff.; *Kargl*, NJ 2017, 94 ff.

[146] *Knauer*, Der Schutz der Psyche im Strafrecht, 2013.

[147] *Steinberg*, Strafe für das Versetzen in Todesangst, 2014.

[148] Allenfalls bei *Bublitz*, RW 2011, 28 (61 f.) finden sich kurze Ausführungen zur GRCh und zur EMRK.

Psyche beinhaltet. Allerdings ist eine vertiefte Diskussion über den genauen Umfang und mögliche Auswirkungen auf das deutsche Strafrecht bisher nicht erkennbar.[149] Festzuhalten bleibt daher aufgrund des Zuschnitts der vorliegenden Arbeit lediglich, dass das besondere Schutzbedürfnis von Straftatopfern durch die EU-Grundrechtecharta anerkannt wird und insbesondere hinsichtlich des Schutzes der geistigen Integrität weiter reicht als vergleichbare grundrechtliche Schutzpflichten aus Art. 2 Abs. 1 S. 1 GG. Die vertiefte Darstellung der opferbezogenen grundrechtlichen Schutzpflichten des Grundgesetzes erfolgt in den verfassungsrechtlichen Grundlagen.[150]

Weil der EU für den Opferschutz im Strafverfahren nach Art. 82 Abs. 2 lit. c) AEUV eine Richtlinienkompetenz zukommt, ist nicht auszuschließen, dass im Rahmen der durch die EU erlassenen Richtlinien zu diesem Themenkreis auch der Schutz der psychischen Integrität nach Art. 3 Abs. 1 GRCh berücksichtigt wurde. Ähnliches dürfte für Richtlinien gelten, welche mit Blick auf grenzüberschreitende Straftaten erlassen wurden und im Speziellen den Schutz von Frauen und Kindern vor Menschenhandel und sexueller Ausbeutung betreffen. Die Richtlinienkompetenz für diesen Themenkreis ergibt sich aus Art. 83 Abs. 1 AEUV. Eine Betrachtung der opferbezogenen Richtlinien und ihrer Auswirkungen auf das deutsche Straf- und Strafprozessrecht sowie der hieraus ableitbaren Bedeutung für das Strafvollzugsrecht erfolgt sogleich im Zusammenhang mit den weiteren Rechtsetzungsakten des Europarats und der EU.[151]

8.1.3 Zusammenfassung

Die Betrachtung der Bedeutung des Opferschutzes in EMRK und GRCh hat gezeigt, dass sich insbesondere aus der EMRK unter Berücksichtigung der Rechtsprechung des EGMR besondere staatliche Schutzpflichten für die Opfer von Straftaten ergeben können. So hat der EGMR in seiner Rechtsprechung zum Schutz von Opfern häuslicher Gewalt bereits mehrfach Verstöße gegen Schutzpflichten aus Art. 2 und 3 EMRK in Fällen angenommen, in denen die

---

[149] Allenfalls in der psychosozialen Prozessbegleitung, welche seit 2017 in § 406 g StPO geregelt ist, kann ein erster Ansatz diesbezüglich gesehen werden. In der (kriminal-) politischen und wissenschaftlichen Diskussion wird ein grundrechtlicher Schutz der Psyche jedoch nicht umfassend thematisiert. Gleichwohl finden sich Anknüpfungspunkte hierfür zumindest bei *Bublitz*, RW 2011, 28 ff. und *Knauer*, Der Schutz der Psyche im Strafrecht, 2013.

[150] Siehe unten im Abschnitt 10.1.2.

[151] Abschnitt 8.2.

zuständigen Behörden das Opfer trotz Kenntnis der Gefährdungslage nicht vor dem bzw. der Täter:in geschützt hatten, obwohl dies möglich gewesen wäre. Als Voraussetzungen für eine Schutzpflichtverletzung hat der EGMR die Kenntnis oder das Kennenmüssen der Gefährdungslage und die Möglichkeit einer Abwehr der Gefahr durch die zuständige Behörde festgelegt.

Weiterhin hat der EGMR mehrfach die besondere Schutzbedürftigkeit sogenannter „vulnerable individuals" betont, worunter insbesondere Kinder zu verstehen sind. Allerdings können je nach den Umständen des Einzelfalls auch andere Personen als „vulnerable individuals" eingeordnet werden. Zu nennen sind diesbezüglich etwa Frauen, Menschen mit Behinderungen und Opfer schwerer Gewalttaten. Die besonderen Schutzpflichten gegenüber bestimmten Opfergruppen erscheinen für das Vollzugsrecht insbesondere im Hinblick auf die Gewährung von vollzugsöffnenden Maßnahmen von Bedeutung. Dies betrifft in besonderem Maße den Schutz von Opfern, bei denen die Gefahr einer erneuten Viktimisierung durch den bzw. die gleiche:n Täter:in besteht.

Des Weiteren ergibt sich aus Art. 8 EMRK die positive Verpflichtung des Staates, das Privatleben des Opfers unter Einschluss seiner körperlichen, geistigen und sozialen Integrität zu schützen. Dies betrifft vor allem den Schutz vor einer sekundären Viktimisierung oder (Re-)Traumatisierung während des Strafverfahrens. Da sich ähnliche Problemstellungen jedoch auch im Rahmen der Durchführung opferorientierter Maßnahmen im Strafvollzug ergeben können, wird Art. 8 EMRK ebenso wie die Art. 2 und 3 EMRK für die Auslegung des deutschen Strafvollzugsrechts von Belang sein.

Weil die Grundrechte der GRCh weitestgehend mit den durch die EMRK garantierten Menschenrechten übereinstimmen, ist die Bedeutung der Grundrechtecharta für die weitere Betrachtung als gering einzuordnen. Gleichwohl ergibt sich aus Art. 3 GRCh eine staatliche Schutzpflicht hinsichtlich der physischen und psychischen Integrität, welche keine Entsprechung innerhalb der EMRK findet. Da die GRCh jedoch keinen unmittelbaren Einfluss auf das deutsche Strafvollzugsrecht hat und somit für die vorliegende Betrachtung nicht von gesteigerter Bedeutung ist, erfolgt keine weitere Vertiefung dieses Themenkreises.

8.2 Weitere Rechtsetzungsakte des Europarats und der Europäischen Union mit Opferbezug

Neben den vorstehend dargestellten Opferbezügen in der EMRK und der EU-Grundrechtecharta sind seit den 1980er Jahren weitere Rechtsetzungsakte des Europarats und der EU zu verzeichnen, die auf eine Stärkung der Stellung des

Opfers im Strafrecht abzielen. Nachfolgend werden zunächst die diesbezüglich relevanten Übereinkommen und Empfehlungen des Europarats vorgestellt. Im Anschluss daran werden die einschlägigen Rechtsetzungsakte der Europäischen Union einer näheren Betrachtung unterzogen. Schließlich werden die gewonnenen Ergebnisse zusammengefasst.

8.2.1 Übereinkommen und Empfehlungen des Europarats mit Opferbezug

Der nachfolgenden Darstellung von Übereinkommen und Empfehlungen des Europarats ist vorauszuschicken, dass die Ausführungen keinen Anspruch auf Vollständigkeit erheben. Insbesondere aufgrund der Komplexität der Berücksichtigung des Opfers und seiner Interessen im Strafrecht wurden nachfolgend nur jene Übereinkommen und Empfehlungen einer näheren Betrachtung unterzogen, welche entweder hauptsächlich das Straftatopfer und seine Belange, die Mediation bzw. Restorative Justice in Strafsachen oder den Schutz bestimmter Opfergruppen betreffen.

Weiterhin ist den nachfolgenden Ausführungen hinsichtlich der rechtlichen Verbindlichkeit Folgendes vorauszuschicken. Bei Übereinkommen des Europarats handelt es sich um völkerrechtliche Verträge, welchen durch die Ratifizierung und ein Umsetzungsgesetz der Rang eines Bundesgesetzes zukommt.[152] Zudem sind diese Übereinkommen im Rahmen der völkerrechtskonformen Auslegung des nationalen Rechts zu beachten.[153] Die Empfehlungen des Ministerkomitees sind demgegenüber für die Mitgliedsstaaten nicht verbindlich, da sie nicht als völkerrechtliche Verträge einzuordnen sind. Vielmehr ergibt sich aus Art. 15b der Satzung des Europarats, dass Beschlüsse des Ministerkomitees an die Regierungen der Mitgliedsstaaten in Form von Empfehlungen weitergeleitet werden. Diese Empfehlungen sind jedoch rechtlich nicht bindend für die Mitgliedsstaaten des Europarats.[154] Allerdings kann das Ministerkomitee nach Art. 15b der Satzung des Europarats von den Regierungen Mitteilung darüber verlangen, welche Veranlassungen infolge der Empfehlung getroffen wurden. Die diesbezüglich

[152] Siehe hierzu Art. 59 Abs. 2 S. 1 GG; BVerfG NJW 2016, 1295 (1296); weiterführend *Nettesheim,* in: Dürig/Herzog/Scholz (Hrsg.), GG, 95. EL Juli 2021, Art. 59 Rn. 181 ff.

[153] Siehe hierzu Art. 59 Abs. 2 S. 1 GG; BVerfG NJW 2016, 1295 (1300); weiterführend *Nettesheim,* in: Dürig/Herzog/Scholz (Hrsg.), GG, 95. EL Juli 2021, Art. 59 Rn. 181 ff.

[154] *Brummer*, Der Europarat. Eine Einführung, 2008, S. 66.

mögliche Berichtspflicht gegenüber dem Ministerkomitee führt letztlich indirekt zu einer Berücksichtigung der Empfehlung.[155]

8.2.1.1 Europäisches Übereinkommen über die Entschädigung von Opfern von Gewalttaten vom 24. November 1983

Bereits 1983 wurde von den Mitgliedsstaaten des Europarats das „Europäische Übereinkommen über die Entschädigung für Opfer von Gewalttaten"[156] unterzeichnet. In Deutschland wurde das Übereinkommen am 27. November 1996 ratifiziert und trat schließlich am 1. März 1997 als Bundesgesetz in Kraft.[157]

In dem Übereinkommen des Europarats von 1983 wurde die Verpflichtung der Mitgliedsstaaten festgelegt, Regelungen über eine staatliche Entschädigung für Opfer von Körperverletzungen und gegebenenfalls für deren Hinterbliebene zu erlassen. Eine Entschädigung sollte vor allem dann erfolgen, wenn der bzw. die Täter:in nicht bekannt oder mittellos ist.[158] In der Bundesrepublik Deutschland war bereits 1976 das sogenannte Opferentschädigungsgesetz[159] erlassen worden, sodass eine staatliche Entschädigung von Straftatopfern bereits vor der Unterzeichnung des Abkommens von 1983 gesetzlich vorgesehen war.

8.2.1.2 Empfehlung zur Stellung des Opfers im Straf- und Strafprozessrecht vom 28. Juni 1985

Die Empfehlung des Europarats vom 28. Juni 1985[160] hatte insbesondere den Umgang der Strafverfolgungsbehörden mit den Opfern von Straftaten zum

---

[155] *Brummer*, Der Europarat. Eine Einführung, 2008, S. 66; vgl. hinsichtlich der Europäischen Strafvollzugsgrundsätze auch *BMJ Berlin/BMJ Wien/Bern*, Europäische Strafvollzugsgrundsätze, 2007, S. VII.

[156] Europäisches Übereinkommen über die Entschädigung für Opfer von Gewalttaten vom 24.11.1983, Sammlung Europäischer Verträge Nr. 116, abrufbar unter https://www.coe.int/de/web/conventions/full-list?module=treaty-detail&treatynum=116 (zuletzt aufgerufen am 11.06.2022); weiterführend *Bock*, Internationale Perspektiven, in: Pollähne/Rode (Hrsg.), Opfer im Blickpunkt – Angeklagte im Abseits?, 2012, S. 57 ff.

[157] Gesetz zu dem Europäischen Übereinkommen vom 24.11.1983 über die Entschädigung für Opfer von Gewalttaten vom 17.07.1997, BGBl. II 1996, S. 1120 ff.; Bekanntmachung über das Inkrafttreten des Europäischen Übereinkommens über die Entschädigung für Opfer von Gewalttaten vom 24.02.1997, BGBl. II 1997, S. 740 f.

[158] Europäisches Übereinkommen über die Entschädigung für Opfer von Gewalttaten vom 24.11.1983, Sammlung Europäischer Verträge Nr. 116, S. 1.

[159] BGBl. I 1976, S. 1181 ff.

[160] *Council of Europe*, Recommendation No. R(85) 11 of the Committee of Ministers to Member States on the position of the victim in the framework of criminal law and procedure.

Gegenstand. Die Beachtung von Opferbedürfnissen und der Schutz von Opferinteressen („to meet the needs and to safeguard the interests of the victim") seien grundlegende Funktionen des Strafrechtssystems.[161] Besondere Beachtung widmete die Empfehlung der Vermeidung einer sekundären Viktimisierung des Opfers durch die Polizeibehörden und die Staatsanwaltschaft. Daher sollte mit Opferzeug:innen möglichst sorgsam umgegangen werden. Besonders schutzbedürftige Opferzeug:innen wie Kinder oder Menschen mit körperlichen oder psychischen Einschränkungen sollten bei Vernehmungen vor möglichen Retraumatisierungen geschützt werden.[162]

Hervorgehoben wurde ferner die herausragende Bedeutung der Weitergabe umfassender Informationen zu Opferrechten gegenüber den Straftatopfern, welche die Strafverfolgung der Täter:innen betreffen.[163] Zudem sollten die Staatsanwaltschaften bei ihren Entscheidungen über die Strafverfolgung der Täter:innen auch immer die Entschädigungsinteressen der Opfer berücksichtigen („should not be taken without due consideration of the question of compensation of the victim").[164]

Weiterhin betonte der Europarat in seiner Empfehlung die besondere Bedeutung von Entschädigungsleistungen („compensation") für die Opfer. Einerseits sollte es dem Strafgericht möglich sein, den Täter:innen Entschädigungsleistungen zugunsten der Opfer aufzuerlegen. Andererseits sollte der Gesetzgeber die rechtlichen Voraussetzungen dafür schaffen, dass die Täter:innen statt, neben oder anstelle von strafrechtlichen Sanktionen zu Schadensersatzleistungen an die Opfer verurteilt werden können („may either be a penal sanction, or a substitute for a penal sanction or be awarded in addition to penal sanction").[165]

8.2.1.3 Empfehlung zur Hilfe für Opfer und zur Prävention der Viktimisierung vom 17. September 1987

Bereits 1987 wurden durch das Ministerkomitee den Mitgliedsstaaten Maßnahmen zur Unterstützung von Straftatopfern und zur Prävention von Viktimisierungen empfohlen.[166] So wurde beispielsweise die empirische Erforschung von

[161] *Council of Europe*, Committee of Ministers Recommendation No. R(85) 11, S. 1.

[162] *Council of Europe*, Committee of Ministers Recommendation No. R(85) 11, S. 2.

[163] *Council of Europe*, Committee of Ministers Recommendation No. R(85) 11, S. 1 f.

[164] *Council of Europe*, Committee of Ministers Recommendation No. R(85) 11, S. 2.

[165] *Council of Europe*, Committee of Ministers Recommendation No. R(85) 11, S. 2.

[166] *Council of Europe*, Recommendation No. R(87) 21 of the Committee of Ministers to Member States on assistance to victims and the prevention of victimisation.

Opferbedürfnissen und Viktimisierungsraten für die Entwicklung von Opferhilfsprogrammen vorgeschlagen.[167] Weiterhin sollten staatliche und private Hilfs- und Unterstützungsangebote für Opfer etabliert und ausgebaut sowie die Bevölkerung über derartige Angebote informiert werden.[168] Hinsichtlich der Vermeidung von Viktimisierungen wurden mehrere Möglichkeiten der Straftatprävention genannt, wie beispielsweise situationsbezogene Präventionsmaßnahmen („situational prevention measures"), Nachbarschaftshilfe („programmes of concerted action between neighbours for the prevention of victimisation") und die Unterstützung von Personengruppen mit einem hohen Viktimisierungsrisiko durch angemessene Präventionsmaßnahmen („encourage groups with specific victimisation risks to take appropriate prevention measures").[169] Weiterhin sollten Pilotprojekte zur Mediation zwischen Täter:innen und Opfern gefördert und evaluiert werden, insbesondere inwiefern den Bedürfnissen von Opfern entsprochen werden kann.[170]

8.2.1.4 Empfehlung zur Mediation in Strafsachen vom 15. September 1999

In seiner Empfehlung zur Mediation in Strafsachen nahm das Ministerkomitee zur Kenntnis, dass in den Mitgliedsstaaten Mediation in Strafsachen als flexibler, umfassender und problemlösender Ansatz ergänzend oder alternativ zum traditionellen Verfahren bereits Anwendung findet.[171] In diesem Zusammenhang wurde die Notwendigkeit der aktiven persönlichen Einbeziehung von Opfern und Täter:innen, aber gegebenenfalls auch der Gemeinschaft betont.[172] Innerhalb der Mediation seien die legitimen Bedürfnisse des Opfers zu berücksichtigen.[173] Das Ministerkomitee nennt als derartige Bedürfnisse den Umgang mit den Straftatfolgen für das Opfer, die Kommunikation mit dem bzw. der Täter:in und Bedürfnisse nach Entschuldigung und Wiedergutmachung („dealing

---

167 *Council of Europe*, Committee of Ministers Recommendation No. R(87) 21, S. 1.

168 *Council of Europe*, Committee of Ministers Recommendation No. R(87) 21, S. 1 f.

169 *Council of Europe*, Committee of Ministers Recommendation No. R(87) 21, S. 2.

170 *Council of Europe*, Committee of Ministers Recommendation No. R(87) 21, S. 2.

171 *Council of Europe*, Recommendation No. R(99) 19 of the Committee of Ministers to Member States concerning mediation in penal matters, S. 1.

172 *Council of Europe*, Committee of Ministers Recommendation No. R(99) 19, S. 1, „the need to enhance active personal participation in criminal proceedings of the victim and the offender and others who may be affected as parties as well as the involvement of the community".

173 *Council of Europe*, Committee of Ministers Recommendation No. R(99) 19, S. 1.

with the consequences of their victimisation, to communicate with the offender and to obtain apology and reparation“).[174] Aus Täter:innenperspektive seien das Wecken von Tatverantwortung („encouraging the offenders' sense of responsibility“) und das Angebot von Resozialisierungsmaßnahmen von Bedeutung.[175] Insgesamt stimmt die Empfehlung des Ministerkomitees mit den Grundprinzipien des Restorative-Justice-Konzepts überein.[176]

Im Hinblick auf die Einbeziehung der Mediation in das Strafrechtssystem enthielt der Anhang der Empfehlung weitere Ausführungen vor allem zu grundsätzlichen Prinzipien und rechtlichen Grundlagen für die Mediation zwischen Opfern und Täter:innen.[177] Insbesondere sollte das Freiwilligkeitsprinzip für alle Parteien beachtet werden (Nr. 1) und die Mediation zu jedem Zeitpunkt des strafrechtlichen Verfahrens möglich sein (Nr. 4). Weiterhin wurden konkrete Empfehlungen zur Durchführung der Mediation gegeben.[178]

8.2.1.5 Europäische Strafvollzugsgrundsätze vom 11. Januar 2006 und vom 1. Juli 2020

Bei den Europäischen Strafvollzugsgrundsätzen (European Prison Rules) handelt es sich um eine Grundsatzempfehlung des Europarats für den Strafvollzug.[179] Sie haben für die Mitgliedsstaaten keine bindende Wirkung, sondern stellen sogenanntes „soft law“ dar.[180] Bei den derzeit geltenden Empfehlungen handelt

---

[174] *Council of Europe*, Committee of Ministers Recommendation No. R(99) 19, S. 1.

[175] *Council of Europe*, Committee of Ministers Recommendation No. R(99) 19, S. 1.

[176] Hierzu bereits ausführlich in den kriminologischen Grundlagen oben im Abschnitt 7.2.1.2.

[177] *Council of Europe*, Committee of Ministers Recommendation No. R(99) 19, S. 2 ff.

[178] *Council of Europe*, Committee of Ministers Recommendation No. R(99) 19, S. 3 f.

[179] *Council of Europe*, Recommendation Rec(2006) 2 of the Committee of Ministers to Member States on the European Prison Rules; *BMJ Berlin/BMJ Wien/Bern*, Europäische Strafvollzugsgrundsätze, 2007, S. VII; zur Bedeutung für den Langstrafenvollzug siehe *Drenkhahn*, NK 2009, 8; zur Relevanz für das österreichische Strafvollzugsgesetz siehe *Gonsa*, Die Europäischen Strafvollzugsgrundsätze und das österreichische Strafvollzugsgesetz, in: Probst (Hrsg.), Menschenrechte im Strafvollzug, 1998, S. 43 ff.

[180] *BMJ Berlin/BMJ Wien/Bern*, Europäische Strafvollzugsgrundsätze, 2007, S. VII; allgemein zu Bedeutung sogenannten soft law für das deutsche Recht unter Berücksichtigung der EPR *Reiling*, ZaöRV 2018, 311 (312 f.); *Dünkel*, Forum Strafvollzug 2012, 141 (141).

es sich eine überarbeitete und aktualisierte Version der Strafvollzugsgrundsätze aus dem Jahr 1987, welche durch den Europarat zunächst im Jahr 2006 überarbeitet[181] und zuletzt im Jahr 2020 erneut aktualisiert wurde.[182]

Wenngleich es sich bei den Strafvollzugsgrundsätzen nur um eine Empfehlung an die Mitgliedsstaaten handelt, soll ihnen bei der innerstaatlichen Gesetzgebung und im Strafvollzug eine große Bedeutung zukommen.[183] Es bestehe ein politischer und moralischer Druck, die Empfehlungen des Europarates zu beachten, weil das Ministerkomitee des Europarates von den Regierungen der Mitgliedsstaaten eine Berichterstattung über die Umsetzung der Empfehlungen verlangen könne.[184]

Zudem würden die Grundsätze in den einzelnen Staaten als Leitfaden für die Gesetzgebung und die praktische Umsetzung des geltenden Rechts dienen.[185] Namentlich würden die Europäischen Strafvollzugsgrundsätze sowohl vom EGMR als auch vom BVerfG als Interpretationsleitlinien verwendet.[186] So hat das BVerfG in seiner Entscheidung zu den gesetzlichen Grundlagen für den Jugendstrafvollzug die Bedeutung des sogenannten „soft law" für das Strafvollzugsrecht ausdrücklich betont. Diesbezüglich hat das BVerfG unter anderem auf die Empfehlungen des Europarats zum Freiheitsentzug verwiesen[187], bei denen es sich um den Vorgänger der Europäischen Strafvollzugsgrundsätze von 2006 und 2020 handelt. Das BVerfG führt in seiner Entscheidung zum Jugendstrafvollzug

[181] *BMJ Berlin/BMJ Wien/Bern*, Europäische Strafvollzugsgrundsätze, 2007, S. VII;

[182] *Council of Europe*, Committee of Ministers Recommendation No. R(2006)2-rev.

[183] *BMJ Berlin/BMJ Wien/Bern*, Europäische Strafvollzugsgrundsätze, 2007, S. VII; zum Einfluss auf die deutsche Strafgesetzgebung siehe *Dünkel*, Forum Strafvollzug 2012, 141 ff.).

[184] *BMJ Berlin/BMJ Wien/Bern*, Europäische Strafvollzugsgrundsätze, 2007, S. VII; allgemein hierzu *Brummer*, Der Europarat. Eine Einführung, 2008, S. 66.

[185] *BMJ Berlin/BMJ Wien/Bern*, Europäische Strafvollzugsgrundsätze, 2007, S. VII; zum Einfluss auf die deutsche Strafgesetzgebung siehe *Dünkel*, Forum Strafvollzug 2012, 141 ff.); zum Einfluss auf den ME LStVollzG siehe *Nestler*, NK 2012, 87 ff.

[186] Zur Berücksichtigung der Europäischen Strafvollzugsgrundsätze durch den EGMR siehe beispielsweise EGMR (GK), Stummer gegen Österreich, Urteil vom 07.07.2011, Beschw.-Nr. 37453/02, Rn. 49 ff.; EGMR (GK), Murray gegen Niederlande, Urteil vom 26.04.2016, Beschw.-Nr. 10511/10, Rn. 73 ff.; zur Berücksichtigung internationaler Rechtsgrundlagen unter ausdrücklicher Nennung der Empfehlungen des Europarats zum Freiheitsentzug von 1962 bis 2003 siehe BVerfG NJW 2006, 2093 (2097); weiterführend zur Bedeutung der Europäischen Strafvollzugsgrundsätze *Dünkel*, Forum Strafvollzug 2012, 141 (147); *Dünkel*, FS Courakis, 2017, S. 1780 ff.

[187] BVerfG NJW 2006, 2093 (2097); zu den genannten Empfehlungen siehe *BMJ Berlin/BMJ Wien/EJPD Bern (Hrsg.)* Freiheitsentzug. Die Empfehlungen des Europarates 1962–2003, 2004.

aus, dass es „[a]uf eine den grundrechtlichen Anforderungen nicht genügende Berücksichtigung vorhandener Erkenntnisse oder auf eine den grundrechtlichen Anforderungen nicht entsprechende Gewichtung der Belange der Inhaftierten" hindeuten kann, „wenn völkerrechtliche Vorgaben oder internationale Standards mit Menschenrechtsbezug [...] nicht beachtet bzw. unterschritten werden"[188].

Aus der Entscheidung des BVerfG folgt, dass sich auch die Auslegung opferorientierten Strafvollzugsrechts an völkerrechtlichen Vorgaben und internationalen Standards messen lassen muss. Mit Blick auf opferbezogene Strafvollzugsvorschriften ergibt sich jedoch die Besonderheit, dass neben den grundrechtlichen Rechtspositionen der Gefangenen ebenso die Interessen von Straftatopfern zu berücksichtigen sind. Dies muss bei der Einbeziehung der Europäischen Strafvollzugsgrundsätze im Rahmen der Auslegung berücksichtigt werden.

Inhaltlich erstrecken sich die Europäischen Strafvollzugsgrundsätze neben Empfehlungen zum Erwachsenen- und Jugendstrafvollzug auch auf Empfehlungen zur Untersuchungshaft, welche in den Grundsätzen 94 bis 101 zu finden sind. Die Europäischen Strafvollzugsgrundsätze umfassen weiterhin alle vollzugsrelevanten Regelungsbereiche, von den Grundprinzipien des Vollzugs (Grundsätze 1 bis 9), über die Haftbedingungen und die Unterbringung (Grundsätze 14 bis 18.10) bis hin zu den Rechtsschutzmöglichkeiten der Inhaftierten (Grundsätze 70.1 bis 70.13).

Für die hier interessierenden Anhaltspunkte eines opferbezogenen Strafvollzugsrechts haben sich durch die Aktualisierung der Europäischen Strafvollzugsgrundsätze im Jahr 2020 keine Abweichungen zu der Version aus dem Jahr 2006 ergeben. Das Straftatopfer wird in den Europäischen Strafvollzugsgrundsätzen lediglich an zwei Stellen ausdrücklich erwähnt. Zum einen können nach Nr. 24.2, 1. Hs. „Besuche und sonstige Kontakte eingeschränkt und überwacht werden, wenn dies [...] zur Verhütung von Straftaten und zum Schutz der Opfer von Straftaten erforderlich ist". Jedoch müssen die Einschränkungen ein „annehmbares Mindestmaß an Kontakten" zulassen (Nr. 24.2, 2. Hs.). Zum anderen ist nach Nr. 24.12 den Gefangenen die Kommunikation mit den Medien zu gestatten, außer es liegen zwingende Gründe für eine Untersagung vor. Als ein Beispiel für einen solchen zwingenden Grund wird ausdrücklich der Schutz der Unversehrtheit von Opfern genannt.

In Nr. 103.7 der Europäischen Strafvollzugsgrundsätze ist zudem der Ansatz der Restorative Justice i. w. S. erkennbar. So können die Gefangenen mit ihrer Zustimmung in ein Programm der „restorativen Justiz" und in die Wiedergutmachung ihrer Taten einbezogen werden. Bemerkenswert ist diesbezüglich zweierlei.

---

[188] BVerfG NJW 2006, 2093 (2097).

Zum einen werden in Nr. 103.7 ausdrücklich sowohl Programme der „restorativen Justiz" als auch der Tatwiedergutmachung genannt. Folglich beziehen die Europäischen Strafvollzugsgrundsätze die wiederherstellende Justiz und mit ihr Maßnahmen wie beispielsweise gemeinnützige Arbeit in den Strafvollzug ein. Zum anderen bedarf es für die Einbeziehung der Gefangenen deren Zustimmung, wodurch dem Freiwilligkeitsprinzip der Restorative Justice entsprochen wird. Die Aufnahme der Restorative Justice in den Abschnitt über die „Umsetzung des Strafvollzugs" wird zumindest von *Kilchling* derart gedeutet, dass sie „explizit als vorzugswürdige Behandlungsmaßnahme" aufgelistet werde.[189]

Darüber hinaus ist in Nr. 105.3 der Europäischen Strafvollzugsgrundsätze vorgesehen, dass den Gefangenen ermöglicht werden soll, Gelder, welche sie während der Haft durch Arbeit erwirtschaften und ansparen, für Reparationen – also gerade auch für die Entschädigung von Opfern – einzusetzen. Auch diesbezüglich ist eine klare Ausrichtung der Europäischen Strafvollzugsgrundsätze auf eine Einbeziehung der Restorative Justice zu sehen.

Weitere Ansätze zur Einbeziehung von Opferinteressen enthalten die Europäischen Strafvollzugsgrundsätze von 2006 bzw. 2020 nicht. Insbesondere lassen sich in ihnen keine Tendenzen für eine opferorientierte Ausgestaltung des gesamten Strafvollzugs finden. Für wichtige Einzelaspekte eines Opferbezugs des Strafvollzugs, wie die Einbeziehung von Opferinteressen bei Entscheidungen über vollzugsöffnende Maßnahmen und Vollzugslockerungen oder Informationsrechte des Opfers, finden sich in den Europäischen Strafvollzugsgrundsätzen ebenfalls keine Anhaltspunkte.

8.2.1.6 Empfehlung zur Unterstützung von Straftatopfern vom 14. Juni 2006

In der Empfehlung des Ministerkomitees zur Unterstützung von Straftatopfern wurden grundlegende Begrifflichkeiten wie „Opfer", „wiederholte Viktimisierung" („repeat victimisation") und sekundäre Viktimisierung („secondary victimisation") definiert.[190] Während die Definition der sekundären Viktimisierung mit jener der Empfehlung vom 28. Juni 1985 übereinstimmt[191], ergeben sich aus der Empfehlung für den Opferbegriff und den Terminus der wiederholten Viktimisierung Besonderheiten.

---

[189] *Kilchling*, Opferrechte und Restorative Justice, in: Sautner/Jesionek (Hrsg.), Opferrechte in europäischer, rechtsvergleichender und österreichischer Perspektive, 2017, S. 66.

[190] *Council of Europe*, Recommendation Rec(2006) 8 of the Committee of Ministers to Member States on assistance to crime victims, Anhang Nr. 1.

[191] Vgl. *Council of Europe*, Committee of Ministers Recommendation No. R(85) 11, S. 2.

Nach Nr. 1.1. der Empfehlung sind Opfer natürliche Personen, die einen Schaden erlitten haben, der durch ein Handeln oder Unterlassen verursacht wurde, welches gegen ein Strafgesetz eines Mitgliedsstaates verstößt. Von diesem Schadensbegriff werden gerade auch körperliche oder geistige Verletzungen sowie emotionale Beeinträchtigungen oder wirtschaftliche Verluste erfasst.[192] Weiterhin umfasst der Begriff des Opfers gegebenenfalls auch die Familie und Angehörigen des direkten Opfers.[193] Unter wiederholter Viktimisierung ist eine Situation zu verstehen, in der dieselbe Person mehrmals innerhalb eines bestimmten Zeitabschnitts Opfer von Straftaten wurde.[194] Nach dieser Definition muss die wiederholte Viktimisierung nicht durch den bzw. die gleiche:n Täter:in stattfinden.

Im Mittelpunkt der Empfehlung stand vor allem der Schutz des Opfers vor einer sekundären Viktimisierung.[195] Zudem enthält die Empfehlung Hinweise auf die besondere Schutzbedürftigkeit einiger Opfergruppen. Zwar werden keine besonderen Personengruppen oder Deliktsbereiche genannt, allerdings wurde den Mitgliedsstaaten empfohlen, vor allem für besonders gefährdete Opfer spezielle Unterstützungsmaßnahmen vorzusehen.[196] Als Kriterien wurden einerseits die Schutzbedürftigkeit aufgrund besonderer persönlicher Merkmale und andererseits die Schutzbedürftigkeit aufgrund der Umstände der Straftat genannt.[197] Hierunter lassen sich sowohl kindliche Opfer als auch Opfer von Sexualdelikten und schweren Gewaltdelikten fassen.

Weiterhin wurde den Mitgliedsstaaten empfohlen, spezifische Schutzmaßnahmen für Opfer zu treffen, die von Einschüchterung, Repressalien oder

---

[192] *Council of Europe*, Committee of Ministers Recommendation Rec(2006) 8, Anhang Nr. 1.1: „Victim means a natural person who has suffered harm, including physical or mental injury, emotional suffering or economic loss, caused by acts or omissions that are in violation of the criminal law of a member state“.

[193] *Council of Europe*, Committee of Ministers Recommendation Rec(2006) 8, Anhang Nr. 1.1: „The term victim also includes, where appropriate, the immediate family or dependants of the direct victim“.

[194] *Council of Europe*, Committee of Ministers Recommendation Rec(2006) 8, Anhang Nr. 1.2: „Repeat victimisation means a situation when the same person suffers from more than one criminal incident over a specific period of time“.

[195] Vgl. *Council of Europe*, Committee of Ministers Recommendation Rec(2006) 8, Anhang Nr. 3.3.

[196] Vgl. *Council of Europe*, Committee of Ministers Recommendation Rec(2006) 8, Anhang Nr. 3.4.

[197] *Council of Europe*, Committee of Ministers Recommendation Rec(2006) 8, Anhang Nr. 3.4: „States should ensure that victims who are particularly vulnerable, either through their personal characteristics or through the circumstances of the crime, can benefit from special measures best suited to their situation“.

wiederholter Viktimisierung bedroht sind.[198] Mithin wurde der Schutz von tatsächlichen Opfern vor einer erneuten Beeinträchtigung in der Empfehlung berücksichtigt. Zudem wurde die Benachrichtigung von besonders gefährdeten Opfern bei einer Entlassung der strafrechtlich verfolgten oder verurteilten Personen vorgeschlagen.[199] Allerdings wurde dies nur für Fälle empfohlen, in denen eine Benachrichtigung erforderlich erscheint.[200] Eine derartige Benachrichtigung erscheint insbesondere für den Strafvollzug relevant, wenn von dem bzw. der inhaftierten und alsbald zu entlassenden Täter:in eine Gefahr für das Opfer ausgeht. Zu beachten ist jedoch, dass das Ministerkomitee den Mitgliedsstaaten ebenso empfahl, dem Opfer keine Informationen aufzudrängen bzw. sicherzustellen, dass das Opfer diesbezüglich ein Entscheidungsrecht habe.[201]

Schließlich wurden die positiven Effekte der Mediation in Strafsachen für das Opfer hervorgehoben und ihre Etablierung im Strafrechtssystem empfohlen.[202] Zugleich wurde jedoch auch allgemein auf mögliche Risiken der Mediation für das Opfer hingewiesen und den Mitgliedsstaaten diesbezüglich eine besondere Umsicht empfohlen.[203] Mitgliedsstaaten, welche die Mediation in Strafsachen bereits durchführen, wurde die Schaffung einheitlicher Standards zur Durchführung derartiger Konfliktlösungsmethoden anempfohlen.[204]

8.2.1.7 Übereinkommen des Europarats zum Schutz von Kindern vor sexueller Ausbeutung und sexuellem Missbrauch vom 25. Oktober 2007

Im Übereinkommen zum Schutz von Kindern vor sexueller Ausbeutung und sexuellem Missbrauch vom 25. Oktober 2007 (sogenannte Lanzarote-Konvention)

---

[198] *Council of Europe*, Committee of Ministers Recommendation Rec(2006) 8, Anhang Nr. 10.2.

[199] *Council of Europe*, Committee of Ministers Recommendation Rec(2006) 8, Anhang Nr. 10.3.

[200] *Council of Europe*, Committee of Ministers Recommendation Rec(2006) 8, Anhang Nr. 10.3, „States should take the necessary measures to ensure that, at least in cases where there might be danger to the victims, when the person prosecuted or sentenced for an offender is released, a decision may be taken to notify the victims if necessary".

[201] *Council of Europe*, Committee of Ministers Recommendation Rec(2006) 8, Anhang Nr. 10.4.

[202] *Council of Europe*, Committee of Ministers Recommendation Rec(2006) 8, Anhang Nr. 13.1.

[203] *Council of Europe*, Committee of Ministers Recommendation Rec(2006) 8, Anhang Nr. 13.2.

[204] *Council of Europe*, Committee of Ministers Recommendation Rec(2006) 8, Anhang Nr. 13.3.

wurde die besondere Schutzbedürftigkeit kindlicher Opfer von Sexualstraftaten durch den Europarat hervorgehoben.[205] Das Übereinkommen wurde durch Deutschland am 25. Oktober 2007 unterzeichnet. Am 21. Januar 2015 wurde die Lanzarote-Konvention vom deutschen Staat ratifiziert und trat in Deutschland schließlich am 1. März 2016 in Kraft.[206] Der Lanzarote-Konvention kommt daher seit dem Inkrafttreten des Umsetzungsgesetzes der Rang eines Bundesgesetzes zu.[207] Bei der Auslegung einfachen nationalen Rechts war die Lanzarote-Konvention jedoch bereits vor ihrer Ratifizierung als sogenanntes „soft law" im Rahmen einer völkerrechtsfreundlichen Auslegung zu berücksichtigen.[208] Da es sich bei der Lanzarote-Konvention seit der Ratifizierung durch Deutschland um einen bindenden völkerrechtlichen Vertrag handelt, dient sie bei der Auslegung der Grundrechte des Grundgesetzes als Auslegungshilfe.[209] Folglich ist die Lanzarote-Konvention bei einer völkerrechtsfreundlichen Auslegung des deutschen Straf- und Strafprozessrechts, der Landesstrafvollzugsgesetze, aber auch der grundrechtlichen Schutzpflichten zu berücksichtigen.

Das Übereinkommen umfasst insgesamt 50 Artikel, die in zwölf Kapitel gegliedert sind. In den einzelnen Kapiteln wurden Teilbereiche der Konvention zusammengefasst, wie beispielsweise „Kapitel I – Zweck, Nichtdiskriminierungsgrundsatz und Begriffsbestimmung" (Art. 1 bis 3), „Kapitel II – Präventive Maßnahmen" (Art. 4 bis 9), „Kapitel IV – Maßnahmen zum Schutz und zur Unterstützung der Opfer" (Art. 11 bis 14), „Kapitel VI – Materielles Strafrecht" (Art. 18 bis 29) und „Kapitel VII – Ermittlungen, Strafverfolgung und Verfahrensrecht" (Art. 30 bis 36).

---

[205] Übereinkommen des Europarats zum Schutz von Kindern vor sexueller Ausbeutung und sexuellem Missbrauch vom 25.10.2007; der Vertragstext ist in englischer Sprache abrufbar unter https://rm.coe.int/1680084822 (zuletzt aufgerufen am 11.06.2022); zum Vertragstext in deutscher Sprache siehe BGBl. II 2015, S. 26 ff.

[206] Gesetz zu dem Übereinkommen des Europarats vom 25.10.2007 zum Schutz von Kindern vor sexueller Ausbeutung und sexuellem Missbrauch vom 21.01.2015, BGBl. II 2015, S. 26 ff; Bekanntmachung über das Inkrafttreten des Übereinkommens vom 16.02.2016, BGBl. II 2016, S. 315 ff.

[207] Siehe hierzu Art. 59 Abs. 2 S. 1 GG; allgemein BVerfG NJW 2016, 1295 (1296); weiterführend *Nettesheim*, in: Dürig/Herzog/Scholz (Hrsg.), GG, 95. EL Juli 2021, Art. 59 Rn. 181 ff.

[208] Allgemein zur völkerrechtsfreundlichen Auslegung der StPO siehe bereits BVerfG NJW 1987, 2427 (2427 f.); vgl. auch BVerfG NJW 2004, 3407 (3410), wonach das nationale Recht „unabhängig vom Zeitpunkt seines In-Kraft-Tretens nach Möglichkeit im Einklang mit dem Völkerrecht auszulegen" sei.

[209] Vgl. BVerfG NJW 2016, 1295 (1300).

Als Zweck des Übereinkommens wurde nach Art. 1 Abs. 1 lit. a die Verhütung und Bekämpfung der sexuellen Ausbeutung und des sexuellen Missbrauchs von Kindern festgelegt. Weiterhin dient das Übereinkommen nach Art. 1 Abs. 1 lit. b dem Schutz der Rechte kindlicher Opfer von sexueller Ausbeutung und sexuellem Missbrauch. Im Hinblick auf die Opfer der genannten Taten wurde den Vertragsparteien in Art. 14 Abs. 1 aufgetragen, die erforderlichen gesetzgeberischen oder sonstigen Maßnahmen zu treffen, um die Opfer kurz- oder langfristig bei ihrer körperlichen und psychosozialen Genesung zu unterstützen.

Für das materielle Strafrecht wurden im sechsten Kapitel der Lanzarote-Konvention Vorgaben für die Vertragsparteien zu einzelnen strafrechtlich relevanten Handlungen gemacht. Diese betreffen beispielsweise den sexuellen Missbrauch (Art. 18), Straftaten im Zusammenhang mit Kinderprostitution (Art. 19) und Kinderpornografie (Art. 20) sowie die Kontaktanbahnung zu Kindern zu sexuellen Zwecken (Art. 23). Weiterhin sind in diesem Abschnitt der Konvention Vorgaben zur Gerichtsbarkeit (Art. 25), zur Verantwortlichkeit juristischer Personen (Art. 26), zu Sanktionen und Maßnahmen (Art. 27) sowie zu Strafschärfungsgründen (Art. 28) und zu Vorstrafen (Art. 29) enthalten. Im Zusammenhang mit den Sanktionen und Maßnahmen wurde den Vertragsparteien in Art. 27 Abs. 1 aufgetragen, durch die erforderlichen gesetzgeberischen oder sonstigen Maßnahmen sicherzustellen, dass die innerhalb der Konvention umschriebenen Straftaten mit „wirksamen, angemessenen und abschreckenden Sanktionen bedroht werden, die ihrer Schwere Rechnung tragen“. In Art. 27 Abs. 4 wurde den Vertragsparteien die Möglichkeit eingeräumt, „andere Maßnahmen in Bezug auf die Täter [zu] treffen, beispielsweise den Entzug elterlicher Rechte, die Nachbetreuung oder die Überwachung verurteilter Personen“.

Mit Blick auf die Strafverfolgung wurde den Vertragsparteien durch Art. 31 Abs. 1 aufgetragen, „die erforderlichen oder gesetzgeberischen Maßnahmen zu treffen, um die Rechte und Interessen der Opfer, insbesondere ihre besonderen Bedürfnisse als Zeugen, in allen Abschnitten der Ermittlungen und des Strafverfahrens zu schützen“. Für die Vernehmung von Kindern wurden in Art. 35 der Lanzarote-Konvention Vorgaben gemacht. Hierzu zählen beispielsweise die Vernehmung des Kindes durch zu diesem Zweck geschulte fachkundige Personen (Art. 35 Abs. 1 lit. c), die Beschränkung der Anzahl der Vernehmungen auf das für das Strafverfahren erforderliche Mindestmaß (Art. 35 Abs. 1 lit. e) und die Videoaufzeichnung der Vernehmung kindlicher Opfer und gegebenenfalls auch kindlicher Zeug:innen (Art. 35 Abs. 2).

Die Lanzarote-Konvention ist insofern von Bedeutung für das deutsche Strafrecht im Allgemeinen und das deutsche Strafvollzugsrecht im Speziellen, weil durch das Übereinkommen Kinder, die Opfer von Sexualstraftaten geworden sind, als besonders schutzwürdige Opfergruppe eingeordnet werden. Weiterhin wird der Schutz der Rechte und Interessen dieser Opfer durch die Konvention betont und insbesondere hinsichtlich des Strafverfahrens der Schutz vor einer sekundären Viktimisierung angeführt.

8.2.1.8 Übereinkommen des Europarats zur Verhütung und Bekämpfung von Gewalt gegen Frauen und häuslicher Gewalt vom 1. Mai 2011

Mit Blick auf den besonderen Schutz bestimmter Opfergruppen ist weiterhin das Übereinkommen des Europarats vom 1. Mai 2011 zu erwähnen, welches die Verhütung und Bekämpfung von Gewalt gegen Frauen und häuslicher Gewalt betrifft (sogenannte Istanbul-Konvention).[210] Die Istanbul-Konvention wurde von Deutschland bereits 2011 unterzeichnet und trat nach ihrer Ratifizierung am 17. Juli 2017 schließlich am 1. Februar 2018 in Kraft.[211] Ebenso wie die Lanzarote-Konvention war auch die Istanbul-Konvention bereits vor ihrer Ratifizierung als sogenanntes „soft law" im Rahmen einer völkerrechtsfreundlichen Auslegung des einfachen nationalen Rechts zu berücksichtigen.[212] Weiterhin dient die Istanbul-Konvention zudem wie die EMRK und die Rechtsprechung des EGMR als Auslegungshilfe für die Grundrechte des Grundgesetzes.[213] Daher ist die Istanbul-Konvention ebenso wie die Lanzarote-Konvention bei einer völkerrechtsfreundlichen Auslegung des deutschen Straf- und Strafprozessrechts, der Landesstrafvollzugsgesetze, aber auch der grundrechtlichen Schutzpflichten zu berücksichtigen.

---

[210] Übereinkommen des Europarats vom 11.05.2011 zur Verhütung und Bekämpfung von Gewalt gegen Frauen und häuslicher Gewalt; der Vertragstext ist mit einem erläuternden Bericht in deutscher Sprache abrufbar unter https://rm.coe.int/1680462535 (zuletzt aufgerufen am 11.06.2022); zur amtlichen deutschen Übersetzung des Vertragstextes siehe BGBl. II 2017, S. 1026 ff.; zur Entwicklung des Schutzes von Frauen vor Gewalt durch die Vereinten Nationen und den Europarat vor Entstehung der Istanbul-Konvention siehe den erläuternden Bericht zum Übereinkommen, Rn. 5 ff.; zum „Übereinkommen der vereinten Nationen zur Beseitigung jeglicher Form von Diskriminierung der Frau" (CEDAW) von 1979 sogleich unten im Abschnitt 8.3.1.1.

[211] Gesetz zu dem Übereinkommen des Europarates vom 11.05.2011 zur Verhütung und Bekämpfung von Gewalt gegen Frauen und häuslicher Gewalt vom 17.07.2017, BGBl. II 2017, S. 1026 ff.; zu den Hintergründen siehe *Rabe/Leisering*, Die Istanbul-Konvention, 2018, S. 7 f.

[212] Vgl. nur BVerfG NJW 2004, 3407 (3410), wonach das nationale Recht „unabhängig vom Zeitpunkt seines In-Kraft-Tretens nach Möglichkeit im Einklang mit dem Völkerrecht auszulegen" sei.

[213] *Gerhold*, JR 2016, 122 (123 f.).

Die Istanbul-Konvention enthält zahlreiche Vorgaben zur Verhütung und Bekämpfung geschlechtsspezifischer Gewalt gegenüber Frauen und Opfern häuslicher Gewalt.[214] Eine Umsetzung der Konvention verlangt von den beteiligten Staaten eine Vielzahl an Maßnahmen in den Bereichen Prävention, Intervention, Schutz und Sanktion.[215] Die Vorgaben der Istanbul-Konvention wurden in insgesamt 81 Artikel niedergelegt, die zu zwölf Kapiteln zusammengefasst wurden. Diese Kapitel betreffen einzelne Teilbereiche wie beispielsweise „Kapitel I – Zweck, Begriffsbestimmungen, Gleichstellung und Nichtdiskriminierung, allgemeine Verpflichtungen" (Art. 1 bis 6), „Kapitel III – Prävention" (Art. 12 bis 17), „Kapitel IV – Schutz und Unterstützung" (Art. 18 bis 28) und „Kapitel V – Materielles Recht" (Art. 29 bis 47). Nachfolgend sollen allerdings nur diejenigen Vorgaben der Istanbul-Konvention näher betrachtet werden, die für eine Opferorientierung im Strafvollzug relevant sein könnten.

Der näheren Betrachtung der Istanbul-Konvention ist noch vorauszuschicken, dass die Gesetzesbegründungen zu den Landesstrafvollzugsgesetzen keine Anhaltspunkte für einen Rückgriff auf das Übereinkommen enthalten. Zwar wird die besondere Schutzbedürftigkeit von Opfern von Sexual- und Gewaltdelikten und häuslicher Gewalt sowie teilweise auch konkret von kindlichen Opfern in einigen Gesetzesbegründungen betont,[216] die Istanbul-Konvention findet hier jedoch keine Erwähnung. Dies ist gegebenenfalls darauf zurückzuführen, dass zum Zeitpunkt der Entstehung der meisten Landesstrafvollzugsgesetze die Istanbul-Konvention noch nicht durch den deutschen Staat ratifiziert worden war. Dieser Umstand ändert jedoch nichts daran, dass das Übereinkommen im Rahmen einer völkerrechtskonformen Auslegung bereits vor der Ratifizierung 2017 zu berücksichtigen war.[217]

Besonders relevant für das opferbezogene Strafvollzugsrecht erscheint zunächst der in Art. 1 Istanbul-Konvention festgelegte Zweck dieses völkerrechtlichen Vertrages. Nach Art. 1 lit. a ist es Zweck des Übereinkommens „Frauen vor allen Formen von Gewalt zu schützen und Gewalt gegen Frauen und häusliche Gewalt zu verhüten, zu verfolgen und zu beseitigen". Zudem dient die Konvention nach Art. 1 lit. c dem Zweck „einen umfassenden Rahmen sowie umfassende politische und sonstige Maßnahmen zum Schutz und zur Unterstützung aller

---

[214] Vgl. hierzu *Rabe/Leisering*, Die Istanbul-Konvention, 2018, S. 7.

[215] *Rabe/Leisering*, Die Istanbul-Konvention, 2018, S. 7.

[216] Vgl. Landtag Bayern Drs. 17/21101, S. 34; Landtag Nordrhein-Westfalen Drs. 16/5413, S. 72; speziell zu kindlichen Opfern siehe Landtag Sachsen Drs. 5/10920, S. 107.

[217] Zur fehlenden Berücksichtigung der Istanbul-Konvention bei der Auslegung des Sexualstrafrechts siehe *Gerhold*, JR 2016, 122 (124 f.).

Opfer von Gewalt gegen Frauen und häuslicher Gewalt zu entwerfen". Somit ergibt sich bereits aus Art. 1 Istanbul-Konvention ein unmittelbarer Bezug des Übereinkommens zu opferschützenden Maßnahmen im deutschen Strafrecht allgemein, jedoch ebenso für das Strafvollzugsrecht im Speziellen, wenn dieses auf den Schutz von Straftatopfern ausgerichtet ist. Zu beachten ist in diesem Zusammenhang jedoch, dass die Istanbul-Konvention sich allein auf den Schutz von Frauen vor Gewalt und den Schutz von Opfern häuslicher Gewalt beschränkt.[218] Gleichwohl ist der Begriff der häuslichen Gewalt in diesem Zusammenhang nicht nur auf häusliche Gewalt gegenüber Frauen beschränkt, sondern umfasst alle Opfer derartiger Viktimisierungen, namentlich auch Kinder und männliche Partner.[219] Unter Gewalt gegen Frauen werden schließlich nach Art. 3 lit. a Istanbul-Konvention „alle Handlungen geschlechtsspezifischer Gewalt, die zu körperlichen, sexuellen, psychischen oder wirtschaftlichen Schäden oder Leiden bei Frauen führen oder führen können, einschließlich der Androhung solcher Handlungen, der Nötigung oder der willkürlichen Freiheitsentziehung" verstanden. Mit Blick auf die Opfer von Gewalt gegen Frauen bzw. häuslicher Gewalt stellt die Konvention zudem in Art. 3 lit. e klar, dass mit diesem Begriff nur natürliche Personen gemeint sind.

Auf der Grundlage von Art. 18 Abs. 1 Istanbul-Konvention trifft die Vertragsparteien die Pflicht, alle Opfer durch gesetzgeberische oder sonstige Maßnahmen vor weiteren Gewalttaten zu schützen. Folglich müssen die Vertragsstaaten geeignete Maßnahmen treffen, um eine erneute Viktimisierung von Opfern zu vermeiden. Mit Blick auf das opferbezogene Strafvollzugsrecht erscheint diese Vorgabe von besonderer Bedeutung, wenn mit opferschützenden Regelungen innerhalb des Vollzugsrechts eine erneute Viktimisierung eines konkreten Opfers verhindert werden soll. Nach Art. 18 Abs. 3 Istanbul-Konvention stellen die Vertragsparteien zudem sicher, dass die getroffenen Maßnahmen „auf einem umfassenden Ansatz beruhen, bei dem das Verhältnis zwischen Opfern und Tätern bzw. Täterinnen, Kindern und ihrem weiteren sozialen Umfeld berücksichtigt wird". Die betreffenden Maßnahmen haben zudem nach Art. 18 Abs. 3 „die Verhinderung der sekundären Viktimisierung zum Ziel" und gehen „auf die besonderen Bedürfnisse schutzbedürftiger Personen, einschließlich Opfer[n], die Kinder sind", ein. In diesen Vorgaben finden sich offensichtlich bedeutsame Grundgedanken der Opferorientierung des Straf- und Strafprozessrechts wieder,

---

[218] Vgl. hierzu insbesondere die Begriffsdefinitionen in Art. 3 Istanbul-Konvention.

[219] Vgl. Erläuternder Bericht zur Istanbul-Konvention, Rn. 37, 41 f., abrufbar unter https://rm.coe.int/1680462535 (zuletzt aufgerufen am 11.06.2022).

welche bereits weitestgehend in der Empfehlung des Europarats zur Stellung des Opfers im Straf- und Strafprozessrecht vom 28. Juni 1985 enthalten waren.

Mit Blick auf die Vorgaben der Istanbul-Konvention für das materielle Recht erscheinen für das Strafvollzugsrecht Art. 31 (Sorgerecht, Besuchsrecht und Sicherheit) und Art. 45 (Sanktionen und Maßnahmen) von Bedeutung. Nach Art. 31 Abs. 1 treffen die Vertragsparteien gesetzgeberische oder sonstige Maßnahmen um sicherzustellen, dass in den Geltungsbereich des Übereinkommens fallende gewalttätige Vorfälle gegenüber Kindern bei Entscheidungen über das Besuchs- und Sorgerecht berücksichtigt werden. Dem erläuternden Bericht zu Art. 31 ist zu entnehmen, dass sich diese Vorgabe allein auf die richterliche Anordnung des Kontakts zwischen Kindern und ihren Eltern oder anderen Familienmitgliedern bezieht.[220] Berücksichtigt werden müssen in diesem Zusammenhang neben Gewaltanwendungen gegenüber dem Kind ebenso Gewalttaten gegenüber dem nichtmisshandelnden Elternteil.[221] Weiterhin stellen die Vertragsstaaten nach Art. 31 Abs. 2 durch entsprechende Maßnahmen sicher, „dass die Ausübung des Besuchs- oder Sorgerechts nicht die Rechte und die Sicherheit des Opfers oder der Kinder gefährdet". Derartige Maßnahmen des Opferschutzes könnten im opferorientierten Strafvollzugsrecht insbesondere in den Vorschriften zu den Versagungsmöglichkeiten des Kontakts zum Opfer zu sehen sein.

In diesem Zusammenhang ist insbesondere bei kindlichen Opfern von Sexualdelikten ebenso an Art. 27 Abs. 4 der Lanzarote-Konvention zu denken, welcher den Vertragsparteien in solchen Fällen den Entzug der elterlichen Rechte exemplarisch vorschlägt. In Betracht käme jedoch mit Blick auf den Strafvollzug ebenso ein Kontaktverbot unter Beachtung des Kindeswohls. Daher erscheint insbesondere eine Berücksichtigung von Art. 31 Istanbul-Konvention gegebenenfalls i.V. m. Art. 27 Abs. 4 Lanzarote-Konvention im Rahmen der Auslegung der opferbezogenen Vorschriften des Themenkreises der „Außenkontakte" relevant.[222] Dies betrifft zwar nicht die Entscheidung des Familiengerichts zu Umgangs- und Sorgerechten bei inhaftierten Elternteilen, die ihre Kinder oder Partner:innen viktimisiert haben, wohl aber die Durchführung von Besuchen und anderer Kontakte durch die Vollzugsanstalten, bevor eine Entscheidung des Familiengerichts über ein Umgangs- oder Kontaktverbot erfolgt ist.

---

[220] Vgl. Erläuternder Bericht zur Istanbul-Konvention, Rn. 175.

[221] Erläuternder Bericht zur Istanbul-Konvention, Rn. 175.

[222] Siehe hierzu unten Kapitel 14.

Während die Istanbul-Konvention in Art. 33 bis 43 Vorgaben enthält, welche für das materielle Strafrecht relevant sind,[223] und sich in Art. 44 Vorgaben zur Gerichtsbarkeit finden, bezieht sich Art. 45 bereits seiner Überschrift nach auf Sanktionen. So enthält Art. 45 Abs. 1 S. 1 die Vorgabe, dass die innerhalb des Übereinkommens „umschriebenen Straftaten mit wirksamen, angemessenen und abschreckenden Sanktionen bedroht werden, die ihrer Schwere Rechnung tragen". Nach Art. 45 Abs. 1 S. 2 umfassen diese Sanktionen gegebenenfalls freiheitsentziehende Maßnahmen, die zur Auslieferung führen können. Mithin beziehen sich die Vorgaben des Art. 45 Istanbul-Konvention ausdrücklich auch auf den Vollzug der Freiheitsstrafe. Nach Art. 45 Abs. 2 können die Vertragsparteien weitere Maßnahmen in Bezug auf die Täter:innen treffen; als Beispiele werden die Überwachung und Betreuung verurteilter Personen und der Entzug der elterlichen Rechte genannt. Für letzteres wird in Art. 45 Abs. 2 die Bedingung aufgestellt, dass „das Wohl des Kindes, das die Sicherheit des Opfers umfassen kann, nicht auf andere Weise garantiert werden kann". Im erläuternden Bericht zu Art. 45 werden ebenfalls die Schutzbedürftigkeit kindlicher Opfer und die Berücksichtigung des Kindeswohls besonders betont.[224] Die Berücksichtigung von Gewalttaten gegenüber dem nichtmisshandelnden Elternteil wird damit begründet, dass Kinder auch traumatisiert werden können, wenn sie derartige Zwischenfälle miterlebt haben. Es könne in solchen Fällen nicht dem Kindeswohl entsprechen, den Kontakt zum gewalttätigen Elternteil aufrecht zu erhalten.[225] Der Kontakt zwischen dem Kind und dem gewalttätigen Elternteil müsse häufig durch den misshandelten Elternteil begleitet werden, was möglichen Kontakt- und Näherungsverboten widersprechen könne.[226] Zudem stelle der Kontakt zwischen dem gewalttätigen Elternteil und dem gemeinsamen Kind mitunter ein Sicherheitsrisiko für den misshandelten Elternteil dar. Insgesamt müsse der Schutz der viktimisierten Personen kohärent sein und dürfe nicht durch andere rechtliche Vorgaben unterlaufen werden.[227] Hinsichtlich des Vollzugsrechts wird in diesem

---

[223] Es finden sich Vorgaben zur psychischen Gewalt (Art. 33), zur Nachstellung (Art. 34), zur körperlichen Gewalt (Art. 35), zur sexuellen Gewalt, einschließlich Vergewaltigung (Art. 36), zur Zwangsheirat (Art. 37), zur Verstümmlung weiblicher Genitalien (Art. 38), zur Zwangsabtreibung und Zwangssterilisation (Art. 39), zur sexuellen Belästigung (Art. 40) sowie zu Themenkomplexen des Allgemeinen Teils des StGB (vgl. Art. 41 bis 43).

[224] Erläuternder Bericht zur Istanbul-Konvention, Rn. 233 mit Verweis auf EGMR, Zaunegger gegen Deutschland, Urteil vom 03.12.2009, Beschw.-Nr. 22028/04, Rn. 60 zur Berücksichtigung des Kindeswohls bei der Zuweisung der elterlichen Sorge.

[225] Erläuternder Bericht zur Istanbul-Konvention, Rn. 233.

[226] Erläuternder Bericht zur Istanbul-Konvention, Rn. 233.

[227] Erläuternder Bericht zur Istanbul-Konvention, Rn. 233.

Zusammenhang zu untersuchen sein, inwiefern Kontaktverbote von Gefangenen zu ihren Kindern, welche zugleich Opfer der vollzugsrelevanten Straftat sind, mit Art. 6 GG und dem Resozialisierungsgebot vereinbar sind. Art. 45 Istanbul-Konvention wird diesbezüglich für die Auslegung der landesrechtlichen Vorschriften, aber auch des Verfassungsrechts berücksichtigt werden.[228]

Weiterhin enthält die Istanbul-Konvention in Art. 48 Vorgaben zum Verbot verpflichtender alternativer Streitbeilegungsverfahren. So treffen die Vertragsparteien nach Art. 48 Abs. 1 die erforderlichen gesetzgeberischen oder sonstigen Maßnahmen, um verpflichtende alternative Streitbeilegungsverfahren, einschließlich Mediation und Schlichtung, wegen aller in den Geltungsbereich des Übereinkommens fallenden Formen von Gewalt zu verbieten. Zwar dürfte diese Vorgabe vor allem für jene Vertragsstaaten relevant sein, welche derartige erzwungene Verfahren vorsehen; aus dem Verbot des Zwangs zur alternativen Streitbeilegung kann jedoch auch für das deutsche Recht das unbedingte Erfordernis der Freiwilligkeit bei derartigen Verfahren abgeleitet werden. Mit Blick auf das Grundkonzept der Restorative Justice muss diese Freiwilligkeit sowohl Opfern als auch Täter:innen zugestanden werden.[229]

Das sechste Kapitel des Übereinkommens enthält Vorgaben zu „Ermittlungen, Strafverfolgung, Verfahrensrecht und Schutzmaßnahmen". So wird beispielsweise durch Art. 49 Abs. 1 die Notwendigkeit der Berücksichtigung der Rechte des Opfers in allen Abschnitten des Strafverfahrens betont. In Art. 50 Abs. 1 wird dem Opferschutzgedanken insofern Ausdruck verliehen, als die Strafverfolgungsbehörden sofort und angemessen auf Gefährdungslagen reagieren und dem Opfer umgehend geeigneten Schutz bieten.

Hieran schließen sich in Art. 51 weitere Vorgaben zur Gefährdungsanalyse und zum Gefahrenmanagement an, welche in besonderer Weise für den Strafvollzug von Bedeutung sein können. Nach Art. 51 Abs. 1 Istanbul-Konvention treffen die Vertragsparteien die erforderlichen gesetzgeberischen oder sonstigen Maßnahmen, um sicherzustellen, dass eine Analyse der Gefahr für Leib und Leben und der Schwere der Situation sowie der Gefahr von wiederholter Gewalt von allen „einschlägigen Behörden" vorgenommen wird, um die Gefahr unter Kontrolle zu bringen und erforderlichenfalls für koordinierte Sicherheit und Unterstützung zu sorgen. Da diese Vorgabe nicht auf die Strafverfolgungsbehörden beschränkt ist[230], kann der Strafvollzug bzw. die zuständige Anstalt als einschlägige Behörde

[228] Zur Vereinbarkeit vollzuglicher Kontaktverbote mit Art. 6 GG siehe unten im Abschnitt 14.5.2.3.

[229] Zum Konzept der Restorative Justice siehe bereits oben im Abschnitt 7.2.1.2.

[230] So ausdrücklich der erläuternde Bericht zur Istanbul-Konvention, Rn. 260.

i.S.v. Art. 51 Abs. 1 Istanbul-Konvention verstanden werden. Als Indizien für die Gefahr einer erneuten Viktimisierung werden im erläuternden Bericht zu Art. 51 unter anderem schwerwiegende Drohungen des bzw. der Gewalttäter:in gegenüber dem Opfer genannt sowie schwerwiegende gewalttätige Übergriffe auf das Opfer in der Vergangenheit durch den bzw. die Täter:in.[231] Mit Blick auf den Strafvollzug ist unter Berücksichtigung dieser Vorgabe insbesondere der Schutz vor wiederholter Gewalt gegen das Opfer von gesteigerter Bedeutung. Wenn von inhaftierten Gefangenen für das Opfer die Gefahr einer erneuten Viktimisierung durch Gewalt nach dem Verständnis der Istanbul-Konvention ausgeht, so muss diese Gefahr nach Art. 51 Abs. 1 der Konvention kontrolliert und dem Opfer Schutz und Unterstützung gewährt werden. Inwiefern das geltende deutsche Strafvollzugsrecht geeignete Maßnahmen vorsieht, um eine Reviktimisierung des konkreten Opfers durch den bzw. die konkrete:n Täter:in zu verhindern, muss im Rahmen der Auslegung des opferorientierten Vollzugsrechts genauer untersucht werden. Besonders relevant erscheinen in diesem Zusammenhang die Vorschriften zu vollzugsöffnenden Maßnahmen und Vollzugslockerungen.[232]

Mit Blick auf die in Art. 51 und Art. 52 Istanbul-Konvention enthaltenen Vorgaben zu Kontakt- und Näherungsverboten besteht erneut eine Verbindung zu vollzuglichen Kontaktverboten. Diesbezüglich ergibt sich aus der Istanbul-Konvention, dass die Vertragspartner zum Schutz von Opfern von Gewalt i. S. d. Konvention angemessene Kontakt- und Näherungsverbote oder Schutzanordnungen treffen.[233] Hieraus kann geschlussfolgert werden, dass sich der Schutz von Opfern von Gewalt gegen Frauen und häuslicher Gewalt auch auf den Kontakt zwischen Täter:innen und Opfern erstreckt und dieser Schutz durch geeignete Maßnahmen umzusetzen ist. Dem erläuternden Bericht zu Art. 53 Istanbul-Konvention ist diesbezüglich zu entnehmen, dass der tatsächliche Schutz vor der Wiederholung der Gewalttaten gegenüber dem Opfer zu gewährleisten ist.[234] Derartige Überlegungen könnten insbesondere bei vollzuglichen Entscheidungen über Kontaktverbote zwischen Gefangenen und ihren Opfern relevant sein. Bei den opferbezogenen Kontaktbeschränkungen des Vollzugsrechts erscheint eine Berücksichtigung von Art. 52 und Art. 53 Istanbul-Konvention daher ebenso

[231] Erläuternder Bericht zur Istanbul-Konvention, Rn. 260.

[232] Zur Auslegung der Vorschriften aus dem Themenkreis „vollzugsöffnende Maßnahmen" siehe unten im Kapitel 15.

[233] Art. 52 Istanbul-Konvention regelt die Eilschutzanordnung; Art. 53 Abs. 1 sieht demgegenüber allgemeine Kontakt- und Näherungsverbote oder Schutzanordnungen vor; in Art. 53 Abs. 2 und 3 sind Vorgaben zur effektiven Umsetzung der entsprechenden Maßnahmen bzw. zur Folgen von Verstößen gegen Schutzanordnungen u. a. enthalten.

[234] Erläuternder Bericht zur Istanbul-Konvention, Rn. 267.

von Bedeutung zu sein wie bei der Auslegung der Vorschriften über opferbezogene Weisungen im Zusammenhang mit vollzugsöffnenden Maßnahmen und Vollzugslockerungen. Mithin muss die Istanbul-Konvention bei Gefährdungslagen i. S. d. Übereinkunft bei den genannten opferbezogenen Vorschriften des Strafvollzugsrechts berücksichtigt werden.[235]

Wenngleich die Istanbul-Konvention sich nicht ausdrücklich mit der Berücksichtigung des Opferschutzes im Strafvollzug befasst, lassen sich dennoch mehrere Anknüpfungspunkte für eine völkerrechtskonforme Auslegung des Vollzugsrechts finden. Zu beachten ist in diesem Zusammenhang jedoch, dass sich der Anwendungsbereich der Konvention auf Gewalt gegenüber Frauen und häusliche Gewalt bezieht. Entsprechend ist die Berücksichtigung der Istanbul-Konvention bei der Auslegung des Strafvollzugsrechts allein auf den Schutz und die Interessen von Frauen und Opfern von häuslicher Gewalt – insbesondere Kinder – beschränkt. Nur bei diesen Opfergruppen kann die Istanbul-Konvention als verbindlicher Maßstab des Opferschutzes dienen.

8.2.1.9 Empfehlung zur Restorative Justice in Strafsachen vom 3. Oktober 2018

Die Empfehlung des Ministerkomitees vom 3. Oktober 2018 befasste sich mit der Einbeziehung der Restorative Justice in Strafsachen.[236] In den Empfehlungen des Ministerkomitees vom 15. September 1999 und vom 14. Juni 2006 war allein die Bedeutung der Mediation betont worden. Nunmehr wurde die Erweiterung der Perspektive durch die Einbeziehung der Restorative Justice als umfassendes Konzept empfohlen.[237] Es wurde vorgeschlagen, die Methoden der Restorative Justice in jedem Stadium des Strafrechtssystems anzuwenden.[238] Insbesondere könnten Maßnahmen der Restorative Justice im Zusammenhang mit der Bestrafung der Täter:innen in Betracht kommen.[239] Weiterhin wurde zudem die Einhaltung der Grundprinzipien der Restorative Justice, vor allem das Freiwilligkeitsprinzip

[235] Zu den Außenkontakten unten im Kapitel 14; zu den vollzugsöffnenden Maßnahmen im Kapitel 15.

[236] *Council of Europe,* Recommendation CMRec(2018) 8 of the Committee of Ministers to Member States concerning restorative justice in criminal matters.

[237] *Council of Europe,* Committee of Ministers Recommendation CMRec(2018) 8, Anhang Nr. 1 ff.

[238] *Council of Europe,* Committee of Ministers Recommendation CMRec(2018) 8, Anhang Nr. 6.

[239] *Council of Europe,* Committee of Ministers Recommendation CMRec(2018) 8, Anhang Nr. 6., „[...] take place in between conviction and sentencing, constitute part of a sentence, or happen after a sentence has been passed or completed“.

und die Vermeidung einer Instrumentalisierung von Täter:in oder Opfer für die Zwecke des jeweils anderen empfohlen.[240] Darüber hinaus enthält die Empfehlung umfassende Ausführungen zur Vereinbarkeit des Strafrechtssystems mit der Restorative Justice[241], zur Organisation und Durchführung von Maßnahmen der Restorative Justice[242] sowie zu deren Weiterentwicklung[243].

8.2.2 Rechtsetzungsakte der EU mit Opferbezug

Hinsichtlich der unionsrechtlichen Vorgaben ist vorauszuschicken, dass sich die Richtlinienkompetenz der Europäischen Union für das Strafprozessrecht und das materielle Strafrecht aus Art. 82 AEUV und Art. 83 AEUV ergibt. In Art. 82 Abs. 2 lit. c) AEUV wird sogar ausdrücklich auf den Schutz des Opfers im Strafverfahren Bezug genommen. Nach dieser Vorschrift kann die EU durch Richtlinien Mindestvorschriften zum Schutz von Opfern festlegen. Nach einer weiten Auslegung betrifft diese Zuständigkeit der EU ebenso Opferrechte außerhalb des Strafverfahrens wie Entschädigung, Beratung und Unterstützung.[244] Da der EU jedoch keine Richtlinienkompetenz für das Sanktionenrecht zukommt, kann diese Regelung allenfalls mittelbar Auswirkungen auf das Strafvollzugsrecht haben. Im Folgenden soll wegen der fehlenden Zuständigkeit der EU für das strafrechtliche Sanktionenrecht die europarechtliche Entwicklung des Opferschutzes nur überblicksartig dargestellt werden. Ein Schwerpunkt wird dabei auf jenen Aspekten liegen, die über das Straf- und Strafprozessrecht hinaus die Einbeziehung des Opfers in das Strafvollzugsrecht zumindest mittelbar beeinflusst haben könnten.

Den nachfolgenden Ausführungen ist zudem noch ein kurzer Überblick zur Bedeutung und Rechtsverbindlichkeit von Rahmenbeschlüssen und Richtlinien innerhalb des Rechts der Europäischen Union vorauszuschicken. Bis zum Vertrag

---

240 *Council of Europe,* Committee of Ministers Recommendation CMRec(2018) 8, Anhang Nr. 14 ff.

241 *Council of Europe,* Committee of Ministers Recommendation CMRec(2018) 8, Anhang Nr. 25 ff.

242 *Council of Europe,* Committee of Ministers Recommendation CMRec(2018) 8, Anhang Nr. 36 ff.

243 *Council of Europe,* Committee of Ministers Recommendation CMRec(2018) 8, Anhang Nr. 54 ff.

244 Ausführlich hierzu *Böse,* in: Becker/Hatje/Schoo/Schwarze (Hrsg.), EU-Kommentar, 4. Aufl. 2019, Art. 82 AEUV Rn. 49 m. w. N.

von Lissabon im Jahr 2009[245] sah Art. 29 ff. EUV a. F. den Rahmenbeschluss als Harmonisierungsinstrument der damaligen „dritten Säule" der polizeilichen und justiziellen Zusammenarbeit in Strafsachen vor. Gemäß Art. 34 Abs. 2 S. 2 lit. b EUV a. F. waren Rahmenbeschlüsse hinsichtlich ihrer Ziele zwar verbindlich, die Wahl von Form und Mittel der Umsetzung oblag jedoch den Mitgliedsstaaten. Weiterhin bedurfte es eines nationalstaatlichen Umsetzungsakts, da der Rahmenbeschluss gemäß Art. 34 Abs. 2 S. 2 lit. b EUV a. F. nicht unmittelbar wirksam war. Mit dem Inkrafttreten des Vertrags von Lissabon ist in Art. 83 Abs. 2 AEUV für die Harmonisierung der nationalen Strafrechtsordnungen die Richtlinie als Rechtsakt der EU vorgesehen. Hinsichtlich der Rechtswirkung unterscheidet sich die Richtlinie vom Rahmenbeschluss insofern, als Richtlinien auch ohne Umsetzungsakt unmittelbare Rechtskraft erlangen können.[246]

8.2.2.1 Rahmenbeschluss des Rates über die Stellung des Opfers im Strafverfahren vom 15. März 2001

Mit dem Rahmenbeschluss 2001/220/JI[247] machte der Rat der Europäischen Union den Mitgliedsstaaten konkrete Vorgaben zur Regelung der Stellung des Opfers im Strafverfahren im nationalen Recht. Als Opfer definiert der Rahmenbeschluss in Art. 1 lit. a „eine natürliche Person, die einen Schaden (...) als direkte Folge von strafrechtlichen Verstößen erlitten hat". Unter solchen Schäden sind nach Art. 1 lit. a insbesondere Beeinträchtigungen der körperlichen oder geistigen Unversehrtheit, seelisches Leid oder wirtschaftlicher Verlust zu verstehen.[248]

Den Mitgliedstaaten wurde gemäß Art. 2 Abs. 1 S. 1 des Rahmenbeschlusses die Pflicht auferlegt, in ihrem Strafrechtssystem den Bedürfnissen von Opfern Rechnung zu tragen. Hierzu zählt gemäß Art. 2 Abs. 1 S. 2 zum einen die Achtung der persönlichen Opferwürde während des gesamten Strafverfolgungsvorgangs und zum anderen die Anerkennung von Rechten und berechtigten Interessen von Opfern im Strafprozess.

---

[245] Amtsblatt der Europäischen Union vom 17.12.2007, C 306/1; weiterführend zum Vertrag von Lissabon und der Ratifikation durch Deutschland *Scholz,* in: Dürig/Herzog/Scholz (Hrsg.), GG, 95. EL Juli 2021, Art. 23 Rn. 16.

[246] Ausführlich hierzu *Ruffert,* in: Calliess/Ruffert (Hrsg.), EUV/AEUV, 6. Aufl. 2022, Art. 288 AEUV Rn. 48 ff.

[247] Amtsblatt der Europäischen Gemeinschaft vom 22.03.2001, L 82/1 ff.; zum Einfluss des Rahmenbeschlusses auf das deutsche Strafprozessrecht siehe *Schroth*, NJW 2009, 2916 (2917 f.); *Bock*, Internationale Perspektiven, in: Pollähne/Rode (Hrsg.), Opfer im Blickpunkt – Angeklagte im Abseits?, 2012, S. 51 ff.

[248] Amtsblatt der Europäischen Gemeinschaft vom 22.03.2001, L 82/2; siehe auch EUGH Urt. v. 21.10.2010 – C-205/09 – zitiert nach juris Rn. 26 ff.

Nach Art. 4 Abs. 1 des Rahmenbeschlusses müssen die Mitgliedsstaaten gewährleisten, dass Opfer von Straftaten frühzeitig – idealerweise schon beim ersten Kontakt mit den Strafverfolgungsbehörden – alle notwendigen Informationen für den Schutz ihrer Interessen erhalten. Hierzu zählen insbesondere solche Informationen, die das Strafverfahren betreffen, wie beispielsweise die Voraussetzungen der Anzeigeerstattung, der Zugang zu einem Rechtsbeistand oder Ansprüche auf Entschädigungsleistungen.[249] Gemäß Art. 4 Abs. 2 müssen die Opfer auch die Möglichkeit erhalten, auf Wunsch über die von den Behörden nach der Anzeigeerstattung unternommenen Maßnahmen oder Gerichtsentscheidungen unterrichtet zu werden. Zudem wurde den Mitgliedsstaaten durch Art. 4 Abs. 3 auferlegt, Regelungen zur Unterrichtung von gefährdeten Opfern im Zusammenhang mit der Freilassung der Tatverdächtigen oder verurteilten Täter:innen zu treffen.

Zur Vermeidung einer sekundären Viktimisierung wurden den Mitgliedsstaaten gemäß Art. 8 Abs. 2 der Schutz der Privatsphäre von Opfern und deren Angehörigen innerhalb des Verfahrens sowie gemäß Art. 8 Abs. 3[250] die Vermeidung des Zusammentreffens zwischen Opfern und mutmaßlichen Täter:innen an Gerichtsorten aufgegeben. Gemäß Art. 15 Abs. 1 sollte insbesondere durch räumliche Gegebenheiten innerhalb der Gerichte eine übermäßige Belastung des Opfers vermieden werden.

Weiterhin legte der Rahmenbeschluss in Art. 9 Abs. 1 fest, dass die Mitgliedsstaaten Regelungen über eine Entschädigung des Opfers durch den bzw. die Täter:in zu treffen hätten. Dieser Entschädigungsanspruch soll innerhalb des Strafverfahrens geltend gemacht werden können.

In Artikel 10 des Rahmenbeschlusses übertrug der Rat den Mitgliedsstaaten zudem die Aufgabe, Maßnahmen zur Schlichtung in Strafsachen zu fördern, sofern es sich um hierfür geeignete Straftaten handelt. Bei Schlichtungsvereinbarungen zwischen Opfer und Täter:innen hätten die Mitgliedsstaaten dafür Sorge zu tragen, dass diese im Strafverfahren berücksichtigt werden können.

---

[249] Amtsblatt der Europäischen Gemeinschaft vom 22.03.2001, L 82/2.

[250] Weiterführend zu Art. 8 des Rahmenbeschlusses *Drobesch*, Das Recht des Opfers und seiner Angehörigen auf Sicherheit, in: Dearing/Löschnig-Gspandl (Hrsg.), Opferrechte in Österreich, 2004, S. 105 ff.

8.2.2.2 Richtlinie des Rates zur Entschädigung der Opfer von Straftaten vom 29. April 2004

Durch die Richtlinie 2004/80/EG[251] wurde den Mitgliedsstaaten die Pflicht auferlegt, grenzüberschreitende Regelungen über die Entschädigungen von Kriminalitätsopfern zu treffen.[252] Diese Richtlinie diente insofern der Stärkung von Opferinteressen, als sie die Beantragung von staatlichen Entschädigungsleistungen in dem Mitgliedsstaat ermöglichen sollte, in dem das Opfer seinen Wohnsitz hat, und auf diese Weise den Zugang zu Opferentschädigungen erleichtern sollte.[253]

8.2.2.3 Fahrplan zur Stärkung der Rechte und des Schutzes von Opfern vom 10. Juni 2011

Mit der Entschließung des Rates zum Fahrplan zur Stärkung der Rechte und des Schutzes von Opfern[254] wurde die Notwendigkeit einer opferbezogenen Gesetzgebung ab 2011 durch die Europäische Union noch einmal besonders betont. Als Anlass für die strukturierte Stärkung von Opferbelangen nannte der Rat unter anderem das Erfordernis einheitlicher europäischer Standards bezüglich der Opferrechte insbesondere im Strafverfahren. Zwar war dieses Thema bereits durch den Rahmenbeschuss 2001/220/JI behandelt worden. Allerdings habe es nach Ansicht des Rates mitunter erhebliche Umsetzungsprobleme gegeben, weshalb eine Überprüfung und Verbesserung sowie eine Anpassung an die Entwicklungen seit 2001 erforderlich geworden sei.[255] Die Verbesserung der Rechte und des Schutzes von Straftatopfern war zuvor auch bereits im Stockholmer Programm von 2010 besonders hervorgehoben worden.[256] Aufgrund der Komplexität und Bedeutung der Thematik schlug der Rat eine schrittweise Umsetzung des Vorhabens vor.[257]

---

251 Amtsblatt der Europäischen Union vom 06.08.2004, L 261/15 ff.; zum Einfluss der Richtlinie auf das deutsche Strafprozessrecht siehe *Schroth*, NJW 2009, 2916 (2917 f.); *Bock*, Internationale Perspektiven, in: Pollähne/Rode (Hrsg.), Opfer im Blickpunkt – Angeklagte im Abseits?, 2012, S. 57 ff.

252 Amtsblatt der Europäischen Union vom 06.08.2004, L 261/15, Abschnitt 7.

253 Vgl. Amtsblatt der Europäischen Union vom 06.08.2004, L 261/15 Abschnitt 11 und 12; L 261/16, Art. 1.

254 Amtsblatt der Europäischen Union vom 28.06.2011, C 187/1 ff.

255 Amtsblatt der Europäischen Union vom 28.06.2011, C 187/2, Abschnitt 7.

256 Zum Stockholmer Programm siehe Amtsblatt der Europäischen Union vom 04.05.2010, C 115/10 ff.

257 Amtsblatt der Europäischen Union vom 28.06.2011, C 187/2 f.

8.2.2.3.1 Menschenhandel-Richtlinie vom 5. April 2011

Im April 2011 erließen das Europäische Parlament und der Rat die Richtlinie 2011/36/EU zur Verhütung und Bekämpfung des Menschenhandels und zum Schutz seiner Opfer sowie zur Ersetzung des Rahmenbeschlusses 2002/69/JI des Rates.[258] Ziele der Richtlinie waren unter anderem, die Opfer von Menschenhandel im Strafverfahren vor einer sekundären Viktimisierung zu bewahren, sie zur Kooperation mit den Strafverfolgungsbehörden zu ermutigen und Opferzeug:innen zu schützen.[259] Weiterhin sollten die Opfer vor der Verfolgung von Straftaten geschützt werden, zu denen sie im Zusammenhang mit dem Menschenhandel gezwungen worden waren.[260] Um eine sekundäre Viktimisierung durch das Verfahren zu verhindern, sollten unnötige Wiederholungen von Vernehmungen durch die Strafverfolgungsbehörden vermieden werden, beispielsweise durch die Zulassung der Aufzeichnung der Aussagen auf Video.[261] Weiterhin sollten kindliche Opferzeug:innen einen besonderen Schutz erfahren.[262]

8.2.2.3.2 Kinderschutzrichtlinie vom 13. Dezember 2011

Die Richtlinie 2011/92/EU zur Bekämpfung des sexuellen Missbrauchs und der sexuellen Ausbeutung von Kindern sowie der Kinderpornografie und zur Ersetzung des Rahmenbeschlusses 2004/68/JI des Rates[263] (Kinderschutzrichtlinie) befasste sich gezielt mit Kindern als Opfern von Straftaten. Erneut war die Vermeidung der sekundären Viktimisierung ein wichtiges Ziel der Richtlinie.[264] Insbesondere sollten minderjährige Opfer durch die Teilnahme am Strafverfahren nicht erneut traumatisiert werden.[265] Als mögliche Auslöser einer abermaligen Traumatisierung führte die Richtlinie die Vernehmung während der Verhandlung und den Blickkontakt mit den mutmaßlichen Täter:innen an.[266] Die Richtlinie

---

[258] Amtsblatt der Europäischen Union vom 15.04.2011, L 101/1 ff.; allgemein zur Umsetzung der Richtlinie in Deutschland *Hecker*, in: Schönke/Schröder (Hrsg.), StGB, 27. Aufl. 2006, Einführung Rn. 9; *Renzikowski/Kudlich*, ZRP 2015, 45 ff.

[259] Amtsblatt der Europäischen Union vom 15.04.2011, L 101/3 Abschnitt 14.

[260] Amtsblatt der Europäischen Union vom 15.04.2011, L 101/3 Abschnitt 14.

[261] Amtsblatt der Europäischen Union vom 15.04.2011, L 101/4 Abschnitt 20.

[262] Ausführlich hierzu Amtsblatt der Europäischen Union vom 15.04.2011, L 101/4 Abschnitt 22.

[263] Amtsblatt der Europäischen Union vom 17.12.2011, L 335/1 ff.; allgemein zur Umsetzung der Richtlinie in Deutschland *Ambos*, in: MüKo StGB I, 4. Aufl. 2020, § 6 Rn. 14.

[264] Amtsblatt der Europäischen Union vom 17.12.2011, L 335/3, Abschnitt 24.

[265] Amtsblatt der Europäischen Union vom 17.12.2011, L 335/4, Abschnitt 30.

[266] Amtsblatt der Europäischen Union vom 17.12.2011, L 335/4, Abschnitt 30.

setzte Regelungsschwerpunkte auf eine möglichst schonende Gestaltung der Vernehmung von kindlichen Opferzeug:innen (Art. 20 Abs. 3 und 5) sowie den Schutz von Privatsphäre und Identität der Opfer (Art. 20 Abs. 6). Daneben wurde den Mitgliedsstaaten durch Art. 23 Abs. 3 die Pflicht auferlegt, Beamt:innen, die mit kindlichen Opfern von Sexualdelikten in Kontakt kommen, so weiterzubilden, dass eine sekundäre Viktimisierung nach Möglichkeit vermieden wird.

8.2.2.3.3 Opferschutzrichtlinie vom 25. Oktober 2012

Mit der Richtlinie 2012/29/EU[267] (Opferschutzrichtlinie) legte die EU Mindeststandards für die Rechte und Unterstützung von Kriminalitätsopfern sowie den Opferschutz fest und ersetzte zudem den Rahmenbeschluss 2001/220/JI. Ziel dieser Richtlinie war die Schaffung eines höheren Opferschutzniveaus in den Mitgliedsstaaten. Die EU maß dem Schutz der Opfer von Straftaten und der Schaffung von Mindeststandards hierfür große Bedeutung bei, was zuvor insbesondere bereits durch den Rahmenbeschluss 2001/220/JI zum Ausdruck gebracht worden sei.[268] Eine Straftat stellt der Richtlinie zufolge neben dem Unrecht gegenüber der Gesellschaft auch eine Verletzung der individuellen Rechte des Opfers dar, weswegen Opfer von Straftaten als solche anerkannt und respektvoll, einfühlsam und professionell behandelt werden müssten.[269] Weiterhin betont die Richtlinie, dass der Opferstatus nicht von der Ermittlung und Verfolgung der Täter:innen abhängig gemacht werden dürfe.[270] Zudem sollten auch Familienangehörige von Kriminalitätsopfern, die ebenfalls einen Schaden durch die Straftat erlitten haben, in den Opferschutz durch die Richtlinie einbezogen werden.[271] Unter dem Begriff „Familienangehörige" sind gemäß Art. 2 Abs. 1 lit. a in diesem Zusammenhang Ehepartner:innen und andere Personen zu verstehen, mit denen das Opfer in einer dauerhaften Lebensgemeinschaft mit gemeinsamem Haushalt zusammenlebt sowie Angehörige in gerader Linie und Unterhaltsberechtigte des Opfers. Allerdings wurde den Mitgliedsstaaten in Art. 2 Abs. 2 lit. a. die Einrichtung von Verfahren zur Begrenzung dieser Einbeziehung Dritter neben dem direkten Opfer zugestanden.

---

[267] Amtsblatt der Europäischen Union vom 14.11.2012, L 315/57 ff.; allgemein zur Umsetzung der Richtlinie durch das 3. Opferschutzreformgesetz siehe *Haverkamp*, ZRP 2015, 53 ff.; *Ferber*, NJW 2016, 279 ff.; mit Blick auf den Strafvollzug *Gelber/Walter*, NStZ 2013, 75 (75 f.).

[268] Amtsblatt der Europäischen Union vom 14.11.2012, L 315/57 Abschnitt 2 ff.

[269] Amtsblatt der Europäischen Union vom 14.11.2012, L 315/58, Abschnitt 9.

[270] Amtsblatt der Europäischen Union vom 14.11.2012, L 315/59, Abschnitt 19.

[271] Amtsblatt der Europäischen Union vom 14.11.2012, L 315/59, Abschnitt 19, wo als Beispiel Angehörige von getöteten Opfern angeführt werden.

Nach Art. 6 Abs. 5 der Richtlinie sollen Opfer, für die eine Gefahr oder ein festgestelltes Schädigungsrisiko besteht, auf Antrag über eine Freilassung oder Flucht der Täter:innen informiert werden. Jedoch müssen hier auch drohende Schädigungen der Täter:innen in eine Gesamtbetrachtung einbezogen werden.[272] Hierbei sind insbesondere Kriterien wie die Art und Schwere der zurückliegenden Straftat und ein möglicherweise gegenüber dem Opfer bestehendes Risiko der Vergeltung zu berücksichtigen. Bei geringfügigen, länger zurückliegenden Straftaten soll die Abwägung daher in der Regel zugunsten der Täter:innen ausfallen.[273]

Hinsichtlich der Rolle des Opfers im nationalen Strafverfahrensrecht gesteht die Richtlinie den Mitgliedsstaaten weite Spielräume zu.[274] Der Anwendungsbereich der durch die Richtlinie festgelegten Rechte soll anhand der nationalen Regelungen bestimmt werden.[275] Die Mitgliedsstaaten müssen nach Art. 10 Abs. 1 der Richtlinie aber zumindest sicherstellen, dass die Opfer im Strafverfahren gehört werden und Beweismittel beibringen können.

Eine respektvolle Behandlung der Opfer soll nach der Richtlinie insbesondere durch umfassende Informationen über die Beteiligungsmöglichkeiten im Verfahren und über den Verfahrensstand erfolgen.[276] Ebenfalls zu diesen Informationen gehören die Mitteilung über den Ort und die Zeit der Strafverhandlung, die eine vom Opfer angezeigte Straftat betreffen sowie entsprechende Informationen zu eingelegten Rechtsbehelfen gegen ein ergangenes Urteil.[277] In Art. 11 Abs. 3 der Richtlinie wurde daher festgelegt, dass Kriminalitätsopfer über ihre Rechte in Kenntnis gesetzt werden und alle nötigen Informationen über ihre Rolle im Strafverfahren im jeweiligen Mitgliedsstaat erhalten müssen.

Zwar bezeichnet die Opferschutzrichtlinie Wiedergutmachungsmöglichkeiten wie beispielsweise den Täter-Opfer-Ausgleich als sehr hilfreich, jedoch betont sie in diesem Zusammenhang gleichzeitig die Notwendigkeit von Schutzmaßnahmen zur Verhinderung von sekundärer bzw. wiederholter Viktimisierung, Einschüchterung und Vergeltung.[278] Im Mittelpunkt solcher Verfahren müssten die Interessen

---

[272] Amtsblatt der Europäischen Union vom 14.11.2012, L 315/60, Abschnitt 32.

[273] Vgl. Amtsblatt der Europäischen Union vom 14.11.2012, L 315/60, Abschnitt 32.

[274] Amtsblatt der Europäischen Union vom 14.11.2012, L 315/59, Abschnitt 20.

[275] Amtsblatt der Europäischen Union vom 14.11.2012, L 315/59, Abschnitt 20.

[276] Amtsblatt der Europäischen Union vom 14.11.2012, L 315/60, Abschnitt 26.

[277] Amtsblatt der Europäischen Union vom 14.11.2012, L 315/60, Abschnitt 31, ebenso Art. 3 ff. der Richtlinie.

[278] Amtsblatt der Europäischen Union vom 14.11.2012, L 315/62, Abschnitt 46.

und Bedürfnisse des Opfers stehen und daher die Wiedergutmachung der Schädigung des Opfers angestrebt werden. Hierbei seien bei der Wahl eines geeigneten Wiedergutmachungskonzepts eine Vielzahl von Kriterien zu beachten, unter anderem die Schwere der Tat und der Grad der Traumatisierung des Opfers.[279] Auch im Hinblick auf die Wiedergutmachung wurde den Mitgliedsstaaten in Art. 12 Abs. 1 lit. b die Pflicht zu einer umfassenden Information des Opfers über das Ausgleichsverfahren auferlegt.

Weitere Regelungsschwerpunkte der Richtlinie sind erneut die Vermeidung einer sekundären Viktimisierung durch eine möglichst schonende Vernehmung des Opfers und ein generell sorgsamer Umgang mit dem Straftatopfer während des Strafverfahrens seitens der Strafverfolgungsbehörden.[280] Dies beinhaltet insbesondere auch den Schutz der Privatsphäre des Opfers vor dem bzw. der Täter:in und vor der Öffentlichkeit.[281] Zudem soll eine erneute Viktimisierung des Opfers durch den Kontakt mit dem bzw. der Täter:in während des Strafverfahrens mit geeigneten Maßnahmen verhindert werden.[282]

Für die Feststellung, ob einzelne Opfer besonders schutzbedürftig sind, sollen die Mitgliedsstaaten die Möglichkeit einer individuellen Begutachtung schaffen, um die Gefahr einer sekundären Viktimisierung abschätzen zu können.[283] Einige Opfer könnten durch ihre Persönlichkeit oder wegen des Wesens, der Art oder der Schwere der Straftat in besonderem Maße der Gefahr einer erneuten Traumatisierung ausgesetzt und somit besonders schutzwürdig sein. Für die Gewährleistung geeigneter Schutzmaßnahmen müsse die notwendige Begutachtung frühzeitig erfolgen.[284] Insbesondere bei Opfern von Menschenhandel, Terrorismus, Organisierter Kriminalität, Hassverbrechen und Sexualdelikten sowie bei Kindern als Opfern oder Opfern mit Behinderung soll diese Begutachtung sehr sorgfältig erfolgen.[285] Diese Opfer seien in hohem Maße der Gefahr einer sekundären und wiederholten Viktimisierung ausgesetzt.[286]

---

[279] Amtsblatt der Europäischen Union vom 14.11.2012, L 315/62, Abschnitt 46.

[280] Amtsblatt der Europäischen Union vom 14.11.2012, L 315/63, Abschnitt 53, 58.

[281] Amtsblatt der Europäischen Union vom 14.11.2012, L 315/63, Abschnitt 54.

[282] Amtsblatt der Europäischen Union vom 14.11.2012, L 315/63, Abschnitt 53.

[283] Amtsblatt der Europäischen Union vom 14.11.2012, L 315/63, Abschnitt 55.

[284] Amtsblatt der Europäischen Union vom 14.11.2012, L 315/63, Abschnitt 55.

[285] Amtsblatt der Europäischen Union vom 14.11.2012, L 315/63, Abschnitt 57.

[286] Amtsblatt der Europäischen Union vom 14.11.2012, L 315/63, Abschnitt 57.

8.2.3 Zusammenfassung

Die Betrachtung der weiteren Rechtsetzungsakte des Europarats und der EU mit Opferbezug konnte mehrere Erkenntnisse liefern.

Erstens hob der Europarat bereits seit den 1980er Jahren die besondere Schutzbedürftigkeit von Straftatopfern und die Bedeutung von Entschädigungsinteressen hervor. Daneben wurde durch das Ministerkomitee die Berücksichtigung von Mediation bzw. Restorative Justice in Strafsachen mehrfach empfohlen. Dieser Befund gilt jedoch für die Empfehlungen des Europarats zum Strafvollzugsrecht nicht in gleichem Maße. Die für den Strafvollzug besonders wichtigen Europäischen Strafvollzugsgrundsätze empfehlen den Schutz von Straftatopfern lediglich durch Beschränkungsmöglichkeiten bei Außenkontakten. Weiterhin wurde die Restorative Justice als Behandlungsmaßnahme in den Europäischen Strafvollzugsgrundsätzen berücksichtigt. Eine weitergehende Opferorientierung des gesamten Strafvollzugs oder weiterer wichtiger Teilbereiche des Vollzugs sind den Europäischen Strafvollzugsgrundsätzen hingegen nicht zu entnehmen.

Zweitens wurde die besondere Schutzbedürftigkeit bestimmter Opfergruppen durch den Europarat insbesondere durch die Lanzarote-Konvention und durch die Istanbul-Konvention betont. Als besonders schutzbedürftige Opfer können auf der Grundlage dieser Konventionen kindliche Opfer, Frauen als Opfer von geschlechtsbezogener Gewalt, aber auch Opfer von häuslicher Gewalt unabhängig von ihrem sozialen Geschlecht eingeordnet werden.

Drittens hat die Betrachtung mehrerer Richtlinien der Europäischen Union gezeigt, dass die Rechte von Straftatopfern seit 2004 auch innerhalb des Europarechts eine erhebliche Stärkung erfahren haben. Dabei ist jedoch zu beachten, dass diese Richtlinien zunächst vor allem auf die Vermeidung einer sekundären Viktimisierung durch die Ermittlungs- und Strafverfolgungsbehörden gerichtet waren. Erst durch die Opferschutzrichtlinie 2012/92/EU wurde auch die Vermeidung einer sekundären Viktimisierung durch die (mutmaßlichen) Täter:innen während des Strafverfahrens gezielt in den Blick genommen. Zudem lassen sich im Rahmenbeschluss 2001/220/JI und in der Richtlinie 2012/92/EU Anknüpfungspunkte für die Einbeziehung von Opferinteressen in den Strafvollzug hinsichtlich der Informationsrechte über die Freilassung der Täter:innen aus dem Vollzug erkennen. Der Täter-Opfer-Ausgleich wird zwar grundsätzlich positiv beurteilt; allerdings wird durch die Richtlinie 2012/92/EU auch bereits auf mögliche Gefahren einer sekundären Viktimisierung des Opfers im Zusammenhang mit dem Täter-Opfer-Ausgleich hingewiesen.

8.3 Weitere internationale Rechtsgrundlagen mit Opferbezug

8.3.1 Vertragswerke der Vereinten Nationen

Im Folgenden werden nur drei Vertragswerke der Vereinten Nationen näher betrachtet werden, die einen starken Bezug zum Schutz von Opfern von Straftaten aufweisen. Zunächst werden die sogenannte UN-Frauenrechtskonvention (CEDAW) und die sogenannte UN-Kinderrechtskonvention näher betrachtet, da diese Vertragswerke der Vereinten Nationen unter anderem den Schutz bestimmter Opfergruppen betreffen, namentlich den Schutz von Frauen und Kindern vor Straftaten. Die bisherige Betrachtung der internationalrechtlichen Grundlagen hat ergeben, dass diese Personengruppen im Recht von Europarat und Europäischer Union als besonders schutzwürdige Opfer eingeordnet werden. Nachfolgend wird die Bedeutung des Schutzes dieser Opfergruppen in den Vertragswerken der Vereinten Nationen in der gebotenen Kürze aufgegriffen werden. Die Ausführungen haben keinen Anspruch auf Vollständigkeit, zumal weitere besonders schutzbedürftige Personengruppen wie beispielsweise Menschen mit Behinderung oder Minderheiten nicht gesondert betrachtet werden. Weiterhin werden zudem die allgemeinen Vertragswerke der Vereinten Nationen zur Stellung und zum Schutz der Opfer von Straftaten in der Strafrechtspflege einer näheren Betrachtung unterzogen, da diese einen speziellen Bezug zum Strafrecht aufweisen und für die Auslegung des deutschen Strafvollzugsrechts von Bedeutung sein können.

Hinsichtlich der rechtlichen Verbindlichkeit ist anzumerken, dass bei den nachfolgend untersuchten Vertragswerken der Vereinten Nationen zwischen völkerrechtlichen Verträgen und Empfehlungen der Vereinten Nationen zu unterscheiden ist. Bei der sogenannten UN-Frauenrechtskonvention (CEDAW) und der sogenannten UN-Kinderrechtskonvention handelt es sich um völkerrechtliche Verträge, welche durch den deutschen Staat ratifiziert worden sind. Diese Konventionen sind durch den Erlass von Umsetzungsgesetzen geltendes Bundesrecht geworden.[287] Sie dienen als Auslegungshilfe für das Landesrecht und sind zudem auch im Rahmen einer völkerrechtskonformen Auslegung des Bundesrechts und der Grundrechte des Grundgesetzes zu beachten.[288] Demgegenüber sind Empfehlungen und Resolutionen der Vereinten Nationen nur als sogenanntes „soft law"

---

[287] Siehe hierzu Art. 59 Abs. 2 S. 1; allgemein BVerfG NJW 2016, 1295 (1296); weiterführend *Nettesheim,* in: Dürig/Herzog/Scholz (Hrsg.), GG, 95. EL Juli 2021, Art. 59 Rn. 181 ff.

[288] Vgl. BVerfG NJW 2016, 1295 (1300); weiterführend *Nettesheim,* in: Dürig/Herzog/Scholz (Hrsg.), GG, 95. EL Juli 2021Art. 59 Rn. 181 ff.; *Schmahl,* Kinderrechtskonvention, 2. Aufl. 2017, Einleitung Rn. 25.

einzuordnen und haben keine völkerrechtliche Verbindlichkeit. Allein die Resolutionen des Sicherheitsrats der Vereinten Nationen sind völkerrechtlich bindend.[289] Jedoch sind die übrigen Empfehlungen und Resolutionen ebenso wie die völkerrechtlichen Verträge bei der völkerrechtskonformen Auslegung des einfachen nationalen Rechts zu beachten.[290]

8.3.1.1 Schutz bestimmter Opfergruppen

Die besondere Schutzbedürftigkeit von Frauen als Opfern von Straftaten wurde von den Vereinten Nationen spätestens ab 1992 ausdrücklich betont. Bereits am 18. Dezember 1979 war das „Übereinkommen zur Beseitigung jeder Form von Diskriminierung der Frau" (CEDAW) von der Generalversammlung der UN angenommen worden[291] und am 3. September 1981 in Kraft getreten.[292] In der Bundesrepublik wurde das Übereinkommen am 17. Juli 1980 unterzeichnet und am 25. April 1985 ratifiziert, woraufhin es am 25. Mai 1985 in Kraft trat.[293]

Während sich aus dem Text des Übereinkommens keine unmittelbaren Anknüpfungspunkte für die besondere Schutzbedürftigkeit weiblicher Straftatopfer ergeben, wurde dieser Aspekt gleichwohl in mehreren allgemeinen Empfehlungen des „Ausschusses für die Beseitigung der Diskriminierung der Frau" (CEDAW-Ausschuss) hervorgehoben. Ausdrücklich wurde die Schutzbedürftigkeit von weiblichen Opfern von Straftaten durch den CEDAW-Ausschuss in der achten Sitzung 1989 durch die allgemeine Empfehlung Nr. 12 (Gewalt

---

[289] *Hailbronner/Klein*, in: Simma/Khan/Nolte (Hrsg.), The Charter of the UN, 3. Aufl. 2012, Article 10 Rn. 43 ff.

[290] *Hailbronner/Klein*, in: Simma/Khan/Nolte (Hrsg.), The Charter of the UN, 3. Aufl. 2012, Article 10 Rn. 43 ff.

[291] Convention on the Elimination of All Forms of Discrimination against Women (CEDAW), abrufbar unter https://www.ohchr.org/en/instruments-mechanisms/instruments/convention-elimination-all-forms-discrimination-against-women (zuletzt aufgerufen am 11.06.2022); das Vertragswerk wird auch als UN-Frauenrechtskonvention bezeichnet.

[292] Ausführlich hierzu *Schöpp-Schilling*, Die Allgemeinen Empfehlungen des Ausschusses für die Beseitigung der Diskriminierung der Frau, in: Deutsches Institut für Menschenrechte (Hrsg.), Die „General Comments" zu den VN-Menschenrechtsverträgen, 2005, S. 413 ff.; weiterführend *Ulrich/Rössl*, Das Übereinkommen des Europarats zur Verhütung und Bekämpfung von Gewalt gegen Frauen und häuslicher Gewalt, in: Sautner/Jesionek (Hrsg.), Opferrechte in europäischer, rechtsvergleichender und österreichischer Perspektive, 2017, S. 41 ff.

[293] Gesetz zu dem Übereinkommen vom 18.12.1979 zu Beseitigung jeder Form von Diskriminierung der Frau vom 25.04.1985, BGBl. II 1985, S. 647 ff.; für die DDR ist das CEDAW bereits am 03.09.1981 in Kraft getreten, siehe *Rodi*, RuP 2017, 361 (362, Fn. 3).

gegen Frauen)[294] und in der elften Sitzung 1992 in der allgemeinen Empfehlung Nr. 19 (Gewalt gegen Frauen)[295] hervorgehoben. In der allgemeinen Empfehlung Nr. 12 wies der CEDAW-Ausschuss darauf hin, dass die Vertragsstaaten durch mehrere Artikel des Übereinkommens aufgefordert sind zum Schutz von Frauen vor jeder Art von Gewalt, die innerhalb der Familie, am Arbeitsplatz oder in anderen Bereichen des sozialen Lebens auftritt.[296] In diesem Zusammenhang wurde den Vertragsstaaten empfohlen, in die periodischen Berichte an den CEDAW-Ausschuss Informationen über die bestehende Gesetzgebung und andere Maßnahmen zum Schutz von Frauen einschließlich sexueller und häuslicher Gewalt sowie sexueller Belästigung am Arbeitsplatz aufzunehmen. Weiterhin wurde angeraten, das Vorhandensein von Hilfsdiensten für Frauen, die Opfer von Gewalt und Misshandlungen sind, und statistische Daten über die Häufigkeit von Gewalt gegenüber Frauen in die Berichte aufzunehmen.[297]

Die allgemeine Empfehlung Nr. 19 enthielt Hinweise zur Auslegung mehrerer Artikel des CEDAW, welche in unmittelbarem Zusammenhang mit der Diskriminierung von Frauen durch geschlechterbezogene Gewalt stehen.[298] Es wurde hervorgehoben, dass der Begriff der geschlechtsbezogenen Diskriminierung gewalttätige Handlungen umfasse, bei denen sich die Gewalt gegen Frauen aufgrund ihres Geschlechts richte oder Frauen unverhältnismäßig beeinträchtigt seien.[299] Hierzu zählten Handlungen, die körperlichen, seelischen oder sexuellen Schaden oder Schmerz zufügen.[300] Insgesamt empfahl der CEDAW-Ausschuss den Vertragsstaaten, geeignete Maßnahmen zum Schutz von Frauen

---

[294] Report of the Committee on the Elimination of Discrimination against Women, A/44/38, General Recommendation No. 12 (8th session 1989), S. 75.

[295] Report of the Committee on the Elimination of Discrimination against Women, A/47/38, General Recommendation 19 (11th session), S. 1 ff.

[296] Report of the Committee on the Elimination of Discrimination against Women, A/44/38, S. 75 unter Nennung der Art. 2, 5, 11, 12 und 16 des CEDAW.

[297] Report of the Committee on the Elimination of Discrimination against Women, A/44/38, S. 75.

[298] Report of the Committee on the Elimination of Discrimination against Women, A/47/38, S. 2 Rn. 10 ff.

[299] Report of the Committee on the Elimination of Discrimination against Women, A/47/38, S. 1 Rn. 6.

[300] Report of the Committee on the Elimination of Discrimination against Women, A/47/38, S. 1 Rn. 6; allgemeine zur Bedeutung des Übereinkommens für das Strafrecht siehe *Ulrich/Rössl*, Das Übereinkommen des Europarats zur Verhütung und Bekämpfung von Gewalt gegen Frauen und häuslicher Gewalt, in: Sautner/Jesionek (Hrsg.), Opferrechte in europäischer, rechtsvergleichender und österreichischer Perspektive, 2017, S. 50 f.

vor geschlechtsbezogener Gewalt zu ergreifen und für die Opfer solcher Handlungen Hilfsdienste einzurichten.[301] Mithin wurde durch den CEDAW-Ausschuss die besondere Schutzbedürftigkeit von Frauen als Opfern geschlechtsbezogener Gewalt unter Berücksichtigung des CEDAW mehrfach betont.

Im Hinblick auf Kinder als besonders schutzbedürftige Opfergruppen kann das „Übereinkommen über die Rechte des Kindes“ (UN-Kinderrechtskonvention) angeführt werden, das am 20. November 1989 von der UN-Generalversammlung angenommen wurde und am 2. September 1990 in Kraft trat.[302] Die Bundesrepublik ratifizierte die UN-Kinderrechtskonvention am 6. März 1992, woraufhin sie am 5. April 1992 in Kraft trat.[303]

Als Ausdruck der besonderen Schutzbedürftigkeit von Kindern vor Straftaten sind insbesondere Art. 19 (Schutz vor Gewaltanwendungen, Misshandlung, Verwahrlosung), Art. 34 (Schutz vor sexuellem Missbrauch) und Art. 35 (Maßnahmen gegen Entführung und Kinderhandel) hervorzuheben. Darüber hinaus enthält die UN-Kinderrechtskonvention in Art. 39 Vorgaben für Maßnahmen zur physischen und psychischen Genesung und Wiedereingliederung von Kindern, welche Schädigungen im Sinne der Konvention erlitten haben.[304]

So ergibt sich beispielsweise aus Art. 19 Abs. 2 UN-Kinderrechtskonvention eine staatliche Verpflichtung zum Schutz von Kindern vor Gewalt.[305] Für das Strafrecht von besonderer Bedeutung ist in diesem Zusammenhang der Schutz des Kindes vor Handlungen oder Unterlassungen, deren Motivation darin besteht, dem Kind physischen oder psychischen Schaden zuzufügen und es zu erniedrigen.[306] Weiterhin fordert Art. 19 Abs. 2 UN-Kinderrechtskonvention von den

---

[301] Vgl. nur Report of the Committee on the Elimination of Discrimination against Women, A/47/38, S. 3 Rn. 18 zu Art. 11 CEDAW, S. 4 Rn. 23 zu Art. 16 CEDAW; weiterhin Rn. 24, insbesondere lit. (b).

[302] *United Nations*, Convention on the Rights of the Child, 20.11.1989, A/RES/44/25; zum Entwicklungsprozess von Kinderrechten im Völkerrecht siehe *Schmahl*, Kinderrechtskonvention, 2. Aufl. 2017, Einleitung Rn. 2, 6 ff.

[303] Gesetz zu dem Übereinkommen vom 20.11.1989 über die Rechte des Kindes vom 17.02.1992, BGBl. II 1992, S. 121 ff.; jedoch zunächst bis 2010 unter Vorbehalt, ausführlich hierzu *Schmahl*, Kinderrechtskonvention, 2. Aufl. 2017, Einleitung Rn. 23 f.

[304] Weiterführend hierzu *Schmahl*, Kinderrechtskonvention, 2. Aufl. 2017, Art. 39 Rn. 1 ff.

[305] Ausführlich hierzu *Schmahl*, Kinderrechtskonvention, 2. Aufl. 2017, Art. 19 Rn. 2.

[306] *Committee on the Rights of the Child*, General Comment No. 13 (2011). CRC/C/GC/13, Rn. 21 f.; zu Abgrenzungsproblemen bei elterlicher Züchtigung siehe *Schmahl*, Kinderrechtskonvention, 2. Aufl. 2017, Art. 19 Rn. 2.

Vertragsstaaten die Durchsetzung präventiver Maßnahmen zum Schutz von Kindern vor Gewalt sowie Maßnahmen zur Aufdeckung von Missbrauchsfällen und die Einrichtung angemessener Nachbetreuungsangebote.[307]

Mit Blick auf den Schutz von Kindern vor sexuellem Missbrauch und anderen schwerwiegenden Straftaten enthalten die Art. 34 f. UN-Kinderrechtskonvention spezielle staatliche Schutzpflichten. So erstreckt sich der staatliche Schutzbereich des Art. 34 auf alle Formen von sexuellem Missbrauch und sexueller Ausbeutung von Kindern vor Vollendung des 18. Lebensjahres.[308] Die positive Schutzpflicht der Vertragsstaaten beinhaltet insbesondere auch die Bekämpfung der sexuellen Ausbeutung und des sexuellen Missbrauchs von Kindern, namentlich durch Prostitution und Pornografie.[309] Erforderliche Maßnahmen können die Schaffung, Erweiterung und Präzisierung von Strafnormen oder die Bekämpfung von Sextourismus sein.[310] Weiterhin zählen die Aus- und Fortbildung innerhalb der Strafverfolgungsbehörden hinsichtlich eines angemessenen Umgangs mit kindlichen Opfern zu den erforderlichen Maßnahmen im Rahmen der Schutzpflichterfüllung.[311]

Anhand des CEDAW und der UN-Kinderrechtskonvention wird deutlich, dass sowohl Frauen als auch Kinder durch das Völkerrecht als besonders gefährdet im Hinblick auf sexuellen Missbrauch sowie sexuelle und häusliche Gewalt eingeordnet werden. Daraus ergeben sich für die Vertragsstaaten besondere Schutzpflichten für diese Personengruppen. Das hohe Schutzbedürfnis von Frauen und Kindern ist daher im Rahmen einer völkerrechtskonformen Auslegung zu berücksichtigen.

8.3.1.2 Vertragswerke zur Stellung und zum Schutz des Opfers in der Strafrechtspflege

Mit der am 29. November 1985 beschlossenen „Erklärung der Grundprinzipien der Justiz für Verbrechensopfer und Machtmissbrauch" bekannte sich auch

---

[307] Ausführlich hierzu *Schmahl*, Kinderrechtskonvention, 2. Aufl. 2017, Art. 19 Rn. 3.

[308] *Schmahl*, Kinderrechtskonvention, 2. Aufl. 2017, Art. 32–36 Rn. 14 ff.

[309] *Schmahl*, Kinderrechtskonvention, 2. Aufl. 2017, Art. 32–36 Rn. 16.

[310] *Committee on the Rights of the Child*, General Comment No. 16 (2013), CRC/C/GC/16, Rn. 51; *Committee on the Rights of the Child*, General guidelines regarding the form and contents of periodic reports, CRC/C/58 (1996), Rn. 159; weiterführend *Schmahl*, Kinderrechtskonvention, 2. Aufl. 2017, Art. 32–36 Rn. 16 f.

[311] *Committee on the Rights of the Child*, General guidelines regarding the form and contents of periodic reports, CRC/C/58 (1996), Rn. 159.

die Vereinten Nationen zum Schutz von Straftatopfern und Opfern von Machtmissbrauch.[312] Zentrale Themen der Erklärung waren die Vermeidung einer sekundären Viktimisierung der Opfer, die Gewährung von Hilfen für die Opfer sowie die Wiedergutmachung und der Ausgleich der durch die Straftat entstandenen Schäden beim Opfer. Im Anhang der Erklärung wurde unter anderem der Begriff des Opfers definiert.[313] Zudem wurden Informationsrechte des Opfers hinsichtlich des Strafverfahrens und ein möglichst sorgsamer Umgang der Strafverfolgungsbehörden mit den Opfern empfohlen.[314] Insbesondere die Berücksichtigung der Opferinteressen im Strafverfahren – mit einem Schwerpunkt auf Wiedergutmachung und Schadensersatz – wurde hervorgehoben.[315]

Die Wiedergutmachung und der Ausgleich zwischen Täter:in und Opfer wurden auch in der Erklärung des Wirtschafts- und Sozialrats der Vereinten Nationen (ECOSCO) vom 28. Juni 1999 betont. Besonders hervorgehoben wurde dabei das Potenzial von Mediation und Restorative Justice für die Strafrechtspflege.[316]

Durch die „UN-Grundprinzipien über den Gebrauch der Restorative-Justice-Programme in Strafsachen" des ECOSCO aus den Jahren 2000[317] und 2002[318] wurde das Anliegen der Etablierung des Opfergedankens speziell im Hinblick auf die Restorative Justice weiter verfolgt. Während Restorative-Justice-Programme nach der Resolution von 2000 noch lediglich innerhalb des Strafprozesses möglich sein sollten[319], wurde die Ermöglichung des Zugangs zu solchen Programmen nach der Resolution von 2002 auf das gesamte Strafrechtssystem erweitert („may be used at any stage of the criminal justice system").[320]

---

[312] *United Nations*, Declaration of Basic Principles of Justice for Victims of Crime and Abuse of Power, 29.11.1985, A/RES/40/34.

[313] *United Nations*, Declaration of Basic Principles of Justice for Victims of Crime and Abuse of Power, 29.11.1985, A/RES/40/34, Anhang zur Erklärung, A. 1; zum Opferbegriff der Vereinten Nationen siehe bereits oben im Abschnitt 4.2.1.1.1 Fn. 24.

[314] Anhang zur Erklärung, A 4.–6.

[315] Anhang zur Erklärung, A 7.–9., 12.

[316] ECOSOC Res. 1999/26, Abschnitt 3 ff.

[317] ECOSOC Res. 2000/14.

[318] ECOSOC Res. 2002/12; hierauf nimmt z. B. der Projektbericht zu Opferorientierung im Justizvollzug aus Niedersachsen ausdrücklich Bezug, vgl. *Jacob/Prätor/Höher u. a.*, Projekt Opferorientierung im Justizvollzug. Abschlussbericht, herausgegeben von der Projektgruppe „Opferorientierung im Justizvollzug", 2016, S. 21.

[319] ECOSOC Res. 2000/14, Anhang Nr. 6.

[320] ECOSOC Res. 2002/12, Anhang Nr. 6.

Der Schutz vor sekundärer Viktimisierung und die Wiedergutmachung bzw. der Ersatz des durch die Straftat entstandenen Schadens sind in den Resolutionen der Vereinten Nationen daher besonders relevante Geschichtspunkte des Opferschutzes und einer modernen Strafrechtspflege. Jedoch sind die Erklärungen der Vereinten Nationen völkerrechtlich nicht verbindlich.[321] Ein direkter Einfluss auf das deutsche Recht kann aus den genannten Resolutionen daher zwar nicht abgeleitet werden. Gleichwohl kann immerhin festhalten werden, dass auch die Vereinten Nationen bereits seit 1985 die Einbeziehung des Opfers in die Strafrechtspflege thematisiert haben und seit der Jahrtausendwende Restorative Justice als alternative oder ergänzende Konfliktlösungsmöglichkeit im Strafrecht befürworten.

8.3.2 Art. 68 IStGH-Statut

Für das Völkerstrafrecht enthält das Römische Statut des Internationalen Strafgerichtshofs (IStGH-Statut) vom 01. Juli 2002 ebenfalls einige opferbezogene Regelungen. Beim IStGH-Statut handelt es sich um einen völkerrechtlichen Vertrag, weshalb es im Rahmen der völkerrechtskonformen Auslegung zu beachten ist.[322]

Art. 68 IStGH-Statut regelt ausführlich den Schutz von Opfern und Zeug:innen sowie deren Teilnahme am Verfahren.[323] Art. 68 Abs. 1 S. 1 IStGH-Statut verpflichtet den Gerichtshof, geeignete Maßnahmen zum Schutz der Sicherheit, des körperlichen und seelischen Wohles sowie der Würde und Privatsphäre von Opfern und Zeug:innen zu treffen. Dies gilt gemäß Art. 68 Abs. 1 S. 2 IStGH-Statut insbesondere für Opfer sexueller oder geschlechtsspezifischer Gewalt und für kindliche Opfer. Zudem sind nach Satz 3 der Vorschrift die opferschützenden Maßnahmen von den Ankläger:innen bereits während der Ermittlungen und der Strafverfolgung zu treffen. Hier wird deutlich, dass eine sekundäre Viktimisierung durch die Strafverfolgungsbehörden auch bei völkerstrafrechtlichen Verfahren vor dem IStGH vermieden werden soll. Weiterhin ermöglicht Art. 68 Abs. 3 S. 1 IStGH-Statut die Berücksichtigung von persönlichen Opferinteressen in der Weise, dass diese in einem geeigneten Verfahrensabschnitt vorgetragen und behandelt werden können, solange dies die Rechte der Angeklagten sowie

[321] *Hailbronner/Klein*, in: Simma/Khan/Nolte (Hrsg.), The Charter of the UN, 3. Aufl. 2012, Art. 10 Rn. 43 ff.

[322] *Werle/Jeßberger*, Völkerstrafrecht, 5. Aufl. 2020, Rn. 189 m. w. N.

[323] *Bock*, Das Opfer vor dem Internationalen Strafgerichtshof, 2010, S. 405, 431, 443 ff.

die Fairness und Unparteilichkeit des Verfahrens nicht beeinträchtigt. Mit dieser Regelung trägt der IStGH den Opferinteressen Rechnung und ermöglicht eine aktivere Beteiligung des Opfers am Verfahren, die über die reine Zeug:innenrolle hinausgeht.[324]

Der Gedanke des Opferschutzes ist damit im Völkerstrafrecht insofern relevant, als in Verfahren vor dem IStGH opferschützende Maßnahmen zu treffen sind und die Opfer von Völkerrechtsverbrechen ihre persönlichen Interessen geltend machen können. Diese Opferorientierung im Völkerstrafrecht wird jedoch durch die Funktionsfähigkeit des Gerichtshofs und die Rechte der Angeklagten beschränkt.

8.4 Bedeutung des internationalen Rechts für das deutsche Strafrechtssystem

Nachfolgend wird die Bedeutung des internationalen Rechts für das deutsche Straf- und Strafverfahrensrecht sowie für das deutsche Strafvollzugsrecht erläutert. Eine Unterscheidung zwischen materiellem Strafrecht und Strafprozessrecht auf der einen und Strafvollzugsrecht auf der anderen Seite ergibt sich bereits aus dem Umstand, dass sich bei der Betrachtung der internationalen Grundlagen mit Opferbezug nur wenige Anhaltspunkte für die Einbeziehung des Opfers und seiner Bedürfnisse in das Strafvollzugsrecht ergeben haben. Demgegenüber sind die Verbindungen zwischen internationalem Recht und nationalem Straf- und Strafprozessrecht wesentlich umfassender.

8.4.1 Bedeutung des internationalen Rechts für das deutsche Straf- und Strafverfahrensrecht

8.4.1.1 Bedeutung von EMRK und GRCh

Aus dem internationalen Recht ist für das deutsche Strafrecht zunächst die EMRK von Bedeutung. Dabei ist nach dem oben Gesagten wie folgt zu unterscheiden. Zunächst lassen sich aus Art. 2 EMRK und Art. 3 EMRK staatliche Schutzpflichten ableiten. Dabei resultiert aus Art. 2 EMRK der staatliche Schutz des Lebens auch vor Verletzungen durch Privatpersonen, da das Rechtsgut Leben umfassend geschützt ist. Die Betrachtung von Art. 3 EMRK unter Berücksichtigung

[324] Weiterführend *Bock*, Das Opfer vor dem Internationalen Strafgerichtshof, 2010, S. 443 ff.

der Rechtsprechung des EGMR hat zudem ergeben, dass die staatliche Schutzpflicht vor unmenschlichen und erniedrigenden Behandlungen auf den Schutz vor derartigen Beeinträchtigungen durch Private bezogen ist.

Der EGMR hat in ständiger Rechtsprechung mit Blick auf die Verletzung staatlicher Schutzpflichten i.S.v. Art. 2 und 3 EMRK einerseits Fallgruppen besonderes schutzwürdiger Opfer entwickelt. Diese besondere Schutzwürdigkeit betrifft namentlich kindliche Opfer, Opfer von häuslicher Gewalt sowie Opfer von Sexual- und schweren Gewaltdelikten.

Andererseits hat der EGMR Maßstäbe für die Zurechnung von strafbaren Handlungen durch Privatpersonen gegenüber den staatlichen Behörden entwickelt. Diese Maßstäbe sind nicht nur bei der Auslegung von Art. 2 und 3 EMRK zu beachten, sondern ebenso bei der EMRK-konformen Auslegung der grundrechtlichen Schutzpflichten des Grundgesetzes zu berücksichtigen.

Daher sind sowohl die vom EGMR als besonders schutzbedürftig eingeordneten Opfergruppen als auch die entwickelten Maßstäbe hinsichtlich der staatlichen Verantwortlichkeit für den Schutz vor Straftaten durch Private, welche die Rechtsgüter der Art. 2 und 3 EMRK betreffen, bei der Auslegung der grundrechtlichen Schutzpflichten zu berücksichtigen.[325] Ausdrücklich wurden zudem Art. 3 EMRK[326] sowie die einschlägige Rechtsprechung des EGMR bei der Begründung des „Fünfzigste[n] Gesetz[es] zur Änderung des Strafgesetzbuches – Verbesserung des Schutzes der sexuellen Selbstbestimmung“ vom 4. November 2016[327] zugrunde gelegt.[328]

Demgegenüber ist Art. 6 Abs. 1 S. 1 EMRK mit Blick auf das deutsche Recht für die Berücksichtigung von Opferbelangen eher von geringer Bedeutung. Durch Art. 6 Abs. 1 S. 1 EMRK wird lediglich die Durchsetzung im nationalen Recht bereits existierender materieller Rechte gewährleistet. Dies betrifft im deutschen Strafprozessrecht insbesondere das Adhäsionsverfahren. Eine weitergehende Relevanz für Opferrechte innerhalb des Straf- und Strafverfahrensrechts ist nicht ersichtlich. Insbesondere ist in diesem Zusammenhang von Bedeutung, dass das Vergeltungsbedürfnis des Straftatopfers keinen konventionsrechtlichen Schutz genießt. Folglich ließe sich eine Berücksichtigung derartiger Interessen auf der Grundlage der EMRK nicht begründen.

---

[325] Ausführlich zu den grundrechtlichen Schutzpflichten unten im Abschnitt 10.1.2.

[326] Neben Art. 3 EMRK wurde auch Art. 8 EMRK berücksichtigt, aus dem sich der staatliche Schutz der körperlichen, psychischen und sozialen Integrität ableiten lässt, siehe hierzu *Meyer-Ladewig/Nettesheim,* in: Meyer-Ladewig/Nettesheim/von Raumer (Hrsg.), EMRK, 4. Aufl. 2017, Art. 8 Rn. 11 f. m. w. N.

[327] BGBl. I 2016, S. 2460 ff.

[328] Vgl. BT-Drs. 18/8210, S. 8.

Die Betrachtung von Art. 8 EMRK hat gezeigt, dass das Recht auf Achtung des Privatlebens gerade auch die körperliche, geistige und soziale Integrität umfasst. Für das Strafverfahren hat der EGMR eine Verletzung des Rechts auf Achtung des Privatlebens bereits angenommen, wenn das mutmaßliche Opfer eines Sexualdelikts während des Verfahrens nicht hinreichend vor einer sekundären Viktimisierung oder (Re-)Traumatisierung geschützt wurde.[329] Diesbezüglich lassen sich Parallelen insbesondere zum Schutz der Intimsphäre von Opferzeug:innen bei Vernehmungen im Strafverfahren erkennen.[330] Der Gesetzesbegründung zum „Fünfzigste[n] Gesetz zur Änderung des Strafgesetzbuches – Verbesserung des Schutzes der sexuellen Selbstbestimmung“ vom 4. November 2016[331] ist zudem zu entnehmen, dass neben Art. 3 EMRK ebenso Art. 8 EMRK und die einschlägige Rechtsprechung des EGMR berücksichtigt wurden.[332] Daher ergibt sich auch auf dieser Grundlage eine besondere Relevanz des Art. 8 EMRK vor allem für Opfer von Sexualdelikten.

Demgegenüber ist Art. 13 EMRK für das Straf- und Strafprozessrecht von geringerer Bedeutung. Zwar ergibt sich aus Art. 13 EMRK bei Verletzungen der grundlegenden Rechte der Art. 2 und 3 EMRK staatliche Verpflichtungen zur Gewährleistung von Rechtsbehelfen für Schadensersatzforderungen. Allerdings betreffen derartige Rechtsbehelfe nicht zwingend das Straf- und Strafprozessrecht. Vielmehr ist in diesem Zusammenhang gerade an die Geltendmachung von Amtshaftungsansprüche auf dem Zivilrechtsweg und schließlich an die Verfassungsbeschwerde als möglich Handlungsoptionen des Straftatopfers bei einer Verletzung grundrechtlicher Schutzpflichten mit Bezug zu Art. 2 und 3 EMRK zu denken.

Für die Grundrechte der GRCh ergibt sich nur im Einzelfall eine besondere Relevanz für das deutsche Straf- und Strafprozessrecht. Dies folgt zum einen daraus, dass der GRCh nur im Kollisionsfall von nationalem Recht und dem Recht der EU ein Anwendungsvorrang zukommt. Zum anderen stimmen die Grundrechte der Art. 2, 4 und 47 GRCh mit den Rechten aus Art. 2, 3 und 13 EMRK überein. Diesbezüglich wird für die Auslegung der jeweiligen Schutzpflichten der GRCh auf die Rechtsprechung des EGMR verwiesen. Allein die aus Art. 3 Abs. 1 GRCh ableitbaren staatlichen Schutzpflichten für die körperliche und geistige Unversehrtheit finden keine Entsprechung in der EMRK. Diese Diskrepanz wird

---

[329] Siehe hierzu oben im Abschnitt 8.1.1.4.

[330] Näher hierzu sogleich in den kriminalpolitischen Grundlangen unten im Abschnitt 9.2.1.

[331] BGBl. I 2016, S. 2460 ff.

[332] Vgl. BT-Drs. 18/8210, S. 8.

jedoch durch den EGMR mit einer weiten Auslegung der Art. 3 und 8 EMRK behoben.

8.4.1.2 Bedeutung von Rechtsetzungsakten des Europarats und der EU

Betrachtet man die nationale Strafgesetzgebung unter Berücksichtigung der Vorgaben des Europarats, wird deutlich, dass der deutsche Gesetzgeber zumindest zu Beginn der internationalen Impulse zur Opferorientierung des Straf- und Strafprozessrechts bereits zuvor tätig geworden war.[333] Die Stärkung der Verletztenstellung im Strafprozess beispielsweise wurde vom Europarat 1985 empfohlen, im Deutschen Bundestag war die Thematik allerdings bereits 1983 aufgegriffen worden.[334] Auch im Opferschutzgesetz von 1986 lassen sich keine Hinweise zu einem Einfluss der Rechtsetzungsakte des Europarats finden. Demgegenüber wurde in der Begründung zum 2. Opferrechtsreformgesetz von 2009 hinsichtlich des Schutzes minderjähriger Opfer und Zeug:innen ausdrücklich auf verschiedene Übereinkommen des Europarats Bezug genommen, ohne diese freilich konkret zu benennen.[335] In der Begründung zum 3. Opferrechtsreformgesetz von 2015 wurde schließlich ausgeführt, dass das Gesetz der Umsetzung von Art. 31 Abs. 1 lit. a des „Übereinkommens des Europarats zum Schutz von Kindern vor sexueller Ausbeutung und sexuellem Missbrauch" dient.[336] Schließlich wurde das „Fünfzigste Gesetz zur Änderung des Strafgesetzbuches – Verbesserung des Schutzes der sexuellen Selbstbestimmung" vom 4. November 2016[337] ausweislich der Gesetzesbegründung erheblich durch die sogenannte Istanbul-Konvention des Europarats von 2011 beeinflusst.[338]

Die Weiterentwicklung des Opferschutzes insbesondere im deutschen Strafprozessrecht wurde zudem erheblich durch Rechtsetzungsakte der EU beeinflusst. So ist der Gesetzesbegründung zum Opferrechtsreformgesetz von 2004 zu entnehmen, dass für die Reform der Stellung des Opfers im Strafprozess in Deutschland wesentliche Impulse des Rahmenbeschlusses der Europäischen Union vom 15.

---

[333] Ausführlich zur Opferschutzgesetzgebung und zu den nachfolgend genannten Gesetzesänderungen oben im Abschnitt 6.3.2.

[334] Vgl. nur den Gesetzesentwurf für ein Gesetz zum besseren Schutz der Opfer von Sexualdelikten aus dem Jahr 1983, BT-Drs. 10/585.

[335] Vgl. BT-Drs. 16/12098, S. 10.

[336] BT-Drs. 18/4621, S. 2; zu Art. 31 Abs. 1 lit. a Lanzarote-Konvention siehe im Abschnitt 8.2.1.7.

[337] BGBl. I 2016, S. 2460 ff.

[338] Vgl. BT-Drs. 18/8210, S. 1.

März 2001 aufgegriffen wurden.[339] Gleiches gilt für das 2. Opferrechtsreformgesetz von 2009.[340] Das 3. Opferrechtsreformgesetz von 2015 wurde zudem erheblich durch die Opferschutzrichtlinie 2012/29/EU beeinflusst und diente der Umsetzung der Richtlinie.[341] Bei der Schaffung dieser Richtlinie hatte sich die Bundesrepublik Deutschland aktiv für die Schaffung von gemeinsamen Mindeststandards innerhalb der EU eingesetzt.[342] Insgesamt kam Deutschland diesbezüglich eine Vorbildfunktion zu.[343] Weiterhin würden die Neuerungen durch das 3. Opferrechtsreformgesetz über die in der Opferschutzrichtlinie festgelegten Mindeststandards hinaus reichen.[344] Mithin ist die rege Tätigkeit des deutschen Gesetzgebers hinsichtlich einer Opferorientierung des Straf- und Strafprozessrecht insbesondere im vergangenen Jahrzehnt in weiten Teilen auf Vorgaben durch die EU zurückführen, wobei Deutschland mit dem 3. Opferrechtsreformgesetz sogar über die Mindestanforderungen der Opferschutzrichtlinie hinausging.

8.4.1.3 Bedeutung der weiteren internationalen Rechtsgrundlagen

Hinsichtlich der Vertragswerke der Vereinten Nationen ist festzuhalten, dass diese einerseits den Schutz bestimmter Opfergruppen hervorheben oder sich zum Opferschutz im Allgemeinen bekennen. Andererseits werden die alternativen Konfliktlösungsmöglichkeiten der Restorative Justice besonders hervorgehoben. In den Gesetzgebungsmaterialien finden sich kaum Hinweise auf die Berücksichtigung von Übereinkommen und Empfehlungen der Vereinten Nationen, weshalb deren Einfluss auf die deutsche Gesetzgebung nicht sicher bestimmt werden kann. Allein in der Gesetzesbegründung zum 2. Opferrechtsreformgesetz von 2004 wird hinsichtlich des Schutzes minderjähriger Opfer und Zeug:innen die UN-Kinderrechtskonvention ausdrücklich als rechtliche Grundlage genannt.[345] Dennoch zeugt das Bekenntnis der Vereinten Nationen zum Opferschutz und zur Restorative Justice von einer allgemeinen Tendenz der Mitgliedsstaaten hin zu einer opferorientierten Strafrechtspflege. Das Ausmaß dieser Opferbezogenheit hängt dabei maßgeblich vom nationalen Recht ab, da den Empfehlungen der Vereinten Nationen keine völkerrechtliche Verbindlichkeit zukommt. Etwas

[339] BT-Drs. 15/2536, S: 1, 16 f.

[340] BT-Drs. 16/12098, S. 9.

[341] BT-Drs. 18/4621, S. 1 f., 13.

[342] BT-Drs. 18/4621, S. 1.

[343] Vgl. hierzu *Agency for Fundamental Rights*, Victims of crime in the EU, 2014, S. 41 ff.

[344] BT-Drs. 18/4621, S. 1 f.

[345] BT-Drs. 16/12098, S. 10.

anderes gilt für das „Übereinkommen zur Beseitigung jeder Form von Diskriminierung der Frau" (CEDAW) und die UN-Kinderrechtskonvention, welche durch ihre Ratifizierung und den Erlass der Umsetzungsgesetze den Rang von Bundesgesetzen haben und zudem im Rahmen der völkerrechtskonformen Auslegung des nationalen Rechts zu berücksichtigen sind.

Die Bedeutung von Art. 68 IStGH-Statut für das deutsche Strafprozessrecht ist ebenfalls als gering einzustufen. Zunächst wurden die Stellung und der Schutz des Straftatopfers im Strafverfahren in Deutschland bereits ab der Mitte der 1980er Jahre durch zahlreiche Gesetzgebungsverfahren reformiert, wohingegen das Statut des IStGH erst 2002 in Kraft trat. Weiterhin kommt Art. 68 IStGH-Statut zwar völkerrechtliche Verbindlichkeit zu, allerdings nur für den Bereich des Völkerstrafrechts. Im nationalen Strafrecht entfaltet diese Norm keine Wirkung. Festzuhalten ist allerdings immerhin, dass in Art. 68 Abs. 1 S. 2 IStGH-Statut die besondere Schutzbedürftigkeit bestimmter Opfergruppen hervorgehoben wird. Nach der Vorschrift sind Opfer sexueller oder geschlechtsspezifischer Gewalt und kindliche Opfer besonders schutzbedürftig. Dies stimmt insofern mit den Regelungen und Vorgaben des Europarats, der EU und der Vereinten Nationen überein, als dem Schutz vor einer sekundären Viktimisierung insbesondere bei Opfern von Sexualstraftaten und dem Schutz kindlicher Opfer ein besonders hoher Stellenwert eingeräumt wurde.

Zudem können die übrigen internationalen Rechtsgrundlagen zumindest ein weiteres Indiz dafür liefern, dass auf internationaler Ebene Konsens darüber herrscht, dass bestimmte Gruppen von Straftatopfern in besonderer Weise vor weiteren Beeinträchtigungen durch die Strafverfolgungsbehörden und die Straftäter:innen zu schützen sind. Ferner gibt Art. 68 IStGH-Statut darüber Aufschluss, dass bestimmte Interessen von Straftatopfern im Völkerrecht als besonders schützenswert eingeordnet werden. Hierzu zählen neben der Sicherheit des Opfers und seinem körperlichen und seelischen Wohl ebenso seine Würde und Privatsphäre, wie sich aus Art. 68 IStGH-Statut ergibt. Auch dies stimmt mit der Einordnung bestimmter Opfergruppen als besonders schutzwürdig überein, welche sich bereits indirekt aus der Empfehlung des Europarats zur Unterstützung von Straftatopfern vom 14. Juni 2006[346] ableiten ließ und ausdrücklich in der Lanzarote-Konvention[347] und in der Istanbul-Konvention[348] zum Ausdruck kam.

346 Ausführlich hierzu oben im Abschnitt 8.2.1.6.

347 Ausführlich hierzu oben im Abschnitt 8.2.1.7.

348 Ausführlich hierzu oben im Abschnitt 8.2.1.8.

Weiterhin finden sich Vorgaben für besonders schutzbedürftige Opfergruppen insbesondere in der Opferschutzrichtlinie 2012/29/EU.[349]

8.4.2 Bedeutung des internationalen Rechts für das deutsche Strafvollzugsrecht

Die Betrachtung der internationalen Grundlagen mit Opferbezug hat ergeben, dass sich nur wenige konkrete Anknüpfungspunkte zur Bedeutung des internationalen Rechts für das Strafvollzugsrecht finden lassen. Allerdings sind alle der ausführlich betrachteten internationalen Rechtsgrundlagen für die völkerrechtskonforme Auslegung des nationalen Rechts und somit auch für das Strafvollzugsrecht von Bedeutung.

Für die Auslegung der Landesstrafvollzugsgesetze können zunächst die Regelungen der EMRK und die Rechtsprechung des EGMR von Bedeutung sein. Insbesondere sind Art. 2, 3 und 8 EMRK bei der Auslegung grundrechtlicher Schutzpflichten des Grundgesetzes gegenüber dem Straftatopfer relevant. Für den Schutz des Lebens gemäß Art. 2 EMRK findet sich in der Rechtsprechung des EGMR mit der Entscheidung im Fall Mastromatteo gegen Italien vom 24. Oktober 2002[350] sogar ein konkreter Bezug zu vollzugsöffnenden Maßnahmen. Aus der Rechtsprechung des EGMR kann zudem insgesamt eine besondere Schutzpflicht gegenüber Opfern von häuslicher Gewalt, gegenüber kindlichen Opfern sowie gegenüber Opfern von Sexual- und (schweren) Gewaltdelikten entnommen werden.[351] Derartige staatliche Schutzpflichten sind insbesondere auch von den Strafvollzugsanstalten bei vollzuglichen Entscheidungen zu beachten. Hieraus ergibt sich eine Abwägung von Schutzpflichten gegenüber dem konkreten Opfer auf der einen Seite und dem Resozialisierungsauftrag gegenüber dem bzw. der konkreten Gefangenen auf der anderen Seite.[352] Daneben erscheinen die Überlegungen zum Schutz des Privatlebens durch Art. 8 EMRK auch mit Blick auf das Strafvollzugsrecht von Bedeutung, wenn die Gefahr einer sekundären Viktimisierung oder (Re-)Traumatisierung durch opferorientierte Maßnahmen droht oder auf andere Weise die Privatsphäre des Opfers beeinträchtigt werden könnte.

---

[349] Ausführlich hierzu oben im Abschnitt 8.2.2.3.3.

[350] EGMR NJW 2003, 3259 ff.

[351] Siehe ausführlich hierzu m. N. zur Rechtsprechung des EGMR oben im Abschnitt 8.1.1.

[352] Eine derartige Abwägung hat bereits der EGMR in der Entscheidung zum Fall Mastromatteo gegen Italien vorgenommen, vgl. EGMR NJW 2003, 3259 ff.

Daher wird Art. 8 EMRK ebenso wie Art. 2 und 3 EMRK bei der Auslegung der grundrechtlichen Schutzpflichten und somit auch bei der Auslegung des opferbezogenen Vollzugsrechts zu berücksichtigen sein.

Hinsichtlich der Rechtsetzungsakte des Europarats haben nur die Europäischen Strafvollzugsgrundsätze einen zumindest mittelbaren Einfluss auf das Strafvollzugsrecht. In den Europäischen Strafvollzugsgrundsätzen sind opferbezogene Gesichtspunkte zu finden, die von den meisten Landesgesetzgebern aufgegriffen wurden.[353] Die Europäischen Strafvollzugsgrundsätze werden vom BVerfG jedoch insgesamt als Auslegungshilfe anerkannt.[354] Daher müssen die opferschützenden Gesichtspunkte auch bei der Auslegung jener Landesstrafvollzugsgesetze beachtet werden, in denen die Empfehlungen der Europäischen Strafvollzugsgrundsätze nicht aufgegriffen wurden.

Der Einfluss des EU-Rechts hat sich zudem in Teilen auch im Strafvollzugsrecht niedergeschlagen. Wie gezeigt, wurden die Informationsansprüche des Opfers über die Haftverhältnisse des bzw. der Täter:in erst durch entsprechende Richtlinien der EU zum Gegenstand nationaler Gesetzgebung.[355] Hinsichtlich der Wiedergutmachung und der Mediation in Strafsachen ergibt sich kein einheitliches Bild. Einerseits wird seitens der EU das Potenzial der Restorative Justice durchaus anerkannt[356], anderseits werden jedoch gleichermaßen auch Risiken des Konzepts in die Betrachtung einbezogen[357].

Von den übrigen internationalen Rechtsgrundlagen mit Opferbezug sind für das deutsche Strafvollzugsrecht nur die ECOSCO Resolutionen 1999/26, 2000/14 und 2002/12 relevant, die das Potenzial von Restorative Justice und Mediation als zusätzlichen Konfliktlösungsmöglichkeiten im Strafrecht betonen. Durch die Resolution 2002/12 wurde die Einbeziehung von Restorative-Justice-Programmen auf die gesamte Strafrechtspflege ausgeweitet, sodass durch sie auch eine Einbeziehung von Wiedergutmachung, Mediation und anderen Formen der Restorative Justice in den Strafvollzug befürwortet worden sein dürfte. Jedoch ist die unmittelbare Bedeutung der UN-Resolutionen für die Einbeziehung der Restorative

353 Siehe hierzu unten Abschnitt 9.3.3.4.

354 BVerfG NJW 2006, 2093 (2097); ausführlich hierzu oben im Abschnitt 8.2.1.5.

355 Mit Blick auf § 406i StPO (§ 406h StPO-E) siehe die Begründung zum 2. Opferrechtsreformgesetz, BT-Drs. 16/12098, S. 38.

356 Zum Rahmenbeschluss 2001/220/JI allgemein und hinsichtlich der Förderung der Schlichtung in Strafsachen bereits oben im Abschnitt 8.2.2.1; grundsätzlich wurde die Restorative Justice auch durch die Opferschutzrichtlinie 2012/29/EU befürwortet, siehe oben im Abschnitt 8.2.2.3.3.

357 Mögliche Gefahren der Restorative Justice wurden durch die Opferschutzrichtline 2012/29/EU aufgezeigt, siehe oben im Abschnitt 8.2.2.3.3.

Justice in das deutsche Strafvollzugsrecht als eher gering einzuschätzen. Zwar messen die Vereinten Nationen der Wiedergutmachung ein besonderes Gewicht bei. Allerdings war hinsichtlich der konkreten Einbeziehung der Restorative Justice in das deutsche Strafvollzugsrecht der Einfluss des Europarechts größer.[358] Gleichwohl sind zumindest in den Empfehlungen des Europarats mitunter Querverbindungen zu den Vereinten Nationen erkennbar. In der Empfehlung des Europarates zur Unterstützung von Straftatopfern vom 14. Juni 2006 werden die durch die EU und die Vereinten Nationen entwickelten Standards zum Schutz von Opfern berücksichtigt.[359] Zudem nimmt die Empfehlung des Europarats zur Restorative Justice in Strafsachen vom 3. Oktober 2018 ausdrücklich auf die ECOSCO Resolutionen 2002/12 Bezug.[360] Daher ist diesbezüglich zumindest eine Beeinflussung des kriminalpolitischen Klimas in Europa durch die Vereinten Nationen erkennbar.

8.5 Folgen für die Auslegung opferorientierter Vorschriften des Strafvollzugsrechts

Aus der EMRK sind Art. 2, 3 und 8 EMRK und die einschlägige Rechtsprechung des EGMR für das deutsche Strafvollzugsrecht potenziell besonders relevant, da diese für die Konkretisierung staatlicher Schutzpflichten aus dem Grundgesetz herangezogen werden können.[361] Die so konkretisierten grundrechtlichen Schutzpflichten können dann Auswirkungen auf das Strafvollzugsrecht haben, wenn sich aus ihnen die Verpflichtung des Staates ergibt, das Opfer während des Strafvollzugs und der Entlassungsvorbereitungen besonders zu schützen. Während Art. 2 EMRK bei (versuchten) Tötungsdelikten von Bedeutung sein kann[362], ist Art. 3 EMRK besonders bei traumatisierten Straftatopfern und kindlichen Opfern relevant[363]. Im Einzelfall kann sich auch aus der Straftatverübung durch Private eine Schutzpflicht des Staates aus Art. 3 i.V. m. Art. 1 EMRK gegenüber Straftatopfern ergeben. Für Art. 8 EMRK hat der EGMR eine besondere Pflicht zum

---

358 So wird in der Begründung zu § 21 LStVollzG SH ausdrücklich auf die Opferschutzrichtlinie 2012/29/EU verwiesen, vgl. Landtag Schleswig-Holstein Drs. 18/3153, S. 111.

359 *Council of Europe*, Committee of Ministers Recommendation Rec(2006) 8.

360 *Council of Europe*, Committee of Ministers Recommendation CM/Rec(2018) 8.

361 Ausführlich zu den grundrechtlichen Schutzpflichten gegenüber Straftatopfern unten im Abschnitt 10.1.2.

362 Ausführlich hierzu oben im Abschnitt 8.1.1.1.

363 Ausführlich hierzu oben im Abschnitt 8.1.1.2.

Schutz der Achtung des Privatlebens insbesondere bei Opfern von Sexualdelikten angenommen.[364]

Von den Übereinkommen und Empfehlungen des Europarats mit Opferbezug weisen allein die Europäischen Strafvollzugsgrundsätze von 2006 einen offensichtlichen Bezug zum Strafvollzugsrecht auf. Allerdings hat die nähere Betrachtung ergeben, dass auch einige der anderen Übereinkommen und Empfehlungen durchaus für die Auslegung des deutschen Strafvollzugsrechts fruchtbar gemacht werden können. Durch die Rechtsetzungsakte des Europarats wurden konkrete Opferinteressen herausgestellt, welche innerhalb des Strafrechtssystems insgesamt zu beachten sind und deshalb zumindest mittelbar auch für das Strafvollzugsrecht von Bedeutung sind. Als in diesen Sinne bedeutsame Interessen von Straftatopfern werden durch den Europarat insbesondere der Schutz vor einer sekundären Viktimisierung[365], der Schutz vor einer erneuten Viktimisierung durch den bzw. die gleiche:n Täter:in und hiermit zusammenhängende Informations- und Auskunftsinteressen hinsichtlich einer Entlassung aus der Haft[366] sowie Entschädigungs-, Ausgleichs- und Wiedergutmachungsinteressen[367] benannt. Allerdings enthalten die Übereinkommen und Empfehlungen des Europarats mit Ausnahme der Europäischen Strafvollzugsgrundsätze keine ausdrücklichen Hinweise auf eine Berücksichtigung der Belange des Straftatopfers im Strafvollzug. Daher können diese Rechtsetzungsakte des Europarats in weiten Teilen nur mittelbar im Rahmen der völkerrechtsfreundlichen Auslegung des Strafvollzugsrechts berücksichtigt werden.

---

[364] EGMR, Y. gegen Slowenien, Urteil vom 28.05.2015, Beschw.-Nr. 41107/10, Rn. 103 ff; ausführlich zu Art. 8 oben im Abschnitt 8.1.1.4.

[365] *Council of Europe*, Committee of Ministers Recommendation No. R(85) 11, ausführlich hierzu oben im Abschnitt 8.2.1.2; *Council of Europe*, Committee of Ministers Recommendation Rec(2006) 8, ausführlich hierzu oben im Abschnitt 8.2.1.6.

[366] *Council of Europe*, Committee of Ministers Recommendation No. R(85) 11, ausführlich hierzu oben im Abschnitt 8.2.1.2; *Council of Europe*, Committee of Ministers Recommendation Rec(2006) 8, ausführlich hierzu oben im Abschnitt 8.2.1.6.

[367] Europäisches Übereinkommen über die Entschädigung für Opfer von Gewalttaten vom 24.11.1983, Sammlung Europäischer Verträge, Nr. 116, ausführlich hierzu oben im Abschnitt 8.2.1.1; *Council of Europe*, Committee of Ministers Recommendation No. R(85) 11, ausführlich hierzu oben im Abschnitt 8.2.1.2; *Council of Europe*, Committee of Ministers Recommendation No. R(99) 19, ausführlich hierzu oben im Abschnitt 8.2.1.4; *Council of Europe*, Committee of Ministers Recommendation Rec(2006) 8, ausführlich hierzu oben im Abschnitt 8.2.1.6; *Council of Europe*, Committee of Ministers Recommendation CMRec(2018) 8, ausführlich hierzu oben im Abschnitt 8.2.1.9.

Weiterhin wurde zunächst durch die Empfehlung zur Unterstützung von Straftatopfern vom 14. Juni 2004 die besondere Schutzbedürftigkeit von besonders gefährdeten und verletzlichen Opfergruppen hervorgehoben.[368] Durch die Lanzarote-Konvention wurde diese allgemeine Annahme zu besonders schutzbedürftigen Opfergruppen für kindliche Opfer von Sexualstraftaten konkretisiert.[369] Mit der Istanbul-Konvention wurden schließlich Frauen, die Opfer von Sexual- und Gewaltstraftaten geworden sind, sowie generell Opfer von häuslicher Gewalt als weitere besonders schutzwürdige Opfergruppen durch den Europarat konkretisiert.[370] Dieser besondere staatliche Schutz gegenüber bestimmten Opfergruppen erscheint zwar auch für das Vollzugsrecht von Bedeutung. Allerdings enthalten weder die Lanzarote-Konvention noch die Istanbul-Konvention entsprechende Vorgaben für das Vollzugsrecht. Insgesamt sind daher die Rechtsetzungsakte des Europarats nicht unmittelbar für das Strafvollzugsrecht von Bedeutung. Allerdings werden insbesondere die durch die Übereinkommen und Empfehlungen des Europarats besonders hervorgehobenen Opferinteressen und die besondere Schutzbedürftigkeit von weiblichen und kindlichen Opfern, von Opfer häuslicher Gewalt sowie der Opfer von Sexual- und Gewaltdelikten für eine völkerrechtsfreundliche Auslegung des deutschen Strafvollzugsrechts von Belang sein. Daher sind die Übereinkommen und Empfehlungen des Europarats mittelbar bei der teleologischen Auslegung der Landesstrafvollzugsgesetze von Bedeutung. Zu beachten ist, dass die Lanzarote-Konvention und die Istanbul-Konvention den Rang eines Bundesgesetzes haben und somit bei der Auslegung der Landesstrafvollzugsgesetze als höherrangiges Recht besonders zu berücksichtigen sind.

Dies gilt im Ergebnis aufgrund der fehlenden rechtlichen Verbindlichkeit auch für die vom Europarat entwickelten Europäischen Strafvollzugsgrundsätze von 2006. Zwar enthalten diese in Nr. 24.2 und Nr. 24.12 ausdrückliche opferschützende Regelungen und in Nr. 103.7 und 105.5 zudem Anknüpfungspunkte für die Restorative Justice. Auch stimmen die entsprechenden Regelungen der Landesgesetze zu Einschränkungsmöglichkeiten der Besuchsrechte mit Nr. 24.2 der Europäischen Strafvollzugsgrundsätze dahingehend überein, dass die Anstaltsleitung in den meisten Bundesländern den Besuch des Opfers untersagen kann.[371] Die in Nr. 24.12 der Europäischen Strafvollzugsgrundsätze angesprochenen

[368] *Council of Europe*, Committee of Ministers Recommendation Rec(2006) 8, ausführlich hierzu oben im Abschnitt 8.2.1.6.

[369] Ausführlich zur Lanzarote-Konvention oben im Abschnitt 8.2.1.7.

[370] Siehe ausführlich zur Istanbul-Konvention oben im Abschnitt 8.2.1.8.

[371] Hierzu unten im Abschnitt 14.2.2.1.

Einschränkungsmöglichkeiten hinsichtlich der Kommunikation der Gefangenen mit den Medien lassen sich in den Landesstrafvollzugsgesetzen demgegenüber nicht wiederfinden. Allerdings sind die Europäischen Strafvollzugsgrundsätze für die Landesgesetzgeber auch nicht verbindlich.[372] Daher werden die Europäischen Strafvollzugsgrundsätze ebenfalls nur als Auslegungshilfe im Rahmen der systematischen und teleologischen Auslegung der opferbezogenen Strafvollzugsvorschriften herangezogen.

Mit Blick auf das EU-Recht gilt Folgendes. Da der Europäischen Union keine Richtlinienkompetenz für das Sanktionenrecht zukommt, können die unionsrechtlichen Rechtsetzungsakte mit Auswirkungen auf das deutsche Straf- und Strafverfahrensrecht allenfalls mittelbar im Strafvollzugsrecht fortwirken. Es versteht sich von selbst, dass der innerhalb des Straf- und Strafprozessrechts gewährleistete Opferschutz nicht durch gegenläufiges Vollzugsrecht zunichtegemacht werden darf. Daher ist der durch das Unionsrecht etablierte Standard des Opferbezugs in Straf- und Strafverfahrensrecht auch bei der Auslegung des Strafvollzugsrechts zu beachten. Diese Gesichtspunkte werden daher innerhalb der systematischen Auslegung von Bedeutung sein.

Ebenso wie in den Rechtsetzungsakten des Europarats wurden auch im Unionsrecht bestimmte Opferinteressen als besonders relevant für das Strafrecht eingeordnet. Hierzu zählen der Schutz vor einer sekundären Viktimisierung[373], der Schutz vor einer erneuten Viktimisierung durch den bzw. die gleiche:n Täter:in und hiermit zusammenhängende Auskunfts- und Informationsinteressen hinsichtlich der Freilassung[374] und Flucht[375] der Täter:innen sowie die Schlichtung in Strafsachen bzw. die Einbeziehung der Restorative Justice[376]. Da opferbezogene Regelungen zum Datenschutz kein Bestandteil der vorliegenden Untersuchung sind[377], wird auf die Auskunfts- und Informationsinteressen des Opfers innerhalb der Auslegung nicht vertieft eingegangen werden.

---

[372] Hierzu oben im Abschnitt 8.2.1.5.

[373] Rahmenbeschluss 2001/220/JI, ausführlich hierzu oben im Abschnitt 8.2.2.1; Menschenhandel-Richtlinie 2011/36/EU, ausführlich hierzu oben im Abschnitt 8.2.2.3.1; Kinderschutzrichtlinie 2011/93/EU, ausführlich hierzu oben im Abschnitt 8.2.2.3.2; Opferschutzrichtlinie 2012/29/EU, ausführlich hierzu oben im Abschnitt 8.2.2.3.3.

[374] Rahmenbeschluss 2001/220/JI, ausführlich hierzu oben im Abschnitt 8.2.2.1; Opferschutzrichtlinie 2012/29/EU, ausführlich hierzu oben im Abschnitt 8.2.2.3.3.

[375] Opferschutzrichtlinie 2012/29/EU, ausführlich hierzu oben im Abschnitt 8.2.2.3.3.

[376] Rahmenbeschluss 2001/220/JI, ausführlich hierzu oben im Abschnitt 8.2.2.1; Opferschutzrichtlinie 2012/29/EU, ausführlich hierzu oben im Abschnitt 8.2.2.3.3.

[377] Zu den Gründen für diese Beschränkung der Untersuchung oben im Kapitel 3.

Gleichwohl sind für das Vollzugsrecht mit Blick auf opferbezogenen Regelungen zu Daten insbesondere die Vorgaben der EU zur Information von Straftatopfern über eine Freilassung oder eine Flucht der inhaftierten Täter:innen von Bedeutung. Bereits durch den Rahmenbeschluss 2001/220/JI des Rates der Europäischen Union wurde den Mitgliedsstaaten auferlegt, Regelungen zur Unterrichtung gefährdeter Opfer über die Freilassung von verurteilten Täter:innen zu treffen. Mit der Richtlinie 2012/92/EU wurde diese Vorgabe in Art. 6 Abs. 5 auf Informationsrechte des Opfers bei der Freilassung und bei einer Flucht des bzw. der Täter:in aus dem Strafvollzug erweitert. Hervorzuheben ist, dass diese Informationsrechte nun nicht mehr nur für besonders gefährdete Opfer zu gewährleisten sind, sondern vielmehr allen Opfern zustehen sollten.[378] Zugleich legte die EU in Art. 6 Abs. 5 der Opferschutzrichtlinie von 2012 konkrete Voraussetzungen für die Informationsrechte fest und wies dabei insbesondere auf die Verhältnismäßigkeit zwischen der Schwere der Straftat und den Rechten der Täter:innen hin.[379] Dies ist für das deutsche Strafvollzugsrecht insofern von Bedeutung, als in den Strafvollzugsgesetzen der Länder Regelungen über eben diese Informationsrechte der Straftatopfer enthalten sind.

Von mittelbarer Bedeutung ist zudem, dass die EU bereits im Rahmenbeschluss 2001/220/JI den Ausbau von Schlichtungsverfahren im Strafrecht und in der Opferschutzrichtlinie 2012/92/EU schließlich die Einbeziehung der Restorative Justice ins Strafrechtssystem insgesamt befürwortete.[380] Durch die Richtlinie 2012/92/EU wurde zwar die Wiedergutmachung als eine weitere Konfliktlösungsmöglichkeit neben der staatlichen Strafverfolgung anerkannt. Jedoch wird gleichzeitig auf die Risiken einer erneuten Traumatisierung des Opfers hingewiesen, die gerade aus der Konfrontation mit dem bzw. der Täter:in und der Straftat folgen können soll.[381] Hinsichtlich der vielfältigen Regelungen zur Wiedergutmachung und insbesondere zum Täter-Opfer-Ausgleich in den Landesstrafvollzugsgesetzen ist die Vermeidung einer Retraumatisierung des Opfers daher von erheblicher Bedeutung und wird ebenfalls insbesondere bei der teleologischen Auslegung opferbezogener Strafvollzugsvorschriften berücksichtigt.

Weiterhin ist auch den Richtlinien der EU die besondere Schutzbedürftigkeit bestimmter Opfergruppen zu entnehmen. So wurde mit der Kinderschutzrichtlinie

---

[378] Vgl. Amtsblatt der Europäischen Union vom 14.11.2012, L 315/67, Art. 6 Abs. 5.

[379] Amtsblatt der Europäischen Union vom 14.11.2012, L 315/60, Abschnitt 32.

[380] Rahmenbeschluss 2001/220/JI, ausführlich hierzu oben im Abschnitt 8.2.2.1; Opferschutzrichtlinie 2012/29/EU, ausführlich hierzu oben im Abschnitt 8.2.2.3.3.

[381] Amtsblatt der Europäischen Union vom 14.11.2012, L 315/62, Abschnitt 46.

2011/93/EU ausdrücklich der Schutz von Kindern vor Sexualdelikten forciert.[382] Zudem werden in der Opferschutzrichtlinie 2012/29/EU als besonders schutzwürdige Personengruppen im Zusammenhang mit der Begutachtung zum Zweck der Feststellung einer besonderen Schutzbedürftigkeit die Opfer von Menschenhandel, Terrorismus, organisierter Kriminalität, Hassverbrechen, Sexualdelikten sowie kindliche Opfer und Opfer mit Behinderungen ausdrücklich genannt.[383]

In der Gesamtschau sind hinsichtlich der durch den Europarat und die EU als besonders schutzwürdig eingeordneter Opfergruppen Übereinstimmungen mit den durch den EGMR entwickelten Personengruppen der sogenannten „vulnerable individuals" erkennbar.[384] Weiterhin wurde der besonderen Schutzbedürftigkeit von Frauen, die Opfer von Sexual- und Gewaltdelikten geworden sind, durch das CEDAW der Vereinten Nationen bzw. durch die Empfehlungen des CEDAW-Ausschusses Ausdruck verliehen.[385] Der Schutz von kindlichen Opfern von Sexual- und Gewaltdelikten kommt schließlich durch die entsprechenden Vorgaben der UN-Kinderrechtskonvention zum Ausdruck.[386] Auch das IStGH-Statut geht von einer besonderen Schutzbedürftigkeit kindlicher Opfer und der Opfer von Sexualdelikten aus.[387] Mithin besteht ein internationaler Konsens, dass vor allem kindliche Opfer und Opfer von Sexual- und Gewaltdelikten als besonders schutzwürdig anzusehen sind.

Da sowohl die EMRK und die Rechtsprechung des EGMR auf der einen Seite als auch das CEDAW und die UN-Kinderrechtskonvention auf der anderen Seite im deutschen Strafrecht unmittelbar anwendbar sind, ist die besondere Schutzbedürftigkeit bestimmter Opfergruppen auch im Strafvollzug zu beachten.[388] Folglich sind die opferbezogenen Vorschriften der Landesstrafvollzugsgesetze auf ihre Vereinbarkeit mit dem Völkerrecht hin zu überprüfen und gegebenenfalls völkerrechtskonform auszulegen. Der besondere Schutz gegenüber besonderes verletzlichen Opfern – namentlich Opfer von Sexualdelikten und schweren Gewaltstraftaten, kindliche Opfer, Opfer mit geistigen oder körperlichen Einschränkungen – ist daher im Sinne der Völkerrechtsfreundlichkeit innerhalb

---

[382] Opferschutzrichtlinie 2012/29/EU, ausführlich hierzu oben im Abschnitt 8.2.2.3.3.

[383] Amtsblatt der Europäischen Union vom 14.11.2012, L 315/63, Abschnitt 57; ausführlich hierzu oben im Abschnitt 8.2.2.3.3.

[384] Ausführlich zu den sogenannten „vulnerable individuals" oben im Abschnitt 8.1.1.2.

[385] Hierzu ausführlich oben im Abschnitt 8.3.1.1.

[386] Hierzu ausführlich oben im Abschnitt 8.3.1.1.

[387] Siehe hierzu bereits oben im Abschnitt 8.3.2.

[388] Die unmittelbare Anwendbarkeit trifft zwar auch auf das IStGH-Statut zu, jedoch nur im Zusammenhang mit der Verfolgung von Völkerrechtsverbrechen, weiterführend *Werle/Jeßberger*, Völkerstrafrecht, 5. Aufl. 2020, Rn. 189 m. w. N.

der teleologischen Auslegung der opferbezogenen Strafvollzugsvorschriften zu beachten. Diesbezüglich ist später im Rahmen der teleologischen Auslegung der relevanten Strafvollzugsvorschriften zu untersuchen, ob die jeweilige Regelung dem Schutz besonders schutzbedürftiger Opfer dient.

Von besonderer Bedeutung für das opferbezogene Strafvollzugsrecht könnte zudem sein, dass in mehreren internationalen Rechtsgrundlagen eine Definition des Opferbegriffs zu finden ist. Nach dem Rahmenbeschluss der EU 2001/220/JI sind unter dem Begriff des Opfers nur natürliche Personen zu verstehen.[389] Zudem werden nach der Opferschutzrichtline von 2012 nur ausnahmsweise Familienangehörige der Opfer von Tötungsdelikten von diesem Opferbegriff erfasst.[390] Diesbezüglich soll nur kurz angemerkt werden, dass nach der Empfehlung des Europarats zur Unterstützung des Straftatopfers vom 14. Juni 2006 vom Opferbegriff in Einzelfällen auch die Familie und Angehörigen des direkten Opfers erfasst sind.[391] Ähnliches gilt im Übrigen auch für den Opferbegriff der Vereinten Nationen und des IStGH-Statuts.[392] Diesbezüglich stimmt das Begriffsverständnis der internationalen Rechtsgrundlagen hinsichtlich des direkten Opfers überein. Zwar ergibt sich aus der Empfehlung des Europarats nicht, wann Angehörige dem Opferbegriff unterfallen sollen. Dies ist jedoch nachfolgend nicht von gesteigerter Bedeutung, da den Empfehlungen des Europarats im Gegensatz zu den Richtlinien der Europäischen Union keine rechtliche Verbindlichkeit zukommt.

Festzuhalten bleibt, dass juristische Personen weder seitens des Europarats noch durch das Unionsrecht den jeweiligen Opferbegriffen unterfallen. Diese Beschränkung des Opferbegriffs durch Europarat und EU auf natürliche Personen scheint in einem engen Zusammenhang mit der primären Ausrichtung der untersuchten Rechtsetzungsakte auf die besonders relevanten Opferinteressen zu stehen, wie der Schutz vor sekundärer und erneuter Viktimisierung und die Wiedergutmachung unter Berücksichtigung des Restorative-Justice-Konzepts.

Mit Blick auf die landesrechtlichen Regelungen zum Strafvollzug ist daher zu untersuchen, ob die opferbezogenen Regelungen mit dem internationalen Verständnis des Opferbegriffs übereinstimmen. Da juristische Personen durch

---

389 Amtsblatt der Europäischen Gemeinschaft vom 22.03.2001, L 82/2; ausführlich hierzu oben im Abschnitt 8.2.2.1.

390 Amtsblatt der Europäischen Union vom 14.11.2012, L 315/59, Abschnitt 19.

391 *Council of Europe*, Committee of Ministers Recommendation Rec(2006) 8, Anhang Nr. 1.1, „The term victim also includes, where appropriate, the immediate family or dependants of the direct victim".

392 Zum Opferbegriff der Vereinten Nationen siehe *United Nations*, A/RES/40/34 sowie bereits ausführlich oben im Abschnitt 4.2.1.1.1. im Zusammenhang mit dem viktimologischen Opferbegriff.

die internationalen Rechtsgrundlagen nicht ausdrücklich vom Opferbegriff ausgeschlossen sind, erscheint deren Einbeziehung innerhalb des Vollzugsrechts grundsätzlich denkbar. Allerdings ist für die teleologische Auslegung der einzelnen Vorschriften darauf zu achten, ob sich der Sinn und Zweck der Regelung auf ein Opferbedürfnis bezieht, welches nur für natürliche Personen als Opfer der Straftat von Bedeutung ist, weshalb der Opferbegriff auf diese beschränkt sein muss.

9 Kriminalpolitische Grundlagen

Der Schutz von Straftatopfern ist seit Mitte der 1980er eines der bestimmenden Themen im kriminalpolitischen Diskurs. Dabei scheint die Prämisse zu gelten, dass, wer sich auf die Seite des Opfers stellt, politisch wenig falsch machen kann.[1] Auch im Koalitionsvertrag von CDU, CSU und SPD für die Legislaturperiode von 2018 bis 2021 wurde der Opferschutz besonders hervorgehoben.[2] Drehte sich die kriminalpolitische Diskussion ursprünglich um eine angemessene Berücksichtigung der Opferperspektive, ist die Berücksichtigung des Opfers und seiner Belange mittlerweile zu einem Hauptaspekt des Diskurses geworden.[3]

---

[1] So *Weigend*, NJW 1987, 1170 (1170); zustimmend *Hörnle*, JZ 2006, 950 (950); *Barton*, Strafrechtspflege und Kriminalpolitik, in: Barton/Kölbel (Hrsg.), Ambivalenzen der Opferzuwendung des Strafrechts, 2012, S. 130; allgemein zur Bedeutung der Sicherheits- und Kriminalitätspolitik siehe *Kertai*, Sicherheit, Risiko und Opferschutz, 2014, S. 76 ff.

[2] Vgl. Koalitionsvertrag für die 19. Legislaturperiode zwischen CDU, CSU und SPD vom 12. März 2018, insbesondere S. 130 Rn. 6113 ff., zudem u. a. S. 17 Rn. 597 ff., S. 22 Rn. 869 ff., S. 95 Rn. 4397 ff., abrufbar unter https://www.bundesregierung.de/breg-de/themen/koalitionsvertrag-zwischen-cdu-csu-und-spd-195906 (zuletzt aufgerufen am 11.06.2022); im aktuellen Koalitionsvertrag für die 20. Legislaturperiode zwischen SPD, BÜNDNIS 90/DIE GRÜNEN und FDP ist das Thema Opferschutz zwar auch enthalten, aber weniger präsent, vgl. Koalitionsvertrag 2021, abrufbar unter https://www.bundesregierung.de/breg-de/service/gesetzesvorhaben/koalitionsvertrag-2021-1990800 (zuletzt aufgerufen am 11.06.2022).

[3] *Bock*, in: Göppinger/Bock (Hrsg.), Kriminologie, 6. Aufl. 2008, § 11 Rn. 4; vgl. auch *Albrecht*, Öffentliche Meinung, Kriminalpolitik und Kriminaljustiz, in: Walter/Kania/Albrecht (Hrsg.), Alltagsvorstellungen von Kriminalität, 2004, S. 494.

K. M. Radke, *Opferorientierung im Strafvollzug*,
https://doi.org/10.1007/978-3-658-39044-0_9

Im Folgenden soll untersucht werden, worauf diese starke Orientierung der Kriminalpolitik[4] am Straftatopfer allgemein zurückzuführen ist und welche dieser kriminalpolitischen Motive speziell für den opferbezogenen Strafvollzug von Bedeutung sind. Für die zutreffende Einordnung der kriminalpolitischen Beweggründe der zunehmend opferbezogenen Gesetzgebung bedarf es zunächst einer Klarstellung, was unter den Begriffen „Opfer" und „Opferschutz" im kriminalpolitischen Kontext zu verstehen ist. Zudem werden die verschiedenen Faktoren, welche die kriminalpolitische Entwicklung beeinflusst haben, näher erläutert (Abschnitt 9.1). Sodann werden die Motive der opferbezogenen Gesetzgebung im Strafrecht allgemein einer näheren Betrachtung unterzogen (Abschnitt 9.2). Im Anschluss daran wird untersucht, ob sich diese Motive für die jüngere opferorientierte Kriminalpolitik auch in den Regelungen des opferbezogenen Strafvollzugs niedergeschlagen haben oder ob diesbezüglich andere Überlegungen des Gesetzgebers im Mittelpunkt standen (Abschnitt 9.3). Letztlich soll so herausgearbeitet werden, ob es für die „Neuorientierung" des Strafvollzugs hin zu einer stärkeren Opferorientierung besondere, vollzugsspezifische Motive gab oder ob die Einbeziehung nur als ein bloßer Annex zur stärkeren Opferorientierung des Straf- und Strafprozessrechts erfolgte. Schließlich wird die Bedeutung der auf diese Weise gewonnen Erkenntnisse für die Auslegung der opferbezogenen Strafvollzugsvorschriften festgestellt (Abschnitt 9.4).

9.1 Vorbemerkungen zu den kriminalpolitischen Grundlagen

9.1.1 Opfer und Opferschutz im kriminalpolitischen Kontext

9.1.1.1 Opferbegriff im kriminalpolitischen Kontext

Zur kriminalpolitischen Debatte ist zunächst festzuhalten, dass die Verwendung des Begriffs „Opfer" in der Politik nicht zwangsläufig der kriminologischen oder juristischen Terminologie entspricht. Vielmehr wird im politischen Kontext oft zunächst ein Alltagsverständnis vom Opferbegriff zugrunde gelegt und

[4] Zum Begriff der Kriminalpolitik siehe *Schwind/Schwind*, Kriminologie und Kriminalpolitik, 24. Aufl. 2021, § 1 Rn. 32 ff.; die Kriminalpolitik umfasst nach *Schwind/Schwind* im Gegensatz zur Justiz- und Rechtspolitik neben den Bereichen der Rechtspflege und des Strafvollzugs gerade auch die Sozialpolitik und den Bereich der inneren Sicherheit, a. a. O. § 1 Rn. 34.

der Begriff erst anschließend anhand der jeweiligen kriminalpolitischen Thematik entsprechend konkretisiert.[5]

Häufig wird der Begriff „Opfer" in der kriminalpolitischen Diskussion für potenzielle bzw. möglicherweise zukünftige Opfer, mithin die Allgemeinheit, verwendet.[6] In diesem Zusammenhang wird angenommen, dass sich der Opferschutz auf den Schutz der Allgemeinheit bezieht und somit auf die Kriminalprävention und das kollektive Sicherheitsinteresse insgesamt.[7] Bei der Untersuchung der opferbezogenen Gesetzgebung muss daher genauer zwischen den potenziellen und den konkreten Opfern einer Straftat unterschieden werden[8], wobei es sich nach der hier vertretenen Auffassung nur bei letzteren um Opfer im strafvollzugsrechtlichen Sinne handelt[9].

Diese Differenzierung ist deswegen wichtig, weil sich die Interessen potenzieller und tatsächlicher Opfer mitunter stark unterscheiden. Während bei „potenziellen Opfern" die Vermeidung einer primären Viktimisierung im Vordergrund steht[10], haben tatsächliche Opfer durch die bereits eingetretene Viktimisierung möglicherweise schon eine Traumatisierung erfahren[11]. Neben der Traumabewältigung sind die Interessen tatsächlicher Opfer häufig auf die Wiedergutmachung der durch die Straftat entstandenen Schäden[12] – in materieller und immaterieller Hinsicht – und eine adäquate Reaktion auf die Straftat von staatlicher Seite gerichtet[13]. Insgesamt ergibt sich jedoch kein einheitliches Bild von den Bedürfnissen und Interessen der Opfer von Straftaten, sodass es „das Opfer und seine Bedürfnisse" nicht gibt.[14]

---

[5] Vgl. *Kertai*, Sicherheit, Risiko und Opferschutz, 2014, S. 167.

[6] *Hassemer/Reemtsma*, Verbrechensopfer, 2002, S. 103 f.; *Hörnle*, JZ 2006, 950 (950).

[7] *Kertai*, Sicherheit, Risiko und Opferschutz, 2014, S. 169.

[8] *Kertai*, Sicherheit, Risiko und Opferschutz, 2014, S. 169; näher zur Notwendigkeit dieser Unterscheidung *Seelmann*, JZ 1989, 670 (670); *Kilchling*, NStZ 2002, 57 (58 f.); *Hassemer/Reemtsma*, Verbrechensopfer, 2002, S. 100 f.

[9] Zu dem in dieser Arbeit vertretenen strafvollzugrechtlichen Opferbegriff oben im Abschnitt 4.2.2.

[10] *Hassemer/Reemtsma*, Verbrechensopfer, 2002, S. 101, 108 f.; *Hörnle*, JZ 2006, 950 (950).

[11] Vgl. *Weigend*, NJW 1987, 1170 (1170 f.); *Kilchling*, Opferinteressen und Strafverfolgung, 1995, S. 630 ff.; *Jerouschek*, JZ 2000, 185 (187 f.).

[12] Ausführlich hierzu *Kilchling*, Opferinteressen und Strafverfolgung, 1995, S. 675 ff.; *Sautner*, Opferinteressen und Strafrechtstheorie, 2010, S. 71 ff.

[13] Ausführlich hierzu *Kilchling*, Opferinteressen und Strafverfolgung, 1995, S. 653 ff.; *Sautner*, Opferinteressen und Strafrechtstheorie, 2010, S. 246 ff.

[14] *Schädler*, Opferschutz und Opferhilfe, in: Kaiser/Jehle (Hrsg.), Kriminologische Opferforschung I, 1994, S. 118 f.; ähnlich auch *Baurmann/Schädler*, Das Opfer nach der Straftat,

Im kriminalpolitischen Kontext kreist die Opferschutzdiskussion zudem häufig um das sogenannte „ideale Opfer".[15] Nach *Christie* zeichnet sich dieses „ideale Opfer" durch eine objektiv wahrgenommene Schutzbedürftigkeit aus.[16] Daher werden dieser Opfergruppe insbesondere Kinder, Frauen, kranke und alte Menschen zugeordnet. Demgegenüber finden junge Männer kaum als mögliche Opfer von Straftaten Berücksichtigung, wenngleich sie tatsächlich das höchste Viktimisierungsrisiko trifft.[17] Durch die zu beobachtende Orientierung der Kriminalpolitik am „idealen Opfer" wird das verbreitete Bild des generell schwachen, hilfsbedürftigen Straftatopfers bestätigt.[18] Die Opferdiskussion orientiert sich oft an spektakulären Gewaltfällen und sorgt so für eine starke Verallgemeinerung von Erfahrungen der von diesen Taten betroffenen Kriminalitätsopfer.[19]

Zudem wird vielfach die pauschale Annahme transportiert, dass jede Viktimisierung eine Traumatisierung des Opfers zur Folge hat und die Betroffenen ein Leben lang unter den Folgen der Tat leiden.[20] Dies könnte auf eine Entmündigung des Straftatopfers hindeuten, bei der durch kriminalpolitische Entwicklungen vorgezeichnet wird, welche Bedürfnisse das einzelne Opfer zu haben hat. Tatsächliche Straftatopfer werden dadurch möglicherweise bevormundet oder als Routinefall behandelt.[21] Ebenso wenig wie über die Bedürfnisse und Interessen konkreter Opfer kann hinsichtlich der Traumatisierungen durch Straftaten

---

1991, S. 284; *Kilchling*, Opferinteressen und Strafverfolgung, 1995, S. 622; zur Sanktionseinstellung von Opfern siehe z. B. *Kury*, Opfererfahrungen und Meinungen zur Inneren Sicherheit, 2. Aufl. 1996, S. 309 ff.

[15] So *Barton*, Strafrechtspflege und Kriminalpolitik, in: Barton/Kölbel (Hrsg.), Ambivalenzen der Opferzuwendung des Strafrechts, 2012, S. 116.

[16] *Christie*, The ideal victim, in: Fattah (Hrsg.), From Crime Policy to Victim Policy, 1986, S. 17 ff.

[17] *Barton*, Strafrechtspflege und Kriminalpolitik, in: Barton/Kölbel (Hrsg.), Ambivalenzen der Opferzuwendung des Strafrechts, 2012, S. 116; *Haverkamp*, forum kriminalprävention 2015, 45 (48).

[18] *Steinert*, Populismus und Viktimismus im Wissen über Kriminalität, in: Cremer-Schäfer/Steinert (Hrsg.), Straflust und Repression, 2014, S. 208 ff.; *Garland*, Die Kultur der „High Crime Societies", in: Oberwittler/Karstedt (Hrsg.), Soziologie der Kriminalität, 2004, S. 41.

[19] *Schädler*, Opferschutz und Opferhilfe, in: Kaiser/Jehle (Hrsg.), Kriminologische Opferforschung I, 1994, S. 119.

[20] *Barton*, Strafrechtspflege und Kriminalpolitik, in: Barton/Kölbel (Hrsg.), Ambivalenzen der Opferzuwendung des Strafrechts, 2012, S. 115.

[21] So *Schädler*, Opferschutz und Opferhilfe, in: Kaiser/Jehle (Hrsg.), Kriminologische Opferforschung I, 1994, S. 120, insbesondere mit Blick auf das Strafverfahren.

eine allgemeingültige Aussage für alle Straftatopfer getroffen werden.[22] Da die tatsächlichen Bedürfnisse von Straftatopfern schwer feststellbar sind, werden häufig vermutete Opferbedürfnisse und Opfererwartungen zur Grundlage für Forderungen nach einem Mehr an Opferschutz gemacht.[23]

Während der Begriff des „potenziellen Opfers" häufig allgemein im Zusammenhang mit präventiven Maßnahmen des Opferschutzes Erwähnung findet, wird von „virtuellen Opfern" vornehmlich im Zusammenhang mit kriminalpolitischen Entwicklungen gesprochen.[24] Das Begriffsverständnis zum „virtuellen Opfer" stimmt weitestgehend mit jenem des „potenziellen Opfers" überein. Jedoch lässt die Verwendung beider Begriffe eine Ausdifferenzierung in der Weise zu, dass unter „potenziellen Opfern" gerade diejenigen Personen verstanden werden können, bei denen tatsächlich ein erhöhtes Viktimisierungsrisiko besteht[25]. Demgegenüber können als „virtuelle Opfer" auch jene Personen bezeichnet werden, die sich durch Kriminalität besonders bedroht fühlen, obwohl sie nicht unbedingt einem erhöhten Viktimisierungsrisiko ausgesetzt sind.[26] Nach *Kunz* verbinden „virtuelle Opfer" den Opferschutz vor allem mit mehr und härteren Strafen.[27] Durch die Berücksichtigung von Bedürfnissen und Interessen „virtueller" statt tatsächlicher Opfer innerhalb der Kriminalpolitik werde ein repressiver Opferschutz durch eine Verschärfung und Ausweitung der Strafbarkeit gefördert. Diese Entwicklung wird sogleich im Zusammenhang mit den Ausführungen zur Sicherheit als kriminalpolitischem Motiv[28] näher betrachtet werden.

---

[22] Vgl. *Baurmann/Schädler*, Das Opfer nach der Straftat, 1991, S. 284 ff.; *Schädler*, Opferschutz und Opferhilfe, in: Kaiser/Jehle (Hrsg.), Kriminologische Opferforschung I, 1994, S. 118, 120.

[23] *Baurmann*, Über die Bedürfnisse von Kriminalitätsopfern, in: Egg (Hrsg.), Brennpunkte der Rechtspsychologie, 1991, S. 19.

[24] Vgl. *Hassemer/Reemtsma*, Verbrechensopfer, 2002, S. 101 ff.; auch *Kunz*, NK 2005, 151 (155) und *Kunz/Singelnstein*, Kriminologie, 8. Aufl. 2021, § 24 Rn. 26 verwenden den Begriff „virtuelle Opfer" in diesem Kontext. Allerdings verwenden zumindest *Hassemer/Reemtsma* die Begriffe „potenzielles" und „virtuelles" Opfer synonym, a. a. O., S. 101.

[25] Zu Frauen in Paarbeziehungen als Risikogruppe für häusliche Gewalt siehe z. B. *Bussmann*, Gewalt in der Familie, in: Ecarius (Hrsg.), Handbuch Familie, 2007, S. 640; zu Menschen in Pflegeeinrichtung als Risikogruppe für Gewaltdelikte siehe z. B. *Görges/Greve*, Gewalt gegen alte Menschen, in: Landespräventionsrat Nordrhein-Westfalen (Hrsg.), Alter – Ein Risiko?, 2005, S. 66; zu Minderheiten als Risikogruppe der sogenannten „Hasskriminalität" siehe z. B. *Schneider*, JZ 2003, 497 (498).

[26] Vgl. hierzu *Hassemer/Reemtsma*, Verbrechensopfer, 2002, S. 62, 108 f.

[27] *Kunz*, NK 2005, 151 (155).

[28] Hierzu sogleich unten im Abschnitt 9.2.4.3 und im Abschnitt 9.2.4.4.

9.1.1.2 Opferschutzbegriff im kriminalpolitischen Kontext

Ähnlich wie beim Opfer wird im kriminalpolitischen Zusammenhang auch kein einheitlicher Opferschutzbegriff verwendet.[29] Auf der einen Seite wird mit diesem Begriff der Schutz vor einer primären Viktimisierung und somit eine präventive Wirkung beschrieben.[30] Auf der anderen Seite stehen der Schutz konkreter Opfer vor einer sekundären Viktimisierung und die Berücksichtigung der Interessen tatsächlicher Opfer im Mittelpunkt kriminalpolitischer Diskussionen.[31] Im Kontext des hier maßgeblichen strafvollzugsrechtlichen Opferbegriffs kann der Begriff „Opferschutz" nur den Schutz von Opfern meinen, die bereits viktimisiert wurden.[32] Die zweideutige Verwendung des Begriffs in der kriminalpolitischen Debatte, die auch potenzielle Opfer umfasst, muss hiervon unterschieden werden.

Bei der sogleich folgenden näheren Betrachtung der kriminalpolitischen Motive für eine opferbezogene Strafgesetzgebung müssen die Gesetzgebungsmaterialien daher zunächst daraufhin untersucht werden, auf welche Opfer – potenzielle oder tatsächliche – die Gesetzgebung abzielt. Nur auf diese Weise kann herausgearbeitet werden, wer genau durch die jeweiligen Vorschriften des Straf- und Strafprozessrechts geschützt werden soll. Erst im Anschluss daran kann untersucht werden, ob die opferbezogenen Motive des Gesetzgebers im Straf- und Strafprozessrecht auch für die Einbeziehung des Opfers in den Strafvollzug bedeutsam waren. Schließlich kann daran anknüpfend die Frage beantwortet werden, ob das tatsächliche Straftatopfer den alleinigen Ansatzpunkt für den opferbezogenen Strafvollzug darstellte oder ob darüber hinaus auch der Schutz potenzieller Opfer – mithin der Schutz der Allgemeinheit – für den Gesetzgeber ein wichtiger Aspekt war.

Zudem erscheint es notwendig, bei der näheren Betrachtung der kriminalpolitischen Motive des Gesetzgebers eine mögliche Beschränkung der Perspektive auf die oben beschriebenen „idealen Opfer" zu berücksichtigen. Mit Blick auf die im Schrifttum im Allgemeinen geäußerte Kritik einer Verengung der kriminalpolitischen Debatten auf „ideale Opfer" erscheint es möglich, dass die Präsenz „idealer Opfer" und ihrer Belange sich auch in den Motiven der opferbezogenen Strafgesetzgebung niedergeschlagen hat. Wenn die nähere Betrachtung der Motive opferbezogener Gesetzgebung derartige Befunde liefert, könnte dies

[29] *Kertai*, Sicherheit, Risiko und Opferschutz, 2014, S. 166 f.; 179.

[30] Vgl. *Kertai*, Sicherheit, Risiko und Opferschutz, 2014, S. 170 f., 179 m. w. N.

[31] *Kertai*, Sicherheit, Risiko und Opferschutz, 2014, S. 169 f.

[32] Zu dem in dieser Arbeit vertretenen engen strafvollzugsrechtlichen Opferbegriff oben im Abschnitt 4.2.2.

zugleich die Dominanz bestimmter Teilbereiche des Opferbezugs innerhalb der Strafgesetzgebung insgesamt – wie beispielsweise den Schutz vor Sexual- und Gewaltstraftaten – erklären. Dieser Gesichtspunkt muss bei der Auswertung der Gesetzgebungsmaterialien daher ebenfalls beachtet werden.

9.1.2 Einflussfaktoren auf kriminalpolitische Entwicklungen

Kriminalpolitische Entwicklungen werden nicht nur durch politische Parteien beeinflusst, sondern auch durch andere Akteur:innen. Zu diesen zählen Expert:innen, die Medien und die „öffentliche Meinung", wobei letztere die allgemeine Stimmungslage in der Bevölkerung zu kriminalpolitischen Themen meint. Hinsichtlich der Opferorientierung im Strafrecht soll daher näher betrachtet werden, in welchem Maße die oben genannten Akteur:innen Einfluss auf die kriminalpolitischen Entwicklungen genommen haben. Hierbei ist zu beachten, dass neben der eigenen Einflussnahme der einzelnen Akteur:innen auf den kriminalpolitischen Diskurs auch eine gegenseitige Beeinflussung stattfindet.

9.1.2.1 Gesamtgesellschaftliche Einflüsse

Das ab den 1970er Jahren zunehmende kriminalpolitische Interesse am Straftatopfer wurde durch unterschiedliche gesellschaftliche Entwicklungen beeinflusst. Beispielsweise sollen die mediale Aufarbeitung des Holocaust und insbesondere die Veröffentlichung der sogenannten „Opfermemoiren" von Überlebenden zu einer Umwertung der sozialen Rolle des Opfers beigetragen haben.[33] Dies habe unter anderem dazu geführt, dass auch Berichte von Vergewaltigungsopfern größere Beachtung gefunden haben als zuvor. Die Berichte hätten wiederum verstärkt durch die Frauenrechtsbewegung zu einer weiteren Sensibilisierung für die allgemeinen Fragen nach Opferwerdung und Opfersein sowie hieraus resultierender Bedürfnisse geführt.[34] Gleichzeitig habe die Erforschung von Psychotraumata

---

[33] *Hassemer/Reemtsma*, Verbrechensopfer, 2002, S. 30 ff., 35 f.; zustimmend *Barton*, Strafrechtspflege und Kriminalpolitik, in: Barton/Kölbel (Hrsg.), Ambivalenzen der Opferzuwendung des Strafrechts, 2012, S. 113.

[34] *Barton*, Strafrechtspflege und Kriminalpolitik, in: Barton/Kölbel (Hrsg.), Ambivalenzen der Opferzuwendung des Strafrechts, 2012, S. 114; *Hoven*, MSchrKrim 2017, 161 (163 m. w. N.) bezeichnet Sexualdelikte als sogenannte „signal crimes"; ebenso *Klimke/Lautmann*, Zeitschrift für Sexualforschung 2006, 97 (106); zur Frauenbewegung als Akteur:in im Rahmen der Verschärfung des Sexualstrafrechts siehe *Schetsche*, Karriere sozialer Probleme, 1996, S. 144 ff.

bei Vietnam-Veteranen der Psychotraumatologie zu einem „Durchbruch“ verholfen.[35] Dadurch wurde das Bewusstsein für Traumatisierungen als eine Folge von einschneidenden Erlebnissen auch speziell im Hinblick auf Straftaten geweckt. Schließlich soll die gesamtgesellschaftliche Entwicklung hin zu einer Risiko- bzw. Sicherheitsgesellschaft[36] dazu geführt haben, dass einerseits die Angst vor Gewaltkriminalität gestiegen und andererseits eine stärkere Solidarisierung mit Opfern von Gewaltkriminalität erfolgt sei.[37]

9.1.2.2 Parteipolitische und sonstige Einflüsse

Politische Entwicklungen lassen sich nicht allein auf die parteipolitischen Diskussionen zurückführen, sondern werden durch eine Vielzahl unterschiedlicher Einflüsse geprägt. Die Kriminalpolitik nimmt in der Politik insofern eine besondere Stellung ein, als kriminalpolitische Entwicklungen neben politischen Parteien und Expert:innen in einem besonderen Maße auch durch die Medien und die öffentliche Meinung beeinflusst werden. Insbesondere für das Strafrecht ist eine – mitunter gegenseitige – Beeinflussung der verschiedenen Akteur:innen erkennbar.[38] Das Zusammenspiel von Politik und Medien wird in diesem Kontext als „politisch-publizistischer Verstärkerkreislauf“ bezeichnet.[39]

9.1.2.2.1 Einfluss politischer Akteur:innen

Zunächst ist die Einstellung der Parteien bzw. einzelner Politiker:innen zur Stellung der Straftatopfer in der Strafrechtspflege ein Einflussfaktor für die Gestaltung der Kriminalpolitik. Im Kern geht es hierbei weniger um die persönliche Meinung der einzelnen Politiker:innen zum Thema Opferschutz, sondern vielmehr um die Gunst der Wähler:innen. Politiker:innen, die den Opferschutz fördern, können selbst nach Ansicht kritischer Beobachter:innen wenig falsch

---

[35] *Barton*, Strafrechtspflege und Kriminalpolitik, in: Barton/Kölbel (Hrsg.), Ambivalenzen der Opferzuwendung des Strafrechts, 2012, S. 113 m. w. N. zur Traumaforschung.

[36] Grundlegend hierzu *Albrecht*, Kriminologie, 4. Aufl. 2010, S 5 f., 69 ff.

[37] *Barton*, Strafrechtspflege und Kriminalpolitik, in: Barton/Kölbel (Hrsg.), Ambivalenzen der Opferzuwendung des Strafrechts, 2012, S. 114.

[38] Vgl. *Scheerer*, KrimJ 1978, 223 (225); *Haffke*, KJ 2005, 17 (32); *Ostendorf*, HRRS 2009, 158 (159).

[39] Grundlegend zum Begriff des „politisch-publizistischen Verstärkerkreislaufs“ *Scheerer*, KrimJ 1978, 223 (225 f.); vgl. zudem *Ostendorf*, HRRS 2009, 158 (159); *Haffke*, KJ 2005, 17 (32).

machen.[40] Demgegenüber könnten sich kritische Stimmen unter dem Schlagwort „Täter:innenschutz“ schnell politisch disqualifizieren.[41] Es bestehe geradezu ein Wettbewerb darum, wer mehr Sicherheit verspreche, ganz gleich, ob diese Versprechen eingehalten werden können.[42] Die politischen Forderungen nach mehr Sicherheit durch härtere Strafen führen zu einer weiteren Exklusion der Täter:innen, was wiederum den in der Bevölkerung bestehenden punitiven Einstellungen entspricht.[43]

Ersichtlich birgt die Fokussierung auf die Opfer von Straftaten und die gleichzeitige Ausgrenzung der Täter:innen die Gefahr einer Instrumentalisierung der Straftatopfer zu kriminalpolitischen Zwecken.[44] Die aktuelle Kriminalpolitik legt ihren Schwerpunkt auf die innere Sicherheit, wobei die Betonung von Kriminalitätsproblemen, Kriminalitätsfurcht und Opferbedürfnissen zentrale Elemente der Begründung des „law and order“-Prinzips darstellen.[45] Wenn allerdings die Opfer von Straftaten zur Legitimation einer in Wahrheit auf „law and order“ ausgerichteten Politik dienen, so handelt es sich nicht um Kriminalpolitik für, sondern mit den Opfern.[46] Indem die opferorientierte Kriminalpolitik die Verbrechensfurcht der Bürger:innen aufgreift, kann dies zu einer symbolischen Strafgesetzgebung und damit zu einer Funktionalisierung der Verbrechensfurcht

[40] *Barton*, Strafrechtspflege und Kriminalpolitik, in: Barton/Kölbel (Hrsg.), Ambivalenzen der Opferzuwendung des Strafrechts, 2012, S. 130.

[41] Vgl. *Pollähne*, „Opfer“ im Blickpunkt – „Täter“ im toten Winkel?, in: Pollähne/Rode (Hrsg.), Opfer im Blickpunkt – Angeklage im Abseits?, 2012, S. 11.

[42] *Maelicke*, NK 2005a, 126 (126); vgl. auch *Nedopil*, Forensische Psychiatrie, in: Schöch/Jehle (Hrsg.), Angewandte Kriminologie zwischen Freiheit und Sicherheit, 2004, S. 348.

[43] *Bock*, in: Göppinger/Bock (Hrsg.), Kriminologie, 6. Aufl. 2008, § 11 Rn. 4.

[44] Vgl. *Haffke*, KJ 2005, 17 (19 f., 31 f.).

[45] *Boers*, Kriminalitätseinstellung, in: Kaiser/Jehle (Hrsg.), Kriminologische Opferforschung II, 1995, S. 4; vgl. auch *Garland*, Die Kultur der „High Crime Societies“, in: Oberwittler/Karstedt (Hrsg.), Soziologie der Kriminalität, 2004, S. 37; mit Blick auf die Kölner Silvesternacht 2015/2016 vgl. *Behrendes*, NK 2016, 322 (335 f., 342).

[46] *Barton*, Strafrechtspflege und Kriminalpolitik, in: Barton/Kölbel (Hrsg.), Ambivalenzen der Opferzuwendung des Strafrechts, 2012, S. 130 f.

statt zur Bekämpfung realer Bedrohungen führen.[47] Das Strafrecht wird zunehmend zu einem Mittel „wahlkampforientierter Symbolik".[48] Insgesamt werden auf diese Weise punitive Grundeinstellungen in Gesellschaft und Politik gefördert. Aber auch diejenigen, die grundsätzlich an einem sozialkonstruktiven Strafrecht festhalten wollen, wenden sich häufig den Opfern zu. Dies ist mitunter eine Folge der bisweilen zu beobachtenden Ernüchterung hinsichtlich des Resozialisierungsgedankens.[49]

Allgemein läuft vor allem das Sexualstrafrecht in besonderem Maße Gefahr, durch die Politik instrumentalisiert zu werden.[50] Den Opfern dieser Deliktsgruppe wird in den meisten Fällen bedingungslose Anteilnahme zuteil[51], wobei dies insbesondere für „ideale Opfer" und speziell für Kinder zutreffen dürfte. Der Umstand, dass es überhaupt zu Sexualdelikten kommt, wird als sozialer Missstand gedeutet und die Viktimisierung des Opfers als unverdient wahrgenommen.[52] Die Rollen von Gut und Böse sind klar zugewiesen und die Forderung nach einer härteren Bestrafung von Sexualstraftäter:innen liegt nahe.[53] Wer diesen Forderungen nicht folgt, sieht sich schnell dem Vorwurf ausgesetzt, sexuelle Gewalt zu verharmlosen oder gar mit den Täter:innen zu sympathisieren und dem Leid der Opfer gleichgültig gegenüberzustehen.[54] In der kriminalpolitischen Debatte wird daher die Stärkung der Opferposition betont, obwohl das Ziel einer vermeintlich am Opfer orientierten Kriminalpolitik jedoch letztlich weitere Repressionen gegenüber den Täter:innen sind.[55]

---

[47] *Hassemer*, Opferorientierte Strafjustiz, in: AsJ Hamburg (Hrsg.), AsJ-Seminar 20./21.6.1998 – Täter, Opfer und Strafjustiz – ein disharmonischer Dreiklang, 1998; Hassemer, StV 1993, 664 (667); ähnlich auch *Kunz*, Die Sicherung als gefährlich eingestufter Rechtsbrecher, in: Barton (Hrsg.), „...weil er für die Allgemeinheit gefährlich ist!", 2006, S. 72.

[48] *Greco/Roger*, JZ 2016, 1125 (1127); vgl. auch *Maelicke*, NK 2005a, 126 (126 f.).

[49] *Jung*, ZRP 2000, 159 (160); vgl. auch *Jung*, GA 2006, 724 (728, 731).

[50] *Hoven*, MSchrKrim 2017, 161 (175); vgl. auch *Duttge/Hörnle/Renzikowski*, NJW 2004, 1065 (1072).

[51] *Klimke/Lautmann*, Opferorientierung, in: Anhorn/Balzereit (Hrsg.), Handbuch Therapeutisierung und Soziale Arbeit, 2016, S. 562 f.

[52] *Hoven*, MSchrKrim 2017, 161 (164).

[53] *Hoven*, MSchrKrim 2017, 161 (164).

[54] Vgl. *Schetsche*, Karriere sozialer Probleme, 1996, S. 93.

[55] Vgl. *Frommel*, NK 2011, 45 (45).

Während eine kriminalpolitische Instrumentalisierung des Opfers zumindest für die USA und Großbritannien ausführlich analysiert und belegt worden ist[56], lassen sich innerhalb der deutschen Kriminalpolitik bislang nur wenige eindeutige Anknüpfungspunkte für eine gezielte Instrumentalisierung des Opferschutzgedankens finden.[57] Dementsprechend ist umstritten, ob die Beobachtungen zur Kriminalpolitik in den USA und Großbritannien auf die deutsche Diskussion übertragen werden können.[58] Festzuhalten bleibt immerhin, dass auch in Deutschland im Zusammenhang mit der Opferorientierung im Strafrecht zumindest Ansätze einer repressiven Kriminalpolitik gegenüber den Täter:innen erkennbar sind.

9.1.2.2.2 Einfluss von Expert:innen

Neben dem allgemeinen parteipolitischen Konsens, dass eine stärkere Berücksichtigung des Straftatopfers und seiner Bedürfnisse in der Kriminalpolitik erforderlich ist[59], sollen insbesondere die ersten opferorientierten Gesetzgebungsverfahren durch die Einbeziehung wissenschaftlicher Expertise geprägt gewesen sein[60]. Einen besonders großen Einfluss hätten hierbei zunächst das Gutachten

---

[56] *Garland*, Die Kultur der „High Crime Societies", in: Oberwittler/Karstedt (Hrsg.), Soziologie der Kriminalität, 2004, S. 36 ff.

[57] Weiterführend *Kölbel*, Kriminalpolitische Instrumentalisierung der „Gefahr sekundärer Viktimisierung"?, in: Barton/Kölbel (Hrsg.), Ambivalenzen der Opferzuwendung des Strafrechts, 2012, S. 213.

[58] Befürwortend beispielsweise *Sack*, Symbolische Kriminalpolitik, in: Dollinger/Schmidt-Semisch (Hrsg.), Handbuch Jugendkriminalität, 2010, S. 63 ff.; der Sache nach auch *Kunz*, KrimJ 2010, 9 (15 ff.); für eine ausgewogene Kriminalpolitik in Deutschland aus der Außenbetrachtung vgl. z. B. *Whitman*, Harsh Justice, 2003, 69 ff.; *Matthews*, Doing Time, 2. Aufl. 2009, S. 120 ff.

[59] *Jung*, ZRP 2000, 159 (161); teilweise wird sogar ein Schulterschluss zwischen der populistischen Linken und populistischen Rechten beim Thema Opferschutz angenommen, vgl. hierzu *Steinert*, Populismus und Viktimismus im Wissen über Kriminalität, in: Cremer-Schäfer/Steinert (Hrsg.), Straflust und Repression, 2014, S. 208, 210.

[60] *Kölbel*, Kriminalpolitische Instrumentalisierung der „Gefahr sekundärer Viktimisierung"?, in: Barton/Kölbel (Hrsg.), Ambivalenzen der Opferzuwendung des Strafrechts, 2012, S. 228; weiterführend *Kölbel/Bork*, Sekundäre Viktimisierung, 2012, S. 98 ff.

von *Rieß* zum Deutschen Juristentag von 1984[61] und der Alternativ-Entwurf Wiedergutmachung von 1992[62] gehabt. In späteren Gesetzgebungsverfahren sei eine verstärkte Berücksichtigung des wissenschaftlichen Diskurses allerdings nicht mehr erkennbar gewesen.[63] Stattdessen seien fortan verstärkt Interessenverbände in die kriminalpolitische Diskussion rund um die Stärkung der Opferrechte im Strafrecht einbezogen worden.[64] Der verminderte „Problemdruck" in Sachen Opferschutz und die Konsolidierung der Opferschutzverbände – allen voran des Weißen Rings – hätten dazu geführt, dass die Opferschutzreform nach dem Opferschutzgesetz von 1985 weniger stark durch wissenschaftliche Expertise geprägt worden sei.[65]

Während Opferverbände insbesondere in den USA eine härtere Bestrafung und eine dauernde Verwahrung von Täter:innen forderten, war dies in Deutschland nicht in gleicher Weise der Fall.[66] Eine Vielzahl von Opferschutzgesetzen wurde allerdings auch in Deutschland in Übereinstimmung mit den Opferschutzverbänden erlassen, wobei bisweilen der Eindruck entstanden ist, dass die Richtung, der Inhalt und das Tempo der Reformbestrebungen durch diese Verbände maßgeblich beeinflusst wurden.[67] Beispielsweise wurde die stärkere Opferorientierung im

---

[61] So *Kölbel/Bork*, Sekundäre Viktimisierung, 2012, S. 100 f.; *Kölbel*, Kriminalpolitische Instrumentalisierung der „Gefahr sekundärer Viktimisierung"?, in: Barton/Kölbel (Hrsg.), Ambivalenzen der Opferzuwendung des Strafrechts, 2012, S. 228; zum Gutachten selbst siehe *Rieß*, Gutachten C für den 55. DJT, in: Ständige Deputation des Deutschen Juristentages (Hrsg.), Verhandlungen 55. DJT, 1984.

[62] *Baumann/Brauneck/Burgstaller u. a.*, AE-Wiedergutmachung, 1992.

[63] So *Kölbel*, Kriminalpolitische Instrumentalisierung der „Gefahr sekundärer Viktimisierung"?, in: Barton/Kölbel (Hrsg.), Ambivalenzen der Opferzuwendung des Strafrechts, 2012, S. 228.

[64] *Kölbel*, Kriminalpolitische Instrumentalisierung der „Gefahr sekundärer Viktimisierung"?, in: Barton/Kölbel (Hrsg.), Ambivalenzen der Opferzuwendung des Strafrechts, 2012, S. 228.

[65] Ausführlich *Kölbel*, Kriminalpolitische Instrumentalisierung der „Gefahr sekundärer Viktimisierung"?, in: Barton/Kölbel (Hrsg.), Ambivalenzen der Opferzuwendung des Strafrechts, 2012, S. 228; *Kölbel/Bork*, Sekundäre Viktimisierung, 2012, S. 103 f.

[66] Vgl. *Kunz*, Opferschutz und Verteidigungsrechte, in: 4. Schweiz. Kongress Strafverteidiger/innen (Hrsg.), 4. Schweiz. Kongress Strafverteidiger/innen: Sexualdelikte und Strafprozess, 27.04.2002, S. 5 f. m. w. N.

[67] *Barton*, Strafrechtspflege und Kriminalpolitik, in: Barton/Kölbel (Hrsg.), Ambivalenzen der Opferzuwendung des Strafrechts, 2012, S. 130.

Strafverfahrensrecht in der Begründung zum 2. Opferrechtsreformgesetz wiederholt mit den „berechtigten Forderungen von Opferschutzverbänden" legitimiert.[68] Insgesamt wird allein in diesem Gesetzesentwurf an 16 Stellen auf Forderungen oder Kritik von Opferschutzverbänden Bezug genommen.[69]

9.1.2.2.3 Einfluss der Medien

Der Einfluss der Massenmedien auf die öffentliche Meinung zu Straftaten und Kriminalitätsbelastung darf ebenfalls nicht unterschätzt werden. Die mediale Darstellung von Verbrechen und Kriminalität hat einen erheblichen Einfluss auf die gesellschaftliche Wahrnehmung devianten Verhaltens.[70] Zwar ist die mediale Berichterstattung ein wichtiger Teil unserer heutigen Informationsgesellschaft. Jedoch erscheint insbesondere die Berichterstattung über Kriminalität als ein problematischer Einflussfaktor auf die Kriminalpolitik[71]. Dabei verdienen zwei Aspekte eine Hervorhebung.

Zum einen liegt der Schwerpunkt der medialen Berichterstattung auf Gewalt- und Sexualdelikten, wodurch der Anschein erweckt wird, dass diese Delikte außerordentlich häufig vorkommen und entdeckt würden.[72] Ausweislich der Polizeilichen Kriminalstatistik macht diese Deliktsgruppen im Jahr 2019[73] jedoch nur

---

[68] BT-Drs. 16/12098, S. 10, 11, 34; weiterführend hierzu *Barton*, Strafrechtspflege und Kriminalpolitik, in: Barton/Kölbel (Hrsg.), Ambivalenzen der Opferzuwendung des Strafrechts, 2012, S. 130 m. w. N.

[69] Vgl. BT-Drs 16/12098, S. 9 ff., 29, 31 ff., 38; die Stichwortsuche für den Begriff „Opferschutzverbände" innerhalb des Entwurfs ergibt, dass dieser Begriff insgesamt 18-mal genannt wurde.

[70] Ausführlich hierzu *Eisenberg/Kölbel*, Kriminologie, 7. Aufl. 2017, § 24 Rn. 51 ff.; *Neubacher*, Kriminologie, 4. Aufl. 2020, 2. Kap. Rn. 6 ff.

[71] Vgl. *Neubacher*, Kriminologie, 4. Aufl. 2020, 2. Kap. Rn. 6 ff.

[72] Vgl. *Kepplinger*, Die Entwicklung der Kriminalitätsberichterstattung, in: Bundesministerium der Justiz (Hrsg.), Kriminalität in den Medien, 2000, S. 63; *Barton*, Strafrechtspflege und Kriminalpolitik, in: Barton/Kölbel (Hrsg.), Ambivalenzen der Opferzuwendung des Strafrechts, 2012, S. 115; *Neubacher*, Kriminologie, 4. Aufl. 2020, 2. Kap., Rn. 7 mit Zahlen zur Berichterstattung über Gewaltkriminalität.

[73] Die Polizeiliche Kriminalstatistik der Jahr 2020 und 2021 wurden bei der Aktualisierung des Manuskripts im Juni 2022 aus zwei Gründen nicht berücksichtigt. Zum einen sind die polizeilich erfassten Straftaten in den Jahren 2020 und 2021 erheblich durch die Umstände der Corona-Pandemie beeinflusst worden. Eine Verzerrung der statistischen Erfassung von polizeilich bekannt gewordener Kriminalität ist daher nicht auszuschließen. Zum anderen wird die PKS seit 2020 nicht mehr umfassend in Jahrbüchern aufbereitet. Insofern ist die Vergleichbarkeit der statistischen Ergebnisse für die Jahre 2020 und 2021 mit jenen der Vorjahren erschwert.

ca. 1,3 % aller polizeilich registrierten Straftaten im Hellfeld aus.[74] Zwar wird angenommen, dass das Dunkelfeld von Sexualstraftaten wesentlich größer ist als bei anderen Straftaten. So betreffen Sexualdelikte im Dunkelfeld insbesondere Fälle des sexuellen Missbrauchs im sozialen Nahraum, der nur sehr selten zur Anzeige gebracht wird.[75] Medienberichte beschränken sich jedoch hauptsächlich auf bekanntgewordene, „spektakuläre" Einzelfälle und spiegeln daher gerade nicht die Bandbreite der Viktimisierung durch sexualisierte Gewalt wider.

Zum anderen erfolgt die Berichterstattung insbesondere durch die Boulevardmedien häufig nicht sachlich und reflektiert, sondern eher reißerisch und teilweise auch deutlich erkennbar zu Unterhaltungszwecken.[76] Kritisiert wird, dass die Darstellung in den Medien sich in den meisten Fällen auf Straftaten zum Nachteil „idealer Opfer" beschränke[77], was wiederum die häufige Berichterstattung über Gewalt- und Sexualdelikte gegenüber Frauen und Kinder erkläre. Hierdurch werde die Berichterstattung über Kriminalität gleichermaßen personalisiert und emotionalisiert[78], wodurch die Identifikation der Betrachter:innen mit dem „idealen Opfer" verstärkt werde. Demgegenüber wird die Personengruppe mit dem höchsten Viktimisierungsrisiko – junge Männer – kaum als mögliche Opfergruppe von Straftaten dargestellt.[79]

Durch diese selektive Darstellung von Kriminalität werden die Medien zu aktiven Konstrukteur:innen der gesellschaftlichen Realität[80], tragen als „vierte

[74] *Bundeskriminalamt* (Hrsg.), PKS 2019, Bd. 1, S. 17; für 2018 (1,1 %) siehe *Bundeskriminalamt* (Hrsg.), PKS 2018, Bd. 1, S. 17; für 2017 (1,0 %) siehe *Bundeskriminalamt* (Hrsg.), PKS 2017, Bd. 1, S. 16; der Anstieg innerhalb dieses Deliktbereich im Vergleich zum Jahr 2016 (0,7 %, vgl. *Bundeskriminalamt* (Hrsg.), PKS 2016, Bd. 1, S. 17) lässt sich insbesondere durch die Änderungen im Sexualstrafrecht begründen, vgl. *Bundeskriminalamt* (Hrsg.), PKS 2017, Bd. 1, S. 9, 11.

[75] Vgl. *Duttge/Hörnle/Renzikowski*, NJW 2004, 1065 (1065 f.).

[76] So *Barton*, Strafrechtspflege und Kriminalpolitik, in: Barton/Kölbel (Hrsg.), Ambivalenzen der Opferzuwendung des Strafrechts, 2012, S. 114 f.; ähnlich *Neubacher*, Kriminologie, 4. Aufl. 2020, 2. Kap. Rn. 7.

[77] Vgl. *Neubacher*, Kriminologie, 4. Aufl. 2020, 2. Kap., Rn. 8.

[78] *Neubacher*, Kriminologie, 4. Aufl. 2020, 2. Kap., Rn. 8.

[79] *Barton*, Strafrechtspflege und Kriminalpolitik, in: Barton/Kölbel (Hrsg.), Ambivalenzen der Opferzuwendung des Strafrechts, 2012, S. 115 f.

[80] *Hoven*, MSchrKrim 2017, 161 (165) m. w. N.; vgl. auch *Kepplinger*, Die Entwicklung der Kriminalitätsberichterstattung, in: Bundesministerium der Justiz (Hrsg.), Kriminalität in den Medien, 2000, S. 59, 63.

Gewalt des Staates“[81] zur Gestaltung gesellschaftlicher Bilder bei und beeinflussen die „öffentliche Meinung“[82]. Insbesondere das Sexualstrafrecht ist aufgrund der oft klar erscheinenden Zuweisung der Opfer- und Täter:innenrolle und der Nähe zur Lebenswirklichkeit der einzelnen Bürger:innen in besonderer Weise gefährdet, durch die Medienberichterstattung verzerrt zu werden.[83] Die fehlerhafte Darstellung empirischer Erkenntnisse und gesetzlicher Regelungen in der Berichterstattung über Einzelfälle kann die Sicht der Allgemeinheit maßgeblich beeinflussen und den Gesetzgeber in Zugzwang bringen.[84] Exemplarisch hierfür kann die plötzliche Eile des Gesetzgebers im Sexualstrafrecht nach den medialen Berichterstattungen über die „Kölner Silvesternacht 2015/2016“ und den Fall „Gina-Lisa Lohfink“ genannt werden.[85]

Jedoch darf nicht außer Acht gelassen werden, dass die Medien auch einen Beitrag zu einer rationalen Kriminalpolitik leisten können.[86] Als ein Beispiel ist die Debatte über einen Gesetzesentwurf des Bundesrates aus dem Jahr 2006 zu nennen, der eine Abschwächung der Bedeutung des Vollzugsziels der Resozialisierung zugunsten der Sicherheit der Allgemeinheit vorsah[87] und durch die Presse kritisch kommentiert worden ist.[88]

---

[81] Weiterführend *Süss/Lampert/Trültzsch-Wijnen*, Medienpädagogik, 3. Aufl. 2018, S. 96 f.; vgl. auch *Schorb/Mohn/Theunert*, Sozialisation durch Massenmedien, in: Hurrelmann/Ulrich (Hrsg.), Handbuch der Sozialisationsforschung, 1998, S. 494.

[82] *Schorb/Mohn/Theunert*, Sozialisation durch Massenmedien, in: Hurrelmann/Ulrich (Hrsg.), Handbuch der Sozialisationsforschung, 1998, S. 494; *Hoven*, MSchrKrim 2017, 161 (165).

[83] *Hoven*, MSchrKrim 2017, 161 (175).

[84] *Hoven*, MSchrKrim 2017, 161 (175); zur Wirkung von Medien auf politische Entscheidungsprozesse im Allgemeinen bereits *Scheerer*, KrimJ 1978, 223 f.; vgl. auch *Walter*, Von der Kriminalität in den Medien zu einer Bedrohung durch Medienkriminalität und Medienkriminologie?, in: Bundesministerium der Justiz (Hrsg.), Kriminalität in den Medien, 2000, S. 20.

[85] Vgl. *Fischer*, StGB, 69. Aufl. 2022, § 184j Rn. 2; *Hoven*, MSchrKrim 2017, 161 (161); zum Einfluss der medialen Berichterstattung nach der Kölner Silvesternacht 2015/2016 vgl. *Behrendes*, NK 2016, 322 (335, 342).

[86] Allgemein hierzu *Jung*, Medien in der kriminalpolitischen Meinungsbildung, in: Kielwein (Hrsg.), Entwicklungslinien der Kriminologie, 1985, S. 47 ff.

[87] Vgl. BT-Drs. 16/512, S. 6.

[88] *Jung*, GA 2006, 724 (733) m. N. zu Reaktionen der Presse.

9.1.2.2.4 Einfluss der „öffentlichen Meinung"

Die „öffentliche Meinung“ kann in einer parlamentarischen Demokratie gleichfalls erheblichen Druck auf die politischen Entscheidungsträger:innen ausüben.[89] Unter der sogenannten „öffentliche Meinung“ wird mit Blick auf die Kriminalpolitik vornehmlich das Meinungsbild innerhalb der Bevölkerung zu strafrechtlich relevanten Themenkreisen verstanden.[90] Nach der Rechtsprechung des BGH ist eine Meinung öffentlich, wenn es sich um „die Meinung eines größeren, individuell nicht abgrenzbaren Teils der Bevölkerung“ handelt[91]. Hieraus folgt, dass die Meinung eines individuell abgrenzbaren Kreises an Personen nicht mehr als „öffentliche Meinung“ eingeordnet werden kann.[92] *Löffler* definiert daher die „öffentliche Meinung“ als die in der Bevölkerung eines Ortes oder Gebietes vorherrschende Ansicht über Angelegenheiten von allgemeinem (öffentlichem) Interesse.[93] Die Frage, ob mit dieser Meinung nur die innerhalb der Öffentlichkeit herrschende Ansicht zu einem Thema zu verstehen ist oder sich aus mehreren verbreiteten Ansichten zusammensetzt[94], ist für die vorliegende Betrachtung nicht von gesteigerter Bedeutung. Vielmehr sind für die hiesige Untersuchung die Verbindungslinien zwischen kriminalpolitischen Entwicklungen des Opferschutzes und den innerhalb der Gesellschaft bestehenden Meinungsbildern diesbezüglich von Belang. Daher wird der Begriff der „öffentlichen Meinung“ nachfolgend als die gesamtgesellschaftliche Einstellung zur Opferorientierung des Strafrechts verstanden.

Um den Einfluss der „öffentlichen Meinung“ auf die kriminalpolitischen Entwicklungen nachvollziehen zu können, ist zunächst nach der gesellschaftlichen Wahrnehmung der Kriminalitätsbelastung zu fragen. Das in der Gesellschaft vorherrschende Bild von Kriminalität wird erheblich durch die soeben dargestellte

---

[89] So *Hoven*, MSchrKrim 2017, 161 (165 f.) am Beispiel der Sexualdelikte m. w. N. zur Macht der öffentlichen Meinung und der Medien allgemein; ähnlich auch *Schneider*, in: Göppinger/Bock (Hrsg.), Kriminologie, 6. Aufl. 2008, § 30 Rn. 4 f. mit einigen Beispielen zur Reform der Sexualdelikte; vgl. auch *Eisenberg/Kölbel*, Kriminologie, 7. Aufl. 2017, § 24 Rn. 13.

[90] Vgl. *Eisenberg/Kölbel*, Kriminologie, 7. Aufl. 2017, § 24 Rn. 13.

[91] So BGHSt 8, 325 zur Frage, ob die Äußerung, jemand sei Jude, eine Beleidigung i.S.v. § 185 StGB ist.

[92] *Löffler*, Der Rechtsbegriff der öffentlichen Meinung, in: Baier/Kepplinger/Reumann (Hrsg.), Öffentliche Meinung und sozialer Wandel, 1981, S. 66.

[93] *Löffler*, Der Rechtsbegriff der öffentlichen Meinung, in: Baier/Kepplinger/Reumann (Hrsg.), Öffentliche Meinung und sozialer Wandel, 1981, S. 69.

[94] Siehe hierzu *Löffler*, Der Rechtsbegriff der öffentlichen Meinung, in: Baier/Kepplinger/Reumann (Hrsg.), Öffentliche Meinung und sozialer Wandel, 1981, S. 69.

mediale Berichterstattung geprägt. Durch die überproportionale Berichterstattung zu Gewalt- und Sexualdelikten erscheint eine Viktimisierung durch Straftaten allgegenwärtig.[95] Die Furcht, selbst Opfer einer Straftat zu werden, führt bei Teilen der Bevölkerung zu einer Überschätzung der realen Gefahren einer Viktimisierung.[96] Durch eine mitunter verzerrte mediale Berichterstattung über Gewaltkriminalität wird dieses in der „öffentlichen Meinung" vorherrschende Bild von Kriminalität wiederum bestätigt. In der Folge werden bestimmte Delikte als soziales Problem wahrgenommen, was schließlich dazu führt, dass der Politik ein Versäumnis bei der Prävention und Repression dieser Straftaten vorgeworfen wird.[97] Weiterhin identifiziert sich die Gesellschaft mit dem Leid des Opfers und neigt infolgedessen zu einer ablehnenden Haltung gegenüber den Täter:innen.[98] Derartige punitive Tendenzen innerhalb der Gesellschaft werden wiederum von politischen Akteur:innen aufgegriffen und finden so Eingang in kriminalpolitische Entwicklungen.[99] In diesem Zusammenhang wird der sogenannte „politisch-publizistische Verstärkerkreislauf"[100] daher besonders deutlich.

Nach Ansicht von *Barton* ist die Gesellschaft durch die starke Hinwendung zum Opfer und seinen Interessen in ihrer Gesamtheit „viktimär" geworden.[101] Für diese „viktimäre Gesellschaft" sei jedoch weniger das Opfersein als der Opferschutz charakteristisch.[102] Durch die vermeintlich allgegenwärtige und hohe Kriminalitätsbelastung setzt sich in der Gesellschaft die Ansicht durch, dass die wohlfahrtsorientierte Strafpolitik nicht in der Lage ist, für angemessene Sicherheit

---

[95] Vgl. *Barton*, Strafrechtspflege und Kriminalpolitik, in: Barton/Kölbel (Hrsg.), Ambivalenzen der Opferzuwendung des Strafrechts, 2012, S. 115, 118.

[96] *Barton*, Strafrechtspflege und Kriminalpolitik, in: Barton/Kölbel (Hrsg.), Ambivalenzen der Opferzuwendung des Strafrechts, 2012, S. 118; *Hassemer/Reemtsma*, Verbrechensopfer, 2002, S. 108 f.; *Kunz/Singelnstein*, Kriminologie, 8. Aufl. 2021, § 23 Rn. 21 ff.; ähnlich bereits *Boers*, Kriminalitätseinstellung, in: Kaiser/Jehle (Hrsg.), Kriminologische Opferforschung II, 1995, S. 28 f., 31 f.

[97] *Hoven*, MSchrKrim 2017, 161 (165).

[98] Vgl. *Garland*, Die Kultur der „High Crime Societies", in: Oberwittler/Karstedt (Hrsg.), Soziologie der Kriminalität, 2004, S. 41 f.; *Garland*, Kultur der Kontrolle, 2008, S. 263 ff.

[99] Vgl. *Hoven*, MSchrKrim 2017, 161 (165 f.); *Hassemer*, StV 1993, 664 (665); *Schneider*, in: Göppinger/Bock (Hrsg.), Kriminologie, 6. Aufl. 2008, § 30 Rn. 4 f.; *Eisenberg/Kölbel*, Kriminologie, 7. Aufl. 2017, § 24 Rn. 13.

[100] *Scheerer*, KrimJ 1978, 223 (225); vgl. zudem *Ostendorf*, HRRS 2009, 158 (159).

[101] *Barton*, Strafrechtspflege und Kriminalpolitik, in: Barton/Kölbel (Hrsg.), Ambivalenzen der Opferzuwendung des Strafrechts, 2012, S. 112.

[102] Vgl. *Barton*, Strafrechtspflege und Kriminalpolitik, in: Barton/Kölbel (Hrsg.), Ambivalenzen der Opferzuwendung des Strafrechts, 2012, S. 117.

zu sorgen.[103] Daher liegt der Schwerpunkt der opferorientierten Kriminalpolitik aus Sicht der Gesellschaft nicht auf dem Schutz tatsächlicher Opfer. Vielmehr erscheint durch die gesteigerte Kriminalitätsfurcht jede:r als potenzielles Opfer, da das fremde Opferleid als eine antizipierte Opferwerdung erlebt werde.[104] Durch das Gefühl des ständigen Bedrohtseins würden straf- und vergeltungsorientierte Einstellungen in der Bevölkerung zunehmen, was sich insbesondere in der Dämonisierung bestimmter Straftaten und der Forderung nach schweren, expressiv wirkenden Strafen sowie mehr Sicherheit durch entsprechende (polizeiliche) Maßnahmen äußere.[105]

Allerdings ist die „viktimäre Gesellschaft“ nach Ansicht von *Barton* gerade keine Solidargemeinschaft, da sie nicht auf ernsthafter menschlicher Zuwendung oder Nächstenliebe gründet. Stattdessen finde sie ihre Wurzeln in populistischen Vereinfachungen und medialen Auswüchsen. Dem bzw. der Täter:in werde keine Solidarität zuteil, da die „viktimäre Gesellschaft“ nicht an einer sinnvollen Reaktion auf Kriminalität interessiert sei.[106] Nach der Auffassung von *Jung* zeigt die Gesellschaft insgesamt eine stärkere Sensibilisierung für Gewalt im Allgemeinen bzw. gegenüber den aus ihr folgenden erheblichen Rechtsgutsverletzungen.[107] Im Speziellen beziehe sich diese Sensibilität vor allem auf Straftaten wie Kindesmisshandlung, Vergewaltigung und sexuellen Missbrauch,[108] also Taten mit einem „idealen Opfer“.

Der Wunsch nach mehr Sicherheit durch mehr Strafrecht komplettiert daher das Bild der Sicherheitsgesellschaft. Folglich haben viele neuere Strafgesetze objektiv den Charakter einer Risikogesetzgebung[109], wobei ein wichtiger Aspekt der Schutz der Allgemeinheit vor Gefährdungen ist[110]. Teilweise wird in diesem

---

[103] *Kölbel*, Kriminalpolitische Instrumentalisierung der „Gefahr sekundärer Viktimisierung“?, in: Barton/Kölbel (Hrsg.), Ambivalenzen der Opferzuwendung des Strafrechts, 2012, S. 225; vgl. mit Blick auf die Kölner Silvesternacht 2015/2016 *Behrendes*, NK 2016, 322 ff.

[104] *Ostendorf*, HRRS 2009, 158 (160).

[105] *Kölbel*, Kriminalpolitische Instrumentalisierung der „Gefahr sekundärer Viktimisierung“?, in: Barton/Kölbel (Hrsg.), Ambivalenzen der Opferzuwendung des Strafrechts, 2012, S. 225 f.; vgl. auch *Haffke*, KJ 2005, 17 (19 f.).

[106] *Barton*, Strafrechtspflege und Kriminalpolitik, in: Barton/Kölbel (Hrsg.), Ambivalenzen der Opferzuwendung des Strafrechts, 2012, S. 135 f.

[107] *Jung*, ZRP 2000, 159 (160).

[108] *Jung*, ZRP 2000, 159 (160).

[109] *Eisenberg/Kölbel*, Kriminologie, 7. Aufl. 2017, § 23 Rn. 41; zum sogenannten Risikostrafrecht siehe *Seelmann*, KritV 1992, 452 (452); weiterführend *Prittwitz*, Strafrecht und Risiko, 1993.

[110] Ausführlich *Prittwitz*, Strafrecht und Risiko, 1993, S. 149 ff.

Zusammenhang sogar von einer „Kultur der Kontrolle" gesprochen.[111] Weitere Elemente einer Risikogesetzgebung in der „viktimären Gesellschaft" sind die Sympathie mit den Opfern[112] und der Wunsch nach einer Ausgrenzung der Täter:innen durch härtere Sanktionen[113]. Letzteres wird zunehmend mit der Begründung rationalisiert, es gehe hierbei ausschließlich um Opferschutz.[114] Diese neue Punitivität oder auch neue „Straflust"[115] schlägt sich in der aktuellen Kriminalpolitik nieder[116] und ist derart tief in der Gesellschaft verankert, dass selbst ein rationales und aufgeklärtes Strafrecht ihr nur wenig entgegenhalten kann.[117]

Das oberste Ziel der neuen Straflust ist die Neutralisation gefährlicher Straftäter:innen und somit die Gewährleistung maximaler Sicherheit.[118] Dass absolute Sicherheit eine Utopie ist, erscheint in diesem Zusammenhang zwar offensichtlich, ist für die Diskussion um eine Verschärfung des Strafrechts jedoch nur wenig relevant. Stattdessen werden einzelne Tatgruppen in der öffentlichen und medialen Auseinandersetzung mit Kriminalität hervorgehoben. Das „Problem" der Gesellschaft sind aus dieser Perspektive Sexual- und Gewaltdelikte[119], in letzter Zeit bedingt durch Anschläge des sogenannten Islamischen Staates und

---

[111] Grundlegend *Garland*, Kultur der Kontrolle, 2008; siehe auch *Kunz*, Die Sicherung als gefährlich eingestufter Rechtsbrecher, in: Barton (Hrsg.), „...weil er für die Allgemeinheit gefährlich ist!", 2006, S. 71.

[112] Vgl. *Barton*, Strafrechtspflege und Kriminalpolitik, in: Barton/Kölbel (Hrsg.), Ambivalenzen der Opferzuwendung des Strafrechts, 2012, S. 114.

[113] Vgl. *Haffke*, KJ 2005, 17 (19, 31); weiterführend *Kunz*, Die Sicherung als gefährlich eingestufter Rechtsbrecher, in: Barton (Hrsg.), „...weil er für die Allgemeinheit gefährlich ist!", 2006, S. 72.

[114] *Haffke*, KJ 2005, 17 (20).

[115] Ausführlich zur Punitivität und methodischen Schwierigkeiten hinsichtlich ihrer Bestimmung siehe *Kury/Obergfell-Fuchs*, FS Schwind, 2006, S. 1021 ff.

[116] *Bock*, in: Göppinger/Bock (Hrsg.), Kriminologie, 6. Aufl. 2008, § 11 Rn. 4.

[117] *Kunz*, Die Sicherung als gefährlich eingestufter Rechtsbrecher, in: Barton (Hrsg.), „...weil er für die Allgemeinheit gefährlich ist!", 2006, S. 72; allgemein zur neuen Punitivität siehe die Beiträge in *Lautmann/Klimke/Sack* (Hrsg.), Punitivität, KrimJ Beiheft 8/2004; zum Problem der empirischen Überprüfbarkeit von Punitivitätseinstellungen *Kury/Obergfell-Fuchs*, FS Schwind, 2006, S. 1039.

[118] *Kunz*, Die Sicherung als gefährlich eingestufter Rechtsbrecher, in: Barton (Hrsg.), „...weil er für die Allgemeinheit gefährlich ist!", 2006, S. 74 ff.; vgl. auch *Schneider*, in: Göppinger/Bock (Hrsg.), Kriminologie, 6. Aufl. 2008, § 30 Rn. 11.

[119] Vgl. *Kunz*, Die Sicherung als gefährlich eingestufter Rechtsbrecher, in: Barton (Hrsg.), „...weil er für die Allgemeinheit gefährlich ist!", 2006, S. 72.

einzelner Terrorist:innen zudem in wachsendem Ausmaß der internationale Terrorismus. Die Täter:innen dieser Taten werden als fremdartig, aggressiv und „unnormal" wahrgenommen; nur ein „Wegsperren" wird als Problemlösung angesehen.[120] Die Öffentlichkeit argumentiert vornehmlich aus der Sicht potenzieller Opfer und fordert harte Strafen, lebenslanges Wegsperren und die Versagung von Lockerungen und vorzeitigen Entlassungen.[121] Diese punitive Einstellung der Bevölkerung wird durch Äußerungen von Politiker:innen wie die bekannte Formulierung „Wegschließen – und zwar für immer!"[122] weiter bestärkt.

Diese punitiven Tendenzen in der Kriminalpolitik sind vor allem für schwere Gewalt- und Sexualstraftaten erkennbar. Durch stärkere Repressionen gegenüber Sexualstraftäter:innen erfolgt eine Solidarisierung mit den Opfern sexueller Gewalt,[123] was wiederum die Identifikation des bzw. der Einzelnen mit dem Leid des Opfers begünstigt[124]. Somit wirkt die härtere Bestrafung der Täter:innen ebenso verstärkend auf die „öffentliche Meinung" wie die soeben erläuterte mediale Aufbereitung dieser Straftaten und führt zusammen mit dem Einfluss der politischen Akteure zu dem bereits erwähnten „politisch-publizistischen Verstärkerkreislauf".[125]

Diesbezüglich ist jedoch zu beachten, dass punitive, am Vergeltungsgedanken orientierte Tendenzen in der Bevölkerung zwar durch die politische Rhetorik und die Medienberichterstattung verstärkt werden.[126] Allerdings beruhen diese Entwicklungen nicht allein auf diesen Einflüssen.[127] Die Ursachen von Punitivität und Kriminalitätsfurcht sind vielschichtig und insgesamt noch zu wenig

[120] *Kunz*, Die Sicherung als gefährlich eingestufter Rechtsbrecher, in: Barton (Hrsg.), „...weil er für die Allgemeinheit gefährlich ist!", 2006, S. 72.

[121] *Maelicke*, NK 2005b, 128 (129).

[122] Äußerung des damaligen Bundeskanzlers *Gerhard Schröder* im Hinblick auf die Bestrafung von Sexualstraftäter:innen, vgl. Bild am Sonntag vom 08.07.2001.

[123] *Hoven*, MSchrKrim 2017, 161 (164).

[124] Vgl. *Ostendorf*, HRRS 2009, 158 (160); ähnlich *Haverkamp*, forum kriminalprävention 2016, 45 (46); *Klimke/Lautmann*, Opferorientierung, in: Anhorn/Balzereit (Hrsg.), Handbuch Therapeutisierung und Soziale Arbeit, 2016, S. 570 f.

[125] Grundlegend zum Begriff des „politisch-publizistischen Verstärkerkreislaufs" *Scheerer*, KrimJ 1978, 223 (225 f.); vgl. zudem *Ostendorf*, HRRS 2009, 158 (159).

[126] *Kölbel*, Kriminalpolitische Instrumentalisierung der „Gefahr sekundärer Viktimisierung"?, in: Barton/Kölbel (Hrsg.), Ambivalenzen der Opferzuwendung des Strafrechts, 2012, S. 226; vgl. auch *Ostendorf*, HRRS 2009, 158 (159).

[127] *Garland*, Die Kultur der „High Crime Societies", in: Oberwittler/Karstedt (Hrsg.), Soziologie der Kriminalität, 2004, S. 44.

erforscht.[128] Auch in der kriminalpolitischen Rhetorik weisen Begrifflichkeiten wie „Bekämpfung der Kriminalität" oder die „Verbesserung" bzw. „Intensivierung" dieser Bekämpfung auf eine punitive Stimmung hin.[129] Insgesamt soll die kriminalpolitische Diskussion in Deutschland jedoch immer noch deutlich gemäßigter verlaufen als beispielsweise in den USA.[130]

9.1.2.3 Auswirkungen der Einflussfaktoren auf kriminalpolitische Entwicklungen

Die kriminalpolitische Diskussion über den Opferschutz zeichnet sich nicht nur durch den Einfluss unterschiedlicher Akteur:innen aus. Sie weist auch den Nachteil auf, dass sie sich an „idealen" und insbesondere „virtuellen" Opfern orientiert. Potenzielle oder gar „virtuelle"[131] Opfer und deren Schutz sind geradezu zum Symbol für die jüngere Kriminalpolitik geworden.[132] Das Opfer ist demnach nicht mehr nur die konkrete Person, der durch eine Straftat ein Schaden zugefügt wurde, sondern vielmehr eine die Gemeinschaft repräsentierende Figur, deren Viktimisierungserfahrung als Verbildlichung der Gefährdung der Allgemeinheit durch Kriminalität wahrgenommen wird.[133] Repräsentanten dieser Kriminalitätsgefährdung sind wiederum insbesondere solche einzelnen Opfer, die in der öffentlichen Wahrnehmung – und unter Umständen auch tatsächlich – besonders schutzbedürftig sind, mithin „ideale Opfer". Die Bedürfnisse vieler tatsächlicher Opfer kommen demgegenüber im kriminalpolitischen Diskurs heute vielfach zu kurz.[134]

Durch eine auf die Gesellschaft bezogene Dimension des Opferschutzgedankens zielt der kriminalpolitische Diskurs vermehrt auf die Interessen und

[128] Ausführlich hierzu *Christoph*, NK 2017, 130 ff.

[129] *Haffke*, KJ 2005, 17 (23, 30 ff.); so auch *Schneider*, in: Göppinger/Bock (Hrsg.), Kriminologie, 6. Aufl. 2008, § 30 Rn. 2, 9 mit Nachweisen zu entsprechenden Gesetzgebungsverfahren.

[130] *Kaiser*, FS Eser, 2005, S. 1367 f.; zustimmend *Jung*, GA 2006, 724 (724).

[131] Der Begriff „virtuelle Opfer" wird in diesem Zusammenhang beispielsweise von *Hassemer/Reemtsma*, Verbrechensopfer, 2002, S. 101, 104 verwendet; ebenso *Kunz/Singelnstein*, Kriminologie, 8. Aufl. 2021, § 24 Rn. 26.

[132] Vgl. *Garland*, Die Kultur der „High Crime Societies", in: Oberwittler/Karstedt (Hrsg.), Soziologie der Kriminalität, 2004, S. 42; vgl. schon *Hassemer/Reemtsma*, Verbrechensopfer, 2002, S. 103 f.; *Haffke*, KJ 2005, 17 (31 ff.) veranschaulicht dies am Bespiel der Sicherungsverwahrung unter Auswertung der einschlägigen Gesetzesmaterialien.

[133] Vgl. *Garland*, Die Kultur der „High Crime Societies", in: Oberwittler/Karstedt (Hrsg.), Soziologie der Kriminalität, 2004, S. 42.

[134] *Barton*, Strafrechtspflege und Kriminalpolitik, in: Barton/Kölbel (Hrsg.), Ambivalenzen der Opferzuwendung des Strafrechts, 2012, S. 131; ähnlich *Jung*, GA 2006, 724 (731).

Bedürfnisse potenzieller Opfer. Deren Hauptinteressen sind zunächst auf die Vermeidung von Straftaten bzw. primärer Viktimisierungen – also auf die Straftatprävention – gerichtet. Die politische Strategie ist allerdings eher auf eine repressive Kriminalpolitik gegenüber den Täter:innen ausgerichtet[135] und somit auf den Aspekt der Sicherheit. Zwar vermag die öffentlichkeitswirksame Anhebung von Höchststrafen die öffentliche Meinung zunächst mit Blick auf die Verbrechensfurcht beruhigen. Allerdings muss potenziellen Opfern kritischen Stimmen im Schrifttum zufolge klar sein, dass ein Mehr an Strafrecht nicht gleichzeitig ein Mehr an Sicherheit bedeutet.[136] Das Strafrecht solle diesbezüglich seiner Funktion als ultima ratio gerecht werden und die Befriedigung des Sicherheitsbedürfnisses in der Gesellschaft bzw. die Opferprävention anderen Fachrichtungen wie beispielsweise dem Sozialwesen, der Kriminologie oder dem Gefahrenabwehrrecht überlassen.[137] Die Aufgabe des Strafrechts sei demgegenüber die Feststellung der Opferwerdung, d. h. der Verletzung eines bzw. einer Einzelnen durch den bzw. die Täter:in. Diese Genugtuung ermögliche nur das Strafrecht.[138] Tatsächlich sei das Strafrecht stattdessen mittlerweile ein „allumfassendes präventives Steuerungsinstrument".[139] Teilweise wird diese Entwicklung mit dem Begriff des Risiko- bzw. Gefährdungsstrafrechts bezeichnet.[140]

Vor diesem Hintergrund wird in der Literatur mitunter angenommen, dass aus Gesetzesreformen, die sich an „virtuellen Opfern" orientieren, nur ein geringer Nutzen für tatsächliche Opfer folgt. Dies sei insbesondere dann der Fall, wenn die Neuerungen selbst für Jurist:innen unübersichtlich seien und keinen realen Opferschutz für tatsächlich viktimisierte Personen entfalteten.[141] Wird in

---

[135] *Hassemer*, Opferorientierte Strafjustiz, in: AsJ Hamburg (Hrsg.), AsJ-Seminar 20./21.6.1998 – Täter, Opfer und Strafjustiz – ein disharmonischer Dreiklang, 1998.

[136] *Hassemer*, Opferorientierte Strafjustiz, in: AsJ Hamburg (Hrsg.), AsJ-Seminar 20./21.6.1998 – Täter, Opfer und Strafjustiz – ein disharmonischer Dreiklang, 1998.

[137] *Hassemer*, Opferorientierte Strafjustiz, in: AsJ Hamburg (Hrsg.), AsJ-Seminar 20./21.6.1998 – Täter, Opfer und Strafjustiz – ein disharmonischer Dreiklang, 1998; *Zöller*, FS Paeffgen, 2015, S. 719.

[138] *Hassemer*, Opferorientierte Strafjustiz, in: AsJ Hamburg (Hrsg.), AsJ-Seminar 20./21.6.1998 – Täter, Opfer und Strafjustiz – ein disharmonischer Dreiklang, 1998.

[139] *Haffke*, KJ 2005, 17 (18) m. w. N.

[140] *Albrecht*, Kriminologie, 4. Aufl. 2010, S. 69 ff.; *Kunz*, KrimJ 2010, 9 (9); ausführlich hierzu *Seelmann*, KritV 1992, 452 ff.

[141] *Barton*, Strafrechtspflege und Kriminalpolitik, in: Barton/Kölbel (Hrsg.), Ambivalenzen der Opferzuwendung des Strafrechts, 2012, S. 131, mit Beispielen und w. N.; zu Mängeln des präventiven Opferschutzes im Strafverfahren siehe *Böhm*, Mehr Begutachtung im Strafverfahren: mehr Opferschutz?, in: Pollähne/Rode (Hrsg.), Opfer im Blickpunkt – Angeklagte im Abseits?, 2012, S. 131 f.

den Gesetzesbegründungen zudem gezielt auf „ideale Opfer“ Bezug genommen, wird nur ein Teil der viktimisierten Personen erfasst. Verbesserungen, die den Opfern in blindem Aktionismus in Aussicht gestellt werden, wecken zudem nur Erwartungen, die im schlechtesten Falle enttäuscht werden.[142]

Speziell mit Blick auf die Sanktionierung scheint das gesellschaftliche Bedürfnis nach mehr Sicherheit vor Straftäter:innen in der öffentlichen Diskussion nur durch Maßnahmen wie möglichst lange Freiheitsstrafen befriedigt zu werden, bestenfalls noch mit einer grundsätzlich lebenslangen Sicherungsverwahrung für Sexual- und Gewaltstraftäter:innen. Dass dies mit rechtsstaatlichen Grundsätzen nicht vereinbar ist, ist für die „öffentliche Meinung“ und viele Massenmedien oft gleichgültig. Verkannt wird in diesem Zusammenhang, dass bei aller Resignation hinsichtlich des Resozialisierungsstrafvollzugs dieser dennoch weiterhin ein elementarer Baustein eines funktionierenden rechtsstaatlichen Strafrechtssystems sein muss. Die Einbeziehung der Opferperspektive muss zwar ebenfalls ein Teil der Strafrechtspflege und somit auch des Strafvollzugs sein, jedoch darf dies nicht zu einer Aufgabe des Resozialisierungsprinzips und der Täter:innenorientierung führen.[143] Vor allem aber darf der Opferschutz nicht zur Legitimation eines repressiven Strafvollzugs dienen. Vielmehr muss die Einbeziehung legitimer Opferinteressen in den Strafvollzug als eine Ergänzung oder sogar als ein Teil des Resozialisierungskonzepts verstanden werden und nicht als ein Gegensatz hierzu.

Schließlich geht es mit Blick auf die aktuelle kriminalpolitische Stimmung nicht mehr darum, die Opferperspektive angemessen zu berücksichtigen. Vielmehr ist die Opferorientierung mittlerweile zur einzigen Perspektive der Kriminalpolitik geworden.[144] Insbesondere ist das Verhältnis von Opferschutz und Resozialisierung nicht ausgeglichen, sondern zeigt Tendenzen zum Nachteil der Resozialisierung.[145] Als ein Beispiel hierfür wird die Abwägung zwischen den Sicherheitsinteressen potenzieller Opfer und dem Resozialisierungsinteresse der Täter:innen bei Entscheidungen über vollzugsöffnende Maßnahmen angeführt.[146]

---

[142] Vgl. *Bittmann*, ZRP 2011, 72 (74).

[143] *Maelicke*, NK 2005a, 126 (127).

[144] *Bock*, in: Göppinger/Bock (Hrsg.), Kriminologie, 6. Aufl. 2008, § 11 Rn. 4.

[145] *Bock*, in: Göppinger/Bock (Hrsg.), Kriminologie, 6. Aufl. 2008, § 11 Rn. 4.

[146] *Bock*, in: Göppinger/Bock (Hrsg.), Kriminologie, 6. Aufl. 2008, § 11 Rn. 5; eine ausführliche Betrachtung dieses Problems erfolgt im Zusammenhang mit der Auslegung der strafvollzugsrechtlichen Vorschriften im Kapitel 15.

9.2 Kriminalpolitische Motive für eine opferorientierte Gesetzgebung im Strafrecht

In der kriminalpolitischen Diskussion um die Opferorientierung des Strafrechts werden die Begriffe Opfer und Opferschutz häufig in unterschiedlichen Zusammenhängen verwendet. Dabei lassen sich vier wiederkehrende Themenkreise ausmachen: der Schutz von Opfern vor einer sekundären Viktimisierung, die Anerkennung der Opferschaft, die Restorative Justice i. w. S. und der Schutz vor Kriminalität. Nachfolgend werden diese kriminalpolitischen Motive im Überblick vorgestellt und ihre Bedeutung für die opferbezogene Gesetzgebung im Strafrecht anhand einiger Beispiele aufgezeigt. Die auf diese Weise gewonnenen Erkenntnisse können später als Grundlage für die nähere Betrachtung der kriminalpolitischen Motive der opferorientierten Gesetzgebung speziell zum Strafvollzug dienen (Abschnitt 9.3).

9.2.1 Schutz vor sekundärer Viktimisierung

Eines der Motive für die opferbezogene Gesetzgebung seit der Mitte der 1980er Jahre ist der Schutz von Kriminalitätsopfern vor einer sekundären Viktimisierung.[147] Während unter der primären Viktimisierung die unmittelbare Schädigung oder Verletzung des Opfers durch den bzw. die Täter:in verstanden wird[148], geht die Gefahr einer sekundären Viktimisierung nicht allein von dem bzw. der Täter:in aus. Vielmehr kann das Opfer auch durch die Strafverfolgungsbehörden, durch die Medien oder sogar durch sein eigenes soziales Umfeld eine erneute Beeinträchtigung oder gar Traumatisierung erfahren.[149] Diese erneute Viktimisierung kann insbesondere durch einen unangemessenen Umgang mit dem Opfer in der Form einer „sozialen Fehlreaktion" ausgelöst werden.[150] In der Praxis spielen hierbei etwa sowohl die Befragungen des Opfers durch die Polizei, Staatsanwaltschaft und Gerichte als auch die mediale Berichterstattung über die Straftat eine Rolle.[151] Der Begriff der sekundären Viktimisierung umfasst dabei sowohl

---

[147] Ausführlich hierzu *Kölbel/Bork*, Sekundäre Viktimisierung, 2012, S. 13 ff.; *Kölbel*, Kriminalpolitische Instrumentalisierung der „Gefahr sekundärer Viktimisierung"?, in: Barton/Kölbel (Hrsg.), Ambivalenzen der Opferzuwendung des Strafrechts, 2012, S. 213 ff.

[148] *Kölbel/Bork*, Sekundäre Viktimisierung, 2012, S. 39 f.; *Neubacher*, Kriminologie, 4. Aufl. 2020, 12. Kap. Rn. 4.

[149] *Kölbel/Bork*, Sekundäre Viktimisierung, 2012, S. 39 f.

[150] *Kölbel/Bork*, Sekundäre Viktimisierung, 2012, S. 40.

[151] *Neubacher*, Kriminologie, 4. Aufl. 2020, 12. Kap. Rn. 4.

die fehlerhafte Reaktion auf der Ebene der formellen und informellen Sozialkontrolle als auch die hieraus resultierenden Folgen für das Opfer.[152] Schließlich kann eine erneute Viktimisierung des Straftatopfers im schlimmsten Fall zu einer tertiären Opferwerdung führen, also zur Übernahme der Opferrolle in die eigene Persönlichkeitsstruktur.[153] Insgesamt dient der Schutz vor einer sekundären Viktimisierung in erster Linie dem Schutz des Persönlichkeitsrechts von Opferzeug:innen im Strafverfahren.[154]

Hinsichtlich der Befragung von Opferzeug:innen forderte die damals in der Opposition befindliche SPD bereits in einem Gesetzesentwurf im Jahr 1983 bei der Vernehmung durch Polizei und Gericht eine besondere Belehrung von Opferzeug:innen und die Möglichkeit für die Verletzten, eine:n Beiständ:in bei diesen Befragungen hinzuzuziehen.[155] Solche Verletztenbeiständ:innen sollten den Opfern von Straftaten bei der Vernehmung in der Hauptverhandlung zur Seite stehen können.[156] Die Position der Opfer von Straftaten sollte so gestärkt und eine sekundäre Viktimisierung durch die Befragung verhindert werden. Insbesondere sollten Fragen, welche die Privat- und Intimsphäre des bzw. der Verletzten betreffen, wenn möglich vermieden oder zumindest durch den bzw. die Beiständ:in beanstandet werden können.[157]

Tatsächlich wurden solche Verletztenbeiständ:innen durch das Opferschutzgesetz von 1986 in das Strafprozessrecht aufgenommen, jedoch beschränkten sich ihre Anwesenheitsrechte zunächst nur auf Vernehmungen der Straftatopfer durch Staatsanwaltschaft und Gericht.[158] Erst mit dem 2. Opferrechtsreformgesetz von 2009[159] wurde das Anwesenheitsrecht von Verletztenbeiständ:innen auf polizeiliche Vernehmungen erweitert.[160]

Als ein Beispiel für die Gefahr einer sekundären Viktimisierung wurde in der Kriminalpolitik häufig die Befragung der Opfer von Sexualstraftaten genannt.[161]

---

[152] *Kölbel/Bork*, Sekundäre Viktimisierung, 2012, S. 39 f.

[153] Weiterführend hierzu *Kiefl/Lamnek*, Soziologie des Opfers, 1986, S. 272 ff.; *Bock*, in: Göppinger/Bock (Hrsg.), Kriminologie, 6. Aufl. 2008, § 11 Rn. 6.

[154] *Zöller*, FS Paeffgen, 2015, S. 725.

[155] BT-Drs. 10/585, S. 1, 5.

[156] BT-Drs. 10/585, S. 5; RegE BT-Drs. 10/5305, S. II.

[157] RegE BT-Drs. 10/5305, S. 9.

[158] *Kölbel/Bork*, Sekundäre Viktimisierung, 2012, S. 15.

[159] BGBl. I 2009, S. 2280 ff.

[160] *Kölbel/Bork*, Sekundäre Viktimisierung, 2012, S. 15 f.

[161] Vgl. für das Opferschutzgesetz BT-Drs. 10/585, S. 1, 5; RegE BT-Drs. 10/5305, S. 10; ausführlich zur weiteren Gesetzgebung *Kölbel/Bork*, Sekundäre Viktimisierung, 2012, S. 18 ff.; zum StORMG BT-Drs. 17/6261, S. I.

Bei diesen Opfern ergebe sich das Risiko einer sekundären Viktimisierung durch die Befragungen der Strafverfolgungsbehörden insbesondere aus dem Umstand, dass neben Fragen zum Tathergang häufig auch das Sexualleben der Opfer generell thematisiert werde.[162] Daher wurden die strafprozessualen Vorschriften zur Zeug:innenvernehmung mit dem Ziel geändert, unnötige Eingriffe in die Intimsphäre zu vermeiden.[163]

Die Regelungen des Zeugenschutzgesetzes von 1998 wurden ebenfalls mit der Vermeidung einer sekundären Viktimisierung begründet.[164] Insbesondere regelte das Gesetz die Möglichkeit der audiovisuellen Vernehmung von (Opfer-)Zeug:innen, welche die Belastung der Zeug:innen durch wiederholte Vernehmungen oder auch durch die Konfrontation mit den Täter:innen mindern sollte.[165] Dies sollte insbesondere Kinder als (Opfer-)Zeug:innen schützen.[166]

Dem gesetzgeberischen Motiv der Vermeidung einer sekundären Viktimisierung durch die Vernehmung der Opfer entsprachen zudem die Anpassungen des Strafprozessrechts durch das StORMG von 2013[167] und das 3. Opferrechtsreformgesetz von 2015[168]. Sowohl in den Gesetzgebungsmaterialien zum StORMG als auch in denen des neuesten Opferrechtsreformgesetzes wird der Schutz von Opferzeug:innen vor den psychischen Belastungen durch Vernehmungen und die Hauptverhandlung als gesetzgeberisches Motiv genannt.[169]

Insgesamt kann festgehalten werden, dass die Vermeidung der sekundären Viktimisierung zwar ein leitendes kriminalpolitisches Motiv der opferbezogenen Gesetzgebung ist. Allerdings ist auch zu beachten, dass die entsprechenden Änderungen des Strafprozessrechts nicht allein dem Schutz von Straftatopfern dienten, sondern mitunter einen darüberhinausgehenden Zeug:innenschutz bezweckten. Entsprechend erstreckt sich dieses Motiv nicht allein auf den Schutz des Opfers vor einer sekundären Viktimisierung, sondern auch auf die Vermeidung einer

---

[162] BT-Drs. 10/585, S. 5.

[163] So wurde beispielsweise § 68a StPO entsprechend geändert, vgl. RegE BT-Drs. 10/5305, S. 10; BT-Drs. 10/6124, S. 12 f.

[164] Vgl. BT-Drs. 13/7165, S. 1, 7.

[165] Vgl. BT-Drs. 13/7165, S. 7, 9.

[166] Zu den Hintergründen siehe *Kölbel/Bork*, Sekundäre Viktimisierung, 2012, S. 21 ff. m. w. N; BT-Drs. 13/4983, S. I, 4; BT-Drs. 13/7165, S. 9; ausführlich zur Belastung von Kindern durch das Strafverfahren *Kölbel/Bork*, Sekundäre Viktimisierung, 2012, S. 22 m. w. N.

[167] Gesetz zur Stärkung der Rechte von Opfern sexuellen Missbrauchs (StORMG), BGBl. I 2013, S. 1805 ff.

[168] BGBl. I 2015, S. 2525 ff.

[169] Für das StORMG siehe BT-Drs. 17/6261, S. 8 f.; für das 3. Opferrechtsreformgesetz siehe BT-Drs. 18/4621, S. 19.

Viktimisierung von Zeug:innen durch das Strafverfahren. Insgesamt dient der Schutz von Zeug:innen innerhalb des Strafprozessrechts letztlich auch dem Ziel der Beweiserhaltung, da Zeug:innen im Strafprozess ein wichtiges Beweismittel sind. Daher muss bei den opferbezogenen Vorschriften des Strafvollzugsrechts im Zusammenhang mit den kriminalpolitischen Motiven zum einen untersucht werden, ob der Schutz vor einer sekundären oder gar erneuten Viktimisierung des Straftatopfers von Bedeutung war.[170] Zum anderen ist eine differenzierte Betrachtung der Motive der opferbezogenen Gesetzgebung auch im Strafvollzugsrecht notwendig. Diesbezüglich wird untersucht werden müssen, ob die Motive opferbezogener Vollzugsvorschriften allein den Schutz konkreter Opfer und die Berücksichtigung der Interessen von Straftatopfern zum Gegenstand haben oder ob darüber hinaus noch andere Ziele verfolgt wurden.[171]

9.2.2 Anerkennung der Opferschaft

Wie beim Schutz vor einer sekundären Viktimisierung richtet sich auch die Anerkennung der Opferschaft[172] als weiteres kriminalpolitisches Motiv für die opferbezogene Strafgesetzgebung an tatsächliche Opfer von Straftaten. Durch die Definition des Viktimisierungsereignisses als Straftat wird auch die Schädigung des Opfers als erheblich anerkannt. Indem sich die Strafverfolgungsbehörden mit dem Viktimisierungsereignis befassen, erfährt das Opfer von staatlicher Seite eine Wertschätzung dergestalt, dass seine Verletzung von der Gesellschaft als nicht legitim angesehen wird.[173]

Hinsichtlich der Zuerkennung der Opferschaft können erneut zwei Ebenen unterschieden werden: zum einen die Schaffung neuer Straftatbestände bzw. die Ausweitung des von einem Straftatbestand erfassten Unrechts und zum anderen die aktive Einbeziehung des Opfers in die Strafverfolgung, namentlich durch Mitwirkungs- und Beteiligungsrechte im Strafverfahren.

Durch die Schaffung neuer bzw. die Erweiterung bereits bestehender Straftatbestände erfolgt eine Anerkennung der Opferschaft in der Weise, dass das Viktimisierungsereignis als strafbar angesehen wird.[174] Allerdings ist zu beachten,

---

[170] Hierzu sogleich unten im Abschnitt 9.3.3.

[171] Hierzu sogleich unten im Abschnitt 9.3.3.

[172] Zum Begriff der Opferschaft siehe oben im Abschnitt 4.2.1.1.2.1 Fn. 34.

[173] Vgl. hierzu *Reemtsma*, Recht des Opfers auf Bestrafung, 1999, S. 25.

[174] Ausführlich hierzu *Kertai*, Sicherheit, Risiko und Opferschutz, 2014 S. 180 f.; vgl. auch BT-Drs. 16/575, S. 1.

dass die Zuerkennung der Opferschaft durch den Gesetzgeber nur für zukünftige, mithin potenzielle Opfer von Bedeutung ist. Strafrechtsdogmatisch können Strafvorschriften nur den Schutz potenzieller Opfer vor Straftaten bezwecken.[175] Einer Vorverlagerung der Strafbarkeit auch auf solche Rechtsgutsverletzungen, die zum Tatzeitpunkt noch nicht strafbar waren, steht Art. 103 Abs. 2 GG i.V. m. § 2 Abs. 1 StGB entgegen. Dennoch können erhebliche Rechtsgutsverletzungen und die aus ihnen resultierenden Folgen für die Betroffenen den Anlass für ein Tätigwerden des Gesetzgebers liefern und so zu einer Anerkennung einer strafrechtlich relevanten Viktimisierung wenigstens für zukünftige Opfer führen.

Als anschauliche Beispiele für eine Gesetzgebung, welche auf die Anerkennung der Opferschaft ausgerichtet ist, können die Erweiterung des § 177 StGB a. F. auf Vergewaltigungen in der Ehe im Jahr 1997 und die Schaffung des Straftatbestandes der Nachstellung gemäß § 238 StGB im Jahr 2007 genannt werden.[176] Beiden Straftatbeständen ist gemein, dass die relevante Tathandlung zwar bereits vor der Änderung bzw. Schaffung der Vorschrift strafbar sein konnte. Eine Vergewaltigung in der Ehe war jedoch allenfalls als Körperverletzung gemäß §§ 223 StGB ff. und Nötigung gemäß § 240 StGB strafbar[177]; für die Strafbarkeit des Nachstellens waren mitunter die Tatbestände der Nötigung (§ 240 StGB), der Bedrohung (§ 241 StGB) oder des Hausfriedensbruchs (§ 123 StGB) einschlägig[178]. Hinsichtlich der Vergewaltigung in der Ehe war insbesondere deren vorherige Einordnung als bloße Nötigung problematisch, weil die Bestrafung auf diese Weise dem Unrechtsgehalt der Tat nicht gerecht wurde.[179] Bezüglich der Nachstellung gemäß § 238 StGB wurde angeführt, dass die Opfer sich nach der früheren Rechtslage durch die Strafverfolgungsbehörden nicht ausreichend unterstützt fühlten.[180]

Bei einer Gesamtbetrachtung ergibt sich, dass die Opfer in beiden Fällen keine hinreichende Beachtung im Hinblick auf die Verletzung ihrer Rechte durch die Täter:innen erhielten. Daher war ein übereinstimmendes Ziel der Änderung von

---

[175] Vgl. *Kilchling*, NStZ 2002, 57 (58).

[176] Ausführlich hierzu *Kertai*, Sicherheit, Risiko und Opferschutz, 2014, S. 179 ff.

[177] Kritisch bereits BT-Drs. 10/562, S. 3 und BT-Drs. 10/585, S. 5; vgl. zudem BT-Drs. 13/7324, S. 5.

[178] Vgl. BT-Drs. 16/575, S. 6.

[179] Vgl. bereits BT-Drs. 10/562, S. 3; BT-Drs. 10/585, S. 5.

[180] Vgl. BR-Drs. 617/05, S. 2; BT-Drs. 16/575, S. 1.

§ 177 a. F. StGB und der Schaffung von § 238 StGB, die Opfer dieser Rechtsgutsverletzungen überhaupt als Geschädigte einer erheblichen Straftat anzuerkennen.[181] Entscheidend ist hierbei nicht allein die Feststellung des Gesetzgebers, dass diese Taten Unrecht sind. Vielmehr ist die Zuerkennung des erheblichen Unrechtsgehalts der Rechtsgutsverletzungen als Straftaten von Bedeutung, welche die Verletzung des Straftatopfers erst angemessen widerspiegelt.

Neben der Schaffung und Änderung von Straftatbeständen berührt auch die Stellung des Opfers im Strafverfahren die Anerkennung der Opferschaft. Diesbezüglich ist in den letzten Jahrzehnten ein Wandel der Stellung des Opfers vom Objekt zum Subjekt im Verfahren zu beobachten. Durch den Ausbau seiner Mitwirkungs-, Beteiligungs- und Informationsrechte wird dem Opfer eine eigenständige Bedeutung im Strafverfahren zuerkannt, die über die bloße Zeug:innenrolle hinausgeht.[182]

Insbesondere durch das Opferschutzgesetz von 1986[183] sollte die Position der Verletzten – mithin der tatsächlichen Opfer – im Strafverfahren gestärkt werden.[184] Das Gesetz erweiterte die Beteiligungs- und Informationsrechte von Nebenkläger:innen beispielsweise um das Akteneinsicht gemäß § 406e StPO und stärkte das Adhäsionsverfahren gemäß §§ 403 ff. StPO.[185] Weiterhin wurde die Position des Opfers auch durch die gemäß § 397a Abs. 1 StPO eröffnete Möglichkeit der Hinzuziehung von Rechtsbeiständen – sogenannten Opferanwält:innen – zu jedem Zeitpunkt des Verfahrens gestärkt.[186]

Bezüglich der Anerkennung der Opferschaft ergibt sich hinsichtlich der konkreten Straftatopfer damit ein kein einheitliches Bild. Zwar bildet die Schädigung von Rechtsgütern mitunter den Ausgangspunkt für die kriminalpolitische Befassung mit bestimmten fortan als strafwürdig angesehenen Handlungen. Jedoch wird die Opferschaft durch die Schaffung neuer oder die Erweiterung bereits bestehender Strafvorschriften nur für zukünftige Opfer anerkannt.

---

[181] Zu § 238 StGB vgl. in diesem Sinne *Kertai*, Sicherheit, Risiko und Opferschutz, 2014, S. 180 f.

[182] Vgl. nur *Rieß/Hilger*, NStZ 1987, 145 (155); ausführlich zur Entwicklung der Opferorientierung des Strafverfahrensrechts siehe oben im Abschnitt 6.3.2.

[183] BGBl. I 1986, S. 2496 ff.

[184] BT-Drs. 10/6124, S. 1 f.

[185] Vgl. BT-Drs. 10/6124, S. 6 f.

[186] BT-Drs. 10/6124, S. 14 f.; bei den sogenannten Opferanwält:innen handelt es sich um anwaltliche Rechtsbeistände auf Staatskosten, deren Bestellung gemäß § 397a Abs. 1 StPO für Nebenkläger:innen vorgesehen ist, die (mutmaßlich) Opfer der in der Norm genannten Straftaten geworden sind. Hierzu zählen insbesondere Gewalt- und Sexualdelikte, vgl. § 397a Abs. 1 Nrn. 1 bis 5 StPO.

Demgegenüber wird die Opferschaft bei den Beteiligungs- und Mitwirkungsrechten im Strafverfahren für mutmaßliche Opfer, also für Personen, deren Opferschaft noch nicht rechtskräftig durch ein Strafgericht festgestellt wurde,[187] zumindest vorläufig angenommen. Davon abgesehen dienen die strafprozessualen Vorschriften über die Beteiligungs- und Mitwirkungsrechte im Grunde der Berücksichtigung der Interessen tatsächlicher Opfer. Mit Blick auf die spätere Untersuchung der kriminalpolitischen Motive speziell im Strafvollzugsrecht wird daher von Bedeutung sein, ob sich die jeweilige Regelung auf eine bereits viktimisierte Person und somit auf ein tatsächliches Opfer bezieht oder ob ähnlich wie im materiellen Strafrecht der Schutz potenzieller Opfer bezweckt wird.[188] In letzterem Fall könnte es zu einer problematischen Überlagerung des Opferschutzes durch den Schutz der Allgemeinheit kommen.

9.2.3 Restorative Justice i. w. S.

Ein weiterer Anknüpfungspunkt der zunehmenden Ausrichtung der Kriminalpolitik am Opfer ist die Einbeziehung der Wiedergutmachung und des Tatausgleichs in die Strafrechtspflege. Der Begriff der Wiedergutmachung umfasst nach dem hier vertretenen Verständnis zum einen den Ausgleich materieller und immaterieller Schäden infolge der Straftat und zum anderen die sogenannte symbolische Wiedergutmachung.[189] Während sich die materiellen Schäden einer Straftat häufig vergleichsweise einfach anhand der Verletzung des Rechtsgutes durch die Straftat bestimmen lassen, bedarf es für die Erfassung von immateriellen Einbußen des Opfers einer genaueren Betrachtung der konkreten Straftat, möglicher Traumatisierungen und der individuellen Bedürfnisse des einzelnen Opfers. Den Ausgangspunkt für Überlegungen zur Einbeziehung der Wiedergutmachung in das Strafrecht bildet die Frage, ob das Strafrecht die Funktion der Konfliktregulierung überhaupt erfüllen kann, wenn kein wirklicher Ausgleich zwischen Täter:in und Opfer erfolgt.[190]

---

[187] Ausführlich zum Opfer- und Verletztenbegriff des Strafprozessrechts oben im Abschnitt 4.2.1.2.2.

[188] Siehe zum kriminalpolitischen Motiv des Schutzes potenzieller Opfer oben im Abschnitt 9.1.1.

[189] Vgl. zum weiten Begriffsverständnis *Schöch*, FS Maihofer, 1988, S. 468 ff.; ausführlich zur Bedeutung der Restorative Justice im deutschen Strafrecht oben im Abschnitt 7.2.1.4.

[190] Ausführlich hierzu *Rössner/Wulf*, Opferbezogene Strafrechtspflege, 1984, S. 4 ff.

Anhand des Opferentschädigungsgesetzes von 1976[191] lässt sich die Absicht des Gesetzgebers veranschaulichen, einen Ausgleich gegenüber den Kriminalitätsopfern herbeizuführen. Durch dieses Gesetz wurde die Möglichkeit einer staatlichen Entschädigung von Opfern und den Hinterbliebenen von Opfern von Tötungsdelikten geschaffen.[192] Auch darüber hinaus wurde die Restorative Justice i. w. S. seit der Mitte der 1980er Jahre im kriminalpolitischen Diskurs als ein wichtiger Bestandteil des Opferschutzes angesehen.[193]

Im Strafprozessrecht war die Unterstützung des Opfers bei der Erlangung materiellen Schadensersatzes ein wichtiges Motiv des Gesetzgebers dafür, die Opferrechte zu stärken.[194] Als Beispiel für die Berücksichtigung der finanziellen Interessen der Straftatopfer kann die Zahlungserleichterung für Geldstrafen angeführt werden. Bereits mit dem Opferschutzgesetz von 1986 wurde diese Zahlungserleichterung mit der Ermöglichung der Schadenswiedergutmachung gegenüber dem Straftatopfer begründet und sollte somit vornehmlich den Entschädigungsinteressen der Opfer dienen.[195] Die Priorisierung materieller Entschädigungsinteressen von Straftatopfern war auch der Beweggrund für den grundsätzlichen Vorrang der materiellen Wiedergutmachung zugunsten des Straftatopfers gemäß § 54 Abs. 2 S. 1 Nr. 1 StGB gegenüber den übrigen Geldauflagen des § 56b Abs. 2 S. 1 StGB, welcher 1994 durch das Verbrechensbekämpfungsgesetz mit § 56b Abs. 2 S. 2 StGB festgelegt wurde.[196]

Insbesondere am Beispiel des § 56b Abs. 2 S. 2 StGB lässt sich belegen, dass der Gesetzgeber das finanzielle Entschädigungsinteresse von Straftatopfern bereits zu Beginn der opferbezogenen Gesetzgebung berücksichtigt hat. Deutlich wird jedoch auch, dass unter Wiedergutmachung seinerzeit nur der materielle Straftatfolgenausgleich verstanden wurde. Von einem solchen engen Verständnis

---

[191] BGBl. I 1976, S. 1181 ff.

[192] BGBl. I 1976, S. 1181, vgl. insbesondere § 1 OEG.

[193] Vgl. z. B. *Marschewski* (CDU/CSU) in Plpr. BT 10/172, S. 12924; *de Wirth* (SPD) in Plpr. BT, 10/213, S. 16442; *Marschewski* (CDU/CSU) in Plpr BT, 10/213, S. 16444; *Berghofer-Weichner* (Bayern) in Plpr. BR, 571. Sitzung, 1986, S. 647 f.; vgl. auch *Baumann/Brauneck/Burgstaller u. a.*, AE-Wiedergutmachung, 1992, insbesondere S. 93 ff.

[194] Vgl. nur BT-Drs. 10/6124, S. 2.

[195] Vgl. BT-Drs. 10/6124, S. 13 zu § 459a StPO a.F.; dieser Gedanke des Vorrangs der Wiedergutmachungsansprüche der Straftatopfer bei Geldstrafen findet sich seit dem 2. Justizmodernisierungsgesetz von 2006 nunmehr in § 42 S. 3 StGB wieder und ermöglicht eine Gewährung von Zahlungserleichterungen bereits durch das Gericht in seinem Urteil, wenn auf diese Weise die materielle Wiedergutmachung der Straftatfolgen gegenüber dem Opfer ermöglicht wird, vgl. BT-Drs. 16/3038, S. 25.

[196] BT-Drs. 12/6853, S. 22.

von Wiedergutmachung zeugt nicht zuletzt die Begründung zum Opferentschädigungsgesetz von 1976, nach welcher das Bemühen der Täter:innen um einen Ausgleich mit den Verletzen sowohl die „Wiedergutmachung des [...] materiellen Schadens" umfasst als auch den Versuch, den Opfern auf andere Weise Genugtuung zu verschaffen.[197] Diese Unterscheidung von Wiedergutmachung und anderweitiger Genugtuung findet sich in ähnlicher Weise auch in der Begründung zum Verbrechensbekämpfungsgesetz wieder, wenn dort zwischen der Schadenswiedergutmachung und dem Täter-Opfer-Ausgleich unterschieden wird.[198] Von dem damaligen Verständnis weicht das Begriffsverständnis der vorliegenden Untersuchung ab, da hier unter Wiedergutmachung alle Formen des Tatausgleichs und der Tataufarbeitung – in materieller und ideeller Hinsicht – verstanden werden.[199]

Daneben lassen sich der Täter-Opfer-Ausgleich und die mit ihm einhergehende Möglichkeit der Wiedergutmachung bereits frühzeitig Ansätze für die Einbeziehung der Restorative Justice i. e. S. in der kriminalpolitischen Diskussion wiederfinden.[200] Bereits im ersten Entwurf der seinerzeit in der Opposition befindlichen SPD zum Opferschutzgesetz von 1987 wurde die Einführung des Täter-Opfer-Ausgleichs in das Strafzumessungsrecht und in die Vorschriften über die Verfahrenseinstellung vorgeschlagen.[201] Der Gesetzgeber fügte schließlich in § 46 Abs. 2 S. 2 Var. 6 StGB zumindest die Berücksichtigung der Bemühungen der Täter:innen um einen Ausgleich mit den Opfern im Rahmen der Strafzumessung ein.[202] Der Täter-Opfer-Ausgleich wurde schließlich 1994 durch den Gesetzgeber als fakultativer Strafmilderungsgrund im materiellen Strafrecht[203] und 1999 im Strafprozessrecht[204] normiert.

Unter anderem durch die Normierung des Täter-Opfer-Ausgleichs im materiellen Strafrecht sollte den Belangen von Straftatopfern ein stärkeres Gewicht

---

197 BT-Drs. 10/6124, S. 17.

198 Vgl. BT-Drs. 12/6853, S. 21 f.

199 Vgl. zum weiten Begriffsverständnis *Schöch*, FS Maihofer, 1988, S. 468 ff.; ausführlich zur Bedeutung der Restorative Justice im deutschen Strafrecht im Abschnitt 7.2.1.4.

200 Ein Überblick findet sich bei *Baumann/Brauneck/Burgstaller u. a.*, AE-Wiedergutmachung, 1992, S. 9 ff.

201 BT-Drs. 10/3636, S. 2, 7 f.

202 Vgl. BT-Drs. 10/6124, S. 13.

203 BGBl. I 1994, S. 3186; weiterführend *Maier*, in: MüKo StGB II, 4. Aufl. 2020, § 46a Rn. 1.

204 BGBl. I 1999, S. 2491.

verliehen werden.[205] Dabei wurde hinsichtlich des Täter-Opfer-Ausgleichs weniger die materielle Entschädigung und mehr die immaterielle Unterstützung des Straftatopfers hervorgehoben.[206]

Zu berücksichtigen ist freilich, dass der Täter-Opfer-Ausgleich vornehmlich als eine Form der Diversion verstanden[207] und seine Einführung dementsprechend nicht ausschließlich mit der Berücksichtigung von Opferinteressen begründet wurde. Hiervon zeugt die Gesetzesbegründung des Verbrechensbekämpfungsgesetzes von 1994, der zufolge durch den Strafmilderungsgrund gemäß § 46a StGB ein Anreiz für die mutmaßlichen Täter:innen geschaffen werden sollte, sich um einen Ausgleich mit den Verletzten der Straftat zu bemühen.[208] Darüber hinaus setzt § 46a StGB keinen Ausgleichserfolg voraus, sondern sieht bereits eine überwiegende Wiedergutmachung oder auch ein entsprechendes ernsthaftes Bemühen als ausreichend an.[209]

Zudem ist zu beachten, dass eine Berücksichtigung von Ausgleichsbemühungen und eine gegebenenfalls hieraus resultierende Strafmilderung nicht immer mit den individuellen Interessen des einzelnen Straftatopfers übereinstimmen müssen. Allerdings sollten die Rechtsfolgen des § 46a StGB nach dem Willen des Gesetzgebers gerade nicht von einer Mitwirkung des Opfers abhängig gemacht werden.[210] Neben der stärkeren Berücksichtigung von Opferinteressen war das Ziel des Täter-Opfer-Ausgleichs gemäß § 46a StGB gerade auch die Förderung der Unrechtseinsicht bei den Täter:innen und die Übernahme von Verantwortung für die Folgen ihrer Taten.[211] Folglich weist der Täter-Opfer-Ausgleich ersichtlich auch spezialpräventive Elemente auf und kann daher nicht als eine ausschließlich opferorientierte Maßnahme verstanden werden.

Der Gesetzesbegründung zum „Gesetz zur strafverfahrensrechtlichen Verankerung des Täter-Opfer-Ausgleichs“ vom 20.12.1999[212] ist zudem zu entnehmen,

---

[205] Neben dem Täter-Opfer-Ausgleich in § 46a Nr. 1 StGB war auch die stärkere Berücksichtigung der materiellen Schadenswiedergutmachung innerhalb der Strafzumessung beispielsweise nach §§ 46a Nr. 2, 56 Abs. 2, 56b Abs. 2 S. 1 Nr. 1 StGB im Erwachsenenstrafrecht von Bedeutung, vgl. auch BT-Drs. 12/6853, S. 1 f., 21 f.

[206] Vgl. BT-Drs. 12/6853, S. 21.

[207] *Rössner*, Reader Gefängnisseelsorge 1996, 5 (6 f.).

[208] BT-Drs. 12/6853, S. 21 f.

[209] BT-Drs. 12/6853, S. 21 f.

[210] BT-Drs. 12/6853, S. 21.

[211] BT-Drs. 12/6853, S. 21.

[212] BGBl. I 1999, S. 2491 ff.

dass mit der verstärkten Anwendung des Täter-Opfer-Ausgleichs auch prozessökonomische Ziele verfolgt wurden. Durch einen erfolgreichen Täter-Opfer-Ausgleich im Ermittlungsverfahren können die strafrechtliche Hauptverhandlung und auch ein Zivilprozess überflüssig werden.[213]

Hinsichtlich der Wiedergutmachung lässt sich daher hervorheben, dass im kriminalpolitischen Diskurs der Ausgleich materieller und ideeller Schädigungen des Straftatopfers von Bedeutung war. Allerdings hat insbesondere die nähere Betrachtung des Täter-Opfer-Ausgleichs gezeigt, dass für dessen Einführung neben der Tataufarbeitung auch prozessökonomische Überlegungen angeführt wurden.

Speziell mit Blick auf das Strafvollzugsrecht dürften diese Beweggründe allerdings nicht in gleichem Maße für die Einbeziehung der Restorative Justice i. w. S. entscheidend gewesen sein. Zum einen dürfte die Berücksichtigung informeller Konfliktlösungsmethoden im Vollzug für mehr und nicht für weniger Organisations- und Arbeitsaufwand sorgen. Zum anderen ist bei den inhaftierten Straftäter:innen die Strafzumessung bereits abgeschlossen, weshalb die Durchführung von Ausgleichsverfahren im Vollzug keine Auswirkungen mehr auf die Bemessung der Strafe hat. Mit Blick auf eine Berücksichtigung der Restorative Justice i. w. S. bei Vollzugslockerungen und andere Ermessensentscheidungen im Vollzug, bei denen die Bereitschaft zur Tataufarbeitung und zum Tatfolgenausgleich Abwägungskriterien darstellen könnten, ergeben sich jedoch Bedenken. Insbesondere stellt sich die Frage, ob und wie sich die Ablehnung oder das Scheitern informeller Verfahren zum Tatausgleich auf entsprechende Entscheidungen auswirken. Namentlich erscheint die Einbeziehung von Schuldschwereerwägungen in Vollzugsentscheidungen möglich. Daher müssen die Motive der opferbezogenen Strafvollzugsgesetzgebung daraufhin untersucht werden, ob die Restorative Justice i. w. S. möglicherweise nicht nur als ein Bestandteil des Resozialisierungskonzepts angesehen wurde, sondern in ihnen darüber hinaus auch strafschärfende Tendenzen erkennbar sind.

9.2.4 Schutz vor Kriminalität

Ein weiteres wichtiges Ziel opferbezogener Kriminalpolitik ist schließlich allgemein der Schutz vor Straftaten.[214] Dabei zielt der Gesetzgeber nicht primär auf

---

[213] BT-Drs. 14/1928, S. 7.

[214] *Seelmann*, JZ 1989, 670 (670); ausführlich hierzu *Kertai*, Sicherheit, Risiko und Opferschutz, 2014, S. 167 ff.

den Schutz tatsächlicher Opfer vor einer erneuten Viktimisierung oder vor einer Vertiefung des bereits entstandenen Schadens ab. Vielmehr ist die Gesetzgebung hauptsächlich auf die Vermeidung der primären Viktimisierung und somit auf den Schutz der Allgemeinheit – also den Schutz potenzieller Opfer – ausgerichtet.[215] Das tatsächliche Opfer und seine Interessen, welche aus der bereits erfolgten Viktimisierung resultieren, finden zumeist keine direkte Berücksichtigung, sondern sind oft nur Begleiterscheinungen der Orientierung am Schutz potenzieller Opfer. Wichtige Eckpfeiler des Schutzes vor Kriminalität bilden die kriminalpolitischen Motive Kriminalprävention und Sicherheit, wobei beide Aspekte sich teilweise gegenseitig beeinflussen. Aus dem Zusammenspiel von Kriminalprävention und Sicherheit folgt eine sicherheitsorientierte Kriminalpolitik, die spezifische Folgen für freiheitsentziehende Maßnahmen hat. Aus den gewonnenen Ergebnissen der Betrachtung des kriminalpolitischen Motivs des Schutzes vor Kriminalität lassen sich Folgerungen für die weiteren Überlegungen ableiten.

9.2.4.1 Kriminalprävention als kriminalpolitisches Motiv

Ziel der Kriminalprävention ist die Verhütung von Kriminalität.[216] Dabei beschränkt sich die Kriminalprävention nicht auf bestimmte Maßnahmen, sondern beinhaltet sowohl auf präventive Wirkung ausgerichtete strafrechtliche Reaktionen als auch alle anderen Maßnahmen, die der Verhinderung von Straftaten dienen sollen.[217] Daher umfasst die Kriminalprävention neben dem Strafrecht auch noch andere Bereiche wie beispielsweise die Sozial- und Bildungspolitik. Im Zusammenhang mit außerstrafrechtlichen Maßnahmen wird zum Teil der Begriff der sozialen Prävention dem der Kriminalprävention vorgezogen.[218] Zudem ist zu beachten, dass die Kriminalprävention sich häufig nicht allein in der Gesetzgebung niederschlägt, sondern gerade auch in praktischen Maßnahmen. Präventive Maßnahmen können je nach ihrem Schwerpunkt täter:innen-, opfer- oder auch situationsbezogen sein.[219]

Die vorliegende Untersuchung befasst sich mit der Bedeutung der kriminalpolitischen Motive für die opferorientierte Gesetzgebung in der Strafrechtspflege. Daher beschränkt sich die nachfolgende Betrachtung allein auf täter:innen- und

---

[215] *Kertai*, Sicherheit, Risiko und Opferschutz, 2014, S. 178 f.

[216] *Schneider*, in: Göppinger/Bock (Hrsg.), Kriminologie, 6. Aufl. 2008, § 30 Rn. 18.

[217] *Schneider*, in: Göppinger/Bock (Hrsg.), Kriminologie, 6. Aufl. 2008, § 30 Rn. 18.

[218] *Steffen*, Gutachten für den 18. Deutschen Präventionstag, in: Marks/Steffen (Hrsg.), Ausgewählte Beiträge des 18. Deutschen Präventionstages, 2014, S. 111.

[219] Ein Überblick findet sich bei *Heinz*, Kriminalprävention, in: Kerner/Jehle/Marks (Hrsg.), Entwicklung der Kriminalprävention in Deutschland, 1998, S. 25 f.

opferbezogene Maßnahmen der strafrechtlichen Kriminalprävention, die sich in der opferbezogenen Gesetzgebung wiederfinden lassen.

Grundsätzlich werden in der Literatur drei Dimensionen der Kriminalprävention unterschieden. Während die primäre Kriminalprävention auf die Beeinflussung allgemeiner Kriminalitätsursachen ausgerichtet ist, sind die Adressaten von Maßnahmen der sekundären Kriminalprävention potenzielle Täter:innen und potenzielle Opfer.[220] Im Rahmen der tertiären Kriminalprävention liegt der Schwerpunkt schließlich auf der Verhinderung einer erneuten Viktimisierung des tatsächlichen Opfers bzw. auf der Rückfallvermeidung bei den tatsächlichen Täter:innen.[221] In strafrechtlicher Hinsicht lassen sich der primären und sekundären Kriminalprävention die positive und die negative Generalprävention zuordnen, wohingegen Maßnahmen der tertiären Kriminalprävention spezialpräventive Ziele verfolgen.[222] Schließlich finden sich neben diesen drei etablierten Spielarten der Kriminalprävention in der Literatur bisweilen Ansätze einer opferbezogenen Kriminalprävention.[223]

Mit Blick auf die Kriminalprävention als Leitmotiv der Opferschutzgesetzgebung sind vor allem die sekundäre und tertiäre Kriminalprävention von Bedeutung, da diese einen engen Bezug zum Strafrecht aufweisen.[224] Bei der primären Kriminalprävention liegt das Hauptaugenmerk demgegenüber mehr auf allgemeinen Vorfeldmaßnahmen zur Kriminalitätsvermeidung im gesamtgesellschaftlichen Kontext[225] und damit weniger auf potenziellen oder tatsächlichen Täter:innen und Opfern. Aus diesem Grund sollen daher nachstehend nur die sekundäre und die tertiäre Kriminalprävention als Motive der Opferschutzgesetzgebung näher betrachtet werden.

---

[220] *Heinz*, Kriminalprävention, in: Kerner/Jehle/Marks (Hrsg.), Entwicklung der Kriminalprävention in Deutschland, 1998, S. 25 f.; *Neubacher*, Kriminologie, 4. Aufl. 2020, 13. Kap. Rn. 4.

[221] *Heinz*, Kriminalprävention, in: Kerner/Jehle/Marks (Hrsg.), Entwicklung der Kriminalprävention in Deutschland, 1998, S. 26; *Neubacher*, Kriminologie, 4. Aufl. 2020, 13. Kap. Rn. 4.

[222] Ausführlich *Schneider*, in: Göppinger/Bock (Hrsg.), Kriminologie, 6. Aufl. 2008, § 30 Rn. 20 ff.

[223] *Steffen*, Gutachten für den 18. Deutschen Präventionstag, in: Marks/Steffen (Hrsg.), Ausgewählte Beiträge des 18. Deutschen Präventionstages, 2014, S. 59; *Haverkamp*, forum kriminalprävention 2015, 45 (45); ähnlich auch *Jung*, ZRP 2000, 159 (162).

[224] *Schneider*, in: Göppinger/Bock (Hrsg.), Kriminologie, 6. Aufl. 2008, § 30 Rn. 21, 24.

[225] *Schneider*, in: Göppinger/Bock (Hrsg.), Kriminologie, 6. Aufl. 2008, § 30 Rn. 20.

Bei der sekundären Kriminalprävention bilden potenzielle Täter:innen und potenzielle Opfer den relevanten Personenkreis für Maßnahmen zur Kriminalitätsvermeidung.[226] Demnach sind all jene Aspekte der Opferschutzgesetzgebung der sekundären Kriminalprävention zuzuordnen, die durch täter:innenbezogene Maßnahmen Kriminalität vermeiden sollen oder sich mit dem Schutz potenzieller Opfer befassen.

Zunächst ist hierbei an die Straftatbestände des materiellen Strafrechts zu denken, die dem Schutz potenzieller Opfer dienen.[227] Die Prävention von Straftaten zählt zu den Hauptaufgaben des Strafrechts.[228] In erster Linie dient das Strafrecht dem Schutz von Rechtsgütern durch den Staat[229] und somit dem Schutz der Rechtsgutsträger:innen vor Verletzungen durch Dritte[230]. Demnach kann das materielle Strafrecht nur dem Schutz potenzieller Opfer dienen.[231] Folglich muss der Gesetzgeber Novellierungen des materiellen Strafrechts vor allem mit dem Schutz der Allgemeinheit vor Straftaten begründen und sich dabei der präventiven Wirkung von Straftatbeständen bedienen. Die (erhoffte) generalpräventive Wirkung von Straftatbeständen[232] soll potenzielle Täter:innen abschrecken und auf diese Weise Kriminalität verhindern. Dieser Teil der Generalprävention wird auch als allgemeine Rechtsbewährung bezeichnet und ist von der generalpräventiven Strafschärfung zu unterscheiden.[233]

---

[226] Vgl. *Neubacher*, Kriminologie, 4. Aufl. 2020, 13. Kap. Rn. 4; zu einem Projekt zur Vermeidung von Sexualdelikten durch vorbeugenden Opferschutz vgl. *Beier/Schaefer/Goecker u. a.*, Berliner Ärzte 2007, 32, 32 ff.

[227] Vgl. *Seelmann*, JZ 1989, 670 (670); ähnlich *Kreuzer*, NK 2010, 89 (90).

[228] Ausführlicher zu den Aufgaben des Strafrechts *Jescheck/Weigend*, Strafrecht AT, 5. Aufl. 1996, S. 7 f; *Wessels/Beulke/Satzger*, Strafrecht AT, 51. Aufl. 2021, § 1 Rn. 9 ff; ausführlich zum umstrittenen Rechtsgutsbegriff *Roxin/Greco*, Strafrecht AT Bd. 1, 5. Aufl. 2020, § 2 Rn. 2 ff.; allgemein zur Prävention als staatliche Aufgabe *Kertai*, Sicherheit, Risiko und Opferschutz, 2014, S. 152 f.

[229] Vgl. *Wessels/Beulke/Satzger*, Strafrecht AT, 51. Aufl. 2021, § 1 Rn. 9; ausführlich auch zum umstrittenen Rechtsgutsbegriff im Strafrecht *Roxin/Greco*, Strafrecht AT Bd. 1, 5. Aufl. 2020, § 2 Rn. 2 ff.

[230] Ausführlich zum grundrechtlichen Anspruch auf Opferschutz unten im Abschnitt 10.1.2.3.4.

[231] *Kilchling*, NStZ 2002, 57 (58).

[232] Vgl. *Roxin*, FS Bockelmann, 1979, S. 304 f.

[233] Siehe hierzu ausführlich *Zipf/Dölling*, in: Maurach/Gössel/Zipf (Hrsg.), Strafrecht AT. Tb. 2, 8. Aufl. 2014, § 63 Rn. 99 m. w. N.

Problematisch erscheint die Begründung von Strafrechtsänderungen mit dem Opferschutzgedanken, wenn unter dem Deckmantel des vermeintlichen Opferschutzes gezielt eine repressive Kriminalpolitik verfolgt wird.[234] Die Folge wäre ein für die Täter:innen repressiver Opferschutz durch Verschärfungen und Ausweitungen der Strafbarkeit.[235] Da dieser Gesichtspunkt eng mit der Berücksichtigung des Sicherheitsinteresses der Bevölkerung zusammenhängt, wird er sogleich im Rahmen der Ausführungen zum kriminalpolitischen Motiv der Sicherheit näher betrachtet (Abschnitt 9.2.4.2).

Die tertiäre Kriminalprävention weist schließlich von allen Ebenen der Prävention den engsten Bezug zum tatsächlichen Opfer auf, da ihr Ziel die Vermeidung einer erneuten Viktimisierung der Opfer von Straftaten und die Resozialisierung der Täter:innen ist.[236] Dennoch ist die tertiäre Kriminalprävention gleichzeitig auch auf den Schutz potenzieller Opfer ausgerichtet, da eine Resozialisierung der Täter:innen nicht nur Straftaten gegenüber bereits viktimisierten Personen, sondern auch gegenüber der Allgemeinheit verhindert. Diesbezüglich ist das einzelne Opfer ein Teil der Allgemeinheit und findet nicht ausschließlich als Individuum Beachtung.

Maßnahmen der tertiären Kriminalprävention können durch ihre spezialpräventive Wirkung auf den bzw. die Täter:in indirekt opferschützend wirken. So wird angenommen, dass eine gelungene Resozialisierung der Täter:innen der beste Opferschutz sei[237], da resozialisierte Täter:innen keine einschlägigen Straftaten mehr begehen würden. Hieraus kann gefolgert werden, dass das konkrete Opfer keine erneute Viktimisierung durch denselben bzw. dieselbe Täter:in mehr zu befürchten hätte. Diese Schutzfunktion der Resozialisierung besteht jedoch nicht nur für das einzelne tatsächliche Opfer, sondern auch für die gesamte Gesellschaft. Folglich handelt es sich bei entsprechenden täter:innenorientierten Maßnahmen der tertiären Kriminalprävention letztlich um Maßnahmen zum Schutz der Allgemeinheit und somit den Schutz potenzieller Opfer.[238]

---

[234] So bereits *Kertai*, Sicherheit, Risiko und Opferschutz, 2014, S. 193 f.

[235] *Kunz*, NK 2005, 151 (155).

[236] Vgl. *Neubacher*, Kriminologie, 4. Aufl. 2020, 13. Kap. Rn. 4; hinsichtlich der Spezialprävention auch *Schneider*, in: Göppinger/Bock (Hrsg.), Kriminologie, 6. Aufl. 2008, § 30 Rn. 24.

[237] *Löhr*, Resozialisierung und Medien, in: Cornel/Kawamura-Reindl/Maelicke/Sonnen (Hrsg.), Resozialisierung. Handbuch, 2009, Rn. 79; *Boetticher*, FS Schöch, 2010, S. 722.

[238] Vgl. *Löhr*, Resozialisierung und Medien, in: Cornel/Kawamura-Reindl/Maelicke/Sonnen (Hrsg.), Resozialisierung. Handbuch, 2009, Rn. 79; *Boetticher*, FS Schöch, 2010, S. 722.

Daneben können Maßnahmen der tertiären Kriminalprävention auf tatsächliche oder potenzielle Opfer bezogen sein.[239] Zu denken ist mit Blick auf die Opferschutzgesetzgebung in erster Linie an Maßnahmen der Opferbetreuung und Opferberatung, die nicht in den originären Aufgabenbereich des Strafrechts fallen. Weiterhin können hierunter strafprozessuale Informationsrechte des Opfers oder die psychosoziale Betreuung von Straftatopfern während des Strafverfahrens[240] gefasst werden. Durch Maßnahmen, welche die Belastungssituation des Straftatopfers im Strafverfahren mildern, kann neben der sekundären Viktimisierung auch die tertiäre Viktimisierung – die Aufnahme der Opferrolle in das Selbstbild einer Person[241] – verhindert werden.

Neben den drei eben genannten Spielarten der Kriminalprävention wird die Vermeidung der primären und sekundären Viktimisierung im Schrifttum teilweise als „opferbezogene Kriminalprävention"[242] oder auch „opferorientierte Prävention"[243] bezeichnet. Die opferbezogene Prävention stelle zwar das Opfer in den Mittelpunkt, meine im Übrigen aber Kriminalprävention im üblichen Sinne, d. h. die Straftatvermeidung durch täter:innen-, opfer- und situationsbezogene Maßnahmen.[244] Sie bezieht sich gerade nicht allein auf bereits viktimisierte Personen, sondern zielt vor allem auf den Schutz der Allgemeinheit vor Straftaten. Die opferbezogene Kriminalprävention soll jedoch durch die Berücksichtigung der Opferperspektive gerade auch „die Konsequenzen, die aus den [...] Befunden zu den Folgen der Viktimisierung zu ziehen sind", berücksichtigen.[245] Nach *Steffen* zählen zu diesen Konsequenzen beispielsweise die Milderung von psychischen, physischen und materiellen Schäden, die Verhinderung bzw. Minderung von erneuten Viktimisierungen durch Schutz und Hilfe für tatsächliche Opfer

[239] *Heinz*, Kriminalprävention, in: Kerner/Jehle/Marks (Hrsg.), Entwicklung der Kriminalprävention in Deutschland, 1998, S. 4.

[240] Siehe hierzu § 406 g StPO; weiterführend *Zabeck*, in: KK-StPO, 8. Aufl. 2019, § 406 g Rn. 1 ff.

[241] Zur tertiären Viktimisierung siehe *Kiefl/Lamnek*, Soziologie des Opfers, 1986, S. 272 ff.; *Bock*, in: Göppinger/Bock (Hrsg.), Kriminologie, 6. Aufl. 2008, § 11 Rn. 6; *Sautner*, Viktimologie, 2014, S. 19.

[242] *Haverkamp*, forum kriminalprävention 2015, 45 (45).

[243] *Jung*, ZRP 2000, 159 (162); *Steffen*, Gutachten für den 18. Deutschen Präventionstag, in: Marks/Steffen (Hrsg.), Ausgewählte Beiträge des 18. Deutschen Präventionstages, 2014, S. 59.

[244] *Steffen*, Gutachten für den 18. Deutschen Präventionstag, in: Marks/Steffen (Hrsg.), Ausgewählte Beiträge des 18. Deutschen Präventionstages, 2014, S. 59, 111.

[245] *Steffen*, Gutachten für den 18. Deutschen Präventionstag, in: Marks/Steffen (Hrsg.), Ausgewählte Beiträge des 18. Deutschen Präventionstages, 2014, S. 59, 110 f.

sowie die Berücksichtigung der Bedürfnisse von Opfern nach sozialer Unterstützung, Information und Beratung.[246] Zu den relevanten Opferbedürfnissen zählen weiterhin die Bestätigung gegenüber den Opfern, dass ihnen Unrecht geschehen ist sowie das Bedürfnis nach Genugtuung und Wiedergutmachung.[247]

Eine derartige Betonung der Opferperspektive innerhalb der opferbezogenen Prävention darf jedoch nicht dazu führen, dass die Opfer von Straftaten für legislatorische Zwecke instrumentalisiert werden.[248] Weiterhin ist nach *Steffen* im Rahmen der opferbezogenen Prävention darauf zu achten, dass keine unnötigen Ängste vor Kriminalität geschürt werden und den tatsächlichen Opfern von Straftaten keine (Mit-)Schuld an der Viktimisierung gegeben wird.[249] Daher müssen opferbezogene Präventionsmaßnahmen möglichst genau auf die Bedürfnisse konkreter, aber auch potenzieller Opfer abgestimmt werden und nicht auf allgemeine Empfehlungen beschränkt sein.[250] Weiterhin darf die Unterstützung von tatsächlichen Straftatopfern nicht davon abhängig gemacht werden, ob das konkrete Opfer empfohlene Vorsichtsmaßnahmen ergriffen hat. Da keine rechtliche Pflicht zum Selbstschutz besteht, ändert auch das Unterlassen solcher Vorsichtsmaßnahmen nichts am Status des Betroffenen als schutzwürdiges Straftatopfer[251], welches insbesondere vor weiteren Beeinträchtigungen zu schützen ist.

Zwar ist eine besondere Betonung der Opferperspektive durch die opferbezogene Kriminalprävention grundsätzlich zu begrüßen. Allerdings lassen sich die zuvor genannten Elemente der opferbezogenen Kriminalprävention den bisherigen drei Dimensionen der Kriminalprävention – primär, sekundär und tertiär – zuordnen. Insbesondere hat die nähere Betrachtung der sekundären und tertiären Kriminalprävention vorliegend bereits gezeigt, dass die Bedürfnisse

[246] *Steffen*, Gutachten für den 18. Deutschen Präventionstag, in: Marks/Steffen (Hrsg.), Ausgewählte Beiträge des 18. Deutschen Präventionstages, 2014, S. 111.

[247] *Steffen*, Gutachten für den 18. Deutschen Präventionstag, in: Marks/Steffen (Hrsg.), Ausgewählte Beiträge des 18. Deutschen Präventionstages, 2014, S. 111.

[248] *Steffen*, Gutachten für den 18. Deutschen Präventionstag, in: Marks/Steffen (Hrsg.), Ausgewählte Beiträge des 18. Deutschen Präventionstages, 2014, S. 113; siehe auch *Kölbel*, Kriminalpolitische Instrumentalisierung der „Gefahr sekundärer Viktimisierung"?, in: Barton/Kölbel (Hrsg.), Ambivalenzen der Opferzuwendung des Strafrechts, 2012, S. 228 f.

[249] *Steffen*, Gutachten für den 18. Deutschen Präventionstag, in: Marks/Steffen (Hrsg.), Ausgewählte Beiträge des 18. Deutschen Präventionstages, 2014, S. 113.

[250] Vgl. *Steffen*, Gutachten für den 18. Deutschen Präventionstag, in: Marks/Steffen (Hrsg.), Ausgewählte Beiträge des 18. Deutschen Präventionstages, 2014, S. 113.

[251] *Weigend*, Deliktsopfer und Strafverfahren, 1989, S. 395; zustimmend *Steffen*, Gutachten für den 18. Deutschen Präventionstag, in: Marks/Steffen (Hrsg.), Ausgewählte Beiträge des 18. Deutschen Präventionstages, 2014, S. 113.

von tatsächlichen und potenziellen Opfern nach Schutz, Beratung und Unterstützung dort ihre Grundlage finden (können). In der Sache handelt es sich bei der opferbezogenen Kriminalprävention daher nicht um eine eigenständige Spielart der Kriminalprävention. Dennoch kann die opferbezogene Prävention als Konkretisierung der Kriminalprävention insgesamt unter Berücksichtigung einer Opferorientierung verstanden werden.

Hiermit ist zugleich ein gewichtiger Kritikpunkt des präventiven Opferschutzes angesprochen. Da der präventive Opferschutz für die Allgemeinheit dem Strafrecht insgesamt immanent ist[252], besteht die Gefahr, dass der Schutz und die Bedürfnisse der tatsächlichen Opfer von Straftaten nicht hinreichend Beachtung finden. Wenn innerhalb des kriminalpolitischen Diskurses die Förderung präventiver Maßnahmen mit dem Zweck des Opferschutzes allein auf den Schutz der Allgemeinheit vor Straftaten bezogen wird, erfahren die Belange tatsächlicher Opfer keine besondere Beachtung. Zwar führt eine gelungene Kriminalprävention auch zu einem Schutz des tatsächlichen Opfers vor Straftaten. Derartige Maßnahmen sind jedoch nicht allein auf den Schutz tatsächlicher Opfer bezogen. Der Begriff der „opferbezogenen Kriminalprävention“ erscheint insofern irreführend, als die besondere Betonung des Opferbezugs kriminalpräventiver Maßnahmen sich gerade nicht allein auf den Schutz von tatsächlichen Opfern bezieht.

9.2.4.2 Sicherheit als kriminalpolitisches Motiv

Bis in die 1980er Jahre hatte die Kriminalpolitik einen starken Bezug zur Sozialpolitik.[253] Die damalige Kriminalprävention wurde zum einen durch das Strafrecht und die strafrechtliche formelle Sozialkontrolle, zum anderen jedoch ebenso durch eine starke kriminalpräventive Zielsetzung geprägt.[254] Die heutige Kriminalpolitik hat kritischen Stimmen zufolge demgegenüber zumindest ihre sozialpolitische Dimension verloren[255] und ziele nunmehr vermehrt auf die Herstellung von Sicherheit[256]. Mit Blick auf die Opferorientierung ist diese

[252] Vgl. *Kreuzer*, NK 2010, 89 (90); *Seelmann*, Waseda proceedings of comparative law 2008, 197 (201 f.).

[253] *Kunz*, NK 2005, 151 (151).

[254] *Kunz*, NK 2005, 151 (151 f.).

[255] *Kunz*, NK 2005, 151 (152); vgl. für das Sexualstrafrecht z. B. *Duttge/Hörnle/Renzikowski*, NJW 2004, 1065 (1072).

[256] Vgl. *Hassemer*, StV 1993, 664 (664); *Hassemer*, HRRS 2006, 130 (132); *Boers*, Kriminalitätseinstellung, in: Kaiser/Jehle (Hrsg.), Kriminologische Opferforschung II, 1995, S. 4 f.

Entwicklung insbesondere seit den 1970er Jahren durch die Frauenrechtsbewegung[257] und seit den 1980er Jahren durch die organisierte Vertretung von Opferinteressen durch Opferverbände[258] gefördert worden.[259]

Sicherheit meint in der kriminalpolitischen Diskussion in erster Linie innere Sicherheit. Diese umfasst den Schutz der Gesellschaft und des Staates vor Kriminalität, Extremismus, Terrorismus und ähnlichen Bedrohungen, die sich aus dem Inneren der Gesellschaft selbst entwickeln.[260] Die Strafgesetzgebung ist dabei nur ein Teilbereich dieses politischen Themenfeldes.[261] Aufgrund der Komplexität der inneren Sicherheit[262] muss es für die nachfolgende Betrachtung jedoch genügen, die Bedeutung der inneren Sicherheit für die opferbezogene Gesetzgebung näher zu betrachten.

Die Gesetzgebung zur inneren Sicherheit lässt sich einerseits auf die Verpflichtung des Staates zum Schutz seiner Bürger:innen vor Straftaten[263] und anderseits auf die Kriminalitätsfurcht der Allgemeinheit[264] zurückführen. Diese Aspekte werden durch die Kriminalpolitik aufgegriffen und als Begründung für neue Strafgesetze genutzt. Teilweise wird die Orientierung am Opfer als Ausfluss eines erhöhten Sicherheitsbedürfnisses und als empathische Hinwendung zu den tatsächlichen Opfern verstanden.[265] Von anderen wird die Hinwendung zum Opfer demgegenüber als Instrumentalisierung der Verletzten zur Verbrechenskontrolle

---

[257] Vgl. *Hoven*, MSchrKrim 2017, 161 (163); *Kölbel/Bork*, Sekundäre Viktimisierung, 2012, S. 103.

[258] *Kölbel/Bork*, Sekundäre Viktimisierung, 2012, S. 103.

[259] Hierzu bereits oben im Abschnitt 9.1.2.1.

[260] So *Kreitz*, Innere Sicherheit, 2012, S. 41 mit weiteren Ausführungen zum Begriff der inneren Sicherheit.

[261] Siehe ausführlich hierzu *Brähler*, Staatlicher Strafanspruch, in: Thiel (Hrsg.), Wehrhafte Demokratie, 2003, S. 258 ff.

[262] Zu den Unschärfen des Begriffs der inneren Sicherheit *Kreitz*, Innere Sicherheit, 2012, S. 42 ff.; weiterführend *Stoll*, Sicherheit als Aufgabe, 2001, S. 15 ff.

[263] Ausführlich zu den staatlichen Schutzpflichten insbesondere gegenüber (potenziellen) Straftatopfern siehe unten im Abschnitt 10.1.

[264] *Hassemer*, StV 1993, 664 (667); ausführlich zur Kriminalitätsfurcht siehe *Boers*, Kriminalitätseinstellung, in: Kaiser/Jehle (Hrsg.), Kriminologische Opferforschung II, 1995, S. 6 ff.

[265] *Weigend*, RW 2010, 39 (40); ähnlich auch bereits *Seelmann*, JZ 1989, 670 (670).

im Sinne eines repressiven Strafrechts gedeutet.[266] Bei einer näheren Betrachtung sei der kriminalpolitische Diskurs bereits seit den 1970er Jahren stark von Sicherheitsbedürfnissen und Bestrafungswünschen geprägt.[267]

9.2.4.3 Sicherheitsorientierte Kriminalpolitik

Das politische Leitmotiv der Sicherheit steht in einem engen Zusammenhang mit der präventiven Aufgabe des Strafrechts, wodurch sich zwischen beiden Bereichen Überschneidungen und Synergieeffekte ergeben. Eine wirksame Kriminalprävention kann dazu dienen, das politische Ziel der Sicherheit zu erreichen. Gleichzeitig kann die Stärkung des Sicherheitsempfindens in der Gesellschaft die Akzeptanz kriminalpräventiver Maßnahmen erhöhen und so die kriminalpräventive Wirkung verstärken. Es erscheint daher folgerichtig, das präventive Strafrecht zum Ziel der Sicherheitsschaffung einzusetzen.[268] Wenn durch präventives Strafrecht Kriminalität verhindert wird, folgt hieraus zugleich der Schutz der Bürger:innen vor Kriminalität.

Allerdings kommt durch eine sicherheitsorientierte Kriminalpolitik gerade auch der „politisch-publizistische Verstärkerkreislauf"[269] in besonderen Maße zum Ausdruck. In der Betrachtung zu den Einflussfaktoren für kriminalpolitische Entwicklungen konnte bereits festgestellt werden, dass die in der Bevölkerung bestehende Kriminalitätsfurcht zu einer punitiven Grundstimmung führt,die durch politische Entscheidungsträger:innen aufgegriffen wird und letztlich in einer sicherheitsorientierten Kriminalpolitik mündet.[270]

Die repressiven Tendenzen in der Gesellschaft werden von der Politik aufgegriffen, was wiederum zu einem Paradigmenwechsel in der Kriminalpolitik von der Inklusion der 1960er Jahre hin zu einer heutigen Kriminalpolitik der

[266] Für die USA siehe *Garland*, Kultur der Kontrolle, 2008, S. 263 f.; zur Übertragbarkeit auf Deutschland *Kölbel*, Kriminalpolitische Instrumentalisierung der „Gefahr sekundärer Viktimisierung"?, in: Barton/Kölbel (Hrsg.), Ambivalenzen der Opferzuwendung des Strafrechts, 2012, S. 227 f.

[267] Vgl. *Hassemer*, HRRS 2006, 130 (132); ausführlich hierzu *Hassemer*, Freiheitliches Strafrecht, 2001, S. 223 ff.

[268] *Kertai*, Sicherheit, Risiko und Opferschutz, 2014, S. 155.

[269] Grundlegend zum Begriff des „politisch-publizistischen Verstärkerkreislaufs" *Scheerer*, KrimJ 1978, 223 (225 f.); vgl. zudem *Ostendorf*, HRRS 2009, 158 (159); *Haffke*, KJ 2005, 17 (32).

[270] Ausführlich hierzu oben im Abschnitt 9.1.2.3.

sozialen Ausschließung führt.[271] Das moderne Sicherheitsstrafrecht[272] soll nicht mehr zu einer Resozialisierung der Täter:innen beitragen, sondern bestimmte Täter:innengruppen neutralisieren und so dem Sicherheitsbedürfnis der Allgemeinheit Genüge tun.[273] Das Straftatopfer nimmt hierbei eine Schlüsselrolle ein und dient als Symbol für eine innerhalb der Gesellschaft befürchtete Viktimisierungserfahrung. In der Folge besteht hinsichtlich des politischen Imperativs des Opferschutzes[274] ein gesellschaftlicher Konsens. Zur Legitimierung punitiver Strategien werden die Interessen der Opfer herangezogen, wobei neben den Belangen direkter Straftatopfer auch mittelbare und potenzielle Opfer Berücksichtigung finden können.[275] Infolgedessen kann das gesetzgeberische Motiv der inneren Sicherheit zu einer Verschärfung des Strafrechts führen, ohne dass sich die tatsächliche Kriminalitätsbelastung verändert hat.[276]

Die Ausrichtung der Strafgesetzgebung am Ziel der Sicherheit entspricht zudem nur auf den ersten Blick den Bedürfnissen der Allgemeinheit. Der Wunsch nach einer Ausweitung der (strafrechtlichen) Kontrolle auf alle Lebensbereiche mag zwar mitunter die Sicherheit fördern. Gleichzeitig geht diese Sicherheit

---

[271] *Schneider,* in: Göppinger/Bock (Hrsg.), Kriminologie, 6. Aufl. 2008 § 30 Rn. 2 ff. mit zahlreichen Beispielen zur Gesetzgebung.

[272] Vgl. *Haffke*, KJ 2005, 17 ff.; zur Bezeichnung als „Risikostrafrecht" *Seelmann*, KritV 1992, 452 ff.

[273] *Haffke*, KJ 2005, 17 (19 f.).

[274] *Garland*, Kultur der Kontrolle, 2008, S. 55; weiterführend a. a. O. S. 263 ff.; *Garland*, Die Kultur der „High Crime Societies", in: Oberwittler/Karstedt (Hrsg.), Soziologie der Kriminalität, 2004, S. 41 f.

[275] So *Garland*, Die Kultur der „High Crime Societies", in: Oberwittler/Karstedt (Hrsg.), Soziologie der Kriminalität, 2004, S. 41.

[276] In der Polizeilichen Kriminalstatistik machen beispielsweise Sexualdelikte nur 1,3 %, Körperverletzungsdelikte nur 10,1 % und Tötungsdelikte 0,1 % aller Straftaten im Hellfeld aus, siehe *Bundeskriminalamt* (Hrsg.), PKS 2019, Bd. 1, S. 17; für 2018 siehe *Bundeskriminalamt* (Hrsg.), PKS 2018, Bd. 1, S. 17 (Sexualdelikte: 1,1 %; Körperverletzungsdelikte: 10,0 %; Tötungsdelikte: 0,1 %); für 2017 siehe *Bundeskriminalamt* (Hrsg.), PKS 2017, Bd. 1, S. 17 (Sexualdelikte: 1,0 %; Körperverletzungsdelikte: 10,0 %; Tötungsdelikte: 0,1 %); für 2016 siehe *Bundeskriminalamt* (Hrsg.), PKS 2016, Bd. 1, S. 17 (Sexualdelikte: 0,7 %; Körperverletzungsdelikte 9,0 %; Tötungsdelikte: < 0,1 %). Demgegenüber handelt es sich bei ca. 49 % aller registrierten Straftaten um Vermögensdelikte wie Diebstahl und Betrug, vgl. *Bundeskriminalamt* (Hrsg.), PKS 2019, Bd. 1, S. 17; für 2018 siehe *Bundeskriminalamt* (Hrsg.), PKS 2018, Bd. 1, S. 17 (ca. 50 %); für 2017 siehe *Bundeskriminalamt* (Hrsg.), PKS 2017, Bd. 1, S. 16 (ca. 52 %); für 2016 siehe *Bundeskriminalamt* (Hrsg.), PKS 2016, Bd. 1, S. 17 f. (ca. 45 %).

jedoch mit dem Verlust von Freiheit einher, da Freiheit ein Sicherheitsrisiko darstellt.[277] Ein auf Sicherheit ausgerichtetes Strafrecht könnte daher insbesondere für die Resozialisierungsidee und das mit ihr notwendig verbundene „vertretbare Restrisiko"[278] von Rückfällen nur wenig Raum lassen. Dementsprechend besteht die Gefahr, dass Abwägungen zwischen dem Sicherheitsinteresse der Allgemeinheit und den Freiheitsrechten des bzw. der Einzelnen mit der Begründung der Risikoverringerung immer öfter zugunsten der Gemeinschaft ausfallen. *Haffke* sieht hierin „den Weg des freiheitlich verfassten Schuldstrafrechts zum präventiv und polizeilich orientierten Sicherheitsstrafrecht".[279] Die heutige Kriminalpolitik ist geprägt durch symbolische Gesetze und die Neutralisation von Gefahren, namentlich die Exklusion von als gefährlich geltenden Straftäter:innen.[280]

Zwar ist es die Aufgabe des Staates, die Kriminalitätsfurcht seiner Bürger:innen anzuerkennen und zu mildern. Allerdings entspricht ein repressives, vor allem an der Kriminalitätsfurcht orientiertes Strafrecht nicht den berechtigten Ansprüchen an eine rationale Kriminalpolitik. Dies gilt vor allem dann, wenn die Kriminalitätsfurcht mit der bekannt gewordenen Kriminalitätsbelastung kaum vereinbar ist. Geeignete Maßnahmen sind in diesem Fall nicht eine repressive Strafrechtspolitik, sondern vielmehr außerstrafrechtliche Aufklärungs- und Präventionsmaßnahmen, die das Sicherheitsempfinden in der Bevölkerung erhöhen. In diesem Zusammenhang erscheinen insbesondere Vorfeldmaßnahmen zur Stärkung potenzieller Opfer und die Verbreitung von Informationen über Hilfseinrichtungen für tatsächliche Opfer vielversprechender. Im Hinblick auf potenzielle Täter:innen von Sexualstraftaten ist etwa das Programm „Kein Täter werden" an der Berliner Charité zu nennen.[281]

Als ein Beispiel für eine repressive und sicherheitsorientierte Gesetzgebung kann das Gesetz zur Bekämpfung von Sexualdelikten und anderen gefährlichen Straftaten vom 26. Januar 1998[282] dienen. Das Gesetz sollte ausweislich der

---

[277] *Haffke*, KJ 2005, 17 (20).

[278] BVerfG NJW 1998, 2202 (2203); ähnlich bereits BVerfG NJW 1986, 767 (769); *Fischer*, StGB, 69. Aufl. 2022, § 57 Rn. 13.

[279] *Haffke*, KJ 2005, 17 (20).

[280] *Kunz*, NK 2005, 151 (152, 154).

[281] Weitere Informationen unter https://www.kein-taeter-werden.de/ (zuletzt aufgerufen am 11.06.2022); zu einer Projektbeschreibung siehe *Beier/Schaefer/Goecker u. a.*, Berliner Ärzte 2007, 32 ff.

[282] BGBl. I 1998, S. 160 ff.; zu den Hintergründen *Schneider*, in: Göppinger/Bock (Hrsg.), Kriminologie, 6. Aufl. 2008, § 30 Rn. 5 ff.

Gesetzesmaterialien „den Schutz der Allgemeinheit insbesondere vor gefährlichen Straftätern [...] gewährleisten".[283] In der Begründung des Gesetzesentwurfs wird an mehreren Stellen auf das Sicherheitsinteresse der Allgemeinheit, den Schutz der Gesellschaft und den Schutz potenzieller Opfer Bezug genommen.[284] Letztlich handelt es sich bei diesen und ähnlichen Formulierungen stets nur um die Einbeziehung potenzieller oder „virtueller" Opfer. Werden vom Gesetzgeber demgegenüber einmal reale Opfer von Straftaten in den Blick genommen, kreist die Diskussion häufig um „ideale Opfer".[285] Eine ausschließliche Orientierung an „idealen", besonders schutzbedürftigen Opfern wurde beispielsweise in der Gesetzesbegründung des 2. Opferrechtsreformgesetzes von 2009 erkennbar.[286]

9.2.4.4 Folgen einer sicherheitsorientierten Kriminalpolitik für freiheitsentziehende Maßnahmen

In der kriminalpolitischen Diskussion über den Schutz von Opfern vor Straftaten sind im Hinblick auf freiheitsentziehende Maßnahmen gegenüber den Täter:innen strafschärfende Tendenzen zu verzeichnen.[287] Zum einen wird die Notwendigkeit eines wirksamen Schutzes tatsächlicher Opfer vor weiteren Viktimisierungen durch die konkreten Straftäter:innen hervorgehoben. Zum anderen sollen freiheitsentziehenden Maßnahmen aber auch allgemein die Begehung von Straftaten während der Inhaftierung verhindern, wobei dieser Aspekt sowohl tatsächliche als auch potenzielle Opfer – mithin die Allgemeinheit – betrifft.[288] Dieser temporäre Schutz vor weiteren Straftaten durch die inhaftierten Täter:innen kann als eine Nebenwirkung der freiheitsentziehenden Maßnahmen der Untersuchungshaft, des

---

[283] BT-Drs. 13/7163, S. 1.

[284] BT-Drs. 13/7163, zur „Sicherheit der Allgemeinheit" S. 5 f.; zum „Schutz der Gesellschaft" S. 6; zum „Sicherheitsbedürfnis der Allgemeinheit", S. 7; zum „Sicherheitsinteresse der Allgemeinheit" S. 3 ff., 8; zum „Schutz potenzieller Opfer" S. 7.

[285] So *Barton*, Strafrechtspflege und Kriminalpolitik, in: Barton/Kölbel (Hrsg.), Ambivalenzen der Opferzuwendung des Strafrechts, 2012, S. 116.

[286] *Barton*, Strafrechtspflege und Kriminalpolitik, in: Barton/Kölbel (Hrsg.), Ambivalenzen der Opferzuwendung des Strafrechts, 2012, S. 131; zur Problematik der grundsätzlich „guten" Opferzeug:innen siehe *Kölbel*, Kriminalpolitische Instrumentalisierung der „Gefahr sekundärer Viktimisierung"?, in: Barton/Kölbel (Hrsg.), Ambivalenzen der Opferzuwendung des Strafrechts, 2012, S. 227.

[287] Vgl. *Haffke*, KJ 2005, 17 (24 ff.); *Kunz*, Die Sicherung als gefährlich eingestufter Rechtsbrecher, in: Barton (Hrsg.), „...weil er für die Allgemeinheit gefährlich ist!", 2006, S. 72 f.

[288] *Kreuzer*, NK 2010, 89 (89).

Strafvollzugs und des Vollzugs der stationären Maßregeln der Besserung und Sicherung angesehen werden.[289]

Mit Blick auf den Schutz der Allgemeinheit vor weiteren Straftaten ergeben sich nach *Haffke* vier Strategien zur Behebung von Sicherheitsrisiken durch verurteilte Straftäter:innen: die Erhöhung der Strafrahmen, eine Vermeidung vorzeitiger Entlassungen, der Zugriff auf die Psyche der Täter:innen durch Tendenzen zu erzwungener Therapie sowie die Sicherungsverwahrung.[290] Besonders Straftäter:innen, welche als gefährlich gelten, würden zu immer längeren Strafen verurteilt werden und hätten geringe Chancen auf eine vorzeitige Haftentlassung. Daher werde dem Sicherheitsinteresse der Allgemeinheit gegenüber dem Resozialisierungsinteresse der Verurteilten ein größeres Gewicht beigemessen.[291] Argumentationsgrundlage für diese punitiven Tendenzen ist ein Selbstverständnis dahingehend, dass erneute Straftaten durch verurteilte Täter:innen nicht gewollt sein können und daher eine möglichst lange Inhaftierung – bestenfalls mit anschließender Sicherungsverwahrung bei als allgemein gefährlich geltenden Straftäter:innen – unbedingt nötig ist.[292] Sicherheitsrisiken müssten weitestgehend minimiert werden, Sicherheitslücken und Restrisiken seien nach dieser Argumentation unvertretbar.[293] Zwar steht diese Sichtweise nicht im Einklang mit der Rechtsprechung des BVerfG, nach welcher ein „vertretbares Restrisiko" zugunsten der Resozialisierung von Straftäter:innen hinzunehmen ist.[294] Wohl aber finden sich in diesen repressiven Tendenzen die Forderungen nach der Ausgrenzung von gefährlichen Straftäter:innen durch eine Separation von der übrigen Bevölkerung wieder, welche unter den Schlagworten „banning" und „labeling" in Großbritannien und den USA bereits propagiert wurde.[295] Paradebeispiel ist auch in Deutschland die Bekämpfung von Sexualdelikten, da der „Schutz der Bevölkerung vor diesen und anderen gefährlichen Straftaten verbessert werden" müsse[296]. Dieses Argument zieht sich mit Blick auf freiheitsentziehende Maßnahmen wie ein roter Faden mit der Begründung durch die Gesetzesentwürfe, dass

[289] *Kreuzer*, NK 2010, 89 (89).

[290] *Haffke*, KJ 2005, 17 (24 ff.).

[291] *Haffke*, KJ 2005, 17 (26).

[292] Vgl. *Haffke*, KJ 2005, 17 (26 f.).

[293] *Haffke*, KJ 2005, 17 (30) mit Verweis auf BT-Drs. 15/2887, S. 10.

[294] BVerfG NJW 1998, 2202 (2203); ähnlich bereits BVerfG NJW 1986, 767 (769).

[295] *Haffke*, KJ 2005, 17 (31).

[296] BT-Drs. 13/8586, S. I f., 6 f.

der Schutz der Allgemeinheit vor schweren Straftaten der Verbesserung bedürfe und weiterhin den hohen Rang einnehmen müsse, der ihm gebühre.[297]

9.2.4.5 Zusammenfassung und Folgerungen für die weiteren Überlegungen

Das Begriffspaar „Kriminalprävention“ und „Sicherheit“ bildet ein wichtiges Motiv für die jüngeren Entwicklungen in der Strafgesetzgebung. Dabei ist eine starke Ausrichtung auf die Bedürfnisse und Interessen potenzieller Opfer erkennbar.

Mit Blick auf Maßnahmen der sekundären Kriminalprävention ist dies zweckmäßig, sollen hier doch potenzielle Opfer geschützt werden. Dennoch zeichnet sich die Gefahr einer unter dem Deckmantel des „Opferschutzes“ verfolgten repressiven Kriminalpolitik ab, womit in der Sache der Schutz der Allgemeinheit vor Straftaten gemeint ist.

Erst die tertiäre Kriminalprävention nimmt das reale Opfer in den Blick und berücksichtigt dessen Interessen im Rahmen von opfer- und täter:innenorientierten Maßnahmen. Zwar dienen diese Maßnahmen mittelbar ebenfalls dem Schutz der Allgemeinheit. Im Mittelpunkt steht jedoch der Schutz konkreter Opfer. Insgesamt lässt sich eine sogenannte opferbezogene Kriminalpolitik, die hauptsächlich auf die Verhinderung von Kriminalität ausgerichtet ist, nicht mit der notwendigen Einbeziehung des konkreten Opfers in die Strafrechtspflege begründen. Die Kriminalprävention war bereits vor der „Wiederentdeckung“ des Opfers Aufgabe des Strafrechts. Die Betonung des Opferschutzgedankens im Zusammenhang mit repressiven Tendenzen, die in der Sache auf den Schutz der Allgemeinheit zielen, dient nicht notwendig den Interessen realer Straftatopfer.

Unter dem Begriffspaar „opferbezogene Kriminalprävention“ werden schließlich jene Maßnahmen der primären, sekundären und tertiären Kriminalprävention zusammengefasst, bei denen die tatsächlichen Opfer von Straftaten im Mittelpunkt stehen. Daher ist die opferbezogene Kriminalprävention der Oberbegriff für Maßnahmen der Kriminalprävention, welche sich an bereits viktimisierte Personen richten. Es handelt sich bei der opferbezogenen Prävention daher nicht um eine weitere Variante der Kriminalprävention. Vielmehr erfährt die Kriminalprävention durch die Orientierung präventiver Maßnahmen an den Interessen und Belangen tatsächlicher Straftatopfer eine inhaltliche Erweiterung um die Opferperspektive. Diesbezüglich ist jedoch zu beachten, dass die besondere Betonung

---

[297] *Haffke*, KJ 2005, 17 (31) mit einer Analyse dieser Intention und mit Verweis auf BR-Drs. 177/04, BR-Drs. 850/02 sowie in abgeschwächter Form auch BT-Drs. 15/899.

von Opferinteressen innerhalb der Kriminalprävention letztlich auch zu einer Verbesserung der Situation für die tatsächlichen Opfer von Straftaten führen muss. Andernfalls ergibt sich kein Mehrwert für tatsächliche Opfer im Vergleich zur sekundären Kriminalprävention und auch ein Unterschied zur tertiären Kriminalprävention ist kaum ersichtlich.

Für das gesetzgeberische Motiv der Sicherheit, das eng mit der Kriminalprävention verbunden ist, ist Folgendes festzuhalten. Durch die Orientierung der Kriminalpolitik am Sicherheitsinteresse der Gesellschaft werden erneut die Interessen potenzieller bzw. „virtueller" Opfer in den Mittelpunkt gerückt. Punitive Impulse führen zu einer Exklusion von Täter:innengruppen, die von der Allgemeinheit als besondere Bedrohung wahrgenommen werden. Zu denken ist hierbei insbesondere an Sexual- und Gewaltstraftäter:innen. Zudem fördert die Betonung der besonderen Verletzlichkeit „idealer Opfer" das Bedürfnis nach mehr Schutz vor solchen Täter:innen. Dies kann wiederum zu einer Steigerung des Sicherheitsbedürfnisses führen, wenn trotz einer repressiven Strafgesetzgebung weiterhin schwere Straftaten begangen werden. Die Folge wäre eine weitere Verschärfung der sicherheitsorientierten Kriminalpolitik, die in noch mehr strafrechtlicher Repression und weniger Prävention münden könnte. Dieser Kreislauf könnte schließlich zu einer immer weiter fortschreitenden Einschränkung von Freiheitsrechten Einzelner zugunsten des Sicherheitsbedürfnisses der Allgemeinheit führen. Ob dies von Kriminalpolitik und Gesellschaft gewollt sein kann, erscheint zweifelhaft. Festzuhalten ist jedenfalls, dass eine in erster Linie an Kriminalitätsfurcht und punitiven Tendenzen orientierte Kriminalpolitik zumindest nicht notwendig im Interesse der tatsächlichen Straftatopfer ist.

Derartige Tendenzen sind für freiheitsentziehende Sanktionen bereits in der Vergangenheit offensichtlich geworden. Daher wird bei der Auslegung von opferbezogenen Strafvollzugsvorschriften zu beachten sein, dass allgemeine repressive Tendenzen und ein restriktiver Umgang mit bestimmen Täter:innengruppen im Strafvollzug durch eine besondere Betonung des Sicherheitsbedürfnisses der Gesellschaft bedingt sein können. Dies gilt insbesondere mit Blick auf Entscheidungen über Vollzugslockerungen. Inwiefern diesbezüglich auf die Bedürfnisse und Interessen realer Straftatopfer Bezug genommen wurde, bedarf einer näheren Betrachtung. Dies wird im Rahmen der Auslegung der opferbezogenen Vorschriften im Teil III dieser Arbeit erfolgen.

9.2.5 Gesamtbetrachtung der allgemeinen kriminalpolitischen Motive

Die bisherigen Ausführungen haben gezeigt, dass die kriminalpolitische Diskussion das konkrete Straftatopfer und dessen Belange sehr wohl in die opferbezogene Gesetzgebung einbezogen hat.

Bezogen auf die tatsächlichen Opfer von Straftaten wird besonders mit Blick auf das Strafprozessrecht immer wieder die Vermeidung einer sekundären Viktimisierung als bedeutsames Begründungselement opferorientierter Gesetzgebung bemüht. Während der Terminus „sekundäre Viktimisierung" im politischen Diskurs selbstverständlich verwendet wird, stellt sich die empirische Basis dieses Begriffes nicht ansatzweise so gefestigt dar.[298] Weder die sekundäre Viktimisierung, geschweige denn ihre Folgen und der tatsächliche Einfluss der Strafverfolgung sind hinreichend erforscht. Insbesondere gibt es keine einheitlichen Kriterien, bei welchen Beeinträchtigungen des Straftatopfers eine sekundäre Viktimisierung anzunehmen ist.[299] Umso bedenklicher ist es daher, dass die Vermeidung der sekundären Viktimisierung im politischen Diskurs regelrecht synonym mit dem Opferschutz im Strafverfahren verwendet wird. Dies ist auch insofern fragwürdig, als teilweise neben den (mutmaßlichen) Opfern ebenso Zeug:innen durch jene Änderungen des Strafprozessrechts geschützt werden sollten, welche auf die Vermeidung eine Sekundärviktimisierung abzielen.

Hinsichtlich der Anerkennung der Opferschaft hat die Untersuchung ergeben, dass diese zwar bisweilen durch die Schaffung neuer und die Erweiterung bestehender Straftatbestände zumindest für zukünftige Opfer von Bedeutung ist. Die Interessen von Personen, die bereits zuvor eine entsprechend gelagerte Schädigung erfahren haben, können jedoch nicht durch kriminalpolitische Entwicklungen des materiellen Strafrechts berücksichtigt werden. Für (mutmaßliche) Straftatopfer zeigt sich das kriminalpolitische Motiv der Anerkennung der Opferschaft schließlich durch die Stärkung der Rechte der Verletzten im Strafverfahren.

Für die Restorative Justice i. w. S. kann festgehalten werden, dass Maßnahmen wie der Täter-Opfer-Ausgleich die Interessen von Straftatopfern auf Wiedergutmachung und Tatausgleich berücksichtigen. Allerdings dürfen diesbezüglich

---

[298] Vgl. *Kölbel*, Kriminalpolitische Instrumentalisierung der „Gefahr sekundärer Viktimisierung"?, in: Barton/Kölbel (Hrsg.), Ambivalenzen der Opferzuwendung des Strafrechts, 2012, S. 221 ff.; ausführlich *Kölbel/Bork*, Sekundäre Viktimisierung, 2012, S. 10, 38 ff.

[299] Weiterführend hierzu *Kölbel*, Kriminalpolitische Instrumentalisierung der „Gefahr sekundärer Viktimisierung"?, in: Barton/Kölbel (Hrsg.), Ambivalenzen der Opferzuwendung des Strafrechts, 2012, S. 221 ff.

prozessökonomische Gesichtspunkte nicht außer Acht gelassen werden. Weiterhin hat die Untersuchung gezeigt, dass die Restorative Justice i. w. S. in enger Verbindung zur Resozialisierung der Täter:innen steht.

Die Betrachtung des kriminalpolitischen Motivs des Schutzes vor Kriminalität hat zunächst gezeigt, dass tatsächliche Straftatopfer und ihre Belange innerhalb der Kriminalprävention zwar Beachtung finden. Der Schutz potenzieller Opfer – mithin der Schutz der Allgemeinheit – vor Straftaten steht gleichwohl im Vordergrund. Die Orientierung am Schutz der Allgemeinheit mag bis zu einem gewissen Punkt mit der grundsätzlichen Präventionsaufgabe des Strafrechts zusammenhängen, jedoch liegt der Schwerpunkt dabei nicht auf dem Schutz tatsächlicher Opfer, sondern auf dem Schutz der Allgemeinheit vor Kriminalität. Insofern ist das Schlagwort „Opferschutz" in diesem Kontext irreführend. Eine Ausrichtung der Prävention auf das reale Opfer ist zwar möglich, allerdings wäre in diesem Zusammenhang zu fragen, ob eine solche Opferprävention tatsächlich Aufgabe des Strafrechts ist.[300] Wenn unter dem Begriff des Opferschutzes ein präventiver Schutz des Opfers, d. h. ein Schutz vor einer primären Viktimisierung verstanden wird, dann müssten sich die Kriminologie, das Gefahrenabwehrrecht und ähnliche rechtliche Disziplinen hiermit befassen. Das Strafrecht müsste sich demgegenüber mit der Frage beschäftigen, inwiefern es selbst dazu beitragen kann, tatsächliche Straftatopfer vor weiteren Rechtsverletzungen und der Intensivierung bereits erlittener Verletzungen zu schützen.[301]

Hinsichtlich des kriminalpolitischen Motivs der Sicherheit hat die Untersuchung gezeigt, dass die Kriminalpolitik sich an den Sicherheitsinteressen der sogenannten „virtuellen Opfer" orientiert, also an jenen Teilen der Bevölkerung, in denen die Angst vor Kriminalität präsent ist. Diese Kriminalitätsfurcht trägt letztlich zu einer punitiven Grundstimmung innerhalb der Gesellschaft und zu einer sicherheitsorientierten Kriminalpolitik bei. In diesem Zusammenhang spielen tatsächliche Straftatopfer und ihre Interessen kaum eine Rolle, allenfalls „ideale" Opfer werden im kriminalpolitischen Diskurs für die Begründung repressiven Strafrechts bemüht. Diesbezüglich wird auch die Verflechtung von Kriminalprävention und Sicherheit deutlich, da Tendenzen hin zu einem sicherheitsorientierten Strafrecht zum Zweck der Straftatprävention erkennbar sind.

---

[300] So *Hassemer*, Opferorientierte Strafjustiz, in: AsJ Hamburg (Hrsg.), AsJ-Seminar 20./21.6.1998 – Täter, Opfer und Strafjustiz – ein disharmonischer Dreiklang, 1998; kritisch *Hassemer*, HRRS 2006, 130 (138 ff., 143), wonach sich das moderne Strafrecht immer mehr zum Gefahrenabwehrrecht entwickle.

[301] *Zöller*, FS Paeffgen, 2015, S. 720.

Insgesamt stellt sich die Orientierung am Straftatopfer nicht als alleinige Hinwendung zum realen Opfer dar. Es handelt sich eher um eine Verbildlichung einer „viktimären Gesellschaft“[302], in welcher die vermeintliche Zuwendung zum Opfer in populistischen Vereinfachungen und Überdramatisierungen von Kriminalität in den Medien wurzelt. Das politische Leitmotiv des Opferschutzes dient in vielerlei Hinsicht einer Instrumentalisierung des Straftatopfers für politische Zwecke.[303] Die Belange tatsächlicher Opfer finden demgegenüber kaum Gehör in der „viktimären Gesellschaft“. Das Straftatopfer ist oft nur Symbolfigur für die Gefahr einer drohenden Viktimisierung.

9.3 Kriminalpolitische Motive für eine opferorientierte Gesetzgebung zum Strafvollzug

9.3.1 Vorüberlegungen zur opferorientierten Gesetzgebung zum Strafvollzug

Nachdem vorstehend die kriminalpolitischen Motive der Opferschutzgesetzgebung im Allgemeinen näher betrachtet wurden, werden nun die Motive der opferbezogenen Strafvollzugsgesetzgebung im Speziellen untersucht. Mit dieser eingehenden Betrachtung werden im Wesentlichen zwei Ziele verfolgt.

Zum einen wird bei der Untersuchung der kriminalpolitischen Motive der opferbezogenen Strafvollzugsvorschriften zu zeigen sein, dass einige Motive für die Opferschutzgesetzgebung im Strafrecht allgemein auch für die Einbeziehung des Opfers und seiner Belange in den Strafvollzug herangezogen wurden. Daher ist bei der Auslegung der opferbezogenen Strafvollzugsvorschriften der Landesgesetze im Teil III dieser Arbeit zu berücksichtigten, dass die allgemeinen kriminalpolitischen Motive für die opferorientierte Gesetzgebung im Strafvollzugsrecht fortwirken und daher die (landes-)gesetzgeberische Intention durch die vorangegangene opferbezogene Gesetzgebung im Strafrecht vorgeprägt war.

Zum anderen werden bereits an dieser Stelle die Gesetzgebungsmaterialien der Landesstrafvollzugsgesetze hinsichtlich der kriminalpolitischen Motive untersucht werden, um die Übersichtlichkeit innerhalb der historischen Auslegung

---

[302] Vgl. *Barton*, Strafrechtspflege und Kriminalpolitik, in: Barton/Kölbel (Hrsg.), Ambivalenzen der Opferzuwendung des Strafrechts, 2012, S. 117.

[303] So auch *Barton*, Strafrechtspflege und Kriminalpolitik, in: Barton/Kölbel (Hrsg.), Ambivalenzen der Opferzuwendung des Strafrechts, 2012, S. 135 f.; insofern differenzierter *Kölbel*, Kriminalpolitische Instrumentalisierung der „Gefahr sekundärer Viktimisierung“?, in: Barton/Kölbel (Hrsg.), Ambivalenzen der Opferzuwendung des Strafrechts, 2012, S. 228 f.

im Teil III zu wahren. Die Landesgesetzgeber hatten bisweilen den opferbezogenen Strafvollzug als übergeordnetes Motiv für die Strafvollzugsgesetzgebung angesehen. Daher ähneln sich die Gesetzesbegründungen einiger Landesgesetze oder sie sind mitunter auch wortgleich. Eine Darstellung der gesetzgeberischen Motive der einzelnen Landesgesetzgeber innerhalb der historischen Auslegung im Teil III würde zahlreiche Wiederholungen nach sich ziehen, weshalb die kriminalpolitischen Motive der opferbezogen Strafvollzugsgesetzgebung nachfolgend länderübergreifend dargestellt werden.

Während die Opferorientierung im Straf- und Strafprozessrecht einzelne Vorschriften oder Regelungsbereiche betraf, durchzieht die Opferorientierung in einigen Landesgesetzen das gesamte Strafvollzugsrecht. Eine Zuordnung der kriminalpolitischen Motive des opferorientierten Strafvollzugsrechts zu den soeben für die Opferorientierung des Straf- und Strafprozessrechts identifizierten Motiven erscheint zwar grundsätzlich in weiten Teilen möglich. Um Wiederholungen zu vermeiden, wurde aber auch hierauf nachfolgend verzichtet.

Daher werden die kriminalpolitischen Motive mit Blick auf den opferbezogenen Strafvollzug in drei große Themengebiete unterteilt, nämlich in die opferbezogene Vollzugsgestaltung im Allgemeinen, den Schutz von Opfern sowie die Restorative Justice i. w. S. Innerhalb dieser Abschnitte erscheint eine durchgehende Untergliederung nach den einzelnen Landesgesetzen deswegen nicht zweckmäßig, weil sich die Gesetzesbegründungen der Länder teilweise sehr stark ähneln oder gar wortgleich sind. Dies gilt in besonderem Maße für die Begründungen der Länder, welche am ME LStVollzG beteiligt waren.

Den nachfolgenden Ausführungen ist weiterhin vorauszuschicken, dass sich die kriminalpolitischen Motive des Straf- und Strafprozessrechts teilweise in den drei Themengebieten des opferbezogenen Strafvollzugsrechts wiederfinden lassen. So umfasst der Opferschutz im Strafvollzugsrecht den Schutz tatsächlicher Opfer vor einer sekundären Viktimisierung ebenso wie den Schutz vor neuen Straftaten durch die inhaftierten Täter:innen. Die Anerkennung der Opferschaft kommt beispielsweise in der Gesamtkonzeption des opferorientierten Strafvollzugsrechts zum Tragen, spiegelt sich aber ebenso in vollzuglichen Auskunftsrechten des Straftatopfers wider. Schließlich betrifft das kriminalpolitische Motiv der Restorative Justice i. w. S. innerhalb des Strafvollzugs ebenso wie im Straf- und Strafprozessrecht den Tatausgleich gegenüber dem konkreten Opfer und die Berücksichtigung des Restorative-Justice-Konzepts in seiner Gesamtheit. Allerdings ist mit Blick auf die kriminalpolitischen Motive des opferbezogenen Strafvollzugsrechts zu beachten, dass sie sich aus zwei Gründen von jenen des Straf- und Strafprozessrechts unterscheiden müssen. Zum einen erfolgt der Strafvollzug nach Abschluss des Strafprozesses, weshalb beispielsweise der Schutz vor einer sekundären Viktimisierung der Opfer und die Restorative Justice i. w. S. nunmehr unter den Gegebenheiten einer rechtskräftigen Verurteilung der Täter:innen erfolgen müssen. Zum anderen ist das Strafvollzugsrecht insgesamt auf die Resozialisierung der Gefangenen ausgerichtet, sodass diese auch bei der Betrachtung der kriminalpolitischen Motive berücksichtigt werden muss.

9.3.2 Opferbezogene Vollzugsgestaltung als Motiv der Strafvollzugsgesetzgebung

9.3.2.1 Opferbezug als Gestaltungs- und Behandlungsgrundsatz

In den meisten Landesgesetzen wurde der opferbezogene Strafvollzug als Gestaltungsgrundsatz normiert. Diesbezüglich sind zunächst die Länder zu nennen, die den Opferbezug in einer eigenen Vorschrift festgeschrieben haben. Dies trifft von Anfang an auf die Strafvollzugsgesetze von Berlin und Nordrhein-Westfalen zu, welche jeweils eine Vorschrift zur verletzen- bzw. opferbezogene Vollzugsgestaltung enthalten.[304] Seit 2019 enthält aber mittlerweile auch das bayerische Strafvollzugsgesetz mit Art. 5a eine eigene Vorschrift zur opferbezogenen Vollzugsgestaltung.[305]

In Baden-Württemberg und Saarland wurde die Einbeziehung der Opferperspektive zwar nicht in einem eigenen Paragrafen geregelt, aber immerhin noch in der Vorschrift zu den allgemeinen Gestaltungsgrundsätzen als eigenständiger Gestaltungsgrundsatz der Tataufarbeitung angesehen.[306] Ähnliches gilt für die Gesetze der Länder Brandenburg, Rheinland-Pfalz, Sachsen-Anhalt und Thüringen.[307] Allerdings wurde in diesen Ländern der Gestaltungsgrundsatz der Tataufarbeitung nicht in der Vorschrift über die allgemeinen Gestaltungsgrundsätze geregelt[308], sondern in einer weiteren Vorschrift zur Gestaltung des Vollzugs.

Die Gesetze der Länder Hamburg und Hessen enthalten demgegenüber keine opferbezogenen Regelungen in den allgemeinen Gestaltungsgrundsätzen.[309]

---

[304] § 6 StVollzG Bln; § 7 StVollzG NRW.

[305] Art. 5a BayStVollzG wurde in das BayStVollzG eingefügt durch das Gesetz über den Vollzug des Jugendarrestes vom 26.06.2018, BayGVBl. 2018, S. 438 ff., 446.

[306] § 2 Abs. 5 JVollzGB III BaWü, wobei die Gestaltungsgrundsätze in Baden-Württemberg als Behandlungsgrundsätze bezeichnet werden; § 3 Abs. 1 SLStVollzG.

[307] Vgl. § 8 Abs. 1 BbgJVollzG; § 8 Abs. 1 LJVollzG RP; § 8 Abs. 1 JVollzGB I LSA; § 8 Abs. 1 ThürJVollzGB.

[308] Vgl. § 7 BbgJVollzG; § 7 LJVollzG RP; § 7 JVollzGB I LSA; § 7 ThürJVollzGB.

[309] Vgl. § 3 HmbStVollzG; § 3 HStVollzG.

Allerdings findet sich die Opferperspektive im Hamburger Strafvollzugsgesetz in der Regelung zu den Grundsätzen der Behandlung[310] und im Hessischen Strafvollzugsgesetz in der Vorschrift zu den Grundsätzen vollzuglicher Maßnahmen[311].

Dagegen enthalten die Landesgesetze von Bremen, Mecklenburg-Vorpommern, Niedersachsen, Sachsen und Schleswig-Holstein zwar innerhalb ihrer jeweiligen Vorschriften über die Vollzugsgrundsätze keine eigenständige Regelung, die ausdrücklich auf das Opfer Bezug nimmt. Jedoch wird in diesen Gesetzen die Auseinandersetzung der Gefangenen mit ihren Straftaten und deren Folgen als ein Gestaltungskriterium des Vollzugs genannt.[312] Unter Berücksichtigung der Gesetzgebungsmaterialien weisen auch diese Vorschriften Anknüpfungspunkte für einen opferbezogenen Strafvollzug auf.

9.3.2.1.1 Ausdrücklicher Opferbezug als Gestaltungsgrundsatz in einer eigenen Vorschrift

Die nachfolgende Betrachtung der Vorschriften zur verletzten- bzw. opferbezogenen Vollzugsgestaltung orientiert sich an dem Inkrafttreten der betreffenden Regelung der Landesgesetze. Eine alphabetische Reihung der Landesgesetze – und somit die Betrachtung der Regelung des Bayerischen Strafvollzugsgesetzes an erster Stelle – ist für die Untersuchung der kriminalpolitischen Motive nicht zweckmäßig, weil eine Beeinflussung der später erlassenen Vorschriften durch ältere Landesgesetze und deren Gesetzesbegründungen nicht ausgeschlossen werden kann.

9.3.2.1.1.1 Nordrhein-Westfalen

In Nordrhein-Westfalen wurde dem opferbezogene Strafvollzug bereits in den Leitlinien für den Strafvollzug des Landes eine besondere Bedeutung beigemessen.[313] In der Leitlinie 8 wurde festgehalten, dass die Opferperspektive durch den Strafvollzug bei der Wahrnehmung seiner Aufgaben berücksichtigt

[310] § 4 S. 3 HmbStVollzG.

[311] § 5 Abs. 1 S. 4 HStVollzG.

[312] § 3 Abs. 1 BremStVollzG; § 3 Abs. 1 StVollzG MV; § 2 Abs. 3 S. 2 NJVollzG; § 3 Abs. 1 SächsStVollzG; § 3 Abs. 1 LStVollzG SH.

[313] Vgl. *Walter*, Tätigkeitsbericht des Justizvollzugsbeauftragten NRW 2011, 2012, Anhang 3, S. 343 f.

werden müsse.[314] Gleichzeitig wurde jedoch betont, dass das Ziel eines opferbezogenen Strafvollzugs nicht zu einer konfrontativen Gegenüberstellung von Täter:in und Opfer führen solle, sondern vielmehr ein Ausgleich der unterschiedlichen Interessen beider Seiten angestrebt werden soll.[315] Der Strafvollzug sei so auszugestalten, dass die Opferbelange bei der Arbeit mit den Gefangenen berücksichtigt würden.[316] Nicht ausreichend sei es, auf die jeweiligen Folgen der Täter:innenbehandlung für das Opfer zu verweisen.[317] Wichtige Elemente des opferbezogenen Strafvollzugs sind ausweislich der Leitlinie 8 daher die Schadenswiedergutmachung und der Täter-Opfer-Ausgleich sowie der Opferschutz, wobei letzterer insbesondere auch den Schutz jener Menschen umfassen soll, die zum sozialen Empfangsraum des jeweiligen Gefangenen zählen.[318] Wenngleich die Berücksichtigung und Einbeziehung von Opferbelangen zu den Aufgaben des Strafvollzugs zähle, solle nach der Leitlinie 8 die allgemeine Unterstützung von Straftatopfern weiterhin den Opferorganisationen obliegen.[319] Anzustreben seien Formen der Kommunikation und Kooperation, welche die Vollzugsgestaltung viktimologisch ergänzten und die Vorbereitung der Gefangenen auf das Leben nach der Haftentlassung in einer Weise unterstützten, dass neue Gefahren vermieden würden. Bereits in der Vergangenheit habe die Vollzugspraxis Opferinteressen verfolgt.[320] Als Beispiele nennt die Leitlinie Anregungen gegenüber den Gefangenen, sich um einen Schadensausgleich zu bemühen oder problematische Briefkontakte zu den Opfern aufzugeben.[321] Derartige Ansätze sollten

[314] *Walter*, Tätigkeitsbericht des Justizvollzugsbeauftragten NRW 2011, 2012, Anhang 3, S. 343.

[315] *Walter*, Tätigkeitsbericht des Justizvollzugsbeauftragten NRW 2011, 2012, Anhang 3, S. 344.

[316] *Walter*, Tätigkeitsbericht des Justizvollzugsbeauftragten NRW 2011, 2012, Anhang 3, S. 344.

[317] *Walter*, Tätigkeitsbericht des Justizvollzugsbeauftragten NRW 2011, 2012, Anhang 3, S. 344.

[318] *Walter*, Tätigkeitsbericht des Justizvollzugsbeauftragten NRW 2011, 2012, Anhang 3, S. 344.

[319] *Walter*, Tätigkeitsbericht des Justizvollzugsbeauftragten NRW 2011, 2012, Anhang 3, S. 344.

[320] *Walter*, Tätigkeitsbericht des Justizvollzugsbeauftragten NRW 2011, 2012, Anhang 3, S. 344.

[321] *Walter*, Tätigkeitsbericht des Justizvollzugsbeauftragten NRW 2011, 2012, Anhang 3, S. 344.

systematisch ausgebaut und insbesondere im Hinblick auf bereits bestehende Informationsrechte verbessert und transparenter gestaltet werden.[322]

Diese Zielbestimmungen aus den in Nordrhein-Westfalen entwickelten Leitlinien für den Strafvollzug haben sich im StVollzG NRW und seiner Begründung niedergeschlagen. Zum einen wird die Bedeutung des opferbezogenen Strafvollzugs durch mehrere Vorschriften in dem Gesetz selbst besonders hervorgehoben, die ausdrücklich auf das Opfer, den Opferschutz oder eine opferbezogene Vollzugsgestaltung insgesamt Bezug nehmen.[323]

Zum anderen handelt es sich bei der Stärkung des Opferschutzes ausweislich der Gesetzesbegründung um einen Schwerpunkt des Gesetzes.[324] Der Gesetzesentwurf trage dem hohen Stellenwert des Opferschutzes und den nachvollziehbaren Schutzbedürfnissen der Opfer Rechnung. Durch die Regelung der opferbezogenen Vollzugsgestaltung gemäß § 7 StVollzG NRW sollte das Gesetz eine verstärkte viktimologische Ausrichtung erhalten.[325] Zudem seien insbesondere die Interessen solcher Opfer zu berücksichtigen, die in einer persönlichen Beziehung zum bzw. zur Täter:in stehen. Zu denken sei im Speziellen an Opfer familiärer Gewalttaten und im Allgemeinen an Opfer aus dem sozialen Nahraum der Gefangenen.[326] Während der gesamten Zeit des Freiheitsentzugs sollten Möglichkeiten des Tatausgleichs und notwendige Maßnahmen des Opferschutzes im Blick behalten werden.[327] Die Entwicklung von Opferempathie und die Übernahme von Verantwortung für die Straftat und deren Folgen durch die Gefangenen bildeten wesentliche Elemente des opferbezogenen Strafvollzugs.[328] Dieses Verständnis von Opferschutz verbessere zugleich die Chancen der Gefangenen auf eine nachhaltige Resozialisierung.[329]

Für die Umsetzung der systematischen Einbeziehung von Opferbelangen hat der Landesgesetzgeber in Nordrhein-Westfalen den Opferschutzgedanken in einer eigenständigen Vorschrift normiert. Der Grundsatz der opferbezogenen Vollzugsgestaltung in § 7 StVollzG NRW trägt „dem hohen Stellenwert des Opferschutzes

[322] *Walter*, Tätigkeitsbericht des Justizvollzugsbeauftragten NRW 2011, 2012, Anhang 3, S. 344.

[323] § § 7, 10 Abs. 1 S. 4 Nr. 12, 25 Nr. 3, 53 Abs. 6, 57 Nr. 4 StVollzG NRW sowie zum Datenschutz §§ 16, 34 Abs. 2 S. 2 JVollzDSG NRW.

[324] Landtag Nordrhein-Westfalen Drs. 16/5413, S. 2, 72.

[325] Vgl. Nordrhein-Westfalen Drs. 16/5413, S. 72.

[326] Landtag Nordrhein-Westfalen Drs. 16/5413, S. 72.

[327] Landtag Nordrhein-Westfalen Drs. 16/5413, S. 72.

[328] Landtag Nordrhein-Westfalen Drs. 16/5413, S. 72.

[329] Landtag Nordrhein-Westfalen Drs. 16/5413, S. 72.

und den nachvollziehbaren Schutzbedürfnissen der Opfer Rechnung“ und bildet nach dem Willen des Gesetzgebers einen Schwerpunkt des Gesetzes.[330] Diesbezüglich ist § 7 StVollzG NRW als Grundsatznorm zu verstehen, welche durch weitere Vorschriften konkretisiert wird.[331] Die Gefangenen sollen durch die opferbezogene Vollzugsgestaltung befähigt werden, „Empathie zu entwickeln und Verantwortung für die von ihnen verursachten Folgen für die Opfer zu übernehmen“.

Die opferbezogene Vollzugsgestaltung gemäß § 7 StVollzG NRW soll insgesamt eine Befassung der Anstalt mit Opferbelangen sicherstellen.[332] Mithin wird mit der Regelung eine Sensibilisierung des Vollzugs für die Interessen tatsächlicher Opfer bezweckt. Allerdings sei dem Opferschutz kein grundsätzlicher Vorrang vor den Interessen der Gefangenen einzuräumen.[333] Zu beachten seien im Rahmen der opferbezogenen Vollzugsgestaltung daher nur die berechtigten Opferinteressen.[334] Motive wie Wut, Hass oder der Wunsch nach Vergeltung dürften keine Berücksichtigung erfahren; Schutzinteressen des Opfers und der Wunsch nach Wiedergutmachung zählten hingegen zu den berechtigten Opferinteressen.[335] Schließlich betonen die Gesetzesmaterialien, dass für die Abwägung zwischen den Interessen von Opfern und Gefangenen eine wertende Einzelfallbetrachtung notwendig ist und insbesondere mit Blick auf unterschiedliche Opfergruppen die Interessen erheblich divergieren können.[336]

Diese allgemeinen Vorgaben für einen opferbezogenen Strafvollzug wurden in Nordrhein-Westfalen schließlich durch die Einbeziehung der Opferperspektive in mehreren Einzelbereichen des Strafvollzugsrechts umgesetzt. So wurden die Vorgaben des § 7 StVollzG NRW durch spezielle opferbezogene Regelungen zur Vollzugsplanung, zu den Außenkontakten, zur Gewährung von vollzugsöffnenden Maßnahmen und zum Datenschutz konkretisiert.[337]

---

[330] Landtag Nordrhein-Westfalen Drs. 16/5413, S. 72.

[331] Landtag Nordrhein-Westfalen Drs. 16/5413, S. 85.

[332] Landtag Nordrhein-Westfalen Drs. 16/5413, S. 85.

[333] Landtag Nordrhein-Westfalen Drs. 16/5413, S. 85.

[334] Landtag Nordrhein-Westfalen Drs. 16/5413, S. 85.

[335] Landtag Nordrhein-Westfalen Drs. 16/5413, S. 85 f.

[336] Landtag Nordrhein-Westfalen Drs. 16/5413, S. 86.

[337] Siehe zum Vollzugsplan § 10 Abs. 1 S. 4 Nr. 12 StVollzG NRW, zu den Außenkontakten § 25 Nr. 3 StVollzG NRW, zu vollzugsöffnenden Maßnahmen §§ 53 Abs. 6, 57 Nr. 4 StVollzG NRW und zum Datenschutz §§ 16, 34 Abs. 2 S. 2 JVollzDSG NRW; das Datenschutzrecht ist nicht Gegenstand dieser Arbeit, hierzu bereits oben im Kapitel 3; gleichwohl wird unten im Abschnitt 9.3.3.6. ein Überblick über die opferbezogenen Vorschriften der Landesgesetze zum Datenschutzrecht im Strafvollzug gegeben.

9.3.2.1.1.2 Berlin

Nach der Gesetzesbegründung zum Strafvollzugsgesetz des Landes Berlin wird dem Verletztenschutz im StVollzG Bln ebenfalls eine hohe Bedeutung beigemessen.[338] Die Opferorientierung des Berliner Vollzugs wird nach § 6 StVollzG Bln als „verletztenbezogene Vollzugsgestaltung" bezeichnet. Dies ist insofern bemerkenswert, als sich der Begriff „Verletzte" einer Straftat vom Wortsinn her zunächst nur auf tatsächliche Opfer beziehen kann.[339] Mit dieser begrifflichen Besonderheit umgeht das StVollzG Bln die Unschärfe hinsichtlich des Opferbegriffs, welche insbesondere die Unterscheidung von direkten und indirekten Opfern betreffen.[340]

Ähnlich wie die Materialien zum StVollzG NRW begründen auch die Gesetzesmaterialien zum Gesetz des Landes den Gestaltungsgrundsatz der verletztenbezogenen Vollzugsgestaltung gemäß § 6 StVollzG Bln mit dem besonderen Stellenwert des Verletztenschutzes, der Verletzteninteressen und der Auseinandersetzung der Gefangenen mit den Folgen ihrer Tat.[341] Hinsichtlich der Tatfolgen stellt der Gesetzgeber neben den Auswirkungen auf die Verletzten selbst auch auf die Folgen für Angehörige i. S. d. § 11 Abs. 1 Nr. 1 StGB ab[342], wodurch jedenfalls in diesem Umfang auch „indirekte Opfer" in die Tataufarbeitung einbezogen werden. Wie bei § 7 StVollzG NRW handelt es sich auch bei § 6 StVollzG Bln um eine allgemeine Regelung zur Einbeziehung von Verletztenbelangen in den Vollzug, die durch weitere Normen konkretisiert werden. Die Festschreibung des allgemeinen Gestaltungsgrundsatzes und die ihn konkretisierenden speziellen Einzelvorschriften zu den unterschiedlichen Vollzugsbereichen „soll eine Befassung der Anstalten mit den Verletztenbelangen sicherstellen".[343] Dabei sollen wie in Nordrhein-Westfalen nur die berechtigten Belange der Verletzten Beachtung finden, wobei der Wunsch nach einer grundsätzlichen Ablehnung von Vollzugslockerungen für die Gefangenen als ein Beispiel für unberechtigte Interessen des Opfers angeführt wird.[344] Besonders hervorgehoben wird in diesem Zusammenhang, dass die verletztenbezogene Vollzugsgestaltung nicht nur mit dem Vollzugsziel der Wiedereingliederung vereinbar sein müsse, sondern

---

338 Abgeordnetenhaus Berlin Drs. 17/2442, S. 181.

339 Ausführlich zum Begriff „Verletzte" oben im Abschnitt 4.2.1.2.2.3.

340 Zum Begriff „Verletzte" oben im Abschnitt 4.2.1.1.2.3.

341 Abgeordnetenhaus Berlin Drs. 17/2442, S. 193.

342 Abgeordnetenhaus Berlin Drs. 17/2442, S. 193.

343 Abgeordnetenhaus Berlin Drs. 17/2442, S. 193.

344 Abgeordnetenhaus Berlin Drs. 17/2442, S. 193.

dieses im Ergebnis sogar fördern solle.[345] Eine verletztenbezogene Vollzugsgestaltung diene insbesondere nicht als Mittel zur Verschärfung des Vollzugs.[346] Vielmehr solle durch die Einbeziehung der Verletztenbelange bei den Gefangenen die Übernahme von Verantwortung für die begangene Straftat und die Entwicklung von Empathie gefördert werden.[347] Zugleich wird eine Instrumentalisierung der Opfer zum Vorteil der Gefangenen abgelehnt.[348] Dies wird in der Begründung zwar ausdrücklich nur hinsichtlich des materiellen Schadensersatzes betont[349], jedoch dürfte sich diese Maßgabe auf sämtliche im Gesetz vorgesehenen Konfliktlösungsmöglichkeiten zwischen Gefangenen und Opfern beziehen.

Das besondere Gewicht des verletztenbezogenen Vollzugs durch die ausführliche Regelung des § 6 StVollzG Bln ist nach der Gesetzesbegründung nicht so zu verstehen, dass die Vorschrift eine abschließende Regelung darstellt. Vielmehr werde dieser Gestaltungsgrundsatz durch mehrere Einzelregelungen des Gesetzes zu bestimmten Vollzugsbereichen konkretisiert.[350] Zu diesen Regelungen zählen verletztenbezogene Vorschriften zum Vollzugs- und Eingliederungsplan, zu den Außenkontakten des bzw. der Gefangenen und zu den Weisungen für Lockerungen.[351]

9.3.2.1.1.3 Bayern

Neben den Strafvollzugsgesetzen von Nordrhein-Westfalen und Berlin enthält seit dem 1. Januar 2019 nunmehr auch das BayStVollzG mit Art. 5a eine eigenständige Vorschrift zur opferbezogenen Vollzugsgestaltung. Die Änderung des BayStVollzG erfolgte zusammen mit dem Erlass des bayerischen Jugendarrestvollzugsgesetzes (BayJAVollzG).[352] Durch einen Gesetzesverweis in Art. 3 Abs. 2 BayJAVollzG findet Art. 5a BayStVollzG im Jugendarrestvollzug entsprechend Anwendung, sodass die Opferperspektive auch dort zu berücksichtigen ist.[353]

---

[345] Abgeordnetenhaus Berlin Drs. 17/2442, S. 194.

[346] Abgeordnetenhaus Berlin Drs. 17/2442, S. 194.

[347] Abgeordnetenhaus Berlin Drs. 17/2442, S. 194.

[348] Vgl. Abgeordnetenhaus Berlin Drs. 17/2442, S. 194.

[349] Abgeordnetenhaus Berlin Drs. 17/2442, S. 194.

[350] Abgeordnetenhaus Berlin Drs. 17/2442, S. 193.

[351] Siehe zum Vollzugs- und Eingliederungsplan § 10 Abs. 1 S. 1 Nr. 19 StVollzG Bln, zu den Außenkontakten §§ 30 Nr. 3, 35 Nr. 3, 38 Abs. 1 Nr. 5 StVollzG Bln und zu Weisungen für Lockerungen § 44 S. 2 StVollzG Bln.

[352] Art. 5a BayStVollzG wurde in das BayStVollzG eingefügt durch das Gesetz über den Vollzug des Jugendarrestes vom 26.06.2018, BayGVBl. 2018, S. 438 ff, 446.

[353] Vgl. BayGVBl. 2018, S. 439, 446; Landtag Bayern Drs. 17/21101, S. 15, 19.

Nach der Gesetzesbegründung soll durch die Normierung des Opferschutzes in Art. 5a BayStVollzG dessen Bedeutung für den Strafvollzug hervorgehoben werden.[354] Zwar enthalte das BayStVollzG bereits an mehreren Stellen opferbezogene Vorschriften.[355] Mit einem eigenen Artikel in dem Abschnitt mit den Grundsätzen zum Vollzug der Freiheitsstrafe solle der hohe Stellenwert des Opferschutzes jedoch noch deutlicher zum Ausdruck gebracht werden.[356] Bezugspunkte seien zum einen die Auseinandersetzung der Gefangenen mit ihren Straftaten und deren Folgen für die Opfer.[357] Zum anderen müssten berechtigte Interessen der Opfer innerhalb der Vollzugsgestaltung berücksichtigt werden.[358] Zu diesen Interessen zählt nach der Gesetzesbegründung zu Art. 5a Abs. 1 BayStVollzG insbesondere das nachvollziehbare Schutzbedürfnis von Straftatopfern und gefährdeten Dritten.[359] Als besonders schutzbedürftige Opfergruppen nennt der Gesetzgeber Opfer von Sexual- und Gewalttaten sowie Opfer aus dem sozialen Nahraum der Gefangenen.[360] Zu berücksichtigen seien jedoch nur nachvollziehbare Anliegen von Straftatopfern wie beispielsweise die Unterbindung ungewollter Kontaktaufnahmen durch die Gefangenen.[361] Insgesamt sei bei Entscheidungen über die Einbeziehung von Opferinteressen eine Abwägung mit den Rechten der Gefangenen vorzunehmen.[362] Der Gedanke des Opferschutzes und mit ihm die Opferperspektive sollen nach dem Willen des bayerischen Gesetzgebers im gesamten Vollzugsverlauf berücksichtigt werden.[363]

Während Art. 5a Abs. 1 S. 1 BayStVollzG sich auf den Schutz konkreter Straftatopfer beziehen soll, zielt Art. 5a Abs. 1 S. 2 auf den Schutz potenzieller Opfer.[364] Nach Art. 5a Abs. 1 S. 2 BayStVollzG ist den Schutzinteressen gefährdeter Dritter Rechnung zu tragen, wodurch das BayStVollzG ebenfalls den Schutz indirekter und potenzieller Opfer als gesetzgeberisches Motiv aufweist.

In Art. 5a Abs. 2 BayStVollzG wird schließlich die Wiedergutmachung der Tatfolgen als ein Bestandteil der opferbezogenen Vollzugsgestaltung angeführt.

354 Landtag Bayern Drs. 17/21101, S. 1, 34.
355 Landtag Bayern Drs. 17/21101, S. 1, 16.
356 Landtag Bayern Drs. 17/21101, S. 1, 34.
357 Landtag Bayern Drs. 17/21101, S. 34.
358 Landtag Bayern Drs. 17/21101, S. 34.
359 Vgl. Landtag Bayern Drs. 17/21101, S. 34.
360 Landtag Bayern Drs. 17/21101, S. 34.
361 Landtag Bayern Drs. 17/21101, S. 34.
362 Landtag Bayern Drs. 17/21101, S. 34.
363 Vgl. Landtag Bayern Drs. 17/21101, S. 34.
364 Vgl. Landtag Bayern Drs. 17/21101, S. 34.

Hier wurde der Wortlaut des früheren Art. 78 Abs. 2 BayStVollzG übernommen. Da es sich bei der Einbeziehung der Tatfolgenbeseitigung um einen Teilbereich der Wiedergutmachung handelt, wird hierauf im Zusammenhang mit dem gesetzgeberischen Motiv der Restorative Justice i. w. S. näher eingegangen.[365]

9.3.2.1.2 Ausdrücklicher Opferbezug in den Vorschriften zur Gestaltung des Vollzugs

Nachfolgend werden zunächst die Vorschriften aus Baden-Württemberg und dem Saarland sowie die ihnen zugrunde liegenden kriminalpolitischen Motive näher betrachtet, da in diesen Ländern der Grundsatz der Tataufarbeitung innerhalb der Vorschrift zu den allgemeinen Gestaltungsgrundsätzen geregelt wurde. Demgegenüber wurde der Grundsatz der Tataufarbeitung in Brandenburg, Rheinland-Pfalz, Sachsen-Anhalt und Thüringen in einer weiteren Vorschrift zur Gestaltung des Vollzugs normiert. In den Landesgesetzen von Hamburg und Hessen wurde die Opferperspektive schließlich nicht als grundlegender Gestaltungsgrundsatz, sondern lediglich als Grundsatz vollzuglicher Maßnahmen bzw. als Grundsatz der Behandlung geregelt.

9.3.2.1.2.1 Baden-Württemberg und Saarland

In Baden-Württemberg sollen gemäß § 2 Abs. 5 JVollzGB III BaWü zur Erreichung des Vollzugsziels die Einsicht in die dem Opfer zugefügten Tatfolgen geweckt und geeignete Maßnahmen zum Ausgleich angestrebt werden. Der Gesetzesbegründung zu § 2 Abs. 5 JVollzGB III BaWü ist zu entnehmen, dass diese Vorschrift den strafrechtlichen Täter-Opfer-Ausgleich im Strafvollzug verankert.[366] Die Gefangenen sollen sich „mit den Tatfolgen für ihre Opfer auseinandersetzen, selbstkritisch Verantwortung hierfür übernehmen, Empathie für das Opfer entwickeln und daraus den Schluss ableiten, künftig keine Straftaten mehr zu begehen“.[367] Diesbezüglich wird deutlich, dass aus Sicht des Landesgesetzgebers die Einbeziehung der Opferperspektive im Rahmen der Tataufarbeitung einen wesentlichen Beitrag zur Resozialisierung der Gefangenen leisten soll. Allerdings wird in der Begründung zu § 2 Abs. 5 JVollzGB III BaWü ebenso klargestellt, dass die Autonomie des Straftatopfers zu wahren

---

[365] Hierzu sogleich unten im Abschnitt 9.3.4.

[366] Landtag Baden-Württemberg Drs. 14/5012, S. 209; hierzu sogleich ebenfalls in Hinblick auf das Motiv der Restorative Justice unten im Abschnitt 9.3.4.1.1.

[367] Landtag Baden-Württemberg Drs. 14/5012, S. 209.

ist und keine Instrumentalisierung des Opfers zu Behandlungszwecken erfolgen dürfe.[368]

Im Saarland ist der Strafvollzug ebenfalls auf die Auseinandersetzung der Gefangenen mit ihren Straftaten unter Einbeziehung des Opfers auszurichten. Der Bezug zum konkreten Straftatopfer wurde im saarländischen Gesetz allerdings insofern sprachlich etwas klarer formuliert, als der Vollzug gemäß § 3 Abs. 1 SLStVollzG „auf die Auseinandersetzung der Gefangenen mit ihren Straftaten und deren Folgen für die Opfer auszurichten"ist. Die Begründung zu § 3 Abs. 1 SLStVollzG ist allerdings verhältnismäßig knapp geraten. Zwar wird die Straftataufarbeitung unter Einbeziehung der Opferperspektive als zentraler Bezugspunkt für die Arbeit mit den Gefangenen bezeichnet.[369] Weiterhin wird auch die Bedeutung der Tataufarbeitung samt der persönlichen und sozialen Hintergründe für das Resozialisierungsziel betont.[370] Die konkrete Motivation des Gesetzgebers für die Betonung der Opferperspektive oder gar konkrete Beispiele für die opferbezogene Tataufarbeitung fehlen in der Begründung jedoch gänzlich. Zu den klassischen Vollzugsgrundsätzen wie Eingliederungs-, Angleichungs- und Gegensteuerungsgrundsatz finden sich im Vergleich dazu wesentlich ausführlichere Begründungen. Es verwundert daher umso mehr, dass zu dem neuen Gestaltungsgrundsatz der opferbezogenen Tataufarbeitung in den Materialien nur eine sehr kurze und vergleichsweise oberflächliche Begründung zu finden ist.

9.3.2.1.2.2 Brandenburg, Rheinland-Pfalz, Sachsen-Anhalt und Thüringen

Die Regelungen zum Opferbezug als Gestaltungsgrundsatz in den Strafvollzugsgesetzen von Brandenburg, Rheinland-Pfalz, Sachsen-Anhalt und Thüringen werden nachfolgend gemeinsam betrachtet, weil der Gesetzeswortlaut und die Gesetzesbegründungen dieser Länder sich gleichen.

Gemäß § 8 Abs. 1 S. 2 BbgJVollzG und den entsprechenden Vorschriften der anderen drei Länder ist der Vollzug auf die Auseinandersetzung der Gefangenen mit ihren Straftaten auszurichten und dabei „[d]as Bewusstsein für die den Opfern zugefügten Schäden" zu wecken.[371] Bei diesen Vorgaben handelt es

[368] Landtag Baden-Württemberg Drs. 14/5012, S. 209.

[369] Landtag Saarland Drs. 15/386, S. 68.

[370] Landtag Saarland Drs. 15/386, S. 68.

[371] Ähnlich § 8 Abs. 1 S. 2 LJVollzG RP; § 8 Abs. 1 S. 2 JVollzGB I LSA; § 8 Abs. 1 S. 2 ThürJVollzGB; nach diesen Vorschriften soll „[d]as Bewusstsein für den dem Opfer zugefügten Schaden" geweckt werden.

sich um den Grundsatz der Tataufarbeitung, welcher jedoch nicht in den allgemeinen Grundsätzen der Vollzugsgestaltung[372] geregelt wurde, sondern in einer neuen Vorschrift. Während die Tataufarbeitung bereits in § 3 Abs. 1 ME LStVollzG als allgemeiner Grundsatz der Vollzugsgestaltung enthalten war, findet sich die Berücksichtigung der Opferperspektive in diesem Zusammenhang weder im Musterentwurf noch in dessen Begründung. Insgesamt unterscheiden sich die Strafvollzugsgesetze der Länder Brandenburg, Rheinland-Pfalz, Sachsen-Anhalt und Thüringen vom Musterentwurf sowohl hinsichtlich des Regelungsorts der Tataufarbeitung als auch hinsichtlich der Berücksichtigung der Opferperspektive.

Die Straftat und ihre Folgen werden in der Begründung ebenso wie in der Begründung zu § 3 Abs. 1 SLStVollzG als zentraler Bezugspunkt für die Arbeit mit den Gefangenen bezeichnet.[373] Kern und Anknüpfungspunkt der Resozialisierung sei die Unterstützung der Strafgefangenen bei der Auseinandersetzung mit ihren Straftaten und den diese bedingenden persönlichen und sozialen Faktoren.[374]

Ausweislich der Gesetzesbegründungen muss bei dieser Tataufarbeitung durch den bzw. die Gefangene:n auch das Opfer berücksichtigt werden.[375] Dabei soll die Anstalt darauf hinwirken, dass die Gefangenen „sich des beim Opfer angerichteten Schadens bewusst werden“[376]. Bei der Begründung handelt es sich damit letztlich kaum um mehr als um eine Paraphrasierung oder Umschreibung des Gesetzeswortlauts. Weitere Anhaltspunkte für die opferbezogene Ausgestaltung des Vollzugs enthalten die Gesetzesbegründungen nicht. Den Landesgesetzgebern dürfte daher vermutlich eine Förderung der Verantwortungsübernahme der Gefangenen für ihre Straftaten und die Entwicklung von Opferempathie vorgeschwebt haben, wie sie auch in den Gesetzen und Begründungen der Länder Nordrhein-Westfalen und Berlin betont wurde. An einer so differenzierten Begründung wie

---

[372] Vgl. § 7 BbgJVollzG; § 7 LJVollzG RP; § 7 JVollzGB I LSA; § 7 ThürJVollzGB.

[373] Landtag Brandenburg Drs. 5/6437, Begründung S. 13; Landtag Rheinland-Pfalz Drs. 16/1910, S. 116; Landtag Sachsen-Anhalt Drs. 6/3799, S. 160; Landtag Thüringen Drs. 5/6700, S. 79.

[374] Landtag Brandenburg Drs. 5/6437, Begründung S. 13; Landtag Rheinland-Pfalz Drs. 16/1910, S. 116; Landtag Sachsen-Anhalt Drs. 6/3799, S. 160; Landtag Thüringen Drs. 5/6700, S. 79.

[375] Landtag Brandenburg Drs. 5/6437, Begründung S. 13; Landtag Rheinland-Pfalz Drs. 16/1910, S. 116; Landtag Sachsen-Anhalt Drs. 6/3799, S. 160; Landtag Thüringen Drs. 5/6700, S. 79.

[376] Landtag Brandenburg Drs. 5/6437, Begründung S. 13; Landtag Rheinland-Pfalz Drs. 16/1910, S. 116; Landtag Sachsen-Anhalt Drs. 6/3799, S. 160; Landtag Thüringen Drs. 5/6700, S. 79.

in diesen beiden Ländern fehlt es jedoch in den Gesetzesmaterialien der Länder Brandenburg, Rheinland-Pfalz, Sachsen-Anhalt und Thüringen.

9.3.2.1.2.3 Hamburg und Hessen

Anders als in den vorstehend behandelten Ländern ist der Opferbezug in Hamburg und Hessen kein übergeordneter Gestaltungsgrundsatz, sondern wurde innerhalb der Grundsätze der Behandlung oder als Grundsatz vollzuglicher Maßnahmen festgelegt.[377]

Als Bestandteil der Behandlung sollen sich in Hamburg gemäß § 4 S. 3 HmbStVollzG „die Maßnahmen und Programme insofern auch auf die Auseinandersetzung der Gefangenen mit den eigenen Straftaten, deren Ursachen und Folgen, insbesondere für die Opfer, richten". Weder im ersten Hamburger Strafvollzugsgesetz von 2007, noch im Entwurf zum Gesetz von 2009 war der dritte Satz von § 4 HmbStVollzG enthalten.[378] Die Gesetzesbegründung zu § 4 HmbSt-VollzG n. F. verwies auf die Begründung zu § 3 HmbStVollzG a. F., da es nur redaktionelle Anpassungen gebe.[379] Diese Anpassungen bezogen sich in der Sache vor allem darauf, dass das neue Hamburger Strafvollzugsgesetz nunmehr nicht mehr auch den Vollzug der Jugendstrafe regelte, da hierfür ein eigenständiges Gesetz geschaffen worden war.[380] Erst im Bericht des Rechtsausschusses wurde die Aufnahme der Tataufarbeitung unter besonderer Berücksichtigung der Folgen für die Opfer in § 4 S. 3 HmbStVollzG empfohlen[381] und hat schließlich auch Eingang in das Hamburger Strafvollzugsgesetz gefunden. Zur Begründung wurde angeführt, dass die „opferbezogene Aufarbeitung der Tat häufig verhaltens- und einstellungsändernd wirken und einen wichtigen Weg zur Erreichung des Vollzugsziels darstellen kann".[382] Mithin wurde auch im Hamburger Strafvollzugsgesetz eine deutliche Verbindung zwischen Resozialisierung und Tataufarbeitung unter Berücksichtigung der Opferperspektive hergestellt. Bereits in der Begründung zum Hamburger Strafvollzugsgesetz von 2007 war die besondere Bedeutung der Straftataufarbeitung unter Einbeziehung der Folgen für das Opfer und des Tatausgleichs für das Vollzugsziel der Resozialisierung hervorgehoben worden.[383] Unter anderem durch die Auseinandersetzung mit der Straftat

[377] § 4 S. 3 HmbStVollzG; § 5 Abs. 1 S. 4 HStVollzG.

[378] Vgl. Bürgerschaft Hamburg Drs. 18/6490, S. 8; Drs. 19/2533, S. 7.

[379] Bürgerschaft Hamburg Drs. 19/2533, S. 52.

[380] Vgl. Bürgerschaft Hamburg Drs. 19/2533, S. 1.

[381] Bürgerschaft Hamburg Drs. 19/3295, S. 2 f.

[382] Bürgerschaft Hamburg Drs. 19/3295, S. 3.

[383] Vgl. Bürgerschaft Hamburg Drs. 18/6490, S. 31.

und ihrer Folgen für das Opfer sowie mit Möglichkeiten des bereitwilligen ausgleichenden Vorgehens gegenüber den Opfern, gewinne der Gesichtspunkt der sozialen Verantwortung für ein Leben ohne Straftaten eine besondere und eigenständige Bedeutung.[384] Durch die Behandlung würden letztlich auch Straftatopfer geschützt, da langanhaltende Beeinträchtigungen abgebaut werden.[385]

In Hessen soll nach § 5 Abs. 1 S. 4 HStVollzG die Einsicht der Gefangenen in das Unrecht der Tat und in die beim Opfer verursachten Tatfolgen vermittelt und durch geeignete Maßnahmen zum Ausgleich der Tatfolgen vertieft werden. Der Gesetzesbegründung zu § 5 Abs. 1 S. 4 ist zu entnehmen, dass die Gefangenen Verantwortung für ihre Taten übernehmen, das Unrecht der Tat einsehen und sich mit den Tatfolgen, insbesondere für das Opfer, auseinandersetzen sollen.[386] In diesem Zusammenhang werde den Gefangenen dabei geholfen, sich mit ihrer eigenen Biografie auseinanderzusetzen und ihr strafrechtliches Verhalten aufzuarbeiten.[387] Als zentrale Elemente der Einbeziehung des Opfers in die Behandlung der Gefangenen sind daher die Straftataufarbeitung und die Übernahme von Verantwortung für die Tat und ihre Folgen zu erkennen. In diesem Zusammenhang sollen nach § 5 Abs. 1 S. 4 HStVollzG zudem Möglichkeiten des Tatausgleichs berücksichtigt werden. Hierbei handele es sich um Maßnahmen, die dazu geeignet seien, den Eingliederungsauftrag des Strafvollzugs durch die Aufarbeitung von Defiziten der Gefangenen zu erfüllen.[388] Folglich wird die opferorientierte Behandlung der Gefangenen mit dem Resozialisierungsziel und der Wiedergutmachung von Straftatfolgen in Verbindung gebracht.[389]

9.3.2.1.3 Konkludente Einbeziehung des Opfers im Gestaltungsgrundsatz der Tataufarbeitung

Nachfolgend werden zunächst die relevanten Vorschriften der Landesgesetze aus Bremen, Mecklenburg-Vorpommern, Sachsen und Schleswig-Holstein betrachtet und anschließend die entsprechende Regelung des niedersächsischen Justizvollzugsgesetzes. Dies bietet sich aus zwei Gründen an. Zum einen haben sich die zuerst genannten Gesetze alle am ME LStVollzG orientiert. Der Wortlaut

---

[384] Bürgerschaft Hamburg Drs. 18/6490, S. 31.

[385] Bürgerschaft Hamburg Drs. 18/6490, S. 31.

[386] Landtag Hessen Drs. 18/1396, S. 78.

[387] Landtag Hessen Drs. 18/1396, S. 78.

[388] Landtag Hessen Drs. 18/1396, S. 78.

[389] Zum kriminalpolitischen Motiv der Restorative Justice i. w. S. sogleich unten im Abschnitt 9.3.4.

und die Gesetzesbegründungen der Vorschriften zum Grundsatz der Tataufarbeitung gleichen sich infolgedessen. Zum anderen trat das Niedersächsische Justizvollzugsgesetz zwar bereits 2008 in Kraft, allerdings wurde der Grundsatz der Tataufarbeitung erst 2017 in das Gesetz eingefügt.[390] Die am Musterentwurf orientierten Landesgesetze enthielten den Grundsatz der Tataufarbeitung jedoch bereits seit ihrem Inkrafttreten. Daher kann eine Beeinflussung des niedersächsischen Gesetzgebers durch die übrigen Landesstrafvollzugsgesetze und ihre Begründungen nicht ausgeschlossen werden.

9.3.2.1.3.1 Bremen, Mecklenburg-Vorpommern, Sachsen und Schleswig-Holstein

Die Strafvollzugsgesetze der Länder Bremen, Mecklenburg-Vorpommern, Sachsen und Schleswig-Holstein enthalten den Grundsatz der Tataufarbeitung in der Vorschrift zu den allgemeinen Gestaltungsgrundsätzen.[391] Da sowohl der Gesetzeswortlaut als auch die Gesetzesbegründungen in diesen Ländern sich gleichen, werden die Vorschriften dieser Landesgesetze nachfolgend gemeinsam betrachtet.

Nach § 3 Abs. 1 BremStVollzG und den entsprechenden Vorschriften der drei anderen Landesgesetze ist der Vollzug auf die Auseinandersetzung der Gefangenen mit ihren Straftaten und deren Folgen auszurichten.[392] Der Wortlaut dieser Regelungen ähnelt zwar jenem des § 8 Abs. 1 BbgJVollzG und den entsprechenden Regelungen in Rheinland-Pfalz, Sachsen-Anhalt und Thüringen.[393] Jedoch fehlt es in § 3 Abs. 1 BremStVollzG und den vergleichbaren Regelungen der Länder Mecklenburg-Vorpommern, Sachsen und Schleswig-Holstein an einer ausdrücklichen Nennung des Opfers und seiner Belange. Vielmehr sind sowohl der Wortlaut des § 3 Abs. 1 BremStVollzG als auch dessen Gesetzesbegründung gleichlautend mit Wortlaut und Begründung des § 3 Abs. 1 ME LStVollzG.[394] Gleiches gilt für die Regelungen in Mecklenburg-Vorpommern, Sachsen und Schleswig-Holstein.[395]

In der Begründung zu § 3 Abs. 1 BremStVollzG wird ausgeführt, dass die Straftat der Gefangenen und deren Folgen die Bezugspunkte für die Arbeit mit

[390] Vgl. hierzu Landtag Niedersachsen Drs. 17/7414, S 2.

[391] § 3 Abs. 1 StVollzG MV; § 3 Abs. 1 SächsStVollzG; § 3 Abs. 1 LStVollzG SH.

[392] § 3 Abs. 1 StVollzG MV; § 3 Abs. 1 SächsStVollzG; § 3 Abs. 1 LStVollzG SH.

[393] Siehe soeben oben im Abschnitt 9.3.2.1.2.2.

[394] Zu § 3 Abs. 1 BremStVollzG siehe Bürgerschaft Bremen Drs. 18/1475, S. 42; zu § 3 Abs. 1 ME LStVollzG siehe Begründung zum ME LStVollzG, S. 68.

[395] Landtag Mecklenburg-Vorpommern Drs. 6/1337, S. 69; Landtag Sachsen Drs. 5/10920, S. 90; Landtag Schleswig-Holstein Drs. 18/3153, S. 92.

den Gefangenen bilden. Kern und Anknüpfungspunkt für die Resozialisierung sei die Unterstützung der Gefangenen bei der Auseinandersetzung mit ihren Straftaten.[396] Zwar wird das Straftatopfer in diesem Zusammenhang nicht ausdrücklich genannt. Jedoch schließt eine umfassende Auseinandersetzung mit der Tat und ihren Folgen gerade auch die Berücksichtigung der Opferperspektive und der Folgen für das konkrete Opfer ein. Dies wird jedoch durch die Begründung nicht noch einmal gesondert hervorgehoben.

9.3.2.1.3.2 Niedersachsen

Das Strafvollzugsgesetz des Landes Niedersachsen enthält in seinen allgemeinen Regelungen zwar den Begriff des Opfers nicht. Jedoch ist in § 2 Abs. 3 S. 2 NJVollzG der Gestaltungsgrundsatz der Tataufarbeitung bzw. der Auseinandersetzung mit den Straftatfolgen enthalten. Der nachfolgenden Betrachtung der Gesetzgebungsmaterialien ist vorauszuschicken, dass der zweite Satz von § 2 Abs. 3 NJVollzG erst durch ein Änderungsgesetz im Jahr 2017 eingefügt wurde.[397] Laut der Begründung bildete die Berücksichtigung von Opferinteressen einen Schwerpunkt des Änderungsgesetzes.[398] Ziel der Gesetzesänderung war eine umfassende Einbeziehung von Opferbelangen in das Niedersächsische Justizvollzugsgesetz[399] – ähnlich also wie bei den Gesetzen von Nordrhein-Westfalen und Berlin. Der opferorientierte Vollzug sollte nicht nur als Gestaltungsgrundsatz in § 2 Abs. 3 S. 2 NJVollzG geregelt werden, sondern das gesamte Vollzugsgesetz durchdringen.[400] Auf die Verwendung des Opferbegriffs sei bewusst verzichtet worden, da dieser negativ konnotiert sei und „eine begriffliche Einengung auf die unmittelbar durch eine Straftat Geschädigten vermieden werden“ sollte.[401] Daher sei im NJVollzG von den „durch eine Straftat Verletzten“ die Rede, wo dies mit Blick auf die Bestimmtheit oder die Rechtsklarheit notwendig erscheine.[402]

Nach § 2 Abs. 3 S. 2 NJVollzG soll die Unrechtseinsicht und die Verantwortungsübernahme für die Straftatfolgen geweckt und gefördert werden. In der Begründung zu § 2 Abs. 3 S. 2 NJVollzG wird ausgeführt, dass die Straftat

---

396 Bürgerschaft Bremen Drs. 18/1475, S. 42; ebenso Landtag Mecklenburg-Vorpommern Drs. 6/1337, S. 69; Landtag Sachsen Drs. 5/10920, S. 90; Landtag Schleswig-Holstein Drs. 18/3153, S. 92.

397 Vgl. hierzu Landtag Niedersachsen Drs. 17/7414, S. 2.

398 Landtag Niedersachsen Drs. 17/7414, S. 9.

399 Landtag Niedersachsen Drs. 17/7414, S. 9.

400 Landtag Niedersachsen Drs. 17/7414, S. 9.

401 Landtag Niedersachsen Drs. 17/7414, S. 9.

402 Landtag Niedersachsen Drs. 17/7414, S. 9.

und ihre Folgen „zu einem weiteren zentralen Bezugspunkt im Hinblick auf die Erreichung des Vollzugsziels nach § 5 S. 1 NJVollzG erhoben werden".[403] Die Gefangenen sollen bei der Auseinandersetzung mit ihren Straftaten unterstützt und an Möglichkeiten der materiellen und immateriellen Wiedergutmachung herangeführt werden.[404] Die Resozialisierung könne sich nicht allein auf die individuelle Perspektive der Gefangenen beschränken, sondern müsse im Rahmen der Auseinandersetzung mit der jeweiligen Straftat auch die Bedürfnisse der von den Folgen betroffenen Dritten in den Blick nehmen.[405] Diesbezüglich ist erkennbar, dass der niedersächsische Gesetzgeber die Verbindung von Resozialisierung, Tataufarbeitung und Berücksichtigung von Opferperspektive und Opferbedürfnissen in den Blick genommen hat. Allerdings ist der Gesetzesbegründung zu § 2 Abs. 3 S. 2 NJVollzG ausdrücklich zu entnehmen, dass die Folgen der Straftaten bewusst nicht nur auf die Folgen für das Straftatopfer beschränkt wurden.[406] Vielmehr sollten durch die Neuregelung „die Auswirkungen von Straftaten auf das soziale Umfeld der Täterin oder des Täters als gesamtgesellschaftlicher Prozess beschrieben" werden.[407] Durch diese Neuregelung werde der Raum für eine Vollzugsgestaltung geschaffen, die einer umfassenden und nachhaltigen Wiederherstellung des Rechtsfriedens diene.[408] Mithin lässt die Begründung zu § 2 Abs. 3 S. 2 NJVollzG erkennen, dass der Landesgesetzgeber neben Täter:in und Opfer ebenso das soziale Umfeld der Täter:innen in die Wiederherstellung des Rechtsfriedens einbezieht. Diesbezüglich lassen sich Parallelen zu dem ganzheitlichen Konfliktlösungsansatz der Restorative Justice erkennen.[409]

9.3.2.2 Zusammenfassung

In einigen Landesgesetzen hat das gesetzgeberische Leitmotiv der opferbezogenen Vollzugsgestaltung durch die Festlegung als Gestaltungsgrundsatz oder als Grundsatz vollzuglicher Maßnahmen besondere Bedeutung erlangt. In den Vollzugsgesetzen der Länder Bayern, Berlin und Nordrhein-Westfalen wurde dies durch die Schaffung eigener Vorschriften zum verletzten- bzw. opferbezogenen Vollzug in besonderer Weise hervorgehoben.

---

[403] Landtag Niedersachsen Drs. 17/7414, S. 19.

[404] Landtag Niedersachsen Drs. 17/7414, S. 19.

[405] Landtag Niedersachsen Drs. 17/7414, S. 19.

[406] Landtag Niedersachsen Drs. 17/7414, S. 19.

[407] Landtag Niedersachsen Drs. 17/7414, S. 19.

[408] Landtag Niedersachsen Drs. 17/7414, S. 19.

[409] Siehe hierzu ausführlich oben im Abschnitt 7.2; zur Restorative Justice i. w. S. als kriminalpolitisches Motiv im Strafvollzugsrecht sogleich im Abschnitt 9.3.4.

Diese allgemeinen Vorgaben zur opferbezogenen Vollzugsgestaltung bzw. zur Einbeziehung der Opferinteressen dienen zumeist dem Schutz realer Straftatopfer vor einer erneuten Viktimisierung durch den bzw. die jeweilige:n Täter:in. Vereinzelt wird darüber hinaus aber auch der Schutz Dritter vor dem bzw. der konkreten Täter:in einbezogen. Dies gilt insbesondere für Art. 5a BayStVollzG und § 7 Abs. 1 S. 2 StVollzG NRW sowie für die Einbeziehung der Folgen für Angehörige von Straftatopfern gemäß § 6 Abs. 2 StVollzG Bln. Ferner ist dieser Gesichtspunkt auch im Zusammenhang mit dem Niedersächsischen Justizvollzugsgesetz insgesamt zu beachten, da der Landesgesetzgeber hier bewusst auf einen engen Opferbegriff verzichtet hat.

Als ein wichtiger Gesichtspunkt der opferbezogenen Vollzugsgestaltung wird die Tataufarbeitung durch den bzw. die Täter:in und damit die Auseinandersetzung mit der Straftat und den Straftatfolgen insbesondere für das Opfer verstanden. Dies wird insbesondere durch § 7 StVollzG NRW, § 6 StVollzG Bln und Art. 5a BayStVollzG deutlich, aber auch in den meisten anderen Landesgesetzen wird die Straftataufarbeitung unter Berücksichtigung der Opferperspektive in die Ausgestaltung des Strafvollzugs einbezogen. Dies gilt auch für § 3 Abs. 1 BremStVollzG sowie die gleichlautenden Regelungen in Mecklenburg-Vorpommern, Sachsen und Schleswig-Holstein, wenngleich die Opferperspektive hier nicht ausdrücklich genannt wird. Jedoch bedeutet Tataufarbeitung immer auch die Auseinandersetzung mit den Folgen der Tat für das konkrete Opfer. Hierauf aufbauend ergeben sich dann Möglichkeiten der Berücksichtigung von Opferinteressen insbesondere hinsichtlich der Schadenswiedergutmachung.

Die Einbeziehung der Opferinteressen soll nach dem Willen der Landesgesetzgeber nicht losgelöst vom Resozialisierungsauftrag erfolgen. Vielmehr stellt die opferbezogene Vollzugsgestaltung einen wesentlichen Bestandteil des Resozialisierungskonzepts dar. Ausdrückliche Nachweise hierfür finden sich in den Begründungen der Landesgesetze.[410]

---

[410] Landtag Baden-Württemberg Drs. 14/5012, S. 209; Abgeordnetenhaus Berlin Drs. 17/2442, S. 194; Landtag Brandenburg Drs. 5/6437, Begründung S. 13; Bürgerschaft Bremen Drs. 18/1475, S. 42; Bürgerschaft Hamburg Drs. 18/6490, S. 31; Landtag Mecklenburg-Vorpommern Drs. 6/1337, S. 69; Landtag Niedersachsen Drs. 17/7414, S. 19; Landtag Nordrhein-Westfalen Drs. 16/5413, S. 72; Landtag Rheinland-Pfalz Drs. 16/1910, S. 116; Landtag Saarland Drs. 15/386, S. 68; Landtag Sachsen Drs. 5/10920, S. 90; Landtag Sachsen-Anhalt Drs. 6/3799, S. 160; Landtag Schleswig-Holstein Drs. 18/3153, S. 92; Landtag Thüringen Drs. 5/6700, S. 79; indirekt auch Landtag Bayern Drs. 17/21101, S. 34: „[z]ur Behandlung der Gefangenen im Strafvollzug gehört es, diese zu befähigen, sich mit der Tat, ihren Ursachen und Folgen für das Opfer auseinanderzusetzen“; vgl. auch Landtag Hessen Drs. 18/1396, S. 78.

Die Tataufarbeitung und die Übernahme von Verantwortung für die Straftatfolgen sollen die Resozialisierung der Gefangenen unterstützen und ihre Fähigkeiten für ein Leben in sozialer Verantwortung ohne Straftaten fördern. Folglich trägt die opferbezogene Vollzugsgestaltung zu einer Konkretisierung bei, wie das Vollzugsziel der Resozialisierung erreicht werden soll.

9.3.3 Opferschutz als Motiv der Strafvollzugsgesetzgebung

9.3.3.1 Vorüberlegungen zum kriminalpolitischen Motiv des Opferschutzes im Strafvollzug

Sowohl in mehreren Vorschriften der Landesstrafvollzugsgesetze als auch in den Gesetzesbegründungen ist an mehreren Stellen vom „Opferschutz“ die Rede. Teilweise wird in den Gesetzesbegründungen der Opferschutz zur leitenden Prämisse des Gesetzes oder zumindest bestimmter Vorschriften erklärt und dies mit der Notwendigkeit von Regelungen zum Schutz der Opfer begründet.[411] Allerdings bezieht sich dieser Begriff nicht zwangsläufig auf den Schutz von tatsächlichen Straftatopfern vor „ihrem“ bzw. „ihrer“ Täter:in. Mitunter wird in den Gesetzesmaterialien neben dem Schutz tatsächlicher Opfer gerade auch die „Prävention“ von Straftaten[412], das „Sicherheitsinteresse der Allgemeinheit“[413] oder der „Schutz der Allgemeinheit“[414] betont. Nach dem Willen der Landesgesetzgeber sind einige Regelungen daher nicht allein auf den Schutz des realen Opfers ausgerichtet, sondern auch auf den Schutz potenzieller Opfer vor Straftaten und somit auf die Sicherheit der Allgemeinheit.

Das kriminalpolitische Ziel des Schutzes potenzieller Opfer ist jedoch bereits in der Vollzugsaufgabe der Sicherung der Allgemeinheit angelegt.[415] Fraglich ist daher, ob eine weitergehende Einbeziehung des Schutzes potenzieller Opfer überhaupt notwendig war. Innerhalb der meisten Gesetzesbegründungen wird

[411] Vgl. Landtag Nordrhein-Westfalen Drs. 16/5413, S. 2, 72; für die Landesgesetze, die sich am ME LStVollzG orientiert haben, vgl. z. B. Landtag Brandenburg Drs. 5/6437, Begründung S. 44 zu § 35 und S. 53 zu § 48.

[412] Bürgerschaft Hamburg Drs. 18/6490, S. 31 zu § 3, nunmehr § 4, vgl. Drs. 19/2533, S. 5.

[413] Landtag Bayern Drs. 15/8101, S. 49; Landtag Mecklenburg-Vorpommern Drs. 6/1337, S. 2, 64 („Sicherheitsinteressen der Bevölkerung“).

[414] Landtag Hessen Drs. 18/1396, S. 85 zu § 13.

[415] Weiterführend zur Vollzugsaufgabe der Sicherung *Laubenthal*, Strafvollzug, 8. Aufl. 2019, Rn. 171 ff.

mit Blick auf die Vollzugaufgabe ausdrücklich auf die staatlichen Schutzpflichten verwiesen.[416] Insofern wird in den Begründungen darauf hingewiesen, dass der Staat seiner Schutzpflicht durch die Förderung des Resozialisierungsziels nachkomme.[417] Da die Frage nach der Vereinbarkeit von staatlichen Schutzpflichten und Resozialisierungsauftrag das Verfassungsrecht betrifft, soll dieser Aspekt hier zunächst dahinstehen und erst später in dem Kapitel zu den verfassungsrechtlichen Grundlagen des Opferbezugs im Strafvollzug näher betrachtet werden.[418]

Nachfolgend werden mit Blick auf das kriminalpolitische Motiv des Opferschutzes daher zunächst nur die Regelungen näher betrachtet, die den Gesetzesbegründungen der Landesgesetze zufolge ausschließlich dem Schutz tatsächlicher Opfer dienen. Diese sind über die einzelnen Strafvollzugsgesetze der Länder verteilt und betreffen allgemeine Regelungen, Regelungen zur Planung und zum Ablauf des Vollzugs, Regelungen zu den Außenkontakten, Regelungen zu den vollzugsöffnenden Maßnahmen, und Regelungen zum Datenschutz[419]. Die gewonnen Ergebnisse werden schließlich zusammengefasst.

9.3.3.2 Regelungen zu den Grundsätzen des Vollzugs

In den allgemeinen Regelungen der Landesgesetze zu den Grundsätzen des Vollzugs wird der Begriff des Opferschutzes ausdrücklich in Art. 3 S. 2 BayStVollzG und § 4 S. 2 HmbStVollzG verwendet. Nach Art. 3 S. 2 BayStVollzG dient die Behandlung der Verhütung weiterer Straftaten und dem Opferschutz. Ähnlich lautet auch der Wortlaut des § 4 S. 2 HmbStVollzG, wonach „[d]ie Behandlung […] der Prävention und dem Schutz der Opfer vor Straftaten [dient]".

In den Gesetzesbegründungen wird ausdrücklich die allgemeine Straftatprävention – und somit der Schutz der Allgemeinheit vor weiteren Straftaten der

---

[416] Abgeordnetenhaus Berlin Drs. 17/2442, S. 189; Landtag Brandenburg Drs. 5/6437, Begründung S. 8; Bürgerschaft Bremen Drs. 18/1475, S. 42; Landtag Hessen Drs. 18/1396, S. 76; Landtag Mecklenburg-Vorpommern Drs. 6/1337, S. 69; Landtag Niedersachsen Drs. 15/3565, S. 67 f.; Landtag Rheinland-Pfalz Drs. 16/1910, S. 114; Landtag Saarland Drs. 15/386, S. 68; Landtag Sachsen Drs. 5/10920, S. 90; Landtag Sachsen-Anhalt Drs. 6/3799, S. 157; Landtag Thüringen Drs. 5/6700, S. 75; vgl. auch Bürgerschaft Hamburg Dr. 19/2533, S. 2.

[417] Vgl. z. B. Landtag Thüringen Drs. 5/6700, S. 75: „Der Staat kommt so seiner Schutzpflicht insbesondere dadurch nach, dass er die Resozialisierung fördert."; ähnlich auch in den anderen Begründungen soeben oben Fn. 410.

[418] Ausführlich hierzu in den verfassungsrechtlichen Grundlagen unten im Abschnitt 10.1.2.

[419] Das Datenschutzrecht ist nicht Gegenstand dieser Arbeit, siehe hierzu oben im Kapitel 3; gleichwohl wird unten im Abschnitt 9.3.3.6. ein Überblick über die opferbezogenen Vorschriften der Landesgesetze um Datenschutzrecht im Strafvollzug gegeben.

Gefangenen – vom Schutz tatsächlicher Opfer unterschieden.[420] Der Begriff „Opferschutz“ wird ausweislich der Gesetzesbegründungen nicht für den Schutz potenzieller Opfer verwendet, sondern betrifft den Schutz tatsächlicher Opfer vor den inhaftierten Täter:innen.[421] Die Berücksichtigung des Opferschutzes umfasst nach der Begründung zu Art. 3 S. 2 BayStVollzG die Auseinandersetzung der Gefangenen mit der Tat, ihren Ursachen und den Folgen für das Opfer.[422] Dementsprechend bezieht sich der Opferschutz in diesem Zusammenhang nur auf den Schutz tatsächlicher Opfer der inhaftierten Täter:innen. Ähnliches muss für § 4 S. 2 HmbStVollzG gelten, da in der Gesetzesbegründung zu dieser Vorschrift hervorgehoben wird, dass die Auseinandersetzung der Gefangenen mit den Tatfolgen ein Bestandteil des Resozialisierungsprozesses ist und somit das Resozialisierungsziel hinsichtlich eines Lebens in sozialer Verantwortung konkretisiert.[423]

Insgesamt wird in den Gesetzesbegründungen zu Art. 3 S. 2 BayStVollzG und § 4 S. 2 HmbStVollzG die Bedeutung der Einbeziehung der Opferperspektive für das Resozialisierungsziel ausdrücklich hervorgehoben.[424] In der Begründung zum Hamburger Strafvollzugsgesetz wird der Opferschutz sogar als ein notwendiger Bestandteil einer zielorientierten Umsetzung des Behandlungskonzepts bezeichnet.[425] Nach der Begründung zu Art. 3 S. 2 BayStVollzG ist die Konfliktaufarbeitung zwischen Täter:in und Opfer Teil des Behandlungsauftrags und führt zu einer Harmonisierung von Strafvollzugsrecht und Strafzumessungsrecht.[426]

Durch die Einbeziehung der Opferperspektive in die Gestaltung des Vollzugs wird das Vollzugsziel der Resozialisierung, d. h. die Befähigung der Gefangenen zu einem Leben ohne Straftaten in sozialer Verantwortung, klarer konturiert.[427] Eine umfassende Tataufarbeitung muss nach dieser Sichtweise notwendig die Folgen für das konkrete Straftatopfer einschließen. Daher ergeben

[420] Vgl. Landtag Bayern Drs. 15/8101, S. 49; zu § 4 S. 2 HmbStVollzG n. F. siehe Bürgerschaft Hamburg Drs. 18/6490, S. 31, da § 3 Abs. 1 HmbStVollzG a.F. diesem entspricht.

[421] Vgl. Landtag Bayern Drs. 15/8101, S. 49; zu § 4 S. 2 HmbStVollzG n. F. siehe Bürgerschaft Hamburg Drs. 18/6490, S. 31, da § 3 Abs. 1 HmbStVollzG a.F. diesem entspricht.

[422] Landtag Bayern Drs. 15/8101, S. 49 mit Verweis auf OLG Karlsruhe, StraFo 2005, 218 und *Kaiser/Schöch*, Strafvollzug, 5. Aufl. 2002, § 6 Rn. 14.

[423] Vgl. Bürgerschaft Hamburg Drs. 18/6490, S. 31.

[424] Vgl. Landtag Bayern Drs. 15/8101, S. 49; Bürgerschaft Hamburg Drs. 18/6490, S. 31.

[425] Bürgerschaft Hamburg Drs. 18/6490, S. 31.

[426] Landtag Bayern Drs. 15/8101, S. 46 mit Verweis auf *Wulf*, ZfStrVo 1985, 67 (68).

[427] Ähnlich auch Landtag Bayern Drs. 15/8101, S. 46; Bürgerschaft Hamburg Drs. 18/6490, S. 31.

sich Überschneidungen zwischen dem kriminalpolitischen Motiv der opferbezogenen Vollzugsgestaltung und dem Motiv des Opferschutzes. Mit Blick auf die allgemeinen Regelungen kann zumindest festgehalten werden, dass der Schutz tatsächlicher Opfer ein Teilaspekt der opferbezogenen Vollzugsgestaltung ist. Ähnliches hat bereits die Betrachtung der gesetzgeberischen Motive für Art. 5a BayStVollzG, § 6 StVollzG Bln und § 7 StVollzG NRW ergeben.[428]

Mit Blick auf die ausdrückliche Nennung des Opferschutzes in Art. 3 S. 2 BayStVollzG und § 4 S. 2 HmbStVollzG kann zudem festgehalten werden, dass sich das gesetzgeberische Motiv des „Opferschutzes“ hier auf den Schutz konkreter Opfer bezieht. Zudem wurde jedoch auch das kriminalpolitische Motiv des Schutzes der Allgemeinheit durch die Ausrichtung der Behandlung auf die Straftatprävention neben dem Ziel des Opferschutzes bedacht. Folglich sind Art. 3 S. 2 BayStVollzG und § 4 S. 2 HmbStVollzG nicht allein auf den Schutz tatsächlicher Opfer ausgerichtet, sondern berücksichtigen ebenso den Schutz der Allgemeinheit vor den Gefangenen.

9.3.3.3 Regelung zu Planung und Ablauf des Vollzugs

In Hamburg wurde mit § 8a HmbStVollzG im Jahr 2018 eine Vorschrift geschaffen, die auf den Schutz von Opfern besonders gefährlicher Sexual- und Gewaltstraftäter:innen gerichtet ist. Die Vorschrift befindet sich im zweiten Abschnitt des Hamburger Strafvollzugsgesetzes, der die Planung und den Ablauf des Vollzugs regelt, und folgt der Regelung zum Resozialisierungsplan gemäß § 8 HmbStVollzG. Aufgrund ihrer systematischen Stellung ist die Vorschrift daher der allgemeinen Vollzugsplanung zuzuordnen, wenngleich sie Bezugspunkte zu den vollzugsöffnenden Maßnahmen (unten im Abschnitt 9.3.3.5) enthält. Im Gegensatz zu den übrigen speziellen Vorschriften für Sexual- und Gewaltstraftäter:innen in einigen Bundesländern wurde § 8a HmbStVollzG mit „Opferschutz“ überschrieben. Daher wird § 8a HmbStVollzG nachfolgend gesondert betrachtet.[429]

§ 8a S. 1 HmbStVollzG sieht für besonders gefährliche Sexual- und Gewaltstraftäter:innen vor, dass eine Risikoeinschätzung durch eine psychologische Fachkraft erstellt wird. Gemäß § 8a S. 2 HmbStVollzG sind bei der Suche und Gestaltung des sozialen Empfangsraumes für die Zeit nach der Entlassung die Schutzinteressen des Opfers einzubeziehen. In § 8a S. 3 HmbStVollzG findet sich schließlich eine besondere Verfahrensweise hinsichtlich der Unterbereitung

---

[428] Siehe hierzu bereits oben im Abschnitt 9.3.2.1.1.

[429] Im Rahmen der Auslegung wird § 8a HmbStVollzG innerhalb der Vorschriften zu vollzugsöffnenden Maßnahmen im Kapitel 15 betrachtet werden, da die Regelung in der Gesamtschau die Ausgestaltung des Vollzugs gegenüber den genannten Täter:innengruppen unter besonderer Berücksichtigung einer etwaigen Gefährlichkeit betrifft.

von Vorschlägen für gerichtliche Weisungen gegenüber Gefangenen, „die auch dem Schutz des Opfers dienen sollen".

In der Gesetzesbegründung zu § 8a HmbStVollzG wird die besondere Schutzbedürftigkeit der Opfer von Sexual- und Gewaltdelikten betont.[430] Diese Opfer müssten vor den Täter:innen bestmöglich geschützt werden.[431] Allerdings wird diesbezüglich nicht allein auf das Risiko einer erneuten Viktimisierung des konkreten Opfers abgestellt. Vielmehr soll durch § 8a HmbStVollzG verhindert werden, „dass die Täter nicht erneut zu einem Risiko für andere Menschen, insbesondere [für] das Opfer einer früheren Tat, werden".[432] Daher betrifft die Risikoeinschätzung nicht nur den Schutz des konkreten Straftatopfers, sondern vielmehr das möglicherweise von den Inhaftierten nach ihrer Entlassung ausgehende Sicherheitsrisiko für die Allgemeinheit. Folglich dient § 8a HmbStVollzG nicht ausschließlich dem Schutz des konkreten Straftatopfers, da dessen Schutzinteressen nur im Zusammenhang mit der Gestaltung des sozialen Empfangsraums nach der Haftentlassung nach Satz 2 und der Erteilung (auch) opferschützender Weisungen nach Satz 3 von Bedeutung sind. Die Risikoeinschätzung nach Satz 1 kann zwar auch den Schutz des konkreten Opfers bezwecken, dient vornehmlich jedoch der allgemeinen Straftatprävention und somit dem Sicherheitsinteresse der Allgemeinheit vor den in § 8a S. 1 HmbStVollzG genannten Täter:innengruppen.

9.3.3.4 Regelungen zu den Außenkontakten der Gefangenen

Ausschließlich auf den Schutz von tatsächlichen Opfern bezogen sind die opferbezogenen Regelungen zu den Außenkontakten der Gefangenen. Einige Vollzugsgesetze sehen die Möglichkeit vor, einen Besuch der Gefangenen durch das Opfer zu untersagen.[433] Diese Regelungen zum Besuch werden teilweise ergänzt durch Vorschriften, die ausdrücklich eine Einschränkung der postalischen[434] und fernmündlichen[435] Kommunikation mit dem Straftatopfer gestatten. Die Vollzugsgesetze von Hessen und Nordrhein-Westfalen haben die Untersagung

[430] Bürgerschaft Hamburg Drs. 21/11906, S. 37.

[431] Bürgerschaft Hamburg Drs. 21/11906, S. 37.

[432] Bürgerschaft Hamburg Drs. 21/11906, S. 37.

[433] § 30 Nr. 3 StVollzG Bln; § 35 Nr. 3 BbgJVollzG; § 27 Nr. 3 BremStVollzG; § 27 Nr. 3 StVollzG MV; § 34 Nr. 3 LJVollzG RP; § 27 Nr. 3 SLStVollzG; § 27 Nr. 3 SächsStVollzG; § 34 Nr. 3 JVollzGB I LSA; § 43 Abs. 2 LStVollzG SH; § 35 Nr. 3 ThürJVollzGB.

[434] §§ 35 Nr. 3, 38 Abs. 1 Nr. 3 StVollzG Bln; § 40 Nr. 3 BbgJVollzG; § 32 Nr. 3 BremStVollzG; § 32 Nr. 3 StVollzG MV; § 39 Nr. 3 LJVollzG RP; § 32 Nr. 3 SLStVollzG; §§ 32 Nr. 3, 35 Abs. 1 Nr. 3, 37 Abs. 5 S. 2 SächsStVollzG; § 39 Nr. 3 JVollzGB I LSA; § 48 Abs. 1 Nr. 3; § 40 Nr. 3 ThürJVollzGB.

[435] Ausdrücklich nur § 30 Abs. 1 S. 2 SächsStVollzG.

von Kontakten in einer allgemeinen Vorschrift zu den verschiedenen Außenkontakten geregelt und in diesem Zusammenhang einen Versagungsgrund für Kontakte mit dem Opfer normiert.[436]

Ausweislich der Gesetzesbegründungen mehrerer Bundesländer[437] werden die jeweiligen Vollzugsgesetze mit diesen Vorschriften den Europäischen Strafvollzugsgrundsätzen gerecht, die in Nr. 24.2 eine Überwachung und Einschränkung von Besuchen und anderen Außenkontakten zum Schutz des Opfers ermöglichen.[438] Die Prüfung einer Zulassung von Opfern als Besucher:innen durch die Anstaltsleitung soll „Opfer davor bewahren, dass sie die Wirkungen einer Begegnung mit den Gefangenen nicht einschätzen können und psychischen Schaden nehmen“[439]. Mithin dient die Versagungsmöglichkeit dem Schutz der Tatopfer vor einer (Re-)Viktimisierung durch den bzw. die konkrete:n Täter:in. Insbesondere minderjährige Opfer sollen durch dieses Interventionsrecht der Anstaltsleitung vor einem möglichen „schädlichen Einfluss der Gefangenen“ geschützt werden können, wobei die Untersagung des Besuchs unabhängig vom „Willen der Personensorgeberechtigten, der Kenntnis des Jugendamtes und von einem möglichen Verwandtschaftsverhältnis“ erfolgen kann.[440]

Nach dem sächsischen Landesstrafvollzugsgesetz kann die Anstaltsleitung gemäß § 27 Nr. 3 SächsStVollzG Besuche lediglich bei minderjährigen Tatopfern versagen. Auch in der Gesetzesbegründung wird zwischen minderjährigen und volljährigen Opfern unterschieden. Die Anstaltsleitung könne Besuche bei erwachsenen Opfern zwar nicht untersagen, jedoch könne die Anstalt die Gefahr einer erneuten Viktimisierung durch den Besuch im Rahmen eines vorgelagerten Gespräches thematisieren und gegebenenfalls auf Opferhilfeeinrichtungen hinweisen.[441]

---

[436] § 33 Abs. 2 Nr. 3 HStVollzG; § 25 Nr. 3 StVollzG NRW.

[437] Abgeordnetenhaus Berlin Drs. 17/2442, S. 216 f.; Landtag Brandenburg Drs. 5/6437, Begründung S. 44; Bürgerschaft Bremen Drs. 18/1475, S. 57; Landtag Mecklenburg-Vorpommern Drs. 6/1337, S. 89; Landtag Rheinland-Pfalz Drs. 16/1910, S. 129; Landtag Saarland Drs. 15/386, S. 86; Landtag Sachsen Drs. 5/10920, S. 107; Landtag Sachsen-Anhalt Drs. 6/3799, S. 184; Landtag Thüringen Drs. 5/6700, S. 105; siehe auch Landtag Hessen Drs. 18/6068, S. 80, wobei Hessen das Gesetz erst 2013 entsprechend geändert hat, vgl. a. a. O. S. 39.

[438] Vgl. Landtag Brandenburg Drs. 5/6437, Begründung S. 44.

[439] Siehe nur Landtag Brandenburg Drs. 5/6437, Begründung S. 44; in den übrigen Ländern finden teilweise wortgleiche oder zumindest sprachlich ähnliche Begründung.

[440] Siehe nur Landtag Brandenburg Drs. 5/6437, Begründung S. 44.

[441] Vgl. Landtag Sachsen Drs. 5/10920, S. 107.

Zu den Möglichkeiten der Beschränkung des postalischen oder fernmündlichen Kontakts zwischen Gefangenen und Opfern enthalten die Gesetzesbegründungen ganz überwiegend keine weiterführenden Ausführungen. Eine Ausnahme bildet die Begründung des Landesstrafvollzugsgesetzes von Nordrhein-Westfalen. So enthält § 25 Nr. 3 StVollzG NRW eine generalklauselartige Regelung zur Untersagung aller Kontaktmöglichkeiten zwischen Gefangenen und Opfern durch die Anstaltsleitung. Der Gesetzesbegründung zufolge ist § 25 Nr. 3 StVollzG NRW als eine Konkretisierung des Grundsatzes der opferbezogenen Gestaltung des Strafvollzugs gemäß § 7 StVollzG NRW zu verstehen. Dabei wird insbesondere auf die Autonomie des Straftatopfers abgestellt, sodass es bereits für eine Beschränkung oder Untersagung des Kontakts ausreichen soll, wenn das Opfer den Kontakt nicht wünscht.[442]

9.3.3.5 Regelungen zu den vollzugsöffnenden Maßnahmen

Einige Landesstrafvollzugsgesetze enthalten schließlich in den jeweiligen Regelungen zu vollzugsöffnenden Maßnahmen opferbezogene Gesichtspunkte. Unter vollzugsöffnenden Maßnahmen werden im Folgenden neben Vollzugslockerungen im engeren Sinne wie Ausgang, Freigang und Außenbeschäftigung auch der Hafturlaub und die Unterbringung im offenen Vollzug verstanden.[443] Der Begriff „vollzugsöffnende Maßnahmen“ bildet daher einen Oberbegriff für all jene Maßnahmen des Vollzugs, bei denen die Gefangenen sich außerhalb der Anstalt aufhalten[444] oder sich im offenen Vollzug befinden.

In den Landesstrafvollzugsgesetzen können auf der einen Seite allgemeine Regelungen über Vollzugslockerungen und vollzugsöffnende Maßnahmen und auf der anderen Seite solche über Weisungen bei Lockerungen unterschieden werden. Während nur vier Landesstrafvollzugsgesetze innerhalb der allgemeinen Regelungen einen Opferbezug aufweisen[445], wird die Einbeziehung der Opferbelange bei

[442] Landtag Nordrhein-Westfalen Drs. 16/5413, S. 106.

[443] Ausführlich zu den einzelnen Lockerungen *Laubenthal*, Strafvollzug, 8. Aufl. 2019, Rn. 524 ff., zum Hafturlaub Rn. 546 ff. und zum offenen Vollzug Rn. 345 ff.

[444] Vgl. die Legaldefinition zum Begriff der Lockerungen in § 38 Abs. 1 BremStVollzG; weiterführend zum Begriff der vollzugsöffnenden Maßnahmen *Laubenthal*, Strafvollzug, 8. Aufl. 2019, Rn. 524.

[445] § 12 Abs. 5 HmbStVollzG; § 13 Abs. 2 S. 2 HStVollzG; § 53 Abs. 1 S. 1 StVollzG NRW; § 45 Abs. 3 S. 3 JVollzGB I LSA sowie § 22 Abs. 2 S. 3 JVollzGB I LSA für den offenen Vollzug.

der Ausgestaltung der Lockerungen durch Weisungen in 13 Landesgesetzen aufgegriffen[446]. In den Strafvollzugsgesetzen von Bayern und Baden-Württemberg ist zumindest dem Wortlaut der entsprechenden Vorschriften keine besondere Berücksichtigung von Opferinteressen im Zusammenhang mit vollzugsöffnenden Maßnahmen zu entnehmen.

Einige Landesgesetze nehmen bei Entscheidungen über die Gewährung von Lockerungen ausdrücklich die Beachtung der Sicherheitsinteressen der Allgemeinheit in den Blick.[447] Grundsätzlich sind Vollzugslockerungen danach nur dann zu gewähren, wenn nicht zu befürchten ist, dass die Gefangenen sich dem Freiheitsentzug entziehen oder die Maßnahme für die Begehung von Straftaten oder auf andere Weise missbrauchen.[448] Die Vollzugsgesetze von Hessen und Sachsen-Anhalt sehen bei Entscheidungen über Vollzugslockerungen darüber hinaus ausdrücklich eine angemessene Berücksichtigung des Schutzes der Allgemeinheit und der Belange des Opferschutzes vor.[449] Das Gesetz von Hamburg sieht in § 12 Abs. 5 S. 1 HmbStVollzG die Berücksichtigung von Belangen der Opfer bei der Entscheidung über die Gewährung und Ausgestaltung der Lockerungen vor. In Nordrhein-Westfalen sind nach § 53 Abs. 1 S. 2 Hs. 1 StVollzG NRW die Belange der Gefangenen bei Lockerungsentscheidungen allein mit den Schutzinteressen der Allgemeinheit abzuwägen. Den berechtigten Schutzinteressen von Opfern ist gemäß § 53 Abs. 6 StVollzG NRW lediglich bei der Ausgestaltung vollzugsöffnender Maßnahmen Rechnung zu tragen.

Neben diesen allgemeinen Regelungen enthalten die meisten Landesgesetze ausdrücklich die Möglichkeit, vollzugsöffnende Maßnahmen durch opferbezogene Weisungen auszugestalten. Bereits der ME LStVollzG sah in § 40 S. 2 bei der Ausgestaltung von Lockerungen nach Möglichkeit eine Berücksichtigung von Opferbelangen vor. Daher überrascht es nicht, dass in den Landesgesetzen der

---

[446] § 44 S. 2 StVollzG Bln; § 48 Abs. 1 S. 2 BbgJVollzG; § 40 S. 2 BremStVollzG; § 40 S. 2 StVollzG MV; § 15 Abs. 1 S. 2 NJVollzG; § 47 S. 2 LJVollzG RP; § 40 S. 2 SLStVollzG; § 40 S. 2 SächsStVollzG; § 47 Abs. 3 JVollzGB I LSA; § 57 S. 2 LStVollzG SH; § 48 S. 2 ThürJVollzGB; spezielle opferbezogene Weisungen finden sich zudem in § 12 Abs. 6 HmbStVollzG; § 57 S. 2 Nr. 4 StVollzG NRW und § 47 Abs. 1 S. 2 Nr. 3 JVollzGB I LSA.

[447] § 13 Abs. 2 S. 2 HStVollzG; § 53 Abs. 1 S. 2 StVollzG NRW; § 45 Abs. 3 S. 3 JVollzGB I LSA; für den offenen Vollzug § 22 Abs. 2 S: 3 JVollzGB I LSA.

[448] Vgl. etwa § 13 Abs. 2 S. 1 HStVollzG; ähnliche Formulierungen sind in allen Landesstrafvollzugsgesetzen enthalten.

[449] § 13 Abs. 2 S. 2 HStVollzG; § 45 Abs. 3 S. 3 JVollzGB I LSA; für den offenen Vollzug § 22 Abs. 2 S. 3 JVollzGB I LSA.

sogenannten Zehnergruppe eine gleichlautende Regelung enthalten ist.[450] In Niedersachsen fordert § 15 Abs. 1 S. 2 NJVollzG ebenfalls die Berücksichtigung von Verletzteninteressen, bezieht dabei aber die Schutzinteressen gefährdeter Dritter mit ein. Das Gesetz von Nordrhein-Westfalen enthält zusätzlich zu dem generellen Erfordernis der Berücksichtigung von Opferbelangen nach § 53 Abs. 6 StVollzG NRW im Weisungskatalog des § 57 S. 2 Nr. 4 StVollzG NRW eine opferbezogene Weisung. Nach dieser Vorschrift können die Gefangenen angewiesen werden, sich dem Opfer und dessen Wohnbereich nicht zu nähern. Das gleiche Beispiel für eine opferschützende Weisung enthält § 47 Abs. 1 S. 2 Nr. 3 JVollzGB I LSA.

In den Strafvollzugsgesetzen von Bayern, Baden-Württemberg und Hessen sind hinsichtlich der Ausgestaltung von vollzugsöffnenden Maßnahmen weder die Berücksichtigung von Opferbelangen noch konkrete opferbezogene Weisungen vorgesehen. Allerdings können dem Gefangenen gemäß § 11 Abs. 1 JVollzGB III BaWü insbesondere Weisungen hinsichtlich des Aufenthaltsortes erteilt werden, die gegebenenfalls auch den Wohnort des Opfers betreffen können. Auch Art. 16 BayStVollzG ermöglicht die Erteilung von Weisungen, ohne speziell auf das Opfer Bezug zu nehmen. Ähnliches gilt für § 14 Abs. 1 HStVollzG, der zwar einen exemplarischen Weisungskatalog enthält, jedoch keine ausdrücklich opferbezogenen Weisungen.[451]

Seit der Änderung des Hamburger Strafvollzugsgesetzes im Jahr 2018[452] sieht § 12 Abs. 6 HmbStVollzG eine Prüfung vor, ob Vollzugslockerungen mit Weisungen zur Unterbindung von Kontaktaufnahmen mit dem Opfer und dessen Angehörigen verbunden werden sollen. Ausweislich der Gesetzesbegründung soll

---

[450] § 48 Abs. 1 S. 2 BbgJVollzG; § 40 S. 2 StVollzG MV; § 47 S. 2 LJVollzG RP; § 40 S. 2 SLStVollzG; § 40 S. 2 SächsStVollzG; § 47 Abs. 3 JVollzGB I LSA; § 57 S. 2 LStVollzG SH; § 48 S. 2 ThürJVollzGB; mit Abweichungen § 44 S. 2 StVollzG Bln; § 40 S. 2 BremStVollzG.

[451] Erwähnenswert ist, dass die Berücksichtigung der Opferbelange bei der Ausgestaltung vollzugsöffnender Maßnahmen im hessischen Strafvollzugsgesetz zwar nicht normiert wurde, eine solche Regelung allerdings im hessischen Gesetz über den Vollzug der Sicherungsverwahrung (GVBl. Hessen 2013, S. 46 ff.) enthalten ist. Nach § 14 Abs. 3 HSVVollzG ist bei der Ausgestaltung der vollzugsöffnenden Maßnahmen den Belangen des Opferschutzes Rechnung zu tragen. Zudem enthält der Katalog des § 14 Abs. 1 HSVVollzG in Nummer 2 die Weisung, bestimmte Orte zu meiden, worunter gegebenenfalls der Wohnort des Opfers gefasst werden kann. Insofern ist das HSVVollzG hinsichtlich der Ausgestaltung von vollzugsöffnenden Maßnahmen wesentlich opferorientierter als das hessische Strafvollzugsgesetz.

[452] Gesetz über das Hamburgische Resozialisierungs- und Opferhilfegesetz und zur Änderung strafvollzugsrechtlicher Vorschriften, HmbGVBl. I 2018, S. 265 ff.; § 12 Abs. 6 HmbStVollzG gilt seit dem 01.01.2019.

die Regelung § 8a HmbStVollzG ergänzen und bereits bei Vollzugslockerungen eine seitens des Opfers ungewollte Kontaktaufnahme durch den Gefangenen vermieden werden.[453] Allerdings soll zugleich auch verhindert werden, dass Gefangene in eine Situation geraten, die eine einschlägige Rückfälligkeit begünstigen könnte.[454] Daher dient die Regelung sowohl dem Schutz des konkreten Opfers als auch der Unterstützung der Gefangenen bei der Erreichung des Resozialisierungsziels.

Den Begründungen zu zahlreichen Landesstrafvollzugsgesetzen ist zu entnehmen, dass vollzugsöffnende Maßnahmen wichtige Behandlungsmaßnahmen sind, die der Wiedereingliederung der Gefangenen dienen und etwaigen schädlichen Folgen des Freiheitsentzugs entgegenwirken sollen.[455] Somit würden Lockerungen der Umsetzung der entsprechenden Vollzugsgrundsätze dienen.[456] Zum Erreichen dieses Zweckes ist es einigen Gesetzesbegründungen zufolge regelmäßig notwendig, den Gefangenen für die Lockerungen Weisungen zu erteilen.[457]

Nach den Begründungen der Landesgesetze, die bereits bei der Entscheidung über die Gewährung von vollzugsöffnenden Maßnahmen eine Einbeziehung von Opferbelangen vorsehen, dient dies dem Schutz des konkreten Opfers.[458] In den Begründungen zu den Strafvollzugsgesetzen der Länder Hamburg, Hessen und Sachsen-Anhalt wird hinsichtlich der Gewährung von Lockerungen nur allgemein eine angemessene Berücksichtigung des Opferschutzes gefordert.[459] Hierunter

---

[453] Bürgerschaft Hamburg Drs. 21/11906, S. 38.

[454] Bürgerschaft Hamburg Drs. 21/11906, S. 38.

[455] Landtag Baden-Württemberg Drs. 14/5012, S. 214; Landtag Bayern Drs. 15/8101, S. 54; Abgeordnetenhaus Berlin Drs. 17/2442, S. 225; Landtag Brandenburg Drs. 5/6437, Begründung S. 51; Bürgerschaft Bremen Drs. 18/1475, S. 62; Landtag Hessen Drs. 18/1396, S. 84; Landtag Mecklenburg-Vorpommern Drs. 6/1337, S. 96; Landtag Rheinland-Pfalz Drs. 16/1910, S. 133; Landtag Saarland Drs. 15/386, S. 92; Landtag Sachsen Drs. 5/10920, S. 114; Landtag Sachsen-Anhalt Drs. 6/3799, S. 191; Landtag Schleswig-Holstein Drs. 18/3153, S. 132; Landtag Thüringen Drs. 5/6700, S. 111.

[456] Vgl. nur Bürgerschaft Bremen Drs. 18/1475, S. 62 und Landtag Mecklenburg-Vorpommern Drs. 6/1337, S. 96; ausführlich zu den Gestaltungsgrundsätzen bereits oben im Abschnitt 5.1.1.3.

[457] Vgl. Landtag Baden-Württemberg Drs. 14/5012, S. 214; Landtag Bayern Drs. 15/8101, S. 54.

[458] Vgl. Bürgerschaft Hamburg Drs. 20/6795, S. 77; Landtag Hessen Drs. 18/1396, S. 85 für das HStVollzG, ausführlicher in der Begründung zu § 14 Abs. 3 HSVVollzG LT Drs. 18/6068, S. 68; Landtag Sachsen-Anhalt Drs. 6/3799, S. 194.

[459] Bürgerschaft Hamburg Drs. 20/6795, S. 77; Landtag Sachsen-Anhalt Drs. 6/3799, S. 194; ähnlich auch Landtag Hessen Drs. 18/1396, S. 79.

könnte neben dem Schutz tatsächlicher Opfer auch der Schutz potenzieller Opfer zu verstehen sein. Diesbezüglich enthalten die genannten Gesetzesbegründungen jedoch keine weiteren Hinweise auf das den entsprechenden Regelungen zugrunde liegende Verständnis des Begriffs „Opferschutz".

Während in Sachsen-Anhalt nach dem Gesetzeswortlaut von § 22 Abs. 2 S. 3 JVollzGB I LSA bei der Entscheidung über die Unterbringung der Gefangenen im offenen Vollzug der Schutz der Allgemeinheit und die Belange des Opferschutzes in angemessener Weise zu berücksichtigen sind, stellt die Gesetzesbegründung hinsichtlich der Unterbringung von Gefangenen im offenen Vollzug lediglich auf den Schutz der Allgemeinheit ab.[460] Da in der Gesetzesbegründung allein auf die Sicherheitsinteressen der Allgemeinheit Bezug genommen und das Merkmal des Opferschutzes nicht weiter konkretisiert wird, bildet der Schutz der Allgemeinheit und nicht der Schutz konkreter Opfer vor den Gefangenen den Schwerpunkt der Regelung.

Ähnlich verhält es sich für Hessen nach § 13 Abs. 2 S. 2 HStVollzG und für Sachsen-Anhalt gemäß § 45 Abs. 3 S. 3 JVollzGB I LSA, die mit Blick auf die Entscheidung über vollzugsöffnende Maßnahmen die Berücksichtigung des Schutzes der Allgemeinheit und der Belange des Opferschutzes nennen. Während alle übrigen Landesgesetze dem Wortlaut nach die Gewährung von Lockerungen von der Missbrauchsprognose abhängig machen, sehen die beiden genannten Vorschriften eine zusätzliche Abwägung mit dem Schutzinteresse der Allgemeinheit vor. Allerdings ist die Berücksichtigung von Sicherheitsinteressen der Allgemeinheit ohnehin bereits Teil der allgemeinen Missbrauchsprognose. Daher kann die zusätzliche ausdrückliche Nennung des Sicherheitsinteresses der Allgemeinheit in den Vorschriften von Hessen und Sachsen-Anhalt nur als Betonung des besonderen Gewichts dieses Gesichtspunktes verstanden werden. Der Schutz der tatsächlichen Opfer der jeweiligen Täter:innen steht hier also nicht im Vordergrund.

Im Vergleich mit den übrigen Gesetzesbegründungen aufschlussreicher hinsichtlich der Einbeziehung von Opferbelangen im Zusammenhang mit vollzugsöffnenden Maßnahmen ist die Begründung zu § 53 Abs. 6 StVollzG NRW. Danach sind die Opferbelange bei vollzugsöffnenden Maßnahmen in der Weise zu berücksichtigen, dass die Maßnahmen so auszuwählen sind, „dass gefährdende Situationen für Gefangene und andere Personen möglichst vermieden werden"[461]. Hierzu diene insbesondere die Möglichkeit der Erteilung von Weisungen.[462]

[460] Landtag Sachsen-Anhalt Drs. 6/3799, S. 174.

[461] Landtag Nordrhein-Westfalen Drs. 16/5413, S. 129 zu § 53 Abs. 5 StVollzG NRW-E.

[462] Landtag Nordrhein-Westfalen Drs. 16/5413, S. 129.

Zudem wird in der Begründung betont, dass ohnehin auf Opferinteressen Rücksicht genommen werden muss und es daher keines entsprechenden Antrags des Opfers bedarf.[463]

Freilich ist zu beachten, dass sich § 53 Abs. 6 StVollzG NRW nur auf die Ausgestaltung der vollzugsöffnenden Maßnahmen bezieht. Bei der Entscheidung über die Gewährung von Vollzugslockerungen nach § 53 Abs. 1 S. 2 StVollzG NRW sind die Interessen der Gefangenen demgegenüber nur mit den Schutzinteressen der Allgemeinheit abzuwägen. Eine hierüber hinausgehende Berücksichtigung der Interessen konkreter Opfer ist im Zusammenhang mit der Entscheidung über die Gewährung von Lockerungen nicht ersichtlich. Folglich trägt § 53 Abs. 1 S. 2 StVollzG NRW allein dem Schutz der Allgemeinheit Rechnung. Das konkrete Straftatopfer ist zwar auch Teil dieser Allgemeinheit, allerdings ist die Beachtung individueller Opferinteressen nicht vorgesehen. Daher ist die Regelung des § 53 StVollzG NRW hinsichtlich der Entscheidung über die Gewährung von vollzugsöffnenden Maßnahmen ausdrücklich dem Schutz potenzieller Opfer zuzuordnen. Die Einbeziehung von Opferschutzgesichtspunkten bei der Ausgestaltung der Maßnahmen dient demgegenüber dem Schutz tatsächlicher Opfer.

Landesrechtlichen Vorschriften, die bei der Entscheidung über die Gewährung vollzugsöffnender Maßnahmen neben dem Sicherheitsinteresse der Allgemeinheit die Berücksichtigung der Belange des Opferschutzes vorsehen[464], können ebenfalls sowohl dem Schutz tatsächlicher Opfer als auch dem Schutz potenzieller Opfer zugeordnet werden.

Im Gegensatz dazu dient die Möglichkeit, den Gefangenen im Rahmen von Vollzugslockerungen opferbezogene Weisungen zu erteilen, augenscheinlich dem Schutz des konkreten Straftatopfers. Dazu ist anzumerken, dass sowohl Wortlaut als auch Begründungen der Gesetze, die sich am ME LStVollzG orientieren, nahezu identisch sind[465]. Zumindest hinsichtlich der Gesetzesbegründung trifft

[463] Landtag Nordrhein-Westfalen Drs. 16/5413, S. 129.

[464] § 13 Abs. 2 S. 2 HStVollzG; § 12 Abs. 5 S. 1 HmbStVollzG; § 22 Abs. 2 S. 3 und § 45 Abs. 3 S. 3 JVollzGB I LSA.

[465] Abgeordnetenhaus Berlin Drs. 17/2442, S. 227 zu § 44 S. 2 StVollzG Bln (unter Verwendung der Begriffe „Verletzter“ und „Verletztenschutz“); Landtag Brandenburg Drs. 5/6437, Begründung S. 53 zu § 48 S. 2 BbgJVollzG(unter Verwendung der Begriffe „Straf- und Jugendgefangenen“); Bürgerschaft Bremen Drs. 18/1475, S. 63 zu § 40 S. 2 BremStVollzG; Landtag Mecklenburg-Vorpommern Drs. 6/1337, S. 98 zu § 40 S. 2 StVollzG MV; Landtag Rheinland-Pfalz Drs. 16/1910, S. 134 zu § 47 S. 2 LJVollzG RP; Landtag Saarland Drs. 15/386, S. 93 zu § 40 S. 2 SLStVollzG; Landtag Sachsen Drs. 5/10920, S. 116 zu § 40 S. 2 SächsStVollzG; Landtag Sachsen-Anhalt Drs. 6/3799, S. 194 zu § 47 JVollzGB I LSA; Landtag Schleswig-Holstein Drs. 18/3153, S. 133 zu § 57 S. 2 LStVollzG SH; Landtag Thüringen Drs. 5/6700, S. 113 f. zu § 48 S. 2 ThürJVollzGB (unter Einbeziehung der

dies auch für Hamburg auf § 12 Abs. 5 HmbStVollzG zu.[466] Ausweislich der Begründungen handelt es sich bei Lockerungen zwar um wichtige Resozialisierungsmaßnahmen, allerdings habe eine Abwägung mit den Interessen des Opfers zu erfolgen. Hierzu könnten beispielsweise entsprechende Weisungen erteilt werden und so ein für die Opfer belastendes, unvorhersehbares Zusammentreffen mit den Gefangenen während der Lockerungen vermieden werden.[467] Die in § 47 Abs. 1 S. 2 Nr. 3 JVollzGB I LSA enthaltene opferbezogene Weisung bezüglich des Fernbleibens vom Wohnort des Opfers konkretisiert dies zumindest für Sachsen-Anhalt. In der Vorschrift wird das gesetzgeberische Motiv der Vermeidung einer sekundären Viktimisierung des Opfers infolge einer Konfrontation mit dem bzw. der Täter:in deutlich.

9.3.3.6 Regelungen zum Datenschutz

9.3.3.6.1 Allgemeine Überlegungen

Ebenfalls eindeutig der Kategorie des Schutzes direkter Opfer zuzuordnen sind die Regelungen über die Auskunftsrechte des Opfers über vollzugsöffnende Maßnahmen gegenüber den Gefangenenund die Entlassung der Gefangenen.[468], die Informationspflicht der Anstalt über den Tod des bzw. der Gefangenen[469] und die Vorschriften über die Speicherung und Verwendung von Opferdaten[470]. Zwar werden die opferbezogenen Vorschiften zum Datenschutz im Teil III der vorliegenden Untersuchung nicht vertieft betrachtet.[471] Um die Opferorientierung im Strafvollzug jedoch in ihrer Gesamtheit unter Berücksichtigung der leitenden kriminalpolitischen Motive erfassen zu können, ist zumindest eine überblicksartige Darstellung dieser Vorschriften nötig.

Bereits nach der früheren Rechtslage vor der Föderalismusreform war gemäß § 180 Abs. 2 Nr. 3 StVollzG Bund a. F.[472] die Übermittlung personenbezogener

---

Jugendstrafgefangenen); zum Vergleich siehe die Begründung zum ME LStVollzG, S. 109 zu § 40 S. 2 ME LStVollzG.

[466] Bürgerschaft Hamburg Drs. 20/6796, S. 77.

[467] Bürgerschaft Hamburg Drs. 20/6795, S. 77; für die Gesetze, die dem ME LStVollzG folgen, siehe soeben Fn. 465.

[468] Siehe z. B. Art. 197 Abs. 5 BayStVollzG; § 46 Abs. 2 Nr. 2 JVollzDSG Bln; § 130 BbgJVollzG; § 12 Abs. 2 S. 2 HmbJVollzDSG; § 192 Abs. 4 S. 2 NJVollzG; § 16 Abs. 1 und 2 JVollzDSG NRW.

[469] § 67 Abs. 3 HmbStVollzG.

[470] So. z. B. § 34 Abs. 2 S. 3 JVollzDSG NRW.

[471] Zu den Gründen für diese Beschränkung der Untersuchung oben im Kapitel 3.

[472] Der Betrachtung wird die Fassung des § 180 StVollzG Bund zugrunde gelegt, die diese Vorschrift durch das sechste Gesetz zur Änderung des Strafvollzugsgesetzes vom 05.10.2002

Daten an Dritte zur Abwehr schwerwiegender Beeinträchtigungen einer Person möglich. Adressat:innen der betreffenden Informationen konnten gerade auch die Straftatopfer oder deren Angehörige sein.[473] Daher bringen die entsprechenden Regelungen der Landesgesetze in der Hauptsache für die weitere Ausgestaltung dieser Möglichkeit Neuerungen mit sich.

In den Bundesländern Bayern, Niedersachsen und Sachsen-Anhalt wurden die datenschutzrechtlichen Fragen des Strafvollzugs einschließlich der Auskunftsansprüche des Straftatopfers in den jeweiligen Vollzugsgesetzen geregelt.[474] In Berlin, Bremen, Hamburg, Mecklenburg-Vorpommern, Nordrhein-Westfalen, Rheinland-Pfalz, Saarland, Sachsen und Schleswig-Holstein finden sich die datenschutzrelevanten Regelungen demgegenüber in eigenen Justizvollzugsdatenschutzgesetzen.[475] In den Länder Brandenburg, Hessen und Thüringen finden sich die datenschutzrechtlichen Regelungen sowohl im jeweiligen Landesstrafvollzugsgesetz als auch in einem gesonderten Datenschutzgesetz.[476] In Baden-Württemberg wurden die Vorschriften zum Datenschutz im Landesdatenschutzgesetz für Justiz- und Bußgeldbehörden (LDSG-JB BW) geregelt.

Hinsichtlich der Auskunftsansprüche des Opfers ist zu unterscheiden zwischen Auskünften über Haftverhältnisse wie vollzugsöffnende Maßnahmen und Haftentlassung auf der einen Seite und Auskünften über die Vermögensverhältnisse und die Entlassungsadresse der Gefangenen auf der anderen Seite. Während die

---

(BGBl. 2002 I, S. 3954 ff.) erhalten hatte, da dies den Landesstrafvollzugsgesetzen als Vorlage diente. Auch die übrigen nachfolgend genannten Vorschriften zum Datenschutz des StVollzG Bund werden in der Fassung von 2002 betrachtet. Mit dem Gesetz zur Umsetzung der Richtlinie (EU) 2016/680 im Strafverfahren sowie zur Anpassung datenschutzrechtlicher Bestimmungen an die Verordnung (EU) 2016/679 vom 20.11.2019 wurden die datenschutzrechtlichen Vorschriften des StVollzG Bund an die Vorgaben der EU-DSGVO angepasst und haben im Zuge dessen teilweise eine inhaltliche und strukturelle Überarbeitung erfahren. Auf diese Neuerungen wird aber innerhalb dieser Arbeit nicht näher eingegangen.

[473] *Arloth/Krä*, Strafvollzugsgesetze, 5. Aufl. 2021, § 180 StVollzG Rn. 4.

[474] In Bayern in Art. 196 bis Art. 205 BayStVollzG; in Niedersachsen in § 190 bis § 200 NJVollzG; in Sachsen-Anhalt im vierten Buch des Justizvollzugsgesetzbuches Sachsen-Anhalt (JVollzGB IV LSA).

[475] Für Berlin im JVollzDSG Bln; für Bremen im BremJVollzDSG; für Hamburg im HmbJVollzDSG; für Mecklenburg-Vorpommern im JVollzDSG MV; für Nordrhein-Westfahlen im JVollzDSG NRW; für Rheinland-Pfalz im LJVollzDSG RP; für das Saarland im SLJVollzDSG; für Sachsen im SächsJVollzDSG; für Schleswig-Holstein im JVollzDSG SH.

[476] Für Brandenburg in § 121 bis § 140 BbgJVollzG und im Brandenburgischen Polizei-, Justizvollzugs- und Maßregelvollzugsdatenschutzgesetz – BbgPJMDSG; für Hessen in § 58 bis § 65 HStVollzG und im Hessischen Datenschutz- und Informationsfreiheitsgesetz – HDISG; für Thüringen in § 119 bis § 140 ThürJVollzGB und im Thüringer Datenschutzgesetz (ThürDSG).

Auskünfte über die Haftverhältnisse zur Hauptsache auf den Schutz des Opfers vor einer erneuten Viktimisierung zielen, dienen die weiteren Auskünfte in erster Linie den finanziellen Ausgleichsinteressen des Straftatopfers[477] und damit der Wiedergutmachung. Daher werden diese Normen später im Zusammenhang mit den Regelungen zur Restorative Justice i. w. S. näher betrachtet.[478] Die nachfolgenden Ausführungen beschränken sich dementsprechend auf die Vorschriften über die Auskunftsrechte des Opfers über vollzugsöffnende Maßnahmen und die Haftentlassung, die Unterrichtung der Opfer beim Tod der Gefangenen sowie die Speicherung und Verwendung von Opferdaten.

9.3.3.6.2 Auskunftsrechte des Opfers über vollzugsöffnende Maßnahmen und Haftentlassung

Bereits nach früherer Rechtslage enthielt § 180 Abs. 5 S. 1 Nr. 2 StVollzG Bund a. F. einen Anspruch des Straftatopfers darauf, über die Inhaftierung einer Person und die voraussichtliche Entlassung aus der Haft informiert zu werden. Daneben ergaben sich aus § 406d Abs. 2 Nr. 2 bis 4 StPO Auskunftsrechte der Straftatopfer über das Bestehen oder die Beendigung freiheitsentziehender Maßnahmen und die erstmalige Gewährung von Vollzugslockerungen oder Urlaub (Nr. 2), eine Flucht des bzw. der Inhaftierten (Nr. 3) sowie die erneute Gewährung von Vollzugslockerungen oder Urlaub (Nr. 4).

Nach heute geltendem Recht ist der Auskunftsanspruch gemäß § 180 Abs. 5 S. 1 Nr. 2 StVollzG Bund a. F. zur Inhaftierung und Entlassung in allen Bundesländern in ähnlicher Form in die entsprechenden Landesgesetze bzw. Justizvollzugsdatenschutzgesetzen übernommen worden[479], wobei sich die meisten Gesetze ausweislich der Gesetzesbegründungen gezielt an der Struktur des § 180 StVollzG Bund a. F. orientiert und mitunter nur redaktionelle Änderungen vorgenommen haben[480]. Darüber hinaus wird in einigen Landesgesetzen ein Auskunftsanspruch des Opfers über vollzugsöffnende Maßnahmen geregelt[481], der mit dem Anspruch aus § 406d Abs. 2 StPO vergleichbar ist.

---

[477] Vgl. *Goerdeler/Weicher*, in: AK-StVollzG, 6. Aufl. 2012, § 180 Rn. 52.

[478] Sogleich unten im Abschnitt 9.3.4.

[479] Siehe z. B. Art. 197 Abs. 5 S. 1 Nr. 2 BayStVollzG; § 46 Abs. 2 Nr. 2 JVollzDSG Bln; § 130 Abs. 1 BbgJVollzG; § 192 Abs. 3 Nr. 2 NJVollzG.

[480] Vgl. nur Landtag Baden-Württemberg Drs. 14/5012, S. 179 sowie Drs. 14/1241, S. 43; Landtag Bayern Drs. 15/8101, S. 92; Bürgerschaft Hamburg Drs. 18/6490, S. 51.

[481] Siehe z. B. § 46 Abs. 2 Nr. 2 JVollzDSG Bln; § 12 Abs. 2 S. 2 HmbJVollzDSG; § 192 Abs. 4 S. 2 NJVollzG; § 16 Abs. 1 JVollzDSG NRW.

Die Gesetzesbegründungen der Landesstrafvollzugsgesetze enthalten mehr oder weniger umfassende Ausführungen zu den Vorschriften über die Auskunftsansprüche des Opfers zu vollzugsöffnenden Maßnahmen. Einige Landesgesetzgeber erläutern die gesetzgeberischen Motive, die der Regelung zugrunde liegen, nicht näher und bieten nur einige allgemeine Ausführungen zur Interessenabwägung und zur Anhörung der Gefangenen an.[482] Andere Landesgesetzgeber haben sich um eine Begründung hinsichtlich der Auskunftsansprüche des Opfers über Lockerungen und andere vollzugsöffnende Maßnahmen bemüht. Auf die entsprechenden Ausführungen wird nachfolgend näher eingegangen.

Im Allgemeinen soll die Regelung des Auskunftsanspruchs über vollzugsöffnende Maßnahmen im Strafvollzugsrecht der Angleichung an die Informationsrechte des § 406d StPO und somit einer besseren Berücksichtigung der Opferinteressen dienen.[483] Die Neuregelung der Auskünfte über Vollzugslockerungen sei Ausdruck einer opferbezogenen Ausgestaltung des Vollzugs[484] und diene dem Opferschutz[485].

In der Gesetzesbegründung zu § 16 Abs. 1 JVollzDSG NRW[486] wird die besondere Schutzbedürftigkeit der Opfer von Gewalttaten und derjenigen Opfer hervorgehoben, die in persönlichen Beziehungen zu den Gefangenen stehen. Gerade diese Opfer könnten den nachvollziehbaren Wunsch haben, eine erneute Konfrontation mit den Gefangenen im Zusammenhang mit vollzugsöffnenden Maßnahmen zu vermeiden, oder ein berechtigtes Bedürfnis, die Entlassungsadresse der Gefangenen zu erfahren. Dies trage dem hohen Rang des Opferschutzes Rechnung.[487]

Auch nach der Begründung zum NJVollzG ist Ziel der entsprechenden Regelung in Niedersachsen die Vermeidung eines zufälligen und unvorbereiteten Zusammentreffens von Opfer und Täter:in.[488] Durch die Vorschrift soll das Opfer vor einer sekundären Viktimisierung in Form einer (Re-)Traumatisierung

---

[482] Bürgerschaft Hamburg Drs. 18/6490, S. 51 zu § 121 HmbStVollzG a.F. (nun § 12 Abs. 2 HmbJVollzDSG); Landtag Saarland Drs. 15/386, S. 127.

[483] Vgl. Abgeordnetenhaus Berlin Drs. 16/3705, S. 61; ähnlich auch Landtag Niedersachsen Drs. 15/3565, S. 218 f. zu § 184, heute § 192 NJVollzG.

[484] Landtag Hessen Drs. 18/1396, S. 117.

[485] Landtag Sachsen-Anhalt Drs. 6/3799, S. 240; Landtag Schleswig-Holstein Drs. 18/3153, S. 184.

[486] Entspricht § 116 Abs. 1 bis 4 StVollzG a.F. bzw. § 115 StVollzG NRW-E, vgl. Landtag Nordrhein-Westfalen Drs. 17/2350, S. 167; siehe daher Landtag Nordrhein-Westfalen Drs. 16/5413, S. 178 zu § 115 StVollzG NRW-E.

[487] Landtag Nordrhein-Westfalen Drs. 16/5413, S. 178.

[488] Landtag Niedersachsen Drs. 15/3565, S. 217 zu § 184, heute § 192 NJVollzG.

geschützt werden.[489] Bemerkenswert ist, dass ausweislich der Gesetzesbegründung durch die Einschaltung der Opferhilfeeinrichtung einerseits eine angemessene Vorbereitung des Opfers sichergestellt werden soll, andererseits durch das Merkmal des „überwiegenden schutzwürdigen Interesses" aber auch eine missbräuchliche Nutzung der Daten verhindert werden soll.[490] Im direkten Vergleich mit § 406d StPO sei die niedersächsische Regelung umfassender, da sie eine Auskunftsgewährung über jede Lockerungsgewährung und jede Unterbringung im offenen Vollzug vorsehe. Dies erscheine zusammen mit der Beteiligung der Opferschutzeinrichtung zur Wahrung der Interessen von Opfern und Täter:innen sachgerecht.[491]

Die in einigen Landesgesetzen vorgesehene Privilegierung bestimmter Opfergruppen durch die Vermutung des Bestehens eines berechtigten Interesses hinsichtlich der Auskünfte über die Haftverhältnisse der Täter:innen wird mit der Erheblichkeit des durch die Straftat erlittenen Übels seitens der Straftatopfer begründet.[492] Innerhalb der einzelnen Landesgesetze wurde für die Festlegung der in dieser Hinsicht privilegierten Opfergruppen der Katalog der Nebenklageberechtigten nach § 395 Abs. 1 StPO[493] teilweise oder vollständig übernommen. Daher ist das Vorliegen eines berechtigten Interesses hinsichtlich der Auskunft über Haftverhältnisse insbesondere bei Opfern von Sexualdelikten, versuchten Tötungsdelikten und schweren Gewaltdelikten anzunehmen.

---

[489] Vgl. Landtag Niedersachsen Drs. 15/3565, S. 218.

[490] Landtag Niedersachsen Drs. 15/3565, S. 218.

[491] Landtag Niedersachsen Drs. 15/3565, S. 218.

[492] Landtag Rheinland-Pfalz Drs. 16/1910, S. 187; Landtag Sachsen-Anhalt Drs. 6/3799, S. 240; Landtag Schleswig-Holstein Drs. 18/3153, S. 184.

[493] Nebenklageberechtigt ist nach § 395 Abs. 1 StPO, wer verletzt ist durch eine rechtswidrige Tat nach §§ 174 bis 182, 184i und 184k StGB (Nr. 1), eine versuchte rechtswidrige Tat nach §§ 211 und 212 StGB (Nr. 2), eine rechtswidrige Tat nach §§ 221, 223 bis 226a und § 340 StGB (Nr. 3), eine rechtswidrige Tat nach §§ 232 bis 238, 239 Abs. 3, §§ 239a, 239b und §240 Abs. 4 StGB (Nr. 4), eine rechtswidrige Tat nach § 4 GewSchG (Nr. 5) sowie eine rechtswidrig Tat nach § 142 PatG, § 25 GebrMG, § 10 HalblSchG, § 39 SortSchG, §§ 143 bis 144 MarkenG, §§ 51 und 65 DesignG, §§ 106 bis 108b UrhG, § 33 KunstUrhG, § 16 UWG und § 23 GeschGehG (Nr. 6).

9.3.3.6.3 Verarbeitung und Nutzung von Daten für vollzugsfremde Zwecke

Alle Landesstrafvollzugsgesetze bzw. Justizvollzugsdatenschutzgesetze enthalten ferner Regelungen über die Verarbeitung und Nutzung von Daten für vollzugsfremde Zwecke.[494] Die meisten landesrechtlichen Vorschriften orientieren sich dabei an § 180 Abs. 2 StVollzG Bund a. F.[495]

Im Zusammenhang mit der opferbezogenen Vollzugsgestaltung erscheint insbesondere die Nutzung personenbezogener Daten zur Abwehr einer schwerwiegenden Beeinträchtigung der Rechte einer anderen Person gemäß § 180 Abs. 2 Nr. 3 StVollzG Bund a. F. bzw. den dieser Vorschrift entsprechenden landesrechtlichen Regelungen[496] relevant. Bemerkenswert ist zunächst, dass eine gleichlautende Formulierung in allen Landesgesetzen zu finden ist, mit Ausnahme des JVollzDSG Berlin. Das Berliner Landesgesetz regelt zwar in § 7 Abs. 4 die Verwendung und Nutzung personenrelevanter Daten zu vollzugsfremden Zwecken, jedoch fehlt es an einem § 180 Abs. 2 Nr. 3 StVollzG Bund a. F. entsprechenden zulässigen Verarbeitungs- bzw. Nutzungszweck.

In den übrigen Bundesländern wurde der Wortlaut von § 180 Abs. 2 Nr. 3 StVollzG Bund a. F. übernommen, sodass sich an der Rechtslage insoweit nichts geändert haben dürfte. Daher sind unter den Rechten einer anderen Person nach der Nr. 3 grundsätzlich alle gesetzlich geschützten Rechtspositionen zu verstehen.[497] Folglich ist der Kreis von geschützten subjektiven Rechten, zu deren Schutz eine Datenverwendung zulässig ist, sehr weit.[498] Ausweislich der Gesetzesbegründung zu § 180 Abs. 2 Nr. 3 StVollzG Bund a. F. können die Adressat:innen einer Übermittlung personenbezogener Daten zur Abwehr schwerwiegender Beeinträchtigungen insbesondere Polizeibehörden und andere zuständige öffentliche Stellen sein.[499] Um jedoch einen umfassenden Schutz gewährleisten zu können, sollte der Adressatenkreis gerade auch Straftatopfer

---

[494] Siehe z. B. Art. 197 Abs. 2 BayStVollzG; § 7 Abs. 4 JVollzDSG Bln; § 127 Abs. 2 BbgJVollzG; § 191 Abs. 3 NJVollzG; § 9 Abs. 2 JVollzDSG SH; § 125 Abs. 2 ThürJVollzGB.

[495] Vgl. hierzu z. B. Landtag Bayern Drs. 15/8101, S. 92; Bürgerschaft Bremen Drs. 18/1475, S. 91 f.

[496] Siehe z. B. Art. 197 Abs. 2 S. 1 Nr. 2 BayStVollzG; § 127 Abs. 2 Nr. 3 BbgJVollzG; § 191 Abs. 3 Nr. 3 NJVollzG; § 9 Abs. 2 Nr. 5 JVollzDSG SH; § 125 Abs. 2 Nr. 3 ThürJVollzGB.

[497] *Goerdeler/Weicher*, in: AK-StVollzG, 6. Aufl. 2012, § 180 Rn. 28; *Schmid*, in: Schwind/Böhm/Jehle/Laubenthal (Hrsg.), StVollzG, 6. Aufl. 2013, § 180 Rn. 15.

[498] *Koranyi*, in: Laubenthal/Nestler/Neubacher/Verrel (Hrsg.), StVollzG, 12. Aufl. 2015, O Rn. 61.

[499] BT-Drs. 13/10245, S. 20.

und gegebenenfalls deren Angehörige umfassen.[500] Daher komme insbesondere die Mitteilung über Vollzugslockerungen oder Hafturlaube von Straftäter:innen in Betracht[501], ohne dass es eines Antrags i. S. d. § 180 Abs. 5 StVollzG Bund a. F. bzw. der weitergehenden landesrechtlichen Regelungen bedarf. Auffällig ist, dass ein konkreter Opferbezug bei den § 180 Abs. 2 Nr. 3 StVollzG Bund a. F. entsprechenden Landesregelungen lediglich in drei Gesetzesbegründungen zu finden ist.[502] Nur dort werden das Opfer und seine Angehörigen als mögliche Adressat:innen für die Übermittlung von Daten genannt. In den übrigen Begründungen zu den Landesgesetzen ist eine derartige Klarstellung unterblieben.

9.3.3.6.4 Unterrichtung des Opfers über besondere Umstände

Einzelne Landesgesetze sehen unter bestimmten Voraussetzungen eine Unterrichtung der Straftatopfer über besondere Umstände vor. In Hamburg beispielsweise gelten nach § 67 Abs. 3 HmbStVollzG beim Versterben von Gefangenen hinsichtlich der Unterrichtung der Straftatopfer § 406d Abs. 2 und 3 StPO entsprechend. Nach § 67 Abs. 3 HmbStVollzG i.V. m. § 406d Abs. 2 S. 1 StPO ist das Versterben von Gefangenen dem Opfer daher auf Antrag mitzuteilen. In § 406d Abs. 3 StPO ist die Pflicht zur Belehrung über dieses Informationsrecht geregelt. Die Gesetzesbegründung zum Hamburger Strafvollzugsgesetz enthält zu dieser Regelung allerdings keine weiteren Ausführungen.[503]

In Nordrhein-Westfalen ist nach § 16 Abs. 2 JVollzDSG NRW die Flucht von Gefangenen den Opfern auch ohne Antrag mitzuteilen, wenn eine konkrete Gefahr für deren Leib und Leben besteht. In anderen Fällen werden Auskünfte über die Flucht von Gefangenen und gegebenenfalls zum Schutz des Opfers getroffene Maßnahmen nach § 406d Abs. 2 Nr. 3 StPO nur auf Antrag erteilt. Folglich ist § 16 Abs. 2 JVollzDSG NRW aus Opfersicht günstiger ausgestaltet und entspricht dem gesetzgeberischen Ziel des Schutzes konkreter Straftatopfer vor einer erneuten Viktimisierung durch den bzw. die Täter:in, indem das Opfer

---

[500] *Arloth/Krä*, Strafvollzugsgesetze, 5. Aufl. 2021, § 180 StVollzG Rn. 4.

[501] *Arloth/Krä*, Strafvollzugsgesetze, 5. Aufl. 2021, § 180 StVollzG Rn. 4; vgl. auch *Calliess/Müller-Dietz*, StVollzG, 11. Aufl. 2008, § 180 Rn. 3; *Schmid*, in: Schwind/Böhm/Jehle/Laubenthal (Hrsg.), StVollzG, 6. Aufl. 2013, § 180 Rn. 15; *Koranyi*, in: Laubenthal/Nestler/Neubacher/Verrel (Hrsg.), StVollzG, 12. Aufl. 2015, O Rn. 61.

[502] Zu § 9 Abs. 2 LJVollzDSG RP siehe Landtag Rheinland-Pfalz Drs. 16/1910, S. 186 mit Verweis auf § 89 LJStVollzG RP, siehe insofern LT-Drs. 15/1190, S. 72; zu § 129 Abs. 2 JVollzGB I LSA siehe Landtag Sachsen-Anhalt Drs. 6/3799, S. 239 mit Verweis das Jugendstrafvollzugsgesetz LSA (JStVollzG LSA), siehe insofern LT-Drs. 5/749, S. 109 zu § 98 JStVollzG LSA.

[503] Vgl. Bürgerschaft Hamburg Drs. 20/6795, S. 68.

frühzeitig über eine mögliche Gefährdung seiner Sicherheit informiert wird. Die Voraussetzung der Gefahr für Leib und Leben der Betroffenen dient nach der Gesetzesbegründung zu § 16 Abs. 2 JVollzDSG NRW dem Schutz der Opfer vor aufgedrängten Informationen durch die Anstalt. Dies entspreche auch den Vorgaben der Richtlinie 2012/29/EU.[504]

9.3.3.6.5 Speicherung und Verwendung von Opferdaten

Alle Landesgesetze – mit Ausnahme des hessischen StVollzG[505] – enthalten schließlich noch nach dem Vorbild des § 179 Abs. 3 StVollzG Bund a. F.[506] spezielle Regelungen zur Erhebung von Daten zu Personen, die nicht Gefangene sind[507]. Diese Datenerhebung könnte daher auch Informationen über Straftatopfer betreffen, wenn dies einem der in § 179 Abs. 3 StVollzG Bund a. F. bzw. den entsprechenden landesrechtlichen Regelungen genannten Erhebungszwecken dient.[508]

In den meisten Landesgesetzen und den entsprechenden Gesetzesbegründungen finden sich zu diesen Vorschriften keine gesonderten Hinweise auf einen besonderen Schutz von Opferdaten. Ausnahmen hierzu bildet das Gesetz aus

---

[504] Landtag Nordrhein-Westfalen Drs. 16/5413, S. 178; zur Opferschutzrichtlinie 2012/29/EU oben im Abschnitt 8.2.2.3.3.

[505] Nach der Umsetzung der EU-DSGVO unterscheidet das hessische StVollzG nicht mehr zwischen unterschiedlichen Personenkreisen hinsichtlich der Erhebung von Daten. § 58 Abs. 1 HStVollzG regelt die Datenerhebung und -verarbeitung daher für alle Arten von Daten mit Verweis auf das Hessische Datenschutz- und Informationsfreiheitsgesetz (HDISG). Eine spezielle Regelung für die Daten Dritter sieht das hessische Recht nicht mehr vor; siehe weiterführend hierzu Landtag Hessen Drs. 19/5728, S. 134 ff.

[506] Ausdrücklich insofern Landtag Bayern Drs. 15/8101, S. 91 zu Art. 196 BayStVollzG; Bürgerschaft Hamburg Drs. 18/6490, S. 51 zu § 120 HmbStVollzG a.F.

[507] Siehe z. B. Art. 196 Abs. 2 BayStVollzG; § 16 Abs., 2 JVollzDSG Bln; § 124 BbgJVollzG; § 11 JVollzDSG NRW; § 8 Abs. 1 JVollzDSG SH; § 122 ThürJVollzGB.

[508] Allgemein zum Anwendungsbereich des § 179 Abs. 3 a.F. StVollzG Bund siehe *Arloth/Krä*, Strafvollzugsgesetze, 5. Aufl. 2021, § 179 StVollzG Rn. 9; *Koranyi*, in: Laubenthal/Nestler/Neubacher/Verrel (Hrsg.), StVollzG, 12. Aufl. 2015, O Rn. 35.

Nordrhein-Westfalen.[509] Gemäß § 34 Abs. 2 S. 3 JVollzDSG NRW[510] unterliegen die durch die Vollzugsanstalt erhobenen Opferdaten einem besonderen Schutz. Nach der Gesetzesbegründung soll durch § 34 Abs. 2 S. 3 JVollzDSG NRW eine „Blickschärfung der Anstalten auf die besonderen Problemlagen und Schutzinteressen der Opfer im Hinblick auf den Schutz ihrer personenbezogenen Daten“ gewährleistet werden.[511] Diese Regelung ist daher dem Schutz tatsächlicher Opfer in der Form des Schutzes von Opferdaten zuzuordnen.

9.3.3.7 Zusammenfassung

Die bisherige Betrachtung hat gezeigt, dass bei der Ausgestaltung des Opferschutzes in den Landesstrafvollzugsgesetzen neben dem konkreten Straftatopfer auch die Sicherheit der Allgemeinheit berücksichtigt wurde. Diesbezüglich werden bereits anhand der Regelungsinhalte und der Gesetzesbegründungen erhebliche Unterschiede der Landesgesetzgebung deutlich. Dabei ist wie folgt zu differenzieren.

Nach den Gesetzesbegründungen zu den Regelungen der Grundsätze des Vollzugs, die den Begriff des Opferschutzes enthalten, bezieht sich dieser Begriff allein auf den Schutz der direkten Straftatopfer vor den inhaftierten Täter:innen.[512] Zwar wird auch der Schutz potenzieller Opfer durch die Ausrichtung des Vollzugs auf die Straftatprävention mit diesen Vorschriften bezweckt. Allerdings ist der Opferschutzbegriff in diesem Zusammenhang unter Berücksichtigung der Gesetzesbegründungen zu Art. 3 BayStVollzG und § 4 HmbStVollzG eng auszulegen und umfasst gerade nicht den Schutz der Allgemeinheit vor den Gefangenen.

---

509 Vor Erlass des SächsJVollzDSG enthielt das Vollzugsgesetz von Sachsen in § 97 Abs. 5 SächsStVollzG eine Regelung, wonach eine Datenerhebung über Opfer zum Zweck der Tataufarbeitung durch Gefangene unzulässig war. Diese Regelung findet sich seit Erlass des SächsJVollzDSG weder dort noch im SächsStVollzG. In der Gesetzesbegründung zu § 97 Abs. 5 SächsStVollzG war betont worden, dass für die Straftataufarbeitung durch die Gefangenen keine weiteren Eingriffe in die Rechte der Opfer erfolgen dürfen, vgl. Landtag Sachsen Drs. 5/10920, S. 147.

510 Entspricht § 110 Abs. 2 S. 3 StVollzG NRW a.F. bzw. § 113 Abs. 2 S. 3 StVollzG NRW a.F.

511 § 34 Abs. 2 JVollzDSG NRW entspricht § 113 Abs. 2 StVollzG NRW-E; siehe daher Landtag Nordrhein-Westfalen Drs. 16/5413, S. 176 zu § 113 StVollzG NRW-E.

512 Siehe hierzu oben im Abschnitt 9.3.3.2.

Demgegenüber wird der Begriff des Opferschutzes i. S. d. § 8a HmbStVollzG weiter verstanden.[513] Nach der Gesetzesbegründung sind neben den Schutzinteressen konkreter Opfer ebenso die Sicherheitsinteressen der Allgemeinheit bei der Planung und Ausgestaltung des Vollzugs der Freiheitsstrafe gegenüber besonders gefährlichen Sexual- und Gewaltstraftäter:innen zu berücksichtigen. Hieraus ergibt sich insbesondere für das Hamburger Strafvollzugsgesetz zumindest unter Berücksichtigung der Gesetzesbegründung eine partiell abweichende Auslegung des Opferschutzbegriffs.

Die Regelungen zu den Außenkontakten dienen eindeutig dem Schutz des konkreten Straftatopfers vor einer sekundären Viktimisierung durch den bzw. die inhaftierte:n Täter:in.[514] Diesbezüglich werden insbesondere minderjährige Opfer ausweislich mehrerer Gesetzesbegründungen als besonders schutzbedürftig eingeordnet. Des Weiteren verweisen mehrere Gesetzesbegründungen in diesem Zusammenhang auf 24.2 der Europäischen Strafvollzugsgrundsätze.

Bezüglich der vollzugsöffnenden Maßnahmen steht in den Landesgesetzen ebenso wie bereits im StVollzG Bund die Sicherheit der Allgemeinheit im Fokus. Insgesamt ist nicht ersichtlich, dass die Mehrheit der Landesgesetzgeber die Entscheidung über die Gewährung vollzugsöffnender Maßnahmen von den Schutzinteressen der konkreten Opfer abhängig machen möchte. Nur in den Gesetzen der Länder Hessen, Hamburg und Sachsen-Anhalt sollen Opferbelange bei der Entscheidung über Lockerungen neben dem Schutz der Allgemeinheit gesondert berücksichtigt werden. Ansonsten ist mehreren Gesetzesbegründungen zu entnehmen, dass den Schutzinteressen der konkreten Opfer im Hinblick auf eine sekundäre Viktimisierung bei einem Zusammentreffen mit den Täter:innen durch die Möglichkeit der Erteilung opferbezogener Weisungen entsprochen wurde. Bemerkenswert ist diesbezüglich jedoch, dass für den niedersächsischen Strafvollzug nicht nur die konkreten Opfern in den Schutzbereich der Weisungen einbezogen wird, sondern auch gefährdete Dritte.

Im Hinblick auf die datenschutzrelevanten Regelungen können die Vorschriften zu den Auskunfts- und Informationsrechten sowie jene Regelungen, welche den Schutz von Daten konkreter Straftatopfer betreffen, dem Schutz tatsächlicher Opfer zugeordnet werden. Neben der Angleichung an § 406d StPO und einer damit angestrebten besseren Berücksichtigung der Opferinteressen sind diese Regelungen ebenso auf den Schutz vor einer sekundären Viktimisierung durch ein ungeplantes Zusammentreffen mit den Täter:innen ausgerichtet. Durch die Privilegierung bestimmter Opfergruppen hinsichtlich des Nachweises eines

[513] Siehe hierzu oben im Abschnitt 9.3.3.3.

[514] Siehe zum Schutz vor einer sekundären Viktimisierung bereits oben im Abschnitt 9.2.1.

berechtigten Interesses des Auskunftsbegehrens wird die besondere Schutzbedürftigkeit dieser Opfer betont. Diesbezüglich sind erhebliche Unterschiede innerhalb der Landesgesetze erkennbar. Weiterhin kann festgehalten werden, dass nur der Landesgesetzgeber in Nordrhein-Westfalen den Opferschutz nicht nur als Schutz vor den Gefangenen, sondern vielmehr auch den Schutz von Opferdaten berücksichtigt haben.

Insgesamt ist erkennbar, dass neben dem Schutz der konkreten Straftatopfer vor den Inhaftierten in einigen Landesgesetzen bisweilen auch die Allgemeinheit und sogar Dritte durch opferbezogene Vorschriften geschützt werden sollen. Während in den allgemeinen Vorschriften klar zwischen Opferschutz und Straftatprävention – und somit dem Schutz der Allgemeinheit vor Straftaten – unterschieden wird, ist eine derartige Unterscheidung bei anderen Vorschriften kaum erkennbar oder im Falle des § 8a HmbStVollzG durch den Gesetzgeber nicht gewollt.

Weiterhin lässt sich festhalten, dass das Motiv des Opferschutzes – vom Schutz vor einer sekundären Viktimisierung bis hin zum Schutz von Opferdaten – einige Landesgesetze regelrecht durchzieht. Demgegenüber sind in anderen Bundesländern opferschützende Regelungen nur im Ansatz erkennbar oder wurden sogar ausweislich der Gesetzesbegründungen von den Landesgesetzgebern nicht bedacht. Das Motiv des Opferschutzes wurde daher in der Gesamtschau in vielen Landesgesetzen hauptsächlich im Zusammenhang mit den Außenkontakten und den Auskunfts- und Informationsrechten der Opfer aufgegriffen.

9.3.4 Restorative Justice i. w. S. als Motiv der Strafvollzugsgesetzgebung

Für den Gedanken der Wiedergutmachung ergeben sich in den Landesvollzugsgesetzen ebenfalls verschiedene Anknüpfungspunkte. Zum einen sollen den Gefangenen im Rahmen der Tataufarbeitung neben der Auseinandersetzung mit den Tatfolgen auch Möglichkeiten des Tatausgleichs aufgezeigt werden. So werden in einigen Landesgesetzen der Ausgleich von Tatfolgen und der Täter-Opfer-Ausgleich ausdrücklich in den allgemeinen Vorschriften[515], in den

[515] § 2 Abs. 5 JVollzGB III BaWü; Art. 5a Abs. 2 S. 3 BayStVollzG; § 5 Abs. 1 S. 4 HStVollzG; § 10 Abs. 1 Nr. 12 StVollzG NRW; vgl auch § 6 Abs. 3 StVollzG Bln und § 7 Abs. 2 StVollzG NRW, die den Ausgleich der durch die Tat verursachten materiellen und immateriellen Schäden nennen; ähnlich auch § 2 Abs. 3 S. 2 NJVollzG;

Regelungen zur (sozialen) Hilfe im Vollzug[516] sowie in den Vorschriften zum Vollzugs- bzw. Eingliederungsplan[517] genannt. Zudem wird in einigen Ländern in den Regelungen zu den Geldern der Gefangenen ausdrücklich auf den Tatausgleich bzw. die Entschädigung des Opfers Bezug genommen.[518] Zum anderen stehen Straftatopfern nach den Landesgesetzen unter bestimmten Voraussetzungen Auskunftsrechte zu, welche den Schadensausgleich ermöglichen bzw. erleichtern sollen.[519]

9.3.4.1 Vorschriften zum Tatausgleich

9.3.4.1.1 Tatausgleich in den allgemeinen Vorschriften

Nur in den Landesstrafvollzugsgesetzen von Baden-Württemberg und Schleswig-Holstein wurde die Wiedergutmachung in besonderer Weise hervorgehoben. Demgegenüber wurde die Wiedergutmachung in den meisten Landesgesetzen im Zusammenhang mit der sozialen Hilfe im Vollzug geregelt.

In Baden-Württemberg wird die Bedeutung der Wiedergutmachung in der Vorschrift mit den Behandlungsgrundsätzen in § 2 Abs. 5 JVollzGB III BaWü besonders betont. Nach dieser Regelung sollen zur Erreichung des Vollzugsziels beim Gefangenen die Einsicht in die dem Opfer zugefügten Tatfolgen

---

[516] § 69 Abs. 2 S. 3 NJVollzG; § 21 LStVollzG SH; ähnlich auch § 41 Abs. 2 S. 2 JVollzGB III BaWü; § 11 Abs. 2 BbgJVollzG; § 5 Abs. 2 BremStVollzG; § 26 Abs. 1 S. 1 HStVollzG; § 5 S. 2 StVollzG MV; § 11 Abs. 2 LJVollzG RP; § 5 Abs. 2 SLStVollzG; § 5 Abs. 2 S. 1 SächsStVollzG; § 11 Abs. 2 JVollzGB I LSA; § 11 Abs. 2 ThürJVollzGB, welche allesamt auf die Wiedergutmachung der Straftatschäden Bezug nehmen; vgl. auch § 8 Abs. 3 HmbStVollzG, wobei sich diese Regelung in der Vorschrift zum „Resozialisierungsplan" findet; in einigen Landesgesetzen wurden zudem Regelungen zum Ausgleich der Tatfolgen innerhalb der Untersuchungshaft getroffen, vgl. § 11 Abs. 3 S. 2 BbgJVollzG; § 11 Abs. 3 S. 2 LJVollzG RP, § 11 Abs. 4 S. 2 JVollzGB I LSA; § 11 Abs. 4 S. 2 ThürJVollzGB.

[517] § 10 Abs. 1 S. 1 Nr. 19 StVollzG Bln; § 15 Abs. 1 S. 1 Nr. 21 BbgJVollzG; § 9 Abs. 1 S. 1 Nr. 20 BremStVollzG; § 8 Abs. 2 S. 1 Nr. 5 HmbStVollzG; § 10 Abs. 4 S. 1 Nr. 9 HStVollzG; § 9 Abs. 1 S. 1 Nr. 20 StVollzG MV; § 10 Abs. 1 S. 4 Nr. 12 StVollzG NRW; § 15 Abs. 1 S. 1 Nr. 20 LJVollzG RP; § 9 Abs. 1 S. 1 Nr. 20 SLStVollzG; § 9 Abs. 1 S. 1 Nr. 20 SächsStVollzG; § 10 Abs. 1 Nr. 2 g LStVollzG SH; § 15 Abs. 1 S. 1 Nr. 20 ThürJVollzGB.

[518] Ausdrücklich zur Verwendungsmöglichkeit des Überbrückungs- bzw. Eingliederungsgeldes zur Entschädigung des Opfers siehe § 73 Abs. 2 S. 2 BbgJVollzG; § 47 Abs. 3 S. 3 HmbStVollzG; § 62 Abs. 3 SächsStVollzG; § 37 Abs. 4 StVollzG NRW nennt den Tatausgleich als Verwendungsmöglichkeit für das Überbrückungsgeld; nach § 47 Abs. 4 NJVollzG kann das Überbrückungsgeld zum Ausgleich eines durch die Straftat verursachten Schadens verwendet werden.

[519] Siehe z. B. Art. 197 Abs. 5 S. 2 BayStVollzG; § 46 Abs. 2 Nr. 1 JVollzDSG Bln; § 130 Abs. 3 BbgJVollzG; § 12 Abs. 2 S. 1 HmbJVollzDSG; § 60 Abs. 3 HStVollzG; § 130 Abs. 3 ThürJVollzGB.

geweckt und geeignete Maßnahmen zum Ausgleich angestrebt werden.[520] Eine eigenständige Vorschrift zum Ausgleich der Tatfolgen enthält allein das Landesstrafvollzugsgesetz von Schleswig-Holstein in § 21 LStVollzG SH.

In den meisten Landesstrafvollzugsgesetzen wird die materielle und immaterielle Wiedergutmachung der durch die Straftat entstandenen Schäden hingegen in den Vorschriften zur sozialen Hilfe bzw. zur Hilfe während des Vollzugs geregelt.[521] Schon im Strafvollzugsgesetz des Bundes war die Schadenswiedergutmachung in § 73 im Zusammenhang mit der sozialen Hilfe normiert worden.[522] Zwar sollten die Gefangenen bereits nach § 73 StVollzG Bund in dem Bemühen unterstützt werden, den durch die Straftat entstandenen Schaden zu regeln. Die genannten landesrechtlichen Regelungen heben jedoch durch ihren Wortlaut neben der materiellen Wiedergutmachung den Ausgleich immaterieller Schäden der Straftat ausdrücklich hervor[523], sodass sich die Schadensregulierung nach geltendem Recht ersichtlich nicht mehr nur auf den materiellen Schadensersatz beschränkt.

Einigen Gesetzesmaterialien zu den Landesstrafvollzugsgesetzen sind bedeutsame Aussagen zur Wiedergutmachung innerhalb des Strafvollzugsrechts zu entnehmen.

Nach der Gesetzesbegründung zu dem Landesgesetz von Baden-Württemberg soll die Regelung des § 2 Abs. 5 JVollzGB III BaWü „dazu beitragen, dass sich Gefangene mit den Tatfolgen für ihre Opfer auseinandersetzen, selbstkritisch Verantwortung hierfür übernehmen, Empathie für das Opfer entwickeln und daraus den Schluss ableiten, künftig keine Straftaten mehr zu begehen".[524] Gleichzeitig wird festgehalten, dass keine Instrumentalisierung des Straftatopfers zu Behandlungszwecken erfolgen darf.[525] Daher lässt sich für die baden-württembergische

---

[520] Zu § 2 Abs. 5 JVollzGB III BaWü bereits in den Ausführungen zum Motiv des Opferbezugs oben im Abschnitt 9.3.2.1.2.1.

[521] § 11 Abs. 2 BbgJVollzG; § 5 Abs. 2 BremStVollzG; § 26 Abs. 1 S. 2 HStVollzG; § 5 S. 2 StVollzG MV; § 69 Abs. 2 S. 2 und 3 NJVollzG; § 11 Abs. 2 LJVollzG RP; § 5 Abs. 2 SLStVollzG; § 5 Abs. 2 SächsStVollzG; § 11 Abs. 2 JVollzGB I LSA; § 20 S. 4 LStVollzG SH mit Verweis auf § 21 LStVollzG SH; § 11 Abs. 2 ThürJVollzGB; eine ähnliche Gewichtung der materiellen und immateriellen Schadenswiedergutmachung ist auch in § 8 Abs. 3 S. 3 HmbStVollzG zu erkennen, wenngleich § 8 HmbStVollzG die Gestaltung des Vollzugsplans (in Hamburg Resozialisierungsplan) betrifft.

[522] Vgl. Neunter Titel des StVollzG Bund, welcher die §§ 71 bis 75 umfasst.

[523] Vgl. nur § 11 Abs. 2 BbgJVollzG; § 5 Abs. 2 BremStVollzG; § 5 S. 2 StVollzG MV.

[524] Landtag Baden-Württemberg Drs. 14/5012, S. 209.

[525] Landtag Baden-Württemberg Drs. 14/5012, S. 209.

Regelung neben dem Motiv des Tatausgleichs auch das Motiv des Opferschutzes erkennen.

In der Gesetzesbegründung des Landes Schleswig-Holstein zu § 21 LStVollzG SH wird die Bedeutung des Täter-Opfer-Ausgleichs für die Strafrechtspflege besonders betont. Danach sei der Täter-Opfer-Ausgleich eines der wirksamsten, effektivsten und nachhaltigsten Instrumente zur Aufarbeitung einer Straftat und des ihr zugrunde liegenden Konflikts.[526] Die Wiedergutmachung des begangenen Unrechts diene den Interessen der Geschädigten[527] meistens mehr als die Bestrafung der Täter:innen. Mediativ-vermittelnd ausgerichtete Verfahren der Restorative Justice böten daher Möglichkeiten für eine Auseinandersetzung mit den materiellen und psychologischen Folgen der Straftat und einer Begegnung der Beteiligten auf Augenhöhe.[528] Nach der Gesetzesbegründung entspricht die Einbeziehung derartiger Verfahren zudem den Vorgaben der sogenannten EU-Opferschutzrichtlinie 2012/29/EU zum Ausbau von Mediationsverfahren.[529] Daneben seien im Ausland bereits positive Erfahrungen mit der Durchführung des Täter-Opfer-Ausgleichs im Strafvollzug gemacht worden.[530]

Die Klarstellung im Wortlaut des § 21 Abs. 1 S. 3 LStVollzG SH und in dessen Begründung, dass sich Opfer und Gefangene freiwillig an dem Täter-Opfer-Ausgleich beteiligen[531], deutet zudem zum einen auf einen erfreulich sensiblen Umgang des Landesgesetzgebers mit dem Opfer hin, der eine Instrumentalisierung des Straftatopfers für die Resozialisierung der Gefangenen augenscheinlich vermeiden möchte. Zum anderen wird jedoch auch zutreffend deutlich gemacht, dass ein erfolgreicher Tatausgleich immer auch die Freiwilligkeit der Gefangenen voraussetzt.

Durch die Einbeziehung des Tatausgleichs in die Vorschriften zur sozialen Hilfe bzw. zur Hilfe im Vollzug in vielen Landesgesetzen sollte das Interesse der Opfer an einer Schadenswiedergutmachung hervorgehoben werden.[532]

---

[526] Landtag Schleswig-Holstein Drs. 18/3153, S. 111.

[527] Mit Gesetzesänderung zum 01.01.2022 wurde der Begriff „Geschädigte“ im LStVollzG SH durch den Begriff „Verletzte“ ersetzt, vgl. Landtag Schleswig-Holstein Drs. 19/2381, S. 269.

[528] Landtag Schleswig-Holstein Drs. 18/3153, S. 111.

[529] Landtag Schleswig-Holstein Drs. 18/3153, S. 111.

[530] Landtag Schleswig-Holstein Drs. 18/3153, S. 111; vgl. auch Landtag Niedersachsen Drs. 17/7414, S. 9; zur Richtlinie siehe ausführlich oben im Abschnitt 8.2.2.3.3.

[531] Landtag Schleswig-Holstein Drs. 18/3153, S. 112.

[532] Landtag Brandenburg Drs. 5/6437, Begründung S. 18; Bürgerschaft Bremen Drs. 18/1475, S. 45; Landtag Hessen Drs. 18/1396, S. 93; Landtag Mecklenburg-Vorpommern Drs. 6/1337, S. 73; Landtag Rheinland-Pfalz Drs. 16/1910, S. 118; Landtag

Darüber hinaus wird in den Gesetzesbegründungen der Landesgesetze aus Brandenburg, Mecklenburg-Vorpommern, Rheinland-Pfalz, Sachsen, Sachsen-Anhalt und Thüringen auch noch klargestellt, dass in geeigneten Fällen auch ein Täter-Opfer-Ausgleich in Betracht kommt.[533]

Etwas ausführlicher ist die Begründung des Bayerischen Strafvollzugsgesetz zu Art. 5a BayStVollzG. Danach sollen die Gefangenen aktiv auf Möglichkeiten des Tatausgleichs hingewiesen und zur Wiedergutmachung motiviert werden.[534] Dabei könne der Täter-Opfer-Ausgleich sowohl auf eine materielle Schadensregulierung als auch auf eine immaterielle Aussöhnung mit dem Opfer zielen.[535] Die Schadensregulierung gegenüber dem Opfer und anderen Gläubiger:innen diene auch der Wiedereingliederung der Täter:innen.[536]

Das Gesetz des Landes Hamburg enthält keine gesonderte Vorschrift zur (sozialen) Hilfe im Vollzug. Stattdessen wurde mit § 8 Abs. 3 HmbStVollzG innerhalb der Vorschrift zum Resozialisierungsplan eine mit § 73 StVollzG Bund vergleichbare Regelung geschaffen.[537] Die Gesetzesbegründung zum Hamburger Strafvollzugsgesetz enthält hinsichtlich § 8 Abs. 3 S. 2 HmbStVollzG keine Hinweise darauf, weshalb in der Vorschrift der materielle und der immaterielle Schadensausgleich und damit der Tatausgleich besonders hervorgehoben wurden.[538]

Nach der Begründung des Änderungsgesetzes zum Niedersächsischen Justizvollzugsgesetz aus dem Jahr 2017 ist „[d]ie Berücksichtigung von Opferinteressen mit dem Ziel der Wiedergutmachung (...) zum zentralen Bezugspunkt erhoben“ worden.[539] Die Gesetzesbegründung nimmt Bezug auf das Konzept der

---

Sachsen Drs. 5/10920, S. 93; Landtag Sachsen-Anhalt Drs. 6/3799, S. 164; Landtag Thüringen Drs. 5/6700, S. 83; vgl. auch Landtag Saarland Drs. 15/386, S. 71.

[533] Landtag Brandenburg Drs. 5/6437, Begründung S. 18; Landtag Mecklenburg-Vorpommern Drs. 6/1337, S. 73; Landtag Rheinland-Pfalz Drs. 16/1910, S. 118; Landtag Sachsen Drs. 5/10920, S. 93; Landtag Sachsen-Anhalt Drs. 6/3799, S. 164; Landtag Thüringen Drs. 5/6700, S. 83.

[534] Siehe Begründung zu Art. 78 BayStVollzG, Landtag Bayern Drs. 15/8101, S. 66; Art. 78 Abs. 2 BayStVollzG a.F. wurde durch das Gesetz über den Vollzug des Jugendarrestes vom 26.06.2018, BayGVBl. 2018 S. 438 ff., unverändert in Art. 5a Abs. 2 BayStVollzG übernommen, vgl. Landtag Bayern Drs. 17/21101, S. 34.

[535] Landtag Bayern Drs. 15/8101, S. 66.

[536] Landtag Bayern Drs. 15/8101, S. 66.

[537] Vgl. hierzu Bürgerschaft Hamburg Drs. 20/6795, S. 76; § 8 Abs. 3 HmbStVollzG war erst durch die Änderung des HmbStVollzG im Jahr 2013 in das Landesgesetz aufgenommen worden, vgl. HmbGVBl. 2013, S. 211, 233 f.

[538] Vgl. Bürgerschaft Hamburg Drs. 20/6795, S. 76.

[539] Landtag Niedersachsen Drs. 17/7412, S. 9.

Restorative Justice und benennt als weitere Impulse für eine Opferorientierung des Niedersächsischen Justizvollzugsgesetzes neben der Weiterentwicklung des Opferschutzes durch das 3. Opferrechtsreformgesetz ebenso die Richtlinie 2012/29/EU des Europäischen Parlaments und des Rates vom 25. Oktober 2012 für die Rechte, die Unterstützung und den Schutz von Opfern von Straftaten.[540] Der Begründung zu § 69 Abs. 2 S. 3 NJVollzG ist schließlich zu entnehmen, dass die Wiedergutmachung im Sinne der Restorative Justice nicht allein auf den Täter-Opfer-Ausgleich beschränkt sein soll, sondern auch andere Varianten der Konfliktlösung in Betracht kommen.[541]

9.3.4.1.2 Tatausgleich in den Vorschriften zum Vollzugsplan

Nach der Rechtsprechung des BVerfG ist der Vollzugsplan ein zentrales Element eines am Resozialisierungsziel orientierten Strafvollzugs.[542] Insgesamt dient der Vollzugsplan der Konkretisierung des Vollzugsziels.[543] Hierzu werden im Vollzugsplan die grundlegenden Entscheidungen über den Verlauf des Vollzugs festgelegt und somit ein Orientierungsrahmen für die beteiligten Vollzugsmitarbeiter:innen und die Gefangenen selbst geschaffen.[544] Einige Landesgesetze verwenden die Bezeichnung „Vollzugs- und Eingliederungsplan“[545], um hervorzuheben, dass die Eingliederung der Gefangenen in die Gesellschaft ein wesentliches Element der Strafverbüßung darstellt.[546] In Hamburg verwendet das Gesetz seit 2019 die Bezeichnung „Resozialisierungsplan“.[547]

---

540 Vgl. Landtag Niedersachsen Drs. 17/7412, S. 9; zum 3. Opferrechtsreformgesetz oben im Abschnitt 6.3.2; zur Opferschutzrichtlinie 2012/29/EU oben im Abschnitt 8.2.2.3.3.

541 Landtag Niedersachsen Drs. 17/7412, S. 32.

542 Vgl. BVerfG NStZ-RR 2008, (60) 61 f.; in diesem Sinne auch *Weßels/Böning*, in: AK-StVollzG, 8. Aufl. 2022, Teil II, § 8 LandesR Rn. 2.

543 *Laubenthal*, Strafvollzug, 8. Aufl. 2019, Rn. 322; *Nestler*, in: Laubenthal/Nestler/Neubacher/Verrel (Hrsg.), StVollzG, 12. Aufl. 2015, C Rn. 29.

544 *Laubenthal*, Strafvollzug, 8. Aufl. 2019, Rn. 322.

545 §§ 14 f. BbgJVollzG; §§ 8 f. StVollzG MV; §§ 14 f. LJVollzG RP, §§ 8 f. SLStVollzG; §§ 8 f. SächsStVollzG; §§ 14 f. ThürJVollzGB.

546 So *Laubenthal*, Strafvollzug, 8. Aufl. 2019, Rn. 322; vgl. z. B. Landtag Brandenburg Drs. 5/6437, Begründung S. 21.

547 Siehe hierzu das Gesetz über das Hamburgische Resozialisierungs- und Opferhilfegesetz und zur Änderung vollzugsrechtlicher Vorschriften, HmbGVBl. 2018, S. 265, 274.

In zwölf Landesgesetzen werden der Ausgleich von Tatfolgen[548], der Täter-Opfer-Ausgleich[549] oder beides[550] als Bestandteile des Vollzugs- und Eingliederungsplans genannt. Eine nähere Begründung, weshalb und vor allem wie der Tatausgleich als Maßnahme innerhalb des Vollzugsplanes festgelegt werden soll, ist den meisten Gesetzesbegründungen dabei nicht zu entnehmen. Lediglich die Begründung zum Nordrhein-Westfälischen Strafvollzugsgesetz zu § 10 StVollzG NRW bezeichnet die Einbeziehung des Tatausgleichs in den Vollzugsplan als eine Konkretisierung der opferbezogenen Vollzugsgestaltung nach § 7 StVollzG NRW.[551]

Die ausdrückliche Nennung des Tatausgleichs in den Landesgesetzen als ein Teil des Vollzugsplans kann jedoch auch ohne eine weiterführende Gesetzesbegründung als besondere Betonung der Restorative Justice i. w. S. verstanden werden. Die Aufnahme einer Maßnahme in den Vollzugsplan bewirkt eine Selbstbindung der Vollzugsbehörden.[552] Die Gefangenen haben einen Anspruch auf eine sachgerechte Durchführung der Maßnahmen des Vollzugsplans.[553] Dies führt bei einer Festschreibung des Tatausgleichs im Vollzugsplan dazu, dass seitens der Anstalt die Voraussetzungen für die Durchführung dieser Maßnahme zu schaffen sind. Im Hinblick auf den Täter-Opfer-Ausgleich als spezielle Form des Tatausgleichs meint dies insbesondere die Schaffung der räumlichen und tatsächlichen Möglichkeiten einer Durchführung des Verfahrens. Problematisch erscheint in diesem Zusammenhang insbesondere die Kontaktaufnahme mit dem Straftatopfer.[554]

---

[548] § 10 Abs. 1 Nr. 19 StVollzG Bln; § 15 Abs. 1 S. 1 Nr. 21 BbgJVollzG; § 9 Abs. 1 S. 1 Nr. 20 BremStVollzG; § 10 Abs. 4 S. 1 Nr. 9 HStVollzG; § 10 Abs. 1 S. 4 Nr. 12 StVollzG NRW; § 15 Abs. 1 S. 1 Nr. 20 LJVollzG RP; § 9 Abs. 1 S. 1 Nr. 20 SLStVollzG; § 10 Abs. 1 Nr. 2 g LStVollzG SH; § 15 Abs. 1 S. 1 Nr. 20 ThürJVollzGB.

[549] § 8 Abs. 2 S. 1 Nr. 5 HmbStVollzG nennt den Schadensausgleich und den Täter-Opfer-Ausgleich.

[550] § 9 Abs. 1 S. 1 Nr. 20 StVollzG MV; § 9 Abs. 1 S. 1 Nr. 20 SächsStVollzG.

[551] Vgl. Landtag Nordrhein-Westfalen Drs. 16/5413, S. 91.

[552] KG NStZ 1997, 207 (208); OLG München StV 1992, 589; *Nestler,* in: Laubenthal/Nestler/Neubacher/Verrel (Hrsg.), StVollzG, 12. Aufl. 2015, C Rn. 35; *Laubenthal*, Strafvollzug, 8. Aufl. 2019, Rn. 329.

[553] *Nestler,* in: Laubenthal/Nestler/Neubacher/Verrel (Hrsg.), StVollzG, 12. Aufl. 2015, C Rn. 35.

[554] Vgl. hierzu *Mayer*, Täter-Opfer-Ausgleich im Strafvollzug, 2017, S. 197 ff.

9.3.4.1.3 Tatausgleich in den Vorschriften zu den Geldern der Gefangenen

Im Vollzug stehen den Gefangenen nur sehr beschränkte Geldmittel zur Verfügung, die sie entweder als Arbeitsentgelt, als Surrogatsleistungen oder bei besonderer Bedürftigkeit als Taschengeld erhalten.[555] Hinsichtlich der Verwendung der finanziellen Mittel machen die Landesstrafvollzugsgesetze ebenso wie bereits das Bundesstrafvollzugsgesetz Vorgaben dahingehend, dass eine zweckgebundene Aufteilung der Einkünfte erfolgt.[556] Im Einzelnen erfolgt eine Aufteilung der finanziellen Mittel auf vier verschiedene Verwendungszwecke: Hausgeld, Haftkostenbeitrag, Überbrückungs- bzw. Eingliederungsgeld und Eigengeld.[557]

Von diesen Verwendungszwecken ist im Zusammenhang mit der hier interessierenden opferbezogenen Vollzugsgestaltung nur das Überbrückungs- bzw. Eingliederungsgeld von Bedeutung. Um die Wiedereingliederung der Gefangenen zu erleichtern, sollen bereits während der Haft die nötigen Mittel für eine finanzielle Absicherung während der Übergangsphase in der ersten Zeit nach der Entlassung angespart werden.[558] In einigen Bundesländern hat die Bildung des Überbrückungsgeldes zwingend zu erfolgen[559], während andere Landesgesetze keine entsprechende Verpflichtung enthalten[560].

Hinsichtlich der Verwendung des Eingliederungs- bzw. Überbrückungsgeldes enthalten die Landesvollzugsgesetze von Brandenburg, Hamburg, Nordrhein-Westfalen und Sachsen ausdrücklich opferbezogene Regelungen. In Brandenburg kann die Anstaltsleitung gemäß § 73 Abs. 2 S. 2 BbgJVollzG den Gefangenen gestatten, ihr Eingliederungsgeld zur Entschädigung der Opfer ihrer Straftat in Anspruch zu nehmen. Das Hamburger Strafvollzugsgesetz enthält mit § 47 Abs. 3 S. 3 HmbStVollzG eine ähnlich lautende Regelung. In Nordrhein-Westfalen kann die Anstaltsleitung gemäß § 37 Abs. 4 StVollzG NRW den

---

[555] Siehe hierzu ausführlich *Laubenthal*, Strafvollzug, 8. Aufl. 2019, Rn. 433 ff.

[556] Vgl. *Laubenthal*, Strafvollzug, 8. Aufl. 2019, Rn. 464.

[557] *Laubenthal*, Strafvollzug, 8. Aufl. 2019, Rn. 464 mit Nachweisen zu den jeweiligen Vorschriften der Landesgesetze.

[558] *Nestler*, in: Laubenthal/Nestler/Neubacher/Verrel (Hrsg.), StVollzG, 12. Aufl. 2015, F Rn. 173; *Laubenthal*, Strafvollzug, 8. Aufl. 2019, Rn. 473.

[559] Vgl. z. B. § 52 Abs. 1 JVollzGB III BaWü; Art. 51 Abs. 1 BayStVollzG; § 56 Abs. 1 BremStVollzG; § 47 Abs. 1 HmbStVollzG; § 42 Abs. 1 HStVollzG; § 37 Abs. 1 StVollzG NRW.

[560] Vgl. z. B. § 68 Abs. 1 StVollzG Bln; § 73 Abs. 1 S. 1 BbgJVollzG; § 60 Abs. 1 S. 1 SLStVollzG; § 62 Abs. 1 S. 1 SächsStVollzG; ergänzend *Laubenthal*, Strafvollzug, 8. Aufl. 2019, Rn. 474.

Gefangenen gestatten, das Überbrückungsgeld bereits vor der Entlassung für Ausgaben zu verwenden, die der Eingliederung dienen, und nennt als ein Beispiel den Tatausgleich gemäß § 7 StVollzG NRW. Für Sachsen gilt, dass die Verwendung des Überbrückungsgeldes gemäß § 62 Abs. 3 SächsStVollzG den Gefangenen zur Entschädigung der Opfer ihrer Straftat zu gestatten ist.

Erneut enthalten die Gesetzesmaterialien weitere Informationen zu den einzelnen Regelungen. Der Gesetzesbegründung zu § 73 BbgJVollzG lässt sich beispielsweise entnehmen, dass diese Neuregelung den Belangen von Opfern Rechnung trägt.[561] Während § 73 Abs. 2 S. 2 BbgJVollzG eine „Kann-Regelung" enthält, ist § 62 Abs. 3 SächsStVollzG als „Soll-Vorschrift" ausgestaltet. In Sachsen ist Anträgen der Gefangenen hinsichtlich der Freigabe des Überbrückungsgeldes zum Zweck von Opferentschädigungsleistungen der Gesetzesbegründung zufolge regelmäßig stattzugeben.[562] Die Gefangenen würden auf diese Weise die Möglichkeit erhalten, Reue gegenüber den Straftatopfern zu zeigen und ihre Schuld abzutragen.[563] Der Gesetzesbegründung zu § 37 Abs. 4 StVollzG NRW ist zu entnehmen, dass Zahlungen zur Wiedergutmachung immaterieller und materieller Opferschäden der Eingliederung der Gefangenen dienen können.[564] Bemerkenswert an dieser Begründung ist, dass der Tatausgleich neben der Tilgung von Geldstrafen sowohl im Wortlaut der Vorschrift als auch in der Gesetzesbegründung als ein Beispiel für eine die Wiedereingliederung fördernde Verwendung genannt wird. Die Begründung zu § 47 HmbStVollzG gibt demgegenüber keinen Aufschluss über die Gründe dafür, warum der Gesetzgeber eine Möglichkeit zur Verwendung des Überbrückungsgeldes zum Zweck der Opferentschädigung schaffen wollte.[565]

9.3.4.2 Vorschriften zum Datenschutz

Die Landesgesetze enthalten Auskunftsrechte der Verletzten bezüglich der Entlassungsadresse und der Vermögensverhältnisse der Gefangenen, wenn diese Informationen der Feststellung und Durchsetzung von Rechtsansprüchen im Zusammenhang mit einer Straftat dienen.[566] Die landesrechtlichen Regelungen

---

[561] Landtag Brandenburg Drs. 5/6437, Begründung S. 72.

[562] Landtag Sachsen Drs. 5/10920, S. 129.

[563] Landtag Sachsen Drs. 5/10920, S. 129.

[564] Landtag Nordrhein-Westfalen Drs. 16/5413, S. 118 zu § 37 Abs. 3 StVollzG NRW a.F.

[565] Vgl. Bürgerschaft Hamburg Drs. 21/11906, S. 39.

[566] Vgl. z. B. Art. 197 Abs. 5 S. 2 BayStVollzG; § 46 Abs. 2 Nr. 1 JVollzDSG Bln; § 130 Abs. 3 BbgJVollzG; § 60 Abs. 3 HStVollzG; § 192 Abs. 4 S. 1 NJVollzG; § 130 Abs. 3 ThürJVollzGB.

entsprechen dabei im Wesentlichen dem früher geltenden § 180 Abs. 5 S. 2 StVollzG Bund a. F. Folglich dienen die jeweiligen landesrechtlichen Regelungen wie schon § 180 Abs. 5 S. 2 StVollzG Bund a. F. der Schadenswiedergutmachung[567] und somit der Resozialisierung der Gefangenen.[568] Mit der Normierung des Auskunftsrechts nach dem Vorbild des § 180 Abs. 5 S. 2 StVollzG Bund a. F. wurde die Geltendmachung von Schadensersatzansprüchen seitens des Straftatopfers und gegebenenfalls seiner Rechtsnachfolger:innen vereinfacht.[569] Das Straftatopfer wäre andernfalls darauf verwiesen, gerichtlich einen Auskunftsanspruch gegenüber dem bzw. der Gefangenen geltend zu machen, was zu zusätzlichen Kosten führen würde.[570] Daher sei die Neuregelung des Auskunftsrechts ein Ausdruck einer opferbezogenen Ausgestaltung des Vollzugs.[571]

9.3.4.3 Zusammenfassung

Innerhalb der Landesstrafvollzugsgesetze ist die Restorative Justice i. w. S. an unterschiedlichen Stellen zu finden. So nehmen allgemeine Vorschriften, Vorschriften zum Vollzugsplan und Vorschriften zu den Geldern der Gefangenen auf die Wiedergutmachung in der Form des Tatausgleichs Bezug.

Für die Einordnung der Restorative Justice i. w. S. als kriminalpolitisches Motiv insgesamt ergibt sich zudem Folgendes.

Die Wiedergutmachung hat insbesondere in der Form des Tatausgleichs eine besondere Gewichtung innerhalb der Landesgesetze erfahren. Zwar geben die Gesetzesbegründungen nur vereinzelt Aufschluss über die gesetzgeberischen Motive. Allerdings haben sich alle Landesgesetzgeber dazu entschieden, den Tatausgleich innerhalb des Strafvollzugsrechts aufzugreifen. Besonders Schleswig-Holstein sticht diesbezüglich durch die Regelung des § 21 LStVollzG SH hervor. In der Gesetzesbegründung wird nicht nur ausdrücklich auf die Restorative Justice und ihre mediativ-vermittelnd ausgerichteten Verfahren

---

[567] Vgl. Landtag Brandenburg Drs. 5/6437, Begründung S. 108; Bürgerschaft Bremen Drs. 18/1475, S. 93; Landtag Mecklenburg-Vorpommern Drs. 6/1337, S. 141; Landtag Thüringen Drs. 5/6700, S. 160; siehe BT-Drs. 13/11016, S. 27 zu § 180 Abs. 5 S. 2 StVollzG Bund a.F.

[568] *Koranyi,* in: Laubenthal/Nestler/Neubacher/Verrel (Hrsg.), StVollzG, 12. Aufl. 2015 O Rn. 72; vgl. auch *Goerdeler/Weicher*, in: AK-StVollzG, 6. Aufl. 2012, § 180 Rn. 52.

[569] Vgl. Landtag Brandenburg Drs. 5/6437, Begründung S. 108; Bürgerschaft Bremen Drs. 18/1475, S. 93; Landtag Mecklenburg-Vorpommern Drs. 6/1337, S. 141; Landtag Thüringen Drs. 5/6700, S. 160; in diesem Sinne bereits BT-Drs. 13/11016, S. 27 zu § 180 Abs. 5 S. 2 StVollzG Bund a.F.

[570] *Goerdeler/Weicher*, in: AK-StVollzG, 6. Aufl. 2012, § 180 Rn. 52.

[571] Landtag Bayern Drs. 15/8101, S. 92; Landtag Hessen Drs. 18/1396, S. 117.

Bezug genommen. Die Einbeziehung informeller Konfliktlösungsmethoden in den Strafvollzug wird ebenso mit den europarechtlichen Vorgaben der sogenannten EU-Opferschutzrichtline 2012/29/EU begründet. Darüber hinaus werden in mehreren Gesetzesbegründungen die Auseinandersetzung mit den Tatfolgen für das Opfer und die Verantwortungsübernahme seitens der Gefangenen sowie die Entwicklung von Opferempathie als Ziele des Täter-Opfer-Ausgleichs und anderer informeller Konfliktlösungsmöglichkeiten betont. Diese Aspekte sollen die Interessen der Straftatopfer hinsichtlich der Konfliktaufarbeitung und gegebenenfalls auch Verarbeitung des Viktimisierungserlebnisses unterstützen. Für die Gefangenen werden durch Tataufarbeitung und Tatausgleich positive Auswirkungen auf den Resozialisierungsprozess prognostiziert. Jedoch wird in mehreren Gesetzesbegründungen ebenso die Gefahr einer Instrumentalisierung des Opfers zu Resozialisierungszwecken erkannt und deutlich gemacht, dass dies keinesfalls mit dem Opferschutz vereinbar ist. Zudem wird zumindest vom Gesetzgeber Schleswig-Holsteins die Bedeutung der Freiwilligkeit der Gefangenen für einen erfolgreichen Tatausgleich innerhalb der Begründung zu § 21 LStVollzG SH erkannt.

Bemerkenswert ist weiterhin, dass in einigen Gesetzesbegründungen die ideelle Aussöhnung zwischen Gefangenen und Opfern ausdrücklich als eine mögliche Form des Ausgleichs Erwähnung findet. Mitunter enthalten die Begründungen keine Beschränkung auf den Täter-Opfer-Ausgleich, sodass grundsätzlich auch andere Methoden – insbesondere jene der Restorative Justice i. w. S. – im Rahmen der Tataufarbeitung und des Tatausgleichs in Betracht kommen. Darüber hinaus wird die Bedeutung der materiellen Wiedergutmachung in den Bundesländern Brandenburg, Hamburg, Nordrhein-Westfalen und Sachsen innerhalb der Regelungen zur Verwendung des Überbrückungs- bzw. Eingliederungsgeldes hervorgehoben. Diese Vorschriften berücksichtigen ausweislich der meisten Gesetzesbegründungen zum einen die Interessen der Opfer, zum anderen soll entsprechenden Anträgen zumindest in Sachsen stattgegeben werden und so dem Gefangenen eine einfache Möglichkeit zum Tatausgleich gewährt werden. Letzteres dürfte erneut im Sinn des Resozialisierungsziels sein.

Hinsichtlich der Auskunftsrechte zum Zweck der materiellen Wiedergutmachung kann festgehalten werden, dass diese durch den niedrigschwelligen Zugang zu den relevanten Informationen für das Straftatopfer Ausdruck einer opferbezogenen Vollzugsgestaltung sein sollen.

9.3.5 Gesamtbetrachtung der kriminalpolitischen Motive der opferbezogenen Strafvollzugsgesetzgebung

Mit Blick auf die kriminalpolitischen Motive opferbezogener Strafvollzugsgesetzgebung kann zunächst festgehalten werden, dass sich die Befürchtung einer Einschränkung des Resozialisierungsziels durch die Einbeziehung des Opfers zumindest nach den Gesetzesbegründungen nicht ohne weiteres bestätigt. Zwar ist die opferbezogene Vollzugsgestaltung in einigen Bundesländern zum übergeordneten Prinzip erkoren wurden. Dies hat jedoch nicht dazu geführt, dass der täter:innenorientierte Resozialisierungsvollzug grundsätzlich an Bedeutung verlieren soll. Die allgemeinen Regelungen zur opferbezogenen Vollzugsgestaltung zielen auf die Tataufarbeitung, die Verantwortungsübernahme durch die Gefangenen, die Entwicklung von Opferempathie und den Ausgleich der Tatfolgen ab. Diese Gesichtspunkte werden ausweislich der Gesetzesbegründungen als Teil des Resozialisierungskonzepts verstanden. So wurde insbesondere im Zusammenhang mit den Regelungen zur Restorative Justice i. w. S. der Nutzen mediativer Ausgleichsverfahren für das Resozialisierungsziel erkannt. In diesem Zusammenhang kann zudem festgehalten werden, dass die Strafvollzugsgesetze die Wiedergutmachung und den Tatausgleich nicht nur auf die materielle Wiedergutmachung beschränken, sondern vielmehr auch den immateriellen Tatausgleich berücksichtigen – mitunter sogar betonen. Mit Blick auf die Durchführung dieses Ausgleichs wird zwar insbesondere der Täter-Opfer-Ausgleich in Gesetzen und Begründungen gleichermaßen hervorgehoben. Jedoch lassen die Gesetzesbegründungen erkennen, dass grundsätzlich auch andere Methoden der Restorative Justice i. w. S. in Betracht kommen können.

Erkennbar sind zudem einerseits die Betonung der besonderen Schutzbedürftigkeit bestimmter Opfergruppen und anderseits eher repressive Tendenzen. Während im Zusammenhang mit den Außenkontakten die Betonung der besonderen Schutzbedürftigkeit insbesondere minderjähriger Straftatopfer einleuchtend erscheint, soll dem Sicherheitsbedürfnis der Allgemeinheit insbesondere im Zusammenhang mit vollzugsöffnenden Maßnahmen in einigen Landesgesetzen ausweislich der Gesetzesbegründungen ein hoher Stellenwert eingeräumt werden. Dies hat sich mitunter im Wortlaut der relevanten Vorschriften niedergeschlagen und geht zudem aus einigen Gesetzesbegründungen hervor. Allerdings kann festgehalten werden, dass diesbezüglich zumindest nicht das Label „Opferschutz“

für eine besondere Berücksichtigung der Sicherheit der Allgemeinheit gewählt wurde.[572]

Als leitend für das Strafvollzugsrecht hat sich zudem der Schutz von Opfern vor einer sekundären Viktimisierung bzw. (Re-)Traumatisierung herauskristallisiert. So soll das Opfer durch Kontaktverbote, Weisungen bei Lockerungen oder Informationen über vollzugsöffnende Maßnahmen vor einer unvorbereiteten Konfrontation mit dem bzw. der konkreten Gefangenen geschützt werden. Die Gefahr einer sekundären Viktimisierung des Opfers durch die Vollzugsanstalten selbst – beispielsweise durch das Aufdrängen von Informationen über die Gefangenen – wird demgegenüber kaum bedacht.

9.4 Folgen für die Auslegung opferbezogener Vorschriften des Strafvollzugsrechts

Der Opferschutz, welcher Strafrechtsnormen immanent ist oder durch strafprozessuale Regelungen bewirkt werden soll, kann nicht mit dem Opferschutz des Strafvollzugsrechts gleichgesetzt werden. Während Strafnormen (auch) das Ziel haben, die primäre Viktimisierung zu vermeiden, zielen die opferschützenden Regelungen der StPO während des Strafverfahrens auf die Vermeidung einer sekundären Viktimisierung von Personen ab, welche bereits durch die Verletzung einer Strafnorm viktimisiert wurden. Innerhalb des Strafvollzugsrechts kann Opferschutz schließlich als erweiterter Schutz des konkreten Opfers einer abgeurteilten Straftat verstanden werden. Darüber hinaus kommt der Schutz potenzieller Opfer durch den Schutz der Allgemeinheit innerhalb des Strafvollzugsrechts zum Ausdruck. Diesbezüglich ist die Schutzrichtung auf die Vermeidung einer primären Viktimisierung durch bereits einschlägig verurteilte Täter:innen gerichtet.

Die Betrachtung der kriminalpolitischen Motive opferbezogener Strafvollzugsgesetzgebung hat gezeigt, dass dem tatsächlichen Straftatopfer durchaus eine gewichtige Rolle zukommt. Für die historisch-genetische Auslegung strafvollzugsrechtlicher Vorschriften bedeutet dies, dass der Schutz konkreter Straftatopfer vor einer erneuten Beeinträchtigung durch die Gefangenen das übergeordnete Leitmotiv opferbezogenen Strafvollzugsrechts ist. Mit Blick auf das Telos der jeweiligen Vorschriften wird daher die Frage nach ihrem Beitrag zum Schutz

---

[572] Eine Ausnahme hiervon stellt allenfalls § 8a HmbStVollzG dar, welcher zwar mit dem Begriff „Opferschutz" überschrieben ist, jedoch inhaltlich den Schutz der Allgemeinheit betrifft; siehe hierzu ausführlich unten im Abschnitt 15.2.5.2, im Abschnitt 15.3.5.2, im Abschnitt 15.4.5.2.2 und im Abschnitt 15.5.5.2.2.

tatsächlicher Opfer von Bedeutung sein. Diese Einschätzung trifft im Übrigen auch auf Regelungen zu, welche das Opfer vor einer Instrumentalisierung im Zusammenhang mit strafvollzuglichen Maßnahmen schützen sollen.

Für die Wortlautauslegung hat sich ergeben, dass einige Landesgesetze durchaus zwischen direkten Opfern und indirekten Opfern – wie beispielsweise Angehörigen – unterscheiden.

Weiterhin wurde an mehreren Stellen die besondere Schutzwürdigkeit bestimmter Opfergruppen betont. Dies betrifft zunächst Opfer bestimmter Deliktsgruppen, allen voran Opfer von Sexual- und Gewaltdelikten. Darüber hinaus werden mitunter jedoch auch Opfer, welche dem sozialen Nahraum der Gefangenen zugeordnet werden, und minderjährige Opfer im Allgemeinen als besonders schutzwürdig eingeordnet. Diese Gesichtspunkte werden sowohl für die Wortlautauslegung als auch für die teleologische Auslegung von gesteigerter Relevanz sein.

Zudem wird anhand der Gesetzesbegründungen deutlich, dass das opferbezogene Strafvollzugsrecht in weiten Teilen als Bestandteil bzw. Konkretisierung des Resozialisierungsziels verstanden wird. Gleiches gilt für die Einbeziehung der Restorative Justice i. w. S. in das Strafvollzugsrecht. Neben dem Ausgleichs- und Wiedergutmachungsinteresse der Opfer werden innerhalb der Gesetzesbegründungen insbesondere auch mögliche positive Auswirkungen auf die Resozialisierung der Gefangenen hervorgehoben. Daher ist die Förderung der Resozialisierung durch opferbezogene Vorschriften für die teleologische Auslegung relevant.

Für die Regelungsbereiche der vollzugsöffnenden Maßnahmen und des Datenschutzes hat die Sichtung der Gesetzesbegründungen ergeben, dass in den meisten Landesgesetzen eine umfassende Interessenabwägung durch den Gesetzgeber angedacht ist. Dies spricht erneut für eine teleologische Auslegung der jeweiligen Vorschriften im Lichte des Resozialisierungsziels. Allerdings ist insbesondere mit Blick auf besondere Regelungen zu Gewalt- und Sexualstraftäter:innen die Gewichtung der Sicherheit nicht unbedenklich. Mithin zeichnet sich eine besondere Betonung der Sicherheit ab. Gleichwohl wurde in den meisten Gesetzen diesbezüglich zumindest nicht der Schutz konkreter Opfer vorgeschoben, sondern direkt die Sicherheit der Allgemeinheit als Abwägungskriterium festgelegt. Folglich darf bei der teleologischen Auslegung der jeweiligen Vorschriften, welche auch den Schutz konkreter Opfer als Kriterium für die Ablehnung vollzugsöffnender Maßnahmen nennen, die Sicherheit der Allgemeinheit nicht aus dem Blick geraten. Diesbezüglich wird zu untersuchen sein, ob diese Regelungen nach ihrem Telos auf den Schutz konkreter Opfer oder doch vielmehr auf die Sicherheit der Allgemeinheit ausgerichtet sind.

10 Verfassungsrechtliche Grundlagen

Für die Einbeziehung von Opferinteressen in das Strafrechtssystem sind ferner verfassungsrechtliche Gesichtspunkte relevant. In den nun folgenden Abschnitten wird daher das Verfassungsrecht dahingehend untersucht, ob nach dem Grundgesetz eine opferbezogene Ausrichtung des Strafrechts und in der Folge auch des Strafvollzugsrechts möglich und gegebenenfalls sogar erforderlich ist. Insbesondere könnten sich aus dem Verfassungsrecht Schutzpflichten des Staates gegenüber den Opfern von Straftaten ergeben und auf diese Weise eine Opferorientierung des Strafrechts im Allgemeinen und einen opferorientierten Strafvollzug im Besonderen begründen. Mögliche Anknüpfungspunkte für eine solche staatliche Schutzpflicht gegenüber Straftatopfern könnten zum einen aus den Grundrechten erwachsende Schutzpflichten und zum anderen Verfassungsprinzipien wie das Sozialstaatsprinzip und das Rechtsstaatsprinzip sein. Daher wird zunächst untersucht werden, ob sich aus den Grundrechten – genauer aus den grundrechtlichen Schutzpflichten – subjektive Rechte des Straftatopfers ableiten lassen (Abschnitt 10.1). Im Anschluss daran wird herausgearbeitet werden, ob sich opferorientierte Maßnahmen mit allgemeinen Verfassungsprinzipien wie dem Sozialstaatsprinzip und dem Rechtsstaatsprinzip legitimieren lassen (Abschnitt 10.2). Schließlich wird die Relevanz der verfassungsrechtlichen Grundlagen für die Auslegung strafvollzugsrechtlicher Vorschriften mit Opferbezug festgehalten werden (Abschnitt 10.3).

K. M. Radke, *Opferorientierung im Strafvollzug*,
https://doi.org/10.1007/978-3-658-39044-0_10

10.1 Grundrechte und Opferorientierung

Bei den Grundrechten handelt es sich zuvörderst um Abwehrrechte der Grundrechtsträger:innen gegen ungerechtfertigte staatliche Eingriffe in den Schutzbereich des jeweiligen Grundrechts.[1] Allerdings beinhalten die Freiheitsgrundrechte des Grundgesetzes nach h. M. neben dieser Abwehrfunktion auch noch eine Schutzfunktion.[2] Aus dieser Schutzfunktion ergibt sich für die Grundrechtsträger:innen ein gegen den Staat gerichtetes Recht auf den Schutz ihrer Grundrechte auch vor Beeinträchtigungen oder Gefährdungen durch Dritte.[3] Das BVerfG hat vereinzelt eine aus den Freiheitsgrundrechten resultierende Schutzfunktion der Grundrechte anerkannt und hieraus mitunter staatliche Schutzpflichten abgeleitet.[4]

Aus solchen Schutzpflichten können sich nicht nur Pönalisierungspflichten des Staates und eine Verpflichtung zur strafrechtlichen Sanktionierung devianten Verhaltens ergeben.[5] Vielmehr könnten die grundrechtlichen Schutzpflichten darüber hinaus auch eine Verpflichtung des Staates begründen, die Interessen von Kriminalitätsopfern zu schützen und dazu geeignete Opferschutzmaßnahmen – insbesondere durch eine entsprechende Opferschutzgesetzgebung – vorzunehmen. Schließlich könnten sich aus den grundrechtlichen Schutzpflichten sogar subjektive Opferrechte ableiten lassen, die Einfluss auf alle Teilbereiche des Strafrechts hätten und somit auch für den Strafvollzug von Relevanz wären. Zu denken ist

---

[1] *Ipsen*, Staatsrecht II, 24. Aufl. 2021, Rn. 91 f.; ausführlich zum Anspruch auf Unterlassen einer Grundrechtsbeeinträchtigung vgl. *Alexy*, Theorie der Grundrechte, 2. Aufl. 1994, S. 174 ff.

[2] *Isensee*, Das Grundrecht auf Sicherheit, 1983; *Robbers*, Sicherheit als Menschenrecht, 1987; *Klein*, NJW 1989, 1633 ff.; *Alexy*, Theorie der Grundrechte, 2. Aufl. 1994, S. 410 f.; *Unruh*, Zur Dogmatik der grundrechtlichen Schutzpflichten, 1996, S. 21 ff.; *Cremer*, Freiheitsgrundrechte, 2003, S. 228 ff.; *Dietlein*, Die Lehre von den grundrechtlichen Schutzpflichten, 2. Aufl. 2005, S. 17 ff.; *Isensee*, § 191 Das Grundrecht als Abwehrrecht und als staatliche Schutzpflicht, in: Isensee/Kirchhof (Hrsg.), Handbuch des Staatsrechts, Bd. IX, 2011, Rn. 1 ff.; *Ipsen*, Staatsrecht II, 24. Aufl. 2021, Rn. 101 ff.

[3] Vgl. statt vieler *Cremer*, Freiheitsgrundrechte, 2003, S. 228.

[4] Vgl. beispielsweise hinsichtlich Art. 2 Abs. 2 S. 1 GG BVerfGE 39, 1 (42); 46, 160 (164); hinsichtlich Art. 12 Abs. 1 GG BVerfGE 81, 242 (255 f.); 97, 169 (175); hinsichtlich Art. 14 Abs. 1 GG BVerfG NJW 1998, 3264 (3265 f.); hinsichtlich des allgemeinen Persönlichkeitsrechts aus Art. 2 Abs. 1 i. V. m. Art. 1 Abs. 1 GG BVerfGE 96, 56 (64); 99, 185 (194 f.).

[5] Ausführlich hierzu *Kaspar*, Verhältnismäßigkeit und Grundrechtsschutz im Präventionsstrafrecht, 2014, S. 59, 77 ff.

hierbei insbesondere an ein Recht der Opfer auf eine Bestrafung der Täter:innen oder an ein Recht auf Wiedergutmachung.

Um die Bedeutung der Grundrechte für die Opferorientierung feststellen zu können, werden nachfolgend zunächst die allgemeinen Grundlagen grundrechtlicher Schutzpflichten dargestellt. Im Anschluss daran wird der Zusammenhang zwischen grundrechtlichen Schutzpflichten und opferorientiertem Strafrecht untersucht. Diesbezüglich wird insbesondere der Frage nachgegangen, ob sich aus den grundrechtlichen Schutzpflichten subjektive Rechte des Straftatopfers ableiten lassen.

10.1.1 Allgemeine Grundlagen zu den grundrechtlichen Schutzpflichten

10.1.1.1 Herleitung der grundrechtlichen Schutzpflichten

Hinsichtlich der verfassungsrechtlichen Begründung grundrechtlicher Schutzpflichten wird eine Vielzahl von Ansätzen vertreten.[6]

Das BVerfG bedient sich für die Herleitung einer Schutzfunktion der Freiheitsgrundrechte zweier Begründungsstränge. Einerseits sollen objektive oder wertsetzende Grundrechtsgehalte die grundrechtlichen Schutzpflichten begründen.[7] Anderseits leitet das BVerfG staatliche Schutzpflichten aus Art. 1 Abs. 1 S. 2 GG ab.[8] Beispielsweise habe die Verpflichtung des Staates, das Leben und die körperliche Unversehrtheit seiner Bürger:innen zu schützen, ihre Grundlage in Art. 1 Abs. 1 S. 2 GG und werde durch Art. 2 Abs. 2 GG näher konkretisiert.[9]

Innerhalb der Literatur werden unterschiedliche Ansätze zur Herleitung der Schutzpflichten vertreten.[10] Einigkeit besteht jedoch insofern, als der Staat zu einem umfassenden Schutz der Grundrechte verpflichtet ist und daher die grundrechtlichen Schutzgüter auch vor Beeinträchtigungen durch Dritte schützen

---

[6] Ein Überblick findet sich bei *Cremer*, Freiheitsgrundrechte, 2003, S. 228 ff.

[7] Vgl. BVerfGE 99, 185 (196); näher hierzu *Cremer*, Freiheitsgrundrechte, 2003, S. 230.

[8] BVerfGE 39, 1 (42); BVerfG NJW 1952, 297 (298).

[9] BVerfGE 88, 203 (251).

[10] Vgl. im Einzelnen u. a. *Isensee*, Das Grundrecht auf Sicherheit, 1983, S. 34 ff.; *Burgi*, FS Isensee, 2007 S. 655 ff.; *Robbers*, Sicherheit als Menschenrecht, 1987, S. 186 ff.; *Klein*, NJW 1989, 1633 ff.; *Alexy*, Theorie der Grundrechte, 2. Aufl. 1994, S. 410 ff.; *Cremer*, Freiheitsgrundrechte, 2003, S. 258 ff.; *Dietlein*, Die Lehre von den grundrechtlichen Schutzpflichten, 2. Aufl. 2005, S. 17 ff.; *Isensee*, § 191 Das Grundrecht als Abwehrrecht und als staatliche Schutzpflicht, in: Isensee/Kirchhof (Hrsg.), Handbuch des Staatsrechts, Bd. IX, 2011, Rn. 3, dort Fn. 4.

muss.[11] Nachfolgend sollen daher nur die großen Linien hinsichtlich der verfassungsrechtlichen Herleitung der grundrechtlichen Schutzpflichten nachgezeichnet werden.[12]

Nach einem Teil der Literatur lassen sich die grundrechtlichen Schutzpflichten des Staates aus einer der Verfassung innewohnende Staatsaufgabe der Sicherheit ableiten.[13] Grundlage dieser Staatsaufgabe seien sowohl das staatliche Gewaltmonopol als auch die hieraus resultierenden Friedenspflichten der Bürger:innen.[14] Indem die einzelnen Grundrechtsträger:innen darauf verzichten, die Beeinträchtigung ihrer durch die Grundrechte gewährten Rechtspositionen gegenüber Dritten selbst geltend zu machen, entstehe gleichzeitige eine umfassende Verpflichtung des Staates, die Rechte der Grundrechtsträger:innen zu schützen.[15] Der Staat

[11] *Isensee*, Das Grundrecht auf Sicherheit, 1983, S. 21 ff.; *Robbers*, Sicherheit als Menschenrecht, 1987, S. 186 ff.; *Klein*, NJW 1989, 1633 (1633 f.); *Alexy*, Theorie der Grundrechte, 2. Aufl. 1994, S. 410 f.; *Cremer*, Freiheitsgrundrechte, 2003, S. 235 ff.; *Dietlein*, Die Lehre von den grundrechtlichen Schutzpflichten, 2. Aufl. 2005, S. 17 ff.; *Isensee*, § 191 Das Grundrecht als Abwehrrecht und als staatliche Schutzpflicht, in: Isensee/Kirchhof (Hrsg.), Handbuch des Staatsrechts, Bd. IX, 2011, Rn. 3.

[12] Neben den sogleich dargestellten Ansichten, soll an dieser Stelle nur kurz auf die sogenannte „abwehrrechtliche Lösung" eingegangen werden. Nach dieser Ansicht soll sich die Schutzfunktion der Grundrechte aus deren abwehrrechtlichem Gehalt ergeben. Wenn der Staat keinen hinreichenden Schutz für die Grundrechte gewährleistet, trifft die Grundrechtsträger:innen die Pflicht, infolge des Gewaltmonopols und der Friedenspflicht Übergriffe durch Dritte zu dulden. Infolgedessen würden private Übergriffe dem Staat direkt als Grundrechtsverletzungen zugerechnet, solange sich diese im Rahmen des „Nicht-Verbotenen" bewegen. Es bedürfe daher keiner gesonderten Begründung der grundrechtlichen Schutzpflicht, da diese sich schon aus der Abwehrfunktion der Grundrechte ergebe. Ausführlich hierzu *Schwabe*, Grundrechtsdogmatik, 1977, S. 213 f.; *Schwabe*, Drittwirkung, 1971, S. 65 ff.; innerhalb der Literatur hat diese Ansicht erhebliche Kritik erfahren und kann für sich allein keine tragfähige dogmatische Begründung der grundrechtlichen Schutzpflichten liefern. Zur Kritik siehe nur *Dietlein*, Die Lehre von den grundrechtlichen Schutzpflichten, 2. Aufl. 2005, S. 38 f.

[13] Weiterführend *Isensee*, Das Grundrecht auf Sicherheit, 1983, S. 21 ff., *Robbers*, Sicherheit als Menschenrecht, 1987, S. 144 ff.; *Dietlein*, Die Lehre von den grundrechtlichen Schutzpflichten, 2. Aufl. 2005, S. 26 ff.

[14] *Isensee*, Das Grundrecht auf Sicherheit, 1983, S. 23 f.; ähnlich *Robbers*, Sicherheit als Menschenrecht, 1987, S. 192; *Dietlein*, Die Lehre von den grundrechtlichen Schutzpflichten, 2. Aufl. 2005, S. 26 f.

[15] *Isensee*, Das Grundrecht auf Sicherheit, 1983, S. 23 f., *Robbers*, Sicherheit als Menschenrecht, 1987, S. 192.

ist demnach als „Schutzverband der Bürger“[16] für die Wahrung der Grundrechte verantwortlich. Hieraus folgt, dass es sich bei den Schutzpflichten um eine objektiv-rechtliche Staatsaufgabe handelt, aus der sich subjektive Rechte der einzelnen Grundrechtsträger:innen ableiten ließen.[17]

Mitunter wird die bloße Herleitung grundrechtlicher Schutzpflichten aus der Staatsaufgabe der Sicherheit als nicht hinreichend abgelehnt, da keine direkte Ableitung aus dem Verfassungstext möglich sei.[18] So müsse nach *Cremer* insbesondere der Menschenwürdegarantie des Art. 1 Abs. 2 GG entscheidende Bedeutung zukommen.[19] Da Art. 1 Abs. 1 S. 2 GG unmittelbar geltendes Recht darstelle[20] und zudem auch als subjektives Recht zu bewerten sei[21], ergebe sich hieraus in Verbindung mit der objektiv-rechtlichen Staatsaufgabe der Sicherheit die Begründung für die grundrechtliche Gewährleistung von Schutzpflichten.[22] Allerdings vermag auch diese Herleitung der grundrechtlichen Schutzpflichten nicht vollends zu überzeugen, da insbesondere die Grundrechtsqualität von Art. 1 Abs. 1 GG durchaus umstritten ist.[23] Nach *Rox* wurzelt daher die allgemeine Verpflichtung des Staates, die Grundrechte seiner Bürger:innen zu schützen, zwar in der Menschenwürde.[24] Allerdings werde der konkrete Inhalt der Schutzpflicht erst durch das einschlägige Grundrecht näher bestimmt.[25]

Die Herleitung der grundrechtlichen Schutzpflichten des Staates gegenüber den Grundrechtsträger:innen stellt sich mithin als schwierig dar. Die vorliegende Arbeit hat nicht den Anspruch, der Diskussion um die verfassungsrechtliche Begründung grundrechtlicher Schutzpflichten einen weiteren Begründungsansatz hinzuzufügen. Unabhängig von der Herleitung grundrechtlicher Schutzpflichten

---

[16] So *Ipsen*, Staatsrecht II, 24. Aufl. 2021, Rn. 104; weiterführend *Isensee*, Das Grundrecht auf Sicherheit, 1983, S. 12 ff.

[17] *Isensee*, § 191 Das Grundrecht als Abwehrrecht und als staatliche Schutzpflicht, in: Isensee/Kirchhof (Hrsg.), Handbuch des Staatsrechts, Bd. IX, 2011, Rn. 10.

[18] *Cremer*, Freiheitsgrundrechte, 2003, S. 259; zustimmend auch *Rox*, Schutz religiöser Gefühle, 2012, S. 102 f.

[19] Vgl. *Cremer*, Freiheitsgrundrechte, 2003, S. 231, 235 f. mit Verweis auf BVerfGE 1, 97 (104); zum Schutz der Menschenwürde durch das Strafrecht siehe *Knauer*, ZStW (126) 2014, 305 ff.

[20] So *Cremer*, Freiheitsgrundrechte, 2003, S. 242 f.

[21] Vgl. *Cremer*, Freiheitsgrundrechte, 2003, S. 255 f.

[22] *Cremer*, Freiheitsgrundrechte, 2003, S. 264.

[23] Weiterführend hierzu *Rox*, Schutz religiöser Gefühle, 2012, S. 102 f.; *Dreier*, in: Dreier (Hrsg.), GG, 3. Aufl. 2013, Art. 1 I Rn. 121 ff. m. w. N.

[24] *Rox*, Schutz religiöser Gefühle, 2012, S. 103.

[25] *Rox*, Schutz religiöser Gefühle, 2012, S. 103.

ist für die vorliegende Betrachtung entscheidend, dass die Grundrechte nach allgemeiner Auffassung neben der Abwehrfunktion auch eine Schutzfunktion beinhalten, woraus eine umfassende staatliche Verpflichtung zum Schutz der Grundrechte resultiert.

10.1.1.2 Reichweite und Folgen grundrechtlicher Schutzpflichten

Für einen umfassenden Grundrechtsschutz sind sowohl die Abwehr- als auch die Schutzfunktion der Grundrechte unabdingbar, da anderenfalls Schutzlücken entstehen würden.[26] Abwehr- und Schutzfunktion der Grundrechte sind komplementär, da sie nur gemeinsam die umfassende Gewährleistung der Grundrechte ermöglichen.

Inhaltlich beschränken sich die grundrechtlichen Schutzpflichten auf die Schutzgüter der Freiheitsgrundrechte.[27] Rechtsprechung und Literatur erkennen insbesondere aus dem Grundrecht auf Leben und körperliche Unversehrtheit gemäß Art. 2 Abs. 2 S. 1 GG resultierende Schutzpflichten an.[28] Ebenso könne sich aber auch etwa aus der Unverletzlichkeit der persönlichen Freiheit gemäß Art. 2 Abs. 2 S. 2 GG eine grundrechtliche Schutzpflicht ergeben.[29] Darüber hinaus könnten grundsätzlich aus jedem Freiheitsgrundrecht grundrechtliche Schutzpflichten abgeleitet werden.[30] Daher ist der Inhalt der grundrechtlichen Schutzpflichten immer im konkreten Zusammenhang mit den jeweils beeinträchtigten Grundrechten zu betrachten.[31]

---

[26] Vgl. *Isensee*, § 191 Das Grundrecht als Abwehrrecht und als staatliche Schutzpflicht, in: Isensee/Kirchhof (Hrsg.), Handbuch des Staatsrechts, Bd. IX, 2011, Rn. 45.

[27] *Isensee*, § 191 Das Grundrecht als Abwehrrecht und als staatliche Schutzpflicht, in: Isensee/Kirchhof (Hrsg.), Handbuch des Staatsrechts, Bd. IX, 2011, Rn. 222.

[28] Siehe nur BVerfGE 39, 1 (42); 46, 160 (164); aus der Literatur statt vieler *Hermes*, Grundrecht auf Schutz von Leben und Gesundheit, 1987, S. 6 ff. m. w. N.; *Isensee*, § 191 Das Grundrecht als Abwehrrecht und als staatliche Schutzpflicht, in: Isensee/Kirchhof (Hrsg.), Handbuch des Staatsrechts, Bd. IX, 2011, Rn. 1, 222.

[29] Siehe hierzu *Dietlein*, Die Lehre von den grundrechtlichen Schutzpflichten, 2. Aufl. 2005, S. 77.

[30] *Isensee*, § 191 Das Grundrecht als Abwehrrecht und als staatliche Schutzpflicht, in: Isensee/Kirchhof (Hrsg.), Handbuch des Staatsrechts, Bd. IX, 2011, Rn. 222 m. w. N.; differenziert hierzu *Dietlein*, Die Lehre von den grundrechtlichen Schutzpflichten, 2. Aufl. 2005, S. 78 ff.

[31] Vgl. *Isensee*, § 191 Das Grundrecht als Abwehrrecht und als staatliche Schutzpflicht, in: Isensee/Kirchhof (Hrsg.), Handbuch des Staatsrechts, Bd. IX, 2011, Rn. 219.

Adressat der grundrechtlichen Schutzpflicht ist allein der Staat.[32] Aus den Schutzpflichten der jeweiligen Freiheitsgrundrechte resultiert die Verpflichtung des Staates, die grundrechtlich geschützten Güter seiner Bürger:innen auch vor Übergriffen[33] durch Dritte umfassend zu schützen.[34] Mithin sind Legislative, Exekutive und Judikative gleichermaßen zum Schutz der Grundrechte verpflichtet.[35]

Die Schutzpflichten des Staates gegenüber seinen Bürger:innen erweitern den Störer:innenkreis hinsichtlich der grundrechtlich zugesicherten Rechtsposition um Dritte, die selbst nicht als Adressat:innen des Grundgesetzes zu verstehen sind.[36] Teilweise wird daher von einem Dreieck der grundrechtlichen Schutzpflichten gesprochen, das neben dem Staat und dem bzw. der beeinträchtigten Grundrechtsträger:in auch den bzw. die Störer:in umfasst.[37] Der Staat müsse sich „schützend und fördernd" vor die Grundrechte stellen.[38] Aus den grundrechtlichen Schutzpflichten für die einzelnen Grundrechtsträger:innen ergebe sich daher ein status positivus, während die Abwehrfunktion der Grundrechte sich in einem status negativus äußere.[39] Aus dem status positivus resultiere wiederum die Verpflichtung des Staates, die Unversehrtheit der grundrechtlichen Güter zwischen Privaten zu garantieren.[40]

---

[32] Vgl. *Dreier*, in: Dreier (Hrsg.), GG, 3. Aufl. 2013, Vorb. zu Art. 1 GG Rn. 118, Art. 1 III Rn. 37 ff.; *Ipsen*, Staatsrecht II, 2020, Rn. 67; *Isensee*, § 191 Das Grundrecht als Abwehrrecht und als staatliche Schutzpflicht, in: Isensee/Kirchhof (Hrsg.), Handbuch des Staatsrechts, Bd. IX, 2011, Rn. 277.

[33] Der Begriff „Übergriff" dient zur Abgrenzung vom staatlichen „Eingriff" in die Grundrechte, siehe hierzu u. a. *Cremer*, Freiheitsgrundrechte, 2003, S. 228, dort Fn. 283; *Isensee*, § 191 Das Grundrecht als Abwehrrecht und als staatliche Schutzpflicht, in: Isensee/Kirchhof (Hrsg.), Handbuch des Staatsrechts, Bd. IX, 2011, Rn. 219; *Dreier*, in: Dreier (Hrsg.), GG, 3. Aufl. 2013, Vorb. zu Art. 1 GG Rn. 101.

[34] *Klein*, NJW 1989, 1633 (1633); *Dreier*, in: Dreier (Hrsg.), GG, 3. Aufl. 2013, Vorb. zu Art. 1 GG Rn. 101.

[35] Vgl. *Unruh*, Zur Dogmatik der grundrechtlichen Schutzpflichten, 1996, S. 20 m. w. N.

[36] Vgl. *Alexy*, Theorie der Grundrechte, 2. Aufl. 1994, S. 410; *Robbers* will u. a. auch Naturkatastrophen als Störer i. S. d. Schutzpflichten erfassen; vgl. *Robbers*, Sicherheit als Menschenrecht, 1987, S. 192.

[37] *Isensee*, § 191 Das Grundrecht als Abwehrrecht und als staatliche Schutzpflicht, in: Isensee/Kirchhof (Hrsg.), Handbuch des Staatsrechts, Bd. IX, 2011, Rn. 5.

[38] Siehe BVerfGE 39, 1 (42); 46 160 (164); 115, 118 (152).

[39] *Isensee*, § 191 Das Grundrecht als Abwehrrecht und als staatliche Schutzpflicht, in: Isensee/Kirchhof (Hrsg.), Handbuch des Staatsrechts, Bd. IX, 2011, Rn. 2 m. w. N.

[40] *Isensee*, § 191 Das Grundrecht als Abwehrrecht und als staatliche Schutzpflicht, in: Isensee/Kirchhof (Hrsg.), Handbuch des Staatsrechts, Bd. IX, 2011, Rn. 5.

Zur Erfüllung seiner Schutzaufgabe muss der Staat geeignete Maßnahmen zugunsten der Grundrechtsträger:innen treffen, um eine Verletzung der grundrechtlich garantierten Rechtspositionen durch Dritte zu unterbinden.[41] Adressat:innen dieser Maßnahmen sind die Dritten, die als Störer:innen die Rechte einer anderen Person verletzen.[42] Die grundrechtlichen Schutzpflichten sind daher nicht auf ein Unterlassen der Störer:innen gerichtet, sondern verpflichten den Staat, geeignete Maßnahmen zu einem effektiven Schutz der Grundrechte vor Übergriffen Dritter zu treffen.[43] Unterlässt der Staat es, geeignete Maßnahme zu treffen, oder fehlt es im Einzelfall an der Wirksamkeit des staatlichen Schutzes, liegt eine Grundrechtsverletzung durch den Staat vor.[44]

Da sich die staatliche Maßnahme zur Erfüllung der grundrechtlichen Schutzpflicht gegen die (potenziellen) Störer:innen richtet, sind bei ihrer Durchführung wiederum die Grundrechte der Störer:innen zu berücksichtigen.[45] Daher können sich der grundrechtliche Schutzanspruch der Grundrechtsträger:innen und die grundrechtlichen Abwehrrechte der Störer:innen gegenüber stehen.[46] Hieraus folgt, dass der Staat bei der Wahl einer geeigneten Maßnahme zum Schutz der Grundrechtsträger:innen vor Übergriffen auch die Eingriffsbelastung gegenüber den Störer:innen berücksichtigen muss.[47]

Bei der Wahl der geeigneten Maßnahmen zum Schutz der Grundrechte steht dem Staat wiederum ein „weiter Einschätzungs-, Wertungs- und Gestaltungsspielraum“[48] zu, da aus den grundrechtlichen Schutzpflichten grundsätzlich kein Anspruch auf eine bestimmte Schutzmaßnahme resultiert, sondern vielmehr nur

---

[41] Vgl. *Lagodny*, Strafrecht vor den Schranken der Grundrechte, 1996, S. 255 f.; *Ipsen*, Staatsrecht II, 2020, Rn. 103.

[42] *Isensee*, § 191 Das Grundrecht als Abwehrrecht und als staatliche Schutzpflicht, in: Isensee/Kirchhof (Hrsg.), Handbuch des Staatsrechts, Bd. IX, 2011, Rn. 3.

[43] *Lagodny*, Strafrecht vor den Schranken der Grundrechte, 1996, S. 255 f.; *Isensee*, § 191 Das Grundrecht als Abwehrrecht und als staatliche Schutzpflicht, in: Isensee/Kirchhof (Hrsg.), Handbuch des Staatsrechts, Bd. IX, 2011, Rn. 7.

[44] *Isensee*, § 191 Das Grundrecht als Abwehrrecht und als staatliche Schutzpflicht, in: Isensee/Kirchhof (Hrsg.), Handbuch des Staatsrechts, Bd. IX, 2011, Rn. 7.

[45] BVerfG NJW 1978, 2235 (2237).

[46] *Isensee*, § 191 Das Grundrecht als Abwehrrecht und als staatliche Schutzpflicht, in: Isensee/Kirchhof (Hrsg.), Handbuch des Staatsrechts, Bd. IX, 2011, Rn. 5.

[47] *Isensee*, § 191 Das Grundrecht als Abwehrrecht und als staatliche Schutzpflicht, in: Isensee/Kirchhof (Hrsg.), Handbuch des Staatsrechts, Bd. IX, 2011, Rn. 5; *Rox*, Schutz religiöser Gefühle, 2012, S. 109.

[48] BVerfGE 125, 39 (78); vgl. auch BVerfGE 77, 170 (214 f.).

ein bestimmtes Schutzniveau durch den Staat zu gewährleisten ist.[49] Insbesondere trifft die Legislative keine allgemeine Pönalisierungspflicht.[50] Gleichwohl ist der Staat verpflichtet, ein Mindestmaß an Schutz zu gewährleisten, welches im – durchaus umstrittenen – Untermaßverbot[51] seinen Ausdruck findet.[52] Das Untermaßverbot verhält sich nach einem Teil der Lehre spiegelbildlich zum sogenannten Übermaßverbot[53], wobei beide Verbote Ausprägungen des Verhältnismäßigkeitsgrundsatzes sind[54]. Die Aufgabe des Staates ist es, durch geeignete Maßnahmen das Untermaßverbot und das Übermaßverbot unter Berücksichtigung der betroffenen Grundrechte zum Ausgleich zu bringen.[55]

Die konkrete Umsetzung grundrechtlicher Schutzpflichten erfolgt häufig durch die einfache Gesetzgebung, die auf einen effektiven Schutz der Grundrechte gerichtet ist.[56] Mit Blick auf mögliche staatliche Grundrechtseingriffe gegenüber den Störer:innen resultiert dies schon aus dem Gesetzlichkeitsprinzip, wenn der Staat durch die gewählte Maßnahme die Grundrechte der Störer:innen zum Schutz anderer Grundrechtsträger:innen einschränkt.[57] Entsprechend bedarf auch

---

[49] *Burgi*, FS Isensee, 2007, S. 660; so auch *Lagodny*, Strafrecht vor den Schranken der Grundrechte, 1996, S. 25 f. m. w. N.

[50] *Appel*, Verfassung und Strafe, 1998, S. 68 f.; ähnlich auch *Lagodny*, Strafrecht vor den Schranken der Grundrechte, 1996, S. 258 f.

[51] Bejahend *Schulz*, StV 1994, 38 (42); *Jaeckel*, Schutzpflichten im deutschen und europäischen Recht, 2000, S. 92 ff.; *Cremer*, Freiheitsgrundrechte, 2003, S. 311 ff., *Isensee*, § 191 Das Grundrecht als Abwehrrecht und als staatliche Schutzpflicht, in: Isensee/Kirchhof (Hrsg.), Handbuch des Staatsrechts, Bd. IX, 2011 Rn. 219; ablehnend *Hain*, DVBl. 1993, 982 ff.; *Unruh*, Zur Dogmatik der grundrechtlichen Schutzpflichten, 1996, S. 83 ff.

[52] *Dreier*, in: Dreier (Hrsg.), GG, 3. Aufl. 2013, Vorb. zu Art. 1 GG Rn. 103 m. w. N.

[53] *Schulz*, StV 1994, 38 (42); *Klein*, JuS 2006, 960 (961).

[54] *Starck*, JZ 1993, 816 (817); *Schulz*, StV 1994, 38 (42).

[55] Vgl. *Starck*, Praxis der Verfassungsauslegung, 1994, S. 82.

[56] Vgl. *Klein*, NJW 1989, 1633 (1637 f.); *Isensee*, Das Grundrecht auf Sicherheit, 1983, S. 44 f.; *Isensee*, § 191 Das Grundrecht als Abwehrrecht und als staatliche Schutzpflicht, in: Isensee/Kirchhof (Hrsg.), Handbuch des Staatsrechts, Bd. IX, 2011, Rn. 219, 281; *Starck*, Praxis der Verfassungsauslegung, 1994, S. 83 f. nimmt zudem an, dass Schutzansprüche entgegen Art. 1 Abs. 3 GG kein unmittelbar geltendes Recht sind, sondern Gesetzgebung voraussetzen; vgl. auch BVerfGE 39, 1 (68, 73 ff.).

[57] Ausführlich hierzu *Isensee*, § 191 Das Grundrecht als Abwehrrecht und als staatliche Schutzpflicht, in: Isensee/Kirchhof (Hrsg.), Handbuch des Staatsrechts, Bd. IX, 2011, Rn. 282 m. w. N.

die Umsetzung der Schutzpflichten im Strafrecht grundsätzlich einer einfachgesetzlichen Regelung, wenn die Grundrechte von (mutmaßlichen) Straftäter:innen durch die Strafrechtspflege beeinträchtigt werden.[58]

Nicht schon mit dem Erlass von Gesetzen, sondern erst mit deren Vollziehung erfüllt der Staat seine Schutzpflicht.[59] Die Schutzpflicht des Staates erschöpft sich auch nicht in einer einmaligen Rechtsetzung oder der Durchführung einer anderen geeigneten Maßnahme. Vielmehr trifft den Staat eine Überprüfungspflicht und für den Fall eine Nachbesserungspflicht, dass der Grundrechtsschutz nicht ausreichend gewährleistet sein sollte.[60]

10.1.1.3 Objektiv-rechtliche Schutzfunktion der Grundrechte und subjektive Rechte der Betroffenen

Fraglich ist, ob sich aus der objektiv-rechtlichen Schutzfunktion der Grundrechte subjektive Rechte der einzelnen Grundrechtsträger:innen ableiten lassen.[61] Das BVerfG hat in der Vergangenheit das Bestehen derartiger subjektiver Rechte in Einzelfällen angenommen und neben der objektiven Schutzpflicht anerkannt.[62] Nach der h. L. ergibt sich aus der grundrechtlichen Schutzpflicht des Staates grundsätzlich ein subjektives Recht auf Schutz.[63] Die Grundrechtsträger:innen hätten danach bei einer Beeinträchtigung eines grundrechtlichen Schutzgutes durch Dritte einen Anspruch auf Schutz gegenüber allen Staatsorganen, die nach Art. 1 Abs. 3 GG Adressat der Schutzpflicht sind.[64]

---

[58] Für das materielle Strafrecht *Kaspar*, Verhältnismäßigkeit und Grundrechtsschutz im Präventionsstrafrecht, 2014, S. 65 f.

[59] *Isensee*, Das Grundrecht auf Sicherheit, 1983, S. 21.

[60] Siehe hierzu *Isensee*, § 191 Das Grundrecht als Abwehrrecht und als staatliche Schutzpflicht, in: Isensee/Kirchhof (Hrsg.), Handbuch des Staatsrechts, Bd. IX, 2011, Rn. 219.

[61] Umfassend hierzu *Unruh*, Zur Dogmatik der grundrechtlichen Schutzpflichten, 1996, S. 58 ff.; *Dietlein*, Die Lehre von den grundrechtlichen Schutzpflichten, 2. Aufl. 2005, S. 133 ff.; *Ipsen*, Staatsrecht II, 2020, Rn. 105 ff.

[62] BVerfGE 39, 1 (41 ff.); 53, 30 (57); 56, 54 (73 ff.); 77, 170 (214 f.).

[63] Weiterführend *Alexy*, Theorie der Grundrechte, 2. Aufl. 1994, S. 411 ff.; *Isensee*, Das Grundrecht auf Sicherheit, 1983, S. 49 ff.; *Klein*, NJW 1989, 1633 (1638 ff.); *Robbers*, Sicherheit als Menschenrecht, 1987, S. 186 ff.; *Dietlein*, Die Lehre von den grundrechtlichen Schutzpflichten, 2. Aufl. 2005, S. 152 ff.; *Jaeckel*, Schutzpflichten im deutschen und europäischen Recht, 2000, S. 58 ff.; *Unruh*, Zur Dogmatik der grundrechtlichen Schutzpflichten, 1996, S. 62 ff.; *Isensee*, § 191 Das Grundrecht als Abwehrrecht und als staatliche Schutzpflicht, in: Isensee/Kirchhof (Hrsg.), Handbuch des Staatsrechts, Bd. IX, 2011, Rn. 321.

[64] *Isensee*, § 191 Das Grundrecht als Abwehrrecht und als staatliche Schutzpflicht, in: Isensee/Kirchhof (Hrsg.), Handbuch des Staatsrechts, Bd. IX, 2011, Rn. 322; *Rox*, Schutz religiöser Gefühle, 2012, S. 110.

Dieses subjektive Recht wird nach der h. L. jedoch durch zwei Gesichtspunkte begrenzt. Erstens bestehe ein aus den grundrechtlichen Schutzpflichten erwachsendes Leistungsrecht der einzelnen Grundrechtsträger:innen nur dann, wenn dieses dem Wortlaut des Grundgesetzes zumindest mittelbar zu entnehmen sei oder es sich aus der offensichtlichen Verletzung einer Schutzpflicht ergebe.[65] Zweitens werde ein Anspruch der Grundrechtsträger:innen auf einen umfassenden Grundrechtsschutz durch das nicht justiziable Ermessen der handelnden Staatsorgane begrenzt.[66] Dementsprechend richte sich der Anspruch nur auf die sachgerechte Ausübung des entsprechenden Ermessens, wobei das individuelle Schutzbedürfnis der jeweiligen Grundrechtsträger:innen zu beachten sei.[67]

10.1.2 Grundrechtliche Schutzpflichten und opferorientiertes Strafrecht

Die Beziehung zwischen Strafrecht und Grundrechten wird zumeist aus Täter:innenperspektive betrachtet. Die Verfolgung und die Bestrafung devianten Verhaltens durch den Staat bedürfen einer verfassungsrechtlichen Rechtfertigung, da durch sie in die Grundrechte der (mutmaßlichen) Täter:innen eingegriffen wird.[68] Das Strafrecht unterliegt dabei besonders strengen verfassungsrechtlichen Vorgaben, wie nicht zuletzt Art. 103 Abs. 2 und 3 GG zeigen.[69] Zusätzlich gelten für die Freiheitsstrafe als schwerste staatliche Sanktion die engen Voraussetzungen von Art. 2 Abs. 2 S. 2 GG[70] und Art. 104 GG[71]. Aus diesen

[65] *Starck*, Praxis der Verfassungsauslegung, 1994, S. 70 ff.; ausführlich zur Unterscheidung von Leistungsrechten im weiteren und im engeren Sinne *Alexy*, Theorie der Grundrechte, 2. Aufl. 1994, S. 402 ff.

[66] *Isensee*, § 191 Das Grundrecht als Abwehrrecht und als staatliche Schutzpflicht, in: Isensee/Kirchhof (Hrsg.), Handbuch des Staatsrechts, Bd. IX, 2011, Rn. 321.

[67] *Isensee*, § 191 Das Grundrecht als Abwehrrecht und als staatliche Schutzpflicht, in: Isensee/Kirchhof (Hrsg.), Handbuch des Staatsrechts, Bd. IX, 2011, Rn. 322.

[68] Vgl. *Jescheck/Weigend*, Strafrecht AT, 5. Aufl. 1996, S. 11 ff.; *Rengier*, Strafrecht Allgemeiner Teil, 13. Aufl. 2021, § 4 Rn. 2 ff.; allgemein zur verfassungsrechtlichen Fundierung und Limitierung des Strafrechts *Hecker* in: Schönke/Schröder (Hrsg.), StGB, 30. Aufl. 2019, Vorb. vor § 1 Rn. 30.

[69] *Jescheck/Weigend*, Strafrecht AT, 5. Aufl. 1996, S. 12.

[70] Hierzu ausführlich *Di Fabio,* in: Dürig/Herzog/Scholz (Hrsg.), GG, 95. EL Juli 2021, Art. 2 Abs. 2 S. 2 Rn. 61 ff.; *Lang*, in: BeckOK GG, 50. Ed. Stand: 15.02.2022, Art. 2 Rn. 84a.

[71] Hierzu ausführlich *Mehde,* in: Dürig/Herzog/Scholz (Hrsg.), GG, 95. EL Juli 2021, Art. 104 Rn. 59 ff.; *Radtke*, in: BeckOK GG, 50. Ed. Stand: 15.02.2022, Art. 104 Rn. 3 ff.

verfassungsrechtlichen Vorgaben für das Strafrecht ergibt sich ein stark abwehrrechtlich geprägter Status von (mutmaßlichen) Straftäter:innen, der von allen Organen der Staatsgewalt zu beachten ist.[72] Aufgrund der stärkeren Einbeziehung des Opfers in die Strafrechtspflege durch die opferbezogene Gesetzgebung seit der Mitte der 1970er Jahre stellt sich nun jedoch die Frage, ob und inwiefern in der Strafrechtspflege heute auch grundrechtliche Schutzpflichten gegenüber den Straftatopfern zu berücksichtigen sind.[73]

10.1.2.1 Rechtsgüterschutz als Aufgabe des Strafrechts

Das Strafrecht dient durch den Schutz besonders wichtiger Rechtsgüter dem Gemeinwohl und der Wahrung des Rechtsfriedens.[74] Zu diesen besonders wichtigen Rechtsgütern zählen insbesondere das Leben, die körperliche Unversehrtheit, das Eigentum und die Freiheit.[75] Die Schutzaufgabe erfüllt das Strafrecht durch die Verhinderung strafbewehrter Rechtsgutsverletzungen (Prävention) und die Verfolgung und Ahndung von Straftaten (Repression).[76] Durch die Prävention von Straftaten kommt der Staat seiner Verpflichtung aus den grundrechtlichen Schutzpflichten nach, die Verletzung besonders wichtiger Rechtsgüter zu verhindern. Allerdings ist es für den Staat faktisch nicht möglich, absoluten Schutz vor Straftaten zu garantieren.[77] Daher ist der Umstand, dass Straftaten trotz strafrechtlicher Verbote begangen werden, keine Verletzung der grundrechtlichen Schutzpflicht.[78]

Es wäre jedoch zu kurz gedacht, wenn man davon ausginge, dass die grundrechtliche Schutzpflicht mit Blick auf das Strafrecht nur für die Prävention von Straftaten von Bedeutung ist. Die Schutzpflichterfüllung wird vielmehr bei näherer Betrachtung durch repressive Maßnahmen des Strafrechts ergänzt, um einen umfassenden Schutz der Grundrechte zu gewährleisten.[79] Eine Strafandrohung

---

[72] *Burgi*, FS Isensee, 2007, S. 659 f.

[73] Vgl. hierzu bereits *Burgi*, FS Isensee, 2007, S. 660 ff.

[74] *Wessels/Beulke/Satzger*, Strafrecht AT, 51. Aufl. 2021, § 1 Rn. 9; ausführlich auch zu dem umstrittenen Rechtsgutsbegriff im Strafrecht *Roxin/Greco*, Strafrecht AT Bd. 1, 5. Aufl. 2020, § 2 Rn. 2 ff.

[75] *Rengier*, Strafrecht Allgemeiner Teil, 13. Aufl. 2021, § 3 Rn. 1.

[76] *Möstl*, Die staatliche Garantie für die öffentliche Sicherheit und Ordnung, 2002, S. 147 ff.

[77] *Kaspar*, Verhältnismäßigkeit und Grundrechtsschutz im Präventionsstrafrecht, 2014, S. 84.

[78] *Kaspar*, Verhältnismäßigkeit und Grundrechtsschutz im Präventionsstrafrecht, 2014, S. 84.

[79] Vgl. *Möstl*, Die staatliche Garantie für die öffentliche Sicherheit und Ordnung, 2002, S. 149 f.

im materiellen Strafrecht – und somit der präventive Rechtsgüterschutz – beinhaltet das staatliche Versprechen, bei einem Versagen des präventiven Schutzes durch eine Straftat eben diese zu verfolgen und zu sanktionieren.[80] Die Erfüllung dieser Zusicherung erfolgt durch das Strafprozessrecht, das Strafvollstreckungsrecht und schließlich das Strafvollzugsrecht.[81] Somit werden die grundrechtlichen Schutzpflichten im Strafrecht durch präventive und repressive Maßnahmen umgesetzt. Folgerichtig durchziehen sowohl präventive als auch repressive Aspekte das gesamte Strafrechtssystem.[82]

Im materiellen Strafrecht dienen die einzelnen Straftatbestände und die Festlegung der jeweiligen Strafrahmen dem Schutz grundrechtlich abgesicherter Rechtspositionen. Diese Rechtspositionen werden im Strafrecht üblicherweise als Rechtsgüter bezeichnet. So liegt der verfassungsrechtliche Schutz von Leib und Leben gemäß Art. 2 Abs. 2 S. 1 GG den Straftatbeständen zum Schutz von Leben (§§ 211 ff. StGB)[83] und körperlicher Unversehrtheit (§§ 223 ff. StGB)[84] zugrunde. Als weiteres Beispiel sei nur der Schutz der Ehre als ein Ausfluss des allgemeinen Persönlichkeitsrechts gemäß Art. 2 Abs. 1 i. V. m. Art. 1 Abs. 1 GG durch die Beleidigungsdelikte der §§ 185 ff. StGB[85] genannt.

Der Schutz durch das materielle Strafrecht wirkt zunächst präventiv.[86] Durch die Verhaltens- und Sanktionsnormen[87] des materiellen Strafrechts sollen tatgeneigte Personen von der Straftatbegehung abgeschreckt (negative Generalprävention) und das Normvertrauen der übrigen Bevölkerung gestärkt werden (positive

---

[80] Vgl. *Möstl*, Die staatliche Garantie für die öffentliche Sicherheit und Ordnung, 2002, S. 151 f.; zur Frage, ob diese Versprechen an das konkrete Opfer gerichtet ist, sogleich im Abschnitt 10.1.2.2.

[81] Ausführlich hierzu *Kaspar*, Verhältnismäßigkeit und Grundrechtsschutz im Präventionsstrafrecht, 2014, S. 82 f. m. w. N.

[82] Ähnlich bereits *Möstl*, Die staatliche Garantie für die öffentliche Sicherheit und Ordnung, 2002, S. 152.

[83] Allgemein zum Recht auf Leben aus Art. 2 Abs. 2 S. 1 GG *Di Fabio*, in: Dürig/Herzog/Scholz (Hrsg.), GG, 95. EL Juli 2021, GG Art. 2 Abs. 2 Nr. 1 Rn. 7 ff.; grundlegend zum strafrechtlichen Schutz des Lebens *Hermes*, Grundrecht auf Schutz von Leben und Gesundheit, 1987, S. 6 ff.

[84] Zum strafrechtlichen Schutz des Rechtsguts der körperlichen Unversehrtheit durch §§ 223 StGB siehe *Grünewald*, in: LK-StGB, 12. Aufl. 2019, § 223 Rn. 1 ff. m. w. N.

[85] Siehe hierzu BGH NJW 1989, 3028 (3028); weiterführend *Regge/Pegel*, in: MüKo StGB IV, 4. Aufl. 2020, Vorb. zu § 185 Rn. 7 ff.

[86] *Jescheck/Weigend*, Strafrecht AT, 5. Aufl. 1996, S. 5; *Möstl*, Die staatliche Garantie für die öffentliche Sicherheit und Ordnung, 2002, S. 148.

[87] Ausführlich zur Trennung von Verhaltens- und Sanktionsnormen *Appel*, Verfassung und Strafe, 1998, S. 433 ff.

Generalprävention), indem der besonders hohe Stellenwert der jeweiligen Rechtsgüter durch die Strafvorschrift hervorgehoben wird.[88]

Wird dieses präventive Ziel nicht erreicht, weil eine Person ein Strafgesetz verletzt, muss der Staat für einen effektiven Grundrechtsschutz auf repressive Maßnahmen zurückgreifen.[89] Auf Verstöße gegen eine strafrechtliche Verhaltensnorm folgt eine staatliche organisierte Strafverfolgung und ein rechtsstaatlicher Strafprozess, in dessen Rahmen durch das Strafurteil die Schuld der Täter:innen festgestellt wird und eine staatliche Missbilligung erfolgt.[90]

Auf diesen Ebenen des Strafrechtssystems – Verfolgung und Verurteilung – kommen neben den repressiven Gesichtspunkten freilich ebenfalls wieder auch präventive Aspekte zum Tragen. Im Strafverfahren werden die mutmaßlichen Täter:innen staatlichem Zwang und somit repressiven Maßnahmen unterzogen. Als Beispiele seien hier nur die Untersuchungshaft gemäß § 112 ff. StPO und die Beschuldigtenvernehmung gemäß §§ 136, 163a Abs. 3 S. 1 StPO genannt. In der effektiven Strafverfolgung und Verurteilung der Täter:innen kommen wiederum präventive Gesichtspunkte des Strafrechtssystems zum Tragen, welche sowohl auf die Abschreckung des bzw. der Einzelnen und der Allgemeinheit im Sinne der negativen Spezial- bzw. Generalprävention, als auch auf die Normbekräftigung[91] im Sinne der positiven Generalprävention ausgerichtet sind.

Auf der letzten Ebene des Strafrechtssystems – der Strafvollstreckung – werden die verurteilten Täter:innen schließlich sanktioniert und somit die gerichtliche Missbilligung der Rechtsverletzung mit einem Übel verbunden.[92] In diesem Zusammenhang wird erneut sowohl die repressive als auch die präventive Ausrichtung des Strafrechts deutlich. Während die Täter:innen für die begangene Rechtsgutsverletzung bestraft werden, ist die Strafe durch ihre präventive Ausrichtung selbst auf spezial- und generalpräventive Zwecke hin ausgerichtet.[93]

Durch das Strafrechtssystem, das repressive und präventive Maßnahmen verbindet, erfüllt der Staat seine grundrechtlichen Schutzpflichten für die geschützten Rechtsgüter. Mithin dient das Strafrechtssystem dem Schutz von Grundrechten

---

[88] Vgl. *Roxin/Greco*, Strafrecht AT Bd. 1, 5. Aufl. 2020, § 3 Rn. 25 f.

[89] Vgl. *Möstl*, Die staatliche Garantie für die öffentliche Sicherheit und Ordnung, 2002, S. 151 f.

[90] Vgl. BVerfG NJW 1998, 443 (443).

[91] Vgl. *Gärditz*, JZ 2015, 896 (897, 900).

[92] Vgl. BVerfG NJW 1998, 443 (443); siehe auch *Meier*, Strafrechtliche Sanktionen, 5. Aufl. 2019, S. 15 ff.

[93] Weiterführend *Roxin/Greco*, Strafrecht AT Bd. 1, 5. Aufl. 2020, § 3 Rn. 37 ff.; ausführliche Darstellung der Straftheorien erfolgt unten im Kapitel 11.

und gewährleistet somit einen Mindeststandard der Umsetzung grundrechtlicher Schutzpflichten.[94]

10.1.2.2 Straftatopfer und grundrechtliche Schutzpflichten

Fraglich und noch nicht hinreichend geklärt ist, ob und inwiefern das einzelne Straftatopfer sich im Strafrechtssystem auf grundrechtliche Schutzpflichten des Staates berufen kann. Das potenzielle Straftatopfer bzw. die Allgemeinheit werden grundsätzlich bereits durch die general- und spezialpräventive Ausrichtung der Strafe berücksichtigt.[95] Der Staat kommt seinen Schutzpflichten zunächst durch die abschreckende Wirkung der Strafgesetze und der öffentlichen Strafverfolgung nach.[96] Zudem wird durch spezialpräventive Maßnahmen gegenüber den verurteilten und inhaftierten Täter:innen ebenfalls den grundrechtlichen Schutzpflichten entsprochen.[97]

Demgegenüber wird das tatsächliche Straftatopfer in der Strafrechtspflege zunächst grundsätzlich nur als Träger:in des durch die Straftat verletzten Rechtsguts berücksichtigt.[98] Die Verletzung des Rechtsguts – namentlich der Strafnormverstoß – bildet den Anlass für das Tätigwerden der Strafverfolgungsbehörden und den Grund für die Verurteilung der Täter:innen. Das Strafurteil wiederum wird ausschließlich mit den Interessen der Allgemeinheit gerechtfertigt.[99] Selbst die Opferschutzgesetzgebung der vergangenen Jahrzehnte hat nach Ansicht von *Burgi* nicht dazu geführt, dass eine auch materiell verstandene Beziehung oder ein Rechtsverhältnis zwischen dem strafenden Staat und dem Opfer einer Straftat entstanden ist.[100]

---

[94] Das dogmatische Zusammenspiel von Verfassungsrecht und materiellem Strafrecht ist bisher nur von wenigen Stimmen in der Literatur intensiv diskutiert worden; so beispielweise von *Lagodny*, Strafrecht vor den Schranken der Grundrechte, 1996; *Appel*, Verfassung und Strafe, 1998; mit einer umfassenden Analyse der bisherigen Diskussion zuletzt *Kaspar*, Verhältnismäßigkeit und Grundrechtsschutz im Präventionsstrafrecht, 2014, S. 32 ff.

[95] *Sautner*, Opferinteressen und Strafrechtstheorie, 2010, S. 49, 51, 54.; ausführlich zur Berücksichtigung des Opfers in der straftheoretischen Diskussion noch unten im Kapitel 11.

[96] *Appel*, Verfassung und Strafe, 1998, S. 65 f.

[97] *Appel*, Verfassung und Strafe, 1998, S. 65 f.

[98] *Burgi*, FS Isensee, 2007, S. 658.

[99] *Hillenkamp*, StV 1989, 532 (533); *Hörnle*, JZ 2006, 950 (951 f.) m. w. N.

[100] *Burgi*, FS Isensee, 2007, S. 659.

Die Begehung einer Straftat führt jedoch dazu, dass die verletzte Person in ihren grundrechtlich garantierten Rechtspositionen durch den bzw. die Täter:in als Störer:in beeinträchtigt wird und somit die Schutzfunktion der Grundrechte betroffen ist.[101] Fraglich ist daher, ob die grundrechtlichen Schutzpflichten über ihre Präventionsfunktion hinaus auch eine Rehabilitation des Straftatopfers umfassen. In diesem Zusammenhang wird insbesondere von *Burgi* für möglich gehalten, dass aus der grundrechtlichen Schutzpflicht auch Maßnahmen der Linderung oder gar Beseitigung der Eingriffsfolgen beim Opfer folgen können.[102] Nach Ansicht von *Burgi* kann aus der Parallelität von Abwehr- und Schutzfunktion der Grundrechte geschlossen werden, dass dem Opfer einer Straftat auch eine Art Beseitigungsanspruch – vergleichbar mit dem Folgenbeseitigungsanspruch bei rechtswidrigen Grundrechtseingriffen – hinsichtlich der immateriellen Folgen der Straftat gegenüber dem Staat zusteht.[103] Auf diese Weise ergebe sich neben der Prävention von Straftaten und der Sanktionierung der Täter:innen eine weitere Orientierung der Schutzpflicht[104] – eine Opferorientierung der grundrechtlichen Schutzpflichten.

Bedeutsam ist in diesem Zusammenhang, welche Aspekte von einer solchen Opferorientierung der grundrechtlichen Schutzpflichten im Einzelnen umfasst sind und welche subjektiven Rechte des konkreten Straftatopfers sich hieraus ableiten lassen. Diesbezüglich ist zunächst festzuhalten, dass die Berücksichtigung einer Opferorientierung grundrechtlicher Schutzpflichten und deren Umsetzung im Strafrecht nur auf den Zweck des Strafrechtssystems bezogen werden können – namentlich auf die Vermeidung, Verfolgung und Ahndung von Straftaten. Hiervon zu trennen ist die allgemeine Fürsorgepflicht des Staates gegenüber Straftatopfern, die sich aus dem Sozialstaatsprinzip des Art. 20 Abs. 1 GG bzw. der hieraus folgenden grundsätzlichen Verantwortlichkeit des Staates für

---

[101] Ähnlich bereits *Müller-Dietz*, GA 1985, 147 (149).

[102] Vgl. *Burgi*, FS Isensee, 2007, S. 662, der sogar ein „Grundrecht auf Opferschutz" annimmt; ähnlich auch *Schiemann*, die eine Folgenbeseitigungsschutzpflicht für möglich hält; vgl. *Schiemann*, Opferinteressen in der Straftheorie, 2015, S. 98 ff.

[103] *Burgi*, FS Isensee, 2007, S. 662.

[104] *Burgi*, FS Isensee, 2007, S. 662 f.

den Schutz der sozial Schwachen ergibt.[105] Diese findet ihre Ausprägung beispielsweise in der staatlichen Opferentschädigung[106] oder staatlich organisierten Hilfsangeboten. Infolge dessen beschränkt sich die nachfolgende Betrachtung der grundrechtlichen Schutzpflichten zunächst auf jene Gesichtspunkte, aus denen sich strafrechtlich relevante subjektive Rechte des direkten Straftatopfers ableiten lassen könnten. Andere opferbezogene Gesichtspunkte, die sich aus dem Sozialstaatsprinzip ableiten lassen, werden anschließend im Zusammenhang mit weiteren allgemeinen Verfassungsgrundsätzen betrachtet.[107]

10.1.2.3 Grundrechtliche Schutzpflichten und subjektive Rechte des Straftatopfers

Möglicherweise könnten sich damit aus den grundrechtlichen Schutzpflichten subjektive Rechte des konkreten Straftatopfers ableiten lassen. Zwar lassen sich aus den Grundrechten selbst keine subjektiven Rechte für das konkrete Straftatopfer unmittelbar entnehmen[108]. Allerdings erscheint anknüpfend an die oben genannten Möglichkeiten einer Ableitung subjektiver Rechte aus den grundrechtlichen Schutzpflichten[109] deren Umsetzung für die Strafrechtspflege besonders relevant. Folglich kann sich ein subjektives Recht des konkreten Straftatopfers allenfalls aus einer offensichtlichen Verletzung der grundrechtlichen Schutzpflichten durch den Staat ergeben.

10.1.2.3.1 Subjektives Recht des Opfers auf Erlass einer Strafvorschrift

Zunächst besteht die Möglichkeit, dass die grundrechtlichen Schutzpflichten dadurch verletzt sind, dass ein sozialschädliches Verhalten durch den Staat nicht pönalisiert worden ist. Ergreift der Staat keine oder ungeeignete Maßnahmen zum

---

[105] Für das Strafverfahren ausdrücklich *Roxin/Schünemann*, Strafverfahrensrecht, 29. Aufl. 2017, § 2 Rn. 6; allgemein zur Fürsorgepflicht als Ausfluss des Sozialstaatsprinzips *Grzeszick*, in: Dürig/Herzog/Scholz (Hrsg.), GG, 95. EL Juli 2021, Art. 20 VIII. Rn. 1 ff.; vgl. auch *Huster/Rux*, in: BeckOK GG, 50. Ed. Stand: 15.02.2022, Art. 20 Rn. 211; teilweise werden die sozialstaatlichen Fürsorgepflichten als „soziale Rechte" bezeichnet, vgl. *Isensee*, § 191 Das Grundrecht als Abwehrrecht und als staatliche Schutzpflicht, in: Isensee/Kirchhof (Hrsg.), Handbuch des Staatsrechts, Bd. IX, 2011 Rn. 200 m. w. N.; ebenso *Hartmann*, Qualifizierte Unterstützung, in: Hartmann/ado e. V. (Hrsg.), Perspektiven professioneller Opferhilfe, 2010, S. 20.

[106] Für das Opferentschädigungsgesetz siehe BT-Drs. 7/2506, S. 12.

[107] Siehe hierzu unten im Abschnitt 10.2.1.

[108] Im Gegensatz hierzu lassen sich beispielsweise aus Art. 6 GG unmittelbar subjektive Rechte der Eltern hinsichtlich der Erziehung ihrer Kinder entnehmen; vgl. *Badura*, in: Dürig/Herzog/Scholz (Hrsg.), GG, 95. EL Juli 2021, Art: 6 Rn. 10.

[109] Hierzu oben im Abschnitt 10.1.1.

Schutz der Grundrechte vor Übergriffen durch Dritte, kommt eine Verletzung der staatlichen Schutzpflicht in Betracht.[110] Hieraus folgt jedoch nicht, dass den Staat eine allgemeine Pönalisierungspflicht trifft.[111] Wie bereits gezeigt, kann der Staat nicht auf eine bestimmte Maßnahme zur Erfüllung seiner grundrechtlichen Schutzpflichten festgelegt werden.[112] Lediglich ein bestimmtes Schutzniveau muss gewährleistet werden.[113] Dies hat zu Folge, dass besonders wichtige Rechtsgüter zwar umfassend geschützt werden müssen, eine Schutzpflichtverletzung wegen einer fehlenden Strafbarkeit mit Blick auf das geltende StGB jedoch kaum möglich erscheint.[114]

Der Frage, inwiefern das Strafrecht de lege lata tatsächlich einen umfassenden Schutz für alle wichtigen Rechtsgüter bietet, kann an dieser Stelle nicht weiter nachgegangen werden.[115] Sollte es jedoch tatsächlich ungewollte – d. h. nicht dem fragmentarischen Charakter des Strafrechts geschuldete – Schutzlücken geben, so will *Kaspar* im Einzelfall einen Anspruch von Opfern auf den Erlass oder die Aufrechterhaltung strafrechtlicher Verbote bejahen. Voraussetzung hierfür sei jedoch die unmittelbare Betroffenheit des bzw. der einzelnen Grundrechtsträger:in durch ein sozialschädliches Verhalten eines bzw. einer Dritten bei einem nicht vorhandenen strafrechtlichen Schutz für besonders wichtige Rechtsgüter.[116] Ein solcher Anspruch bezieht sich zunächst nur auf potenzielle Straftatopfer, die durch das Fehlen einer strafrechtlichen Verbotsnorm oder deren drohende Abschaffung gefährdet sind, Übergriffen in ihre grundrechtlichen

---

[110] Vgl. *Kaspar*, Verhältnismäßigkeit und Grundrechtsschutz im Präventionsstrafrecht, 2014, S. 83.

[111] *Appel*, Verfassung und Strafe, 1998, S. 68 f.; ähnlich auch *Lagodny*, Strafrecht vor den Schranken der Grundrechte, 1996, S. 258 f.

[112] *Burgi*, FS Isensee, 2007, S. 660; so auch *Lagodny*, Strafrecht vor den Schranken der Grundrechte, 1996, S. 257 f. m. w. N.

[113] *Dreier*, in: Dreier (Hrsg.), GG, 3. Aufl. 2013, Vorb. zu Art. 1 GG Rn. 103 m. w. N.

[114] Weiterführend *Lagodny*, Strafrecht vor den Schranken der Grundrechte, 1996, S. 445 ff.; *Appel*, Verfassung und Strafe, 1998, S. 69 ff.

[115] Siehe beispielsweise zum Schutz der Psyche im Strafrecht *Bublitz*, RW 2011, 28 ff.; *Knauer*, Der Schutz der Psyche im Strafrecht, 2013; *Steinberg*, Strafe für das Versetzen in Todesangst, 2014.

[116] *Kaspar*, Verhältnismäßigkeit und Grundrechtsschutz im Präventionsstrafrecht, 2014, S. 80 f.; a. A. *Hermes*, Grundrecht auf Schutz von Leben und Gesundheit, 1987, S. 216.

Rechtspositionen ausgesetzt zu sein.[117] Der Schwerpunkt dieser Schutzpflichtverletzung liegt daher auf einer fehlenden Kriminalprävention durch ein Unterlassen des Staates.[118]

Anders stellt sich die Situation dar, wenn es infolge dieses Unterlassens des Gesetzgebers tatsächlich zu einem Übergriff Dritter in die grundrechtlich geschützte Rechtsposition eines bzw. einer Einzelnen kommt. Der bzw. die betroffene Grundrechtsträger:in ist dann zwar auch „Opfer" des Übergriffs, allerdings mangels einer strafrechtlichen Verbotsnorm nicht auch zugleich Opfer einer Straftat. Das Fehlen eines umfassenden Schutzes der Grundrechte stellt zwar eine Verletzung der staatlichen Schutzpflichten dar. Dem bzw. der beeinträchtigten Grundrechtsträger:in erwächst jedoch aus dem bloßen Unterlassen des Staates kein Anspruch auf den Erlass einer Strafnorm, die das betroffene Rechtsgut schützt. Vielmehr steht dem Staat, wie bereits erwähnt, ein „weiter Einschätzungs-, Wertungs- und Gestaltungsspielraum" bei der Wahl der konkreten Maßnahmen zur Erfüllung seiner Schutzpflicht zu.[119] Auch dieser kann sich zwar – je nach dem betroffenen Grundrecht bzw. Rechtsgut – im Einzelfall zu einer Pönalisierungspflicht verdichten.[120] Eine generelle Verpflichtung des Staates, ein Verhalten durch eine strafrechtliche Verbotsnorm zu pönalisieren, kann hieraus jedoch nicht abgeleitet werden. Insbesondere sind bei der Frage, ob der Staat zum Schutz eines Rechtsguts strafrechtliche Normen erlassen muss, die Subsidiarität und der fragmentarische Charakter des Strafrechts zu beachten.[121] Strafwürdig ist ein Verhalten nur dann, wenn dem Staat keine anderen Möglichkeiten zur Verfügung stehen, einen hinreichenden Schutz des betroffenen Rechtsguts zu gewährleisten.[122] Nach dem ultima ratio-Prinzip und dem Übermaßverbot darf der Staat ein Verhalten also nur dann unter Strafe stellen, wenn der Schutz des Rechtsguts nicht auf andere Weise möglich ist.[123] Es widerspräche der Einschätzungsprärogative und der Gesetzgebungshoheit des Staates, wenn

---

[117] Ähnlich auch *Kaspar*, Verhältnismäßigkeit und Grundrechtsschutz im Präventionsstrafrecht, 2014, S. 81.

[118] *Kaspar*, Verhältnismäßigkeit und Grundrechtsschutz im Präventionsstrafrecht, 2014, S. 81.

[119] BVerfGE 125, 39 (78); vgl. auch BVerfGE 77, 170 (214 f.).

[120] Vgl. BVerfGE 39, 1 (42).

[121] *Hegerl*, in: Lackner/Kühl (Hrsg.), StGB, 29. Aufl. 2018, Vorb. vor § 13 Rn. 3 m. w. N.

[122] *Jescheck/Weigend*, Strafrecht AT, 5. Aufl. 1996, S. 50 f.; ähnlich auch BVerfGE 120, 224 (240).

[123] *Baronin von König/Horsky*, in Baumann/Weber/Mitsch/Eisele (Hrsg.), Strafrecht AT, 13. Aufl. 2021, § 3 Rn. 10; vgl. auch BVerfGE 90, 145 (172); 96, 10 (24 f.).

jede Verletzung einer grundrechtlichen Schutzpflicht einen Anspruch des bzw. der Betroffenen auf den Erlass eines entsprechenden Strafgesetzes begründen würde.

10.1.2.3.2 Subjektives Recht des Opfers auf effektive Strafverfolgung

Aus den grundrechtlichen Schutzpflichten ergibt sich grundsätzlich die Verpflichtung des Staates, bei einer strafbewehrten Rechtsgutsverletzung diese strafrechtlich zu verfolgen und zu ahnden.[124] Eine Verletzung dieser Pflicht läge nach Ansicht von *Kaspar* dann vor, wenn zwar eine strafrechtliche Verbotsnorm existiert und diese auch verletzt wurde, die staatliche Strafverfolgung jedoch nur defizitär erfolgt oder gänzlich unterlassen wird.[125] Durch ein völliges Ausbleiben der Strafverfolgung würde nämlich die (erhoffte) Präventivwirkung der strafrechtlichen Verbotsnorm zunichtegemacht.[126] Daher bestehe zumindest aus generalpräventiven Erwägungen die Verpflichtung des Staates zu einer effektiven Strafverfolgung.[127] Auch nach Auffassung von *Isensee* ist der grundrechtlichen Schutzpflicht erst mit dem Vollzug der rechtsgutsschützenden Strafvorschriften Genüge getan.[128]

Ein aus dieser objektiven Verpflichtung des Staates resultierender subjektiver Anspruch des Straftatopfers auf eine effektive Strafverfolgung Dritter wurde von der früheren Rechtsprechung des BVerfG und Teilen der Lehre abgelehnt.[129] Aus einer defizitären oder gänzlich unterlassenen Strafverfolgung folge keine individuelle Betroffenheit des Straftatopfers, da sich die Betroffenheit des Opfers allein auf die mögliche Verfehlung präventiver Strafzwecke beschränke.[130] Im Ergebnis unterscheidet sich die Betroffenheit durch eine unterlassene Strafverfolgung gegenüber dem bzw. der Täter:in daher bei Straftatopfern nicht von

---

[124] Vgl. *Kaspar*, Verhältnismäßigkeit und Grundrechtsschutz im Präventionsstrafrecht, 2014, S. 82.

[125] *Kaspar*, Verhältnismäßigkeit und Grundrechtsschutz im Präventionsstrafrecht, 2014, S. 81 f.

[126] *Kaspar*, Verhältnismäßigkeit und Grundrechtsschutz im Präventionsstrafrecht, 2014, S. 81.

[127] So *Kaspar*, Verhältnismäßigkeit und Grundrechtsschutz im Präventionsstrafrecht, 2014, S. 81 f.; vgl. auch BVerfGE 64, 261 (275).

[128] Ausführlich hierzu *Isensee*, § 191 Das Grundrecht als Abwehrrecht und als staatliche Schutzpflicht, in: Isensee/Kirchhof (Hrsg.), Handbuch des Staatsrechts, Bd. IX, 2011, Rn. 219, 282 f. m. w. N.

[129] BVerfG NStZ 2002, 606 (607); ausführlich *Kaspar*, Verhältnismäßigkeit und Grundrechtsschutz im Präventionsstrafrecht, 2014, S. 82 f.

[130] *Kaspar*, Verhältnismäßigkeit und Grundrechtsschutz im Präventionsstrafrecht, 2014, S. 82 f.

der Betroffenheit der Allgemeinheit.[131] Ob und gegebenenfalls inwiefern sich nach neueren straftheoretischen Strömungen möglicherweise doch eine individuelle Betroffenheit des Straftatopfers ergeben kann, kann an dieser Stelle zunächst noch dahinstehen.[132]

In seiner jüngeren Rechtsprechung hat das BVerfG demgegenüber mittlerweile einen Anspruch des Straftatopfers und seiner Angehörigen auf eine effektive Strafverfolgung Dritter unter engen Voraussetzungen anerkannt.[133] Insbesondere könne ein solcher Anspruch dort bestehen, wo der bzw. die Einzelne nicht in der Lage sei, erhebliche Straftaten gegen seine höchstpersönlichen Rechtsgüter – namentlich Leben, körperliche Unversehrtheit, sexuelle Selbstbestimmung und Freiheit der Person – abzuwehren und ein Verzicht auf die effektive Verfolgung solcher Taten zu einer Erschütterung des Vertrauens in das Gewaltmonopol des Staates und zu einem allgemeinen Klima der Rechtsunsicherheit und Gewalt führen könnte.[134] Nach Auffassung des BVerfG kann sich in solchen Fällen ein Anspruch des Straftatopfers aus Art. 2 Abs. 2 S. 1 und 2 i. V. m. Art. 1 Abs. 1 S. 2 GG ergeben, nach welchem das Tätigwerden der Strafverfolgungsbehörden gefordert werden kann.[135] Zwar vermittle das Grundgesetz grundsätzlich keinen Anspruch auf die Strafverfolgung gegenüber Dritten.[136] Jedoch stelle die wirksame Verfolgung von Gewaltverbrechen und vergleichbaren Straftaten eine Konkretisierung der staatlichen Schutzpflichten aus Art. 2 Abs. 2 S. 1, 2 i. V. m. Art. 1 Abs. 1 S. 2 GG dar.[137] Dieser Anspruch könne bei Kapitaldelikten unter Berücksichtigung von Art. 6 Abs. 1 GG und Art. 2 Abs. 2 S. 1, 2 i. V. m. Art. 1 Abs. 1 S. 2 GG auch nahen Angehörigen des Straftatopfers zustehen.[138] Ein genereller Anspruch auf die Strafverfolgung Dritter bestehe

---

[131] *Kaspar*, Verhältnismäßigkeit und Grundrechtsschutz im Präventionsstrafrecht, 2014, S. 83.

[132] Dieser Frage wird in dem Kapitel zu den straftheoretischen Grundlagen im Kapitel 11 nachgegangen.

[133] BVerfG Beschl. vom 26.6.2014 – 2 BvR 2699/10; BVerfG NStZ-RR 2015, 347 ff.; BVerfG NJW 2015, 3500 ff.

[134] BVerfG NJW 2015, 3500 (3501), wobei das BVerfG die Möglichkeit eines solchen Anspruchs auch noch bei Taten annimmt, bei denen das Opfer dem Staat anvertraut war (z. B. im Strafvollzug), oder wenn der Verdacht besteht, dass Amtsträger:innen bei der Wahrnehmung hoheitlicher Aufgaben Straftaten begangen haben.

[135] BVerfG NJW 2015, 3500 (3501) mit Verweisen u. a. auf BVerfGE 39, 1 (36 ff.).

[136] BVerfG NJW 2015, 3500 (3501).

[137] BVerfG NJW 2015, 3500 (3501).

[138] BVerfG NJW 2015, 3500 (3501).

jedoch in Übereinstimmung mit der früheren höchstrichterlichen Rechtsprechung nicht.[139] Gleichwohl müsse für eine effektive Strafverfolgung zumindest allgemein gewährleistet sein, dass Straftäter:innen für von ihnen verschuldete Verletzungen besonders wichtiger Rechtsgüter auch tatsächlich zur Verantwortung gezogen werden.[140]

Die Begründung eines verfassungsrechtlichen Anspruchs auf eine effektive Strafverfolgung durch die Rechtsprechung des BVerfG ist in Teilen der Literatur zustimmend zur Kenntnis genommen worden[141], wenngleich die Begründung des Gerichts Kritik erfährt[142]. *Hörnle* prognostiziert als Folge der entsprechenden Beschlüsse eine erhebliche Aufwertung der Bedeutung des Straftatopfers in der Straftheorie.[143] Gleichzeitig betont sie die notwendige Trennung des Rechts auf eine effektive Strafverfolgung von einem Recht auf Anklageerhebung und spricht sich somit für den Erhalt des Anklagemonopols der Staatsanwaltschaft aus.[144] Mit Blick auf die Begründung des BVerfG stellt *Hörnle* allerdings zutreffend fest, dass der Übergriff von Täter:innen in die höchstpersönlichen Rechtsgüter des Straftatopfers zum Zeitpunkt der Strafverfolgung bereits beendet ist, weshalb in der Regel mangels Rechtsgutsgefährdung die Voraussetzungen einer staatlichen Schutzpflicht nicht länger bestehen und diese daher nicht zur Begründung eines subjektiven Rechts des Straftatopfers taugen.[145] Stattdessen sei der Anspruch aus dem Gewaltmonopol des Staates und dem damit einhergehenden Verbot der Selbstjustiz des Straftatopfers zu begründen.[146] Den verfassungsrechtlichen Anknüpfungspunkt hierfür sieht *Hörnle* im Rechtsstaatsprinzip.[147] Da das Gewaltmonopol des Staates essenzieller Bestandteil eines Rechtsstaates sei, resultiere hieraus auch die Verpflichtung des Staates, eine effektive Strafverfolgung bei schweren Delikten zu gewährleisten.[148]

---

[139] BVerfG NJW 2015, 3500 (3501); BVerfG NJW 2002, 2861 (2861 f.).

[140] Vgl. BVerfG NStZ-RR 2015, 117 Ls; NJW 2015, 150 (151).

[141] *Hörnle*, JZ 2015, 893 ff.; *Gärditz*, JZ 2015, 896 ff.; *Würdinger*, HRRS 2016, 29 ff.; *Sturm*, GA 2017, 398 ff.; *Esser/Lubrich*, StV 2017, 418 ff.

[142] *Hörnle*, JZ 2015, 893 ff.; *Gärditz*, JZ 2015, 896 ff.

[143] *Hörnle*, JZ 2015, 893 (893 f.); näheres zur Bedeutung des Straftatopfers in den Straftheorien im Kapitel 11.

[144] Vgl. *Hörnle*, JZ 2015, 893 (894).

[145] *Hörnle*, JZ 2015, 893 (894); ähnlich auch *Gärditz*, JZ 2015, 896 (898).

[146] *Hörnle*, JZ 2015, 893 (894).

[147] *Hörnle*, JZ 2015, 893 (895 f.).

[148] Vgl. *Hörnle*, JZ 2015, 893 (896).

Auch nach Ansicht von *Gärditz* ist die Begründung des BVerfG hinsichtlich eines subjektiven Anspruchs des Opfers auf eine effektive Strafverfolgung kritikwürdig.[149] Zudem erschließe sich nicht, weshalb das Gericht einen Anspruch auf effektive Strafverfolgung nur bei schweren Delikten gegen Leben, körperliche Integrität und Freiheit annehme, nicht jedoch beispielsweise bei gravierenden Delikten gegen das Eigentum, die öffentliche Ordnung oder die Rechtspflege.[150] Des Weiteren dürfe ein vereinzelt bestehender Anspruch der Opfer auf eine effektive Strafverfolgung nicht in einen Anspruch auf die Bestrafung der Täter:innen umgedeutet und somit das Strafrecht insgesamt zu einem „Instrument eines privaten Entschädigungsregimes" gemacht werden.[151] Weiterhin müssten nach Ansicht von *Gärditz* bei einem grundrechtlichen Anspruch des Opfers auf eine effektive Strafverfolgung die Interessen der (mutmaßlichen) Opfer auch beispielsweise im Beweisrecht und im Strafzumessungsrecht berücksichtigt werden.[152] Da erst nach der Hauptverhandlung durch das Gericht festgestellt werde, ob das mutmaßliche Opfer tatsächlich durch den bzw. die mutmaßliche:n Täter:in verletzt worden sei, müsse der Opferstatus im Strafverfahren möglichst restriktiv gehandhabt werden.[153] Grundrechtsschutz zugunsten von Opfern im Strafverfahren sei Grundrechtsschutz zulasten der Beschuldigten, weshalb dieses Problem daher mit besonderer Sorgfalt behandelt werden müsse.[154]

Sturm liefert einen weiteren Ansatz zur Begründung eines Anspruchs des Opfers bzw. seiner Angehörigen auf eine effektive Strafverfolgung gegenüber dem bzw. der Täter:in. Der Staat könne seinen grundrechtlichen Schutzpflichten auch durch die Strafandrohungen des materiellen Strafrechts nachkommen.[155] Gleichzeitig verpflichte sich der Staat durch seine Entscheidung für eine Strafandrohung als Mittel zur Schutzpflichterfüllung selbst, die Verletzung des materiellen Strafrechts zu ahnden, namentlich die Strafverfolgung zu gewährleisten und die Täter:innen infolge des durch ein Strafurteil festgestellten Normverstoßes zu sanktionieren.[156] Diese Selbstverpflichtung stellt nach Auffassung von *Sturm* eine grundrechtliche Fundierung für die Strafverfolgung und somit den Grund

[149] *Gärditz*, JZ 2015, 896 (897).
[150] *Gärditz*, JZ 2015, 896 (898).
[151] *Gärditz*, JZ 2015, 896 (899).
[152] *Gärditz*, JZ 2015, 896 (900).
[153] *Gärditz*, JZ 2015, 896 (900).
[154] *Gärditz*, JZ 2015, 896 (900).
[155] *Sturm*, GA 2017, 398 (409).
[156] *Sturm*, GA 2017, 398 (409).

für einen Anspruch des Opfers bzw. seiner Angehörigen auf effektive Strafverfolgung dar.[157] Allerdings sei mit diesen Überlegungen nur die grundsätzliche Ableitbarkeit eines Rechts auf Strafverfolgung nachgewiesen; eine Herleitung des entsprechenden Anspruchs ist jedoch nach *Sturm* noch nicht abgeschlossen.[158]

Nach dem bisher Gesagten lässt sich ein Anspruch des Straftatopfers und gegebenenfalls seiner nahen Angehörigen auf effektive Strafverfolgung verfassungsrechtlich unabhängig davon begründen, welchem Begründungsansatz aus Rechtsprechung und Literatur man folgen möchte. Allerdings besteht dieses subjektive Recht des Opfers nach allen Ansichten nur unter engen Voraussetzungen, weshalb nicht generell von einem grundrechtlichen Anspruch auf eine Strafverfolgung Dritter ausgegangen werden kann.

10.1.2.3.3 Subjektives Recht des Opfers auf Bestrafung der Täter:innen

Aus den grundrechtlichen Schutzpflichten könnte sich ferner ein Anspruch des Straftatopfers auf die Bestrafung der Straftäter:innen ableiten lassen. Hierzu müsste sich zunächst die Schutzfunktion der Grundrechte in subjektiver Hinsicht nicht nur auf die Verhinderung von Straftaten zulasten aller Grundrechtsträger:innen beziehen, sondern auch die Interessen tatsächlicher Straftatopfer umfassen. Von der präventiven Ausprägung der grundrechtlichen Schutzpflichten wird der zuletzt genannte Aspekt aber an sich nicht erfasst, da durch die Begehung der Straftat die präventive Wirkung der Verbotsnorm – namentlich der Schutz des Rechtsguts – gerade nicht erreicht wurde.[159] Auch hier stellt sich nach Ansicht von *Kaspar* das Problem der fehlenden individuellen Betroffenheit des konkreten Opfers.[160] Ob der bzw. die Täter:in bestraft werde oder nicht, ändere nichts daran, dass die Rechtsgutsverletzung bereits eingetreten sei und somit die Strafandrohung zum Schutz des konkret betroffenen Opfers nichts mehr beitragen könne.[161] Nur in Fällen, in denen von dem bzw. der konkreten Täter:in eine Wiederholungsgefahr bezüglich einer vergleichbaren Rechtsgutsverletzung gegenüber dem konkreten Opfer ausgeht, besteht nach Ansicht von *Kaspar* die Möglichkeit, „ein verfassungsrechtlich verbürgtes Recht des Opfers auf Schutz

[157] *Sturm*, GA 2017, 398 (409); weiterführend *Möstl*, Die staatliche Garantie für die öffentliche Sicherheit und Ordnung, 2002, S. 151 f.

[158] Weiterführend *Sturm*, GA 2017, 398 (409).

[159] *Kaspar*, Verhältnismäßigkeit und Grundrechtsschutz im Präventionsstrafrecht, 2014, S. 84.

[160] *Kaspar*, Verhältnismäßigkeit und Grundrechtsschutz im Präventionsstrafrecht, 2014, S. 84.

[161] *Kaspar*, Verhältnismäßigkeit und Grundrechtsschutz im Präventionsstrafrecht, 2014, S. 84 f.

durch die Bestrafung des Täters" anzunehmen.[162] In allen anderen Fällen diene die Bestrafung der Täter:innen general- und spezialpräventiven Zwecken, die das Opfer allenfalls als einen Teil der Allgemeinheit beträfen.[163]

Demgegenüber sieht *Möstl* in der tatsächlichen Durchsetzung des staatlichen Strafanspruchs eine notwendige Fortsetzung des präventiven Schutzes durch die Strafandrohung.[164] Da die staatliche Strafe die repressive Fortsetzung des präventiven Schutzes sei, müsse sie als ein Ausfluss derselben grundrechtlichen Schutzpflichten angesehen werden.[165] Die grundrechtliche Schutzpflicht umfasst daher nach Ansicht von *Möstl* nicht nur den präventiven Schutz der Bürger:innen durch das materielle Strafrecht, sondern erstreckt sich gerade auch auf die repressive Verfolgung von Verstößen gegen grundrechtsschützende Strafrechtsnormen.[166] Indem die Strafandrohung das Versprechen beinhalte, die Drohung „wahrzumachen", wenn der präventive Schutz durch das Strafgesetz versage, habe die Schutzpflicht auch repressive Wirkung.[167] Aus diesen Überlegungen von *Möstl* lässt sich allerdings kein Recht der Opfer von Straftaten auf eine Bestrafung von Täter:innen ableiten. Vielmehr spiegelt sich im „Wahrmachen der Drohung"[168] lediglich die allgemeine Selbstverpflichtung des Staates wider, Straftaten zu verfolgen und zu ahnden. Die durch die Strafandrohung einfach-rechtlich normierte Schutzpflicht richtet sich nicht allein an konkrete Straftatopfer, sondern mit dem Ziel der Normbekräftigung ebenso an die Allgemeinheit.[169]

Mitunter wird eine staatliche Verpflichtung zur Bestrafung der Täter:innen nicht direkt aus den grundrechtlichen Schutzpflichten abgeleitet, sondern aus

---

[162] *Kaspar*, Verhältnismäßigkeit und Grundrechtsschutz im Präventionsstrafrecht, 2014, S. 84 f.; in eine ähnliche Richtung dürfte auch die Annahme von *Sturm* weisen, der – wie gezeigt – bereits eine Selbstverpflichtung des Staates hinsichtlich der Strafverfolgung durch die Strafandrohungen des materiellen Strafrechts annimmt; vgl. *Sturm*, GA 2017, 398 (409). Eine solche Selbstverpflichtung dürfte dann konsequenterweise aber auch für die Sanktionierung der Täter:innen nach der gerichtlichen Feststellung des von ihnen begangenen strafrechtlichen Unrechts gelten.

[163] *Kaspar*, Verhältnismäßigkeit und Grundrechtsschutz im Präventionsstrafrecht, 2014, S. 84 f.

[164] *Möstl*, Die staatliche Garantie für die öffentliche Sicherheit und Ordnung, 2002, S. 152.

[165] *Möstl*, Die staatliche Garantie für die öffentliche Sicherheit und Ordnung, 2002, S. 152.

[166] *Möstl*, Die staatliche Garantie für die öffentliche Sicherheit und Ordnung, 2002, S. 152.

[167] *Möstl*, Die staatliche Garantie für die öffentliche Sicherheit und Ordnung, 2002, S. 152.

[168] *Möstl*, Die staatliche Garantie für die öffentliche Sicherheit und Ordnung, 2002, S. 152.

[169] *Kaspar*, Verhältnismäßigkeit und Grundrechtsschutz im Präventionsstrafrecht, 2014, S. 85.

deren Verletzung. Ein solcher Anspruch des Opfers ist nach Ansicht von *Schiemann* als Ausfluss einer „Folgenbeseitigungsschutzpflicht" zu verstehen.[170] Da sich aus den grundrechtlichen Schutzpflichten die Verpflichtung des Staates zum Schutz vor Straftaten ableiten lasse, erscheine es nur konsequent, wenn aus der Nichterfüllung dieser Pflicht ein Anspruch des Straftatopfers auf eine Bestrafung des Täters bzw. der Täterin folge. Ziel der Bestrafung ist nach Auffassung von *Schiemann* nicht die Beseitigung der durch die Straftat eingetretenen primären Schäden, da das Opfer bereits durch die strafrechtliche Verbotsnorm hätte geschützt werden sollen. Vielmehr sei die „Folgenbeseitigungsschutzpflicht" auf die Beseitigung bzw. Linderung sekundärer Schäden gerichtet, die andauerten und über die eigentliche Rechtsgutsverletzung durch die Straftat hinausgingen.[171] Letztlich gehe es um die Bewältigung der Viktimisierung des Opfers durch die Bestrafung des Täters bzw. der Täterin.[172] Die dogmatische Begründung für die Folgenbeseitigungspflicht ergebe sich aus einem Erst-recht-Schluss. Wenn der Staat verpflichtet sei, den bzw. die Einzelne:n vor Straftaten zu schützen, sei er ebenso verpflichtet, die Opfer von Straften bei der Verarbeitung der Viktimisierung – genauer: der sekundären Einbußen durch die Straftat – zu unterstützen.[173] Hierbei geht *Schiemann* davon aus, dass eine solche Unterstützung des Opfers durch die Bestrafung des Täters bzw. der Täterin möglich und zumindest für jene Viktimisierungen anzunehmen ist, durch die eine Traumatisierung oder zumindest eine Negierung des Straftatopfers erfolgt ist.[174]

Der Vorschlag von *Schiemann* vermag nicht zu überzeugen. Zwar ist es zutreffend, dass die Viktimisierung des Straftatopfers grundsätzlich die Möglichkeit einer Verletzung eines schutzfähigen Rechtsguts i. S. d. grundrechtlichen Schutzpflichten birgt. Allerdings ist, wie bereits festgestellt wurde, ein absoluter Schutz vor Straftaten faktisch nicht möglich.[175] Den Staat trifft deshalb lediglich die Verpflichtung, ein gewisses Schutzniveau zu gewährleisten.[176] Folglich kann die Straftatbegehung durch Straftäter:innen dem Staat dann nicht zugerechnet

---

[170] *Schiemann*, Opferinteressen in der Straftheorie, 2015, S. 97.

[171] *Schiemann*, Opferinteressen in der Straftheorie, 2015, S. 98.

[172] *Schiemann*, Opferinteressen in der Straftheorie, 2015, S. 98.

[173] *Schiemann*, Opferinteressen in der Straftheorie, 2015, S. 98.

[174] Vgl. *Schiemann*, Opferinteressen in der Straftheorie, 2015, S. 110 f.

[175] *Hermes*, Grundrecht auf Schutz von Leben und Gesundheit, 1987, S. 244; ebenso; *Dölling*, GS Brugger, 2013, S. 657; *Kaspar*, Verhältnismäßigkeit und Grundrechtsschutz im Präventionsstrafrecht, 2014, S. 91.

[176] Vgl. *Burgi*, FS Isensee, 2007. S. 660; so auch *Lagodny*, Strafrecht vor den Schranken der Grundrechte, 1996, S. 257 m. w. N.

werden, wenn ein ausreichendes Schutzniveau geschaffen wurde.[177] Darüber hinaus lässt sich bereits aus den grundrechtlichen Schutzpflichten kein allgemeiner Anspruch des Straftatopfers auf die Bestrafung des Täters bzw. der Täterin ableiten.[178] Folglich kann aus den Schutzpflichten auch kein allgemeiner Anspruch auf eine Folgenbeseitigung nach einer Pflichtverletzung begründet werden.

Weiterhin ist bereits ganz grundsätzlich fraglich, ob die Bestrafung der Täter:innen zur Bewältigung der Viktimisierung überhaupt einen Beitrag leisten kann. Zwar ist die Feststellung des Unrechts gegenüber dem Straftatopfer mit Blick auf das Genugtuungsinteresse des Opfers bedeutsam.[179] Jedoch ist eine Bestrafung der Täter:innen nach klassischem Verständnis mit diesem Genugtuungsinteresse nicht zwangsläufig identisch. Insbesondere haben viele Straftatopfer kein oder nur ein geringes Interesse an der Bestrafung der Täter:innen im klassischen Sinne.[180] Dies soll seine Ursache vor allem in dem Umstand haben, dass die Verurteilung der Täter:innen zu einer Geld- oder Freiheitsstrafe bisweilen zwar ein möglicherweise bestehendes Genugtuungsinteresse von Opfern befriedige, darüber hinaus allerdings keine Aufarbeitung des der Straftat zugrunde liegenden zwischenmenschlichen Konflikts erfolge.[181] Mithin kann die Bestrafung der Täter:innen allein dem Anspruch der Opfer auf eine Unterstützung bei der Verarbeitung der Viktimisierungserfahrung wohl nicht gerecht werden. Vielmehr stellt sich die Frage, ob den Opfern von Straftaten aus der Viktimisierung subjektive Rechte auf Genugtuung oder Wiedergutmachung erwachsen.[182]

Soweit *Schiemann* ein Recht auf eine Bestrafung der Täter:innen bzw. eine Folgenbeseitigungsschutzpflicht aufgrund psychischer Beeinträchtigungen wie beispielsweise Traumatisierungen und Identitätsbeeinträchtigungen aus Art. 2

---

[177] Vgl. *Kaspar*, Verhältnismäßigkeit und Grundrechtsschutz im Präventionsstrafrecht, 2014, 91.

[178] Dezidierte Ablehnung bei *Lüderssen*, Rechtsfreie Räume?, 2012, S. 447 ff., 482 ff.; differenzierter insofern *Kaspar*, Verhältnismäßigkeit und Grundrechtsschutz im Präventionsstrafrecht, 2014, S. 84 f.; im Ergebnis wohl auch *Schiemann*, Opferinteressen in der Straftheorie, 2015, S. 98 ff.

[179] Vgl. zur straftheoretischen Bedeutung des Genugtuungsinteresses des Opfers in den straftheoretischen Grundlagen unten im Abschnitt 11.2.3.2; in Hinblick auf das Verfassungsrecht sogleich unten im Abschnitt 10.1.2.3.5.

[180] Ausführlich hierzu *Kilchling*, Opferinteressen und Strafverfolgung, 1995, S. 628 ff.

[181] Vgl. ausführlich zur Aufarbeitung des zwischenmenschlichen Konflikts durch Methoden der Restorative Justice oben im Abschnitt 7.2.1.

[182] Siehe sogleich unten im Abschnitt 10.1.2.3.5.

Abs. 2 S. 1 GG oder gar aus Ehr- und Würdeverletzungen ableiten will[183], ergeben sich Abgrenzungsprobleme. So dürfte wohl nicht immer hinreichend sicher festzustellen sein, ob das Opfer durch die Tat selbst, durch den Strafprozess oder sogar durch ganz andere Umstände eine Traumatisierung oder sekundäre Viktimisierung erfahren hat. Mit Blick auf das ultima-ratio-Prinzip des Strafrechts wäre es daher höchst problematisch, generell eine aus den Grundrechten abgeleitete Folgenbeseitigungsschutzpflicht des Staates gegenüber Straftatopfern und ein hieraus erwachsendes Recht auf eine Bestrafung des Täters bzw. der Täterin anzunehmen. Dies gilt auch dann, wenn dieser Anspruch auf eine Bestrafung der Täter:innen nur auf solche Delikte beschränkt sein soll, aus denen häufig eine Traumatisierung der Opfer resultiert.[184]

Möglich erscheint allerdings ein Folgenbeseitigungsanspruchs gerichtet auf die Unterstützung des Opfers bei der Bewältigung der Straftatfolgen, ohne die Bestrafung des Täters bzw. der Täterin einzubeziehen. Fraglich wäre in diesem Zusammenhang jedoch, wie dieser Folgenbeseitigungsanspruch hergeleitet werden könnte. Zu beachten ist zunächst, dass die Erfüllung eines solchen Anspruchs vielfältige Maßnahmen umfasst, die nicht zwangsläufig in die Rechte der Täter:innen eingreifen müssen. Gerade bei staatlichen Entschädigungsleistungen und Opferberatungsangeboten ist keine Beeinträchtigung der Rechtssphäre der Täter:innen ersichtlich. Überzeugender erscheint es daher, einen möglichen Anspruch des Opfers auf Folgenbeseitigung nicht auf die grundrechtlichen Schutzpflichten zurückzuführen, sondern hierfür das Sozialstaatsprinzip heranzuziehen. Die allgemeine Fürsorgepflicht des Staates gegenüber seinen Bürger:innen muss auch gegenüber denjenigen zum Tragen kommen, die durch eine Straftat beeinträchtigt wurden.[185] Dieser Gesichtspunkt wird daher im Rahmen der Ausführungen zum Sozialstaatsprinzip näher betrachtet werden.[186]

Insgesamt lässt sich ein generelles subjektives Recht des Straftatopfers auf die Bestrafung des Täters bzw. der Täterin weder aus den grundrechtlichen Schutzpflichten selbst ableiten, noch aus einer aus ihnen folgenden Folgebeseitigungsschutzpflicht. Nur in Einzelfällen, in denen eine konkrete Wiederholungsgefahr

---

[183] *Schiemann*, Opferinteressen in der Straftheorie, 2015, S. 102 ff.

[184] Vgl. hierzu ebenfalls *Schiemann*, Opferinteressen in der Straftheorie, 2015, S. 102 ff., die in dieser Hinsicht selbst die Schwächen ihres Ansatzes zu erkennen scheint.

[185] Vgl. allgemein zur Fürsorgepflicht des Staates *Grzeszick*, in: Dürig/Herzog/Scholz (Hrsg.), GG, 95. EL Juli 2021, Art. 20 VIII. Rn. 1 ff.; *Huster/Rux*, in: BeckOK GG, 50. Ed. Stand: 15.02.2022, Art. 20 Rn. 211; speziell zur Fürsorgepflicht gegenüber Straftatopfern *Isensee*, § 191 Das Grundrecht als Abwehrrecht und als staatliche Schutzpflicht, in: Isensee/Kirchhof (Hrsg.), Handbuch des Staatsrechts, Bd. IX, 2011, Rn. 200 m. w. N.

[186] Sogleich unten im Abschnitt 10.2.1.

für das Opfer durch den bzw. die Täter:in droht, dient eine Sanktionierung zuvörderst dem Schutz des individuellen Straftatopfers. In allen anderen Fällen werden mit der Bestrafung von Straftäter:innen spezial- und generalpräventive Zwecke verfolgt. Diese können zwar auch auf die grundrechtlichen Schutzpflichten des Staates zurückgeführt werden, jedoch erwächst den tatsächlichen Opfern aus ihnen hier kein subjektives Recht auf eine Bestrafung der Täter:innen gegenüber dem Staat.

10.1.2.3.4 Subjektives Recht des Opfers auf Opferschutz

In Betracht kommen könnte allerdings ein subjektives Recht des Straftatopfers auf Opferschutz. Zu denken ist in diesem Zusammenhang zunächst an den Schutz vor einer erneuten Viktimisierung durch den bzw. die konkrete:n Täter:in.[187] Daneben erscheint ein Recht auf Schutz vor einer sekundären Viktimisierung des Opfers durch dessen Einbeziehung in die Strafverfolgung von Bedeutung. Zudem könnte von einem subjektiven Recht auf Opferschutz auch der Schutz des Opfers vor psychischen Schädigungen durch die Straftat bzw. deren Vertiefung durch eine fehlende Unterstützung beim (Trauma-)Verarbeitungsprozess umfasst sein.

Mit Blick auf diese drei Anknüpfungspunkte für ein subjektives Recht des Opfers auf Opferschutz ist zunächst zu beachten, dass der Schutz vor einer erneuten Viktimisierung durch den bzw. die Täter:in sowohl physische als auch psychische Beeinträchtigungen umfassen kann, wobei diese nicht zwangsläufig von strafrechtlicher Relevanz sein müssen. Demgegenüber betrifft der Schutz vor einer sekundären Viktimisierung und vor einer Vertiefung der psychischen Schädigung des Opfers durch fehlende Unterstützung vornehmlich die psychische Integrität des Opfers. Zudem können psychische Beeinträchtigungen zu physischen Symptomen führen. Allerdings wird nachfolgend allein auf den Schutz vor psychischen Beeinträchtigungen durch die Angst vor einer erneuten Viktimisierung, das Strafverfahren oder fehlende Unterstützung bei der Tatverarbeitung Bezug genommen.

Nach *Kasper* lässt sich bei einer Wiederholungsgefahr der Schutz des Straftatopfers vor dem bzw. der Täter:in ausnahmsweise aus den grundrechtlichen Schutzpflichten ableiten.[188] In solchen Fällen ist daher ein subjektives Recht des Opfers auf Schutz vor dem bzw. der Täter:in anzunehmen. Dabei kann

---

[187] Vgl. *Kaspar*, Verhältnismäßigkeit und Grundrechtsschutz im Präventionsstrafrecht, 2014, S. 85.

[188] *Kaspar*, Verhältnismäßigkeit und Grundrechtsschutz im Präventionsstrafrecht, 2014, S. 85; siehe hierzu bereits oben im Abschnitt 10.1.2.3.3.

die Schutzpflicht sich nicht allein auf den Schutz vor einer erneuten physischen Beeinträchtigung des Opfers beschränken, sondern muss vielmehr auch den Schutz der Psyche des Opfers umfassen.

Für die Herleitung eines subjektiven Rechts der Opfer von Straftaten könnte daher auf die psychische Gesundheit von Straftatopfern und eine in diesem Zusammenhang bestehende grundrechtliche Schutzpflicht des Staates aus dem Grundrecht auf körperliche Unversehrtheit gemäß Art. 2 Abs. 2 S. 1 GG abgestellt werden. Zunehmend wird in der verfassungsrechtlichen Rechtsprechung und Literatur der Standpunkt vertreten, dass auch die psychische Gesundheit vom Schutzbereich des Art. 2 Abs. 2 S. 1 GG umfasst ist.[189] Also wäre eine Schutzpflicht zumindest bezüglich solcher Straftatopfer anzunehmen, deren psychische Gesundheit durch die Straftat über das bloße Wohlbefinden hinaus geschädigt wurde und somit eine pathologische Beeinträchtigung vorliegt.[190] Eine solche Beeinträchtigung wird insbesondere bei Gewaltdelikten im Allgemeinen und bei Sexualdelikten im Speziellen häufig bestehen. Allerdings können auch andere Straftaten wie etwa der Wohnungseinbruchsdiebstahl zu einer Traumatisierung des Opfers führen, die über ein bloßes psychisches Unwohlsein hinausgeht und eine pathologische Dimension erreicht.[191] Daher kann allein anhand einzelner Deliktsgruppen keine pauschale Aussage zu der Schutzbedürftigkeit von Straftatopfern getroffen werden. Gleichwohl liegt die Annahme nahe, dass bei Delikten, welche die körperliche Integrität und/oder sexuelle Selbstbestimmung des Opfers betreffen, eine psychische Beeinträchtigung, welche den Schutzbereich des Art. 2 Abs. 2 S. 1 GG eröffnet, häufiger vorliegt als bei anderen Deliktsgruppen.[192] Festzuhalten bleibt jedenfalls, dass bei erheblichen psychischen Beeinträchtigungen eine grundrechtliche Schutzpflicht des Staates gegenüber dem Straftatopfer grundsätzlich möglich erscheint.

---

[189] BVerfGE 56, 54 (73 ff.); *Hermes*, Grundrecht auf Schutz von Leben und Gesundheit, 1987, S. 225 f.; *Di Fabio,* in: Dürig/Herzog/Scholz (Hrsg.), GG, 95. EL Juli 2021, Art. 2 Abs. 2 S. 1 Rn. 55 f.; *Lang*, in: BeckOK GG, 50. Ed. Stand: 15.02.2022, Art. 2 Rn. 62; ablehnend bei fehlenden körperlichen Auswirkungen *Müller-Terpitz*, Handbuch des Staatsrechts, Bd. VII, 3. Aufl. 2009, Rn. 44; zur bislang noch nicht erfolgten systematischen Aufarbeitung des verfassungsrechtlichen Schutzes der geistigen Gesundheit siehe *Bublitz*, RW 2011, 28 (59 ff.).

[190] So *Di Fabio,* in: Dürig/Herzog/Scholz (Hrsg.), GG, 95. EL Juli 2021, Art. 2 Abs. 2 S. 1 Rn. 56; eine kurze Rechtsprechungsübersicht diesbezüglich findet sich bei *Bublitz*, RW 2011, 28 (40 f.).

[191] Ähnlich bereits *Schiemann*, Opferinteressen in der Straftheorie, 2015, S. 102; weiterführend hierzu *Bublitz*, RW 2011, 28 (42 ff.).

[192] *Jerouschek* geht demgegenüber davon aus, dass Opfer von Gewaltdelikten immer eine Traumatisierung erfahren; vgl. *Jerouschek*, JZ 2000, 185 (192 Fn. 59).

Diese Schutzpflicht ist vornehmlich auf den Schutz vor einer Beeinträchtigung der psychischen Gesundheit des Opfers durch den bzw. die Täter:in gerichtet. Folglich hat eine bereits viktimisierte Person grundsätzlich einen Anspruch auf den Schutz vor weiteren physischen und psychischen Beeinträchtigungen durch den bzw. die konkrete:n Täter:in, wobei dieses subjektive Recht auf die grundrechtliche Schutzpflicht aus Art. 2 Abs. 2 S. 1 GG zurückzuführen ist. Für den konkreten Schutz des Opfers bedeutet dies, dass der Staat entsprechende Vorkehrungen treffen muss, um das Opfer vor einer erneuten physischen oder psychischen Beeinträchtigung durch den bzw. die Täter:in zu schützen. Dies kann wiederum zu Einschränkungen der Grundrechte des Täters bzw. der Täterin führen. Mit Blick auf das Strafprozessrecht kann exemplarisch die Entfernung des bzw. der Angeklagten aus der Hauptverhandlung während der Vernehmung des mutmaßlichen Opfers gemäß § 247 StPO genannt werden.[193] Hinsichtlich der konkreten Ausgestaltung dieser Schutzpflicht kommt dem Staat jedoch insgesamt ein „weiter Einschätzungs-, Wertungs- und Gestaltungsspielraum"[194] zu.[195] Die gewählte Maßnahme muss daher nicht auf dem Gebiet des Strafrechts erfolgen. Denkbar sind insbesondere auch Kontaktverbote zwischen Täter:in und Opfer, wobei diesbezüglich jedoch neben den Grundrechten des Täters bzw. der Täterin auch jene des Opfers zu beachten sind. So erscheint ein staatlich angestrebter Schutz des Opfers gegen den Willen des Opfers nur unter sehr engen Voraussetzungen möglich, wobei insbesondere die allgemeine Handlungsfreiheit aus Art. 2 Abs. 1 GG zu beachten sein dürfte.[196]

Sofern die Möglichkeit einer psychischen Beeinträchtigung des Straftatopfers durch das Strafverfahren und nicht durch den bzw. die Täter:in bedingt ist, muss nicht auf die Schutzfunktion des Art. 2 Abs. 2 S. 1 GG, sondern vielmehr auf dessen Abwehrfunktion abgestellt werden. Denn in diesen Fällen geht die Gefahr einer sekundären Viktimisierung von den staatlichen Strafverfolgungsbehörden aus. Das Abwehrrecht von Straftatopfern aus Art. 2 Abs. 2 S. 1 GG muss ebenso wie die grundrechtliche Schutzpflicht aus dem Grundrecht auf körperliche Unversehrtheit auf den Schutz vor psychischen Beeinträchtigungen nach dem Viktimisierungsereignis bezogen sein. Sofern Straftatopfer vor einer

---

[193] Weiterführend hierzu *Cierniak/Niehaus*, in: MüKo StPO II, 2016, § 247 Rn. 11 f., wobei diese Vorschrift ebenso bei der Vernehmung von Zeug:innen und Mitangeklagten Anwendung findet; ausführlich zum Opferschutz a. a. O. Rn. 22 f.

[194] BVerfGE 125, 39 (78); vgl. auch BVerfGE 77, 170 (214 f.).

[195] Siehe hierzu bereits oben im Abschnitt 10.1.1.2.

[196] Dieses Problem wird insbesondere bei Kontaktverboten zwischen Gefangenen und Opfern während des Strafvollzugs relevant und daher im Zusammenhang mit der Auslegung der betreffenden Vorschriften unten im Kapitel 14 ausführlich untersucht.

sekundären Viktimisierung durch die Strafverfolgungsbehörden geschützt werden sollen, bedarf es keines Rückgriffs auf die grundrechtliche Schutzpflicht aus Art. 2 Abs. 2 S. 1 GG, solange nicht in die Grundrechte des Täters bzw. der Täterin eingegriffen wird. Da sich der Schutz vor einer sekundären Viktimisierung durch die Strafverfolgungsbehörden vornehmlich auf deren Umgang mit dem (mutmaßlichen) Straftatopfer und Gesichtspunkte wie die Vernehmung von Opferzeug:innen bezieht, erscheint ein Eingriff in die Grundrechte des Täters bzw. der Täterin diesbezüglich nicht relevant. Wenn ein solcher Eingriff im Zusammenhang mit dem Schutz vor einer sekundären Viktimisierung jedoch stattfindet, wäre erneut auf die grundrechtliche Schutzpflicht aus Art. 2 Abs. 2 S. 1 GG abzustellen und zu prüfen, ob der Eingriff in die Rechte des Täters bzw. der Täter:in so legitimiert werden kann.

Hinsichtlich der Bewältigung der Straftatfolgen durch das Opfer ist zunächst danach zu fragen, ob diese überhaupt in den Anwendungsbereich grundrechtlicher Schutzpflichten fallen. Gegen die Annahme einer grundrechtlichen Schutzpflicht, auf die subjektive Rechte hinsichtlich der Straftatfolgenbewältigung gestützt werden können, kann erneut das Argument angeführt werden, dass ein umfassender Schutz vor Straftaten faktisch nicht möglich ist.[197] Somit kann auch kein absoluter Schutz vor den Folgen von Straftaten bestehen. Daher ist auch in diesem Zusammenhang eine Verantwortlichkeit des Staates für die Übergriffe des Täters bzw. der Täterin abzulehnen.[198] Des Weiteren ist fraglich, ob und gegebenenfalls inwiefern ein Eingriff in die Rechte des Störers bzw. der Störerin vorliegt, wenn dem Opfer bei der Bewältigung von Straftatfolgen staatliche Unterstützung zuteilwird. Überzeugender erscheint es, eine Unterstützung bei der Bewältigung der Straftatfolgen stattdessen auf das Sozialstaatsprinzip zurückzuführen.[199] Ein Rückgriff auf die grundrechtlichen Schutzpflichten wäre dann hinsichtlich der Unterstützung des Straftatopfers bei der Bewältigung von Straftatfolgen nicht notwendig.

Bei einer Gesamtbetrachtung lassen sich opferschützende Vorschriften aus verfassungsrechtlicher Sicht damit in drei Kategorien unterteilen. Erstens können Regelungen, die das Straftatopfer vor einer erneuten Beeinträchtigung durch den Täter bzw. die Täterin schützen sollen und zugleich einen Eingriff in die

---

[197] *Hermes*, Grundrecht auf Schutz von Leben und Gesundheit, 1987, S. 244; ebenso *Kaspar*, Verhältnismäßigkeit und Grundrechtsschutz im Präventionsstrafrecht, 2014, S. 91.

[198] Ebenso *Kaspar*, Verhältnismäßigkeit und Grundrechtsschutz im Präventionsstrafrecht, 2014, S. 90 f. mit Blick auf eine Begründung von Entschädigungs- und Hilfspflichten aus grundrechtlichen Schutzpflichten.

[199] Vgl. *Kaspar*, Verhältnismäßigkeit und Grundrechtsschutz im Präventionsstrafrecht, 2014, S. 90 f.

Rechte des Täters bzw. der Täterin zur Folge haben, auf grundrechtliche Schutzpflichten gestützt werden. Zweitens können dagegen Vorschriften, welche auf die Vermeidung von weiteren Opferschäden durch das Strafverfolgungssystem selbst ausgerichtet sind, auf die Abwehrfunktion der Grundrechte zurückgeführt werden. Dies gilt jedoch nur wenn diese Vorschriften nicht wiederum in die Grundrechte des Täters bzw. der Täterin eingreifen. In letztgenannten Fällen müsste die grundrechtliche Schutzpflicht aus Art. 2 Abs. 2 S. 1 GG bemüht werden. Nicht auf grundrechtliche Schutzpflichten gestützt werden können demgegenüber drittens Regelungen, die das Opfer bei der Bewältigung der Straftatfolgen unterstützen sollen. Allerdings kann diesbezüglich eine Verpflichtung des Staates zu Unterstützung von Straftatopfern möglicherweise aus dem Sozialstaatsprinzip abgeleitet werden.[200]

10.1.2.3.5 Subjektives Recht des Opfers auf Genugtuung und Wiedergutmachung

10.1.2.3.5.1 Vorbemerkungen

Nach dem bisher Gesagten ergibt sich für das Straftatopfer aus den grundrechtlichen Schutzpflichten weder ein genereller Anspruch auf den Erlass von Strafvorschriften noch auf eine effektive Strafverfolgung Dritter noch auf eine Bestrafung des Täters bzw. der Täterin. Allenfalls der Schutz des Opfers vor einer erneuten Viktimisierung durch den bzw. die konkrete:n Täter:in kann auf grundrechtliche Schutzpflichten gestützt werden. Über diese vorstehend bereits erörterten Fragen hinaus erscheint zum einen noch ein Anspruch des Straftatopfers in der Gestalt denkbar, dass es durch das Strafverfahren und die Verurteilung des Täters bzw. der Täterin Genugtuung erfährt. Zum anderen erscheint ein Anspruch des Straftatopfers auf Wiedergutmachung möglich, wobei sich dieser Anspruch insbesondere auf die Ermöglichung einer informellen Konfliktlösung zwischen Täter:in und Opfer bezieht. Für die weiteren Überlegungen sind zunächst Genugtuung und Wiedergutmachung voneinander abzugrenzen.

Die Genugtuung bezieht sich auf die symbolische Wiederherstellung des gestörten Normvertrauens des Opfers.[201] Allerdings ist die Genugtuung von dem Verlangen des Opfers nach einer Bestrafung des Täters bzw. der Täterin in Form eines Rachewunsches zu trennen. Ein von Rachewünschen getragenes Interesse an der Bestrafung des Täters bzw. der Täterin kann nicht legitim sein und ist daher

[200] Hierzu sogleich unten im Abschnitt 10.2.1.

[201] Vgl. *Frehsee*, Schadenswiedergutmachung, 1987, S. 160; *Holz*, Justizgewährungsanspruch des Verbrechensopfers, 2007, S. 134.

von dem Genugtuungsinteresse des Straftatopfers abzugrenzen.[202] Die Genugtuung beschränkt sich allein auf die Feststellung des Unrechts und die Anerkennung der Opferschaft. Zudem ist die Genugtuung insgesamt auf die Auflösung des Normgeltungsschadens gerichtet.[203] Somit ähnelt die Genugtuung den generalpräventiven Zwecken von Strafe, ist jedoch im Gegensatz zur Generalprävention allein auf das konkrete Straftatopfer bezogen.[204]

Demgegenüber umfasst Wiedergutmachung die Restitution materieller und immaterieller Schäden[205], eine umfassende Konfliktlösung zwischen Täter:in und Opfer sowie gegebenenfalls einen Ausgleich des Täters bzw. der Täterin mit der Gemeinschaft[206].

Den nachfolgenden Betrachtungen zu den möglichen subjektiven Rechten des Opfers auf Genugtuung[207] und Wiedergutmachung[208] ist schließlich noch vorauszuschicken, dass sowohl Gesichtspunkte der Genugtuung und als auch der Wiedergutmachung innerhalb des Strafrechtssystems eine Rolle spielen. Zunächst kann die Feststellung durch das Urteil eines Strafgerichts, dass die Viktimisierung des Opfers durch die Straftat Unrecht war, durchaus eine Genugtuungsfunktion haben.[209] In gleicher Weise berücksichtigen das Straf- und Strafprozessrecht

---

[202] *Seelmann*, JZ 1989, 670 (671); siehe auch *Hörnle*, Expressive Straftheorien, in: Hilgers/Koch/Möllers/Müller-Mall (Hrsg.), Affekt & Urteil, 2015, S. 154 f.; *Sautner*, Opferinteressen und Strafrechtstheorie, 2010, S. 248 f.; *Günther*, FS Lüderssen, 2002, S. 211 f.

[203] *Sautner*, Opferinteressen und Strafrechtstheorie, 2010, S. 290; siehe auch *Sessar*, Strafbedürfnis und Konfliktregelung, in: Marks/Rössner (Hrsg.), Täter-Opfer-Ausgleich, 1990, S. 47 f.

[204] *Sautner*, Opferinteressen und Strafrechtstheorie, 2010, S. 290; ähnlich *Sautner*, Viktimologie, 2014, S. 182; vgl. auch *Prittwitz*, Sonderheft KritV für Hassemer, 2000, S. 167 ff.

[205] *Schöch*, Gutachten C zum 59. DJT, in: Ständige Deputation des Deutschen Juristentages (Hrsg.), Verhandlungen 55. DJT, 1992, C 66 f.; *Schöch*, FS Maihofer, 1988, S. 470; *Walter*, Referat zur gesetzlichen Verankerung des Täter-Opfer-Ausgleichs vor anderen strafrechtlichen Sanktionen, in: Bundesministerium der Justiz (Hrsg.), Abschlussbericht der Kommission zur Reform des strafrechtlichen Sanktionensystems, 2000, S. 67.

[206] Siehe hierzu *Kilchling/Löschnig-Gspandl* International Review of Victimology 2000, 305 (306 ff. m. w. N.); ausführlich zum Konzept der Restorative Justice oben im Abschnitt 7.2.1.2.

[207] Sogleich im Abschnitt 10.1.2.3.5.2.

[208] Sogleich im Abschnitt 10.1.2.3.5.3.

[209] Vgl. *Hassemer/Reemtsma*, Verbrechensopfer, 2002, S. 130 f.; *Reemtsma*, Recht des Opfers auf Bestrafung, 1999, S. 25.

mit dem Täter-Opfer-Ausgleich[210] und der generellen Möglichkeit tatausgleichender Maßnahmen seitens des Täters bzw. der Täterin[211] den Gesichtspunkt der Wiedergutmachung sowohl innerhalb des Strafprozesses als auch bei der Strafzumessung sowie durch die Landesstrafvollzugsgesetze nunmehr auch im Sanktionenrecht[212].

10.1.2.3.5.2 Subjektives Recht auf Genugtuung

Hinsichtlich der Genugtuung könnte sich aus den grundrechtlichen Schutzpflichten zumindest ein Anspruch des Straftatopfers auf die Feststellung des Unrechts ergeben. Eine solche Feststellung kann vor allem durch das Strafurteil erfolgen. Durch das Strafurteil wird dem Opfer gegenüber bestätigt, dass ihm durch den bzw. die Täter:in Unrecht angetan wurde.[213] Somit ist das Strafurteil ein zentrales Instrument der Schutzpflichterfüllung des Staates.[214] Ferner kann die Feststellung des Unrechts der Rechtsgutsverletzung – im Gegensatz zu der Bestrafung des Täters bzw. der Täterin – sehr wohl an das Opfer adressiert sein. Während die Bestrafung oder Nichtbestrafung des Täters bzw. der Täterin grundsätzlich keine Auswirkungen auf das Straftatopfer hat[215], kann die Unrechtsfeststellung die Viktimisierung zwar nicht rückgängig machen, wohl aber als Solidarisierung mit dem Opfer gewertet werden[216]. Diese Solidarisierung könnte für die Verarbeitung der Viktimisierungserfahrung förderlich sein und zur Vermeidung einer sekundären Viktimisierung durch das Strafverfahren beitragen. Jedoch liegen in diesem Fall die Voraussetzungen einer grundrechtlichen Schutzpflicht nicht vor. Zum Zeitpunkt der Unrechtsfeststellung fehlt es an einem schutzfähigen Rechtsgut, da die Rechtsverletzung beim Opfer bereits durch die Straftat eingetreten ist und durch die Unrechtsfeststellung nicht mehr verhindert werden kann. Selbst wenn der Ausspruch des Unrechtsurteils gegenüber dem bzw. der Täter:in als

[210] Siehe nur § 153a Abs. 1 S. 2 Nr. 5 StPO und § 46a StGB.

[211] Siehe nur § 153a Abs. 1 S. 2 Nrn. 1, 3 StPO und § 46 Abs. 2 S. 2 a.E. StGB.

[212] Siehe hierzu z. B. Art. 5a Abs. 2 S. 3 BayStVollzG; § 10 Abs. 4 S. 1 Nr. 9 HStVollzG; § 21 LStVollzG SH; ausführlich zur Einbeziehung von Wiedergutmachung und Tatausgleich in den Landesstrafvollzugsgesetzen unten im Kapitel 16.

[213] *Günther*, FS Lüderssen, 2002, S. 218; *Hörnle*, JZ 2006, 950 (955); vgl. auch *Hassemer/Reemtsma*, Verbrechensopfer, 2002, S. 130 f.

[214] *Burgi*, FS Isensee, 2007, S. 663.

[215] Vgl. *Kaspar*, Verhältnismäßigkeit und Grundrechtsschutz im Präventionsstrafrecht, 2014, S. 84 f.; i. E. auch *Möstl*, Die staatliche Garantie für die öffentliche Sicherheit und Ordnung, 2002, S. 153; vgl. allgemein auch BVerfGE 100, 313 (394).

[216] Vgl. *Reemtsma*, Recht des Opfers auf Bestrafung, 1999, S. 20 f.; *Reemtsma*, Im Keller, 2. Aufl. 1997, S. 216.

ein Eingriff in die Rechte eines bzw. einer Dritten eingeordnet wird, dient dieser nicht mehr dem Schutz des betroffenen Rechtsguts.[217]

Nach Ansicht von *Weigend* erscheint die Herleitung eines Rechts des Opfers auf Unrechtsfeststellung aus dem allgemeinen Persönlichkeitsrecht gemäß Art. 2 Abs. 1 i. V. m. Art. 1 Abs. 1 GG möglich.[218] So könne die Menschenwürde von Opfern schwerer Straftaten verletzt sein, wenn sich die staatliche Strafverfolgung nicht mit dem Unrecht der Tat befasse.[219] Ein solcher Anspruch soll jedoch nur bei Opfern angenommen werden können, bei denen der Opferstatus Teil ihrer Persönlichkeit geworden ist.[220] Diesbezüglich erkennt *Weigend* jedoch selbst an, dass sich Abgrenzungsprobleme ergeben.[221] Die vermutete Übernahme des Opferstatus in die Persönlichkeit bei bestimmten Straftaten erscheint auch mit Blick auf die durch die Straftat bereits erfolgte Degradierung der eigenen Person als problematisch. Zum einen ist es bereits nicht plausibel, Opfern schwerer Straftaten die Übernahme des Opferstatus in ihre Persönlichkeit grundsätzlich zu unterstellen. Zum anderen erscheint es möglich, dass auch Opfer von Straftaten, die im Vergleich zu Gewaltkriminalität als weniger schwerwiegend einzuordnen sind, den Opferstatus in ihre Persönlichkeitsstruktur aufnehmen. Zu denken ist diesbezüglich insbesondere an Opfer von Wohnungseinbruchsdiebstählen, bei denen die Verletzung der Privatsphäre sogar Traumatisierungen auslösen kann.[222]

Möglicherweise könnte sich jedoch ein solches subjektives Recht des Straftatopfers auf Unrechtsfeststellung dennoch aus den grundrechtlichen Schutzpflichten ableiten lassen, wenn auf die psychische Gesundheit des konkreten Straftatopfers abgestellt wird. Wie bereits festgestellt, wird die psychische Gesundheit grundsätzlich vom Schutzbereich des Art. 2 Abs. 2 S. 1 GG erfasst.[223] Hieraus kann unter engen Voraussetzungen eine allgemeine Verpflichtung des Staates zum Schutz der psychischen Gesundheit abgeleitet werden[224], die möglicherweise auch die psychische Verfassung von Straftatopfern umfasst. Schreibt

[217] Ähnlich mit Blick auf die Opferentschädigung bereits *Kaspar*, Verhältnismäßigkeit und Grundrechtsschutz im Präventionsstrafrecht, 2014, S. 90.

[218] *Weigend*, RW 2010, 39 (51).

[219] *Weigend*, RW 2010, 39 (51).

[220] *Weigend*, RW 2010, 39 (52).

[221] *Weigend*, RW 2010, 39 (52 f.).

[222] Dies wurde mittlerweile vom Gesetzgeber anerkannt, indem der Wohnungseinbruchsdiebstahl in dauerhaft genutzte Privatwohnungen gemäß § 244 Abs. 4 StGB zum Verbrechenstatbestand aufgewertet wurde; näher hierzu BT-Drs. 18/12729, S. 1 f.

[223] Ausführlich hierzu oben im Abschnitt 10.1.2.3.4.

[224] Vgl. *Di Fabio*, in: Dürig/Herzog/Scholz (Hrsg.), GG, 95. EL Juli 2021, Art. 2 Abs. 2 S. 1 Rn. 55 f. m. w. N.

man sodann der Unrechtsfeststellung eine Genugtuungsfunktion zu und nimmt zudem an, dass dies die Verarbeitung von Viktimisierungserfahrungen unterstützt, ließe sich eine Verpflichtung des Staates zur Unrechtsfeststellung zum Schutz der psychischen Gesundheit von Straftatopfern durchaus begründen. Hierfür müsste jedoch eine Traumatisierung des Straftatopfers durch die Straftat vorliegen und ein Nachweis erbracht werden, dass sich die Unrechtsfeststellung positiv auf die Verarbeitung der Viktimisierungserfahrung auswirkt. Nur unter diesen Voraussetzungen kommt überhaupt ein subjektives Recht des Straftatopfers auf Genugtuung in Betracht.

Insgesamt erscheint die Annahme eines Rechts auf Genugtuung des konkreten Straftatopfers zwar grundsätzlich möglich. Dieses Recht beschränkt sich inhaltlich auf eine Verantwortungszurechnung der Rechtsgutsverletzung zu dem bzw. zu der konkrete:n Täter:in und einer sich hieran anschließenden Unrechtsfeststellung. Jedoch ist dieses Recht auf Genugtuung weder auf die konkrete Bemessung der Strafe noch auf die tatsächliche Sanktionierung des Täters bzw. der Täterin gerichtet. Es beschränkt sich vielmehr allein auf die Einordnung der Straftat als Unrecht und die damit einhergehende Botschaft an das Opfer, dass der bzw. die konkrete Täter:in dieses Unrecht zu verantworten hat.[225] Diese Art der Genugtuung im Sinne einer Feststellung der Opferwerdung in einem förmlichen Verfahren kann nur durch das Strafrecht erfolgen[226], weshalb es sich hierbei um eine Aufgabe des Strafrechtssystems handelt. Sollte die Feststellung des Unrechts des Weiteren in einer Verurteilung des Täters bzw. der Täterin münden, so muss der Staat die Interessen des Opfers aber auch noch über die Unrechtsfeststellung hinaus berücksichtigen, indem sich die Schwere der Rechtsgutsverletzung in der Sanktion gegenüber dem bzw. der Täter:in niederschlägt. Daher erwächst aus den grundrechtlichen Schutzpflichten eine staatliche Pflicht zur tatangemessenen Bestrafung[227], nicht jedoch ein Recht des Opfers auf Genugtuung hinsichtlich einer besonders harten Bestrafung des Täters bzw. der Täterin.

10.1.2.3.5.3 Subjektives Recht auf Wiedergutmachung

Für die Herleitung eines subjektiven Rechts des Straftatopfers auf Wiedergutmachung der Straftatfolgen aus den grundrechtlichen Schutzpflichten fehlt es – ebenso wie hinsichtlich der vorstehend behandelten Genugtuung – an

---

[225] Vgl. *Hörnle*, Die Opferperspektive bei der Strafzumessung, in: Schünemann/Dubber (Hrsg.), Die Stellung des Opfers im Strafrechtssystem, 2000, S. 180; ähnlich auch *Jerouschek*, JZ 2000, 185 (191).

[226] *Hassemer*, Opferorientierte Strafjustiz, in: AsJ Hamburg (Hrsg.), AsJ-Seminar 20./21.6.1998 – Täter, Opfer und Strafjustiz – ein disharmonischer Dreiklang, 1998.

[227] Vgl. *Jerouschek*, JZ 2000, 185 (193 f.).

einem schutzfähigen Rechtsgut. Hinsichtlich der Unterstützung des Opfers bei der Bewältigung der Straftatfolgen in Form von Entschädigungen und Hilfeleistungen nimmt *Kaspar* ausdrücklich an, dass diese Maßnahmen in der Regel nicht auf eine grundrechtliche Schutzpflicht des Staates gestützt werden können.[228] Allenfalls könne diese Unterstützung des Opfers als ein Ausfluss des Sozialstaatsprinzips angesehen werden, der mangels eines Eingriffs in die Rechte Dritter keiner verfassungsrechtlichen Legitimierung bedürfe.[229] Der Rückgriff auf eine verfassungsrechtliche Schutzpflicht sei insoweit nicht überzeugend. Insbesondere sei der Staat nicht für den Übergriff des Täters bzw. der Täterin auf das Opfer verantwortlich, da ein absoluter Schutz vor Straftaten faktisch nicht möglich sei.[230] Zudem seien auch die übrigen Voraussetzungen einer Schutzpflicht des Staates gegenüber dem Opfer nicht gegeben, da eine Entschädigung nach einer bereits begangenen Tat ersichtlich nicht mehr dem Schutz der vorrangigen Schutzgüter grundrechtlicher Schutzpflichten wie namentlich dem Leben oder der körperlichen Unversehrtheit diene.[231]

Entgegen den Überlegungen von *Kaspar* erscheint bei psychischen Beeinträchtigungen des Straftatopfers allerdings erneut ein Rückgriff auf den Schutz der psychischen Gesundheit und somit auf eine aus Art. 2 Abs. 2 S. 1 GG erwachsende grundrechtliche Schutzpflicht möglich. Hieraus könnte sich die Verpflichtung des Staates ableiten lassen, das Straftatopfer bei der Bewältigung der Viktimisierung und möglicher psychischer Beeinträchtigungen zu unterstützen. Als eine mögliche Umsetzung einer solchen Schutzpflicht kämen beispielsweise Methoden der Restorative Justice i. e. S. in Betracht, die auf eine ganzheitliche Konfliktlösung und im Zuge dessen auf die Tataufarbeitung ausgerichtet sind.[232]

Allerdings erscheint der Rückgriff auf die grundrechtlichen Schutzpflichten aus einem anderen Grund nicht geeignet, um die Einbeziehung der Restorative Justice i. e. S. innerhalb des Strafrechts verfassungsrechtlich zu legitimieren. Fraglich ist nämlich, ob die durch den Gesetzgeber im Strafrecht bereits

---

[228] *Kaspar*, Verhältnismäßigkeit und Grundrechtsschutz im Präventionsstrafrecht, 2014, S. 90 f.

[229] Vgl. *Kaspar*, Verhältnismäßigkeit und Grundrechtsschutz im Präventionsstrafrecht, 2014, S. 90 f.

[230] *Hermes*, Grundrecht auf Schutz von Leben und Gesundheit, 1987, S. 244; ebenso *Kaspar*, Verhältnismäßigkeit und Grundrechtsschutz im Präventionsstrafrecht, 2014, S. 91.

[231] *Kaspar*, Verhältnismäßigkeit und Grundrechtsschutz im Präventionsstrafrecht, 2014, S. 91.

[232] Ausführlich zu Methoden der informellen Konfliktlösung i. S. d. Restorative Justice oben im Abschnitt 7.2.

festgelegten Methoden der Wiedergutmachung, wie beispielsweise der Täter-Opfer-Ausgleich[233], die Grundrechte der Straftäter:innen beeinträchtigen. Von der Grundidee der informellen Konfliktlösung ausgehend sollte die Entscheidung über eine Teilnahme an derartigen Maßnahmen von allen Parteien freiwillig getroffen werden.[234] Zudem können sich Wiedergutmachungsbemühungen des Täters bzw. der Täterin günstig auf Strafverfolgung und Strafzumessung auswirken.[235] Weiterhin sind positive Auswirkungen der Wiedergutmachung auf die Resozialisierung von Straftäter:innen möglich.[236] Aus diesen Gründen ist nicht ersichtlich, dass die etablierten Möglichkeiten der Wiedergutmachung im Strafrecht in die Rechte von Täter:innen eingreifen. Mit Blick auf die Restorative Justice bleibt daher festzuhalten, dass staatliches Handeln diesbezüglich nicht auf eine Beschränkung der Rechte der Täter:innen gerichtet ist.

Neben der fehlenden Eingriffsintensität der Methoden der Restorative Justice i. e. S.[237] gegenüber dem bzw. der Täter:in erscheint auch aus Opferperspektive der Rückgriff auf die grundrechtlichen Schutzpflichten nicht geeignet. Fraglich ist bereits, ob Wiedergutmachungsverfahren, die das konkrete Straftatopfer in die Konfliktlösung einbeziehen, bei diesem tatsächlich einen Beitrag zur Verarbeitung der Viktimisierungserfahrung leisten können. Zu denken ist in diesem Kontext vor allem an den Täter-Opfer-Ausgleich, aber auch an das Conferencing-Modell. In beiden Varianten wird das Straftatopfer aktiv in die informelle Konfliktlösung einbezogen.[238] Allerdings sollen Methoden der Wiedergutmachung gerade kein Ersatz für eine Psychotherapie des Opfers sein.[239] Sicherlich erscheint es möglich, dass der Versuch einer umfassenden Auflösung des zwischenmenschlichen Konflikts positive Auswirkungen auf die psychische Verfassung des Straftatopfers haben kann.[240] Allerdings besteht bei Wiedergutmachungsversuchen auch die Gefahr einer (Re-)Viktimisierung oder einer Instrumentalisierung des Opfers. Da zumindest die Möglichkeit besteht, dass die Methoden der Wiedergutmachung

---

[233] Beispielsweise normiert in § 46a StGB, §§ 153a Abs. 1 S. 2 Nr. 5, 155a StPO.

[234] *Hagemann*, Restorative Justice, in: Lummer/Hagemann/Tein (Hrsg.), Restorative Justice – A European and Schleswig-Holsteinian Perspective, 2011, S. 157 f.; *Böttcher*, 12. Forum für TOA 2008, 20 (25).

[235] Vgl. hierzu nur § 153a Abs. 1 S. 2 Nr. 5 StPO sowie § 46 Abs. 2 S. 2 a.E. und § 46a StGB.

[236] Vgl. in Hinblick auf den TOA z. B. *Höffler/Gernbeck*, FS Rössner, 2015, S. 521 ff.

[237] Zum Begriff der Restorative Justice i. e. S. siehe in den kriminologischen Grundlagen oben im Abschnitt 7.2.1.2.3.

[238] Ausführlich hierzu in den kriminologischen Grundlagen oben im Abschnitt 7.2.1.2.

[239] So *Böttcher*, 12. Forum für TOA 2008, 20 (26).

[240] So *Kilchling*, NStZ 2002, 57 (62 f.).

nicht nur positive Auswirkungen auf das Straftatopfer haben, erscheint es verfehlt, diese auf grundrechtliche Schutzpflichten des Staates zugunsten des Opfers zu stützen. Diese Schutzpflichten sollen das Opfer gerade vor Grundrechtsbeeinträchtigungen durch Dritte schützen und nicht die Möglichkeit einer weiteren Viktimisierung oder Traumatisierung schaffen.

Trotz der Einwände gegen ein subjektives Recht des Opfers auf Wiedergutmachung aus den grundrechtlichen Schutzpflichten erscheint eine staatliche Pflicht zur Unterstützung des Opfers bei der Bewältigung der Straftatfolgen jedoch dann möglich, wenn ausnahmsweise ein Anspruch des Straftatopfers auf eine Bestrafung des konkreten Täters bzw. der konkreten Täterin gegeben ist[241]. Möglicherweise könnte so eine Art Folgenbeseitigungsanspruch[242] beispielsweise mit dem Inhalt begründet werden, das Opfer bei der Bewältigung von Psychotherapiekosten oder ähnlichem finanziell zu unterstützen. Diesem Aspekt soll an dieser Stelle jedoch nicht weiter nachgegangen werden, da er für die vorliegende Betrachtung der Opferorientierung im Strafvollzug nicht relevant ist. Ein generelles subjektives Recht des Straftatopfers auf Unterstützung bei der Bewältigung der Straftatfolgen oder gar auf Wiedergutmachung, das auf grundrechtliche Schutzpflichten gestützt werden kann, ist nicht ersichtlich. Denkbar ist dennoch erneut eine gleichgerichtete staatliche Unterstützung des Straftatopfers als Ausfluss des Sozialstaatsprinzips.[243]

10.2 Verfassungsprinzipien und Opferorientierung

Neben den vorstehend erörterten grundrechtlichen Schutzpflichten können auch allgemeine verfassungsrechtliche Prinzipien eine Grundlage für die Einbeziehung des Opfers in das Strafrecht bilden. Im Folgenden soll daher auf eine mögliche Begründung opferbezogener – insbesondere opferschützender – Gesetzgebung durch allgemeine Verfassungsprinzipien eingegangen werden. Die bisherigen Ausführungen haben gezeigt, dass eine verfassungsrechtliche Legitimation durch allgemeine Verfassungsprinzipen für alle jene opferbezogenen Vorschriften in

---

[241] Nach *Kaspar*, Verhältnismäßigkeit und Grundrechtsschutz im Präventionsstrafrecht, 2014, S. 84 besteht ein derartiger Anspruch ausnahmsweise in Fällen, in denen von dem bzw. der konkreten Täter:in eine Wiederholungsgefahr bezüglich einer vergleichbaren Rechtsgutsverletzung gegenüber dem konkreten Opfer ausgeht. Siehe hierzu bereits oben im Abschnitt 10.1.2.3.3 und im Abschnitt 10.1.2.3.4.

[242] Ähnlich wie der von *Schiemann* angedachte Ansatz, vgl. *Schiemann*, Opferinteressen in der Straftheorie, 2015, S. 97 ff.

[243] Sogleich unten im Abschnitt 10.2.1.

Betracht kommt, die keinen Eingriff in die Rechte des Täters bzw. der Täterin zur Folge haben. Der Schwerpunkt der Betrachtung soll diesbezüglich auf dem Schutz von Straftatopfern vor weiteren Schädigungen und auf ihrer Unterstützung bei der Bewältigung von Straftatfolgen liegen.[244]

Anknüpfungspunkte für die verfassungsrechtliche Begründung opferbezogener Gesetzgebung können das Sozialstaatsprinzip und das Rechtsstaatsprinzip sein. Während aus dem Sozialstaatsprinzip gemäß Art. 20 Abs. 1 GG eine Fürsorgepflicht des Staates gegenüber seinen Bürger:innen resultiert[245], ergibt sich aus dem Rechtsstaatsprinzip gemäß Art. 20 Abs. 3 GG die Verpflichtung des Staates, nur aufgrund und im Rahmen des Rechts zu handeln und somit die individuelle Freiheit des bzw. der Einzelnen zu schützen[246].

10.2.1 Sozialstaatsprinzip gemäß Art. 20 Abs. 1 GG

Nach dem bislang Gesagten erscheint es zumindest möglich, einen Teil der Opferschutzgesetzgebung auf die allgemeine Fürsorgepflicht des Staates zurückzuführen. Aus der Verpflichtung des Staates, sozial Schwache zu unterstützen, erwächst eine besondere Verantwortung gegenüber Straftatopfern.[247] Denn durch die Straftat können die Betroffenen mitunter große physische, psychische und materielle Beeinträchtigungen erleiden.[248] Infolgedessen kann sich aus der sozialstaatlichen Fürsorgepflicht eine Verpflichtung des Staates ergeben, die Opfer von Straftaten bei der Bewältigung der Straftatfolgen zu unterstützen.[249]

10.2.1.1 Allgemeines zum Sozialstaatsprinzip

Beim Sozialstaatsprinzip gemäß Art. 20 Abs. 1 GG handelt es sich um eine Staatszielbestimmung, welche die Aufgabe des Sozialstaates festlegt, jedoch die

---

[244] Siehe hierzu bereits oben im Abschnitt 10.1.2.3.4.

[245] *Grzeszick*, in: Dürig/Herzog/Scholz (Hrsg.), GG, 95. EL Juli 2021, Art. 20 VIII. Rn. 1; *Huster/Rux*, in: BeckOK GG, 50. Ed. Stand: 15.02.2022, Art. 20 Rn. 211.

[246] *Huster/Rux*, in: BeckOK GG, 50. Ed. Stand: 15.02.2022, Art. 20 Rn. 138.

[247] *Isensee*, § 191 Das Grundrecht als Abwehrrecht und als staatliche Schutzpflicht, in: Isensee/Kirchhof (Hrsg.), Handbuch des Staatsrechts, Bd. IX, 2011, Rn. 200 m. w. N.

[248] Vgl. nur BT-Drs. 7/2506, S. 7 ff. zu dem Regierungsentwurf für das Opferentschädigungsgesetz.

[249] Hierzu bereits oben im Abschnitt 10.1.2.2., im Abschnitt 10.1.2.3 und im Abschnitt 10.1.2.3.4.

Art und Weise der Umsetzung offen lässt.[250] Das Sozialstaatsprinzip ist daher als ein verfassungsrechtlicher Handlungsauftrag des Staates zu verstehen.[251]

Fraglich ist, ob den Staat infolge einer Straftat die Verpflichtung trifft, das Opfer vor weiteren Schädigungen zu schützen und bei der Bewältigung dieser Viktimisierung zu unterstützen.[252] Zwar ist ein absoluter Schutz vor Straftaten nicht möglich. Jedoch bedeutet dies nicht, dass der Staat gegenüber den Opfern von Straftaten keine besondere Fürsorgepflicht innehat. Vielmehr können Straftatopfer gerade durch das Viktimisierungsereignis schutzbedürftig werden und somit einer besonderen Fürsorge durch den Staat bedürfen.[253]

Im Gegensatz zu den oben behandelten Grundrechten lassen sich jedoch aus dem Sozialstaatsprinzip ohne weitere normative Anbindung und Konkretisierung keine subjektiven Rechte des bzw. der Einzelnen gegenüber dem Staat ableiten.[254] Für die Opfer von Straftaten kann sich daher allenfalls ein allgemeiner verfassungsrechtlicher Handlungsauftrag des Staates aus dem Sozialstaatsprinzip ergeben, der auf den Schutz von Straftatopfern vor weiteren Schädigungen und/oder auf die Unterstützung bei der Bewältigung von Viktimisierungsfolgen ausgerichtet ist. Ein bestimmtes Verhalten des Staates oder eine bestimmte soziale Leistung kann aus dem Sozialstaatsprinzip demgegenüber grundsätzlich nicht abgeleitet werden.[255] Hinsichtlich der Opferschutzgesetzgebung kommt dem Gesetzgeber daher erneut ein weiter politischer Gestaltungsspielraum zu.[256]

---

[250] Vgl. *Grzeszick,* in: Dürig/Herzog/Scholz (Hrsg.), GG, 95. EL Juli 2021, Art. 20 VIII. Rn. 18; *Huster/Rux,* in: BeckOK GG, 50. Ed. Stand: 15.02.2022, Art. 20 Rn. 209.

[251] Vgl. BVerfG NJW 1952, 297 (298); *Grzeszick,* in: Dürig/Herzog/Scholz (Hrsg.), GG, 95. EL Juli 2021, Art. 20 VIII. Rn. 18.

[252] Hierzu bereits oben im Abschnitt 10.1.2.2., im Abschnitt 10.1.2.3 und im Abschnitt 10.1.2.3.4.

[253] Vgl. allgemein zur Fürsorgepflicht des Staates *Grzeszick,* in: Dürig/Herzog/Scholz (Hrsg.), GG, 94. EL Januar 2021, Art. 20 VIII. Rn. 1; *Huster/Rux,* in: BeckOK GG, 50. Ed. Stand: 15.02.2022, Art. 20 Rn. 211; speziell zur Fürsorgepflicht gegenüber Straftatopfern *Isensee,* § 191 Das Grundrecht als Abwehrrecht und als staatliche Schutzpflicht, in: Isensee/Kirchhof (Hrsg.), Handbuch des Staatsrechts, Bd. IX, 2011 Rn. 200 m. w. N.

[254] Vgl. *Grzeszick,* in: Dürig/Herzog/Scholz (Hrsg.), GG, 95. EL Juli 2021, Art. 20 VIII. Rn. 19.

[255] Vgl. *Grzeszick,* in: Dürig/Herzog/Scholz (Hrsg.), GG, 95. EL Juli 2021, Art. 20 VIII. Rn. 19.

[256] Vgl. BVerfG NJW 1990, 2869 (2870); ähnlich BVerfG NJW 2009, 2267 (2275); *Grzeszick,* in: Dürig/Herzog/Scholz (Hrsg.), GG, 95. EL Juli 2021, Art. 20 VIII. Rn. 18.

10.2.1.2 Sozialstaatsprinzip und Opferorientierung im Allgemeinen

Die bisherige Untersuchung hat gezeigt, dass der Schutz vor dem bzw. der konkreten Täter:in auf die grundrechtlichen Schutzpflichten zurückgeführt werden kann und sich der Schutz vor einer sekundären Viktimisierung durch die staatliche Strafverfolgung aus der Abwehrfunktion der Grundrechte ableiten lässt.[257] Demgegenüber ist eine Rückbindung der Unterstützung der Opfer bei der Bewältigung von Straftatfolgen an die Grundrechte nicht in gleichem Maße möglich.[258]

Allerdings könnte das Sozialstaatsprinzip zur verfassungsrechtlichen Begründung für opferbezogene Vorschriften herangezogen werden, welche die staatliche Unterstützung bei der Bewältigung von Straftatfolgen durch das Opfer betreffen. Der Anknüpfungspunkt für die Unterstützung des Opfers bei der Bewältigung der Straftatfolgen ist dabei nicht die Straftat als solche. Abgestellt werden muss vielmehr auf die Folgen der Tat und die hieraus resultierenden materiellen und immateriellen Einbußen des Straftatopfers. In diesem Kontext kann von einer Reintegration[259], Rehabilitation[260] oder Resozialisierung[261] des Straftatopfers gesprochen werden. Dem Staat kommt hierbei nicht die Aufgabe zu, die Folgen der Straftat selbst und vollständig zu beseitigen, da ihm die Begehung der Straftat durch den bzw. die Täter:in nicht zugerechnet werden kann.[262] Jedoch soll aus dem Umstand, dass der Staat das Opfer nicht vor der Viktimisierung schützen konnte, die Verpflichtung des Staates resultieren, die Opfer zu schützen und Opferhilfe zu leisten.[263] Daher enthalte das Sozialstaatsprinzip die Aufgabe, das Straftatopfer bei der Bewältigung der Viktimisierung und ihrer Folgen professionell zu unterstützen.[264] Es bestehe daher ein rechtlicher Auftrag des Staates,

---

[257] Hierzu bereits oben im Abschnitt 10.1.2.3.4.

[258] Hierzu bereits oben im Abschnitt 10.1.2.3.4.

[259] *Kilchling*, NStZ 2002, 57 (60), wobei diese sogenannte Reintegrationsprävention nach *Kilchling* nicht nur auf die Wiedergutmachung der Tatfolgen abzielt; *Hartmann*, Qualifizierte Unterstützung, in: Hartmann/ado e. V. (Hrsg.), Perspektiven professioneller Opferhilfe, 2010, S. 21; *Dölling*, GS Brugger, 2013, S. 660.

[260] *Hassemer*, ZRP 1997, 316 (318).

[261] *Eder-Rieder*, Opferschutz, 1998, S. 7; vgl. auch *Prittwitz*, Sonderheft KritV für Hassemer, 2000, S. 175.

[262] Ähnlich *Kaspar*, Verhältnismäßigkeit und Grundrechtsschutz im Präventionsstrafrecht, 2014, 91.

[263] *Fischer/Becker-Fischer*, Neue Wege in der Hilfe für Gewaltopfer, 1998, S. 7; vorsichtiger insofern *Gräfin von Galen*, StV 2013, 171 (172).

[264] *Hartmann*, Qualifizierte Unterstützung, in: Hartmann/ado e. V. (Hrsg.), Perspektiven professioneller Opferhilfe, 2010, S. 20.

qualifizierte Opferhilfe zu leisten.[265] Nach dem Subsidiaritätsprinzip wird diese Aufgabe in der Regel durch freie Träger erfüllt, welche die hoheitliche Aufgabe der Opferhilfe subsidiär für den Staat übernehmen.[266]

Die Aufgabe der professionellen Opferhilfe wird häufig dem Sozialrecht zugeordnet. Aus sozialrechtlicher Perspektive können staatliche Opferhilfeangebote und Gesetze wie das Opferentschädigungsgesetz von 1976 daher auf das Sozialstaatsprinzip gemäß Art. 20 Abs. 1 GG zurückgeführt werden. Eine solche Einordnung der staatlichen Fürsorgepflicht gegenüber Straftatopfern ist jedoch nicht zwingend. Vielmehr ist die Strafrechtspflege ebenfalls dem Sozialstaatsprinzip verpflichtet, sodass die Unterstützung von Kriminalitätsopfern auch im Strafrecht relevant ist.[267] Während die Resozialisierung von Straftäter:innen ein fester Bestandteil des Strafrechts ist, kommt der Reintegration des Straftatopfers dort bislang nur wenig Beachtung zu.[268] Stimmen in der Literatur zufolge muss diese „Schlechterstellung" des Opfers ausgeglichen werden.[269] Parallel zum Recht der Straftäter:innen auf Resozialisierung aus Art. 2 Abs. 1 i. V. m. Art. 1 Abs. 1 GG und Art. 20 Abs. 1 GG[270] erscheint daher ein Recht des Straftatopfers auf Resozialisierung möglich, das ebenfalls aus Art. 2 Abs. 1 i. V. m. Art. 1 Abs. 1 GG und Art. 20 Abs. 1 GG abgeleitet werden könnte. In diesem Zusammenhang kann aus Art. 2 Abs. 1 i. V. m. Art. 1 Abs. 1 GG das allgemeine subjektive Recht des Opfers auf Resozialisierung hergeleitet werden, welches durch das Sozialstaatsprinzip des Art. 20 Abs. 1 GG hinsichtlich der Unterstützung bei der Bewältigung der Straftatfolgen konkretisiert wird.

---

[265] *Hartmann*, Qualifizierte Unterstützung, in: Hartmann/ado e. V. (Hrsg.), Perspektiven professioneller Opferhilfe, 2010, S. 20 f.

[266] *Frese*, 1984–2009. Fünfundzwanzig Jahre Opferhilfe in Hanau, in: Hanauer H!lfe e. V. (Hrsg.), Die Entwicklung professioneller Opferhilfe, 2009, S. 13 f.

[267] *Hartmann*, Qualifizierte Unterstützung, in: Hartmann/ado e. V. (Hrsg.), Perspektiven professioneller Opferhilfe, 2010, S. 20 f.

[268] *Gutzeit, Astrid/Wörsdörfer, Markus*, Perspektiven professioneller Opferhilfe: Blick in die Zukunft. Vortrag auf der Tagung „Perspektiven professioneller Opferhilfe. 20 Jahre Arbeitskreis der Opferhilfen in Deutschland e. V.", Rotes Rathaus Berlin 2008, unveröffentlichtes Manuskript, zitiert nach *Hartmann*, Qualifizierte Unterstützung, in: Hartmann/ado e. V. (Hrsg.), Perspektiven professioneller Opferhilfe, 2010, S. 21.

[269] *Gutzeit, Astrid/Wörsdörfer, Markus*, Perspektiven professioneller Opferhilfe: Blick in die Zukunft. Vortrag auf der Tagung „Perspektiven professioneller Opferhilfe. 20 Jahre Arbeitskreis der Opferhilfen in Deutschland e. V.", Rotes Rathaus Berlin 2008, unveröffentlichtes Manuskript, zitiert nach *Hartmann*, Qualifizierte Unterstützung, in: Hartmann/ado e. V. (Hrsg.), Perspektiven professioneller Opferhilfe, 2010, S. 21.

[270] Zur Herleitung des Auftrags der Resozialisierung von Straftäter:innen aus Art. 20 Abs. 1 GG siehe oben im Abschnitt 5.1.1.2.

10.2.1.3 Sozialstaatsprinzip und Opferorientierung speziell im Strafrecht

Für die weiteren Überlegungen ist nun insbesondere zu klären, ob und inwiefern die allgemeine Fürsorgepflicht des Staates gegenüber dem Straftatopfer speziell im Strafrecht zum Tragen kommt. Dies ist für die vorliegende Arbeit von Bedeutung, da alle Landesstrafvollzugsgesetze Bezugspunkte für die Restorative Justice i. e. S. entweder ausdrücklich durch entsprechende Vorschriften enthalten oder zumindest Regelungen beinhalten, welche einer entsprechenden Auslegung zugänglich sind. Da im Rahmen der Restorative Justice i. e. S. unter Berücksichtigung des Konzepts der Restorative Justice keine Eingriffe in die Rechte der Täter:innen erfolgen sollen, kann die Einbeziehung der Wiedergutmachung nicht auf grundrechtliche Schutzpflichten gestützt werden. Dennoch bedarf es für die Feststellung von Möglichkeiten und Grenzen einer Einbeziehung der Wiedergutmachung im Strafrecht allgemein und speziell im Strafvollzugsrecht einer verfassungsrechtlichen Anknüpfung. Dies ergibt sich insbesondere aus dem Umstand, dass sich aus dem Sozialstaatsprinzip der Handlungsauftrag ergeben kann, dem Opfer die Straftataufarbeitung durch Wiedergutmachung zu ermöglichen oder zumindest diesen Prozess zu unterstützen. Ein ähnlich ausgerichteter Fürsorgeauftrag könnte unter Berücksichtigung des Resozialisierungsanspruchs auch für die Täter:innen bestehen, welcher wiederum mit dem gleichgelagerten Fürsorgeauftrag gegenüber dem Straftatopfer korrespondiert. Aufgrund der Ausrichtung der vorliegenden Untersuchung wird nachfolgend allein die Konkretisierung der staatlichen Fürsorgepflicht gegenüber dem Straftatopfer vertieft betrachtet werden.

Mit Blick auf eine Reintegration, Rehabilitation oder Resozialisierung des Straftatopfers kommen unterschiedliche Möglichkeiten der Unterstützung in Betracht. Zunächst ist an die Unterstützung des Straftatopfers bei der Bewältigung der Straftatfolgen im Rahmen der strafrechtlichen Wiedergutmachung zu denken. Diese findet ihre Ausprägung im Strafrecht in der Form des Täter-Opfer-Ausgleichs oder ähnlicher Konfliktlösungsstrategien, die das Straftatopfer einbeziehen und auf die finanzielle und/oder psychische Bewältigung der Straftatfolgen zielen. Insbesondere durch den Täter-Opfer-Ausgleich soll einerseits eine Aufarbeitung der Tat durch den bzw. die Täter:in erfolgen und andererseits das Opfer bei der Tatverarbeitung unterstützt werden.[271] Gleiches dürfte auch für andere Konfliktlösungsmöglichkeiten wie beispielsweise das Conferencing-Modell gelten.[272] Konsequenterweise kann daraus der Schluss gezogen werden,

[271] *Kilchling*, NStZ 1996, 309 (310) m. w. N.

[272] Ausführlich zum Conferencing-Modell oben im Abschnitt 7.2.1.2.3.

dass Konfliktlösungsmaßnahmen wie der Täter-Opfer-Ausgleich dem verfassungsrechtlich gebotenen Opferschutz zugeordnet und als eine Konkretisierung des sozialstaatlichen Handlungsauftrages aus Art. 20 Abs. 1 GG verstanden werden können.

Weiterhin ist es im Hinblick auf das Sozialstaatsprinzip gleichgültig, wodurch genau eine weitere Schädigung des Straftatopfers verursacht wird. Entscheidend ist allein, dass eine Verbindung zur Viktimisierungserfahrung besteht. Als ein Beispiel für eine unterstützende Maßnahme kann die seit 2017 in § 406 g StPO geregelte psychosozialen Prozessbegleitung für Verletzte während und nach dem Strafprozess dienen. Mit der psychosoziale Prozessbegleitung gemäß § 2 Abs. 1 S. 1 PsychPbG wurde das Angebot einer nicht-rechtlichen Begleitung besonders schutzbedürftiger Verletzter während des Strafverfahrens geschaffen. Das Ziel dieser qualifizierten Betreuung i.S.v. § 2 Abs. 1 S. 2 PsychPbG ist die Reduzierung der individuellen Belastung der Verletzten und die Vermeidung einer sekundären Viktimisierung durch das Strafverfahren. Daher dient die psychosoziale Prozessbegleitung dem Schutz von Straftatopfern und kann zumindest hinsichtlich der Vermeidung individueller Belastungen als eine Ausprägung des Sozialstaatsprinzips verstanden werden.

Fraglich ist jedoch, ob Maßnahmen wie der Täter-Opfer-Ausgleich oder die psychosoziale Prozessbegleitung als originäre Aufgaben des Strafrechts einzuordnen sind oder ob sie nur aus pragmatischen Erwägungen im Strafrecht geregelt wurden. Diesbezüglich ist zu beachten, dass die Wiedergutmachung allgemein starke Bezüge auch zum Zivilrecht und zum Sozialrecht aufweist. So kann der Täter-Opfer-Ausgleich mitunter auch der informellen Geltendmachung von Entschädigungszahlungen dienen.[273] Zudem soll in solchen Verfahren die Situation für das Straftatopfer möglichst wenig belastend gestaltet werden, sodass das gesamte Verfahren maßgeblich durch den Opferschutzgedanken geprägt ist. Zwar ist es zutreffend, dass auch die Strafrechtspflege dem Sozialstaatsprinzip grundsätzlich verpflichtet ist.[274] Jedoch ist fraglich, ob dies Auswirkungen auf die Aufgaben des Strafrechts hat.

Hinsichtlich des Schutzes des Opfers vor einer sekundären Viktimisierung ist dies zu bejahen. Sofern das Opfer vor einer sekundären Viktimisierung durch das Strafverfahren geschützt werden soll, ergibt sich dies allerdings bereits aus der Abwehrfunktion der Grundrechte. Eines Rückgriffs auf das Sozialstaatsprinzip

---

[273] Vgl. *Teßmer*, in: MüKo StPO II, 2016, § 155a Rn. 3.

[274] *Roxin/Schünemann*, Strafverfahrensrecht, 29. Aufl. 2017, § 2 Rn. 6; ausführlich *Müller-Dietz*, FS Dünnebier, 1982, S. 75 ff.

bedarf es hier nicht. Darüber hinaus kann der Schutz vor einer sekundären Viktimisierung jedoch auch im Rahmen von Maßnahmen der Wiedergutmachung relevant sein. Dies gilt insbesondere für Fälle, in denen die Gefahr besteht, dass das Straftatopfer im Wiedergutmachungsverfahren instrumentalisiert werden könnte. Auch dann geht es jedoch in der Sache ebenfalls um die Abwehrfunktion der Grundrechte, wenn die Beeinträchtigung des Opfers durch die staatliche Strafverfolgung selbst hervorgerufen werden könnte, bzw. um die Schutzfunktion der Grundrechte, wenn eine erneute Viktimisierung durch den bzw. die konkrete:n Täter:in möglich erscheint. In diesen Fällen ist daher keine Anknüpfung an das Sozialstaatsprinzip erforderlich.

Eine Konkretisierung der Staatsaufgabe der Sozialstaatlichkeit im Strafrecht durch die Wiedergutmachung im Strafrecht erscheint möglich, wenn es sich bei der Auflösung des zwischenmenschlichen Konflikts um eine originäre Aufgabe des Strafrechts handelt. Die Aufgaben des Strafrechts sind der Schutz von Rechtsgütern[275], der Schutz vor Straftaten durch Straftatprävention[276] sowie die Repression durch die Verfolgung und Sanktionierung von Straftaten[277]. Daneben kommt dem Strafrecht die Funktion zu, als Voraussetzung der Sanktionierung des Täters bzw. der Täterin festzustellen, dass dieser eine strafbare Handlung begangen hat.[278] Weiterhin dient das Strafrecht der Wiederherstellung des Rechtsfriedens.[279]

Von diesen Aufgaben des Strafrechts könnte für die Wiedergutmachung unter Berücksichtigung der Täter:innenperspektive insbesondere die Spezialprävention von Bedeutung sein. Durch die Wiedergutmachung soll unter anderem die Resozialisierung der Täter:innen gefördert werden.[280] Zwar hat eine positive Legalbewährung nach der Durchführung von Maßnahmen der Wiedergutmachung möglicherweise auch positive Auswirkungen auf das direkte Opfer, da es nicht erneut durch den bzw. die gleiche:n Täter:in viktimisiert wird. Jedoch beschränkt sich dieser Aspekt nicht auf die direkte Prävention von Straftaten gegenüber einem einzelnen Opfer, sondern betrifft die allgemeine Straftatprävention und somit den Schutz der Allgemeinheit vor weiteren Straftaten. Dieses Ziel könnte

---

[275] *Jescheck/Weigend*, Strafrecht AT, 5. Aufl. 1996, S. 7; *Wessels/Beulke/Satzger*, Strafrecht AT, 51. Aufl. 2021, § 1 Rn. 9; ausführlich zum umstrittenen Rechtsgutsbegriff *Roxin/Greco*, Strafrecht AT Bd. 1, 5. Aufl. 2020, § 2 Rn. 2 ff.

[276] Vgl. *Jescheck/Weigend*, Strafrecht AT, 5. Aufl. 1996, S. 2 ff.

[277] Vgl. *Jescheck/Weigend*, Strafrecht AT, 5. Aufl. 1996, S. 4 ff.

[278] Vgl. *Jescheck/Weigend*, Strafrecht AT, 5. Aufl. 1996, S. 4 ff.

[279] Vgl. *Wessels/Beulke/Satzger*, Strafrecht AT, 51. Aufl. 2021, § 1 Rn. 8 f.; kritisch für das Strafverfahren *Kudlich*, in: MüKo StPO I, 2014, Einl. Rn. 10.

[280] Ausführlich hierzu mit Blick auf die Restorative Justice oben im Abschnitt 7.2.2.

jedoch auch mit Maßnahmen der Restorative Justice i. w. S. – unter Einbeziehung der wiedergutmachenden Justiz[281] – erreicht werden, die keinen Bezug zum direkten Straftatopfer haben, wie beispielsweise gemeinnützige Arbeit oder ein Opferempathietraining ohne Einbeziehung des jeweiligen Straftatopfers. Eine Wiedergutmachung zugunsten des direkten Straftatopfers ließe sich so jedenfalls nicht als eine originär strafrechtliche Aufgabe begründen.

Möglicherweise könnte jedoch die Wiederherstellung des Rechtsfriedens als eine weitere Aufgabe des Strafrechts ein geeigneter Anknüpfungspunkt für den sozialstaatlichen Handlungsauftrag der Wiedergutmachung sein. Zunächst ist jedoch zu fragen, ob die Wiederherstellung des Rechtsfriedens so weit zu verstehen ist, dass er eine umfassende Auflösung des strafrechtlichen Konflikts umfasst. Bejaht man dies, könnten unter der Wiederherstellung des Rechtsfriedens auch Methoden der Restorative Justice i. e. S.[282] verstanden werden.[283] Wird unter der Wiederherstellung des Rechtsfriedens jedoch allein die Feststellung der Rechtsgutsverletzung und eine hierauf folgende Sanktionierung des Täters bzw. der Täterin verstanden, so ist die Restorative Justice i. e. S. nicht zwangsläufig erfasst. Dies ergibt sich bereits aus dem Umstand, dass allein mit der Feststellung des Unrechts in einem Strafurteil und einer hierauf folgenden Übelszufügung weder eine Auflösung des strafrechtlichen Konflikts zwischen dem bzw. der Täter:in und dem Opfer noch zwischen dem bzw. der Täter:in und der Gesellschaft stattfindet. Allerdings kann unter diesen Umständen richtigerweise auch nicht von einer Wiederherstellung des Rechtsfriedens gesprochen werden, sondern nur von einer Bekräftigung der Rechtsgültigkeit strafrechtlicher Normen.[284] Mit Blick auf die fortschreitende normative Einbeziehung der Opferperspektive in das Strafrecht seit der Mitte der 1980er Jahre kann die Wiederherstellung des Rechtsfriedens

---

[281] Zu den Begriffen der Restorative Justice i. w. S. und der wiedergutmachenden Justiz siehe in den kriminologischen Grundlangen oben im Abschnitt 7.2.1.2.3.

[282] Zum Begriff der Restorative Justice i. e. S. siehe in den kriminologischen Grundlangen oben im Abschnitt 7.2.1.2.3.

[283] Vgl. *Sautner*, Opferinteressen und Strafrechtstheorie, 2010, S. 367 f.; *Roxin/Greco*, Strafrecht AT Bd. 1, 5. Aufl. 2020, § 3 Rn. 72 f. m. w. N.

[284] Ähnlich bereits *Weigend*, ZStW 2001, 271 (277 f.), der eine umfassende Tataufarbeitung unter Berücksichtigung der Konsequenzen der Tat für das Opfer durch das Strafverfahren nicht für möglich hält.

durch das Strafrecht jedoch nur als ein Versuch einer umfassenden Konfliktlösung verstanden werden. Somit kann die Wiedergutmachung einen erheblichen Beitrag zur Wiederherstellung des Rechtsfriedens leisten.[285]

Geht man daher von einem weiten Verständnis der Wiederherstellung des Rechtsfriedens aus, so ist noch nichts darüber gesagt, ob die Restorative Justice i. e. S. allein eine Aufgabe des Strafrechts ist. Dies ist insbesondere deswegen zweifelhaft, da das Wiedergutmachungsinteresse von Straftatopfern häufig auch sozialrechtliche und zivilrechtliche Gesichtspunkte umfasst. Daher kann nicht jede opferbezogene Regelung im Strafrecht ohne weiteres als eine strafrechtliche Ausformung des verfassungsrechtlichen Sozialstaatsprinzips verstanden werden. Dies hat zur Folge, dass die jeweiligen Regelungen der Restorative Justice i. e. S. im Einzelnen dahingehend untersucht werden müssen, ob sie tatsächlich der Aufgabenerfüllung des Strafrechts im Hinblick auf die Wiederherstellung des Rechtsfriedens dienen oder ob sie nur aus pragmatischen Gründen im Strafrecht normiert wurden.

Am Beispiel des Täter-Opfer-Ausgleichs wird dies besonders deutlich. Die Bereitschaft des Täters bzw. der Täterin zum Ausgleich und ein erfolgreicher Tatausgleich sind zwar in der Strafzumessung gemäß §§ 46 f. StGB zu berücksichtigen. Hierbei handelt es sich jedoch in erster Linie um die Umsetzung des ultima-ratio-Prinzips im Strafrecht. Daneben kann der Täter-Opfer-Ausgleich zudem der Geltendmachung zivilrechtlicher Schadensersatzansprüche dienen oder aus sozialrechtlicher Perspektive wichtige Erkenntnisse für eine (therapeutische) Verarbeitung der Viktimisierungserfahrung liefern.

In der Tat bietet das Strafrecht zahlreiche Möglichkeiten, die Betroffenen zu Maßnahmen der Wiedergutmachung und des Tatausgleichs zu motivieren. Die Strafverfolgung und insbesondere der Strafprozess eröffnen in einem staatlich organisierten Rahmen die Möglichkeit, Wege zu einer Auflösung des Konflikts zwischen Täter:in und Opfer sowie zwischen Täter:in und Gesellschaft auszuloten. Zugleich können durch eine Einbeziehung der zwischenmenschlichen Konfliktlösung in die Strafverfolgung der Schutz des Straftatopfers vor weiteren Beeinträchtigungen und die Berücksichtigung berechtigter Opferinteressen gefördert werden. Folglich bietet das Strafverfahren einen schützenden Rahmen, um Täter:in und Opfer die Restorative Justice i. e. S. zumindest als Angebot vorzustellen.

---

[285] Vgl. *Sautner*, Opferinteressen und Strafrechtstheorie, 2010, S. 369; *Roxin/Greco*, Strafrecht AT Bd. 1, 5. Aufl. 2020, § 3 Rn. 72 f.

10.2.2 Rechtsstaatsprinzip

In der Literatur wird neben den grundrechtlichen Schutzpflichten und dem Sozialstaatsprinzip vereinzelt auch noch das Rechtsstaatsprinzip[286] als eine weitere mögliche verfassungsrechtliche Grundlage opferschützender Regelungen im Strafrecht in Betracht gezogen. *Holz* beispielsweise vertritt die Ansicht, dass es neben dem aus Art. 20 Abs. 3 i. V. m. Art. 2 Abs. 1 GG abgeleiteten allgemeinen Justizgewährungsanspruch[287] auch einen aus Art. 19 Abs. 4 GG resultierenden Justizgewährungsanspruch der Opfer von Straftaten gebe.[288] Entsprechend ließen sich im Strafprozess das Klageerzwingungsverfahren gemäß §§ 172 ff. StPO und die aktive Beteiligung des potenziellen Opfers als Nebenkläger:in gemäß §§ 395 ff. StPO legitimieren.[289] *Hörnle* hält es sogar für möglich, einen Anspruch des (mutmaßlichen) Straftatopfers auf effektive Strafverfolgung aus dem Gewaltmonopol und dem Rechtsstaatsprinzip abzuleiten.[290]

Allerdings kann aus der Herleitung eines Justizgewährungsanspruchs oder eines Anspruchs des Opfers auf eine effektive Strafverfolgung aus dem Rechtsstaatsprinzip nicht weitergehend geschlussfolgert werden, dass das Straftatopfer auch einen Anspruch auf die Verurteilung des Täters bzw. der Täterin oder auf eine Beteiligung an der Strafzumessung hat. Wenn das Opfer jedoch schon kein Recht auf die Verurteilung des Täters bzw. der Täterin oder eine Beteiligung an der Strafmaßfindung hat, kann es erst recht kein Recht auf eine Einflussnahme auf die Strafvollstreckung und letztlich auch nicht auf den Strafvollzug haben. Opferrechte wie das Klageerzwingungsverfahren und die Nebenklage, die sich letztlich auf die Stellung des Straftatopfers im Strafprozess beziehen, gelten nur im Strafverfahrensrecht. Dies wird schon darin deutlich, dass dem Straftatopfer zwar mitunter ein Anspruch auf effektive Strafverfolgung zuzuerkennen ist[291], sich dieser allerdings lediglich auf die Verpflichtung des Staates bezieht, ein effektives Strafverfahren durchzuführen und das hieraus resultierende

---

[286] Das Rechtsstaatsprinzip wird aus unterschiedlichen Artikeln des GG hergeleitet, insbesondere aus Art. 20 Abs. 2 und 3 GG; siehe hierzu statt vieler *Huster/Rux*, in: BeckOK GG, 50. Ed. Stand: 15.02.2022, Art. 20 GG Rn. 140 ff.

[287] Zum allgemein anerkannten Justizgewährungsanspruch siehe *Grzeszick*, in: Dürig/Herzog/Scholz (Hrsg.), GG, 95. EL Juli 2021, Art. 20 VII Rn. 133.

[288] *Holz*, Justizgewährungsanspruch des Verbrechensopfers, 2007, S. 54, 204 ff.; *Dölling*, GS Brugger, 2013, S. 659.

[289] *Holz*, Justizgewährungsanspruch des Verbrechensopfers, 2007, S. 205 ff.

[290] Ausführlich hierzu *Hörnle*, JZ 2015, 893 (895 f.), vgl. die Ausführungen oben im Abschnitt 10.1.2.3.2.

[291] Hierzu bereits oben im Abschnitt 10.1.2.3.2.

Strafurteil zu vollstrecken.[292] Im Ergebnis wird der Staat bei der Erfüllung der aus den grundrechtlichen Schutzpflichten folgenden Opferrechte daher zugleich auch den Anforderungen an die Strafrechtspflege aus dem Rechtsstaatsprinzip gerecht. Eine darüberhinausgehende Verpflichtung des Staates – beispielsweise hinsichtlich einer bestimmten Ausgestaltung der Strafvollstreckung oder des Strafvollzugs – ist nicht ersichtlich.

10.3 Folgen für die Auslegung opferorientierter Vorschriften des Strafvollzugsrechts

Im Hinblick auf die Auslegung opferbezogener Strafvollzugsvorschriften kann zunächst festgehalten werden, dass sich aus dem Verfassungsrecht nur in Ausnahmefällen subjektive Rechte des Straftatopfers ergeben. Die betreffenden Vorschriften können aus verfassungsrechtlicher Perspektive in drei Kategorien unterteilt werden.

Erstens können einfachgesetzliche strafvollzugsrechtliche Regelungen unter bestimmten Voraussetzungen auf die Abwehrfunktion der Grundrechte zurückgeführt werden. Dies gilt für Vorschriften, die auf die Vermeidung weiterer Opferschäden durch das Strafverfolgungssystem selbst ausgerichtet sind.[293] Dieser ersten Kategorie sind Strafvollzugsvorschriften zuzuordnen, die einen besonderen Umgang der Strafvollzugsbehörden mit den Straftatopfern vorsehen. Hierbei ist insbesondere an Vorschriften zum Umgang mit Opferdaten zu denken. So kann bereits die Verarbeitung und Weitergabe von Opferdaten an Dritte – insbesondere an die Täter:innen – das Recht des Opfers auf informationelle Selbstbestimmung aus Art. 2 Abs. 1 i. V. m. Art. 1 Abs. 1 GG verletzen. Da die opferbezogenen Vorschriften zum Datenschutz nicht Teil der vorliegenden Untersuchung sind[294], muss eine vertiefte Auseinandersetzung mit diesem Themenkreis anderen Arbeiten vorbehalten bleiben.

Zweitens sind Regelungen zu nennen, die das konkrete Straftatopfer vor einer erneuten Beeinträchtigung durch den bzw. die konkrete:n Täter:in schützen sollen. Die mit dieser Art des Opferschutzes einhergehenden Eingriffe in die Grundrechte der Gefangenen könnten mit der Schutzfunktion der Grundrechte legitimiert werden.[295] In diese Kategorie lassen sich Regelungen einordnen, die

[292] Hierzu bereits oben im Abschnitt 10.1.2.3.3.

[293] Hierzu oben im Abschnitt 10.1.2.3.4.

[294] Zu den Gründen für diese Beschränkung der Untersuchung oben im Kapitel 3.

[295] Hierzu oben im Abschnitt 10.1.2.3.4.

auf den Schutz des Opfers vor einer erneuten Beeinträchtigung durch den bzw. die Gefangene:n gerichtet sind, wie beispielsweise die opferbezogenen Vorschriften zu den Außenkontakten und zu vollzugsöffnenden Maßnahmen.

Drittens eröffnet das Sozialstaatsprinzip gemäß Art. 20 Abs. 1 GG eine Legitimationsgrundlage für solche Vorschriften, die der Unterstützung des Straftatopfers bei der Bewältigung der Straftatfolgen dienen sollen, dabei jedoch keinen Eingriff in die Rechte der Täter:innen mit sich bringen.[296] Zu dieser dritten Kategorie sind Regelungen zur Restorative Justice i. e. S. wie der Täter-Opfer-Ausgleich zu zählen, soweit sie der Wiederherstellung des Rechtsfriedens als Aufgabe des Strafrechts dienen.

Demgegenüber hat die Untersuchung ergeben, dass sich aus dem Rechtsstaatsprinzip keine besonderen Opferrechte mit Relevanz für das Strafvollzugsrecht ableiten lassen.

Neben den genannten Unterschieden in der verfassungsrechtlichen Begründung wird bei der Auslegung der einzelnen opferorientierten Strafvollzugsvorschriften dem Umstand Rechnung zu tragen sein, dass dem Gesetzgeber hinsichtlich der Auswahl seiner Maßnahmen ein weiter Einschätzungs- und Gestaltungsspielraum zukommt.[297] Aus der Opferperspektive sind ferner das Untermaßverbot und aus Gefangenenperspektive das Übermaßverbot zu beachten[298]. Dieser besondere Maßstab ist insbesondere bei gefährdeten Straftatopfern für die Bestimmung der Reichweite der grundrechtlichen Schutzpflichten zugrunde zu legen. Als besonders schutzwürdig gelten in diesem Zusammenhang namentlich Opfer, die der Gefahr einer erneuten Viktimisierung durch den bzw. die konkrete:n Gefangene:n ausgesetzt sind.[299] Zu denken ist aber auch an minderjährige Opfer, die generell besonders schutzwürdig sind.[300]

Insgesamt können die aus den Überlegungen zu den verfassungsrechtlichen Grundlagen gewonnenen Erkenntnisse für die teleologische Auslegung[301] der

---

[296] Hierzu oben im Abschnitt 10.2.1.

[297] Hierzu oben im Abschnitt 10.1.1.2.

[298] Zum Über- und Untermaßverbot siehe oben im Abschnitt 10.1.1.2.

[299] Siehe hierzu *Kaspar*, Verhältnismäßigkeit und Grundrechtsschutz im Präventionsstrafrecht, 2014, S. 84; weiterführend oben im Abschnitt 10.1.2.3.3 und im Abschnitt 10.1.2.3.4.

[300] Zusammenfassend zur Bedeutung der besonderen Schutzbedürftigkeit von minderjährigen Opfern unter Berücksichtigung der internationalen Grundlagen oben in Abschnitt 8.4.2 und in Abschnitt 8.5.

[301] Nach *Rengier* kann die verfassungskonforme Auslegung als Unterfall der teleologischen oder systematischen Auslegung eingestuft werden, siehe hierzu *Rengier*, Strafrecht Allgemeiner Teil, 13. Aufl. 2021, § 5 Rn. 24. Weiterhin sind Überschneidungen zwischen systematischer und teleologischer Auslegung möglich, vgl. a. a. O. Um Wiederholungen zu

opferorientierten Strafvollzugsvorschriften herangezogen werden. Daher werden die einzelnen strafvollzugsrechtlichen Vorschriften dahingehend zu untersuchen sein, welchen Zweck sie erfüllen sollen und wie dies verfassungsrechtlich legitimiert werden kann.

Weiterhin muss festgestellt werden, ob die jeweiligen Regelungen dem Verhältnismäßigkeitsgrundsatz entsprechend – unter Berücksichtigung des Über- bzw. Untermaßverbots – einen Ausgleich der Interessen von Opfern und Gefangenen ermöglichen.[302] Diesbezüglich ist zu untersuchen, ob die besondere Schutzbedürftigkeit einzelner Opfergruppen Beachtung gefunden hat und zugleich auch die berechtigten Interessen der Gefangenen berücksichtigt wurden.

Mit Blick auf die strafvollzugsrechtlichen Vorschriften zur Restorative Justice i. w. S. erscheint relevant, ob diese der Wiederherstellung des Rechtsfriedens dienen und somit den Aufgaben des Strafrechts zuzuordnen sind oder ob der Einbeziehung der Restorative Justice in den Vollzug andere Gründe zugrunde liegen.[303]

Hinsichtlich des Genugtuungsinteresses von Straftatopfern bleibt festzuhalten, dass sich aus den grundrechtlichen Schutzpflichten unter engen Voraussetzungen ein subjektives Recht auf Genugtuung ergeben kann, das sich allerdings allein auf die Unrechtsfeststellung beziehen kann. Auf die konkrete Zumessung der Strafe oder die tatsächliche Sanktionierung hat dieses Recht zumindest aus verfassungsrechtlicher Perspektive keinen unmittelbaren Einfluss. Inwiefern sich das berechtigte Genugtuungsinteresse aus straftheoretischer Perspektive zu einer „opferorientierten Strafzumessung" verdichten kann, wird sogleich im Zusammenhang mit den straftheoretischen Grundlagen einer näheren Betrachtung unterzogen.

---

vermeiden, werden daher im Teil III dieser Arbeit verfassungsrechtliche Gesichtspunkte innerhalb der teleologischen Auslegung berücksichtigt.

[302] Zum Über- und Untermaßverbot siehe oben im Abschnitt 10.1.1.2.

[303] Hierzu bereits oben im Abschnitt 10.2.1.3.

11 Straftheoretische Grundlagen

In der straftheoretischen Diskussion spielte das Opfer bis zu seiner verstärkten Einbeziehung in die Strafrechtspflege seit Mitte der 1980er Jahre kaum eine Rolle. Seit einigen Jahren sind aber nunmehr klare Tendenzen in der straftheoretischen Debatte erkennbar, dem Opfer bei der Legitimation von Strafe größere Aufmerksamkeit zu widmen. Im Folgenden wird in einem ersten Schritt zunächst untersucht werden, ob bereits das Wesen und die allgemeine Rechtfertigung hoheitlicher Strafe opferbezogene Gesichtspunkte aufweisen (Abschnitt 11.1). Anschließend werden in einem zweiten Schritt zum einen bereits etablierte Straftheorien dahingehen untersucht, ob und inwieweit sie für die Beachtung von Opferbelangen Anknüpfungspunkte bieten. Zum anderen werden neuere straftheoretische Ansätze vorgestellt, die das Straftatopfer gezielt berücksichtigen (Abschnitt 11.2). In einem letzten Schritt wird schließlich danach gefragt, welche Relevanz die Berücksichtigung des Opfers in der straftheoretischen Diskussion für die Auslegung strafvollzugsrechtlicher Regelungen hat (Abschnitt 11.3).

11.1 Bezüge zum Straftatopfer im Wesen und in der Rechtfertigung hoheitlicher Strafe

11.1.1 Bezüge zum Straftatopfer im Wesen der Strafe

Ihrem Wesen nach ist die Strafe eine Übelszufügung, die durch eine sozialethische Missbilligung begleitet wird.[1] Auf dieser Linie beschreibt auch das BVerfG

[1] *Jescheck/Weigend*, Strafrecht AT, 5. Aufl. 1996, S. 65; *Weigend*, in: LK-StGB, 13. Aufl. 2020, Einl. Rn. 62; ausführlich *Schmidhäuser*, Vom Sinn der Strafe, 2. Aufl. 1971, S. 34 ff.

K. M. Radke, *Opferorientierung im Strafvollzug*,
https://doi.org/10.1007/978-3-658-39044-0_11

die staatliche Strafe als „missbilligende hoheitliche Reaktion“[2], die mit einem sozialethischen Unwerturteil einhergeht.[3]

Durch die einzelnen Straftatbestände und ihre Strafandrohung wird dem sozialethischen Unwerturteil Gestalt verliehen.[4] Straftatbestände dienen dem Schutz all jener Kollektiv- und Individualrechtsgüter, die als besonders wichtig gelten.[5] Die Einordnung eines Rechtsguts als besonders schützenswert im strafrechtlichen Sinne wird wiederum von den sozialethischen Wertvorstellungen der Rechtsgemeinschaft beeinflusst[6] und kann sich daher entsprechend wandeln.

Seinen konkreten Ausdruck findet das staatliche Unwerturteil in dem Schuldspruch des Gerichts gegenüber dem bzw. der Täter:in, indem eine persönliche Zurechnung des Normverstoßes zur verurteilten Person erfolgt.[7] Gleichzeitig stellt das sozialethische Unwerturteil des Gerichts die unabdingbare Voraussetzung für die strafrechtliche Übelszufügung dar.[8] Nur auf der Grundlage einer rechtmäßigen Verurteilung des Täters bzw. der Täterin durch ein Strafgericht darf der Staat diesem bzw. dieser überhaupt das Strafübel auferlegen.[9]

Ähnlich wie beim „Ob“ des Tadels findet auch das Ausmaß der Missbilligung einer strafbaren Handlung ihren Ausdruck zunächst abstrakt im Strafrahmen des jeweiligen Tatbestandes. Die im Strafurteil festgesetzte Strafe lässt sodann den konkreten Grad der Missbilligung für die jeweilige Rechtsverletzung erkennen.[10]

Die staatliche Reaktion auf das strafbare Verhalten des Täters bzw. der Täterin in der Form des Strafübels wiederum findet ihre konkrete Ausgestaltung in den durch das materielle Strafrecht vorgesehenen Sanktionen.[11] Da der Staat durch die Strafe in die Rechtssphäre des Täters bzw. der Täterin eingreift und es in diesem Zusammenhang zu Beeinträchtigungen von dessen bzw. deren Grundrechten

---

[2] BVerfGE 105, 135 (153 f.).

[3] BVerfG NJW 1998, 443 (443).

[4] Vgl. BVerfG NJW 1998, 443 (443).

[5] *Streng*, Strafrechtliche Sanktionen, 3. Aufl. 2012, Rn. 8; *Kilchling*, NStZ 2002, 57 (58), meint selbst hinsichtlich Individualrechtsgütern zu beobachten, dass nach der herrschenden Strafrechtsdogmatik mehr die Rechtsgüter potenzieller Opfer geschützt werden als die tatsächlichen Opfer der konkreten Straftaten.

[6] Vgl. z. B. *Wessels/Beulke/Satzger*, Strafrecht AT, 51. Aufl. 2021, § 1 Rn. 15.

[7] Vgl. *Weigend*, in: LK-StGB, 13. Aufl. 2020, Einl. Rn. 62; ausführlich zur persönlichen Zurechnung des Normverstoßes *Schmidhäuser*, Vom Sinn der Strafe, 2. Aufl. 1971, S. 34 f.

[8] *Meier*, Strafrechtliche Sanktionen, 5. Aufl. 2019, S. 16.

[9] *Meier*, Strafrechtliche Sanktionen, 5. Aufl. 2019, S. 16; weiterführend *Schmidhäuser*, Vom Sinn der Strafe, 2. Aufl. 1971, S. 41 f.

[10] *Meier*, Strafrechtliche Sanktionen, 5. Aufl. 2019, S. 16; *Kühl*, FS Eser, 2005, S. 153 ff.

[11] *Meier*, Strafrechtliche Sanktionen, 5. Aufl. 2019, S. 15 f.

kommt, bedarf die staatliche Strafe einer Legitimation.[12] Allein der Umstand, dass die staatliche Reaktion nur aus Anlass der durch den bzw. die Täter:in begangenen Straftat erfolgt, reicht hierfür nicht aus. Vielmehr bedarf es einer konkreten Legitimation für die Einschränkung von Grundrechten durch die Kriminalstrafe.[13]

Bei der Freiheitsstrafe gemäß §§ 38 f. StGB stellt der Entzug der Fortbewegungsfreiheit i. S. v. Art. 2 Abs. 2 S. 2 GG die staatliche Übelszufügung dar. Die Missbilligungskomponente der Strafe wird hier durch die Verurteilung des Täters bzw. der Täterin und die durch das Urteil festgelegte Länge der Freiheitsstrafe zum Ausdruck gebracht. Für den Entzug der allgemeinen Fortbewegungsfreiheit aus Art. 2 Abs. 2 S. 2 GG ergeben sich die Anforderungen einer verfassungsrechtlichen Legitimation aus Art. 104 GG.[14] Danach unterliegt die Freiheitsstrafe sowohl dem Gesetzes- (Art. 104 Abs. 1 S. 1 GG) als auch dem Richter:innenvorbehalt (Art. 104 Abs. 2 S. 1 GG).[15]

Neben diesen verfassungsrechtlichen Aspekten der Legitimation der Freiheitsstrafe ist fraglich, ob sich aus straftheoretischer Perspektive aus der Missbilligungs- oder der Übelskomponente der Strafe Ansatzpunkte für eine Einbeziehung des Straftatopfers in die Strafrechtspflege ergeben.

Zunächst stellt die staatliche Strafe lediglich eine Beziehung zwischen dem Staat und dem bzw. der Täter:in her. Straftäter:innen werden infolge ihres rechtswidrigen und schuldhaften Verstoßes gegen eine Strafvorschrift durch den Staat sanktioniert. Ob und gegebenenfalls inwiefern das Opfer in diese Beziehung einbezogen werden kann, ist fraglich. Eine Möglichkeit könnte sein, die konkreten Opfer von Straftaten gewissermaßen als Mitadressat:innen der sozialethischen Missbilligung gegenüber den Täter:innen aus der anonymen Allgemeinheit herauszuheben und die Opfer somit wieder zu repersonalisieren. Ein solcher Ansatz wird insbesondere von den Vertreter:innen einer expressiven bzw. kommunikativen Straftheorie verfolgt.[16] Ferner könnte das Opfer auch über die Übelskomponente der Strafe in das Verhältnis zwischen Staat und Täter:in einbezogen werden. In diesem Zusammenhang stellt sich die Frage, ob die Straftatopfer

---

[12] *Hoerster*, Strafe, 2012, S. 22.

[13] Vgl. BVerfGE 14, 174 (185 f.); 90, 145 (172).

[14] Ausführlich hierzu *Mehde,* in: Dürig/Herzog/Scholz (Hrsg.), GG, 95. EL Juli 2021, Art. 104 Rn. 1 ff.

[15] Vgl. hierzu ausführlich *Di Fabio,* in: Dürig/Herzog/Scholz (Hrsg.), GG, 95. EL Juli 2021, Art. 2 Abs. 2 S. 2 Rn. 42 ff.; über den Entzug der Fortbewegungsfreiheit hinaus folgen aus der Inhaftierung weitere Grundrechtseinschränkungen; weiterführend *Laubenthal*, Strafvollzug, 8. Aufl. 2019, Rn. 243 ff.

[16] *Günther*, FS Lüderssen, 2002, S. 205 ff.; *Hörnle*, Expressive Straftheorien, in: Hilgers/Koch/Möllers/Müller-Mall (Hrsg.), Affekt & Urteil, 2015, S. 143 f.

ein Recht auf die Bestrafung „ihres" Täters bzw. „ihrer" Täterin haben oder zumindest in irgendeiner Weise Einfluss auf die Strafvollstreckung i. w. S. haben können. Allerdings wurde diesbezüglich im Rahmen der verfassungsrechtlichen Grundlagen bereits festgestellt, dass Straftatopfer grundsätzlich kein Recht auf eine Bestrafung der Täter:innen haben.[17] Dennoch erscheint eine allgemeine Berücksichtigung von Opferinteressen bei der Ausgestaltung der Freiheitsstrafe möglich, sofern dies der Erfüllung grundrechtlicher Schutzpflichten dient.[18]

11.1.2 Bezüge zum Straftatopfer in der Rechtfertigung der Strafe

Vom Wesen der staatlichen Strafe ist ihre Rechtfertigung zu unterscheiden. Staatliche Strafe wird mit ihrer Notwendigkeit zur Aufrechterhaltung der Rechtsordnung als Grundbedingung für das Zusammenleben in der Gemeinschaft gerechtfertigt.[19] Die Rechtfertigung soll dabei staatspolitischer, sozialpsychologischer und individualethischer Natur sein können.[20] In staatspolitischer Hinsicht ist die Strafe in einer auf Rechtsnormen gegründeten Gesellschaft als Reaktion auf Normverstöße notwendig.[21] Aus sozialpsychologischer Perspektive werde mit der staatlichen Strafe dem Genugtuungsbedürfnis der Gesellschaft Rechnung getragen, dass der Staat sich nicht nur auf präventive Maßnahmen zur Verhinderung von Straftaten beschränke, sondern die Straftäter:innen auch sanktioniere.[22] Die Rechtfertigung der Strafe beschränke sich jedoch nicht nur auf die Interessen der Allgemeinheit. Daneben werde durch die Strafe auch dem Täter bzw. der Täterin die Möglichkeit eröffnet, sich durch eine Sühneleistung von der persönlichen Schuld zu befreien.[23] Dieser individualethische Aspekt der Strafe sei

---

[17] Ausführlich hierzu oben im Abschnitt 10.1.2.3.3.

[18] Zusammenfassend zur Bedeutung von grundrechtlichen Schutzpflichten gegenüber dem konkreten Straftatopfer für das Strafvollzugsrechts oben im 10.3.

[19] Vgl. *Schmidhäuser*, Vom Sinn der Strafe, 2. Aufl. 1971, S. 30 f.

[20] *Jescheck/Weigend*, Strafrecht AT, 5. Aufl. 1996, S. 64.

[21] Vgl. *Jescheck/Weigend*, Strafrecht AT, 5. Aufl. 1996, S. 64.

[22] *Jescheck/Weigend*, Strafrecht AT, 5. Aufl. 1996, S. 64.

[23] *Jescheck/Weigend*, Strafrecht AT, 5. Aufl. 1996, S. 64.

ebenfalls eine legitime Aufgabe des Staates.[24] Schließlich müsse Strafe sowohl normativ-ethische als auch präventive Elemente in sich vereinigen.[25]

Während Täter:in und Allgemeinheit ausdrücklich in die Überlegungen zur Rechtfertigung staatlicher Strafe einbezogen werden, findet das tatsächliche Opfer insoweit keine gesonderte Berücksichtigung. Das Opfer einer Straftat ist zwar auch ein Teil der Allgemeinheit, deren Genugtuungsbedürfnis durch die staatliche Strafe Rechnung getragen werden soll. Jedoch unterscheiden sich das Genugtuungsbedürfnis der Allgemeinheit und das eines durch die Straftat konkret betroffenen Opfers erheblich voneinander. Aus der Sicht der Allgemeinheit umfasst das Genugtuungsbedürfnis vornehmlich die Bekräftigung der Normgültigkeit im Sinne der positiven Generalprävention[26] und die Unterscheidung zwischen der normtreuen Allgemeinheit und den normbrechenden Täter:innen[27]. Demgegenüber beinhaltet das Genugtuungsbedürfnis des konkreten Straftatopfers zwar auch die Bekräftigung der Normgültigkeit, umfasst jedoch daneben auch noch die Behebung des Normgeltungsschadens, der aus der konkreten Betroffenheit des Opfers resultiert.[28] Ob und gegebenenfalls wie sich das Genugtuungsinteresse des konkreten Opfers auf die Legitimation der Strafe auswirken kann, wird im Zusammenhang mit den opferorientierten Ansätzen zur Legitimation von Strafe noch näher betrachtet.[29]

Insbesondere im Rahmen der individualethischen Rechtfertigung von Strafe scheint Raum für das Opfer zu sein. Zwar bezieht sich diese Rechtfertigung im Ausgangspunkt allein auf die Täter:innen. Jedoch könnte die Sühne selbst möglicherweise nicht nur als ein innerer Vorgang der Umkehr des Täters bzw. der Täterin verstanden werden, sondern sich daneben auch in einem expressiven Akt der Versöhnung mit einem Gegenüber ausdrücken. Letzteres soll für die Sühne an sich nicht notwendig sein, allerdings kann das Angebot zur Sühne durch die staatliche Strafe zugleich die Verpflichtung der Gesellschaft beinhalten, die Straftäter:innen nach dem Verbüßen der Strafe wieder in ihrer Mitte aufzunehmen.[30] Dies gilt umso mehr, wenn die Täter:innen die Strafe akzeptieren bzw. als

---

[24] *Jescheck/Weigend*, Strafrecht AT, 5. Aufl. 1996, S. 65; abweichend *Roxin*, JuS 1966, 377 (379.

[25] *Roxin*, GA 2015, 185 (186).

[26] Näher hierzu unten im Abschnitt 11.2.2.2.1.

[27] Ähnlich *Jescheck/Weigend*, Strafrecht AT, 5. Aufl. 1996, S. 64.

[28] *Sautner*, Opferinteressen und Strafrechtstheorie, 2010, S. 290.

[29] Hierzu sogleich unten im Abschnitt 11.2.3.

[30] Vgl. *Schmidt*, ZStW (67) 1955, 177 (186 f); für das Konzept der Restorative Justice vgl. *Winter/Matt*, NK 2012, 73 (73 f.).

angemessen angenommen haben und so eine Versöhnung mit der Gesellschaft ermöglichen.[31]

Das konkrete Straftatopfer war zwar bisher kein Teil dieses Verständnisses von der autonomen Sühne des Täters bzw. der Täterin durch die Akzeptanz der Strafe und die anschließende Wiederaufnahme in die Gesellschaft. Allerdings ist es nicht von der Hand zu weisen, dass der eigentliche Konflikt durch die Straftat zwischen Täter:in und Opfer entstanden ist und daher insbesondere auch dem Opfer gegenüber eine Aussöhnung – auf welche Weise auch immer – erfolgen sollte. Wenn schon die Gesellschaft in den Sühneprozess des Täters bzw. der Täterin einbezogen werden soll, dann sollte dies doch umso mehr für diejenigen gelten, die das Ausmaß der Straftat als Opfer durch eigene Einbußen erfassen können. Als mögliche Anknüpfungspunkte für solche Überlegungen sollen hier nur speziell der Täter-Opfer-Ausgleich und allgemein die Methoden der Restorative Justice i. e. S. genannt werden. Eine nähere Betrachtung dieser Überlegungen erfolgt sogleich im Rahmen der nachstehend vorzustellenden sühneorientierten Straftheorien[32] und im Zusammenhang mit der opferorientierten Legitimation durch den Strafzweck der Wiedergutmachung[33].

11.2 Berücksichtigung des Straftatopfers in den Straftheorien

11.2.1 Vorüberlegungen zur Berücksichtigung des Straftatopfers in den Straftheorien

Bereits Wesen und Rechtfertigung der staatlichen Strafe bieten Ansatzpunkte für eine Berücksichtigung des konkreten Straftatopfers. Ob diese Berücksichtigung des Opfers bei der Legitimation der staatlichen Strafe tatsächlich möglich ist, bedarf jedoch noch der näheren Betrachtung anhand der verschiedenen Straftheorien.

---

[31] Vgl. *Schmidt*, ZStW (67) 1955, 177 (187); ablehnend *Roxin/Greco*, Strafrecht AT Bd. 1, 5. Aufl. 2020, § 3 Rn. 10.

[32] Hierzu unten im Abschnitt 11.2.2.1.2.

[33] Hierzu unten im Abschnitt 11.2.3.1.

In diesem Zusammenhang muss erneut zwischen der Einbeziehung tatsächlicher Opfer und der Berücksichtigung der Interessen potenzieller Opfer unterschieden werden.[34] Während der Schutz und das Rechtsempfinden der Allgemeinheit – und somit die Interessen potenzieller Opfer – schon immer Bestandteil präventiver Straftheorien war, wird die Berücksichtigung des konkreten Opfers in der straftheoretischen Debatte erst seit dem Ende des 20. Jahrhunderts intensiver diskutiert.[35] Ein Grund für die lange Vernachlässigung des Straftatopfers in der straftheoretischen Diskussion war die weitgehende „Neutralisierung der Opfer im Strafrechtssystem" als Folge des staatlichen Strafmonopols.[36] Zudem lag der Schwerpunkt des straftheoretischen Diskurses bis in die 1970er Jahre auf dem an den Täter:innen orientierten Resozialisierungsgedanken.[37]

Bei den nachfolgenden straftheoretischen Überlegungen ist zu beachten, dass zunächst der Gesetzgeber die Bedeutung der Opfer im Strafverfahrensrecht gestärkt hat, bevor sich der straftheoretische Diskurs dieses Themas annahm. Während die Stellung des Opfers im Strafprozessrecht bereits ab dem Ende der 1980er Jahre gestärkt wurde[38], begann die straftheoretische Diskussion um die Einbeziehung des Opfers erst zum Ende der 1990er Jahre[39]. Zwar gab es bereits

---

[34] Zur Unterscheidung bereits oben in den kriminalpolitischen Grundlagen im Abschnitt 9.1.1.1.

[35] Vgl. *Seelmann*, Waseda proceedings of comparative law 2008, 197 (201).

[36] Vgl. hierzu *Hassemer*, Einführung in die Grundlagen des Strafrechts, 2. Aufl. 1990 S. 70 ff.; ähnlich bereits *Zipf*, Kriminalpolitik, 2. Aufl. 1980, S. 189 ff.

[37] Vgl. *Walter*, FS Hirsch, 1999, S. 897 unter Einbeziehung der kriminalpolitischen Entwicklungen; *Schünemann*, NStZ 1986, 193 (194) sieht in der Verdrängung der Opferperspektive aus der Strafrechtspflege ein Nebenprodukt der Orientierung am Resozialisierungsgedanken; nach *Seelmann*, JZ 1989, 670 (671) ist dies die Folge eines jahrhundertelangen bewussten Ausschlusses des Straftatopfers.

[38] Vgl. hierzu die Ausführungen in den historischen Grundlagen oben im Abschnitt 6.3.2.

[39] Nach *Prittwitz*, Sonderheft KritV für Hassemer, 2000, S. 166 wurde die Debatte erst 1999 durch *Reemtsma* und seine Frage nach einem „Recht des Opfers auf Bestrafung des Täters" angestoßen; vgl. *Reemtsma*, Recht des Opfers auf Bestrafung, 1999, S. 20.

zuvor vereinzelte Beiträge zu diesem Themenkreis.[40] Von einem vertieften wissenschaftlichen Diskurs kann jedoch erst seit kurz vor der Jahrtausendwende gesprochen werden.

11.2.2 Klassische Straftheorien

Den Ausgangspunkt für die nachfolgenden Überlegungen bilden die sogenannten klassischen Straftheorien, zu denen die absoluten und relativen Theorien zählen. Während nach dem Verständnis der absoluten Straftheorien mit der Strafe kein sozialer Zweck verfolgt werden darf, begründen die relativen Ansätze die Legitimation der Strafe durch – zumeist präventive – Zwecke.

11.2.2.1 Absolute Straftheorien

Nach den absoluten Straftheorien folgt die Legitimation der Strafe aus dem Bedürfnis, begangenes Unrecht zu vergelten, oder durch die Notwendigkeit eines Schuldausgleichs durch die Täter:innen.[41] Eine Begründung der Strafe mit einem – wie auch immer ausgerichteten – sozialen Zweck, der über die Vergeltung der Tat hinausgeht, wird von Vertreter:innen der absoluten Straftheorien in der Regel abgelehnt.[42] Innerhalb der absoluten Straftheorien werden insbesondere vergeltungsorientierte und sühneorientierte Ansätze unterschieden.

11.2.2.1.1 Vergeltung

Die Möglichkeiten einer Berücksichtigung des Opfers innerhalb der vergeltungsorientierten Straftheorien werden nicht einheitlich beurteilt.

Teilweise wird die Einbeziehung des Opfers in den straftheoretischen Diskurs bereits aus grundsätzlichen Erwägungen heraus abgelehnt.[43] Die Hinwendung der

---

[40] So wurde die fehlende Auseinandersetzung mit Opferbelangen bei der Legitimation von Strafe z. B. von *Hassemer*, Einführung in die Grundlagen des Strafrechts, 2. Aufl. 1990, S. 72 bereits kritisiert; *Müller-Dietz*, GA 1985, 147 ff. betonte die Bedeutung der Opferperspektive für die Tataufarbeitung durch die Täter:innen im Vollzug; *Seelmann*, JZ 1989, 670 ff. kritisierte, dass nach dem damaligen Stand der Diskussion der Täter-Opfer-Ausgleich nicht in das Strafrechtssystem passe, wenn er nicht am tatsächlichen Opfer orientiert sei und daher nur von den Bedürfnissen potenzieller Opfer abhängen würde.

[41] Vgl. u. a. *Hoerster*, Strafe, 2012, S. 25; *Wessels/Beulke/Satzger*, Strafrecht AT, 51. Aufl. 2021, § 1 Rn. 22.

[42] Vgl. *Androulakis*, ZStW (108) 1996, 300 (303 ff.).

[43] So z. B. *Moore*, Opfer und Vergeltung, in: Schünemann/Dubber (Hrsg.), Die Stellung des Opfers im Strafrechtssystem, 2000, S. 87.

Straftheorien zum Opfer mache das Strafrecht zu einem Instrument der Rache und führe nicht zu „abstrakter Gerechtigkeit".[44] Zudem wäre die Strafe nicht mehr legitim, sobald das Opfer dem bzw. der Täter:in verzeihe.[45] In diesem Fall würde es von der Einstellung des Opfers abhängen, ob der bzw. die Täter:in bestraft wird. Dies widerspreche jedoch den Vergeltungstheorien, nach denen schuldhaft handelnde Täter:innen immer bestraft werden müssten.[46] Die Vergeltung solle für abstrakte Gerechtigkeit sorgen und nicht für eine konkrete Gerechtigkeit durch die Berücksichtigung der Opferinteressen. Bei letzterem handele es sich nicht um Vergeltung im straftheoretischen Sinne.[47]

Nach anderer Ansicht findet das Straftatopfer in den vergeltungsorientierten Straftheorien insofern Raum, als die Rechtsverletzung des Opfers die Grundlage der Vergeltung des strafrechtlichen Unrechts bildet.[48] Nur wegen der Verletzung des Opfers durch den bzw. die Täter:in besteht überhaupt die Notwendigkeit einer vergeltenden Strafe. Das Übel dieser Verletzung des Opfers soll durch ein Übel bei dem bzw. der Täter:in ausgeglichen werden.[49] Dies gilt jedoch nur mit Blick auf die Rechtsgutsverletzung des Opfers, die im Grundsatz als ein abstrakter Verstoß gegen das geltende Recht verstanden wird.[50] Im Vordergrund steht daher trotz der Hinwendung des Strafrechtssystems zum tatsächlichen Opfer weiterhin nicht die Verletzung des Individuums, sondern die Negierung der strafrechtlichen Norm.[51]

---

[44] *Moore*, Opfer und Vergeltung, in: Schünemann/Dubber (Hrsg.), Die Stellung des Opfers im Strafrechtssystem, 2000, S. 93; ähnlich auch *Gärditz*, JZ 2015, 896 (899), wobei die Anerkennung des Retributionsinteresses abgelehnt wird.

[45] *Moore*, Opfer und Vergeltung, in: Schünemann/Dubber (Hrsg.), Die Stellung des Opfers im Strafrechtssystem, 2000, S. 94; ähnlich auch *Walter*, JZ 2019, 649 (656), der für diesen Fall ein Verfahrenshindernis annehmen will.

[46] *Moore*, Opfer und Vergeltung, in: Schünemann/Dubber (Hrsg.), Die Stellung des Opfers im Strafrechtssystem, 2000, S. 95.

[47] Vgl. *Moore*, Opfer und Vergeltung, in: Schünemann/Dubber (Hrsg.), Die Stellung des Opfers im Strafrechtssystem, 2000, S. 95 f.

[48] Vgl. *Hassemer*, Einführung in die Grundlagen des Strafrechts, 2. Aufl. 1990, S. 69; *Moore*, Opfer und Vergeltung, in: Schünemann/Dubber (Hrsg.), Die Stellung des Opfers im Strafrechtssystem, 2000, S. 88.

[49] *Hassemer*, Einführung in die Grundlagen des Strafrechts, 2. Aufl. 1990, S. 69.

[50] Siehe hierzu *Jescheck/Weigend*, Strafrecht AT, 5. Aufl. 1996, S. 234; *Kilchling*, NStZ 2002, 57 (58) spricht insofern von einer „Reflexfunktion" der Opferperspektive in der Strafrechtsdogmatik.

[51] So *Kilchling*, NStZ 2002, 57 (58).

Für die konkrete Bemessung des zu vergeltenden Übels sind die Folgen der Straftat für das Opfer und gegebenenfalls für seine Angehörigen zwar relevant.[52] Jedoch ist ein vergeltendes Strafrecht nicht in der Weise zukunftsorientiert, als die Folgen der Straftat für das Opfer auch noch darüber hinaus von Bedeutung wären.[53] Die absoluten Straftheorien betrachten den Konflikt zwischen Täter:in und Opfer vor allem rückwärtsgewandt und erachten die Einbuße des Opfers durch das angemessene Strafübel bei dem bzw. der Täter:in als ausgeglichen.[54] Folglich finden die Interessen von Straftatopfern an einer Verarbeitung der Tat nach den Vergeltungstheorien keine Berücksichtigung. Bei den vergeltenden Ansätzen steht die Verletzung des Rechts im Vordergrund und nicht die Verletzung des individuellen Opfers.[55] Dem Opfer selbst wird keine subjektive Stellung zugebilligt. Es erscheint als austauschbares Objekt[56], dessen Verletzung lediglich den Anknüpfungspunkt für die Feststellung des Rechtsbruchs darstellt. Die Berücksichtigung von Opferinteressen wäre eine Zweckorientierung der Strafe, die von den meisten Vertreter:innen der Vergeltungstheorien gerade abgelehnt wird.[57] Persönliche Genugtuung kann mit Vergeltung nicht bezweckt werden[58], sodass das individuelle Genugtuungsbedürfnis des einzelnen Opfers aus Sicht der Vergeltungstheorien irrelevant ist. Die Gewährung von Genugtuung für das konkrete Straftatopfer durch die Bestrafung des Täters bzw. der Täterin ist daher als neuer straftheoretischer Ansatz zu verstehen, der nicht zu den klassischen Vergeltungstheorien gezählt werden kann.[59] Daher sind vergeltungstheoretische Ansätze nicht geeignet, die Einbeziehung von Opferinteressen in das Strafrecht zu legitimieren.[60]

---

[52] So etwa *Hassemer*, Einführung in die Grundlagen des Strafrechts, 2. Aufl. 1990, S. 69.

[53] Vgl. *Hassemer*, Einführung in die Grundlagen des Strafrechts, 2. Aufl. 1990, S. 69; zustimmend *Prittwitz*, Opferlose Straftheorien?, in: Schünemann/Dubber (Hrsg.), Die Stellung des Opfers im Strafrechtssystem, 2000, S. 59.

[54] So auch *Hassemer*, Einführung in die Grundlagen des Strafrechts, 2. Aufl. 1990, S. 69.

[55] *Schiemann*, Opferinteressen in der Straftheorie, 2015, S. 45.

[56] Vgl. *Kilchling*, Opfer werden – Opfer bleiben?, in: Hanns Seidel Stiftung (Hrsg.), Fachtagung der Hanns Seidel Stiftung, 2. April 2008, S. 8.

[57] *Sautner*, Opferinteressen und Strafrechtstheorie, 2010, S. 47.

[58] *Sautner*, Opferinteressen und Strafrechtstheorie, 2010, S. 47.

[59] *Schiemann*, Opferinteressen in der Straftheorie, 2015, S. 45; näher zur straftheoretischen Berücksichtigung des Genugtuungsinteresses sogleich unten im Abschnitt 11.2.3.2.

[60] *Prittwitz*, Opferlose Straftheorien?, in: Schünemann/Dubber (Hrsg.), Die Stellung des Opfers im Strafrechtssystem, 2000, S. 59 f.; *Kilchling*, Opfer werden – Opfer bleiben?, in: Hanns Seidel Stiftung (Hrsg.), Fachtagung der Hanns Seidel Stiftung, 2. April 2008, S. 8.

Selbst wenn schließlich von einem Vergeltungsbedürfnis seitens des Opfers ausgegangen wird, so hat dieses hinter der staatlichen Strafe zurückzustehen. Durch die Entstehung des Strafmonopols des Staates spielen persönliche Vergeltungsbedürfnisse von Opfern keine Rolle mehr.[61] Strafe dient nach den absoluten Theorien lediglich als Ausgleich für die durch den bzw. die Täter:in begangene Verletzung des Rechts.[62] Opferinteressen können in diesem Zusammenhang nicht berücksichtigt werden.

11.2.2.1.2 Sühne

Neben der Vergeltung wird bisweilen auch die Sühne als Sinn der Strafe angesehen. Der Begriff der Sühne ist im Vergleich zur Vergeltung allerdings insofern weiter, als er neben dem Ausgleich der Tatschuld auch eine intellektuelle Auseinandersetzung des Täters bzw. der Täterin mit der begangenen Straftat umfassen kann. Sühne kann daher als Annahme der Strafe in Form eines gerechten Schuldausgleichs, einer seelischen Läuterung und der Rückgewinnung seelischer und menschlicher Integrität verstanden werden.[63] Infolgedessen nehme der bzw. die Täter:in die Strafe als gerecht an[64], was zu einer Aussöhnung mit der Gesellschaft führe[65]. Ob eine solche Sühne des Täters bzw. der Täterin tatsächlich zur Rechtfertigung staatlicher Strafe herangezogen werden kann, wird jedoch insbesondere deshalb bezweifelt, weil es sich bei der Sühne um einen autonomen sittlichen Akt handelt, der nicht erzwungen werden kann.[66]

Ungeachtet dieser allgemeinen Einwände wird in der Sühnefunktion der Strafe mitunter die Möglichkeit für eine Einbeziehung des Opfers in die Straftheorien gesehen. Indem der Täter bzw. die Täterin durch die Strafe das Unrecht der Straftat erkennt und aus dieser Einsicht heraus die Schuld auf sich nimmt[67], muss notwendig auch eine Auseinandersetzung mit dem Opfer und den Folgen der Tat stattfinden. Denn der bzw. die Täter:in muss einerseits den Verstoß gegen die strafrechtliche Norm, anderseits aber auch die Verletzung des Opfers als Unrecht anerkennen. Hierzu bedarf es einer Aufarbeitung der Straftat und ihrer Folgen, die

---

[61] Ausführlich hierzu bereits oben im 6.2.2.

[62] *Wessels/Beulke/Satzger*, Strafrecht AT, 51. Aufl. 2021, § 1 Rn. 22.

[63] *Roxin/Greco*, Strafrecht AT Bd. 1, 5. Aufl. 2020, § 3 Rn. 10; vgl. auch *Jung*, ZStW (93) 1981, 1147 (1153).

[64] *Roxin/Greco*, Strafrecht AT Bd. 1, 5. Aufl. 2020, § 3 Rn. 10.

[65] Vgl. *Jung*, ZStW (93) 1981, 1147 (1153).

[66] So *Roxin/Greco*, Strafrecht AT Bd. 1, 5. Aufl. 2020, § 3 Rn. 10.

[67] Vgl. BVerfGE 45, 187 (258 f.).

eine Verantwortungsübernahme des Täters bzw. der Täterin für ebendiese beinhaltet. Daneben erscheint auch die Entwicklung von Opferempathie relevant. Diese Gesichtspunkte werden jedoch in der aktuellen Diskussion unter Berücksichtigung des klassischen Verständnisses der Sühnetheorien nicht bei den absoluten Straftheorien verortet, sondern im Rahmen der Wiedergutmachung entweder als eigener Strafzweck[68] oder als Bestandteil bereits bekannter Strafzwecke[69] diskutiert. Daher soll diese Frage erst im Zusammenhang mit der opferorientierten Legitimation von Strafe ausführlich untersucht werden.[70]

11.2.2.1.3 Zwischenergebnis

Die an der Vergangenheit orientierten Vergeltungstheorien bieten keine Anknüpfungspunkte für das Opfer mit seinen zukunftsgerichteten Bedürfnissen.

Mit Blick auf die sühneorientierten Ansätze ist festzuhalten, dass opferorientierte Gesichtspunkte zwar durchaus ein Teil der intellektuellen Auseinandersetzung des Täters bzw. der Täterin mit der begangenen Straftat sein können. Dieser Aspekt wird jedoch weniger im Rahmen der sühneorientierten Ansätze diskutiert als im Zusammenhang mit an Spezialprävention oder Wiedergutmachung orientierten Ansätzen.

11.2.2.2 Relative Straftheorien

Gemein ist den sogenannten relativen Straftheorien die Begründung der Strafe mit einem sozialen Zweck. Straftäter:innen sollen nicht um der Vergeltung oder Sühne wegen bestraft werden, vielmehr soll die Strafe einen zukunftsorientierten sozialen Zweck verfolgen.[71] Innerhalb der relativen Straftheorien wird zwischen Generalprävention und Spezialprävention – jeweils in einer positiven und einer negativen Ausrichtung – unterschieden.

---

[68] *Rössner/Wulf*, Opferbezogene Strafrechtspflege, 1984, S. 82; im Ergebnis auch *Seelmann*, Zeitschrift für evangelische Ethik 1981, 44, (53, 55).

[69] Zur Einbeziehung in die positive Generalprävention vgl. *Reemtsma*, Recht des Opfers auf Bestrafung, 1999, S. 20; zur Integrationsprävention als Teil der positiven Generalprävention vgl. *Roxin/Greco*, Strafrecht AT Bd. 1, 5. Aufl. 2020, § 3 Rn. 27; zu Überschneidungen mit der positiven Spezialprävention vgl. *Roxin*, Die Wiedergutmachung im System der Strafzwecke, in: Schöch (Hrsg.), Wiedergutmachung und Strafrecht, 1987, S. 46 f., 51; *Frehsee*, Schadenswiedergutmachung, 1987, S. 94 ff.

[70] Hierzu unten im Abschnitt 11.2.3.

[71] Vgl. *Hoerster*, Strafe, 2012, S. 51; *Roxin/Greco*, Strafrecht AT Bd. 1, 5. Aufl. 2020, § 3 Rn. 11, 21.

11.2.2.2.1 Generalprävention

Während die positive Generalprävention die Bekräftigung der Norm und somit das Vertrauen der Gesellschaft in die Bestandskraft der Rechtsordnung zum Ziel hat, ist die negative Generalprävention auf eine Abschreckung potenzieller Täter:innen gerichtet.[72] Beide Ausprägungen der Generalprävention zielen somit darauf ab, die Normtreue der Bevölkerung aufrechtzuerhalten und zu bekräftigen.[73] Daher sind die generalpräventiven Ansätze auf die Allgemeinheit hin ausgerichtet.

Fraglich ist, ob die Generalprävention neben dieser Ausrichtung auf die Gesamtbevölkerung auch Anknüpfungspunkte für individuelle Opferinteressen bietet. Die Abschreckung potenzieller Täter:innen im Wege der negativen Generalprävention kann allenfalls mittelbare Auswirkungen auf das konkrete Opfer haben, indem es allgemein vor einer erneuten Opferwerdung geschützt wird.[74] Jedoch ist hierin kein ausschließlicher Nutzen für das konkrete Opfer zu sehen, vielmehr werden alle Mitglieder der Gesellschaft gleichermaßen geschützt.[75] Zudem ist nach Ansicht von *Fletcher* der Schutz des Einzelnen vor Straftaten schon gar nicht der Anknüpfungspunkt für die straftheoretische Einbeziehung der Opferperspektive, da dies bereits in generalpräventiven Erwägungen umfassend enthalten ist.[76] Daher kann mit der negativen Generalprävention kein Opferbezug der Strafe begründet werden.

Indem die positive Generalprävention die Normbekräftigung zum Ziel hat, richtet sie sich direkt an die Bevölkerung bzw. die Gesellschaft als solche. Als ein Vorzug der positiven Generalprävention wird daher angesehen, dass sie sowohl potenzielle Täter:innen als auch potenzielle Opfer anspreche.[77] Hieraus wurde von *Reemtsma* die Überlegung abgeleitet, dass auf der Grundlage der positiven Generalprävention über ein „Recht des Opfers auf Bestrafung des Täters"

[72] Vgl. *Hoerster*, Strafe, 2012, S. 64 f.; *Roxin/Greco*, Strafrecht AT Bd. 1, 5. Aufl. 2020, Rn. 25.

[73] *Sautner*, Viktimologie, 2014, S. 181.

[74] *Sautner*, Viktimologie, 2014, S. 182; ähnlich auch *Kaspar*, Verhältnismäßigkeit und Grundrechtsschutz im Präventionsstrafrecht, 2014, S. 59; *Weyrich*, Straftheorien und Rechtswirklichkeit, 2021, S. 136.

[75] *Sautner*, Opferinteressen und Strafrechtstheorie, 2010, S. 49; *Kaspar*, Verhältnismäßigkeit und Grundrechtsschutz im Präventionsstrafrecht, 2014, S. 59.

[76] *Fletcher*, Der Platz des Opfers in einer Vergeltungstheorie, in: Schünemann/Dubber (Hrsg.), Die Stellung des Opfers im Strafrechtssystem, 2000, S. 76, wobei nach *Fletcher* die positive Generalprävention schlicht Vergeltung unter einem anderen Namen ist, vgl. S. 77.

[77] *Prittwitz*, Sonderheft KritV für Hassemer, 2000, S. 165.

diskutiert werden könne.[78] Nach Ansicht von *Reemtsma* ist allein die positive Generalprävention in der Lage, das konkrete Straftatopfer in straftheoretischer Hinsicht zu berücksichtigen.[79] Aus der Perspektive des Opfers sei Strafe notwendig, da sie den bzw. die Täter:in ausgrenze und das Opfer in die Gemeinschaft einbeziehe.[80] Allerdings sind diese Gesichtspunkte gerade nicht originär generalpräventive Überlegungen. Es handelt sich vielmehr um Anknüpfungspunkte für eine Begründung von Strafe mit Individualinteressen und nicht mit Allgemeininteressen. Aus diesem Grund wird die straftheoretische Legitimation von Strafe durch Opferbelange überwiegend als neuer Gedanke verstanden und nicht der positiven Generalprävention zugeordnet.[81]

Nach Ansicht von *Roxin* dient die positive Generalprävention unter anderem der sogenannten Integrationsprävention. Hierbei handele es sich um den Befriedungseffekt, der sich einstelle, wenn sich das allgemeine Rechtsbewusstsein aufgrund der Sanktion über den Rechtsbruch beruhige und den Konflikt mit dem bzw. der Täter:in als erledigt ansehe.[82] Mit Blick auf die Einbeziehung der Interessen tatsächlicher Opfer könnte die Wiedergutmachung des durch die Straftat entstandenen Schadens der Integrationsprävention dienlich sein, indem die Wiedergutmachung einen bedeutenden Beitrag zur Wiederherstellung des Rechtsfriedens leiste.[83] Allerdings betrifft dieser Aspekt eher einen begrüßenswerten Nebeneffekt für die Erreichung der Ziele der positiven Generalprävention. Eine tragfähige Begründung für die Berücksichtigung der Opferperspektive im Rahmen von generalpräventiven Erwägungen lässt sich auf diese Weise nicht ableiten. Vielmehr stellt sich erneut die Frage, ob opferorientierte Ansätze wie die Wiedergutmachung nicht doch möglicherweise als eigenständige Strafzwecke einzuordnen sind, die positive Auswirkungen auf die Generalprävention haben

---

[78] Zuerst *Reemtsma*, Recht des Opfers auf Bestrafung, 1999, S. 20 ff.; ablehnend *Prittwitz*, Sonderheft KritV für Hassemer, 2000, S. 166 ff., 175).

[79] *Reemtsma*, Recht des Opfers auf Bestrafung, 1999, S. 20 ff.; ablehnend *Kilchling*, NStZ 2002, 57 (59).

[80] *Reemtsma*, Im Keller, 2. Aufl. 1997, S. 216.

[81] *Prittwitz*, Sonderheft KritV für Hassemer, 2000, S. 175 spricht von „positiv opferorientierter Spezialprävention"; *Jung*, ZRP 2000, 159 (162) bezeichnet dies als „opferorientierte Prävention"; *Kilchling*, NStZ 2002, 57 (59) möchte den Begriff der Reintegrationsprävention verwenden, da der Terminus der Spezialprävention eng mit den Täter:innen verbunden und der Begriff der Prävention allgemein auf die Gesellschaft und die Täter:innen bezogen sei.

[82] *Roxin*, Die Wiedergutmachung im System der Strafzwecke, in: Schöch (Hrsg.), Wiedergutmachung und Strafrecht, 1987, S. 46 f., 51; *Roxin*, FS Müller-Dietz, 2001, S. 709; *Roxin/Greco*, Strafrecht AT Bd. 1, 5. Aufl. 2020, § 3 Rn. 27.

[83] Ähnlich bereits *Rössner*, Täter-Opfer-Ausgleich und Kriminalitätsverhütung, in: Frank/Harrer (Hrsg.), Der Sachverständige im Strafrecht, 1990, S. 168.

können. Dieser Frage wird sogleich im Zusammenhang mit der opferorientierten Legitimation von Strafe noch näher nachgegangen.[84]

Insgesamt legitimiert daher auch die positive Generalprävention keine Einbeziehung der konkreten Interessen tatsächlicher Straftatopfer. Zum einen wird das tatsächliche Straftatopfer im Rahmen der generalpräventiven Begründung von Strafe weiterhin nur als Randfigur wahrgenommen. Zum anderen weist insbesondere die positive Generalprävention Schwierigkeiten hinsichtlich der empirischen Überprüfbarkeit ihrer Wirkung auf.[85] Sie ist daher selbst noch legitimationsbedürftig und eignet sich nicht dazu, Strafe allein zu begründen.[86]

Gleichwohl kann aus der Legitimation der Strafe mit generalpräventiven Zwecken zumindest abgeleitet werden, dass eine solche Legitimation erst Recht für die Einbeziehung von Opferbelangen gilt.[87] Zumindest müsste begründet werden, warum zwar allgemeine generalpräventive Erwägungen die staatliche Strafe legitimieren sollen, jedoch nicht Folgen der Strafe, die für das Opfer nützlich wären.[88] Die Allgemeinheit ist durch die konkrete Straftat nur indirekt betroffen und dennoch wird ihre Sicherheit oder Normstabilität als legitime Strafbegründung angesehen.[89] Wenn daher Interessen der Allgemeinheit für die Legitimation der Strafe herangezogen werden, dann muss konsequenterweise wohl auch die Berücksichtigung von Interessen der konkret betroffenen Straftatopfer legitim sein.

11.2.2.2.2 Spezialprävention

Im Mittelpunkt der Spezialprävention steht der bzw. die Täter:in als Individuum. Adressat:in der Spezialprävention ist hierbei nur diejenige Person, welche von

[84] Zur Wiedergutmachung unten im Abschnitt 11.2.3.1; zur Genugtuung unten im Abschnitt 11.2.3.2; zu den expressiven und kommunikativen Straftheorien unten im Abschnitt 11.2.3.3; zur Opferprävention unten im Abschnitt 11.2.3.4.

[85] *Roxin*, GA 2015, 185 (191); *Jescheck/Weigend*, Strafrecht AT, 5. Aufl. 1996, S. 69; ausführlich auch *Prittwitz*, Sonderheft KritV für Hassemer, 2000, S. 164 f.

[86] Ausführlich hierzu *Roxin*, GA 2015, 185 (193); vgl. *Weigend*, Kommentar zu Tatjana Hörnle, Gegenwärtige Strafbegründungstheorien, in: von Hirsch/Neumann/Seelmann (Hrsg.), Strafe – Warum?, 2011, S. 33 f.

[87] *Prittwitz*, Sonderheft KritV für Hassemer, 2000, S. 172.

[88] *Prittwitz*, Sonderheft KritV für Hassemer, 2000, S. 172.

[89] *Prittwitz*, Sonderheft KritV für Hassemer, 2000, S. 172.

einem Strafgericht verurteilt wurde, weil sie sich nicht strafrechtskonform verhalten hat.[90] Während die positive Spezialprävention auf die Resozialisierung der Täter:innen hin ausgerichtet ist, soll durch die negative Spezialprävention die Allgemeinheit vor dem bzw. der konkreten Täter:in geschützt und diese:r zugleich von einer erneuten Straffälligkeit abgeschreckt werden.[91]

Angesichts dieser Ausrichtung der Spezialprävention an den konkreten Täter:innen scheint das Opfer auf den ersten Blick erneut nur als ein Teil der vor den Täter:innen zu schützenden Allgemeinheit von Bedeutung zu sein. Betrachtet man jedoch das spezialpräventive Ziel der Resozialisierung der Täter:innen genauer, so wird deutlich, dass die Auseinandersetzung mit der Tat ein wichtiger Bestandteil für eine erfolgreiche Wiedereingliederung der Täter:innen in die Gesellschaft ist.[92] Indem die Täter:innen sich mit ihren Taten und deren Folgen auseinandersetzen, soll bei ihnen die Einsichtsfähigkeit hinsichtlich des Normverstoßes gefördert und zugleich das im Idealfall noch vorhandene Normbewusstsein gestärkt werden.[93] Dieses Normbewusstsein, das die Verbundenheit mit rechtlich geschützten Werten umfasst, bezieht sich auch auf die Rechte anderer Personen, insbesondere die des Opfers.[94] Indem die Täter:innen zu der Einsicht gelangen, dass sie gegen das Gesetz verstoßen haben und dieser Normverstoß zu einer Verletzung der Rechte einer anderen Person – des konkreten Opfers – geführt hat, werden das Opfer und seine Schädigung ein Teil des Resozialisierungsprozesses. Die Neutralisation des Opfers durch die Tat wird durch die Tataufarbeitung zumindest auf Seiten der Täter:innen aufgelöst, wenn diese die Einsicht gewinnen, dass ihr Handeln Unrecht war.[95] Mithin eröffnet die positive Spezialprävention durchaus die Möglichkeit, die Bedürfnisse und Interessen von Straftatopfern im Rahmen der Resozialisierung zu berücksichtigen.

---

[90] *Sautner*, Opferinteressen und Strafrechtstheorie, 2010, S. 54; vgl. auch *Meier*, Strafrechtliche Sanktionen, 5. Aufl. 2019, S. 24; *Roxin/Greco*, Strafrecht AT Bd. 1, 5. Aufl. 2020, § 3 Rn. 11.

[91] *Meier*, Strafrechtliche Sanktionen, 5. Aufl. 2019, S. 25; *Roxin/Greco*, Strafrecht AT Bd. 1, 5. Aufl. 2020, § 3 Rn. 12.

[92] So bereits *Wulf*, ZfStrVo 1985, 67 (68 f.); siehe auch *Neubacher,* in: Laubenthal/Nestler/Neubacher/Verrel (Hrsg.), StVollzG, 12. Aufl. 2015, B Rn. 60; *Sautner*, Opferinteressen und Strafrechtstheorie, 2010, S. 55, 371 ff.

[93] *Löschnig-Gspandl*, Die Wiedergutmachung im österreichischen Strafrecht, 1996, S. 86 f.; vgl. *Jesionek*, Juridikum 2005, 171 (173); *Sautner*, Opferinteressen und Strafrechtstheorie, 2010, S. 55.

[94] *Löschnig-Gspandl*, Die Wiedergutmachung im österreichischen Strafrecht, 1996, S. 87; *Sautner*, Opferinteressen und Strafrechtstheorie, 2010, S. 55.

[95] Ähnlich auch *Rössner*, TOA-Magazin 01/2013, 9 (10).

Jedoch dürfen diese Verbindungslinien zwischen Opferinteressen und positiver Spezialprävention nicht darüber hinwegtäuschen, dass die Resozialisierung immer noch in erster Linie an den Täter:innen orientiert ist und das Opfer allenfalls eine Nebenrolle einnimmt. Das Ziel der Resozialisierung ist nicht die Auflösung des Täter:in-Opfer-Konflikts, sondern die Wiedereingliederung der Täter:innen in die Gesellschaft.[96] Mithin kann die Auseinandersetzung des Täters bzw. der Täterin mit den Folgen der Tat für das Opfer nur ein Teilaspekt der Resozialisierung sein.[97] Daneben ist insbesondere die Schaffung von geeigneten (sozialen) Strukturen für die Täter:innen notwendig, um sie bei einer Lebensführung ohne strafrechtlich relevantes Verhalten in der Zukunft zu unterstützen.[98] Für eine Einbeziehung von Opferinteressen bleibt auf der Grundlage der positiven Spezialprävention somit nur in Ansätzen Raum.

Nach Ansicht von *Prittwitz* handelt es sich bei der Berücksichtigung von Opferinteressen im Strafrecht um Gesichtspunkte einer positiven opferorientierten Spezialprävention, die neben den täter:innenorientierten Ansatz trete.[99] Ziel dieser Spielart der Spezialprävention sei die Schadensbegrenzung beim konkreten Straftatopfer.[100] Diesbezüglich bestehen Gemeinsamkeiten mit dem von *Sautner* entwickelten Strafzweck der Opferprävention, der später im Zusammenhang mit der opferorientierten Legitimation von Strafe näher betrachtet werden wird.[101]

Mit Blick auf die negative Spezialprävention wird schließlich die Auffassung vertreten, dass bei der konkreten Gefahr einer Wiederholung der Tat – d. h. der bzw. die gleiche Täter:in könnte das gleiche Opfer schädigen – eine Legitimation der Bestrafung des Täters bzw. der Täterin zum Schutz des individuellen Opfers möglich sein könnte.[102] In diesen Fällen könnte das individuelle Opfer gegebenenfalls sogar ein verfassungsmäßig verbürgtes Recht auf staatlichen Schutz

---

[96] *Löschnig-Gspandl*, Die Wiedergutmachung im österreichischen Strafrecht, 1996, S. 86 f.; vgl. auch die Ausführungen zur Resozialisierung oben im Abschnitt 5.1.1.

[97] Vgl. hierzu u. a. *Schöch*, FS Eser, 2015, S. 188; *Lesting*, in: AK-StVollzG, 8. Aufl. 2022, Teil II, § 3 LandesR Rn. 4; ähnlich auch *Weyrich*, Straftheorien und Rechtswirklichkeit, 2021, S. 136 f.; ausführlich zur Tataufarbeitung als Bestandteil des Resozialisierungskonzepts im Strafvollzug oben im Abschnitt 5.2.3.2.

[98] Ausführlich zum Resozialisierungsbegriff siehe oben im Abschnitt 5.1.1.1.

[99] *Prittwitz*, Sonderheft KritV für Hassemer, 2000, S. 175.

[100] *Prittwitz*, Sonderheft KritV für Hassemer, 2000, S. 175.

[101] Hierzu unten im Abschnitt 11.2.3.4.

[102] *Kaspar*, Verhältnismäßigkeit und Grundrechtsschutz im Präventionsstrafrecht, 2014, S. 85; vgl. auch *Weigend*, RW 2010, 39 (49); *Holz*, Justizgewährungsanspruch des Verbrechensopfers, 2007, S. 105.

durch die Bestrafung des Täters bzw. der Täterin haben.[103] Diese Konkretisierung der negativen Spezialprävention könnte auch noch im Vollzug der Freiheitsstrafe fortwirken, wenn zum Beispiel Opferinteressen bei Entscheidungen über vollzugsöffnende Maßnahmen berücksichtigt werden sollen. Wie die verfassungsrechtliche Betrachtung gezeigt hat, kann eine derartige Berücksichtigung individueller Schutzinteressen jedoch nur in Ausnahmefällen angenommen werden.[104] Ferner ist zu beachten, dass die Spezialprävention insgesamt in erster Linie an den bzw. die konkrete:n Täter:in adressiert ist und mögliche Bezugspunkte zum Straftatopfer und dessen Interessen lediglich als Reflexwirkungen anzusehen sind.

11.2.2.2.3 Zwischenergebnis

Innerhalb der klassischen relativen Straftheorien bieten die positive Generalprävention und die positive Spezialprävention sowie in Ausnahmefällen auch die negative Spezialprävention Anknüpfungspunkte für eine Einbeziehung des konkreten Opfers. Jedoch kann auf diese Weise noch keine Orientierung eines Strafzwecks an Opferbelangen begründet oder gar legitimiert werden. Vielmehr stellen die Bezüge der general- und spezialpräventiven Theorien zu den Opferinteressen häufig nur Begleiterscheinungen der eigentlichen Zielrichtung des jeweiligen Strafzwecks dar. So bedarf es für eine gelungene Resozialisierung der Auseinandersetzung mit der begangenen Tat und somit auch mit dem Opfer. Ebenso ist „Opfergerechtigkeit“, welche sich im Rahmen der positiven Generalprävention ergeben kann, lediglich ein Nebeneffekt der Normbekräftigung durch die Bestrafung des Täters bzw. der Täterin.

11.2.3 Neuere opferorientierte Straftheorien

Verschiedene neuere Ansätze beschäftigen sich gezielt mit der Frage, ob und inwieweit staatliche Strafe durch die Interessen von Opfern legitimiert werden kann. Zu diesen Ansätzen zählen zunächst auf Wiedergutmachung ausgerichtete Überlegungen.[105] Von anderen Autor:innen wird die Befriedigung des Genugtuungsinteresses der individuellen Straftatopfer zur Legitimation von Strafe

---

[103] *Kaspar*, Verhältnismäßigkeit und Grundrechtsschutz im Präventionsstrafrecht, 2014, S. 85.

[104] Ausführlich hierzu oben im Abschnitt 10.1.2.3.4.

[105] *Rössner/Wulf*, Opferbezogene Strafrechtspflege, 1984, S. 82 ff.; *Rössner*, Wiedergutmachen statt übelvergelten, in: Marks/Rössner (Hrsg.), Täter-Opfer-Ausgleich, 1989, S. 35; *Seelmann*, Zeitschrift für evangelische Ethik 1981, 44 (45 ff.); *Sautner*, Opferinteressen und

angeführt.[106] Die noch in der Entwicklung befindlichen „expressiven"[107] oder „kommunikativen"[108] Straftheorien stellen einen weiteren Versuch dar, Strafe unter der Berücksichtigung von Opferbelangen zu rechtfertigen.[109] Daneben wird versucht, die Notwendigkeit staatlichen Strafens im Interesse des Opfers mit einer Art „Opferprävention" zu legitimieren.[110]

11.2.3.1 Wiedergutmachung

11.2.3.1.1 Allgemeines zur Wiedergutmachung

Zur straftheoretischen Bedeutung der Wiedergutmachung sind zunächst allgemeine Überlegungen vorauszuschicken. Zunächst stellt sich die Frage, ob die Wiedergutmachung insgesamt dem Zivilrecht oder dem Strafrecht zuzuordnen ist, womit zugleich die umstrittene Frage um die konkrete Einbeziehung der Wiedergutmachung in das Strafrechtssystem angesprochen ist. Nur wenn die Wiedergutmachung sich inhaltlich nicht auf den zivilrechtlichen Schadensersatz infolge der Viktimisierung beschränkt und daher eine darüberhinausgehende strafrechtliche Bedeutung hat, kann sie überhaupt von straftheoretischer Relevanz sein.

Strafrechtstheorie, 2010, S. 114 f.; *Hilf*, Der Strafrechtszweck der Restitution, in: Jesionek/Hilf (Hrsg.), Die Begleitung des Verbrechensopfers durch den Strafprozess, 2006, S. 16; *Jesionek*, Juridikum 2005, 171 (173).

[106] Weiterführend zu derartigen Überlegungen siehe *Jung*, ZStW (93) 1981, 1147 (1153 f.); *Weigend*, Deliktsopfer und Strafverfahren, 1989, S. 208 f.; *Reemtsma*, Recht des Opfers auf Bestrafung, 1999, S. 26 f.

[107] *Hörnle*, Expressive Straftheorien, in: Hilgers/Koch/Möllers/Müller-Mall (Hrsg.), Affekt & Urteil, 2015, S. 143; *Hörnle*, Straftheorien, 2. Aufl. 2017, S. 31 ff.; vgl. auch *Feinberg*, The Monist 1965, 397 (423).

[108] *Duff*, Punishment, Communication and Community, 2003, S. 27, 79 ff.

[109] *Schiemann*, Opferinteressen in der Straftheorie, 2015, S. 50 ff.; *Hörnle*, Straftheorien, 2. Aufl. 2017, S. 36 ff.

[110] Vgl. *Prittwitz*, Sonderheft KritV für Hassemer, 2000, S. 175; *Jung*, ZRP 2000, 159 (162); *Kilchling*, NStZ 2002, 57 (59); explizit *Sautner*, Opferinteressen und Strafrechtstheorie, 2010, S. 290 f.; *Sautner*, Viktimologie, 2014, S. 186 ff.

11.2.3.1.1.1 Generelle Einbeziehung der Wiedergutmachung im Strafrecht

Für die generelle Einbeziehung der Wiedergutmachung[111] in das Strafrecht wird als Ausgangspunkt die Straftat als Konflikt verstanden, der verarbeitet und aufgelöst werden muss.[112] Der Wiedergutmachungsgedanke fußt daher letztlich auf dem Konflikt zwischen Täter:in und Opfer[113], wenngleich das Opfer erst durch die Straftat gezwungener Maßen einbezogen wurde.[114]

Die Frage, ob Wiedergutmachung bzw. das Interesse des Opfers an dieser bei der Legitimation der staatlichen Strafe berücksichtigt werden kann, muss zunächst unterschieden werden von der Forderung, die Wiedergutmachung als Rechtsfolge im Strafrecht zu etablieren. Hinsichtlich der zuletzt genannten Frage herrscht Uneinigkeit darüber, ob die Wiedergutmachung als eine selbstständige strafrechtliche Reaktion neben oder anstelle der herkömmlichen Strafe als Rechtsfolge verhängt werden[115] oder ob sie als „dritte Spur" neben die Strafe und die Maßnahmen der Besserung und Sicherung treten soll[116]. Zudem besteht Uneinigkeit darüber, ob die Wiedergutmachung inhaltlich allein auf den zivilrechtlichen Schadensersatz beschränkt sein muss oder ein weites Verständnis der Wiedergutmachung innerhalb des Strafrechts erforderlich ist.

11.2.3.1.1.2 Wiedergutmachung als eigenständige Sanktion oder „dritte Spur"?

Bei der Ausgestaltung der Wiedergutmachung als primäre staatliche Reaktion auf strafrechtlich relevantes Verhalten handelt es sich nicht um eine Sanktion

---

[111] Zur begrifflichen Unschärfe *Sautner*, Opferinteressen und Strafrechtstheorie, 2010, S. 93 f.

[112] *Christie*, British Journal of Criminology 1977, 1 ff.; *Sessar/Beurskens/Boers*, KrimJ 1986, 86 (87); *Trenczek*, ZRP 1992, 130 (131); *Sessar*, Wiedergutmachen oder strafen, 1992, S. 5 f.; ausführlich hierzu oben im Abschnitt 7.2.1.2.

[113] *Frehsee*, Schadenswiedergutmachung, 1987, S. 127 f.

[114] So *Sessar*, Wiedergutmachen oder strafen, 1992, S. 5 f.

[115] *Rössner/Wulf*, Opferbezogene Strafrechtspflege, 1984, S. 82 ff.; *Hirsch*, ZStW (102) 1990, 534 (536 f.) mit Nachweisen zur internationalen Diskussion; siehe auch *Sessar*, Strafbedürfnis und Konfliktregelung, in: Marks/Rössner (Hrsg.), Täter-Opfer-Ausgleich, 1990, S. 42 ff.

[116] *Frehsee*, Schadenswiedergutmachung, 1987, S. 119; *Roxin*, Die Wiedergutmachung im System der Strafzwecke, in: Schöch (Hrsg.), Wiedergutmachung und Strafrecht, 1987, S. 44 f., 51 f.; *Schöch*, FS Maihofer, 1988, S. 467 f.; *Frommel*, FS Schüler-Springorum, 1993, S. 259 f.; siehe auch *Baumann/Brauneck/Burgstaller u. a.*, AE-Wiedergutmachung, 1992, S. 25 f.; *Schöch*, Gutachten C zum 59. DJT, in: Ständige Deputation des Deutschen Juristentages (Hrsg.), Verhandlungen 55. DJT, 1992, S. 75 f.

im traditionellen Sinne.[117] Vielmehr hat die Wiedergutmachung strafvermeidenden Charakter, da sie anstelle einer Freiheits- oder Geldstrafe Anwendung finden würde.[118] Eine Ausgestaltung der Wiedergutmachung als strafrechtliche Reaktion könnte letztlich als Sühneleistung des Täters bzw. der Täterin gegenüber dem Opfer verstanden werden und so zur strafrechtlichen Konfliktlösung beitragen.[119]

Diesem Vorschlag wird jedoch die zivilrechtliche Natur der Wiedergutmachung entgegengehalten.[120] So liege der Unterschied zwischen Strafe und Schadensersatz gerade darin, dass der Ausgleich des materiellen und immateriellen Schadens durch den bzw. die Täter:in Teil des zivilrechtlichen Schadensersatzes ist und die Strafe ein hierüber hinausgehendes Übel darstellt.[121] Eine Umbenennung des Schadensersatzes in Wiedergutmachung und seine Einbeziehung ins Strafrecht würde nicht dazu führen, dass die zivilrechtliche Rechtsnatur sich in eine strafrechtliche ändere und auch die Wirkung auf Täter:in und Opfer bleibe gleich.[122] *Hirsch* lehnt diesbezüglich sogar insgesamt die Berücksichtigung eines über das Schmerzensgeld hinausgehenden Sühneinteresses ab, da die Genugtuungskomponente des Schmerzensgeldes die dem Opfer widerfahrene Kränkung durch die Tat bereits ausgleiche.[123] Alles was über diese ausgleichende Entschädigung hinausgehe, sei Verbrechensgewinn auf Seiten des Opfers.[124]

Um die Trennung von staatlicher Strafe und zivilrechtlichem Schadensersatz aufrechtzuerhalten, wird mitunter vorgeschlagen, die Wiedergutmachung als „dritte Spur" des strafrechtlichen Rechtsfolgensystems zu berücksichtigen.[125] Die

---

[117] *Löschnig-Gspandl*, Die Wiedergutmachung im österreichischen Strafrecht, 1996, S. 12 f.; *Löschnig-Gspandl*, Das Recht des Opfers auf Wiedergutmachung, in: Dearing/Löschnig-Gspandl (Hrsg.), Opferrechte in Österreich, 2004, S. 163.

[118] Vgl. *Löschnig-Gspandl*, Die Wiedergutmachung im österreichischen Strafrecht, 1996, S. 12 f.; *Löschnig-Gspandl*, Das Recht des Opfers auf Wiedergutmachung, in: Dearing/Löschnig-Gspandl (Hrsg.), Opferrechte in Österreich, 2004, S. 163.

[119] *Frehsee*, Schadenswiedergutmachung, 1987, S. 56 f.; *Roxin*, Die Wiedergutmachung im System der Strafzwecke, in: Schöch (Hrsg.), Wiedergutmachung und Strafrecht, 1987, S. 37, 40 f.

[120] *Hirsch*, ZStW (102) 1990, 534 (538); *Hirsch*, GS Armin Kaufmann, 1989, S. 707, 717.

[121] *Hirsch*, ZStW (102) 1990, 534 (538); *Hirsch*, GS Armin Kaufmann, 1989, S. 707, 717.

[122] *Hirsch*, ZStW (102) 1990, 534 (538).

[123] *Hirsch*, ZStW (102) 1990, 534 (539).

[124] *Hirsch*, ZStW (102) 1990, 534 (539).

[125] *Frehsee*, Schadenswiedergutmachung, 1987, S. 119; *Roxin*, Die Wiedergutmachung im System der Strafzwecke, in: Schöch (Hrsg.), Wiedergutmachung und Strafrecht, 1987, S. 44 f., 51 f.; *Schöch*, FS Maihofer, 1988, S. 467 f.

Wiedergutmachung könnte das Strafrecht als präventiv wirkende Reaktionsmöglichkeit erweitern und gegebenenfalls als eigenständige Reaktion angewendet werden.[126] Insbesondere dürfte die Wiedergutmachung als „dritte Spur“ im Vergleich zu Strafe und Maßregeln das mildere Mittel darstellen, wenn der Konflikt in Folge der Wiedergutmachung als erledigt betrachtet wird.[127]

Jedoch wird auch diesem Vorschlag entgegengehalten, dass auf diese Weise die klare Trennung zwischen Zivilrecht und Strafrecht aufgeweicht werde.[128] Für Fälle, in denen die Konfliktlösung durch Wiedergutmachung erreicht werden könne und daher keine Strafe notwendig erscheine, müsse die Lösung des Konflikts dem Zivilrecht überlassen bleiben. Nur so könne die Trennung von zivilrechtlicher Wiedergutmachung und strafrechtlichen Reaktionen aufrechterhalten werden.[129] Wenn sich der aus einer Straftat folgende Konflikt bereits durch die zivilrechtliche Wiedergutmachung erledigt habe, dürfe kein Strafprozess mehr durchgeführt werden, da diesem die Legitimationsgrundlage entzogen wäre.[130] Des Weiteren dürfe die Zahlung des ohnehin geschuldeten zivilrechtlichen Schadensersatzes nicht zu strafrechtlichen Vergünstigungen führen.[131] Wenn der bzw. die Täter:in als Folge von Wiedergutmachungsbemühungen mit einer besonders milden Strafe rechne, könne die generalpräventive Wirkung der Strafen geschwächt werden.[132]

Weiterhin wird einer Einbeziehung der Wiedergutmachung als „dritter Spur“ entgegen gehalten, dass durch sie vor allem der Opferschaden Beachtung finden und die Störung des Rechtsfriedens nicht hinreichend berücksichtigt würde.[133]

11.2.3.1.1.3 Reichweite der strafrechtlichen Wiedergutmachung

Die bisherige Betrachtung hat gezeigt, dass sowohl gegen die Ausgestaltung der Wiedergutmachung als eigenständige Sanktion als auch gegen eine Einbeziehung als „dritte Spur“ im Strafrecht die zivilrechtliche Natur des Schadensausgleichs durch den bzw. die Täter:in angeführt wird. Diesbezüglich wird jedoch verkannt,

---

[126] *Roxin*, Die Wiedergutmachung im System der Strafzwecke, in: Schöch (Hrsg.), Wiedergutmachung und Strafrecht, 1987, S. 52.

[127] *Roxin*, Die Wiedergutmachung im System der Strafzwecke, in: Schöch (Hrsg.), Wiedergutmachung und Strafrecht, 1987, S. 52.

[128] *Hirsch*, ZStW (102) 1990, 534 (542).

[129] *Hirsch*, ZStW (102) 1990, 534 (542).

[130] Vgl. *Hirsch*, ZStW (102) 1990, 534 (542).

[131] *Hirsch*, ZStW (102) 1990, 534 (542); *Hirsch*, GS Armin Kaufmann, 1989, S. 707.

[132] *Hirsch*, ZStW (102) 1990, 534 (536).

[133] So auch *Hörnle*, Tatproportionale Strafzumessung, 1999, S. 99 f.

dass sich die Reichweite der strafrechtlichen Wiedergutmachung in erster Linie an den Interessen der Opfer von Straftaten orientieren muss. Da die tatsächlichen Straftatopfer die primären Adressat:innen der strafrechtlichen Wiedergutmachung durch die Täter:innen sind, müssen auch ihre Interessen und Bedürfnisse in besonderem Maße berücksichtigt werden.

Eine Beschränkung der Wiedergutmachung allein auf zivilrechtliche Schadensersatzzahlungen entspricht häufig gerade nicht den tatsächlichen Interessen der Straftatopfer. Die bloße finanzielle Entschädigung lindert das durch die Straftat erlebte Leid der Straftatopfer oft nur minimal. Die Annahme, Wiedergutmachung als Konfliktlösung umfasse nur den zivilrechtlichen Schadensersatz, greift zu kurz und entspricht nicht dem hier zugrunde gelegten Verständnis von Wiedergutmachung.[134] Vielmehr umfasst der Begriff der Wiedergutmachung nach der hier vertretenen Ansicht neben dem materiellen und immateriellen Schadensersatz auch noch andere Opferbedürfnisse, die nicht durch Schadensersatzzahlungen befriedigt werden können. Die zwischenmenschliche Konfliktlösung zwischen Opfer und Täter:in muss im Rahmen der Wiedergutmachung ebenso Berücksichtigung finden wie die Aussöhnung der Täter:innen mit der Gesellschaft, gegen deren Rechtsgrundsätze sie durch die Straftat verstoßen haben.[135] Diese Ausgleichsfunktion der Wiedergutmachung bezieht sich aber nicht allein auf materielle Leistungen der Täter:innen, sondern umfasst auch ideelle Wiedergutmachungsleistungen gegenüber den Straftatopfern und gegebenenfalls auch gegenüber der Gesellschaft.[136] Hierbei sollte jedoch der Grundsatz gelten, dass zuvörderst der zwischenmenschliche Konflikt zwischen Täter:in und Opfer durch Wiedergutmachung bereinigt werden soll und eine mögliche ideelle Wiedergutmachung zum Wohle der Gesellschaft in der Regel subsidiär ist.

Aus dieser Perspektive ist die strafrechtliche Wiedergutmachung als ein Konfliktlösungsverfahren zwischen Täter:in und Opfer zu verstehen.[137] Sie beschränkt sich gerade nicht nur auf materiellen und immateriellen Schadensersatz, sondern meint auch und vor allem die normative Rehabilitierung der verletzten Person.[138] Dies umfasst die Wiederherstellung der menschlichen Würde, ein ausdrückliches Aufzeigen der mit der Straftat überschrittenen Grenzen und Rechtsverletzungen beim Opfer und die Bestätigung der Opferschaft gegenüber dem Opfer, wodurch

---

[134] Zu den Formen der Restorative Justice i. w. S. siehe bereits oben im Abschnitt 7.2.1.2.3.

[135] Ausführlich zur Auflösung des zwischenmenschlichen Konflikts nach dem Konzept der Restorative Justice oben im Abschnitt 7.2.1.2.

[136] Hierzu bereits oben im Abschnitt 7.2.1.2.1.

[137] *Sautner*, Opferinteressen und Strafrechtstheorie, 2010, S. 367.

[138] *Hassemer*, ZRP 1997, 316 (318).

ein klarer Ausspruch des geschehenen Unrechts erfolgt.[139] Weiterhin wird die Verantwortlichkeit des Täters bzw. der Täter:in für die Verletzung des Opfers durch den Staat bestätigt.[140]

Ist das Ziel der Wiedergutmachung aber mehr als nur ein finanzieller Ausgleich der Straftatfolgen, so kann sie nicht allein zivilrechtlich verstanden werden.[141] Daher besteht sehr wohl die Möglichkeit, Wiedergutmachungsleistungen der Täter:innen zu deren Gunsten zu berücksichtigen, wenn sich diese Leistungen gerade nicht nur auf einen finanziellen Ausgleich beschränken. Im Umkehrschluss ergibt sich gleichermaßen, dass eine Wiedergutmachung nach diesem weiten Verständnis keine monetäre Komponente aufweisen muss, sondern gerade auch ideelle Ausgleichs- bzw. Aussöhnungsaspekte ausreichend sein können. Die Wiedergutmachung trägt zur Resozialisierung[142] oder auch Rehabilitation[143] des Opfers bei. Durch die Straftat hat das Opfer nicht nur eine unmittelbare, materielle Rechtsverletzung erlitten, sondern durch das Handeln des Täters bzw. der Täterin unter Umständen auch Missachtung, Demütigung und Erniedrigung erfahren.[144] Zur Aufhebung dieser Erfahrungen müssen daher die Bedürfnisse des konkreten Straftatopfers bei der Auswahl der geeigneten Wiedergutmachungsleistung Beachtung finden. Gleichzeitig darf hierbei nicht die individuelle Leistungsfähigkeit des Täters bzw. der Täterin außer Acht gelassen werden. Gerade diese Überlegungen bilden schließlich die Diskussionsgrundlage für die straftheoretische Berücksichtigung des Straftatopfers.

Wird dieses weite Verständnis von Wiedergutmachung als Reaktion auf strafrechtliche Konflikte zugrunde gelegt, so wird deutlich, dass das Zivilrecht nicht über die erforderlichen Mittel verfügt, um den aus der Straftat resultierenden zwischenmenschlichen Konflikt zu bereinigen. Bereits aus Opferschutzgesichtspunkten erscheint das Zivilrecht als wenig geeignet, diesen Konflikt zu bereinigen, da

---

[139] *Hassemer*, ZRP 1997, 316 (318); vgl. auch *Löschnig-Gspandl*, Das Recht des Opfers auf Wiedergutmachung, in: Dearing/Löschnig-Gspandl (Hrsg.), Opferrechte in Österreich, 2004, S. 162.

[140] *Günther*, FS Lüderssen, 2002, S. 218 f.

[141] Ähnlich auch *Schünemann*, Die Stellung des Opfers im System der Strafrechtspflege: Ein Drei-Säulen-Modell, in: Schünemann/Dubber (Hrsg.), Die Stellung des Opfers im Strafrechtssystem, 2000, S. 11, freilich in der Hauptsache beschränkt auf finanzielle Leistungen; siehe auch *Weigend*, FS Müller-Dietz, 2001, S. 980, der betont, dass zivilrechtliche Zahlungen die strafrechtliche Schuld nicht aufheben können.

[142] *Eder-Rieder*, Opferschutz, 1998, S. 7; vgl. auch *Heger*, JA 2007, 244 (244); *Prittwitz*, Sonderheft KritV für Hassemer, 2000, S. 175; *Kilchling*, NStZ 2002, 57 (58 ff.).

[143] *Hassemer*, ZRP 1997, 316 (318).

[144] *Günther*, FS Lüderssen, 2002, S. 207.

das Straftatopfer im Zivilprozess beispielsweise aufgrund des Beibringungsgrundsatzes nach § 138 ZPO allein für die Beibringung von Beweisen zuständig ist und keine Unterstützung durch staatliche Ermittlungsbehörden erhält. Opferbedürfnisse wie der Schutz vor einer erneuten Viktimisierung, Informationsinteressen und eine Anerkennung der Opfereigenschaft sind für das zivilrechtliche Verfahren nicht relevant, jedoch Bestandteil eines weiten Verständnisses der Wiedergutmachung. Diese aus dem strafrechtlichen Konflikt resultierenden Opferbedürfnisse bilden die Grundlage für die Einbeziehung des Opfers in die Strafrechtspflege. Sie dürfen daher nicht mit Verweis auf die zivilrechtliche Natur der finanziellen Wiedergutmachung außer Acht gelassen werden. Insgesamt genießt das Straftatopfer im Zivilrecht keinen besonderen Schutz; im Strafrecht ist der Opferschutzgedanke jedoch durch die Opferschutzgesetzgebung seit Ende der 1980er Jahre forciert worden. Eine generelle Zuordnung der Wiedergutmachung zum Zivilrecht würde den gesetzgeberischen Motiven der Opferschutzgesetzgebung nicht gerecht werden.[145]

Allerdings ist daneben zu beachten, dass die Wiedergutmachung als umfassende Konfliktlösungsmöglichkeit zu verstehen ist[146], und insbesondere auch den zivilrechtlichen Schadensersatz umfasst. Eine strikte Zuordnung zu dem Straf- oder Zivilrecht erscheint daher nicht zielführend. Entscheidend ist vielmehr, dass die Wiedergutmachung sich gerade nicht nur auf monetäre Ausgleichszahlungen beschränkt. Ebenso sind von der Wiedergutmachung immaterielle Arten des Ausgleichs und der Wiederherstellung des Rechtsfriedens zwischen Opfer und Täter:in erfasst, wenn dies dem Wiedergutmachungsbedürfnis des Opfers entspricht. Dabei ist zudem die Leistungsfähigkeit des jeweiligen Täters bzw. der jeweiligen Täterin hinsichtlich der Wiedergutmachung zu beachten. Diese Betrachtungsweise entspricht im Ergebnis dem Konzept der Restorative Justice.[147] Diesbezüglich ist zu beachten, dass die Restorative Justice nicht als originär strafrechtliche Konfliktlösungskonzept verstanden wird[148] und somit die strafrechtliche Wiedergutmachung nur einen – wenn auch großen – Teilbereich der gesamten Restorative Justice ausmacht. Die Besinnung auf die Opferperspektive eröffnet die Möglichkeit, die Wiedergutmachung im Strafrecht letztlich auch in den straftheoretischen Diskurs einzubeziehen.

---

[145] Zu den gesetzgeberischen Motiven oben im Abschnitt 9.2.3 und im Abschnitt 9.3.4.

[146] Zur Restorative Justice i. w. S. siehe bereits oben im Abschnitt 7.2.1.2.3.

[147] Ausführlich zum Konzept der Restorative Justice oben im Abschnitt 7.2.1.2.

[148] Ausführlich zum Begriff der Restorative Justice oben im Abschnitt 7.2.1.1.

11.2.3.1.2 Bedeutung in der straftheoretischen Diskussion

11.2.3.1.2.1 Straftheoretische Relevanz der Wiedergutmachung

Während die Einbeziehung und die Ausgestaltung der Wiedergutmachung im Strafrechtssystem umstritten sind, scheint die straftheoretische Bedeutung der Wiedergutmachung auf weniger Ablehnung zu stoßen. Mitunter wird zwar die Ausgestaltung der Wiedergutmachung als eine eigenständige strafrechtliche Reaktion bzw. als „dritte Spur" im Strafrecht abgelehnt[149], eine Beachtung der Wiedergutmachung in der straftheoretischen Diskussion von den gleichen Autor:innen jedoch sogar in Betracht gezogen[150]. Aufgrund ihrer erhofften positiven restorativen Wirkung für das Straftatopfer sei die Wiedergutmachung bereits begrifflich nicht als Strafe zu verstehen.[151] Demgegenüber könnte eine symbolische Wiedergutmachung zum Wohle der Allgemeinheit aus Täter:innensicht sehr wohl als Sanktion empfunden werden und nicht als ohnehin geschuldete Entschädigungsleistung.[152] Daher wird vorgeschlagen, dass gemeinnützige Leistungen und Leistungen gegenüber dem direkt betroffenen Opfer, die über den zivilrechtlichen Schadensersatz hinausgehen, ein Anwendungsgebiet der Wiedergutmachung im Strafrecht sein könnten.[153] Derartige Erwägungen greifen erkennbar den Gedanken der Restorative Justice und somit einer ganzheitlichen Konfliktlösungsstrategie auf.[154] Dies steht ganz im Zeichen der Forderungen nach einer wiederherstellenden Gerechtigkeit und somit nach einer Reaktion auf Strafe, welche die Versöhnung von Täter:in und Opfer anstrebt.[155]

Löschnig-Gspandl führt hinsichtlich der Notwendigkeit einer straftheoretischen Berücksichtigung der Wiedergutmachung an, dass die Wiedergutmachung aufgrund ihrer direkten Abhängigkeit von der Straftat sowie den Auswirkungen

---

[149] Vgl. z. B. *Lüderssen*, Rechtsfreie Räume?, 2012, S. 25 ff.; *Lüderssen*, FS Hirsch, 1999, S. 892.

[150] *Lüderssen*, Rechtsfreie Räume?, 2012, S. 26 f.

[151] *Löschnig-Gspandl*, Das Recht des Opfers auf Wiedergutmachung, in: Dearing/Löschnig-Gspandl (Hrsg.), Opferrechte in Österreich, 2004, S. 163, dort Fn. 41; ähnlich auch *Weyrich*, Straftheorien und Rechtswirklichkeit, 2021, S. 139.

[152] *Löschnig-Gspandl*, Das Recht des Opfers auf Wiedergutmachung, in: Dearing/Löschnig-Gspandl (Hrsg.), Opferrechte in Österreich, 2004, S. 163.

[153] Vgl. *Löschnig-Gspandl*, Das Recht des Opfers auf Wiedergutmachung, in: Dearing/Löschnig-Gspandl (Hrsg.), Opferrechte in Österreich, 2004, S. 163; ähnlich auch *Matt/Winter*, Täter-Opfer-Ausgleich, in: Ochmann/Schmidt-Semisch/Temme (Hrsg.), Healthy Justice, 2016, S. 170.

[154] Ausführlich zum Konzept der Restorative Justice oben im Abschnitt 7.2.1.2.

[155] Vgl. *Bussmann*, MSchrKrim 1986, 152 (154).

der Tat auf das konkrete Opfer auf die Beseitigung der durch die Tat verursachten Opferschäden gerichtet sein muss.[156] Die Wiedereingliederung des Opfers sei allerdings nicht allein Aufgabe des Täters bzw. der Täterin, sondern müsse von der Gesellschaft insgesamt getragen werden.[157] Dies umfasst neben den materiellen Reparationen insbesondere auch medizinische, psychologische, rechtliche und soziale Unterstützung, welche mitunter von staatlichen und nichtstaatlichen Opferhilfeeinrichtungen geleistet wird.[158] Für eine Aufarbeitung und Milderung der psychischen Folgen einer Straftat für das Opfer bieten weder das Zivilverfahren noch der Strafprozess den richtigen Rahmen[159], sodass diesbezüglich nur eine Konfliktlösung außerhalb formeller Verfahren in Betracht kommt. Dieser Gesichtspunkt wird außer Acht gelassen, wenn die zivilrechtliche Schadenskompensation als ausreichend erachtet wird.[160]

11.2.3.1.2.2 Wiedergutmachung als ein Bestandteil der klassischen Strafzwecke

Teilweise wird in der straftheoretischen Diskussion der Standpunkt vertreten, dass der Wiedergutmachung lediglich als ein Teilaspekt im Rahmen der General- und Spezialprävention Bedeutung zukommt.[161] Dem Streben nach Wiedergutmachung soll danach insgesamt eine Förderung präventiver Zwecke innewohnen.[162]

---

[156] *Löschnig-Gspandl*, Das Recht des Opfers auf Wiedergutmachung, in: Dearing/Löschnig-Gspandl (Hrsg.), Opferrechte in Österreich, 2004, S. 157.

[157] *Löschnig-Gspandl*, Das Recht des Opfers auf Wiedergutmachung, in: Dearing/Löschnig-Gspandl (Hrsg.), Opferrechte in Österreich, 2004, S. 162 m. w. N.; ähnlich auch *Matt/Winter*, Täter-Opfer-Ausgleich, in: Ochmann/Schmidt-Semisch/Temme (Hrsg.), Healthy Justice, 2016, S. 171.

[158] *Löschnig-Gspandl*, Das Recht des Opfers auf Wiedergutmachung, in: Dearing/Löschnig-Gspandl (Hrsg.), Opferrechte in Österreich, 2004, S. 162 m. w. N.

[159] *Frehsee*, Schadenswiedergutmachung, 1987, S. 127 ff.; vgl. auch *Hörnle*, Tatproportionale Strafzumessung, 1999, S. 98.

[160] Vgl. *Hörnle*, Tatproportionale Strafzumessung, 1999, S. 100 f.; *Hörnle*, JZ 2006, 950 (953).

[161] *Roxin*, Die Wiedergutmachung im System der Strafzwecke, in: Schöch (Hrsg.), Wiedergutmachung und Strafrecht, 1987, S. 45 ff.

[162] Vgl. *Roxin*, Die Wiedergutmachung im System der Strafzwecke, in: Schöch (Hrsg.), Wiedergutmachung und Strafrecht, 1987, S. 45 ff.; *Frehsee*, Schadenswiedergutmachung, 1987, S. 94 ff.; *Rössner*, Täter-Opfer-Ausgleich und Kriminalitätsverhütung, in: Frank/Harrer (Hrsg.), Der Sachverständige im Strafrecht, 1990, S. 166 ff.

Aus generalpräventiver Perspektive kann Vertreter:innen dieser Ansicht zufolge die Wiedergutmachung der Wiederherstellung des allgemeinen Rechtsfriedens dienen.[163] Die Wiedergutmachung wird daher mitunter als ein Teil der Integrationsprävention verstanden.[164] Den Anknüpfungspunkt hierfür bildet der Befriedungseffekt, der infolge der Wiedergutmachungsleistung des Täters bzw. der Täterin eintreten soll.[165] Danach bedarf es keines gesonderten Strafzwecks der Wiedergutmachung, da die erhoffte präventive Wirkung bereits Teil der positiven Generalprävention ist[166] und die Wiedergutmachung lediglich ein Mittel, um dieses Ziel zu erreichen[167].

Aus spezialpräventiver Perspektive kann die Wiedergutmachung von dem bzw. der Täter:in zwar wie die herkömmliche Strafe als Übel empfunden werden[168], jedoch zugleich positive Folgen für die Resozialisierung haben.[169] Die Tataufarbeitung und eine damit einhergehende Verantwortungsübernahme seitens der Täter:innen erscheinen geeignet, deren soziale Integration zu fördern.[170] Die Auseinandersetzung mit der Tat und den Folgen für das Opfer können zudem förderlich für die Entwicklung von Opferempathie sein und die Unrechtseinsicht bei dem bzw. der Täter:in fördern.[171] Die Wiedergutmachung kann daher als ein

---

[163] Vgl. *Rössner*, Täter-Opfer-Ausgleich und Kriminalitätsverhütung, in: Frank/Harrer (Hrsg.), Der Sachverständige im Strafrecht, 1990, S. 168; weiterführend *Weigend*, Deliktsopfer und Strafverfahren, 1989, S. 207 ff.

[164] *Roxin*, Die Wiedergutmachung im System der Strafzwecke, in: Schöch (Hrsg.), Wiedergutmachung und Strafrecht, 1987, S. 47 f.

[165] *Roxin*, Die Wiedergutmachung im System der Strafzwecke, in: Schöch (Hrsg.), Wiedergutmachung und Strafrecht, 1987, S. 46 f.; *Roxin/Greco*, Strafrecht AT Bd. 1, 5. Aufl. 2020, § 3 Rn. 27; näher hierzu bereits oben im Abschnitt 11.2.2.2.1.

[166] *Roxin*, Die Wiedergutmachung im System der Strafzwecke, in: Schöch (Hrsg.), Wiedergutmachung und Strafrecht, 1987, S. 47 f.; *Roxin/Greco*, Strafrecht AT Bd. 1, 5. Aufl. 2020, § 3 Rn. 73.

[167] *Hertle*, Schadenswiedergutmachung, 1994, S. 56.

[168] So etwa *Groenhujisen*, Neue Wege der Wiedergutmachung im Strafrecht der Niederlande, in: Eser/Kaiser/Madlener (Hrsg.), Neue Wege der Wiedergutmachung im Strafrecht, 1990, S. 266 f., 270 ff.

[169] Vgl. *Frehsee*, Schadenswiedergutmachung, 1987, S. 95 f.

[170] *Hertle*, Schadenswiedergutmachung, 1994, S. 54; *Rössner*, Täter-Opfer-Ausgleich und Kriminalitätsverhütung, in: Frank/Harrer (Hrsg.), Der Sachverständige im Strafrecht, 1990, S. 169 f.

[171] Ähnlich bereits *Frehsee*, Der Kriminalist 1982, 313 (317); *Kilchling*, Restorative Justice, insbesondere Täter-Opfer-Ausgleich im Strafvollzug, in: Kerner/Kinzig/Wulf (Hrsg.), Kriminologie und Strafvollzug, 2017, S. 47.

Hauptansatzpunkt für tatbezogenes soziales Lernen angesehen werden.[172] Jedoch ist die Einbeziehung von Methoden der Wiedergutmachung kein Garant für eine erfolgreiche Resozialisierung.[173] Daher stellt die Wiedergutmachung lediglich eine weitere Facette spezialpräventiver Bemühungen dar.

Insgesamt soll sich aus diesen Erwägungen für die Wiedergutmachung ergeben, dass sie nicht alleine als Strafzweck dienen kann, sondern immer in Kombination mit den klassischen Straftheorien verstanden werden müsse.[174] Denn nicht jedes durch eine Straftat begangene Unrecht lässt sich vollständig im Wege der Wiedergutmachung in einer für das Opfer befriedigenden Weise kompensieren. Es wird eher der Regelfall sein, dass eine:r der drei Akteur:innen – Allgemeinheit, Täter:in, Opfer – einer besonderen Beachtung bedarf, sei es durch general- oder spezialpräventive Aspekte oder eine besondere Betonung des Opferbezugs.[175]

Des Weiteren ist die Bestimmung konkreter Opfer bei sogenannten opferlosen Delikten[176] schwierig – namentlich bei Straftaten gegen Kollektivrechtsgüter und bei Gefährdungsdelikten. In diesen Fällen kommt daher allenfalls eine symbolische Wiedergutmachung gegenüber der Gesellschaft in Betracht. Gleiches muss wohl auch dann gelten, wenn das konkrete Straftatopfer Wiedergutmachungsbemühungen des Täters bzw. der Täterin ablehnt oder die vom Opfer geforderten Wiedergutmachungsleistungen für den bzw. die Täter:in nicht erfüllbar sind. Hierin zeigt sich erneut, dass die Wiedergutmachung generalpräventive und spezialpräventive Gesichtspunkte miteinander vereint. Aus generalpräventiver Sicht kann die symbolische Wiedergutmachung zur Wiederherstellung des allgemeinen Rechtsfriedens beitragen. Im Hinblick auf die Spezialprävention eröffnet die symbolische Wiedergutmachung resozialisierungswilligen Täter:innen Perspektiven, die nicht ausschließlich an ihre Straftat oder den Opferwillen geknüpft sind.

Gegen den vorstehend dargestellten Standpunkt spricht allerdings, dass die bloße Zuordnung der Wiedergutmachung zu den präventiven Straftheorien die zunehmend für wichtig gehaltene Stellung des Opfers nicht klar genug zum

---

172 *Baumann/Brauneck/Burgstaller u. a.*, AE-Wiedergutmachung, 1992, S. 26.

173 Vgl. *Roxin*, Die Wiedergutmachung im System der Strafzwecke, in: Schöch (Hrsg.), Wiedergutmachung und Strafrecht, 1987, S. 51; *Hertle*, Schadenswiedergutmachung, 1994, S. 54.

174 Vgl. *Roxin*, Die Wiedergutmachung im System der Strafzwecke, in: Schöch (Hrsg.), Wiedergutmachung und Strafrecht, 1987, S. 46 f., 51; *Hertle*, Schadenswiedergutmachung, 1994, S. 54.

175 *Sautner*, Opferinteressen und Strafrechtstheorie, 2010, S. 369.

176 Zum Begriff der „opferlosen Delikte" oben im Abschnitt 4.2.1.1.2.2.

Ausdruck bringt. Wenn das Straftatopfer nur als Mittel zur Erreichung präventiver Ziele verstanden wird, trägt dies der Bedeutung der Opferperspektive nicht hinreichend Rechnung. Aus diesem Grund bedeutet die Einordnung der Wiedergutmachung in die allgemeinen Strafzwecke keinen Fortschritt für die Repersonalisierung des Straftatopfers. Das Opfer erscheint aus dieser Perspektive weiterhin nur als ein Objekt oder Mittel zur Erreichung general- bzw. spezialpräventiver Ziele.

11.2.3.1.2.3 Wiedergutmachung als eigenständiger Strafzweck

Die straftheoretische Diskussion über die Bedeutung der Wiedergutmachung für die Strafbegründung ist in Deutschland noch weniger weit fortgeschritten als beispielsweise in Österreich. Während die Wiedergutmachung in Österreich mitunter bereits als ein Bestandteil des Strafzwecks der Restitution anerkannt wird[177], dreht sich die deutsche Diskussion vornehmlich um die Möglichkeit einer Ausgestaltung der Wiedergutmachung als strafrechtliche Reaktion bzw. als „dritte Spur“ im Strafrecht und weniger um straftheoretische Erwägungen. Aber auch in Deutschland wurde die Bedeutung des Ausgleichs der Tatfolgen für das Opfer vereinzelt schon thematisiert und die Notwendigkeit der Einbeziehung des Opfers in die Straftheorien betont.

Innerhalb dieser Diskussion wird die Wiedergutmachung daher auch als ein eigenständiger Strafzweck angesehen.[178] Aus straftheoretischer Perspektive sei es Aufgabe des Strafrechtssystems, ein Verfahren bereitzustellen, das eine Konfliktlösung zwischen Täter:in und Opfer ermögliche und fördere.[179] In Österreich findet die Wiedergutmachung bisweilen unter der Bezeichnung „Restitution“ als

[177] *Jesionek*, Das Verbrechensopfer als Prozesspartei, in: Bundesministerium der Justiz Österreich (Hrsg.), 33. Ottensteiner Fortbildungsseminar, 2005, S. 69; *Löschnig-Gspandl*, Die Wiedergutmachung im österreichischen Strafrecht, 1996, S. 78 f.; *Hilf*, Der Strafrechtszweck der Restitution, in: Jesionek/Hilf (Hrsg.), Die Begleitung des Verbrechensopfers durch den Strafprozess, 2006, S. 13 ff.

[178] *Rössner/Wulf*, Opferbezogene Strafrechtspflege, 1984, S. 82 ff.; *Rössner*, Wiedergutmachen statt übelvergelten, in: Marks/Rössner (Hrsg.), Täter-Opfer-Ausgleich, 1989, S. 35 f.; *Seelmann*, Zeitschrift für evangelische Ethik 1981, 44 (45 ff.); *Hilf*, Der Strafrechtszweck der Restitution, in: Jesionek/Hilf (Hrsg.), Die Begleitung des Verbrechensopfers durch den Strafprozess, 2006, S. 16; *Jesionek*, Juridikum 2005, 171 (173); skeptisch *Frehsee*, Wiedergutmachung, in: Sieverts/Schneider (Hrsg.), Handwörterbuch der Kriminologie, Bd. 5, 1998, S. 396; ablehnend *Roxin*, Die Wiedergutmachung im System der Strafzwecke, in: Schöch (Hrsg.), Wiedergutmachung und Strafrecht, 1987, S. 45 ff.; teilweise auch *Dölling*, JZ 1992, 493 (498); *Sautner*, Opferinteressen und Strafrechtstheorie, 2010, S. 114 f.

[179] *Sautner*, Opferinteressen und Strafrechtstheorie, 2010, S. 368.

Strafrechtszweck Anerkennung[180], wobei es sich bei der Restitution insgesamt um eine weitere Zielvorstellung des Strafrechts neben Repression und Prävention handeln soll[181]. Für eine solche Einordnung der Wiedergutmachung hatten sich auch bereits *Rössner* und *Wulf* im Rahmen ihrer Überlegungen zu einer opferorientierten Strafrechtspflege in den 1980er Jahren ausgesprochen.[182]

Die Restitution als straftheoretischer Ansatz soll die umfassende materielle und ideelle Wiedergutmachung gegenüber dem Opfer beinhalten.[183] Daher werden von der Tataufarbeitung im Rahmen eines Täter-Opfer-Ausgleichs oder anderer Varianten der Restorative Justice i. e. S. nicht nur Wiedergutmachungsinteressen erfasst, sondern darüber hinaus auch noch weitere Opferinteressen.[184] Nach Ansicht von *Burgstaller* umfasst Restitution die Hilfe bei der Bewältigung von durch die Tat ausgelösten negativen Empfindungen wie Ängsten, Schmerz, aber auch Wut und Zorn.[185] *Hilf* sieht die Restitution als einen umfassenden Strafrechtszweck an, der alle legitimen Bedürfnisse und Interessen des einzelnen Opfers umfasst. Hierzu sollen neben Mitwirkungsinteressen und Schutzinteressen im Sinne von Schonung und Sicherheit auch materielle und immaterielle Wiedergutmachungsinteressen zählen.[186]

Insgesamt scheint der Strafzweck der Restitution in Form der Hilfeleistung für das Straftatopfer bislang vor allem in der österreichischen Diskussion Anerkennung zu finden.[187] Sofern die Restitution neben der Spezial- und Generalprävention als ein weiterer gleichwertiger Strafzweck anerkannt werde, müsse dieser Strafzweck ebenso wie die Präventionszwecke das gesamte Strafrechtssystem durchziehen und somit gleichermaßen im materiellen Strafrecht, im Strafprozessrecht und im Strafvollzugsrecht beachtet werden.[188]

---

[180] *Löschnig-Gspandl*, Die Wiedergutmachung im österreichischen Strafrecht, 1996, S. 78 f.; *Jesionek*, Juridikum 2005, 171 (173).

[181] *Löschnig-Gspandl*, Die Wiedergutmachung im österreichischen Strafrecht, 1996, S. 71 f.; vgl. auch *Jesionek*, Juridikum 2005, 171 (173).

[182] *Rössner/Wulf*, Opferbezogene Strafrechtspflege, 1984, S. 83.

[183] *Löschnig-Gspandl*, Die Wiedergutmachung im österreichischen Strafrecht, 1996, S. 71 f.

[184] Vgl. *Löschnig-Gspandl*, Die Wiedergutmachung im österreichischen Strafrecht, 1996, S. 79.

[185] *Burgstaller*, Diskussionsbeitrag zum 13. ÖJT 1997, in: Österreichischer Juristentag (Hrsg.), 13. ÖJT Salzburg 1997, 1999, S. 54 f.

[186] *Hilf*, Der Strafrechtszweck der Restitution, in: Jesionek/Hilf (Hrsg.), Die Begleitung des Verbrechensopfers durch den Strafprozess, 2006, S. 16.

[187] So auch *Jesionek*, Juridikum 2005, 171 (173).

[188] *Burgstaller*, Diskussionsbeitrag zum 13. ÖJT 1997, in: Österreichischer Juristentag (Hrsg.), 13. ÖJT Salzburg 1997, 1999, S. 54 f.; *Jesionek*, Juridikum 2005, 171 (173).

Fraglich bleibt, ob die Wiedergutmachung als eigenständiger Strafzweck neben der Repression und der Prävention von Bedeutung ist. Wie bereits festgestellt wurde, kann die Wiedergutmachung für die Strafzwecke der Generalprävention und Spezialprävention förderlich sein. Soll das Straftatopfer jedoch im gesamten Strafrechtssystem Berücksichtigung finden, so kann die Wiedergutmachung richtigerweise nicht allein auf die Förderung präventiver Strafzwecke reduziert werden. Die Wiedergutmachung beschränkt sich gerade nicht allein auf die Wiederherstellung des Rechtsfriedens aus der Sicht der Allgemeinheit, sondern umfasst daneben vielmehr auch die Opferperspektive. Nach Ansicht von *Rössner* muss das Strafrecht daher auch die Interessen des Straftatopfers berücksichtigen und so eine umfassende Konfliktbeilegung fördern.[189] Dieser Anforderung kommt gerade die Wiedergutmachung nach, indem sie die Konfliktaufarbeitung zwischen Täter:in und Opfer ermöglicht.[190] Das Ziel des Strafrechts müsse die Beilegung des Konflikts, zumindest jedoch dessen Entschärfung sein.[191] Während das staatliche Strafrecht primär auf die Auflösung des Konflikts zwischen den Täter:innen und der Gesellschaft ausgerichtet ist, wird durch die Wiedergutmachung der Adressat:innenkreis insofern erweitert, als dem Opfer in diesem Prozess eine eigene Stellung zukommt. Das Opfer ist nicht mehr nur ein anonymer Teil der Allgemeinheit, sondern seine Bedeutung für die staatliche Strafe wird betont. Ein Strafrechtssystem, in dem die Wiedergutmachung legitimer Strafzweck ist, muss die Auflösung der Konfliktsituation zwischen Täter:in und Opfer ermöglichen und fördern.[192] Hierbei soll der gestörte Rechtsfrieden gerade durch die Interaktion zwischen Täter:in und Opfer mit dem Ziel der Konfliktlösung wiederhergestellt werden und so den Beteiligten eine aktive Rolle in diesem Prozess zukommen.[193] Im Ergebnis kommt der Wiedergutmachung daher

---

[189] *Rössner*, Wiedergutmachen statt übelvergelten, in: Marks/Rössner (Hrsg.), Täter-Opfer-Ausgleich, 1989, S. 36; ähnlich auch *Sautner*, Opferinteressen und Strafrechtstheorie, 2010, S. 114.

[190] *Rössner*, Wiedergutmachen statt übelvergelten, in: Marks/Rössner (Hrsg.), Täter-Opfer-Ausgleich, 1989, S. 36; *Sautner*, Opferinteressen und Strafrechtstheorie, 2010, S. 114.

[191] *Rössner*, Wiedergutmachen statt übelvergelten, in: Marks/Rössner (Hrsg.), Täter-Opfer-Ausgleich, 1989, S. 36.

[192] *Sautner*, Opferinteressen und Strafrechtstheorie, 2010, S. 368; vgl. auch *Liebmann*, Restorative Justice, 2007, S. 28 f.

[193] *Sautner*, Opferinteressen und Strafrechtstheorie, 2010, S. 368.

richtigerweise eine eigenständige Bedeutung neben der General- und Spezialprävention zu, weil sie zusätzlich gerade auch noch eine kommunikative Aussöhnung zwischen Täter:in und Opfer umfasst.[194]

Wenn der aus einer Straftat folgende Konflikt zwischen Opfer, Täter:in und Allgemeinheit durch eine Wiedergutmachung im Sinne des übergeordneten Strafzwecks der Wiederherstellung des Rechtsfriedens aufgelöst und bereinigt wird, werden zugleich auch präventive Ziele erreicht.[195] Daher wird auch von Vertreter:innen einer eigenständigen Bedeutung des Strafzwecks der Restitution eingestanden, dass die Grenzen zwischen Generalprävention und Restitution fließend sind.[196] Weiterhin ist zu beachten, dass nicht jeder Konflikt durch Maßnahmen der Wiedergutmachung zu lösen ist und dass daher die Restitution in diesen Fällen hinter anderen Strafzwecken zurückstehen muss. Dies sei beispielsweise der Fall, wenn das freiwillige Wiedergutmachungsbemühen des Täters bzw. der Täterin nicht ausreiche, um den Normgeltungsschaden beim konkreten Straftatopfer auszugleichen oder die Störung des Normgeltungsbewusstseins der Allgemeinheit zu beseitigen, oder wenn eine formelle Normverdeutlichung gegenüber dem bzw. der Täter:in durch eine staatliche Strafe erforderlich sei.[197]

Ungeachtet dieser Zugeständnisse an die Vertreter:innen der Gegenauffassung diene die Wiedergutmachung dennoch nicht lediglich den strafrechtlichen Präventionszwecken[198], sondern sei als gleichrangig mit diesen anzusehen.[199] Diese Gleichrangigkeit resultiere aus dem Umstand, dass das Ziel der Wiedergutmachung nicht nur die Wiederherstellung des Rechtsfriedens sei, sondern durch die

---

[194] So *Rössner*, Täter-Opfer-Ausgleich und Kriminalitätsverhütung, in: Frank/Harrer (Hrsg.), Der Sachverständige im Strafrecht, 1990, S. 172; kritisch zur Berücksichtigung der Wiedergutmachung innerhalb der Straftheorien *Weyrich*, Straftheorien und Rechtswirklichkeit, 2021, S. 139 f.

[195] *Sautner*, Opferinteressen und Strafrechtstheorie, 2010, S. 368 f.; vgl. auch *Hilf*, Der Strafrechtszweck der Restitution, in: Jesionek/Hilf (Hrsg.), Die Begleitung des Verbrechensopfers durch den Strafprozess, 2006, S. 16.

[196] *Hilf*, Der Strafrechtszweck der Restitution, in: Jesionek/Hilf (Hrsg.), Die Begleitung des Verbrechensopfers durch den Strafprozess, 2006, S. 16; siehe auch *Sautner*, Viktimologie, 2014, S. 182; *Sautner*, Opferinteressen und Strafrechtstheorie, 2010, S. 368.

[197] *Sautner*, Opferinteressen und Strafrechtstheorie, 2010, S. 369.

[198] *Jesionek*, Das Verbrechensopfer als Prozesspartei, in: Bundesministerium der Justiz Österreich (Hrsg.), 33. Ottensteiner Fortbildungsseminar, 2005, S. 69; *Hilf*, Der Strafrechtszweck der Restitution, in: Jesionek/Hilf (Hrsg.), Die Begleitung des Verbrechensopfers durch den Strafprozess, 2006, S. 16.

[199] *Jesionek*, Das Verbrechensopfer als Prozesspartei, in: Bundesministerium der Justiz Österreich (Hrsg.), 33. Ottensteiner Fortbildungsseminar, 2005, S. 69; *Sautner*, Opferinteressen und Strafrechtstheorie, 2010, S. 370.

freiwillige sozialkonstruktive Leistung des Täters bzw. der Täterin den Weg dorthin vorgebe. Daher unterscheide sich die Wiedergutmachung von den übrigen Strafzwecken, weil sie auf eine umfassende Auflösung des Konflikts ziele.[200] Es soll nicht nur ein Ausgleich der Normgeltungsschäden von Opfern und Allgemeinheit erfolgen, sondern auch alle übrigen Opferschäden sollen ausgeglichen werden.[201]

Wird die Wiedergutmachung wie hier als ein eigenständiger Strafzweck anerkannt, stellt sich die Frage, in welchem Verhältnis sie zur Spezialprävention und zur Generalprävention steht. Nach Ansicht von *Sautner* bestehen vier Möglichkeiten: eine Gleichrangigkeit von Präventionszwecken und Wiedergutmachung, ein Vorrang der Präventionszwecke, ein Vorrang der Wiedergutmachung oder eine Zusammenführung der beiden Strafzwecke unter einem einheitlichen weiteren Gesichtspunkt.[202] Ausschlaggebend für die Entscheidung über das Verhältnis zwischen Präventionszwecken und Wiedergutmachung sei die Wahl des Maßstabs, nach welchem die Rangordnung bestimmt werden solle.[203] *Sautner* unterscheidet zwischen general- und spezialpräventiven Erforderlichkeit einer Bestrafung des Täters bzw. der Täterin einerseits und der Wiederherstellung des Rechtsfriedens andererseits als mögliche Maßstäbe.[204] Im ersten Fall werde die Anwendbarkeit der Wiedergutmachung durch die präventiven Zwecke des Strafrechts begrenzt, weshalb ein Vorrang der Spezial- und Generalprävention bestehe. Demgegenüber würde die Wiederherstellung des Rechtsfriedens als übergeordneter Strafzweck zum einen die Annahme einer Gleichordnung von Präventionszwecken und Wiedergutmachung ermöglichen.[205] Allerdings wäre auch ein Vorrang der Wiedergutmachung vor den Präventionszwecken möglich.[206] Die Wiedergutmachung soll daher unter Berücksichtigung des Subsidiaritätsprinzips immer dann als geeignete Reaktionsmöglichkeit gelten, wenn sie die Möglichkeit eröffnet, den Rechtsfrieden ganzheitlich wiederherzustellen.[207] Dies sei jedenfalls immer dann der Fall, wenn durch die Wiedergutmachung neben dem gestörten

---

[200] *Sautner*, Opferinteressen und Strafrechtstheorie, 2010, S. 370.
[201] *Sautner*, Opferinteressen und Strafrechtstheorie, 2010, S. 370.
[202] *Sautner*, Opferinteressen und Strafrechtstheorie, 2010, S. 114.
[203] *Sautner*, Opferinteressen und Strafrechtstheorie, 2010, S. 114.
[204] *Sautner*, Opferinteressen und Strafrechtstheorie, 2010, S. 114 f.
[205] *Sautner*, Opferinteressen und Strafrechtstheorie, 2010, S. 115.
[206] *Sautner*, Opferinteressen und Strafrechtstheorie, 2010, S. 115.
[207] *Sautner*, Opferinteressen und Strafrechtstheorie, 2010, S. 114 f.

Rechtsfrieden zwischen Täter:in und Opfer zugleich auch der Rechtsfrieden der Allgemeinheit wiederhergestellt werden kann.[208]

Aus *Sautners* Überlegungen kann geschlossen werden, dass der gesellschaftlichen Anerkennung von Wiedergutmachungsleistungen des Täters bzw. der Täterin gegenüber dem Opfer eine entscheidende Bedeutung für das Zusammenspiel von Wiedergutmachung und Präventionstheorien zukommt. Wenn die Wiedergutmachung durch den bzw. die Täter:in nicht nur zu einer Befriedung des Täter:in-Opfer-Konflikts sondern auch zur Wiederherstellung des allgemeinen Rechtsfriedens führt, dürften auch generalpräventive Erwägungen einem Vorrang der Wiedergutmachung nicht entgegenstehen.[209] Der Vorrang vor der Spezialprävention lässt sich mit Blick auf die Sicherungskomponente ebenfalls in dieser Linie begründen. Hinsichtlich der Resozialisierung des Täters bzw. der Täterin ist wiederum die mögliche resozialisierungsfördernde Wirkung von Tataufarbeitung und Wiedergutmachung anzuführen.[210]

Nicht berücksichtigt wird von *Sautner* jedoch, dass die Wiedergutmachung nicht nur gegenüber dem individuellen Opfer erfolgen kann, sondern auch gegenüber dem sozialen Umfeld der Täter:innen oder der Allgemeinheit. Dieser Gesichtspunkt wird in der Diskussion über die Einordnung der Wiedergutmachung als Strafzweck bislang weitestgehend ausgeblendet. Die Begriffe der Wiedergutmachung und Restitution lassen ein derartig weites Verständnis einer Wiederherstellung des Rechtsfriedens durch Wiedergutmachung jedoch durchaus zu. Daher überzeugt es nicht, wenn der Strafzweck der Restitution allein auf das konkrete Straftatopfer ausgerichtet sein soll. Da die opferorientierte Wiederherstellung des Rechtsfriedens den Präventionstheorien zuzuordnen ist, erscheint der Begriff der Opferprävention als Parallele zur General und Spezialprävention vorzugswürdiger.[211] Die von *Sautner* entwickelte Opferprävention[212] berücksichtigt neben den restitutiven Opferinteressen auch mögliche Genugtuungsinteressen der Opfer und soll daher im Anschluss an die Überlegungen zur straftheoretischen Berücksichtigung noch einmal gesondert näher betrachtet werden.[213]

---

[208] *Sautner*, Opferinteressen und Strafrechtstheorie, 2010, S. 115.

[209] Ähnlich auch bereits *Kaspar*, Wiedergutmachung, 2004, S. 69.

[210] Hierzu bereits oben im Abschnitt 11.2.2.2.2.

[211] Vgl. *Sautner*, Opferinteressen und Strafrechtstheorie, 2010, S. 290 f.

[212] *Sautner*, Opferinteressen und Strafrechtstheorie, 2010, S. 290; *Sautner*, Viktimologie, 2014, S. 187.

[213] Hierzu sogleich unten im Abschnitt 11.2.3.4.

11.2.3.1.3 Zwischenergebnis und Folgerungen

Die bisherige Betrachtung hat ergeben, dass die Wiedergutmachung weder dem Zivilrecht noch dem Strafrecht eindeutig zugeordnet werden kann.[214] Sowohl Überlegungen zu einer Einbeziehung der Wiedergutmachung als eine eigenständigen Sanktion als auch dem Ansatz der Wiedergutmachung als „dritter Spur" wird die zivilrechtliche Natur der Wiedergutmachung entgegengehalten. Diesbezüglich wird jedoch häufig verkannt, dass sich die Wiedergutmachung in einer opferorientierten Strafrechtspflege gerade nicht auf den zivilrechtlichen Schadensersatz beschränken lässt. Der Ausgleich materieller und immaterieller Opferschäden kann zwar durch zivilrechtliche Schadensersatzschadenszahlungen erfolgen. Allerdings sind im Rahmen der strafrechtlichen Opferorientierung weitere Opferinteressen von Bedeutung, wie beispielsweise der Schutz vor einer erneuten Viktimisierung, Informationsinteressen, eine Anerkennung der Opfereigenschaft und die Resozialisierung des Opfers.[215] Diese Opferinteressen sind gerade auch Bestandteil einer umfassenden strafrechtlichen Konfliktlösung durch die Wiederherstellung des Rechtsfriedens und somit der Wiedergutmachung. Insofern ist innerhalb der strafrechtlichen Betrachtung ein weites Verständnis der Wiedergutmachung zugrunde zu legen, um dem Anspruch einer opferorientierten Strafrechtspflege gerecht werden zu können

Die straftheoretische Relevanz der Wiedergutmachung ergibt sich schließlich aus dem Umstand, dass bereits durch Maßnahmen der Wiedergutmachung die Konfliktlösung zwischen Täter:in und Opfer ermöglicht werden kann. Weiterhin bietet die Wiedergutmachung für die Wiederherstellung des zwischenmenschlichen, aber auch des gesamtgesellschaftlichen Rechtsfriedens einen straftheoretischen Anknüpfungspunkt.[216]

Im Hinblick auf die straftheoretische Betrachtung der Wiedergutmachung lässt sich festhalten, dass erhebliche Überschneidungen mit anderen präventiven Zwecken des Strafrechts nicht von der Hand zu weisen sind.[217] Allerdings ist die Wiedergutmachung als Strafzweck von eigenständiger Bedeutung, wenn die Opferperspektive in den Mittelpunkt der straftheoretischen Betrachtung gerückt wird. Soll durch strafrechtliche Reaktionen nicht allein der Rechtsfrieden innerhalb der Gesellschaft wiederhergestellt werden, sondern ebenso der Rechtsfrieden des individuellen Opfers Beachtung finden, muss die Opferperspektive

---

[214] Ähnlich bereits *Weigend*, FS Müller-Dietz, 2001, S. 988, ausführlich hierzu oben im Abschnitt 11.2.3.1.1.

[215] Hierzu bereits oben im Abschnitt 11.2.3.1.1.3.

[216] Hierzu bereits oben im Abschnitt 11.2.3.1.2.1.

[217] Hierzu bereits oben im Abschnitt 11.2.3.1.2.2.

berücksichtigt werden. Insofern tritt neben die generalpräventive Begründung strafrechtlicher Reaktionen die opferbezogene Wiedergutmachung. Inhaltlich ausgestaltet wird die Wiederherstellung des Rechtsfriedens des individuellen Opfers durch die Auflösung des Täter:in-Opfer-Konflikts.

Weiterhin können Maßnahmen der Wiedergutmachung zwar positive Auswirkungen für die Resozialisierung des Täters bzw. der Täterin haben und insbesondere im Zusammenhang mit der Tataufarbeitung und der Einsicht in das Unrecht der Tat von gesteigerter Relevanz sein.[218] Allerdings findet die Resozialisierung des Straftatopfers in der spezialpräventiven Straftheorie keinen Rückhalt.[219] Demgegenüber findet die Resozialisierung des Opfers durch den in Österreich bereits anerkannten Strafzwecks der Restitution Anklang. Die Restitution umfasst im Rahmen der Wiedergutmachung gerade auch die Bemühungen um eine umfassende Unterstützung des Straftatopfers bei der Bewältigung der Tat und ihrer Folgen.[220]

Für das deutsche Strafrechtssystem würden sich bei einer Anerkennung der Wiedergutmachung als eigenständigem Strafzweck verschiedene Konstellationen ergeben. Diesbezüglich erscheint eine dreispurige Rechtfertigung von Strafe möglich, indem die Vereinigungstheorie, welche Aspekte absoluter und relativer Straftheorien vereint,[221] durch den Strafzweck der Wiedergutmachung ergänzt und somit der Bezugskreis um das Opfer der konkreten Straftat erweitert wird. So würde die Wiedergutmachung als übergeordnetes Prinzip des Strafrechts neben Prävention und Repression treten.[222]

Zu beachten sind in diesem Zusammenhang jedoch die zahlreichen Überschneidungen zwischen dem Strafzweck der Wiedergutmachung und den Präventionszwecken der General und Spezialprävention. Eine hieraus folgende doppelte Berücksichtigung der wiederherstellenden Elemente innerhalb eines übergeordneten Strafzwecks und zugleich innerhalb der Prävention würde die übrigen Strafzwecke in ihrer Bedeutung einschränken. Für die Berücksichtigung des Opfers und seiner Interessen innerhalb der Straftheorien erscheint es

[218] Hierzu bereits oben im Abschnitt 11.2.2.2.2 sowie soeben im Abschnitt 11.2.3.1.2.2.

[219] Hierzu soeben im Abschnitt 11.2.3.1.2.3.

[220] Hierzu soeben im Abschnitt 11.2.3.1.2.3.

[221] Vgl. BVerfGE 45, 187 (253 f.); BGH NJW 1979, 1666 (1668); siehe auch *Wessels/Beulke/Satzger*, Strafrecht AT, 51. Aufl. 2021, § 1 Rn. 26; gegen eine Vereinigungstheorie, welche auch Vergeltung zur Legitimation von Strafe beinhaltet vor allem *Roxin/Greco*, Strafrecht AT Bd. 1, 5. Aufl. 2020, § 3, Rn. 33 ff.

[222] *Löschnig-Gspandl*, Die Wiedergutmachung im österreichischen Strafrecht, 1996,S. 71 f.; vgl. auch *Jesionek*, Juridikum 2005, 171 (173).

daher angemessen, die Wiedergutmachung – gegebenenfalls unter einer anderen Bezeichnung – als dritte Spielart der Präventionstheorien zu verstehen. Dies erscheint insbesondere deshalb vorzugswürdig, weil die Wiedergutmachung nicht bei allen strafrechtlichen Konflikten gleichermaßen relevant erscheint. Zu denken ist diesbezüglich an sogenannte opferlose Delikte[223] bzw. Straftaten, bei denen eine Individualisierung von Opfern kaum möglich ist und eine Abgrenzung zur Generalprävention besonders schwierig erscheint. Weiterhin würde eine Zuordnung der Wiedergutmachung zu den Präventionstheorien auch einer Einbeziehung von Maßnahmen der wiedergutmachenden Justiz nicht entgegenstehen. Diesbezüglich sind erneut Überschneidungen zur Generalprävention mit Blick auf die Wiederherstellung des Rechtsfriedens aus der Perspektive der Allgemeinheit ersichtlich. In der Folge würde die Wiedergutmachung nicht nur als Konfliktaufarbeitung zwischen Täter:in und Opfer, sondern als umfassende Konfliktlösung verstanden werden. Diese umfasst zum einen die Konfliktaufarbeitung zwischen Täter:in und Gesellschaft, beispielsweise durch Maßnahmen der wiedergutmachenden Justiz. Zum anderen wäre aber gerade auch die Unterstützung des Straftatopfers bei der Bewältigung der Straftat und ihrer Folgen durch die Gesellschaft erfasst.

11.2.3.2 Genugtuung

11.2.3.2.1 Allgemeines zur Genugtuung

In der Vergangenheit fand das Genugtuungsbedürfnis des Straftatopfers zumeist im Zusammenhang mit den absoluten Straftheorien als ein Teil der Vergeltung Beachtung.[224] Bisweilen wurde die Genugtuung auch als Nebeneffekt der Prävention eingeordnet.[225] Erst im Zusammenhang mit dem Ausbau der Beteiligungsrechte des Opfers im Strafverfahren wurde verstärkt die Frage diskutiert, ob die Genugtuung des Opfers als ein eigenständiger Strafzweck angesehen

---

[223] Zum Begriff siehe zu opferlosen Delikte *Sautner*, Viktimologie, 2014, S. 27; *Kiefl/Lamnek*, Soziologie des Opfers, 1986, S. 32 f.

[224] *Schünemann*, NStZ 1986, 193 (197); vgl. auch *Hassemer*, Einführung in die Grundlagen des Strafrechts, 2. Aufl. 1990, S. 69 f.

[225] Vgl. hierzu mit Blick auf die Wiederherstellung des Rechtsfriedens *Meyer-Goßner*, ZRP 1984, 228 (229 f.); ablehnend *Reemtsma*, Recht des Opfers auf Bestrafung, 1999, S. 24.

werden muss.[226] Um den Gegenstand der Genugtuung bestimmen zu können, ist zunächst eine Abgrenzung zu möglichen Vergeltungsbedürfnissen und Wiedergutmachungsbedürfnissen von Straftatopfern notwendig.

11.2.3.2.1.1 Abgrenzung von Genugtuung und Vergeltung

Mit Blick auf eine mögliche straftheoretische Berücksichtigung der Genugtuung ist zunächst das Verhältnis von Genugtuung und Vergeltung von Bedeutung. Diesbezüglich ist jedoch nicht auf die Vergeltung im Sinne der absoluten Straftheorien abzustellen[227], sondern vielmehr auf ein individuelles Vergeltungsbedürfnis von Straftatopfern. Während sich die Vergeltung im Sinne der absoluten Straftheorien auf das kollektive Bedürfnis der Allgemeinheit nach einer Reaktion auf die Straftat beschränkt[228], kann ein derartiges Interesse des Opfers nicht kollektiv nachempfunden werden[229]. Das Genugtuungsinteresse des Opfers ergibt sich gerade aus der individuellen Betroffenheit durch die Straftat.[230] Soll das Genugtuungsinteresse des Straftatopfers daher im straftheoretischen Diskurs von Bedeutung sein, ist ein bloßer Verweis auf absolute Straftheorien nicht ausreichend.

Weiterhin ist mit Blick auf ein mögliches Genugtuungsinteresse von Straftatopfern zu beachten, dass die Begriffe Genugtuung und Vergeltung zwar Überschneidungen aufweisen, jedoch inhaltlich nicht identisch sind. Während mögliche Vergeltungsinteressen des Straftatopfers insbesondere auf ein Racheverlangen oder zumindest auf eine Bestrafung des Täters bzw. der Täterin ausgerichtet sind, umfasst die Genugtuung vor allem die Feststellung des Tatunrechts und die Verantwortungszuschreibung.[231] Bestrafungswünsche des Opfers können zwar auch Bestandteil des Genugtuungsinteresses sein, zwingend ist dies

[226] Siehe hierzu *Jung*, ZStW (93) 1981, 1147 (1152 ff.); *Weigend*, Deliktsopfer und Strafverfahren, 1989, S. 208 f.; *Reemtsma*, Recht des Opfers auf Bestrafung, 1999, S. 26 f.; *Deiters* sieht in der Frage, ob das Genugtuungsinteresse als Strafzweck anzuerkennen ist, teilweise eine Revitalisierung der Wiederherstellungstheorie aus dem 19. Jahrhundert; vgl. *Deiters*, Legalitätsprinzip und Normgeltung, 2006, S. 36, dort Fn. 50.

[227] Hierzu bereits oben im Abschnitt 11.2.2.1.1.

[228] So bereits *Schmidt*, Die Aufgaben der Strafrechtspflege, 1895, S. 71 f.

[229] *Schmidt*, Die Aufgaben der Strafrechtspflege, 1895, S. 71 f.

[230] Vgl. *Krauß*, FS Lüderssen, 2002, S. 273; *Hassemer/Reemtsma*, Verbrechensopfer, 2002, S. 130 f.; *Reemtsma*, Recht des Opfers auf Bestrafung, 1999, S. 24 ff.

[231] Siehe hierzu *Krauß*, FS Lüderssen, 2002, S. 273; *Hassemer/Reemtsma*, Verbrechensopfer, 2002, S. 130 f.; *Reemtsma*, Recht des Opfers auf Bestrafung, 1999, S. 26 f.

jedoch nicht.[232] Während bei der Vergeltung die Bestrafung des Täters bzw. der Täterin und somit die Übelskomponente der Strafe im Vordergrund steht, liegt der Schwerpunkt einer opferbezogenen Genugtuung eher auf der Missbilligung des strafrechtlich relevanten Verhaltens.[233] Daher kann ein Vergeltungsinteresse in Form eines Rachewunsches zwar Bestandteil des Genugtuungsinteresses sein; allerdings umfasst der Genugtuungsbegriff daneben andere hoheitliche Reaktionen auf die Straftat, die das Genugtuungsbedürfnis des Opfers befriedigen können. Im Mittelpunkt stehen hier insbesondere die Unrechtsfeststellung und die Verantwortungszuschreibung durch das staatliche Strafverfahren. Insofern reicht das Genugtuungsinteresse von Opfern über den Vergeltungsbegriff hinaus.

Für eine Berücksichtigung des Genugtuungsinteresses innerhalb der Straftheorien ist zudem zu beachten, dass ein mögliches Racheverlangen des Opfers nicht mit einer rationalen Begründung des Strafrechtssystems vereinbar ist. Nach wohl einhelliger Meinung dürfen Rachebedürfnisse nicht zur Legitimation einer strafrechtlichen Sanktion herangezogen werden.[234] Die Berücksichtigung von Rachewünschen des Straftatopfers gegenüber dem bzw. der Täter:in würde der historisch bedingten Zurückdrängung der Fehde und dem Strafmonopol des Staates zuwiderlaufen und ist daher abzulehnen.[235] Infolgedessen können Rachebedürfnisse des Opfers auch nicht zur Legitimation einer Berücksichtigung von Opferinteressen im Strafrecht dienen. Auch aus diesem Grund muss sich die straftheoretische Betrachtung auf die Unrechtsfeststellung und die Zuschreibung der Tatverantwortung beschränken.

11.2.3.2.1.2 Abgrenzung von Genugtuung und Wiedergutmachung

Für die Betrachtung der Genugtuung ist weiterhin eine inhaltliche Abgrenzung zur Wiedergutmachung nötig. Während das Wiedergutmachungsbedürfnis von

---

[232] *Hassemer/Reemtsma*, Verbrechensopfer, 2002, S. 130 f.; *Reemtsma*, Recht des Opfers auf Bestrafung, 1999, S. 26 f.

[233] Zur Übels- und Missbilligungskomponente der staatlichen Strafe bereits oben im Abschnitt 11.1.1.

[234] *Hörnle*, JZ 2006, 950 (953 f.); siehe auch *Prittwitz*, Opferlose Straftheorien?, in: Schünemann/Dubber (Hrsg.), Die Stellung des Opfers im Strafrechtssystem, 2000, S. 66 f.; *Fletcher*, Der Platz des Opfers in einer Vergeltungstheorie, in: Schünemann/Dubber (Hrsg.), Die Stellung des Opfers im Strafrechtssystem, 2000, S. 76.

[235] Der Entzug des Rechts des Opfers auf Rache ist als Rationalisierung und Entdramatisierung des Täter:in-Opfer-Verhältnisses begrüßt worden; vgl. *Seelmann*, JZ 1989, 670 (671); siehe auch *Hörnle*, Expressive Straftheorien, in: Hilgers/Koch/Möllers/Müller-Mall (Hrsg.), Affekt & Urteil, 2015, S. 154 f.; *Sautner*, Opferinteressen und Strafrechtstheorie, 2010, S. 249; *Günther*, FS Lüderssen, 2002, S. 211 f.

Opfern vor allem auf einen Ausgleich der materiellen und ideellen Straftatfolgen ausgerichtet sein kann[236], ist das Genugtuungsbedürfnis insofern weiter, als es bisweilen Rachebedürfnisse umfassen kann[237]. Zwar haben einige Straftatopfer ein Wiedergutmachungsinteresse, welches inhaltlich mit dem Bedürfnis nach Genugtuung übereinstimmt.[238] Insbesondere ergibt sich mitunter aus dem Bestehen eines Genugtuungsinteresses des Opfers das Bedürfnis nach einer Auflösung des Konfliktes zwischen Opfer und Täter:in, wobei diese Konfliktlösung insbesondere im Rahmen von Wiedergutmachungsmaßnahmen angestrebt werden kann. Allerdings kann das Genugtuungsinteresse des Opfers auch durch Rachebedürfnisse geprägt sein, die weder mit der Wiedergutmachung im Speziellen noch mit dem Strafrechtssystem im Allgemeinen zu vereinbaren sind[239]. Aus diesem Grund ist die Genugtuung in der Regel vom Begriff der Wiedergutmachung ausgenommen.[240]

Zudem beschreibt die Wiedergutmachung nach dem der vorliegenden Untersuchung zugrunde liegenden Verständnis eine – wie auch immer geartete – Ausgleichsleistung des Täters bzw. der Täterin gegenüber dem Opfer, respektive der Gesellschaft. Die Genugtuung wurzelt demgegenüber unter Berücksichtigung des staatlichen Strafmonopols in einer staatlichen Reaktion auf die Straftat dem bzw. der Täter:in gegenüber.

11.2.3.2.1.3 Umfang des Genugtuungsinteresses

Den Ausgangspunkt für die Einbeziehung des Opfers in die moderne Straftheorie soll das sozial-ethische Unwerturteil infolge einer Personalisierung des Genugtuungsinteresses bilden.[241] Dies ergibt sich aus der Neutralisierung des Opfers durch die Straftat, weshalb eine Feststellung des Tatunrechts und eine eindeutige

---

[236] Vgl. *Kilchling*, Opferinteressen und Strafverfolgung, 1995, S. 628 f.; *Hagemann*, Restorative Justice, in: Lummer/Hagemann/Tein (Hrsg.), Restorative Justice – A European and Schleswig-Holsteinian Perspective, 2011, S. 155 f.

[237] *Hegel*, Grundlinien, 1995, § 102; *Schmidt*, Die Aufgaben der Strafrechtspflege, 1895, S. 68 f.

[238] *Günther*, FS Lüderssen, 2002, S. 207 f.; vgl. auch *Hassemer*, ZRP 1997, 316 (318).

[239] Hierzu bereits oben im Abschnitt 10.1.2.3.5.1.

[240] *Löschnig-Gspandl*, Das Recht des Opfers auf Wiedergutmachung, in: Dearing/Löschnig-Gspandl (Hrsg.), Opferrechte in Österreich, 2004, S. 163; a. A. *Krauß*, FS Lüderssen, 2002, S. 273.

[241] *Hörnle*, JZ 2006, 950 (950 ff.); *Hörnle*, Straftheorien, 2. Aufl. 2017, S. 39 ff.; vgl. auch *Sautner*, Opferinteressen und Strafrechtstheorie, 2010, S. 288.

Feststellung der Tatverantwortung des Täters bzw. der Täterin notwendig werden.[242] Nur durch diese Zuschreibung der Verantwortung für die Straftat und ihre Folgen erscheint die Aufhebung der Neutralisation des Opfers möglich.[243]

Das Genugtuungsbedürfnis im Sinne einer solchen Wiederherstellung von Gerechtigkeit und der Würde des Opfers ist nach verbreiteter Auffassung insbesondere auf der emotionalen Ebene bedeutsam. Das Straftatopfer habe nach der Viktimisierung das Bedürfnis nach einer Wiederherstellung seines Ansehens und verlange Genugtuung für die erlittene Schmach.[244] Durch die Straftat bringe der bzw. die Täter:in eine Missachtung des Opfers zum Ausdruck, das Straftatopfer werde neutralisiert.[245] Die Missachtung, Demütigung und Erniedrigung des Opfers durch die Straftat löse ein Bedürfnis nach Genugtuung aus[246], welches durch die Bestrafung des Täters bzw. der Täterin möglicherweise befriedigt werden könne[247].

Ein so verstandenes Genugtuungsinteresse kann gerade nicht mit einem Bestrafungswunsch des Opfers gleichgesetzt werden. Vielmehr können aus der Opferperspektive die Feststellung des Unrechts und der Schuld teilweise von größerer Bedeutung sein als die eigentliche Bestrafung des Täters bzw. der Täterin.[248] Der Schwerpunkt liegt diesbezüglich insbesondere auf dem Tadelsgedanken.[249] Das Genugtuungsinteresse von Straftatopfern bezieht sich primär auf eine öffentliche Feststellung des Unrechts in Form einer Verantwortungszuschreibung gegenüber dem bzw. der Täter:in.[250] Allein aufgrund eines bestehenden Genugtuungsbedürfnisses kann daher nicht ohne Weiteres einfach auf

---

[242] Siehe hierzu *Krauß*, FS Lüderssen, 2002, S. 273 f.; *Hassemer/Reemtsma*, Verbrechensopfer, 2002, S. 130 f.; vgl. auch *Reemtsma*, Recht des Opfers auf Bestrafung, 1999, S. 26 f.

[243] Vgl. *Krauß*, FS Lüderssen, 2002, S. 273; *Hassemer/Reemtsma*, Verbrechensopfer, 2002, S. 130 f.; vgl. auch *Reemtsma*, Recht des Opfers auf Bestrafung, 1999, S. 26 f.

[244] *Günther*, FS Lüderssen, 2002, S. 208 mit Hinweisen auf die Bedeutung der Genugtuung aus historischer Perspektive; vgl. auch *Reemtsma*, Recht des Opfers auf Bestrafung, 1999, S. 26 f.

[245] *Günther*, FS Lüderssen, 2002,S. 209; ähnlich *Rössner*, TOA-Magazin 01/2013, 9 (10); ausführlich zu den Neutralisationstechniken *Sykes/Matza*, Techniken der Neutralisation, in: Sack/König (Hrsg.), Kriminalsoziologie, 1979, S. 360 ff.

[246] Vgl. *Jerouschek*, JZ 2000, 185 (191 ff.).

[247] Vgl. *Jerouschek*, JZ 2000, 185 (191 ff.); ähnlich auch *Lüderssen*, FS Hirsch, 1999, S. 887.

[248] Vgl. *Lüderssen*, FS Hirsch, 1999, S. 887; *Jerouschek*, JZ 2000, 185 (191 ff.).

[249] *Hörnle*, JZ 2006, 950 (956); *Hörnle*, Straftheorien, 2. Aufl. 2017, S. 39; vgl. auch *Sautner*, Opferinteressen und Strafrechtstheorie, 2010,S. 288.

[250] *Krauß*, FS Lüderssen, 2002, S. 273; ebenso *Hassemer/Reemtsma*, Verbrechensopfer, 2002, S. 130 f.; *Reemtsma*, Recht des Opfers auf Bestrafung, 1999, S. 26 f.

einen Bestrafungswunsch des Opfers geschlossen werden. Vielmehr ist das Genugtuungsinteresse vornehmlich auf eine Aufhebung der durch die Straftat eingetretenen Neutralisierung gerichtet.[251] Daher erscheint die Übelszufügung nicht zwingend notwendig zu sein, um das Genugtuungsbedürfnis des Opfers zu befriedigen.

Das Genugtuungsinteresse von Straftatopfern kann zudem nicht allein durch klassische Sanktionen wie die Freiheits- und Geldstrafe befriedigt werden, sondern beispielsweise auch durch einen Täter-Opfer-Ausgleich oder gemeinnützige Arbeit.[252] Aus Opfersicht ist weniger die Klassifizierung einer Reaktion als strafrechtliche Sanktion von Bedeutung, sondern vielmehr der Umstand, dass es sich um eine Reaktion aufgrund oder infolge eines förmlichen Strafverfahrens handelt.[253] Daher können neben den üblichen Strafen auch andere strafrechtliche Reaktionen dem Genugtuungsinteresse des konkreten Opfers entsprechen.

Fraglich ist, bei welchen Straftatopfern ein Genugtuungsinteresse anzunehmen ist. Diesbezüglich wird teilweise die Ansicht vertreten, dass ein Genugtuungsbedürfnis vor allem bei Straftaten bestehen soll, welche die körperliche und/oder psychische Integrität als Person betreffen, wie dies namentlich bei Delikten wie Körperverletzung, Totschlag und Raub oder bei Straftaten gegen die sexuelle Selbstbestimmung der Fall ist.[254] Allerdings käme es einer Entmündigung des konkreten Straftatopfers gleich, wenn ihm unabhängig von der individuell empfundenen Beeinträchtigung durch die Straftat das Genugtuungsinteresse nur deswegen abgesprochen wird, weil es nicht Opfer einer bestimmten Straftat geworden ist. Ein Bedürfnis des Opfers nach einer Unrechtsfeststellung und Verantwortungszuschreibung kann auch bei anderen Straftaten bestehen. Daher kann die Anerkennung eines Genugtuungsbedürfnisses nicht vom Vorliegen bestimmter Straftaten abhängig gemacht werden. Vielmehr sind aus einer opferorientierten Perspektive alle (legitimen) Interessen und Bedürfnisse von Straftatopfern ernst zu nehmen, ganz gleich welche Straftat der Viktimisierung zugrunde lag.

11.2.3.2.2 Bedeutung in der straftheoretischen Diskussion

Die bisherigen Ausführungen haben gezeigt, dass das Genugtuungsinteresse einen möglichen Ausgangspunkt für eine straftheoretische Berücksichtigung von Opferinteressen darstellt. In der Folge muss jedoch noch genauer untersucht werden,

---

[251] Ähnlich bereits *Günther*, FS Lüderssen, 2002, S. 213.

[252] *Sessar*, Wiedergutmachen oder strafen, 1992, S. 179 ff.; *Sautner*, Opferinteressen und Strafrechtstheorie, 2010, S. 251.

[253] *Sautner*, Opferinteressen und Strafrechtstheorie, 2010, S. 246, 252 f.

[254] *Günther*, FS Lüderssen, 2002, S. 208; ähnlich auch *Roxin*, GA 2015, 185 (200 f.).

ob sich die Interessen des konkreten Opfers auf eine von der Rechtsordnung gedeckte strafrechtliche Reaktion beschränken oder darüber hinausgehen.

11.2.3.2.2.1 Genugtuung als Bestandteil klassischer Straftheorien

Durch die Überschneidungen zwischen Vergeltung und Genugtuung hinsichtlich möglicher Bestrafungs- und Rachewünsche ergeben sich durchaus Parallelen zu den Vergeltungstheorien. Allerdings ist in diesem Zusammenhang zu beachten, dass die Befriedigung individueller Racheverlangen unstreitig keine Aufgabe des Strafrechts ist und daher nicht der Legitimation strafrechtlicher Reaktionen dienen kann.[255] Insofern können individuelle Bestrafungswünsche von Straftatopfern auch im Rahmen der absoluten Straftheorien allenfalls bis zur Grenze des kollektiven Vergeltungsbedürfnisses Berücksichtigung finden. Dies hat zur Folge, dass einem auf Rache oder Bestrafung ausgerichteten Genugtuungsinteresse des Opfers innerhalb der Vergeltungstheorien keine weitergehende Bedeutung zukommt.[256] Gleiches gilt im Übrigen auch für eine Berücksichtigung der Genugtuung innerhalb der Sühnetheorie[257], da die Unrechtsfeststellung als Bestandteil des Genugtuungsinteresses des Opfers weder eine Einsicht noch eine Sühneleistung des Täters bzw. der Täterin voraussetzt. Vielmehr sind allein die hoheitliche Feststellung des Unrechts und die hoheitliche Verantwortungszuschreibung gegenüber dem bzw. der Täter:in im Rahmen des Genugtuungsbedürfnisses von Bedeutung.

Innerhalb der Präventionstheorien findet das opferbezogene und somit individualisierte Genugtuungsinteresse ebenfalls keinen Raum. Dies liegt insbesondere an der Ausrichtung der Generalprävention auf die Gesellschaft und der Spezialprävention auf die Täter:innen. Für Opferinteressen, die über eine Bekräftigung des kollektiven Vertrauens in die Rechtsordnung hinausgehen, ist innerhalb der positiven Generalprävention kein Raum.[258] Auch die negative Generalprävention ist allein auf die Abschreckung der Gesellschaft gerichtet und eröffnet keine Möglichkeiten der Berücksichtigung eines opferbezogenen Genugtuungsinteresses.[259]

---

[255] *Hörnle*, JZ 2006, 950 (953 f.); *Hörnle*, Expressive Straftheorien, in: Hilgers/Koch/Möllers/Müller-Mall (Hrsg.), Affekt & Urteil, 2015, S. 153 f.; siehe auch *Prittwitz*, Opferlose Straftheorien?, in: Schünemann/Dubber (Hrsg.), Die Stellung des Opfers im Strafrechtssystem, 2000, S. 66 ff.; *Fletcher*, Der Platz des Opfers in einer Vergeltungstheorie, in: Schünemann/Dubber (Hrsg.), Die Stellung des Opfers im Strafrechtssystem, 2000, S. 76; vgl. auch *Jerouschek*, JZ 2000, 185 (193).

[256] Hierzu bereits oben im Abschnitt 11.2.2.1.1.

[257] Allgemein zur Sühnetheorien oben im Abschnitt 11.2.2.1.2.

[258] Zur Generalprävention oben im Abschnitt 11.2.2.2.1.

[259] Zur Generalprävention oben im Abschnitt 11.2.2.2.1.

Die positive Spezialprävention ist zukunftsweisend für die Täter:innen zu verstehen und betrifft somit gerade nicht das durch die in der Vergangenheit liegende Straftat bedingte Genugtuungsinteresse der Opfer.[260] Ähnliches gilt auch für die negative Spezialprävention, die auf eine Individualabschreckung der Täter:innen ausgerichtet ist.[261]

Insgesamt ist daher festzustellen, dass das Genugtuungsinteresse des Straftatopfers innerhalb der klassischen Straftheorien keine weitergehende Bedeutung hat.

11.2.3.2.2.2 Genugtuung als eigenständiger Strafzweck

Fraglich ist, ob das Genugtuungsinteresse zur eigenständigen straftheoretischen Legitimation der Bestrafung des Täters bzw. der Täterin herangezogen werden kann. In der aktuellen straftheoretischen Diskussion ist die Genugtuung als eigenständiger Strafzweck bisher nicht anerkannt.[262] Dies wird im Ergebnis vor allem damit begründet, dass das Genugtuungsbedürfnis von Straftatopfern mitunter auch Rachegelüste gegenüber den Täter:innen umfassen kann und eine Abgrenzung zu legitimen Bestandteilen der Genugtuungsinteressen schwierig erscheint.[263]

Zumindest für die Strafzumessung ist anzumerken, dass Gesichtspunkte der immateriellen Genugtuung für die Höhe der Strafe zwar durchaus relevant sein können.[264] Jedoch handelt es sich bei der Genugtuung deswegen noch nicht um einen eigenständigen Strafzumessungsgrund.[265] Insbesondere darf die Einbeziehung von Genugtuungsgesichtspunkten nicht in Fällen zu einer Strafschärfung führen, in denen der bzw. die Täter:in keine Wiedergutmachungsbemühungen gezeigt hat.[266] Beim Tatausgleich oder anderen Wiedergutmachungsbemühungen

[260] Zur Spezialprävention oben im Abschnitt 11.2.2.2.2.

[261] Zur Spezialprävention oben im Abschnitt 11.2.2.2.2.

[262] *Kaspar*, Wiedergutmachung, 2004, S. 68 m. w. N.; hierzu auch *Lüderssen*, Rechtsfreie Räume?, 2012, S. 25 f.

[263] *Kaspar*, Wiedergutmachung, 2004, S. 68.

[264] OLG Hamburg, StV 1989, 531 (531).

[265] OLG Hamburg, StV 1989, 531 (531); zustimmend hinsichtlich einer Ablehnung der Genugtuung als Strafzweck *Hillenkamp*, StV 1989, 532 (533).

[266] OLG Hamburg, StV 1989, 531 (531); vgl. auch *Weigend*, NJW 1987, 1170 (1176); a. A. *Weber*, Zum Genugtuungsinteresse des Verletzten als Strafzweck, 1997, S. 160 ff.

handelt es sich um Strafmilderungsgründe, die nur zugunsten der Beschuldigten berücksichtigt werden dürfen[267], während ihr Fehlen nicht negativ gewichtet werden darf.[268] Berechtigten Genugtuungsinteressen der Straftatopfer ist zwar Rechnung zu tragen. Allerdings müssen bei der Tatsachenermittlung und in der Strafzumessung Emotionalisierungen insgesamt vermieden werden, die mit den Beschuldigteninteressen und dem Gemeinwohl kollidieren.[269] Demgegenüber erscheint eine generelle Berücksichtigung der Schwere der Straftatfolgen für das konkrete Opfer in der Strafzumessung durchaus legitim.[270] Hierfür spricht, dass aus der Gesamtkonzeption der Opferschutzgesetzgebung ein hoher Stellenwert von Opferinteressen erkennbar wird und daher eine Einbeziehung des Tatausgleichs und der Genugtuung in die Strafzumessung grundsätzlich möglich ist.[271]

Allerdings birgt die Berücksichtigung des Genugtuungsinteresses ersichtlich auch die Gefahr einer Überbetonung des Vergeltungsgedankens und somit der Schuldschwere. Letztere ist zwar im Rahmen der Strafzumessung relevant und anerkanntermaßen mitbestimmend für die Findung des Strafmaßes. Mit Blick auf die Ausgestaltung der konkreten Strafsanktion sind Schulderwägungen jedoch kritisch zu sehen. Insbesondere darf die Schwere der Schuld bei der Ausgestaltung der Freiheitsstrafe nicht unmittelbar berücksichtigt werden.[272] Daher kann das Genugtuungsinteresse aus straftheoretischer Sicht zwar zur Legitimation von Strafe im Sinne einer Verantwortungszuschreibung für begangenes Unrecht, nicht jedoch hinsichtlich der Ausgestaltung von Strafe herangezogen werden.[273]

---

[267] Vgl. *Kinzig*, in: Schönke/Schröder (Hrsg.), StGB, 30. Aufl. 2019, § 46 Rn. 40; *Fischer*, StGB, 69. Aufl. 2022, § 46 Rn. 46 f., 50b; a. A. *Weber*, Zum Genugtuungsinteresse des Verletzten als Strafzweck, 1997, S. 160 ff.

[268] BGH NStZ 1987, 323 (323); *Mösl*, NStZ 1982, 148 (151); vgl. auch BT-Drs. 10/6124, S. 17; *Kinzig*, in: Schönke/Schröder (Hrsg.), StGB, 30. Aufl. 2019, § 46 Rn. 40; *Fischer*, StGB, 69. Aufl. 2022, § 46 Rn. 50b.

[269] *Hörnle*, JZ 2015, 893 (896).

[270] Vgl. allgemein hierzu *Kinzig*, in: Schönke/Schröder (Hrsg.), StGB, 30. Aufl. 2019, § 46 Rn. 19; *Fischer*, StGB, 69. Aufl. 2022, § 46 Rn. 34.

[271] *Rieß/Hilger*, NStZ 1987, 145 (153 Fn. 187); *Böttcher*, JR 1987, 133 (139); OLG Hamburg, StV 1989, 531 (531 f.).

[272] Vgl. BVerfG NJW 2004, 739 (746); *Laubenthal*, Strafvollzug, 8. Aufl. 2019, Rn. 181; *Lindemann*, in: AK-StVollzG, 8. Aufl. 2022, Teil II, § 2 LandesR Rn. 5; *Neubacher*, in: Laubenthal/Nestler/Neubacher/Verrel (Hrsg.), StVollzG, 12. Aufl. 2015, B Rn. 45; kritisch *Arloth/Krä*, Strafvollzugsgesetze, 5. Aufl. 2021, § 2 StVollzG Rn. 3; ausführlich hierzu bereits oben im Abschnitt 5.1.4.

[273] Hiervon unberührt bleiben jedoch verfassungsrechtliche Gesichtspunkte, die eine Verpflichtung des Staates zur Reaktion auf Straftaten begründen können und in deren Rahmen

11.2.3.2.2.3 Genugtuung als Ausgangspunkt straftheoretischer Überlegungen

Wenngleich das Genugtuungsinteresse bislang keine Anerkennung als eigenständiger Strafzweck findet,[274] können auf die Genugtuung ausgerichtete Opferinteressen grundsätzlich von straftheoretischer Bedeutung sein.[275] Der Schwerpunkt der Straflegitimation liegt in diesem Zusammenhang weniger auf der Bestrafung des Täters bzw. der Täterin an sich, als vielmehr auf der Wirkung der Sanktionierung für das konkrete Straftatopfer. Während nach rechtstatsächlichen Untersuchungen nur ungefähr ein Fünftel der Straftatopfer eine unbedingte Freiheitsstrafe des Täters bzw. der Täterin befürworten und im weitesten Sinne als angemessen empfinden, kommt es einem Großteil der Opfer nicht auf eine besonders harte Sanktionierung der Täter:innen an.[276] Jedoch wird von ca. zwei Dritteln der Opfer die Verurteilung des Täters bzw. der Täterin zu einer Freiheitsstrafe als eine gewisse subjektive Entschädigung für die Viktimisierung empfunden, woraus sich schließen lässt, dass hiermit ein Teil des Genugtuungsinteresses angesprochen wird.[277]

Den Kern des „legitimen" Genugtuungsinteresses bilden das Bedürfnis nach einer verbindlichen Feststellung des Geschehens und der Ausspruch eines Unwerturteils durch den Staat.[278] Hierzu zählen letztlich auch Gefühle der Befriedigung und das subjektive Entschädigungsempfinden infolge der Bestrafung des Täters bzw. der Täterin.[279] Weitere Aspekte sind das Resozialisierungsbedürfnis des Straftatopfers[280] oder sein Bedürfnis nach Selbststabilisierung[281]. Im

---

wiederum eine Berücksichtigung des Genugtuungsinteresses möglich erscheint; vgl. hierzu *Hörnle*, JZ 2015, 893 (896); ausführlich zur verfassungsrechtlichen Bedeutung des Genugtuungsinteresses oben im Abschnitt 10.1.2.3.5.2.

[274] *Kaspar*, Wiedergutmachung, 2004, S. 68 m. w. N.; hierzu auch *Lüderssen*, Rechtsfreie Räume?, 2012, S. 25 f.; weiterführend *Weber*, Zum Genugtuungsinteresse des Verletzten als Strafzweck, 1997.

[275] *Sautner*, Opferinteressen und Strafrechtstheorie, 2010, S. 250 f.

[276] Vgl. *Sautner*, Opferinteressen und Strafrechtstheorie, 2010, S. 246 f.; weiterführend insbesondere *Kilchling*, Opferinteressen und Strafverfolgung, 1995, S. 516, 524 f.

[277] *Sautner*, Opferinteressen und Strafrechtstheorie, 2010, S. 246 f.; weiterführend insbesondere *Kilchling*, Opferinteressen und Strafverfolgung, 1995, S. 516, 524 f.

[278] *Hörnle*, Expressive Straftheorien, in: Hilgers/Koch/Möllers/Müller-Mall (Hrsg.), Affekt & Urteil, 2015, S. 156.

[279] Vgl. hierzu *Sautner*, Opferinteressen und Strafrechtstheorie, 2010, S. 248 f.

[280] Daher müssen die Ausführungen von *Reemtsma* auch so zu verstehen sein, dass er einen Teil des Genugtuungsbedürfnisses umschreibt und nicht, wie er vorgibt, Aspekte der Generalprävention für die Einbeziehung des Opfers fruchtbar macht; vgl. *Reemtsma*, Recht des Opfers auf Bestrafung, 1999, S. 26 f.

[281] So *Streng*, ÖJZ 1994, 145 (148 ff.); *Hermann/Streng*, BewHi 1991, 5 (8).

Gegensatz zur Wiedergutmachung kann die Bestrafung des Täters bzw. der Täterin den beim Opfer entstandenen Schaden zwar nicht beseitigen, wohl aber eine Solidarisierung des Sozialverbandes mit dem Opfer ausdrücken.[282] Es gehe dem Straftatopfer um die Feststellung, dass das ihm zugefügte Leid nicht Unglück, sondern Unrecht gewesen sei.[283] Ebenfalls erfasst sei das Bedürfnis des Opfers nach einer formellen Vorantwortungszuschreibung gegenüber dem bzw. der Täter:in, die insbesondere durch den Schuldspruch erfolge.[284] Dieses sozial-ethische Unwerturteil findet sich nur im Strafurteil und nicht beispielsweise bei der Verurteilung der Täter:innen zu zivilrechtlichem Schadensersatz.[285] Diese Gedanken der Unrechtsfeststellung und Verantwortungszuschreibung durch das staatliche Strafverfahren ist innerhalb der expressiv-kommunikativen Straftheorien von besonderer Relevanz.[286] Weiterhin ergeben sich hinsichtlich eines möglichen Bedürfnisses des Opfers nach Resozialisierung und Selbststabilisierung Verbindungen zur sogenannten Opferprävention nach *Sautner*[287]. Beide Gesichtspunkte werden daher sogleich im Zusammenhang mit den genannten straftheoretischen Ansätzen näher betrachtet.

Neben der Unrechtsfeststellung und Verantwortungszuschreibung kann schließlich auch die Aussöhnung zwischen Opfer und Täter:in dazu beitragen, dass das Opfer die Gefühle der Hilflosigkeit und Angst überwindet, die bei ihm durch die Straftat hervorgerufen wurden.[288] Insofern ergeben sich für die Genugtuung Überschneidungen mit der Wiedergutmachung[289], aber auch mit der Opferprävention nach *Sautner*[290]. Auf positive Effekte der Aussöhnung weisen auch Studien zu den Bedürfnissen von Opfern schwerer Gewalttaten hin, nach denen eher das Bedürfnis der Opfer nach Selbststabilisierung im Vordergrund steht als die Bestrafung des Täters bzw. der Täterin.[291] Jedoch darf dies nicht

---

[282] Vgl. *Reemtsma*, Recht des Opfers auf Bestrafung, 1999, S. 20 f.; *Reemtsma*, Im Keller, 2. Aufl. 1997, S. 216.

[283] Vgl. *Hassemer/Reemtsma*, Verbrechensopfer, 2002, S. 130 f.

[284] *Sautner*, Opferinteressen und Strafrechtstheorie, 2010, S. 250 f.

[285] Vgl. *Kühl*, FS Eser, 2005, S. 153 f.; *Hörnle*, JZ 2006, 950 (953); *Heger*, JA 2007, 244 (244).

[286] Hierzu sogleich unten im Abschnitt 11.2.3.3.

[287] Hierzu sogleich unten im Abschnitt 11.2.3.4.

[288] *Heger*, JA 2007, 244 (245).

[289] Zur straftheoretischen Bedeutung der Wiedergutmachung bereits oben im Abschnitt 11.2.3.1.

[290] Hierzu sogleich unten im Abschnitt 11.2.3.4.

[291] Vgl. *Streng*, ÖJZ 1994, 145 (152); *Hermann/Streng*, BewHi 1991, 5 (8); ähnlich auch *Herman*, Narben der Gewalt, 5. Aufl. 2018, S. 300.

darüber hinwegtäuschen, dass Rache- oder Wutgefühle gegenüber dem bzw. der Täter:in durchaus gängige Emotionen von Straftatopfern sind.[292] Bisweilen sind diese Gefühle mit dem Resozialisierungsbedürfnis der Opfer derart verwoben, dass durch Rache- oder Wutgefühle dem Bedürfnis nach Stabilität Ausdruck verliehen werden kann.[293] Die Umsetzung dieser Gefühle ist von Wünschen der Opfer nach Resozialisierung zu trennen, zumal Rachewünsche oder Rachephantasien teilweise nur der Verarbeitung der Opferwerdung dienen und eine reale Umsetzung dieser Wünsche und Phantasien in die Realität auch von Opferseite zumeist nicht gewollt ist.[294] Rachegefühle leisten daher mitunter in erster Linie einen Beitrag zur Identitätsfindung bzw. zur Bestätigung der Identität des Opfers, die durch die Viktimisierung beeinträchtigt wurde.[295]

Aus den Ergebnissen einer Opferbefragung von *Kilchling*[296] lässt sich nach Ansicht von *Sautner* der Schluss ziehen, dass Rache- und Wutgefühle bei den Opfern besonders ausgeprägt sind, die eine Verurteilung des Täters bzw. der Täterin zu einer Freiheitsstrafe mit einem Befriedigungsgefühl in Verbindung bringen.[297] Da es sich hierbei in der Hauptsache um Straftatopfer schwerer Gewalttaten oder Taten mit vergleichbaren traumatischen Konsequenzen für die Opfer handelt[298], lässt sich daraus folgern, dass Rachegefühle eher bei Straftatopfern vorliegen, die durch die Straftat schwere Rechtsgutseingriffe erlitten haben. In der Gesamtbetrachtung bleibt der Anteil derjenigen Opfer jedoch relativ gering, bei denen Wut- bzw. Rachegefühle als ein Teil des Genugtuungsbedürfnisses erkennbar sind.[299]

Nicht einheitlich wird beurteilt, inwiefern etwaige Rachebedürfnisse des Opfers durch staatliche Strafe gegenüber dem bzw. der Täter:in befriedigt werden können. Auf der einen Seite wird angenommen, dass Rache nicht stellvertretend

---

[292] Vgl. *Streng*, OJZ 1994, 145 (152); *Heger*, JA 2007, 244 (244); *Hörnle*, JZ 2006, 950 (953 f.); vgl. auch schon *Hegel*, Grundlinien, 1995, § 102.

[293] *Herman*, Narben der Gewalt, 5. Aufl. 2018, S. 211 f.

[294] Vgl. *Sautner*, Opferinteressen und Strafrechtstheorie, 2010, S. 249 f.; *Hassemer/Reemtsma*, Verbrechensopfer, 2002, S. 123.

[295] *Sautner*, Opferinteressen und Strafrechtstheorie, 2010, S. 250; länger andauernde Rachegefühle oder Rachewünsche können die Traumaverarbeitung jedoch auch erschweren; vgl. *Herman*, Narben der Gewalt, 5. Aufl. 2018, S. 211 f.

[296] *Kilchling*, Opferinteressen und Strafverfolgung, 1995, S. 16 ff.

[297] So *Sautner*, Opferinteressen und Strafrechtstheorie, 2010, S. 249.

[298] Vgl. *Kilchling*, Opferinteressen und Strafverfolgung, 1995, S. 516 f.

[299] *Sautner*, Opferinteressen und Strafrechtstheorie, 2010, S. 249.

ausgeübt werden kann und daher durch die staatliche Strafe keine Befriedigung dieses Bedürfnisses eintritt.[300] Auf der anderen Seite wird der Standpunkt vertreten, dass die Bestrafung des Täters bzw. der Täterin jedenfalls dann eine Art Aggressionsabbau für das Opfer bewirken kann, wenn dieses sich mit dem strafenden Staat identifiziert.[301] Da das Rachebedürfnis als solches jedoch, wie gezeigt, nicht als ein legitimer Zweck zur Begründung von Strafe angesehen wird, kann dahingestellt bleiben, ob durch die Bestrafung des Täters bzw. der Täterin eine Befriedigung dieser Rachebedürfnisse eintritt. Der Wunsch des Opfers nach Rache ist zwar grundsätzlich nachvollziehbar, im Strafrecht ist für die Berücksichtigung dieses Racheverlangens jedoch kein Raum, ganz gleich wie schwer das einzelne Opfer durch die Straftat verletzt oder traumatisiert wurde.

Fraglich ist, inwiefern eine staatliche Reaktion das Genugtuungsbedürfnis befriedigen kann, ohne dass die Befriedigung des Genugtuungsinteresses selbst als ein eigenständiger Zweck der Strafe anzusehen ist. Mitunter wird angenommen, dass die Bestrafung des Täters bzw. der Täterin zwar nicht zwangsläufig einen positiven Effekt für das Opfer mit sich bringt, das Unterlassen einer – wie auch immer gearteten – staatlichen Reaktion jedoch weitere Opferschäden verursachen könnte.[302] Hieraus folgt jedoch nicht, dass die Reaktion auf strafrechtlich relevantes Verhalten notwendig in einer Strafe bestehen muss. Vielmehr können andere Formen der Verantwortungsübernahme bzw. -zuschreibung einen ähnlichen Effekt haben, worauf insbesondere die positiven Einstellungen von Straftatopfern gegenüber Verfahrenserledigungen im Wege der Diversion hindeuten.[303] Vielfach wird von Opfern eine irgendwie geartete Reaktion gegenüber den Täter:innen als eine Art „Denkzettel" gewünscht und nicht zwangsläufig eine Strafe im engeren Sinne gefordert.[304] In solchen Fällen könnten stattdessen alternative Reaktionen wie der Täter-Opfer-Ausgleich oder die gemeinnützige Arbeit ihren Platz innerhalb des Strafrechts finden.[305]

---

[300] Vgl. *Reemtsma*, Recht des Opfers auf Bestrafung, 1999, S. 26; *Hassemer/Reemtsma*, Verbrechensopfer, 2002, S. 126; ähnlich auch *Günther*, FS Lüderssen, 2002, S. 207; siehe auch schon *Schmidt*, Die Aufgaben der Strafrechtspflege, 1895, S. 68 f.

[301] Vgl. *Streng*, ÖJZ 1994, 145 (149); *Hermann/Streng*, BewHi 1991, 5 (8).

[302] Vgl. *Reemtsma*, Recht des Opfers auf Bestrafung, 1999, S. 26 f.; zustimmend insbesondere für Opfer von schweren Straftaten *Sautner*, Opferinteressen und Strafrechtstheorie, 2010, S. 251.

[303] *Sautner*, Opferinteressen und Strafrechtstheorie, 2010, S. 251.

[304] Vgl. *Baurmann*, Über die Bedürfnisse von Kriminalitätsopfern, in: Egg (Hrsg.), Brennpunkte der Rechtspsychologie, 1991, S. 32.

[305] *Sautner*, Opferinteressen und Strafrechtstheorie, 2010, S. 251; ausführlich zur straftheoretischen Bedeutung der Wiedergutmachung bereits oben im Abschnitt 11.2.3.1.

In eine ähnliche Richtung weisen die Überlegungen von *Jerouschek*. Er nimmt an, dass nahezu alle Opfer von Gewaltdelikten durch die Tat eine Traumatisierung erfahren und gut ein Drittel dieser Opfer zudem dauerhafte Schäden erleidet.[306] Im Zusammenhang mit sogenannten „traumaspezifischen Delikten" müsse der Staat alles ihm Mögliche tun, um dem Opfer bei der Bewältigung des strafbar-fremdverschuldeten Traumas beizustehen.[307] Daher würde das Leid des Opfers vertieft werden, wenn die Gesellschaft ohne Not auf die Bestrafung des Täters bzw. der Täterin verzichten würde. Denn wenn schon die traumatisierende Tat nicht verhindert werden konnte, so müsse das Opfer wenigstens die besten Chancen zur Heilung im Sinne einer Traumabewältigung erhalten, wozu mitunter die Bestrafung des Täters bzw. der Täterin beitragen könne.[308] Aus diesen Überlegungen entwickelt *Jerouschek* eine „viktimologische Straftheorie", nach welcher eine Bestrafung des Täters bzw. die Täterin bei traumaspezifischen Delikten im therapeutischen Interesse legitim sein soll. Die Traumabewältigung des Opfers wird somit zum Strafzweck bestimmt.[309]

Insofern sind auch bei *Jerouschek* Überschneidungen seiner viktimologischen Straftheorie mit dem Opferbedürfnis nach Genugtuung im Sinne einer Feststellung des Unrechts durch das Strafgericht erkennbar. Inwiefern dieses Genugtuungsbedürfnis des Opfers jedoch tatsächlich der Traumabewältigung dienlich ist, bleibt fraglich. Empirische Studien hierzu sind bisher nicht ersichtlich. Der Forschungsstand stellt sich diesbezüglich ähnlich unterentwickelt dar wie hinsichtlich der Gefahr einer sekundären Viktimisierung durch das Strafverfahren. Allerdings ist dem Ansatz von *Jerouschek* zuzugeben, dass auch von den klassischen Straftheorien beispielsweise der Strafzweck der positiven Generalprävention empirisch nur schwer überprüfbar ist. Fraglich bleibt jedoch, ob es wirklich Aufgabe gerade des Strafrechts ist, das Straftatopfer bei der Bewältigung des möglicherweise durch die Straftat entstandenen Traumas zu unterstützen, oder ob der Staat hierfür nicht andere Maßnahmen ergreifen kann. Als Beispiele für Hilfen jenseits des Strafrechts seien hier nur die staatliche Opferhilfe durch Zahlungen nach dem Opferentschädigungsgesetz oder die finanzielle Unterstützung privater Opferhilfeorganisationen genannt. Beschränkt man den Strafzweck der Traumabewältigung allein auf die Feststellung des Unrechts und eine sich hieraus ergebende Rechtsfolge, unterscheidet sich der Ansatz von *Jerouschek*

---

306 *Jerouschek*, JZ 2000, 185 (188) mit Verweis auf *Hosser*, MSchrKrim 1997, 388 (388 ff.) und *Schneider*, MSchrKrim 1998, 316 (327 f.).

307 *Jerouschek*, JZ 2000, 185 (193).

308 *Jerouschek*, JZ 2000, 185 (193).

309 Vgl. *Jerouschek*, JZ 2000, 185 (193 f.).

in der Sache kaum von jenen, die das legitime Genugtuungsinteresse berücksichtigen wollen. Dies gesteht auch *Jerouschek* selbst ein, indem er annimmt, dass sich seine viktimologische Straftheorie größtenteils in die herkömmlichen Straftheorien integrieren lasse.[310]

11.2.3.2.3 Zwischenergebnis und Folgerungen

Die Abgrenzung der Genugtuung von der Vergeltung hat ergeben, dass das Vergeltungsinteresse des Opfers im Kern den Wunsch nach Bestrafung und Rache betrifft. Derartige Wünsche sind zwar bisweilen Teil des Genugtuungsinteresses von Opfern; sie eignen sich jedoch nicht zur straftheoretischen Legitimation von Strafe. Da die Genugtuung aus Sicht des Opfers mitunter nicht allein auf den Ausgleich der Tatfolgen und die Auflösung des zwischenmenschlichen Konflikts gerichtet ist, ist sie von der Wiedergutmachung zu unterscheiden.

Das legitime Genugtuungsinteresse von Straftatopfern umfasst schließlich vor allem das Bedürfnis nach Unrechtsfeststellung und Verantwortungszuschreibung gegenüber dem bzw. der Täter:in. In diesem Zusammenhang sind auch Bedürfnisse des Opfers nach Resozialisierung und Selbststabilisierung von Bedeutung.

Die Betrachtung der Bedeutung der Genugtuung für die straftheoretische Diskussion hat ergeben, dass die klassischen Straftheorien den legitimen Genugtuungsinteressen des Opfers nicht hinreichend Rechnung tragen können. Nach dem derzeitigen Stand der straftheoretischen Diskussion eignet sich die Genugtuung allerdings auch nicht als eigenständiger Strafzweck. Dies ergibt sich insbesondere aus dem Umstand, dass bisweilen auch Rachewünsche des Opfers Bestandteil von Genugtuungsinteressen sind und eine Abgrenzung zu legitimen Genugtuungsinteressen schwierig erscheint. Allenfalls im Rahmen der Strafzumessung kann das Genugtuungsinteresse des Opfers derzeit berücksichtigt werden. Jedoch besteht diesbezüglich die Gefahr einer Überbetonung des Vergeltungsgedankens in Form der Schuldschwere durch die Einbeziehung der Genugtuungsinteressen des Opfers. Daher sollte selbst bei einer Berücksichtigung der Genugtuung innerhalb der Strafzumessung nicht zugleich auf eine Relevanz des Genugtuungsinteresses für die konkrete Ausgestaltung der Strafe geschlossen werden. Vielmehr ist die Berücksichtigung der Genugtuung allein auf die Findung des tat- und schuldangemessenen Strafmaßes beschränkt und kann auch dort nicht alleiniger Maßstab sein.

Wenngleich die Genugtuung weder innerhalb der allgemeinen Straftheorien noch als eigenständiger Strafzweck von Bedeutung ist, folgt aus der Unrechtsfeststellung und der Verantwortungszuschreibung zu dem bzw. der Täter:in für

---

310 Vgl. *Jerouschek*, JZ 2000, 185 (194).

das Genugtuungsinteresse des Straftatopfers wenigstens eine gewisse straftheoretische Relevanz. Diese bezieht sich jedoch nicht auf die Übelskomponente der Strafe, weshalb das Genugtuungsinteresse des Opfers keinen Einfluss auf die Ausgestaltung des Übels haben kann. Vielmehr beschränkt sich die opferbezogene Genugtuungsfunktion der Strafe auf die Unrechtsfeststellung durch die strafrechtliche Verurteilung. Diese Unrechtsfeststellung durch ein Strafgericht kann der Resozialisierung und Selbststabilisierung des Straftatopfers dienen und diesem somit bei der Bewältigung der Straftatfolgen helfen. Daher erscheint eine Einbeziehung des Genugtuungsinteresses von Straftatopfern im Rahmen expressiv-kommunikativer Straftheorien[311] oder im Zusammenhang mit der von *Sautner* entwickelten Opferprävention[312] möglich. Diese straftheoretischen Ansätze werden sogleich vertieft dargestellt. Darüber hinaus können auch die Methoden und Maßnahmen der Wiedergutmachung zur Befriedigung des Genugtuungsinteresses führen, weshalb zumindest das legitime Genugtuungsinteresse auch im Rahmen der Wiedergutmachung Berücksichtigung erfahren kann.[313]

11.2.3.3 Expressive und kommunikative Straftheorien

11.2.3.3.1 Allgemeines zu den expressiven und kommunikativen Straftheorien

11.2.3.3.1.1 Vorüberlegungen zu expressiven und kommunikativen Straftheorien

Im Zusammenhang mit Straftheorien, die sich an Opferinteressen orientieren, wird oft von einer kommunikativen Wirkung der Strafe gesprochen.[314] Die sogenannten expressiven bzw. kommunikativen Straftheorien sind im Gegensatz zu präventiven Ansätzen nicht auf die Beeinflussung der Straftathäufigkeit in der Zukunft ausgerichtet, sondern auf die Frage, wie mit dem vergangenen normverletzenden Verhalten umgegangen wird bzw. umgegangen werden soll.[315] Während

---

[311] Sogleich unten im Abschnitt 11.2.3.3.

[312] Sogleich unten im Abschnitt 11.2.3.4.

[313] Zu den Überschneidungen von Wiedergutmachung und Genugtuung oben im Abschnitt 11.2.3.2.1.2; zur Genugtuung durch Wiedergutmachung soeben im Abschnitt 11.2.3.2.2.3.

[314] *Günther*, FS Lüderssen, 2002, S. 205 ff.; *Hörnle*, Straftheorien, 2. Aufl. 2017, S. 31, 40; ablehnend *Lüderssen*, FS Hirsch, 1999, S. 889, der die Berücksichtigung von Opferinteressen eher als Forderung nach einem stark verbesserungs- und erweiterungsbedürftigen nicht-strafrechtlichen Ausgleichssystem sieht.

[315] *Hörnle*, Straftheorien, 2. Aufl. 2017, S. 31; *Hörnle*, Gegenwärtige Strafbegründungstheorien, in: von Hirsch/Neumann/Seelmann (Hrsg.), Strafe – warum?, 2011, S. 23 f.

die traditionelle Sicht der Straftheorien kollektivistisch geprägt ist,[316] beziehen expressive Ansätze neben der kommunikativen Wirkung von Strafe auf die Allgemeinheit auch die Wirkung gegenüber Individuen wie Opfer und Täter:in mit in die Betrachtung ein[317]. Des Weiteren unterscheiden sich expressive und kommunikative Ansätze von den Präventionstheorien dadurch, dass die Strafe nicht vornehmlich durch die Übelszufügung legitimiert wird.[318] Vielmehr wird die Missbilligungskomponente der Strafe in den Mittelpunkt der Rechtfertigung von Strafe gestellt.[319] Während die Expression lediglich abstrakt die Missbilligung der Tat umfasst, wird diese Nachricht im Wege der Kommunikation an konkrete Empfänger:innen gerichtet,[320] wobei neben Gesellschaft und Täter:in auch das Opfer Adressat:in sein kann. Da Strafe hiernach sowohl expressive als auch kommunikative Elemente enthält, wird dieser straftheoretische Ansatz auch als „expressiv-kommunikativ" bezeichnet.[321] Überzeugender ist es jedoch, von kommunikationsorientierten[322] oder kommunikationsbasierten Straftheorien zu sprechen, da ansonsten die Kommunikation als entscheidender Faktor nicht hinreichend zum Ausdruck kommt. Denn auch nach den absoluten Straftheorien ist die Strafe Expression. Der Mehrwert der expressiv-kommunikativen Straftheorien gegenüber den absoluten Straftheorien liegt jedoch gerade in der besonderen Betonung des kommunikativen Elements. Strafe soll auf Kommunikation angelegt sein und gerade diese fördern oder gar bezwecken.[323] Diesbezüglich ergeben sich Parallelen zur Konfliktlösung im Wege der Restorative Justice, wobei letztere mitunter auf die Vermeidung von Strafe ausgerichtet ist.[324]

11.2.3.3.1.2 Legitimation der Missbilligungskomponente der Strafe

Die kommunikationsbasierten Straftheorien verstehen Strafe als Mittel der Kommunikation. Durch die hoheitliche Strafe wird die Missbilligung der Straftat zum

---

[316] *Hörnle*, JZ 2006, 950 (951).

[317] *Hörnle*, Straftheorien, 2. Aufl. 2017, S. 31.

[318] *Schiemann*, Opferinteressen in der Straftheorie, 2015, S. 50.

[319] *Schiemann*, Opferinteressen in der Straftheorie, 2015, S. 50.

[320] *Schiemann*, Opferinteressen in der Straftheorie, 2015, S. 51 f.

[321] *Zürcher*, Legitimation von Strafe, 2014, S. 170.

[322] *Hörnle*, FS Roxin, 2011, S. 15.

[323] Vgl. *Schiemann*, Opferinteressen in der Straftheorie, 2015, S. 54.

[324] Ausführlich zur Restorative Justice bereits oben im Abschnitt 7.2.

Ausdruck gebracht und hierdurch überhaupt erst die Möglichkeit zur Kommunikation geschaffen.[325] Entscheidend soll dabei sein, dass der durch die Strafe kommunizierte Vorwurf auch darauf ausgerichtet ist, als solcher verstanden zu werden.[326] Mithin muss der bzw. die Empfänger:in auch grundsätzlich in der Lage sein, den Inhalt der gesendeten Nachricht zu verstehen. Daher muss Strafe die Missbilligung in einer verständlichen Form zum Ausdruck bringen.[327] Zudem muss sich die Nachricht der Missbilligung an geeignete Adressat:innen richten.[328] Hierbei kommen neben der Gesellschaft und den Täter:innen auch die Opfer einer Straftat als Adressat:innen in Betracht.[329] Nachfolgend soll aufgrund des Gegenstandes der Arbeit nur auf die Rolle des Opfers als möglicher Empfänger:in der durch die Strafe übermittelten Missbilligung näher eingegangen werden.

Der Kernaspekt der an das Opfer adressierten Variante der kommunikationsbasierten Straftheorien ist die Feststellung der Opferschaft.[330] Dem Opfer soll durch die Missbilligung der Tat in Form der Strafe mitgeteilt werden, dass es als Individuum wertgeschätzt wird.[331] Diese Missbilligung ist nicht primär als eine emotional geprägte Reaktion, sondern als Unwerturteil „im Namen des Volkes" zu verstehen.[332] Dabei soll der Ausdruck der Missbilligung der Tat gegenüber der Allgemeinheit nicht ausreichen. Erforderlich sei vielmehr gerade die Kundgabe einer Missbilligung der Tat gegenüber dem Opfer, das als verletzte Person das größte Interesse an der Feststellung des Unrechts habe.[333] Neben Mitgefühl, Beileid und Solidarität, die dem Opfer anlässlich der Tat zuteilwerden[334], soll auch die Abwertung, die das Opfer durch die Tat seitens des Täters bzw. der

---

[325] Vgl. *Zürcher*, Legitimation von Strafe, 2014, S. 169 f.; ähnlich auch *Hörnle*, Tatproportionale Strafzumessung, 1999, S. 116; *Frisch*, GA 2019, 537 (549 ff.).

[326] *Zürcher*, Legitimation von Strafe, 2014, S. 170.

[327] Vgl. *Zürcher*, Legitimation von Strafe, 2014, S. 169.

[328] *Schiemann*, Opferinteressen in der Straftheorie, 2015, S. 54 ff.

[329] *Schiemann*, Opferinteressen in der Straftheorie, 2015, S. 54 ff.

[330] Kritisch *Greco*, GA 2020, 258 (262).

[331] Vgl. *Günther*, FS Lüderssen, 2002, S. 217; *Schiemann*, Opferinteressen in der Straftheorie, 2015, S. 56 mit Nachweisen zur internationalen Literatur; ähnlich auch *Hörnle*, Die Opferperspektive bei der Strafzumessung, in: Schünemann/Dubber (Hrsg.), Die Stellung des Opfers im Strafrechtssystem, 2000, S. 180.

[332] *Hörnle*, Tatproportionale Strafzumessung, 1999, S. 114 m. w. N.

[333] *Hörnle*, Die Opferperspektive bei der Strafzumessung, in: Schünemann/Dubber (Hrsg.), Die Stellung des Opfers im Strafrechtssystem, 2000, S. 180; ähnlich auch *Jerouschek*, JZ 2000, 185 (191).

[334] Vgl. *Reemtsma*, Im Keller, 2. Aufl. 1997, S. 216; *Jerouschek*, JZ 2000, 185 (194); *Prittwitz*, Sonderheft KritV für Hassemer, 2000, S. 172 f.; *Günther*, FS Lüderssen, 2002, S. 217;

Täterin erfahren hat, als nicht akzeptabel zurückgewiesen werden.[335] Durch das Strafurteil werde die Reichweite der Rechte des Opfers gekennzeichnet und eine Abgrenzung der Sphären von Täter:in und Opfer vorgenommen.[336] Dem bzw. der Täter:in werde hierdurch zwar zugleich die Verletzung einer Rechtsnorm vorgeworfen, jedoch liege der Schwerpunkt des Vorwurfs auf der Verletzung des Opfers als Individuum und nicht auf der Missachtung der Rechtsordnung oder der Rechtsgemeinschaft.[337] Entscheidend sei, dass dem bzw. der Täter:in vor Augen geführt werde, dass mit der Straftat das Opfer als gleichberechtigte Person negiert wurde.[338] Das Unwerturteil sei notwendigerweise retrospektiv, da eine Bewertung des in der Vergangenheit liegenden Verhaltens vorgenommen werde.[339]

Der Vorwurf als solcher wird stellvertretend für das Opfer durch den Staat erhoben.[340] Mit dem Unwerturteil soll dem Opfer durch eine öffentliche Erklärung die Rückkehr in die Normalität ermöglicht werden, indem das Erlebte auch objektiv – aus Sicht der Rechtsgemeinschaft – nicht als unglücklicher Zufall, sondern als Unrecht anerkannt wird.[341] Nicht der Verstoß gegen die Rechtsordnung, sondern die Verletzung des Opfers stellt danach das bedeutende Unrecht dar, das durch die Strafe eine Missbilligung erfährt.[342] Daher sollte nach Ansicht von *Hörnle* überprüft werden, ob der Inhalt des Unwerturteils auch gegenüber dem Straftatopfer begründet werden kann.[343]

Hörnle, JZ 2006, 950 (955 f.); *Burgi*, FS Isensee, 2007, S. 663; *Holz*, Justizgewährungsanspruch des Verbrechensopfers, 2007, S. 131.

335 Vgl. *Schiemann*, Opferinteressen in der Straftheorie, 2015, S. 56 f.

336 *Hörnle*, Die Opferperspektive bei der Strafzumessung, in: Schünemann/Dubber (Hrsg.), Die Stellung des Opfers im Strafrechtssystem, 2000, S. 180.

337 *Schiemann*, Opferinteressen in der Straftheorie, 2015, S. 57.

338 *Hörnle*, JZ 2006, 950 (957).

339 *Hörnle*, Tatproportionale Strafzumessung, 1999, S. 114.

340 *Zürcher*, Legitimation von Strafe, 2014, S. 137.

341 *Günther*, FS Lüderssen, 2002, S. 218; *Hirsch*, Warum soll die Strafsanktion existieren? – Tadel und Prävention als Element einer Rechtfertigung, in: von Hirsch/Neumann/Seelmann (Hrsg.), Strafe – warum?, 2011, S. 50, 64 f.; *Hörnle*, Gegenwärtige Strafbegründungstheorien, in: von Hirsch/Neumann/Seelmann (Hrsg.), Strafe – warum?, 2011, S. 26 f.; *Hörnle*, JZ 2006, 950 (955); *Hörnle/von Hirsch*, GA 1995, 261 (275); *Hörnle*, Die Opferperspektive bei der Strafzumessung, in: Schünemann/Dubber (Hrsg.), Die Stellung des Opfers im Strafrechtssystem, 2000, S. 180.

342 Vgl. *Schiemann*, Opferinteressen in der Straftheorie, 2015, S. 57.

343 *Hörnle*, JZ 2006, 950 (957).

Allerdings sind der Berücksichtigung von Opferinteressen bei der Legitimation der Missbilligungskomponente der Strafe auch Grenzen gesetzt. So sind Unwerturteil und Schuldvorwurf strikt voneinander zu trennen.[344] Insbesondere betrifft die Feststellung der Schuld allein die Sphäre des Täters bzw. der Täterin, weshalb bei Schuldeinschränkungen ausschließlich täter:innenbezogene Interessen Berücksichtigung finden.[345] Um die Unrechtsfeststellung auch bei einer Schuldunfähigkeit des Täters bzw. der Täterin oder anderen Umständen jenseits des Unrechts hervorzuheben, wird mitunter die Einführung eines Zwischenurteils vorgeschlagen, in dem eine Aussage über das gegenüber dem Opfer begangene Unrecht getroffen wird.[346] Des Weiteren kann auch nach der Ansicht von Vertreter:innen kommunikativer Straftheorien aus der Betonung des kommunikativen Elements nicht gefolgert werden, dass das Strafverfahren als Heilverfahren oder als besondere emotionale Unterstützung des Opfers ausgestaltet werden soll.[347] Es gehe vielmehr allein um die formelle Bekräftigung der Rechte des Opfers durch das Strafurteil. Eine hieraus folgende mögliche Befriedigung emotionaler Bedürfnisse von Straftatopfern sei lediglich ein begrüßenswerter Nebeneffekt.[348] Diesbezüglich wird deutlich, dass durch den kommunikativen Ausdruck der Missbilligung das legitime Genugtuungsinteresse des Opfers zwar berücksichtigt wird, jedoch nur soweit es sich auf die Unrechtsfeststellung, die Verantwortungszuschreibung gegenüber dem bzw. der Täter:in und die Anerkennung der Opferschaft bezieht.[349]

Bei der durch das Strafgericht ausgesprochenen Missbilligung der Straftat handelt es sich auf der Grundlage kommunikationsbasierter Straftheorien um einen Tadel und nicht um Vergeltung.[350] Durch den Tadel werde der bzw. die Täter:in weiterhin als Person anerkannt, die über moralische Autonomie verfüge und die Freiheit habe, anders zu handeln.[351] Insoweit lassen sich Parallelen zwischen den kommunikationsbasierten Theorien und dem Ansatz des reintegrative

---

[344] Zur Unterscheidung siehe *Hörnle*, Das Unwerturteil und der Schuldvorwurf, in: Hefendehl (Hrsg.), Symposium für Bernd Schünemann 2005, S. 105 ff.

[345] *Hörnle*, JZ 2006, 950 (957).

[346] *Jerouschek*, JZ 2000, 185 (191 f.); zustimmend *Hörnle*, JZ 2006, 950 (958).

[347] *Hörnle*, Die Opferperspektive bei der Strafzumessung, in: Schünemann/Dubber (Hrsg.), Die Stellung des Opfers im Strafrechtssystem, 2000, S. 181.

[348] *Hörnle*, Die Opferperspektive bei der Strafzumessung, in: Schünemann/Dubber (Hrsg.), Die Stellung des Opfers im Strafrechtssystem, 2000, S. 181.

[349] Hierzu bereits in den verfassungsrechtlichen Grundlagen oben im Abschnitt 10.1.2.3.5.2 und soeben mit Blick auf das Genugtuungsbedürfnis des Opfers im Abschnitt 11.2.3.2.1.

[350] Vgl. *von Hirsch*, Doing Justice, 1986, S. 48 f.; *Hörnle/von Hirsch*, GA 1995, 261 (265 ff.).

[351] Vgl. *Hörnle/von Hirsch*, GA 1995, 261 (267).

shaming nach *Braithwaite* erkennen, bei dem ebenfalls die Tat als solche eine Missbilligung erfährt, nicht jedoch der bzw. die Täter:in als Person.[352] Indem Täter:innen für ihr Handeln durch die Missbilligung der Straftat getadelt werden, wird zugleich die Neutralisierung der Straftatopfer durch die Tat aufgehoben.[353] Die Verantwortung für die Verletzung der jeweiligen Opfer wird eindeutig den konkreten Täter:innen zugeschrieben, diese selbst jedoch gleichzeitig als moralische Personen anerkannt.[354] Das an die Straftäter:innen appellierende Werturteil bedeute nach *Hörnle* keine Ausgrenzung der Täter:innen, sondern setzte vielmehr die Möglichkeit der Kommunikation voraus.[355]

11.2.3.3.1.3 Legitimation der Übelskomponente der Strafe

Die Missbilligung, welche die Straftat durch die Verhängung der hoheitlichen Strafe gegenüber dem bzw. der Täter:in erfährt, kann also durchaus mit dieser kommunikationsbasierten Straftheorie begründet werden.[356] Jedoch besteht Strafe neben der Missbilligungskomponente auch noch aus einer Übelszufügung in Gestalt der konkreten Sanktion.[357] Diese Übelskomponente muss ebenfalls legitimiert werden.

Mitunter wird angenommen, dass sich die Legitimation des strafrechtlichen Übels aus der Akzessorietät von Übelszufügung und Missbilligung ergibt.[358] Indem die Missbilligung der Straftat als erforderlich angesehen werde, müsse auf diese auch ein Übel folgen. Dies wird unter anderem damit begründet, dass die Missbilligung allein unter Umständen nicht ausreicht, die tatsächliche Tragweite der gesellschaftlichen Ablehnung der Tat und ihrer Folgen zu erfassen.[359] Die Übelszufügung wird demnach als eine Verkörperung der gesellschaftlichen Missbilligung angesehen, wenn ein bloßer verbaler Tadel nicht mehr ausreicht.[360]

---

[352] Ausführlich hierzu oben im Abschnitt 7.2.1.2.2.

[353] Vgl. *Günther*, FS Lüderssen, 2002, S. 218 f.

[354] *Günther*, FS Lüderssen, 2002, S. 218.

[355] *Hörnle*, Tatproportionale Strafzumessung, 1999, S. 116.

[356] Vgl. *Schiemann*, Opferinteressen in der Straftheorie, 2015 S. 58.

[357] *Meier*, Strafrechtliche Sanktionen, 5. Aufl. 2019, S. 15 f.; ähnlich auch *Jescheck/Weigend*, Strafrecht AT, 5. Aufl. 1996, S. 65.

[358] *Puppe*, FS Grünwald, 1999, S. 478 f.; *Schiemann*, Opferinteressen in der Straftheorie, 2015 S. 58; vgl. auch *Hörnle*, Straftheorien, 2. Aufl. 2017, S. 43 ff.; *Frisch*, GA 2019, 537 (552).

[359] Vgl. *Puppe*, FS Grünwald, 1999, S. 478 f.; in diesem Sinne auch *Greco*, GA 2020, 258 (261).

[360] Vgl. *Schiemann*, Opferinteressen in der Straftheorie, 2015 S. 58 f. m. w. N.

Indes wird diesem Legitimationsversuch auch Kritik entgegengebracht.[361] Insbesondere sei die Übelskomponente nicht zwangsläufig eine notwendige Bedingung für die Vermittlung der Botschaft der Missbilligung.[362] Die Verknüpfung von Missbilligung und Übelszufügung sei nur historisch bedingt und grundsätzlich veränderbar.[363] Für den Ausdruck des symbolisch-expressiven Gehalts sei das öffentliche und formalisierte Verfahren der Unrechts- und Schuldfeststellung ausreichend, auf die Zufügung eines Übels komme es nicht zwingend an.[364] Daher sei die konventionelle Strafe austauschbar, was grundsätzlich Raum für alternative Reaktionen auf deviantes Verhalten eröffne.[365] Entscheidend sei, dass neben dem Schadensausgleich auch ein angemessener Ausdruck des symbolisch-expressiven Gehalts erfolge.[366]

Die Annahme der zuletzt genannten Auffassung, dass Strafe ohne weiteres durch andere Reaktionen mit Missbilligungsgehalt ersetzt werden kann, vermag aufgrund der historischen und gesellschaftlichen Bedeutung von staatlicher Strafe[367] nicht vollends überzeugen. Mitunter wird daher zu Recht angenommen, dass für die Glaubhaftmachung der Solidaritätsbekundung des Staates mit dem Opfer eine Übelszufügung notwendig ist, wenngleich dieser Standpunkt noch nichts über den Umfang des Übels aussagt.[368] Zu beachten ist jedoch, dass besonders milde Strafen eine geringe Gewichtung des Unrechts zum Ausdruck bringen und dies bei schweren Straftaten dem Interesse des Opfers an der Unrechtsfeststellung nicht hinreichend Rechnung tragen würde.[369] Eine derartige Einordnung des Unrechts kollidiert letztlich auch mit dem legitimen Genugtuungsinteresse des

---

[361] Ausführlich hierzu *Schiemann*, Opferinteressen in der Straftheorie, 2015 S. 58 ff.

[362] So *Günther*, FS Lüderssen, 2002, S. 219; ebenso insofern *Hörnle*, Tatproportionale Strafzumessung, 1999, S. 119 m. w. N.; a. A. *Androulakis*, ZStW (108) 1996, 300 (315).

[363] *Günther*, FS Lüderssen, 2002, S. 219; a. A. zumindest hinsichtlich der Möglichkeit des Ersatzes von Strafe durch andere Reaktion bei schweren Straftaten *Hörnle*, Tatproportionale Strafzumessung, 1999, S. 123; *Hörnle*, JZ 2006, 950 (956); so auch *Kühl*, FS Eser, 2005, S. 160; *Kleinig*, Israel Law Review 1991, 401 (417 f.).

[364] *Günther*, FS Lüderssen, 2002, S. 219.

[365] *Günther*, FS Lüderssen, 2002, S. 219.

[366] *Günther*, FS Lüderssen, 2002, S. 219.

[367] Vgl. *Hörnle*, JZ 2006, 950 (956); *Hörnle*, Tatproportionale Strafzumessung, 1999, S. 108; weiterführend *Kargl*, GA 1998, 53 (59 ff.).

[368] Vgl. *Hörnle*, JZ 2006, 950 (956); *Hörnle*, Tatproportionale Strafzumessung, 1999, S. 123 f.

[369] Ähnlich *Hörnle*, Tatproportionale Strafzumessung, 1999, S. 124; *Hörnle*, JZ 2006, 950 (956).

Opfers.[370] Ein Mitspracherecht des Opfers bei Entscheidungen über die Strafhöhe oder bezüglich der Berücksichtigung von Strafzumessungsgründen folgt hieraus jedoch nicht.[371] Die legitimen Opferinteressen sollen bei der Legitimation von Strafe zwar nicht ausgeblendet werden, jedoch sollen sie nicht zwangsläufig zu Strafschärfungen führen.[372]

Letztlich ist vielen Straftatopfern nicht an hohen Strafen für die Täter:innen gelegen, sondern daran, dass überhaupt eine staatliche Reaktion erfolgt.[373] Daher erscheint eine partielle – im Bereich der leichten Kriminalität gegebenenfalls sogar vollständige – Zurückdrängung der Strafe insbesondere durch Maßnahmen der Restorative Justice i. w. S.[374] auch auf der Grundlage kommunikationsbasierter Straftheorien durchaus denkbar. Notwendige Voraussetzung für solche alternativen Reaktionen ist die unmissverständliche Verdeutlichung der Missbilligung der Tat gegenüber dem Opfer, dem bzw. der Täter:in und der Allgemeinheit. Demgegenüber dürfte die ausschließlich verbale Missbilligung bei schweren Straftaten in der Regel nicht ausreichend sein, um das Unrecht der Tat gegenüber den Täter:innen zu verdeutlichen.[375] Zudem muss das Unrecht der Tat insbesondere bei schweren Straftaten auch gegenüber der Allgemeinheit und vor allem gegenüber dem Opfer durch eine Übelszufügung verdeutlicht werden, da anderenfalls die Bedeutung der Missbilligung der Tat abgeschwächt werden würde.[376] In solchen Fällen würde eine nur verbale Benennung des Unrechts gegenüber Täter:in und Opfer von beiden einen außerordentlich hohen Grad an ethischer Abstraktionsfähigkeit verlangen, um als hinreichend ernste Reaktion auf das Unrecht verstanden zu werden.[377] Da das Werturteil aus Sicht der expressiv-kommunikativen Straftheorien gerade auch von den am Konflikt beteiligten Personen als solches verstanden werden muss, würde in Fällen einer nur verbalen Reaktion weder eine ausreichende Expression des Unrechts noch eine hinreichende Kommunikation des Unwerturteils erfolgen.

---

[370] *Hörnle*, JZ 2006, 950 (954).

[371] *Hörnle*, JZ 2006, 950 (956).

[372] Vgl. *Hörnle*, JZ 2006, 950 (956).

[373] Vgl. *Sessar*, GS Hilde Kaufmann, 1986, S. 387 ff.; *Kilchling*, Opferinteressen und Strafverfolgung, 1995, S. 659 ff.; *Schneider*, JZ 2002, 231 (235).

[374] Die Restorative Justice i. w. S. umfasst neben Maßnahmen, die das konkrete Opfer in die Konfliktlösung einbeziehen, auch Maßnahmen, die der wiedergutmachenden Justiz zuzuordnen sind; ausführlich hierzu oben im Abschnitt 7.2.1.2.3.

[375] *Kleinig*, Israel Law Review 1991, 401 (417 f.).

[376] *Hörnle*, Tatproportionale Strafzumessung, 1999, S. 123.

[377] *Hörnle*, Tatproportionale Strafzumessung, 1999, S. 123.

11.2.3.3.2 Bedeutung in der straftheoretischen Diskussion

Der Ausspruch des Strafurteils und dessen Vollzug bedeuten nach den kommunikationsorientierten Straftheorien immer auch Kommunikation, sobald mit ihnen ein bestimmter Zweck verfolgt wird. Sieht man das Opfer als Adressat:in der Strafe an, so wendet man sich mit diesen Ansätzen zwar ein Stück weit von dem klassischen Verständnis der Strafe ab.[378] Wird Strafe nicht nur als eine Reaktion auf die Verletzung einer Rechtsnorm angesehen, sondern zugleich als eine Wertschätzung des Opfers, so wird gleichwohl keine ganz neue Straftheorie geschaffen. Vielmehr wird durch die Einbeziehung des Opfers in erster Linie der Adressat:innenkreis der Tatmissbilligung erweitert. Die Berücksichtigung der Opferinteressen innerhalb der kommunikationsorientierten Straftheorien soll andere Strafzwecke nicht verdrängen, sondern ergänzen.[379] Wenngleich die kommunikationsorientierten Straftheorien in der opferorientierten Variante das Straftatopfer und dessen Bedürfnisse nach Unrechtsfeststellung in den Mittelpunkt stellen, wird hierdurch auch nicht der Anwendungsbereich der absoluten Straftheorien beschränkt. Gemeinsamkeiten weisen absolute und kommunikationsorientierten Straftheorien insoweit auf, als sie im Gegensatz zu den präventiven Theorien vergangenheitsorientiert sind und den Umgang mit geschehenem Unrecht zum Gegenstand haben. Insofern können die kommunikationsorientierten Straftheorien zumindest in dieser Hinsicht als Ergänzung der absoluten Theorien verstanden werden. Indes weisen die kommunikationsorientierten Straftheorien auch gesellschafts- und täter:innenorientierte Spielarten auf, weshalb sie zugleich als Ergänzung der General- und Spezialprävention anzusehen sind.

Im Ergebnis wird dem Opfer durch die kommunikationsorientierten Ansätze eine eigene Position innerhalb der Straftheorien zugestanden. Hierbei handelt es sich aber nicht um eine grundlegende Erweiterung der Theorien zur Legitimation von Strafe. Vielmehr stellt sich unter Einbeziehung der kommunikationsbasierten Straftheorien die Frage, ob eine Bestrafung eines Täters bzw. einer Täterin nur dann legitim sein kann, wenn durch die Strafe auch das Opfer wertgeschätzt wird.[380] Voraussetzung wäre dann, dass eine kommunikative Missbilligung der Tat erfolgt, und eine hierauf folgende Übelszufügung als akzessorisch angesehen wird.[381] Sieht man den Opferbezug als eine notwendige Voraussetzung für die Verhängung einer hoheitlichen Strafe an, so stellt sich wiederum die Frage,

---

[378] *Schiemann*, Opferinteressen in der Straftheorie, 2015, S. 62 f.

[379] Vgl. *Hörnle*, JZ 2006, 950 (956).

[380] Vgl. *Schiemann*, Opferinteressen in der Straftheorie, 2015 S. 58.

[381] Vgl. *Schiemann*, Opferinteressen in der Straftheorie, 2015 S. 58.

wie die Bestrafung von Täter:innen bei „opferlosen“ Delikten[382] legitimiert werden soll. In diesem Zusammenhang ist jedoch zu beachten, dass auch expressive Straftheorien nicht den Anspruch erheben, die staatliche Strafe für alle Deliktsarten zu legitimieren.[383] Je nach Deliktstyp erscheint es daher möglich, dass bei der Legitimation von Strafe mal expressive und mal präventive Aspekte mehr Raum beanspruchen.[384] Daher sind expressiv-kommunikative Strafzwecktheorien letztlich als eine Ergänzung zu den bereits länger etablierten Straftheorien zu verstehen.

11.2.3.3.3 Zwischenergebnis und Folgerungen

Nach den kommunikationsorientierten Straftheorien soll Strafe auf die Kommunikation von hoheitlicher Unrechtsfeststellung und Verantwortungszuschreibung ausgerichtet sein. Im Mittelpunkt dieser Straftheorien steht die Legitimation der Missbilligungskomponente, die in der opferorientierten Spielart gegenüber dem Opfer kommuniziert wird. Durch Strafe soll dem Opfer mitgeteilt werden, dass die Verletzung durch den bzw. die Täter:in und die Straftat vom Staat bzw. von der Rechtsgemeinschaft nicht gebilligt wird und es nicht hätte verletzt werden dürfen. Das Opfer wird auf diese Weise als Individuum aus der anonymen Allgemeinheit herausgehoben und seine durch die Straftat erlittene Verletzung als nicht hinnehmbar gekennzeichnet.

Inwiefern sich die auf eine hoheitliche Missbilligung folgende Übelszufügung legitimieren lässt, wird nicht einheitlich beurteilt. Zutreffend ist, dass eine durch die Missbilligung der Straftat ausgedrückte Solidaritätsbekundung des Staates mit dem Opfer durch eine Übelszufügung glaubhaft gemacht werden kann. Der notwendige Umfang dieser Glaubhaftmachung hängt von der Schwere der Straftat ab, durch die das Opfer viktimisiert wurde. Die konkrete Strafzumessung obliegt letztendlich dem Strafgericht und hat sich an den anerkannten Strafzumessungsregeln zu orientieren. Durch die Berücksichtigung der legitimen Genugtuungsinteressen von Opfern innerhalb der kommunikationsorientierten Straftheorien werden jedoch auch Anwendungsoptionen für Maßnahmen der Restorative Justice i. w. S. deutlich. Dies betrifft insbesondere Fälle, in denen die Missbilligung als kommunikativer Ausdruck der Unrechtsfeststellung ausreichend ist und es daher keiner Übelszufügung bedarf. Diesbezüglich ergibt sich

---

[382] Allgemein zu opferlosen Delikten *Sautner*, Viktimologie, 2014, S. 27; *Kiefl/Lamnek*, Soziologie des Opfers, 1986, S. 32 f.

[383] Vgl. *Hörnle*, Tatproportionale Strafzumessung, 1999, S. 124; *Hörnle*, Expressive Straftheorien, in: Hilgers/Koch/Möllers/Müller-Mall (Hrsg.), Affekt & Urteil, 2015, S. 152 f.

[384] Vgl. *Hörnle*, Tatproportionale Strafzumessung, 1999, S. 124; *Hörnle*, Expressive Straftheorien, in: Hilgers/Koch/Möllers/Müller-Mall (Hrsg.), Affekt & Urteil, 2015, S. 153.

insbesondere im Bereich der Bagatellkriminalität ein weites Anwendungsfeld der kommunikationsorientierten Ansätze.

Innerhalb der straftheoretischen Diskussion sind die kommunikationsorientierten Straftheorien als Ergänzung zu den etablierten Straftheorien zu sehen. Durch diese neueren Ansätze wird im Gegensatz zu den klassischen Straftheorien das Opfer gezielt in den Blick genommen. Die kommunikative Bedeutung von Strafe wird daher ganzheitlich für Gesellschaft, Täter:in und Opfer betrachtet und somit neben dem bzw. der Täter:in auch das Opfer als unmittelbar betroffene Person in die Legitimation von Strafe einbezogen. Daher können kommunikationsorientierte Straftheorien im Rahmen der Vereinigungstheorie neben den klassischen Straftheorien berücksichtigt werden und somit zu einer Vervollständigung der Legitimation von Strafe auch gegenüber dem Opfer beitragen.[385]

11.2.3.4 Opferprävention

11.2.3.4.1 Allgemeines zur Opferprävention

Sautner schlägt vor, die unterschiedlichen Opferinteressen zu einem einheitlichen Strafzweck zusammenzufassen.[386] Nach diesem Strafzweck soll das Strafrecht an den Interessen und Bedürfnissen von Straftatopfern ausgerichtet sein. Die von *Sautner* entwickelte Theorie der Opferprävention bildet daher einen weiteren Ansatz zur Einbeziehung des Opfers in das Strafrecht.

Erste Tendenzen hin zu einem solchen einheitlichen, am Opfer orientierten Strafzweck waren bereits in der von *Kilchling* entwickelten Theorie der Reintegrationsprävention zu erkennen.[387] Nach der Reintegrationsprävention ist es die Aufgabe des Strafrechts, Belastungen des Opfers durch die Strafverfolgung zu vermeiden, den Ausgleich der Tatfolgen zu fördern, eine Reviktimisierung des Opfers möglichst zu verhindern und das gestörte Normvertrauen des Straftatopfers wiederherzustellen.[388]

Sautners Straftheorie der Opferprävention befasst sich wiederum mit den primären und sekundären opferbezogenen Aufgaben des Strafrechts, welche sich durch die Straftat, das Ermittlungsverfahren und das Hauptverfahren ergeben.[389] Die Unterscheidung zwischen den primären und sekundären opferbezogenen

---

[385] Vgl. in diesem Sinne *Hörnle*, JZ 2006, 950 (956).

[386] *Sautner*, Viktimologie, 2014, S. 186.

[387] So zumindest *Sautner*, Viktimologie, 2014, S. 186 f. mit Verweis auf *Kilchling*, NStZ 2002, 57 ff.

[388] Ausführlich *Kilchling*, NStZ 2002, 57 (57 ff).

[389] *Sautner*, Opferinteressen und Strafrechtstheorie, 2010, S. 269, 278 ff.

Aufgaben des Strafrechts erfolgt anhand der relevanten Opferinteressen.[390] So werden jene Interessen des Opfers, die sich unmittelbar aus seiner Opferwerdung ergeben, den primären Aufgaben zugeordnet. Zu den sekundären Aufgaben zählen hingegen diejenigen Interessen, die sich aus der Pflicht des Opfers zur Mitwirkung an der Strafrechtspflege als Zeug:in ergeben.[391] Im Folgenden sollen allein die primären opferbezogenen Aufgaben des Strafrechts einer genaueren Betrachtung unterzogen werden, da hierzu die Verfolgung und die Sanktionierung der Täter:innen zählen.[392]

Hinsichtlich der Strafverfolgung der Täter:innen steht bei den Opfern zumeist der Wunsch nach einer staatlichen Reaktion auf die Straftat im Vordergrund.[393] Daraus kann nicht geschlossen werden, dass mit diesem Wunsch stets auch ein Interesse des Opfers an der Durchführung eines Strafprozesses einhergeht.[394] Vielmehr kommen für einige Straftatopfer mitunter auch alternative Konfliktlösungsmöglichkeiten in Betracht.[395] Sind auch Bestrafungswünsche Bestandteil von Opferinteressen, so sind diese in erster Linie Ausdruck der Bedürfnisse des Opfers nach Solidaritätsbezeugungen der Rechtsgemeinschaft und nach Selbststabilisierung.[396]

Aus straftheoretischer Perspektive ergeben sich hieraus zwei unterschiedliche Bedürfnisbereiche des Opfers. Einerseits sind die Bedürfnisse auf die normative Bestätigung der Gleichheit des Opfers mit den übrigen Mitgliedern der Rechtsgemeinschaft gerichtet. Diese Bedürfnisse finden ihren Ausdruck in den Wünschen des Opfers nach Solidaritätsbekundungen durch die Rechtsgemeinschaft, der Vergewisserung der eigenen Respektabilität und der Bestätigung von Handlungskompetenzen.[397] Andererseits wird auch die tatsächliche Seite des gestörten Normvertrauens des Opfers angesprochen. Hierbei ist für die Opfer von Straftaten entscheidend, dass die Geltung der strafrechtlichen Normen in Zukunft noch besteht und diese somit auch in Zukunft dem Schutz der Rechte des Opfers dienen.[398] Dieser letzte Aspekt weist Ähnlichkeiten mit der positiven Generalprävention auf und unterscheidet sich letztlich nur durch die Adressat:innen des

---

[390] *Sautner*, Opferinteressen und Strafrechtstheorie, 2010, S. 269.

[391] *Sautner*, Opferinteressen und Strafrechtstheorie, 2010, S. 269.

[392] *Sautner*, Opferinteressen und Strafrechtstheorie, 2010, S. 269, 278 ff.

[393] Weiterführend *Kilchling*, Opferinteressen und Strafverfolgung, 1995, S. 653 ff.

[394] Weiterführend *Kilchling*, Opferinteressen und Strafverfolgung, 1995, S. 360 ff.

[395] *Sautner*, Opferinteressen und Strafrechtstheorie, 2010, S. 279.

[396] *Streng*, ÖJZ 1994, 145 (152); *Reemtsma*, Recht des Opfers auf Bestrafung, 1999, S. 20 f.

[397] *Sautner*, Opferinteressen und Strafrechtstheorie, 2010, S. 279.

[398] *Sautner*, Opferinteressen und Strafrechtstheorie, 2010, S. 279.

Strafzwecks von dieser. Wegen dieser Parallele zum Strafzweck der Normbekräftigung innerhalb der positiven Generalprävention verwendet *Sautner* für ihren Ansatz den Begriff „Opferprävention“[399].

Des Weiteren nimmt *Sautner* an, dass grundsätzlich auch solche Straftatopfer das Bedürfnis nach Solidaritätsbezeugung und Selbststabilisation hätten, die nicht unbedingt an einer formellen Bestrafung der Täter:innen interessiert sind.[400] Für den Strafprozess ergebe sich hieraus, dass neben das öffentliche Interesse an der Strafverfolgung gleichgerichtete, aber anders begründete Opferinteressen treten.[401] Mit der Behebung des Normgeltungsschadens und der Bestätigung der Gleichheit aller Angehörigen der Rechtsgemeinschaft lasse sich das Legalitätsprinzip funktional begründen und unter Einbeziehung der Opferperspektive auch auf die Interessen von Straftatopfern erweitern.[402] Allerdings sei diese Erweiterung des Legalitätsprinzips nur insoweit zulässig, als sie im Einklang mit dem öffentlichen Strafverfolgungsinteresse stehe.[403] Eine solche Übereinstimmung der Interessen der Allgemeinheit und der Interessen des Straftatopfers liege beispielsweise bei absoluten Antragsdelikten vor, bei denen es dem Opfer obliege, die Strafverfolgung in Gang zu setzen.[404]

Die Sanktionierung der Täter:innen stellt nach Ansicht von *Sautner* eine weitere primär opferbezogene Aufgabe des Strafrechts dar.[405] Allerdings umfassen die Sanktionswünsche von Straftatopfern ihres Erachtens nicht allein die Bestrafung der Täter:innen. Weitere Gesichtspunkte der Sanktionierung des bzw. der Täter:in seien das Interesse des Opfers an der Sachverhaltsfeststellung und bei einer Verfahrenseinstellung an der Festlegung von Auflagen für den bzw. die Täter:in, wobei hinsichtlich der Auflagen insbesondere die Schadenswiedergutmachung von Bedeutung sei.[406] Zu beachten ist zudem, dass das Interesse der Opfer an der Sanktionierung der Täter:innen oftmals gerade nicht auf besonders harte Strafen ausgerichtet ist. Zwar zeigen empirische Untersuchungen, dass Opfer

---

[399] *Sautner*, Opferinteressen und Strafrechtstheorie, 2010, S. 290 f.; ähnlich zuvor bereits *Kilchling*, Opfer werden – Opfer bleiben?, in: Hanns Seidel Stiftung (Hrsg.), Fachtagung der Hanns Seidel Stiftung, 2. April 2008, S. 9.

[400] *Sautner*, Opferinteressen und Strafrechtstheorie, 2010, S. 280 f, 287 f.

[401] Ausführlich hierzu *Sautner*, Opferinteressen und Strafrechtstheorie, 2010, S. 280 ff.

[402] *Sautner*, Opferinteressen und Strafrechtstheorie, 2010, S. 281 f.

[403] Vgl. *Sautner*, Opferinteressen und Strafrechtstheorie, 2010, S. 282 f.

[404] Ausführlich hierzu *Sautner*, Opferinteressen und Strafrechtstheorie, 2010, S. 282 ff.

[405] *Sautner*, Opferinteressen und Strafrechtstheorie, 2010, S. 287 ff.

[406] *Sautner*, Opferinteressen und Strafrechtstheorie, 2010, S. 287.

bestimmter Delikte eine härtere Sanktionierung der Täter:innen erwarten.[407] Insgesamt werde den klassischen Sanktionen wie Freiheits- und Geldstrafen von Opferseite jedoch nach Einschätzung von *Sautner* häufig geringere Bedeutung beigemessen.[408] Stattdessen würden von vielen Straftatopfern auch Verurteilungen des Täters bzw. der Täterin zu gemeinnütziger Arbeit oder zum Ausgleich der entstandenen Opferschäden als angemessene Strafen betrachtet.[409]

Ähnliche Überlegungen finden sich auch bei *Reemtsma*. Das Interesse des Straftatopfers an der Sanktion des Täters bzw. der Täterin wird nach seiner Ansicht von dem Bedürfnis getragen, das Erlebte im Wege einer hoheitlichen Feststellung als Normverstoß und somit als Unrecht anerkannt zu wissen.[410] Hierin spiegelt sich erneut das Bedürfnis von Straftatopfern nach einer Solidaritätsbekundung durch die Rechtsgemeinschaft, nach der Vergewisserung der eigenen Respektabilität und nach einer Aufhebung des Normgeltungsschadens wider.[411] Diese Bedürfnislage weist Überschneidungen mit dem legitimen Genugtuungsbedürfnis von Straftatopfern auf, welches vor allem die Unrechtsfeststellung und die Verantwortungszuschreibung gegenüber dem bzw. der Täter:in umfasst.[412]

Die durch den Normgeltungsschaden zum Ausdruck kommende Störung des Normvertrauens des Opfers soll durch eine Opferorientierung des Strafrechts behoben oder zumindest abgemildert werden.[413] Der Auslöser des Normgeltungsschadens beim Opfer ist nach Auffassung von *Sautner* in der Regel eine Verunsicherung durch die Erschütterung des persönlichen Wertesystems infolge der Straftat, welche sich als akute Belastungsstörung äußert.[414] Abhängig von Art und Intensität der Straftat könne das Opfer darüber hinaus weitere psychische Schäden erleiden wie z. B. Brüche im Selbstverständnis oder gar eine posttraumatische Belastungsstörung.[415] Eine Aufarbeitung solcher schwerer psychischer Tatfolgen könne das Strafrecht und insbesondere das Strafverfahren zwar nicht

---

[407] Ausführlich hierzu *Kilchling*, Opferinteressen und Strafverfolgung, 1995, S. 331 ff.

[408] *Sautner*, Opferinteressen und Strafrechtstheorie, 2010, S. 287.

[409] *Sautner*, Opferinteressen und Strafrechtstheorie, 2010, S. 287.

[410] *Reemtsma*, Recht des Opfers auf Bestrafung, 1999, S. 24.

[411] *Sautner*, Opferinteressen und Strafrechtstheorie, 2010, S. 288.

[412] Hierzu bereits in den verfassungsrechtlichen Grundlagen oben im Abschnitt 10.1.2.3.5.2 und soeben mit Blick auf die Genugtuung als Anknüpfungspunkt für straftheoretische Überlegungen im Abschnitt 11.2.3.2.1.

[413] *Sautner*, Opferinteressen und Strafrechtstheorie, 2010, S. 289 f.

[414] *Sautner*, Opferinteressen und Strafrechtstheorie, 2010, S. 289.

[415] *Sautner*, Opferinteressen und Strafrechtstheorie, 2010, S. 289; vgl. auch *Reemtsma*, Recht des Opfers auf Bestrafung, 1999, S. 24 f.

leisten.[416] Allerdings könne es sehr wohl Aufgabe des Strafrechts sein, durch eine angemessene Sanktionierung des Täters bzw. der Täterin leichte Erschütterungen des Wertesystems beim Opfer zu beheben und einer Verschlimmerung von gegebenenfalls bereits eingetretenen psychischen Schäden entgegenzuwirken.[417] Zudem reichten der zivilrechtliche Ausgleich von Schäden oder ausschließlich sozialrechtliche Reaktionen des Staates gegenüber dem Opfer nicht aus, um das spezifische strafrechtliche Resozialisierungsbedürfnis des Straftatopfers zu befriedigen.[418] Nur die Bestätigung der Geltung von strafrechtlichen Normen durch die Sanktionierung des Täters bzw. der Täterin könne auch beim Straftatopfer die Störung des Normvertrauens wiederherstellen.[419] Als Argument für die Notwendigkeit einer solchen Reintegrationsaufgabe des Strafrechts könne vor allem das erhöhte Reviktimisierungs- und Delinquenzrisiko von Straftatopfern angeführt werden, die mitunter auf Störungen des Normgeltungsbewusstseins zurückzuführen seien.[420] Daher könnte eine Beseitigung des Normgeltungsschadens die Risiken erneuter Viktimisierungen oder der Entstehung von Delinquenz von Opfern reduzieren.[421]

Neben der Behebung des Normgeltungsschadens beim Straftatopfer ist die Opferprävention auf den Ausgleich der materiellen und ideellen Schäden ausgerichtet, die das Opfer durch die Straftat erlitten hat.[422] Ferner sollen weitere Schäden, insbesondere eine sekundäre Viktimisierung durch das Strafverfahren, vermieden werden.[423]

11.2.3.4.2 Bedeutung in der straftheoretischen Diskussion

Im Gegensatz zur General- und Spezialprävention ist alleinige:r Adressat:in der Opferprävention das konkrete Straftatopfer. Während sich die Generalprävention an die Allgemeinheit richtet und die Spezialprävention an den bzw. die Täter:in,

---

416 Vgl. *Reemtsma*, Recht des Opfers auf Bestrafung, 1999, S. 24 f.

417 *Sautner*, Opferinteressen und Strafrechtstheorie, 2010, S. 289; vgl auch *Herman*, Narben der Gewalt, 5. Aufl. 2018, S. 300.

418 *Sautner*, Opferinteressen und Strafrechtstheorie, 2010, S. 290.

419 *Sautner*, Opferinteressen und Strafrechtstheorie, 2010, S. 290.

420 *Sautner*, Opferinteressen und Strafrechtstheorie, 2010, S. 290 m. w. N.; ausführlich zum Reviktimisierungs- und Delinquenzrisiko von Straftatopfern siehe *Kilchling*, Opfer werden – Opfer bleiben?, in: Hanns Seidel Stiftung (Hrsg.), Fachtagung der Hanns Seidel Stiftung, 2. April 2008, S. 9 f.

421 *Sautner*, Opferinteressen und Strafrechtstheorie, 2010, S. 290.

422 *Sautner*, Opferinteressen und Strafrechtstheorie, 2010, S. 297 ff.

423 Ausführlich hierzu *Sautner*, Opferinteressen und Strafrechtstheorie, 2010, S. 346 ff.

soll durch die Opferprävention das Opfer nicht länger nur als ein anonymer Bestandteil der Allgemeinheit gelten.[424]

Mit Blick auf die Wiedergutmachung lässt sich festhalten, dass die Opferprävention diese ebenfalls berücksichtigt, jedoch nur hinsichtlich einer opferbezogenen Wiedergutmachung. Insofern unterscheiden sich Opferprävention und Wiedergutmachung weniger inhaltlich als vielmehr hinsichtlich des jeweiligen Adressat:innenkreises. Der Adressat:innenkreis der Wiedergutmachung erstreckt sich neben den Straftatopfern im Gegensatz zur Opferprävention auch auf die Täter:innen und die Allgemeinheit. Weiterhin ist die Wiedergutmachung insgesamt auf eine Vermeidung repressiver Sanktionen ausgerichtet, wohingegen die Opferprävention auch Freiheits- und Geldstrafen als geeignete Reaktionsmöglichkeiten ansieht, solange durch sie die Bedürfnisse des Straftatopfers befriedigt werden.[425] Daher hängt die Berücksichtigung der Opferinteressen im Rahmen der Opferprävention nicht von einer freiwilligen sozialkonstruktiven Leistung ab; vielmehr sind die Opferinteressen immer zu beachten.[426]

Mit der Opferprävention erhält das Straftatopfer eine eigenständige Stellung innerhalb der Straftheorien, wie auch schon die Straftäter:innen durch die Spezialprävention und die Allgemeinheit durch die Generalprävention. Nach *Sautner* ist dies deswegen notwendig, weil nur so die Interessen und Bedürfnisse von Straftatopfern hinreichend Berücksichtigung erfahren können, insbesondere wenn sie von spezial- und generalpräventiven Zielsetzungen abweichen.[427] Durch die Ausgestaltung der Opferprävention als eigenständigem Strafzweck würden alle Beteiligten an einer Straftat gleichermaßen Beachtung finden. Diese straftheoretische Gleichstellung von Opfer, Täter:in und Allgemeinheit geht daher weiter als andere Ansätze, welche Opferbelange in die positive Generalprävention[428] oder die positive Spezialprävention[429] einordnen wollen. Wenn dem Straftatopfer auch innerhalb der Straftheorien eine eigenständige Stellung zugebilligt werden soll, so erscheint dies nur mit der Opferprävention als eigenständigem und unabhängigem Strafzweck möglich.

---

[424] Vgl. *Sautner*, Opferinteressen und Strafrechtstheorie, 2010, S. 371.

[425] *Sautner*, Opferinteressen und Strafrechtstheorie, 2010, S. 292 ff., 370.

[426] Vgl. hierzu *Sautner*, Opferinteressen und Strafrechtstheorie, 2010, S. 370.

[427] *Sautner*, Opferinteressen und Strafrechtstheorie, 2010, S. 371 f.

[428] *Reemtsma*, Recht des Opfers auf Bestrafung, 1999, S. 20 ff.

[429] *Prittwitz*, Sonderheft KritV für Hassemer, 2000, S. 175.

11.2.3.4.3 Zwischenergebnis und Folgerungen

Durch die Opferprävention werden die Aufgaben des Strafrechts um die Berücksichtigung des Opfers als Individuum und seiner Interessen erweitert. Die Theorie der Opferprävention überzeugt insofern, als zwar die Wiedergutmachung als ein wichtiger Bestandteil der Konfliktlösung berücksichtigt wird, die klassischen strafrechtlichen Sanktionen daneben jedoch ebenfalls ihre Daseinsberechtigung behalten. Nicht alle Straftaten eignen sich aus der individuellen Perspektive von Opfer und Täter:in für Maßnahmen der Restorative Justice i. e. S. wie insbesondere den Täter-Opfer-Ausgleich. Daher dürften konventionelle Strafen selbst dann einen nicht unerheblichen Anwendungsbereich behalten, wenn in Zukunft eine stärkere Orientierung des Strafrechts am Wiedergutmachungsgedanken erfolgen sollte.

Des Weiteren bezieht die Opferprävention neben der Sanktionierung des Täters bzw. der Täterin auch weitere Gesichtspunkte eines opferorientierten Strafrechtssystems ein. Zu denken ist beispielsweise an den Schutz des Opfers vor einer sekundären Viktimisierung und an Mitwirkungsrechte des Straftatopfers im Strafverfahren. Ebenso findet das legitime Genugtuungsinteresse von Straftatopfern Beachtung, welches auf Unrechtsfeststellung, Verantwortungszuschreibung gegenüber dem bzw. der Täter:in sowie Selbststabilisierung und Resozialisierung des Straftatopfers gerichtet ist. In diesem Zusammenhang erfasst die Opferprävention auch die Aufhebung des durch die Straftat entstandenen Normgeltungsschadens beim Opfer. In der Gesamtbetrachtung bildet die Opferprävention einen umfassenden straftheoretischen Ansatz zur Berücksichtigung des Opfers und seiner Interessen im Strafrecht.

Da es mit den bereits anerkannten Präventionszwecken der General- und Spezialprävention Überschneidungen gibt, stellt die Theorie der Opferprävention keine völlig neue Straftheorie dar. Vielmehr orientiert sie sich an bereits vorhandenen Straftheorien und bezieht das Opfer in gebotener Weise in das Strafrecht ein. Daher kann man unter Einbeziehung der Opferprävention von einer Dreigliedrigkeit der Präventionstheorien sprechen, nach der Täter:in, Gesellschaft und nun auch Opfer eigenständige Beachtung erfahren und der jeweilige Präventionszweck auf die Bedürfnisse der entsprechenden Adressat:innen zugeschnitten ist.

11.2.4 Gesamtbetrachtung

Die klassischen Straftheorien bieten, wie gezeigt, nur wenige Anknüpfungspunkte für eine Berücksichtigung des Opfers. Dies gilt im Besonderen für die absoluten Straftheorien.[430] Innerhalb der vergeltungstheoretischen Ansätze kommt dem Opfer nur insofern Bedeutung zu, als seine Rechtsgutsverletzung den Anlass für die Strafverfolgung des Täters bzw. der Täterin gibt. Die Interessen und Bedürfnisse des konkreten Opfers haben demgegenüber keine eigenständige Bedeutung. Hinsichtlich der sühneorientierten Ansätze können opferbezogene Gesichtspunkte zwar im Rahmen der intellektuellen Auseinandersetzung der Täter:innen mit ihren Straftaten von Bedeutung sein. Allerdings ist eine über die bei den Täter:innen gegebenenfalls stattfindende Tataufarbeitung hinausgehende Berücksichtigung des Opfers auch innerhalb der Sühnetheorien nicht ersichtlich.

Zwar weisen die positive Generalprävention und die positive Spezialprävention sowie in Ausnahmefällen auch die negative Spezialprävention Bezugspunkte zum Straftatopfer auf.[431] Allerdings stehen im Mittelpunkt der klassischen Präventionstheorien vor allem die Gesellschaft bzw. die Straftäter:innen. Von einer Opferorientierung eines dieser Strafzwecke kann daher nicht gesprochen werden. Vielmehr bedarf es mitunter zum Erreichen des jeweiligen präventiven Strafzwecks einer Einbeziehung des Straftatopfers. Insofern sind die Opferbezüge in den relativen Straftheorien allenfalls als Begleiterscheinungen der eigentlichen Strafzwecke anzusehen. So bildet beispielsweise die Tataufarbeitung einen Anknüpfungspunkt für die Resozialisierung der Täter:innen, weshalb die Straftatfolgen für die Opfer diesbezüglich zum Tragen kommen können.

Mit Blick auf neuere straftheoretische Ansätze[432] bedeutet die Orientierung am Opfer häufig nur eine Erweiterung des Adressat:innenkreises der durch die Strafe zum Ausdruck gebrachten strafrechtlichen Missbilligung der Straftat. Das Opfer soll nicht mehr nur ein anonymer Teil der Allgemeinheit bleiben. Vielmehr soll es mit seinen Interessen im gesamten Strafrecht eine angemessene Beachtung finden. Die angemessene Berücksichtigung von Opferinteressen stößt jedoch insoweit allgemein an Grenzen, als Rachebedürfnisse und auf Emotionen beruhende Wünsche des Opfers nach einer besonders harten Sanktionierung des Täters bzw. der Täterin in einem rationalen Strafrechtssystem keine Berücksichtigung finden dürfen.

---

[430] Hierzu oben im Abschnitt 11.2.2.1.

[431] Zusammenfassend hierzu oben im Abschnitt 11.2.2.2.3.

[432] Oben im Abschnitt 11.2.3.

Die Einordnung der Wiedergutmachung[433] als eigenständiger Strafzweck kann nicht vollends überzeugen. Zum einen kann die Wiedergutmachung nicht vollständig dem Strafrecht zugeordnet werden und weist daneben Querverbindungen zum Zivilrecht auf.[434] Zum anderen ergibt sich eine Vielzahl von Überschneidungen der Wiedergutmachung mit den bereits etablierten Präventionstheorien.[435] Deshalb ist eine Aufwertung der Wiedergutmachung zu einem eigenständigen, übergeordneten Zweck des Strafrechts neben Repression und Prävention nicht überzeugend. Vielmehr handelt es sich bei der Berücksichtigung von Opferinteressen im Sinne der Wiedergutmachung innerhalb der Straftheorien um eine weitere Spielart der Präventionstheorien. Diese stellt das Straftatopfer in den Mittelpunkt der straftheoretischen Betrachtung und führt somit zu einer Dreigliedrigkeit der Präventionstheorien.

Die Betrachtung hat weiterhin gezeigt, dass das Genugtuungsinteresse[436] des Opfers neben dem Wunsch nach hoheitlicher Unrechtsfeststellung und Verantwortungszuschreibung gegenüber dem bzw. der Täter:in insbesondere auch Bestrafungs- und Rachewünsche umfassen kann.[437] Aufgrund von Abgrenzungsschwierigkeiten und der Ablehnung einer Berücksichtigung von Bestrafungswünschen im Rahmen der straftheoretischen Betrachtung wird die Genugtuung nicht als eigenständiger Strafzweck anerkannt.[438] Lediglich in der Strafzumessung erscheint eine Berücksichtigung der Genugtuungswirkung einer Strafe für das konkrete Opfer möglich. Abzulehnen ist die Einbeziehung von Genugtuungsinteressen demgegenüber insbesondere bei der Ausgestaltung von strafrechtlichen Sanktionen. Jene Bedürfnisse des Straftatopfers, welche auf die hoheitliche Unrechtsfeststellung gerichtet sind, finden ebenso innerhalb der expressiv-kommunikativen Straftheorien und der Opferprävention nach *Sautner* Anklang. Eine hierüber hinausgehende Berücksichtigung des Genugtuungsinteresses oder gar eine Aufwertung zu einem eigenständigen Strafzweck ist daher nicht notwendig.

Die expressiv-kommunikativen Straftheorien[439] können ebenfalls nur als Ergänzung zu den bereits etablierten Straftheorien verstanden werden. Das

[433] Oben im Abschnitt 11.2.3.1.

[434] Oben im Abschnitt 11.2.3.1.1.

[435] Oben im Abschnitt 11.2.3.1.2.

[436] Oben im Abschnitt 11.2.3.2.

[437] Oben im Abschnitt 11.2.3.2.1.

[438] Oben im Abschnitt 11.2.3.2.2.

[439] Oben im Abschnitt 11.2.3.3.

kommunikative Element der Strafe spiegelt sich teilweise in den Präventionstheorien wider, wenn der Allgemeinheit oder den Täter:innen gegenüber das Unrecht durch die Bestrafung verdeutlicht wird. Eine neue Perspektive eröffnen expressiv-kommunikative Ansätze jedoch insofern, als der Schwerpunkt bei den personenorientierten Ansätzen auf der kommunikativen Wirkung der Strafe gegenüber den in den strafrechtlichen Konflikt involvierten Personen liegt. Durch eine gegenüber dem Opfer kommunizierte Unrechtsfeststellung und Verantwortungszuschreibung der Tat zum bzw. zur Täter:in wird die Wertschätzung des Opfers als Individuum ausgedrückt. Der Adressat:innenkreis der Missbilligungskomponente der Strafe wird um das Opfer ergänzt und somit auch die bereits bestehenden Straftheorien um die Opferperspektive. Dem Opfer wird so eine eigene Bedeutung innerhalb der straftheoretischen Legitimation zugebilligt und im Gegensatz zur kollektivistischen Legitimation von Strafe wird das Straftatopfer aus der Anonymität der Allgemeinheit herausgehoben. Diesbezüglich ergeben sich erneut Querverbindungen zum Strafzweck der Opferprävention bezüglich des Bedürfnisses nach Solidaritätsbekundung der Rechtsgemeinschaft durch die Unrechtsfeststellung. Jedoch wird innerhalb der expressiv-kommunikativen Theorien die Wertschätzung des Individuums durch die Kommunikation des Unrechts der Straftat gegenüber dem Straftatopfer besonders hervorgehoben. Dieser Kommunikationsprozess könnte jedoch innerhalb der Opferprävention aufgegriffen werden und somit neben den übrigen Opferbedürfnissen Beachtung finden.

Schließlich bietet die von *Sautner* entwickelte Theorie der Opferprävention[440] als Ergänzung zur General- und Spezialprävention eine umfassende Möglichkeit zur Berücksichtigung der Opferinteressen innerhalb der relativen Straftheorien. Die Opferprävention gewährt dem Straftatopfer eine eigene Stellung innerhalb der präventiven Straftheorien und eröffnet somit die Möglichkeit, die berechtigten Interessen von Straftatopfern zu berücksichtigen. Im Sinne der relativen Straftheorien ließe sich die Opferprävention ebenfalls in eine positive und eine negative Ausprägung unterteilen. Die positive Opferprävention würde demnach all jene Gesichtspunkte umfassen, welche auf die Resozialisierung bzw. Rehabilitierung des Straftatopfers abzielen. Hierzu zählen neben der Restorative Justice i. e. S. ebenso die Unrechtsfeststellung und Verantwortungszuschreibung für die strafrechtliche Handlung. Demgegenüber wäre die negative Ausprägung der Opferprävention analog zu den anderen Präventionstheorien auf den Schutz des Straftatopfers gerichtet – sei es vor den konkreten Täter:innen oder vor einer sekundären Viktimisierung innerhalb des Strafverfahrens. Festzuhalten bleibt ferner, dass innerhalb der Opferprävention die Wiedergutmachung als strafrechtliche

[440] Oben im Abschnitt 11.2.3.4.

Reaktion neben Sanktionen nach klassischem Verständnis tritt. Dementsprechend ist die Opferprävention auch mit Blick auf die Sanktionierung der Täter:innen als Ergänzung zum klassischen Verständnis von Strafe und deren Legitimation zu verstehen.

Insgesamt kann festgestellt werden, dass für eine Einbeziehung des Straftatopfers in die straftheoretische Legitimation von Strafe durchaus bereits überzeugende Ansätze vorhanden sind. Allein die Opferprävention vermag es jedoch, die Vielzahl verschiedener Opferinteressen in einen theoretischen Ansatz zu integrieren. Problematisch erscheint bezüglich der Theorie der Opferprävention jedoch, dass für deren Begründung häufig auf die Interessen von Opfern schwerer und oft traumatisierender Straftaten abgestellt wird. Jedoch sind die Interessen einzelner Straftatopfer nicht verallgemeinerungsfähig und auch schwere Gewaltdelikte müssen nicht in jedem Fall eine Traumatisierung des Straftatopfers hervorrufen. Denkbar ist insbesondere auch, dass einige Straftatopfer keinerlei Interesse an ihrer Einbeziehung in die Strafverfolgung oder andere Teile des Strafrechtssystems haben. Daher muss auch auf der Grundlage der Theorie der Opferprävention darauf geachtet werden, dass die straftheoretische Berücksichtigung des Opfers nicht zu dessen Instrumentalisierung führt – sei es im Rahmen des Strafverfahrens oder bei der Legitimation von Strafschärfungen gegenüber den Täter:innen. Diesbezüglich ist anzumerken, dass nur berechtigte Opferinteressen bei der straftheoretischen Legitimation des Strafrechts beachtet werden dürfen und insbesondere Rachetendenzen auszublenden sind. Insgesamt bedarf es nach *Sautner* zunächst einer umfassenden wissenschaftlichen Auseinandersetzung mit allen Bedürfnissen und Interessen von Kriminalitätsopfern, bevor eine opferorientierte Straftheorie entwickelt werden kann, die dem Anspruch der Opferorientierung gerecht wird.[441] Dementsprechend muss die Erforschung von Opferbelangen insbesondere hinsichtlich der Sanktionserwartung und dem Interesse der Opfer an einer Einbeziehung in die Strafrechtspflege weiter vorangetrieben werden. Insbesondere die Reichweite der Opferbeteiligung und die Entwicklung alternativer, den Erwartungen des Opfers eher entsprechenden Sanktionen müssen weiter wissenschaftlich beleuchtet werden.

---

[441] *Sautner*, Opferinteressen und Strafrechtstheorie, 2010, S. 94.

11.3 Folgen für die Auslegung opferorientierter Vorschriften des Strafvollzugsrechts

Nachdem das Opfer und seine Belange im Straf- und Strafprozessrecht an Bedeutung gewonnen haben und die straftheoretische Diskussion diese Entwicklung nachvollzogen hat, erscheint es zwar naheliegend und folgerichtig, dass auch das Strafvollzugsrecht eine Neuausrichtung hin zu einer stärkeren Berücksichtigung Opferbelangen erfährt. Jedoch ist fraglich, ob und inwieweit die Ansätze einer Opferorientierung der Straftheorien sich für den Vollzug der Freiheitsstrafe fruchtbar machen lassen.

Den nachfolgenden Überlegungen ist zunächst vorauszuschicken, dass zumindest die Schuldschwere im Strafvollzug nach heute h. M. nicht unmittelbar berücksichtigt werden darf.[442] Eine mittelbare Berücksichtigung im Zusammenhang mit Entscheidungen über vollzugsöffnende Maßnahmen und Vollzugslockerungen erscheint indes denkbar und ist grundsätzlich auch von der h. M. anerkannt.[443] Mit der h. M. ist daher auch eine mittelbare Beachtung der Opferprävention bei der Ausgestaltung der Freiheitsstrafe möglich. In Betracht kommt beispielsweise eine mittelbare Berücksichtigung der negativen Opferprävention bei strafvollzugsrechtlichen Regelungen, welche auf den Schutz tatsächlicher Opfer gerichtet sind. Zu nennen sind insbesondere opferbezogene Vorschriften zu den Außenkontakten. Aber auch im Zusammenhang mit Regelungen zu vollzugsöffnenden Maßnahmen könnte die negative Opferprävention zumindest mittelbar Beachtung finden.

Für eine unmittelbare Berücksichtigung der Opferprävention spricht indes die ausdrückliche Einbeziehung des Straftatopfers in die Landesstrafvollzugsgesetze. Auf eine solche Einschätzung deuten insbesondere die Vorschriften zur verletzten- bzw. opferbezogenen Vollzugsgestaltung in den Gesetzen der Länder Bayern, Berlin und Nordrhein-Westfalen hin.[444] Aber auch in den meisten

---

[442] BVerfG NJW 2004, 739 (746); unter Aufgabe seiner früheren Rechtsprechung nunmehr auch OLG Frankfurt NStZ 2002, 53 (53 ff.); *Neubacher,* in: Laubenthal/Nestler/Neubacher/Verrel (Hrsg.), StVollzG, 12. Aufl. 2015, B Rn. 45; *Laubenthal*, Strafvollzug, 8. Aufl. 2019, Rn. 181; *Lindemann*, in: AK-StVollzG, 8. Aufl. 2022, Teil II, § 2 LandesR Rn. 5; kritisch *Arloth/Krä*, Strafvollzugsgesetze, 5. Aufl. 2021, § 2 StVollzG Rn. 3; differenzierend *Jehle,* in: Schwind/Böhm/Jehle/Laubenthal (Hrsg.), StVollzG, 7. Aufl. 2019, 1. Kap. C Rn. 6 f.; hierzu bereits oben im 5.1.4.

[443] *Neubacher,* in: Laubenthal/Nestler/Neubacher/Verrel (Hrsg.), StVollzG, 12. Aufl. 2015, B Rn. 46; *Laubenthal,* in: Laubenthal/Nestler/Neubacher/Verrel (Hrsg.), StVollzG, 12. Aufl. 2015, E Rn. 145; *Laubenthal*, Strafvollzug, 8. Aufl. 2019, Rn. 195; hierzu bereits oben im 5.1.4.

[444] Art. 5a BayStVollzG; § 6 StVollzG Bln; § 7 StVollzG NRW.

anderen Landesgesetzen hat die Opferperspektive ausdrücklich eine erhebliche Berücksichtigung erfahren.[445] Aus der Berücksichtigung von Opferinteressen in den Landesstrafvollzugsgesetzen kann jedoch nicht zugleich auf eine straftheoretische Einbeziehung des Straftatopfers geschlossen werden. Vielmehr muss untersucht werden, ob durch die opferbezogenen Strafvollzugsvorschriften die Opferprävention als eigenständiger Strafzweck Eingang in das Strafvollzugsrecht gefunden hat. Denkbar ist daneben nämlich auch eine bloße Ergänzung von Resozialisierung und Schutz der Allgemeinheit, ohne dass der Opferprävention eine eigenständige Bedeutung zukommt. Zudem besteht die Möglichkeit, dass durch die opferbezogene Vollzugsgestaltung eine direkte Berücksichtigung der Schuldschwere unter dem Etikett der Opferorientierung erfolgt. Um die Bedeutung der Opferprävention für den opferbezogenen Strafvollzug feststellen zu können, wird einerseits die gesetzgeberische Intention mit Blick auf die Opferprävention innerhalb der historischen Auslegung betrachtet werden. Andererseits muss die Opferprävention auch innerhalb der teleologischen Auslegung hinsichtlich Sinn und Zweck der einzelnen Vorschriften berücksichtigt werden.

Zu beachten sind weiterhin die Überlegungen von *Bachmann*. Er lehnt zwar in Übereinstimmung mit der h. M. eine direkte Berücksichtigung allgemeiner Strafzwecke im Strafvollzug ab, wenn dies ein zusätzliches Strafübel neben dem Entzug der Freiheit durch die Inhaftierung zur Folge hätte.[446] Allerdings sieht *Bachmann* de lege ferenda die Möglichkeit, dass allgemeine Strafzwecke durchaus auch unmittelbar Einfluss auf die Vollzugsgestaltung haben und neben die Resozialisierung treten könnten.[447] Letztlich kommt *Bachmann* zwar zu dem Schluss, dass im Vollzug neben der Resozialisierung weder für die Abschreckung im Sinne der negativen Generalprävention und der negativen Spezialprävention noch für die absoluten Straftheorien Raum bleibt, da ihre Berücksichtigung jeweils mit einem weiteren Übel für die Inhaftierten verknüpft wäre.[448] Jedoch bieten die Überlegungen *Bachmanns* möglicherweise einen Ausgangspunkt für die unmittelbare Berücksichtigung der Opferprävention im Vollzug, solange hiermit kein weiteres Übel für die Gefangenen verbunden ist. Mit Blick auf die positive Opferprävention kommen diesbezüglich insbesondere jene strafvollzugsrechtlichen Regelungen in Betracht, welche die Tataufarbeitung und

---

[445] Zur Regelungsdichte opferbezogener Vorschriften bereits oben im Abschnitt 5.2.2.2.

[446] *Bachmann*, Bundesverfassungsgericht und Strafvollzug, 2015, S. 155 f.

[447] *Bachmann*, Bundesverfassungsgericht und Strafvollzug, 2015, S. 156.

[448] *Bachmann*, Bundesverfassungsgericht und Strafvollzug, 2015, S. 156; vgl. auch *Bemmann*, StV 1988, 549 (549).

Wiedergutmachung betreffen. Demzufolge sind Überschneidungen zwischen dem Vollzugsziel der Resozialisierung und der positiven Opferprävention denkbar.

Hinsichtlich aller opferbezogenen Strafvollzugsvorschriften muss daher jeweils genau untersucht werden, ob die Anwendung der Vorschrift ein weiteres Strafübel für die Gefangenen bedeuten würde. Besonders relevant erscheinen derartige Überlegungen insbesondere im Zusammenhang mit vollzuglichen Entscheidungen über Kontaktbeschränkungen zwischen Opfern und Gefangenen oder der Einbeziehung der Opferperspektive innerhalb der Entscheidung über die Gewährung von vollzugsöffnenden Maßnahmen.

In methodischer Hinsicht bleibt festzuhalten, dass die Opferprävention für die historische und teleologische Auslegung opferbezogener Strafvollzugsvorschriften fruchtbar gemacht werden kann. Es wird zu untersuchen sein, inwiefern Gesichtspunkte der Opferprävention sich in den opferbezogenen Strafvollzugsvorschriften auffinden lassen. Eine unmittelbare Berücksichtigung der Opferprävention erscheint in diesem Zusammenhang jedoch nur möglich, soweit sie kein weiteres Strafübel für die Gefangenen mit sich bringt. Daher muss auch beachtet werden, dass eine direkte Berücksichtigung der Schuldschwere nicht erfolgen darf. Der Opferbezug darf nach der zutreffend bereits von *Rössner* vertretenen Ansicht kein Einfallstor für die Tatschuld vergeltende Vollzugszwecke sein, da dann seine positive Funktion verloren gehen würde.[449] Die Solidaritätsbekundung der Rechtsgemeinschaft gegenüber dem Straftatopfer und die Unterstützung bei der Selbststabilisierung kann jedoch im Rahmen der Opferprävention innerhalb des Strafvollzugsrechts durchaus Beachtung erfahren, solange dies mit dem Vollzugsziel der Resozialisierung vereinbar ist.

[449] *Rössner*, Reader Gefängnisseelsorge 1996, 5 (13); vgl. auch *Rössner/Wulf*, Opferbezogene Strafrechtspflege, 1984, S. 108.

Teil III
Auslegung opferbezogener Strafvollzugsvorschriften

12 Vorbemerkungen zur Auslegung opferbezogener Strafvollzugsvorschriften

Die in dem vorstehenden Teil II gewonnenen Erkenntnisse bilden die Grundlagen für die nachfolgende Auslegung der einzelnen opferbezogenen Strafvollzugsvorschriften. Zur Vorbereitung der Auslegung einzelner Strafvollzugsvorschriften werden zunächst die wichtigsten Ergebnisse des vorstehenden Grundlagenteils zusammengefasst und den klassischen Auslegungsmethoden nach *Savigny*[1] zugeordnet. Zudem wird auch die Bedeutung der jeweiligen Auslegungsmethode für wiederkehrende Grundfragen der Opferorientierung im Strafvollzugsrecht erläutert (Abschnitt 12.1). Anschließend wird der weitere Fortgang der Untersuchung mit Blick auf die Auslegung der strafvollzugsrechtlichen Vorschriften mit Opferbezug dargelegt (Abschnitt 12.2).

12.1 Vorbemerkungen zu den einzelnen Auslegungsmethoden

12.1.1 Grammatische Auslegung

12.1.1.1 Bedeutung der verschiedenen Grundlagenkapitel für die grammatische Auslegung

Für die grammatische Auslegung opferbezogener Strafvollzugsvorschriften sind zunächst die begrifflichen Grundlagen insbesondere hinsichtlich des dort entwickelten strafvollzugsrechtlichen Opferbegriffs von besonderer Bedeutung.[2] In diesem Zusammenhang sind auch der strafrechtliche Opferbegriff und der

---

[1] *von Savigny*, System des heutigen Römischen Rechts, Bd. 1, 1840, S. 212 ff.

[2] Zum strafvollzugsrechtlichen Opferbegriff dieser Arbeit siehe oben im Abschnitt 4.2.2.

K. M. Radke, *Opferorientierung im Strafvollzug*,
https://doi.org/10.1007/978-3-658-39044-0_12

strafprozessuale Verletztenbegriff relevant, jedoch nur, soweit sie die Grundlage für den strafvollzugsrechtlichen Opferbegriffs bilden. Diesbezüglich soll insbesondere keine Vorwegnahme der systematischen Auslegung erfolgen.

Mit Hilfe der kriminologischen Grundlagen können Begrifflichkeiten wie „Wiedergutmachung" und „Tatausgleich" unter Berücksichtigung der Grundlagen der Restorative Justice[3] grammatisch ausgelegt werden.

Die internationalrechtlichen Grundlagen sind für die grammatische Auslegung insofern relevant, als in einigen internationalen Rechtsquellen der Begriff des Opfers konkretisiert wurde.[4] Mit der Bedeutung des internationalen Rechts für das nationale Recht ist zwar zugleich die systematische Auslegung angesprochen. Allerdings werden die internationalen Opferbegriffe zunächst nur als Auslegungshilfen für die grammatische Auslegung der Begriffe des nationalen Rechts herangezogen, ohne systematische Gesichtspunkte zu vertiefen.

Schließlich sind die kriminalpolitischen Grundlagen für die grammatische Auslegung relevant, da die dort bereits stichpunktartig vorgenommene Untersuchung der Gesetzestexte gezeigt hat, dass einige Landesstrafvollzugsgesetze sprachlich zwischen Straftatopfern und Dritten unterscheiden.[5]

Daneben konnte bereits innerhalb der kriminalpolitischen Grundlagen festgestellt werden, dass sich auch die Methoden der Restorative Justice i. w. S.[6] im Wortlaut einiger landesrechtlicher Vorschriften wiederfinden.[7]

12.1.1.2 Bedeutung der grammatischen Auslegung für wiederkehrende Grundfragen der Opferorientierung im Strafvollzug

Neben dieser allgemeinen Einordnung der Bedeutung des Grundlagenteils für die grammatische Auslegung soll nachfolgend der in dieser Arbeit entwickelte strafvollzugsrechtliche Opferbegriff[8] an dieser Stelle besonders hervorgehoben werden. Nach der hier vertretenen Ansicht kann mit dem Begriff des Opfers im Strafvollzugsrecht nur eine Person gemeint sein, deren Viktimisierung durch ein Strafgericht rechtskräftig festgestellt wurde.

---

[3] Zur Restorative Justice siehe oben im Abschnitt 7.2.1.

[4] Zusammenfassend hierzu oben im Abschnitt 8.5.

[5] Siehe z. B. zu Art. 5a Abs. 1 S. 2 BayStVollzG oben im Abschnitt 9.3.2.1.1.3; zu § 12 Abs. 6 HmbStVollzG und zu § 15 Abs. 1 S. 2 NJVollzG oben im Abschnitt 9.3.3.5.

[6] Zum Begriff der Restorative Justice i. w. S. siehe oben im Abschnitt 7.2.1.2.3.

[7] Siehe hierzu oben im Abschnitt 9.3.4.

[8] Zum strafvollzugsrechtlichen Opferbegriff dieser Arbeit siehe oben im Abschnitt 4.2.2.

Weiterhin können diese direkten Opfer und ihre Belange nur mit Blick auf jene Gefangenen relevant sein, die als konkrete Täter:innen der gegen das jeweilige Opfer gerichteten Tat durch das Strafgericht verurteilt worden sind.[9] Dieser enge strafvollzugsrechtliche Opferbegriff bildet den Ausgangspunkt für die Wortlautauslegung. Nicht vom strafvollzugsrechtlichen Begriff des Opfers erfasst werden daher Dritte, die durch die Straftaten der Gefangenen ebenfalls beeinträchtigt wurden, jedoch keine strafrechtlich relevante Viktimisierung erfahren haben.[10] Dies stimmt insofern mit dem Opferbegriffs der Opferschutzrichtline der EU von 2012 überein, als Angehörige der eigentlichen Opfer nach europarechtlichem Verständnis nicht dem Opferbegriff unterfallen.[11]

Neben natürlichen Personen sind vom strafvollzugsrechtlichen Opferbegriff auch juristische Personen erfasst.[12] Dies ist zum einen darauf zurückzuführen, dass der für diese Arbeit entwickelte strafvollzugsrechtliche Opferbegriff seine Grundlagen im strafrechtlichen Opferbegriff und im strafprozessrechtlichen Verletztenbegriff findet.[13] Beide Begriffe schließen die Anwendung auf juristische Personen nicht aus.[14] Zum anderen erscheint eine weitere Auslegung des strafvollzugsrechtlichen Opferbegriffs in dieser Hinsicht und somit die Einbeziehung juristischer Personen insbesondere dann notwendig, wenn Gesichtspunkte des Tatausgleichs, vor allem in Gestalt des Täter-Opfer-Ausgleichs, betroffen sind und ein Wiedergutmachungsbemühen der Gefangenen gerade nicht ins Leere laufen soll.[15] Die Frage, ob einige opferbezogene Strafvollzugsvorschriften möglicherweise hinsichtlich ihres Anwendungsbereichs auf natürliche Personen zu beschränken sind, betrifft die teleologische Auslegung.[16] Ähnliches gilt für den

---

[9] Vgl. oben im Abschnitt 4.2.2.

[10] Zur Mitbetroffenheit von Dritten, insbesondere Angehörigen von Opfern, und zur Nichtberücksichtigung dieser Personen beim strafprozessualen Verletztenbegriff siehe oben im Abschnitt 4.2.1.2.2.3; zur hieraus folgenden Nichtberücksichtigung innerhalb des strafvollzugsrechtlichen Opferbegriffs siehe zudem oben im Abschnitt 4.2.2.

[11] Hierzu oben im Abschnitt 8.2.2.3.3.

[12] Oben im Abschnitt 4.2.2.

[13] Siehe zum strafrechtlichen Opferbegriff oben im Abschnitt 4.2.1.2.1; zum strafprozessualen Verletztenbegriff oben im Abschnitt 4.2.1.2.2.3.

[14] Vgl. oben im Abschnitt 4.2.1.2.1 und im Abschnitt 4.2.1.2.2.3 sowie allgemein zur Unterscheidung von natürlichen und juristischen Personen als Opfer von Straftaten im Abschnitt 4.2.1.1.2.2.

[15] Zur Bedeutung von Möglichkeiten der Wiedergutmachung und des Tatausgleichs für die Täter:innen unter Berücksichtigung des Restorative Justice-Konzepts oben im Abschnitt 7.2.1.2.

[16] Hierzu sogleich in den Vorbemerkungen zur teleologischen Auslegung unten im Abschnitt 12.1.4.

Umstand, dass nach der Opferschutzrichtlinie der EU nur natürliche (und somit nicht juristische) Personen Opfer im Sinne der Richtlinie sein können[17], wobei diesbezüglich auch systematische Erwägungen relevant sind.[18]

Mit Blick auf die Beschränkung des Opferbegriffs auf direkte Opfer wurde in dem Kapitel zu den kriminalpolitischen Grundlagen bereits gezeigt, dass einige Landesstrafvollzugsgesetze sprachlich zwischen Straftatopfern und Dritten unterscheiden.[19] Diesbezüglich kann eine Übereinstimmung mit dem in dieser Arbeit entwickelten engen strafvollzugsrechtlichen Opferbegriff[20], welcher sich allein auf direkte Straftatopfer bezieht, abgeleitet werden. Zu beachten ist jedoch, dass dieser enge strafvollzugsrechtliche Opferbegriff im Ergebnis möglicherweise nicht für die Auslegung aller opferbezogenen Vorschriften der Landesstrafvollzugsgesetze in gleicher Weise tragfähig ist. Unter Umständen ergibt die Auslegung der Regelungen auch, dass im Strafvollzugsrecht kein einheitlicher Opferbegriff zugrunde gelegt werden kann, sondern vielmehr eine nach verschiedenen Vorschriften differenzierende Auslegung des Begriffs erfolgen muss.

Weiterhin wird im Rahmen der grammatischen Auslegung zu beachten sein, ob die einzelnen Vollzugsvorschriften auf alle Opfer gleichermaßen Anwendung finden oder sich auf bestimmte Opfergruppen beschränken. So kann sich bereits aus dem Wortlaut der einzelnen Regelungen eine besondere Schutzwürdigkeit bestimmter Opfergruppen ableiten lassen oder unter Berücksichtigung anderer Auslegungsmethoden ergeben, indem beispielsweise erst die historische Auslegung unter Berücksichtigung der Gesetzgebungsmaterialien solche Schlüsse zulässt.

---

[17] Siehe zur Beschränkung des europarechtlichen Opferbegriffs auf natürliche Personen oben im Abschnitt 8.2.2.1; siehe zudem zur Beschränkung des Opferbegriffs des Europarats auf natürliche Personen oben im Abschnitt 8.2.1.6.

[18] Zur Bedeutung der internationalen Rechtsquellen für die Auslegung des Strafvollzugsrechts sogleich im Abschnitt 12.1.3.1.

[19] Siehe zu Art. 5a Abs. 1 S. 2 BayStVollzG oben im Abschnitt 9.3.2.1.1.3; siehe zu § 12 Abs. 6 HmbStVollzG und zu § 15 Abs. 1 S. 2 NJVollzG oben im Abschnitt 9.3.3.5.

[20] Oben in den begrifflichen Grundlagen im Abschnitt 4.2.2.

12.1.2 Historische Auslegung

12.1.2.1 Bedeutung der verschiedenen Grundlagenkapitel für die historische Auslegung

Im Rahmen der historischen Auslegung opferbezogener Strafvollzugsvorschriften sind zunächst die strafvollzugsrechtlichen Grundlagen mit Blick auf frühe Ansätze einer Einbeziehung des Straftatopfers in den Vollzug der Freiheitsstrafe von Bedeutung.[21]

Daneben sind die historischen Grundlagen insbesondere hinsichtlich der umfangreichen Vorarbeiten bei der Berücksichtigung von Opferbelangen im materiellen Strafrecht und im Strafprozessrecht von Belang.[22]

Weiterhin sind die Erkenntnisse der kriminologischen Grundlagen hinsichtlich des Einflusses der viktimologischen Forschung auf das Strafrecht und die hieraus folgende Berücksichtigung der viktimologischen Perspektive innerhalb der historischen Auslegung zu beachten.[23] Ähnliches gilt für die Entwicklung der Restorative-Justice-Bewegung und ihren Einfluss auf das deutsche Strafrecht im Allgemeinen und auf das deutsche Strafvollzugsrecht im Besonderen, welche ebenfalls in den kriminologischen Grundlagen nachgezeichnet wurden.[24]

Zudem sind die Gesetzgebungsmaterialien zu den Landesstrafvollzugsgesetzen innerhalb der historischen Auslegung von großer Bedeutung. Diesbezüglich kann zunächst auf die innerhalb der kriminalpolitischen Grundlagen gewonnenen Erkenntnisse zu den kriminalpolitischen Motiven der opferbezogenen Vollzugsgestaltung zurückgegriffen werden.[25] Eine detaillierte Auswertung der Gesetzgebungsmaterialien muss jedoch im Zusammenhang mit der Auslegung der einzelnen Vollzugsvorschriften erfolgen.[26]

---

[21] Siehe hierzu in den strafvollzugsrechtlichen Grundlagen oben im Abschnitt 5.2.1.

[22] Siehe hierzu in den historischen Grundlagen oben im Abschnitt 6.3.

[23] Allgemein hierzu in den kriminologischen Grundlagen oben im Abschnitt 7.1; auf Einzelaspekte der viktimologischen Perspektive bei einer Opferorientierung des Strafvollzugs wird im Verlauf der Auslegung eingegangen und auf die entsprechenden Abschnitte im Teil II dieser Arbeit verwiesen werden.

[24] Siehe hierzu in den kriminologischen Grundlagen oben im Abschnitt 7.2.1.3 und Abschnitt 7.2.1.4 zur Entwicklung der Restorative Justice im Strafvollzugsrecht siehe oben im Abschnitt 7.2.2.

[25] Siehe hierzu in den der kriminalpolitischen Grundlagen oben im Abschnitt 9.3.

[26] Sogleich unten in Kapitel 13 bis 16.

12.1.2.2 Bedeutung der historischen Auslegung für wiederkehrende Grundfragen der Opferorientierung im Strafvollzug

Werden die Ergebnisse der soeben benannten Grundlagenkapitel den weiteren Überlegungen zugrunde gelegt, so sind im Rahmen der historischen Auslegung einige besondere Gerichtspunkte zu beachten.

Zunächst kann mit Blick auf die Ergebnisse insgesamt festgehalten werden, dass bei einer Opferorientierung des Strafvollzugs nur die Interessen tatsächlicher Opfer berücksichtigt werden sollen. Dies ergibt sich insbesondere aus den frühen Konzepten zum opferorientierten Strafvollzug[27] und den Vorarbeiten im Strafrecht und Strafprozessrecht[28]. Dieses Bild wird durch die viktimologische Forschung ergänzt, nach der sich die viktimologische Perspektive gerade auf die Einbeziehung des konkreten Straftatopfers und seiner Interessen bezieht[29].

Demgegenüber sind die Interessen potenzieller Opfer – mithin der Allgemeinheit – Teil der allgemeinen Kriminalprävention und gehen nicht allein auf viktimologische Forschungen zurück.[30] Diese Überlegungen stimmen auch mit den in dem Kapitel zu den kriminalpolitischen Grundlagen gewonnenen Erkenntnissen überein, dass nach den Gesetzesmaterialien die Vermeidung einer erneuten Beeinträchtigung des konkreten Opfers durch den bzw. die konkrete:n Täter:in das übergeordnete Leitmotiv der opferbezogenen Strafvollzugsvorschriften darstellt.[31]

Daher wird insbesondere im Rahmen der historischen Auslegung unterschieden werden müssen zwischen Regelungen, die dem Schutz tatsächlicher Opfer und der Berücksichtigung der Interessen tatsächlicher Opfer dienen, und Vorschriften, die auf die Sicherungsaufgabe des Vollzugs zum Schutz der Allgemeinheit ausgerichtet sind.

Die Frage, welche Interessen tatsächlicher Opfer innerhalb des Strafvollzugsrechts berücksichtigt werden können und sollen, betrifft demgegenüber nicht die historische Auslegung, sondern stärker die systematische und vor allem die teleologische Auslegung.

---

[27] Ausführlich hierzu oben im Abschnitt 5.2.1

[28] Ausführlich hierzu oben im Abschnitt 6.3.

[29] Ausführlich hierzu in den kriminologischen Grundlagen oben im Abschnitt 7.1.

[30] Hierzu ausführlich in den kriminologischen Grundlagen oben im Abschnitt 7.1.1.

[31] Hierzu bereits in den kriminalpolitischen Grundlagen oben im Abschnitt 9.3.3 sowie in der Gesamtbetrachtung der kriminalpolitischen Motive opferbezogenen Strafvollzugsrechts oben im Abschnitt 9.3.5.

12.1.3 Systematische Auslegung

12.1.3.1 Bedeutung der verschiedenen Grundlagenkapitel für die systematische Auslegung

Für die systematische Auslegung sind zunächst die strafvollzugsrechtlichen Grundlagen und dort insbesondere das verfassungsrechtlich verankerte Vollzugsziel der Resozialisierung und dessen Konkretisierung durch die Gestaltungsgrundsätze von Bedeutung.[32] Da der gesamte Strafvollzug auf das Vollzugsziel der Resozialisierung auszurichten ist, muss dies auch im Zusammenhang mit der Opferorientierung des Strafvollzugsrechts beachtet werden.

Die historischen Grundlagen sind in der systematischen Auslegung dahingehend zu berücksichtigen, dass der Einbeziehung des Opfers und seiner Interessen in das Strafvollzugsrecht eine umfassende Berücksichtigung von Opferbelangen im Straf- und Strafprozessrecht vorausgegangen ist.[33]

Die Ergebnisse der kriminalpolitischen Grundlagen kommen innerhalb der systematischen Auslegung insbesondere dann zum Tragen, wenn sich aus der Sichtung der Gesetzgebungsmaterialien im Rahmen der historischen Auslegung keine konkreten Anhaltspunkte für die Berücksichtigung der viktimologischen Perspektive ergeben. In einem solchen Fall kann möglicherweise auf die gesetzgeberischen Motive für den Opferbezug im Straf- und Strafprozessrecht zurückgegriffen werden, wenn diese Gesichtspunkte auf das Strafvollzugsrecht übertragbar sind.[34]

Weiterhin sind auch die internationalrechtlichen Grundlagen für die systematische Auslegung von Bedeutung, da die Opferorientierung im Strafprozessrecht maßgeblich durch das Recht der Europäischen Union beeinflusst wird[35] und sich somit Auswirkungen auf das gesamte deutsche Strafrechtssystem ergeben können. Zudem hat die Untersuchung der internationalen Grundlagen bereits ergeben, dass insbesondere die EMRK und die Europäischen Strafvollzugsgrundsätze für das deutsche Strafvollzugsrecht insgesamt und daher gerade auch für die Opferorientierung bedeutsam sind.[36]

---

[32] Zum Vollzugsziel der Resozialisierung oben im Abschnitt 5.1.1; speziell zum Verfassungsrang des Resozialisierungsauftrags oben im Abschnitt 5.1.1.2; zu den Gestaltungsgrundsätzen im Abschnitt 5.1.1.3.

[33] Hierzu oben im Abschnitt 6.3.

[34] Ausführlich hierzu bereits oben im Abschnitt 9.2.

[35] Hierzu bereits oben im Abschnitt 8.4.1.2; allgemein zur Bedeutung der internationalen Rechtsquellen für das nationale Straf- und Strafprozessrecht oben im Abschnitt 8.4.1.

[36] Zusammenfassend zur Bedeutung der internationalen Rechtsquellen für das deutsche Strafvollzugsrecht bereits oben im Abschnitt 8.4.2.

12.1.3.2 Bedeutung der systematischen Auslegung für wiederkehrende Grundfragen der Opferorientierung im Strafvollzug

Mit Blick auf die systematische Auslegung stellt sich zunächst die Frage, inwiefern sich die Opferorientierung im Strafvollzugsrecht niedergeschlagen hat.

Die einzelnen opferorientierten Strafvollzugsregelungen müssen stets im Zusammenhang mit dem Vollzugsziel der Resozialisierung betrachtet werden, welches für die Auslegung des Strafvollzugsrechts insgesamt leitend ist.[37] Insofern gilt, dass sich auch ein opferbezogener Strafvollzug am verfassungsrechtlichen Resozialisierungsanspruch der Gefangenen orientieren muss.[38] Diesbezüglich wird zu beachten sein, dass die Resozialisierungsaufgabe und die Opferorientierung im Strafvollzug sich nicht gegenseitig ausschließen.[39] So kann die Resozialisierung der Gefangenen durch die Opferorientierung durchaus gefördert werden. Zu denken ist diesbezüglich insbesondere an die Tataufarbeitung und die Übernahme von Tatverantwortung beispielsweise im Rahmen eines Täter-Opfer-Ausgleichs.[40] Jedoch kann der Resozialisierungsauftrag den Opferbezug auch beschränken, wenn durch eine zu starke Berücksichtigung von Opferinteressen die Resozialisierung der Gefangenen gefährdet wird.[41] In diesem Zusammenhang sind insbesondere die Gestaltungsgrundsätze bei der Auslegung opferorientierten Strafvollzugsrechts zu berücksichtigen.[42] Zudem wird die systematische Gewichtung des Opferschutzes im Verhältnis zur Vollzugsaufgabe des Schutzes der Allgemeinheit[43] genauer betrachtet werden müssen. Nur so kann festgestellt werden, ob der Opferschutzgedanke auf die Belange tatsächlicher Opfer zurückgeführt werden kann oder unter dem Schlagwort Opferschutz nur eine Stärkung des allgemeinen Sicherheitsbedürfnisses erfolgte.

---

[37] Ausführlich zum Vollzugsziel der Resozialisierung oben im Abschnitt 5.1.1.

[38] Zum Vollzugsziel der Resozialisierung oben im Abschnitt 5.1.1; speziell zum Verfassungsrang des Resozialisierungsauftrags siehe oben im Abschnitt 5.1.1.2.

[39] Allgemein zum Verhältnis von verfassungsrechtlichem Resozialisierungsauftrag und Opferorientierung oben im Abschnitt 5.2.3.1.

[40] Hierzu oben im Abschnitt 5.2.3.2.

[41] Hierzu oben im Abschnitt 5.2.3.3.

[42] Ausführlich zu den Gestaltungsgrundsätzen siehe oben im Abschnitt 5.1.1.3.

[43] Zur Vollzugsaufgabe der Sicherheit der Allgemeinheit siehe oben im Abschnitt 5.1.2; zum Verhältnis zwischen Vollzugsziel und Vollzugsaufgabe siehe oben im Abschnitt 5.1.3; zur Berücksichtigung allgemeiner Strafzwecke in diesem Zusammenhang siehe oben im Abschnitt 5.2.3.3.

Soweit die historische Auslegung der opferbezogenen Strafvollzugsvorschriften keine Erkenntnisse zu den gesetzgeberischen Motiven für einzelne Regelungen liefert, besteht die Möglichkeit, die Motive für den Opferbezug im Straf- und Strafprozessrecht in der systematischen Auslegung zu berücksichtigen. Dies ergibt sich bereits aus dem Umstand, dass das opferbezogene Strafvollzugsrecht im Sinne einer Einheit der Strafrechtspflege dem Straf- und Strafprozessrecht mit Blick auf die Opferorientierung nicht grundlegend widersprechen kann. Daher muss im Rahmen der systematischen Auslegung das Verständnis hinsichtlich berechtigter Opferbelange im gesamten Strafrechtssystem – insbesondere unter Berücksichtigung der opferbezogenen Regelungen der StPO – beachtet werden. Nur auf diese Weise kann eine Weiterführung der vor allem im Strafprozessrecht seit mehreren Jahrzehnten zu beobachtenden Einbeziehung des Straftatopfers auch im Strafvollzug gewährleistet werden. Dies entspricht letztlich dem Gedanken der Einheit der Rechtsordnung.

Für die Berücksichtigung der internationalrechtlichen Grundlagen innerhalb der systematischen Auslegung ist zunächst zu beachten, dass der EU keine Richtlinienkompetenz für das Sanktionenrecht zukommt. Jedoch muss bei der Auslegung opferbezogener Strafvollzugsvorschriften die Einheit des Strafrechtssystems insgesamt gewährleistet werden. Da insbesondere das Strafprozessrecht hinsichtlich der Einbeziehung des Straftatopfers in die Strafrechtspflege stark durch europarechtliche Vorgaben beeinflusst wurde, müssen die in diesem Zusammenhang festgelegten Grundprinzipien des Opferschutzes und der Einbeziehung von Opferbelangen berücksichtigt werden.[44] Zudem stellt sich mit Blick auf weitere internationale Rechtsquellen wie insbesondere die EMRK und die Europäischen Strafvollzugsgrundsätze die Frage, ob und in welchem Umfang diese Rechtsquellen im nationalen Strafvollzugsrecht zu berücksichtigen sind[45] und durch die Landesgesetzgeber entsprechend berücksichtigt wurden.

[44] Zur Bedeutung des internationalen Rechts für das nationale Recht im Allgemeinen siehe oben im Abschnitt 8.4.1; zur Bedeutung der Rechtsetzungsakte der EU im Speziellen siehe oben im Abschnitt 8.4.1.2.

[45] Siehe bereits zusammenfassend zur Bedeutung der internationalen Rechtsquellen für das deutsche Strafvollzugsrecht oben im Abschnitt 8.4.2.

12.1.4 Teleologische Auslegung

12.1.4.1 Bedeutung der verschiedenen Grundlagenkapitel für die teleologische Auslegung

Für die teleologische Auslegung finden sich in allen Grundlagenkapiteln des Teil II Anknüpfungspunkte.

So ist für die teleologische Auslegung opferbezogener Strafvollzugsvorschriften die Frage von Bedeutung, ob der in dem Kapitel zu den begrifflichen Grundlagen entwickelte strafvollzugsrechtliche Opferbegriff für die Auslegung aller opferbezogenen Vorschriften gleichermaßen geeignet ist.[46]

Mit Blick auf die strafvollzugsrechtlichen Grundlagen wird zu beachten sein, dass der Strafvollzug zuvörderst auf die Resozialisierung der Gefangenen und den Schutz der Allgemeinheit ausgerichtet ist.[47] Die Opferorientierung muss sich in diesen bestehenden Rahmen einfügen und zugleich dem Anspruch der Berücksichtigung der Opferperspektive im Strafvollzug gerecht werden. Insofern wird auch die viktimologische Perspektive, die sich aus den kriminologischen Grundlagen ableiten lässt[48], innerhalb der teleologischen Auslegung zu beachten sein.

Die historischen Grundlagen[49] können zusammen mit den kriminalpolitischen Grundlagen[50] hinsichtlich der Entwicklung der allgemeinen Opferorientierung in der Strafrechtspflege ebenfalls für die teleologische Auslegung fruchtbar gemacht werden.

Mit Blick auf die Berücksichtigung von Wiedergutmachung und Tatausgleich im Vollzug werden unter Berücksichtigung der kriminologischen Grundlagen zudem insbesondere das Konzept der Restorative Justice[51] und deren Beitrag zur Resozialisierung der Täter:innen von Bedeutung sein.[52]

Aus den internationalen Grundlagen ergeben sich zahlreiche Anknüpfungspunkte zu Vorgaben für den Schutz von Straftatopfern im Allgemeinen und

---

[46] Zum strafvollzugsrechtlichen Opferbegriff dieser Arbeit oben im Abschnitt 4.2.2.

[47] Umfassend hierzu oben im Abschnitt 5.1.

[48] Hierzu oben im Abschnitt 7.1.

[49] Zusammenfassend zu den Ergebnissen der historischen Grundlagen oben im Abschnitt 6.4.

[50] Zusammenfassend zu den Ergebnissen der kriminologischen Grundlagen oben im Abschnitt 7.3.

[51] Zum Konzept der Restorative Justice siehe oben im Abschnitt 7.2.1.2.

[52] Zur Bedeutung von Möglichkeiten der Wiedergutmachung und des Tatausgleichs für den bzw. der Täter:in unter Berücksichtigung des Restorative Justice-Konzepts oben im Abschnitt 7.2.1.2.

bestimmter Opfergruppen im Besonderen,[53] welche neben dem Strafprozessrecht gerade auch für das Strafvollzugsrecht relevant sind.

Innerhalb der teleologischen Auslegung kommt den Ergebnissen des Kapitels zu den verfassungsrechtlichen Grundlagen eine besondere Bedeutung zu.[54] Dies ergibt sich zum einen aus dem verfassungsrechtlich verankerten Anspruch der Inhaftierten auf Resozialisierung.[55] Zum anderen hat die Betrachtung der verfassungsrechtlichen Grundlagen ergeben, dass sich aus den Grundrechten mitunter subjektive Rechte von Straftatopfern ableiten lassen, die im Strafvollzugsrecht zu beachten sind.[56]

Hinsichtlich der straftheoretischen Grundlagen ist vor allem der straftheoretische Ansatz der sogenannten Opferprävention für die teleologische Auslegung bedeutsam, da durch diesen die Interessen und Bedürfnisse von Straftatopfern innerhalb der straftheoretischen Diskussion besonders akzentuiert werden.[57] Diese straftheoretische Betonung der Opferperspektive ist durch die opferbezogenen Vorschriften in den Landesgesetzen auch für das Strafvollzugsrecht relevant.

12.1.4.2 Bedeutung der teleologischen Auslegung für wiederkehrende Grundfragen der Opferorientierung im Strafvollzug

Insgesamt muss im Rahmen der teleologischen Auslegung untersucht werden, inwiefern die opferbezogenen Strafvollzugsvorschriften geeignet sind, die Belange tatsächlicher Opfer zu berücksichtigen. In diesem Zusammenhang wird zugleich ein Abgleich mit dem Vollzugsziel der Resozialisierung insoweit notwendig sein, als opferbezogene Vorschriften auch auf eine Förderung der Resozialisierung ausgerichtet sein können. Zu denken ist diesbezüglich insbesondere an jene Vorschriften, die den Tatausgleich und die Wiedergutmachung betreffen.[58]

---

[53] Zusammenfassend zu den Ergebnissen der internationalrechtlichen Grundlagen oben im Abschnitt 8.5.

[54] Zusammenfassend zu den Ergebnissen der verfassungsrechtlichen Grundlagen oben im Abschnitt 10.3.

[55] Zum Verfassungsrang des Resozialisierungsauftrags oben im Abschnitt 5.1.1.2.

[56] Ausführlich zu möglichen subjektiven Rechten von Straftatopfern siehe oben im Abschnitt 10.1.2.3.

[57] Ausführlich hierzu in den straftheoretischen Grundlagen oben im Abschnitt 11.2.3.4.

[58] Zur Bedeutung von Möglichkeiten der Wiedergutmachung und des Tatausgleichs für den bzw. die Täter:in unter Berücksichtigung des Restorative Justice-Konzepts oben im Abschnitt 7.2.1.2.

Bei der teleologischen Auslegung müssen hinsichtlich der heutigen Ausgestaltung des opferorientierten Strafvollzugs zudem die früheren Konzepte zur Einbeziehung des Opfers im Strafvollzug berücksichtigt werden. Insofern kommt ein Zurückbleiben des opferorientierten Strafvollzugs hinter diesen Konzepten in Betracht, wodurch der Opferbezug womöglich nicht hinreichend umgesetzt wurde. Dies kann insbesondere dann der Fall sein, wenn die ursprüngliche Intention einer umfassenden Unterstützung des Straftatopfers sich möglicherweise nicht ausreichend in den neuen strafvollzugsrechtlichen Regelungen niedergeschlagen hat. Deshalb werden die Ergebnisse aus dem Kapitel zu den strafvollzugsrechtlichen Grundlagen, insbesondere jene zum opferorientierten Strafvollzug[59], im Rahmen der teleologischen Auslegung Beachtung finden.

Für die Einbeziehung von Opferbelangen in das Strafvollzugsrecht sind aus verfassungsrechtlicher Sicht zudem die staatlichen Schutzpflichten bedeutsam. So hat die Untersuchung der verfassungsrechtlichen Grundlagen gezeigt, dass sich neben der Abwehrfunktion der Grundrechte gegenüber staatlichen Eingriffen aus dem Grundgesetz im Einzelfall auch eine Schutzpflicht des Staates gegenüber dem konkreten Straftatopfer vor einer erneuten Beeinträchtigung durch den bzw. die Täter:in ableiten lässt.[60] Für diese grundrechtlichen Schutzpflichten ergibt sich im Strafvollzugsrecht eine Vielzahl verschiedener Anknüpfungspunkte. Exemplarisch genannt werden sollen an dieser Stelle nur die Berücksichtigung der Opferperspektive bei Vollzugsentscheidungen über Außenkontakte der Gefangenen[61] und vollzugsöffnende Maßnahmen[62]. Dabei ist insbesondere im Blick zu behalten, ob die opferbezogenen Strafvollzugsvorschriften einen Beitrag zum Schutz tatsächlicher Opfer leisten sollen oder ob die Vollzugsaufgabe der Sicherung der Allgemeinheit im Vordergrund steht.

Insgesamt muss im Rahmen der teleologischen Auslegungen der opferbezogenen Vorschriften zudem das verfassungsrechtliche Verhältnismäßigkeitsprinzip und mit ihm das Über- bzw. Untermaßverbot berücksichtigt werden.[63] Bei widerstreitenden Interessen von Opfern und Gefangenen müssen diese durch

[59] Zum opferorientierten Strafvollzug in den strafvollzugsrechtlichen Grundlagen oben im Abschnitt 5.2.

[60] Hierzu oben im Abschnitt 10.1.2.3.4.

[61] Hierzu sogleich innerhalb der Auslegung der Vorschriften zu Außenkontakten unten im Kapitel 14.

[62] Hierzu sogleich innerhalb der Auslegung der Vorschriften zu vollzugsöffnenden Maßnahmen unten im Kapitel 15.

[63] Zum Über- und Untermaßverbot oben im Abschnitt 10.1.1.2; zur Zuordnung der verfassungskonformen Auslegung zur teleologischen Auslegung siehe bereits oben im Abschnitt 10.3 Fn. 301 und *Rengier*, Strafrecht Allgemeiner Teil, 12. Aufl. 2021, § 5 Rn. 24.

eine entsprechende Auslegung der Rechtsvorschriften zum Ausgleich gebracht werden, wenn eine derartige Abwägung nicht bereits aus dem Gesetzestext folgt.

Ferner muss bei der teleologischen Auslegung einzelner Vorschriften die Schutzbedürftigkeit bestimmter Opfergruppen Berücksichtigung finden. Mit Blick auf den Schutz tatsächlicher Opfer und die erhöhte Schutzbedürftigkeit bestimmter Opfergruppen können insoweit die in dem Kapitel zu den internationalen, verfassungsrechtlichen und straftheoretischen Grundlagen gewonnen Erkenntnisse fruchtbar gemacht werden. Im Hinblick auf die internationalrechtlichen Grundlagen ist der hohe Stellenwert des Schutzes von Straftatopfern – insbesondere von besonders schutzwürdigen Opfergruppen, wie Kindern und Opfern von Gewalt- und Sexualdelikten – zu berücksichtigen, der sich in den meisten der untersuchten internationalen Rechtsquellen finden lässt.[64] Im Mittelpunkt stehen hierbei die EMRK und die Europäischen Strafvollzugsgrundsätze, allerdings ebenso die Istanbul-Konvention und die UN-Kinderrechtskonvention.[65] Daneben können die bereits angesprochenen Erkenntnisse der verfassungsrechtlichen Grundlagen zu den grundrechtlichen Schutzpflichten hinsichtlich der besonderen Schutzbedürftigkeit bestimmter Opfergruppen herangezogen werden.[66] Zudem erscheint unter Berücksichtigung der Ergebnisse zu den straftheoretischen Grundlagen die sogenannte Opferprävention in ihrer negativen Spielart von Bedeutung. Möglich erscheint daher eine straftheoretische Legitimation der (mittelbaren) Berücksichtigung von Opferschutzinteressen, welche die Resozialisierung der Täter:innen begrenzen können.[67]

Die Untersuchung der historischen Grundlagen[68] und der kriminalpolitischen Grundlagen[69] hat ergeben, dass der opferbezogene Strafvollzug im Wesentlichen auf die kriminalpolitischen Motive Opferschutz und Restorative Justice i. w. S. ausgerichtet ist.[70] Insbesondere der Gesichtspunkt des Opferschutzes ist wiederum mit Blick auf die verfassungsrechtlichen Grundlagen zentral, soweit das opferbezogene Strafvollzugsrecht als Umsetzung grundrechtlicher

[64] Zusammenfassend hierzu oben im Abschnitt 8.5.

[65] Zur EMRK oben im Abschnitt 8.1.1; zu den Europäischen Strafvollzugsgrundsätzen oben im Abschnitt 8.2.1.5; zu den Konventionen oben im Abschnitt 8.3.1.1.

[66] Hierzu oben im Abschnitt 10.1.2.3.4.

[67] Zur Opferprävention siehe oben im Abschnitt 11.2.3.4.

[68] Oben im Kapitel 6.

[69] Oben im Kapitel 9.

[70] Hierzu zusammenfassend oben im Abschnitt 9.3.5 und im Abschnitt 9.4.

Schutzpflichten zu verstehen ist.[71] Aber auch für die Berücksichtigung der Wiedergutmachung innerhalb des Strafvollzugsrechts finden sich im Verfassungsrecht Anknüpfungspunkte.[72] Schließlich hat die Untersuchung der straftheoretischen Grundlagen ergeben, dass insbesondere die Opferprävention eine Vielzahl von Anknüpfungspunkten für die opferbezogene Vollzugsgestaltung liefert.[73]

Hinsichtlich der Restorative Justice muss bei der Auslegung der einzelnen opferorientierten Strafvollzugsvorschriften jeweils untersucht werden, ob die Einbeziehung der Restorative Justice tatsächlich keinerlei Eingriff in die Rechte der Gefangenen mit sich bringt. Bei der Einbeziehung der Restorative Justice i. w. S.[74] werden zudem die Erkenntnisse der verfassungsrechtlichen Grundlagen relevant. Insbesondere kann sich die Legitimation der Einbeziehung von Wiedergutmachungsinteressen des Opfers aus dem Sozialstaatsprinzip ergeben.[75] Hinsichtlich der Wiedergutmachung im Strafvollzug erscheint zudem die positive Opferprävention von Bedeutung, da sie mögliche Wiedergutmachungsinteressen des Straftatopfers umfasst.[76]

12.2 Vorbemerkungen zum weiteren Fortgang der Untersuchung

In der nachfolgenden Auslegung der opferbezogenen Strafvollzugsvorschriften werden einige Grundfragen zur Opferorientierung im Strafvollzug wiederholt aufgegriffen.

Dies betrifft zunächst den Stellenwert, den der Opferbezug in den Landesstrafvollzugsgesetzen durch die opferbezogenen Vollzugsvorschriften einnimmt.

Diesbezüglich ist sogleich die Frage nach dem Verhältnis zwischen Resozialisierung und Opferorientierung im Strafvollzugsrecht angesprochen. Die bisherige Untersuchung hat gezeigt, dass der verfassungsrechtlich verankerte Resozialisierungsanspruch der Gefangenen sowohl die Grundlage als auch die Grenze der Opferorientierung im Strafvollzug darstellt. Die Opferorientierung findet immer dann ihre Grundlage im Resozialisierungsauftrag des Strafvollzugs, wenn

---

[71] Zum grundrechtlichen Recht auf Opferschutz oben im Abschnitt 10.1.2.3.4.

[72] Genauer im Sozialstaatsprinzip oben im Abschnitt 10.2.1.

[73] Ausführlich zur Opferprävention oben im Abschnitt 11.2.3.4.

[74] Zum Begriff siehe oben im Abschnitt 7.2.1.2.3.

[75] Ausführlich zum Sozialstaatsprinzip oben im Abschnitt 10.2.1; zur Bedeutung des Sozialstaatsprinzips für die strafrechtliche Opferorientierung siehe oben im Abschnitt 10.2.1.3.

[76] Ausführlich zur Opferprävention oben im Abschnitt 11.2.3.4.

die opferorientierten Vorschriften das Vollzugsziel der Wiedereingliederung der Gefangenen fördern. Als Beispiel soll an dieser Stelle nur die Förderung der Tataufarbeitung durch die Gefangenen genannt werden. Begrenzt wird die Opferorientierung im Strafvollzug durch das Vollzugsziel immer dann, wenn sich aus den opferorientierten Vorschriften Beschränkungen für die Resozialisierung der Gefangenen ergeben können. Zu denken ist beispielsweise an die Untersagung von Außenkontakten oder die Ablehnung von vollzugsöffnenden Maßnahmen aus Gründen des Opferschutzes. Insgesamt wird sich daher bei der Auslegung der opferbezogenen Vorschriften oftmals die Frage stellen, ob die jeweils untersuchte Vorschrift als Bestandteil des Resozialisierungsauftrags zu betrachten ist oder ob durch sie eine Beeinträchtigung des Vollzugsziels droht. Im letztgenannten Fall muss untersucht werden, inwiefern die opferbezogene Vorschrift mit dem Resozialisierungsauftrag vereinbar ist und mit diesem zum Ausgleich gebracht werden kann.

Eine weitere Grundfrage des opferbezogenen Strafvollzugsrechts ist in der Bestimmung des strafvollzugsrechtlichen Opferbegriffs zu sehen. Die bisherige Untersuchung hat gezeigt, dass ein einheitlicher Opferbegriff nicht existiert.[77] Für das Strafvollzugsrecht wurde in den begrifflichen Grundlagen daher ein enger strafvollzugsrechtlicher Opferbegriff entwickelt, welcher den Ausgangspunkt für die Auslegung der opferbezogenen Vorschriften bildet. Innerhalb dieser Auslegung ist zu überprüfen, ob dieser enge strafvollzugsrechtliche Opferbegriff für alle opferbezogene Vorschriften der Landesgesetze geeignet ist oder ob bei einzelnen Regelungen eine weite Auslegung erforderlich ist. In diesem Zusammenhang ist auch zu untersuchen, ob die Landesgesetze neben den tatsächlichen Opfern der inhaftierten Täter:innen auch andere Personen – und somit indirekte oder gar potenzielle Opfer – innerhalb der opferbezogenen Vorschriften berücksichtigen.[78]

Die nächste Grundfrage betrifft die Ausrichtung des opferorientierten Strafvollzugsrechts auf den Schutz von Straftatopfern vor einer sekundären Viktimisierung bzw. (Re-)Traumatisierung oder gar neuer Straftaten durch die Gefangenen. Insofern stellt sich zum einen die Frage, ob das opferbezogene Strafvollzugsrecht die bisherige opferbezogene Ausrichtung des Strafrechtssystems weiterführt. Zum anderen ist zu untersuchen, ob die Vollzugsvorschriften

[77] Ausführlich hierzu in den begrifflichen Grundlagen oben im Abschnitt 4.2.

[78] Ausführlich zur Unterscheidung von direkten und indirekten Opfern oben im Abschnitt 4.2.1.1.2.3; ausführlich zum Begriff der potenziellen Opfer oben im Abschnitt 9.1.1.1.

entsprechend dieser opferbezogenen Strafrechtspflege ausgestaltet wurden. Insoweit ist auch der Gesichtspunkt der Einheit des Strafrechtssystems mit Blick auf den Opferschutzgedanken relevant.

Mit dem Schutz vor einer sekundären Viktimisierung ist sogleich eine weitere Grundfrage angesprochen, nämlich die Beachtung der Opferautonomie innerhalb der Landesstrafvollzugsgesetze und die Vermeidung einer Instrumentalisierung des Opfers zu Resozialisierungszwecken. Es ist daher zu untersuchen, ob sich aus den opferbezogenen Vorschriften Anknüpfungspunkte ergeben, durch die negative Auswirkungen für die Straftatopfer zu befürchten sind.

Soweit die opferbezogenen Vollzugsvorschriften sich auf den Schutz von Opfern beziehen, stellt sich weiterhin die Frage, ob diesbezüglich die besondere Schutzbedürftigkeit bestimmter Opfergruppen, wie kindlicher Opfer oder Opfer von Gewalt- und Sexualdelikten, in den Landesgesetzen berücksichtigt wurde. Der Schutz bestimmter Opfergruppen spiegelt sich sowohl im internationalen Recht als auch im deutschen Straf- und Strafprozessrecht in besonderem Maße wider und ist auch für das Strafvollzugsrecht von gesteigerter Bedeutung.

Als weitere Grundfrage ist innerhalb der Auslegung der opferbezogenen Vorschriften mehrfach auf die Berücksichtigung von Opferinteressen einzugehen. Einerseits stellt sich die Frage, welche Opferinteressen im Strafvollzug Beachtung finden können. Diesbezüglich ergeben sich erneut Querverbindungen zum Vollzugsziel der Resozialisierung. Andererseits stellt sich die Frage nach den Interessen der Straftatopfer vor allem auch im Zusammenhang mit dem Tatausgleich und der Wiedergutmachung von Straftatfolgen.

Mit der Tataufarbeitung und Wiedergutmachung sind sogleich zwei weitere Grundfragen des opferorientierten Strafvollzugsrechts angesprochen. Zum einen ist zu untersuchen, inwieweit das Konzept der Restorative Justice und diesbezüglich vor allem der Grundsatz der Freiwilligkeit in den Vollzugsgesetzen berücksichtigt wurde. Zum anderen sind auch Möglichkeiten der Einbeziehung von Maßnahmen der wiedergutmachenden Justiz, also der Wiedergutmachung ohne Beteiligung des direkten Opfers innerhalb der Landesgesetze zu untersuchen.

Die soeben dargestellten Grundfragen des opferorientierten Strafvollzugsrechts werden in der nachfolgenden Auslegung der opferbezogenen Vollzugsvorschriften eingehend untersucht. Im Teil IV bilden die gewonnenen Ergebnisse sodann den Ausgangspunkt für die weiteren Überlegungen zu möglichen Folgerungen für eine zukünftige Ausgestaltung der Opferorientierung im Strafvollzugsrecht.

13 Allgemeine Vorschriften

13.1 Allgemeine Überlegungen

Dem Themenkreis der allgemeinen Vorschriften mit Opferbezug werden im Folgenden alle Vorschriften der Landesstrafvollzugsgesetze zugeordnet, die als grundlegend für die Vollzugsgestaltung verstanden werden können. Hierzu zählen zunächst die Vorschriften zur verletzten- bzw. opferbezogene Vollzugsgestaltung.[1] Des Weiteren enthalten einige Vollzugsgesetze in den Gestaltungs- bzw. Behandlungsgrundsätzeeinen direkten[2] oder indirekten[3] Opferbezug. Regelungen zu den Gestaltungs- bzw. Behandlungsgrundsätzen finden sich in allen Landesstrafvollzugsgesetzen.

Schließlich wird auch die Regelung des § 10 Abs. 1 S. 4 Nr. 13 StVollzG NRW in dem hiesigen Kapitel zu den allgemeinen Vorschriften Beachtung finden. Dort ist geregelt, dass der Vollzugsplan regelmäßig Maßnahmen zur Sicherung berechtigter Schutzinteressen von Opfern und gefahrdeten Dritten enthält. Zwar betrifft § 10 StVollzG NRW die Vollzugsplanung, weshalb es sich bei ihm nicht um eine allgemeine Strafvollzugsvorschrift im engeren Sinne handelt. Jedoch findet sich in den übrigen Landesgesetzen keine vergleichbare Regelung. Zudem kann die Regelung des § 10 Abs. 1 S. 4 Nr. 13 StVollzG NRW im Zusammenhang mit der

[1] Art. 5a BayStVollzG; § 6 StVollzG Bln; § 7 StVollzG NRW.

[2] § 2 Abs. 5 JVollzGB II BaWü; Art. 3 S. 2 BayStVollzG; § 8 Abs. 1 S. 2 BbgJVollzG; § 4 S. 2 und 3 HmbStVollzG; § 5 Abs. 1 S. 4 HStVollzG; § 8 Abs. 1 S. 2 LJVollzG RP; § 3 Abs. 1 SLStVollzG; § 8 Abs. 1 S. 1 JVollzGB I LSA; § 8 Abs. 1 S. 1 ThürJVollzGB.

[3] Hinsichtlich der Auseinandersetzung mit der Straftat und ihren Folgen, siehe § 3 Abs. 1 BremStVollzG; § 3 Abs. 1 StVollzG MV; § 3 Abs. 1 SächsStVollzG; § 3 Abs. 1 LSt-VollzG SH; ähnlich auch § 2 Abs. 3 S. 2 NJVollzG.

K. M. Radke, *Opferorientierung im Strafvollzug*,
https://doi.org/10.1007/978-3-658-39044-0_13

opferbezogenen Vollzugsgestaltung nach § 7 StVollzG NRW betrachtet werden, sodass sich zumindest eine gewisse Sachnähe ergibt.

Demgegenüber wird § 8a HmbStVollzG erst im Zusammenhang mit den Vorschriften zu vollzugsöffnenden Maßnahmen und Vollzugslockerungen im Kapitel 15 betrachtet werden. Zwar trägt die Vorschrift den Titel „Opferschutz“, allerdings enthält sie spezielle Vorgaben für besonders gefährliche Sexual- und Gewaltstraftäter:innen. Ähnliche Regelungsinhalte finden sich in einigen anderen Landesgesetzen im Zusammenhang mit vollzugsöffnenden Maßnahmen.[4] Daher wird § 8a HmbStVollzG zusammen mit diesen Vorschriften untersucht werden.

13.2 Grammatische Auslegung

13.2.1 Vorüberlegungen zur grammatischen Auslegung

Die grammatische Auslegung der allgemeinen Vorschriften mit Opferbezug wird sogleich anhand von vier Gesichtspunkten des opferorientierten Strafvollzugsrechts erfolgen. Durch dieses Vorgehen sollen Wiederholungen weitestgehend vermieden werden, da in einigen allgemeinen Vorschriften mehrere der vier Gesichtspunkte des opferorientierten Strafvollzugsrechts zum Ausdruck kommen. Daher werden die allgemeinen Vorschriften in der grammatischen Auslegung wie folgt untersucht:

Zunächst werden diejenigen Vorschriften betrachtet, in denen der Opferbezug besonders betont wurde. Anschließend werden jene Vorschriften untersucht, aus denen sich bereits aus dem Wortlaut eine Unterscheidung zwischen Opfern und Dritten ergibt. Weiterhin wird das Verhältnis zwischen Opferorientierung und Resozialisierung anhand des Wortlauts der allgemeinen Vorschriften untersucht. Schließlich enthalten einige Landesgesetze auch organisatorischen Vorgaben zur Opferorientierung.

Diese vier Gesichtspunkte der Opferorientierung in den allgemeinen Vorschriften der Landesstrafvollzugsgesetze werden auch für die historische (Abschnitt 13.3), systematische (Abschnitt 13.4) und teleologische Auslegung (Abschnitt 13.5) von Bedeutung sein. Schließlich erfolgt eine Gesamtbetrachtung der durch die Auslegung der allgemeinen Vorschriften gewonnen Ergebnisse (Abschnitt 13.6).

[4] Vgl. Art. 15 BayStVollzG; § 13 Abs. 5 Nr. 1 HStVollzG; § 16 Abs. 1 NJVollzG; §§ 22 Abs. 5, 45 Abs. 6 JVollzGB I LSA; §§ 22 Abs. 5, 46 Abs. 3 ThürJVollzGB.

13.2.2 Besondere Betonung des Opferbezuges

Wie gezeigt, enthält ein Großteil der opferbezogenen allgemeinen Regelungen der Landesstrafvollzugsgesetze bereits in ihrem Wortlaut den Begriff des Opfers. Besonders prägnant sind diesbezüglich die Vorschriften der Länder Bayern, Berlin und Nordrhein-Westfalen formuliert, bei welchen bereits die amtlichen Überschriften „opferbezogene Vollzugsgestaltung“ (Art. 5a BayStVollzG), „verletztenbezogene Vollzugsgestaltung“ (§ 6 StVollzG Bln) oder „opferbezogene Gestaltung“ (§ 7 StVollzG NRW) lauten. Dies deutet bereits auf eine besondere Gewichtung des opferbezogenen Strafvollzugs in den genannten Landesgesetzen hin.

Verstärkt wird der Eindruck einer besonderen Gewichtung der Opferorientierung im Strafvollzug durch die ausdrückliche Vorgabe, dass die Belange von Opfern bei der Gestaltung des Vollzugs zu berücksichtigen sind.[5] Während in Berlin und Nordrhein-Westfalen auf die berechtigten Belange von Opfern abgestellt wird, enthält Art. 5a Abs. 1 S. 1 BayStVollzG insoweit keine Einschränkung. Als Bereiche, in denen die berechtigten Belange von Opfern berücksichtigt werden sollen, nennt § 6 Abs. 1 StVollzG Bln die Erteilung von Weisungen sowie die Eingliederung und Entlassung der Gefangenen. Die Regelung des § 7 Abs. 1 StVollzG NRW ist damit nahezu identisch, wobei zusätzlich noch die Berücksichtigung bei vollzugsöffnenden Maßnahmen genannt wird. Für Art. 5a Abs. 1 S. 1 BayStVollzG gilt, dass diese Regelung zwar die Berücksichtigung bei vollzugsöffnenden Maßnahmen nennt, jedoch auf die Erteilung von Weisungen keinen Bezug nimmt.

Mit Blick auf den besonderen Stellenwert der Berücksichtigung berechtigter Schutzinteressen des Opfers und auch gefährdeter Dritter kann weiterhin für das Strafvollzugsgesetz des Landes Nordrhein-Westfalen insbesondere § 10 Abs. 1 S. 4 Nr. 13 StVollzG NRW angeführt werden. Danach enthält der Vollzugsplan unter anderem regelmäßig Angaben zu Maßnahmen zur Sicherung berechtigter Schutzinteressen von Opfern oder gefährdeten Dritten. In der Vorschrift wird somit die besondere Bedeutung des Opferschutzes und des Schutzes gefährdeter Dritter für die Vollzugsplanung deutlich.

---

[5] Art. 5a Abs. 1 S. 1 BayStVollzG; § 6 Abs. 1 StVollzG Bln; § 7 Abs. 1 S. 1 StVollzG NRW.

13.2.3 Unterscheidung zwischen Opfern und Dritten

Innerhalb einiger Landesgesetze wird in den allgemeinen opferbezogenen Regelungen ausdrücklich zwischen Opfern und anderen Personen unterschieden. So ist sowohl nach Art. 5a Abs. 1 S. 2 BayStVollzG als auch nach § 7 Abs. 1 S. 2 StVollzG NRW den „Schutzinteresse[n] gefährdeter Dritter" Rechnung zu tragen. Damit wird deutlich, dass zumindest nach diesen Landesgesetzen neben dem Straftatopfer auch noch anderen Personen ein besonderer Schutz seitens der Vollzugsanstalten zuteilwerden soll. Weiterhin ist festzustellen, dass die genannten Regelungen auf eine besondere Schutzbedürftigkeit der „Dritten" abstellen. Dies ergibt sich vor allem aus der Formulierung, dass den Schutzinteressen „gefährdeter" Dritter Rechnung getragen werden soll. Aus dem Wortlaut der Regelungen aus Bayern und Nordrhein-Westfalen ergibt sich nicht, welche Personen vom Begriff „gefährdete Dritte" umfasst sind. In Betracht kommen zunächst Angehörige des Opfers, die durch die Straftaten eine mittelbare Viktimisierung oder Traumatisierung erfahren haben oder denen durch den bzw. die konkrete:n Gefangene:n eine primäre Viktimisierung droht. Zu denken ist allerdings auch an andere Personen aus dem sozialen Nahraum der Gefangenen, für die durch den bzw. die konkrete:n Gefangene:n eine Viktimisierung zu befürchten ist. Als Beispiel soll hier nur die Gefahr von Viktimisierungen für Angehhörige von sehr gewalttätigen Gefangenen genannt werden. Weiterhin könnten vom Begriff der „Dritten" aber auch Personen erfasst werden, die weder in einer sozialen Beziehung zum Opfer noch zu dem bzw. der inhaftierten Täter:in stehen. In diesem Fall und bei einer Einbeziehung von bisher nicht viktimisierten Personen aus dem sozialen Nahraum der Opfer bzw. der Gefangenen würde der Begriff „gefährdete Dritte" potenzielle Opfer – also die Allgemeinheit umfassen. Insofern liefert die Wortlautauslegung keine eindeutigen Ergebnisse. Der Frage, welche Personen mit dem Begriff „Dritte" gemeint sind, muss daher im Verlauf der Auslegung mithilfe der anderen Auslegungsmethoden weiter nachgegangen werden. Gleiches gilt für die Frage, welche Dritte als „gefährdet" eingeordnet werden können, da die genannten Vorschriften keine weiteren Anhaltpunkte für die Art der Gefährdung von Dritten liefern. Insofern kann zumindest festgehalten werden, dass nicht allgemein die Schutzinteressen Dritter in die Vollzugsgestaltung einbezogen werden sollen, sondern eine Gefährdung dieser Dritten durch die Gefangenen bestehen muss. Weiterhin zeigt die Unterscheidung zwischen Opfern und „gefährdeten Dritten", dass vom Begriff des Opfers nur direkt viktimisierte Personen umfasst sind.

In dem Gesetz des Landes Berlin findet sich in § 6 Abs. 2 StVollzG Bln ebenfalls eine Unterscheidung zwischen Opfern und anderen Personen. Ohne der Betrachtung zur Bedeutung der Tataufarbeitung für die Opferorientierung vorgreifen zu wollen[6], kann bereits an dieser Stelle auch für das Berliner Strafvollzugsgesetz festgestellt werden, dass im Wortlaut des § 6 Abs. 2 StVollzG Bln ausdrücklich zwischen Opfern und Angehörigen unterschieden wird. Nach dieser Regelung werden die Straftatfolgen für die Angehörigen von Opfern ausdrücklich in die Tataufarbeitung einbezogen. Dies spricht dafür, den Opferbegriff auf direkte Opfer zu beschränken und indirekte Opfer – insbesondere Angehörige von Straftatopfern – nicht als Opfer im strafvollzugsrechtlichen Sinne zu verstehen. Diese Einordnung des Opferbegriffs stimmt mit dem in dieser Arbeit entwickelten engen strafvollzugsrechtlichen Opferbegriff überein.[7]

Für eine Unterscheidung zwischen tatsächlichen Opfern und potenziellen Opfern innerhalb des Vollzugsrechts sprechen zudem jene Vorschriften, die zwischen der Straftatprävention auf der einen und dem Opferschutz auf der anderen Seite unterscheiden. Eine derartige Trennung zwischen Prävention und Opferschutz ist im Gesetz von Bayern erkennbar, da dort nach Art. 3 S. 2 BayStVollzG die Behandlung[8] „der Verhütung weiterer Straftaten und dem Opferschutz" dient. In § 4 S. 2 HmbStVollzG findet sich für Hamburg die Formulierung, dass die Behandlung der „Prävention und dem Schutz der Opfer von Straftaten" dient. Durch die Trennung zwischen der Prävention einerseits und dem Opferschutz andererseits wird bereits im Wortlaut klargestellt, dass der Schutz der Allgemeinheit durch die Verhinderung weiterer Straftaten seitens der Gefangenen nicht mit dem Schutz des konkreten Opfers vor einer erneuten Beeinträchtigung durch den bzw. die konkrete:n Täter:in gleichzusetzen ist. Daher kann für die Landesgesetze aus Bayern und Hamburg festgestellt werden, dass der Schutz von Opfern und die allgemeine Straftatprävention bzw. der Schutz der Allgemeinheit vor weiteren Straftaten der Inhaftierten begrifflich nicht identisch sind. Dies spricht ebenfalls für die Anwendung des hier vertretenen engen strafvollzugsrechtlichen Opferbegriffs.

---

[6] Hierzu sogleich im Abschnitt 13.4.2.

[7] Ausführlich zum strafvollzugsrechtlichen Opferbegriff siehe oben im Abschnitt 4.2.2.

[8] Allgemein zum Behandlungsbegriff oben im Abschnitt 5.1.1.1.4.3.

13.2.4 Opferorientierung und Resozialisierung

13.2.4.1 Verhältnis zwischen Opferorientierung und Resozialisierung

Innerhalb der allgemeinen Vorschriften enthalten nur die Gesetze der Länder Baden-Württemberg und Nordrhein-Westfalen Hinweise auf das Verhältnis zwischen opferbezogener Vollzugsgestaltung und Resozialisierung. Nach § 2 Abs. 5 JVollzGB III BaWü soll die Einsicht in die dem Opfer zugefügten Tatfolgen gerade zur Erreichung des Vollzugsziels geweckt werden. Insofern ergibt sich aus dem Wortlaut des § 2 Abs. 5 JVollzGB III BaWü eine ausdrückliche Verbindung zwischen opferbezogener Tataufarbeitung und Vollzugsziel. Wenn die Auseinandersetzung der Gefangenen mit den Straftatfolgen für das Opfer der Erreichung des Vollzugsziels dienen soll, kann der Opferbezug in diesem Zusammenhang nicht als Gegensatz zum Resozialisierungsziel verstanden werden. Es muss vielmehr von einer Förderung des Vollzugsziels durch die Opferorientierung ausgegangen werden. In § 7 Abs. 3 StVollzG NRW wurde festgelegt, dass Maßnahmen des Opferschutzes und des Tatausgleichs mit dem Ziel der Eingliederung der Gefangenen in Einklang zu bringen sind. Hier wird ebenfalls eine Verknüpfung des opferbezogenen Vollzugs mit dem Vollzugsziel deutlich, welche zumindest für das Strafvollzugsgesetz des Landes Nordrhein-Westfalen auf einen Ausgleich zwischen den Interessen der Opfer und dem Resozialisierungsinteresse der Gefangenen hindeutet.

Wenngleich sich in den übrigen Landesgesetzen zumindest innerhalb der allgemeinen Regelungen keine vergleichbaren ausdrücklichen Vorgaben finden lassen, kann nach der bisherigen Betrachtung aus dem Wortlaut der Vorschriften ebenso wenig ein Vorrang der Opferorientierung gegenüber dem Resozialisierungsziel entnommen werden. Vielmehr deuten sowohl § 2 Abs. 5 JVollzGB III BaWü als auch § 7 Abs. 3 StVollzG NRW darauf hin, dass der opferbezogene Strafvollzug die Erreichung des Vollzugsziels in erster Linie fördern soll.

Wie bereits festgestellt, wird in den Landesgesetzen von Bayern und Hamburg in Art. 3 S. 2 BayStVollzG bzw. § 4 S. 2 HmbStVollzG zwischen der Prävention von Straftaten und dem Schutz von Opfern als Ziele der Behandlung unterschieden.[9] Die Regelungen in Art. 3 S. 2 BayStVollzG und in § 4 S. 2 HmbStVollzG sind für das Verhältnis zwischen Opferorientierung und Resozialisierung von Bedeutung, weil die Behandlung der Gefangenen ein Bestandteil eines umfassenden Resozialisierungskonzepts im Strafvollzug ist.[10] Weiterhin ist

[9] Siehe hierzu soeben im Abschnitt 5.2.3.

[10] Hierzu in den strafvollzugsrechtlichen Grundlagen oben im Abschnitt 5.1.1.1.4.3.

mit der Straftatprävention die Vollzugsaufgabe der Sicherheit der Allgemeinheit angesprochen.[11] Die Sicherheit der Allgemeinheit meint letztlich den Schutz potenzieller Opfer vor den Gefangenen.[12] Daher ist in der weiteren Auslegung der genannten Regelungen aus Bayern und Hamburg zu untersuchen, inwiefern die allgemeine Straftatprävention und der Schutz tatsächlicher Opfer als Ziele der Behandlung mit dem Vollzugsziel der Resozialisierung vereinbar sind.

13.2.4.2 Opferorientierung und Tataufarbeitung

Als einen Bezugspunkt für die opferbezogene Vollzugsgestaltung nennen die meisten Landesvorschriften, die in der vorliegenden Untersuchung den allgemeinen Regelungen zugeordnet werden, ausdrücklich die Auseinandersetzung der Gefangenen mit ihren Straftaten und deren Folgen[13], die Förderung der Einsicht der Gefangenen in die Folgen bzw. das Unrecht der Tat[14] oder das Wecken der Einsicht in die Verantwortung für die Tat[15]. Nach einigen weiteren Landesvorschriften sollen die Gefangenen dazu angehalten werden, Verantwortung für ihre Tat zu übernehmen.[16]

Die Vorschriften der Länder Baden-Württemberg, Bayern, Berlin, Hamburg, Hessen und Nordrhein-Westfalen enthalten hinsichtlich der Tataufarbeitung zudem die Vorgabe, dass die Auseinandersetzung mit der Tat auch die Folgen für die Opfer beinhalten soll.[17] In diesen Landesgesetzen wird der Grundsatz der Tataufarbeitung daher ausdrücklich auf die Straftatfolgen für das konkrete Opfer bezogen.

Die Länder Berlin, Brandenburg, Bremen, Mecklenburg-Vorpommern, Rheinland-Pfalz, Sachsen, Sachsen-Anhalt, Schleswig–Holstein und Thüringen

---

[11] Ebenso *Schatz*, in: BeckOK HmbStVollzR, 15. Ed. Stand: 01.04.2022, HmbStVollzG § 4 Rn. 8; ausführlich zur Vollzugsaufgabe der Sicherheit der Allgemeinheit oben im Abschnitt 5.1.2.

[12] Ausführlich hierzu oben im Abschnitt 5.1.2.

[13] Vgl. § 3 Abs. 1 und § 6 Abs. 2 StVollzG Bln; § 8 Abs. 1 S. 1 BbgJVollzG; § 3 Abs. 1 BremStVollzG; § 4 S. 3 HmbStVollzG; § 3 Abs. 1 StVollzG MV; § 8 Abs. 1 S. 1 LJVollzG RP; § 3 Abs. 1 SLStVollzG; § 3 Abs. 1 SächsStVollzG; § 8 Abs. 1 S. 1 JVollzGB I LSA; § 3 Abs. 1 LStVollzG SH; § 8 Abs. 1 S. 1 ThürJVollzGB.

[14] Vgl. § 2 Abs. 5 JVollzGB III BaWü; § 5 Abs. 1 S. 4 HStVollzG; § 2 Abs. 3 S. 2 NJVollzG; § 7 Abs. 2 S. 1 StVollzG NRW; ähnlich auch § 6 Abs. 2 StVollzG Bln.

[15] Art. 5a Abs. 2 S. 1 BayStVollzG; ähnlich auch § 6 Abs. 2 S. 1 NJVollzG.

[16] Vgl. § 6 Abs. 2 StVollzG Bln a.E.; § 7 Abs. 2 S. 2 StVollzG NRW; ähnlich auch § 2 Abs. 3 S. 2 NJVollzG.

[17] Vgl. § 2 Abs. 5 JVollzGB III BaWü; Art. 5a Abs. 2 S. 1 BayStVollzG; § 6 Abs. 2 StVollzG Bln; § 4 S. 3 HmbStVollzG; § 5 Abs. 1 S. 4 HStVollzG; § 7 Abs. 2 S. 1 StVollzG NRW.

haben sich an der Vorschrift des § 3 Abs. 1 ME LStVollzG orientiert. Daher findet sich in diesen Landesgesetzen die Vorgabe, dass der Vollzug „auf die Auseinandersetzung der Gefangenen mit ihren Straftaten und deren Folgen auszurichten [ist]".[18] In diesen Ländern wurde die Ausrichtung des Vollzugs auf die Straftatfolgen und somit der Grundsatz der Tataufarbeitung ohne ausdrücklichen Benennung der konkreten Folgen für das Opfer geregelt.[19]

Jedoch enthalten die Gesetze der Länder Brandenburg, Rheinland-Pfalz, Sachsen-Anhalt und Thüringen in den betreffenden Vorschriften in einem zweiten Satz die Vorgabe, dass bei den Gefangenen „das Bewusstsein für die den Opfern zugefügten Schäden" geweckt werden soll.[20] Insofern wird in diesen Ländern die Opferperspektive ausdrücklich über den jeweiligen Satz 2 der Landesvorschrift in die Tataufarbeitung einbezogen. Weiterhin unterscheiden sich die genannten Regelungen von den übrigen an § 3 Abs. 1 ME StVollzG orientierten Vorschriften dadurch, dass die Tataufarbeitung in § 8 Abs. 1 des jeweiligen Landesgesetzes unter der amtlichen Überschrift „Grundsätze der Gestaltung des Vollzugs" geregelt wurde und nicht in der Vorschrift zu den allgemeinen Vollzugsgrundsätzen.[21] Diese Abweichung wird in der systematischen Auslegung noch näher untersucht.[22]

In den Ländern Bremen, Mecklenburg-Vorpommern, Sachsen und Schleswig–Holstein findet sich kein konkreter Opferbezug für die Tataufarbeitung durch einen zweiten Satz oder in anderer Weise in der jeweiligen Landesregelung.[23] In diesen Ländern wurde der Wortlaut des § 3 Abs. 1 ME StVollzG übernommen, weshalb es bei dem Grundsatz bleibt, dass der Vollzug „auf die Auseinandersetzung der Gefangenen mit ihren Straftaten und deren Folgen auszurichten" ist. Die Auseinandersetzung der Gefangenen mit den Folgen ihrer Straftaten umfasst jedoch begrifflich gerade auch die Straftatfolgen für die konkreten Opfer. Daher ist in den Regelungen der Gesetze aus Bremen, Mecklenburg-Vorpommern,

---

[18] § 3 Abs. 1 StVollzG Bln; § 8 Abs. 1 S. 1 BbgJVollzG; § 3 Abs. 1 BremStVollzG; § 3 Abs. 1 StVollzG MV; § 8 Abs. 1 S. 1 LJVollzG RP; § 3 Abs. 1 SächsStVollzG; § 8 Abs. 1 S. 1 JVollzGB I LSA; § 3 Abs. 1 LStVollzG SH; § 8 Abs. 1 S. 1 ThürJVollzGB.

[19] § 8 Abs. 1 S. 1 BbgJVollzG; § 8 Abs. 1 S. 1 LJVollzG RP; § 8 Abs. 1 S. 1 JVollzGB I LSA; § 8 Abs. 1 S. 1 ThürJVollzGB.

[20] § 8 Abs. 1 S. 2 BbgJVollzG; § 8 Abs. 1 S. 2 LJVollzG RP; § 8 Abs. 1 S. 2 JVollzGB I LSA; § 8 Abs. 1 S. 2 ThürJVollzGB.

[21] Zu den allgemeinen Gestaltungsgrundsätzen siehe § 7 BbgJVollzG; § 7 LJVollzG RP; § 7 JVollzGB I LSA; § 7 ThürJVollzGB.

[22] Hierzu unten im Abschnitt 13.4.4.2.

[23] § 3 Abs. 1 StVollzG MV; § 3 Abs. 1 SächsStVollzG; § 3 Abs. 1 LStVollzG SH.

Sachsen und Schleswig–Holstein ein indirekter Opferbezug hinsichtlich der Auseinandersetzung mit den Straftatfolgen zu erkennen.

Eine Besonderheit ergibt sich für das Gesetz des Landes Berlin, da dieses in § 3 Abs. 1 StVollzG Bln ebenfalls eine mit § 3 Abs. 1 ME LStVollzG gleichlautende Regelung und keinen darüber hinausgehenden Opferbezug enthält. Der konkrete Opferbezug ergibt sich für das StVollzG Bln jedoch mit Blick auf die Tataufarbeitung, wie bereits gezeigt, aus der verletztenbezogenen Vollzugsgestaltung nach § 6 Abs. 2 StVollzG Bln, sodass es der weitergehenden Untersuchung einer opferbezogenen Auslegung des § 3 Abs. 1 StVollzG Bln nicht bedarf.[24]

Wenngleich das Saarland zu den Ländern gehört, die an der Erstellung des ME StVollzG beteiligt waren, wurde im SLStVollzG eine von § 3 Abs. 1 ME StVollzG abweichende Regelung getroffen. Nach § 3 Abs. 1 SLStVollzG ist der Vollzug „auf die Auseinandersetzung der Gefangenen mit ihren Straftaten und deren Folgen für die Opfer auszurichten". Diese Vorschrift enthält daher einen ausdrücklichen Opferbezug und betont für die Tataufarbeitung die Auseinandersetzung mit den Folgen für das Opfer in besonderem Maße.

Nach § 2 Abs. 3 S. 2 NJVollzG sollen die „Einsicht der Gefangenen in das Unrecht ihrer Straftaten und ihre Bereitschaft, für deren Folgen einzustehen, […] geweckt und gefördert werden". Weiterhin sollen den Gefangenen nach § 6 Abs. 2 S. 1 NJVollzG unter anderem „geeignete Maßnahmen angeboten werden, die [sie] darin unterstützen, Verantwortung für [ihre] Straftat und deren Folgen zu übernehmen". Nach beiden Vorschriften soll eine Tataufarbeitung durch die Gefangenen erfolgen, die bei einem umfassenden Verständnis des Begriffs der Tataufarbeitung insbesondere auch die Folgen der Straftat für das Opfer umfasst. Mit einer derartigen Auslegung stimmt insbesondere der Wortlaut des § 6 Abs. 2 S. 1 NJVollzG überein, da bei dem Gefangenen die Verantwortungsübernahme für die Straftatfolgen gefördert werden soll.

Eine Besonderheit hinsichtlich des Umfangs der Tataufarbeitung weisen die Regelungen von Bayern und Hamburg auf. Nach den dortigen Regelungen soll sich die Auseinandersetzung mit den Straftatfolgen „insbesondere" auf die beim Opfer verursachten Folgen beziehen.[25] Deswegen ist die Tataufarbeitung bezüglich der Straftatfolgen zumindest dem Wortlaut nach nicht auf Folgen für die Opfer beschränkt und kann ebenso Beeinträchtigungen Dritter umfassen. Ähnliches gilt auch für § 6 Abs. 2 StVollzG Bln, wonach die Auseinandersetzung mit

[24] Siehe zu § 6 Abs. 2 StVollzG Bln bereits im Abschnitt 13.2.2; zu der Annahme, § 6 Abs. 2 StVollzG Bln stelle eine „leicht redundante Konkretisierung von § 3 Abs. 1" dar siehe *Kühl*, in: BeckOK StVollzR Bln, 11. Ed. Stand: 01.12.2021, StVollzG Bln § 6 Rn. 4.

[25] Art. 5a Abs. 2 S. 1 BayStVollzG; § 4 S. 3 HmbStVollzG.

der Straftat „insbesondere auch“ auf die Folgen für die Angehörigen von Opfern ausgerichtet werden soll. Wie bereits festgestellt wurde, deutet dies auch für das Berliner Strafvollzugsgesetz auf eine enge Auslegung des Opferbegriffs hin.

Die Landesgesetze von Bayern, Berlin und Nordrhein-Westfalen enthalten in der jeweiligen Vorschrift zur verletzten- bzw. opferbezogenen Vollzugsgestaltung zudem die Vorgabe, dass die Gefangenen zur Wiedergutmachung der durch die Straftat verursachten Schäden anzuhalten bzw. zu unterstützen sind.[26] Nach Art. 5a Abs. 2 S. 3 BayStVollzG ist für geeignete Fälle ein Täter-Opfer-Ausgleich anzustreben. In § 5 Abs. 1 S. 4 HStVollzG wurde festgelegt, dass die Tataufarbeitung „durch geeignete Maßnahmen zum Ausgleich der Tatfolgen vertieft“ werden soll. Da diese Regelungen die Wiedergutmachung betreffen, werden sie erst später im Zusammenhang mit dem vierten Themenbereich einer eingehenden Betrachtung unterzogen.[27] An dieser Stelle kann jedoch zumindest festgehalten werden, dass der Tatausgleich sich auch im Wortlaut der allgemeinen Regelungen einiger Landesgesetze finden lässt.

Für die Vorschriften aus Hamburg und Hessen ergeben sich weitere Besonderheiten hinsichtlich des Wortlauts der Vorschriften.

Für das Gesetz von Hamburg lassen sich zwei Besonderheiten feststellen. Zum einen wurde die Tataufarbeitung in § 4 HmbStVollzG geregelt, welcher die amtliche Überschrift „Grundsätze der Behandlung“ trägt. Daher wurde die Tataufarbeitung in Hamburg nicht innerhalb der Vorschrift zu den allgemeinen Gestaltungsgrundsätzen des § 3 HmbStVollzG, sondern in einer gesonderten Vorschrift geregelt. Diese Trennung von allgemeinen Gestaltungsgrundsätzen und den Grundsätzen der Behandlung betrifft die Gesetzessystematik und wird daher in der systematischen Auslegung näher untersucht.[28] Für die grammatische Auslegung lässt sich jedoch festhalten, dass der Grundsatz der Tataufarbeitung in Hamburg im engen Zusammenhang mit der Behandlung der Gefangenen und nicht als allgemeiner Gestaltungsgrundsatz normiert worden ist. Zum anderen ergibt sich aus § 4 S. 3 HmbStVollzG, dass die Behandlung lediglich „auf die Auseinandersetzung der Gefangenen mit den eigenen Straftaten“ ausgerichtet sein soll. Insofern enthält die Vorschrift keine ausdrückliche Vorgabe zu einer Förderung der Unrechtseinsicht bei den Gefangenen. Von einer Auseinandersetzung mit der Tat muss jedoch die Förderung der Unrechtseinsicht mit umfasst sein, da andernfalls der Bezugspunkt für die Tataufarbeitung fehlt.

---

[26] Art. 5a Abs. 2 S. 2 BayStVollzG („sind anzuhalten“); § 6 Abs. 3 StVollzG Bln („sollen angehalten werden“); § 7 Abs. 2 S. 3 StVollzG NRW („sind […] zu unterstützen“).

[27] Unten im Kapitel 16.

[28] Unten im Abschnitt 13.4.4.2.

Die opferbezogene Regelung zur Tataufarbeitung im Gesetz von Hessen weist insofern eine Besonderheit auf, als sie in der Vorschrift des § 5 HStVollzG normiert wurde. Diese Vorschrift betrifft nach ihrer amtlichen Überschrift die „Grundsätze vollzuglicher Maßnahmen". Daher wurde auch in Hessen der Grundsatz der Tataufarbeitung getrennt von den allgemeinen Gestaltungsgrundsätzen normiert, welche sich in § 3 HStVollzG finden. Dies wird ebenfalls in der systematischen Auslegung näher betrachtet. Weiterhin ist fraglich, was unter dem Begriff der „vollzuglichen Maßnahmen" zu verstehen ist. Nach § 5 Abs. 1 S. 1 HStVollzG dienen „vollzugliche Maßnahmen [...] der Aufarbeitung von Defiziten, die ursächlich für die Straffälligkeit sind, und der Entwicklung von Fähigkeiten und Fertigkeiten, die geeignet sind, auf eine künftige Lebensführung ohne Straftaten hinzuwirken". Insofern wird durch § 5 Abs. 1 S. 1 HStVollzG ein enger Zusammenhang zwischen vollzuglichen Maßnahmen und dem Vollzugsziel der Resozialisierung herausgestellt. Da es sich bei den Regelungen in § 5 HStVollzG nicht um allgemeine Gestaltungsgrundsätze, sondern gerade um Grundsätze für vollzugliche Maßnahmen handelt, erscheint der Anwendungsbereich der opferbezogenen Tataufarbeitung für Hessen zumindest nach dem Wortlaut enger als in den meisten anderen Landesgesetzen.

13.2.5 Organisatorische Vorgaben für die Opferorientierung

Zur organisatorischen Umsetzung der Opferorientierung enthalten nur die Vorschriften zur verletzten- bzw. opferbezogenen Vollzugsgestaltung der Länder Berlin und Nordrhein-Westfalen ausdrückliche Vorgaben. So sollen nach § 6 Abs. 4 StVollzG Bln „für Fragen des Schutzes des Verletzten und des Tatausgleichs [...] Ansprechpartnerinnen oder Ansprechpartner in den Anstalten zur Verfügung stehen".

Zudem sind nach dieser Regelung Verletzte, die sich an die Anstalt wenden, in geeigneter Form auf ihre Rechte hinzuweisen.[29] Eine ähnliche Regelung ist auch in § 7 Abs. 4 und 5 StVollzG NRW enthalten.

[29] Zudem bezieht sich § 6 Abs. 4 S. 2 StVollzG Bln auch auf die Auskunftsrechte der Verletzten nach § 55 JVollzDSG Bln. Letztere werden in der vorliegenden Arbeit nicht näher untersucht; zu den Gründen oben im Kapitel 3.

13.3 Historische Auslegung

13.3.1 Vorüberlegungen zur historischen Auslegung

Für die historische Auslegung kann allgemein zum einen auf die Gesetzgebungsmaterialien der Landesstrafvollzugsgesetze zurückgegriffen werden. Zum anderen soll aber zunächst auch noch ein Vergleich der geltenden Landesvorschriften mit jenen Vorschlägen und Konzepten zum opferbezogenen Strafvollzug erfolgen, die mitunter bereits Gegenstand des wissenschaftlichen und kriminalpolitischen Diskurses waren, bevor die Gesetzgebungskompetenz für den Strafvollzug vom Bund auf die Länder überging.

Bereits im Entwurf von *Rössner* und *Wulf* zu einer opferorientierten Strafrechtspflege von 1984 wurde eine Einbeziehung des Straftatopfers und seiner Belange in das Strafvollzugsrecht vorgeschlagen, wobei die Grundlagen hierfür insbesondere in den Gestaltungsgrundsätzen geschaffen werden sollten.[30] Dieser Vorschlag wurde durch den Gesetzesentwurf des Bundesrats von 1988 aufgegriffen und sollte diesem zufolge in § 4 StVollzG Bund eingefügt werden.[31] Die Aufnahme der Unrechtseinsicht bzw. der Verantwortungsübernahme für die Straftat und ihre Folgen sowie die Vertiefung ebendieser durch geeignete Maßnahmen des Ausgleichs wurde zudem 1992 im AE-Wiedergutmachung vorgeschlagen.[32]

Da die Einbeziehung der Tataufarbeitung und einer hieraus möglicherweise folgenden Wiedergutmachung in der Hauptsache den Themenkreis „Wiedergutmachung und Tatausgleich" betrifft, soll erst dort in dem entsprechenden Kapitel auf die Hintergründe näher eingegangen werden.[33] Für die allgemeinen Regelungen mit Opferbezug kann an dieser Stelle aber immerhin bereits festgehalten werden, dass die Festschreibung von Unrechtseinsicht und Verantwortungsübernahme innerhalb der Gestaltungs- und Behandlungsgrundsätze bzw. eine Normierung innerhalb einer eigenständigen Vorschrift zur opferbezogenen Vollzugsgestaltung dem hohen Stellenwert entspricht, der dem Opferschutz und den Opferbelangen bereits nach den frühen Konzepten aus der Wissenschaft und dem Gesetzesentwurf des Bundesrates von 1988 zuteilwerden sollte.

---

[30] *Rössner/Wulf*, Opferbezogene Strafrechtspflege, 1984, S. 106 ff., 133 f.; siehe ausführlich hierzu oben im Abschnitt 5.2.1.1.

[31] Vgl. BT-Drs. 11/3694, S. 3, 7; ausführlich hierzu im Abschnitt 5.2.1.2.

[32] Vgl. *Baumann/Brauneck/Burgstaller u. a.*, AE-Wiedergutmachung, 1992, S. 93 f.; zustimmend *Schneider*, Kriminalpolitik an der Schwelle zum 21. Jahrhundert, 1998, S. 48; ausführlich hierzu unter im Abschnitt 5.2.1.3.

[33] Unten im Kapitel 8.

Maßgeblich für die historische Auslegung und somit für die Untersuchung des Willens des Gesetzgebers sind jedoch die Gesetzesbegründungen der Landesstrafvollzugsgesetze. Eine Beeinflussung der Landesgesetzgeber durch frühere Gesetzesentwürfe zum StVollzG Bund und frühe Konzepte zur Opferorientierung im Strafvollzug ist offensichtlich, kann jedoch allenfalls ergänzend zum ausdrücklich innerhalb der Gesetzgebungsmaterialien formulierten Willen des Gesetzgebers herangezogen werden.

13.3.2 Besondere Betonung des Opferbezuges

13.3.2.1 Besondere Betonung des Opferschutzes und der Berücksichtigung von Opferinteressen

Unter Berücksichtigung der Gesetzgebungsmaterialien der einzelnen Bundesländer ergibt sich hinsichtlich des hohen Stellenwertes der Einbeziehung des Straftatopfers und seiner Belange in das Vollzugsrecht ein recht einheitliches Bild. In den meisten Landesgesetzen, die den Opferbezug in den allgemeinen Regelungen normiert haben, wird die besondere Bedeutung des Opferschutzes und der Berücksichtigung von Opferinteressen im Strafvollzug betont. Dies gilt in besonderem Maße für die Landesgesetze aus Bayern, Berlin und Nordrhein-Westfalen, da sie eine eigene Vorschrift zur verletzten- bzw. opferbezogenen Vollzugsgestaltung enthalten.

Nachfolgend werden zunächst die Regelungen zur verletzten- bzw. opferbezogenen Vollzugsgestaltung in der Reihenfolge ihres Inkrafttretens näher betrachtet, da nicht auszuschließen ist, dass eine gegenseitige Beeinflussung der Landesgesetzgeber stattgefunden hat. Während das Landesgesetz aus Nordrhein-Westfalen bereits seit 2015 und das Berliner Strafvollzugsgesetz seit 2016 die betreffenden Regelungen enthielten, wurde Art. 5a BayStVollzG erst 2019 in das Bayerische Strafvollzugsgesetz eingefügt.

Die nähere Betrachtung der kriminalpolitischen Motive hat speziell hinsichtlich des Gesetzes aus Nordrhein-Westfalen ergeben, dass die opferbezogene Vollzugsgestaltung und insbesondere der Opferschutz Schwerpunkte des Gesetzes sind.[34] Der Gesetzesbegründung zu § 7 StVollzG NRW ist zu entnehmen, dass durch die Festlegung einer opferbezogenen Vollzugsgestaltung dem Landesstrafvollzugsgesetz eine verstärkte viktimologische Ausrichtung verliehen werden

[34] Landtag Nordrhein-Westfalen Drs. 16/5413, S. 2, 72; ausführlich oben im Abschnitt 9.3.2.1.1.1.

sollte.[35] Die Vorschrift ist als Grundsatznorm des opferbezogenen Strafvollzugs zu verstehen, die durch weitere opferbezogene Regelungen konkretisiert wird.[36]

Diesen Vorgaben wird § 7 StVollzG NRW insofern gerecht, als durch die Vorschrift der opferbezogene Vollzug in einer eigenständigen Vorschrift hervorgehoben wird, der Regelungsgehalt sich jedoch in der Hauptsache auf die generelle Vollzugsgestaltung bezieht. Zwar werden in § 7 Abs. 1 StVollzG NRW Bezugspunkte für die Berücksichtigung von Opferinteressen im Vollzug genannt. Diese sind jedoch nicht als abschließend zu verstehen. Gleiches gilt für die übrigen Absätze der Vorschrift.

Eine Konkretisierung des allgemeinen Opferschutzgedankens in § 7 StVollzG NRW ist insbesondere in § 10 Abs. 1 S. 4 Nr. 13 StVollzG NRW zu sehen. Der Gesetzesbegründung zu dieser Vorschrift ist zu entnehmen, dass neben der Sicherung berechtigter Schutzinteressen auch Maßnahmen erfasst sein sollen, welche die Gefangenen für Situationen sensibilisieren sollen, die andere Personen gefährden könnten.[37] Den Gefangenen sollen durch derartige Maßnahmen Handlungsoptionen zur Vermeidung von Gefährdungssituationen aufzeigt werden.[38] Mithin werden opferschützende Maßnahmen nicht nur als Abwehrmaßnahmen gegenüber den Gefangenen verstanden, sondern vielmehr auch als resozialisierungsfreundliche Ansätze. Durch die Förderung der Fähigkeit zur Vermeidung von Gefährdungssituationen wird letztlich die Resozialisierung der Gefangenen unterstützt.

Bemerkenswert ist weiterhin, dass die Informationsrechte von Straftatopfern bereits in § 7 Abs. 4 und 5 StVollzG NRW angesprochen werden, wenngleich hier noch keine inhaltliche Ausdifferenzierung erfolgt. Durch die Einrichtung von Ansprechpartner:innen für Opferbelange in der Anstalt wird das Ziel einer umfassenden Informationsweitergabe gegenüber Straftatopfern weiter verfolgt.[39]

Im Hinblick auf § 6 StVollzG Bln ergibt sich ein ähnliches Bild wie bei § 7 StVollzG NRW. Mit der exponierten Einbeziehung des Opferbezugs durch eine eigenständige Grundsatznorm und die Konkretisierung des verletztenbezogenen Vollzugs durch weitere Vorschriften des StVollzG Bln sollte der hohen Bedeutung

---

[35] Vgl. Landtag Nordrhein-Westfalen Drs. 16/5413, S. 72.

[36] Landtag Nordrhein-Westfalen Drs. 16/5413, S. 85.

[37] Landtag Nordrhein-Westfalen Drs. 16/5413, S. 91.

[38] Landtag Nordrhein-Westfalen Drs. 16/5413, S. 91.

[39] Vgl. Landtag Nordrhein-Westfalen Drs. 16/5413, S. 87.

des Opferschutzes Rechnung getragen werden.[40] Inwiefern diesem ambitionierten Ziel entsprochen werden kann, wird die weitere Auslegung zeigen.

Die gesetzgeberischen Motive zu Art. 5a BayStVollzG decken sich im Wesentlichen mit jenen der Landesgesetzgeber aus Nordrhein-Westfalen und Berlin.[41] Durch die Regelung der verletzten- bzw. opferbezogenen Vollzugsgestaltung in einer eigenständigen Vorschrift im Abschnitt zu den Grundsätzen des Vollzugs sollte der hohe Stellenwert des Opferschutzes verdeutlicht werden.[42] Weiterhin ist Art. 5a BayStVollzG ebenso wie § 7 StVollzG NRW und § 6 StVollzG Bln als Grundsatzregelung zu verstehen.

Da das BayStVollzG im Gegensatz zu den Gesetzen von Nordrhein-Westfalen und Berlin kaum weitere Vorschriften mit einem ausdrücklichen Bezug zum Straftatopfer enthält, ist eine begriffliche Unterscheidung zwischen den Vorschriften der Länder Berlin und Nordrhein-Westfalen auf der einen und Art. 5a BaySt-VollzG auf der anderen Seite erforderlich. Die Vorschriften zur verletzten- bzw. opferorientierten Vollzugsgestaltung der Länder Berlin und Nordrhein-Westfalen stellen sich – wie bereits gezeigt – als Grundsatznormen dar und werden durch weitere Einzelvorschriften konkretisiert. Demgegenüber ist Art. 5a BaySt-VollzG als Generalnorm[43] zu verstehen, da im bayerischen Gesetz nur in dieser Vorschrift die opferbezogene Vollzugsgestaltung geregelt wurde und keine weitergehende Konkretisierung durch Einzelvorschriften erfolgt ist. Die Einordnung von Art. 5a BayStVollzG als Generalnorm entspricht augenscheinlich dem gesetzgeberischen Willen. Jedenfalls werden in der Gesetzesbegründung zu Art. 5a StVollzG eine Vielzahl von Regelungsbereichen aufgeführt, in denen Opferinteressen berücksichtigt werden sollen. Als Beispiele werden die Beschränkung von Außenkontakten und die Berücksichtigung der Opferbelange bei Vollzugslockerungen genannt.[44] Weiterhin wird in der Begründung zu Art. 5a BayStVollzG sogar ausgeführt, dass Geschädigte einen Anspruch auf die Berücksichtigung

[40] Abgeordnetenhaus Berlin Drs. 17/2442, S. 181; ausführlich hierzu im Abschnitt 9.3.2.1.1.2.

[41] Landtag Bayern Drs. 17/21.101, S. 34; ausführlich hierzu bereits im Abschnitt 9.3.2.1.1.3.

[42] Vgl. Abgeordnetenhaus Berlin Drs. 17/2442, S. 181; Landtag Nordrhein-Westfalen Drs. 16/5413, S. 72.

[43] Der Begriff der Generalnorm wird vorliegend in Abgrenzung zu jenem der Generalklausel verwendet, da letzterer im Strafvollzugsrecht durch § 4 Abs. 2 S. 2 StVollzG Bund und die entsprechenden Landesvorschriften vorgeprägt ist, vgl. nur *Laubenthal*, Strafvollzug, 8. Aufl. 2019, Rn. 242.

[44] Landtag Bayern Drs. 17/21.101, S. 34.

ihrer berechtigten Interessen bei der Vollzugsgestaltung haben.[45] Umso erstaunlicher ist es daher, dass das BayStVollzG im Gegensatz zu den Vollzugsgesetzen der Länder Nordrhein-Westfalen und Berlin keine weiteren Vorschriften enthält, die eine derartige Berücksichtigung des Opferschutzes bzw. von Opferinteressen konkretisieren. Daher ist eine weitergehende umfassende Betrachtung der Rechtsnatur und Reichweite von Art. 5a BayStVollzG insbesondere mit Blick auf die mögliche Eingriffsintensität entsprechender Vollzugsentscheidungen im Rahmen der systematischen Auslegung nötig.[46]

In dem Kapitel zu den kriminalpolitischen Grundlagen wurde bereits festgestellt, dass der Verzicht auf den Begriff des Opfers in dem niedersächsischen Justizvollzugsgesetz eine bewusste gesetzgeberische Entscheidung war.[47] Ebenso wie die Gesetze der Länder Nordrhein-Westfalen und Berlin sollte auch das NJVollzG ausweislich der Gesetzesbegründung durch eine umfassende Einbeziehung der Opferperspektive geprägt sein und Opferinteressen berücksichtigen.[48] Dies hat den niedersächsischen Gesetzgeber zwar nicht dazu bewogen, der opferbezogenen Vollzugsgestaltung eine eigene Vorschrift zu widmen. Jedoch liegt der Regelung der Tataufarbeitung als einem allgemeinen Vollzugsgrundsatz und weiteren Vorschriften des NJVollzG den Materialien zufolge die Berücksichtigung von Opferinteressen unter Einbeziehung der Wiedergutmachung im Sinne einer „Restorative Justice“ zugrunde.[49]

13.3.2.2 Autonomie des Opfers als Grenze der Opferorientierung

Lediglich aus der Gesetzesbegründung zum Gesetz von Baden-Württemberg ergibt sich die Autonomie des Opfers als Grenze der Opferorientierung des Strafvollzugsrechts.[50] In der Begründung zu § 2 Abs. 5 JVollzGB III BaWü wird klargestellt, dass die Autonomie des Straftatopfers zu wahren ist und keine Instrumentalisierung des Opfers zu Behandlungszwecken erfolgen darf.[51] Dieser Grundsatz konnte durch die grammatische Auslegung jedoch weder für § 2

[45] Landtag Bayern Drs. 17/21.101, S. 34.

[46] Siehe hierzu sogleich im Abschnitt 13.4.2.1.

[47] Landtag Niedersachsen Drs. 17/7414, S. 9; ausführlich hierzu oben im Abschnitt 9.3.2.1.3.2.

[48] Landtag Niedersachsen Drs. 17/7414, S. 9.

[49] Siehe hierzu ausführlich Landtag Niedersachsen Drs. 17/7414, S. 9; weiterführend hierzu unten im Abschnitt 16.3.3.6.

[50] Landtag Baden-Württemberg Drs. 14/5012, S. 209.

[51] Vgl. Landtag Baden-Württemberg Drs. 14/5012, S. 209.

Abs. 5 JVollzGB III BaWü noch für die übrigen allgemeinen Vorschriften der Landesgesetze festgestellt werden.[52] Der Grundsatz der Wahrung der Opferautonomie muss jedoch über das Land Baden-Württemberg hinaus insgesamt als eine wichtige Grundlage für einen opferorientierten Strafvollzug gelten. Denn eine Instrumentalisierung des Straftatopfers zu Vollzugszwecken erscheint mit Blick auf die Betonung der besonderen Schutzbedürftigkeit von Opfern in den Gesetzesbegründungen auch mit dem Willen der anderen Landesgesetzgeber nicht vereinbar.

13.3.3 Unterscheidung zwischen Opfern und Dritten

Hinweise zur Unterscheidung zwischen Opfern und Dritten finden sich in den Gesetzesbegründungen zu den allgemeinen Vorschriften der Länder Bayern, Berlin, Niedersachsen und Nordrhein-Westfalen.[53] Diese Begründungen enthalten zudem Ausführungen zu den Gründen für eine Berücksichtigung der Interessen von Dritten im Zusammenhang mit der Opferorientierung des Strafvollzugs.

Nach der Begründung des Landes Bayern trägt Art. 5a Abs. 1 BayStVollzG den nachvollziehbaren Schutzbedürfnissen der Opfer und gefährdeter Dritter Rechnung.[54] Mit Art. 5a Abs. 1 S. 2 BayStVollzG komme zum Ausdruck, dass nicht nur die Opfer von Straftaten im engeren Sinne einen Anspruch auf Berücksichtigung ihrer Belange bei der Vollzugsgestaltung haben. Vielmehr müssen die Anstalten auch „potenzielle neue Opfer im Blick haben und deren berechtigten Interessen Rechnung tragen".[55] In der Begründung werden als mögliche Anknüpfungspunkte für den Schutz potenzieller Opfer Therapiemaßnahmen in Haft und die Ausgestaltung eines adäquaten sozialen Empfangsraums genannt, um Rückfalltaten nach Haftentlassung zu vermeiden.[56] Für die Berücksichtigung der Schutzinteressen gefährdeter Dritter wird ein besonderes Vorgehen mit Blick auf die Gewährung von Ausgängen der Gefangenen vorgeschlagen. So sollen vor begleiteten Ausgängen die jeweiligen Begleitpersonen der Gefangenen auf Besonderheiten und mögliche Stressoren hingewiesen werden, um das Risiko

---

[52] Zur grammatischen Auslegung oben im Abschnitt 13.2.2.

[53] Landtag Bayern Drs 17/21.101, S. 34; Abgeordnetenhaus Berlin Drs. 17/2442, S. 194; Landtag Niedersachsen Drs. 17/7414, S. 19; Landtag Nordrhein-Westfalen Drs. 16/5413, S. 86.

[54] Landtag Bayern Drs 17/21.101, S. 34.

[55] Landtag Bayern Drs 17/21.101, S. 34.

[56] Landtag Bayern Drs 17/21.101, S. 34.

einer Flucht oder eines Missbrauchs der Vollzugslockerungen zu minimieren.[57] In der Begründung zu Art. 5a BayStVollzG kommt daher neben dem Schutz der tatsächlichen Straftatopfer sowohl die besondere Gewichtung des Schutzes potenzieller Opfer – und somit der Schutz der Allgemeinheit – als auch die Rückfallvermeidung durch geeignete Therapie- und Unterstützungsmaßnahmen zum Ausdruck.

In der Gesetzesbegründung des Landes Berlin wird zu § 6 Abs. 2 StVollzG Bln ausgeführt, dass durch diese Vorschrift „die Tatauswirkungen für Angehörige von etwa traumatisierten oder dauerhaft körperlich beeinträchtigten bzw. entstellten Verletzten" betont werden.[58] Insofern wird durch die Gesetzesbegründung hervorgehoben, dass eine Straftat auch erhebliche Auswirkungen auf die Angehörigen des konkreten Opfers haben kann.[59] Inwiefern diese Auswirkungen die Angehörigen belasten können und daher Bestandteil der Aufarbeitung der Tat und ihrer Folgen sein sollten, wird in der Begründung nicht näher ausgeführt. Allerdings sollen die Gefangenen in die Lage versetzt werden, selbstkritisch Verantwortung für die begangenen Straftaten zu übernehmen und Empathie zu entwickeln.[60] Es ist daher anzunehmen, dass der Gesetzgeber des Landes Berlin neben der Entwicklung von Opferempathie als Bestandteil der Tataufarbeitung auch die Einsicht in die Auswirkungen der Tat für die Angehörigen der Opfer im Blick hatte.

Die Regelung des § 2 Abs. 3 NJVollzG ist erst im Jahr 2017 in das Gesetz von Niedersachsen eingefügt worden.[61] Nach der Gesetzesbegründung zu § 2 Abs. 3 NJVollzG macht „die Regelung deutlich, dass Resozialisierung sich nicht auf die individuelle Perspektive der oder des Gefangenen beschränken kann, sondern im Rahmen der Auseinandersetzung mit der jeweiligen Straftat auch die Bedürfnisse der von ihren Folgen betroffenen Dritten in den Blick nehmen muss".[62] Es sei im Hinblick auf die Folgen der Straftat bewusst von einer Bezugnahme auf bestimmte Personengruppen abgesehen worden. Hierdurch sollte klargestellt werden, dass der von § 2 Abs. 3 NJVollzG umfasste Personenkreis sich nicht allein auf die unmittelbaren Verletzten der Straftaten beschränkt.[63] Insofern kann für das

---

[57] Landtag Bayern Drs 17/21.101, S. 34.

[58] Abgeordnetenhaus Berlin Drs. 17/2442, S. 194.

[59] Abgeordnetenhaus Berlin Drs. 17/2442, S. 194.

[60] Abgeordnetenhaus Berlin Drs. 17/2442, S. 194.

[61] Gesetz zur Änderung des Niedersächsischen Justizvollzugsgesetzes vom 15.06.2017, Nds. GVBl. 2017, S. 172 ff.

[62] Landtag Niedersachsen Drs. 17/7414, S. 19.

[63] Landtag Niedersachsen Drs. 17/7414, S. 19.

Gesetz des Landes Niedersachsen festgehalten werden, dass zumindest nach der Begründung zu § 2 Abs. 3 NJVollzG die Folgen für das konkrete Opfer neben den übrigen – ggf. mittelbaren – Straftatfolgen keine besondere Gewichtung erfahren.

Nach der Gesetzesbegründung des Landes Nordrhein-Westfalen zu § 7 Abs. 1 S. 2 StVollzG NRW beschränkt sich ein moderner Opferschutz nicht auf den Schutz der Opfer früherer Taten der Gefangenen.[64] Es sei vielmehr auch den Interessen möglicher zukünftiger Opfer Rechnung zu tragen. Durch eine „Opferbetrachtung" im sozialen Empfangsraum sollen opfer- und tatbezogene Erkenntnisse gewonnen und genutzt werden, um die Gefangenen beim Erkennen und Bewältigen tatgeneigter Situationen zu unterstützen.[65] Weiterhin unterstütze „eine Blickschärfe auf mögliche künftige Opfer durch die Frage, wer im Falle eines Rückfalles Opfer sein könnte, (…) die vertiefte Auseinandersetzung mit der Tat und ihren Folgen".[66] Dies bewirke den Schutz der Allgemeinheit vor weiteren Straftaten durch die Gefangenen.[67] Für das Gesetz des Landes Nordrhein-Westfalen ergibt sich also, dass nach dem Willen des Gesetzgebers die opferbezogene Vollzugsgestaltung mit Blick auf den „Opferschutz" letztlich den Schutz tatsächlicher und potenzieller Opfer meint. Der Schutz der Allgemeinheit kommt vor allem durch die besondere Betonung der Rückfallvermeidung zum Ausdruck. Diesbezüglich soll auch ein besonderes Augenmerk auf den Schutz besonders gefährdeter Personen im sozialen Nahraum der Gefangenen gelegt werden.

In der Begründung des Landes Bayern wird zu Art. 3 S. 2 BayStVollzG und der dortigen Unterscheidung von Straftatprävention und Opferschutz lediglich ausgeführt, dass mit der Regelung der Resozialisierungs- und Behandlungsgedanke unter Betonung des Opferschutzes und der Berücksichtigung der Sicherheitsinteressen der Allgemeinheit festgehalten wird.[68] Insofern wird durch die Gesetzesbegründung deutlich, dass Opferschutz und Sicherheit der Allgemeinheit nicht deckungsgleich sind.

Die Gesetzesbegründung zum Hamburger Strafvollzugsgesetz enthält zur Unterscheidung zwischen der Straftatprävention und dem Schutz von Opfern keine weitergehenden Ausführungen.[69] Demgegenüber wird ausführlich die

---

[64] Landtag Nordrhein-Westfalen Drs. 16/5413, S. 86.

[65] Landtag Nordrhein-Westfalen Drs. 16/5413, S. 86.

[66] Landtag Nordrhein-Westfalen Drs. 16/5413, S. 86.

[67] Landtag Nordrhein-Westfalen Drs. 16/5413, S. 86.

[68] Landtag Bayern Drs. 15/8101, S. 49.

[69] Bürgerschaft Hamburg Drs. 18/6490, S. 31.

Bedeutung des Opferschutzes für die Behandlung der Gefangenen erläutert.[70] Dieser Gesichtspunkt wird sogleich mit Blick auf das Verhältnis zwischen Opferorientierung und Resozialisierung vertieft betrachtet.

13.3.4 Opferorientierung und Resozialisierung

13.3.4.1 Verhältnis zwischen Opferorientierung und Resozialisierung

Die Begründungen der Landesgesetze weisen auf eine besondere Bedeutung der Opferorientierung für die Resozialisierung hin. In allen Landesgesetzen wurde die Tataufarbeitung im Zusammenhang mit den Grundsätzen der Gestaltung des Vollzugs normiert.[71] Die Verbindungen zwischen Opferorientierung und Tataufarbeitung werden sogleich (Abschnitt 13.3.4.2) näher untersucht. Nachfolgend wird zunächst das allgemeine Verhältnis zwischen Opferorientierung und Resozialisierung näher betrachtet. Dies betrifft auch die Regelung des § 2 Abs. 5 JVollzGB III BaWü, da diese letztlich die Bedeutung des Tatausgleichs für die Resozialisierung betont.

Nach der Gesetzesbegründung zu § 7 Abs. 3 StVollzG NRW wird durch die Regelung klargestellt, dass Maßnahmen des Tatausgleichs und des Opferschutzes auch der Behandlung der Gefangenen dienen.[72] Diese Maßnahmen stünden daher nicht im Widerspruch zur Behandlungsorientierung des Strafvollzugs, sondern seien integrativer Bestandteil der Behandlung, um die Einsicht in die Tat, die Verantwortungsübernahme und die Schadenswiedergutmachung als wesentliche Grundvoraussetzungen für eine spätere soziale Integration der Gefangenen zu fördern.[73] Somit wird in der Gesetzesbegründung ebenso wie im Wortlaut des § 7 Abs. 1 StVollzG NRW die Bedeutung der Opferorientierung für das Vollzugsziel der Resozialisierung betont.

Wie bereits im Rahmen der grammatischen Auslegung festgestellt, enthalten Art. 3 S. 2 BayStVollzG und § 4 S. 2 HmbStVollzG den Begriff des Opferschutzes. Aus den Gesetzesbegründungen geht hervor, dass die Verhinderung neuer

[70] Bürgerschaft Hamburg Drs. 18/6490, S. 31.

[71] § 2 Abs. 5 JVollzGB III BaWü; Art. 5a Abs. 2 BayStVollzG; § 6 Abs. 2 StVollzG Bln; § 8 Abs. 1 BbgJVollzG; § 4 S. 3 HmbStVollzG; § 5 Abs. 1 S. 4 HStVollzG; § 3 Abs. 1 StVollzG MV; § 2 Abs. 3 S. 2, § 7 Abs. 2 StVollzG NRW; § 8 Abs. 1 LJVollzG RP; § 3 Abs. 1 SLStVollzG; § 3 Abs. 1 SächsStVollzG; § 8 Abs. 1 JVollzGB III LSA; § 3 Abs. 1 LStVollzG SH; § 8 Abs. 1 ThürJVollzGB.

[72] Landtag Nordrhein-Westfalen Drs. 16/5413, S. 86.

[73] Landtag Nordrhein-Westfalen Drs. 16/5413, S. 86.

Straftaten durch die Gefangenen und der Schutz des konkreten Straftatopfers begrifflich voneinander zu trennen sind.

So führt der bayerische Gesetzgeber aus, dass bei der Schaffung des BayStVollzG am Resozialisierungs- und Behandlungsgedanken unter Betonung des Opferschutzes und der Sicherheitsinteressen der Allgemeinheit festgehalten werde.[74] Die Auseinandersetzung mit der Straftat und ihren Folgen für das Opfer ist aus Sicht des bayerischen Gesetzgebers Bestandteil der Behandlung und damit Teil des Resozialisierungsauftrags.[75] Die Verhütung von weiteren Straftaten umfasst jedoch nicht allein die Opferperspektive, sondern vielmehr allgemein die Ausrichtung der Behandlung auf die Behebung der für die Straftatbegehung relevanten Defizite der Gefangenen und somit unter anderem auf eine bedürfnisorientierte Behandlung der Inhaftierten.[76] Die Berücksichtigung der Straftatfolgen für das Opfer bildet nur einen Teilbereich des umfassenden Behandlungskonzepts.[77] Mithin wird deutlich, dass nach dem Verständnis des bayerischen Gesetzgebers der Schutz der Allgemeinheit vom Opferschutz zu trennen ist. Unter Berücksichtigung der Gesetzesbegründung zu Art. 5a Abs. 1 S. 2 BayStVollzG umfasst dieser „Opferschutz" nach dem Willen des bayerischen Gesetzgebers jedoch nicht nur das konkrete Opfer, sondern vielmehr auch gefährdete Dritte.

In der Gesetzesbegründung zu § 4 S. 2 HmbStVollzG wird ebenfalls zwischen der Prävention weiterer Straftaten und dem Opferschutz unterschieden.[78] Beide Aspekte seien für den Prozess einer erfolgreichen Resozialisierung notwendig. Beim Opferschutz handele es sich um einen Ansatz, der bisher im Strafvollzug vernachlässigt worden sei.[79] Die Einbeziehung des Opferschutzes widerspreche der Resozialisierungsaufgabe des Strafvollzugs jedoch nicht, sondern sei ein notwendiger Bestandteil ihrer zielorientierten Umsetzung. Durch die Einbeziehung der Opferperspektive gewinne der Gesichtspunkt der sozialen Verantwortung für ein Leben ohne Straftaten an Kontur.[80] Bestandteil der Behandlung im Vollzug ist daher nach Auffassung des Hamburger Gesetzgebers die Tataufarbeitung unter

---

[74] Landtag Bayern Drs. 15/8101, S. 49.

[75] Landtag Bayern Drs. 15/8101, S. 49 mit Verweis auf OLG Karlsruhe, StraFo 2005, 218 und *Kaiser/Schöch*, Strafvollzug, 5. Aufl. 2002, § 6 Rn. 14.

[76] Landtag Bayern Drs. 15/8101, S. 49 f.

[77] Vgl. Landtag Bayern Drs. 15/8101, S. 49 f.

[78] § 4 S. 2 HmbStVollzG entspricht § 3 Abs. 1 HmbStVollzG a.F., siehe daher Bürgerschaft Hamburg Drs. 18/6490, S. 31.

[79] Bürgerschaft Hamburg Drs. 18/6490, S. 31.

[80] Bürgerschaft Hamburg Drs. 18/6490, S. 31.

Einbeziehung der Folgen für das konkrete Straftatopfer und des Ausgleichs dieser Folgen.[81] Folglich umfasst der Opferschutz die Einbeziehung des konkreten Straftatopfers und seiner Interessen, nicht den Schutz der Allgemeinheit. Diesem zuletzt genannten Aspekt wird durch die Präventionsaufgabe der Behandlung Genüge getan.

13.3.4.2 Opferorientierung und Tataufarbeitung

In allen Landesgesetzen wurde die Tataufarbeitung im Zusammenhang mit den Grundsätzen der Gestaltung des Vollzugs normiert.[82] Aus den Gesetzesbegründungen ergeben sich jedoch nur teilweise ausdrückliche Anhaltspunkte für die Bedeutung der Opferperspektive im Rahmen der Tataufarbeitung.

Hinsichtlich der Regelungen in den Landesgesetzen von Brandenburg, Rheinland-Pfalz, Sachsen-Anhalt und Thüringen kann die Betrachtung gemeinsam erfolgen, da die betreffenden Regelungen sich im Wortlaut gleichen und die jeweiligen Gesetzesbegründungen ebenfalls weitestgehend identisch sind.[83] Allerdings hat bereits die nähere Betrachtung der thüringischen Gesetzesbegründung zu § 8 Abs. 1 ThürJVollzGB ergeben, dass dort nur allgemein auf die Berücksichtigung des Straftatopfers bei der Tataufarbeitung durch den Gefangenen Bezug genommen wurde.[84] Weitergehende Erläuterungen sind auch in den Gesetzesbegründungen zu den anderen genannten Landesgesetzen nicht zu finden.

Die Begründungen der Länder Bremen, Mecklenburg-Vorpommern, Sachsen und Schleswig–Holstein enthalten ebenfalls keinen ausdrücklichen Bezug auf die Interessen von Straftatopfern. Vielmehr wird nur allgemein die Bedeutung der Tataufarbeitung für die Resozialisierung der Gefangenen erläutert.[85] Zwar muss die Auseinandersetzung der Gefangenen mit ihren Straftaten und deren Folgen auch die Folgen für die Opfer umfassen. Jedoch wird dies von den Landesgesetzgebern in den Begründungen so nicht angeführt.

---

[81] Bürgerschaft Hamburg Drs. 18/6490, S. 31.

[82] § 2 Abs. 5 JVollzGB III BaWü; Art. 5a Abs. 2 BayStVollzG; § 6 Abs. 2 StVollzG Bln; § 8 Abs. 1 BbgJVollzG; § 4 S. 3 HmbStVollzG; § 5 Abs. 1 S. 4 HStVollzG; § 3 Abs. 1 StVollzG MV; § 2 Abs. 3 S. 2; § 7 Abs. 2 StVollzG NRW; § 8 Abs. 1 LJVollzG RP; § 3 Abs. 1 SLStVollzG; § 3 Abs. 1 SächsStVollzG; § 8 Abs. 1 JVollzGB III LSA; § 3 Abs. 1 LStVollzG SH; § 8 Abs. 1 ThürJVollzGB.

[83] Vgl. hierzu bereits in den kriminalpolitischen Grundlagen im Abschnitt 9.3.2.1.2.2.

[84] Vgl. Landtag Thüringen Drs. 5/6700, 79; ausführlich hierzu im Abschnitt 9.3.2.1.2.2.

[85] Vgl. Bürgerschaft Bremen Drs. 18/1475, S. 42; Landtag Mecklenburg-Vorpommern Dr. 6/1337, S. 69; Landtag Sachsen Drs. 5/10.920, S. 90; Landtag Schleswig–Holstein Drs. 18/3153, S. 92; ausführlich hierzu oben im Abschnitt 9.3.2.1.3.1.

Ein ähnliches Ergebnis hat die Betrachtung der saarländischen Gesetzesbegründung zu § 3 Abs. 1 SLStVollzG ergeben, wenngleich die Straftataufarbeitung unter Einbeziehung der Folgen für das Opfer sowie die Bedeutung der Tataufarbeitung dort als zentrale Bestandteile des Resozialisierungsziels bezeichnet werden.[86]

Die Länder Baden-Württemberg, Hamburg und Hessen, die den Opferbezug zwar nicht als allgemeinen Gestaltungsgrundsatz, wohl aber als Grundlage bzw. Bestandteil vollzuglicher (Behandlungs-)Maßnahmen geregelt haben,[87] scheinen eine ähnliche Intention verfolgt zu haben. In den entsprechenden Gesetzesbegründungen wird die Bedeutung der Opferperspektive für das Resozialisierungsziel ausdrücklich hervorgehoben[88] oder gar als notwendiger Bestandteil eines zielorientierten Behandlungskonzepts verstanden[89]. Zentrale Elemente für die Wiedereingliederung sind daher die Tataufarbeitung unter Einbeziehung der Verantwortungsübernahme und des Tatausgleichs durch die Gefangenen sowie die Entwicklung von Opferempathie.[90]

Die Vorschiften der Länder Hamburg und Hessen weisen zudem weitere Besonderheiten auf. In diesen Ländern wurden die opferbezogenen Regelungen zur Gestaltung des Vollzugs nicht in den allgemeinen Gestaltungsgrundsätzen, sondern in einer gesonderten Vorschrift zu den Grundsätzen der Behandlung bzw. den Grundsätzen vollzuglicher Maßnahmen geregelt. Der Gesetzesbegründung zu § 4 HmbStVollzG ist nicht zu entnehmen, weshalb die Grundsätze zur Behandlung in einer eigenständigen Vorschrift und nicht zusammen mit den Gestaltungsgrundsätzen in § 3 HmbStVollzG geregelt wurden.[91] In der Begründung zu § 5 HStVollzG wird herausgestellt, dass die Vorschrift in Absatz 1

---

[86] Vgl. Landtag Saarland Drs. 15/386, S. 68; ausführlich hierzu oben im Abschnitt 9.3.4.1.1.

[87] § 4 S. 2 und 3 HmbStVollzG; § 5 Abs. 1 S. 4 HStVollzG; vgl. auch § 2 Abs. 5 JVollzGB III BaWü, wobei das Landesgesetz von Baden-Württemberg keine gesonderten Gestaltungsgrundsätze neben den „Behandlungsgrundsätzen" enthält.

[88] Vgl. Landtag Bayern Drs. 15/8101, S. 49; Bürgerschaft Hamburg Drs. 18/6490, S. 31.

[89] Bürgerschaft Hamburg Drs. 18/6490, S. 31.

[90] Vgl. Bürgerschaft Hamburg Drs. 18/6490, S. 31; Landtag Hessen Drs. 18/1396, S. 78; ähnlich auch Landtag Bayern Drs. 15/8101, S. 49, wobei Tataufarbeitung, Tatausgleich und Opferempathie im Wortlaut des Art. 3 BayStVollzG nicht genannt werden, in Anlehnung an die Gesetzesbegründung wohl aber als Maßnahmen zu verstehen sind, die dazu „geeignet sind, auf eine zukünftige deliktfreie Lebensführung hinzuwirken" i. S. d. Art. 3 BayStVollzG; vgl. auch Landtag Baden-Württemberg Drs. 14/5012, S. 209, wobei nach der Begründung zu § 2 Abs. 5 JVollzGB III BaWü augenscheinlich nur Maßnahmen des Täter-Opfer-Ausgleichs als „geeignete Maßnahmen zum Ausgleich" verstanden werden.

[91] Siehe Bürgerschaft Hamburg Drs. 18/6490. S. 31.

festlegt, „auf welche Weise der Eingliederungsauftrag erfüllt werden soll“.[92] Weitergehende Ausführungen zu den Gründen für die getrennte Normierung von den allgemeinen Gestaltungsgrundsätzen in § 4 HStVollzG finden sich in der Begründung allerdings nicht. Aus der Gesetzesbegründung zu § 5 HStVollzG ergibt sich jedoch, dass unter „vollzuglichen Maßnahmen“ die zentralen Grundsätze der Behandlung und Betreuung der Gefangenen zu verstehen sind.[93] Daher lässt sich für § 4 HmbStVollzG und § 5 HStVollzG zumindest festhalten, dass die in diesen Vorschriften geregelten Besonderheiten zur Behandlung und Betreuung der Gefangenen nach der gesetzgeberischen Intention spezieller sein müssen als die allgemeinen Gestaltungsgrundsätze. Andernfalls bestünde kein Anlass, eine gesonderte Vorschrift für die Behandlung der Gefangenen zu schaffen. Die getrennte Regelung von allgemeinen Gestaltungsgrundsätzen und Grundsätzen der Behandlung bzw. vollzuglicher Maßnahmen in Hamburg und Hessen betrifft zudem die Gesetzessystematik, weshalb dies sogleich in der systematischen Auslegung weitergehend untersucht wird.[94]

13.3.5 Organisatorische Vorgaben zur Opferorientierung

Allein in den Gesetzesbegründungen der Länder Berlin und Nordrhein-Westfalen finden sich konkrete Ausführungen zur organisatorischen Umsetzung der Opferorientierung.[95]

In den Begründungen beider Länder wird ausgeführt, dass in den Vollzugsanstalten Ansprechpartner:innen für Fragen des Opferschutzes und des Tatausgleichs vorhanden sein sollen.[96]

Nach der Begründung zu § 6 Abs. 4 StVollzG Bln sind die Anstalten dazu „verpflichtet“ diese organisatorische Vorgabe zu erfüllen.[97] Die Ansprechpartner:innen haben nach der Begründung insbesondere die Aufgabe, die Straftatopfer über ihrer Auskunftsrechte beispielsweise zu einer baldigen Entlassung

---

[92] Landtag Hessen Drs. 18/1396, S. 78.

[93] Landtag Hessen Drs. 18/1396, S. 78.

[94] Unten im Abschnitt 13.4.4.2.

[95] Abgeordnetenhaus Berlin Drs. 17/2442, S. 194; Landtag Nordrhein-Westfalen Drs. 16/5413, S. 86.

[96] Abgeordnetenhaus Berlin Drs. 17/2442, S. 194; Landtag Nordrhein-Westfalen Drs. 16/5413, S. 86.

[97] Abgeordnetenhaus Berlin Drs. 17/2442, S. 194.

der Gefangenen zu informieren.[98] Zu den Gründen, die den Gesetzgeber des Landes Berlin zu der organisatorischen Vorgabe der besonderen Ansprechpartner:innen für den Opferschutz und die Tataufarbeitung bewogen haben, enthält die Begründung keine Anhaltspunkte.

In Nordrhein-Westfalen wurde § 7 Abs. 4 StVollzG NRW hinsichtlich der Ansprechpartner:innen als „Soll-Vorschrift" ausgestaltet, um den Opfern zu ermöglichen, „sich unmittelbar an die Anstalt zu wenden und persönlich zugewandte Ansprache zu erfahren, ohne – etwa bei telefonischen Anfragen – über Gebühr mit Zuständigkeits- und Vertretungsfragen befasst und überfordert zu werden".[99] Der Zugang zu Auskünften werde für die Opfer dadurch erheblich erleichtert.[100]

Die Erleichterung der Kontaktaufnahme für die Straftatopfer mit den Vollzugsanstalten dürfte auch für den Gesetzgeber des Landes Berlin der Grund für die Vorgabe der besonderen Ansprechpartner:innen gewesen sein. Es steht insgesamt im Zeichen einer Opferorientierung des Strafvollzugsrechts, wenn bürokratische Hürden abgebaut und die Kontaktaufnahme mit den Anstalten sowie der Zugang zu Informationen für das Opfer erleichtert werden.

13.4 Systematische Auslegung

13.4.1 Vorüberlegungen zur systematischen Auslegung

13.4.1.1 Anhand der Systematik des Strafvollzugsrechts

Für die systematische Auslegung ist zunächst danach zu fragen, um welche Art von Vorschriften es sich bei den allgemeinen Regelungen im Einzelnen handelt. Alle Vorschriften, die hier dem Themenkreis der allgemeinen Regelungen zugeordnet wurden, finden sich in den jeweiligen Landesgesetzen in einem vorderen Teil, der mit „Grundsätze"[101] oder „Allgemeine Bestimmungen"[102] überschrieben ist. Im Gesetz von Niedersachsen ist dieser Abschnitt mit „Gemeinsame Bestimmungen" überschrieben und befindet sich im ersten Teil des Gesetzbuches.

---

[98] Abgeordnetenhaus Berlin Drs. 17/2442, S. 194; zu den Gründen oben im Kapitel 3.

[99] Landtag Nordrhein-Westfalen Drs. 16/5413, S. 86.

[100] Landtag Nordrhein-Westfalen Drs. 16/5413, S. 86.

[101] JVollzGB III BaWü; BayStVollzG; HmbStVollzG; StVollzG NRW; i. E. auch HStVollzG, wobei der entsprechende Abschnitt mit „Grundsätze des Vollzugs der Freiheitsstrafe" überschrieben ist.

[102] StVollzG Bln; BbgJVollzG; BremStVollzG; StVollzG MV; LJVollzG RP; SLStVollzG; SächsStVollzG; JVollzGB I LSA; LStVollzG SH; ThürJVollzGB.

Die in diesem ersten Teil des NJVollzG befindlichen grundlegenden Vorschriften finden für alle im Landesgesetz von Niedersachsen geregelten Vollzugsarten gleichermaßen Anwendung. Da § 2 NJVollzG in diesem ersten Teil des NJVollzG enthalten ist, gilt diese Vorschrift daher für alle im Gesetz des Landes Niedersachsen geregelten Vollzugsarten. Die Regelung des § 6 NJVollzG findet sich sodann im Abschnitt mit der Überschrift „Allgemeine Vorschriften, Grundsätze" im zweiten Teil des Gesetzes, welches den Vollzug der Freiheitsstrafe betrifft. Daher gilt § 6 NJVollzG im Gegensatz zu § 2 NJVollzG nur für den Vollzug der Freiheitsstrafe.

Die Regelungen dieser Grundlagenabschnitte sind in allen Landesgesetzen ähnlich strukturiert. Neben Vorschriften, die sich auf das Resozialisierungsziel und die Sicherheitsaufgabe des Vollzugs beziehen, enthält der jeweilige Abschnitt in den meisten Gesetzen auch noch die Gestaltungsgrundsätze und Regelungen zur Stellung der Gefangenen. Teilweise wird der Opferbezug in einer eigenständigen Vorschrift, innerhalb der Gestaltungsgrundsätze oder gar im Zusammenhang mit der Behandlung der Gefangenen geregelt. Daher soll ebenso wie bereits im Rahmen der grammatischen Auslegung eine nach diesen Regelungsmethoden gegliederte Betrachtung einer systematischen Einordnung der allgemeinen Vorschriften erfolgen.

Der systematischen Auslegung der einzelnen Vorschriften sind noch einige allgemeine systematische Überlegungen zu den allgemeinen Regelungen der Vollzugsgesetze und insbesondere zu den Gestaltungsgrundsätzen vorauszuschicken. Die Regelungen des ersten Abschnitts der Landesstrafvollzugsgesetze bilden eine Art Allgemeinen Teil des Strafvollzugsrechts. Sie enthalten die Grundlagen für den Vollzug der Freiheitsstrafe und legen insbesondere das Vollzugsziel und die Vollzugsaufgabe fest. Die sogenannten Gestaltungsgrundsätze dienen der weiteren Konkretisierung des Resozialisierungsziels.[103] Sie sind als eine Auslegungshilfe für jene Vorschriften der Vollzugsgesetze zu verstehen, die spezielle Regelungsbereiche des Strafvollzugsrechts betreffen.[104] Das StVollzG Bund enthielt in § 3 bereits drei Vollzugsgrundsätze: den Angleichungsgrundsatz, den Gegensteuerungsgrundsatz und den Eingliederungsgrundsatz. Wie bereits in dem Kapitel zu den strafvollzugsrechtlichen Grundlagen dargelegt, enthalten nunmehr alle Landesstrafvollzugsgesetze noch weitere Gestaltungsgrundsätze. Mit Blick auf die Einbeziehung des Straftatopfers in das Vollzugsrecht ist insbesondere der Grundsatz der Tataufarbeitung bzw. der Grundsatz opferbezogener Vollzugsgestaltung

[103] Ausführlich hierzu bereits im Abschnitt 5.1.1.3.4.

[104] *Calliess/Müller-Dietz*, StVollzG, 11. Aufl. 2008, § 3 Rn. 2.

relevant[105], wenngleich auch bereits die im StVollzG Bund enthaltenen klassischen Vollzugsgrundsätze einer Berücksichtigung von Opferbelangen im Wege der Auslegung zugänglich waren[106].

13.4.1.2 Anhand von Vorschriften außerhalb des Strafvollzugsrechts

Unter Berücksichtigung der Bedeutung des Opferbezugs im Strafrechtssystem allgemein und insbesondere im Strafprozessrecht ist die Einbeziehung des Opferbezugs in die allgemeinen Regelungen einiger Landesstrafvollzugsgesetze als Fortführung des Gesamtkonzepts einer opferorientierten Strafrechtspflege[107] zu sehen. Die Berücksichtigung von Opferinteressen und der Schutz tatsächlicher Opfer vor einer erneuten Beeinträchtigung durch den bzw. die konkrete:n Täter:in stimmen mit den Zielen des strafprozessualen Opferschutzes überein.

Allerdings geht der opferbezogene Strafvollzug insofern noch über den Opferbezug des Strafprozessrechts hinaus, als in einigen Landesgesetzen die opferbezogene Vollzugsgestaltung zu einem allgemeinen Gestaltungsgrundsatz erhoben wurde und somit das gesamte Strafvollzugsrecht prägen soll. Dies kann aus systematischer Sicht insbesondere damit begründet werden, dass im Strafprozess die Opferschaft noch nicht abschließend festgestellt wurde und daher der Unschuldsvermutung große Bedeutung zukommt. Ein opferorientiertes Strafverfahrensrecht ließe sich zudem nicht mit den Zielen des Strafprozesses – Sachverhaltsaufklärung und Wahrheitsfindung – vereinbaren, wenn die Belange mutmaßlicher Straftatopfer verfahrensprägend sein sollten. Im Gegensatz dazu ist die Opferschaft zum Zeitpunkt der Anwendbarkeit des Strafvollzugsrechts bereits rechtskräftig durch ein Strafgericht festgestellt worden. Folglich kann der Opferbezug des Strafvollzugsrechts grundsätzlich weiter reichen als der des Strafprozessrechts.

Dies bedeutet jedoch nicht, dass die Belange von Straftatopfern im Strafvollzug schrankenlos berücksichtigt werden können. Vielmehr ist auf einen Ausgleich der Opferbelange mit den Interessen der Gefangenen zu achten, wobei insbesondere der verfassungsrechtlich verankerte Resozialisierungsauftrag des

---

[105] Hierzu bereits im Abschnitt 5.2.3.2.

[106] Ausführlich hierzu im Abschnitt 5.2.2.1.

[107] Zum Konzept einer opferorientierten Strafrechtspflege bereits *Rössner/Wulf*, Opferbezogene Strafrechtspflege, 1984; ausführlich hierzu bereits im Abschnitt 5.2.1.1.

Strafvollzugs zu beachten ist.[108] Da diese Gesichtspunkte zugleich die verfassungsrechtlich gewährleisteten Rechte von Straftatopfern betreffen, soll hierauf erst im Rahmen der teleologischen Auslegung näher eingegangen werden.

Von Bedeutung ist in diesem Zusammenhang noch, dass der strafprozessuale Schutz vor einer Sekundärviktimisierung durch das opferbezogene Strafvollzugsrecht nicht unterlaufen oder ins Gegenteil verkehrt werden darf. Dies ergibt sich bereits aus der allgemeinen Opferorientierung des gesamten Strafrechtssystems.[109] Daher darf ein opferorientierter Strafvollzug gerade nicht dazu führen, dass das Leid des Opfers vertieft oder es auf andere Art beeinträchtigt wird.

13.4.2 Besondere Betonung des Opferbezuges

13.4.2.1 Besondere Betonung des Opferschutzes und der Berücksichtigung von Opferinteressen

Zunächst ist hinsichtlich der Länder Bayern, Berlin und Nordrhein-Westfalen, die den Opferbezug in einer eigenständigen Vorschrift geregelt haben, ganz allgemein festzuhalten, dass dieser Umstand auf ein besonderes Gewicht dieses Gestaltungsprinzips hindeutet.[110]

Bereits die Gesetzesbegründungen zu § 6 StVollzG Bln und § 7 StVollzG NRW stellen klar, dass die jeweiligen Vorschriften die wesentlichen Grundlagen einer verletzten- bzw. opferbezogenen Vollzugsgestaltung enthielten, jedoch nicht abschließend zu verstehen seien.[111] Die Regelungen des § 6 StVollzG Bln bzw. § 7 StVollzG NRW würden vielmehr durch entsprechende Vorschriften in den jeweiligen Landesgesetzen konkretisiert.[112] Dementsprechend enthalten die Gesetze der Länder Berlin und Nordrhein-Westfalen neben

---

[108] Zum verfassungsrechtlich verankerten Resozialisierungsauftrags oben im Abschnitt 5.1.1.2; zum Verhältnis zwischen Resozialisierung und Opferorientierung im Strafvollzug oben im Abschnitt 5.2.3.

[109] Zur allgemeinen Opferorientierung im Strafrechtssystem in den historischen Grundlagen im Abschnitt 6.3; zur kriminalpolitischen Dimension der Opferorientierung oben im Abschnitt 9.1 und im Abschnitt 9.2.

[110] Ähnlich auch *Kühl*, in: BeckOK StVollzR Bln, 11. Ed. Stand: 01.12.2021, StVollzG Bln § 6 Rn. 1, jedoch unter Ablehnung einer „inhaltlichen Neuausrichtung oder gar [eines] Paradigmenwechsels hin zu einer Tatfolgenorientierung des Vollzuges" a. a. O. Rn. 2

[111] Abgeordnetenhaus Berlin Drs. 17/2442, S. 193; Landtag Nordrhein-Westfalen Drs. 16/5413, S. 85.

[112] Abgeordnetenhaus Berlin Drs. 17/2442, S. 193; Landtag Nordrhein-Westfalen Drs. 16/5413, S. 85.

der allgemeinen Vorschrift zur Opferorientierung weitere spezielle Regelungen zu Außenkontakten, zu vollzugsöffnenden Maßnahmen, zur Restorative Justice und in den jeweiligen Justizvollzugsdatenschutzgesetzen zu Auskunftsrechten[113]. Daher können § 6 StVollzG Bln bzw. § 7 StVollzG NRW als spezielle Auslegungshilfen für die weiteren opferbezogenen Regelungen des jeweiligen Landesgesetzes verstanden werden.

Die systematische Einordnung des Art. 5a BayStVollzG gestaltet sich im Vergleich dazu schwieriger. Zwar wird durch die Normierung der opferbezogenen Vollzugsgestaltung in einer eigenständigen Vorschrift die Bedeutung des Opferbezugs für das Vollzugsrecht besonders hervorgehoben. So wurde die opferbezogene Vollzugsgestaltung gerade nicht als ein weiterer Absatz in Art. 5 BayStVollzG eingefügt, sondern in der eigenständigen Vorschrift des Art. 5a BayStVollzG normiert. Die Regelung im Anschluss an Art. 5 BayStVollzG könnte daher dafür sprechen, dass es sich bei Art. 5a BayStVollzG zwar um einen weiteren allgemeinen Gestaltungsgrundsatz handelt, dieser Grundsatz jedoch im Vergleich zu den übrigen Vollzugsgrundsätzen besonders hervorgehoben werden sollte. Da das BayStVollzG jedoch kaum spezielle Vorschriften enthält, welche die opferbezogene Vollzugsgestaltung konkretisieren, handelt es sich bei Art. 5a BayStVollzG möglicherweise um eine Generalnorm[114].

Das bayerische Vollzugsgesetz weist neben Art. 5a BayStVollzG lediglich in Art. 3 S. 2 und Art. 197 Abs. 5 S. 2[115] einen ausdrücklichen Opferbezug auf, wobei Art. 197 BayStVollzG die Auskunftsrechte von Opfern betrifft. In Art. 3 S. 2 BayStVollzG wird festgehalten, dass die Behandlung der Gefangenen auch dem Opferschutz dient. Dies bezieht sich jedoch allein auf jene Maßnahmen, welche als Teil der Behandlung i. S. d. BayStVollzG zu verstehen sind. Nach der Legaldefinition des Art. 3 S. 1 BayStVollzG umfasst die Behandlung alle Maßnahmen, die geeignet sind, auf eine künftige deliktsfreie

---

[113] Die opferbezogenen Vorschriften zum Datenschutz werden in der vorliegenden Untersuchung nicht weitergehend betrachtet. Zu den Gründen für diese Eingrenzung der Untersuchung oben im Kapitel 3.

[114] Der Begriff der Generalnorm wird vorliegend in Abgrenzung zu jenem der Generalklausel verwendet, da letzterer im Strafvollzugsrecht durch § 4 Abs. 2 S. 2 StVollzG Bund und die entsprechenden Landesvorschriften vorgeprägt ist, vgl. nur *Laubenthal*, Strafvollzug, 8. Aufl. 2019, Rn. 242.

[115] Der Opferbezug des Art. 197 Abs. 5 S. 2 BayStVollzG bezieht sich auf die Auskunftsrechte der Verletzten und ist § 180 Abs. 5 StVollzG Bund a.F. nachempfunden. Die opferbezogenen Vorschriften zum Datenschutz werden in der vorliegenden Untersuchung jedoch nicht weitergehend betrachtet. Zu den Gründen für diese Eingrenzung der Untersuchung siehe oben im Kapitel 3.

Lebensführung hinzuwirken. Dies meint im Ergebnis das Erreichen des Resozialisierungsziels – ein Leben in sozialer Verantwortung ohne Begehung weiterer Straftaten –, welches im bayerischen Strafvollzugsgesetz in Art. 2 S. 2 BaySt-VollzG als Behandlungsauftrag bezeichnet wird. Nach Art. 3 S. 2 i. V. m. Art. 5a Abs. 1 BayStVollzG sind daher zum einen alle Behandlungsmaßnahmen dahingehend zu überprüfen, ob sie mit dem Opferschutz vereinbar sind. Zum anderen sind nach Art. 5a Abs. 1 S. 1 BayStVollzG Opferbelange insbesondere bei vollzugsöffnenden Maßnahmen sowie bei der Eingliederung und Entlassung der Gefangenen zu berücksichtigen.

Aus der Gesetzessystematik ergibt sich weiterhin, dass in diesem Zusammenhang zwar auch nach Art. 5a Abs. 1 S. 2 BayStVollzG die Schutzinteressen gefährdeter Dritter zu berücksichtigen sind. Hiermit kann aber nicht die Sicherheit der Allgemeinheit erfasst sein, da nach Art. 4 BayStVollzG der Schutz der Allgemeinheit unter anderem durch eine gründliche Prüfung vollzugsöffnender Maßnahmen sowie geeigneter Behandlungsmaßnahmen gewährleistet wird. Dementsprechend bezieht sich der Schutz von Opfern i. S. d. Art. 3 S. 2 BayStVollzG und die Berücksichtigung von Opferbelangen in der gesamten Vollzugzugsgestaltung gemäß Art. 5a Abs. 1 S. 1 BayStVollzG allein auf tatsächliche Straftatopfer und unter Einbeziehung von Art. 5a Abs. 1 S. 2 BayStVollzG auch auf besonders gefährdete Dritte. Mit Blick auf das übrige bayerische Strafvollzugsrecht dienen Art. 5a Abs. 1 BayStVollzG als allgemeine und Art. 3 S. 2 BayStVollzG als spezielle Auslegungshilfe für Vorschriften, die Behandlungsmaßnahmen betreffen. Insbesondere mit Blick auf die Gewährung vollzugsöffnender Maßnahmen werden beide Vorschriften für die Auslegung heranzuziehen sein, da es sich bei Vollzugslockerungen einerseits um Behandlungsmaßnahmen i. S. d. Art. 3 S. 1 BayStVollzG handelt und andererseits gerade dieser Regelungsbereich in Art. 5a Abs. 1 BayStVollzG ausdrücklich als opferrelevanter Vollzugsbereich genannt wird. Ähnliches gilt für Behandlungsmaßnahmen, die auf die Eingliederung und Entlassung der Gefangenen ausgerichtet sind und der Berücksichtigung der Opferperspektive zugänglich sind. Insofern stellt sich Art. 5a BayStVollzG als Generalnorm[116] für opferbezogene Maßnahmen und Entscheidungen innerhalb des bayerischen Strafvollzugs dar.

---

[116] Der Begriff der Generalnorm wird vorliegend in Abgrenzung zu jenem der Generalklausel verwendet, da letzterer im Strafvollzugsrecht durch § 4 Abs. 2 S. 2 StVollzG Bund und die entsprechenden Landesvorschriften vorgeprägt ist, vgl. nur *Laubenthal*, Strafvollzug, 8. Aufl. 2019, Rn. 242.

13.4.2.2 Autonomie des Opfers als Grenze der Opferorientierung

In den allgemeinen Vorüberlegungen zur systematischen Auslegung wurde die Bedeutung des Schutzes vor einer Sekundärviktimisierung für das opferbezogene Strafvollzugsrecht bereits als allgemeines Grundprinzip der Opferorientierung des gesamten Strafrechtssystems herausgestellt.[117] Damit ist der Grundsatz der Opferautonomie angesprochen, welcher sich allein für Baden-Württemberg in der Gesetzesbegründung zu § 2 Abs. 5 JVollzGB III BaWü findet.[118] Das Opfer darf durch den opferbezogenen Strafvollzug nicht zum Zweck der Resozialisierung der Gefangenen instrumentalisiert werden, da dies im Widerspruch zur Opferorientierung der Strafrechtspflege steht. Die Autonomie des Opfers ist daher im Rahmen der systematischen Auslegung des opferbezogenen Vollzugsrechts insgesamt und nicht nur mit Blick auf § 2 Abs. 5 JVollzGB III BaWü zu beachten.

13.4.3 Unterscheidung zwischen Opfern und Dritten

Für die allgemeinen Vorschriften der Länder Bayern, Berlin und Nordrhein-Westfalen, die sowohl einen konkreten Opferbezug aufweisen als auch die Belange Dritter benennen, lässt sich anhand der Gesetzessystematik Folgendes feststellen.

In Bayern sind nach Art. 5a Abs. 1 S. 2 BayStVollzG die Belange der Opfer bei der Gestaltung des Vollzugs zu berücksichtigen. Den Schutzinteressen gefährdeter Dritter ist nach Satz 2 der Vorschrift lediglich Rechnung zu tragen. Insofern ergibt sich aus der Systematik der Regelung zunächst, dass Opferbelange für die gesamte Vollzugsgestaltung von Bedeutung sind. Die Regelung der Berücksichtigung von Schutzinteressen gefährdeter Dritter erst im zweiten Satz des Absatz 1 von Art. 5a deutet zwar auf eine besondere Betonung auch dieser Interessen hin. Allerdings besteht kein unmittelbarer Bezug zu den Belangen der Opfer nach Satz 1 und deren Berücksichtigung bei der Gestaltung des Vollzugs. Insofern kann anhand der Regelungssystematik des Art. 5a Abs. 1 BayStVollzG darauf geschlossen werden, dass Opferbelangen bei der gesamten Vollzugsgestaltung ein hoher Stellenwert eingeräumt werden soll und die Interessen Dritter allein

[117] Siehe hierzu oben im Abschnitt 13.4.1.2.

[118] Für Niedersachsen vgl. *Jacob/Prätor/Höher* u. a., Projekt Opferorientierung im Justizvollzug. Abschlussbericht, herausgegeben von der Projektgruppe „Opferorientierung im Justizvollzug", 2016, S. 25.

bei deren Schutzbedürftigkeit relevant sind. Insofern kann auch auf die grammatische Auslegung verwiesen werden, in der ein enger Anwendungsbereich für Art. 5a Abs. 1 S. 2 BayStVollzG festgestellt wurde, da die Regelung auf die Schutzinteressen gefährdeter Dritter abstellt.[119]

In dem Gesetz des Landes Berlin findet sich in § 6 Abs. 2 StVollzG Bln die Regelung, dass die Auseinandersetzung der Gefangenen mit ihren Straftaten neben den Folgen für die Opfer auch die Straftatfolgen für die Angehörigen der Opfer umfasst. Insofern ergeben sich in systematischer Hinsicht keine Besonderheiten, da die Einbeziehung der Perspektive der Opferangehörigen allein die Tataufarbeitung betrifft und keine weitergehenden Auswirkungen auf andere Bereiche der Vollzugsgestaltung ersichtlich sind. Die weitergehende systematische Auslegung der Vorschriften zur Tataufarbeitung erfolgt sogleich in Abschnitt 13.4.4.

In Nordrhein-Westfalen findet sich in § 7 Abs. 1 S. 2 StVollzG NRW ebenso wie in Art. 5a Abs. 1 S. 2 BayStVollzG die Regelung, dass dem Schutzinteresse gefährdeter Dritter Rechnung zu tragen ist. Die Belange der Opfer sind nach § 7 Abs. 1 S. 1 StVollzG NRW ebenso wie in Bayern bei der Gestaltung des Vollzugs zu berücksichtigen. Insofern ergibt sich für die Regelung des Landes Nordrhein-Westfalen in § 7 Abs. 1 StVollzG NRW dahingehend eine Abweichung zu Art. 5a Abs. 1 BayStVollzG, als nach § 7 Abs. 1 S. 1 StVollzG NRW nur die „berechtigen" Belange der Opfer zu berücksichtigen sind. Dies betrifft jedoch den Wortlaut der Regelung,[120] sodass für die systematische Auslegung auf die obigen Ausführungen zu Art. 5a BayStVollzG verwiesen werden kann.

Für die Gesetze der Länder Bayern und Hamburg kann zudem Folgendes festgehalten werden. Soweit in Art. 3 S. 2 BayStVollzG und § 4 S. 2 HmbStVollzG eindeutig zwischen der „Verhütung weiterer Straftaten und dem Opferschutz" unterschieden wird, lässt sich daraus schließen, dass der Opferschutz über die allgemeine Straftatprävention – und somit über den Schutz der Allgemeinheit vor weiteren Straftaten durch die Inhaftierten – hinausgeht.[121] Dies spricht dafür, dass der Schutz von Opfern Teil des Resozialisierungsziels ist.[122] Zudem stützt

[119] Zur grammatischen Auslegung oben im Abschnitt 13.2.3.

[120] Siehe hierzu in der grammatischen Auslegung oben im Abschnitt 13.2.2.

[121] Ähnlich *Schatz*, in: BeckOK HmbStVollzR, 15. Ed. Stand: 01.04.2022, HmbStVollzG § 4 Rn. 8.

[122] Kritisch aufgrund der Systematik des § 4 HmbStVollzG *Schatz*, in: BeckOK HmbSt-VollzR, 15. Ed. Stand: 01.04.2022, HmbStVollzG § 4 Rn. 8.

die Unterscheidung von allgemeiner Straftatprävention und Opferschutz erneut die Annahme eines engen strafvollzugsrechtlichen Opferbegriffs.[123]

13.4.4 Opferorientierung und Resozialisierung

13.4.4.1 Verhältnis zwischen Opferorientierung und Resozialisierung

Für das Gesetz des Landes Baden-Württemberg und die dortige Regelung in § 2 Abs. 5 JVollzGB III BaWü ist mit Blick auf die Gesetzessystematik zunächst festzustellen, dass das JVollzGB III BaWü keine Vorschrift zu allgemeinen Gestaltungsgrundsätzen enthält. Vielmehr finden sich in § 2 JVollzGB III BaWü neben dem Tatausgleich auch jene Gestaltungsgrundsätze, die bereits in § 3 StVollzG Bund geregelt waren.[124] Daher wird die Regelung aus Baden-Württemberg sogleich im Zusammenhang mit dem Grundsatz der Tataufarbeitung (Abschnitt 13.4.4.2) näher betrachtet.

Für § 7 Abs. 3 StVollzG NRW gilt Folgendes. Die Regelung des § 7 Abs. 3 StVollzG NRW, wonach die Maßnahmen des Opferschutzes und des Tatausgleichs mit dem Ziel der Eingliederung der Gefangenen in Einklang zu bringen sind, wurde in Nordrhein-Westfalen in der besonderen Vorschrift zur opferbezogenen Vollzugsgestaltung geregelt. Somit hat die Vereinbarkeit von opferbezogener Vollzugsgestaltung und Resozialisierung durch (Wieder-) Eingliederung der Gefangenen eine besondere Betonung im Gesetz des Landes Nordrhein-Westfalen erfahren.

In den Landesgesetzen von Bayern und Hamburg findet sich in Art. 3 S. 2 BayStVollzG bzw. § 4 S. 2 HmbStVollzG eine Unterscheidung zwischen der Prävention von Straftaten und dem Schutz von Opfern als Ziele der Behandlung. Diese Regelungen sind für das Verhältnis zwischen Opferorientierung und Resozialisierung von Bedeutung, da mit der Straftatprävention die Vollzugsaufgabe der Sicherheit der Allgemeinheit angesprochen ist.[125]

Für die systematische Auslegung des Art. 3 BayStVollzG ergibt sich zunächst, dass diese Regelung die Behandlung der Gefangenen im Vollzug betrifft und von den übrigen Gestaltungsgrundsätzen getrennt geregelt wurde. Die allgemeinen

---

[123] Zu dem in dieser Arbeit zugrunde gelegten engen strafvollzugsrechtlichen Opferbegriff oben im Abschnitt 4.2.2.

[124] Siehe zu den allgemeinen Gestaltungsgrundsätzen des StVollzG Bund bereits oben im Abschnitt 5.1.1.3.

[125] Ausführlich zur Vollzugsaufgabe oben im Abschnitt 5.1.2.

Gestaltungsgrundsätze wurden in Art. 5 BayStVollzG normiert. Darüber hinaus wurde mit Art. 5a BayStVollzG eine eigenständige Regelung zur opferbezogenen Vollzugsgestaltung geschaffen.[126]

Da die Behandlung nach Art. 3 S. 1 BayStVollzG „alle Maßnahmen [umfasst], die geeignet sind, auf eine künftige deliktfreie Lebensführung hinzuwirken", wird ein direkter Bezug zum Vollzugsziel der Resozialisierung nach Art. 2 S. 2 BaySt-VollzG hergestellt. Gemäß Art. 2 S. 2 BayStVollzG sollen die Gefangenen dazu befähigt werden, künftig in sozialer Verantwortung ein Leben ohne Straftaten zu führen. Diese Vorgabe stimmt mit dem Vollzugsziel der Resozialisierung nach § 2 S. 1 StVollzG Bund überein, wird in Art. 2 S. 2 BayStVollzG jedoch als Behandlungsziel bezeichnet. Inhaltlich ergeben sich zwischen Resozialisierungsziel und Behandlungsziel gleichwohl keine Unterschiede. Daher dient die opferbezogene Behandlung nach Art. 3 S. 2 BayStVollzG der Resozialisierung der Gefangenen. Da das BayStVollzG mit Art. 5a eine eigenständige Vorschrift zur opferbezogenen Vollzugsgestaltung enthält, ist Art. 3 S. 2 BayStVollzG eng auszulegen. Die Regelung des Art. 3 S. 2 BayStVollzG ist daher nur im Zusammenhang mit der Behandlung der Gefangenen von Bedeutung, während es sich bei Art. 5a BayStVollzG um eine Auslegungshilfe für die gesamte Ausgestaltung des Strafvollzugs in Bayern handelt.[127]

In Hamburg ist in § 4 S. 2 HmbStVollzG geregelt, dass die Behandlung der Prävention und dem Schutz der Opfer von Straftaten dient. Die Nennung des Opferschutzes als Ziel der Behandlung in § 4 S. 2 HmbStVollzG dürfte im Ergebnis ähnlich zu beurteilen sein wie bei Art. 3 S. 2 BayStVollzG. Insbesondere sind nach § 4 S. 1 HmbStVollzG unter Behandlung alle vollzuglichen Maßnahmen und therapeutischen Programme zu verstehen, die dazu geeignet sind, den Gefangenen die Chancen zur Förderung ihrer Eingliederung in ein Leben in sozialer Verantwortung ohne Straftaten zu vermitteln und ihre Fähigkeiten zur Selbsthilfe zu stärken. Diesbezüglich ist eine eindeutige Verbindung zwischen den Behandlungsmaßnahmen und dem Vollzugsziel der Resozialisierung gemäß § 2 S. 1 HmbStVollzG zu erkennen.

Allerdings ist zu beachten, dass das Hamburger Strafvollzugsgesetz in seinen Gestaltungsgrundsätzen in § 3 HmbStVollzG keinen Opferbezug aufweist. Da der Opferschutzgedanke im systematischen Zusammenhang mit den Behandlungsmaßnahmen i. S. d. § 4 S. 1 HmbStVollzG geregelt wurde, kann § 4 S. 2

[126] Zur systematischen Auslegung des Art. 5a BayStVollzG bereits oben im Abschnitt 13.4.2 und mit Blick auf den Tatausgleich nach Art. 5a Abs. 2 BayStVollzG sogleich im Abschnitt 13.4.4.2.

[127] Zur systematischen Auslegung des Art. 5a BayStVollzG bereits oben im Abschnitt 13.4.2.

HmbStVollzG nicht als generelle Gestaltungsmaxime verstanden werden. Folglich kann diese Regelung auch nicht generell als Auslegungshilfe herangezogen werden. Hiervon zu trennen ist jedoch die Berücksichtigung von Opferinteressen, die eine Positivierung innerhalb des HmbStVollzG gefunden haben und keine Maßnahmen i. S. d. § 4 S. 1 HmbStVollzG betreffen. Bei diesen kann zwar kein besonderer opferbezogener Gestaltungsgrundsatz für die Auslegung fruchtbar gemacht werden. Jedoch erscheint insgesamt eine opferbezogene Auslegung unter Berücksichtigung der allgemeinen Gestaltungsgrundsätze und des Resozialisierungsziels möglich.[128]

13.4.4.2 Opferorientierung und Tataufarbeitung

Die meisten Landesgesetze haben den Opferbezug in den allgemeinen Regelungen im Zusammenhang mit den allgemeinen Gestaltungsgrundsätzen[129] oder den Grundsätzen der Gestaltung des Vollzugs geregelt.[130] Da es sich bei den Gestaltungsgrundsätzen um eine Konkretisierung des Vollzugsziels der Resozialisierung handelt,[131] wurden die opferbezogenen Vorschriften in systematischer Hinsicht direkt mit dem Resozialisierungsziel verknüpft. Dies gilt im Ergebnis auch für § 2 Abs. 5 JVollzGB III BaWü. Zwar lautet die Überschrift der Vorschrift „Behandlungsgrundsätze". Jedoch enthält das JVollzGB III BaWü zum einen keine weitere Vorschrift, die sich auf allgemeine Grundsätze der Vollzugsgestaltung bezieht. Zum anderen sind die klassischen Vollzugsgrundsätze, die bereits das StVollzG Bund kannte, in den Absätzen 2 bis 4 dieser Vorschrift zu finden. Daher handelt es sich bei der Überschrift augenscheinlich lediglich um eine sprachliche, nicht jedoch um eine inhaltliche Abweichung.

In den Ländern Bayern, Berlin und Nordrhein-Westfalen wurde die verletzen- bzw. opferbezogene Vollzugsgestaltung in einer eigenständigen Vorschrift normiert. Wegen der hieraus ersichtlichen besonderen Betonung des Opferbezuges wurden diese Vorschriften bereits gesondert betrachtet.[132]

---

[128] Zu den Gestaltungsgrundsätzen oben im Abschnitt 5.1.1.3.

[129] Ausdrücklich § 3 Abs. 1 SLStVollzG; vgl. unter Berücksichtigung der Wortlautauslegung zudem § 3 Abs. 1 BremStVollzG; § 3 Abs. 1 StVollzG MV; § 2 Abs. 3 S. 2 NJVollzG; § 3 Abs. 1 SächsStVollzG; § 3 LStVollzG SH; zur grammatischen Auslegung dieser Vorschriften siehe oben im Abschnitt 13.2.4.2.

[130] § 8 Abs. 1 BbgJVollzG; § 8 Abs. 1 LJVollzG RP; § 8 Abs. 1 JVollzGB I LSA; § 8 Abs. 1 ThürJVollzGB; zu den allgemeinen Gestaltungsgrundsätzen dieser Länder siehe § 7 BbgJVollzG; § 7 LJVollzG RP; § 7 JVollzGB I LSA; § 7 ThürJVollzGB.

[131] Hierzu oben im Abschnitt 5.1.1.3.4.

[132] Oben im Abschnitt 13.4.2.1.

Innerhalb der Gesetze, die den Opferbezug durch den Vollzugsgrundsatz der Tataufarbeitung zwar nicht in einer eigenen Vorschrift, aber zumindest im Zusammenhang mit den allgemeinen Gestaltungsgrundsätzen geregelt haben, sind unterschiedliche Regelungskonzepte erkennbar. Diesbezüglich kann unterschieden werden zwischen Vorschriften, die den opferbezogenen Gestaltungsgrundsatz nach den klassischen Vollzugsgrundsätzen aufführen[133], Vorschriften, in denen der Opferbezug vor den allgemeinen Grundsätzen normiert wurde[134], Vorschriften, die als „Grundsätze der Gestaltung des Vollzugs" bezeichnet werden und den Vorschriften zu den allgemeinen Grundsätzen nachfolgen[135]. Zunächst kann hierzu wieder ganz allgemein festgehalten werden, dass eine Normierung des opferbezogenen Gestaltungsgrundsatzes vor den klassischen Vollzugsgrundsätzen auf eine besondere Betonung der Opferorientierung hindeutet. Fraglich ist, ob sich aus der Stellung des Grundsatzes der Opferorientierung sogar ein Vorrang dieses Vollzugsgrundsatzes im Verhältnis zu den übrigen Gestaltungsgrundsätzen ergibt. Daher ist zunächst danach zu fragen, ob anhand der Reihenfolge der Vollzugsgrundsätze im StVollzG Bund bereits von einer Rangfolge innerhalb der Gestaltungsprinzipien ausgegangen werden konnte. Wäre dies der Fall gewesen, so ließe sich im Wege eines Erst-Recht-Schlusses ein Vorrang des im Gesetz zuerst genannten Gestaltungsgrundsatzes der Opferorientierung bzw. der Tataufarbeitung gegenüber den später genannten übrigen Grundsätzen ergeben.

Die Frage nach dem Rangverhältnis der Gestaltungsgrundsätze untereinander ist, soweit ersichtlich, in der Literatur bislang noch nicht vertieft untersucht worden. Gleichwohl ist eine solche Auslegung für die klassischen Vollzugsgrundsätze im StVollzG Bund nicht überzeugend. Die Annahme, dass alle Gestaltungsmaximen gleichermaßen zu berücksichtigen sind, wird insbesondere dadurch gestützt, dass es sich bei den Vollzugsgrundsätzen um eine inhaltliche Konkretisierung des Resozialisierungsauftrags handelt.[136] Infolgedessen müssen die einzelnen Gestaltungsgrundsätze immer im jeweils zu beurteilenden Einzelfall auf ihre Anwendbarkeit hin überprüft werden. Nicht bei allen vollzuglichen

---

[133] § 2 Abs. 5 JVollzGB III BaWü, wobei die Gestaltungsgrundsätze in Baden-Württemberg als Behandlungsgrundsätze bezeichnet werden; § 2 Abs. 3 S. 2 NJVollzG.

[134] § 3 Abs. 1 BremStVollzG; § 3 Abs. 1 StVollzG MV; § 3 Abs. 1 SLStVollzG; § 3 Abs. 1 SächsStVollzG; § 3 Abs. 1 LStVollzG SH.

[135] § 8 Abs. 1 BbgJVollzG; § 8 Abs. 1 LJVollzG RP; § 8 Abs. 1 JVollzGB I LSA; § 8 Abs. 1 ThürJVollzGB; zu den allgemeinen Gestaltungsgrundsätzen dieser Länder siehe § 7 BbgJVollzG; § 7 LJVollzG RP; § 7 JVollzGB I LSA; § 7 ThürJVollzGB.

[136] Zur Konkretisierung des Vollzugsziels durch die Gestaltungsgrundsätze oben im Abschnitt 5.1.1.3.4.

Entscheidungen und Maßnahmen sind die einzelnen Vollzugsgrundsätze gleichermaßen betroffen. Aus der Stellung des opferbezogenen Gestaltungsgrundsatzes kann daher kein Vorrang des Opferbezugs in den Landesgesetzen festgestellt werden, die diesen Grundsatz vor den klassischen Gestaltungsgrundsätzen normiert haben. Allerdings muss diese Gleichwertigkeit der Vollzugsgrundsätze dann auch für die Landesgesetze gelten, in denen der Opferbezug nach den übrigen Vollzugsgrundsätzen geregelt wurde.

Für die hier interessierenden Vorschriften der Länder Hamburg und Hessen ist in systematischer Hinsicht zunächst festzustellen, dass das StVollzG Bund keine mit § 4 HmbStVollzG[137] bzw. § 5 HStVollzG[138] vergleichbare Vorschrift zu den Grundsätzen der Behandlung bzw. zu den Grundsätzen vollzuglicher Maßnahmen enthalten.

In Hamburg wurde die Tataufarbeitung in § 4 S. 3 HmbStVollzG unter ausdrücklicher Nennung des Opfers als Bestandteil der Behandlung normiert. Für § 4 HmbStVollzG konnte mit Blick auf die Gesetzessystematik bereits festgestellt werden, dass die Behandlung der Gefangenen ein Bestandteil des Vollzugsziels der Resozialisierung ist.[139] Allerdings wurde die Tataufarbeitung in Hamburg nicht in § 3 HmbStVollzG geregelt, der die allgemeinen Gestaltungsgrundsätze enthält. Insofern ist die Tataufarbeitung unter Einbeziehung der Opferperspektive i. S. v. § 4 S. 3 HmbStVollzG zwar Bestandteil des Resozialisierungskonzeptes im Gesetz des Landes Hamburg, allerdings kommt ihr für die gesamte Gestaltung des Vollzugs nicht das gleiche Gewicht zu wie in jenen Ländern, in denen die Tataufarbeitung als allgemeiner Gestaltungsgrundsatz geregelt wurde.

Für das hessische Strafvollzugsgesetz kann mit Blick auf § 5 HStVollzG ebenfalls festgestellt werden, dass sich dieser ausweislich seiner Überschrift lediglich auf die Grundsätze für vollzugliche Maßnahmen bezieht. Demgegenüber wurden in § 3 HStVollzG die allgemeinen Gestaltungsgrundsätze geregelt. Die historische Auslegung hat zum Begriff der „vollzuglichen Maßnahmen" i. S. d. § 5 HStVollzG bereits ergeben, dass es sich nach der gesetzgeberischen Intention hierbei um Maßnahmen der Behandlung und Betreuung der Gefangenen handeln soll.[140] In diesem Zusammenhang ist schließlich auch der hier besonders interessierende § 5 Abs. 1 S. 4 HStVollzG zu verstehen, nach dem die Einsicht der Gefangenen in das Unrecht der Tat und in die beim Opfer verursachten Tatfolgen vermittelt und durch geeignete Maßnahmen des Tatausgleichs vertieft werden soll. Mithin

[137] *Schatz*, in: BeckOK HmbStVollzR, 15. Ed. Stand: 01.04.2022, HmbStVollzG § 4 Rn. 1.

[138] *Kunze*, in: BeckOK HStVollzR, 17. Ed. Stand: 01.03.2022, HStVollzG § 5 Rn. 1.

[139] Hierzu soeben im Abschnitt 13.4.4.1.

[140] Hierzu oben im Abschnitt 13.3.4.2.

kann der Opferbezug des § 5 Abs. 1 S. 4 HStVollzG aus systematischen Gründen lediglich bei vollzuglichen Maßnahmen und somit bei der Behandlung und Betreuung der Gefangenen berücksichtigt werden, da es sich bei dieser Regelung nicht um einen allgemeinen Gestaltungsgrundsatz handelt.

13.4.5 Organisatorische Vorgaben für die Opferorientierung

Sowohl die grammatische als auch die historische Auslegung hat ergeben, dass sich Regelungen zu organisatorischen Vorgaben für die Opferorientierung im Strafvollzugsrecht allein in den Gesetzen von Berlin und Nordrhein-Westfalen finden.[141] In diesen Gesetzen wurden die Vorgaben zu den besonderen Ansprechpartner:innen für Fragen des Opferschutzes und des Tatausgleichs in der jeweiligen Vorschrift zur verletzten- bzw. opferbezogenen Vollzugsgestaltung geregelt.[142] Hieraus ergeben sich jedoch keine systematischen Besonderheiten, da die Regelung der Vorgaben zu den besonderen Ansprechpartner:innen in der Vorschrift zur verletzten- bzw. opferbezogenen Vollzugsgestaltung der Länder Berlin und Nordrhein-Westfalen nur konsequent ist.

13.5 Teleologische Auslegung

13.5.1 Vorüberlegungen zur teleologischen Auslegung

Im Rahmen der teleologischen Auslegung ist nach dem Zweck der Vorschriften mit Opferbezug zu fragen. Den späteren Überlegungen zu den einzelnen Vorschriften sind zunächst allgemeine Überlegungen dazu vorauszuschicken, welchen Sinn und Zweck die Einbeziehung des Opfers in das Strafvollzugsrecht insgesamt hat.

Wie bereits in den kriminalpolitischen Grundlagen erwähnt wurde, dient die Einbeziehung des Straftatopfers in das Strafvollzugsrecht aus der Perspektive der Landesgesetzgeber dem Schutz von Opfern vor einer erneuten Beeinträchtigung durch den bzw. die konkrete:n Gefangene:n.[143] Mit Blick auf die Tataufarbeitung werden zudem der Nutzen der Auseinandersetzung mit der Tat und ihren

[141] Zur grammatischen Auslegung oben im Abschnitt 13.2.5; zur historischen Auslegung oben im Abschnitt 13.3.5.

[142] § 6 StVollzG Bln; § 7 StVollzG NRW.

[143] Siehe hierzu oben im Abschnitt 9.3.3.2.

Folgen sowie die Förderung der Bereitschaft zum Ausgleich der Tatfolgen als wesentliche Bestandteile eines umfassenden Resozialisierungskonzepts verstanden.[144] Fraglich ist daher, ob die Regelung des Opferbezugs in den allgemeinen Vorschriften der Landesgesetze diesen gesetzgeberischen Zielen zuträglich ist. Die einzelnen Vorschriften sind also darauf zu untersuchen, ob sie dazu geeignet sind, einen Beitrag zum Opferschutz und zur Resozialisierung zu leisten.

Weiterhin muss im Rahmen der teleologischen Auslegung beachtet werden, ob die opferbezogenen Regelungen der besonderen Schutzbedürftigkeit einzelner Opfergruppen gerecht werden. Im Zusammenhang mit einer möglichen opferschützenden Funktion der einzelnen Vorschriften ist jedoch wiederum das Vollzugsziel der Resozialisierung in die Betrachtung einzubeziehen. Die Berücksichtigung der besonderen Schutzbedürftigkeit bestimmter Straftatopfer und der verfassungsrechtliche Resozialisierungsauftrag können dazu führen, dass die opferbezogenen Vorschriften nicht vollends mit dem Vollzugsziel in Einklang gebracht werden können. In derartigen Fällen müssen im Wege einer verfassungskonformen Auslegung die widerstreitenden Interessen von Opfern und Gefangenen zum Ausgleich gebracht werden.

13.5.2 Besondere Betonung des Opferbezuges in den Landesgesetzen

13.5.2.1 Opferbezogene Vollzugsgestaltung als übergeordnetes Gestaltungsprinzip

In den Landesgesetzen, die den Opferbezug als ein grundlegendes Gestaltungskriterium in einer eigenständigen Vorschrift geregelt haben[145], gehen Sinn und Zweck noch weiter als bei jenen Landesgesetzen, welche die Opferorientierung in den Vorschriften mit den allgemeinen Gestaltungsgrundsätzen normiert haben.[146] Durch die Regelung in einer eigenständigen Vorschrift soll zum einen, wie gezeigt, der besondere Stellenwert des Opferschutzes und der Berücksichtigung von Opferbelangen im Vollzug hervorgehoben werden.[147] Zum anderen

[144] Siehe hierzu oben im Abschnitt 13.3.4.2.

[145] Bayern, Berlin und Nordrhein-Westfalen.

[146] Baden-Württemberg, Brandenburg, Bremen, Hamburg, Hessen, Mecklenburg-Vorpommern, Niedersachsen, Rheinland-Pfalz, Saarland, Sachsen, Sachsen-Anhalt, Schleswig–Holstein, Thüringen.

[147] Ebenso *Kühl*, in: BeckOK StVollzR Bln, 11. Ed. Stand: 01.12.2021, StVollzG Bln § 6 Rn. 1; ausführlich hierzu bereits in der historischen Auslegung oben im Abschnitt 13.3.2.1; kritisch zur Opferorientierung im Strafvollzug *Bahl/Pollähne*, in: AK-StVollzG, 8. Aufl.

bilden diese Vorschriften zugleich die Grundlage für einen allgemeinen Gestaltungsgrundsatz des Vollzugsrechts, der über die bloße Tataufarbeitung hinausgeht. So wird in Art. 5a BayStVollzG, § 6 StVollzG Bln und § 7 StVollzG NRW nicht nur die Tataufarbeitung als ein Vollzugsgrundsatz festgelegt, sondern darüber hinaus die Berücksichtigung von Opferbelangen als Grundsatz der Vollzugsgestaltung – genauer der verletzten- bzw. opferbezogenen Vollzugsgestaltung – benannt. Gerade ein derartiger, umfassender Gestaltungsgrundsatz muss mit dem Vollzugsziel der Resozialisierung in Einklang stehen.[148] Durch § 6 StVollzG Bln und § 7 StVollzG NRW wurden die allgemeinen Grundlagen der verletzten- bzw. opferbezogenen Vollzugsgestaltung festgelegt, welche durch Einzelvorschriften konkretisiert werden. Demgegenüber ist Art. 5a BayStVollzG mit Blick auf die Gesetzessystematik eher als eine Generalnorm[149] zu verstehen, enthält aber ebenso wie § 6 Abs. 1 StVollzG Bln und § 7 Abs. 1 StVollzG NRW in Absatz 1 bereits konkretisierende Beispiele für den Anwendungsbereich der Norm.

Sinn und Zweck dieser drei Vorschriften zur verletzten- bzw. opferbezogenen Vollzugsgestaltung sind darin zu sehen, dass sie neben einer besonderen Gewichtung des Opferbezugs diesem auch einen gewissen Rahmen bieten. Besonders deutlich wird dies am Beispiel von § 7 Abs. 3 StVollzG NRW, nach dem die Maßnahmen des Opferschutzes und des Tatausgleichs mit dem Ziel der Eingliederung der Gefangenen in Einklang zu bringen sind.

Da der übergeordnete Zweck des Strafvollzugs insgesamt die Resozialisierung ist, muss die in § 7 Abs. 3 StVollzG NRW ausdrücklich geforderte Vereinbarkeit von Opferschutz, Tataufarbeitung und Vollzugsziel auch in den übrigen Landesstrafvollzugsgesetzen gelten. Hierfür spricht auch die Formulierung in § 2 Abs. 5 JVollzGB III BaWü, wonach „zur Erreichung des Vollzugsziels" die Einsicht der Gefangenen in die Folgen ihrer Tat für das Opfer geweckt werden soll. Mithin dient die Förderung von Unrechtseinsicht und Verantwortungsübernahme des bzw. der Gefangenen der Resozialisierung.

2022, Teil II, § 5 LandesR Rn. 8, die von einem „bedenklichen viktimologischen Paradigmenwechsel" ausgehen.

[148] Ähnlich auch *Kühl*, in: BeckOK StVollzR Bln, 11. Ed. Stand: 01.12.2021, StVollzG Bln § 6 Rn. 2.

[149] Der Begriff der Generalnorm wird vorliegend in Abgrenzung zu jenem der Generalklausel verwendet, da letzterer im Strafvollzugsrecht durch § 4 Abs. 2 S. 2 StVollzG Bund und die entsprechenden Landesvorschriften vorgeprägt ist, vgl. nur *Laubenthal*, Strafvollzug, 8. Aufl. 2019, Rn. 242.

13.5.2.2 Besondere Betonung des Opferschutzes und der Berücksichtigung von Opferinteressen

Schließlich lässt sich für jene Vorschriften der Länder Bayern und Hamburg, die den Opferschutz als Bestandteil der Behandlung vorsehen,[150] festhalten, dass ihr Sinn und Zweck die Berücksichtigung von Schutzinteressen der konkreten Straftatopfer ist. Dies ergibt sich bereits aus den Gesetzgebungsmaterialien, in denen die besondere Schutzbedürftigkeit von Straftatopfern betont und der Opferschutz zugleich als Bestandteil des Wiedereingliederungsprozesses der Gefangenen festgelegt wird.[151] Daher kann auch Sinn und Zweck der Vorschriften zur Behandlung mit Opferbezug nur sein, dass bei der Behandlung der Gefangenen eine umfassende Berücksichtigung von Opferinteressen erfolgen muss, wobei die Tataufarbeitung unter Einbeziehung der Folgen für die konkreten Opfer ein wesentliches Element ist. Hierfür spricht die Formulierung von § 4 S. 3 HmbStVollzG, wonach sich die Behandlungsmaßnahmen und Behandlungsprogramme „insofern" auch auf die Auseinandersetzung der Gefangenen mit ihrer Straftat und deren Ursachen und Folgen, insbesondere für das Opfer, richten sollen. Mithin ist der Zweck der umfassenden Tataufarbeitung innerhalb der Behandlung der Gefangenen neben der Vermeidung neuer Straftaten auch auf den Schutz tatsächlicher Opfer ausgerichtet.

Mit Blick auf Art. 3 BayStVollzG liegt ebenfalls der Schluss nahe, dass die Behandlung der Gefangenen unter Einbeziehung einer umfassenden Tataufarbeitung erfolgen soll. Zwar enthält Art. 3 BayStVollzG im Gegensatz zu § 4 HmbStVollzG keine Ausführungen zur Auseinandersetzung der Gefangenen mit ihrer Tat und deren Folgen. Jedoch sind nach Art. 3 S. 1 BayStVollzG unter „Behandlung" alle Maßnahmen zu verstehen, die geeignet sind, auf eine künftige deliktfreie Lebensführung hinzuwirken. Für eine derartige zukünftige Lebensführung muss aber zunächst die Einsicht in das Unrecht der Tat und in die Verantwortlichkeit für die Folgen der Tat durch die Gefangenen zumindest im Ansatz erfasst worden sein. Zwar ist für ein Leben in sozialer Verantwortung ohne weitere Straftaten nicht zwingend notwendig, dass die inhaftierte Person das Unrecht der Tat und ihre Verantwortlichkeit vollumfänglich erfasst hat; vielmehr muss auch eine angepasste Lebensführung genügen.[152] Allerdings ist Art. 3 BayStVollzG als Handlungsanweisung für die Vollzugsanstalten zu verstehen,

[150] Art. 3 S. 2 BayStVollzG; § 4 S. 2 HmbStVollzG.

[151] Siehe insbesondere Abgeordnetenhaus Berlin Drs. 17/2442, S. 193; Landtag Nordrhein-Westfalen Drs. 16/5413, S. 2, 72; ähnlich auch Bürgerschaft Hamburg Drs. 18/6490, S. 31.

[152] So *Leyendecker*, (Re-)Sozialisierung, 2002, S. 38.

sodass die Behandlung zumindest organisatorisch und inhaltlich darauf ausgerichtet werden muss, dass eine deliktsfreie Lebensführung für die Gefangenen in Zukunft möglich ist. Daher beinhaltet ein ganzheitliches Behandlungskonzept gerade auch die Gesichtspunkte der Tataufarbeitung und Verantwortungsübernahme für die Straftatfolgen. Nur so können die in Art. 3 S. 2 BayStVollzG festgelegten Zwecke der Behandlung – die Verhütung weiterer Straftaten und der Opferschutz – erreicht werden. Für derartige Überlegungen spricht zudem, dass die umfassende Tataufarbeitung mittlerweile in Art. 5a Abs. 2 BaySt-VollzG als Gestaltungsprinzip einer opferbezogenen Vollzugsgestaltung festgelegt wurde. In der Gesamtschau muss diese Opferorientierung bzw. „Opferschutzorientierung" der Behandlung aus § 4 HmbStVollzG und Art. 3 BayStVollzG jedoch ebenfalls mit dem Resozialisierungsvollzug insgesamt vereinbar sein. Eine dem Opferschutz dienende Behandlung der Gefangenen muss sich im Rahmen des Resozialisierungsauftrags bewegen, weil bereits die strafvollzugsrechtliche Behandlung selbst Bestandteil des Vollzugsziel der Resozialisierung ist.

Von der opferorientierten Behandlung als Bestandteil des Vollzugsziels sind Schutzinteressen von Straftatopfern zu unterscheiden, die sich aufgrund der Straftat als Viktimisierungsereignis ergeben und deren Berücksichtigung sich mit den grundrechtlichen Schutzpflichten legitimieren lässt. Während eine opferorientierte Behandlung Teil der Resozialisierung selbst ist, können grundrechtliche Schutzpflichten des Staates und hieraus resultierende Opferschutzmaßen auch in einem Spannungsverhältnis zum Resozialisierungsziel stehen. In diesem Zusammenhang bedarf es einer umfassenden Interessenabwägung, deren Ergebnis im Einzelfall auch zu Ungunsten der Resozialisierung ausfallen kann.

Die Unterscheidung zwischen der opferbezogener Behandlung und den Schutzinteressen der Opfer ist insbesondere mit Blick auf die Länder Bayern, Berlin und Nordrhein-Westfalen zu beachten, welche die verletzten- bzw. opferbezogene Vollzugsgestaltung in einer eigenständigen Vorschrift geregelt haben. Während die Normierung der Tataufarbeitung unter Einbeziehung der Opferperspektive innerhalb der allgemeinen Vollzugrundsätze in den Behandlungsgrundsätzen als Bestandteil eines umfassenden Resozialisierungskonzepts zu deuten ist, gilt dies nicht in gleichem Maße für die Vorschriften zur verletzten- bzw. opferbezogenen Vollzugsgestaltung. Insbesondere bei Entscheidungen über Vollzugslockerungen könnten sich daher aus den grundrechtlichen Schutzpflichten im konkreten Einzelfall gerade Einschränkungen für den Resozialisierungsauftrag ergeben.

Hinsichtlich § 6 StVollzG Bln und § 7 StVollzG NRW lässt sich bereits den Gesetzesbegründungen entnehmen, dass die mit diesen Regelungen geforderte opferbezogene Vollzugsgestaltung durch weitere Vorschriften in anderen

Abschnitten der Vollzugsgesetze konkretisiert wird. Diese Konkretisierung erfolgt in beiden Gesetzen durch eine Vielzahl opferbezogener Einzelregelungen.

Im Gegensatz dazu enthält das Bayerische Strafvollzugsgesetz solche konkretisierenden Einzelvorschriften nicht, sodass eine opferbezogene Vollzugsgestaltung und eine hieraus folgende entsprechende Auslegung von Strafvollzugsvorschriften allein auf Art. 5a BayStVollzG gestützt werden kann. Daher erscheint Art. 5a BayStVollzG recht unbestimmt, wenngleich in Absatz 1 einige konkretisierende Beispiele für die Einbeziehung der Opferperspektive genannt werden. Danach sind die Belange des Opfers insbesondere bei vollzugsöffnenden Maßnahmen sowie bei der Eingliederung und Entlassung der Gefangenen zu berücksichtigen. Wie weit diese Berücksichtigung von Opferbelangen reichen soll, ist aber nicht ersichtlich.

Während nach § 6 Abs. 1 StVollzG Bln und § 7 Abs. 1 StVollzG NRW zudem nur die „berechtigten Belage der Opfer" zu berücksichtigen sind, enthält Art. 5a Abs. 1 BayStVollzG keine Begrenzung auf bestimmte Opferbelange. Die Beschränkung auf „berechtigte" Belange stimmt insofern mit der Legitimation der Einbeziehung von Opferinteressen in den Strafvollzug durch grundrechtliche Schutzpflichten überein, als auch in diesem Zusammenhang nur berechtigte Schutzinteressen Beachtung finden können.[153] Durch eine Beschränkung der Berücksichtigung von nur „berechtigten" Opferinteressen kommt zudem zum Ausdruck, dass der Opferschutz keinen allgemeinen Vorrang vor den Resozialisierungsinteressen der Gefangenen hat.[154] Daher muss die Regelung des Art 5a Abs. 1 BayStVollzG in der Weise teleologisch reduziert werden, dass nur solche Opferbelange bei der Gestaltung des Vollzugs berücksichtigt werden können, die „berechtigt" sind.[155] Nur bei einer solchen Auslegung steht Art. 5a BayStVollzG in Einklang mit dem Resozialisierungsziel.

Bei dem Begriff der „berechtigten Belange" handelt es sich um einen unbestimmten Rechtsbegriff, dessen nähere Bestimmung im Wege der Auslegung erfolgt.[156] Um bestimmen zu können, welche Opferinteressen als „berechtigt"

---

[153] Ausführlich zu den grundrechtlichen Schutzpflichten und hieraus ableitbaren subjektiven Rechten des Opfers oben im Abschnitt 10.1.2 und im Abschnitt 10.1.2.3.4.

[154] Ähnlich auch *Schmitt*, in: BeckOK StVollzR NRW, 16. Ed. Stand: 01.12.2021, StVollzG NRW § 7 Rn. 4.

[155] Ähnlich auch *Arloth*, in: BeckOK BayStVollzR, 16. Ed. Stand: 01.04.2022, BayStVollzG Art 5a Rn. 2.

[156] *Arloth*, in: BeckOK BayStVollzR, 16. Ed. Stand: 01.04.2022, BayStVollzG Art 5a Rn. 2; kritisch zur Möglichkeit einer sachgerechten Auslegung *Feest*, Forum Strafvollzug 2014, 173 (175).

einzuordnen sind, kann auf die in den Kapiteln zu den internationalen und verfassungsrechtlichen Grundlagen im Teil II dieser Arbeit gewonnen Erkenntnisse zurückgegriffen werden.

Zunächst hat die Betrachtung der internationalen Grundlagen speziell für das Strafvollzugsrecht ergeben, dass der Schutz des Opfers vor einer sekundären Viktimisierung durch den bzw. die Gefangene:n und die Mitteilung über Haftverhältnisse als berechtigte Interessen einzuordnen sind.[157]

Aus verfassungsrechtlicher Sicht ist insbesondere der Schutz des konkreten Straftatopfers vor einer erneuten Viktimisierung oder (Re-)Traumatisierung durch den bzw. die konkrete:n Täter:in als ein berechtigtes Interesse einzuordnen. Dass dieses Schutzinteresse berechtigt ist, kann auf die grundrechtliche Schutzpflicht aus Art. 2 Abs. 2 S. 1 GG zurückgeführt werden. Allerdings wurde bereits in den Ausführungen zu den verfassungsrechtlichen Grundlagen festgestellt, dass ein derartiges subjektives Recht auf Opferschutz nur unter engen Voraussetzungen im Einzelfall bestehen kann.[158] So wird eine besondere Schutzbedürftigkeit – unter Berücksichtigung von Art. 3 i. V. m. Art. 1 EMRK[159] und der sogenannten Opferschutzrichtlinie 2012/29/EU[160] als Auslegungshilfen – bei bestimmten Opfergruppen in der Regel anzunehmen sein. Dies betrifft namentlich kindliche Opfer sowie Opfer von Sexualdelikten und schweren Gewaltdelikten.

Allerdings ist zu beachten, dass aufgrund der hohen Eingriffsintensität eine umfassende Abwägung zwischen den Schutzinteressen des konkreten Straftatopfers einerseits und dem Resozialisierungsauftrag des Strafvollzugs – und somit den Interessen des bzw. der konkreten Gefangenen – andererseits erfolgen muss.[161] Eine pauschale Einbeziehung auch berechtigter Opferbelange mit einem Verweis auf grundrechtliche Schutzpflichten ist daher nicht zulässig. Da die meisten Landesgesetze spezielle Regelungen zur Berücksichtigung von Opferinteressen für unterschiedliche Bereiche der Vollzugsgestaltung enthalten, wird eine vertiefte Darstellung im Zusammenhang mit den jeweiligen Regelungsbereichen

---

[157] Zusammenfassend oben im Abschnitt 8.5; ähnlich *Schmitt*, in: BeckOK StVollzR NRW, 16. Ed. Stand: 01.12.2021, StVollzG NRW § 7 Rn. 5, wobei die Ausweitung auf Opfer von Eigentums- oder Vermögensdelikten zu weitgehend erscheint.

[158] Ausführlich hierzu oben im Abschnitt 10.1.2.3.4.

[159] Ausführlich hierzu oben im Abschnitt 8.1.1.2.

[160] Ausführlich hierzu oben im Abschnitt 8.2.2.3.3.

[161] Ähnlich auch *Arloth*, in: BeckOK BayStVollzR, 16. Ed. Stand: 01.04.2022, BayStVollzG Art. 5a Rn. 3.

vorgenommen werden. Für das Bayerische Strafvollzugsgesetz wird die Generalnorm gemäß Art. 5a Abs. 1 BayStVollzG insoweit von besonderer Bedeutung sein, als dieses Gesetz kaum weitere opferbezogene Vorschriften enthält.[162]

13.5.2.3 Autonomie des Opfers als Grenze der Opferorientierung

Mit Blick auf die allgemeinen opferbezogenen Vorschriften ist festzustellen, dass nur Baden-Württemberg in der Gesetzesbegründung zu § 2 Abs. 5 JVollzGB III BaWü die Autonomie des Straftatopfers aufgegriffen hat.[163] Eine ausdrückliche Normierung dieses Grundsatzes erfolgte jedoch auch in dieser Vorschrift nicht. Auch die übrigen Landesgesetze enthalten keine entsprechenden Hinweise. Diese Beobachtung ist insofern ernüchternd, als die Opferorientierung der gesamten Strafrechtspflege neben dem Schutz des Straftatopfers insbesondere die Opferautonomie in Form der Stärkung der Opferposition bezweckte. Wenn durch die Berücksichtigung von Opferinteressen innerhalb der Strafrechtspflege die Neutralisation des Opfers infolge der Straftat rückgängig gemacht werden soll, so muss insbesondere die Autonomie des Opfers gestärkt werden. Diesbezüglich kann innerhalb der Landesstrafvollzugsgesetze zumindest für die allgemeinen Vorschriften ein Nachbesserungsbedarf festgestellt werden.

Weiterhin ist speziell mit Blick auf die Einbeziehung des Straftatopfers in den Strafvollzug darauf hinzuweisen, dass die Auseinandersetzung der Gefangenen mit der Straftat und ihrer Folgen nicht erzwungen werden kann.[164] Daher kann die Berücksichtigung des Straftatopfers und seiner Belange zwar Bestandteil der Resozialisierungsbemühungen im Vollzug sein. Jedoch darf eine fehlende Mitwirkung seitens der Gefangenen oder gar eine Verweigerung der Tataufarbeitung und der Auseinandersetzung mit den Folgen für die Opfer nicht dazu führen, dass andere Resozialisierungsmaßnahmen beschränkt oder nicht gewährt werden. Zwar ist es begrüßenswert, wenn die Gefangenen sich mit ihren Straftaten

---

[162] Nur in Art. 3 S. 2 und Art. 197 Abs. 5 S. 2 BayStVollzG finden sich weitere ausdrückliche opferbezogene Regelungen. Art. 197 BayStVollzG wird nicht näher betrachtet, da die opferbezogenen Vorschriften zum Datenschutz kein Bestandteil der in der vorliegenden Untersuchung sind. Zu den Gründen für diese Eingrenzung der Untersuchung oben im Kapitel 3.

[163] Landtag Baden-Württemberg Drs. 14/5012, S. 209; zudem auch ausdrücklich für das Pilotprojekt zum Täter-Opfer-Ausgleich im Strafvollzug in Baden-Württemberg *Kilchling*, Täter-Opfer-Ausgleich im Strafvollzug, 2017, S. 5.

[164] Hierzu bereits im Zusammenhang mit den Sühnetheorien oben in den straftheoretischen Grundlagen im Abschnitt 11.2.2.1.2.

und deren Folgen auseinandersetzen und die Verantwortung für diese übernehmen. Jedoch beschränkt sich der verfassungsrechtliche Resozialisierungsauftrag nicht allein auf die Entwicklung von Opferempathie und die Übernahme von Verantwortung seitens der Gefangenen. Der verfassungsrechtliche Resozialisierungsauftrag ist vielmehr auf ein ganzheitliches Wiedereingliederungsbemühen gerichtet und nicht allein auf die Beachtung von Opferinteressen.

13.5.3 Unterscheidung zwischen Opfern und Dritten

Bemerkenswert ist weiterhin, dass die Gesetze von Bayern und Nordrhein-Westfalen, welche die opferbezogene Vollzugsgestaltung in einer gesonderten Vorschrift festgelegt haben, bereits im Wortlaut eine klare Trennung zwischen dem Schutz des konkreten Opfers und den Schutzinteressen Dritter vorgenommen haben.[165] Für Bayern findet sich diese Unterscheidung auch in Art. 3 S. 2 BaySt-VollzG, welcher die Straftatprävention ebenfalls ausdrücklich vom Opferschutz trennt. Eine derartige Unterscheidung zwischen Prävention und Opferschutz findet sich auch für Hamburg in § 4 S. 2 HmbStVollzG.

Fraglich ist jedoch, welche Personen neben dem konkreten Opfer durch die Gefangenen gefährdet sein können und daher dem Begriff der „gefährdeten Dritten" unterfallen. Zu denken ist zunächst an Angehörige des Opfers, die durch die Straftat mittelbar betroffen sind und auch erhebliche psychische Auswirkungen durch die Tat erfahren können.[166] So können beispielsweise ungewollte Kontaktaufnahmen durch die Gefangenen auch für Opferangehörige eine erhebliche Belastung darstellen. Weiterhin könnten auch Personen dem Begriff der „gefährdeten Dritten" unterfallen, für die ein konkretes Viktimisierungsrisiko durch den bzw. die konkrete:n Gefangene:n besteht.[167] Zu denken ist diesbezüglich ebenfalls an Angehörige der tatsächlichen Opfer, aber auch an Angehörige der Gefangenen oder an weitere Personen aus dem sozialen Nahraum der Opfer oder der Gefangenen. Problematisch erscheint in diesem Zusammenhang, dass der Schutz dieser potenziellen Opfer bereits in der Vollzugsaufgabe der Sicherheit der Allgemeinheit angelegt ist.[168] Einer besonderen Berücksichtigung der

---

[165] Hierzu bereits in der grammatischen Auslegung oben im Abschnitt 13.2.3.

[166] Ausführlich zu sogenannten indirekten Opfern oben im Abschnitt 4.2.1.1.2.3.

[167] Vgl. *Arloth*, in: BeckOK BayStVollzR, 16. Ed. Stand: 01.04.2022, BayStVollzG Art. 5a Rn. 3, welcher u. a. auch Zeug:innen im Bereich der Organisierten Kriminalität unter den Begriff der „gefährdeten Dritten" fassen will.

[168] Ausführlich zur Vollzugsaufgabe in den strafvollzugsrechtlichen Grundlagen oben im Abschnitt 5.1.2.

Schutzinteressen potenzieller Opfer bedarf es daher im Rahmen der opferbezogenen Vollzugsgestaltung gerade nicht. Lediglich für Angehörige von Straftatopfern kann sich aus der persönlichen Beziehung zur viktimisierten Person möglicherweise eine besondere Schutzbedürftigkeit ergeben, die über die allgemeine Straftatprävention hinausgeht.[169] Sofern für andere Personen die Gefahr einer Viktimisierung durch die Gefangenen droht, erscheint deren Schutz durch die Vollzugsaufgabe der Sicherheit der Allgemeinheit ausreichend.

Dieser Befund deckt sich mit dem Sinn und Zweck einer opferbezogenen Strafvollzugsgestaltung, durch die das konkrete Straftatopfer und seine berechtigten Interessen innerhalb des Strafvollzugs Berücksichtigung finden sollen. Hiervon nicht erfasst ist die Stärkung der Vollzugsaufgabe der Sicherheit der Allgemeinheit vor den inhaftierten Straftäter:innen, wodurch wiederum die Trennung von Opferschutz und Schutzinteressen der Allgemeinheit deutlich wird.

Für Berlin kann festgehalten werden, dass die Angehörigen von Opfern allein im Zusammenhang mit der Tataufarbeitung in § 6 Abs. 2 StVollzG Bln erwähnt werden und eine darüberhinausgehende Berücksichtigung auch in teleologischer Hinsicht nicht ersichtlich ist.

13.5.4 Opferorientierung und Resozialisierung

13.5.4.1 Verhältnis zwischen Opferorientierung und Resozialisierung

Für die teleologische Auslegung kann zunächst ganz allgemein festgehalten werden, dass sich die Opferorientierung des Strafvollzugsrechts am Vollzugsziel der Resozialisierung orientieren muss.[170] Dies ergibt sich bereits aus dem Umstand, dass der Strafvollzug nach allen Landesgesetzen auf das Vollzugsziel der Resozialisierung hin auszurichten ist.[171] Diese Ausrichtung muss daher auch für eine Opferorientierung im Strafvollzug gelten.

Eine ausdrückliche Verbindung zwischen Opferorientierung und Resozialisierung ergibt sich jedoch nur für die Landesgesetze Baden-Württemberg, Bayern,

[169] In diesem Sinne wohl auch *Gelber/Walter*, NStZ 2013, 75 (77).

[170] Ebenso bereits *Joiko/Gelber*, TOA-Magazin 01/2013, 14 (16); *Schöch*, Forum Strafvollzug 2016, 274 (275); kritisch zur Vereinbarkeit von Opferorientierung und Resozialisierung *Graebsch/Burkhardt*, Legal Tribune Online 2014, Beitrag vom 30.05.2014.

[171] Ausführlich zum Vollzugsziel der Resozialisierung oben im Abschnitt 5.1.1.

Hamburg und Nordrhein-Westfalen.[172] Der Grundsatz, dass die Opferorientierung mit dem Vollzugsziel der Resozialisierung zu vereinbaren ist, muss jedoch für alle Landesstrafvollzugsgesetze gelten, da in allen Ländern die Resozialisierung als alleiniges Vollzugsziel beibehalten worden ist.[173]

Hieraus folgt jedoch nicht, dass Vorschriften mit Opferbezug nicht im Konflikt mit dem Resozialisierungsziel stehen können. Insofern sei an dieser Stelle nur auf die opferbezogenen Vorschriften zur Untersagung von Außenkontakten und zu vollzugsöffnenden Maßnahmen hingewiesen. Eine vertiefte Betrachtung dieser Themenkreise des opferbezogenen Strafvollzugsrechts erfolgt in späteren Kapiteln des Teil III dieser Arbeit.[174] Daher soll an dieser Stelle nur ganz allgemein festgehalten werden, dass es bei eine Kollision zwischen Opferorientierung – insbesondere bei Fragen des Schutzes tatsächlicher Opfer vor dem bzw. der inhaftierten Täter:in – und dem Resozialisierungsziel einer umfassenden Abwägung aller Umstände des Einzelfalls bedarf.[175] Dieser Grundsatz der Opferorientierung im Strafvollzugsrecht wird im weiteren Fortgang der Untersuchung vor allem bei der Auslegung der Vorschriften zu den Außenkontakten und der Auslegung der Vorschriften zu den vollzugsöffnenden Maßnahmen vertieft untersucht.

Gleichwohl kann an dieser Stelle bereits festgehalten werden, dass sich das Verhältnis zwischen Opferorientierung und Resozialisierung ähnlich darstellt, wie das Verhältnis zwischen der Vollzugsaufgabe der Sicherheit der Allgemeinheit und dem Vollzugsziel der Resozialisierung. Auch die Vollzugsaufgabe ist Bestandteil des Vollzugsziels der Resozialisierung, da der Schutz der Allgemeinheit vor Straftaten der inhaftierten Gefangenen dem Vollzugsziel immanent ist.[176] Gleichwohl kann es auch zu Konflikten zwischen Vollzugsaufgabe und Vollzugsziel kommen, sofern resozialisierungsfördernde Maßnahmen die Sicherheitsinteressen der Allgemeinheit berühren. In diesen Fällen muss eine Abwägung aller Umstände des Einzelfalls erfolgen, um sowohl dem Resozialisierungsinteresse der Gefangenen als auch den Schutzinteressen der Allgemeinheit Genüge

---

[172] Vgl. § 2 Abs. 5 JVollzGB III BaWü; Art. 3 S. 2 BayStVollzG; § 4 S. 3 HmbStVollzG; § 7 Abs. 3 StVollzG NRW; siehe ausführlich zum Wortlaut dieser Regelungen oben im Abschnitt 13.2.4.1.

[173] Ausführlich zum Vollzugsziel der Resozialisierung oben im Abschnitt 5.1.1.

[174] Zu den Außenkontakten unten im Kapitel 14; zu den vollzugsöffnenden Maßnahmen im Kapitel 15.

[175] Vgl. auch *Arloth*, in: BeckOK BayStVollzR, 16. Ed. Stand: 01.04.2022, BayStVollzG Art. 5a Rn. 3.

[176] Hierzu in den strafvollzugsrechtlichen Grundlagen oben im Abschnitt 5.1.3.

zu tun.[177] Gleiches muss für die Berücksichtigung von Opferbelangen im Strafvollzug gelten, da nur so dem verfassungsrechtlichen Resozialisierungsgebot aus Art. 2 Abs. 1 i. V. m. Art. 1 Abs. 1 GG und Art. 20 Abs. 1 GG entsprochen werden kann.

Weiterhin ist für die teleologische Auslegung festzuhalten, dass sich alle Länder durch die Regelung der Tataufarbeitung in den Landesstrafvollzugsgesetzen zu einer Opferorientierung des Strafvollzugsrechts bekannt haben. Ein konkreter Opferbezug ergibt sich zwar nicht immer aus dem Wortlaut.[178] Allerdings beinhaltet die Auseinandersetzung mit der Tat und deren Folgen gerade auch die Folgen für das konkrete Opfer. Die Verknüpfung zwischen der Tataufarbeitung unter Berücksichtigung der Opferperspektive und dem Resozialisierungsauftrag wird im folgenden Abschnitt vertieft betrachtet.

13.5.4.2 Opferorientierung und Tataufarbeitung

Im Folgenden wird das Telos jener Vorschriften näher betrachtet, welche die Einbeziehung von Opferbelangen im Zusammenhang mit der Tataufarbeitung als einen Gestaltungsgrundsatz normiert haben. Bei Gestaltungsgrundsätzen handelt es sich allgemein gesprochen um Vorgaben für die Ausgestaltung des Vollzugs der Freiheitsstrafe[179], die das Vollzugsziel der Resozialisierung inhaltlich konkretisieren[180]. Diese allgemeinen Vorgaben über die Gestaltung des Vollzugs sind lediglich als Minimalvorgaben zu verstehen.[181] Eine noch weiter gehende Förderung des Resozialisierungsziels durch eine resozialisierungsfreundliche Ausgestaltung des Strafvollzugs ist nicht nur möglich, sondern wünschenswert.[182]

Die Einbeziehung von Opferbelangen als Gestaltungsgrundsatz des Vollzugs muss daher zunächst mit dem Vollzugsziel der Resozialisierung vereinbar sein.

---

[177] Ausführlich hierzu oben im Abschnitt 5.1.3.

[178] Zum Wortlaut oben im Abschnitt 13.2.4.1; zudem bereits im zur opferbezogenen Vollzugsgestaltung als übergeordnetes Gestaltungsprinzip im Abschnitt 13.5.2.1.

[179] Vgl. *Anstötz*, in: BeckOK StVollzR Bund, 21. Ed. Stand: 01.02.2022, StVollzG Bund § 3 vor Rn. 1.

[180] *Calliess/Müller-Dietz*, StVollzG, 11. Aufl. 2008, § 3 Rn. 2; *Laubenthal*, Strafvollzug, 8. Aufl. 2019, Rn. 196; vgl. auch BVerfG NJW 1993, 3188 (3189); kritisch hinsichtlich des Grundsatzes der Verantwortungsübernahme *Reichenbach*, in: BeckOK Nds StVollzR, 19. Ed. Stand: 01.03.2022, NJVollzG § 2 Rn. 31.

[181] *Calliess/Müller-Dietz*, StVollzG, 11. Aufl. 2008, § 3 Rn. 1; *Laubenthal*, Strafvollzug, 8. Aufl. 2019, Rn. 196; ausführlich zu den allgemeinen Gestaltungsgrundsätzen oben im Abschnitt 5.1.1.3.

[182] Vgl. *Laubenthal*, Strafvollzug, 8. Aufl. 2019, Rn. 196; hierzu bereits oben im Abschnitt 5.1.1.3; zur Symbolhaftigkeit der Regelungen im StVollzG Bln siehe *Kühl*, in: BeckOK StVollzR Bln, 11. Ed. Stand: 01.12.2021, StVollzG Bln § 6 Rn. 4.

Dies ist zumindest hinsichtlich der Auseinandersetzung der Gefangenen mit ihrer Straftat und deren Folgen – insbesondere für das Straftatopfer – unproblematisch zu bejahen.[183] Eine Tataufarbeitung kann nur umfassend und dem Resozialisierungsziel dienlich sein, wenn die Gefangenen sich mit den aus ihrer Tat folgenden Konsequenzen für andere Menschen und dabei insbesondere mit den Folgen für das konkrete Opfer auseinandersetzen. Die Entwicklung von Opferempathie ist nur möglich, wenn der bzw. die Täter:in sich vergegenwärtigt, welche Nachteile das Opfer durch seine bzw. ihre Tat erlitten hat und in welchem Ausmaß diese Folgen das Leben des Opfers beeinträchtigen. Diese umfassende Tataufarbeitung kann bei den Gefangenen die Einsicht in das begangene Unrecht gegenüber dem konkreten Opfer fördern.

Nicht der Verstoß gegen eine Rechtsnorm steht diesbezüglich im Vordergrund, sondern die Verletzung der Rechte einer tatsächlichen Person. Somit wird das Straftatopfer in der Tataufarbeitung relevant, wenn dessen Viktimisierung als Unrecht eingeordnet wird. Mittelbar kann so dem Genugtuungsinteresse des konkreten Straftatopfers entsprochen werden. Hierin ist aus straftheoretischer Perspektive eine Ausprägung der sogenannten Opferprävention zu sehen, die in diesem Zusammenhang starke Überschneidungen mit der positiven Spezialprävention aufweist.[184] Während bei der Verurteilung der Verstoß gegen eine strafbewehrte Rechtsvorschrift im Mittelpunkt steht, kann im Strafvollzug die Tataufarbeitung den zwischenmenschlichen Konflikt zwischen Täter:in und Opfer ins Zentrum der Betrachtung rücken. Die Vergegenwärtigung des Unrechts, welches das Opfer durch die Straftat des bzw. der Gefangenen erfahren hat, bildet die Ausgangslage für die Befähigung der inhaftierten Person zu einem Leben in sozialer Verantwortung ohne Straftaten. Demzufolge kann die Tataufarbeitung als Bestandteil des Resozialisierungsauftrags verstanden werden.

---

[183] Ähnlich auch *Kratzer-Ceylan/Kaspar*, Forum Strafvollzug 2017, 295 (295); *Schmitt*, in: BeckOK StVollzR NRW, 16. Ed. Stand: 01.12.2021, StVollzG NRW § 7 Rn. 12; *Schmitt*, in: BeckOK BremStVollzR, 17. Ed. Stand: 01.03.2022, BremStVollzG § 3 Rn. 2; *Kunze*, in: BeckOK HStVollzR, 17. Ed. Stand: 01.03.2022, HStVollzG § 5 Rn. 4; *Straßer*, in: BeckOK StVollzR MV, 16. Ed. Stand: 01.03.2022, StVollzG MV § 3 Rn. 7; *Heuchemer*, in: BeckOK StVollzR RP, 17. Ed. Stand: 01.03.2022, LJVollzG RP § 8 Rn. 3; *Straßer*, in: BeckOK StVollzR Sachsen, 18. Ed. Stand: 01.03.2022, SächsStVollzG § 3 Rn. 7; *Schatz*, in: BeckOK HmbStVollzR, 15. Ed. Stand: 01.04.2022, HmbStVollzG § 4 Rn. 10; *El-Gahazi*, in: BeckOK StVollzR Saarland, 16. Ed. Stand: 01.05.2022, SLStVollzG § 3 Rn. 3; zur Bedeutung der Tataufarbeitung im Jugendstrafvollzug siehe AG Berlin-Tiergarten ZJJ 2019 173 (173 f.).

[184] Zur Opferprävention ausführlich oben im Abschnitt 11.2.3.4; *Heuchemer*, in: BeckOK StVollzR RP, 17. Ed. Stand: 01.03.2022, LJVollzG RP § 8 Rn. 3 sieht in der Einbeziehung der Tataufarbeitung den Sühnegedanken; zu den Gründen, weshalb sühnetheoretische Ansätze diesbezüglich nicht ganz passend erscheinen oben im Abschnitt 11.2.2.1.2.

Die Einbeziehung der Opferperspektive muss im Übrigen auch für jene Landesgesetze erfolgen, die zwar die Tataufarbeitung als Gestaltungsgrundsatz normiert haben, die Einbeziehung der Opferperspektive aber nicht im Wortlaut berücksichtigt haben.[185] Ohne die Beachtung der Straftatfolgen für das Opfer kann eine umfangreiche Aufarbeitung der Tat nicht erfolgen. Daher sind das Opfer und dessen individuelle Straftatfolgen immer als wesentlicher Bestandteil des Gestaltungsgrundsatzes der Tataufarbeitung anzusehen.

13.5.5 Organisatorische Vorgaben für die Opferorientierung

Mit den Regelungen zu den organisatorischen Vorgaben der Opferorientierung in den Gesetzen der Länder Berlin und Nordrhein-Westfalen wurde der Zugang zu Informationen für Straftatopfer vereinfacht. Da in diesen Ländern besondere Ansprechpartner:innen für Fragen des Opferschutzes und des Tatausgleichs in den Vollzugsanstalten vorhanden sein sollen, wurde die vollzugsinterne Zuständigkeit für die Kommunikation zwischen Opfern und Anstalten geregelt. Hierin ist ein weiterer Schritt hin zu einem möglichst schonenden Umgang mit den Opfern von Straftaten zu sehen, da gerade der einfache Zugang zu Informationen und eine möglichst reibungslose Kommunikation mit den Vollzugsanstalten zur Vermeidung einer sekundären Viktimisierung von Opfern beitragen können.

Durch die Zuständigkeit besonderer Ansprechpartner:innen für Fragen des Opferschutzes und des Tatausgleichs soll die Kommunikation zwischen Opfern und Anstalten vereinfacht werden.[186] Infolge dieser Bündelung der Zuständigkeit für Fragen der opferorientierten Vollzugsgestaltung erscheint die Vermeidung einer sekundären Viktimisierung durch Fehlreaktionen seitens der Vollzugsanstalten gegenüber dem Opfer möglich. Risiken für eine sekundäre Viktimisierung können beispielsweise durch unklare interne Zuständigkeiten für Auskünfte gegenüber den Opfern[187] und die Kommunikation von ungeschulten Vollzugsbediensteten mit den Straftatopfern geschaffen werden. Weiterhin ist zu befürchten, dass die Koordination und die Erteilung von Informationen bzw. Auskünften zur Opferorientierung im Strafvollzug nur „nebenher läuft" und Opfer sich bei

---

[185] § 3 Abs. 1 BremStVollzG; § 3 Abs. 1 StVollzG MV; § 2 Abs. 3 S. 2 NJVollzG; § 3 Abs. 1 SächsStVollzG; § 3 Abs. 1 LStVollzG SH; ausführlich hierzu oben im Abschnitt 13.2.4; mit Blick auf die Einbeziehung der Opferperspektive durch § 2 Abs. 3 NJVollzG *Reichenbach*, in: BeckOK Nds StVollzR, 19. Ed. Stand: 01.03.2022, NJVollzG § 2 Rn. 30.

[186] Vgl. Landtag Nordrhein-Westfalen Drs. 16/5413, S. 86.

[187] Vgl. Landtag Nordrhein-Westfalen Drs. 16/5413, S. 86; siehe hierzu bereits in der historischen Auslegung oben im Abschnitt 13.3.5.

Kontakten mit der Vollzugsanstalt nicht gut beraten und in ihren Belangen nicht verstanden fühlen. Eine klare vollzugsinterne Zuständigkeitsregelung für opferbezogene Themen und Auskünfte ist daher in allen Ländern auch ohne ausdrückliche Normierung wünschenswert.

13.6 Gesamtbetrachtung

13.6.1 Ergebnisse der grammatischen Auslegung

Die grammatische Auslegung hat ergeben, dass dem Opferbezug innerhalb der Landesstrafvollzugsgesetze insgesamt ein besonderes Gewicht zukommt. Dies kommt zunächst in den Gesetzen der Länder Bayern, Berlin und Nordrhein-Westfalen durch eine eigenständige Vorschrift zur verletzten- bzw. opferbezogenen Vollzugsgestaltung zum Ausdruck.[188] Ebendiese Gesetze enthalten zugleich die Vorgabe, dass Opferbelange bei der Gestaltung des Vollzugs zu beachten sind.[189] Teilweise wird die Berücksichtigung von Opferinteressen auf berechtigte Belange beschränkt[190], ohne dass der Wortlaut der Vorschriften Aufschluss darüber gibt, welche Belange „berechtigt" sind.

Weiterhin findet sich in mehreren Landesgesetzen eine ausdrückliche Unterscheidung zwischen Opfern und Dritten wie namentlich den Angehörigen von Opfern.[191] Dies stützt die Annahme eines engen strafvollzugsrechtlichen Opferbegriff, welcher allein die tatsächlich viktimisierte Person umfasst.[192]

In den Ländern Baden-Württemberg, Bayern, Hamburg und Nordrhein-Westfalen wurde der Opferbezug des Strafvollzugsrechts ausdrücklich mit dem Vollzugsziel der Resozialisierung verknüpft.[193] Aus der Wortlautauslegung der betreffenden Regelungen hat sich ergeben, dass die Opferorientierung gegenüber der Resozialisierung der Gefangenen keinen Vorrang genießt. Vielmehr soll sie das Erreichen des Vollzugsziels der Resozialisierung fördern.

In den meisten Landesgesetzen wurde zudem die Tataufarbeitung in das Strafvollzugsrecht einbezogen, bisweilen auch durch eine direkte Nennung der

---

[188] Siehe hierzu oben im Abschnitt 13.2.2.

[189] Art. 5a Abs. 1 S. 1 BayStVollzG; § 6 Abs. 1 StVollzG Bln; § 7 Abs. 1 S. 1 StVollzG NRW.

[190] So in Berlin und in NRW, siehe hierzu oben im Abschnitt 13.2.2.

[191] Siehe hierzu oben im Abschnitt 13.2.3.

[192] Zu dem hier vertretenen engen strafvollzugsrechtlichen Opferbegriff im Abschnitt 4.2.2.

[193] § 2 Abs, 3 JVollzGB III BaWü; Art. 3 S. 2 BayStVollzG; § 4 S. 2 HmbStVollzG; § 7 Abs. 3 StVollzG NRW; hierzu oben im Abschnitt 13.2.4.1.

Opferperspektive.[194] Insgesamt werden Unrechtseinsicht, Verantwortung für die Tat oder auch die Einsicht in die Straftatfolgen als wichtige Bestandteile der Tataufarbeitung angesehen. Dies gilt auch für jene Landesgesetze, welche das Opfer und seine Belange in diesem Zusammenhang nicht ausdrücklich nennen. Da im Rahmen der Tataufarbeitung zumindest auch die Folgen der Tat für das Opfer thematisiert werden müssen, ist das Opfer zumindest mittelbar von Bedeutung für den Strafvollzug.

Schließlich hat die Wortlautauslegung gezeigt, dass sich allein in Berlin und Nordrhein-Westfalen in den allgemeinen Regelungen organisatorische Vorgaben zur Opferorientierung finden. Nur in diesen Gesetzen werden vollzugsinterne Ansprechpartner:innen für Straftatopfer ausdrücklich benannt.[195]

13.6.2 Ergebnisse der historischen Auslegung

Die historische Auslegung hat zunächst gezeigt, dass das Opfer und seine Belange nach dem Willen aller Landesgesetzgeber einen hohen Stellenwert einnehmen.

Insbesondere aus der Begründung zu den Gesetzen der Länder Bayern, Berlin und Nordrhein-Westfalen ergibt sich, dass die Gesetze durch die Einbeziehung des Opfers und seiner Belange eine viktimologische Ausrichtung erhalten sollten.[196] Die Vorschriften zum verletzten- bzw. opferbezogenen Vollzug im StVollzG Bln und StVollzG NRW dienen ausweislich der Gesetzesbegründungen als Grundsatznormen, die durch weitere Regelungen innerhalb der Gesetze konkretisiert werden.

Die Betrachtung der Gesetzesbegründung zu Art. 5a BayStVollzG hat demgegenüber gezeigt, dass diese Vorschrift vom Landesgesetzgeber als Auslegungshilfe für die übrigen Vorschriften des BayStVollzG dienen soll, sobald Opferbelange betroffen sein können. Dies trägt letztlich dem Umstand Rechnung, dass das BayStVollzG kaum opferbezogene Vorschriften enthält und Art. 5a BayStVollzG erst 2019 in das Gesetz eingefügt wurde.

Zwar hat sich der niedersächsische Landesgesetzgeber bewusst gegen die Verwendung des Opferbegriffs im NJVollzG entschieden. Gleichwohl zeigt die Gesetzesbegründung, dass die Berücksichtigung von Opferinteressen und die

[194] Hierzu oben im Abschnitt 13.2.4.2.

[195] Hierzu oben im Abschnitt 13.2.5.

[196] Hierzu oben im Abschnitt 13.3.2.1.

Wiedergutmachung nach dem Konzept der Restorative Justice wichtige Bestandteile des niedersächsischen Justizvollzugs sein sollen.[197]

Allein die Gesetzesbegründung zu § 2 Abs. 5 JVollzGB III BaWü enthält den Grundsatz, dass die Autonomie des Opfers zu wahren ist und insbesondere keine Instrumentalisierung der Opfer zu Behandlungszwecken erfolgen darf. Dieser Grundsatz muss unter Beachtung des kriminalpolitischen Motivs der Vermeidung einer sekundären Viktimisierung letztlich für die Opferorientierung aller Landesstrafvollzugsgesetze gelten.[198]

Für die Unterscheidung zwischen Opfern und Dritten hat die historische Auslegung ergeben, dass in den Ländern Bayern, Niedersachsen und Nordrhein-Westfalen neben den Belangen des konkreten Straftatopfers auch die Schutzinteressen von potenziellen Opfern zu beachten sind.[199] In Berlin sollen zumindest im Rahmen der Tataufarbeitung auch die Folgen für die Angehörigen der Opfer einbezogen werden.

Angemerkt sei an dieser Stelle jedoch kurz, dass ausweislich der Begründung zu Art. 5a BayStVollzG der Begriff des Opferschutzes auch den Schutz gefährdeter Dritter umfasst. Der bayerische Gesetzgeber versteht den Opferbegriff in diesem Zusammenhang also weit. Dies steht dem in dieser Arbeit vertretenen engen strafvollzugsrechtlichen Opferbegriff entgegen. Bemerkenswert ist jedoch, dass der bayerische Gesetzgeber durchaus zwischen dem Schutz von Opfern und dem Schutz der Allgemeinheit unterscheidet. Daher ist der Opferbegriff des BayStVollzG nicht insgesamt auf potenzielle Opfer, sondern allenfalls auf mittelbare Opfer wie beispielsweise Angehörige des Opfers anwendbar.

Die Verknüpfung von Opferorientierung und Resozialisierung, die bereits im Rahmen der grammatischen Auslegung für einzelne Gesetze festgestellt werden konnte, wird unter Berücksichtigung der Gesetzesbegründungen für weitere Landesgesetze deutlich.[200] Dies betrifft zunächst jene Gesetze, nach denen die Behandlung der Gefangenen neben der Straftatprävention auch dem Opferschutz dienen soll.[201] Weiterhin gilt dies auch für die Landesgesetze, welche den Gestaltungsgrundsatz der Tataufarbeitung und die Opferperspektive als Bestandteil der

---

[197] Hierzu oben im Abschnitt 13.3.2.1.

[198] Hierzu oben im Abschnitt 13.3.2.2; für das StVollzG NRW bereits *Gelber/Walter*, BewHi 2013, 5 (13).

[199] Hierzu oben im Abschnitt 13.3.3.

[200] Hierzu oben im Abschnitt 13.3.4.

[201] Bayern und Hamburg.

Resozialisierung einordnen.[202] Für jene Gesetze, die die Tataufarbeitung allgemein im Rahmen der Behandlung aufgreifen[203], hat die historische Auslegung entsprechende Ergebnisse geliefert. Insbesondere stehen sich auch nach der historischen Auslegung die Opferorientierung und die Resozialisierung nicht als ein Gegensatz gegenüber.

Für die Regelungen zu organisatorischen Vorgaben für die Opferorientierung konnte festgestellt werden, dass die Gesetzgeber der Länder Berlin und Nordrhein-Westfalen die Vereinfachung des Zugangs zu Informationen zum opferbezogenen Strafvollzug für Straftatopfer im Blick hatten.[204] In Nordrhein-Westfalen war daneben auch ein möglichst schonender Umgang mit den Straftatopfern durch die Anstalten ausschlaggebend für die Bestimmung zu den besonderen Ansprechpartner:innen für Opferbelange.[205]

13.6.3 Ergebnisse der systematischen Auslegung

Die systematische Auslegung der allgemeinen Vorschriften mit Opferbezug hat gezeigt, dass die Länder Berlin und Nordrhein-Westfalen der Opferorientierung durch die Normierung in einer eigenständigen Vorschrift auch in systematischer Hinsicht ein besonderes Gewicht verliehen haben.[206] Zudem enthalten diese Gesetze in zahlreichen weiteren Vorschriften eine Konkretisierung der Opferorientierung. Die in § 6 StVollzG Bln und § 7 StVollzG NRW festgelegten Grundsätze der verletzten- bzw. opferorientierten Vollzugsgestaltung dienen insofern als Auslegungshilfe für alle anderen opferbezogenen Vorschriften des jeweiligen Landesgesetzes.

Die systematische Einordnung des Art. 5a BayStVollzG gestaltete sich schwieriger, da das Gesetz von Bayern kaum weitere opferbezogene Regelungen enthält.[207] Insofern müssen alle Vorschriften des BayStVollzG, die im Rahmen der Opferorientierung von Bedeutung sein können, unter Bezugnahme auf Art. 5a BayStVollzG ausgelegt werden. Art. 5a BayStVollzG dient somit nicht

[202] Baden-Württemberg, Bayern, Berlin, Brandenburg, Bremen, Mecklenburg-Vorpommern, Niedersachen, Nordrhein-Westfalen, Rheinland-Pfalz, Saarland, Sachsen, Sachsen-Anhalt, Schleswig–Holstein, Thüringen.

[203] Hamburg und Hessen.

[204] Hierzu oben im Abschnitt 13.3.5.

[205] Hierzu oben im Abschnitt 13.3.5.

[206] Hierzu oben im Abschnitt 13.4.2.1.

[207] Hierzu oben im Abschnitt 13.4.2.1.

nur als Auslegungshilfe, sondern vielmehr auch als Auslegungsmaßstab innerhalb des BayStVollzG. Daher ist Art. 5a BayStVollzG als Generalnorm[208] für die Einbeziehung des Opfers in den Strafvollzug in Bayern anzusehen.

Die systematische Auslegung zur Unterscheidung zwischen Opfern und Dritten hat ergeben, dass in Bayern und Nordrhein-Westfalen die Belange von Straftatopfern für die Vollzugsgestaltung insgesamt von Bedeutung sind und dies in den Gesetzen besonders betont wurde. Demgegenüber sind von den Interessen gefährdeter Dritter allein deren Schutzinteressen relevant.[209] In Berlin sind Angehörige von Opfern lediglich im Zusammenhang mit den Straftatfolgen bei der Tataufarbeitung bedeutsam.

Für das Verhältnis zwischen Opferorientierung und Resozialisierung lässt sich zunächst festhalten, dass in den Ländern Baden-Württemberg, Bayern, Hamburg und Nordrhein-Westfalen die Opferorientierung als Bestandteil eines umfassenden Resozialisierungskonzepts betont wurde. Für Bayern und Hamburg kann darüber hinaus festgehalten werden, dass auch der Schutz potenzieller Opfer für die Resozialisierung der Gefangenen bedeutsam sein soll.

Für jene Landesgesetze, die den Gestaltungsgrundsatz der Tataufarbeitung enthalten, muss insofern differenziert werden, als die Gestaltungsgrundsätze die Gestaltung des gesamten Vollzugs betreffen.[210] Daher können Gesichtspunkte der Verantwortungsübernahme und Unrechtseinsicht in unterschiedlichen Bereichen des Vollzugs zum Tragen kommen. Namentlich genannt seien nur die Einsicht der Gefangenen hinsichtlich des Unterlassens von Kontaktaufnahmen, die für das Opfer belastend sein könnten, oder die Wiedergutmachung von Straftatfolgen. Allerdings ist mit Blick auf den Gestaltungsgrundsatz der Tataufarbeitung zu beachten, dass dieser letztlich als Konkretisierung des Resozialisierungsziels zu sehen ist und daher mit diesem in Einklang stehen muss. Weiterhin lässt sich ein Vorrang der Tataufarbeitung und somit der Opferorientierung gegenüber den übrigen Gestaltungsgrundsätzen aus der Gesetzessystematik nicht ableiten[211].

Für die Vorschriften der Länder Hamburg und Hessen hat die systematische Auslegung ergeben, dass diese sich nicht auf eine allgemeine opferbezogene

---

[208] Der Begriff der Generalnorm wird vorliegend in Abgrenzung zu jenem der Generalklausel verwendet, da letzterer im Strafvollzugsrecht durch § 4 Abs. 2 S. 2 StVollzG Bund und die entsprechenden Landesvorschriften vorgeprägt ist, vgl. nur *Laubenthal*, Strafvollzug, 8. Aufl. 2019, Rn. 242.

[209] Hierzu oben im Abschnitt 13.4.3.

[210] Hierzu oben im Abschnitt 13.4.4.2.

[211] Hierzu oben im Abschnitt 13.4.4.2.

Vollzugsgestaltung beziehen, sondern allein auf die Berücksichtigung der Opferperspektive im Rahmen der Behandlung der Gefangenen.[212]

Als weiteres Ergebnis der systematischen Auslegung lässt sich festhalten, dass die organisatorischen Vorgaben für die Opferorientierung in den Ländern Berlin und Nordrhein-Westfalen konsequenterweise in den Vorschriften zur verletzten- bzw. opferbezogenen Vollzugsgestaltung geregelt wurden.[213]

Mit Blick auf den Opferbezug innerhalb des gesamten Strafrechtsystems lässt sich zusammenfassen festhalten, dass der opferorientierte Strafvollzug eine konsequente Fortführung der bisherigen Bemühungen in anderen Bereichen der Strafrechtspflege darstellt.[214] Der Schutz von Opfern vor einer sekundären Viktimisierung und die Beachtung von Opferinteressen, welche bereits im Strafprozessrecht angelegt sind, werden durch die Opferorientierung des Strafvollzugsrechts aufgegriffen und müssen schließlich an dessen Gegebenheiten angepasst werden. Dies betrifft insbesondere die Einbeziehung der Opferorientierung in die Resozialisierung der Gefangenen. Weiterhin ist von besonderer Bedeutung, dass ein opferbezogener Strafvollzug gerade den Schutz vor einer Sekundärviktimisierung, eine Beachtung der Opferautonomie und die Verhinderung einer Instrumentalisierung des Opfers zu Vollzugszwecken umfassen muss.

13.6.4 Ergebnisse der teleologischen Auslegung

Mit der teleologischen Auslegung konnte festgestellt werden, dass durch die Normierung der Opferorientierung als einem eigenständigen Gestaltungsgrundsatz in den Gesetzen der Länder Bayern, Berlin und Nordrhein-Westfalen die besondere Gewichtung des Opferbezugs im Strafvollzug unterstrichen werden sollte.[215] Die Opferorientierung soll sich gerade nicht nur in der Tataufarbeitung erschöpfen, sondern die Gestaltung des Vollzugs insgesamt beeinflussen. Dies gilt im Ergebnis auch für jene Landesgesetze, in denen die Tataufarbeitung als weiterer Vollzugsgrundsatz in einer Vorschrift mit den bereits im StVollzG Bund

[212] In Hessen werden die Maßnahmen der Behandlung und Betreuung als „vollzugliche Maßnahmen" bezeichnet, vgl. § 5 HStVollzG; hierzu oben in der historischen Auslegung im Abschnitt 13.3.4.2.

[213] Hierzu oben im Abschnitt 13.4.5.

[214] Ausführlich zur Opferorientierung der gesamten Strafrechtspflege in den historischen Grundlagen oben im Abschnitt 6.3.

[215] Hierzu oben im Abschnitt 13.5.2.

enthaltenen klassischen Grundsätzen[216] oder als „Grundsatz der Gestaltung des Vollzugs“[217] normiert wurde. Da Vollzugsgrundsätze eine Konkretisierung des Vollzugsziels darstellen, müssen Opferorientierung und Tataufarbeitung letztlich der Resozialisierung dienen.

Die ausdrückliche Unterscheidung von tatsächlichen Opfern und Dritten im Wortlaut einiger Landesvorschriften und die so zum Ausdruck kommende Gewichtung des Schutzes tatsächlicher Opfer wird durch das Telos des opferbezogenen Strafvollzugs insgesamt gestützt.[218] Sinn und Zweck der Einbeziehung von Opferbelangen in das Strafvollzugsrecht ist der Schutz von tatsächlichen Opfern vor einer erneuten Viktimisierung oder auch Traumatisierung. Dies kommt in der begrifflichen Trennung von Opfern und Dritten zum Ausdruck. Hieraus folgt, dass in der Einbeziehung der Opferperspektive und der Interessen von tatsächlichen Straftatopfern nicht zugleich eine grundsätzliche Aufwertung des Sicherheitsbedürfnisses der Allgemeinheit zu sehen ist.

Weiterhin ist der Begriff der „gefährdeten Dritten“ allein auf Angehörige von Straftatopfern zu beschränken, da alle anderen potenziellen Opfer hinreichend durch die Sicherheitsaufgabe des Strafvollzugs geschützt werden.[219]

Die teleologische Auslegung hat weiterhin ergeben, dass die Opferorientierung in den allgemeinen opferbezogenen Vorschriften mit dem Vollzugsziel der Resozialisierung in Einklang steht. Die Opferorientierung stellt sich als Bestandteil der Resozialisierung dar.[220] Allerdings können zwischen Opferorientierung und Resozialisierung gleichwohl Konflikte bestehen, wie beispielsweise bei einer Untersagung von Vollzugslockerungen aus Opferschutzgründen.[221] Insofern ergibt sich zwischen Opferorientierung und Resozialisierung ein ähnliches

---

[216] Vgl. § 3 Abs. 1 BremStVollzG; § 3 Abs. 1 StVollzG MV; § 2 Abs. 3 S. 2 NJVollzG; § 3 Abs. 1 SLStVollzG; § 3 Abs. 1 SächsStVollzG; § 3 Abs. 1 LStVollzG SH; dies gilt letztlich auch für § 3 Abs. 1 StVollzG Bln. Allerdings enthält das StVollzG Bln in § 6 Abs. 2 einen ausdrücklichen opferbezogenen Gestaltungsgrundsatz, sodass es einer weiten Auslegung des § 3 Abs. 1 StVollzG Bln nicht bedarf; siehe hierzu bereits in der grammatischen Auslegung oben im Abschnitt 13.2.2; ausführlich zu den Gestaltungsgrundsätzen siehe oben im Abschnitt 5.1.1.3 und zum Gestaltungsgrundsatz der Tataufarbeitung oben im Abschnitt 5.2.3.2.

[217] § 8 Abs. 1 BbgJVollzG; § 8 Abs. 1 LJVollzG RP; § 8 Abs. 1 JVollzGB I LSA; § 8 Abs. 1 ThürJVollzGB.

[218] Hierzu oben im Abschnitt 13.5.3.

[219] Hierzu oben im Abschnitt 13.5.3.

[220] Hierzu oben im Abschnitt 13.5.4.1.

[221] Hierzu oben im Abschnitt 13.5.4.1; ausführlich zu den vollzugsöffnenden Maßnahmen im Kapitel 15.

Verhältnis wie zwischen der Vollzugsaufgabe der Sicherheit der Allgemeinheit und dem Vollzugsziel der Resozialisierung.[222]

Soweit die Tataufarbeitung in den Landesgesetzen als Gestaltungsgrundsatz festgelegt wurde[223], hat die teleologische Auslegung ergeben, dass dies der inhaltlichen Konkretisierung des Vollzugsziels der Resozialisierung dient.[224] Besonders gut fügt sich in diesem Zusammenhang die Einbeziehung der Opferperspektive – namentlich der Straftatfolgen für das Opfer – im Rahmen der Tataufarbeitung ein. Die Auseinandersetzung der Gefangenen mit ihren Taten und deren Folgen – insbesondere für das Opfer – bildet den Ausgangspunkt für die Übernahme von Verantwortung sowie die Entwicklung von Opferempathie und dient so der Resozialisierung.[225] Bei einer opferbezogenen Tataufarbeitung im Strafvollzug steht die Rechtsgutsverletzung des konkreten Opfers im Mittelpunkt und nicht der Verstoß gegen ein abstraktes Strafgesetz. Somit kann die Tataufarbeitung der Auflösung zwischenmenschlicher Konflikte dienen und letztlich die Grundlage für Wiedergutmachungsbemühungen der Gefangenen bilden.

In den Ländern Bayern und Hamburg, in denen der Opferschutz als Behandlungsgrundsatz geregelt wurde, wird neben der Tataufarbeitung die umfassende Berücksichtigung von Opferschutzinteressen betont.[226] Aber auch in jenen Ländern, die eine verletzten- bzw. opferbezogene Vollzugsgestaltung normiert haben, wurde der Opferschutz besonders hervorgehoben. Die Schutzinteressen von Opfern richten sich vor allem auf den Schutz des Opfers vor einer (Re-) Viktimisierung oder (Re-)Traumatisierung durch den bzw. die Gefangene:n. Hierbei ist zu beachten, dass diese Opferschutzinteressen in einem Spannungsverhältnis zur Resozialisierung stehen können, insbesondere wenn die Resozialisierungsinteressen der Gefangenen aus Opferschutzgründen beschränkt werden.

Die Vorschriften zur verletzten- bzw. opferbezogenen Vollzugsgestaltung sind als Auslegungshilfen für das weitere Vollzugsrecht anzusehen, wenn die Belange

[222] Ausführlich zum Verhältnis zwischen Vollzugsziel und Vollzugsaufgabe oben im Abschnitt 5.1.3.

[223] Vgl. § 3 Abs. 1 StVollzG Bln; § 8 Abs. 1 BbgJVollzG; § 3 Abs. 1 BremStVollzG; § 3 Abs. 1 StVollzG MV; § 2 Abs. 3 S. 2 NJVollzG; § 8 Abs. 1 LJVollzG RP; § 3 Abs. 1 SLStVollzG; § 3 Abs. 1 SächsStVollzG; § 8 Abs. 1 JVollzGB I LSA; § 3 Abs. 1 LStVollzG SH; § 8 Abs. 1 ThürJVollzGB.

[224] Hierzu oben im Abschnitt 13.5.4.2.

[225] Vgl. auch *Dorsch*, in: BeckOK StVollzR BaWü, 16. Ed. Stand: 31.03.2022, JVollzGB III § 2 Rn. 26.

[226] Vgl. Art. 3 S. 2 BayStVollzG; § 4 S. 2 HmbStVollzG; siehe hierzu oben im Abschnitt 13.5.2.2.

von tatsächlichen Opfern durch Vollzugsentscheidungen berührt werden. Gleiches gilt für Vorschriften, die eine Berücksichtigung des Opferschutzes im Rahmen der Behandlung hervorheben. Die Einbeziehung der allgemeinen Vorschriften als Auslegungshilfe betrifft insbesondere Entscheidungen über Vollzugslockerungen, wobei die einschlägigen Vorschriften sogleich im Kapitel 15 noch ausführlich betrachtet werden.

Mit Blick auf die teleologische Auslegung der allgemeinen opferbezogenen Vorschriften kann festgehalten werden, dass bei Vollzugsentscheidungen nur berechtigte Interessen von Straftatopfern berücksichtigt werden können. Hierbei handelt es sich vornehmlich um den Schutz vor einer sekundären Viktimisierung oder Traumatisierung durch den bzw. die Gefangene:n, dessen verfassungsrechtliche Grundlage in der grundrechtlichen Schutzpflicht gegenüber Straftatopfern aus Art. 2 Abs. 2 S. 1 GG liegt. Diese grundrechtliche Schutzpflicht ist jedoch sehr eng auszulegen, da andernfalls der ebenfalls verfassungsrechtlich verbürgte Resozialisierungsanspruch der Gefangenen zu stark eingeschränkt werden könnte.

Die teleologische Auslegung hat ferner ergeben, dass bestimmte Opfergruppen wie kindliche Opfer oder Opfer von Gewalt- und Sexualdelikten durch die grundrechtliche Schutzpflicht in vielen Fällen besonders zu schützen sind. Dies macht eine umfassende Abwägung zwischen den Schutzinteressen des konkreten Opfers und den Resozialisierungsinteressen des bzw. der konkreten Gefangenen jedoch nicht entbehrlich. Vielmehr sind die Vollzugsanstalten angehalten, eine umfassende Interessenabwägung vorzunehmen und Vollzugsentscheidungen nicht unter pauschaler Berufung auf den Opferschutz zu treffen.

In diesem Zusammenhang muss erneut betont werden, dass keine Instrumentalisierung des Straftatopfers zu Vollzugszwecken erfolgen darf, da andernfalls die Gefahr einer sekundären Viktimisierung des Opfers durch den Strafvollzug selbst geschaffen wird.[227] Gerade diese soll jedoch durch die Opferorientierung in der gesamten Strafrechtspflege und daher auch in einem opferorientierten Strafvollzug vermieden werden. Daher muss die Opferautonomie bei der Einbeziehung des Opfers in den Strafvollzug beachtet werden.

---

[227] Hierzu oben im Abschnitt 13.5.2.3.

13.6.5 Gesamtergebnis zur Auslegung zu den allgemeinen opferbezogenen Vorschriften

Auf der Grundlage der Auslegung der allgemeinen opferbezogenen Strafvollzugsvorschriften lassen sich sechs Ergebnisse festhalten, die durch die einzelnen Auslegungsmethoden gestützt werden.

Erstens hat die Auslegung der allgemeinen opferbezogenen Vorschriften ergeben, dass durch die Normierung des Opferbezugs in diesen Vorschriften eine besondere Gewichtung des opferorientierten Strafvollzugsrechts zum Ausdruck kommt. Dieser Befund lässt sich für alle Auslegungsmethoden festhalten und ist insbesondere für die Landesgesetze von Bayern, Berlin und Nordrhein-Westfalen durch die dortigen Vorschriften zur verletzten- bzw. opferbezogenen Vollzugsgestaltung offensichtlich.

Zweitens lässt sich der hier vertretene enge strafvollzugsrechtliche Opferbegriff durch die Erkenntnisse der grammatischen, historischen und teleologischen Auslegung stützen. Bereits die sprachliche Unterscheidung zwischen Opfern und Dritten – wie beispielsweise Angehörigen in § 6 Abs. 2 StVollzG Bln – oder die Trennung zwischen Straftatprävention und Opferschutz[228] zeugen davon, dass in den allgemeinen Vollzugsvorschriften das tatsächliche Straftatopfer in das Vollzugsrecht einbezogen worden ist. Wenngleich nach der Gesetzesbegründung zu Art. 5a BayStVollzG mit dem Opferschutz auch der Schutz gefährdeter Dritter gemeint sein soll, so muss sich der Opferbegriff des bayerischen Strafvollzugsgesetzes neben tatsächlichen Straftatopfern allenfalls bei sehr schweren Viktimisierungen auf deren Angehörige als indirekte Opfer beschränken.[229] Da das BayStVollzG kaum opferbezogene Vorschriften enthält und Art. 5a StVollzG daher die Funktion einer Generalnorm für opferschutzorientierte Vollzugsentscheidungen darstellt, muss der Opferbegriff des Art. 5a BayStVollzG eng ausgelegt werden. Dies folgt aus dem Ergebnis der teleologischen Auslegung, wonach der Opferschutz nur unter den engen Voraussetzungen der grundrechtlichen Schutzpflicht gegenüber Straftatopfern aus Art. 2 Abs. 2 S. 1 GG zu einer Beschränkung des Resozialisierungsanspruchs der Gefangenen führen kann. Eine Ausweitung auf andere Personen als die direkten Opfer birgt wegen der fehlenden Konkretisierung des Opferschutzes innerhalb des BayStVollzG durch weitere

[228] Hierzu oben im Abschnitt 13.2.3.

[229] Für eine eher weite Auslegung des Begriffs der „gefährdeten Dritten“ mit dem Erfordernis einer konkreten Gefährdung *Arloth*, in: BeckOK BayStVollzR, 16. Ed. Stand: 01.04.2022, BayStVollzG Art. 5a Rn. 3.

opferbezogene Vorschriften die Gefahr, dass der Resozialisierung der Gefangenen nicht hinreichend Rechnung getragen wird.

Drittens hat die Auslegung der allgemeinen opferbezogenen Vorschriften ergeben, dass nur berechtigte Opferinteressen im Strafvollzug berücksichtigt werden können. Allein § 6 Abs. 1 StVollzG Bln und § 7 Abs. 1 StVollzG NRW[230] enthalten diese Einschränkung bereits im Wortlaut; Art. 5a Abs. 1 S. 1 BayStVollzG stellt demgegenüber nur allgemein auf die Interessen von Opfern ab. Eine restriktive Auslegung der bayrischen Vorschrift gebieten bereits die Auswirkungen, die eine Beachtung von Opferinteressen für die Gefangenen haben kann. Erwähnt werden sollen nur Möglichkeiten einer Beschränkung oder Untersagung von Außenkontakten und vollzugsöffnenden Maßnahmen aus Opfer(schutz)interessen. Da eine Versagung von Außenkontakten und vollzugsöffnenden Maßnahmen erhebliche Auswirkungen auf die Resozialisierung der Gefangenen haben kann, ist eine enge Auslegung hinsichtlich der zu berücksichtigenden Opferinteressen geboten.[231] Als berechtigte Interessen können schließlich der Schutz vor einer sekundären oder erneuten Viktimisierung durch den bzw. die konkrete:n Gefangene:n eingeordnet werden. Diesbezüglich ist auf Seiten des Opfers insbesondere zu prüfen, ob eine besondere Schutzbedürftigkeit besteht und daher die grundrechtliche Schutzpflicht aus Art. 2 Abs. 2 S. 1 GG zu beachten ist. Als besonders schutzbedürftige Opfergruppen können insbesondere kindliche Opfer und Opfer von schweren Gewaltstraftaten und Sexualdelikten angesehen werden, wobei immer eine Einzelfallprüfung hinsichtlich der Schutzbedürftigkeit notwendig ist. Auf Seiten der Gefangenen ist deren verfassungsrechtlicher Anspruch auf Resozialisierung aus Art. 2 Abs. 1 i. V. m. Art. 1 Abs. 1 GG im Rahmen der umfassenden Interessenabwägung zu beachten. Da der Abwägungsvorgang je nach der Art der Vollzugsentscheidung weiter präzisiert werden muss, wird dies im Rahmen der Auslegung der opferbezogenen Vorschriften zu den Außenkontakten (sogleich im Kapitel 14) und zu den vollzugsöffnenden Maßnahmen (sogleich im Kapitel 15) noch näher betrachtet werden.

Viertens hat sich auf der Grundlage aller Auslegungsmethoden ergeben, dass die Opferorientierung insbesondere in Gestalt der Tataufarbeitung eng mit der Resozialisierung verknüpft ist. Genauer gesagt bildet die Tataufarbeitung unter Einbeziehung der Opferperspektive einen wesentlichen Bestandteil des Resozialisierungsprozesses, da durch die Auseinandersetzung des bzw. der Täter:in mit

---

[230] Ebenso § 10 Abs. 1 S. 4 Nr. 13 StVollzG NRW.

[231] Ähnlich auch *Arloth*, in: BeckOK BayStVollzR, 16. Ed. Stand: 01.04.2022, BayStVollzG Art. 5a Rn. 3.

der Straftat und ihren Folgen für das Opfer entscheidende Weichen für das Erreichen des Vollzugsziels gestellt werden. Die Entwicklung von Unrechtseinsicht und Verantwortungsbewusstsein für das eigene Handeln, das Wecken von Opferempathie und die Förderung des Interesses an einer Wiedergutmachung der Straftatfolgen tragen dazu bei, dass die Gefangenen „fähig werden, künftig in sozialer Verantwortung ein Leben ohne Straftaten zu führen“[232]. Daher bildet die Tataufarbeitung als Gestaltungsgrundsatz das Herzstück der Opferorientierung im Zusammenhang mit der Resozialisierung der Gefangenen. Durch die Normierung als Gestaltungsgrundsatz ist die Tataufarbeitung als Auslegungsmaßstab für andere opferbezogene Vollzugsvorschriften heranzuziehen. Gleiches gilt für die Vorschriften zur verletzten- bzw. opferorientierten Vollzugsgestaltung, welche gerade auch die Tataufarbeitung als einen wesentlichen Gesichtspunkt der Opferorientierung normiert haben.[233]

Fünftens haben die historische, die systematische und die teleologische Auslegung gezeigt, dass die Autonomie des Straftatopfers innerhalb des opferorientierten Strafvollzugsrechts zu beachten ist. Wenngleich allein die Gesetzesbegründung zu § 2 Abs. 5 JVollzGB III BaWü auf die Wahrung der Opferautonomie hinweist und eine Instrumentalisierung des Opfers für Behandlungszwecke verbietet, so muss dieser Grundsatz für das gesamte opferbezogene Strafvollzugsrecht gelten.[234] Dies ergibt sich zum einen aus der systematischen Auslegung. Die Opferorientierung des gesamten Strafrechtssystems war von Beginn an auf die Stärkung von Opferrechten und der Subjektstellung des Opfers ausgerichtet. In diesem Sinne wurde auch das verletztenbezogene Strafprozessrecht ausgestaltet und auf die Vermeidung einer Sekundärviktimisierung des Opfers ausgerichtet. Hieraus folgt, dass auch das opferbezogene Vollzugsrecht an der Repersonalisierung des Opfers festhalten muss und es nicht durch eine Instrumentalisierung zu Vollzugszwecken zum bloßen Objekt machen darf. Es würde zudem dem Telos der Opferorientierung entgegenstehen, wenn der Strafvollzug das Opfer instrumentalisieren und somit die Gefahr einer sekundären Viktimisierung durch die Vollzugsanstalten selbst geschaffen würde. Daher ist die Beachtung der Opferautonomie als zwingender Grundsatz für die opferbezogene Vollzugsgestaltung anzusehen.

---

232 So das Vollzugsziel gemäß § 2 StVollzG Bund sowie die entsprechenden Landesvorschriften; ausführlich zum Vollzugsziel in den strafvollzugsrechtlichen Grundlagen oben im Abschnitt 5.1.1.

233 Vgl. Art. 5a Abs. 2 S. 1 BayStVollzG; § 6 Abs. 2 StVollzG Bln; § 7 Abs. 2 S. 1 und 2 StVollzG NRW.

234 Ähnlich *Kunze*, in: BeckOK HStVollzR, 17. Ed. Stand: 01.03.2022, HStVollzG § 5 Rn. 4 für das HStVollzG.

Sechstens konnte anhand der grammatischen Auslegung festgestellt werden, dass nur die Länder Berlin und Nordrhein-Westfalen Vorgaben für die organisatorische Umsetzung der verletzten- bzw. opferbezogenen Vollzugsgestaltung enthalten. Insbesondere stehen Opfern für Fragen zur opferbezogenen Vollzugsgestaltung Ansprechpartner:innen in den Anstalten zur Verfügung. Die historische Auslegung hat gezeigt, dass durch die besonderen Ansprechpartner:innen insbesondere die Kommunikation zwischen Anstalt und Opfern erleichtert werden soll. Durch die teleologische Auslegung konnte gezeigt werden, dass gerade die Kommunikation zwischen Anstalt und Opfer die Gefahr einer sekundären Viktimisierung mit sich bringen kann. Der Umstand, dass nur in zwei Landesgesetzen organisatorische Gesichtspunkte der Opferorientierung berücksichtigt wurden, ist insofern zu beanstanden, als die Opferorientierung in allen Landesstrafvollzugsgesetzen zu finden ist und die Ausgestaltung durchaus komplexe Fragestellungen des Vollzugsrechts betrifft.[235]

[235] Die Komplexität der Opferorientierung des Strafvollzugsrechts wird gleich noch bei der Auslegung der opferbezogenen Vorschriften zu den Außenkontakten (im Kapitel 14), zu den vollzugsöffnenden Maßnahmen (im Kapitel 15) und zur Wiedergutmachung und zum Tatausgleich (im Kapitel 16) deutlich.

14 Außenkontakte

14.1 Allgemeine Vorüberlegungen

Dem Themenkreis der Außenkontakte werden vorliegend alle Vorschriften zugeordnet, die eine Kontaktaufnahme der Gefangenen zu Personen außerhalb der Vollzugsanstalten zum Gegenstand haben. Allerdings werden nur jene Vorschriften näher betrachtet, die einen ausdrücklichen Opferbezug aufweisen.[1] So finden sich in einigen Landesgesetzen opferbezogene Regelungen in den Vorschriften

[1] Das Gesetz des Landes Berlin enthält in § 39 StVollzG Bln Regelungen, die u. a. den Kontakt zwischen den Gefangenen und dem bzw. der Opferschutzbeauftragten des Landes Berlin betreffen und diese Außenkontakte unter bestimmten Voraussetzungen privilegieren. Da eine vergleichbare Vorschrift in keinem anderen Landesgesetz zu finden ist und sich allein aufgrund der Privilegierung des Kontakts zu dem bzw. der Opferschutzbeauftragten kein unmittelbarer Bezug zum konkreten Straftatopfer durch diese Regelungen aufdrängt, wird § 39 StVollzG Bln nachfolgend nicht weiter untersucht.

K. M. Radke, *Opferorientierung im Strafvollzug*,
https://doi.org/10.1007/978-3-658-39044-0_14

zum Besuch[2], zum Schriftverkehr[3], zu Telefongesprächen[4] sowie zum Paketversand[5]. In einigen Landesstrafvollzugsgesetzen finden sich auch Vorschriften zu den anderen Formen der Kommunikation.[6] Diese Vorschriften enthalten zwar keinen ausdrücklichen Opferbezug. Allerdings wird in den betreffenden Landesvorschriften teilweise eine entsprechende Anwendung der anderen Vorschriften zu den Außenkontakten angeordnet.[7] Daher kommt auch für die anderen Formen der Kommunikation zumindest ein indirekter Opferbezug in Betracht.

Soweit im Schrifttum mitunter auch vollzugsöffnende Maßnahmen zu den Außenkontakten gezählt werden[8], wird dem für die hiesige Darstellung nicht gefolgt. Vielmehr werden die betreffenden Vorschriften zusammen mit den vollzugsöffnenden Maßnahmen im Kapitel 15 behandelt.

Eine Berücksichtigung von Opferbelangen in den Vorschriften zu den Außenkontakten findet sich nicht in allen Landesstrafvollzugsgesetzen. Die Landesgesetze von Bayern, Baden-Württemberg, Hamburg und Niedersachsen enthalten in den entsprechenden Abschnitten gar keine Vorschriften mit Opferbezug. Mit Blick auf das Bayerische Strafvollzugsgesetz ist jedoch zu beachten, dass für alle Einzelvorschriften des Gesetzes – also auch die zu den Außenkontakten des bzw. der Gefangenen – die allgemeine Vorschrift des Art. 5a BayStVollzG zur opferbezogenen Vollzugsgestaltung gilt und bei der Auslegung zu beachten

---

[2] § 30 Nr. 3 StVollzG Bln; § 35 Nr. 3 BbgJVollzG; § 27 Nr. 3 BremStVollzG; § 33 Abs. 2 Nr. 3 HStVollzG; § 27 Nr. 3 StVollzG MV; § 25 Nr. 3 StVollzG NRW; § 34 Nr. 3 LJVollzG RP; § 27 Nr. 3 SLStVollzG; § 27 Nr. 3 SächsStVollzG; § 34 Nr. 3 JVollzGB I LSA; § 43 Abs. 2 LStVollzG SH; § 35 Nr. 3 ThürJVollzGB.

[3] § 35 Nr. 3 und § 38 Abs. 1 Nr. 5 StVollzG Bln; § 40 Nr. 3 BbgJVollzG; § 32 Nr. 3 BremStVollzG; § 33 Abs. 2 Nr. 3 HStVollzG; § 32 Nr. 3 StVollzG MV; § 25 Nr. 3 StVollzG NRW; § 39 Nr. 3 LJVollzG RP; § 32 Nr. 3 SLStVollzG; § 32 Nr. 3 und § 35 Abs. 1 Nr. 3 SächsStVollzG; § 39 Nr. 3 JVollzGB I LSA; § 48 Abs. 2 i. V. m. § 43 Abs. 2 LStVollzG SH; § 40 Nr. 3 ThürJVollzGB.

[4] Telefongespräche: § 25 Nr. 3 StVollzG NRW; § 30 Abs. 1 S. 3 SächsStVollzG; § 46 Abs. 1 S. 2 i. V. m. § 43 Abs. 2 LStVollzG SH; i. E. auch § 33 Abs. 2 Nr. 3 HStVollzG sowohl für Telefongespräche als auch andere Formen der Kommunikation.

[5] § 37 Abs. 5 S. 3 SächsStVollzG.

[6] § 40 StVollzG Bln; § 44 BbgJVollzG; § 36 BremStVollzG; § 32 Abs. 2 HmbStVollzG; § 36 StVollzG MV; § 33 Abs. 3 NJVollzG; § 27 StVollzG NRW; § 43 LJVollzG RP, § 36 SLStVollzG; § 36 SächsStVollzG; § 43 JVollzGB I LSA; § 52 LStVollzG SH; § 44 ThürJVollzGB; vgl. auch § 36 Abs. 2 HStVollzG.

[7] § 40 S. 2 StVollzG Bln; § 44 S. 2 BbgJVollzG; § 36 S. 2 BremStVollzG; § 32 Abs. 2 S. 2 HmbStVollzG; § 27 S. 2 StVollzG NRW; § 36 S. 2 StVollzG MV; § 43 S. 2 LJVollzG RP, § 36 S. 2 SLStVollzG; § 36 S. 2 SächsStVollzG; § 52 Abs. 2 S. 2 LStVollzG SH i. V. m. § 43 LStVollzG SH; § 44 S. 2 ThürJVollzGB.

[8] *Laubenthal*, Strafvollzug, 8. Aufl. 2019, Rn. 484, 487.

ist. Die Landesgesetze von Hessen und Nordrhein-Westfalen wiederum stellen den Vorschriften zu den einzelnen Außenkontakten jeweils eine allgemeine Vorschrift voran, die unter anderem eine Regelung mit Opferbezug enthält.[9] In den Landesgesetzen, die sich stark am ME LStVollzG orientieren, findet sich der Opferbezug in den jeweiligen Einzelregelungen zum Besuch[10] und zum Schriftverkehr[11]. Das sächsische Strafvollzugsgesetz enthält darüber hinaus noch ausdrücklich opferbezogene Regelungen zu Telefongesprächen und zum Paketversand.[12] Eine Untersagungsmöglichkeit aus Gründen der Opferorientierung für Telefongespräche findet sich zudem auch in Nordrhein-Westfalen.[13] In Hessen ist der opferbezogene Untersagungsgrund auf alle „Kontakte" der Gefangenen anwendbar.[14]

14.2 Grammatische Auslegung

14.2.1 Vorüberlegungen zur grammatischen Auslegung

Für die grammatische Auslegung werden zunächst die verschiedenen Einzelvorschriften zu den unterschiedlichen Kontaktmöglichkeiten einer näheren Betrachtung unterzogen. Die Ausführungen gliedern sich nach den einzelnen Kommunikationsmöglichkeiten Besuch, Schriftwechsel, Telefongespräche, andere Formen der Kommunikation sowie Paketversand. Dabei ist zu beachten, dass die Vorschriften mehrerer Länder den Wortlaut des ME LStVollzG übernommen haben oder sich jedenfalls ganz ähnlicher Formulierungen bedienen. Daher werden diese Regelungen gemeinsam betrachtet. Im Anschluss an die Untersuchung der Einzelregelungen wird der Wortlaut der allgemeinen Regelungen aus Nordrhein-Westfalen und Hessen untersucht.

[9] § 33 Abs. 2 Nr. 3 HStVollzG; § 25 Nr. 3 StVollzG NRW.

[10] § 30 Nr. 3 StVollzG Bln; § 35 Nr. 3 BbgJVollzG; § 27 Nr. 3 BremStVollzG; § 27 Nr. 3 StVollzG MV; § 34 Nr. 3 LJVollzG RP; § 27 Nr. 3 SLStVollzG; § 27 Nr. 3 SächsStVollzG; § 34 Nr. 3 JVollzGB I LSA; § 35 Nr. 3 ThürJVollzGB.

[11] § 35 Nr. 3 und § 38 Abs. 1 Nr. 5 StVollzG Bln; § 40 Nr. 3 BbgJVollzG; § 32 Nr. 3 BremStVollzG; § 32 Nr. 3 StVollzG MV; § 39 Nr. 3 LJVollzG RP; § 32 Nr. 3 SLStVollzG; § 32 Nr. 3 und § 35 Abs. 1 Nr. 3 SächsStVollzG; § 39 Nr. 3 JVollzGB I LSA; § 40 Nr. 3 ThürJVollzGB.

[12] § 30 Abs. 1 S. 3 SächsStVollzG (Telefongespräche) und § 37 Abs. 5 S. 3 SächsStVollzG (Pakete).

[13] § 25 Nr. 3 StVollzG NRW.

[14] § 33 Abs. 1 Nr. 3 HStVollzG.

14.2.2 Regelungen zu den einzelnen Außenkontakten

14.2.2.1 Einzelregelungen zum Besuch

Nach § 27 Nr. 3 ME LStVollzG kann die Anstaltsleitung Besuche untersagen, „wenn bei Personen, die Opfer der Straftat waren, zu befürchten ist, dass die Begegnung mit den Gefangenen einen schädlichen Einfluss auf sie hat“. Die Länder Bremen und Saarland haben diesen Wortlaut übernommen.[15] In den Landesgesetzen von Brandenburg, Rheinland-Pfalz, Sachsen-Anhalt und Thüringen wurde der Wortlaut im Vergleich zu § 27 Nr. 3 ME LStVollzG insoweit ergänzt, als der Untersagungsgrund anwendbar ist auf „Personen, die [...] im Haftbefehl als Opfer benannt worden sind“.[16] Die Regelung im sächsischen Strafvollzugsgesetz entspricht wiederum weitestgehend § 27 Nr. 3 ME LStVollzG, sieht eine Untersagungsmöglichkeit der Anstaltsleitung allerdings nur für minderjährige Opfer vor.

Bemerkenswert ist zunächst, dass der Opferbegriff in den § 27 Nr. 3 ME LStVollzG entsprechenden Regelungen ausdrücklich mit der konkreten Straftat in Bezug gesetzt wird. Dies kann nur so verstanden werden, dass der Besuch der Opfer untersagt werden kann, die durch die Straftat viktimisiert wurden, wegen welcher der bzw. die Gefangene inhaftiert ist. Die Vorschriften stellen somit einen direkten Zusammenhang zwischen Viktimisierung und Besuchsverbot her.

Weiter gefasst sind im Vergleich die Regelungen, welche auch Opfer in den Anwendungsbereich des Untersagungsgrundes einbeziehen, die im Haftbefehl als Opfer benannt werden. Unklar ist insofern, ob diese Opfer auch mit den tatsächlichen Opfern des bzw. der Gefangenen übereinstimmen, also den Personen entsprechen, bei denen die Opferschaft durch ein Strafgericht im Urteil festgestellt wurde.[17] Die Voraussetzungen für den Erlass eines Haftbefehls und jene für die Feststellung der Opferschaft im Strafurteil unterscheiden sich erheblich. Gemäß § 112 Abs. 1 S. 1 StPO bedarf es für den Erlass eines Haftbefehls eines dringenden Tatverdachts gegen den Beschuldigten. Der dringende Tatverdacht meint jedoch nicht den Tatnachweis, wie er im Strafurteil festgestellt wird, sondern lediglich die hohe Wahrscheinlichkeit, dass der Beschuldigte Täter oder Teilnehmer der vorgeworfenen Tat ist.[18] Folglich können sich die im Haftbefehl genannten Verletzten von den im Urteil festgestellten Straftatopfern durchaus

---

[15] § 27 Nr. 3 BremStVollzG; § 27 Nr. 3 SLStVollzG.

[16] § 35 Nr. 3 BbgJVollzG; § 34 Nr. 3 LJVollzG RP; § 34 Nr. JVollzGB I LSA; § 35 Nr. 3 ThürJVollzGB.

[17] Zum engen strafvollzugsrechtlichen Opferbegriff siehe oben im Abschnitt 4.2.2.

[18] *Schmitt,* in: Meyer-Goßner/Schmitt (Hrsg.), StPO, 64. Aufl. 2021, § 112 Rn. 5.

unterscheiden. Aus dem Wortlaut der betreffenden Regelungen ergeben sich insoweit keine eindeutigen Ergebnisse. Daher wird die Frage, inwiefern die im Haftbefehl genannten Opfer bei der Untersagung von Besuchen von Bedeutung sind, im weiteren Verlauf der Auslegung vertieft betrachtet werden müssen.

Zudem besteht die Untersagungsmöglichkeit in den Gesetzen der Länder Brandenburg, Bremen, Rheinland-Pfalz, Saarland, Sachsen, Sachsen-Anhalt und Thüringen nur, wenn „zu befürchten ist, dass die Begegnung […] einen schädlichen Einfluss" auf das Straftatopfer hat. Klärungsbedürftig ist daher, was unter einem „schädlichen Einfluss" infolge der Begegnung zwischen Straftatopfer und Gefangenem zu verstehen ist. Mit dem Wort „Einfluss" ist eine beeinflussende, bestimmende Wirkung auf jemanden gemeint. Als Synonym gilt die „Einwirkung".[19] Schädlich ist eine derartige Einwirkung, sofern diese sich nachteilig auswirkt bzw. zu Schädigungen führt.[20] Daher ist in einem schädlichen Einfluss eine nachteilige oder zu Schädigungen führende Einwirkung auf das Opfer infolge des Besuchs bei dem bzw. der Täter:in zu sehen. Zu denken ist in diesem Zusammenhang insbesondere an eine (re-)viktimisierende bzw. (re-)traumatisierende Wirkung der Begegnung auf das konkrete Opfer. Aus der Wortlautauslegung des § 27 LStVollzG ME und der entsprechenden Landesvorschriften ergibt sich daher, dass bereits die Begegnung mit dem bzw. der Gefangenen für das Opfer schädlich sein kann und es für eine solche Schädigung nicht zu einer kommunikativen Beeinflussung des Opfers durch die inhaftierte Person kommen muss.

Für eine derartige Auslegung des opferbezogenen Untersagungsgrundes für Besuche sprechen nicht zuletzt auch die Regelungen in den Landesgesetzen von Berlin und Mecklenburg-Vorpommern, deren Vorschriften im Wortlaut von § 27 Nr. 3 ME LStVollzG abweichen. Nach § 30 Nr. 3 StVollzG Bln können Besuche untersagt werden, wenn „zu befürchten ist, dass die Begegnung mit den Gefangenen Personen, die Verletzte der Straftat waren, schadet". Der Wortlaut des § 30 Nr. 3 StVollzG Bln stellt insofern noch deutlicher heraus, dass bereits die Begegnung mit dem Gefangenen dem Opfer schaden kann. Aus § 27 Nr. 3 StVollzG MV ergibt sich, dass die Anstaltsleitung Besuche untersagen kann, wenn „zu befürchten ist, dass Personen, die Opfer der Straftat waren, durch die Begegnung mit dem Gefangenen in schädlicher Weise beeinflusst werden". Insofern wird erneut eine Verbindung zwischen der bloßen Begegnung des Opfers mit dem bzw. der Gefangenen und einer hieraus folgenden Schädigung hergestellt.

---

[19] *Dudenredaktion*, „Einfluss" auf Duden online.

[20] *Dudenredaktion*, „schädlich" auf Duden online.

Damit besteht zwar eine Abweichung im Wortlaut der einzelnen Vorschriften. Jedoch kann unter einem „schädlichem Einfluss" bzw. einer Beeinflussung „in schädlicher Weise" nur eine negative Beeinträchtigung des konkreten Opfers durch den bzw. die konkrete:n Täter:in verstanden werden, die bereits aus dem bloßen Aufeinandertreffen des Opfers mit der inhaftierten Person resultieren kann. Die Formulierungen „schädlicher Einfluss" und „Beeinflussung in schädlicher Weise" sind sehr vage, da bereits die Begegnung des Opfers mit dem bzw. der Täter:in (re-)traumatisierend wirken kann und es daher dem Wortsinn nach gerade nicht auf eine Beeinflussung ankommt.

Bezüglich der Anforderungen an die Gründe für eine Versagung des Besuchs durch Straftatopfer ist der Wortlaut der Vorschriften wenig konkret. In den dem ME folgenden Ländern wie auch in Berlin und Mecklenburg-Vorpommern wird allein darauf abgestellt, dass ein schädlicher Einfluss bzw. eine Beeinflussung in schädlicher Weise „zu befürchten ist". Folglich scheint es nach dem Wortlaut der Vorschriften ausreichend, dass eine Gefährdung des Straftatopfers durch den Besuch des bzw. der Gefangenen möglich erscheint. Mithin ist eine abstrakte Gefahr dem Wortlaut nach ausreichend.[21]

Eine bereits angesprochene Besonderheit enthält das Landesrecht von Sachsen. Im Hinblick auf das Besuchsverbot ist die von den Gesetzen der anderen Länder abweichende Regelung des § 27 Nr. 3 SächsStVollzG bemerkenswert, da diese der Anstaltsleitung eine Versagungsmöglichkeit lediglich für minderjährige Personen, die Opfer der Straftat waren, einräumt. Im Gegensatz zu den übrigen Vorschriften beschränkt § 27 Nr. 3 SächsStVollzG damit bereits seinem Wortlaut nach die Möglichkeit der Untersagung des Besuchs des Opfers bei dem oder der Gefangenen auf Straftatopfer, welche noch nicht volljährig sind. Dementsprechend kann die Anstaltsleitung den Besuch volljähriger Straftatopfer in Sachsen zumindest dem Wortlaut nach nicht mit der Begründung ablehnen, dass infolge des Besuchs die Gefahr einer Schädigung des Opfers besteht.

Eine in der Zielrichtung ähnliche Regelung zum Besuchsverbot wie das sächsische Recht enthält das Gesetz des Landes Schleswig-Holstein mit § 43 Abs. 2 S. 1

[21] Ebenfalls kritisch hinsichtlich des weiten Wortlauts von § 30 Nr. 3 StVollzG Bln *Gerhold*, in: BeckOK StVollzR Bln, 11. Ed. Stand: 01.12.2021, StVollzG Bln § 30 Rn. 7; zu § 34 Rn. 7 JVollzGB I LSA *Gerhold*, in: BeckOK StVollzR LSA, 14. Ed. Stand: 01.04.2022, JVollzGB I LSA § 34 Rn. 7; zur restriktiven Auslegung des Untersagungsgrundes der Gefährdung von Sicherheit und Ordnung, wonach eine konkrete, unmittelbare Gefahr gefordert wird, siehe *Knauer*, in: AK-StVollzG, 8. Aufl. 2022, Teil II, § 27 LandesR Rn. 4 m. w. N.; siehe speziell zur Beschränkung von Besuchen durch Trennscheiben beim Fehlen einer gesetzlichen Regelung BVerfG NJW 1994, 1401 (1401 f.); zum Maßregelvollzug siehe BVerfG, Beschl. v. 12.03.2018 – 2 BvR 2219/06 – zitiert nach juris Rn. 14 f.

LStVollzG SH. Soweit gewichtige Anhaltspunkte dafür bestehen, dass durch einen Besuch bei dem oder der Gefangenen das Wohl eines Kindes oder eines Jugendlichen gefährdet wird, informiert die Anstaltsleitung danach das zuständige Jugendamt und regt an, über das Familiengericht ein Kontaktverbot zu erwirken. Diese Vorgehensweise gilt nach § 43 Abs. 2 S. 1 LStVollzG SH insbesondere dann, wenn das Kind oder der bzw. die Jugendliche Verletzte:r einer Straftat des oder der Gefangenen war. Aus dem Wortlaut des § 43 Abs. 2 S. 1 LStVollzG SH ergibt sich kein Erfordernis eines Zusammenhangs mit der Straftat, die der aktuellen Inhaftierung des bzw. der Gefangenen zugrunde liegt. Mithin werden alle minderjährigen Opfer der Gefangenen erfasst.

Im Strafvollzugsgesetz des Landes Schleswig-Holstein fand sich bis Dezember 2021 in § 43 Abs. 2 LStVollzG SH, aber auch in den anderen opferbezogenen Regelungen der Begriff „Geschädigte“ statt Opfer oder Verletzte:r. Mit Wirkung zum 01.01.2022 wurde eine begriffliche Anpassung des gesamten Gesetzestextes dahingehend vorgenommen, dass der Begriff „Geschädigte“ durch die Begriffe „Verletzter“ bzw. „Verletzte“ ersetzt wurde.[22] Allerdings war bereits vor dieser begrifflichen Konkretisierung insbesondere der Vorschrift des § 43 Abs 2 S. 1 LStVollzG SH zu entnehmen, dass die betreffende Person Geschädigte:r einer Straftat des bzw. der Gefangenen sein muss. Demzufolge war bereits der Begriff des bzw. der Geschädigten mit dem hier vertretenen strafvollzugsrechtlichen Opferbegriff deckungsgleich. Änderung haben sich daher durch die begriffliche Überarbeitung des Gesetzestextes nicht ergeben.

Weiterhin kann die Anstaltsleitung Besuche durch minderjährige Straftatopfer nach dem Landesrecht von Schleswig-Holstein gemäß § 43 Abs. 2 S. 2 LStVollzG SH nur dann untersagen, wenn eine gerichtliche Entscheidung über ein Kontaktverbot nicht rechtzeitig erlangt werden kann. Zuvor ist eine Zusammenarbeit mit dem zuständigen Jugendamt notwendig, das eine entsprechende Entscheidung des Familiengerichts anregen soll.

Wegen des Wortes „insbesondere“ in § 43 Abs. 2 S. 1 LStVollzG SH ist das gleiche Vorgehen bei allen minderjährigen Besucher:innen möglich, wenn gewichtige Anhaltspunkte für eine Kindeswohlgefährdung bestehen. Daher ist die Regelung nicht auf minderjährige Straftatopfer beschränkt, wenngleich diese als ein Beispiel für die Möglichkeit einer Kindeswohlgefährdung ausdrücklich genannt werden.

Zudem ist mit Blick auf alle vorgenannten Vorschriften zur Untersagung des Besuchs zu beachten, dass die Regelungen als Ermessensvorschrift ausgestaltet wurden („kann untersagt werden“) und die Anstaltsleitung ihre Entscheidung

[22] Vgl. Landtag Schleswig-Holstein Drs. 19/2381, S. 269.

daher nach pflichtgemäßem Ermessen zu treffen hat. Der Besuch von Straftatopfern bei Gefangenen ist daher nicht in jedem Fall ausgeschlossen.

Hinsichtlich der Regelung des § 30 Nr. 3 StVollzG Bln ist noch anzumerken, dass die Entscheidungskompetenz für eine Untersagung des Besuchs nicht auf die Anstaltsleitung beschränkt ist. Zumindest nach dem Wortlaut des § 30 Nr. 3 StVollzG Bln können auch andere Personen innerhalb der JVA die Entscheidung über die Zulassung von Besuchen durch das Straftatopfer treffen.

14.2.2.2 Einzelregelungen zum Schriftwechsel

Mit Blick auf die Vorschriften, die eine Untersagungsmöglichkeit hinsichtlich des Schriftwechsels zwischen den Gefangenen und den Straftatopfern enthalten, ergibt sich ein ähnliches Bild wie bei den Regelungen zum Besuch.

Die Vorschriften der Landesgesetze von Brandenburg, Bremen, Rheinland-Pfalz, Saarland, Sachsen-Anhalt und Thüringen zur Untersagung des Schriftwechsels haben auch hier den Wortlaut des § 32 Nr. 3 ME LStVollzG übernommen bzw. beziehen zusätzlich die im Haftbefehl benannten Opfer in den Anwendungsbereich mit ein.[23]

Die Vorschriften der Länder Berlin und Mecklenburg-Vorpommern weichen hinsichtlich des Wortlauts ebenso wie bereits bei den Regelungen zum Besuch vom ME LStVollzG ab.[24] Zudem gilt § 32 Nr. 3 SächsStVollzG wie bereits die sächsische Vorschrift zur Untersagung des Besuchs nur für minderjährige Opfer. Mit § 48 LStVollzG SH enthält das Landesgesetz aus Schleswig-Holstein ebenfalls eine Regelung zur Untersagung des Schriftverkehrs, die in Absatz 2 direkt auf § 43 Abs. 2 LStVollzG SH und somit auf die opferbezogene Besuchsvorschrift verweist.

Neben Vorschriften zur Untersagung des Schriftwechsels finden sich in § 38 Abs. 1 Nr. 5 StVollzG Bln und § 35 Abs. 1 Nr. 3 SächsStVollzG ferner opferbezogene Regelungen zum Anhalten von Schreiben.

Im Wortlaut der Vorschriften der Länder Brandenburg, Bremen, Rheinland-Pfalz, Saarland, Sachsen-Anhalt und Thüringen, die den Wortlaut von § 32 Nr. 3 ME LStVollzG übernommen haben, kann der Schriftwechsel untersagt werden, wenn „bei Personen, die Opfer der Straftat waren, zu befürchten ist, dass der Schriftwechsel mit den Gefangenen einen schädlichen Einfluss auf sie hat". Diese Versagungsmöglichkeit beim Schriftwechsel entspricht der des Besuchsverbots

---

[23] Wie § 32 Nr. 3 ME LStVollzG: § 32 Nr. 3 BremStVollzG; § 32 Nr. 3 SLStVollzG; unter Einbeziehung der im Haftbefehl genannten Opfer: § 40 Nr. 3 BbgJVollzG; § 39 Nr. 3 LJVollzG RP; § 39 Nr. 3 JVollzGB I LSA; § 40 Nr. 3 ThürJVollzGB;

[24] § 35 Nr. 3 StVollzG Bln; § 32 Nr. 3 StVollzG MV.

nach § 27 Nr. 3 ME LStVollzG. Eine Abweichung ergibt sich lediglich insoweit, als nach § 32 Nr. 3 ME LStVollzG die Befürchtung des schädlichen Einflusses durch den Schriftwechsel bedingt sein muss. Hierbei handelt es sich nur um eine aus der Art des Außenkontaktes resultierende sprachliche Abweichung. Daher gelten die Überlegungen zu den Regelungen zur Untersagung von Besuchen des Opfers für die an § 32 Nr. 3 ME LStVollzG orientierten Regelungen zur opferbezogenen Untersagung von Schriftwechsel entsprechend.

Das Gleiche gilt für § 32 Nr. 3 StVollzG MV, der wie beim Besuch auch beim Schriftwechsel zwar eine etwas andere Formulierung als der ME LStVollzG enthält, ohne dass damit jedoch Unterschiede in der Sache verbunden sein dürften. Hinsichtlich § 35 Nr. 3 StVollzG Bln ist erneut darauf hinzuweisen, dass die negativen Folgen für das Opfer sich dem Wortlaut nach bereits direkt aus dem Schriftwechsel ergeben können und nicht erst aus dem Inhalt oder der Ausgestaltung des Schriftverkehrs. Insofern kann auf die Ausführungen zur Untersagung des Besuchs nach § 30 Nr. 3 StVollzG Bln verwiesen werden.[25] Mit Blick auf § 32 Nr. 3 SächsStVollzG kann schließlich ebenfalls festgestellt werden, dass beim Schriftwechsel wie beim Besuch nach dem Wortlaut nur der Kontakt der Gefangenen zu minderjährigen Straftatopfern beschränkt werden kann.

Mit Blick auf die Untersagung des Schriftverkehrs zwischen den Gefangenen und Opfern ihrer Straftaten weist § 48 LStVollzG SH im Vergleich zu den übrigen Landesgesetzen mehrere Besonderheiten auf. Zum einen kann die Anstaltsleitung den Schriftwechsel zwischen Gefangenen und Verletzten gemäß § 48 Abs. 1 Nr. 3 LStVollzG SH versagen, wenn dies von dem oder der Verletzten beantragt wurde.[26] Zum anderen finden über den Verweis in § 48 Abs. 2 LStVollzG SH die oben bereits vorgestellten Regelungen zum Besuch gemäß § 43 Abs. 2 LStVollzG SH entsprechend Anwendung. Danach kann die Anstaltsleitung auch den Schriftverkehr unabhängig von einem Antrag des bzw. der minderjährigen Verletzten vorübergehend untersagen, wenn konkrete Anhaltspunkte für eine Kindeswohlgefährdung vorliegen und eine gerichtliche Entscheidung nicht rechtzeitig erfolgen kann. Für Einzelheiten kann auf die Ausführungen zu § 43 Abs. 2 LStVollzG SH verwiesen werden.[27]

Einer näheren Erörterung bedürfen vor allem die eingangs erwähnten Vorschriften zum Schriftwechsel in den Landesgesetzen von Berlin und Sachsen, die

[25] Oben im Abschnitt 14.2.2.1.

[26] Eine vergleichbare Regelung findet sich allenfalls noch in § 25 Nr. 3 StVollzG NRW in Form einer Widerspruchslösung hinsichtlich der Kontaktaufnahme durch den Gefangenen; siehe hierzu sogleich im Abschnitt 14.2.2.6.

[27] Siehe zu § 43 Abs. 2 LStVollzG SH die Ausführungen zum Besuch oben im Abschnitt 14.2.2.1.

beim Besuch keine Entsprechung haben. Nach § 38 Abs. 1 Nr. 5 StVollzG Bln können Schreiben angehalten werden, wenn zu befürchten ist, dass der Schriftwechsel mit den Gefangenen den Personen, die Verletzte der Straftat waren, schadet. In § 35 Abs. 1 Nr. 3 SächsStVollzG ist geregelt, dass der bzw. die Anstaltsleiter:in Schreiben anhalten kann, wenn sie an Opfer der Straftaten gerichtet sind. Gemein ist beiden Regelungen, dass sie der Anstalt die Möglichkeit eröffnen, Schreiben ganz unabhängig von einer Untersagung des Schriftverkehrs zwischen Gefangenen und Opfern anzuhalten. Unterschiede zwischen beiden Vorschriften bestehen hinsichtlich der Frage, ob Schreiben in beide Richtungen angehalten werden dürfen oder nur in eine Richtung. Da § 38 Abs. 1 und 2 StVollzG Bln zwischen „Schreiben" allgemein (Abs. 1) und „[a]usgehenden Schreiben" (Abs. 2) unterscheidet, gilt § 38 Abs. 1 Nr. 5 StVollzG Bln sowohl für eingehende als auch für ausgehende Schreiben. Zwar unterscheidet auch § 35 SächsStVollzG in den Absätzen 1 und 2 grundsätzlich in gleicher Weise. Jedoch können gemäß § 35 Abs. 1 Nr. 3 SächsStVollzG nur Schreiben angehalten werden, die an das Straftatopfer adressiert sind. Folglich ist die sächsische Regelung ihrem Wortlaut nach enger als ihr Pendant im StVollzG Bln.

Insgesamt ergibt sich damit auf der Grundlage der meisten Landesgesetze die Möglichkeit, den Schriftverkehr zwischen Gefangenen und Opfern zu untersagen. Allein in Sachsen und Schleswig-Holstein ist die Untersagungsmöglichkeit auf minderjährige Opfer beschränkt. Darüber hinaus können in Berlin einzelne ein- und ausgehende Schreiben zwischen Gefangenen und Opfern auch ohne eine generelle Untersagung des ganzen Schriftwechsels angehalten werden. Aus dem Wortlaut der ähnlichen sächsischen Regelung ergibt sich demgegenüber, dass nur an das Opfer adressierte Schreiben angehalten werden können.

14.2.2.3 Einzelregelungen zu Telefongesprächen

Neben den Vorschriften zur Untersagung von Besuchen und Schriftwechsel enthalten nur das nordrhein-westfälische und das sächsische Strafvollzugsgesetz ausdrückliche opferbezogene Regelungen zu Telefongesprächen.[28] Da § 25 StVollzG NRW sogleich im Zusammenhang mit § 33 HStVollzG näher untersucht wird[29], beschränken sich die nachfolgenden Ausführungen auf § 30 Abs. 1 S. 3 SächsStVollzG. In einigen anderen Landesgesetzen ist eine entsprechende Anwendung der Besuchsvorschriften vorgesehen[30]. Umfang und Arten

[28] § 25 Nr. 3 StVollzG NRW; § 30 Abs. 1 S. 3 SächsStVollzG.

[29] Sogleich unten im Abschnitt 14.2.2.6.

[30] § 33 Abs. 1 S. 2 StVollzG Bln; § 38 Abs. 1 S. 2 BbgJVollzG; § 30 Abs. 1 S. 3 BremStVollzG; § 30 Abs. 1 S. 2 StVollzG MV; § 37 Abs. 1 S. 2 LJVollzG RP; § 30 Abs. 1 S. 2

dieser Verweisungen werden sogleich im Rahmen der systematischen Auslegung näher betrachtet werden.[31]

Nach § 30 Abs. 1 S. 3 SächsStVollzG können Telefongespräche mit Personen, die Opfer der Straftaten waren, versagt werden. Bemerkenswert ist, dass § 30 Abs. 1 S. 3 SächsStVollzG zumindest dem Wortlaut nach als Voraussetzung für die Versagung von Telefongesprächen anders als bei Besuchen und Schriftwechsel keine Befürchtung eines schädlichen Einflusses des Kontakts zwischen Gefangenen und Opfern verlangt. Daher scheint es auf den ersten Blick so, als würden an die Versagung von Telefonaten mit dem Straftatopfer dem Wortlaut nach geringere Anforderungen gestellt als an die Untersagung von Besuchen und Schriftwechsel. Allerdings ist der Vollständigkeit halber darauf hinzuweisen, dass den Gefangenen gemäß § 30 Abs. 1 S. 1 SächsStVollzG Telefongespräche lediglich gestattet werden können, der Anstalt also ein entsprechendes Ermessen eingeräumt wird. Demgegenüber haben Gefangene bei Besuchen und beim Schriftwechsel einen Anspruch auf eine Gewährung dieser Außenkontakte.[32] Folglich sind an Beschränkungen des Besuchsrechts und des Rechts auf Schriftverkehr grundsätzlich höhere Anforderungen zu stellen als an die Einschränkung von Telefongesprächen.

14.2.2.4 Einzelregelungen zu anderen Formen der Telekommunikation

Einige Landesgesetze enthalten eine Vorschrift zu anderen Formen der Telekommunikation.[33] Eine solche Vorschrift war im StVollzG Bund noch nicht vorhanden und wurde im ME LStVollzG mit § 36 vorgeschlagen. In keinem dieser Gesetze ist eine opferbezogene Regelung innerhalb dieser Vorschrift enthalten. Jedoch ist in einigen Vorschriften allgemein eine entsprechende Anwendung der

SLStVollzG; § 37 Abs. 1 S. 2 JVollzGB I LSA; § 46 Abs. 2 S. 2 LStVollzG SH; § 38 Abs. 1 S. 2 ThürJVollzGB.

[31] Hierzu sogleich im Abschnitt 14.4.2.3.

[32] Vgl. nur mit Blick auf das SächsStVollzG § 26 Abs. 1 S. 1 und § 31 Abs. 1; weiterführend *Knauer*, in: AK-StVollzG, 8. Aufl. 2022, Teil II, § 25 LandesR Rn. 3, § 26 LandesR Rn. 2 und § 31 LandesR Rn. 1.

[33] § 40 StVollzG Bln; § 44 BbgJVollzG; § 36 BremStVollzG; § 32 Abs. 2 HmbStVollzG; § 36 StVollzG MV; § 33 Abs. 3 NJVollzG; § 27 StVollzG NRW; § 43 LJVollzG RP, § 36 SLStVollzG; § 36 SächsStVollzG; § 43 JVollzGB I LSA; § 52 LStVollzG SH; § 44 ThürJVollzGB; vgl. auch § 36 Abs. 2 HStVollzG.

Vorschriften des Abschnitts über Außenkontakte[34] oder in Abhängigkeit von der Art der Kommunikation eine entsprechende Anwendung der Vorschriften über den Schriftwechsel, den Besuch und über Telefongespräche vorgesehen.[35] Für jene Landesgesetze, die in den Vorschriften zu den Außenkontakten auch opferbezogene Regelungen enthalten, kommt eine entsprechende Anwendung dieser Regelungen daher auch auf die anderen Formen der Telekommunikation in Betracht. Da diesbezüglich ebenso wie soeben mit Blick auf die Vorschriften zu Telefongesprächen die systematische Auslegung dieser Vorschriften angesprochen ist, muss die nähere Betrachtung in diesem Zusammenhang erfolgen.[36]

14.2.2.5 Einzelregelungen zum Paketversand

Das sächsische Strafvollzugsgesetz enthält als einziges Landesstrafvollzugsgesetz eine ausdrücklich opferbezogene Regelung zum Paketversand.[37] Nach § 37 Abs. 5 S. 3 SächsStVollzG kann der Versand von Paketen unter anderem untersagt werden, wenn ein schädlicher Einfluss auf Opfer der Straftaten zu befürchten wäre. In dieser Vorschrift wird also wieder eine mögliche Schädigung des Straftatopfers als eine Voraussetzung für die Untersagung des Kontakts zwischen Gefangenen und Opfern gefordert. Insofern sind an die Versagung des Paketversands zwischen Gefangenen und Opfern dem Wortlaut nach die gleichen Anforderungen zu stellen, wie an die Untersagung von Besuchen und Schriftverkehr.[38]

Sofern die übrigen Landesgesetze eine Vorschrift zu Paketen enthalten, fehlt es weitestgehend an Regelungen, welche auf andere opferbezogene Vorschriften zu den Außenkontakten verweisen oder diese für entsprechend anwendbar erklären. Lediglich das Gesetz des Landes Berlin erklärt in § 41 Abs. 5 S. 3 StVollzG Bln die Vorschrift des § 35 StVollzG Bln und somit den dortigen opferbezogenen Untersagungsgrund zum Schriftverkehr für entsprechend anwendbar.

---

[34] § 44 S. 2 BbgJVollzG; § 36 S. 2 BremStVollzG; § 32 Abs. 2 S. 2 HmbStVollzG; § 36 S. 2 StVollzG MV; § 43 S. 2 LJVollzG RP, § 36 S. 2 SLStVollzG; § 36 S. 2 SächsStVollzG; § 52 Abs. 2 S. 2 LStVollzG SH i. V. m. § 43 LStVollzG SH; § 44 S. 2 ThürJVollzGB.

[35] § 40 S. 2 StVollzG Bln; § 27 S. 2 StVollzG NRW; vgl. auch § 33 Abs. 3 S. 3 NJVollzG; in Sachsen-Anhalt ist keine Verweisung auf andere Vorschriften ersichtlich, vgl. § 43 JVollzGB I LSA.

[36] Hierzu sogleich im Abschnitt 14.4.2.4.

[37] § 37 Abs. 5 S. 3 SächsStVollzG.

[38] Zum Erfordernis des Zusammenhangs zwischen Inhaftierung und Opferschaft bei § 37 Abs. 5 S. 3 SächsStVollzG zudem *Straßer*, in: BeckOK StVollzR Sachsen, 18. Ed. Stand: 01.03.2022, SächsStVollzG § 37 Rn. 58.

14.2.2.6 Allgemeine Regelungen in Hessen und Nordrhein-Westfalen

In Hessen und Nordrhein-Westfalen wird die Untersagung von Außenkontakten in allgemeinen Bestimmungen geregelt, die für mehrere Außenkontakte gelten.

Nach § 33 Abs. 2 Nr. 3 HStVollzG besteht für die Anstaltsleitung die Möglichkeit zur Untersagung des Kontakts „zu Opfern der Straftat, wenn zu befürchten ist, dass der Kontakt schädliche Auswirkungen auf diese hat oder wenn eine Untersagung eines Kontakts sonst aus Gründen des Opferschutzes geboten erscheint". Diese opferbezogene Untersagungsmöglichkeit besteht für die Anstaltsleitung „im Einzelfall", weshalb sich bereits aus dem Wortlaut eine Einzelfallbetrachtung ergibt. Weiterhin wurde die Regelung des § 33 Abs. 2 HStVollzG als „Kann-Vorschrift" ausgestaltet, wodurch der Anstaltsleitung bei ihrer Entscheidung über die Untersagung von Kontakten Ermessen zukommt.

Gemäß § 25 Nr. 3 StVollzG NRW können Besuche, Schriftwechsel und Telefongespräche untersagt oder beschränkt werden, wenn im Einzelfall „die Gefangenen mit Opfern von Straftaten der Gefangenen in Verbindung treten wollen und durch den Kontakt nachteilige Auswirkungen auf die Opfer oder gefährdete Dritte zu befürchten sind oder diese einer Kontaktaufnahme widersprochen haben". Bei § 25 Nr. 5 StVollzG NRW handelt es sich ebenfalls zum eine Entscheidung „im Einzelfall", welche im Ermessen der Anstaltsleitung steht („können untersagt oder beschränkt werden").

Mit Blick auf die in den beiden Vorschriften geforderte Befürchtung schädlicher (§ 33 Abs. 2 Nr. 3 HStVollzG) bzw. nachteiliger (§ 25 Nr. 3 StVollzG NRW) Auswirkungen für das Opfer kann auf die Ausführungen zum Merkmal des „schädlichen Einflusses" im Zusammenhang mit der Untersagung von Besuchen verwiesen werden.[39] Für die Wortlautauslegung ergeben sich für die allgemeinen Regelungen zur Untersagung von Außenkotakten des HStVollzG und des StVollzG NRW diesbezüglich keine Abweichungen.

Im Übrigen entspricht der Wortlaut von § 33 Abs. 2 Nr. 3 Alt. 1 HStVollzG in weiten Teilen dem von § 27 ME LStVollzG. Lediglich das im ME LStVollzG verwendete Wort „Besuch" wurde im hessischen Gesetz durch den Begriff „Kontakt" ersetzt. Da in § 33 Abs. 1 S. 1 HStVollzG normiert wurde, dass die Gefangenen im Rahmen der Vorschriften über die Außenkontakte das Recht haben, mit Personen außerhalb der Anstalt zu verkehren, können mit dem Begriff „Kontakt" aber richtigerweise nur Außenkontakte gemeint sein.

---

[39] Oben im Abschnitt 14.2.2.1.

Neben der Untersagung der Außenkontakte bei einer befürchteten schädlichen Auswirkung auf das konkrete Opfer ist nach § 33 Abs. 2 Nr. 3 Alt. 2 HStVollzG eine Untersagung eines Kontakts auch dann möglich, wenn dies „sonst aus Gründen des Opferschutzes geboten erscheint". Insofern wird der Opferschutz besonders betont, wobei sich aus dem Wortlaut nicht ergibt, ob damit nur der Schutz tatsächlicher Opfer gemeint ist. Aus dem Wortlaut des § 33 Abs. 2 Nr. 3 Alt. 2 HStVollzG ist weiterhin ersichtlich, dass die Untersagung „eines Kontakts" aus Opferschutzgründen möglich ist. Hieraus ergibt sich der Schluss, dass mit „ein Kontakt" andere Außenkontakte der Gefangenen gemeint sind, da die erste Alternative des Untersagungsgrundes sich ausdrücklich auf den Kontakt zwischen den Gefangenen und den Opfern bezieht. Diesbezüglich ist fraglich, inwiefern der Opferschutz eine Untersagung von Außenkontakten der Gefangenen zu anderen Personen als den Straftatopfern gebietet. Dieser Frage wird insbesondere in der historischen Auslegung unter Einbeziehung der Gesetzesbegründung zu § 33 Abs. 2 Nr. 3 HStVollzG weiter nachgegangen.

Mit Blick auf § 25 Nr. 3 StVollzG NRW sind gleich mehrere Gesichtspunkte bemerkenswert. Zunächst liegt wie nach den entsprechenden Vorschriften des Berliner Strafvollzugsgesetzes[40] die Entscheidungskompetenz über die Einschränkung von Kontakten zwischen Gefangenen und Opfern gemäß § 25 StVollzG NRW nicht allein bei der Anstaltsleitung. Weiterhin können nach dem Wortlaut der Vorschrift die genannten Kontaktarten zwischen Gefangenen und Opfern ausdrücklich nicht nur gänzlich untersagt, sondern auch bloß beschränkt werden.

Schließlich enthält § 25 Nr. 3 StVollzG NRW eine Einschränkungsmöglichkeit für Kontakte zwischen Gefangenen und Opfern auch in Fällen, in denen dieser Kontakt nachteilige Auswirkungen auf gefährdete Dritte haben könnte. Nach dem Wortlaut der Norm ist daher bereits ersichtlich, dass sie neben Straftatopfern auch Dritte schützen soll. Hinsichtlich des Schutzes gefährdeter Dritter ist wegen des Wortlauts von § 25 Nr. 3 StVollzG NRW zu beachten, dass nicht der Kontakt zwischen dem bzw. der Gefangenen und dem bzw. der gefährdeten Dritten untersagt oder beschränkt werden kann. Vielmehr kann nur der Kontakt zwischen Gefangenen und Opfern untersagt oder beschränkt werden, wenn „die Gefangenen mit den Opfern ihrer Straftaten in Verbindung treten wollen und durch den Kontakt nachteilige Auswirkungen auf die Opfer oder gefährdete Dritte zu befürchten sind oder diese einer Kontaktaufnahme widersprochen haben", § 25 Nr. 3 StVollzG NRW.

---

[40] §§ 30 Nr. 3, 35 Nr. 3, 38 Abs. 1 Nr. 5 StVollzG Bln.

Mithin können Außenkontakte gemäß § 25 Nr. 3 StVollzG NRW a.E. auch dann beschränkt werden, wenn der Kontaktaufnahme widersprochen wurde. Eine solche Widerspruchsmöglichkeit ist zumindest dem Wortlaut nach in keiner anderen Vorschrift dieses Themenkreises enthalten. Mit Blick auf den Widerspruch hinsichtlich des Kontakts wird jedoch aus dem Wortlaut nicht klar, ob nur das Straftatopfer der Kontaktaufnahme widersprechen kann oder auch der bzw. die gefährdete Dritte. Fraglich ist nämlich, auf welche Personen sich das Wort „diese" bezieht. Möglich erscheint, dass sich „diese" entweder nur auf das Straftatopfer bezieht oder auch auf die gefährdeten Dritten.

Zur Beantwortung dieser Frage kann zunächst festgehalten werden, dass die Kontaktaufnahme, die gemäß § 25 Nr. 3 StVollzG NRW untersagt oder beschränkt werden kann, von dem oder der Gefangenen ausgehen muss („wenn … die Gefangenen mit Opfern von Straftaten der Gefangenen in Verbindung treten wollen"). Weiterhin müssen durch den Kontakt nachteilige Auswirkungen auf die Opfer oder gefährdete Dritte zu befürchten sein oder diese einer Kontaktaufnahme widersprochen haben. Da mit Blick auf die Widerspruchsmöglichkeit nicht erneut zwischen Opfern und gefährdeten Dritten differenziert wird, spricht die Wortlautauslegung dafür, dass neben dem Straftatopfer auch gefährdete Dritte zum Widerspruch berechtigt sind.

Dieses Ergebnis erscheint nun deswegen problematisch, weil sich der Widerspruch nicht auf den Kontakt zwischen den Gefangenen und den gefährdeten Dritten bezieht. § 25 Nr. 3 StVollzG NRW regelt, wie gezeigt, eben nicht die Untersagung und Beschränkung des Kontakts zwischen Gefangenen und gefährdeten Dritten, sondern bezieht sich nur auf Kontakte zwischen den Gefangenen und den Opfern ihrer Straftat.

Aus dem Wortlaut des § 25 Nr. 3 StVollzG NRW ergibt sich weiterhin, dass entweder nachteilige Auswirkungen für Opfer bzw. gefährdete Dritte oder ein Widerspruch hinsichtlich der Kontaktaufnahme Voraussetzung für eine Kontaktbeschränkung bzw. ein Kontaktverbot ist. Eine strikt am Wortlaut orientierte Auslegung könnte daher zu einer Beschränkung der allgemeinen Handlungsfreiheit des Straftatopfers aus Art. 2 Abs. 1 GG führen, wenn auf der Grundlage des Widerspruchs eines bzw. einer gefährdeten Dritten der Kontakt zwischen dem bzw. der Gefangenen und dem Straftatopfer unterbunden werden kann, ohne dass dieser Kontakt für das Straftatopfer nachteilig wäre oder es selbst der Kontaktaufnahme widersprochen hätte. Zwar handelt es sich bei § 25 Nr. 3 StVollzG NRW ebenso wie bei den übrigen landesrechtlichen Regelungen zur Beschränkung der Außenkontakte um eine Ermessensvorschrift. Allerdings würde der Interessenabwägung bei der Entscheidung über ein Kontaktverbot zwischen Gefangenen und

Opfern durch die Widerspruchsmöglichkeit Dritter ein weiteres Abwägungskriterium hinzugefügt, das weder in der Sphäre des bzw. der konkrete:n Gefangenen noch in der Sphäre des Opfers liegt. Möglicherweise bedarf es daher einer teleologischen Einschränkung dieser Variante von § 25 Nr. 3 StVollzG NRW. Diese Frage wird im Zusammenhang mit der teleologischen Auslegung zu untersuchen sein.[41]

14.3 Historische Auslegung

14.3.1 Vorüberlegungen zur historischen Auslegung

Der historischen Auslegung opferbezogener Vorschriften zu den Außenkontakten ist zunächst vorauszuschicken, dass das StVollzG Bund vergleichbare Vorschriften zu einer Berücksichtigung von Opferinteressen bei Außenkontakten nicht enthielt. Zwar kannte bereits das Bundesgesetz Regelungen etwa zu Besuchsverboten (§ 25), zur Untersagung des Schriftwechsels (§ 28 Abs. 2) und zum Anhalten von Schreiben (§ 31). Jedoch konnten Besuche gemäß § 25 StVollzG Bund nur untersagt werden, wenn sie entweder die Sicherheit und Ordnung der Anstalt gefährdeten (Nr. 1) oder ein schädlicher Einfluss für die Gefangenen durch die Besucher:innen zu erwarten war, wobei Angehörige der Gefangenen diesbezüglich privilegiert wurden (Nr. 2). Hinsichtlich der Untersagung des Schriftverkehrs enthielt § 28 Abs. 2 StVollzG Bund gleichlautende Voraussetzungen. Durch den Verweis in § 32 S. 2 StVollzG Bund galten die Untersagungsmöglichkeiten für Besuche auch für Telefongespräche sinngemäß. Auch in § 31 StVollzG Bund war zum Anhalten von Schreiben keine opferorientierte Variante enthalten. Damit fand sich im Bundesstrafvollzugsgesetz in den Regelungen zu den Außenkontakten insgesamt keine Vorschrift, die ausdrücklich die Interessen des Opfers zum Anlass für irgendeine Begrenzung der Rechte der Gefangenen genommen hätte. Gleichwohl hatte das OLG Nürnberg bereits im Jahr 1998 ungeachtet des fehlenden Wortlautbezugs auf der Grundlage von § 25 Nr. 1 und Nr. 2 StVollzG Bund die Möglichkeit eines Besuchsverbots bei einem minderjährigen Straftatopfer angenommen.[42]

---

[41] Hierzu sogleich im Abschnitt 14.5.2.1.2.

[42] Vgl. OLG Nürnberg NStZ 1999, 376; ausführlich zu dieser Entscheidung unten im Abschnitt 14.4.1.2.

14.3.2 Regelungen zu den einzelnen Außenkontakten

In den Gesetzesbegründungen finden sich wenige bis keine Ausführungen zu den meisten Möglichkeiten einer Untersagung bzw. Beschränkung der Außenkontakte zwischen Gefangenen und Opfern. Allenfalls zu den Besuchsvorschriften lassen sich etwas ausführlichere Ausführungen finden.

Mit Blick auf die landesrechtlichen Regelungen zu den Außenkontakten mit Opferbezug ist zunächst auffällig, dass mehrere Gesetzesbegründungen hinsichtlich der Beschränkung des Kontakts zwischen Gefangenen und Straftatopfern auf Nr. 24.2 der Europäischen Strafvollzugsgrundsätze (EPR) verweisen.[43] Dieser Bezug war bereits in der Begründung zu § 27 ME LStVollzG enthalten[44], auf den sich einige landesgesetzliche Regelungen zurückführen lassen. Nach Nr. 24.2 EPR können Besuche und sonstige Kontakte der Gefangenen unter anderem dann eingeschränkt und überwacht werden, wenn dies zum Schutz der Opfer von Straftaten erforderlich ist. Die Berücksichtigung von Opferschutzinteressen in den Regelungen zu den Außenkontakten stimmt daher insofern mit Nr. 24.2 EPR überein, als nach den entsprechenden landesrechtlichen Vorschriften Besuche und sonstige Kontakte versagt werden können, wenn eine Beeinträchtigung des Straftatopfers möglich erscheint. Allerdings sieht Nr. 24.2 EPR lediglich eine Einschränkung und Überwachung dieser Kontakte vor und gerade keine vollständige Untersagung. Die meisten Landesgesetze sehen eine Entscheidung über die Untersagung des Kontakts nach pflichtgemäßem Ermessen vor, so dass zumindest kein generelles Kontaktverbot zwischen Gefangenen und Opfern besteht. Gleichwohl enthalten die meisten Regelungen, wie gezeigt, nur die Möglichkeit einer vollständigen Versagung des Kontakts, jedoch keine Beschränkung oder Überwachung. Lediglich § 25 StVollzG NRW sieht neben der Untersagung des Kontakts auch die Möglichkeit einer Beschränkung vor. Die übrigen Vorschriften sind von den Landesgesetzgebern hingegen enger ausgestaltet worden als durch Nr. 24.2 EPR vorgeschlagen.

---

[43] Vgl. Abgeordnetenhaus Berlin Drs. 17/2442, S. 216 f.; Landtag Brandenburg Drs. 5/6437, Begründung S. 44; Bremische Bürgerschaft Drs. 18/1475, S. 57; Landtag Mecklenburg-Vorpommern Drs. 6/1337, S. 89; Landtag Rheinland-Pfalz Drs. 16/1910, S. 129; Landtag des Saarlandes Drs. 15/386, S. 86; Landtag Sachsen Drs. 5/10920, S. 107; Landtag Sachsen-Anhalt Drs. 6/3799, S. 184; Landtag Thüringen Drs. 5/6700, S. 105; ähnlich auch Landtag Hessen Drs. 18/6068, S. 80, wobei das hessische Gesetz erst 2013 entsprechend geändert wurde, vgl. a. a. O. S. 39; siehe auch *Goers*, in: BeckOK BbgStVollzR, 17. Ed. Stand: 01.11.2021, BbgJVollzG § 35 Rn. 16.

[44] Begründung zum ME LStVollzG, S. 97.

Nach den Gesetzesbegründungen der am ME LStVollzG orientierten Landesvorschriften[45] soll die Anstaltsleitung durch die Prüfung der Zulassung von Straftatopfern als Besucher:innen diese vor psychischen Beeinträchtigungen schützen, die durch das Zusammentreffen mit den Gefangenen drohen könnten.[46] Opfer, welche die Wirkung einer Begegnung mit dem bzw. der Gefangenen nicht einschätzen können und infolge dessen psychische Schäden erleiden könnten, sollen durch die Untersagungsmöglichkeit seitens der Anstalt geschützt werden.[47] Somit wird der Schutz von Straftatopfern vor einer sekundären Viktimisierung durch den bzw. die Täter:in innerhalb des Strafvollzugs insgesamt einbezogen. Bereits im Strafprozessrecht trat das kriminalpolitische Motiv des Schutzes von Opfern vor einer Sekundärviktimisierung durch den bzw. die Täter:in besonders in den Vordergrund.[48] Durch die Richtlinie 2012/29/EU (sogenannte Opferschutzrichtlinie) wurde dieses Ziel auch europarechtlich vorgegeben.[49] Wenngleich Strafprozessrecht und Strafvollzugsrecht wegen ihrer unterschiedlichen Ziele voneinander zu trennen sind und der EU keine Richtlinienkompetenz für das Sanktionenrecht zukommt[50], erscheint es nur konsequent, wenn die Landesgesetzgeber diesen Gesichtspunkt auch im Strafvollzugsrecht berücksichtigen. Für einen umfassenden Schutz der Straftatopfer vor einer sekundären Viktimisierung durch den bzw. die konkrete:n Täter:in ist ebenso eine Berücksichtigung dieser Schutzinteressen im Strafvollzugsrecht nötig, da allein durch die Inhaftierung der Gefangenen die Gefahr einer erneuten Beeinträchtigung nicht beseitigt ist. Vor allem bei Außenkontakten zwischen Gefangenen und Opfern kann sich eine entsprechende Gefährdung des Straftatopfers ergeben.

---

[45] Vorschriften aus Brandenburg, Bremen, Rheinland-Pfalz, Saarland, Sachsen, Sachsen-Anhalt und Thüringen.

[46] Vgl. Begründung zum ME LStVollzG, S. 97; Landtag Brandenburg Drs. 5/6437, Begründung S. 44; Landtag Bremen Drs. 181475, S. 57; Landtag Rheinland-Pfalz Drs. 16/1910, S. 129; Landtag Saarland Drs. 15/386, S. 86; Landtag Sachsen-Anhalt Drs. 6/3799, S. 184; Landtag Thüringen Drs. 5/6700, S. 105, weitestgehend ebenso auch Landtag Sachsen Drs. 5/10920, S. 107.

[47] Vgl. Begründung zum ME LStVollzG, S. 97; für die Begründungen der Landesgesetze vgl. nur Landtag Brandenburg Drs. 5/6437, Begründung S. 44; in den Materialien zu den übrigen am ME LStVollzG orientierten Landesgesetzen finden sich wortgleiche oder zumindest sprachlich ähnliche Begründungen.

[48] Ausführlich hierzu im Abschnitt 9.2.1.

[49] Hierzu oben im Abschnitt 8.2.2.3.3.

[50] Hierzu oben im Abschnitt 8.2.2.

Mit der Untersagungsmöglichkeit innerhalb der Vorschriften zu den Außenkontakten soll die Anstaltsleitung insbesondere minderjährige Opfer vor schädlichen Einflüssen durch die Gefangenen schützen. In den Gesetzesbegründungen der Länder Brandenburg, Rheinland-Pfalz, Sachsen-Anhalt und Thüringen wird dazu ausgeführt, dass die Entscheidung über ein Besuchsverbot bei minderjährigen Tatopfern unabhängig von dem Willen der Personensorgeberechtigten, der Kenntnis des Jugendamtes oder einem möglichen Verwandtschaftsverhältnis erfolgen kann.[51] Auf diese Weise scheinen die Landesgesetzgeber neben dem allgemeinen Schutz von Opfern vor einer Sekundärviktimisierung gerade auch der besonderen Schutzbedürftigkeit von minderjährigen Straftatopfern Rechnung zu tragen.

Im Zusammenhang mit der Untersagungsmöglichkeit bei minderjährigen Opfern wird in den Gesetzesbegründungen der Länder Brandenburg, Rheinland-Pfalz, Sachsen-Anhalt und Thüringen zusätzlich noch die Untersagungsmöglichkeit für „im Haftbefehl als Opfer benannte Personen" genannt.[52] Weitergehende Ausführungen zu dieser Opfergruppe enthalten die Begründungen jedoch nicht.

Während auf die besondere Schutzwürdigkeit minderjähriger Straftatopfer in den meisten Landesgesetzen lediglich in den Gesetzesbegründungen hingewiesen wird, kann die Anstaltsleitung gemäß § 27 Nr. 3 SächsStVollzG nach dem Wortlaut der Vorschrift nur minderjährigen Opfern Besuche untersagen. Zwar wird in der Gesetzesbegründung zu dieser Vorschrift ebenfalls zwischen volljährigen und minderjährigen Straftatopfern differenziert. Jedoch wird auch in diesem Zusammenhang ausdrücklich erklärt, dass der Anstaltsleitung gegenüber volljährigen Opfern kein Untersagungsrecht zusteht.[53]

Der Begründung zu § 43 Abs. 2 LStVollzG SH zufolge dient die Einschränkung von Besuchen nach dieser Vorschrift dem Schutz des Kindeswohls.[54] Da für die Einschätzung einer Kindeswohlgefährdung regelmäßig vertiefte Kenntnisse der familiären Situation und der betroffenen Kinder bzw. Jugendlichen erforderlich seien, solle eine entsprechende Beurteilung durch das zuständige Jugendamt vorgenommen und wenn nötig eine Einschränkung des Sorgerechts beim Familiengericht erwirkt werden. Eine eigene Entscheidungsbefugnis der Anstaltsleitung bestehe nur, soweit keine rechtzeitige Beurteilung des Jugendamtes und keine

[51] Für die Begründungen der Landesgesetze vgl. nur Landtag Brandenburg Drs. 5/6437, Begründung S. 44.

[52] Landtag Brandenburg Drs. 5/6437, Begründung S. 44; Landtag Rheinland-Pfalz Drs. 16/1910, S. 129; Landtag Sachsen-Anhalt Drs. 6/3799, S. 184; Landtag Thüringen Drs. 5/6700, S. 105.

[53] Vgl. Landtag Sachsen Drs. 5/10920, S. 107.

[54] Landtag Schleswig-Holstein Drs. 18/3153, S. 125.

Entscheidung des Gerichts erreicht werden könnten.[55] Daher dient die Vorschrift nicht allein dem Opferschutz im engeren Sinne, sondern vielmehr dem Schutz von Kindern und Jugendlichen vor einer negativen Beeinträchtigung durch Gefangene. Die Nennung von minderjährigen Opfern in § 43 Abs. 2 LStVollzG SH ist daher lediglich als ein Beispiel für Fälle zu sehen, in denen eine Kindeswohlgefährdung naheliegt.

Für den früher im LStVollzG SH verwendeten Begriff des bzw. der Geschädigten stellte die Gesetzesbegründung indes klar, dass hierunter die Opfer der Straftaten der Gefangenen zu verstehen sind.[56] Die Ersetzung des Geschädigtenbegriffs durch den Verletztenbegriff[57] stellt daher lediglich eine redaktionelle Änderung dar. Nach der Gesetzesbegründung muss es sich bei der betroffenen Person nicht um das Opfer jener Straftat handeln, welche der aktuellen Inhaftierung des bzw. der Gefangenen zugrunde liegt.

Von den oben bei der grammatischen Auslegung vorgestellten Vorschriften zum Schriftwechsel finden sich nur zu § 48 LStVollzG SH bedeutsame Ausführungen in den Gesetzesmaterialien. In der Gesetzesbegründung zu der Untersagung des Schriftwechsels gemäß § 48 LStVollzG SH wird im Gegensatz zur Begründung zu § 43 LStVollzG SH ausdrücklich auf die Interessen des konkreten Opfers abgestellt. Die Möglichkeit des Antrags durch den bzw. die Verletzte:n auf eine Unterbindung des Schriftwechsels soll diese Person vor ungewollten Schreiben des bzw. der Gefangenen bewahren.[58] Folglich wird auf den Schutz des konkreten Straftatopfers vor dem bzw. der konkreten Gefangenen abgestellt, weshalb die Regelung des § 48 Abs. 1 Nr. 3 LStVollzG SH allein auf den Schutz tatsächlicher Opfer ausgerichtet ist. Hieraus folgt, dass für die Auslegung dieser Vorschrift der in dieser Arbeit vertretene enge strafvollzugsrechtliche Opferbegriff[59] zugrunde zu legen ist.

Zu den weiteren Kontaktmöglichkeiten zwischen Gefangenen und Opfern durch Telefongespräche, Pakete und andere Formen der Telekommunikation enthalten die meisten Gesetzesbegründungen keine Ausführungen.

In der Begründung zu der allgemeinen Vorschrift des § 25 Nr. 3 StVollzG NRW wird erläutert, dass die Untersagung und Beschränkung von

---

[55] Landtag Schleswig-Holstein Drs. 18/3153, S. 125.

[56] Allgemein zur Berücksichtigung der Belange von Opfern im LStVollzG SH vgl. Landtag Schleswig-Holstein Drs. 18/3153, S. 88.

[57] Vgl. Landtag Schleswig-Holstein Drs. 19/2381, S. 269.

[58] Landtag Schleswig-Holstein Drs. 18/3153, S. 128.

[59] Zum strafvollzugsrechtlichen Opferbegriff dieser Arbeit oben im Abschnitt 4.2.2.

Kontakten zwischen Gefangenen und Opfern eine Konkretisierung des opferbezogenen Strafvollzugs gemäß § 7 StVollzG NRW ist.[60] Zudem war bereits in den Leitlinien für den Strafvollzug des Landes NRW in der Leitlinie 8 als ein Beispiel für die Berücksichtigung von Opferinteressen die Möglichkeit benannt worden, Gefangene dazu anzuregen, problematische Briefkontakte zu Straftatopfern aufzugeben.[61] Nach der Gesetzesbegründung wird durch die Vorschrift zudem die Autonomie des Straftatopfers betont, da nach § 25 Nr. 3 StVollzG NRW ein Widerspruch des Opfers hinsichtlich des Kontaktwunsches seitens des bzw. der Gefangenen für ein Kontaktverbot oder eine Beschränkung des Kontakts ausreichen soll.[62]

Eine weitere Besonderheit ergibt sich für die allgemeine Regelung zur Untersagung von Außenkontakten des Landes Hessen. In § 33 Abs. 2 Nr. 3 HStVollzG war zunächst wie in den opferbezogenen Untersagungsgründen der vorgenannten Länder die Möglichkeit enthalten, den Kontakt wegen der Befürchtung schädlicher Auswirkungen für das Opfer zu untersagen.[63] Im Jahr 2020 wurde § 33 Abs. 2 Nr. 3 HStVollzG dahingehend ergänzt, dass nunmehr der Kontakt auch dann untersagt werden kann, wenn „dies sonst aus Gründen des Opferschutzes geboten erscheint".[64] Der Gesetzesbegründung ist zu entnehmen, dass durch die Erweiterung des Untersagungsgrundes insbesondere verhindert werden soll, dass Opfer einer Straftat durch die Gefangenen gegenüber Dritten – auch Familienangehörigen von Gefangenen – verunglimpft werden oder die Gefangenen Dritte auffordern, an das Opfer einer Straftat heranzutreten.[65] Weiterhin wird ausgeführt, dass es angemessen erscheine, für den opferbezogenen Untersagungsgrund kein Angehörigenprivileg zuzubilligen, auch wenn dies mit einer Einschränkung des Elternrechts verbunden sein kann.[66] Der hessische Gesetzgeber stellt ferner klar, dass dem Opferschutz bei der Untersagung von Außenkontakten grundsätzlich Vorrang eingeräumt wird und dies aus der Schutzpflicht in Hinblick auf die Menschenwürde des Opfers aus Art. 1 S. 2 GG folgt.[67] Für die Erweiterung des

[60] Landtag Nordrhein-Westfalen Drs. 16/5413, S. 106; siehe auch *Anstötz*, in: BeckOK StVollzR NRW, 16. Ed. Stand: 01.12.2021, § 25 Rn. 4.

[61] *Walter*, Tätigkeitsbericht des Justizvollzugsbeauftragten NRW 2011, 2012, Anhang 3, S. 344.

[62] Landtag Nordrhein-Westfalen Drs. 16/5413, S. 106.

[63] Zum Wortlaut der Regelung bereits oben im Abschnitt 14.2.2.6.

[64] Zweites Gesetz zur Änderung hessischer Vollzugsgesetze vom 12.11.2020, HE GVBl. 2020, S. 778 ff., 783.

[65] Landtag Hessen Drs. 20/2967, S. 46 mit Verweis auf S. 33.

[66] Landtag Hessen Drs. 20/2967, S. 46 mit Verweis auf S. 33.

[67] Landtag Hessen Drs. 20/2967, S. 46 mit Verweis auf S. 33.

opferbezogenen Untersagungsgrundes in Hessen lässt sich daher zunächst festhalten, dass der Gesetzgeber den Schutz von Opfern erweitern wollte. Untersagt werden können nun auch Kontakte zu Dritten, wenn durch diese negative Auswirkungen für das Opfer zu befürchten sind. Insgesamt ist der Anwendungsbereich des § 33 Abs. 2 Nr. 3 HStVollzG unter Berücksichtigung des gesetzgeberischen Willens sehr weit. Im weiteren Verlauf der Untersuchung ist daher vor allem in der teleologischen Auslegung zu § 33 Abs. 2 Nr. 3 HStVollzG zu prüfen, ob der gesetzgeberische Wille zum Vorrang des Opferschutzes insbesondere bei einer Beschränkung des Angehörigenprivilegs und der Elternrechte von Gefangenen mit dem Vollzugsziel der Resozialisierung vereinbar ist. Lobenswert ist zumindest, dass der hessische Gesetzgeber die staatliche Schutzpflicht gegenüber Straftatopfern ausdrücklich als Grund für die Erweiterung des opferbezogenen Untersagungsgrundes nennt.

Bemerkenswert ist schließlich noch, dass das Bayerische Strafvollzugsgesetz zwar keine Regelung zur Beschränkung des Kontakts zwischen Gefangenen und Straftatopfern enthält, in der Begründung zu der allgemeinen Vorschrift zur Opferorientierung gemäß Art. 5a BayStVollzG jedoch durchaus auch auf dieses Thema Bezug genommen wird. Mit Blick auf die Berücksichtigung von Opferbelangen im bayerischen Strafvollzugsrecht wird zunächst allgemein darauf hingewiesen, dass nur nachvollziehbare Opferinteressen Beachtung finden können.[68] Als ein konkretes Beispiel nennt die Gesetzesbegründung anschließend unter anderem die Unterbindung ungewollter Kontaktaufnahmen durch die Gefangenen.[69] Hierunter können ersichtlich insbesondere Außenkontakte zwischen Gefangenen und Opfer verstanden werden. Allerdings scheint der bayerische Gesetzgeber es eben nicht für nötig befunden zu haben, Eingriffsmöglichkeiten in die Rechte der Gefangenen auf Besuch und Schriftverkehr im BayStVollzG durch spezielle Vorschriften zu positiveren.

In den kriminalpolitischen Grundlagen wurde bereits festgestellt, dass die Untersagung von Kontakten zwischen Gefangenen und Opfern seitens der Gesetzgeber als opferschützende Vorschriften eingeordnet werden.[70] Inwiefern die Vorschriften diesem Anspruch gerecht werden, muss jedoch innerhalb der teleologischen Auslegung näher betrachtet werden.

---

[68] Landtag Bayern Drs. 17/21101, S. 34.

[69] Landtag Bayern Drs. 17/21101, S. 34.

[70] Ausführlich hierzu oben im Abschnitt 9.3.3.4.

14.4 Systematische Auslegung

14.4.1 Vorüberlegungen zur systematischen Auslegung

14.4.1.1 Ausgangspunkt für die systematische Auslegung

Der systematischen Auslegung opferbezogener Vorschriften zu den Außenkontakten sind zunächst einige allgemeine Überlegungen vorauszuschicken. Zunächst ist darauf hinzuweisen, dass für die systematische Auslegung neben der Systematik der einzelnen Landesgesetze ebenso die Gesetzessystematik des StVollzG Bund in die Betrachtung einbezogen wird. Da das StVollzG Bund als Vorgänger der Landesgesetze deren Ausgangspunkt darstellt und sich die Landesgesetze mehr oder weniger stark an der Gesetzessystematik des Bundesgesetzes orientiert haben, bildet das StVollzG Bund auch für die hiesigen Überlegungen den ersten Ansatzpunkt der systematischen Auslegung.

Darüber hinaus wird auch auf das Strafprozessrecht Bezug genommen werden. Dies ist aus mehreren Gründen angezeigt. Zunächst fand der Opferbezug in der Strafrechtspflege ab Mitte der 1980er Jahre zunächst vor allem im Strafprozessrecht Berücksichtigung und wird zumindest im Grundsatz als fortschrittliche Entwicklung innerhalb des Strafrechtssystems anerkannt[71] – wenngleich dies Kritik an Einzelregelungen nicht ausschließt. Aus der Einheit der (Straf-) Rechtsordnung folgt daher, dass das opferbezogene Strafvollzugsrecht nicht in einem offenen Gegensatz zum opferbezogenen Strafprozessrecht stehen darf. Andernfalls bestünde die Gefahr, dass die Wirkung opferschützender Regelungen des Strafprozessrechts durch gegenläufige Vollzugsvorschriften reduziert oder gar ins Gegenteil verkehrt werden könnte.

Weiterhin erscheinen zwar auch das Verfassungsrecht und das internationale Recht für eine systematische Auslegung der opferbezogenen Vorschriften zu den Außenkontakten von Bedeutung. Allerdings werden das Verfassungsrecht insgesamt und das internationale Recht in weiten Teilen erst im Rahmen der teleologischen Auslegung berücksichtigt.[72] Damit wird in der vorliegenden Arbeit das Ziel verfolgt, Wiederholungen soweit wie möglich zu vermeiden. Denn sowohl das Verfassungsrecht als auch das internationale Recht sind gerade auch für die teleologische Auslegung von Bedeutung.

Für das Verfassungsrecht ergibt sich dies bereits aus dem Abgleich des Telos der opferbezogenen Strafvollzugsvorschriften mit dem verfassungsrechtlichen

---

[71] Hierzu in den historischen Grundlagen oben im Abschnitt 6.3.

[72] Ausführlich hierzu sogleich im Abschnitt 14.5.

Resozialisierungsanspruch der Gefangenen und den opferbezogenen grundrechtlichen Schutzpflichten sowie speziellen Grundrechten von Gefangenen und Opfern. Mit Blick auf das internationale Recht sind an dieser Stelle nur exemplarisch die Ausrichtung der Opferschutzrichtlinie der EU gerade auf den Schutz vor einer Sekundärviktimisierung des Opfers[73] und die hohe Gewichtung des Schutzes besonders schutzbedürftiger Opfergruppen in den Vertragswerken der Vereinten Nationen zu nennen[74].

Weiterhin enthält zumindest das Verfassungsrecht keine ausdrücklichen Vorschriften zur Berücksichtigung von Opferinteressen im Strafvollzug, sodass bei einer systematischen Auslegung unter Berücksichtigung des Verfassungsrechts zugleich das Telos allgemeiner verfassungsrechtlicher Grundsätze angesprochen wäre.

Ähnliches gilt auch für das internationale Recht. Eine Besonderheit weisen diesbezüglich die Europäischen Strafvollzugsgrundsätze auf, da in deren Nr. 24.2 eine ausdrückliche opferbezogene Regelung hinsichtlich der Untersagung bzw. Beschränkung von Außenkontakten enthalten ist. Die Europäischen Strafvollzugsgrundsätze werden jedoch nur als Auslegungshilfe für das nationale Vollzugsrecht angesehen[75] und können daher die Auslegung opferbezogener Strafvollzugsvorschriften allenfalls ergänzen, jedoch nicht bestimmen. Daher soll zumindest kurz im Rahmen der systematischen Auslegung auf Nr. 24.2. der Europäischen Strafvollzugsgrundsätze eingegangen werden. Im Übrigen wird das internationale Recht ebenso wie das Verfassungsrecht in der teleologischen Auslegung Beachtung finden.

14.4.1.2 Auslegungsmaßstab für opferbezogene Vorschriften zu den Außenkontakten

Im Rahmen der historischen Auslegung wurde bereits festgestellt, dass das StVollzG Bund keine opferbezogenen Regelungen zu den Außenkontakten enthielt.[76] Allerdings lässt sich in der Rechtsprechung zumindest ein Urteil zur Untersagung von Besuchen eines Straftatopfers auf der Grundlage des StVollzG Bund finden.

---

[73] Allgemein zum Opferbezug im internationalen Recht oben im Kapitel 8; speziell zur Opferschutzrichtline 2012/29/EU siehe oben im Abschnitt 8.2.2.3.3.

[74] Hierzu in den internationalen Grundlagen oben im Abschnitt 8.3.1.1.

[75] Hierzu und allgemein zu den Europäischen Strafvollzugsgrundsätzen in den internationalen Grundlagen oben im Abschnitt 8.2.1.5.

[76] Hierzu oben im Abschnitt 14.3.1.

So hat das OLG Nürnberg im Jahr 1998 ein solches Besuchsverbot mangels spezieller Vorschrift auf § 25 Nr. 1 und Nr. 2 StVollzG Bund gestützt.[77] Nach § 25 Nr. 1 StVollzG Bund war die Untersagung von Besuchen bei einer Gefährdung der Sicherheit und Ordnung der Anstalt möglich. Daneben war in § 25 Nr. 2 StVollzG Bund die Möglichkeit der Untersagung des Besuchs für Fälle normiert, in denen zu befürchten war, dass Besucher:innen einen schädlichen Einfluss auf die Gefangenen haben oder ihre Eingliederung behindern würden. Als Ausnahme zu dieser Untersagungsmöglichkeit sah § 25 Nr. 2 StVollzG Bund das sogenannte Angehörigenprivileg vor.[78]

Im dem vom OLG Nürnberg seinerzeit zu entscheidenden Fall war der Besuch eines 12-jährigen Opfers von Sexualdelikten des Gefangenen untersagt worden.[79] Zur Begründung der Gefährdung der Sicherheit und Ordnung der Anstalt hatte bereits die Strafvollstreckungskammer des Landgerichts ausgeführt, dass dies auch den Schutz von Besucher:innen vor Straftaten während der Strafverbüßung umfasse.[80] Nach Auffassung des OLG Nürnberg sei es zudem für die Aufrechterhaltung der Anstaltsordnung erforderlich, ein Besuchsverbot auszusprechen, um eine Gefährdung des Opfers durch erneute Viktimisierungen zu unterbinden. Zudem sei das Besuchsverbot nach Ansicht des OLG Nürnberg auch nach § 25 Nr. 2 StVollzG Bund gerechtfertigt gewesen, da der Besuch durch Straftatopfer einen schädlichen Einfluss auf die Gefangenen habe bzw. die Eingliederung behindern könnte.[81] In dem der Entscheidung zugrunde liegenden Fall war der Gefangene ein noch therapiebedürftiger Sexualstraftäter und zudem absolut uneinsichtig hinsichtlich seiner Taten. Darüber hinaus sei es bei vorherigen Besuchen mit dem minderjährigen Opfer zu Körperkontakt gekommen, sodass ein schädlicher Einfluss auf den Gefangenen anzunehmen sei.

Mithin wird deutlich, dass bereits auf der Grundlage des StVollzG Bund zumindest der Besuch von Straftatopfern untersagt werden konnte. Da dieses Besuchsverbot auf § 25 StVollzG Bund gestützt wurde und alle Landesgesetze die Untersagungsgründe dieser Vorschrift übernommen haben, können zumindest Besuche von Straftatopfern in allen Bundesländern grundsätzlich weiterhin unter Rückgriff auf die allgemeinen Untersagungsgründe der Gefährdung der Sicherheit und Ordnung der Anstalt und der Gefährdung der Eingliederung der

77 OLG Nürnberg NStZ 1999, 376.

78 Ausführlich zur Privilegierung von Angehörigen sogleich in der teleologischen Auslegung unten im Abschnitt 14.5.2.3.1.

79 OLG Nürnberg NStZ 1999, 376.

80 Vgl. OLG Nürnberg NStZ 1999, 376 m. w. N.

81 OLG Nürnberg NStZ 1999, 376.

Gefangenen durch den Besuch gestützt werden. Dies betrifft letztlich die Landesgesetze von Bayern, Baden-Württemberg, Hamburg und Niedersachsen, da diese Gesetze keine speziellen Regelungen für die Untersagung von Besuchen durch das Straftatopfer enthalten. Weil diese Landesgesetze jedoch die Regelung des § 25 StVollzG Bund übernommen haben[82], können zumindest Untersagungen von Besuchen des Opfers unter Berücksichtigung der Entscheidung des OLG Nürnberg auch ohne spezielle opferbezogene Regelungen auf diese Vorschriften gestützt werden. Mit Blick auf das bayerische Strafvollzugsrecht ist diesbezüglich bei der Auslegung zudem Art. 5a zu berücksichtigen.[83] Gemäß Art. 5a Abs. 1 BayStVollzG sind die Belange von Opfern bei der Gestaltung des Vollzugs zu berücksichtigen. Dies betrifft gerade auch die Gewährung bzw. Versagung von Außenkontakten mit dem Straftatopfer.

Die Berücksichtigung der allgemeinen opferbezogenen Vorschriften als Auslegungsmaßstab für die Entscheidung über Außenkontakte gilt zudem auch für jene Landesgesetze, die Regelungen zur verletzten- bzw. opferbezogenen Vollzugsgestaltung insgesamt enthalten[84] oder speziell den Schutz von Straftatopfern in den allgemeinen Vorschriften betont haben[85].[86] Die Ergebnisse der Auslegung der opferbezogenen Regelungen zu den Außenkontakten dürfen nicht in einem offenem Widerspruch zu der allgemeinen Ausrichtung der Landesstrafvollzugsgesetze auf die opferbezogenen Vollzugsgestaltung bzw. auf den Schutz von Straftatopfern stehen. Daher besteht bei einer Gefährdung des Opfers bei Besuchen des bzw. der Gefangenen die Notwendigkeit einer opferschutzbezogenen Auslegung der betreffenden landesrechtlichen Vollzugsvorschriften.

Im Rahmen der systematischen Auslegung ist weiterhin auf die Vereinbarkeit von Strafprozessrecht und Strafvollzugsrecht unter Berücksichtigung des übergeordneten Ziels einer opferorientierten Strafrechtspflege näher einzugehen. Die Einbeziehung des Schutzes des Straftatopfers als Versagungsgrund für

---

[82] § 20 JVollzGB III BaWü; § 26 Abs. 6 HmbStVollzG; § 26 NJVollzG.

[83] Ausführlich zu Art. 5a BayStVollzG als Auslegungshilfe für das opferbezogene Strafvollzugsrecht in Bayern oben im Abschnitt 13.4.2.1.

[84] Vgl. § 6 StVollzG Bln (verletztenbezogene Vollzugsgestaltung), § 7 StVollzG NRW und Art. 5a BayStVollzG (opferbezogene Vollzugsgestaltung).

[85] Speziell zur besonderen Betonung des Opferschutzes oben im Abschnitt 13.3.2.1.

[86] Ausführlich hierzu im Rahmen der Auslegung allgemeiner Vorschriften oben im Kapitel 13.

Außenkontakte kann als konsequente Fortführung des bereits im Strafprozessrecht angelegten Schutzes vor einer sekundären Viktimisierung[87] eingeordnet werden. Wie bereits innerhalb der historischen Auslegung angemerkt, ist eine Einbeziehung des Schutzes tatsächlicher Opfer innerhalb der Regelungen zu den Außenkontakten der Gefangenen insbesondere deshalb schlüssig, weil eine mögliche Gefahr einer sekundären Viktimisierung durch den bzw. die konkrete:n Täter:in nicht allein durch den Umstand der Inhaftierung beseitigt wird. Vielmehr ist die Untersagung von direkten und indirekten Kontakten der Gefangenen zu ihren Opfern einem umfassenden Schutz vor einer Sekundärviktimisierung innerhalb der gesamten Strafrechtspflege zuträglich.

Hieraus folgt, dass die für die Untersagung von Besuchen des Opfers unter Berücksichtigung von § 25 StVollzG Bund entwickelten Überlegungen auch für andere Arten von Außenkontakten fruchtbar gemacht werden können. Wenn das Opfer durch einen opferbezogenen Strafvollzug vor einer erneuten Beeinträchtigung durch den bzw. die Gefangene:n geschützt werden soll, so muss sich dieser Schutz auf alle Arten von Außenkontakten beziehen und kann sich nicht allein auf Besuche des Opfers bei dem bzw. der Gefangenen beschränken. Neben der direkten Konfrontation des Opfers mit dem bzw. der Täter:in durch Besuche innerhalb der Vollzugsanstalt können auch unerwartete Kontaktaufnahmen des bzw. der Gefangenen mit dem Opfer durch Briefe oder Telefonanrufe eine erneute Beeinträchtigung des Opfers in Form einer (Re-)Viktimisierung oder (Re-)Traumatisierung auslösen. Während für einen Besuch des Opfers bei dem bzw. der Gefangenen eine gewisse Mitwirkung des Opfers notwendig ist, indem es in die Vollzugsanstalt kommen muss, gilt dies für schriftliche oder fernmündliche Kontaktaufnahmen durch den bzw. die Gefangene:n nicht in gleicher Weise. Daher ist bei diesen Kontaktmöglichkeiten zwischen Gefangenen und Opfern ebenso wie bei Besuchen eine besonders gründliche Prüfung einer möglichen Gefährdung des Opfers geboten, um dem Ziel des Opferschutzes gerecht werden zu können.

Weiterhin ist als Auslegungshilfe für die opferbezogenen landesrechtlichen Regelungen zu den Außenkontakten Nr. 24.2 der Europäischen Strafvollzugsgrundsätze zu beachten. Nach Nr. 24.2, 1 Hs. können „Besuche und sonstige Kontakte eingeschränkt und überwacht werden, wenn dies [...] zur Verhütung von Straftaten und zum Schutz der Opfer von Straftaten erforderlich ist". Für die opferbezogenen Vorschriften der Landesgesetze zu den Außenkontakten ergibt

[87] Allgemein zur Entwicklung des Opferbezugs im Strafprozessrecht in den historischen Grundlagen oben im Abschnitt 6.3; speziell zum kriminalpolitischen Motiv des Schutzes vor einer sekundären Viktimisierung in den kriminalpolitischen Grundlagen oben im Abschnitt 9.2.1.

sich hieraus, dass neben der vollständigen Untersagung von Außenkontakten zwischen Opfern und Gefangenen ebenso an eine Einschränkung oder Überwachung als milderes Mittel zu denken ist.

14.4.1.3 Allgemeine Gesetzessystematik der Landesstrafvollzugsgesetze hinsichtlich opferbezogener Vorschriften zu den Außenkontakten

Für die allgemeine Gesetzessystematik ergeben sich zwischen dem StVollzG Bund und den Landesstrafvollzugsgesetzen bezüglich des Regelungsortes der Vorschriften zu den Außenkontakten kaum Unterschiede. Ebenso wie bereits das StVollzG Bund regeln alle Landesgesetze die Vorschriften zu den Außenkontakten einschließlich der Vorschriften zu deren Untersagung bzw. Beschränkung in einem eigenen Abschnitt. Zwar wird dieser Abschnitt innerhalb der einzelnen Landesgesetze unterschiedlich bezeichnet[88], jedoch enthalten alle Landesgesetze innerhalb des jeweiligen Abschnitts Regelungen zum Besuch, zum Schriftverkehr, zu Telefongesprächen und zu Paketen. In den meisten Landesgesetzen sind darüber hinaus noch Vorschriften zu anderen Formen der Telekommunikation enthalten.[89]

14.4.2 Regelungen zu den einzelnen Außenkontakten

14.4.2.1 Einzelregelungen zum Besuch

Alle Landesgesetze enthalten eine Vorschrift, nach der alle oder nur bestimmte Arten von Außenkontakten untersagt werden können. Strukturell sind diese Regelungen ähnlich aufgebaut und orientieren sich an § 25 StVollzG Bund, welcher bis zur Schaffung der Landesstrafvollzugsgesetze die Untersagung von Besuchen regelte. Dementsprechend enthalten die meisten Landesgesetze eine Vorschrift zur Untersagung von Besuchen.[90] Neben der Möglichkeit der Untersagung von Besuchen durch das Opfer enthalten die Vorschriften als weitere Untersagungsgründe wie bereits das StVollzG Bund die Gefährdung der Sicherheit und Ordnung der Anstalt und die Gefahr eines schädlichen Einflusses durch

---

[88] In Berlin beispielsweise „Abschnitt 6 Besuche, Telefongespräche, Schriftwechsel, andere Formen der Telekommunikation und Pakete“; in Nordrhein-Westfalen beispielsweise „Abschnitt 4 Außenkontakte“.

[89] Lediglich die Gesetze der Länder Baden-Württemberg und Bayern enthalten eine solche Regelung nicht; ausführlich zu den anderen Formen der Telekommunikation *Knauer*, in: AK-StVollzG, 8. Aufl. 2022, Teil II, § 36 LandesR Rn. 1 ff.

[90] Ausführlich hierzu soeben oben im Abschnitt 14.2.2.1.

den Kontakt, welche für den bzw. die betreffende:n Gefangene:n selbst besteht oder die Erreichung des Vollzugsziels behindert.[91] Vereinzelt wurden weitere Versagungsgründe normiert.[92]

Im Hinblick auf das Verhältnis der Untersagungsgründe zueinander ist aus der Gesetzessystematik kein Rangverhältnis ersichtlich. Allein aus der Normierung des Versagungsgrundes des Opferschutzes an dritter Stelle nach der Sicherheit und Ordnung und möglicher schädlicher Einflüsse auf den bzw. die Gefangene:n oder das Resozialisierungsziel kann nicht auf eine Vor- oder Nachrangigkeit einzelner Versagungsgründe geschlossen werden. Vielmehr ergibt sich gerade unter Berücksichtigung der Entscheidung des OLG Nürnberg aus dem Jahr 1998, dass der Opferschutz bereits damals zumindest als Bestandteil von § 25 Nr. 1 StVollzG Bund angesehen wurde.[93] Zudem ist offensichtlich, dass sich die Landesstrafvollzugsgesetze an der Systematik des § 25 StVollzG Bund orientiert haben und hieraus die Anfügung des Opferschutzes als jeweils dritte Untersagungsmöglichkeit resultiert.

Als weiteres Argument für eine Gleichwertigkeit des Opferschutzes im Vergleich zu den bereits in § 25 StVollzG Bund enthaltenen Untersagungsgründen spricht die allgemeine Opferorientierung des Strafvollzugsrechts, welche in einigen Bundesländern bereits in den allgemeinen Vorschriften besonders zum Tragen kommt[94] bzw. sich aus dem kriminalpolitischen Motiven des opferorientierten Strafvollzugs herleiten lässt[95]. Daher ist der Untersagungsgrund des Opferschutzes in den Landesstrafvollzugsgesetzen im Rahmen der Außenkontakte als gleichrangig mit den bereits in § 25 StVollzG Bund ausdrücklich enthaltenen Untersagungsgründen anzusehen. Der Opferschutz ist durch die Normierung in einigen Landesgesetzen neben den Schutz der Sicherheit und Ordnung der Anstalt und den Schutz vor einer Gefährdung des Resozialisierungsziels getreten und hat

[91] Vgl. beispielsweise § 30 Nr. 1 und Nr. 2 StVollzG Bln und § 35 Nr. 1 und Nr. 2 StVollzG Bln; § 35 Nr. 1 und Nr. 2 BbgJVollzG sowie § 40 Nr. 1 und Nr. 2 BbgJVollzG.

[92] Weitere Versagungsgründe finden sich beispielsweise in § 33 Abs. 2 Nr. 4 HStVollzG (extremistische Kontakte) und § 25 Nr. 4 StVollzG NRW (verfassungsschutzrelevante Kontakte).

[93] OLG Nürnberg NStZ 1999, 376.

[94] Ausdrücklich insofern Art. 5a BayStVollzG; § 6 StVollzG Bln; § 7 StVollzG NRW; weiterführend hierzu und zu weiteren allgemeinen Vorschriften innerhalb der Landesgesetze oben im Kapitel 13.

[95] Ausführlich zum kriminalpolitischen Motiv des Opferschutzes siehe oben im Abschnitt 9.3.3.

somit die bereits durch das OLG Nürnberg[96] hervorgehobene besondere Schutzwürdigkeit von Straftatopfern vor einer erneuten Viktimisierung oder Traumatisierung lediglich ausdrücklich normiert. Der Untersagungsgrund des Opferschutzes ist daher bei Entscheidungen über die Gewährung von Außenkontakten ebenso wie die übrigen Untersagungsgründe im Einzelfall zu prüfen.

In der grammatischen Auslegung der Vorschriften der Länder Brandenburg, Rheinland-Pfalz, Sachsen-Anhalt und Thüringen war aufgefallen, dass neben dem Besuch des Opfers der Straftat auch der Besuch eines im Haftbefehl benannten Opfers untersagt werden kann.[97] Diesbezüglich ist in systematischer Hinsicht zu beachten, dass die Gesetze der genannten Länder neben dem Vollzug der Freiheitsstrafe auch den Vollzug der Untersuchungshaft regeln.[98] Daher liegt der Schluss nahe, dass die im Haftbefehl bezeichneten Opfer nur für eine Untersagung von Besuchen bei Untersuchungsgefangenen relevant sind. Allerdings ist dies auch nicht zwingend, da die betreffenden Vorschriften nicht zwischen Strafgefangenen und Untersuchungsgefangenen unterscheiden. Im Gegensatz dazu finden sich an anderer Stelle in den genannten Gesetzen durchaus bereits anhand der Gesetzessystematik deutliche Unterscheidungen zwischen Straf- und Untersuchungsgefangenen. So enthält das Gesetz von Brandenburg beispielsweise in § 11 Abs. 3 BbgJVollzG besondere Vorgaben für die Unterstützung der Untersuchungsgefangenen bei einem Ausgleich mit dem Tatopfer. Entsprechende Regelungen finden sich auch in Rheinland-Pfalz, Sachsen-Anhalt und Thüringen.[99] Eine vergleichbare Regelung enthalten diese Gesetze für Strafgefangene demgegenüber nicht. Daher ist auch der systematische Schluss, dass sich die im Haftbefehl benannten Opfer in § 35 Nr. 3 BbgJVollzG und den entsprechenden Vorschriften aus Rheinland-Pfalz, Sachsen-Anhalt und Thüringen[100] nur auf die Untersagung des Besuchs bei Untersuchungsgefangenen beziehen, nicht zwingend. Es bedarf somit einer weiteren vertieften Betrachtung dieses Untersagungsgrundes in der teleologischen Auslegung.

---

[96] OLG Nürnberg NStZ 1999, 376.

[97] § 35 Nr. 3 BbgJVollzG; § 34 Nr. 3 LJVollzG RP; § 34 Nr. JVollzGB I LSA; § 35 Nr. 3 ThürJVollzGB; hierzu bereits in der grammatischen Auslegung oben im Abschnitt 14.2.2.1.

[98] § 1 Abs. 1 BbgJVollzG, § 1 Abs. 1 LJVollzG RP; § 1 Abs. 1 JVollzGB I LSA; § 1 Abs. 1 ThürJVollzGB.

[99] § 11 Abs. 3 LJVollzG RP; § 11 Abs. 4 JVollzGB I LSA; § 11 Abs. 4 ThürJVollzGB.

[100] § 34 Nr. 3 LJVollzG RP; § 34 Nr. JVollzGB I LSA; § 35 Nr. 3 ThürJVollzGB.

In der grammatischen Auslegung war bereits festgestellt worden, dass die Regelungen der Länder Sachsen und Schleswig-Holstein lediglich die Möglichkeit einer Untersagung der Besuche von minderjährigen Opfern vorsehen.[101] Systematische Besonderheiten ergeben sich aus dieser Abweichung zu den übrigen Landesgesetzen mit opferbezogenen Untersagungsgründen nicht.

In den Ländern Baden-Württemberg, Hamburg und Niedersachsen wurden die Untersagungsgründe des § 25 StVollzG Bund übernommen.[102] Ein speziell opferbezogener Untersagungsgrund findet sich in den Gesetzen dieser Länder jedoch nicht. Diese fehlende Normierung des Opferschutzes als Untersagungsgrund für Besuche könnte zwar darauf hindeuten, dass die jeweiligen Landesgesetzgeber eine solche Regelung gerade nicht schaffen wollten. Angesichts der allgemeinen Opferorientierung der Landesgesetze aus Baden-Württemberg, Hamburg und Niedersachsen[103] vermag dies jedoch gerade in einem derart opferschutzrelevanten Bereich wie den Außenkontakten durch Besuche des Opfers nicht zu überzeugen. Es ist nicht einzusehen, weshalb die Gesetzgeber dieser Bundesländer in den jeweiligen Strafvollzugsgesetzen opferbezogene und vor allem auch opferschützende Regelungen eingeführt haben und dabei bewusst den besonders sensiblen Bereich des Besuchs eines Opfers bei dem bzw. der inhaftierten Täter:in ohne Beschränkungen dulden wollten. Vielmehr muss diesbezüglich eher davon ausgegangen werden, dass die Landesgesetzgeber den Schutz des Opfers bereits durch den jeweiligen landesrechtlichen Untersagungsgrund nach dem Vorbild des § 25 Nr. 1 StVollzG Bund als ausreichend erachtet und daher von einer gesonderten Normierung des Opferschutzes als speziellen Untersagungsgrund abgesehen haben. Möglich erscheint indes natürlich auch, dass die jeweiligen Gesetzgeber die Problematik von Besuchen des Opfers bei dem bzw. der inhaftierten Täter:in nicht zutreffend erfasst und allein deshalb nicht geregelt haben. In systematischer Hinsicht kann festgehalten werden, dass die an § 25 StVollzG Bund orientierten Regelungen in den Ländern Baden-Württemberg, Hamburg und Niedersachsen einer opferschutzbezogenen Auslegung zugänglich sind.

---

[101] Vgl. § 27 Nr. 3 SächsStVollzG; § 43 Abs. 2 S. 1 LStVollzG SH; hierzu bereits oben im Abschnitt 14.2.2.1.

[102] § 20 JVollzGB III BaWü; § 26 Abs. 6 HmbStVollzG; § 26 NJVollzG.

[103] In Baden-Württemberg findet sich die Opferorientierung insbesondere durch die Tataufarbeitung als Gestaltungsgrundsatz, vgl. hierzu in den kriminalpolitischen Grundlagen oben im Abschnitt 9.3.2.1.2.1; in Hamburg findet sich der Opferschutzgedanke ausdrücklich in § 4 S. 2 HmbStVollzG, vgl. hierzu oben im Abschnitt 9.3.3.2; auch das niedersächsische Justizvollzugsgesetz ist auf eine Opferorientierung ausgerichtet, hierzu oben im Abschnitt 9.3.2.1.3.2.

Für das Gesetz des Landes Bayern ergibt sich die Möglichkeit einer Untersagung von Außenkontakten aus Opferschutzgründen zum einen aus der an § 25 StVollzG Bund orientierten Regelung des Art. 28 BayStVollzG und zum anderen aus den allgemeinen Vorschriften zur opferbezogenen Vollzugsgestaltung des Art. 5a BayStVollzG. Für die Anwendbarkeit des Art. 5a BayStVollzG als Grundnorm für opferbezogener Entscheidungen kann auf die systematische Auslegung zu den allgemeinen opferbezogenen Vorschriften verwiesen werden.[104]

14.4.2.2 Einzelregelungen zum Schriftwechsel

Bereits unter der Geltung des StVollzG Bund war nach § 28 Abs. 2 StVollzG Bund die Untersagung von Schriftverkehr möglich. Diese Regelung entspricht hinsichtlich der Versagungsgründe § 25 StVollzG Bund, sodass insoweit auf die Ausführungen zum Besuch verwiesen werden kann. Die Landesgesetze haben sich auch hinsichtlich der Untersagung von Schriftwechsel am StVollzG Bund orientiert und enthalten daher eine Vorschrift zur Untersagung des Schriftverkehrs.[105] Ebenso wie die opferbezogenen Vorschriften zur Untersagung von Besuchen enthalten diejenigen Gesetze, die sich an § 32 Abs. 3 ME LStVollzG orientiert haben, einen opferbezogenen Versagungsgrund für den Schriftverkehr der Gefangenen mit ihren Opfern.[106] Da sich keine Unterschiede zum opferbezogenen Untersagungsgrund für den Besuch des Opfers ergeben, wird auch diesbezüglich auf die dortigen Überlegungen Bezug genommen.

In Sachsen enthält § 32 Nr. 3 SächsStVollzG einen Untersagungsgrund für den Schriftverkehr mit minderjährigen Opfern. Da sich keine Abweichungen zum opferbezogenen Untersagungsgrund für den Besuch minderjähriger Opfer gemäß § 27 Nr. 3 SächsStVollzG ergeben, kann ebenfalls auf die dortigen systematischen Überlegungen verwiesen werden.

In Schleswig-Holstein enthält § 48 Abs. 2 LStVollzG SH einen Verweis auf § 43 Abs. 2 LStVollzG SH, wodurch die Untersagungsgründe für Besuche auf den Schriftverkehr entsprechend Anwendung finden.

---

[104] Siehe hierzu oben im Abschnitt 13.4.4.1.

[105] Ausführlich hierzu soeben im Abschnitt 14.2.2.2; in Schleswig-Holstein enthält § 48 Abs. 2 LStVollzG SH einen Verweis auf § 43 Abs. 2 LStVollzG SH, wodurch die Untersagungsgründe für Besuche auf den Schriftverkehr entsprechend Anwendung finden.

[106] Dies sind Berlin, Brandenburg, Bremen, Mecklenburg-Vorpommern, Rheinland-Pfalz, Sachsen-Anhalt und Thüringen; hierzu bereits oben im Abschnitt 14.2.2.2.

14.4.2.3 Einzelregelungen zu Telefongesprächen

Die Wortlautauslegung hat gezeigt, dass die meisten Landesgesetze in den Vorschriften zu den Telefongesprächen[107] keine ausdrücklichen opferbezogenen Regelungen enthalten. Allerdings sah bereits § 32 S. 2 StVollzG Bund für Telefongespräche eine entsprechende Anwendung der Vorschriften über den Besuch und somit die Anwendung der Untersagungsgründe des § 25 StVollzG Bund vor. Eine ähnliche Verweisungstechnik wurde von den meisten Landesgesetzen, die sich am ME LStVollzG orientiert haben, zumindest für Telefongespräche[108] angewandt.

Diesbezüglich wird zumeist allgemein auf eine Anwendbarkeit der Bestimmungen zum Besuch verwiesen[109], vereinzelt mit konkretem Verweis auf die jeweilige Vorschrift zur Untersagung von Besuchen[110]. Daher gelten die Ausführungen zum opferbezogenen Untersagungsgrund für Besuche auch für die opferbezogenen Regelungen zu den Telefongesprächen.

14.4.2.4 Einzelregelungen zu anderen Formen der Telekommunikation

Hinsichtlich der Einzelregelungen zu anderen Formen der Telekommunikation hat die grammatische Auslegung ergeben, dass diese keinen ausdrücklichen opferbezogenen Untersagungsgrund enthalten.[111] Allerdings wird in den Landesvorschriften zu den anderen Formen der Telekommunikation auf andere Vorschriften zu den Außenkontakten verwiesen.[112] So wird entweder allgemein auf die Besuchsvorschriften[113] oder die Vorschriften zum Schriftverkehr

[107] Oben im Abschnitt 14.2.2.3; nur die Gesetze von Nordrhein-Westfalen, Hessen und Sachsen enthalten ausdrücklich opferbezogene Regelungen.

[108] § 33 Abs. 1 S. 2 StVollzG Bln; § 38 Abs. 1 S. 2 BbgJVollzG; § 30 Abs. 1 S. 3 BremStVollzG; § 30 Abs. 1 S. 2 StVollzG MV; § 37 Abs. 1 S. 2 LJVollzG RP; § 30 Abs. 1 S. 2 SLStVollzG; § 37 Abs. 1 S. 2 JVollzGB I LSA; § 46 S. 2 i. V. m. § 43 LStVollzG SH; § 38 Abs. 1 S. 2 ThürJVollzGB; zur Sperrung von Telefonnummern aus Opferschutzgründen in der JVA Heidering in Berlin *Stein*, Forum Strafvollzug 2014, 152 (152).

[109] § 38 Abs. 1 S. 2 BbgJVollzG; § 30 Abs. 1 S. 3 BremStVollzG; § 30 Abs. 1 S. 2 StVollzG MV; § 37 Abs. 1 S. 2 LJVollzG RP; § 30 Abs. 1 S. 2 SLStVollzG; § 46 S. 2 LStVollzG SH; § 38 Abs. 1 S. 2 ThürJVollzGB.

[110] § 33 Abs. 1 S. 2 StVollzG Bln mit Verweis auf § 30 StVollzG Bln; § 37 Abs. 1 S. 2 JVollzGB I LSA mit Verweis auf § 34 JVollzGB I LSA.

[111] Oben im Abschnitt 14.2.2.4.

[112] § 40 S. 2 StVollzG Bln; § 44 S. 2 BbgJVollzG; § 36 S. 2 BremStVollzG; § 36 S. 2 StVollzG MV; § 43 S. 2 LJVollzG RP; § 36 S. 2 SLStVollzG; § 36 S. 2 SächsStVollzG; § 52 Abs. 2 S. 2 i. V. m. § 43 LStVollzG SH; § 44 S. 2 ThürJVollzGB.

[113] § 52 Abs. 2 S. 2 LStVollzG SH.

verwiesen oder noch allgemeiner auf die Anwendbarkeit der Vorschriften des Abschnitts[114]. Eine Besonderheit enthält § 40 S. 2 StVollzG Bln, welcher die entsprechende Anwendbarkeit der Vorschriften zum Besuch oder zum Schriftverkehr von der infrage stehenden Kommunikationsart abhängig macht. Insgesamt gelten aufgrund der Verweisungen innerhalb der Vorschriften zu den anderen Formen der Telekommunikation daher die obigen Ausführungen zu den opferbezogenen Untersagungsgründen für den Besuch und für den Schriftverkehr entsprechend.

14.4.2.5 Einzelregelungen zum Paketversand

In der Wortlautauslegung konnte bereits festgestellt werden, dass Sachsen als einziges Landesgesetz einen ausdrücklichen opferbezogenen Untersagungsgrund für den Paketversand enthält.[115] Weiterhin enthält nur das Gesetz von Berlin in § 41 Abs. 5 S. 3 StVollzG Bln den Verweis auf eine entsprechende Anwendung des § 35 StVollzG Bln und somit auf die Vorschrift zur Untersagung von Schriftverkehr.[116]

In den übrigen Landesgesetzen lässt sich ein solcher Verweis zwar nicht finden; allerdings sehen diese Gesetze eine Kontrolle von durch die Gefangenen versandter Pakete zum Schutz von Sicherheit und Ordnung der Anstalt vor.[117] Unter Berücksichtigung der Rechtsprechung des OLG Nürnberg zum Opferbezug des § 25 Nr. 1 StVollzG Bund[118] könnte auch mit Blick auf die Kontrollmöglichkeiten der durch die Gefangenen versandten Pakete eine opferorientierte Auslegung in Betracht kommen. Mit Blick auf mögliche Straftaten im Zusammenhang mit der Versendung von Paketen ist insbesondere an die Nachstellung i. S. d. § 238 StGB und die Beleidigung i. S. d. § 185 StGB, aber auch an die Nötigung i. S. d § 240 StGB oder die Bedrohung i. S. d. § 241 StGB durch beigelegte Schriftstücke oder Notizen zu denken. Im Ergebnis ist eine entsprechende Anwendung der Untersagungsvorschriften zum Schriftverkehr in allen Landesgesetzen nach dem Vorbild des § 41 Abs. 5 S. 3 i. V. m. § 35 Nr. 3 StVollzG Bln vorzunehmen, um einen umfassenden Schutz der Opfer hinsichtlich der Außenkontakte zu gewährleisten.

---

[114] § 44 S. 2 BbgJVollzG; § 36 S. 2 BremStVollzG; § 36 S. 2 StVollzG MV; § 43 S. 2 LJVollzG RP; § 36 S. 2 SLStVollzG; § 36 S. 2 SächsStVollzG; § 44 S. 2 ThürJVollzGB.

[115] Hierzu oben im Abschnitt 14.2.2.5.

[116] Hierzu oben im Abschnitt 14.2.2.5.

[117] Vgl. nur § 45 Abs. 5 S. 2 BbgJVollzG; § 37 Abs. 5 S. 2 BremStVollzG; § 37 Abs. 5 S. 2 StVollzG MV; § 44 Abs. 5 S. 2 LJVollzG RP; § 53 Abs. 5 S. 2 LStVollzG SH; § 45 Abs. 5 S. 2 ThürJVollzGB.

[118] OLG Nürnberg NStZ 1999, 376; ausführlich zu dieser Entscheidung oben im Abschnitt 14.4.1.2.

14.4.2.6 Allgemeine Regelungen zur Beschränkung von Außenkontakten in Hessen und Nordrhein-Westfalen

Bereits die Wortlautauslegung hat ergeben, dass sich die Regelungen zur Untersagung von Außenkontakten im hessischen und nordrhein-westfälischen Vollzugsgesetz von denen der übrigen Landesgesetze unterscheiden.[119]

Aufgrund der systematischen Stellung von § 33 HStVollzG am Anfang des Abschnitts zu den Außenkontakten gilt die Vorschrift für Besuche, Schriftwechsel, Telekommunikation und Pakete. Hinsichtlich § 33 Abs. 2 Nr. 3 HStVollzG ist zudem zu beachten, dass sich die Untersagungsmöglichkeiten auf den „Kontakt" zum Opfer insgesamt beziehen und daher neben Besuchen und Schriftwechsel ebenso alle anderen Varianten des Außenkontakts umfasst sind, welche im hessischen Strafvollzugsgesetz geregelt werden. Daher ist der Untersagungsgrund des § 33 Abs. 2 Nr. 3 HStVollzG ebenso auf die Telekommunikation (§ 36) und Pakete (§ 37) anwendbar, da diese Regelungen ebenfalls im Abschnitt des Gesetzes über Außenkontakte normiert wurden.[120]

Hinsichtlich der Erweiterung des opferbezogenen Untersagungsgrundes auf „Gründe des Opferschutzes"[121] ergibt sich für § 33 Abs. 2 Nr. 3 HStVollzG folgende systematische Besonderheit. Die Formulierung „sonst aus Gründen des Opferschutzes" könnte so verstanden werden, dass die befürchtete Schädigung des Opfers durch den Außenkontakt zu dem bzw. der Gefangenen ebenfalls unter den Begriff des Opferschutzes zu fassen ist und die zweite Alternative des § 33 Abs. 2 Nr. 3 HStVollzG als Auffangregelung ausgestaltet wurde. Daher können nach § 33 Abs. 2 Nr. 3 HStVollzG Außenkontakte aus Opferschutzgründen immer untersagt werden, auch wenn sie nicht den Kontakt zwischen dem bzw. der Gefangenen und dem konkreten Opfer betreffen. Aufgrund des weiten Wortlauts kommt daher grundsätzlich auch eine Untersagung zum Schutz der Allgemeinheit in Betracht, wenn der Opferbegriff und somit auch der Opferschutzbegriff – entgegen der in dieser Arbeit vertretenen Ansicht – nicht eng ausgelegt wird. Der Umfang der Formulierung „Gründe des Opferschutzes" muss daher in der teleologischen Auslegung unter Berücksichtigung des Sinns und Zwecks der Regelung des § 33 Abs. 2 Nr. 3 HStVollzG näher betrachtet werden.

Für § 25 StVollzG NRW gilt hinsichtlich der Anwendbarkeit der Untersagungsgründe auf alle Formen des Außenkontaktes das soeben zu § 33 Abs. 2 HStVollzG Gesagte. Das Gesetz aus Nordrhein-Westfalen enthält mit § 25 Nr. 3

---

[119] Ausführlich hierzu bereits oben im Abschnitt 14.2.2.6.

[120] „Siebter Titel Außenkontakte der Gefangenen" erstreckt sich von § 33 bis § 37 HStVollzG.

[121] Hierzu bereits in der historischen Auslegung oben im Abschnitt 14.3.2.

StVollzG NRW eine Regelung, die einen opferbezogenen Beschränkungs- und Untersagungsgrund für Besuche, Schriftwechsel und Telefongespräche beinhaltet. Die anderen Formen der Telekommunikation werden zwar nicht in § 25 StVollzG NRW genannt, allerdings sind auf sie nach § 27 S. 2 StVollzG NRW die Vorschriften über den Besuch, den Schriftwechsel und Telefongespräche entsprechend anwendbar. Insofern ergibt sich durch diesen Verweis eine Anwendbarkeit des opferbezogenen Beschränkungs- und Untersagungsgrundes des § 25 Nr. 3 StVollzG NRW auch für andere Formen der Telekommunikation. Auch § 28 Abs. 3 StVollzG NRW, welcher die Versendung von Paketen durch die Gefangenen regelt, sieht in S. 2 eine entsprechende Anwendung des § 25 StVollzG NRW vor. Dies ist unter Berücksichtigung der in § 7 StVollzG NRW normierten Opferorientierung des gesamten Strafvollzugs nur konsequent. Andernfalls wären Schutzlücken möglich, da Opfer auch durch Telefonanrufe des bzw. der Gefangenen oder die Übersendung von Paketen ebenso (re-)viktimisiert oder (re-) traumatisiert werden können wie beispielsweise durch die Übersendung von Briefen oder Karten.

Mit Blick auf § 25 StVollzG NRW ist weiterhin anzumerken, dass diese Regelung als einzige Landesvorschrift zu den Außenkontakten neben der Untersagung auch eine Beschränkung von Kontakten vorsieht. Dies entspricht den Vorgaben der Nr. 24.2 der Europäischen Strafvollzugsgrundsätze, die neben der Untersagung von Besuchen und anderen Kontakten gerade auch eine Beschränkung ebendieser vorschlägt. Es entspricht letztlich dem verfassungsrechtlichen Verhältnismäßigkeitsprinzip, wenn neben der vollständigen Untersagung eines Außenkontakts eine Beschränkung als milderes Mittel in Betracht gezogen wird.[122] Da die Entscheidung über die Untersagung von Außenkontakten nach allen Landesgesetzen nach pflichtgemäßem Ermessen zu treffen ist, sind Beschränkungen als milderes Mittel in allen Bundesländern in Betracht zu ziehen.

In diesem Sinne sind auch die Regelungen in § 38 Abs. 1 Nr. 5 StVollzG Bln und § 35 Abs. 1 Nr. 3 SächsStVollzG zu verstehen, die ein Anhalten einzelner Schreiben vorsehen. Dies ist im Hinblick auf die Verhältnismäßigkeit als milderes Mittel im Vergleich zur vollständigen Untersagung des Schriftverkehrs anzusehen[123] und muss daher auch beim Schriftverkehr zwischen Gefangenen und Opfern in Betracht gezogen werden.

---

[122] *Knauer*, in: AK-StVollzG, 8. Aufl. 2022, § 27 LandesR Rn. 3.

[123] Vgl. *Knauer*, in: AK-StVollzG, 8. Aufl. 2022, § 32 LandesR Rn. 7.

14.5 Teleologische Auslegung

14.5.1 Vorüberlegungen zur teleologischen Auslegung

Für die teleologische Auslegung der opferbezogenen Regelungen in den Vorschriften über die Außenkontakte der Gefangenen ist auf der einen Seite nach dem Sinn und Zweck der Gewährung von Kontakt zu Personen außerhalb der Vollzugsanstalten zu fragen. Auf der anderen Seite ist das Ziel der Wahrung der Opferinteressen in den Blick zu nehmen.

Für die erste Frage kann zunächst angeführt werden, dass die Außenkontakte zu Personen außerhalb der Vollzugsanstalt ein zentraler Bestandteil der Integration von Gefangenen in die Gesellschaft sind.[124] Bereits der Bundesgesetzgeber ging davon aus, dass Gefangene ein Recht auf Außenkontakte haben und dies „sich zum Teil als Ausfluß der im Grundgesetz verankerten Freiheitsrechte“ darstellt.[125] Infolgedessen wurden in § 24 StVollzG Bund das Recht der Gefangenen auf Besuch und in § 28 StVollzG Bund das Recht der Gefangenen auf Schriftverkehr festgeschrieben. In den Gesetzesbegründungen zu den Landesstrafvollzugsgesetzen wird die besondere Bedeutung von Außenkontakten für das Erreichen des Vollzugsziels der Resozialisierung ausdrücklich genannt. Kontakte zu Personen außerhalb der Anstalt seien grundsätzlich geeignet, schädlichen Folgen der Freiheitsentziehung entgegen zu wirken.[126] Insgesamt dienen die Außenkontakte der Gefangenen der Schaffung, Aufrechterhaltung und Stärkung familiärer und anderer sozialer Bindungen.[127] Daher kommt den Außenkontakten für die Eingliederung der Gefangenen eine besondere Bedeutung zu.[128]

Allerdings kann die Gewährung von Außenkontakten nicht schrankenlos erfolgen.[129] Daher enthielt bereits das StVollzG Bund Beschränkungsmöglichkeiten.

[124] *Laubenthal*, in: Laubenthal/Nestler/Neubacher/Verrel (Hrsg.), StVollzG, 12. Aufl. 2015, E Rn. 1; *Dessecker/Schwind*, in: Schwind/Böhm/Jehle/Laubenthal (Hrsg.), StVollzG, 7. Aufl. 2019, 9. Kap. Rn. 1; *Knauer*, in: AK-StVollzG, 8. Aufl. 2022, Teil II, § 25 LandesR Rn. 2 f.

[125] BT-Drs. 7/918, S. 57; weiterführend *Knauer*, in: AK-StVollzG, 8. Aufl. 2022, Teil II, § 25 LandesR Rn. 3.

[126] Für die Begründungen der Länder, die dem ME LStVollzG folgen, siehe etwa Landtag Brandenburg Drs. 5/6437, S. 41; ähnlich auch Landtag Hessen Drs. 18/1386, S. 97.

[127] Für die Begründungen der Länder, die dem ME LStVollzG folgen, siehe etwa Landtag Brandenburg Drs. 5/6437, S. 42; ähnlich auch Landtag Hessen Drs. 18/1386, S. 97.

[128] Landtag Brandenburg Drs. 5/6437, S. 42; ähnlich auch Landtag Hessen Drs. 18/1386, S. 97.

[129] Landtag Brandenburg Drs. 5/6437, S. 42; ähnlich auch Landtag Hessen Drs. 18/1386, S. 97.

Diesem Vorbild sind die Landesgesetze gefolgt. Ausweislich der Gesetzesbegründungen bemühten sich die Landesgesetzgeber dabei um einen Ausgleich zwischen den Interessen der Gefangenen nach möglichst umfangreichen und unbeschränkten Außenkontakten einerseits und den Belangen der Sicherheit und Ordnung der Anstalt andererseits.[130] Weiterhin können nach dem Landesrecht Außenkontakte auch dann untersagt werden, wenn die Gewährung von Außenkontakten einen schädlichen Einfluss auf den bzw. die Gefangenen hätte oder sie das Vollzugsziel der Resozialisierung gefährden würden.[131] Einige Landesgesetze enthalten darüber hinaus noch weitere Beschränkungsmöglichkeiten.[132]

Die Beschränkung von Außenkontakten zum Zweck des Opferschutzes ist ein weiterer Versagungsgrund, durch den das Recht der Gefangenen auf Außenkontakte eingeschränkt werden kann. Bei den bereits im StVollzG Bund enthaltenen Beschränkungsmöglichkeiten handelte es sich entweder um anstaltsbezogene Gründe (Sicherheit und Ordnung der Anstalt) oder gefangenenbezogene Gründe (schädlicher Einfluss auf Gefangene oder seine Resozialisierung). Mit den opferbezogenen Regelungen weisen einige Landesgesetze nunmehr auch noch opferbezogene Versagungsgründe auf.[133]

Angesprochen ist damit der zweite eingangs genannte Zweck der teleologischen Untersuchung der opferorientierten Vorschriften zu den Außenkontakten. Es ist zu untersuchen, ob durch die opferbezogenen Vorschriften zu den Außenkontakten die Interessen konkreter Opfer gewahrt und zugleich die Interessen der Gefangenen an Außenkontakten berücksichtigt werden können.

---

[130] Landtag Brandenburg Drs. 5/6437, S. 42; ähnlich auch Landtag Hessen Drs. 18/1386, S. 97.

[131] Vgl. für die Gesetze, die dem ME LStVollzG folgen, etwa § 35 Nr. 2 BbgJVollzG; ähnlich auch § 25 Nr. 2 StVollzG NRW; vgl. ebenso § 33 Abs. 2 Nr. 4 HStVollzG.

[132] Siehe nur in § 33 Abs. 2 Nr. 4 HStVollzG hinsichtlich eines befürchteten extremistischen Einflusses; mit ähnlicher Ausrichtung auch § 25 Nr. 4 StVollzG NRW; in Brandenburg, Rheinland-Pfalz, Sachsen-Anhalt und Thüringen ist darüber hinaus die fehlende Zustimmung der Personensorgeberechtigten als Versagungsgrund normiert worden, vgl. etwa § 35 Nr. 4 BbgJVollzG. Da diese Landesgesetze neben dem Vollzug der Freiheitsstrafe auch den Vollzug der Jugendstrafe regeln (siehe jeweils § 1 Abs. 1), dürfte dieser Versagungsgrund vornehmlich für Jugendstrafgefangene relevant sein; vgl hierzu auch Landtag Brandenburg Drs. 5/6437, Begründung S. 44.

[133] Bereits die Wortlautauslegung hat ergeben, dass neben dem Schutz tatsächlicher Opfer zumindest nach § 25 Nr. 3 StVollzG NRW ebenso der Schutz gefährdeter Dritter umfasst ist, siehe hierzu oben im Abschnitt 14.2.2.6.

14.5.2 Regelungen zu den einzelnen Außenkontakten und Verfassungsrecht

Für die weitere Untersuchung stellen sich drei wesentliche Fragen. Erstens ist klärungsbedürftig, ob die opferbezogenen Regelungen in den landesrechtlichen Vorschriften zu den Außenkontakten dazu geeignet sind, tatsächliche Opfer vor einer erneuten Beeinträchtigung oder gar Viktimisierung zu schützen, und somit dem Schutz tatsächlicher Opfer dienlich sind. Diesbezüglich ist fraglich, ob die opferorientierten Vorschriften dazu geeignet sind, dem hohen Stellenwert der Außenkontakte für das Vollzugsziel der Resozialisierung gerecht zu werden und einen angemessenen Ausgleich zwischen dem verfassungsrechtlich verankerten Resozialisierungsgebot und den Schutzinteressen der Opfer zu schaffen. Zweitens stellt sich die Frage, ob der Untersagung von Kontakten zwischen Gefangenen und Opfern durch die Anstaltsleitung nicht auch noch weitere verfassungsrechtliche Grenzen gesetzt sind. In den Blick zu nehmen sind zunächst Selbstbestimmungsrechte der Straftatopfer, die sich aus der allgemeinen Handlungsfreiheit des Art. 2 Abs. 1 GG ableiten lassen. Drittens ist bei familiären Beziehungen zwischen Gefangenen und Opfern die Vereinbarkeit mit dem verfassungsrechtlichen Schutz von Ehe und Familie aus Art. 6 GG zu prüfen.

14.5.2.1 Vereinbarkeit opferbezogener Vorschriften mit dem Resozialisierungsanspruch der Gefangenen aus Art. 2 Abs. 1 i. V. m. Art. 1 Abs. 1, Art. 20 Abs. 1 GG

14.5.2.1.1 Vorüberlegungen zu den verfassungsrechtlichen Vorgaben für eine opferbezogene Beschränkung von Außenkontakten

Das BVerfG leitet aus Art. 2 Abs. 1 i. V. m. Art. 1 Abs. 1 GG einen verfassungsrechtlichen Anspruch Strafgefangener auf Resozialisierung ab. Zudem ergibt sich nach der Rechtsprechung des BVerfG aus dem Sozialstaatsprinzip des Art. 20 Abs. 1 eine entsprechende staatliche Pflicht.[134] Die Gewährung von Außenkontakten stellt, wie gezeigt, eine Ausprägung des Resozialisierungsanspruchs der Gefangenen dar. Dies hat auch das BVerfG insbesondere im Zusammenhang mit dem Schutz von Ehe und Familie bereits mehrfach betont.[135] Zudem folgt nach der Rechtsprechung des BVerfG das Recht auf Kommunikation mit Personen

[134] Vgl. BVerfG NJW 1973, 1226 (1231); weiterführend hierzu *Benda*, FS Faller, 1984, S. 310 f.; ausführlich hierzu im Abschnitt 5.1.1.2.

[135] BVerfGE 42, 95 ff.; BVerfG NStZ 1981, 315 (315 f.); BVerfG NJW 1994, 1401 (1401 f.).

außerhalb der Vollzugsanstalt bereits aus dem Recht auf eine freie Entfaltung der Persönlichkeit aus Art. 2 Abs. 1 GG.[136]

Der Kontakt zu Personen außerhalb der Vollzugsanstalt dient dabei zum einen der späteren Wiedereingliederung der Gefangenen nach der Entlassung aus dem Vollzug, da mithilfe von Außenkontakten soziale Beziehungen aufrechterhalten oder gar geschaffen werden können.[137] Zum anderen kann durch den Kontakt zur Außenwelt den negativen Wirkungen des Freiheitsentzugs zumindest teilweise entgegengewirkt werden.[138] Daher sind mit Blick auf die Vollzugsgrundsätze als konkretisierende Ausprägungen des Vollzugsziels der Resozialisierung insbesondere der Eingliederungs- und der Gegensteuerungsgrundsatz zu beachten.[139]

Im Vergleich zu dem Anspruch der Gefangenen auf Resozialisierung ist die Frage nach der Herleitung verfassungsrechtlich abgesicherter Rechte der Straftatopfer bislang noch nicht in gleichem Maße thematisiert worden. Die verfassungsrechtliche Legitimation einer Berücksichtigung von Opferinteressen im Strafrecht im Allgemeinen und im Strafvollzugsrecht im Besonderen wurde bereits im Teil II in dem Kapitel zu den verfassungsrechtlichen Grundlagen untersucht.[140] Die dortigen Überlegungen haben Folgendes ergeben. Die Einbeziehung von Opferinteressen in das Strafvollzugsrecht kann mit grundrechtlichen Schutzpflichten des Staates gegenüber Personen legitimiert werden, deren strafrechtlich relevante Viktimisierung durch ein Strafgericht positiv festgestellt wurde – mithin gegenüber tatsächlichen Straftatopfern.[141] Aus einer solchen Viktimisierung kann sich im Einzelfall ein subjektives Recht des konkreten Straftatopfers auf Opferschutz ergeben, das seine verfassungsrechtliche Grundlage in der grundrechtlichen Schutzpflicht aus Art. 2 Abs. 2 S. 1 GG hat.[142]

Die Betrachtung der verfassungsrechtlichen Grundlagen hat jedoch ebenso ergeben, dass ein solches subjektives Recht auf Opferschutz nur in engen Grenzen anzunehmen ist.[143] Zunächst erscheint die Annahme eines subjektiven Rechts auf Opferschutz nur bei Opfern möglich, die durch die Straftat eine erhebliche physische und/oder psychische Beeinträchtigung erlitten haben, wie dies häufig bei

---

[136] BVerfG ZfStrVo 1996, 174 (175).

[137] *Laubenthal*, Strafvollzug, 8. Aufl. 2019, Rn. 483.

[138] Ausführlich *Laubenthal*, Strafvollzug, 8. Aufl. 2019, Rn. 484.

[139] Vgl. *Laubenthal*, Strafvollzug, 8. Aufl. 2019, Rn. 484.

[140] Ausführlich oben im Kapitel 10.

[141] Ausführlich zum Opferbegriff oben im Abschnitt 4.2.

[142] Ausführlich hierzu oben im Abschnitt 10.1.2.3.4; ähnliche Überlegungen finden sich bei *Heuchemer*, in: BeckOK StVollzR RP, 17. Ed. Stand: 01.03.2022, LJVollzG RP § 34 Rn. 4.

[143] Ausführlich hierzu oben im Abschnitt 10.1.2.3.4.

Gewalt- und Sexualdelikten der Fall ist. Allerdings können vergleichbar schwere Beeinträchtigungen auch bei einer vermeintlich geringfügigen Viktimisierung vorliegen, wenn diese für das konkrete Opfer besonders traumatisch war. Daher erscheint eine Beschränkung auf bestimmte Deliktsgruppen verfehlt. Vielmehr muss im Einzelfall geprüft werden, ob dem jeweiligen Straftatopfer ein subjektives Recht auf Opferschutz als Ausfluss der grundrechtlichen Schutzpflichten zukommt.[144]

Weiterhin kann ein verfassungsrechtlich begründetes Recht auf Opferschutz nur dann zu einer Abwägung der Interessen von Opfern und Täter:innen führen, wenn es um die Vermeidung einer erneuten Beeinträchtigung eines konkreten Straftatopfers durch den bzw. die ursprüngliche:n Täter:in geht. Daher muss mit Blick auf das Strafvollzugsrecht ein Viktimisierungszusammenhang zwischen dem bzw. der konkrete:n Gefangenen und dem konkreten Opfer bestehen, damit die Rechte des bzw. der Gefangenen durch die Einbeziehung der Schutzinteressen des Opfers eingeschränkt werden können.[145]

14.5.2.1.2 Vereinbarkeit der opferbezogenen Vorschriften zu den Außenkontakten mit dem verfassungsrechtlichen Resozialisierungsanspruch der Gefangenen

Mit Blick auf die Untersagung bzw. Beschränkung des Kontakts zwischen Gefangenen und Straftatopfern ist zunächst festzuhalten, dass nach den landesrechtlichen Regelungen eine Untersagung nur für Außenkontakte zwischen den Gefangenen und den Opfern ihrer Straftaten möglich ist.[146] Untersagungen von Außenkontakten zum Schutz potenzieller Opfer sind nach diesen Regelungen daher auf der Grundlage des opferbezogenen Untersagungsgrundes in den Landesgesetzen nach den bisherigen Auslegungsergebnissen nicht möglich.[147]

Die Landesvollzugsgesetze können aufgrund des engen strafvollzugsrechtlichen Opferbegriffs nur tatsächliche Straftatopfer schützen. Mittelbar durch die

[144] Ausführlich hierzu oben im Abschnitt 10.1.2.3.4.

[145] Ähnlich auch *Gerhold*, in: BeckOK StVollzR Bln, 11. Ed. Stand: 01.12.2021, StVollzG Bln § 30 Rn. 7.

[146] Vgl. zum Besuch u. a. § 30 Nr. 3 StVollzG Bln; § 35 Nr. 3 BbgJVollzG; § 34 Nr. 3 LJVollzG RP; § 27 Nr. 3 SLStVollzG; § 35 Nr. 3 ThürJVollzGB; vgl. zum Schriftwechsel u. a. § 35 Nr. 3 StVollzG Bln; § 40 Nr. 3 BbgJVollzG; § 39 Nr. 3 LJVollzG RP; § 40 Nr. 3 ThürJVollzGB; ausführlich zum Opferbegriff im Zusammenhang mit dem opferbezogenen Untersagungsgrund bereits oben im Abschnitt 14.2.2.1.

[147] Zu der Ausnahme des § 25 Nr. 3 StVollzG NRW siehe sogleich weiter unten in diesem Abschnitt.

Straftat beeinträchtige Dritte wie beispielsweise Angehörige der unmittelbar viktimisierten Person sind auch mit Blick auf die opferbezogenen Regelungen in den Vorschriften zu den Außenkontakten der Gefangenen nicht in den Schutzbereich einbezogen. Eine derartige Beschränkung auf direkte Opfer liegt in diesem Zusammenhang aus zwei Gründen nahe. Zum einen ist das Recht auf Opferschutz als ein Ausfluss grundrechtlicher Schutzpflichten eng zu begrenzen, da es erhebliche Eingriffe in die Rechte der Gefangenen ermöglicht. Zum anderen dienen die opferbezogenen Untersagungsmöglichkeiten von Außenkontakten dem Schutz des Opfers vor einer erneuten Viktimisierung oder Traumatisierung durch den bzw. die Gefangene:n. Zwar kann auch bei indirekten Opfern in Ausnahmefällen eine erhebliche Beeinträchtigung durch die Straftat eingetreten sein. Zu denken ist beispielsweise an Angehörige der Opfer von Tötungsdelikten. Allerdings besteht in diesen Fällen keine unmittelbare Verbindung zwischen dem bzw. der Gefangenen und dem indirekten Opfer der Straftat. Vielmehr wird diese Verbindung nur durch das tatsächliche Straftatopfer vermittelt.

Die opferbezogenen Untersagungsgründe zu den Außenkontakten in den Ländern Brandenburg, Rheinland-Pfalz, Sachsen-Anhalt und Thüringen, nach denen von den opferbezogenen Untersagungsgründen auch Personen umfasst sind, die im Haftbefehl als Opfer bezeichnet werden, müssen daher eng ausgelegt werden. Dieser Annahme liegen zwei Argumente zugrunde. Zum einen sind Personen, die im Haftbefehl als Opfer bezeichnet werden, nicht zwingend Opfer nach dem hier vertretenen engen strafvollzugsrechtlichen Opferbegriff. Die Opferschaft einer Person wird erst durch das Strafurteil festgestellt. Vor dieser Feststellung handelt es sich bei den im Haftbefehl bezeichneten Personen lediglich um Verletzte im strafprozessualen Sinne, also um mutmaßliche Opfer einer Straftat des bzw. der konkreten Gefangenen.[148] Zum anderen wird in den Vollzugsgesetzen der genannten Länder neben dem Vollzug der Freiheitsstrafe unter anderem auch der Vollzug der Untersuchungshaft geregelt.[149] Bei Untersuchungsgefangenen ist eine Verurteilung durch ein Strafgericht bisher nicht erfolgt und somit auch keine Feststellung der Opferschaft der geschädigten Personen. Daher kann der Haftbefehl in diesen Fällen Anknüpfungspunkt für die Untersagung von Außenkontakten zu Personen sein, die als Opfer des bzw. der Untersuchungsgefangenen in Betracht kommen. Für die Untersagung von Außenkontakten aus Gründen des Opferschutzes haben daher im Haftbefehl genannte Personen mit Blick auf den Vollzug der Freiheitsstrafe keine Bedeutung. Diesbezüglich erscheint eine sprachliche

[148] Zum Verletztenbegriff im Strafprozessrecht oben im Abschnitt 4.2.1.2.2.3.

[149] § 1 Abs. 1 BbgJVollzG, § 1 Abs. 1 LJVollzG RP; § 1 Abs. 1 JVollzGB I LSA; § 1 Abs. 1 ThürJVollzGB.

Klarstellung in den opferbezogenen Untersagungsgründen zu den Außenkontakten in den Gesetzen der Länder Brandenburg, Rheinland-Pfalz, Sachsen-Anhalt und Thüringen erforderlich. Andernfalls ist zu befürchten, dass der Begriff des Opfers im strafvollzugsrechtlichen Sinne durch den nicht eindeutigen Wortlaut der betreffenden Regelungen unscharfe Konturen erhält.

Zu beachten ist weiterhin, dass Kontakte des bzw. der Gefangenen zu Angehörigen des Straftatopfers oder anderen dem Opfer nahestehenden Personen möglicherweise mit der Begründung versagt werden können, dass eine Gefährdung des Resozialisierungsziels möglich erscheint. Eine solche dem Untersagungsgrund des § 25 Nr. 2 StVollzG Bund entsprechende Regelung enthalten alle Landesstrafvollzugsgesetze.[150] Insbesondere im Hinblick auf den Schriftverkehr könnte bei einer Belästigung von Angehörigen des Opfers durch Strafgefangene das Ziel der Befähigung des bzw. der Inhaftierten zu einem Leben in sozialer Verantwortung ohne weitere Straftaten durchaus berührt sein.[151]

Für Hessen ergibt sich diesbezüglich die Besonderheit, dass nach dem Willen des hessischen Gesetzgebers mit der Erweiterung des opferbezogenen Untersagungsgrundes des § 33 Abs. 2 Nr. 3 HStVollzG auf sonstige Gründe des Opferschutzes gerade auch der Schutz von Opferangehörigen erfasst sein soll.[152] Wird der strafvollzugsrechtliche Opferbegriff wie nach der in dieser Arbeit vertretenen Auffassung eng verstanden[153], würde eine Einbeziehung von Opferangehörigen durch § 33 Abs. 2 Nr. 3 HStVollzG zu begrifflichen Unschärfen führen. Weiterhin besteht die grundrechtliche Schutzpflicht gerade nur gegenüber den tatsächlichen Straftatopfern und nicht gegenüber mittelbar durch die Straftat betroffenen Personen.[154] Insofern ist auch der Begriff des Opferschutzes nach § 33 Abs. 2 Nr. 3 HStVollzG unter Berücksichtigung der hohen Eingriffsintensität durch Untersagungen von Außenkontakten für das Resozialisierungsziel

[150] Siehe ausführlich zur Übernahme der Untersagungsgründe aus § 25 StVollzG Bund (Besuch) bzw. den identischen Gründen des § 28 Abs. 2 StVollzG Bund (Schriftverkehr) durch die Landesstrafvollzugsgesetze bereits oben im Abschnitt 14.4.2.1 und im Abschnitt 14.4.2.2.

[151] Unabhängig von einer derartigen strafvollzugsrechtlichen Legitimation eines Verbots des Kontakts zu Opferangehörigen bleibt den Betroffenen die Möglichkeit, gegen Belästigungen des Gefangenen mit einer zivilrechtlichen Unterlassungsklage vorzugehen oder ein Kontakt- und Näherungsverbot nach § 1 GewSchG zu erwirken.

[152] Hierzu bereits in der historischen Auslegung im Abschnitt 14.3.2.

[153] Zum engen strafvollzugsrechtlichen Opferbegriff oben im Abschnitt 4.2.2.

[154] Ausführlich hierzu oben im Abschnitt 10.1.2.2 und im Abschnitt 10.1.2.3, zum subjektiven Recht auf Opferschutz oben im Abschnitt 10.1.2.3.4.

eng auszulegen. Die Angehörigen von Opfern werden vor einer ungewünschten Kontaktaufnahme seitens der Gefangenen durch den Untersagungsgrund der Gefährdung der Eingliederung ausreichend geschützt. Diesen Untersagungsgrund enthält das Gesetz von Hessen in § 33 Abs. 2 Nr. 4 HStVollzG. Einer Einbeziehung von Opferangehörigen in den opferbezogenen Untersagungsgrund bedarf es daher nicht.

Der Opfer- bzw. Opferschutzbegriff in den opferbezogenen Landesvorschriften zu den Außenkontakten ist daher insgesamt eng auszulegen, da andernfalls der Schutz des konkreten Opfers vor einer (Re-)Viktimisierung bzw. (Re-)Traumatisierung als Sinn und Zweck der opferbezogenen Beschränkungs- und Untersagungsgründe nicht hinreichend zum Ausdruck kommt.

Für die Abwägung der Gefangeneninteressen an Außenkontakten und den Interessen des Straftatopfers gelten daher die folgenden Kriterien.

Als ein Kriterium für die Entscheidung über eine Untersagung von Außenkontakten bietet sich zunächst ein Zusammenhang zwischen der Viktimisierung des Straftatopfers und der für die Inhaftierung relevanten Straftat des bzw. der Gefangenen an. Dies folgt bereits aus dem Umstand, dass die Anstalt in der Regel keine Informationen über alle Straftatopfer der Gefangenen haben wird. Insgesamt muss der Schutz tatsächlicher Opfer aufgrund seiner Eingriffsintensität gegenüber den Gefangenen zudem auf direkte Straftatopfer und deren Schutz vor einer erneuten Beeinträchtigung durch den Täter beschränkt sein.

Weiterhin ist zu beachten, dass in vielen Fällen zwischen dem Gefangenen und dem Opfer seiner Straftat vor dem Viktimisierungsereignis keine persönliche Beziehung bestand. In diesen Fällen ist das Argument, dass die Außenkontakte des bzw. der Gefangenen der Aufrechterhaltung seiner sozialen Bindungen dienen, nicht tragfähig. In solchen Fällen wird zum einen nach der Motivation für die Kontaktaufnahme seitens der Gefangenen zu fragen sein. Zum anderen ist fraglich, ob der Kontakt vom Opfer gewünscht ist. Wenn der bzw. die Gefangene den Kontakt zum Straftatopfer zum Zweck der Wiedergutmachung oder des Tatausgleichs sucht, steht die Kontaktaufnahme im Einklang mit dem Vollzugsgrundsatz der Tataufarbeitung.[155]

Allerdings ist auch bei einer so motivierten Kontaktaufnahme zu berücksichtigen, dass die Konfrontation des Opfers mit einem Kontaktgesuch des bzw. der Gefangenen zu einer (Re-)Traumatisierung oder gar erneuten Viktimisierung

[155] Ähnlich *Gerhold*, in: BeckOK StVollzR Bln, 11. Ed. Stand: 01.12.2021, StVollzG Bln § 30 Rn. 7.

führen kann. In diesen Fällen würde trotz einer grundsätzlich als positiv anzusehenden Motivation des bzw. der Gefangenen der Schutz tatsächlicher Opfer auf der Grundlage der grundrechtlichen Schutzpflichten greifen.

Gleiches muss in Fällen gelten, in denen Gefangene durch die Kontaktaufnahme eine erneue Beeinträchtigung des Straftatopfers bezwecken. Eine derartige Motivationslage ist jedoch bereits mit dem Vollzugsziel der Resozialisierung nicht zu vereinbaren. Weiterhin müssen Kontaktgesuche des bzw. der Gefangenen dann untersagt werden, wenn das Straftatopfer nicht an einer Kontaktaufnahme durch den bzw. die Gefangene:n interessiert ist. Eine derartige Ablehnung des Kontakts seitens des Straftatopfers erscheint aus vielerlei Gründen denkbar. Möglicherweise schätzt das Opfer selbst das Retraumatisierungsrisiko als besonders hoch ein oder möchte mit dem Viktimisierungsereignis abschließen. In Fällen, in denen ein Kontakt zwischen dem bzw. der Gefangenen und dem Opfer vom Opfer nicht gewünscht ist, wird ein Kontaktgesuch daher entweder aus Gründen des Schutzes des direkten Opfers oder mit der Begründung der Wahrung der Privatsphäre des Opfers abzulehnen sein. Lobenswert erscheint insofern die Regelung in § 25 Nr. 3 StVollzG NRW, da die Vorschrift ausdrücklich eine Widerspruchsmöglichkeit von Straftatopfern gegen ungewünschte Kontaktversuche der Gefangenen vorsieht. Gleiches gilt für § 48 Abs. 1 Nr. 3 LStVollzG SH, welcher eine Versagung des Schriftwechsels auf Antrag der Verletzten vorsieht.

Die in § 38 Abs. 1 Nr. 5 StVollzG Bln und in § 35 Abs. 1 Nr. 3 SächsStVollzG enthaltene Möglichkeit des Anhaltens von Schreiben, die an das Straftatopfer gerichtet sind, soll als Eingriffsgrundlage für Fälle gelten, in denen der Schriftverkehr zum Opfer bereits durch die Anstaltsleitung untersagt worden ist.[156] Daher dienen die Regelungen einer effektiven Umsetzung des Opferschutzes im Zusammenhang mit den Außenkontakten. Aber auch ohne eine spezielle Eingriffsgrundlage erscheint in allen anderen Bundesländern ein Anhalten von Schreiben an das Opfer bei einer vorangegangenen Untersagung des Außenkontakts zwischen dem bzw. der Gefangene:n und dem Opfer möglich. Die Annahme der Notwendigkeit einer gesonderten Eingriffsgrundlage für an das Opfer gerichtete Schreiben ist aus zwei Gründen nicht überzeugend. Zum einen entspricht das Anhalten solcher Schreiben einerseits einer effektiven Durchsetzung der Untersagung von Schriftverkehr mit dem Opfer aus Opferschutzgründen. Zum anderen deutet der Versuch einer Übersendung von Schreiben an das Opfer trotz Untersagung des Schriftverkehrs auch auf eine Gefährdung der Erreichung des Vollzugsziels i. S. d. § 28 Abs. 2 Nr. 2 StVollzG Bund und den entsprechenden

[156] *Paster*, in: BeckOK StVollzR Bln, 11. Ed. Stand: 01.12.2021, StVollzG Bln § 38 Rn. 12.

Landesvorschriften[157] hin. Einer gesonderten Eingriffsgrundlage zum Anhalten von Schreiben aus Opferschutzgründen bedarf es daher in den Landesgesetzen nicht.

Für die opferbezogenen Vorschriften zu den Außenkontakten der Länder Hessen und Nordrhein-Westfalen ergeben sich zudem die folgenden Besonderheiten für die Vereinbarkeit mit dem Resozialisierungsanspruch der Gefangenen.

Nach dem Willen des hessischen Landesgesetzgebers soll sich aus § 33 Abs. 2 Nr. 3 HStVollzG ein Vorrang des Opferschutzes vor den Gefangeneninteressen ergeben.[158] Mit dem durch § 33 Abs. 2 Nr. 3 HStVollzG bezweckten Vorrang des Opferschutzes vor den Interessen der Gefangenen an Außenkontakten ist sogleich die Vereinbarkeit dieser Regelung mit dem Vollzugsziel der Resozialisierung angesprochen. Ein Vorrang des Opferschutzes ist insofern problematisch, als es sich bei der Untersagung von Außenkontakten um eine Einzelfallentscheidung handelt, bei der es einer Abwägung mit dem Vollzugsziel der Resozialisierung und somit zugleich mit dem verfassungsrechtlich begründeten Resozialisierungsanspruch der Gefangenen bedarf.[159] Hiervon zeugt auch bereits der Wortlaut des § 33 Abs. 2 HStVollzG, welcher eine Untersagung von Außenkontakten im Einzelfall vorsieht, wobei die Entscheidung im Ermessen der Anstaltsleitung steht.[160] Ein genereller Vorrang des Opferschutzes vor den Gefangeneninteressen wäre daher weder mit dem Wortlaut des § 33 Abs. 2 HStVollzG noch mit dem Vollzugsziel der Resozialisierung vereinbar. Daher bleibt es trotz der Erweiterung des opferbezogenen Untersagungsgrundes des § 33 Abs. 2 Nr. 3 HStVollzG auch in Hessen bei einer Abwägung der Opferschutzinteressen mit den Interessen der Gefangenen an den Außenkontakten im Einzelfall.

Weiterhin sollen nach dem Willen des hessischen Gesetzgebers auch die Außenkontakte der Gefangenen zu Dritten nach § 33 Abs. 2 Nr. 3 HStVollzG aus Gründen des Opferschutzes untersagt werden können.[161] In der Begründung zu dieser Regelung wird als Beispiel für einen Anwendungsfall des Untersagungsgrundes die Beeinflussung von Personen durch die Gefangenen im Rahmen von Außenkontakten mit dem Ziel einer Beeinträchtigung der Opfer durch

---

[157] Ausführlich zur Übernahme des § 28 Abs. 2 Nr. 2 StVollzG Bund durch die Landesstrafvollzugsgesetze oben im Abschnitt 14.4.2.2.

[158] Vgl. Landtag Hessen Drs. 20/2967, S. 46 mit Verweis auf S. 33.

[159] Siehe hierzu für das StVollzG Bln *Gerhold*, in: BeckOK StVollzR Bln, 11. Ed. Stand: 01.12.2021, StVollzG Bln § 30 Rn. 7; allgemein zum Vollzugsziel der Resozialisierung oben im Abschnitt 5.1.1; speziell zu dessen verfassungsrechtlichen Verankerung oben im Abschnitt 5.1.1.2.

[160] Hierzu bereits in der grammatischen Auslegung oben im Abschnitt 14.2.2.6.

[161] Hierzu bereits in der historischen Auslegung oben im Abschnitt 14.3.2.

die beeinflussten Personen genannt. Diesbezüglich ist bereits fraglich, ob diese Erweiterung des opferbezogenen Untersagungsgrundes des § 33 Abs. 2 Nr. 3 HStVollzG erforderlich war. Denn in Fällen, in denen die Gefangenen Dritte beeinflussen, um die Opfer ihrer Straftaten zu schädigen, erscheint bereits das Vollzugsziel der Resozialisierung durch diese Außenkontakte zu den Dritten gefährdet. In diesen Fällen ist § 33 Abs. 2 Nr. 4 HStVollzG für die Untersagung der Außenkontakte anwendbar. Allein für Außenkontakte zu Angehörigen der Gefangenen erscheint daher durch die Regelung des § 33 Abs. 2 Nr. 3 HStVollzG eine Erweiterung des Schutzbereichs des opferbezogenen Untersagungsgrundes erfolgt zu sein. Dieser Schluss ergibt sich aus dem Umstand, dass eine Untersagung von Außenkontakten wegen der Gefährdung der Eingliederung der Gefangenen nach § 33 Abs. 2 Nr. 4 HStVollzG auf Außenkontakte zwischen Gefangenen und ihren Angehörigen nicht anwendbar ist.[162] Der Frage, inwiefern der opferbezogene Untersagungsgrund des § 33 Abs. 2 Nr. 3 HStVollzG für die Kontakte zwischen Gefangenen und ihren Angehörigen von Bedeutung ist, wird sogleich im Zusammenhang mit der Vereinbarkeit von Art. 6 GG und den opferbezogenen Regelungen zu den Außenkontakten nachgegangen.[163]

Mit Blick auf § 25 Nr. 3 StVollzG NRW ist zu beachten, dass diese Vorschrift nach dem Wortlaut neben dem Straftatopfer auch den Schutz Dritter umfasst.[164] Insofern bildet § 25 Nr. 3 StVollzG NRW eine Ausnahme von dem Grundsatz, dass die opferbezogenen Vorschriften zu den Außenkontakten allein auf den Schutz tatsächlicher Opfer ausgerichtet sind. Nach § 25 Nr. 3 StVollzG NRW ist eine Untersagung des Kontakts zwischen Gefangenen und Opfern auch zum Schutz gefährdeter Dritter möglich. Diese Regelung erscheint deswegen problematisch, weil sie gerade die Untersagung des Kontakts zwischen Gefangenen und Opfern zum Schutz gefährdeter Dritter – also nicht nur zum Schutz des tatsächlichen Straftatopfers – ermöglicht. Dementsprechend kann der Eingriff in die Rechte des bzw. der Gefangenen auf Außenkontakte hier nicht durch das subjektive Recht auf Opferschutz als ein Ausfluss grundrechtlicher Schutzpflichten des Staates für das Opfer legitimiert werden. Denn dieses Recht steht allein dem tatsächlichen Straftatopfer infolge seine Viktimisierung durch den bzw. die Gefangene:n zu.

[162] Ausführlich zu diesem sogenannten Angehörigenprivileg sogleich unten im Abschnitt 14.5.2.3.1.

[163] Hierzu sogleich unten im Abschnitt 14.5.2.3.3.3.

[164] Zur Wortlautauslegung des § 25 Nr. 3 StVollzG NRW siehe bereits oben im Abschnitt 14.2.2.6.

Vor diesem Hintergrund muss hinsichtlich der Gefährdung dritter Personen durch den Kontakt zwischen Gefangenen und Straftatopfern ein sehr enger Maßstab angelegt werden. Insbesondere muss klar umgrenzt werden, wer zum Personenkreis der „gefährdeten Dritten" gezählt wird. Mit Blick auf eine besondere Schutzbedürftigkeit des Straftatopfers – welche in § 25 Nr. 3 StVollzG NRW zu Ausdruck kommt – kann es sich bei diesen „gefährdeten Dritten" allenfalls um Personen handeln, die durch die konkrete Viktimisierung des Opfers mitbetroffen sind. Zu denken ist insbesondere an Familienangehörige des Straftatopfers oder an Personen, die mit dem Opfer in einer vergleichbar engen Beziehung stehen.

Der Gesetzesbegründung des StVollzG NRW ist nun allerdings zu entnehmen, dass durch die Berücksichtigung der Schutzinteressen Dritter nicht indirekte Opfer der von Gefangenen begangenen Straftaten geschützt werden sollen, sondern potenzielle Opfer etwaiger künftiger Straftaten.[165] Mit dieser Begründung kann die Untersagung von Außenkontakten zum Schutz gefährdeter Dritter aber nicht als Schutz indirekter Opfer angesehen werden, sondern nur als Schutz potenzieller Opfer. Letztlich ist in § 25 Nr. 3 StVollzG NRW daher eine Aufwertung des Sicherheitsschutzes der Allgemeinheit zu sehen, da Außenkontakte nach § 25 Nr. 2 StVollzG NRW bereits dann untersagt werden können, wenn sie die Eingliederung der Gefangenen gefährden. Dies dürfte bei der Gefährdung potenzieller Opfer durch den Kontakt des tatsächlichen Opfers zu dem bzw. der Gefangenen in der Regel der Fall sein. Mithin wäre ein derartiger Kontakt zwischen Gefangenen und potenziellen Opfern als ein Resozialisierungshindernis anzusehen und könnte dementsprechend versagt werden. Für die vom nordrhein-westfälischen Gesetzgeber vorgenommene zusätzliche Normierung des Schutzes potenzieller Opfer wie in § 25 Nr. 3 StVollzG NRW besteht daher keine Notwendigkeit.

Daher bedarf es einer teleologischen Reduktion von § 25 Nr. 3 StVollzG NRW dahingehend, dass allenfalls indirekte Opfer unter den Begriff der „gefährdeten Dritten" gefasst werden können. Indes sind an die Gefährdungsprognose in diesem Fall hohe Anforderungen zu stellen. Während bei direkten Opfern eine mögliche (Re-)Viktimisierung bzw. (Re-)Traumatisierung naheliegt, sind bei indirekten Opfern konkrete Anhaltspunkte für die Gefährdung durch den bzw. die Gefangene:n zu fordern. Sodann muss die besondere Schutzbedürftigkeit der indirekten Opfer mit dem Resozialisierungsinteresse des bzw. der Gefangenen abgewogen werden. Sofern diese beiden Voraussetzungen nicht vorliegen, erscheint eine Einbeziehung der Schutzinteressen indirekter Opfer nicht möglich.

---

[165] Vgl. die Begründungen zu § 7 StVollzG NRW, Landtag NRW Drs. 16/5413, S. 86, und zu § 25 StVollzG NRW a. a. O. S. 106.

Nach einer wortlautgetreuen Auslegung von § 25 Nr. 3 StVollzG NRW würde für gefährdete Dritte zudem die Möglichkeit bestehen, einer Kontaktaufnahme zwischen dem bzw. der konkrete:n Gefangenen und dem konkreten Straftatopfer zu widersprechen. Eine solche Auslegung der Vorschrift wäre jedoch aus zwei Gründen mit dem Verfassungsrecht, insbesondere mit dem Resozialisierungsgebot, nicht vereinbar. Zum einen kommt gefährdeten Dritten kein subjektives Recht auf Opferschutz zu, da dieses Recht auf ein strafrechtlich festgestelltes Viktimisierungsereignis zurückgeführt werden muss.[166] Dementsprechend lässt sich eine derartige Einbeziehung von gefährdeten Dritten unter Berücksichtigung des vorliegend vertretenen engen strafvollzugsrechtlichen Opferbegriffs nicht legitimieren.[167] Zum anderen können gefährdete Dritte allenfalls einer Kontaktaufnahme des bzw. der Gefangenen gegenüber ihnen selbst widersprechen, nicht jedoch einem Kontakt zwischen Gefangenen und Opfern. Dies würde in die Autonomie des Opfers eingreifen und käme einer Entmündigung gleich.[168] Hieraus könnten erneut (re-)viktimisierende Folgen für das Opfer resultieren, was wiederum dem Opferschutz zuwiderliefe. Hiervon zu unterscheiden sind selbstverständlich Fälle, in denen eine dritte Person durch den bzw. die Gefangene:n konkret gefährdet wird und entsprechende Schutzmaßnahmen getroffen werden müssen. Dies betrifft jedoch in der Sache nicht die Untersagung von Kontakten zwischen Gefangenen und Opfern, sondern vielmehr Schutzmaßnahmen gegenüber dem bzw. der Dritten, ohne dass es eines Widerspruchs i. S. d. § 25 Nr. 3 StVollzG NRW bedarf. Daher kann sich ein mögliches Widerspruchsrecht der gefährdeten Dritten i. S. d. § 25 Nr. 3 StVollzG NRW nur auf die Möglichkeit einer Untersagung oder Beschränkung von Kontaktaufnahmen der Gefangenen gegenüber dem bzw. der Dritten, nicht jedoch gegenüber dem Opfer beziehen.

Für die Gesetze der Länder Berlin und Nordrhein-Westfalen konnte als weitere Besonderheit festgestellt werden, dass die Entscheidungskompetenz über eine opferbezogene Untersagung bzw. Beschränkung von Außenkontakten nach dem Wortlaut der betreffenden Vorschriften nicht allein bei der Anstaltsleitung liegt.[169] Diesbezüglich stellt sich die Frage, ob diese Entscheidungen aufgrund ihrer möglichen Auswirkungen auf den Resozialisierungsanspruch der Gefangenen auch ohne eine ausdrückliche Zuständigkeitsregelung durch die Anstaltsleitung zu

---

[166] Ausführlich zum subjektiven Recht auf Opferschutz oben im Abschnitt 10.1.2.3.4.

[167] Ausführlich zum strafvollzugsrechtlichen Opferbegriff oben im Abschnitt 4.2.2.

[168] Ähnlich auch bereits *Feest/Wegner*, in: AK-StVollzG, 7. Aufl. 2017, § 27 LandesR Rn. 13; vgl. auch *Knauer*, in: AK-StVollzG, 8. Aufl. 2022, § 27 LandesR Rn. 20.

[169] Vgl. §§ 30 Nr. 3, 35 Nr. 3, 38 Abs. 1 Nr. 5 StVollzG Bln; § 25 Nr. 3 StVollzG NRW; ausführlich zur grammatischen Auslegung dieser Vorschriften oben im Abschnitt 14.2.2.1, im Abschnitt 14.2.2.2 und im Abschnitt 14.2.2.6.

treffen sind. Das Strafvollzugsrecht ist grundsätzlich monokratisch ausgestaltet, sodass die jeweilige Anstaltsleitung die Verantwortung für ihre Anstalt trägt und diese auch nach außen vertritt.[170] Daher findet sich in den Landesgesetzen vielfach eine ausdrückliche Bestimmung der Anstaltsleitung als Entscheidungsinstanz.[171] Allerdings ist auch dann, wenn die Landesgesetze bestimmte Entscheidungen nicht ausdrücklich dem Aufgabenbereich der Anstaltsleitung zuweisen, grundsätzlich von deren Alleinzuständigkeit auszugehen.[172] Hieraus folgt, dass auch in den Gesetzen der Länder Berlin und Nordrhein-Westfalen die Entscheidungskompetenz für die Untersagung bzw. Beschränkung von Außenkontakten der Anstaltsleitung obliegt. Gleichwohl erscheint eine Delegation auf andere Vollzugsbedienstete durch die Anstaltsleitung und somit eine Dezentralisierung dieses Aufgabenbereichs möglich.[173] Da die Untersagung von Außenkontakten wenigstens den Resozialisierungsanspruch der Gefangenen betrifft, erscheint es erforderlich, dass derartige Entscheidungen aufgrund ihrer Tragweite durch die Anstaltsleitung getroffen werden. Dies gilt insbesondere mit Blick auf den opferorientierten Strafvollzug, da die Auslegung gezeigt hat, dass es sich bei der Entscheidung über die Gewährung bzw. Versagung von Außenkontakten aus Opferschutzgründen um einen äußerst komplexen Vorgang handelt.

Hinsichtlich der Frage, ob die opferbezogenen Untersagungsgründe ohne ausdrückliche Verweisung auf die Vorschriften zum Besuch und zum Schriftwechsel auch auf andere Arten des Außenkontakts anwendbar sind, gilt das Folgende.[174] Da sich alle Landesgesetze zur Opferorientierung des Strafvollzugsrechts bekannt haben,[175] muss auch in allen Bundesländern die opferbezogene Untersagung aller Arten von Außenkontakten möglich sein. Hierfür spricht insbesondere, dass bei Situationen, in denen das Opfer durch den bzw. die Gefangene:n in fernmündlicher Form oder durch andere Formen der Telekommunikation kontaktiert wird, im Gegensatz zum Besuch ein Mitwirkungsakt des Opfers nicht notwendig ist. Die Gefahr einer (Re-)Viktimisierung oder (Re-)Traumatisierung des Opfers durch einen Telefonanruf des bzw. der Gefangenen ist ungleich höher als bei einem im

[170] *Laubenthal*, Strafvollzug, 8. Aufl. 2019, Rn. 262 f. m. N. zu den Vorschriften der Landesgesetze.

[171] Vgl. nur § 35 BbgJVollzG; § 35 ThürJVollzGB; weiterführend *Laubenthal*, Strafvollzug, 8. Aufl. 2019, Rn. 263.

[172] *Laubenthal*, Strafvollzug, 8. Aufl. 2019, Rn. 263.

[173] Weiterführend hierzu *Laubenthal*, Strafvollzug, 8. Aufl. 2019, Rn. 263.

[174] Ausführlich zu der in den Landesgesetzen gewählten Verweisungstechnik oben im Abschnitt 14.4.2.

[175] Hierzu oben im Abschnitt 5.2.2.2; ausführlich zu den kriminalpolitischen Motiven im Abschnitt 9.3.

Regelfall durch das Opfer initiierten Besuch bei dem bzw. der Gefangenen. In letzterem Fall kann das Opfer gegebenenfalls die Folgen der direkten Konfrontation mit dem bzw. der Gefangenen nicht hinreichend einschätzen, ist jedoch nicht zu einem Besuch in der Vollzugsanstalt gezwungen. Bei einer indirekten Konfrontation durch Anrufe kann das Opfer sich demgegenüber selbst kaum schützen. Diesbezüglich ergibt sich eine Parallele zum Erhalt eines unerwarteten Briefes von dem bzw. der Gefangenen. Insofern besteht nicht nur für Besuche und den Schriftverkehr eine besondere Schutzbedürftigkeit des Opfers vor einer (erneuten) Viktimisierung oder Traumatisierung durch die Begegnung mit dem bzw. der Täter:in, sondern vielmehr gerade auch bei den übrigen Möglichkeiten der Außenkontakte. Hieraus folgt, dass der Untersagungsgrund des Opferschutzes auch ohne ausdrückliche Verweisung auf die Vorschriften zum Besuch oder zum Schriftwechsel auf alle Formen des Außenkontakts Anwendung finden muss, um das Opfer bestmöglich zu schützen.

Zusammenfassend ist daher festzuhalten, dass der opferbezogene Untersagungsgrund nur auf den Schutz tatsächlicher Opfer bezogen werden kann. Daher können Untersagungen von Außenkontakten zu anderen Personen als den Opfern der Gefangenen allenfalls auf anstaltsbezogene Gründe (Sicherheit und Ordnung der Anstalt) oder gefangenenbezogene Gründe (schädlicher Einfluss auf Gefangene oder Resozialisierung) gestützt werden. Die Untersagung von Kontakten zwischen Gefangenen und Opfern muss weiterhin bei allen Arten von Außenkontakten möglich sein. Zudem bedarf es bei der Entscheidung über die Untersagung von Außenkontakten immer einer umfassenden Abwägung mit dem verfassungsrechtlichen Anspruch des bzw. der Gefangenen auf Resozialisierung, welchem gerade auch durch die Gewährung von Außenkontakten mit Blick auf die Vollzugsgrundsätze der Gegensteuerung und Eingliederung entsprochen wird. Derart komplexe Entscheidungen müssen allein der Anstaltsleitung obliegen.

14.5.2.2 Vereinbarkeit opferbezogener Vorschriften mit der allgemeinen Handlungsfreiheit des Opfers aus Art. 2 Abs. 1 GG

Ferner könnte sich auch aus der allgemeinen Handlungsfreiheit gemäß Art. 2 Abs. 1 GG ergeben, dass die Anstaltsleitung den Kontakt zwischen Gefangenen und Opfern nicht untersagen kann, wenn das Opfer diesen Kontakt wünscht. Art. 2 Abs. 1 GG schützt die allgemeine Handlungsfreiheit nach h. M. in einem umfassenden Sinne.[176] So hat sich das BVerfG in ständiger Rechtsprechung für

---

[176] Siehe nur BVerfGE 20, 150 (154); BVerfGE 54, 143 (146); weiterführend *Di Fabio,* in: Dürig/Herzog/Scholz (Hrsg.), GG, 95. EL Juli 2021, Art. 2 Abs. 1 Rn. 12 m. w. N. zur h. M.

eine weite Auslegung des Schutzbereichs des Art. 2 Abs. 1 GG ausgesprochen.[177] Vorbehaltlich vorrangiger Spezialgrundrechte erfasst der Schutzbereich des Art. 2 Abs. 1 GG jedes Tun und Lassen nach dem eigenen Willen.[178] Daher ist die allgemeine Handlungsfreiheit als umfassende, subjektiv-rechtliche Freiheitsgarantie zu verstehen, welche einen lückenlosen Grundrechtsschutz sichert.[179] Der allgemeinen Handlungsfreiheit könnte demnach auch die autonome Entscheidung eines Straftatopfers über den Kontakt zu dem oder der inhaftierten Täter:in unterfallen.

Zwar hat sich die Rechtsprechung, soweit ersichtlich, bisher noch nicht mit derartig gelagerten Sachverhalten befasst. Allerdings betrifft die Entscheidung darüber, ob eine Person zu einer anderen Person Kontakt pflegen möchte, den grundlegenden Kern autonomer Entscheidungen über das eigene Handeln. Für die allgemeine Handlungsfreiheit ist es ohne Belang, ob die Entscheidung des Grundrechtsträgers bzw. der Grundrechtsträgerin unter sozialethischen Gesichtspunkten als wertvoll einzuordnen ist oder ob sich das Verhalten allein als Ausdruck personaler Willkür darstellt.[180] Hieraus ergibt sich, dass auf der Grundlage von Art. 2 Abs. 1 GG grundsätzlich alles erlaubt ist, was nicht ausdrücklich verboten wurde, und gerade nicht alles verboten ist, was nicht ausdrücklich erlaubt worden ist.[181]

Die Entscheidung des Opfers für und gegen den Kontakt zu dem bzw. der Täter:in der eigenen Viktimisierung betrifft zugleich die Entscheidung über die eigene Schutzbedürftigkeit des Straftatopfers. Diese Einschätzung der eigenen Schutzbedürftigkeit kann das Straftatopfer vor oder nach der Inhaftierung des bzw. der Täter:in selbstbestimmt vornehmen, ohne dass irgendeine Bevormundung durch staatliche Stellen erfolgt.[182] Es erscheint daher nicht schlüssig, wenn nur aufgrund der besonderen Situation des Täters bzw. der Täterin während der Inhaftierung das kontaktbezogene Selbstbestimmungsrecht des Opfers beschränkt wird.

Zwar dient die Untersagungsmöglichkeit des Kontakts zwischen Gefangenen und Straftatopfern bei einer Gefährdung des Opfers gerade dem Opferschutz. Jedoch darf dieser Schutz nicht von staatlicher Seite aufgedrängt werden und

---

[177] BVerfG NJW 2005, 126 (126); NJW 1995, 649 (649).

[178] *Di Fabio,* in: Dürig/Herzog/Scholz (Hrsg.), GG, 95. EL Juli 2021, GG Art. 2 Abs. 1 Rn. 12.

[179] *Di Fabio,* in: Dürig/Herzog/Scholz (Hrsg.), GG, 95. EL Juli 2021, GG Art. 2 Abs. 1 Rn. 12; *Lang*, in: BeckOK GG, 50. Ed. Stand: 15.02.2022, GG Art. 2 Rn. 2.

[180] BVerfG NJW 1994, 1577 (1578).

[181] *Hufen*, Staatsrecht II, 9. Aufl. 2021, § 14 Rn. 4 ff.

[182] Ähnlich auch *Joiko/Gelber*, TOA-Magazin 01/2013, 14 (16); *Kratzer-Ceylan/Kaspar*, Forum Strafvollzug 2017, 295 (296); *Feest/Wegner*, in: AK-StVollzG, 7. Aufl. 2017, § 32 LandesR Rn. 12; *Knauer*, in: AK-StVollzG, 8. Aufl. 2022, § 32 LandesR Rn. 13 f.

zu einer Entmündigung des Straftatopfers führen. Wünscht das volljährige Straftatopfer den Kontakt zu dem bzw. der Gefangenen, so ist dieser trotz einer möglichen (Re-)Viktimisierungs- oder Traumatisierungsgefahr zu gewähren. Demzufolge stellt sich die Untersagung von vom Opfer gewünschten Kontakten durch die Anstaltsleitung als eine Beschränkung der allgemeinen Handlungsfreiheit des Straftatopfers gemäß Art. 2 Abs. 1 GG dar.

In Fällen, in denen die Anstaltsleitung eine Gefährdung des Straftatopfers durch den Kontakt zu dem oder der Gefangenen befürchtet und berechtigte Zweifel daran hat, dass die Gefahr einer erneuten Viktimisierung seitens des Opfers nicht zutreffend erfasst wird, bestehen andere Möglichkeiten des Opferschutzes. So sehen die Länder Sachsen und Schleswig-Holstein nur bei minderjährigen Straftatopfern die Möglichkeit einer Untersagung von Kontakten zwischen Gefangenen und Opfern vor.[183] In der Gesetzesbegründung zum Gesetz des Landes Sachsen wird dabei deutlich auf die besondere Schutzbedürftigkeit minderjähriger Opfer hingewiesen und die Beschränkung des Untersagungsgrundes auf diese Opfergruppe mit der häufig fehlenden Reife zur Einschätzung von Gefährdungssituationen abgestellt.[184] Hinsichtlich einer etwaigen Gefährdung volljähriger Opfer durch den Kontakt zu dem oder der Gefangenen verweisen die Gesetzesmaterialien demgegenüber zutreffend auf die Möglichkeiten eines Vorgesprächs mit der Anstaltsleitung oder auf Hinweise auf Opferhilfeeinrichtungen.[185] Derartige Vorschläge erscheinen geeignet, einerseits die Autonomie volljähriger Straftatopfer hinsichtlich der Entscheidung über Kontakte zu dem oder der inhaftierten Täter:in zu gewährleisten und andererseits die grundrechtliche Schutzpflicht hinsichtlich des Schutzes der Opfer vor einer erneuten Viktimisierung zu erfüllen.

---

[183] Vgl. §§ 27 Nr. 3, 32 Nr. 3 SächsStVollzG; § 43 Abs. 2 S. 1 LStVollzG SH; kritisch hinsichtlich der fehlenden Beschränkung im StVollzG Bln *Gerhold*, in: BeckOK StVollzR Bln, 11. Ed. Stand: 01.12.2021, StVollzG Bln § 30 Rn. 7; auch eine nach § 30 Abs. 1 S. 3 SächsStVollzG grundsätzlich mögliche Untersagung von Telefonaten mit dem volljährigen Opfer kommt mit Blick auf Art. 2 Abs. 1 GG nicht in Betracht, wenn dem bzw. der Gefangenen ansonsten Telefonate gestattet werden; a. A. *Straßer*, in: BeckOK StVollzR Sachsen, 18. Ed. Stand: 01.03.2022, SächsStVollzG § 30 Rn. 5; gleiches muss für die opferbezogene Untersagung hinsichtlich des Paketversandes gemäß § 37 Abs. 5 S. 3 gelten; a. A. erneut *Straßer*, in: BeckOK StVollzR Sachsen, 18. Ed. Stand: 01.03.2022, SächsStVollzG § 37 Rn. 58.

[184] Vgl. Landtag Sachsen Drs. 5/10920, S. 107; in diesem Sinne auch *Kratzer-Ceylan/Kaspar*, Forum Strafvollzug 2017, 295 (296 f.).

[185] Vgl. Landtag Sachsen Drs. 5/10920, S. 107; kritisch bezüglich der Umsetzbarkeit durch die Vollzugsanstalten *Knauer*, in: AK-StVollzG, 8. Aufl. 2022, § 32 LandesR Rn. 14.

14.5.2.3 Vereinbarkeit opferbezogener Vorschriften mit dem Schutz von Ehe und Familie aus Art. 6 GG

14.5.2.3.1 Vorüberlegungen zur Berücksichtigung von Art. 6 GG bei opferbezogenen Vorschriften

Weiterhin ist in Fällen, in denen Gefangene und Opfer verheiratet oder verwandt sind, an das Grundrecht auf den Schutz von Ehe und Familie aus Art. 6 GG zu denken. Nach Art. 6 Abs. 1 GG stehen Ehe und Familie unter dem besonderen Schutz der staatlichen Ordnung. Zugleich wird durch Art. 6 Abs. 1 GG garantiert, dass Ehe und Familie als eine Sphäre privater Lebensgestaltung der staatlichen Einwirkung in der Regel entzogen sind.[186] Folglich ergeben sich aus Art. 6 Abs. 1 für die jeweiligen Grundrechtsträger sowohl Abwehrrechte als auch Schutzrechte.[187] Daneben ergeben sich aus Art. 6 Abs. 2 GG die verfassungsrechtlichen Rechte und Pflichten der Eltern hinsichtlich der Pflege und Erziehung ihrer Kinder und das Wächteramt des Staates bezüglich dieser Rechte.[188]

Die Abwehrrechte aus Art. 6 GG sind auf eine Abwehr staatlicher Eingriffe in diesen Schutzbereich gerichtet. Da es sich bei einer Untersagung von Kontakten der Gefangenen mit Ehepartnern und Kindern um einen solchen Eingriff handeln kann, ist dieser Themenkreis ersichtlich von besonderer Relevanz für das Strafvollzugsrecht. Bereits im StVollzG Bund war in den Vorschriften zu den Außenkontakten das sogenannte Angehörigenprivileg normiert, wonach für eine Untersagung von Außenkontakten zwischen Gefangenen und Angehörigen ein besonders hoher Maßstab galt.[189] Auch in den Landesgesetzen finden

---

[186] *Badura,* in: Dürig/Herzog/Scholz (Hrsg.), GG, 95. EL Juli 2021, GG Art. 6 Rn. 1.

[187] Allgemein hierzu *Isensee,* § 191 Das Grundrecht als Abwehrrecht und als staatliche Schutzpflicht, in: Isensee/Kirchhof (Hrsg.), Handbuch des Staatsrechts, Bd. IX, 2011, Rn. 30; zum Abwehrrecht gegen staatliche Eingriffe in den Kernbereich ehelicher und familiärer Lebensgestaltung, insbesondere gegen störende, schädigende oder benachteiligende Eingriffe des Staates in Ehe oder Familie siehe BVerfGE 6, 386 (388); 13, 290 (296, 299); 81, 1 (6 f.); ausführlich hierzu *Badura,* in: Dürig/Herzog/Scholz (Hrsg.), GG, 95. EL Juli 2021, GG Art. 6 Rn. 73 f.; zu dem aus Art. 6 GG folgenden an den Staat gerichteten Schutzgebot für Ehe und Familie siehe *Badura,* in: Dürig/Herzog/Scholz (Hrsg.), GG, 95. EL Juli 2021, GG Art. 6 Rn. 2, 72.

[188] Weiterführend zu den Elternrechten und -pflichten aus Art. 6 Abs. 2 S. 1 GG siehe *Badura,* in: Dürig/Herzog/Scholz (Hrsg.), GG, 95. EL Juli 2021, GG Art. 6 Rn. 89 ff.; *Uhle,* in: BeckOK GG, 50. Ed. Stand: 15.02.2022, Art. 6 Rn. 46 ff.; zum Wächteramt des Staates aus Art. 6 Abs. 2 S. 2 GG siehe *Badura,* in: Dürig/Herzog/Scholz (Hrsg.), GG, 95. EL Juli 2021, GG Art. 6 Rn. 139 ff.; *Uhle,* in: BeckOK GG, 50. Ed. Stand: 15.02.2022, GG Art. 6 GG Rn. 60 ff.

[189] Vgl. § 25 Nr. 2 StVollzG Bund zur Privilegierung bei der Untersagung von Besuchen, selbst wenn von den Angehörigen negative Auswirkungen auf die Gefangenen ausgehen können; zur Gesetzesbegründung siehe BT-Drs. 7/918, S. 59; weiterführend *Bosch,* in: BeckOK

sich unterschiedliche Ausprägungen des Angehörigenprivilegs bzw. der besonderen Förderung von Außenkontakten zu Angehörigen.[190] Weiterhin finden sich zur Untersagung oder Beschränkung von Außenkontakten zwischen Gefangenen und Ehepartner:innen und Kindern in der Rechtsprechung bereits zahlreiche Entscheidungen.[191] Unter Berücksichtigung der nunmehr in den Landesgesetzen ausdrücklich normierten Untersagungsmöglichkeiten von Außenkontakten zum Straftatopfer und dem Umstand, dass einige Inhaftierte gerade auch Straftaten in der Familie und im sozialen Nahraum verübt haben, ergibt sich darüber hinaus eine besondere Relevanz für den opferbezogenen Strafvollzug.

Für die Frage, ob die opferbezogenen Vollzugsvorschriften zu den Außenkontakten mit Art. 6 GG vereinbar sind, muss zunächst der Schutzbereich des Art. 6 GG geklärt werden, um sodann die möglichen Eingriffe durch die Entscheidungen der Anstalt über Außenkontakte herausstellen zu können. Erst im Anschluss daran ist es möglich, die opferbezogenen Vollzugsvorschriften zu den Außenkontakten unter Berücksichtigung von Art. 6 GG teleologisch auszulegen.

14.5.2.3.2 Allgemein zum Schutz von Ehe und Familie durch Art. 6 GG

Die Ehe i. S. d. Art. 6 Abs. 1 GG wird vom BVerfG definiert als eine auf freiem Entschluss beruhende, auf der Grundlage gleichberechtigter Partnerschaft frei ausgestaltete und staatlich beurkundete Verbindung zwischen Mann und Frau zur grundsätzlich unauflöslichen Lebensgemeinschaft.[192] Folglich sind gleichgeschlechtliche Ehen nicht vom Begriff der Ehe im Sinne von Art. 6 Abs. 1

StVollzR Bund, 21. Ed. Stand: 01.02.2022, StVollzG Bund § 25 Rn. 10 f.; das Angehörigenprivileg war zudem auch in § 28 Abs. 2 Nr. 2 StVollzG Bund (Recht auf Schriftwechsel) normiert.

[190] Vgl. nur § 19 Abs. 1 S. 2, § 20 Nr. 2 und § 23 Abs. 2 Nr. 2 JVollzGB III BaWü; Art. 28 Nr. 2 und Art. 31 Abs. 2 Nr. 2 BayStVollzG; § 29 Abs. 2 und § 30 Nr. 2 StVollzG Bln; § 34 Abs. 2, § 35 Nr. 2 und § 40 Nr. 2 BbgJVollzG; § 26 Abs. 2, § 27 Nr. 2 und § 32 Nr. 2 BremStVollzG; § 26 Abs. 2, Abs. 6 Nr. 2 und § 29 Abs. 2 Nr. 2 HmbStVollzG; § 33 Abs. 1 S. 2, Abs. 2 Nr. 4 und § 34 Abs. 2 HStVollzG; § 25 Abs. 2, 3, § 26 Nr. 2 und § 29 Abs. 2 Nr. 2 NJVollzG; § 18 Abs. 2, § 19 Abs. 2 und 4 sowie § 25 Nr. 2 StVollzG NRW; § 26 Abs. 2, § 27 Nr. 2 und § 32 Nr. 2 StVollzG MV; § 33 Abs. 2, § 34 Nr. 2 und § 39 Nr. 2 LJVollzG RP; § 26 Abs. 2, 4, § 27 Nr. 2 und § 32 Nr. 2 SLStVollzG; § 26 Abs. 2, 4, § 27 Nr. 2 und § 32 Nr. 2 SächsStVollzG; § 33 Abs. 2, 3, § 34 Nr. 2 und § 39 Nr. 2 JVollzGB I LSA; § 42 Abs. 2, 4, § 43 Abs. 2 Nr. 2 und § 48 Abs. 1 Nr. 2 LStVollzG SH; § 34 Abs. 2, 3, § 35 Nr. 2 und § 40 Nr. 2 ThürJVollzGB.

[191] Siehe nur OLG München StV 2009, 198 f.; KG NStZ-RR 2009, 388 ff.; BVerfG, Beschl. v. 21.09.2018 – 2 BvR 1649/17 – juris; zur Untersuchungshaft siehe nur BVerfG NJW 1976, 1311 f.; BVerfG NStZ 1994, 52; BGH NStZ 2009, 519 ff.

[192] BVerfGE 10, 59 (66); BVerfGE 49, 286 (300); BVerfGE 105, 313 (343).

GG umfasst. Dies wird unter anderem damit begründet, dass sich die besondere Schutzbedürftigkeit der Ehe objektiv aus der für sie charakteristischen Ausrichtung auf die Familiengründung ergebe, welche bei einer Gleichgeschlechtlichkeit der Partner:innen nicht in gleicher Weise möglich ist.[193] Weiterhin unterfallen auch nichteheliche Lebensgemeinschaften nicht dem Ehebegriff des Art. 6 Abs. 1 GG.[194]

Der Schutz der Familie durch Art. 6 Abs. 1 GG beruht auf der besonderen Schutzbedürftigkeit der auf Abstammung beruhenden Lebensgemeinschaft von Eltern und Kindern.[195] Das natürliche Band der Abstammung des Kindes von seinen leiblichen Eltern und die hieraus erwachsende umfassende Gemeinschaft zwischen Eltern und Kindern bilden den Kern des Familienbegriffs.[196] Kein Bestandteil des Familienbegriffs i. S. d. Art. 6 Abs. 1 GG ist demgegenüber die Ehe der Eltern. Auch nichteheliche Lebensgemeinschaften mit Kindern oder Alleinerziehende unterfallen daher dem Begriff der Familie.[197] Schutzgut ist die familiäre Lebensgemeinschaft.[198]

Aus Art. 6 Abs. 2 S. 1 GG ergibt sich zudem, dass grundsätzlich die Eltern für die Pflege und Erziehung ihrer Kinder zuständig sind, wobei neben dem Recht auf Pflege und Erziehung zugleich eine gleichgelagerte Pflicht der Eltern besteht. Daneben kommt dem Staat im Hinblick auf die Pflege und Erziehung von Kindern ein sogenanntes Wächteramt zu[199], das insbesondere in Art. 6 Abs. 2 S. 2 und Abs. 3 GG zum Ausdruck kommt. Im Vordergrund steht hierbei

---

193 Siehe hierzu etwa BVerfG NJW 1993, 3058 (3058 f.); *Pauly*, NJW 1997, 1955 ff.; weiterführend *Badura,* in: Dürig/Herzog/Scholz (Hrsg.), GG, 95. EL Juli 2021, GG Art. 6 Rn. 58; *Uhle*, in: BeckOK GG, 50. Ed. Stand: 15.02.2022, GG Art. 6 Rn. 4 f.; weiterführend zu verfassungsrechtlichen Fragestellungen durch die zivilrechtlichen Regelungen zur „Ehe für Personen gleichen Geschlechts" *Ipsen*, NVwZ 2017, 1096 (1096 ff.)

194 *Badura,* in: Dürig/Herzog/Scholz (Hrsg.), GG, 95. EL Juli 2021, GG Art. 6 Rn. 55.

195 *Badura,* in: Dürig/Herzog/Scholz (Hrsg.), GG, 95. EL Juli 2021, GG Art. 6 Rn. 60.

196 Vgl. hierzu *Badura,* in: Dürig/Herzog/Scholz (Hrsg.), GG, 95. EL Juli 2021, GG Art. 6 Rn. 60 f.

197 Ausführlich hierzu *Badura,* in: Dürig/Herzog/Scholz (Hrsg.), GG, 95. EL Juli 2021, GG Art. 6 Rn. 61 ff.; weiterhin unterfallen dem Familienbegriff i. S. d. Art. 6 Abs. 1 GG neben Eltern und ihren minderjährigen leiblichen Kindern auch Stief-, Adoptiv- und Pflegekinder sowie volljährige Kinder und Großeltern, siehe hierzu *Badura,* in: Dürig/Herzog/Scholz (Hrsg.), GG, 95. EL Juli 2021, GG Art. 6 Rn. 60a m. w. N.

198 BVerfGE 36, 146 (167); 80, 81 (90 f.); weiterführend *Badura,* in: Dürig/Herzog/Scholz (Hrsg.), GG, 95. EL Juli 2021, GG Art. 6 Rn. 61 m. w. N.

199 Siehe hierzu *Badura,* in: Dürig/Herzog/Scholz (Hrsg.), GG, 95. EL Juli 2021, GG Art. 6 Rn. 139; *Uhle,* in: BeckOK GG, 50. Ed. Stand: 15.02.2022, Art. 6 GG, Rn. 60 ff.

die besondere Schutzbedürftigkeit heranwachsender Kinder.[200] Zum einen kommt der staatlichen Gemeinschaft hinsichtlich der elterlichen Pflicht zur Pflege und Erziehung der Kinder eine Überwachungsfunktion nach Art. 6 Abs. 2 S. 2 GG zu. Zum anderen kann der Staat Kinder von ihren Eltern gegen deren Willen aufgrund des Wächteramtes nach Art. 6 Abs. 3 GG trennen, wenn dies dem Kindeswohl entspricht.[201] Diese Eingriffsmöglichkeit korrespondiert mit der Pflicht der Eltern aus Art. 6 Abs. 2 S. 1 GG, ihre Kinder zu pflegen und zu erziehen. In Fällen, in denen die Eltern dieser Pflicht nicht nachkommen, erstarkt das Wächteramt des Staates zu einer Inanspruchnahme des Rechts zur Pflege und Erziehung des Kindes, wodurch die staatliche Gemeinschaft das Kind gegenüber seinen Eltern schützt.[202] Ein derartiger Eingriff in das elterliche Pflege- und Erziehungsrecht kommt jedoch nach Art. 6 Abs. 3 GG nur aufgrund eines Gesetzes in Betracht.

14.5.2.3.3 Speziell zu Art. 6 GG und opferorientiertem Strafvollzug

Eine gesetzliche Ermächtigungsgrundlage zur Beschränkung der Grundrechte aus Art. 6 GG könnte nun in den landesrechtlichen Vorschriften zu sehen sein, die den Vollzugsanstalten eine Untersagung von Außenkontakten zwischen den Gefangenen und den konkreten Straftatopfern ermöglichen. In Hessen soll darüber hinaus zumindest nach dem gesetzgeberischen Willen auch die Untersagung von Außenkontakten zu Angehörigen der Gefangenen aus Opferschutzgründen möglich sein.[203]

Im vorliegenden Zusammenhang ist von besonderer Bedeutung, dass Art. 6 GG die Aufrechterhaltung ehelicher und familiärer Beziehungen und die hiermit im Zusammenhang stehenden Rechte auch während des Vollzugs der Freiheitsstrafe oder anderer Formen der Freiheitsentziehung sichert.[204] Die besondere Bedeutung des Schutzes von Ehe und Familie hat das BVerfG in der Vergangenheit bereits in mehreren Entscheidungen insbesondere im Zusammenhang mit

---

[200] *Badura,* in: Dürig/Herzog/Scholz (Hrsg.), GG, 95. EL Juli 2021, GG Art. 6 Rn. 60 f.

[201] Zum Kindeswohl als Richtschnur der elterlichen Pflege und Erziehung siehe *Badura,* in: Dürig/Herzog/Scholz (Hrsg.), GG, 94. EL Januar 2021, GG Art. 6 Rn. 139.

[202] *Badura,* in: Dürig/Herzog/Scholz (Hrsg.), GG, 95. EL Juli 2021, GG Art. 6 Rn. 24.

[203] Vgl. § 33 Abs. 2 Nr. 3 HStVollzG; siehe hierzu bereits in der historischen Auslegung im Abschnitt 14.3.2.

[204] BVerfG NJW 1976, 1311 f.; BVerfG NStZ 1981, 315 f.; BVerfG NJW 1994, 1401 f.; siehe auch *Laubenthal,* in: Laubenthal/Nestler/Neubacher/Verrel (Hrsg.), StVollzG, 12. Aufl. 2015, E Rn. 16.

Außenkontakten betont.[205] Es sei Aufgabe des Staates, auch während des Haftvollzugs für die Erhaltung von Ehe und Familie zu sorgen und die nachteiligen Auswirkungen des Freiheitsentzugs im Rahmen des Möglichen und Zumutbaren zu begrenzen.[206] Hieraus folge unter anderem, dass die Vollzugsbehörden die erforderlichen und zumutbaren Anstrengungen unternehmen müssen, um in angemessenem Umfang Besuche zu ermöglichen.[207] Weiterhin würden der Bestand und die Stärkung von ehelichen oder familiären Beziehungen der Gefangenen regelmäßig die Chancen ihrer Eingliederung fördern.[208] Danach ist der Schutz von Ehe und Familie auch für das Resozialisierungsziel von erheblicher Bedeutung.

Die nachfolgende Untersuchung zu einer Vereinbarkeit der opferbezogenen Beschränkungs- und Untersagungsgründe für Außenkontakte mit dem Grundrechten aus Art. 6 GG wird sogleich in drei Schritten erfolgen. Zunächst wird das Verhältnis zwischen Art. 6 GG und den Außenkontakten zu volljährigen Opfern, die zugleich Angehörige der Gefangenen sind, untersucht. Danach wird eine opferbezogene Beschränkung bzw. Untersagung bei Außenkontakten mit minderjährigen Opfern, die zugleich Angehörige der Gefangenen sind, auf ihre Vereinbarkeit mit Art. 6 GG hin überprüft. Und schließlich wird die Vereinbarkeit einer Beschränkung bzw. Untersagung von Außenkontakten zu Angehörigen der Gefangenen aus Opferschutzgründen mit Art. 6 GG einer näheren Betrachtung unterzogen.

14.5.2.3.3.1 Art. 6 GG und Außenkontakte zu volljährigen Opfern der Gefangenen

Hinsichtlich einer etwaigen Untersagung des Kontakts zwischen Gefangenen und ihren Ehepartner:innen, die zugleich Opfer einer Straftat des bzw. der Gefangenen sind, kann zunächst festgehalten werden, dass der Kontakt zwischen Ehepartner:innen grundsätzlich durch Art. 6 GG geschützt ist. Hieran ändert auch die Inhaftierung eines Ehepartners bzw. einer Ehepartnerin nichts. Weiterhin dient der Kontakt von Gefangenen mit ihren Ehepartner:innen im Regelfall der Resozialisierung. Eine Ausprägung der Bedeutung des Kontakts von Angehörigen mit den Gefangenen fand sich bereits im StVollzG Bund im sogenannten Angehörigenprivileg des § 25 Nr. 2 StVollzG Bund. In den Landesgesetzen finden sich

[205] BVerfG NJW 1976, 1311 f.; BVerfG NStZ 1981, 315 f.; BVerfG NJW 1994, 1401 (1401 f.).

[206] BVerfG NJW 1976, 1311 (1312).

[207] BVerfG NJW 1976, 1311 (1312).

[208] BVerfG NJW 1994, 1401 (1401).

unterschiedliche Ausprägungen des Angehörigenprivilegs bzw. der besonderen Förderung von Außenkontakten zu Angehörigen.[209]

Beim Bestehen eines Kontaktwunsches seitens des Opfers, das zugleich Ehepartner:in des bzw. der Gefangenen ist, sind neben Art. 6 GG auch noch die obigen Erwägungen zur allgemeinen Handlungsfreiheit gemäß Art. 2 Abs. 1 GG zur Autonomie des Straftatopfers von Bedeutung. Demgemäß dürfte für bereits volljährige Ehepartner:innen gegen den Willen des mit dem bzw. der Gefangenen verheirateten Opfers keine Eingriffsmöglichkeit der Anstalt bestehen.[210]

Gleiches dürfte für den Kontakt zwischen Gefangenen und ihren volljährigen Kindern gelten, die zugleich Straftatopfer sind.[211] Zwar handelt es sich bei Art. 6 GG im Vergleich zur allgemeinen Handlungsfreiheit aus Art. 2 Abs. 1 GG um das speziellere Grundrecht, jedoch ist in jedem Fall der Wille des volljährigen Straftatopfers zu beachten. Dieser Wille zum Kontakt mit dem bzw. der Gefangenen steht bei familiären Beziehungen zwischen Gefangenen und Opfern zusätzlich unter dem Schutz des Art. 6 GG. Daher ist der Kontaktwunsch des Opfers bei einer familiären Verbindung zu dem bzw. der Gefangenen als Bestandteil des Angehörigenprivilegs zu berücksichtigen.

Soweit im Schrifttum teilweise vertreten wird, dass das Angehörigenprivileg bei der Untersagung von Außenkontakten zwischen Gefangenen und ihren viktimisierten Angehörigen nicht gelten soll,[212] ist dem zumindest für volljährige Opfer nicht zuzustimmen. Andernfalls würden weder der Schutz von Ehe und Familie aus Art. 6 GG noch die Opferautonomie als Ausfluss der allgemeinen Handlungsfreiheit aus Art. 2 Abs. 1 GG hinreichend beachtet werden.

---

[209] Vgl. nur § 19 Abs. 1 S. 2, § 20 Nr. 2 und § 23 Abs. 2 Nr. 2 JVollzGB III BaWü; zu den anderen Landesgesetzen siehe die soeben in Fn. 190 genannten Vorschriften.

[210] Vgl. auch BVerfG Beschl. v. 21.09.2018 – 2 BvR 1649/17 – zitiert nach juris Rn. 41 ff. zur Ablehnung von Langzeitbesuchen bei einem möglichen Viktimisierungsrisiko der Ehefrau durch ihren inhaftierten Ehemann.

[211] Vgl. allgemein zur Bedeutung von Art. 2 Abs. 1 GG und Art. 6 GG bei Außenkontakten zu volljährigen Kindern während des Vollzugs BVerfG NStZ 1981, 315 (315 f.).

[212] So *Straßer*, in: BeckOK StVollzR MV, 16. Ed. Stand: 01.03.2022, StVollzG MV § 27 Rn. 24 sowie § 32 Rn. 25, allerdings soll gleichwohl eine Verhältnismäßigkeitsprüfung unter Beachtung von Art. 6 Abs. 1 GG erfolgen und eine Überwachung als milderes Mittel in Betracht gezogen werden, a. a. O.; auch *Tzelepis*, in: BeckOK StVollzR Saarland, 16. Ed. Stand: 01.05.2022, SLStVollzG § 27 Rn. 10 sowie § 32 Rn. 8 geht davon aus, dass das Angehörigenprivileg nicht anwendbar ist.

14.5.2.3.3.2 Art. 6 GG und Außenkontakte zu minderjährigen Straftatopfern der Gefangenen

Ausgehend von den bisherigen Überlegungen ergeben sich daher nur zwei problematische Fallgestaltungen im Zusammenhang mit Art. 6 GG hinsichtlich der Untersagung von Außenkontakten zwischen Gefangenen und ihren Straftatopfern: einerseits der Kontakt zu minderjährigen Kindern und andererseits der Kontakt zu minderjährigen Ehepartner:innen. Ausgangspunkt für die Untersuchung dieser beiden Fallgestaltungen muss jedoch zunächst der Maßstab sein, nach dem eine Untersagung von Außenkontakten möglich erscheint zwischen einem bzw. einer Gefangenen und einem bzw. einer minderjährigen Angehörigen, welche:r zugleich Opfer des bzw. der Gefangenen ist. Erst im Anschluss daran können die beiden Fallgruppen unter Berücksichtigung dieses Maßstabes hinsichtlich der Vereinbarkeit einer Untersagung von Außenkontakten mit Art. 6 GG näher betrachtet werden.

Für die Entwicklung eines Maßstabs zur Feststellung einer Gefährdung des minderjährigen Opfers durch den bzw. die Gefangene:n sind zwei Ebenen zu unterscheiden. Zum einen stellt sich die Frage, ob und worin eine Gefährdung des minderjährigen Opfers in Form einer (Re-) Viktimisierung oder (Re-) Traumatisierung bestehen kann, und zum anderen, inwiefern ein möglicher Kontaktwunsch des minderjährigen Opfers zu berücksichtigen ist.

Für die Frage, ob die Gefahr einer (Re-)Viktimisierung oder (Re-) Traumatisierung besteht, ist die besondere Schutzbedürftigkeit kindlicher Opfer aufgrund ihrer besonderen Verletzlichkeit von Bedeutung. Eine Andeutung für die besondere Schutzbedürftigkeit dieser Opfer findet sich in den Landesgesetzen zumindest in §§ 27 Nr. 3, 32 Nr. 3 SächsStVollzG und § 43 Abs. 2 LStVollzG SH.

Hinsichtlich der Frage, wann eine (Re-)Viktimisierung oder (Re-) Traumatisierung besteht, bietet sich ein Rückgriff auf den Begriff der Kindeswohlgefährdung nach § 1666 BGB an. Eine Kindeswohlgefährdung ist gemäß § 1666 Abs. 1 BGB insbesondere dann anzunehmen, wenn das körperliche, geistige oder seelische Wohl des Kindes gefährdet ist und die Eltern nicht gewillt oder nicht in der Lage sind, die Gefahr abzuwenden.

Die Gefahr einer (Re-)Viktimisierung oder (Re-)Traumatisierung des Opfers durch den Kontakt zu dem bzw. der Gefangenen innerhalb der Vollzugsanstalt oder durch Telefonanrufe, Briefe oder Pakete des bzw. der Gefangenen wird vornehmlich eine Gefährdung des geistigen und seelischen Wohls des Kindes betreffen. Körperliche Einwirkungen auf das Opfer durch den bzw. die Gefangene:n sind allenfalls bei Besuchen denkbar, sollten jedoch durch das Vollzugspersonal verhindert werden können. Vollständig auszuschließen sind körperliche Übergriffe durch Gefangene allerdings nicht.

Mit einer Anlehnung an den Begriff der Kindeswohlgefährdung i. S. d. § 1666 Abs. 1 BGB werden die Gefahren einer (Re-)Viktimisierung oder (Re-)Traumatisierung des kindlichen Opfers durch den bzw. die Gefangene:n im Zusammenhang mit Außenkontakten konkretisiert. Gleichzeitig werden den Anstaltsleitungen Abwägungskriterien für die Entscheidung über eine mögliche Untersagung von Außenkontakten zum Opfer zur Verfügung gestellt, die zumindest im Familienrecht durch die Rechtsprechung anerkannt sind. Letztlich steht sowohl im Familienrecht in Fällen von Kindeswohlgefährdungen als auch bei Untersagungen von Außenkontakten im Strafvollzugsrecht zwischen Gefangenen und minderjährigen Opfern der Schutz der Kinder vor weiteren Beeinträchtigungen oder Schädigungen im Mittelpunkt. Daher kann der Begriff der Kindeswohlgefährdung auch für das Strafvollzugsrecht fruchtbar gemacht werden, ohne freilich eine familiengerichtliche Entscheidung über eine solche Gefährdung nach § 1666 Abs. 1 BGB durch die Vollzugsanstalten vorwegzunehmen.

Für die Frage, wann eine Untersagung von Außenkontakten wegen der Gefahr einer (Re-)Viktimisierung oder (Re-)Traumatisierung des kindlichen Opfers möglich erscheint, kann auf die Rechtsprechung des BGH zur Kindeswohlgefährdung i. S. d. § 1666 Abs. 1 BGB zurückgegriffen werden. Demnach liegt eine Kindeswohlgefährdung i. S. v. § 1666 Abs. 1 BGB vor, wenn eine gegenwärtige, in einem solchen Maß vorhandene Gefahr festgestellt wird, dass bei der weiteren Entwicklung der Dinge eine erhebliche Schädigung des geistigen oder leiblichen Wohls des Kindes mit hinreichender Wahrscheinlichkeit zu erwarten ist.[213] An die Wahrscheinlichkeit des Schadenseintritts sind nach Ansicht des BGH dabei umso geringere Anforderungen zu stellen, je schwerer der drohende Schaden wiegt.[214] Allerdings müsse die Annahme einer hinreichenden Wahrscheinlichkeit auf konkreten Verdachtsmomenten beruhen; eine nur abstrakte Gefährdung genüge nicht.[215]

Weiterhin ist fraglich, ob und in welchem Umfang der Wille eines kindlichen Opfers zum Kontakt mit dem inhaftierten Elternteil durch die Vollzugsanstalten zu beachten ist. Für ein Äußerungsrecht kindlicher Opfer bei der Entscheidung über Außenkontakte zu ihren inhaftierten Eltern kann zunächst Art. 12 UN-Kinderrechtskonvention angeführt werden. Nach Art. 12 Abs. 1 UN-Kinderrechtskonvention hat ein Kind, das fähig ist, sich eine eigene Meinung zu bilden, das Recht, diese Meinung in allen das Kind berührenden Angelegenheiten frei zu äußern. Aus Art. 12 Abs. 2 UN-Kinderrechtskonvention ergibt sich weiter,

[213] BGH, NZFam 2019, 342 (344).

[214] BGH, NZFam 2019, 342 (344).

[215] BGH, NZFam 2019, 342 (344).

dass Kinder zur Verwirklichung dieses Äußerungsrechts ein Recht auf rechtliches Gehör in allen Gerichts- und Verwaltungsverfahren haben, die ihre Angelegenheiten berühren.[216] Daher haben kindliche Opfer auch bei der Entscheidung der Vollzugsanstalten über Außenkontakte mit ihren inhaftierten Eltern ein Recht auf rechtliches Gehör aus Art. 12 Abs. 2 UN-Kinderrechtskonvention.

Gleichwohl ist aus Art. 12 Abs. 2 UN-Kinderrechtskonvention nicht die Vorgabe einer persönlichen Anhörung des Kindes in Gerichts- oder Verwaltungsverfahren zu entnehmen. Vielmehr ist den Kindern gemäß Art. 12 Abs. 2 UN-Kinderrechtskonvention Gelegenheit zu geben „entweder unmittelbar oder durch einen Vertreter oder eine geeignete Stelle im Einklang mit den innerstaatlichen Verfahrensvorschriften gehört zu werden". Eine persönliche Anhörungspflicht wurde beispielsweise in § 159 FamFG für das Familiengericht in familienrechtlichen Verfahren normiert. Eine generelle persönliche Anhörungspflicht für alle die Rechte von Kindern berührenden Angelegenheiten und somit auch bei der Entscheidung über Außenkontakte mit inhaftierten Eltern kann aus Art. 12 Abs. 2 UN-Kinderrechtskonvention jedoch nicht abgeleitet werden. Allerdings muss unter Berücksichtigung von Art. 12 Abs. 2 UN-Kinderrechtskonvention kindlichen Opfern bei Entscheidungen über Außenkontakte mit ihren inhaftierten Eltern zumindest die Möglichkeit zur Äußerung gegeben werden und letztlich auch ihr Wille im Rahmen einer Abwägung Beachtung finden. Andernfalls würde Art. 12 Abs. 2 UN-Kinderrechtskonvention leerlaufen.

Fraglich ist jedoch, welches Gewicht den Kontaktwünschen kindlicher Opfer bei der Entscheidung über die Gewährung von Außenkontakten beizumessen ist. Diesbezüglich erscheint es angebracht, eine Abstufung des Äußerungsrechts und somit zugleich der Intensität staatlichen Schutzes gegenüber minderjährigen Opfern anhand des Alters des jeweiligen Opfers vorzunehmen. Eine solche Differenzierung folgt aus dem Umstand, dass Kinder mit zunehmendem Alter im Rahmen ihrer Einsichtsfähigkeit an Entscheidungsprozessen beteiligt werden sollten, da es schließlich im Ergebnis um ihr eigenes Wohl geht. Auch diesbezüglich ist das Äußerungsrecht des Kindes aus Art. 12 Abs. 1 UN-Kinderrechtskonvention von Bedeutung. Nach Art. 12 Abs. 1 UN-Kinderrechtskonvention stellen die Vertragsstaaten sicher, dass dem Kind in allen Angelegenheiten, die es betreffen, ein Äußerungsrecht zukommt. Weiterhin berücksichtigen die Vertragsstaaten gemäß Art. 12 Abs. 1 UN-Kinderrechtskonvention die Meinung des Kindes angemessen und entsprechend seines Alters und seiner Reife. Daher folgt auch aus Art. 12 Abs. 1 UN-Kinderrechtskonvention eine Abstufung des Gewichts des

[216] Ausführlich zur UN-Kinderrechtskonvention oben im Abschnitt 8.3.1.1.

Kindeswillens anhand des Alters. Offen bleibt allerdings, ab welchem Alter eine Einsichtsfähigkeit für eigene Belange bei Kindern gegeben ist.

Für die Konkretisierung dieser Frage speziell für den Schutz kindlicher Straftatopfer bietet es sich an, die Altersgrenze hinsichtlich der eigenen Schuldfähigkeit heranzuziehen, die gemäß § 19 StGB bei 14 Jahren liegt. Eine Anlehnung an diese Altersgrenze liegt aus mehreren Gründen nahe.

Zunächst wird die Fähigkeit zur Unrechtseinsicht durch § 19 StGB altersbezogen generalisiert.[217] Mithin impliziert die Annahme der Fähigkeit zur Unrechtseinsicht, dass der bzw. die Einzelne ein mögliches Unrecht des eigenen Handelns einordnen kann. Hieraus kann geschlossen werden, dass die Altersgrenze von 14 Jahren auch für eine altersabhängige Generalisierung der Einsicht geeignet ist, dass gegenüber der eigenen Person ein strafrechtliches Unrecht verübt wurde – mithin eine Viktimisierung stattgefunden hat.

Weiterhin können Kinder mit steigendem Alter hinsichtlich des Kontakts zum Täter bzw. zur Täterin zunehmend einen eigenen Willen bilden, welcher bei Entscheidungen über Außenkontakte zu beachten ist. Nach der Rechtsprechung des BVerfG ist beispielsweise in Sorgerechtsverfahren der Wille des Kindes zu berücksichtigen, soweit dieser mit dem Kindeswohl vereinbar ist.[218]

Schließlich sind Kinder ab der Vollendung ihres 14. Lebensjahres nach § 9 Abs. 1 Nr. 3 FamFG verfahrensfähig und können daher ein ihnen nach bürgerlichem Recht zustehendes Recht gelten machen. Zwar sind Kinder, die das 14. Lebensjahr vollendet haben, bei Verfahren bezüglich einer Gefährdung des Kindeswohls gemäß § 1666 BGB nicht verfahrensfähig, da es sich bei dem Recht des Kindes auf Pflege und Erziehung gegen seine Eltern nicht um einen Anspruch im Sinne des BGB handelt.[219] Jedoch kommt diesen Kindern nach § 60 FamFG ein Beschwerderecht im erstinstanzlichen Verfahren zu.[220] Da es bei der Einbeziehung des Kontaktwunsches des Kindes nicht um die Geltendmachung eines Rechts, sondern vielmehr um eine mit § 60 FamFG vergleichbare Interessenwiedergabe handelt, erscheint die Altersgrenze von 14 Jahren auch für Entscheidungen über ein Besuchsverbot plausibel. Dies bedeutet jedoch nicht, dass bei einem Kontaktwunsch eines kindlichen Opfers, das älter als 14 Jahre ist, dieser Wunsch die Gefährdung des Kindeswohls überlagern kann. Zu prüfen ist lediglich, ob das Kind den Wunsch nach einer Kontaktaufnahme zu

---

[217] *Streng*, in: MüKo StGB I, 4. Aufl. 2020, § 19 Rn. 1.

[218] BVerfG, FamRZ 2008, 1737 (1738).

[219] *Lugani*, in: MüKo BGB, 8. Aufl. 2020, § 1666 Rn. 219 m. w. N.

[220] *Lugani*, in: MüKo BGB, 8. Aufl. 2020, § 1666 Rn. 219 m. w. N.

dem oder der Gefangenen hat und inwiefern dieser Gesichtspunkt gegen eine Kindeswohlgefährdung spricht.

Für die weiteren Überlegungen folgt aus den soeben entwickelten Maßstäben, dass die Anstalt bei Opfern unter 14 Jahren eine Untersagung des Außenkontakts zwischen Gefangenen und ihren Kindern mit einer Gefährdung des Kindeswohls – namentlich der Gefahr einer (Re-)Viktimisierung oder (Re-) Traumatisierung – begründen kann. Bei minderjährigen Opfern über 14 Jahren muss als weiteres Abwägungskriterium die Berücksichtigung des Willens des Kindes hinsichtlich des Kontakts zu dem bzw. der Gefangenen hinzu kommen.

Für eine mögliche Untersagung von Außenkontakten zwischen Gefangenen und ihren Kindern müssen nach den vorstehenden Ausführungen zunächst konkrete Verdachtsmomente bestehen, dass der Kontakt zu einer Kindeswohlgefährdung führt. Bei einer drohenden Kindeswohlgefährdung kann das Recht des minderjährigen Opfers auf den Schutz seiner Interessen in diesem Zusammenhang mit der besonderen Schutzbedürftigkeit kindlicher Straftatopfer begründet werden.

Die verfassungsrechtliche Grundlage für diese Gewährleistungen bildet Art. 2 Abs. 2 i. V. m. Art. 6 Abs. 2 S. 2 GG. So hat das BVerfG in familienrechtlichen Fällen bereits ein Recht des Kindes auf Schutz vor seinen Eltern aus Art. 2 Abs. 2 i. V. m. Art. 6 Abs. 2 S. 2 GG unter Berücksichtigung des staatlichen Wächteramts i. S. d. Art. 6 Abs. 2 GG abgeleitet.[221] Dieses Recht umfasst nach Ansicht des Gerichts den Schutz des Kindes durch die Gemeinschaft vor nachhaltigen Gefahren insbesondere für sein körperliches Wohl, welche dem Kind im elterlichen Haushalt drohen.[222] Wenn das Kind zugleich Opfer des bzw. der Gefangenen ist, kommt zudem ergänzend der Schutz der Menschenwürde des Kindes in Betracht.[223] Weiterhin erscheint bei erheblichen Straftaten gegen Leib und Leben ein Rückgriff auf die grundrechtlichen Schutzpflichten aus Art. 2 Abs. 2 S. 1 GG möglich. Im Einzelfall kann der Staat daher verpflichtet sein, das Kind auch vor seinen Eltern zu schützen und es gegebenenfalls von diesen zu trennen.[224]

Gleichwohl ergeben sich aus den Grundrechten wiederum Einschränkungen für die Untersagung von Außenkontakten zu minderjährigen Kindern. Das

---

[221] Vgl. BVerfG NJW 1968, 2233 (2235); weiterführend zum Wächteramt des Staates aus Art. 6 Abs. 2 GG *Uhle*, in: BeckOK GG, 50. Ed. Stand: 15.02.2022, GG Art. 6 GG Rn. 60 ff.

[222] BVerfG FamRZ 2014, 907 (909).

[223] So *Laubenthal*, Strafvollzug, 8. Aufl. 2019, Rn. 508.

[224] BVerfG FamRZ 2017, 524 (527); NZFam 2018, 613; *Britz*, FamRZ 2015, 793 (794 f.).

BVerfG hat aus Art. 2 Abs. 1 i. V. m. Art. 6 Abs. 2 S. 2 GG ein subjektives Recht des Kindes auf die staatliche Gewährleitung elterlicher Pflege und Erziehung abgeleitet.[225] Danach muss der Staat nach Möglichkeit sicherstellen, dass die Kinder eine kindeswohlgerechte Pflege durch ihre Eltern erfahren können, solange noch keine Kindeswohlgefährdung angenommen werden kann.[226] Schließlich sind auch noch die verfassungsrechtlich durch Art. 6 Abs. 2 GG gewährleisteten Rechte der Eltern zu beachten, wie insbesondere ihr Recht auf Pflege und Erziehung ihrer Kinder.[227]

Im Ergebnis müssen damit Maßnahmen, die zur Abwendung der Kindeswohlgefährdung unternommen werden, unter strikter Anwendung des Verhältnismäßigkeitsgrundsatzes erfolgen und das Recht des Kindes auf Schutz aus Art. 2 Abs. 2 i. V. m. Art. 6 Abs. 2 S. 2 GG, sein Recht auf elterliche Pflege und Erziehung aus Art. 2 Abs. 2 i. V. m. Art. 6 Abs. 2 S. 2 GG und die Rechte der Eltern aus Art. 6 Abs. 2 GG miteinander zum Ausgleich bringen.[228] In diesem Zusammenhang ist die besondere Schutzbedürftigkeit heranwachsender Kinder zu beachten, die in dem Wächteramt des Staates ihren Ausdruck findet.[229] Für eine besondere Gewichtung des Schutzes heranwachsender Kinder vor Beeinträchtigungen des körperlichen, geistigen und seelischen Wohls spricht insbesondere auch Art. 19 UN-Kinderrechtskonvention, wonach Kinder gerade vor körperlicher und geistiger Gewalt zu schützen sind[230], und das Recht des Kindes auf eine gewaltfreie Erziehung gemäß § 1631 Abs. 2 BGB.

Mit Blick auf die Gefangenen müssen der grundrechtliche Schutz der Familie gemäß Art. 6 Abs. 1 GG, die Elternrechte aus Art. 6 Abs. 2 GG und die möglichen positiven Auswirkungen des Kontakts zu den eigenen Kindern für die Resozialisierung berücksichtigt werden. Im Rahmen der Verhältnismäßigkeitsprüfung einer Untersagung von Außenkontakten sind die Schwere des Eingriffs in die elterliche Sorge und der Grad der Wahrscheinlichkeit des Schadenseintritts beim Opfer zu berücksichtigen, wie dies auch bei der Durchführung gerichtlicher Maßnahmen nach § 1666 Abs. 1 BGB der Fall ist.[231] Dabei werden

---

[225] BVerfG FamRZ 2013, 521 (522); FamRZ 2014, 907 (909); NZFam 2018, 613.

[226] *Britz*, JZ 2014, 1069 (1070).

[227] *Badura*, in: Dürig/Herzog/Scholz (Hrsg.), GG, 95. EL Juli 2021, GG Art. 6 Rn. 94.

[228] In diesem Sinne auch *Straßer*, in: BeckOK StVollzR Sachsen, 18. Ed. Stand: 01.03.2022, SächsStVollzG § 27 Rn. 24 sowie § 32 Rn. 25.

[229] Vgl. allgemein zum Schutz hieranwachsender Kinder durch Art. 6 GG *Badura*, in: Dürig/Herzog/Scholz (Hrsg.), GG, 95. EL Juli 2021, GG Art. 6 Rn. 60 f.

[230] Ausführlich zur UN-Kinderrechtskonvention oben im Abschnitt 8.3.1.1.

[231] Vgl. BGH, NZFam 2019, 342 (344) zu § 1666 BGB.

nach einer umfassenden Abwägung der einzelnen (Schutz-)Interessen und unter Berücksichtigung des Wächteramts des Staates insbesondere bei erheblichen Viktimisierungen der kindlichen Opfer die besseren Gründe für ein Untersagung des Kontakts sprechen.[232]

Als Beispiele für erhebliche Straftaten ist insbesondere an Sexualdelikte und schwere Gewaltdelikte gegenüber den Kindern zu denken. In solchen Fällen liegt eine Untersagung von Außenkontakten zum Schutz der kindlichen Opfer nahe. Denn aus der grundrechtlichen Schutzpflicht gemäß Art. 2 Abs. 2 S. 1 GG i. V. m. Art. 6 Abs. 2 S. 2 GG erwächst die besondere Verantwortung der Vollzugsanstalt, für die Vermeidung einer sekundären oder gar erneuten Viktimisierung des kindlichen Opfers durch den inhaftierten Elternteil Sorge zu tragen. Zudem wird in solchen Fällen in der Regel durch das Familiengericht eine gerichtliche Maßnahme nach § 1666 BGB beispielsweise hinsichtlich des Umgangsrechts angeordnet worden sein. Derartige Umstände sind bei der Entscheidung über die Untersagung von Kontakten zwischen Gefangenen und ihren Kindern zu berücksichtigen.

Für minderjährige Opfer über 14 Jahren muss aufgrund des Wächteramtes des Staates und der hiermit einhergehenden staatlichen Gewährleistung des Kindeswohls im Ausgangspunkt in gleicher Weise wie bei jüngeren Opfern eine umfassende Abwägung der genannten Gesichtspunkte erfolgen. Zwar kommt eine Berücksichtigung des Kontaktwillens in diesen Konstellationen grundsätzlich in Betracht. Allerdings kann ein solcher Wille auch bei Kindern über 14 Jahren gerade aufgrund der staatlichen Schutzpflicht gegenüber den kindlichen Opfern nicht dazu führen, dass die körperliche oder seelische Gesundheit dieser Kinder durch Kontakte mit den Gefangenen gefährdet wird. Vielmehr wirkt sich gerade in solchen Fällen das Wächteramt des Staates über das Kindeswohl konkret aus.

Einer solchen Auslegung der opferbezogenen Vorschriften zur Untersagung von Außenkontakten steht auch nicht das Angehörigenprivileg i. S. d. § 25 Nr. 2 StVollzG Bund[233] entgegen, welches auch in allen Landesgesetzen zu finden ist[234]. Das Angehörigenprivileg ist als Ausfluss von Art. 6 Abs. 1 GG zu verstehen, weshalb Außenkontakte zu Angehörigen nach dem gesetzgeberischen Willen selbst dann zu ermöglichen sind, wenn von den Angehörigen negative Auswirkungen auf die Gefangenen ausgehen.[235] Allerdings unterliegt auch Art. 6 Abs. 1

---

[232] So bereits auf der Grundlage des StVollzG Bund OLG Nürnberg NStZ 1999, 376.

[233] Hierzu bereits oben im Abschnitt 14.5.2.3.1.

[234] Vgl. nur § 19 Abs. 1 S. 2, § 20 Nr. 2 und § 23 Abs. 2 Nr. 2 JVollzGB III BaWü; zu den anderen Landesgesetzen die soeben in Fn. 90 genannten Vorschriften.

[235] Vgl. BT-Drs. 7/918, 59.

GG und somit das Angehörigenprivileg Beschränkungen durch kollidierendes Verfassungsrecht.[236] Insbesondere das verfassungsrechtlich geschützte Kindeswohl bildet eine Gewährleistungsschranke des Art. 6 Abs. 1 GG und führt dazu, dass bei einer Kollision dem Kindesrecht der Vorrang zukommt.[237]

In dem bereits mehrfach angeführten Urteil des OLG Nürnberg aus dem Jahr 1999 hatte das Gericht eben diese Abwägung zwischen dem Angehörigenprivileg als Ausfluss von Art. 6 Abs. 1 GG und dem Schutz des Kindeswohls als Ausfluss der grundrechtlichen Schutzpflicht des Kindes aus Art. 2 Abs. 2 i. V. m. Art. 6 Abs 2 S. 2 GG zu prüfen.[238] Nach Ansicht des Senats könne sich aufgrund des Vorrangs des Kindeswohls ein „angehöriger" Gefangener bzw. eine „angehörige" Gefangene bei Besuchen nicht auf das Angehörigenprivileg berufen, wenn es um Besuche des geschädigten Kindes bei dem bzw. der inhaftierten Täter:in gehe und bei diesen Besuchen eine erneute Schädigung des Kindes naheliege.[239] Weiterhin kommt nach Auffassung des Gerichts in derart gelagerten Fällen auch eine Einschränkung des Besuchsrechts beispielsweise durch eine Besuchsüberwachung als milderes Mittel nicht in Betracht, weil auch ein überwachter Besuch zu einer Gefährdung des Kindes führe.[240]

Der Entscheidung des OLG Nürnberg ist zuzustimmen. Bereits aus der Rechtsprechung des BVerfG ergibt sich, dass das Kindeswohl durch das Wächteramt des Staates aus Art. 6 Abs. 2 S. 2 GG bei Entscheidungen über die Einschränkung der Grundrechte aus Art. 6 GG ein besonderes Gewicht zukommt. Bei kindlichen Opfern, die durch einen Elternteil viktimisiert wurden, tritt neben die allgemeinen grundrechtlichen Schutzpflichten für Straftatopfer[241] das Wächteramt des Staates aus Art. 6 Abs. 2 S. 2 GG, wodurch die Elterngrundrechte aus Art. 6 GG beschränkt werden können. Dem Staat kommt aufgrund seines Wächteramtes letztlich sogar eine derart verdichtete Schutzpflicht zu, dass insbesondere in Fällen einer erheblichen Gefährdung des Kindes durch den bzw.

---

[236] So bereits das OLG Nürnberg NStZ 1999, 376; vgl. auch *Manssen*, Staatsrecht II, 18. Aufl. 2021, Rn. 498 ff.; allgemein zur Einschränkung von Grundrechten ohne Gesetzesvorbehalt durch kollidierendes Verfassungsrecht *Epping*, Grundrechte, 9. Aufl. 2021, Rn. 77 ff.

[237] BVerfG NJW 1989, 1275 (1275 m. w. N.); BVerfG NJW 1999, 631 (631 f.); BVerfG NJW 1999, 2173 (2174).

[238] OLG Nürnberg NStZ 1999, 376.

[239] OLG Nürnberg NStZ 1999, 376.

[240] OLG Nürnberg NStZ 1999, 376, daneben führt das Gericht noch aus, dass bei einer Überwachung auch weiterhin die Anstaltsordnung und der Gefangene selbst gefährdet seien.

[241] Ausführlich hierzu in den verfassungsrechtlichen Grundlagen oben im Abschnitt 10.1.2.3.4.

die Gefangene:n eine Zulassung von Besuchen kaum in Betracht kommen kann. Andernfalls würde der Staat eine erneute Viktimisierung des Kindes nahezu sehenden Auges zulassen.

Jedoch kann nicht allein aus der Viktimisierung des Kindes durch den nunmehr inhaftierten Elternteil auf eine Kindeswohlgefährdung geschlossen werden. Dies muss selbst dann gelten, wenn die Viktimisierung des Kindes durch den Elternteil schwer wiegt, da die opferbezogene Untersagungsmöglichkeit in den jeweiligen Ländern als Ermessensvorschrift ausgestaltet ist[242] und daher durch die Vollzugsanstalten eine Entscheidung nach pflichtgemäßem Ermessen zu treffen ist. Daher bedarf es einer umfassenden Abwägung im Einzelfall zwischen den Kindesinteressen und den Interessen des inhaftierten Elternteils.

Auf Seiten des inhaftierten Elternteils sind bei einer solchen Abwägung insbesondere mögliche Therapieerfolge oder Wiedergutmachungsbestrebungen und die generelle Entwicklung im Vollzug zu beachten. Diesbezüglich dürften sich aus Sicht der Anstaltsleitung keine Probleme ergeben, da diese Informationen Bestandteil der Gefangenenakte sind. Demgegenüber sind alle das Kind und seine Interessen betreffenden Informationen für die Anstaltsleitung nicht ohne weiteres zugänglich. Zu denken ist beispielsweise an Berichte des Jugendamtes zur Entwicklung des Kindes nach der Viktimisierung, etwaige Prozessgutachten zur Traumatisierung, Entscheidungen des Familiengerichts zu Kindeswohlgefährdungen oder Informationen zum Wunsch des Kindes nach Kontakt zu seinem inhaftierten Elternteil. Diesbezüglich scheint eine enge Zusammenarbeit der Vollzugsanstalt mit dem Jugendamt und anderen Behörden unumgänglich, um eine umfassende Interessenabwägung durchführen zu können.

Im Rahmen der systematischen Auslegung wurde bereits ausgeführt, dass die opferbezogenen Untersagungsmöglichkeiten von Besuchen und Schriftwechsel auch auf andere Formen des Außenkontaktes übertragbar sein müssen, um den Schutz von Straftatopfern vor (Re-)Viktimisierungen oder (Re-) Traumatisierungen gewährleisten zu können. Mit Blick auf den Kontakt zwischen viktimisierten Kindern und ihren inhaftierten Eltern ist allerdings zu beachten, dass die umfassende Untersagung des Kontakts zwischen Eltern und Kind gemäß § 1666 Abs. 3 Nr. 4 BGB dem Familiengericht obliegt. Daher können die Vollzugsanstalten den Kontakt zwischen inhaftierten Elternteilen und ihren viktimisierten Kindern nicht vollständig untersagen. Allenfalls kommt ein Ausschluss bestimmter Außenkontakte in Betracht oder eine Beschränkung

---

242 Siehe hierzu für die Besuchsvorschriften bereits oben im Abschnitt 14.2.2.1; gleiches gilt auch für die Untersagungsvorschriften zum Schriftverkehr, vgl. oben im Abschnitt 14.2.2.2; vgl. auch *Knauer*, in: AK-StVollzG, 8. Aufl. 2022, Teil II, § 27 LandesR Rn. 17, der sich ebenfalls für ein differenzierte Betrachtung des Einzelfalls ausspricht.

beispielsweise durch eine Überwachung des Kontakts zum Kind. Sollte die Anstaltsleitung hinsichtlich aller Formen des Außenkontakts zu dem Schluss kommen, dass eine Gefährdung des Kindeswohls vorliegt und auch Beschränkungen der Kontaktmöglichkeiten nicht in Betracht kommen, muss die Anstaltsleitung das Familiengericht hierüber in Kenntnis setzen und somit die Aufnahme eines Verfahrens wegen Kindeswohlgefährdung anregen.[243] Hierdurch kann eine familiengerichtliche Entscheidung zur umfassenden Untersagung des Kontakts zwischen inhaftiertem Elternteil und viktimisierten Kind i. S. d. § 1666 Abs. 3 Nr. 4 BGB erwirkt werden, welche dann seitens der Vollzugsanstalt durch die vollständige Untersagung von Außenkontakten zwischen dem Gefangenen bzw. der Gefangenen und Kind umgesetzt werden kann. Mit Blick auf die Anregung gegenüber dem Familiengericht bietet sich ebenfalls eine Zusammenarbeit mit dem Jugendamt an, insbesondere um das weitere Vorgehen abzustimmen. Eine solche Zusammenarbeit ist jedoch allein in § 43 Abs. 2 S. 2 LStVollzG SH vorgesehen.[244]

Ähnliches wie für minderjährige Kinder von Gefangenen dürfte hinsichtlich der Untersagungsmöglichkeiten bei Kontaktwünschen minderjähriger Opfer gelten, die zugleich Ehepartner:innen der Gefangenen sind. Zwar kann hier hinsichtlich der Versagungsmöglichkeit nicht auf die Kindeswohlgefährdung im Zusammenhang mit dem Wächteramt des Staates i. S. v. Art. 6 Abs. 3 GG zurückgegriffen werden. Jedoch bilden minderjährige Opfer generell eine besonders schutzwürdige Opfergruppe, weshalb das Recht auf Opferschutz aus Art. 2 Abs. 2 S. 1 GG besonders ins Gewicht fällt. Erneut müsste ein Kontaktwunsch des minderjährigen Opfers in die Abwägung einbezogen werden.

Allerdings erscheint der Kontakt zwischen Gefangenen und minderjährigen Ehepartner:innen, die zugleich Opfer einer Straftat des bzw. der Gefangenen geworden sind, für die Praxis kaum relevant. Dies ergibt sich bereits aus dem Umstand, dass eine derartige Ehe nach § 1303 S. 2 BGB unwirksam ist und daher in der Regel nach § 1314 Abs. 1 Nr. 1 BGB aufgehoben werden wird.[245] Grund hierfür ist, dass durch das Gesetz zur Bekämpfung von Kinderehen aus

---

[243] Siehe ausführlich zum Verfahren der Entziehung der elterlichen Sorge *Burghart*, in: BeckOGK BGB, Stand: 01.03.2022, BGB § 1666 Rn. 124 ff.; vgl. auch *Braunwarth*, in: BeckOK LStVollzG SH, 14. Ed. Stand: 01.04.2020, LStVollzG SH § 43 Rn. 3.

[244] Ausführlich hierzu oben im Abschnitt 14.2.2.1.

[245] Siehe zum Aufhebungsgrund der Eheunmündigkeit *M. Otto*, in: BeckOGK BGB, Stand: 01.03.2022, BGB § 1314 Rn. 3 ff.; der BGH geht davon aus, dass dem Familiengericht bei der Entscheidung über die Aufhebung solcher Ehen Ermessen zukommt, vgl. BGH NJW 2020, 3777 (3782).

dem Jahr 2017[246] das Eheschließungsalter nach § 1303 S. 1 BGB ausnahmslos auf 18 Jahre festgelegt wurde. Durch § 1303 S. 2 BGB wurde bereits bestehenden Ehen mit Minderjährigen ab 16 Jahren, welche gegebenenfalls im Ausland geschlossen wurden, die Wirksamkeit abgesprochen.[247] Hierin ist ein deutliches Bekenntnis zum Schutz des Kindeswohls und zum Schutz Minderjähriger sowie zur Missbilligung der Kinderehe zu sehen.[248] Insgesamt ergibt sich daher für Ehen mit minderjährigen Straftatopfern für das deutsche Strafvollzugsrecht eine sehr geringe Relevanz, da diese Ehen nach § 1303 S. 2 BGB unwirksam sind und daher nicht dem vollen Schutz des Art. 6 Abs. 1 GG[249] unterstehen.

14.5.2.3.3.3 Art. 6 GG und eine opferbezogene Untersagung von Außenkontakten zu Angehörigen der Gefangenen

Durch die Erweiterung des opferbezogenen Untersagungsgrundes des § 33 Abs. 2 Nr. 3 HStVollzG kommt nach Ansicht des hessischen Gesetzgebers auch eine Beschränkung der Außenkontakte zwischen den Gefangenen und seinen Angehörigen aus Gründen des Opferschutzes in Betracht.[250] Nach dem gesetzgeberischen Willen soll die Erweiterung des § 33 Abs. 2 Nr. 3 HStVollzG die Opfer insbesondere davor schützen, dass sie durch den bzw. die Gefangenen gegenüber Dritten – insbesondere gegenüber den Angehörigen der Gefangenen – verunglimpft werden oder diese Personen die Opfer kontaktieren.[251]

In der historischen Auslegung von § 33 Abs. 2 Nr. 3 HStVollzG konnte festgestellt werden, dass für eine Untersagung von Kontakten zu den Angehörigen der Gefangen aus Opferschutzgründen kein Angehörigenprivileg gelten soll.[252]

---

[246] Gesetz zur Bekämpfung von Kinderehen vom 17.07.2017, BGBl. I 2017, S. 2429 ff.; ein wichtiger Regelungsanlass waren im Ausland geschlossene Ehen von Geflüchteten, bei denen eine:r Ehepartner:in minderjährig war, vgl. BT-Drs. 18/12377, S. 1 f.

[247] Vgl. BT-Drs. 18/12377, S. 2; *M. Otto*, in: BeckOGK BGB, Stand: 01.03.2022, BGB § 1314 Rn. 3.

[248] Vgl. BT-Drs. 18/12377, S. 1 f.

[249] Weiterführend zur eingeschränkten Anwendbarkeit von Art. 6 GG auf sogenannte „hinkende Ehen" speziell mit Blick auf im Ausland geschlossene Kinderehen *Majer*, NZFam 2019, 659 (660 m. w. N.).

[250] Landtag Hessen Drs. 20/2967, S. 46 mit Verweis auf S. 33; ausführlich hierzu bereits in der historischen Auslegung oben im Abschnitt 14.3.2.

[251] Landtag Hessen Drs. 20/2967, S. 46 mit Verweis auf S. 33; hierzu auch oben im Abschnitt 14.3.2.

[252] Landtag Hessen Drs. 20/2967, S. 46 mit Verweis auf S. 33; hierzu auch oben im Abschnitt 14.3.2.

Dies ist insofern problematisch, als das Angehörigenprivileg des Strafvollzugsrechts eine Ausprägung des Schutzes von Ehe und Familie des Art. 6 Abs. 1 GG darstellt.[253] Eine Beschränkung von Art. 6 Abs. 1 GG kann sich nur durch kollidierendes Verfassungsrecht ergeben.[254]

Nahe liegt zunächst eine Kollision der Grundrechte der Gefangenen und ihrer Angehörigen aus Art. 6 GG mit dem subjektiven Recht des Opfers auf Opferschutz aus Art. 2 Abs. 2 S. 1 GG.[255] Ausprägungen dieses subjektiven Rechts des Opfers sind gerade der Schutz des Opfers vor einer sekundären oder erneuten Viktimisierung durch den bzw. die Gefangene:n.[256] Allerdings kann diese Ausprägung der grundrechtlichen Schutzpflichten gegenüber den konkreten Straftatopfern nur in engen Grenzen angenommen werden.[257] Ein solches subjektives Recht auf Opferschutz kommt vor allem bei Opfern in Betracht, die durch die Straftat erhebliche physische und psychische Beeinträchtigungen erfahren haben. Dies wird oft bei Opfern schwerer Gewalt- und Sexualstraftaten anzunehmen sein.[258] Allerdings haben Straftatopfer nur dann ein subjektives Recht auf Opferschutz, wenn von den Gefangenen tatsächlich die Gefahr einer sekundären oder erneuten Viktimisierung ausgeht.[259] Daher muss für eine Untersagung von Kontakten zwischen Gefangenen und ihren Angehörigen aus Opferschutzgründen die konkrete Gefahr einer sekundären bzw. erneuten Viktimisierung für das konkrete Opfer bestehen. Für eine Untersagung von Außenkontakten aus Opferschutzgründen gemäß § 33 Abs. 2 Nr. 3 Alt. 2 HStVollzG muss eine konkrete Gefährdung des Opfers durch die Angehörigen der Gefangenen also gerade auf den konkreten Außenkontakt zwischen den Gefangenen und ihren Angehörigen zurückzuführen sein. Diese Voraussetzung wird nur dann erfüllt sein, wenn tatsächliche Anhaltspunkte für eine Gefährdung des Opfers bei Außenkontakten mit den Angehörigen auftreten. Zu denken ist dabei vor allem an Bitten der Gefangenen gegenüber ihren Angehörigen, das Opfer zu kontaktieren und eine durch diese Kontaktaufnahme mit den Opfern zu befürchtende sekundäre Viktimisierung.

---

[253] So bereits das OLG Nürnberg NStZ 1999, 376; vgl. auch *Manssen*, Staatsrecht II, 18. Aufl. 2021, Rn. 498 ff.; allgemein zur Einschränkung von Grundrechten ohne Gesetzesvorbehalt durch kollidierendes Verfassungsrecht *Epping*, Grundrechte, 9. Aufl. 2021, Rn. 77 ff.

[254] *Epping*, Grundrechte, 9. Aufl. 2021, Rn. 77 ff.; ausführlich bereits oben im Abschnitt 14.5.2.3.3.2.

[255] Ausführlich zum subjektiven Recht auf Opferschutz oben im Abschnitt 10.1.2.3.4.

[256] Hierzu oben im Abschnitt 10.1.2.3.4.

[257] Hierzu oben im Abschnitt 10.1.2.3.4.

[258] Hierzu oben im Abschnitt 10.1.2.3.4.

[259] Hierzu oben im Abschnitt 10.1.2.3.4.

Weiterhin erscheint auch eine Kollision des allgemeinen Persönlichkeitsrechts des Opfers aus Art 2 Abs. 1 i. V. m. Art. 1 Abs. 1 GG in der Ausprägung des Schutzes des Ehrgefühls[260] mit den Rechten der Gefangenen aus Art. 6 GG möglich. Diesbezüglich ist bereits fraglich, ob die vom hessischen Gesetzgeber vorgestellte Gefährdung des Ansehens des Opfers durch dessen Verunglimpfung gegenüber den Angehörigen der Gefangenen überhaupt für den Schutz des konkreten Opfers relevant sein kann. Zu denken ist hier vor allem an die sogenannte beleidigungsfreie Sphäre in persönlichen Beziehungen.[261] Die Überprüfung, ob eine Äußerung über das Opfer gegenüber Dritten strafrechtliche Relevanz hat, obliegt allein den Strafverfolgungsbehörden.[262] Eine Untersagung von Außenkontakten bei verunglimpfenden Äußerungen der Gefangenen kommt daher aus Opferschutzgründen allenfalls dann in Betracht, wenn diesen Äußerungen nach Einschätzung der Strafverfolgungsbehörden strafrechtliche Bedeutung zukommt. Den Justizvollzugsanstalten kommt in diesem Zusammenhang keine Entscheidungskompetenz für die strafrechtliche Einordnung der Äußerung zu.[263] Ohne die Einleitung eines Ermittlungsverfahrens durch die Staatsanwaltschaft wegen eines Beleidigungsdelikts können die Anstalten daher Außenkontakte bei negativen Äußerungen zum Nachteil des Opfers allenfalls wegen einer Gefährdung des Vollzugsziels untersagen. Diesbezüglich gilt jedoch wiederum das Angehörigenprivileg nach § 33 Abs. 2 Nr. 4 HStVollzG, weshalb eine Untersagung der Außenkontakte zwischen Gefangenen und ihren Angehörigen wegen einer Gefährdung des Resozialisierungsziels nicht möglich ist.[264] Eine Untersagung von Außenkontakten zu Angehörigen kommt auf Grundlage des opferbezogenen Untersagungsgrundes gemäß § 33 Abs. 2 Nr. 3 HStVollzG ohne eine materiell-rechtliche Prüfung eines strafbaren Verhaltens der Gefangenen durch die Staatsanwaltschaft nicht in Betracht, da andernfalls eine Umgehung des Angehörigenprivilegs des § 33 Abs. 2 Nr. 4 HStVollzG zu befürchten ist.

Unabhängig von der strafrechtlichen Einordnung negativer Äußerungen über das Straftatopfer durch Gefangene bei Außenkontakten mit ihren Angehörigen, scheint aber auch der generelle Ausschluss des Angehörigenprivilegs durch § 33 Abs. 2 Nr. 3 HStVollzG in solchen Fällen zu weit zu gehen. Für eine Gefahr

---

[260] Allgemein zum Schutz des Ehrgefühls durch das allgemeine Persönlichkeitsrecht *Di Fabio,* in: Dürig/Herzog/Scholz (Hrsg.), GG, 95. EL Juli 2021, Art. 2 Abs. 1 Rn. 169 ff.

[261] Siehe hierzu *Eisele/Schittenhelm,* in: Schönke/Schröder (Hrsg.), StGB, 30. Aufl. 2019, Vorb. zu den §§ 185 ff. Rn. 9 ff.

[262] Die Zuständigkeit der Staatsanwaltschaft ergibt sich aus dem Legalitätsprinzip der §§ 152 Abs. 2, 170 Abs. 1 StPO und dem Anklagemonopol gemäß §§ 151, 152 Abs. 1 StPO.

[263] Vgl. zur Zuständigkeit der Staatsanwaltschaft §§ 151, 152, 170 StPO.

[264] Zum Angehörigenprivileg bereits oben im Abschnitt 14.5.2.3.1.

einer sekundären Viktimisierung des Opfers durch Äußerungen gegenüber den Angehörigen der Gefangenen müssten diese Äußerungen überhaupt erst einmal in die Wahrnehmungssphäre des Opfers gelangen. Daher kommt eine Untersagung von Außenkontakten zu Angehörigen allenfalls dann in Betracht, wenn der bzw. die Gefangene das Opfer bereits gegenüber seinen bzw. ihren Angehörigen verunglimpft hat und diese Äußerungen auch in die Wahrnehmungssphäre des Opfers gelangt sind. Nur dann besteht überhaupt die Notwendigkeit, die Außenkontakte zwischen Gefangenen und Angehörigen dahingehend kritisch zu prüfen, ob durch diese Kontakte eine weitergehende (Re-)Viktimisierung oder (Re-)Traumatisierung des Opfers droht.

Vor einer Untersagung der Außenkontakte zwischen Gefangenen und ihren Angehörigen aus Opferschutzgründen gemäß § 33 Abs. 2 Nr. 3 Alt. 2 HStVollzG ist zudem eine Abwägung mit den Rechten der Gefangenen und ihrer Angehörigen aus Art. 6 GG vorzunehmen. Dies ergibt sich bereits aus dem Umstand, dass nach § 33 Abs. 2 HStVollzG die Untersagung von Außenkontakten nur im Einzelfall erfolgen kann. Diese Einzelfallprüfung und das den Anstalten eingeräumte Ermessen dienen gerade dem Ausgleich der Interessen von Gefangenen an Außenkontakten – insbesondere zu ihren Angehörigen – und den Schutzinteressen der Opfer. Die generelle Annahme, dass dem Opferschutz bei einer lediglich möglichen Beeinträchtigung des Opfers durch Außenkontakten zwischen Gefangenen und ihren Angehörigen immer der Vorrang gebührt, ist daher bereits mit dem Wortlaut des § 33 Abs. 2 Nr. 3 HStVollzG nicht vereinbar.[265] Darüber hinaus steht ein genereller Vorrang des Opferschutzes auch nicht mit der Bedeutung von Außenkontakten für die Wiedereingliederung der Gefangenen im Einklang und beschränkt daher neben den Grundrechten aus Art. 6 GG auch den verfassungsrechtlich verankerten Resozialisierungsanspruch der Gefangenen aus Art. 2 Abs. 1 i. V. m. Art. 1 Abs. 1 GG.[266] Folglich ist das Merkmal der „Gründe des Opferschutzes" des § 33 Abs. 2 Nr. 3 Alt. 2 HStVollzG bei Außenkontakten der Gefangenen mit ihren Angehörigen derart auszulegen, dass eine Abwägung der Interessen der Gefangenen und ihrer Angehörigen an den Außenkontakten auf der einen und den Schutzinteressen der konkreten Opfer auf der anderen Seite erfolgen muss. Es verbleibt daher auch nach dieser Regelung bei einer Abwägung im Einzelfall und keines generellen Vorranges des Opferschutzes.

[265] Hierzu bereits in der grammatischen Auslegung oben im Abschnitt 14.3.2.

[266] Ausführlich hierzu bereits oben im Abschnitt 14.5.2.1.

14.6 Gesamtbetrachtung

14.6.1 Ergebnisse der grammatischen Auslegung

Die grammatische Auslegung der Vorschriften zu den Außenkontakten hat zunächst für jene Landesgesetze, welche einen opferbezogenen Untersagungsgrund enthalten[267], ergeben, dass diese auf den Schutz tatsächlicher Opfer ausgerichtet sind. Insofern wurde durch die Auslegung der in dieser Arbeit vertretene enge strafvollzugsrechtliche Opferbegriff[268] gestützt. Eine Ausnahme hiervon ist allein in § 25 Nr. 3 StVollzG NRW zu sehen, welcher auch den Schutz gefährdeter Dritter im Rahmen des Widerspruchs gegenüber Kontaktgesuchen der Gefangenen vorsieht.

Speziell für die Untersagung von Besuchen und Schriftwechsel hat die grammatische Auslegung zudem ergeben, dass durch den opferbezogenen Untersagungsgrund ein Unmittelbarkeitszusammenhang zwischen der Viktimisierung des Opfers und der Tat erforderlich ist, wegen derer der bzw. die Gefangene inhaftiert ist.[269] Eine Ausnahme hierzu ist in § 43 Abs. 2 S. 2 LStVollzG SH[270] zu sehen, welcher nur allgemein auf eine Viktimisierung des Opfers durch den bzw. die Gefangene:n abstellt. Allerdings ist diesbezüglich zu beachten, dass diese Vorschrift das Besuchsverbot nur für minderjährige Opfer normiert und die Regelung allgemein die Untersagung von Außenkontakten in Form von Besuchen und Schriftverkehr zwischen Gefangenen und Minderjährigen betrifft. Die Untersagung von Besuchen durch minderjährige Opfer wird lediglich beispielhaft genannt.

Im Gegensatz zu den übrigen Landesgesetzen enthalten nur die Gesetze der Länder Sachsen und Schleswig-Holstein eine Beschränkung des opferbezogenen Untersagungsgrundes auf minderjährige Opfer der Gefangenen.[271] In allen

[267] Dies sind alle Landesgesetze mit Ausnahme der Gesetze aus Baden-Württemberg, Bayern, Hamburg und Niedersachsen.

[268] Ausführlich zum engen strafvollzugsrechtlichen Opferbegriff oben im Abschnitt 4.2.2.

[269] Hierzu zunächst für die Vorschriften zum Besuch oben im Abschnitt 14.2.2.1; für den Schriftwechsel ergibt sich aufgrund des gleichen Wortlauts kein anderes Ergebnis, vgl. oben im Abschnitt 14.2.2.2.

[270] Diese Vorschrift ist aufgrund der Verweisungen in §§ 46 Abs. 1 S. 2, 48 Abs. 2, 52 Abs. 2 S. 2 LStVollzG SH auch auf Telefongespräche, den Schriftwechsel und andere Formen der Telekommunikation anwendbar.

[271] §§ 27 Nr. 3, 32 Nr. 3 SächsStVollzG; § 43 Abs. 2 S. 1 LStVollzG SH.

anderen Landesgesetzen mit opferbezogenen Untersagungsgründen ist eine solche Beschränkung zumindest auf der Grundlage des jeweiligen Wortlauts nicht ersichtlich.

Mit Blick auf § 30 Nr. 3 und §§ 35 Nr. 3, 38 Abs. 1 Nr. 5 StVollzG Bln sowie § 25 Nr. 3 StVollzG NRW ist für die grammatische Auslegung zudem festzuhalten, dass dem Wortlaut nach die Entscheidung über die Untersagung von Besuchen und Schriftwechsel nicht allein der Anstaltsleitung obliegt.

Hinsichtlich der Vorschriften zu Telefongesprächen[272] und zu anderen Formen der Telekommunikation[273] hat die Wortlautauslegung ergeben, dass die landesrechtlichen Vorschriften durch Verweisungen auf die Regelungen zum Besuch bzw. Schriftverkehr den Opferschutz ebenfalls als Untersagungsgrund vorgesehen. Eine ausdrückliche Normierung eines opferbezogenen Untersagungsgrundes für Telefongespräche enthalten insofern lediglich § 25 Nr. 3 StVollzG NRW und § 30 Abs. 1 S. 3 SächsStVollzG. Darüber hinaus findet sich auch nur im sächsischen Gesetz mit § 37 Abs. 5 S. 3 SächsStVollzG ausdrücklich ein opferbezogener Untersagungsgrund zum Paketversand.[274] Da in Hessen die Untersagungsgründe allgemein bei „Kontakten" der Gefangenen anwendbar sind, muss der opferbezogene Untersagungsgrund nach § 33 Abs. 2 Nr. 3 HStVollzG ebenfalls auf alle Formen der Außenkontakte Anwendung finden.[275]

Allein § 25 Nr. 3 StVollzG NRW sieht nach dem Wortlaut der Vorschrift eine Beschränkung von Außenkontakten als milderes Mittel zur Untersagung vor. Weiterhin enthält die Vorschrift eine Widerspruchsmöglichkeit des Opfers und gefährdeter Dritter hinsichtlich der Kontaktaufnahme durch die Gefangenen. Eine ähnliche Regelung ist allein in § 48 Abs. 1 Nr. 3 LStVollzG SH ersichtlich, wonach der Schriftwechsel zwischen Gefangenen und Opfern auf Antrag des Opfers hin untersagt werden kann.[276]

14.6.2 Ergebnisse der historischen Auslegung

Die historische Auslegung hat ergeben, dass der opferbezogene Untersagungsgrund ein Novum der Landesstrafvollzugsgesetze ist und keine Entsprechung im StVollzG Bund hatte.

---

[272] Hierzu oben im Abschnitt 14.2.2.3.

[273] Hierzu oben im Abschnitt 14.2.2.4.

[274] Hierzu oben im Abschnitt 14.2.2.5.

[275] Hierzu oben im Abschnitt 14.2.2.6.

[276] Hierzu oben im Abschnitt 14.2.2.2.

Darüber hinaus hat die Sichtung der Gesetzesbegründungen zu den Landesgesetzen gezeigt, dass die Normierung des opferbezogenen Untersagungsgrundes sich an Nr. 24.2 Europäische Strafvollzugsgrundsätze (EPR) orientiert hat. Allerdings sieht allein § 25 Nr. 3 StVollzG NRW die Beschränkung von Außenkontakten aus Opferschutzgründen als Alternative zur Untersagung vor und entspricht somit am ehesten der Empfehlung der Nr. 24.2 EPR.

Im Übrigen kommt durch die Normierung des opferbezogenen Untersagungsgrundes die Ausrichtung der gesamten Strafrechtspflege auf einen Schutz von Straftatopfern vor einer Sekundärviktimisierung zum Ausdruck, welche bereits durch die Opferschutzrichtlinie der EU vorgezeichnet wurde. Dieser Befund ergibt sich insbesondere für jene Länder, in deren Gesetzesbegründung ausdrücklich auf die Schutzinteressen der tatsächlichen Straftatopfer Bezug genommen wird.[277] Dies stützt erneut die Zugrundelegung des engen strafvollzugsrechtlichen Opferbegriffs bei der Auslegung der Vorschriften.

Insgesamt kann festgehalten werden, dass die Opfer von Straftaten durch den opferbezogenen Untersagungsgrund von Außenkontakten vor allem vor psychischen Beeinträchtigungen geschützt werden sollen.[278] Dies gilt ausweislich der Gesetzesbegründungen zu den am ME LStVollzG orientierten Ländern insbesondere für den Schutz minderjähriger Straftatopfer. Gleichwohl wurden Vorschriften, bei denen der besondere Schutz minderjähriger Opfer bereits im Wortlaut ersichtlich ist, nur in Schleswig-Holstein und Sachsen geschaffen.

Weiterhin wird in den Gesetzesbegründungen der Länder Bayern und Nordrhein-Westfalen darauf verwiesen, dass die Berücksichtigung von Opferinteressen bei der Ausgestaltung von Außenkontakten als Ausprägung des opferorientierten Strafvollzugs anzusehen ist.[279] Dies ist mit Blick auf das BayStVollzG insofern bemerkenswert, als dieses Gesetz keine spezielle Vorschrift zur Untersagung von Außenkontakten aus Opferschutzgründen enthält. Vielmehr finden sich Ausführungen hierzu allein in der Begründung zur allgemeinen Vorschrift des Art. 5a BayStVollzG.

---

[277] Hierzu oben im Abschnitt 14.3.2.

[278] Hierzu oben im Abschnitt 14.3.2.

[279] Hierzu oben im Abschnitt 14.3.2; zu Art. 5a BayStVollzG zudem in der historischen Auslegung zu den allgemeinen Vorschriften oben im Abschnitt 13.3.2.1.

14.6.3 Ergebnisse der systematischen Auslegung

Aus der systematischen Auslegung der opferbezogenen Vorschriften der Landesstrafvollzugsgesetze zu den Außenkontakten lassen sich insgesamt vier Schlüsse ziehen.

Erstens sind alle Landesstrafvollzugsgesetze mit Blick auf die jeweiligen Regelungen zu den Außenkontakten einer opferschützenden Auslegung zugänglich. Dies lässt sich bereits aus dem Umstand herleiten, dass alle Landesgesetze die Untersagungsgründe des § 25 StVollzG Bund in ihren jeweiligen Vorschriften zum Besuch übernommen haben. Bereits auf der Grundlage des StVollzG Bund wurde insbesondere aus § 25 Nr. 1 StVollzG Bund die Möglichkeit der Untersagung von Besuchen durch das Opfer zu dessen Schutz bzw. aus § 25 Nr. 2 StVollzG Bund zur Vermeidung einer Gefährdung der Resozialisierung des bzw. der Gefangenen hergeleitet. Daher sind alle Landesgesetze zumindest hinsichtlich der jeweiligen Regelung zum Besuch einer entsprechenden Auslegung zugänglich.

Während die meisten Landesgesetze den Opferschutz als Untersagungsgrund für Besuche ausdrücklich normiert haben[280], besteht die Notwendigkeit einer derartigen Auslegung für die Regelungen zum Besuch in den Ländern Baden-Württemberg, Bayern, Hamburg und Niedersachsen fort. In Bayern ergibt sich eine opferbezogene Auslegung der Untersagungsmöglichkeiten bereits unter Berücksichtigung der in Art. 5a BayStVollzG allgemein normierten Opferorientierung des Vollzugs. Aber auch in den Ländern Baden-Württemberg, Hamburg und Niedersachsen folgt eine entsprechende Auslegung der jeweiligen Vorschriften bereits aus der Übernahme der Untersagungsgründe des § 25 StVollzG Bund.

Zweitens lässt sich mit Blick auf jene Landesgesetze, welche den Opferschutz als Untersagungsgrund für Besuche und Schriftverkehr normiert haben, festhalten, dass sich aus dessen systematischer Stellung keine Nachrangigkeit gegenüber den übrigen Untersagungsgründen ergibt.

Drittens ist der Untersagungsgrund des Opferschutzes nicht nur bei Besuchen von Opfern bei dem bzw. der inhaftierten Täter:in und bei entsprechendem Schriftverkehr zu beachten, sondern ebenso bei anderen Arten von Außenkontakten zwischen Gefangenen und Opfern. Diesbezüglich enthalten zumindest die meisten der Landesgesetze, welche sich am ME LStVollzG orientiert haben, entsprechende Normverweise.[281] Auch nach den Vorschriften aus Nordrhein-Westfalen und Hessen erstreckt sich die Untersagungsmöglichkeit aus

[280] Hierzu oben im Abschnitt 14.2.2.1.

[281] Hierzu soeben im Abschnitt 14.4.2.3 und im Abschnitt 14.4.2.4.

Opferschutzgründen auf alle Formen der Außenkontakte.[282] In den übrigen Landesgesetzen[283] ist eine entsprechende Anwendung des Untersagungsgrundes des Opferschutzes für andere Außenkontakte neben dem Besuch ebenfalls im Sinne eines opferorientierten Strafvollzugs anzunehmen.

Viertens bleibt festzuhalten, dass allein in § 25 Nr. 3 StVollzG NRW die Beschränkung von Außenkontakten ausdrücklich als milderes Mittel neben der Untersagung normiert wurde. Unter Berücksichtigung des verfassungsrechtlichen Verhältnismäßigkeitsprinzips und von Nr. 24.2 der Europäischen Strafvollzugsgrundsätze muss die Beschränkung von Außenkontakten jedoch immer als milderes Mittel im Vergleich zur vollständigen Untersagung in Betracht gezogen werden. Hieraus folgt, dass in allen Bundesländern neben einer Untersagung des Kontakts zwischen Gefangenen und Opfern immer auch eine Beschränkung auf bestimmte Kommunikationswege oder eine Überwachung des Kontakts in Erwägung gezogen werden muss.

14.6.4 Ergebnisse der teleologischen Auslegung

Aus den Ausführungen zur teleologischen Auslegung ergeben sich folgende Konsequenzen. Insgesamt kann die Beschränkung von Außenkontakten zwischen Gefangenen und direkten Straftatopfern durch die Anstaltsleitung mit dem subjektiven Recht auf Opferschutz als Ausfluss der grundrechtlichen Schutzpflichten aus Art. 2 Abs. 2 S. 1 GG legitimiert werden. Jedoch muss diesbezüglich eine umfassende Abwägung der Schutzinteressen des konkreten Straftatopfers auf der einen Seite und des verfassungsrechtlich durch Art. 2 Abs. 1 i. V. m. Art. 1 Abs. 1 GG gewährleisteten Anspruchs des bzw. der konkreten Gefangenen auf Resozialisierung bzw. des staatlichen Auftrags aus Art. 20 Abs. 1 GG auf der anderen Seite vorgenommen werden.[284]

Hinsichtlich der Regelungen in den Ländern Brandenburg, Rheinland-Pfalz, Sachsen-Anhalt und Thüringen, welche die im Haftbefehl benannten Personen im Zusammenhang mit opferbezogenen Untersagungen von Außenkontakten

[282] § 33 Abs. 2 Nr. 3 HStVollzG; § 25 Nr. 3 StVollzG NRW; hierzu soeben im Abschnitt 14.4.2.6.

[283] Dies betrifft die Gesetze aus Bayern, Baden-Württemberg, Hamburg und Niedersachsen; hierzu für Telefongespräche und andere Formen der Telekommunikation soeben oben im Abschnitt 14.4.2.3 und für Paketversand oben im Abschnitt 14.4.2.5.

[284] Hierzu oben im Abschnitt 14.5.2.1.

berücksichtigen, bedarf es einer einschränkenden Auslegung für das Strafvollzugsrecht. Die im Haftbefehl benannten Personen können allenfalls bei Untersuchungsgefangen von Bedeutung sein, da den Vollzugsanstalten kaum andere Anknüpfungspunkte für eine Untersagung von Außenkontakten zwischen Untersuchungsgefangenen und Verletzten im strafprozessualen Sinne zur Verfügung stehen. Für Strafgefangene verbleibt es bei einer Anwendbarkeit der opferbezogenen Untersagungsgründe allein für Opfer, deren Opferschaft durch das Strafurteil festgestellt wurde. Insofern ist eine sprachliche Klarstellung in den Regelungen zu den Untersagungsgründen für Außenkontakte der genannten Länder erforderlich,[285] durch die zwischen den opferbezogenen Untersagungsgründen für die Untersuchungshaft und jenen für den Strafvollzug unterschieden wird.

Da grundsätzlich eine Alleinzuständigkeit der Anstaltsleitung für Entscheidungen innerhalb der jeweiligen Vollzugsanstalt anzunehmen ist, liegt auch in den Gesetzen der Länder Berlin und Nordrhein-Westfalen die Entscheidungskompetenz für Untersagungen und Beschränkungen von Außenkontakten aus Opferschutzgründen bei der Anstaltsleitung.[286] Die Zuständigkeit der Anstaltsleitung erscheint gerade mit Blick auf die hohe Eingriffsintensität der Versagung von Außenkontakten insbesondere für den Resozialisierungsanspruch der Gefangenen und auch für die Grundrechte aus Art. 6 GG sowie der festgestellten Komplexität der Entscheidung über eine opferbezogene Versagung von Außenkontakten sachdienlich.

Nicht zulässig erscheint zudem eine Untersagung von Außenkontakten zwischen Gefangenen und volljährigen Straftatopfern, wenn die Opfer diesen Kontakt wünschen. Dies folgt aus der Autonomie des Straftatopfers als Ausfluss seiner allgemeinen Handlungsfreiheit gemäß Art. 2 Abs. 1 GG.[287]

Für volljährige Opfer, die zugleich Familienmitglieder des bzw. der Gefangenen sind, ist eine Untersagung von Außenkontakten unter Berücksichtigung des Schutzes von Ehe und Familie nach Art. 6 Abs. 1 GG ebenfalls nicht gegen den Willen des Opfers möglich.[288] Bei volljährigen Ehepartner:innen und Kindern von Gefangenen, die zugleich deren Opfer sind, ist zudem neben dem speziellen Grundrecht aus Art. 6 Abs. 1 GG die aus der allgemeinen Handlungsfreiheit des Art. 2 Abs. 1 GG abzuleitende Opferautonomie zu beachten.

---

[285] Vgl. z. B. zum Besuch § 35 Nr. 3 BbgJVollzG; § 34 Nr. 3 LJVollzG RP; § 34 Nr. 3 JVollzGB I LSA; § 35 Nr. 3 ThürJVollzGB; zum Wortlaut der Regelungen oben im Abschnitt 14.2.2.1 und im Abschnitt 14.2.2.2.

[286] Hierzu oben im Abschnitt 14.5.2.1.2.

[287] Hierzu oben im Abschnitt 14.5.2.2.

[288] Hierzu oben im Abschnitt 14.5.2.3.3.1.

Die Untersagung des Kontakts zwischen Gefangenen und ihren minderjährigen Kindern, die zugleich Opfer einer Straftat des bzw. der Gefangenen sind, wird bei einer drohenden Kindeswohlgefährdung durch die grundrechtliche Schutzpflicht des Staates für das Kind aus Art. 6 Abs. 3 GG i. V. m. Art. 1 Abs. 2 GG sowie Art. 2 Abs. 2 GG unter Berücksichtigung des staatlichen Wächteramts legitimiert.[289] Diesbezüglich hat ebenfalls eine umfassende Abwägung zwischen den Schutzinteressen des betroffenen Kindes unter Einbeziehung des Kindeswohls auf der einen Seite und dem Recht des bzw. der Gefangenen auf elterliche Sorge nach Art. 6 Abs. 1 GG sowie des Resozialisierungsinteresses auf der anderen Seite zu erfolgen.

Bei Kindern, die älter als 14 Jahre alt sind, sind etwaig bestehende Kontaktwünsche seitens des Kindes zwingend in die Abwägung einzubeziehen. Letztlich bedarf es einer umfassenden Abwägung im Einzelfall, wobei auch das der Viktimisierung zugrunde liegende Delikt und der Umfang einer bereits bestehenden Traumatisierung in die Betrachtung einbezogen werden müssen. Zu beachten ist jedoch, dass eine vollständige Untersagung von Außenkontakten des bzw. der Gefangenen zu seinem bzw. ihrem minderjährigen Kind, welches zugleich Opfer ist, nur in extremen Ausnahmefällen und dann auch nur zeitlich begrenzt möglich sein wird. Die vollständige Untersagung von Kontakten der Eltern zu ihren Kindern obliegt gemäß § 1666 Abs. 1 Nr. 4 BGB allein dem Familiengericht.

Für die Untersagung von Außenkontakten zwischen Gefangenen und minderjährigen Opfern, die zugleich Ehepartner:innen der Gefangenen sind, gilt der Schutz des Art. 6 Abs. 1 GG nur abgeschwächt.[290] Daher kommt diesbezüglich neben der Berücksichtigung des abgeschwächten Schutzes des Art. 6 Abs. 1 GG eine Abwägung des Opferschutzes mit der allgemeinen Handlungsfreiheit des Opfers in Betracht. Unabhängig davon ist die Relevanz derartiger Fälle für das Strafvollzugsrecht als sehr gering einzuschätzen, da Ehen mit Minderjährigen in Deutschland nach derzeitigem Recht gemäß § 1303 BGB nicht mehr geschlossen werden können.[291]

Insgesamt ist zu beachten, dass die Feststellung der Gefahr einer Beeinträchtigung des Opfers infolge des Kontakts zu dem bzw. der inhaftierten Täter:in durch die Anstaltsleitung bereits bei volljährigen Opfern kaum geleistet werden

---

[289] Hierzu oben im Abschnitt 14.5.2.3.3.2.

[290] Weiterführend zur eingeschränkten Anwendbarkeit von Art. 6 GG auf sogenannte „hinkende Ehen“ speziell mit Blick auf im Ausland geschlossene Kinderehen *Majer*, NZFam 2019, 659 (660 m. w. N.); allgemein zu Außenkontakten zwischen Gefangenen und ihren minderjährigen Ehepartner:innen oben im Abschnitt 14.5.2.3.3.2.

[291] Weiterführend mit Blick auf im Ausland geschlossene Kinderehen *Majer*, NZFam 2019, 659 (660 m. w. N.).

kann. Umso mehr ist dies daher bei einer möglichen Gefährdung minderjähriger Opfer der Fall. Die Anstaltsleitung selbst wird häufig nicht in der Lage sein, die Gefährdung des Kindeswohls fundiert einschätzen zu können. Wünschenswert erscheint daher eine enge Zusammenarbeit der Justizvollzugsanstalten mit anderen behördlichen Stellen wie beispielsweise dem Jugendamt und auch mit dem Familiengericht. Eine derartige Zusammenarbeit ist allein in § 43 Abs. 2 S. 2 LStVollzG SH normiert worden.

14.6.5 Gesamtergebnis zur Auslegung opferbezogener Vorschriften zu den Außenkontakten

Auf der Grundlage der Auslegung der opferbezogenen Strafvollzugsvorschriften zu den Außenkontakten lassen sich acht Ergebnisse festhalten, die durch die einzelnen Auslegungsmethoden gestützt werden.

Erstens hat die Auslegung ergeben, dass die Anwendung eines engen strafvollzugsrechtlichen Opferbegriffs durch die Ergebnisse der grammatischen, historischen, systematischen und teleologischen Auslegung gestützt werden kann. Im Rahmen der grammatischen Auslegung konnte festgestellt werden, dass der Opfer- bzw. Verletztenbegriff der untersuchten Vorschriften mit dem dieser Arbeit zugrunde gelegten engen strafvollzugsrechtlichen Opferbegriff übereinstimmt. Bereits aus dem Wortlaut der Vorschriften ergibt sich eine Anwendung des opferbezogenen Untersagungsgrundes allein auf tatsächliche Straftatopfer. Dieser Befund wurde auch durch die Sichtung der Gesetzesbegründungen im Rahmen der historischen Auslegung gestützt. Die Begründungen führen den Schutz des Opfers vor einer Sekundärviktimisierung als Regelungsgrund an und verweisen zudem teilweise auf Nr. 24.2 Europäische Strafvollzugsgrundsätze als Vorbild für den opferbezogenen Untersagungsgrund. Innerhalb der systematischen Auslegung konnte festgestellt werden, dass die Landesgesetze die Untersagungsgründe des § 25 StVollzG Bund für Besuche bzw. § 28 Abs. 2 StVollzG Bund für den Schriftverkehr übernommen haben. Der Schutz potenzieller Opfer vor weiteren Straftaten ist bereits im gefangenenbezogenen Untersagungsgrund der Gefährdung der Eingliederung angelegt. Das hiermit angesprochene Vollzugsziel umfasst gerade auch die Unterstützung der Gefangenen bei dem Bemühen, zukünftig keine neuen Straftaten zu begehen[292], und mit Blick auf die Sicherheitsaufgabe des Strafvollzugs gerade auch den Schutz potenzieller Opfer[293].

292 Ausführlich hierzu oben im Abschnitt 5.1.1.1.3.1.

293 Ausführlich hierzu oben im Abschnitt 5.1.2.

Daher kann sich der neue opferbezogene Untersagungsgrund der Landesgesetze unter Berücksichtigung der allgemeinen Opferorientierung der Strafrechtspflege gerade nur auf den Schutz tatsächlicher Opfer beziehen. Schließlich hat sich im Rahmen der teleologischen Auslegung ergeben, dass Sinn und Zweck der opferbezogenen Regelungen zu den Außenkontakten nur der Schutz von tatsächlichen Opfern vor einer (Re-)Viktimisierung bzw. (Re-)Traumatisierung durch den Kontakt zu dem bzw. der Täter:in ist.

Zweitens lässt sich festhalten, dass der Wortlaut der opferbezogenen Untersagungsgründe für Außenkontakte in den Ländern Brandenburg, Rheinland-Pfalz, Sachsen-Anhalt und Thüringen nicht eindeutig ist und dieser Umstand eine sprachliche Anpassung erforderlich macht. Nach den Regelungen der genannten Länder sind die opferbezogenen Untersagungsgründe auch bei Personen anwendbar, die im Haftbefehl als Opfer benannt werden. Diesbezüglich hat sowohl die systematische Auslegung als auch die teleologische Auslegung ergeben, dass sich dieses Tatbestandsmerkmal des Untersagungsgrundes nur auf die Untersagung von Außenkontakten bei Untersuchungsgefangenen beziehen kann. Für Strafgefangene bleibt es dabei, dass nur tatsächliche Opfer, also Opfer, deren Opferschaft durch ein Strafgericht festgestellt wurde, durch den opferbezogenen Untersagungsgrund geschützt werden sollen.

Drittens kann der Zusammenhang zwischen der Viktimisierung des konkreten Opfers und jener Straftat, die der aktuellen Inhaftierung des bzw. der Gefangenen zugrunde liegt, als Erfordernis für die Untersagung von Außenkontakten der grammatischen Auslegung entnommen werden. Der Wortlaut der jeweiligen Vorschriften bezieht sich gerade auf eine konkrete Tat. Eine Ausnahme hierzu bildet allein § 43 Abs. 2 S. 2 LStVollzG SH, wobei bereits diese Vorschrift nicht allein auf den Opferschutz, sondern vielmehr auf den Schutz minderjähriger Personen vor den Gefangenen ausgerichtet ist. Der Unmittelbarkeitszusammenhang zwischen Viktimisierung und Inhaftierung korrespondiert jedoch nicht mit der teleologischen Auslegung der Vorschriften, da Sinn und Zweck der Vorschriften ein effektiver Schutz der Opfer vor einer (Re-)Viktimisierung bzw. (Re-)Traumatisierung ist. Die Gefahr einer erneuten Beeinträchtigung des konkreten Opfers durch den bzw. die Täter:in kann jedoch auch nach Verbüßung der (Haft-)Strafe bestehen. Insofern entspricht eine Beschränkung des Opferschutzes durch die Vorschriften zu den Außenkontakten auf „aktuelle" Opfer des bzw. der Gefangenen nicht dem Ziel einer opferorientierten Strafrechtspflege. Daher ist das Merkmal der „Opfer der Straftat" im Rahmen des opferbezogenen Untersagungsgrundes unter Berücksichtigung des Telos der Regelungen weit auszulegen. Untersagt werden können daher Außenkontakte zu allen Straftatopfern des bzw. der Gefangenen, ganz gleich wie lange die Viktimisierung zurück liegt. Hiervon unabhängig zu betrachten sind die rein praktischen Probleme einer solchen weiten Auslegung. Ein Schutz von Straftatopfern durch die Untersagung von Außenkontakten kann nämlich nur erreicht werden, wenn die Anstaltsleitung Kenntnis von der Viktimisierung des Opfers durch den bzw. die betreffende:n Gefangene:n hat. Eine solche Kenntnis kann sich nur aus den der Anstalt zur Verfügung gestellten (Prozess-)Akten, dem der Inhaftierung zugrunde liegenden Strafurteil, der Gefangenenakte und aus den Angaben des bzw. der Gefangenen ergeben. Ohne derartige Anhaltspunkte ist die Anstaltsleitung jedoch schlichtweg nicht in der Lage festzustellen, ob der Kontaktwunsch des bzw. der Gefangenen ein früheres Straftatopfer der inhaftierten Person betrifft.

Viertens haben sich anhand der einzelnen Auslegungsmethoden unterschiedliche Befunde hinsichtlich der Frage ergeben, ob die opferbezogenen Untersagungsgründe gleichermaßen auf minderjährige und volljährige Opfer anwendbar sind. Die grammatische Auslegung hat eine Beschränkung auf minderjährige Opfer allein für die Vorschriften der Länder Sachsen und Schleswig-Holstein ergeben. Die Befunde der historischen Auslegung waren insoweit nicht eindeutig, da die besondere Schutzbedürftigkeit von minderjährigen Opfern zwar in den Gesetzesbegründungen teilweise hervorgehoben wurde, demgegenüber jedoch die Autonomie volljähriger Opfer kaum Erwähnung findet. Im Rahmen der systematischen Auslegung ließen sich keine Erkenntnisse gewinnen, die für oder gegen eine Anwendbarkeit der Vorschriften allein auf minderjährige Opfer sprechen. Allerdings ergibt sich aus der teleologischen Auslegung eindeutig, dass eine Beschränkung der opferbezogenen Untersagungsgründe auf minderjährige Opfer zumindest in Fällen angezeigt ist, in denen volljährige Opfer den Kontakt zu dem bzw. der Gefangenen wünschen. Da ein aufgedrängter Opferschutz einer Entmündigung der Opfer gleichkommt, kann dieser Schutz nicht gegen den Willen des Opfers durchgesetzt werden. Dies würde zu einer Verletzung der allgemeinen Handlungsfreiheit des Opfers aus Art. 2 Abs. 1 GG führen. Daher bleiben in solchen Fällen statt einer Untersagung des Kontakts zwischen Gefangenen und volljährigen Opfern nur Gesprächs- und Hilfsangebote seitens der Anstalt möglich, um den Opfern die Gefahr einer erneuten Viktimisierung oder Traumatisierung zu verdeutlichen. Regelungen, die der Autonomie volljähriger Opfer bei der Entscheidung über Außenkontakte Rechnung tragen, finden sich indes nur in §§ 27 Nr. 3, 32 Nr. 3 SächsStVollzG und § 43 Abs. 2 LStVollzG SH durch die Beschränkung des opferbezogenen Untersagungsgrundes. Weiterhin wird die Opferautonomie durch die Widerspruchslösung nach dem Vorbild des § 25 Nr. 3

StVollzG NRW berücksichtigt.[294] Für minderjährige Opfer besteht aufgrund der besonderen Schutzbedürftigkeit von Kindern und Jugendlichen eine besondere Schutzpflicht des Staates gegenüber den kindlichen Opfern aus Art. 2 Abs. 1 i. V. m. Art. 1 Abs. 1 GG. Insofern kommt daher zum Schutz der minderjährigen Opfer eine Untersagung des Außenkontakts durchaus auch gegen den Kontaktwunsch des Opfers in Betracht.

Fünftens hat die teleologische Auslegung ergeben, dass die Untersagung von Außenkontakten insbesondere dann Probleme bereitet, wenn das Opfer zugleich das minderjährige Kind des bzw. der Gefangenen ist. Während bei volljährigen Ehepartner:innen und volljährigen Kindern der Gefangenen letztlich ebenso wie bei nicht verwandten Opfern die Opferautonomie als Ausfluss der allgemeinen Handlungsfreiheit des Art. 2 Abs. 2 GG zum Tragen kommt, gilt dies für minderjährige Opfer nicht in gleichem Maße. Vielmehr müssen in solchen Fällen die Rechte des inhaftierten Elternteils aus Art. 6 Abs. 1, 2 GG ebenso beachtet werden wie die grundrechtlichen Schutzpflichten des Staates gegenüber dem kindlichen Opfer aus Art. 6 Abs. 3 i. V. m. Art. 1 Abs. 2 GG sowie Art. 2 Abs. 2 GG. Der Staat muss insofern sein Wächteramt aus Art. 6 Abs. 2 GG wahrnehmen, wenn durch den inhaftierten Elternteil im Zusammenhang mit dem Außenkontakt zum kindlichen Opfer eine Kindeswohlgefährdung droht. Als Abwägungskriterien müssen in solchen Fällen neben dem Resozialisierungsinteresse des inhaftierten Elternteiles dessen Elternrechte aus Art. 6 Abs. 2 GG und der Schutz der Familie aus Art. 6 Abs. 1 GG berücksichtigt werden. Auf Seiten des Kindes sind dessen Schutzinteressen vor einer erneuten Viktimisierung oder Traumatisierung mit Blick auf das Kindeswohl zu beachten. Zudem ist bei Kindern über 14 Jahren der Wille zum Kontakt zum inhaftierten Elternteil bei der Abwägung zu berücksichtigen. Diese generalisierte Altersgrenze folgt aus der ab diesem Alter zu vermutenden Fähigkeit zur Einsicht in die eigene Viktimisierung. Bei jüngeren Kindern ist eine noch höhere Schutzbedürftigkeit der kindlichen Opfer anzunehmen, gerade wenn die Viktimisierung durch die eigenen Eltern erfolgte. Als weiteres Abwägungskriterium wird insbesondere bei jüngeren Kindern dem Willen des nichtinhaftierten Elternteils ein höheres Gewicht zukommen müssen als bei älteren Kindern. Neben diesen Abwägungskriterien ist jedoch bei familiären Beziehungen zwischen Gefangenen und kindlichen Opfern zu beachten, dass die Entscheidungskompetenz der Anstaltsleitung aufgrund des schwerwiegenden Eingriffs in das Grundrecht aus Art. 6 Abs. 1 GG beschränkt ist. Die Anstaltsleitung kann allenfalls eine Untersagung einzelner Arten des Außenkontakts oder

[294] Zur teleologischen Reduktion dieser Widerspruchslösung mit Blick auf den Widerspruch durch „gefährdete Dritte" siehe oben im Abschnitt 14.5.2.1.2.

eine Beschränkung bzw. zeitweise Untersagung des Kontakts zwischen inhaftiertem Elternteil und viktimisierten Kind vornehmen. Die Entscheidung über ein vollständiges Kontaktverbot kann aufgrund des schwerwiegenden Eingriffs in das Grundrecht des Art. 6 Abs. 1 GG allein durch das Familiengericht getroffen werden.

Sechstens konnten die grammatische und die historische Auslegung kaum Erkenntnisse zu einer Anwendbarkeit des opferbezogenen Untersagungsgrundes auch auf andere Außenkontakte als Besuche und Schriftwechsel liefern. Im Rahmen der systematischen Auslegung konnte demgegenüber zum einen festgestellt werden, dass innerhalb der meisten landesrechtlichen Vorschriften zu Telefongesprächen und anderen Formen der Telekommunikation auf eine entsprechende Anwendung der Bestimmungen zum Besuch bzw. Schriftverkehr verwiesen wurde. Daher hat die systematische Auslegung insofern ergeben, dass der opferbezogene Untersagungsgrund auch für diese Arten der Außenkontakte anwendbar sein muss. Weiterhin hat die systematische Auslegung ergeben, dass auch in den Ländern Baden-Württemberg, Bayern, Hamburg und Niedersachsen eine Untersagung von Außenkontakten aus Opferschutzgründen möglich sein muss. Eine andere Auslegung würde dazu führen, dass der Opferschutz entgegen der allgemeinen Ausrichtung der Strafrechtspflege und dem Bekenntnis aller Landesstrafvollzugsgesetze zur Opferorientierung nicht hinreichend innerhalb der Außenkontakte berücksichtigt werden würde. Dieses Ergebnis wird auch durch die teleologische Auslegung gestützt, da gerade die Außenkontakte einen besonders sensiblen Bereich des Opferschutzes darstellen und diesbezüglich Schutzlücken nicht dem Sinn und Zweck der opferorientierten Strafrechtspflege und der Opferorientierung des Strafvollzugs entsprechen. Daher muss der opferbezogene Untersagungsgrund auf alle Arten des Außenkontaktes und auch in allen Landesgesetzen anwendbar sein.

Siebtens ergibt sich aus dem Wortlaut der meisten Vorschriften, dass der Kontakt zwischen Gefangenen und Opfern untersagt werden kann; allein in Nordrhein-Westfahlen wird daneben die Beschränkung von Außenkontakten als Alternative genannt. Die historische Auslegung hat insofern lediglich den Verweis der Gesetzesbegründungen auf Nr. 24.2 Europäische Strafvollzugsgrundsätze ergeben, die im Gegensatz zu den meisten Landesgesetzen die Beschränkung der Außenkontakte vorsieht. Für die systematische Auslegung ergibt sich hieraus, dass die Empfehlung des Europarats in diesem Zusammenhang durch die Landesgesetze nicht vollständig umgesetzt wurde. Unter Berücksichtigung der Bedeutung der Außenkontakte für die Resozialisierung der Gefangenen ergibt sich aus der teleologischen Auslegung, dass eine Beschränkung der Kontakte als milderes Mittel im Vergleich zu Untersagung der Außenkontakte nach allen Landesvorschriften möglich sein muss. Dies kann im Umkehrschluss auch daraus gefolgert werden, dass die Entscheidung über die Untersagung von Außenkontakten nach pflichtgemäßem Ermessen zu erfolgen hat. Bei einer solchen Entscheidung ist eine Verhältnismäßigkeitsprüfung vorzunehmen. Diese Prüfung beinhaltet auch immer die Erwägung eines milderen Mittels, welches vorliegend in der Beschränkung oder Überwachung des Außenkontaktes besteht.[295] Dies ist im Einzelfall durch die Anstaltsleitung zu prüfen, bevor eine vollständige Untersagung des Außenkontakts in Betracht kommt.

Damit ist sogleich das achte Ergebnis der Auslegung angesprochen, welches jedoch nur die Strafvollzugsgesetze der Länder Berlin und Nordrhein-Westfalen betrifft. Sofern sich aus der grammatischen Auslegung ergeben hat, dass die Entscheidung über die Untersagung von Außenkontakten dem Wortlaut nach nicht auf die Anstaltsleitung beschränkt ist, hat sich in der teleologischen Auslegung gezeigt, dass im Strafvollzugsrecht grundsätzlich eine Alleinzuständigkeit der Anstaltsleitung für Entscheidungen besteht. Wegen der möglichen negativen Auswirkungen einer Untersagung von Außenkontakten auf die Resozialisierung der Gefangenen und der Eingriffsintensität insbesondere mit Blick auf Art. 6 GG sowie der Komplexität solcher Entscheidungen bei Berücksichtigung von Opferschutzgesichtspunkten, sollte auch keine Delegation dieser Entscheidungskompetenz auf andere Vollzugsbedienstete erfolgen.

[295] Siehe hierzu auch *Knauer*, in: AK-StVollzG, 8. Aufl. 2022, § 27 LandesR Rn. 3.

Vollzugsöffnende Maßnahmen 15

15.1 Allgemeine Überlegungen

Den Ausführungen zu den vollzugsöffnenden Maßnahmen sind zur besseren Orientierung einige allgemeine Hinweise vorauszuschicken. Diese betreffen zunächst den Untersuchungsgegenstand der vollzugsöffnenden Maßnahmen. Zum einen ist die Terminologie der verschiedenen Strafvollzugsgesetze uneinheitlich. Nicht alle Landesstrafvollzugsgesetze verwenden den Begriff der vollzugsöffnenden Maßnahmen; einige Gesetze enthalten stattdessen den Begriff der Lockerungen. Zum anderen meinen aber auch nicht alle Gesetze die gleichen Maßnahmen, wenn sie von vollzugsöffnenden Maßnahmen oder Lockerungen sprechen.

Nach den meisten Landesgesetzen bilden die „vollzugsöffnenden Maßnahmen" zunächst den Oberbegriff für alle jene Maßnahmen, die im StVollzG Bund unter den Begriff „Lockerungen" gefasst wurden.[1] Hierzu zählen insbesondere Ausführung, Ausgang, Freigang und Außenbeschäftigung. Bisweilen wird auch der Urlaub aus der Haft zu den vollzugsöffnenden Maßnahmen gezählt, der in einigen Landesgesetzen allerdings nunmehr als Langzeitausgang[2] oder als Freistellung von der Haft[3] bezeichnet wird.

Daneben bietet sich auch noch die Einbeziehung des offenen Vollzugs in diesen Themenkreis an. Zum einen werden in einigen Landesgesetzen die Regelungen zur Unterbringung im offenen Vollzug in dem gleichen Abschnitt geregelt wie die vollzugsöffnender Maßnahmen.[4] Systematisch kann der offene Vollzug

[1] Siehe hierzu *Burkhardt*, in: AK-StVollzG, 8. Aufl. 2022, Teil II, § 38 LandesR Rn. 1 f.

[2] Siehe nur § 42 Abs. 1 Nr. 3 StVollzG Bln; § 46 Abs. 1 S. 1 Nr. 3 ThürJVollzGB.

[3] Siehe nur § 12 Abs. 1 S. 1 Nr. 4 HmbStVollzG; § 13 Abs. 3 Nr. 4 HStVollzG.

[4] Vgl. nur § 13 HStVollzG und § 12 ff. NJVollzG.

K. M. Radke, *Opferorientierung im Strafvollzug*,
https://doi.org/10.1007/978-3-658-39044-0_15

zudem den Lockerungen des Vollzugs zugeordnet werden.[5] Das hessische Strafvollzugsgesetz hat den offenen Vollzug sogar ausdrücklich in der Vorschrift über die vollzugsöffnenden Maßnahmen geregelt.[6] Zum anderen ermöglichen sowohl die vollzugsöffnenden Maßnahmen wie Ausführung, Ausgang etc. als auch der offene Vollzug den Gefangenen Kontakte zur Gesellschaft außerhalb der Anstalt – bisweilen sogar ohne Begleitung durch Anstaltspersonal. Sowohl die Gewährung vollzugsöffnenden Maßnahmen als auch die Unterbringung im offenen Vollzug kann daher als Gestaltung des Vollzugs mit Außenwirkung eingeordnet werden. Insofern können sich hinsichtlich der Gefährdung von tatsächlichen Straftatopfern jeweils ähnliche Situationen ergeben wie bei den oben im Kapitel 14 behandelten allgemeinen Außenkontakten.

Ein weiterer Hinweis betrifft die Vorgehensweise für die Auswahl der nachfolgend zu untersuchenden Vorschriften. Diese erfolgt nach zwei Kriterien. Zunächst werden jene Vorschriften einer näheren Betrachtung unterzogen, die bereits nach ihrem Wortlaut einen Bezug zum Straftatopfer aufweisen. In den Gesetzen finden sich die Begriffe „Opfer", „Opferschutz", „Verletzte" und „Geschädigte" sowohl in den allgemeinen Vorschriften zu vollzugsöffnenden Maßnahmen[7] als auch in speziellen Vorschriften zu opferbezogenen Weisungen für vollzugsöffnende Maßnahmen[8]. Anschließend werden auch noch jene Vorschriften in den Blick genommen, die Regelungen zu bestimmten Täter:innengruppen wie insbesondere Gewalt- und Sexualstraftäter:innen enthalten.[9] Diese Vorschriften werden deswegen einer näheren Betrachtung unterzogen, weil sie auch ohne einen ausdrücklichen Bezug auf das Opfer eine sachliche Nähe zum Schutz von konkreten Straftatopfern aufweisen können. Dies schließt freilich nicht aus, dass auch innerhalb dieser Vorschriften teilweise ausdrückliche Bezüge zum Opfer zu finden sind.

---

[5] *Feest/Lesting*, ZfStrVo 2005, 76 (76).

[6] § 13 Abs. 3 Nr. 1 HStVollzG.

[7] Vgl. § 12 Abs. 5 HmbStVollzG; § 13 Abs. 2 HStVollzG; § 53 Abs. 6 StVollzG NRW; § 22 Abs. 2 und § 45 Abs. 3 JVollzGB I LSA.

[8] Vgl. § 44 S. 2 StVollzG Bln; § 48 Abs. 1 S. 2 BbgJVollzG; § 40 S. 2 BremStVollzG; § 12 Abs. 6 HmbStVollzG; § 40 S. 2 StVollzG MV; § 15 Abs. 1 S. 2 NJVollzG; § 57 S. 2 Nr. 4 StVollzG NRW; § 47 S. 2 LJVollzG RP; § 40 S. 2 SLStVollzG; § 40 S. 2 SächsStVollzG; § 47 Abs. 3 JVollzGB I LSA; § 57 S. 2 LStVollzG SH; § 48 S. 2 ThürJVollzGB.

[9] Art. 15 BayStVollzG; § 8a und § 11 Abs. 3 HmbStVollzG; § 13 Abs. 5 und 8 HStVollzG; § 16 NJVollzG; § 22 Abs. 5 und § 45 Abs. 6 JVollzGB I LSA; § 22 Abs. 4 und § 46 Abs. 3 ThürJVollzGB.

Zuletzt sei noch darauf hingewiesen, dass das Vollzugsgesetz des Landes Baden-Württemberg innerhalb der Vorschriften zu den vollzugsöffnenden Maßnahmen weder einen ausdrücklichen Bezug zum Opfer enthält noch eine spezielle Vorschrift zu bestimmten Täter:innengruppen.

15.2 Grammatische Auslegung

15.2.1 Vorüberlegungen zur grammatischen Auslegung

In der grammatischen Auslegung und im weiteren Fortgang der Untersuchung werden die opferbezogenen Vorschriften zu den vollzugsöffnenden Maßnahmen aus unterschiedlichen Blickwinkeln betrachtet. Zunächst ist zu prüfen, ob sich aus dem Wortlaut der Landesvorschriften eine Berücksichtigung der Opferbelange im Rahmen der allgemeinen Missbrauchsprognose auf Tatbestandsebene ableiten lässt. Sodann wird untersucht, ob eine solche Berücksichtigung von Opferbelangen bei der Gewährung auf Rechtsfolgenebene festzustellen ist. Hierauf folgt die Betrachtung der Vorschriften zur Ausgestaltung der vollzugsöffnenden Maßnahmen durch opferbezogene Weisungen. Zuletzt werden jene Landesvorschriften eingehend untersucht, die Besonderheiten bei den vollzugsöffnenden Maßnahmen für bestimmte Täter:innengruppen vorsehen.

15.2.2 Berücksichtigung von Opferbelangen im Rahmen der allgemeinen Missbrauchsprognose auf Tatbestandsseite

Bereits nach dem StVollzG Bund war die zentrale Voraussetzung für eine Verlegung in den offenen Vollzug und für die Gewährung von Vollzugslockerungen eine negative Prognose hinsichtlich der Flucht- und Missbrauchsgefahr. Nach § 10 Abs. 1 StVollzG Bund war eine Unterbringung im offenen Vollzug auf Tatbestandsebene davon abhängig, dass der bzw. die Gefangene „den besonderen Anforderungen des offenen Vollzugs genügt, namentlich nicht zu befürchten ist, daß er sich dem Vollzug der Freiheitsstrafe entziehen oder die Möglichkeit des offenen Vollzugs zu Straftaten mißbrauchen werde“. Gemäß § 11 Abs. 2 StVollzG Bund durften Lockerungen gewährt werden, „wenn nicht zu befürchten ist, dass der Gefangene sich dem Vollzug der Freiheitsstrafe entzieht oder Lockerungen des Vollzugs zu Straftaten missbraucht“. Diese Voraussetzung der Flucht-

und Missbrauchsprognose[10] ist in allen Landesstrafvollzugsgesetzen bei den Entscheidungen über die Verlegung in den offenen Vollzug und über die Gewährung von vollzugsöffnenden Maßnahmen erhalten geblieben.[11]

Mit Blick auf die Berücksichtigung von Opferbelangen erscheint vorliegend allein die Missbrauchsgefahr im Rahmen von vollzugsöffnenden Maßnahmen relevant. Die Gefahr eines Missbrauchs von vollzugsöffnenden Maßnahmen zur Begehung von Straftaten kann insbesondere auch eine erneute Viktimisierung der direkten Opfer der Gefangenen betreffen. Demgegenüber erscheint die Fluchtgefahr im Zusammenhang mit dem opferbezogenen Strafvollzug nicht von gesteigertem Interesse.

Im Wortlaut unterscheiden sich die Landesstrafvollzugsgesetze kaum von den Formulierungen der §§ 10 Abs. 1, 11 Abs. 2 StVollzG Bund. Eine ausdrückliche Einbeziehung von Opferbelangen, insbesondere der Schutzinteressen der Opfer, findet sich in den meisten Landesgesetzen auf Tatbestandsseite ebenso wenig wie zuvor im StVollzG Bund.

Eine Ausnahme hierzu bilden die Gesetze der Länder Hamburg, Hessen und Sachsen-Anhalt, welche bereits bei der Prüfung vollzugsöffnender Maßnahmen eine Berücksichtigung von Opferbelangen ausdrücklich vorsehen.[12] Nach § 12 Abs. 5 S. 1 HmbStVollzG sind „[b]ei der Entscheidung über Gewährung und Ausgestaltung der Lockerungen (…) die Belange der Opfer zu berücksichtigen". In § 13 Abs. 2 S. 2 HStVollzG ist vorgesehen, dass „bei der Prüfung von vollzugsöffnenden Maßnahmen […] der Schutz der Allgemeinheit und die Belange des Opferschutzes in angemessener Weise zu berücksichtigen" sind. Der Wortlaut von § 45 Abs. 3 S. 3 JVollzGB I LSA stimmt mit jenem des § 13 Abs. 2 S. 2 HStVollzG weitestgehend überein, da lediglich der Begriff der vollzugsöffnenden Maßnahmen durch den der Lockerungen ersetzt wurde. Dies gilt letztlich auch für § 22 Abs. 2 S. 3 JVollzGB I LSA, wobei diese Vorschrift den offenen Vollzug betrifft und deshalb den Begriff des offenen Vollzugs enthält.

---

[10] Ausführlich zur Beurteilung der Flucht- und Missbrauchsgefahr siehe *Laubenthal*, Strafvollzug, 8. Aufl. 2019 Rn. 533 ff. m. w. N.

[11] Vgl. § 7 Abs. 1 und § 9 Abs. 1 JVollzGB III BaWü; Art. 12 Abs. 2 und Art. 13 Abs. 2 BayStVollzG; § 16 Abs. 2 und § 42 Abs. 2 StVollzG Bln; § 22 Abs. 2 und § 46 Abs. 2 BbgJVollzG; § 15 Abs. 2 und § 38 Abs. 2 BremStVollzG; § 11 Abs. 2 S. 2 und § 12 Abs. 1 S. 2 HmbStVollzG; § 12 Abs. 2 und § 13 Abs. 2 NJVollzG; § 12 Abs. 1 und § 53 Abs. 1 StVollzG NRW; § 15 Abs. 2 und § 38 Abs. 2 StVollzG MV; § 15 Abs. 2 und § 38 Abs. 2 SächsStVollzG; § 22 Abs. 2 und § 45 Abs. 3 JVollzGB I LSA; § 16 Abs. 2 und § 55 Abs. 2 LStVollzG SH; § 22 Abs. 2 und § 46 Abs. 2 ThürJVollzGB.

[12] § 12 Abs. 5 S. 1 HmbStVollzG; § 13 Abs. 2 S. 2 HStVollzG; § 22 Abs. 2 S. 3 und § 45 Abs. 3 S. 3 JVollzGB I LSA.

Allerdings kann aus dieser ausdrücklichen Einbeziehung von Belangen des Opferschutzes in die Prüfung vollzugsöffnender Maßnahmen nicht geschlossen werden, dass den Interessen direkter Opfer der Gefangenen auch im Rahmen der Missbrauchsprognose auf Tatbestandsseite eine eigenständige Bedeutung zukommt. Die Belange der Opfer wurden nur allgemein mit der Prüfung der vollzugsöffnenden Maßnahmen und gerade nicht ausdrücklich mit der Missbrauchsgefahr in Bezug gesetzt. Während die Prognose der Flucht- und Missbrauchsgefahr die Tatbestandsebene betrifft und somit überhaupt erst die Möglichkeit der vollzugsöffnenden Maßnahmen eröffnet, ist durch die Vollzugsbehörde auf der Rechtsfolgenseite eine rechtsfehlerfreie Ermessensentscheidung zu treffen.[13] Bei dieser Ermessensentscheidung auf Rechtsfolgenseite muss eine Abwägung aller für und gegen die konkrete vollzugsöffnende Maßnahme sprechenden Umstände des Einzelfalls erfolgen.[14] Erst nach dieser Abwägung steht fest, ob vollzugsöffnende Maßnahmen im konkreten Einzelfall zu gewähren sind.

Im Rahmen der Ermessensentscheidung auf Rechtsfolgenseite können gerade auch die Schutzinteressen konkreter Opfer berücksichtigt werden. Die Formulierung in Hessen und Sachsen-Anhalt, dass „Belange des Opferschutzes in angemessener Weise zu berücksichtigen" sind, deutet bereits darauf hin, dass die Opferbelange Teil der Ermessensentscheidung auf der Rechtsfolgenseite sind. Dieses Ergebnis muss auch für § 12 Abs. 5 S. 1 HmbStVollzG gelten, da die Berücksichtigung von Opferbelangen ausdrücklich mit der Entscheidung über die Gewährung von Lockerungen in Bezug gesetzt wird. Mit Entscheidung kann letztlich nur die Ermessensentscheidung auf der Rechtsfolgenseite gemeint sein, da eine Missbrauchsprognose bereits begrifflich keine Entscheidung ist.[15] Da die eben genannten Vorschriften von Hamburg, Hessen und Sachsen-Anhalt die Gewährung von vollzugsöffnenden Maßnahmen betreffen, werden diese im weiteren Verlauf der Untersuchung im Zusammenhang mit der Berücksichtigung von Opferbelangen bei der Gewährung vollzugsöffnender Maßnahmen auf der Rechtsfolgenseite vertieft betrachtet.[16]

Es lässt sich daher feststellen, dass die Missbrauchsprognose als Tatbestandsvoraussetzung auch innerhalb der Landesstrafvollzugsgesetze dem Wortlaut nach

---

[13] Allgemein zur Rechtsfolgenseite bei der Gewährung von vollzugsöffnenden Maßnahmen *Laubenthal*, Strafvollzug, 8. Aufl. 2019, Rn. 545.

[14] *Laubenthal*, Strafvollzug, 8. Aufl. 2019, Rn. 545.

[15] Ähnlich *Lohmann*, in: BeckOK HmbStVollzR, 15. Ed. Stand: 01.04.2022, HmbStVollzG § 12 Rn. 24.

[16] Sogleich im Abschnitt 15.2.3 sowie in der historischen Auslegung sogleich im Abschnitt 15.3.3, in der systematischen Auslegung sodann im Abschnitt 15.4.3 und in der teleologischen Auslegung im Abschnitt 15.5.3.

allgemein auf die Gefahr des Missbrauchs von vollzugsöffnenden Maßnahmen für Straftaten ausgerichtet ist. Eine besondere Berücksichtigung von Gefahren für konkrete Opfer durch den bzw. die Gefangene:n kann erst auf der Rechtsfolgenseite im Rahmen der Ermessensentscheidung erfolgen. Dies muss im Übrigen für alle Landesgesetze gelten, da die Entscheidung über die Gewährung vollzugsöffnender Maßnahmen in allen Ländern weiterhin als Ermessensentscheidung ausgestaltet ist.

15.2.3 Berücksichtigung von Opferbelangen bei der Gewährung vollzugsöffnender Maßnahmen auf Rechtsfolgenseite

Die Bedeutung von Opferbelangen im Rahmen der Ermessensentscheidung auf Rechtsfolgenseite wurde bereits soeben in Abgrenzung zur Missbrauchsprognose auf Tatbestandsebene für die Gesetze der Länder Hamburg, Hessen und Sachsen-Anhalt dargestellt. Insofern kann auf die dortigen Ausführungen verwiesen werden.[17] Alle übrigen Landesstrafvollzugsgesetze enthalten in den allgemeinen Regelungen zu der Entscheidung über vollzugsöffnende Maßnahmen keinen ausdrücklichen Opferbezug.

Für die Berücksichtigung der Opferbelange im Rahmen der Ermessensentscheidung auf Rechtsfolgenseite ergibt sich für die Länder Hamburg, Hessen und Sachsen-Anhalt Folgendes.

Im Gesetz von Hamburg wird in § 12 Abs. 5 S. 1 HmbStVollzG für Entscheidungen über die Gewährung und Ausgestaltung von Lockerungen allein auf die Berücksichtigung der Belange von Opfern abgestellt. In diesem Zusammenhang ist darauf hinzuweisen, dass nach § 12 Abs. 6 HmbStVollzG im Rahmen der Resozialisierungsplanung zu prüfen ist, ob vorgesehene Vollzugslockerungen mit Weisungen zur Unterbindung von Kontaktaufnahmen mit dem Opfer oder dessen Angehörigen verbunden werden sollen. Insofern können nach dem Wortlaut dieser Vorschrift die Interessen von Opferangehörigen zumindest bei der Ausgestaltung der Lockerungen berücksichtigt werden. Dies spricht dafür, dass vom Begriff des Opfers in § 12 Abs. 5 S. 1 HmbStVollzG nur tatsächliche Straftatopfer erfasst sind. In § 12 Abs. 5 S. 2 HmbStVollzG wurde zudem eine entsprechende Anwendung von § 406d Abs. 2 und 3 StPO normiert. Mithin ist nach dieser Vorschrift

[17] Soeben im vorangegangenen Abschnitt.

eine entsprechende Einbeziehung der prozessualen Auskunftsrechte der Verletzten über den Stand des Verfahrens vorgesehen.[18] Dies spricht ebenfalls dafür, dass sich der Opferbegriff in § 12 Abs. 5 HmbStVollzG nur auf das tatsächliche Straftatopfer beziehen kann.

Die Regelungen in Hessen und Sachsen-Anhalt unterscheiden sich von jener in Hamburg vor allem dadurch, dass neben den Belangen des Opferschutzes auch der Schutz der Allgemeinheit bei der Entscheidung über vollzugsöffnende Maßnahmen in „angemessener Weise" zu berücksichtigen ist. Insofern sind die Bestimmungen in § 13 Abs. 2 S. 2 HStVollzG und § 22 Abs. 2 S. 3 bzw. § 45 Abs. 3 S. 3 JVollzGB I LSA recht weit gefasst. In der Folge ergibt sich für diese Vorschriften ein weiter Beurteilungsspielraum der Vollzugsanstalt hinsichtlich einer angemessenen Berücksichtigung des Schutzes von Allgemeinheit und Straftatopfern.

Aus den Vorschriften der Länder Hamburg, Hessen und Sachsen-Anhalt lassen sich darüber hinaus jedoch auch Erkenntnisse für den strafvollzugsrechtlichen Opferbegriff gewinnen.

Im direkten Vergleich mit § 12 Abs. 5 S. 1 HmbStVollzG fällt auf, dass § 13 Abs. 2 S. 2 HStVollzG, § 22 Abs. 2 S. 3 JVollzGB I LSA und § 45 Abs. 3 S. 3 JVollzGB I LSA bei der Entscheidung über vollzugsöffnende Maßnahmen auch den Schutz der Allgemeinheit ausdrücklich berücksichtigen. In Hessen und Sachsen-Anhalt wurde im Wortlaut der betreffenden Vorschriften eine begriffliche Trennung zwischen dem Schutz der Allgemeinheit und den Belangen des Opferschutzes vorgenommen. Daher kann es sich bei den Belangen des Opferschutzes in diesen Vorschriften dem Wortlaut nach ebenfalls nur um die Interessen tatsächlicher Opfer handeln.

Zusammenfassend lässt sich festhalten, dass bei der Gewährung von vollzugsöffnenden Maßnahmen auf Rechtsfolgenseite die Belange tatsächlicher Opfer in Hamburg, Hessen und Sachsen-Anhalt ausdrücklich herausgestellt werden. Die ausdrückliche Unterscheidung zwischen tatsächlichen Opfern, Opferangehörigen und der Allgemeinheit stützt den in dieser Arbeit vertretenen engen strafvollzugsrechtlichen Opferbegriff.[19]

---

[18] Da § 406d Abs. 2 und 3 StPO eine opferbezogene Regelung zur Auskunft über gefangenenbezogene Daten betrifft, erfolgt keine vertiefte Betrachtung hierzu; zu den Gründen für die Beschränkung des Untersuchungsumfangs oben im Kapitel 3; ein grober Überblick zu § 406d Abs. 2 StPO findet sich in den kriminalpolitischen Grundlagen oben im Abschnitt 9.3.3.6.2.

[19] Ausführlich zum engen strafvollzugsrechtlichen Opferbegriff oben im Abschnitt 4.2.2.

15.2.4 Berücksichtigung von Opferbelangen bei der Ausgestaltung vollzugsöffnender Maßnahmen

Für die Berücksichtigung von Opferbelangen bei der Ausgestaltung vollzugsöffnender Maßnahmen finden sich in den verschiedenen Landesgesetzen unterschiedliche Regelungsmodelle. In den meisten Landesgesetzen findet sich eine Vorschrift, nach der die Erteilung von opferbezogenen Weisungen für vollzugsöffnende Maßnahmen möglich ist.[20] In Hamburg und Nordrhein-Westfalen sind Opferbelange bei der Ausgestaltung vollzugsöffnender Maßnahmen zu berücksichtigen.[21] Zudem ist in den Gesetzen der Länder Hamburg, Nordrhein-Westfalen und Sachsen-Anhalt neben einer allgemeinen Berücksichtigung von Opferinteressen bei der Ausgestaltung vollzugsöffnender Maßnahmen auch die Möglichkeit zur Erteilung konkreter opferbezogener Weisungen bereits aus dem Gesetzestext ersichtlich.[22] Keine ausdrücklichen Regelungen zur opferbezogenen Ausgestaltung finden sich in den Gesetzen der Länder Baden-Württemberg, Bayern und Hessen.

Mit Blick auf die Vollzugsgesetze, die ganz allgemein eine Erteilung von opferbezogenen Weisungen für vollzugsöffnende Maßnahmen vorsehen, ist zunächst festzustellen, dass diese Gesetze sich am Wortlaut des § 40 ME StVollzG orientiert haben. In den Ländern Brandenburg, Mecklenburg-Vorpommern, Rheinland-Pfalz, Saarland, Sachsen, Schleswig-Holstein und Thüringen wurde der Wortlaut des § 40 ME LStVollzG vollständig übernommen.[23] Demgegenüber weichen die Länder Berlin, Bremen und Sachsen-Anhalt zumindest teilweise vom Vorschlag des ME LStVollzG ab.

Nach § 40 S. 1 ME LStVollzG und den ihm entsprechenden landesrechtlichen Vorschriften sind für Lockerungen nach den Umständen des Einzelfalls erforderliche Weisungen zu erteilen. Nach Satz 2 der an § 40 ME LStVollzG orientierten Vorschriften ist bei der Ausgestaltung der Lockerungen nach Möglichkeit auch den Belangen des Opfers Rechnung zu tragen. Hieraus folgt, dass die Erteilung von opferbezogenen Weisungen in § 40 S. 2 ME LStVollzG und den

---

[20] § 44 S. 2 StVollzG Bln; § 48 Abs. 1 S. 2 BbgJVollzG; § 40 S. 2 BremStVollzG; § 40 S. 2 StVollzG MV; § 15 Abs. 1 S. 2 NJVollzG; § 47 S. 2 LJVollzG RP; § 40 S. 2 SLStVollzG; § 40 S. 2 SächsStVollzG; § 47 Abs. 3 JVollzGB I LSA; § 57 S. 2 LStVollzG SH; § 48 S. 2 ThürJVollzGB.

[21] § 12 Abs. 5 S. 1 HmbStVollzG; § 15 Abs. 1 S. 2 NJVollzG; § 53 Abs. 6 StVollzG NRW.

[22] § 12 Abs. 6 HmbStVollzG; § 57 S. 2 Nr. 4 StVollzG NRW; § 47 Abs. 1 S. 2 Nr. 3 JVollzGB I LSA.

[23] § 48 Abs. 1 S. 2 BbgJVollzG; § 40 S. StVollzG MV; § 47 S. 2 LJVollzG RP; § 40 S. 2 SLStVollzG; § 40 S. 2 SächsStVollzG; § 57 Abs. 2 LStVollzG SH; § 48 S. 2 ThürJVollzGB.

entsprechenden Landesgesetzen ausdrücklich geregelt worden ist. Die Erteilung von Weisungen betrifft die konkrete Ausgestaltung der gewährten vollzugsöffnenden Maßnahmen und somit die Durchführung derselbigen. Daher muss bei der Ausgestaltung gewährter vollzugsöffnender Maßnahmen darauf geachtet werden, dass deren Durchführung auch bei einer Berücksichtigung von Opferbelangen möglich bleibt.[24] So erscheint beispielsweise die Erteilung der Weisung, das Opfer während der vollzugsöffnenden Maßnahme nicht zu kontaktieren, sachgerecht. Demgegenüber bedarf die pauschale Weisung, bestimmte Gemeinden oder Stadtteile nicht zu besuchen, weil dort das Opfer lebt, einer genaueren Prüfung, wenn beispielsweise die Familie des bzw. der Gefangenen ebenfalls dort lebt.[25] Es ist also ersichtlich, dass auch bei einer opferbezogenen Ausgestaltung der vollzugsöffnenden Maßnahmen eine Einzelfallbetrachtung erforderlich ist.

Dies wird auch im Wortlaut des § 40 S. 2 ME LStVollzG und den entsprechenden Landesvorschriften deutlich, wonach den Belangen des Opfers „nach Möglichkeit" Rechnung zu tragen ist. Diese Formulierung deutet darauf hin, dass Opferinteressen nicht in jedem Fall Berücksichtigung finden müssen. Vielmehr muss die Durchführung der jeweiligen vollzugsöffnenden Maßnahme auch bei einer Ausgestaltung durch opferbezogene Weisungen möglich sein.

§ 44 S. 2 StVollzG Bln sieht im Unterschied zu § 40 S. 2 ME LStVollzG vor, dass „[b]ei der Ausgestaltung von Lockerungen [...] auch den Belangen der Verletzten von Straftaten Rechnung zu tragen [ist]". Eine Beschränkung auf eine Berücksichtigung der Belange von Opfern „nach Möglichkeit" fehlt hier also. Insofern ist die Formulierung in § 44 S. 2 StVollzG Bln stärker als jene des § 40 S. 2 ME LStVollzG, da nach dem Wortlaut der Regelung des Landes Berlin den Belangen von Opfern Rechnung zu tragen ist. Soweit den „Belangen [...] Rechnung zu tragen" ist, könnte aus dem Wortlaut des § 40 S. 2 StVollzG Bln auf eine bloß fakultative Einbeziehung der Opferbelange im Rahmen der Ermessensentscheidung auf Rechtsfolgenseite geschlossen werden. Allerdings meint „Rechnung [...] tragen" in diesem Zusammenhang ersichtlich die tatsächliche Berücksichtigung von Opferbelangen, sodass in Berlin die Belange der Opfer im Rahmen der Entscheidung über die konkrete Ausgestaltung vollzugsöffnender Maßnahmen zu beachten sind. Hierfür spricht auch die Formulierung als „Ist-Vorschrift", da diese auf eine konkrete Handlungsanweisung für die Anstalt hinsichtlich einer opferorientierten Ausgestaltung der Lockerungen hindeutet.

---

[24] Ähnlich *Witt*, in: BeckOK StVollzR MV, 16. Ed. Stand: 01.03.2022, StVollzG MV § 40 Rn. 2, wonach der Opferschutz im Zweifel nachrangig sein soll.

[25] Ähnlich auch *Schäferskülpper*, in: BeckOK StVollzR Sachsen, 18. Ed. Stand: 01.03.2022, SächsStVollzG § 40 Rn. 21.

Insofern müssen die Belange von Opfern nach dem Wortlaut von § 44 S. 2 StVollzG Bln bei der Ausgestaltung von Lockerungen berücksichtigt werden. Der Umfang der Berücksichtigung und die Gewichtung von Opferbelangen bei der Ausgestaltung vollzugsöffnender Maßnahmen wird durch § 44 S. 2 StVollzG Bln allerdings nicht vorgeschrieben. Daher ist trotz der generellen Vorgabe einer Berücksichtigung von Opferbelangen auch nach dem Gesetz des Landes Berlin eine Einzelfallprüfung erforderlich. Dies ergibt sich auch aus der Gesamtbetrachtung mit § 44 S. 1 StVollzG Bln, da nach dieser Regelung für Lockerungen nach den Umständen des Einzelfalls erforderliche Weisungen zu erteilen sind. Die Berücksichtigung der Umstände des Einzelfalls und das Merkmal der „erforderliche[n] Weisungen" sprechen auch für eine Einzelfallprüfung hinsichtlich der Berücksichtigung von Opferbelangen.

Während der Wortlaut von § 40 S. 1 BremStVollzG jenem des § 40 S. 1 ME LStVollzG entspricht, ist nach § 40 S. 2 BremStVollzG „[b]ei der Ausgestaltung der Lockerungen [...] auch den berechtigten Belangen der Opfer Rechnung zu tragen". Insofern ergibt sich ebenso wie für die Regelung aus Berlin eine Abweichung zu § 40 S. 2 ME LStVollzG. Die Regelung des § 40 S. 2 BremStVollzG ist daher ebenso wie die Regelung des Landes Berlin weiter als jene des § 40 S. 2 ME LStVollzG. Diesbezüglich kann auf die Ausführungen zu § 44 S. 2 StVollzG Bln verwiesen werden. Weiterhin legt § 40 S. 3 BremStVollzG fest, dass Lockerungen versagt werden sollen, wenn sie im Einzelfall den berechtigten Belangen der Opfer widersprechen. Welche Opferbelange als berechtigt einzuordnen sind, ergibt sich allerdings nicht unmittelbar aus dem Wortlaut der Vorschrift. Insbesondere werden in § 40 BremStVollzG keine konkretisierenden Beispiele für berechtigte Belange von Opfern genannt. Daher muss diesbezüglich, wie bereits bei der Auslegung zu den allgemeinen Regelungen, auf den Sinn und Zweck der Vorschrift für die Bestimmung der „berechtigten Belange" zurückgegriffen werden.[26]

Das Land Sachsen-Anhalt hat sich ebenfalls am Wortlaut von § 40 S. 2 ME LStVollzG orientiert, weicht von diesem mit § 47 Abs. 3 JVollzGB I LSA jedoch insofern ab, als den Belangen des Opfers „der Straftat" nach Möglichkeit Rechnung zu tragen ist. Aus dem Wortlaut des § 47 Abs. 3 JVollzGB I LSA ist daher ersichtlich, dass eine direkte Verbindung zwischen dem Grund der aktuellen Inhaftierung des bzw. der konkreten Gefangenen und der Erteilung opferbezogener Weisungen hergestellt wird. Weitere Abweichungen zu § 40 S. 2 ME LStVollzG ergeben sich für die Regelung von Sachsen-Anhalt nicht.

[26] Näher zu den „berechtigten Opferinteressen" oben im Abschnitt 13.5.2.2.

Für das Gesetz von Niedersachsen ist in § 15 Abs. 1 S. 1 NJVollzG ebenfalls geregelt, dass für Lockerungen Weisungen erteilt werden können. Nach Satz 2 der Vorschrift sind dabei die Interessen der durch die Straftaten des bzw. der Gefangenen Verletzten sowie das Schutzinteresse gefährdeter Dritter zu berücksichtigen. Der Wortlaut unterscheidet somit klar zwischen den Opferinteressen einerseits und den Schutzinteressen gefährdeter Dritter andererseits. Begrifflich sind die Schutzinteressen dabei enger als die Interessen der durch die Straftat Verletzten. Beachtenswert ist weiterhin, dass § 15 Abs. 1 S. 2 NJVollzG nicht den Begriff des Opfers verwendet und stattdessen auf den bzw. die „durch die Straftat Verletzten" abstellt. Zwar lehnt sich der Begriff des Verletzten an die Terminologie des Strafprozessrechts an. Allerdings müssen vor einer Inhaftierung des bzw. der Gefangenen die strafgerichtliche Feststellung der Rechtsgutsverletzung und eine entsprechende Verurteilung erfolgen. Daher muss der Verletztenbegriff mit dem vorliegend vertretenen strafvollzugsrechtlichen Opferbegriff[27] deckungsgleich sein. Hinsichtlich der Notwendigkeit einer Einzelfallbetrachtung gilt das zu § 40 S. 3 BremStVollzG Gesagte für § 15 Abs. 1 S. 2 NJVollzG entsprechend, da in Niedersachsen die Interessen von Opfern ebenfalls „[zu] berücksichtigen [sind]" und die Erteilung von Weisungen nach Satz 1 der Vorschrift im Ermessen der Anstalt steht.

Die Gesetze der Länder Hamburg und Nordrhein-Westfalen enthalten eine allgemeine Regelung zur opferbezogenen Ausgestaltung vollzugsöffnender Maßnahmen.

Nach § 12 Abs. 5 S. 1 HmbStVollzG sind die Belange der Opfer bei der Gewährung und Ausgestaltung der Lockerungen zu berücksichtigen. Mit Blick auf die Gewährung von vollzugsöffnenden Maßnahmen wurde für § 12 Abs. 5 S. 1 HmbStVollzG bereits festgestellt, dass die Berücksichtigung der Opferbelange nur die Rechtsfolgenebene betrifft.[28] Ebenso wie bei den am ME LStVollzG orientierten Landesvorschriften gilt für § 12 Abs. 5 S. 1 HmbSt-VollzG, dass auch bei einer opferbezogenen Ausgestaltung die Durchführung der gewährten vollzugsöffnenden Maßnahme möglich sein muss. Insofern gilt das soeben zu § 40 S. 2 ME LStVollzG und den entsprechenden Landesgesetzen Gesagte auch für § 12 Abs. 5 S. 1 HmbStVollzG. Die erforderliche Einzelfallbetrachtung bei der Ausgestaltung vollzugsöffnender Maßnahmen durch opferbezogene Weisungen wird auch durch den Wortlaut des § 12 Abs. 5 S. 1 HmbStVollzG gestützt. So sieht § 12 Abs. 5 S. 1 HmbStVollzG zwar kein Ermessen hinsichtlich der Berücksichtigung von Opferbelangen vor („sind zu

[27] Zum strafvollzugsrechtlichen Opferbegriff in dieser Arbeit siehe oben im Abschnitt 4.2.2.

[28] Hierzu bereits oben im Abschnitt 15.2.2 und im Abschnitt 15.2.3.

berücksichtigen"), lässt jedoch die Gewichtung dieser Belange innerhalb der Entscheidung über die konkrete Ausgestaltung offen.

Gemäß § 53 Abs. 6 StVollzG NRW ist bei der Ausgestaltung vollzugsöffnender Maßnahmen „den berechtigten Schutzinteressen der Opfer und gefährdeter Dritter Rechnung zu tragen". Die Formulierung „Rechnung [...] zu tragen" ähnelt jener des § 40 S. 2 BremStVollzG, weshalb insofern auf die dortigen Ausführungen verwiesen werden kann. Zudem kann auch für § 53 Abs. 6 StVollzG NRW das Erfordernis einer Einzelfallbetrachtung bei einer opferbezogenen Ausgestaltung vollzugsöffnender Maßnahmen festgestellt werden, da nach § 57 S. 1 StVollzG NRW Weisungen für vollzugsöffnende Maßnahmen erteilt werden können. Da die Erteilung von Weisungen gerade die Ausgestaltung von vollzugsöffnenden Maßnahmen betrifft, gelten die vorstehenden Ausführungen zur Einzelfallprüfung zu § 12 Abs. 5 HmbStVollzG in Nordrhein-Westfalen entsprechend.

Aus dem Wortlaut des § 53 Abs. 6 StVollzG NRW ergibt sich darüber hinaus eine Beschränkung der opferbezogenen Ausgestaltung in zweifacher Hinsicht. Zum einen sind nur „berechtigte Schutzinteressen" zu beachten. Was unter „berechtigten Schutzinteressen" zu verstehen ist, ergibt sich aus dem Wortlaut der Regelung allerdings nicht. Weiterhin ist mit Blick auf § 53 Abs. 6 StVollzG NRW bedeutsam, dass auch die Schutzinteressen „gefährdeter Dritter" berücksichtigt werden. Die bisherige Untersuchung zum Gesetz von Nordrhein-Westfalen hat bereits ergeben, dass mit diesem Begriffspaar der Schutz potenzieller Opfer gemeint ist.[29] Dementsprechend ist bei Entscheidungen über die Ausgestaltung vollzugsöffnender Maßnahmen nach dem Wortlaut des § 53 Abs. 6 StVollzG NRW neben den Interessen konkreter Straftatopfer auch der Schutz potenzieller Opfer und somit der Allgemeinheit zu berücksichtigen.

Während die meisten landesrechtlichen Vorschriften nur generell die Möglichkeit einer Erteilung von opferbezogenen Weisungen gestatten und auf diese Weise eine Berücksichtigung von Opferbelangen bei der Ausgestaltung von Lockerungen ermöglichen, finden sich in § 12 Abs. 6 HmbStVollzG, § 57 S. 2 Nr. 4 StVollzG NRW und § 47 Abs. 1 S. 2 Nr. 3 JVollzGB I LSA konkrete opferbezogene Weisungen.

Gemäß § 12 Abs. 6 HmbStVollzG ist im Rahmen der Vollzugsplanung zu prüfen, „ob vorgesehene Vollzugslockerungen mit Weisungen zur Unterbindung von Kontaktaufnahmen mit dem Opfer oder dessen Angehörigen verbunden werden sollen". Aus dem Wortlaut der Regelung ist zu entnehmen, dass die Prüfung,

---

[29] Hierzu in der historischen Auslegung oben im Abschnitt 13.3.3.

ob opferbezogene Weisungen erteilt werden sollen, bereits zu Beginn des Vollzugs erfolgen soll. Allerdings wird die Vorschrift so zu verstehen sein, dass auch bei einer späteren Entscheidung über die Ausgestaltung von Vollzugslockerungen die Erteilung opferbezogener Weisungen zu prüfen ist. Weiterhin ergibt sich aus dem Wortlaut als konkrete Weisung die Unterbindung der Kontaktaufnahme mit dem Opfer und dessen Angehörigen. Durch die ausdrückliche Unterscheidung zwischen Opfern und Opferangehörigen wird deutlich, dass sich der Begriff des Opfers nur auf die direkt durch die Tat viktimisierte Person bezieht. Dies entspricht dem in dieser Arbeit vertretenen engen strafvollzugsrechtlichen Opferbegriff.[30]

Nach § 57 S. 1 StVollzG NRW können den Gefangenen für vollzugsöffnende Maßnahmen Weisungen erteilt werden. Hierzu zählt insbesondere nach § 57 S. 2 Nr. 4 StVollzG NRW die Weisung, „sich den Opfern und deren Wohnbereich nicht zu nähern". Somit sieht das nordrhein-westfälische Recht eine ortsbezogene Weisung vor, die sich auf alle Orte erstreckt, an denen sich das Opfer aufhält und insbesondere dessen Wohnbereich besonders schützt. Offen bleibt, was mit dem Begriff „Wohnbereich" gemeint ist. So könnte sich der Begriff nach einer wörtlichen Auslegung nur auf den Teil einer Wohnung oder eines Hauses beziehen, in welchem sich die Wohnräume des Opfers befinden.[31] Dies erscheint jedoch insofern nicht überzeugend, als der bzw. die Gefangene häufig schon keinen Zugang zur Wohnung des Straftatopfers haben dürfte. Lediglich bei Straftaten im sozialen Nahraum – insbesondere bei innerfamiliären Straftaten – wäre nach einer wortlautgetreuen Auslegung eine entsprechende Weisung sinnvoll. Daher kann unter Wohnbereich wohl nur der Wohnort i. S. d. Meldeadresse des Opfers gemeint sein, welcher gegebenenfalls auf einen Stadtteil oder eine bestimmte Straße als Umfeld des Wohnorts erweitert werden kann.

In Sachsen-Anhalt kann nach § 47 Abs. 1 S. 2 Nr. 3 JVollzGB I LSA der bzw. die Strafgefangene insbesondere angewiesen werden, sich nicht an bestimmten Orten aufzuhalten, insbesondere sich den Opfern und deren Wohnbereichen nicht zu nähern. Die Vorschrift nennt somit ebenfalls ein konkretes Beispiel für die Ausgestaltung einer opferbezogenen Weisung. Ebenso wie bereits bei § 57 S. 2 Nr. 4 StVollzG NRW wird der Begriff „Wohnbereich" als Wohnort zu verstehen sein. Weiterhin wird durch die Formulierung in § 47 Abs. 1 S. 2 Nr. 3 JVollzGB I LSA „insbesondere" deutlich, dass diese opferbezogene Weisung lediglich ein mögliches Beispiel für die Berücksichtigung von Opferinteressen bei der Ausgestaltung von Lockerungen ist.

---

[30] Hierzu in den begrifflichen Grundlagen oben im Abschnitt 4.2.2.

[31] *Dudenredaktion*, „Wohnbereich" auf Duden online.

15.2.5 Besonderheiten bei der Entscheidung über vollzugsöffnende Maßnahmen gegenüber bestimmten Täter:innengruppen

Die Vollzugsgesetze der Länder Bayern, Hessen, Hamburg, Niedersachsen, Sachsen-Anhalt und Thüringen enthalten für bestimmte Täter:innengruppen spezielle Regelungen zur Gewährung vollzugsöffnender Maßnahmen und/oder zur Unterbringung im offenen Vollzug.

15.2.5.1 Bayern

Bereits nach der Überschrift von Art. 15 BayStVollzG handelt es sich hierbei um eine „Besondere Vorschrift für Gewalt- und Sexualstraftäter". Nach Art. 15 S. 1 BayStVollzG ist „bei Gefangenen, gegen die während des laufenden Freiheitsentzugs eine Strafe wegen einer schwerwiegenden Straftat gegen Leib oder Leben oder gegen die sexuelle Selbstbestimmung mit Ausnahme der §§ 180a und 181a StGB vollzogen wurde oder zu vollziehen ist, [...] eine Unterbringung im offenen Vollzug, eine Lockerung des Vollzugs oder eine Gewährung von Urlaub aus dem Vollzug besonders gründlich zu prüfen". Dies betrifft dem Wortlaut nach Täter:innen von Gewaltverbrechen (schwerwiegende Straftaten gegen Leib oder Leben) und Täter:innen von Sexualdelikten (schwerwiegende Straftaten gegen die sexuelle Selbstbestimmung mit Ausnahme der §§ 180a und 181a StGB). Die besondere Prüfpflicht betrifft jedoch nur Gefangene, gegen die während des laufenden Freiheitsentzugs eine Strafe wegen einer der genannten Straftaten vollzogen wurde oder zu vollziehen ist. Dementsprechend können frühere Taten, die nicht im Zusammenhang mit der aktuellen Freiheitsentziehung stehen, nicht berücksichtigt werden und begründen nach dem Wortlaut von Art. 15 S. 1 BaySt-VollzG keine Pflicht zu einer besonders gründlichen Prüfung vollzugsöffnender Maßnahmen.

15.2.5.2 Hamburg

Das Hamburger Strafvollzugsgesetz enthält in zwei Vorschriften Regelungen für bestimmte Täter:innengruppen. So finden sich in § 8a HmbStVollzG allgemeine Vorgaben für den Strafvollzug bei besonders gefährlichen Sexual- und Gewaltstraftäter:innen. Weiterhin werden in § 11 Abs. 3 HmbStVollzG besondere Vorgaben für die Verlegung bestimmter Täter:innengruppen in den offenen Vollzug normiert, die auf die Gewährung vollzugsöffnender Maßnahmen durch die Verweisung in § 12 Abs. 1 S. 4 HmbStVollzG entsprechend anzuwenden sind.

Die Regelung des § 8a HmbStVollzG weist im direkten Vergleich mit den übrigen Vorschriften zu bestimmten Täter:innengruppen gleich zwei Besonderheiten auf. Zum einen lautet die amtliche Überschrift des § 8a HmbStVollzG ganz allgemein „Opferschutz“, obwohl die Vorschrift ausschließlich Vorgaben für besonders gefährliche Sexual- und Gewaltstraftäter:innen enthält und somit allein den Schutz von Opfern vor genau diesen Täter:innengruppen beinhaltet. Zum anderen findet sich in keinem anderen Landesstrafvollzugsgesetz eine vergleichbare Regelung.[32]

Nach § 8a S. 1 HmbStVollzG wird für die Gruppe der besonders gefährlichen Sexual- und Gewaltstraftäter:innen eine Risikoeinschätzung durch eine psychologische Fachkraft erstellt. Worauf sich diese Risikoeinschätzung inhaltlich bezieht, ist aus der Vorschrift selbst ebenso wenig ersichtlich wie eine genaue Begriffsbestimmung hinsichtlich der „besonderen Gefährlichkeit“ der betroffenen Gefangenen. Nach Satz 2 sind bei der Suche und Gestaltung des sozialen Empfangsraums nach der Entlassung die Schutzinteressen des Opfers einzubeziehen. Demzufolge wird nach dem Wortlaut ausdrücklich auf die Schutzinteressen des konkreten Straftatopfers abgestellt, während die allgemeine Risikoprognose sich auch auf Gefahren für die Allgemeinheit bzw. potenzielle Opfer beziehen kann. Schließlich sieht § 8a S. 3 HmbStVollzG vor, dass Vorschläge für gerichtliche Weisungen an den bzw. die Betroffene:n, die auch dem Schutz des Opfers dienen sollen, in einer Fallkonferenz mit den in § 30 Abs. 2 S. 2 Hamburger Resozialisierungs- und Opferhilfegesetzes (HmbResOG) genannten Stellen erörtert und dem Gericht vorgeschlagen werden. In § 30 Abs. 2 S. 2 HmbResOG werden als relevante Stellen unter anderem Führungsaufsicht und Bewährungshilfe benannt. Insgesamt kann damit bereits aus dem Wortlaut von § 8a S. 3 HmbStVollzG abgeleitet werden, dass die Vollzugsanstalt opferbezogene Weisungen zum Schutz des Opfers in Betracht ziehen bzw. diese dem Gericht vorschlagen kann. Folglich ist durch die Vorgaben zu opferbezogenen Weisungen ein deutlicher Bezug der Vorschrift zum Schutz des konkreten Straftatopfers erkennbar.

In § 11 Abs. 3 HmbStVollzG finden sich besondere Vorgaben für die Verlegung bestimmter Täter:innengruppen in den offenen Vollzug. Ist gegen Gefangene eine Freiheitsstrafe wegen einer Straftat nach den §§ 174 bis 180, 182 StGB, wegen „grober Gewalttätigkeit gegen Personen“ bzw. wegen Vollrausches (§ 323a

[32] Zwar erscheint Art. 15 BayStVollzG auf den ersten Blick vergleichbar, jedoch enthält diese Vorschrift keine allgemeinen Vorgaben zu Gewalt- und Sexualstraftäter:innen, sondern spezielle Regelungen zu vollzugsöffnenden Maßnahmen für diese Täter:innengruppen.

StGB) zu vollziehen oder war dies während eines vorangegangenen Freiheitsentzugs der Fall, ist gemäß § 11 Abs. 3 S. 1 HmbStVollzG vor einer Verlegung in den offenen Vollzug eine schriftliche Stellungnahme einer psychologischen Fachkraft oder ein psychiatrisches Gutachten einzuholen. Der Anstalt kommt diesbezüglich kein Ermessen zu („ist...einzuholen"). Daher muss eine Begutachtung für Gefangene vor einer Verlegung in den offenen Vollzug nach dem Wortlaut zwingend durchgeführt werden, wenn sie wegen einer in § 11 Abs. 3 S. 1 HmbStVollzG genannten Straftat inhaftiert sind.

Mit Blick auf die Berücksichtigung früherer Inhaftierungen für die Begutachtung der Gefangenen enthält der Wortlaut des § 11 Abs. 3 HmbStVollzG keine zeitliche Beschränkung. Grundsätzlich muss daher die Begutachtung auch bei bereits lange zurückliegenden Straftaten i. S. d. § 11 Abs. 3 HmbStVollzG durchgeführt werden. Allerdings kann mit Zustimmung der Aufsichtsbehörde von der Einholung der Fachstellungnahme bzw. des Gutachtens nach § 11 Abs. 3 S. 2 HmbStVollzG unter zwei Voraussetzungen abgesehen werden. Einerseits muss die Freiheitsstrafe für eine Straftat i. S. d. Vorschrift bereits verbüßt sein, andererseits muss die Entwicklung des bzw. der Gefangenen eine fachdienstliche Begutachtung nicht mehr erfordern. Welche Anforderungen an die Entwicklung der Gefangenen zu stellen sind, ergibt sich aus dem Wortlaut der Vorschrift nicht.

Die Vorschrift des § 11 Abs. 3 HmbStVollzG ist hinsichtlich der relevanten Täter:innengruppen weiter als der zuvor betrachtete Art. 15 BayStVollzG, da § 11 Abs. 3 S. 1 HmbStVollzG zum einen auch die Rauschtaten nach § 323a StGB umfasst. Zum anderen werden nach dem Wortlaut des § 11 Abs. 3 S. 1 HmbStVollzG nicht nur Straftaten berücksichtigt, die der aktuellen Inhaftierung zugrunde liegen, sondern auch solche Taten, wegen derer der bzw. die Gefangene bereits früher eine Freiheitsstrafe verbüßte („während eines vorangegangenen Freiheitsentzuges").

Nach § 12 Abs. 1 S. 4 HmbStVollzG gilt § 11 Abs. 3 HmbStVollzG für Lockerungen des Vollzugs mit Ausnahme der Ausführung i. S. d. § 12 Abs. 1 S. 1 Nr. 1 HmbStVollzG entsprechend. Daher muss bei bestimmten Täter:innengruppen auch vor der Gewährung von vollzugsöffnenden Maßnahmen eine Begutachtung i. S. d. § 11 Abs. 3 S. 1 HmbStVollzG durchgeführt werden, wenn nicht die Ausnahme des § 11 Abs. 3 S. 2 HmbStVollzG vorliegt.

15.2.5.3 Hessen

Der Wortlaut des § 13 Abs. 5 HStVollzG beschränkt die Möglichkeit vollzugsöffnender Maßnahmen für bestimmte Täter:innengruppen insofern, als diese nur gewährt werden können, wenn „besondere Umstände" die Annahme begründen, dass die Versagungsgründe der Flucht- und Missbrauchsgefahr nicht vorliegen. Diese „besonderen Umstände“ erfahren in der Vorschrift jedoch keine Konkretisierung.

Anwendbar ist diese Regelung gemäß § 13 Abs. 5 Nr. 1 HStVollzG auf Fälle, in denen der Inhaftierung eine „Straftat im Zusammenhang mit grober Gewalttätigkeit gegen Personen oder gegen die sexuelle Selbstbestimmung nach §§ 174 bis 180, 182 bis 184e, 184i oder 184j des Strafgesetzbuchs zugrunde liegt“. Die Vorschrift ähnelt daher den Regelungen aus Hamburg. Nach dem Wortlaut des § 13 Abs. 5 Nr. 1 HStVollzG sind weitergehend jedoch auch Fälle erfasst, in denen ein Gewalt- oder Sexualdelikt einer früheren Vollstreckung innerhalb der letzten fünf Jahre zugrunde gelegen hat. Es wird daher nicht nur auf die der aktuellen Inhaftierung zugrunde liegenden Straftaten Bezug genommen. Im Vergleich zu der Regelung aus Hamburg enthält § 13 Abs. 5 Nr. 1 HStVollzG eine zeitliche Begrenzung für die Berücksichtigung vorangegangener Vollstreckungen auf die letzten fünf Jahre. Unklar bleibt auf der Grundlage des Wortlauts indes, ob „Vollstreckung“ i. S. d. § 13 Abs. 5 Nr. 1 HStVollzG den Vollzug einer Freiheitsstrafe meint oder die Strafvollstreckung i. w. S. und somit gerade auch die Vollstreckung einer Geldstrafe.

Die Entscheidung über die Gewährung von vollzugsöffnenden Maßnahmen ist von der Behörde nach pflichtgemäßem Ermessen zu treffen („können … gewährt werden“). Weiterhin ist der Entscheidung über die Gewährung von vollzugsöffnenden Maßnahmen bei den Täter:innengruppen i. S. d. § 13 Abs. 5 Nr. 1 HStVollzG nach § 13 Abs. 8 S. 1 HStVollzG in der Regel ein Sachverständigengutachten zugrunde zu legen. Nach § 13 Abs. 8 S. 2 HStVollzG sollen der Entscheidung in schwerwiegenden Fällen sogar zwei Gutachten zugrunde gelegt werden, wobei als schwerwiegend insbesondere eine Freiheitstrafe von über vier Jahren wegen einer der in § 13 Absatz 5 Nr. 1 genannten Straftaten anzusehen sein soll. Aus § 13 Abs. 8 Satz 3 HStVollzG ergibt sich, dass bereits vorhandene aktuelle Gutachten für die Entscheidung zugrunde gelegt werden können, wenn diese „zur Frage der Eignung für vollzugsöffnende Maßnahmen Stellung nehmen“. Eine zeitliche Konkretisierung bezüglich des Merkmals „aktuell“ enthält die Vorschrift jedoch nicht. Die Gutachten sind zudem so rechtzeitig einzuholen, dass die Entscheidung über die vollzugsöffnende Maßnahme zum vorgesehenen Zeitpunkt getroffen werden kann, § 13 Abs. 8 S. 4 HStVollzG. Allerdings ergibt sich aus dem Gesetzeswortlaut keine Rechtsfolge für den Fall, dass die Gutachten durch die Anstalt nicht rechtzeitig eingeholt worden sind.

15.2.5.4 Niedersachsen

Nach dem niedersächsischen Gesetz ordnet die Vollzugsbehörde gemäß § 16 Abs. 1 S. 1 NJVollzG an, dass sich der bzw. die Gefangene begutachten oder körperlich untersuchen lässt, wenn dies zur Feststellung der Voraussetzungen einer Verlegung in den offenen Vollzug nach § 12 Abs. 2 NJVollzG oder einer Lockerung gemäß § 13 Abs. 2 NJVollzG erforderlich ist. Eine Erforderlichkeit ist nach § 16 Abs. 1 S. 2 NJVollzG in der Regel gegeben bei Gefangenen, die zu einer lebenslangen Freiheitsstrafe verurteilt wurden (Nr. 1) und bei Gefangenen, die wegen einer Straftat nach den §§ 174 bis 180, 182, 211 oder 212 des StGB oder nach § 323a StGB verurteilt worden sind, soweit die im Rausch begangene Tat eine der vorgenannten ist (Nr. 2), sowie bei Anhaltspunkten für eine Abhängigkeit oder einen Missbrauch von Sucht- oder Arzneimitteln (Nr. 3).

Zunächst ist hinsichtlich des Wortlauts des § 16 Abs. 1 S. 1 NJVollzG bemerkenswert, dass eine Begutachtung oder körperliche Untersuchung nur dann erfolgen kann, wenn diese zur Feststellung der Voraussetzungen einer Verlegung in den offenen Vollzug oder einer Lockerung erforderlich ist. Insofern ist dieses Verfahren dem Wortlaut nach nicht bei allen Entscheidungen über vollzugsöffnende Maßnahmen vorgeschrieben. Vielmehr kommt der Behörde hinsichtlich der Erforderlichkeit einer solchen Begutachtung oder körperlichen Untersuchung ein Beurteilungsspielraum zu.

Die Regelung des § 16 Abs. 1 S. 2 NJVollzG weicht jedoch insofern von den zuvor betrachteten Vorschriften von Bayern, Hamburg und Hessen ab, als nach ihrem Wortlaut eine Erforderlichkeit bei den in § 16 Abs. 1 S. 2 Nr. 1 bis 3 NJVollzG genannten Gefangenengruppen in der Regel gegeben ist. Bemerkenswert ist diesbezüglich, dass nach dem Wortlaut der Vorschrift eine Erforderlichkeit der Begutachtung im Regelfall nur bei Verurteilungen zu lebenslangen Freiheitsstrafen, Sexualdelikten sowie Tötungsdelikten, und nicht allgemein bei schweren Gewaltdelikten angenommen wird.

Weiterhin enthält der Wortlaut keine Beschränkung dergestalt, dass die betreffende Straftat der Grund für die aktuelle oder eine frühere Inhaftierung des bzw. der Gefangenen gewesen sein muss. Vielmehr wird allein auf die Verurteilung des bzw. der Gefangenen wegen einer der genannten Straftaten abgestellt. Insofern erscheint auch die Berücksichtigung von Taten möglich, derentwegen nicht einmal eine Freiheitsstrafe verbüßt worden sein muss. Freilich erscheint es naheliegend, in solchen Fällen die Erforderlichkeit einer Untersuchung abzulehnen; dennoch bleibt eine Berücksichtigung früherer Verurteilungen zu bedingten Freiheitsstrafen oder auch Geldstrafen möglich. Zudem enthält § 16 Abs. 1 NJVollzG keine zeitliche Einschränkung hinsichtlich der einzubeziehenden Taten.

15.2.5.5 Sachsen-Anhalt

Im Justizvollzugsgesetzbuch des Landes Sachsen-Anhalt findet sich sowohl in § 22 Abs. 5 JVollzGB I LSA eine Vorschrift für die Unterbringung bestimmter Täter:innengruppen im offenen Vollzug als auch in § 45 Abs. 6 JVollzGB I LSA eine spezielle Regelung für die Gewährung von vollzugsöffnenden Maßnahmen bei diesen Gefangenen.

Im Hinblick auf den Wortlaut dieser Regelungen kann zunächst festgehalten werden, dass nach diesen Vorschriften insbesondere Strafgefangene für eine Unterbringung im offenen Vollzug bzw. für die Gewährung von Lockerungen ungeeignet sind, gegen die „während des laufenden Freiheitsentzugs eine Strafe wegen einer schwerwiegenden Straftat gegen die körperliche Unversehrtheit oder das Leben oder gegen die sexuelle Selbstbestimmung, mit Ausnahme der §§ 180a und 181a Strafgesetzbuch, [...] vollzogen wurde oder zu vollziehen ist". Jedoch sehen § 22 Abs. 5 S. 3 JVollzGB I LSA bzw. § 45 Abs. 6 S. 3 JVollzGB I LSA beim Vorliegen besonderer Umstände Ausnahmen diesbezüglich vor. Diese besonderen Umstände werden jedoch nicht weiter konkretisiert, weshalb der Anstalt diesbezüglich ein Beurteilungsspielraum zukommt.

Weiterhin enthält das Gesetz von Sachsen-Anhalt mit § 48 JVollzGB I LSA eine Vorschrift, in der eine Begutachtung bestimmter Täter:innengruppen für die Verlegung in den offenen Vollzug bzw. die Gewährung von Vollzugslockerungen geregelt wird. Nach dem Wortlaut des § 48 Abs. 1 S. 2 JVollzGB I LSA ist die Erforderlichkeit für eine Begutachtung bei den dort genannten Täter:innengruppen in der Regel anzunehmen. Der Wortlaut des § 48 Abs. 1 JVollzGB I LSA entspricht weitestgehend jenem des § 16 Abs. 1 NJVollzG, weshalb auf die Ausführungen zu dieser Regelung in dem vorangegangenen Abschnitt verwiesen werden kann.

15.2.5.6 Thüringen

Das Thüringer Justizvollzugsgesetzbuch enthält für bestimmte Täter:innengruppen in § 22 Abs. 4 S. 1 ThürJVollzGB Vorgaben für die Verlegung in den offenen Vollzug. In § 46 Abs. 3 S. 1 ThürJVollzGB finden sich zudem besondere Regelungen für die Gewährung vollzugsöffnender Maßnahmen.

Nach beiden Vorschriften bedarf die Entscheidung bei Strafgefangenen, „gegen die während des laufenden Freiheitsentzugs eine Strafe wegen einer schwerwiegenden Straftat gegen Leib oder Leben oder gegen die sexuelle Selbstbestimmung mit Ausnahme der §§ 180a und 181a StGB vollzogen wurde oder zu vollziehen ist", einer besonders gründlichen Prüfung. Diese Formulierung stimmt weitestgehend mit dem Wortlaut von Art. 15 S. 1 BayStVollzG überein. Insofern kann auf die dortigen Ausführungen verwiesen werden.[33] In § 22 Abs. 4 S. 1 ThürJVollzGB wird zusätzlich darauf abgestellt, „ob eine Unterbringung im offenen Vollzug verantwortet werden kann". In § 46 Abs. 3 S. 1 ThürJVollzGB findet sich dagegen nur die Vorgabe der besonders gründlichen Prüfung. Der direkte Vergleich der beiden Vorschriften des thüringischen Gesetzes deutet darauf hin, dass bei der Entscheidung über die Verlegung in den offenen Vollzug neben der gründlichen Prüfung der Eignung des bzw. der betreffenden Gefangenen gerade auch das höhere Gefährdungspotenzial durch die reduzierten Kontroll- und Überwachungsmöglichkeiten des offenen Vollzugs beachtet werden müssen.

In § 22 Abs. 4 S. 2 bzw. § 46 Abs. 3 S. 2 ThürJVollzGB ist wie auch in Art. 15 S. 2 BayStVollzG die Möglichkeit einer Verwendung von Gutachten aus dem Ermittlungs- und Strafverfahren für die Entscheidung über vollzugsöffnende Maßnahmen normiert worden. Auch diesbezüglich kann daher auf die Ausführungen zu Art. 15 BayStVollzG verwiesen werden.

15.2.5.7 Zusammenfassung und Folgerungen

Im direkten Vergleich der Vorschriften zu bestimmten Täter:innengruppen ergeben sich einige Gemeinsamkeiten, jedoch auch zahlreiche Unterschiede. Gemein ist zunächst allen Vorschriften, dass bei einer Inhaftierung wegen bestimmter Straftaten besondere Voraussetzungen an die Verlegung in den offenen Vollzug bzw. die Gewährung von vollzugsöffnenden Maßnahmen geknüpft werden.

In allen der soeben betrachteten Gesetze werden Straftaten gegen die sexuelle Selbstbestimmung ausdrücklich bzw. unter Angabe der §§ 174 bis 180, 182 StGB als beachtenswerte Straftaten genannt. In Bayern und Thüringen zählen zu den relevanten Straftaten zudem noch schwerwiegende Straftaten gegen Leib oder Leben; Sachsen-Anhalt benennt diesen Deliktskreis als schwerwiegende Straftaten gegen die körperliche Unversehrtheit und das Leben. Demgegenüber wird in Hamburg und Hessen die Formulierung „grob[e] Gewalttätigkeit gegen Personen" verwendet. In Niedersachsen wird auf die Verurteilung zu einer lebenslangen Freiheitsstrafe oder auf eine Verurteilung wegen einer Straftat nach §§ 174 bis 180, 182, 211, 212 StGB bzw. einer Verurteilung gemäß § 323a StGB abgestellt. Dadurch wird bereits aus dem Wortlaut klar ersichtlich, welche Straftaten für die Anwendbarkeit des § 16 NJVollzG von Bedeutung sind. Während in Niedersachsen also auf konkrete Straftatbestände verwiesen wird und sich der in den Ländern Bayern, Thüringen und Sachsen-Anhalt gewählte Wortlaut im StGB

[33] Oben im Abschnitt 15.2.5.1.

zumindest annähernd wiederfindet[34], enthalten weder das StGB noch die StPO die Formulierung der „groben Gewalttätigkeit gegen Personen“. Daher kann für die Wortlautauslegung mit Blick auf die grobe Gewalttätigkeit auch nicht anhand des StGB oder der StPO auf einen bestimmten Deliktskreis geschlossen werden. Naheliegend ist freilich eine Beschränkung auf schwere Gewaltdelikte und somit schwere Straftaten gegen Leib und Leben.

Unterschiede ergeben sich weiterhin für die Frage, ob auch frühere Verurteilungen der Gefangenen bei der Entscheidung über die Verlegung in den offenen Vollzug bzw. über die Gewährung von vollzugsöffnenden Maßnahmen berücksichtigt werden. In Bayern, Sachsen-Anhalt und Thüringen ist dem Wortlaut nach nur die aktuelle Inhaftierung relevant. In Hamburg sind auch vorangegangene Inhaftierungen ohne zeitliche Begrenzung zu berücksichtigen. Hessen schränkt die Berücksichtigung zwar auf die vergangenen fünf Jahre ein, stellt jedoch nicht auf eine Inhaftierung, sondern allein auf die Vollstreckung einer Strafe wegen einer der relevanten Straftaten ab. In Niedersachsen ist aus dem Wortlaut nicht ersichtlich, ob nur die der aktuellen Inhaftierung zugrunde liegenden Straftaten berücksichtigt werden oder ob auch frühere Verurteilungen von Bedeutung sein können.

In Hessen und Sachsen-Anhalt wird eine Ungeeignetheit der bestimmten Täter:innengruppen für den offenen Vollzug bzw. für vollzugsöffnende Maßnahmen zunächst unterstellt. In beiden Vorschriften wird die Annahme der Geeignetheit der Gefangenen vom Vorliegen „bestimmter Umstände“ abhängig gemacht. In Hessen werden diese Umstände bereits im Wortlaut zumindest insoweit konkretisiert, als sie die Annahme begründen, dass eine Flucht- und Missbrauchsgefahr nicht vorliegt. Die Regelung in Sachsen-Anhalt enthält eine derartige Konkretisierung nicht, weshalb völlig unklar ist, worum es sich bei den „besonderen Umständen“ handelt. Bei der Frage, ob eine Ausnahme von der Ungeeignetheit der bestimmten Täter:innengruppen im Einzelfall vorliegt, handelt es sich in Hessen und Sachsen-Anhalt um eine Ermessensentscheidung der Anstalt.[35]

Mit Blick auf den Ablauf des Verfahrens sind ebenfalls Gemeinsamkeiten, aber auch Unterschiede erkennbar. In allen Ländern mit Ausnahme von Sachsen-Anhalt ist bei der Entscheidung über die Verlegung in den offenen

---

[34] Vgl. Überschrift des 16. Abschnittes „Straftaten gegen das Leben“; Überschrift des 17. Abschnittes „Straftaten gegen die körperliche Unversehrtheit“; zum Begriffspaar Leib oder Leben siehe nur §§ 252, 255, 306f Abs. 2 StGB.

[35] In § 13 Abs. 5 HStVollzG „können…gewährt werden“; in § 22 Abs. 5 S. 3 und § 45 Abs. 6 S. 3 JVollzGB I LSA „können zugelassen werden“.

Vollzug bzw. über vollzugsöffnende Maßnahmen die Berücksichtigung von Gutachten vorgesehen. In Bayern und Thüringen wurde eine gründliche Prüfung und eine Berücksichtigung der im Urteil getroffenen Feststellungen und Gutachten aus dem Ermittlungs- oder Strafverfahren normiert. Hinsichtlich der Berücksichtigung kommt der Anstalt kein Ermessen zu („sind [...] zu berücksichtigen"). Dagegen eröffnet die „gründliche Prüfung" der Anstalt durchaus einen Beurteilungsspielraum bei der Bewertung und Gewichtung aller Umstände des Einzelfalls.

In den Ländern Hamburg, Hessen und Niedersachsen ist eine Begutachtung der Gefangenen vorgesehen, die zu den bestimmten Täter:innengruppen i. S. d. jeweiligen Landesvorschrift zählen. In Hamburg besteht hinsichtlich der Einholung einer schriftlichen Stellungnahme einer psychologischen Fachkraft bzw. eines psychiatrischen Gutachtens kein Ermessen („ist [...] einzuholen"). Nur in Fällen, in denen § 11 Abs. 3 HmbStVollzG wegen einer früheren und nicht aufgrund der aktuellen Inhaftierung Anwendung findet, kommt der Anstalt sowohl ein Ermessen als auch ein Beurteilungsspielraum zu. Das Ermessen bezieht sich hierbei auf die Frage, ob von einer Begutachtung mit Zustimmung der Aufsichtsbehörde abgesehen wird („kann [...] abgesehen werden"). Demgegenüber erstreckt sich der Beurteilungsspielraum auf die Frage, ob die Entwicklung des bzw. der Gefangenen „eine fachdienstliche Begutachtung nicht mehr erfordert".

In Hessen ist der Entscheidung über vollzugsöffnende Maßnahmen mit Blick auf die bestimmten Täter:innengruppen in der Regel ein, bei schwerwiegenden Fällen zwei Sachverständigengutachten zugrunde zu legen. Hinsichtlich dieser Vorgabe kommt den hessischen Anstalten sowohl bei der Einbeziehung eines Gutachtens („in der Regel") als auch hinsichtlich der doppelten Begutachtung („sollen [...] zugrunde gelegt werden") ein Ermessensspielraum zu.

In Niedersachsen kommt den Vollzugsanstalten für die Frage, ob eine Begutachtung erforderlich ist, ein Beurteilungsspielraum zu. Zwar ist eine Erforderlichkeit dem Wortlaut nach in der Regel bei bestimmten Täter:innengruppen gegeben. Ob eine Begutachtung jedoch für die Feststellung der Voraussetzungen für die Verlegung in den offenen Vollzug bzw. die Gewährung vollzugsöffnender Maßnahmen erforderlich ist, ist durch die Anstalt zu beurteilen. Zu beachten ist mit Blick auf Niedersachsen weiterhin, dass der Wortlaut auch eine Begutachtung von Gefangenen vorsieht, die früher wegen einer der in § 16 Abs. 1 Nr. 2 NJVollzG benannten Taten verurteilt wurden, aktuell aber wegen einer anderen Straftat inhaftiert sind.

Im Zusammenhang mit der Berücksichtigung von Gutachten bei der Entscheidung über die Verlegung in den offenen Vollzug bzw. über vollzugsöffnende Maßnahmen ist zu beachten, dass in Bayern und Thüringen ausdrücklich ältere

Gutachten berücksichtigt werden sollen. Für die Erstellung neuer Gutachten enthält zumindest der Wortlaut der Vorschriften keine Anhaltspunkte. In Hessen kann ebenfalls auf frühere Gutachten zurückgegriffen werden. Nur Hamburg und Niedersachsen sehen ausdrücklich eine aktuelle Begutachtung vor.

15.3 Historische Auslegung

15.3.1 Vorüberlegungen zur historischen Auslegung

Das StVollzG Bund enthielt weder in § 10 („Offener und geschlossener Vollzug") noch in § 11 („Lockerungen des Vollzuges"), noch in § 13 („Urlaub aus der Haft") oder in § 14 („Weisungen, Aufhebung von Lockerungen und Urlaub") einen konkreten Opferbezug. Zwar konnte der bzw. die Anstaltsleiter:in nach § 14 Abs. 1 StVollzG Bund den Gefangenen Weisungen für Lockerungen und Urlaub erteilen. Jedoch wurden diese Weisungen durch die Vorschrift nicht weiter konkretisiert.

Den Schwerpunkt der frühen Konzepte zur Einbeziehung des Opfers in das Strafvollzugsrecht bildeten häufig die Förderung der Tateinsicht beim Täter und die Wiedergutmachung von Straftatfolgen beim Opfer.[36] Erst *Gelber* und *Walter* griffen den Gedanken des Opferschutzes bei Vollzugslockerungen ausdrücklich auf.[37] Ihrer Ansicht nach sollten Vollzugslockerungen unter Beachtung der berechtigten Schutzinteressen des Opfers und gegebenenfalls auch Dritter ermöglicht werden, wobei die Erteilung von Weisungen als mögliche Ausgestaltungsmöglichkeit vorgeschlagen wurde.[38]

15.3.2 Berücksichtigung von Opferbelangen im Rahmen der allgemeinen Missbrauchsprognose auf Tatbestandsseite

In den Gesetzesbegründungen zu den Vorschriften über die Verlegung in den offenen Vollzug und die Gewährung von Lockerungen finden sich kaum Hinweise

---

[36] Ausführlich oben im Abschnitt 5.2.1.

[37] *Gelber/Walter*, kuckucksei 2/2012, 23 (24); *Walter*, Tätigkeitsbericht des Justizvollzugsbeauftragten NRW 2011, 2012, Anhang 3, S. 343.

[38] *Gelber/Walter*, kuckucksei 2/2012, 23 (24); *Walter*, Tätigkeitsbericht des Justizvollzugsbeauftragten NRW 2011, 2012, Anhang 3, S. 343.

auf die Berücksichtigung von Opferbelangen im Rahmen der Missbrauchsprognose auf Tatbestandsseite. Mitunter wird ausgeführt, dass die Flucht- und Missbrauchsprognose dem Schutz der Allgemeinheit vor Straftaten dient.[39]

In den Begründungen der Länder Hamburg, Hessen und Sachsen-Anhalt wird zwar auch auf die Opfer von Straftaten Bezug genommen.[40] Allerdings betrifft dies nicht die Missbrauchsprognose im Speziellen, sondern die Prüfung der Gewährung vollzugsöffnender Maßnahmen im Allgemeinen.[41] Daher werden diese Begründungen sogleich im Abschnitt 15.3.3 weitergehend untersucht.

Insgesamt ist daher auf der Grundlage der Gesetzesbegründungen nicht ersichtlich, dass die Landesgesetzgeber das konkrete Opfer und seine Belange bei der allgemeinen Missbrauchsprognose berücksichtigen wollten.

15.3.3 Berücksichtigung von Opferbelangen bei der Gewährung vollzugsöffnender Maßnahmen auf Rechtsfolgenseite

Nach den Gesetzesbegründungen der Länder Hamburg, Hessen und Sachsen-Anhalt dient die Einbeziehung von Opferbelangen in den allgemeinen Vorschriften über vollzugsöffnende Maßnahmen dem Schutz der Opfer vor einer Beeinträchtigung durch den bzw. die konkrete:n Gefangene:n.[42] Im Rahmen der Wortlautauslegung konnte bereits festgestellt werden, dass die Vorschriften in Hamburg, Hessen und Sachsen-Anhalt den Begriff „Opferschutz“ enthalten.[43]

In den zugehörigen Gesetzesbegründungen wird dies aufgegriffen. Nach den Gesetzesmaterialien soll bei der Gewährung von Lockerungen eine angemessene

---

[39] Vgl. Landtag Brandenburg Drs. 5/6437, Begründung S. 30; Bürgerschaft Bremen Drs. 18/1475, S. 50; Landtag Nordrhein-Westfalen Drs. 16/5413, S. 128; Landtag Rheinland-Pfalz Drs. 16/1910, S. 124; Landtag Saarland Drs. 15/386, S. 78; Landtag Sachsen-Anhalt Drs. 6/3799, S. 174; Landtag Thüringen Drs. 5/6700, S. 94.

[40] Bürgerschaft Hamburg Drs. 20/6795, S. 77; Landtag Hessen Drs. 18/1396, S. 85; Landtag Sachsen-Anhalt Drs. 6/3799, S. 192.

[41] Bürgerschaft Hamburg Drs. 20/6795, S. 77; Landtag Hessen Drs. 18/1396, S. 85; Landtag Sachsen-Anhalt Drs. 6/3799, S. 192; vgl. hierzu bereits in der grammatischen Auslegung oben im Abschnitt 15.2.2.

[42] Vgl. Bürgerschaft Hamburg Drs. 20/6795, S. 77; Landtag Sachsen-Anhalt Drs. 6/3799, S. 192; ähnlich auch Landtag Hessen Drs. 18/1396, S. 85.

[43] Hierzu bereits in der grammatischen Auslegung oben im Abschnitt 15.2.2.

Berücksichtigung des Opferschutzes erfolgen.[44] Der Begriff des Opferschutzes könnte neben dem Schutz tatsächlicher Opfer zwar auch den Schutz potenzieller Opfer umfassen. Die Wortlautauslegung hat jedoch bereits ergeben, dass mit dem Begriff des Opferschutzes auch in diesen Vorschriften nur der Schutz tatsächlicher Opfer gemeint sein kann. Gleichwohl hat die Betrachtung der kriminalpolitischen Grundlagen im Teil II dieser Arbeit bereits gezeigt, dass dem Schutz potenzieller Opfer – also dem Schutz der Allgemeinheit – innerhalb der Regelungen zu vollzugsöffnenden Maßnahmen ein hoher Stellenwert zukommt.[45] Dies kommt durch die Gesetzesmaterialien zum Ausdruck, in denen die Einbeziehung von Opferinteressen in den Begründungen der Vorschrift nicht weiter ausgeführt wird. Demgegenüber wird das Sicherheitsinteresse der Allgemeinheit sehr wohl besonders betont.[46]

Insofern ist für die historische Auslegung festzuhalten, dass nach dem Willen der Landesgesetzgeber der Schutz potenzieller Opfer bei der Entscheidung über die Gewährung vollzugsöffnender Maßnahmen zum Tragen kommt. Der Schutz tatsächlicher Opfer findet in den Begründungen keine besondere Berücksichtigung und kann daher zumindest mit Blick auf die Gewährung der vollzugsöffnenden Maßnahmen nicht als besonders gewichtiges Entscheidungskriterium eingeordnet werden.

15.3.4 Berücksichtigung von Opferbelangen bei der Ausgestaltung vollzugsöffnender Maßnahmen

In allen Gesetzesbegründungen der Landesstrafvollzugsgesetze, die eine Berücksichtigung von Opferinteressen bei der Ausgestaltung der vollzugsöffnenden Maßnahmen vorsehen[47], finden sich auch Ausführungen zu dieser Regelung. In den Bundesländern, welche sich bereits hinsichtlich des Wortlauts am ME LStVollzG orientiert haben, wurde auch die Begründung zu § 40 S. 2 ME LStVollzG

[44] Vgl. Bürgerschaft Hamburg Drs. 20/6795, S. 77; Landtag Sachsen-Anhalt Drs. 6/3799, S. 192; ähnlich auch Landtag Hessen Drs. 18/1396, S. 85.

[45] Ausführlich oben im Abschnitt 9.2.4.2.

[46] Vgl. Landtag Sachsen-Anhalt Drs. 6/3799, S. 174.

[47] Berlin, Brandenburg, Bremen, Hamburg, Mecklenburg-Vorpommern, Niedersachsen, Nordrhein-Westfalen, Rheinland-Pfalz, Saarland, Sachsen, Sachsen-Anhalt, Schleswig-Holstein, Thüringen.

übernommen.[48] Die Begründung des Landes Niedersachsen zur Erteilung opferbezogener Weisungen enthält hiervon abweichende Ausführungen. Auch in den Gesetzesbegründungen der Länder Hamburg und Nordrhein-Westfalen finden sich Anhaltspunkte für den gesetzgeberischen Willen hinsichtlich einer opferbezogenen Ausgestaltung vollzugsöffnender Maßnahmen.

In der Begründung zu § 40 S. 2 ME LStVollzG wurde die Bedeutung von vollzugsöffnenden Maßnahmen für die Resozialisierung durchaus anerkannt.[49] Jedoch habe eine Abwägung mit den Interessen des Straftatopfers stattzufinden.[50] Durch die Erteilung von Weisungen könnten Belastungen für das Opfer vermieden werden.[51] Als Beispiel wird insbesondere ein für das Opfer belastendes, unvorhersehbares Zusammentreffen mit dem bzw. der Gefangenen während der Lockerungen genannt.[52]

Der Berücksichtigung der Interessen der Verletzten und die Schutzinteressen gefährdeter Dritter wurden in Niedersachsen erst im Jahr 2017 als Satz 2 des § 15 Abs. 1 in das NJVollzG eingefügt.[53] In der Begründung zu § 15 Abs. 1 S. 2 NJVollzG wird ausgeführt, dass durch die Regelung der Gedanke „einer Vollzugsgestaltung, die sich auch an den Belangen der von den Folgen einer Straftat

---

[48] Abgeordnetenhaus Berlin Drs. 17/2442, S. 227 zu § 44 S. 2 StVollzG Bln (unter Verwendung der Begriffe „Verletzter" und „Verletztenschutz"); Landtag Brandenburg Drs. 5/6437, Begründung S. 53 zu § 48 S. 2 BbgJVollzG (unter Verwendung der Begriffe „Straf- und Jugendgefangenen"); Bürgerschaft Bremen Drs. 18/1475, S. 63 zu § 40 S. 2 BremStVollzG; Landtag Mecklenburg-Vorpommern Drs. 6/1337, S. 98 zu § 40 S. 2 StVollzG MV; Landtag Rheinland-Pfalz Drs. 16/1910, S. 134 zu § 47 S. 2 LJVollzG RP; Landtag Saarland Drs. 15/386, S. 93 zu § 40 S. 2 SLStVollzG; Landtag Sachsen Drs. 5/10920, S. 116 zu § 40 S. 2 SächsStVollzG; Landtag Sachsen-Anhalt Drs. 6/3799, S. 194 zu § 47 JVollzGB I LSA; Landtag Schleswig-Holstein Drs. 18/3153, S. 133 zu § 57 S. 2 LStVollzG SH; Landtag Thüringen Drs. 5/6700, S. 113 f. zu § 48 S. 2 ThürJVollzGB (unter Einbeziehung der Jugendstrafgefangenen); zum Vergleich siehe die Begründung zum ME LStVollzG, S. 109 zu § 40 S. 2 ME LStVollzG; vgl. auch Bürgerschaft Hamburg Drs. 20/6795, S. 77.

[49] Begründung zum ME LStVollzG, S. 109 zu § 40 S. 2 ME LStVollzG; zu den Gesetzesbegründungen der nachfolgenden Landesgesetze siehe die Nachweise in der vorstehenden Fn. 48.

[50] Begründung zum ME LStVollzG, S. 109 zu § 40 S. 2 ME LStVollzG; zu den Landesgesetzen Fn. 48.

[51] Begründung zum ME LStVollzG, S. 109 zu § 40 S. 2 ME LStVollzG; zu den Landesgesetzen Fn. 48.

[52] Begründung zum ME LStVollzG, S. 109 zu § 40 S. 2 ME LStVollzG; zu den Landesgesetzen Fn. 48.

[53] Gesetz zur Änderung des Niedersächsischen Justizvollzugsgesetzes vom 15.06.2017, Nds. GVBl. 2017, S. 172 ff.

Betroffenen orientiert", aufgegriffen wird.[54] Die Bedeutung der vollzugsöffnenden Maßnahmen für die Resozialisierung wird auch in der Begründung zu § 15 Abs. 1 NJVollzG betont, zugleich sei aber eine Abwägung vorzunehmen „mit den Interessen derjenigen [...], die durch eine Straftat der oder des Gefangenen verletzt worden sind oder durch ein Zusammentreffen mit dieser oder diesem im Rahmen einer Lockerung des Vollzugs in ihrer körperlichen oder seelischen Integrität beeinträchtigt werden können"[55].

Bemerkenswert ist diesbezüglich, dass auf „eine Straftat" des bzw. der Gefangenen abgestellt wird und nicht auf die konkrete Tat, die der Inhaftierung zugrunde liegt. Ausweislich der Gesetzesbegründung sollen daher gerade auch frühere Straftatopfer von Gefangenen geschützt werden, deren Viktimisierungen nicht im Zusammenhang mit der aktuellen Inhaftierung stehen.

Weiterhin wird ausdrücklich der Schutz der körperlichen und seelischen Integrität als Abwägungskriterium bei der Entscheidung über die Ausgestaltung von Lockerungen benannt. Die ausdrückliche Benennung der seelischen Integrität deutet darauf hin, dass der niedersächsische Gesetzgeber die Gefahr einer sekundären Viktimisierung durch ein Zusammentreffen zwischen Opfer und Täter:in im Blick hatte.

In der Begründung zu § 15 Abs. 1 S. 2 NJVollzG heißt es weiter, dass der geschützte Personenkreis nicht nur auf das direkte Opfer beschränkt sei, sondern „auch Personen umfasst, die in besonderem Maße gefährdet sind, infolge von Lockerungen Opfer einer Straftat des Gefangenen zu werden"[56]. Auf eine „bereits manifestierte Täter-Opfer-Beziehung" komme es nicht an, vielmehr solle „auch möglichen Beeinträchtigungen Dritter präventiv entgegengewirkt werden"[57]. Aus der Begründung ergibt sich daher eindeutig, dass die Regelung gerade nicht nur auf den Schutz des direkten Opfers gerichtet ist, sondern vielmehr auch den Schutz potenzieller Opfer bezwecken soll. Da innerhalb des Wortlauts von § 15 Abs. 1 S. 2 NJVollzG zwischen Verletzten und gefährdeten Dritten unterschieden wird, führt diese gesetzgeberische Intention nicht dazu, dass der Begriff des bzw. der Verletzten weit auszulegen ist. Insofern stimmt dieser Begriff mit dem in dieser Arbeit vertretenen engen strafvollzugsrechtlichen Opferbegriff überein.[58]

---

[54] Landtag Niedersachsen Drs. 17/7414, S. 21.

[55] Landtag Niedersachsen Drs. 17/7414, S. 21.

[56] Landtag Niedersachsen Drs. 17/7414, S. 21.

[57] Landtag Niedersachsen Drs. 17/7414, S. 21.

[58] Ausführlich zum strafvollzugsrechtlichen Opferbegriff oben im Abschnitt 4.2.2.

Der Gesetzesbegründung zu § 12 Abs. 5 HmbStVollzG ist zu entnehmen, dass die Regelung dem Gesichtspunkt des Opferschutzes Rechnung trägt.[59] Diesbezüglich wird auf die Bedeutung der Vollzugslockerungen für die Resozialisierung hingewiesen, jedoch ebenso auf die Notwendigkeit einer Abwägung mit den Interessen der Opfer.[60] Insgesamt ähnelt die Begründung zu § 12 Abs. 5 HmbStVollzG jener zu § 40 S. 2 ME LStVollzG.[61] Dies spricht letztlich für eine einheitliche historische Auslegung von § 12 Abs. 5 HmbStVollzG und den an § 40 S. 2 ME LStVollzG orientierten Vorschriften.

Ebenfalls ausführlich wurde die Berücksichtigung von Opferbelangen in der Begründung zu § 53 Abs. 6 StVollzG NRW thematisiert. Danach sollen die vollzugsöffnenden Maßnahmen so ausgewählt werden, „dass gefährdende Situationen für Gefangene und andere Personen möglichst vermieden werden“[62]. In der Begründung wird ausdrücklich zwischen der Entscheidung über die Gewährung vollzugsöffnender Maßnahmen und der Ausgestaltung ebendieser unterschieden. Bei der Entscheidung, ob überhaupt vollzugsöffnende Maßnahmen zu gewähren sind, sind nach § 53 Abs. 1 S. 2 StVollzG NRW die Gefangeneninteressen mit den Schutzinteressen der Allgemeinheit abzuwägen. Mithin dient die Berücksichtigung der Schutzinteressen der Allgemeinheit bei der Entscheidung über die Gewährung vollzugsöffnender Maßnahmen dem Schutz potenzieller Opfer. Erst bei der weiteren Frage, wie die vollzugsöffnenden Maßnahmen ausgestaltet werden sollen, können Gesichtspunkte des Schutzes tatsächlicher Opfer Berücksichtigung finden. Bemerkenswert ist, dass nach dem Wortlaut des § 53 Abs. 6 StVollzG NRW neben den Belangen von Opfern auch die Interessen gefährdeter Dritter berücksichtigt werden sollen.

Zu der Frage, wer zu den gefährdeten Dritten zählen soll, enthält die Begründung jedoch keine Ausführungen. Allerdings kann diesbezüglich auf die Begründung zu § 7 StVollzG NRW und § 25 Nr. 3 StVollzG NRW zurückgegriffen werden, wonach mit dem Begriff „gefährdete Dritte“ potenzielle Opfer gemeint sind.[63] Mit Blick auf die konkrete Begründung zu § 53 Abs. 6 StVollzG NRW finden andere Personen als Opfer und Gefangene nur mit Blick auf die allgemeine Vermeidung gefährdender Situationen im Zusammenhang mit vollzugsöffnenden

[59] Bürgerschaft Hamburg Drs. 206795, S. 77.

[60] Bürgerschaft Hamburg Drs. 206795, S. 77.

[61] Vgl. Bürgerschaft Hamburg Drs. 206795, S. 77; Begründung zum ME LStVollzG, S. 109.

[62] Landtag Nordrhein-Westfalen Drs. 16/5413, S. 129 zu § 53 Abs. 5 StVollzG NRW-E.

[63] Vgl. die Begründungen zu § 7 StVollzG NRW, Landtag Nordrhein-Westfalen Drs. 16/5413, S. 86 und zu § 25 StVollzG NRW a. a. O. S. 106; ausführlich hierzu oben im Abschnitt 13.3.3.

Maßnahmen Erwähnung.[64] Daher erfährt zwar der Schutz tatsächlicher Opfer bei der Ausgestaltung der Maßnahmen in der Gesetzesbegründung eine besondere Betonung. Allerdings vermag dies nicht darüber hinwegzutäuschen, dass auch dem Schutz der Allgemeinheit durch die Berücksichtigung „gefährdeter Dritter" nach dem Willen des Gesetzgebers ein beträchtliches Gewicht eingeräumt wurde.

Neben den allgemeinen Vorgaben zur Berücksichtigung der Opferinteressen bei der Ausgestaltung von Vollzugslockerungen hat bereits die Wortlautauslegung gezeigt, dass nur in § 12 Abs. 6 HmbStVollzG, § 57 S. 2 Nr. 4 StVollzG NRW und § 47 Abs. 1 S. 2 Nr. 3 JVollzGB I LSA ausdrücklich opferbezogene Weisungen enthalten sind.[65] Allein die Begründung zu § 12 Abs. 6 HmbStVollzG enthält umfassende Ausführungen zu den Gründen für die Normierung der opferbezogenen Weisung.

Die Regelung des § 12 Abs. 6 HmbStVollzG wurde erst mit Wirkung zum 1. Januar 2019 in das Hamburger Strafvollzugsgesetz eingefügt.[66] Der Begründung ist zu entnehmen, dass bereits bei Vollzugslockerungen darauf zu achten sei, dass der bzw. die Gefangene keinen ungewollten Kontakt zum Opfer seiner bzw. ihrer früheren Straftat aufnehme.[67] Ebenso soll vermieden werden, dass der bzw. die Gefangene in Umstände gerate, die den Tatumständen gleichen und einschlägige Rückfälle begünstigen könnten.[68] Die Regelung des § 12 Abs. 6 HmbStVollzG dient daher ausweislich der Gesetzesbegründung dem Schutz des Opfers vor ungewollten Kontaktaufnahmen durch den bzw. die Gefangene:n und zugleich aber auch dem Vollzugsziel der Resozialisierung durch Rückfallvermeidung. Letzteres betrifft im Ergebnis auch den Schutz potenzieller Opfer.

Zu § 12 Abs. 6 HmbStVollzG wird in der Gesetzesbegründung noch ausgeführt, dass es sich bei der Regelung um eine inhaltliche Ergänzung zu § 8a HmbStVollzG handele. So sei bereits bei Vollzugslockerungen darauf zu achten, dass der bzw. die Gefangene keinen ungewollten Kontakt zum Opfer seiner bzw. ihrer früheren Straftat aufnimmt oder in Umstände gerät, die mit den Tatumständen vergleichbar sind und dadurch einschlägige Rückfälle begünstigen können.[69] Insofern dient die Regelung dem gesetzgeberischen Willen nach zum

---

[64] Landtag Nordrhein-Westfalen Drs. 16/5413, S. 129 zu § 53 Abs. 5 StVollzG NRW-E.

[65] Oben im Abschnitt 15.2.4.

[66] Gesetz zur stationären und ambulanten Resozialisierung und zur Opferhilfe und zur Änderung vollzugsrechtlicher Vorschriften vom 31.08.2018, HmbGVBl. 2018, S. 265 ff.

[67] Bürgerschaft Hamburg Drs. 21/11906, S. 38.

[68] Bürgerschaft Hamburg Drs. 21/11906, S. 38.

[69] Bürgerschaft Hamburg Drs. 21/11906, S. 38.

einen dem Schutz tatsächlicher Opfer und zum anderen der Rückfallvermeidung bei den Gefangenen durch die Verhinderung tatanreizender Situationen. In diesem Zusammenhang ist jedoch zu beachten, dass § 8a HmbStVollzG nicht dem Schutz tatsächlicher Opfer dient, sondern vielmehr hauptsächlich dem Schutz der Allgemeinheit.[70]

In der Begründung zu § 57 StVollzG NRW wird lediglich darauf hingewiesen, dass es sich bei der opferbezogenen Weisung, „welche die Anordnung eines Kontakt- und Annäherungsverbotes an Opfer der Gefangenen ermöglicht", um eine Konkretisierung des Grundsatzes der opferbezogenen Vollzugsgestaltung gemäß § 7 StVollzG NRW handele.

Die Begründung zu § 47 Abs. 1 S. 2 Nr. 3 JVollzGB I LSA enthält keine weiterführenden Ausführungen als bereits die Begründung zu dem an § 40 S. 2 ME LStVollzG orientierten Absatz 3 dieser Vorschrift.[71]

Zusammenfassend lässt sich festhalten, dass in den Gesetzesbegründungen die besondere Bedeutung der Vollzugslockerungen für die Resozialisierung der Gefangenen zum Ausdruck kommt. In diesem Zusammenhang erscheint es schlüssig, dass die meisten Landesgesetzgeber davon abgesehen haben, die Berücksichtigung des Schutzes tatsächlicher Opfer bei der Entscheidung über die Gewährung von vollzugsöffnenden Maßnahmen einzubeziehen und stattdessen eine entsprechende Ausgestaltung insbesondere durch opferbezogene Weisungen vorsehen. Weiterhin wird das gesetzgeberische Motiv der Vermeidung einer sekundären Viktimisierung des Opfers infolge einer Konfrontation mit dem bzw. der Täter:in in allen Begründungen deutlich. Diese Ausrichtung des konkreten Opferschutzes korrespondiert mit dem Schutz des Straftatopfers vor einer erneuten Beeinträchtigung durch den bzw. die konkrete:n Täter:in, welcher bereits teilweise im Strafprozessrecht, aber auch in dem bisher untersuchten opferbezogenen Strafvollzugsrecht als Leitmotiv der opferbezogenen Strafrechtspflege betont wurde.

---

[70] Zu § 8a HmbStVollzG bereits in der grammatischen Auslegung oben im Abschnitt 15.2.5.2 und sogleich unten im Abschnitt 15.3.5.2.

[71] Vgl. Landtag Sachsen-Anhalt Drs. 6/3799, S. 194.

15.3.5 Besonderheiten bei der Entscheidung über vollzugsöffnende Maßnahmen gegenüber bestimmten Täter:innengruppen

Für die historische Auslegung der Regelungen für bestimmte Täter:innengruppen lässt sich zunächst festhalten, dass bereits die bundeseinheitlichen Verwaltungsvollzugsvorschriften (VVStVollzG) eine restriktive Lockerungspraxis vorsahen und auch landesspezifische VVStVollzG für besonders „gefährliche" Täter:innen – namentlich Täter:innen von Gewalt- und Sexualdelikten – strenge Vorgaben für das Prüfungsverfahren enthielten.[72] Wie bereits in dem Kapitel zu den kriminalpolitischen Grundlagen in Teil II ausgeführt wurde, haben diese restriktiven Vorgaben mit den nun zu behandelnden Regelungen zu bestimmten Täter:innengruppen Eingang in mehrere Landesstrafvollzugsgesetze gefunden.[73] Im Vordergrund steht dabei weniger das konkrete Straftatopfer und dessen Schutz vor einer erneuten Beeinträchtigung durch den bzw. die konkrete:n Täter:in, sondern das Sicherheitsinteresse der Allgemeinheit.

15.3.5.1 Bayern

Nach der Gesetzesbegründung zu Art. 15 BayStVollzG entspricht diese Vorschrift der früheren Regelung in den VVBayStVollzG über vollzugsöffnende Maßnahmen für Gewalt- und Sexualstraftäter:innen.[74] Der Anlass für die Normierung der Regelung aus den früheren VVBayStVollzG im BayStVollzG seien „[s]chwerste Straftaten" gewesen, „die in jüngster Zeit die Öffentlichkeit bewegt und verunsichert haben"[75]. Solche Taten „verlangen danach, dass bei Tätern, die die körperliche und sexuelle Integrität ihrer Opfer in besonders ruchloser Weise verletzt haben, die Voraussetzungen für vollzugsöffnende Maßnahmen im Gesetz verschärft werden"[76].

Zwar hebt der Gesetzgeber durch diese Gesetzesbegründung zu Art. 15 BayStVollzG die besondere Beeinträchtigung von Opfern von Sexual- und schweren Gewaltdelikten hervor. Jedoch werden diese Beeinträchtigungen der Opfer letztlich nicht zur Begründung der restriktiven Lockerungsvorgaben des Gesetzes für

[72] Ausführlich hierzu bei *Feest/Lesting*, ZfStrVo 2005, 76 (76 f.); weiterführend zu der insgesamt regional sehr unterschiedlichen Lockerungspraxis *Dünkel/Pruin/Beresnatzki u. a.*, NK 2018, 21 ff.

[73] Hierzu oben im Abschnitt 9.3.3.5.

[74] Landtag Bayern Drs. 15/8101, S. 54.

[75] Landtag Bayern Drs. 15/8101, S. 54.

[76] Landtag Bayern Drs. 15/8101, S. 54.

diese Täter:innengruppen herangezogen. Vielmehr wird in den Materialien letztlich nur auf den Schutz der Allgemeinheit abgestellt, wenn die Verunsicherung der Öffentlichkeit als Grund für die Einführung von Art. 15 BayStVollzG angeführt wird. Das Leid, das die Opfer von schweren Gewalt- und Sexualdelikten erfahren haben, wird auf diese Weise zu einer Verschärfung der Vollzugspraxis zum Zweck des Schutzes der Allgemeinheit genutzt. Dies ist ein Indiz dafür, dass das Straftatopfer hier zur Legitimierung eines restriktiven Strafvollzugsrechts instrumentalisiert worden ist, ohne dass es dem Gesetzgeber um die Interessen der tatsächlichen Opfer ging.[77]

15.3.5.2 Hamburg

Der Gesetzesbegründung zu § 8a HmbStVollzG ist zu entnehmen, dass die Vorschrift dem Zweck dient, die Opfer besonders gefährlicher Sexual- und Gewaltstraftäter:innen nach deren Entlassung bestmöglich vor diesen Täter:innen zu schützen.[78] Ziel sei es, dass diese Täter:innen nicht erneut zu einem Risiko für andere Menschen, insbesondere für die Opfer ihrer früheren Taten, werden.[79] Mithin soll die Vorschrift sowohl dem Schutz tatsächlicher Opfer als auch dem Schutz der Allgemeinheit vor besonders gefährlichen Sexual- und Gewaltstraftäter:innen dienen. Hinsichtlich der Risikoeinschätzung durch eine psychologische Fachkraft wird auf deren Erfahrung und fachliche Expertise abgestellt.[80]

Weitere Hinweise zu den gesetzgeberischen Motiven – insbesondere mit Blick auf opferbezogene Weisungen – enthält die Gesetzesbegründung nicht. Unter Berücksichtigung der Gesetzesbegründung zu § 30 HmbResOG kann jedoch festgehalten werden, dass § 8a HmbStVollzG i. V. m. § 30 HmbResOG der Prävention von Straftaten – genauer dem Schutz der Bevölkerung vor „rückfallgefährdeten, gefährlichen Haftentlassenen“ – dient.[81] In der Gesamtschau betrifft § 8a HmbStVollzG daher weniger die allgemeine Ausgestaltung des Strafvollzugs für bestimmte Täter:innengruppen, als vielmehr die Vorbereitung der Entlassung. Hierauf deutet insbesondere auch bereits § 8a S. 3 HmbStVollzG hin, wonach

---

[77] Ähnlich bereits *Walter*, Strafvollzug – Ende der Resozialisierung?, in: Bieschke/Egg (Hrsg.), Strafvollzug im Wandel, 2001, S. 34; allgemein zur Instrumentalisierung der Viktimisierung tatsächlicher Opfer durch die Kriminalpolitik bereits in den kriminalpolitischen Grundlagen oben im Abschnitt 9.2.4.2, Abschnitt 9.2.4.3 und im Abschnitt 9.2.4.4.

[78] Bürgerschaft Hamburg Drs. 21/11906, S. 37.

[79] Bürgerschaft Hamburg Drs. 21/11906, S. 37; siehe auch *Lohmann*, in: BeckOK HmbStVollzR, 15. Ed. Stand: 01.04.2022, HmbStVollzG § 8a Rn. 1.

[80] Bürgerschaft Hamburg Drs. 21/11906, S. 37; siehe auch *Lohmann*, in: BeckOK HmbStVollzR, 15. Ed. Stand: 01.04.2022, HmbStVollzG § 8a Rn. 1.

[81] Vgl. Begründung zu § 30 HmbResOG Bürgerschaft Hamburg Drs. 21/11906, S. 32.

Vorschläge für gerichtliche Weisungen auch den Schutz von Opfern betreffen können.

Da der dritte Absatz der Vorschrift des § 11 HmbStVollzG über den geschlossenen und offenen Vollzug gemäß § 12 Abs. 1 S. 4 HmbStVollzG auf Vollzugslockerungen (mit Ausnahme der Ausführung) entsprechend anzuwenden ist, muss für das Hamburger Recht zu den vollzugsöffnenden Maßnahmen vor allem die Gesetzesbegründung zu § 11 Abs. 3 HmbStVollzG näher betrachtet werden. Ausführungen zu dieser Vorschrift finden sich sowohl in der Begründung zu dem HmbStVollzG a. F. von 2007 als auch in der zum neuen HmbStVollzG von 2009.

In der Gesetzesbegründung zu § 11 HmbStVollzG a. F. wird zunächst erneut zur Hauptsache auf das Ziel einer teilweisen gesetzlichen Normierung der vorherigen bundeseinheitlichen VVStVollzG bzw. der Hamburger Ausführungsvorschriften zu diesen hingewiesen.[82] Im Hamburger Strafvollzugsgesetz von 2007 war die Regelung des § 11 Abs. 3 S. 1 HmbStVollzG n. F. bereits als Absatz 5 enthalten.[83] Nach der Begründung zu § 11 Abs. 5 HmbStVollzG a. F. entspricht die Regelung den Hamburger Ausführungsvorschriften VV Nummer 2 zu § 10 StVollzG, VV Nummer 7 zu § 11 StVollzG Bund und VV Nummer 4 zu § 13 StVollzG Bund. Neu war im Gesetz den Materialien zufolge lediglich die Einbeziehung des Vollrausches.[84] Weiterhin enthielt § 11 Abs. 4 Nr. 1.1 HmbStVollzG a. F. die Vermutung, eine Eignung für die Verlegung in den offenen Vollzug sei „in der Regel nicht anzunehmen bei Gefangenen, die während des laufenden oder während eines vorangegangenen, innerhalb eines zurückliegenden Zeitraumes von höchstens fünf Jahren abgeschlossenen Freiheitsentzuges Straftaten von erheblicher Bedeutung begangen haben“. Im Regelbeispielskatalog des § 11 Abs. 4 HmbStVollzG wurden für die regelmäßige Annahme einer Nichteignung noch weitere Gruppen von Gefangenen genannt, zu denen unter anderem in Nr. 1.4 Gefangene mit einem bereits erfolgten Versuch zählten, sich des Freiheitsentzugs zu entziehen.

Erst mit dem Hamburgischen Strafvollzugsgesetz von 2009 erhielt die Regelung des § 11 Abs. 3 HmbStVollzG ihre heutige Fassung.[85] Im Zuge der Gesetzesänderung wurde der Regelbeispielskatalog für die regelmäßige Annahme einer Nichteignung bestimmter Gefangener aus § 11 HmbStVollzG entfernt.[86]

[82] Bürgerschaft Hamburg Drs. 18/6490, S. 35.

[83] Vgl. zu § 11 HmbStVollzG a.F. Bürgerschaft Hamburg Drs. 18/6490, S. 34.

[84] Bürgerschaft Hamburg Drs. 18/6490, S. 35.

[85] Bürgerschaft Hamburg Drs. 19/2533, S. 53.

[86] Vgl. hierzu Bürgerschaft Hamburg Drs. 19/2533, S. 53.

Zudem enthält § 11 Abs. 3 S. 2 HmbStVollzG nunmehr eine Regelung, die es der Vollzugsanstalt ermöglicht, unter bestimmten Voraussetzungen von einer Begutachtung i. S. v. Satz 1 abzusehen. Eine Erläuterung zu § 11 Abs. 3 n. F. HmbStVollzG, die über den Hinweis auf die Positivierung der früheren bundeseinheitlichen VVStVollzG hinausgeht, enthält die Gesetzesbegründung jedoch nicht.

15.3.5.3 Hessen

Nach der Gesetzesbegründung zu § 13 Abs. 5 HStVollzG wollte der Gesetzgeber durch diese Regelung die zu den vollzugsöffnenden Maßnahmen geltenden Grundsätze der bundeseinheitlichen VVStVollzG für eine besonders sorgfältige Einzelfallprüfung bei bestimmten Fallgruppen in das Vollzugsgesetz aufnehmen.[87] Insofern sollte lediglich die ohnehin bereits bestehende Praxis auch im Gesetz festgeschrieben werden.[88] Auf das konkrete Straftatopfer wurde dabei ebenso wenig Bezug genommen wie auf den Schutz der Allgemeinheit.

Insgesamt erscheint es somit äußerst fragwürdig, dass eine „sorgfältige Einzelfallprüfung" nur bei bestimmten Täter:innengruppen erfolgen soll. Denn eine derartige sorgfältige Prüfung meint nichts anderes als die umfassende Berücksichtigung aller relevanten Aspekte des Einzelfalls. Eine derartige gründliche Prüfung ist jedoch auch bei anderen Straftaten als Delikten „im Zusammenhang mit grober Gewalttätigkeit gegen Personen" oder Sexualdelikten zu fordern, da vollzugsöffnenden Maßnahmen mit Blick auf die Resozialisierung der Gefangenen allgemein eine große Bedeutung zukommt.

Hinsichtlich des Begriffs der „groben Gewalttätigkeit gegen Personen" ergibt sich zudem aus der Gesetzesbegründung, dass hierunter insbesondere Delikte nach „§§ 211 bis 213, 224 bis 227, 231, 239a, 239b, 244 Abs. 1 Nr. 1, 249 bis 252, 255, 306a, 306b, 306c, 307, 308, 316a, 323a StGB (bei entsprechender Rauschtat)" zu verstehen sind.[89] Problematisch an diesem Katalog erscheint, dass einige der darin genannten Delikte keine tatsächliche Gewalttätigkeit des Täters bzw. der Täterin gegenüber anderen Personen erfordern. So genügt es beispielsweise für eine Verurteilung nach § 244 Abs. 1 Nr. 1 StGB, dass der Täter bzw. die Täterin eine Waffe oder ein gefährliches Werkzeug bei sich führt. Ebenso muss bei einer Verurteilung nach § 306a Abs. 1 StGB keine konkrete Gefährdung für einen anderen Menschen bestanden haben. Insofern deckt sich der Begriff der „groben Gewalttätigkeit gegen Personen" nicht durchweg mit den Tathandlungen

[87] Landtag Hessen Drs. 18/1396, S. 85 f.

[88] Landtag Hessen Drs. 18/1396, S. 86.

[89] Landtag Hessen Drs. 18/1396, S. 86.

der beiden Vorschriften. Folglich erscheint der Straftatenkatalog in der Gesetzesbegründung diesbezüglich nicht gut durchdacht und geht über den Wortlaut der Vorschrift hinaus.

Während der vorstehend beschriebene Absatz 5 bereits seit dem Erlass des HStVollzG im Jahr 2010 in § 13 normiert war, wurde der Absatz 8 der Vorschrift erst durch das „Zweite Gesetz zur Schaffung und Änderung hessischer Vollzugsgesetze" vom 5. März 2013[90] eingefügt[91] und durch das „Gesetz zur Änderung hessischer Vollzugsgesetze"[92] vom 30. November 2015 schon wieder neu gefasst.

Der Gesetzesentwurf der Landesregierung aus CDU und FDP von 2012 sah zunächst vor, dass für die Entscheidung über die Gewährung von vollzugsöffnenden Maßnahmen in schwerwiegenden Fällen in der Regel zwei Sachverständigengutachten zugrunde zu legen sind.[93] Als schwerwiegende Fälle wurden nach § 13 Abs. 8 S. 2 HStVollzG insbesondere Lockerungen von Gefangenen mit Freiheitsstrafen von über vier Jahren in Fällen des § 13 Abs. 5 Nr. 1 HStVollzG eingeordnet. In einem Änderungsantrag der Fraktionen von CDU und FDP aus dem Jahr 2013 wurde dieses Konzept der Doppelbegutachtung zwar grundsätzlich beibehalten, jedoch die Normierung der Möglichkeit eines Rückgriffs auf bereits vorhandene Begutachtungen in § 13 Abs. 8 HStVollzG vorgeschlagen.[94] Dadurch sollte auf der einen Seite die hessische Praxis der Zugrundelegung von zwei Gutachten bei bedeutsamen Entscheidungen über vollzugsöffnende Maßnahmen, die gegebenenfalls mit dem Risiko erheblicher Straftaten für die Allgemeinheit verbunden sind, beibehalten werden.[95] Zugleich sollte jedoch auf der anderen Seite eine „Dauerbegutachtung" der Inhaftierten vermieden und wirtschaftlichen Gesichtspunkten Rechnung getragen werden. Die Regelung sollte dazu führen, dass die Vollzugsanstalt nur in Ausnahmefällen zwei Gutachten einholen muss.[96] Folglich waren für diese Regelung der Schutz der Allgemeinheit vor weiteren Straftaten durch die Gefangenen und finanzielle Erwägungen leitend. Die Änderungen fanden letztlich Eingang in § 13 Abs. 8 HStVollzG. Insgesamt ergibt sich

[90] Hessisches GVBl. 2013, S. 46 ff.

[91] Hessisches GVBl. 2013, S. 68 f.

[92] Hessisches GVBl. 2015, S. 498 ff.

[93] Landtag Hessen Drs. 18/6068, S. 11.

[94] Landtag Hessen Drs. 18/6911, S. 2.

[95] Landtag Hessen Drs. 18/6911, S. 6.

[96] Landtag Hessen Drs. 18/6911, S. 6.

aus der Gesetzgebungshistorie des § 13 Abs. 8 HStVollzG eine starke Orientierung am Schutz der Allgemeinheit und somit eine Ausrichtung auf das Ziel des Schutzes potenzieller Opfer.[97]

Mit der Neufassung des § 13 Abs. 8 HStVollzG durch das „Gesetz zur Änderung hessischer Vollzugsgesetze“[98] vom 30. November 2015 unter der Landesregierung von CDU und BÜNDNIS 90/DIE GRÜNEN wurde die Vorschrift hinsichtlich der Berücksichtigung der Gutachten dahingehend ergänzt, dass dies nur dann notwendig ist, wenn die Anstalt die Gewährung von vollzugsöffnenden Maßnahmen in Erwägung zieht. Dies war bereits in dem Entwurf der Landesregierung zum Änderungsgesetz vorgesehen und wurde mit einer Angleichung an § 454 Abs. 2 StPO und an die Vorgabe in § 9 Nr. 2.1. der Verwaltungsvorschriften zu den hessischen Vollzugsgesetzen (HVV) begründet.[99] Die Vorgabe zur Einholung von Gutachten i. S. v. § 13 Abs. 8 HStVollzG bestehe danach erst dann, wenn die Anstalt selbst von einer Eignung des bzw. der Gefangenen für vollzugsöffnende Maßnahmen ausgehe. Dies sei im bisherigen Gesetzestext nicht ausreichend zum Ausdruck gekommen.[100] Die Änderung der Regelung durch den Gesetzgeber wird daher so verstanden werden können, dass die Vorgabe zur Einholung von Gutachten einer Absicherung der Eignungsprognose der Anstalt dient.

15.3.5.4 Niedersachsen

In der Begründung zu § 16 Abs. 1 S. 2 NJVollzG wird zwar – anders als in den vorstehend behandelten Landesgesetzen – nicht auf die bundeseinheitlichen VVStVollzG verwiesen. Allerdings wird auch hier herausgestellt, dass die Normierung der besonderen Regelungen zu einzelnen Täter:innengruppen an die

---

[97] Seitens der SPD-Fraktion wurde im Jahr 2013 ein weiterer Änderungsantrag eingebracht, welcher eine einfache Begutachtung durch einen bzw. eine Sachverständige:n vorsah. Dies wurde von der SPD-Fraktion damit begründet, dass die aufwändige Doppelbegutachtung auch bei mehreren aufeinander folgenden Lockerungen erfolgen müsste und dies zu Verzögerungen führen könnte, die mit Blick auf Art. 2 GG nicht hinnehmbar seien. Weiterhin sei nach Auskunft und Erfahrung der Strafvollstreckungskammer kein Erkenntniszuwachs durch ein zweites Gutachten zu erwarten, vgl. Landtag Hessen Drs. 18/6892, S. 1, 3; letztlich wurde der Änderungsantrag der SPD-Fraktion mit den Stimmen von CDU, FDP und LINKEN gegen die Stimmen von SPD und BÜNDNIS 90/DIE GRÜNEN abgelehnt, vgl. Landtag Hessen Drs. 18/6972, S. 1.

[98] Hessisches GVBl. 2015, S. 498 ff.

[99] Landtag Hessen Drs. 19/2058, S. 22.

[100] Landtag Hessen Drs. 19/2058, S. 22.

Vollzugspraxis angelehnt ist.[101] Die Beschränkung des Ermessens der Vollzugsbehörde in der Frage, ob eine Begutachtung der Gefangenen zur Feststellung der Voraussetzungen für vollzugsöffnende Maßnahmen erforderlich ist, erfolge im Interesse des Schutzes der Allgemeinheit und der Sicherheit des Vollzugs.[102] Insofern wird zwar der Schutz potenzieller Opfer in den Blick genommen, auf die tatsächlichen Straftatopfer wird jedoch nicht abgestellt. Daher dient die Vorschrift nach dem Willen des niedersächsischen Landesgesetzgebers ebenfalls dem Schutz potenzieller Opfer.

15.3.5.5 Sachsen-Anhalt

In der Begründung zu § 22 Abs. 5 JVollzGB I LSA werden die im Wortlaut als „Straftaten gegen die körperliche Unversehrtheit oder das Leben" benannten Delikte nicht weitergehend konkretisiert.[103] Wenngleich § 22 Abs. 5 JVollzGB I LSA die Verlegung bestimmtet Täter:innengruppen in den offenen Vollzug betrifft, so wird in der Gesetzesbegründung zu dieser Regelung ausgeführt, dass durch die besonders gründliche Prüfung bei bestimmten Taten ein Missbrauch von Lockerungen zur Begehung von Straftaten oder auf andere Weise verhindert werden soll.[104] Mithin wird nicht die Vorgabe der besonders gründlichen Prüfung im Hinblick auf die Unterbringung im offenen Vollzug erläutert, sondern jene der Gewährung vollzugsöffnender Maßnahmen. Die besonders gründliche Prüfung führe nach der Begründung zu § 22 Abs. 5 JVollzGB I LSA zu einer Erweiterung des Prüfungsmaßstabes, um die Erkenntnisbasis für die Entscheidung zu verbreitern.[105] Worin die besonders gründliche Prüfung letztlich besteht und welche inhaltliche Erweiterung die „Erkenntnisbasis" erfährt, ergibt sich aus der Gesetzesbegründung nicht.

Die Begründung zu § 45 Abs. 6 JVollzGB I LSA stimmt mit jener zu § 22 Abs. 5 JVollzGB I LSA vollständig überein.[106]

Zu der generellen Annahme der Ungeeignetheit bestimmter Täter:innengruppen enthält die Gesetzesbegründung ebenfalls keine Ausführungen. Letztlich wird die Gesetzesbegründung so zu deuten sein, dass eine umfassende Prüfung der Geeignetheit der Gefangenen mit Blick auf die Unterbringung im offenen Vollzug bzw. die Gewährung von Vollzugslockerungen

[101] Landtag Niedersachsen Drs. 15/3565, S. 105 zu § 17 NJVollzG-E.

[102] Landtag Niedersachsen Drs. 15/3565, S. 105.

[103] Vgl. Landtag Sachsen-Anhalt Drs. 6/3799, S. 174.

[104] Vgl. Landtag Sachsen-Anhalt Drs. 6/3799, S. 174.

[105] Landtag Sachsen-Anhalt Drs. 6/3799, S. 174.

[106] Landtag Sachsen-Anhalt Drs. 6/3799, S. 192.

entgegen der Regelvermutung des Wortlauts auch nach § 22 Abs. 5 bzw. § 45 Abs. 6 JVollzGB I LSA vorzunehmen ist.

Die Gesetzesbegründung zu § 48 JVollzGB I LSA ist weitestgehend wortgleich mit der Begründung zu § 16 NJVollzG.[107] Da der Gesetzgeber des Landes Sachsen-Anhalt keine über die Begründung von Niedersachsen hinausgehenden Gründe für die Erforderlichkeit einer Begutachtung bei bestimmten Täter:innengruppen nennt, kann für § 48 JVollzGB I LSA auf die vorstehenden Ausführungen zu Niedersachsen verwiesen werden.

15.3.5.6 Thüringen

Die Begründungen zu § 22 Abs. 4 und § 46 Abs. 3 ThürJVollzGB stimmen mit jenen zu § 22 Abs. 5 und § 45 Abs. 6 JVollzGB I LSA weitestgehend überein.[108] Abweichungen ergeben sich in der Hauptsache durch die unterschiedlichen Umschreibungen der relevanten schwerwiegenden Straftaten, welche schon im Wortlaut der Vorschriften ersichtlich ist.[109] Mit Blick auf den Wortlaut der Regelungen des ThürJVollzGB werden die „schwerwiegenden Straftaten gegen Leib oder Leben“ in der Begründung mit der Begrifflichkeit der „groben Gewalttaten“ umschrieben. Eine nähere Konkretisierung der relevanten Delikte findet sich in der Begründung nicht.

Unter Beachtung der Unterschiede im Wortlaut der Vorschriften des JVollzGB I LSA und des ThürJVollzGB ist die wortgleiche Begründung insbesondere mit Blick auf § 22 bzw. § 45 JVollzGB I LSA überraschend, da nach diesen Regelungen die Ungeeignetheit der genannten Gefangenengruppen im Regelfall angenommen wird. Eine solche Regelvermutung ist weder in § 22 Abs. 4 noch in § 46 Abs. 3 ThürJVollzGB enthalten. Zu den Gutachten, welche nach den Vorschriften des ThürJVollzGB bei der Entscheidung zu berücksichtigen sind, enthält die Begründung ebenfalls keine Ausführungen.

15.3.5.7 Zusammenfassung und Folgerungen

Die historische Auslegung hat ergeben, dass die Landesgesetzgeber bei der Berücksichtigung von Opferbelangen bei der Gewährung von vollzugsöffnenden

---

[107] Vgl. Landtag Sachsen-Anhalt Drs. 6/3799, S. 194 f.; Landtag Niedersachsen Drs. 15/3565, S. 104 f.

[108] Landtag Thüringen Drs. 5/6700, S. 95 für § 22 Abs. 4 ThürJVollzGB; S. 112 f. für § 45 Abs. 5 JVollzGB.

[109] In § 22 Abs. 4 und § 45 Abs. 5 JVollzGB „schwerwiegende Straftaten gegen Leib und Leben“; in § 22 Abs. 5 und § 45 Abs. 6 JVollzGB I LSA „schwerwiegende Straftaten gegen die körperliche Unversehrtheit und das Leben“.

Maßnahmen[110] und bei der Ausgestaltung vollzugsöffnender Maßnahmen durch Weisungen in der Hauptsache den Schutz des konkreten Straftatopfers im Blick hatten.[111] Teilweise wurden neben dem Tatopfer jedoch auch noch andere Personen (gefährdete Dritte und Angehörige) in den Schutzbereich der Vorschriften einbezogen.[112] Allerdings liegt trotz der Einbeziehung des Schutzes potenzieller oder indirekter Opfer das Hauptaugenmerk auf dem Schutz des direkten Straftatopfers vor einer negativen Beeinträchtigung durch eine ungeplante Konfrontation mit dem bzw. der Gefangenen.

Mit Blick auf die Regelungen, welche die Gewährung vollzugsöffnender Maßnahmen für bestimmte Täter:innengruppen an besondere Voraussetzungen knüpfen, ist hingegen festzuhalten, dass insoweit der Schutz der Allgemeinheit vor den Gefangenen das Hauptziel der Landesgesetzgeber war.[113] Das tatsächliche Opfer und seine Viktimisierung spielen hier somit allenfalls für die Begründung der besonderen Gefährlichkeit bestimmter Täter:innengruppen eine Rolle. Insofern wurden das konkrete Straftatopfer und dessen Schädigung durch die Tat nur zur Begründung der generellen Notwendigkeit einer restriktiven Lockerungspraxis angeführt. Die entsprechenden Vorschriften sollen nach dem Willen der Landesgesetzgeber allein dem Schutz potenzieller Opfer dienen und somit die Sicherheitsaufgabe des Vollzugs konkretisieren.

15.4 Systematische Auslegung

15.4.1 Vorüberlegungen zur systematischen Auslegung

15.4.1.1 Zur Regelungssystematik der Landesstrafvollzugsgesetze

Die opferbezogenen Regelungen zu den vollzugsöffnenden Maßnahmen sind in den meisten Landesgesetzen, die sich am ME LStVollzG orientiert haben,

[110] Dies gilt mit Blick auf die Gewährung von vollzugsöffnenden Maßnahmen für die Gesetze der Länder Hamburg, Hessen und Sachsen-Anhalt.

[111] Dies gilt mit Blick auf die Ausgestaltung der vollzugsöffnenden Maßnahmen für die Gesetze der Länder Berlin, Brandenburg, Bremen, Hamburg, Mecklenburg-Vorpommern, Niedersachsen, Nordrhein-Westfalen, Rheinland-Pfalz, Saarland, Sachsen, Sachsen-Anhalt, Schleswig-Holstein und Thüringen.

[112] So mit Blick auf die Ausgestaltung der vollzugsöffnenden Maßnahmen Hamburg, Niedersachsen und Nordrhein-Westfalen.

[113] Dies gilt für die Gesetze aus Bayern, Hamburg, Hessen, Niedersachsen, Sachsen-Anhalt und Thüringen.

im Abschnitt 7 unter dem Titel „Lockerungen und sonstige Aufenthalte außerhalb der Anstalt“ geregelt.[114] In diesem Abschnitt geregelt werden Lockerungen zur Erreichung des Vollzugsziels, Lockerungen aus sonstigen Gründen, Weisungen für Lockerungen sowie Ausführung, Außenbeschäftigung, Vorführung und Ausantwortung.[115]

In Sachsen-Anhalt wurden die opferbezogenen Vorschriften zu den Vollzugslockerungen zwar auch im siebten Abschnitt des Gesetzes geregelt, allerdings unter dem Titel „Lockerungen“. Die Vorschriften dieses Abschnitts sind jedoch hinsichtlich ihrer Überschriften gleichlautend mit jenen der übrigen Gesetze. Weiterhin wurde die Regelung des § 22 JVollzGB I LSA zum offenen und geschlossenen Vollzug im dritten Abschnitt des Gesetzes geregelt, welcher unter anderem die Unterbringung betrifft.[116]

Schleswig-Holstein regelt die entsprechenden Vorschriften im achten Abschnitt unter dem Titel „Aufenthalte außerhalb der Anstalt, Lockerungen“. Die Bezeichnungen der einzelnen Vorschriften dieses Abschnittes stimmen sodann ebenfalls mit jenen der übrigen am ME LStVollzG orientierten Gesetze weitestgehend überein; lediglich die Ausführung wird in § 54 LStVollzG SH gesondert geregelt.

In Nordrhein-Westfalen sind die relevanten Vorschriften im Abschnitt 10 mit der Überschrift „Vollzugsöffnende Maßnahmen“ geregelt worden. In diesem Abschnitt finden sich Regelungen zu vollzugsöffnenden Maßnahmen (§ 53), zum Langzeitausgang (§ 54), zu vollzugsöffnenden Maßnahmen aus wichtigem Anlass (§ 55), zur Vorbereitung vollzugsöffnender Maßnahmen (§ 56) und zu Weisungen (§ 57).

Diese Regelung der vollzugsöffnenden Maßnahmen in den meisten Landesstrafvollzugsgesetzen weicht damit von der Systematik des StVollzG Bund ab, da die Lockerungen dort in dem Abschnitt über die Planung des Vollzugs (§§ 5 bis 16 StVollzG Bund) geregelt waren. In diesem zweiten Titel des StVollzG Bund wurde die gesamte Vollzugsplanung behandelt, vom Aufnahmeverfahren (§ 5) über den Vollzugsplan (§ 7), die Unterbringung im offenen und geschlossenem

---

[114] Berlin, Brandenburg, Bremen, Mecklenburg-Vorpommern, Rheinland-Pfalz, Saarland, Sachsen und Thüringen.

[115] Vgl. etwa § 46 ThürJVollzGB (Lockerungen zur Erreichung des Vollzugsziels); § 47 ThürJVollzGB (Lockerungen aus sonstigen Gründen); § 48 ThürJVollzGB (Weisungen für Lockerungen); § 49 ThürJVollzGB (Ausführung, Außenbeschäftigung, Vorführung und Ausantwortung).

[116] Die vollständige Bezeichnung des Abschnitts lautet „Unterbringung, Verlegung und Überstellung, Vorführung und Ausantwortung“.

Vollzug (§ 10) sowie Vollzugslockerungen und andere vollzugsöffnende Maßnahmen mit Außenwirkung (§§ 11 bis 14) bis hin zu den Vorschriften über die Entlassung (§§ 15 und 16).[117]

In den meisten Landesstrafvollzugsgesetzen[118] werden die Vorschriften zu den vollzugsöffnenden Maßnahmen bzw. Lockerungen durch die Regelung in einem eigenständigen Abschnitt nunmehr besonders hervorgehoben. An der Bedeutung vollzugsöffnender Maßnahmen für die Vollzugsplanung und die Erreichung des Vollzugsziels ändert die Regelung in einem eigenen Gesetzesabschnitt jedoch nichts.[119] Bereits nach dem StVollzG Bund kam den Vollzugslockerungen mit Blick auf die Resozialisierung der Gefangenen auch ohne Regelung in einem eigenen Gesetzesabschnitt eine besondere Bedeutung zu.[120]

Der Begriff der vollzugsöffnenden Maßnahmen bzw. Lockerungen ist in den Landesgesetzen weiter gefasst als jener der Vollzugslockerungen i. S. d. StVollzG Bund.[121] Der Begriff der Lockerungen nach § 11 Abs. 1 StVollzG Bund umfasste die Außenbeschäftigung, den Freigang, die Ausführung und den Ausgang. Von den Begriffen „vollzugsöffnende Maßnahmen" und „Lockerungen" werden in den Landesgesetzen mitunter auch noch der Urlaub aus der Haft[122], der offene Vollzug[123] und die Lockerungen aus sonstigen Gründen[124] umfasst. In den am

---

[117] Diese Regelungssystematik haben die Länder Baden-Württemberg, Bayern, Hamburg, Hessen und Niedersachsen beibehalten.

[118] Berlin, Brandenburg, Bremen, Mecklenburg-Vorpommern, Nordrhein-Westfalen, Rheinland-Pfalz, Saarland, Sachsen, Sachsen-Anhalt, Schleswig-Holstein und Thüringen.

[119] Siehe zu Bedeutung der vollzugsöffnenden Maßnahmen für das Vollzugsziel *Burkhardt*, in: AK-StVollzG, 8. Aufl. 2022, Teil II, Vor § 38 LandesR, Rn. 2, 12.

[120] Siehe zur Bedeutung der vollzugsöffnenden Maßnahmen *Burkhardt*, in: AK-StVollzG, 8. Aufl. 2022, Teil II, Vor § 38 LandesR, Rn. 2; *Setton*, in: BeckOK StVollzR Bund, 21. Ed. Stand: 01.02.2022, StVollzG Bund § 11 Rn. 1.

[121] Weiterführend hierzu *Burkhardt*, in: AK-StVollzG, 8. Aufl. 2022, Teil II, Vor § 38 LandesR, Rn. 10 f.

[122] In Baden- Württemberg, Hamburg und Hessen als Freistellung aus der Haft bezeichnet, vgl. nur § 9 Abs. 2 Nr. 3 JVollzGB III BaWü; in Berlin, Brandenburg, Bremen, Nordrhein-Westfalen, Mecklenburg-Vorpommern, Rheinland-Pfalz, Saarland, Sachsen, Sachsen-Anhalt, Schleswig-Holstein und Thüringen als Langzeitausgang bezeichnet, vgl. nur § 42 Abs. 1 Nr. 3 StVollzG Bln; weiterhin als Urlaub eingeordnet in Niedersachsen, vgl. § 13 Abs. 1 Nr. 3 NJVollzG; nur in Bayern wird der Hafturlaub nicht den Lockerungen zugeordnet, vgl. Art. 14 BayStVollzG.

[123] In Hessen gemäß § 13 Abs. 3 S. 1 Nr. 1 HStVollzG.

[124] Vgl. für die am ME LStVollzG orientierten Gesetze z. B. § 39 StVollzG MV; in Baden-Württemberg und Hessen als Verlassen der JVA aus wichtigem Anlass in § 10 JVollzGB III BaWü bzw. § 15 HStVollzG.

ME LStVollzG orientierten Landesgesetzen werden wiederum die Ausführung und die Außenbeschäftigung nicht als Lockerungen definiert.[125] Ein weiterer Unterschied zwischen Bundesrecht und Landesrecht ist, dass zwar die Erteilung von Weisungen für Lockerungen und Urlaub durch die Anstaltsleitung bereits nach § 14 Abs. 1 StVollzG Bund möglich war. Eine Konkretisierung hinsichtlich der Ausgestaltung dieser Weisungen oder gar einen Weisungskatalog enthielt das StVollzG Bund jedoch noch nicht.

15.4.1.2 Zu den Verwaltungsvorschriften zu einzelnen landesrechtlichen Regelungen

Weiterhin werden auch die jeweiligen Verwaltungsvorschriften zu den einzelnen Regelungen in die systematische Betrachtung einbezogen. Bereits die bundeseinheitlichen Verwaltungsvorschriften (VVStVollzG Bund) sahen bei bestimmten Täter:innengruppen spezielle Voraussetzungen für Lockerungen und die Verlegung in den offenen Vollzug vor. So enthielt die VV zu § 10 StVollzG Bund unter Nummer 2 Absatz 3 die Vorgabe, dass die Unterbringung im offenen Vollzug bei Gefangenen, welche unter anderem wegen einer groben Gewalttätigkeit gegen Personen oder einer Straftat gegen die sexuelle Selbstbestimmung inhaftiert sind, einer besonders gründlichen Prüfung bedarf. Gleiches galt für Gefangene, gegen die eine Freiheitsstrafe wegen derartiger Straftaten bereits früher vollzogen worden war. Für Entscheidungen über Lockerungen enthielt die VV zu § 11 StVollzG Bund in Nr. 7 Abs. 4 dieselben Vorgaben.

Eine vollständige Bestandsaufnahme hinsichtlich aller Länder ist schwierig. Dies liegt insbesondere daran, dass die Verwaltungsvorschriften der Bundesländer nicht alle frei zugänglich sind oder durch zahlreiche Ausführungsbestimmungen oder Runderlasse der Landesjustizministerien Änderungen oder Ergänzungen erfahren haben.[126]

[125] Berlin; Brandenburg; Bremen; Mecklenburg-Vorpommern; Rheinland-Pfalz; Saarland; Sachsen; Schleswig-Holstein; Thüringen; vgl. nur § 45 StVollzG Bln für die vorgenannten am ME LStVollzG orientierten Länder; nur Sachsen-Anhalt weicht vom ME LStVollzG ab, vgl. § 45 JVollzGB I LSA; siehe auch *Burkhardt*, in: AK-StVollzG, 78. Aufl. 2022, Teil II, Vor § 38 LandesR, Rn. 10.

[126] Siehe zum Problem des Zugangs zu den Verwaltungsvorschriften der Länder *Burkhardt*, in: AK-StVollzG, 8. Aufl. 2022, Teil II, Vor § 38 LandesR Rn. 13; weiterführend zu den landesspezifischen Verwaltungsvorschriften vor der Föderalismusreform *Feest/Lesting*, ZfStrVo 2005, 76 ff.

Für die Landesgesetze aus Baden-Württemberg, Berlin, Nordrhein-Westfalen und Schleswig-Holstein lassen sich landeseigene Verwaltungsvorschriften finden, die Ausführungen zu vollzugsöffnenden Maßnahmen enthalten.[127] Für die Länder Brandenburg, Bremen, Mecklenburg-Vorpommern, Rheinland-Pfalz, Saarland und Sachsen konnten keine speziellen Verwaltungsvorschriften zu den Landesstrafvollzugsgesetzen gefunden werden.[128]

Für jene Länder, deren Gesetze Regelungen zu bestimmten Täter:innengruppen enthalten, konnte festgestellt werden, dass Bayern, Hamburg, Hessen und Niedersachsen Verwaltungs- bzw. Ausführungsvorschriften erlassen haben.[129] In Sachsen-Anhalt wurde zwar eine Verwaltungsgeschäftsordnung erlassen, diese betrifft jedoch nur die verwaltungsinternen Abläufe und stellt keine Konkretisierung des Gesetzestextes dar.[130] In Thüringen wurden zu Teilbereichen des

---

[127] Für Baden-Württemberg: Verwaltungsvorschriften des Justizministeriums zum Justizvollzugsgesetzbuch vom 01.03.2017, Die Justiz S. 118 ff.; für Berlin sind die Verwaltungsvorschriften abrufbar unter https://www.berlin.de/justizvollzug/service/recht/verwaltungsvorschriften/stvollzg-bln/ (zuletzt aufgerufen am 11.06.2022); vorliegend sind insbesondere die Verwaltungsvorschriften zum Abschnitt 7 des Berliner Strafvollzugsgesetzes (§§ 42–45 StVollzG Bln) vom 27.09.2017 und die Verwaltungsvorschriften zu § 16 des Berliner Strafvollzugsgesetzes vom 08.05.2018 von Interesse; für Nordrhein-Westfalen: Richtlinie betreffend die Verlegung in den offenen Vollzug und vollzugsöffnende Maßnahmen, Rundverfügung des Justizministeriums vom 29.01.2015 in der Fassung vom 13.11.2016, abrufbar unter http://www.jvv.nrw.de/anzeigeText.jsp?daten=1105 (zuletzt aufgerufen am 11.06.2022); für Schleswig-Holstein: Inkraftsetzung der Neufassung der Vollzugsgeschäftsordnung (VGO), Allgemeine Verfügung des Ministeriums für Justiz, Europa, Verbraucherschutz und Gleichstellung des Landes Schleswig-Holstein vom 01.08.2018, abrufbar unter https://www.schleswig-holstein.de/DE/Fachinhalte/J/justizvollzug/Downloads/vollzugsgeschaeftsordnung. html (zuletzt aufgerufen am 11.06.2022).

[128] Sachsen hat nur zu den Geldern und Wertgegenständen der Gefangenen eine Verwaltungsvorschrift zum SächsStVollzG erlassen, vgl. SächsABl. SDr. S. S 374.

[129] Verwaltungsvorschriften zum Bayerischen Strafvollzugsgesetz (VVBayStVollzG) vom 01.07.2008, BayJMBl, S. 89 ff.; Allgemeine Verfügung der Hamburger Justizbehörde zu Lockerungen (§ 12 HmbStVollzG, § 12 HmbJStVollzG, § 13 HmbSVVollzG), HmbJVBl. 2019, S. 85 ff.; Allgemeine Verfügungen der Hamburger Justizbehörde zur Unterbringung im Vollzug (§ 11 HmbStVollzG, § 11 HmbJStVollzG) vom 21.03.2019, HmbJVBl. 2019, S. 99 ff.; Verwaltungsvorschriften zu den hessischen Vollzugsgesetzen – ohne Sicherungsverwahrungsvollzugsgesetz – (HVV), Runderlass des Ministeriums der Justiz vom 08.03.2017, JMBl. 2017 Hessen S. 249; Niedersächsische Ausführungsvorschriften für den Strafvollzug NAV, Erlassdatum 17.10.2001, Nds. Rpfl. 2001, 450, Fassung vom 09.02.2018, – zitiert nach juris.

[130] Vgl. Ministerium für Justiz und Gleichstellung, Vollzugsgeschäftsordnung vom 03.07.2017, JMBl. LSA 2017, 9 ff.

Vollzugs VV erlassen, nicht jedoch zu den vollzugsöffnenden Maßnahmen.[131] Weitergehende VV sind für Sachsen-Anhalt und Thüringen nicht ersichtlich.[132]

Da einige Landesgesetzgeber zu ihren neuen Vollzugsgesetzen keine oder nur für Teilbereiche eigene Verwaltungs- oder Ausführungsvorschriften erlassen haben, dürften die VVStVollzG Bund in diesen Ländern weiterhin Anwendung finden. Bereits zum StVollzG Bund hatten einige Landesgesetze zusätzlich zu den bundeseinheitlichen VV noch eigene Verwaltungsvorschriften erlassen, welche in weiten Teilen jedoch nur den bundeseinheitlichen VV nachgebildet waren.[133]

Sofern sich in den Verwaltungsvorschriften der Länder konkretisierende Ausführungen zu den gesetzlichen Regelungen finden, werden diese zunächst sogleich bei der systematischen und später auch bei der telelogischen Auslegung der entsprechenden Vorschriften Beachtung finden.

15.4.2 Berücksichtigung von Opferbelangen im Rahmen der allgemeinen Missbrauchsprognose auf Tatbestandsseite

Die Landesstrafvollzugsgesetze haben die Missbrauchsprognose als Tatbestandsvoraussetzung für die Gewährung vollzugsöffnender Maßnahmen nach dem Vorbild des StVollzG Bund für die Verlegung in den offenen Vollzug und die Gewährung von Lockerung übernommen.[134] Insofern ergeben sich keine systematischen Besonderheiten.

Die Einbeziehung der Opferbelange in die Entscheidung über vollzugsöffnende Maßnahmen in den Ländern Hamburg, Hessen und Sachsen-Anhalt betrifft

---

[131] Thüringer Ministerium für Migration, Justiz und Verbraucherschutz, Verwaltungsvorschrift zur Behandlung suchtgefährdeter und suchtmittelabhängiger Inhaftierter im Thüringer Justizvollzug, JMBl. 2020, 10.

[132] In Thüringen galten zunächst die VVStVollzG Bund bis zum 31.12.2019 fort, vgl. Thüringer Ministerium für Migration, Justiz und Verbraucherschutz, Verwaltungsvorschriften zum Strafvollzugsgesetz (VVStVollzG), abrufbar bei juris (zuletzt aufgerufen am 11.06.2022). Aktuell ist die Verwaltungsvorschrift außer Kraft und auch keine andere VV zum ThürJVollzGB in Kraft getreten.

[133] Siehe etwa für Sachsen SächsJMBl 2002 Nr. 11, S. 132, zuletzt geändert durch die Verwaltungsvorschrift vom 06.12.2019, SächsABl. SDr. S. S. 374; für Thüringen siehe soeben Fn. 131.

[134] Hierzu bereits in der grammatischen Auslegung oben im Abschnitt 15.2.2.

die Ermessensentscheidung auf Rechtsfolgenseite und nicht die allgemeine Missbrauchsprognose.[135] Daher werden die betreffenden Vorschriften sogleich im Abschnitt 15.4.3 näher betrachtet.

Hinsichtlich der systematischen Auslegung lässt sich daher festhalten, dass das konkrete Opfer für die Missbrauchsprognose nicht unmittelbar relevant ist. Allein das allgemeine Risiko der Begehung von Straftaten während der vollzugsöffnenden Maßnahmen und somit die Sicherheit der Allgemeinheit sind hier von Belang.

15.4.3 Berücksichtigung von Opferbelangen bei der Gewährung vollzugsöffnender Maßnahmen auf Rechtsfolgenseite

Für die Berücksichtigung des Opfers und seiner Belange bei der Entscheidung über die Gewährung von Lockerungen nach § 12 Abs. 5 HmbStVollzG lassen sich keine systematischen Besonderheiten feststellen. Durch die Ergänzung von Absatz 5 wurde die allgemeine Vorschrift zu den Lockerungen im Hamburger Strafvollzugsgesetz lediglich um spezielle Regelungen zur Berücksichtigung von Opferbelangen im Verfahren ergänzt.

Mit Blick auf die Regelungen in § 13 Abs. 2 S. 2 HStVollzG sowie §§ 22 Abs. 2 S. 3 und 45 Abs. 3 S. 3 JVollzGB I LSA kann für die systematische Auslegung zunächst festgehalten werden, dass bei Entscheidungen über Lockerungen oder eine Verlegung in den offenen Vollzug die Berücksichtigung des Schutzes der Allgemeinheit vor der Berücksichtigung des Opferschutzes genannt wird.[136] Ein Vorrang kann aber allein aus der Nennung des Schutzes der Allgemeinheit an erster Stelle nicht geschlossen werden. Zudem ist der Schutz des konkreten Straftatopfers spezieller als der Schutz der Gesamtbevölkerung vor einem bzw. einer konkreten Gefangenen. Insofern kann der Schutz der Allgemeinheit einen indirekten Schutz des konkreten Opfers beinhalten; der Schutz des konkreten Straftatopfers bezieht sich jedoch allein auf eine Gefährdungsmöglichkeit für die zuvor durch die Straftat des bzw. der Gefangenen viktimisierte Person. Der Opferschutz kann deshalb in den relevanten Vorschriften als spezielleres Merkmal eingeordnet werden. Allerdings ergibt sich auch hieraus kein Rangverhältnis

[135] Hierzu bereits in der grammatischen Auslegung oben im Abschnitt 15.2.2.

[136] § 13 Abs. 2 S. 2 HStVollzG; § 22 Abs. 2 S. 3 und § 45 Abs. 3 S. 3 JVollzGB I LSA.

zwischen den beiden Alternativen. Im Ergebnis ist daher von einer Gleichrangigkeit des Schutzes der Allgemeinheit und der Belange des Opferschutzes bei der Prüfung vollzugsöffnender Maßnahmen auszugehen.

Zusammenfassend lässt sich festhalten, dass bei der Gewährung von Vollzugslockerungen und der Verlegung in den offenen Vollzug sowohl die Sicherheitsinteressen der Allgemeinheit als auch die besonderen Schutzinteressen konkreter Opfer für die Ermessensentscheidung auf Rechtsfolgenseite von Belang sein können. Eine Überbetonung der Sicherheitsaufgabe des Vollzugs ist in den allgemeinen Vorschriften über die Gewährung von Lockerungen und die Verlegung in den offenen Vollzug nicht ersichtlich.

15.4.4 Berücksichtigung von Opferbelangen bei der Ausgestaltung vollzugsöffnender Maßnahmen

Hinsichtlich der opferbezogenen Regelungen in den Vorschriften zur Ausgestaltung vollzugsöffnender Maßnahmen kann zunächst festgehalten werden, dass sich die Berücksichtigung von Opferbelangen hier gerade nur auf die Ausgestaltung der Lockerungen und nicht auf die Gewährung selbst bezieht.[137]

Mit Blick auf jene Landesgesetze, die eine Erteilung von opferbezogenen Weisungen für vollzugsöffnende Maßnahmen vorsehen[138], ist den weiteren Überlegungen vorauszuschicken, dass die allgemeine Möglichkeit der Erteilung von Weisungen für Lockerungen durch die Anstaltsleitung bereits in § 14 Abs. 1 StVollzG Bund vorgesehen war. Weiterhin ist die Erteilung von Weisungen immer ein Minus zur Versagung von vollzugsöffnenden Maßnahmen. Durch die Erteilung von Weisungen können rückfallgefährdete Gefangene während der Zeit der Lockerungen unterstützt und eine Gewährung vollzugsöffnender Maßnahmen so überhaupt erst ermöglicht werden. Da Weisungen somit ein milderes Mittel im Vergleich zur Untersagung darstellen, müssen Weisungen im Allgemeinen und letztlich auch opferbezogene Weisungen auf der Grundlage aller Landesstrafvollzugsgesetze möglich sein. Exemplarisch soll diesbezüglich nur das Gesetz des

[137] Vgl. § 44 S. 2 StVollzG Bln; § 48 Abs. 1 S. 2 BbgJVollzG; § 40 S: 2 BremStVollzG; § 12 Abs. 5 und 6 HmbStVollzG; § 40 S. 2 StVollzG MV; § 15 Abs. 1 S. 2 NJVollzG; § 53 Abs. 6 StVollzG NRW; § 47 S. 2 LJVollzG RP; § 40 S. 2 SLStVollzG; § 40 S. 2 SächsStVollzG; § 47 Abs. 3 JVollzGB I LSA; § 57 S. 2 LStVollzG SH; § 48 S. 2 ThürJVollzGB.

[138] Vgl. § 44 S. 2 StVollzG Bln; § 48 Abs. 1 S. 2 BbgJVollzG; § 40 S: 2 BremStVollzG; § 12 Abs. 6 HmbStVollzG; § 40 S. 2 StVollzG MV; § 15 Abs. 1 S. 2 NJVollzG; § 57 S: 2 Nr. 4 StVollzG NRW; § 47 S. 2 LJVollzG RP; § 40 S. 2 SLStVollzG; § 40 S. 2 SächsStVollzG; § 47 Abs. 3 JVollzGB I LSA; § 57 S. 2 LStVollzG SH; § 48 S. 2 ThürJVollzGB.

Landes Bayern genannt werden, welches selbst keine Vorschrift zu Weisungen für vollzugsöffnenden Maßnahmen enthält. Allerdings eröffnet die opferbezogene Vollzugsgestaltung des Art. 5a BayStVollzG gerade die Erteilung solcher Weisungen zum Schutz des konkreten Opfers. Dies hat bereits die Auslegung von Art. 5a BayStVollzG innerhalb der allgemeinen Vorschriften ergeben.[139] Die Möglichkeit der Erteilung opferbezogener Weisungen muss auch für die Gesetze der Länder Baden-Württemberg und Hessen gelten, wenngleich dort weder eine opferbezogene Vollzugsgestaltung noch opferbezogene Weisungen normiert wurden. Dieser Schluss ergibt sich vielmehr bereits allgemein aus dem Resozialisierungsziel des Strafvollzugs, welches auch in der Erteilung sachdienlicher Weisungen bei Lockerungen zum Ausdruck kommt.

In den landesrechtlichen Vorschriften zur Erteilung von Weisungen für Lockerungen werden nun jedoch speziell Opferbelange als ein Kriterium für die Ausgestaltung von Lockerungen in Bezug genommen.[140] Zwar werden opferbezogene Weisungen in den meisten Vorschriften nicht ausdrücklich genannt[141], jedoch ist eine derartige Ausgestaltung von Weisungen durch die Gesetzessystematik bereits vorgesehen. Dies bedeutet nicht, dass ausschließlich opferbezogene Weisungen erteilt werden können. Vielmehr kommt durch die Betonung der Opferperspektive lediglich die besondere Bedeutung der Belange von Opfern bei der Durchführung von Lockerungen zum Ausdruck. Insofern ist nach den meisten Landesgesetzen den Belangen von Opfern „nach Möglichkeit" Rechnung zu tragen.[142] Im Übrigen sind opferbezogene Weisungen nicht nur im Strafvollzugsrecht der Länder zu finden. Auch § 56c Abs. 2 Nr. 3 StGB sieht die Möglichkeit vor, für die Bewährungszeit eine opferbezogene Weisung zu erteilen. So kann das Gericht „den Verurteilten namentlich anweisen, [...] zu der verletzten Person [...] keinen Kontakt aufzunehmen". Eine derartige Weisung enthält auch § 68b Abs. 1 Nr. 3 StGB für die Führungsaufsicht. Wenn opferbezogene Weisungen bereits bei einer zur Bewährung ausgesetzten Freiheitsstrafe oder im Rahmen der

[139] Oben im Abschnitt 13.4.2.1.

[140] Siehe zu den einzelnen Landesvorschriften soeben Fn. 138.

[141] Lediglich in § 57 S. 2 Nr. 4 StVollzG NRW und § 47 Abs. 1 S. 2 Nr. 3 JVollzGB I LSA finden sich spezielle opferbezogene Weisungen; auch nach § 12 Abs. 6 HmbStVollzG ist „im Rahmen der Resozialisierungsplanung [...] zu prüfen, ob vorgesehene Vollzugslockerungen mit Weisungen zur Unterbindung von Kontaktaufnahmen mit dem Opfer und dessen Angehörigen verbunden werden sollen".

[142] Vgl. § 48 Abs. 1 S. 2 BbgJVollzG; § 40 S. 2 StVollzG MV; § 47 S. 2 LJVollzG RP; § 40 S. 2 SLStVollzG; § 40 S. 2 SächsStVollzG; § 47 Abs. 3 JVollzGB I LSA; § 57 S. 2 LStVollzG SH; § 48 S. 2 ThürJVollzGB.

Führungsaufsicht in Betracht kommen, dann muss dies auch für die Ausgestaltung vollzugsöffnender Maßnahmen beim Vollzug der Freiheitsstrafe als milderes Mittel zur Versagung von Lockerungen möglich sein.[143]

Aus der Trennung zwischen der Möglichkeit zur Weisungserteilung und der Berücksichtigung von Opferinteressen bei der Ausgestaltung von Lockerungen, soweit dies möglich ist, können zwei Erkenntnisse gewonnen werden. Zum einen sind Opferinteressen zwar grundsätzlich bei der Ausgestaltung zu berücksichtigen.[144] Allerdings stellen sie in der Regel keinen Versagungsgrund für vollzugsöffnende Maßnahmen dar. Versagungsgründe sind nach dem Vorbild von § 11 Abs. 2 StVollzG Bund allein die Flucht- und Missbrauchsgefahr.[145] Zum anderen sind Opferbelange nur dann zu berücksichtigen, wenn es möglich, ist die vollzugsöffnende Maßnahme auch unter Beachtung der Opferinteressen durchzuführen. Insofern müssen opferbezogene Weisungen und die opferbezogene Ausgestaltung insgesamt im Einzelfall angeraten und mit dem Zweck der Lockerung vereinbar sein.

Zwar sieht namentlich § 44 S. 2 StVollzG Bln keine Beschränkung einer Berücksichtigung der Opferbelange „nach Möglichkeit" vor. Allerdings kann hieraus nicht geschlossen werden, dass Opferbelange deswegen immer durch Weisungen Berücksichtigung erfahren müssen. Vielmehr sieht § 44 S. 1 StVollzG Bln ebenfalls die Erteilung von Weisungen für Lockerungen nur in Einzelfällen vor. Dies lässt darauf schließen, dass Opferbelange zwar in die Betrachtung miteinbezogen werden sollen, jedoch jeweils eine Einzelfallprüfung hinsichtlich der Erteilung von Weisungen im Allgemeinen und hinsichtlich der Erteilung von opferbezogenen Weisungen im Speziellen erfolgen muss.

Eine Konkretisierung für eine opferbezogene Weisung findet sich für § 44 StVollzG Bln zwar nicht in dessen Wortlaut, wohl aber in der zugehörigen Verwaltungsvorschrift.[146] In der VV zu § 44 StVollzG Bln wird unter e) ausgeführt, dass den Gefangenen die Weisung erteilt werden kann, keinen Kontakt zu den

---

[143] Ähnlich *Witt*, in: BeckOK StVollzR MV, 16. Ed. Stand: 01.03.2022, StVollzG MV § 40 Rn. 4.

[144] In diesem Sinne zumindest für das BremStVollzG *Schäferskūpper*, in: BeckOK BremStVollzR, 17. Ed. Stand: 01.03.2022, BremStVollzG § 40 Rn. 17; für das SächsStVollzG *Schäferskūpper*, in: BeckOK StVollzR Sachsen, 18. Ed. Stand: 01.03.2022, SächsStVollzG § 40 Rn. 19.

[145] Vgl. für die am ME LStVollzG orientierten Landesgesetze u. a. § 42 Abs. 2 StVollzG Bln; § 46 Abs. 2 BbgJVollzG; § 46 Abs. 2 ThürJVollzGB.

[146] VV zum Abschnitt 7 des StVollzG Bln (§§42–45 StVollzG Bln) vom 27.09.2017, abrufbar unter https://www.berlin.de/justizvollzug/service/recht/verwaltungsvorschriften/stvollzg-bln/ (zuletzt aufgerufen am 11.06.2022).

Verletzten ihrer Straftat aufzunehmen, wenn zu befürchten ist, dass dieser Kontakt den Verletzten schadet. Insofern gelten ähnliche Maßstäbe an die Erteilung dieser Weisung wie bei der Untersagung von Außenkontakten.[147]

Ähnlich wie die übrigen am ME LStVollzG orientierten Gesetze enthält auch § 40 S. 2 BremStVollzG zunächst die Vorgabe, bei der Ausgestaltung der Lockerungen den Belangen von Opfern Rechnung zu tragen. Ebenso wie in Berlin fehlt jedoch der an § 40 S. 2 ME LStVollzG orientierte Zusatz „nach Möglichkeit". Insofern gilt für § 40 S. 2 BremStVollzG das soeben für § 44 S. 2 StVollzG Bln Gesagte. Im Unterschied zur Regelung in Berlin enthält § 40 S. 2 BremStVollzG jedoch eine Beschränkung auf berechtigte Belange der Opfer. Somit sind bereits bei der Ausgestaltung von Lockerungen nur berechtigte Opferinteressen zu berücksichtigen. Was unter „berechtigten" Opferbelangen zu verstehen ist, wurde bereits oben im Rahmen der Ausführungen zur teleologischen Auslegung zu den allgemeinen opferbezogenen Regelungen festgestellt.[148] Insofern kann auf die dortigen Ergebnisse verwiesen werden.

Ein anderes Bild ergibt sich für Bremen jedoch hinsichtlich § 40 S. 3 BremStVollzG und den dort normierten opferbezogenen Versagungsgrund für Lockerungen. Nach dieser Regelung sollen Lockerungen versagt werden, wenn sie im Einzelfall den berechtigten Belangen der Opfer widersprechen. Mithin enthält § 40 S. 3 BremStVollzG einen weiteren Versagungsgrund für vollzugsöffnende Maßnahmen neben der Flucht- und Missbrauchsgefahr.[149] Zwar hätte es sich angeboten, diese Regelung bereits im Zusammenhang mit der Berücksichtigung von Opferbelangen bei der Gewährung von vollzugsöffnenden Maßnahmen zu behandeln.[150] Allerdings findet sich die Regelung des § 40 S. 3 BremStVollzG gerade in der Vorschrift zu Weisungen für Lockerungen und muss daher in diesem systematischen Zusammenhang untersucht werden.

Der Versagungsgrund des § 40 S. 3 BremStVollzG nennt als Voraussetzung für eine Versagung von Lockerungen ebenfalls die berechtigten Belange der Opfer. Weiterhin ist zu beachten, dass die Regelung als „Soll-Vorschrift" ausgestaltet ist und somit eine intendierte Entscheidung bei Vorliegen der genannten Voraussetzung enthält. Zugleich wird jedoch bereits durch den Wortlaut der Regelung herausgestellt, dass berechtigte Interessen nur im Einzelfall zu einer Versagung von Lockerungen führen können.

[147] Zum Gesamtergebnis der Auslegung von opferbezogenen Vorschriften zu den Außenkontakten oben im Abschnitt 14.6.5.

[148] Oben im Abschnitt 13.5.2.2.

[149] Vgl. für Bremen § 38 Abs. 2 BremStVollzG.

[150] Hierzu oben im Abschnitt 15.4.2 und im Abschnitt 15.4.3.

Wird die Vorschrift des § 40 BremStVollzG insgesamt betrachtet, so kann die Regelung des Satz 3 nur derart verstanden werden, dass die Versagung von Lockerungen nur dann erfolgen kann, wenn opferbezogene Weisungen nicht ausreichend sind oder durch den oder die Gefangene:n gegen eine opferbezogene Weisung verstoßen wird.[151] Dies ergibt sich aus der Gesetzessystematik, da das Gesetz zunächst eine Ausgestaltung unter Berücksichtigung berechtigter Opferbelange vorsieht (Satz 2) und nur für den Einzelfall bei Widersprüchen zwischen berechtigten Opferbelangen und Lockerungen ein Versagungsgrund normiert wurde (Satz 3). Insofern ist der Anwendungsbereich dieses Versagungsgrundes enger als die Möglichkeit der Berücksichtigung von Opferbelangen bei der Erteilung von Weisungen.

Im niedersächsischen Justizvollzugsgesetz sind sowohl die Interessen von Opfern als auch gefährdeter Dritter bei der Ausgestaltung von Lockerungen zu beachten. Insofern enthält § 15 Abs. 1 NJVollzG Regelungen zur Erteilung von Weisungen für Lockerungen. Nach § 15 Abs. 1 S. 2 NJVollzG sind sowohl die Interessen der durch die Straftaten des bzw. der Gefangenen Verletzten als auch das Schutzinteresse gefährdeter Dritter zu berücksichtigen. Von Bedeutung ist diesbezüglich, dass die Vorschrift klar zwischen den Interessen der Opfer des bzw. der Gefangenen insgesamt und den Schutzinteressen gefährdeter Dritter unterscheidet. Insofern nimmt § 15 Abs. 1 S. 2 NJVollzG nicht nur eine sprachliche Trennung zwischen Opferinteressen und Schutzinteressen von Dritten vor, sondern ebenso eine Gewichtung. So sind die Interessen von Opfern viel weiter gefasst und beziehen neben Schutzinteressen auch weitere Opferinteressen ein. Demgegenüber sind die Interessen von gefährdeten Dritten allein auf den Schutz vor dem bzw. der Gefangenen beschränkt. Allein hieraus ergibt sich jedoch kein Rangverhältnis hinsichtlich der Alternativen, wohl aber eine umfassendere Bedeutung von Opferinteressen mit Blick auf die Ausgestaltung von vollzugsöffnenden Maßnahmen.

Für die Regelungen der Länder Hamburg und Nordrhein-Westfalen, die allgemein die Berücksichtigung von Opferbelangen bei der Ausgestaltung vollzugsöffnender Maßnahmen vorsehen, gilt Folgendes.

Nach § 12 Abs. 5 S. 1 HmbStVollzG sind bei Entscheidungen über die Gewährung und Ausgestaltung von Lockerungen lediglich die Belange der tatsächlichen Opfer und gerade nicht von potenziellen Opfern zu berücksichtigen. Hierauf deutet neben dem Wortlaut von § 12 Abs. 5 S. 1 HmbStVollzG insbesondere auch

[151] Anders *Schäferskùpper*, in: BeckOK BremStVollzR, 17. Ed. Stand: 01.03.2022, BremStVollzG § 40 Rn. 20, der ein intendiertes Ermessen hinsichtlich der Untersagung der Lockerungen ohne weitergehende Einschränkungen annimmt, wenn die Lockerungen den berechtigten Belangen des Opfers widersprechen.

die in Absatz 6 vorgesehene Prüfung einer Verbindung von Lockerungen mit Weisungen zur Unterbindung von Kontaktaufnahmen mit dem Opfer oder dessen Angehörigen im Rahmen des Resozialisierungsplans hin.

Aus der Unterscheidung von Opfern und Angehörigen in § 12 Abs. 6 HmbStVollzG ergibt sich, dass die „Belange der Opfer" gerade nicht auch Belange indirekter Opfer wie beispielsweise Angehöriger der Opfer meinen kann. Aus systematischer Perspektive ist weiterhin zu beachten, dass die Berücksichtigung von Opferinteressen nicht bei den allgemeinen Voraussetzungen über die Gewährung von Lockerungen geregelt wurde, sondern in einem gesonderten Absatz. Während in § 12 Abs. 1 HmbStVollzG die Voraussetzungen und Arten von Lockerungen geregelt sind, wird die Opferperspektive erst in Absatz 5 genannt. Zudem wurde die Einbeziehung der Opferbelange nicht als ein möglicher Versagungsgrund für Lockerungen normiert. Als Versagungsgrund wurde vielmehr neben der bereits zuvor im StVollzG Bund geregelten Flucht- und Missbrauchsgefahr gemäß § 12 Abs. 1 S. 2 HmbStVollzG zusätzlich in § 12 Abs. 2 HmbStVollzG nur der Umstand normiert, dass die Gefangenen ihren Mitwirkungspflichten nicht nachkommen.[152]

Durch den Verweis in § 12 Abs. 5 S. 2 HmbStVollzG auf § 406d Abs. 2 und 3 StPO sind die strafprozessualen Auskunftsrechte der Verletzten auch für das Verfahren über die Gewährung und Ausgestaltung von Lockerungen relevant. Mit Blick auf die entsprechende Anwendung des § 406d Abs. 2 StPO ist den Verletzten auf Antrag unter bestimmten Voraussetzungen mitzuteilen, ob den Gefangenen Vollzugslockerungen oder Urlaub gewährt wurden.[153] Im Übrigen sieht § 12 Abs. 6 HmbStVollzG die Verbindung von vollzugsöffnenden Maßnahmen mit opferbezogenen Weisungen vor.

Für § 53 Abs. 6 StVollzG NRW kann festgehalten werden, dass die berechtigten Schutzinteressen der Opfer systematisch vor den Interessen gefährdeter Dritter geregelt wurden. Allerdings ergibt sich allein hieraus kein Vorrang der Schutzinteressen von Opfern. Durch die Berücksichtigung von Schutzinteressen

---

[152] Kritisch zur Versagung von Vollzugslockerungen bei fehlender Mitwirkung des Gefangenen *Burkhardt*, in: AK-StVollzG, 8. Aufl. 2022, Teil II, § 38 LandesR Rn. 50.

[153] Hinsichtlich der erstmaligen Gewährung siehe § 406d Abs. 2 S. 1 Nr. 2 StPO; hinsichtlich einer erneuten Gewährung siehe § 406d Abs. 2 S. 1 Nr. 4 StPO; ein grober Überblick zu § 406d Abs. 2 StPO findet sich in den kriminalpolitischen Grundlagen oben im Abschnitt 9.3.3.6.2. In der vorliegenden Untersuchung erfolgt keine vertiefte Betrachtung zu datenschutzrelevanten Vorschriften. Zu den Gründen für die Beschränkung des Untersuchungsumfangs oben im Kapitel 3.

wird die opferorientierte Vollzugsgestaltung i. S. d. § 7 StVollzG NRW konkretisiert.[154] Ein mögliches Rangverhältnisses zwischen den Schutzinteressen von Opfern und jenen gefährdeter Dritter lässt sich zwar nicht direkt aus § 53 Abs. 6 StVollzG NRW ablesen, erscheint allerdings unter Berücksichtigung von § 7 Abs. 1 StVollzG NRW naheliegend. Nach § 7 Abs. 1 S. 1 StVollzG NRW sind „die berechtigten Belange der Opfer bei der Gestaltung des Vollzuges, insbesondere bei vollzugsöffnenden Maßnahmen und bei der Erteilung von Weisungen [...], zu berücksichtigen“. Erst aus § 7 Abs. 1 S. 2 StVollzG NRW ergibt sich, dass auch Schutzinteressen gefährdeter Dritter Rechnung zu tragen ist. Da die Auslegung zu § 7 StVollzG NRW bereits ergeben hat, dass die speziellen Vorschriften innerhalb des Strafvollzugsgesetzes des Landes Nordrhein-Westfalen der Konkretisierung des opferbezogenen Strafvollzugs dienen[155], kann § 53 Abs. 6 i. V. m. § 7 Abs. 1 StVollzG NRW nur so verstanden werden, dass besonders die Schutzinteressen von Opfern zu berücksichtigen sind. Die Schutzinteressen von Dritten sind in diesem Zusammenhang zwar auch von Bedeutung, in erster Linie ist jedoch auf den Schutz von Opfern zu achten.

Mit Blick auf eine Konkretisierung, welche Weisungen für eine opferbezogene Ausgestaltung in Frage kommen, liefern § 57 S. 2 Nr. 4 StVollzG NRW und § 47 Abs. 1 S. 2 Nr. 3 JVollzGB I LSA konkrete Anhaltspunkte. Nach beiden Vorschriften kann dem Gefangenen die Weisung erteilt werden, sich den Opfern und deren Wohnbereich nicht zu nähern. Weiterhin findet sich in § 12 Abs. 6 HmbStVollzG zumindest der allgemeine Vorschlag zu Weisungen bezüglich der Kontaktaufnahme mit dem Opfer und dessen Angehörigen.

In § 57 S. 2 Nr. 4 StVollzG NRW wurde diese opferbezogene Weisung als eigene Nummer in den Weisungskatalog aufgenommen. Daneben enthält der Weisungskatalog des § 57 S. 2 StVollzG NRW in der Nr. 3 insbesondere auch noch die Weisung, den Kontakt zu bestimmten Personen oder Gruppen oder bestimmte Orte zu meiden. Daher kommt der opferbezogenen Weisung nach Nr. 4 eine eigenständige Bedeutung im Vergleich zur Nr. 3 zu, wobei die Nr. 4 als die speziellere Regelung anzusehen ist.

Demgegenüber wurde die opferbezogene Weisung in § 47 Abs. 1 S. 2 Nr. 3 JVollzGB I LSA als ein Unterfall einer ortsbezogenen Weisung normiert. Zwar wird die Bedeutung einer opferbezogenen Weisung hier nicht durch eine gesonderte Nummerierung besonders hervorgehoben. Jedoch kann das Regelungskonzept von Sachsen-Anhalt immerhin als eine Auslegungshilfe

[154] Ausführlich zu § 7 StVollzG NRW siehe oben im Abschnitt 13.2.2 und 13.3.2, im Abschnitt 13.4.2.1 und im Abschnitt 13.5.2.

[155] Hierzu oben im Abschnitt 13.3.2.1.

für weitere opferbezogene Weisungen dienen. In anderen Landesgesetzen, die eine opferbezogene Ausgestaltung von Lockerungen vorsehen, fehlt eine derartige Auslegungshilfe gänzlich.

Zusammenfassend kann Folgendes festgehalten werden. Innerhalb der Prüfung, ob vollzugsöffnende Maßnahmen im Einzelfall zu gewähren sind, wurden Opferbelange in den Gesetzen der Länder Hamburg, Hessen und Sachsen-Anhalt ausdrücklich als Kriterium im Rahmen der Ermessensentscheidung festgelegt. Zudem finden sich in den meisten Landesgesetzen Regelungen, die ein Erteilung von opferbezogenen Weisungen für die Ausgestaltung von Lockerungen vorsehen.[156] Hierin ist insgesamt eine erhebliche Berücksichtigung der Belange tatsächlicher Opfer im Zusammenhang mit vollzugsöffnenden Maßnahmen zu sehen. Durch die ausdrückliche Normierung opferbezogener Weisungen in den Gesetzen der Länder Hamburg, Nordrhein-Westfalen und Sachsen-Anhalt wurde der Schutz von direkten Straftatopfern der Gefangenen besonders betont. In Hamburg wurden auch die Angehörigen in den Anwendungsbereich dieser Weisungen einbezogen.

15.4.5 Besonderheiten bei der Entscheidung über vollzugsöffnende Maßnahmen gegenüber bestimmten Täter:innengruppen

15.4.5.1 Allgemeines zur Regelungssystematik der Vorschriften für bestimmte Täter:innengruppen

Die Regelungen für bestimmte Täter:innengruppen finden sich in den meisten der betreffenden Landesgesetze jeweils im zweiten Abschnitt. Dieser wird in Bayern und Hessen als „Planung des Vollzuges“, in Hamburg als „Planung und Ablauf des Vollzuges“ und in Niedersachsen als „Planung und Verlauf des Vollzuges“ bezeichnet.

Im Bayerischen Strafvollzugsgesetz reichen die in diesem Abschnitt enthaltenen Regelungen vom Aufnahmeverfahren (Art. 7) über die Vollzugsplanung (Art. 9), den geschlossenen und offenen Vollzug (Art. 12) und die Lockerungen des Vollzugs (Art. 13) bis hin zur Entlassung aus dem Vollzug (Art. 17 und 18). Weiterhin enthält dieser Abschnitt besondere Vorschriften für Gewalt- und Sexualstraftäter:innen (Art. 15) und eine Vorschrift zu Weisungen und zur

[156] Berlin, Brandenburg, Bremen, Hamburg, Niedersachsen, Nordrhein-Westfalen, Mecklenburg-Vorpommern, Rheinland-Pfalz, Saarland, Sachsen, Sachsen-Anhalt, Schleswig-Holstein, Thüringen.

Aufhebung von Lockerungen und Urlaub (Art. 16). Die Vorschriften der Länder Hessen, Hamburg und Niedersachsen in dem entsprechenden Abschnitt sind mit jenen des BayStVollzG vergleichbar.

Die in den Vollzugsgesetzen der Bundesländer Bayern, Hessen, Hamburg und Niedersachsen gewählte Regelungssystematik entspricht der des StVollzG Bund. Dort waren die Vollzugslockerungen und andere vollzugsöffnende Maßnahmen ebenfalls im zweiten Abschnitt im zweiten Titel „Planung des Vollzuges" geregelt. Insofern ergibt sich für die allgemeine Gesetzessystematik der genannten Länder keine Neuerungen im Vergleich um Bundesgesetz.

Im Bayerischen Strafvollzugsgesetz wurde mit Art. 15 BayStVollzG eine gesonderte Vorschrift für bestimmte Täter:innengruppen geschaffen. In Hessen wurden die speziellen Vorgaben für bestimmte Täter:innengruppen in § 13 Abs. 5 und 8 HStVollzG (geschlossener Vollzug und vollzugsöffnende Maßnahmen) normiert. Im Hamburger Gesetz wurden die speziellen Regelungen für bestimmte Täter:innengruppen als Absatz 3 des § 11 HmbStVollzG (geschlossener und offener Vollzug) geregelt. Diese Regelungen sind über einen Verweis in § 12 Abs. 1 S. 4 HmbStVollzG auch bei Entscheidungen über Lockerungen zu beachten. Mit Blick auf das Gesetz aus Hamburg ist zudem bemerkenswert, dass der Opferschutz seit dem 1. Januar 2019 mit § 8a HmbStVollzG ebenfalls eine eigenständige Vorschrift erhalten hat. Allerdings bezieht sich diese Vorschrift – wie bereits gezeigt[157] – allein auf den Schutz vor besonderen Täter:innengruppen und ist daher im hiesigen Zusammenhang näher zu betrachten. Ebenso wie § 11 und § 12 HmbStVollzG findet sich auch § 8a HmbStVollzG im Abschnitt „Planung und Ablauf des Vollzuges". In Niedersachsen wurde mit § 16 NJVollzG eine Vorschrift geschaffen, die allgemein die Begutachtung und Untersuchung für die Eignung der Gefangenen für vollzugsöffnende Maßnahmen regelt und für bestimmte Täter:innengruppen zusätzlich besondere Vorgaben enthält.

Anders als diese Länder haben sich Sachsen-Anhalt und Thüringen an der Systematik des ME LStVollzG orientiert.[158] Gleichwohl finden sich die Vorschriften zur Unterbringung im offenen Vollzug bei den Vorschriften zur Unterbringung und Verlegung[159] und weisen insofern keinen Unterschied zur Systematik der übrigen Gesetze auf. Demgegenüber finden sich die Vorschriften zu den Lockerungen im JVollzGB I LSA und im ThürJVollzGB der Systematik des

[157] Ausführlich hierzu im Abschnitt 15.2.5.2.

[158] Hierzu bereits oben im Abschnitt 15.4.1.1.

[159] § 22 JVollzGB I LSA im Abschnitt „Unterbringung, Verlegung und Überstellung, Vorführung und Ausantwortung"; § 22 ThürJVollzGB im Abschnitt „Unterbringung und Verlegung".

ME LStVollzG entsprechend in einem gesonderten Abschnitt zu den Vollzugslockerungen.[160] Die speziellen Regelungen für bestimmte Täter:innengruppen wurden in Sachsen-Anhalt und Thüringen als zusätzlicher Absatz in der allgemeinen Vorschrift zu den „Lockerungen zur Erreichung des Vollzugsziels" normiert.[161]

15.4.5.2 Systematische Auslegung der Vorschriften zu bestimmten Täter:innengruppen

15.4.5.2.1 Bayern

Im Bayerischen Strafvollzugsgesetz folgt Art. 15 BayStVollzG mit seinen Sonderregelungen zu Gewalt- und Sexualstraftäter:innen direkt auf die Vorschriften zum geschlossenen und offenen Vollzug (Art. 12), zu den Lockerungen des Vollzugs (Art. 13) und zum Urlaub aus der Haft (Art. 14). Erst im Anschluss an Art. 15 BayStVollzG werden in Art. 16 BayStVollzG Weisungen sowie die Aufhebung von Lockerungen und Urlaub geregelt. Daher steht die Regelung des Art. 15 in einem unmittelbaren Zusammenhang mit den Vorschriften zu den vollzugsöffnenden Maßnahmen. Dies hat auch bereits die Auslegung des Gesetzeswortlauts des Art. 15 BayStVollzG ergeben, da diesem zufolge eine Entscheidung nach Art. 12 bis 14 BayStVollzG bei bestimmten Täter:innengruppen einer besonders gründlichen Prüfung bedarf.[162]

Weitere Vorschriften zu bestimmten Täter:innengruppen enthält das BayStVollzG nicht, sodass es sich bei Art. 15 BayStVollzG um eine abschließende Regelung handelt.

Als Ablehnungsgründe einer Verlegung in den offenen Vollzug bzw. von Lockerungen werden in Art. 15 BayStVollzG, wie bereits im StVollzG Bund, die Flucht- und Missbrauchsgefahr festgelegt.[163] Nach der Gesetzessystematik muss sich die besondere Prüfpflicht für die in Art. 15 S. 1 BayStVollzG genannten Täter:innengruppen daher auf die Prognose einer Flucht- und Missbrauchsgefahr im Zusammenhang mit den vollzugsöffnenden Maßnahmen beziehen.

Gemäß Art. 15 S. 2 BayStVollzG sind im Rahmen dieser besonders gründlichen Prüfung der Flucht- und Missbrauchsgefahr auch die Feststellungen im Urteil und die im Ermittlungs- und Strafverfahren erstatteten Gutachten zu berücksichtigen. Eine Regelung für eine erneute Begutachtung enthält das

---

[160] Hierzu bereits oben im Abschnitt 15.4.1.1.

[161] § 45 Abs. 6 JVollzGB I LSA; § 46 Abs. 3 ThürJVollzGB.

[162] Hierzu bereits oben im Abschnitt 15.2.5.1.

[163] Vgl. Art. 12 Abs. 2 und Art. 13 Abs. 2 BayStVollzG sowie § 10 Abs. 1 und § 11 Abs. 2 StVollzG Bund.

BayStVollzG demgegenüber nicht. Zwar folgt hieraus nicht, dass eine erneute Begutachtung des bzw. der Gefangenen für die Beurteilung der Eignung für vollzugsöffnende Maßnahmen ausgeschlossen ist. Allerdings liegt der Schluss nahe, dass aus Kosten- und Zeitgründen auf eine erneute Begutachtung zunächst verzichtet werden kann.

Aufschluss darüber, unter welchen Voraussetzungen eine Begutachtung von Gefangenen zu erfolgen hat, finden sich zwar nicht im Gesetzestext des Art. 15 BayStVollzG, wohl aber in den zugehörigen Verwaltungsvorschriften.[164] Nach Absatz 6 der VVBayStVollzG zu Art. 15 ist bei Gefangenen, gegen die während des laufenden Freiheitsentzugs eine Freiheitsstrafe von mehr als zwei Jahren wegen einer Straftat gegen die sexuelle Selbstbestimmung vollzogen wurde oder zu vollziehen ist, vor der erstmaligen Anordnung von Lockerungen ein Gutachten eines bzw. einer externen Sachverständigen einzuholen. Dies gilt nicht für die Ausführung und die Außenbeschäftigung unter ständiger und unmittelbarer Aussicht von Vollzugsbediensteten. Bei einer Verurteilung zu einer Freiheitsstrafe von mindestens vier Jahren sind zwei externe Sachverständigengutachten einzuholen. Hieraus folgt, dass grundsätzlich nur bei erstmaliger Anordnung von Lockerungen eine Begutachtung der Gefangenen zu erfolgen hat. Zu einem Rückgriff auf ältere Gutachten beispielsweise aus dem Strafverfahren finden sich in den VVBaySt-VollzG zu Art. 15 keine Anhaltspunkte. Insofern ist davon auszugehen, dass die Neubegutachtung der Regelfall sein dürfte.

Ebenso wenig findet sich in der VVBayStVollzG zu Art. 15 eine Konkretisierung dahingehend, was unter „schwerwiegenden Straftaten gegen Leib und Leben“ zu verstehen ist. Während die Straftaten gegen die sexuelle Selbstbestimmung bereits im StGB in einem eigenen Abschnitt normiert und daher die relevanten Straftatbestände leicht zu identifizieren sind[165], gilt dies für „schwerwiegende Straftaten gegen Leib oder Leben“ i. S. d. Art. 15 BayStVollzG nicht in gleichem Maße. Recht sicher werden als solch schwerwiegende Straftaten wohl Delikte wie Mord und Totschlag gemäß §§ 211 f. StGB und möglicherweise auch der Raub mit Todesfolge gemäß § 251 StGB einzuordnen sein. Offen bleibt gleichwohl, wann eine Straftat als „schwerwiegend“ i. S. d. Art. 15 BayStVollzG einzuordnen ist und ob beispielsweise auch schon eine einfache Körperverletzung gemäß § 223 StGB oder ein einfacher Raub gemäß § 249 StGB hierunter zu subsumieren sind.

---

[164] Verwaltungsvorschriften zum Bayerischen Strafvollzugsgesetz (VVBayStVollzG) vom 01.07.2008, https://www.gesetze-bayern.de/Content/Document/BayVwV153983/true (zuletzt aufgerufen am 11.06.2022).

[165] „Dreizehnter Abschnitt. Straftaten gegen die sexuelle Selbstbestimmung“, §§ 174–184 l StGB.

Nach Absatz 7 der VVBayStVollzG zu Art. 15 gelten die Begutachtungsvorgaben des Absatzes 6 auch für die erstmalige Anordnung von Urlaub oder die Unterbringung im offenen Vollzug, wenn nicht bereits eine Begutachtung nach Absatz 6 erfolgt ist und keine neuen Anhaltspunkte für eine ungünstige Veränderung der rechtlichen oder tatsächlichen Entscheidungsgrundlage vorliegen. Hieraus kann geschlossen werden, dass eine zweite Begutachtung nur erfolgen soll, wenn eine negative Prognose mit Blick auf den Missbrauch von Urlaub und die Unterbringung im offenen Vollzug zu erwarten ist. Allerdings dürfte gleiches auch für erneute Vollzugslockerungen gelten, sofern auch diesbezüglich eine negative Prognose zu erwarten ist oder bei der ersten Lockerung ein Missbrauch stattgefunden hat.

Mithin sehen die VV zu § 15 BayStVollzG bei einer Verurteilung wegen eines Sexualdelikts zu mehr als zwei Jahren zwar eine Begutachtungspflicht vor; jedoch gilt diese Pflicht nur für die erstmalige Gewährung vollzugsöffnender Maßnahmen. Weiterhin ist die Begutachtung auch nicht für alle Arten von Lockerungen vorgesehen, sondern nur für solche, bei denen keine durchgängige Überwachung der Gefangenen durch die Anstalt erfolgt.

Bemerkenswert ist zudem, dass nach Absatz 2 der VV zu Art. 15 BayStVollzG den Gefangenen für Lockerungen und Urlaub die nach den Umständen des Einzelfalls erforderlichen Weisungen zu erteilen sind.[166] In Betracht kommen diesbezüglich insbesondere auch opferbezogene Weisungen. Dieser Schluss ergibt sich bereits daraus, dass nach Art. 5a BayStVollzG die Belange von Opfern insbesondere bei vollzugsöffnenden Maßnahmen zu berücksichtigen sind. Insofern ist Art. 5a BayStVollzG als Auslegungshilfe mit Blick auf eine opferbezogene Vollzugsgestaltung zu sehen.[167] Gleiches muss natürlich auch für die Ausgestaltung vollzugsöffnender Maßnahmen für Gefangene gelten, die nicht zu den bestimmten Täter:innengruppen i. S. d. Art. 15 BayStVollzG zählen.[168]

---

[166] Verwaltungsvorschriften zum Bayerischen Strafvollzugsgesetz (VVBayStVollzG) vom 01.07.2008, https://www.gesetze-bayern.de/Content/Document/BayVwV153983/true (zuletzt aufgerufen am 11.06.2022).

[167] Ausführlich zu Art. 5a BayStVollzG bereits oben bei der Auslegung der allgemeinen Vorschriften im Abschnitt 13.2.2; ausdrücklich zur Beachtung von Opferinteressen im Rahmen des Art. 15 BayStVollzG siehe Landtag Bayern Drs. 17/21101, S. 34.

[168] Vgl. hierzu Landtag Bayern Drs. 17/21101, S. 34, wonach Auflagen und Weisungen in diesem Sinne auch bei Lockerungsentscheidungen nach Art. 13 BayStVollzG im Sinne einer opferbezogenen Vollzugsgestaltung erfolgen sollen.

15.4.5.2.2 Hamburg

Hinsichtlich der systematischen Auslegung kann zunächst für § 8a HmbStVollzG festgehalten werden, dass dieser in den Abschnitt „Planung und Ablauf des Vollzuges" eingefügt wurde. Bereits im Rahmen der historischen Auslegung wurde festgestellt, dass § 8a HmbStVollzG die Vorbereitung der Haftentlassung besonders gefährlicher Sexual- und Gewaltstraftäter:innen betrifft. Daher ist es verwunderlich, dass § 8a HmbStVollzG nicht im Zusammenhang mit den Vorschriften zur Vorbereitung der Eingliederung (§ 16 HmbStVollzG) und zur Entlassung (§ 17 HmbStVollzG) geregelt wurde, sondern im Anschluss an die Regelung zum Resozialisierungsplan (§ 8 HmbStVollzG) und vor der Vorschrift über die Verlegung, Überstellung und Ausantwortung (§ 9 HmbStVollzG). Einerseits könnte diese Stellung im Gesetz aus systematischer Sicht für eine besondere Gewichtung von § 8a HmbStVollzG sprechen. Andererseits wirkt die Regelung von § 8a HmbStVollzG zu Beginn des Gesetzesabschnittes zu Planung und Ablauf des Vollzugs unsystematisch, da § 8a HmbStVollzG inhaltlich die Entlassungsvorbereitung besonders gefährlicher Sexual- und Gewaltstraftäter:innen betrifft. Eindeutige Erkenntnisse lassen sich aus der Systematik mit Blick auf § 8a HmbStVollzG daher nicht ableiten.

Hinsichtlich § 11 HmbStVollzG ist zunächst festzustellen, dass diese Vorschrift nur die Unterbringung der Gefangenen im geschlossenen und offenen Vollzug regelt. Während in § 11 Abs. 1 HmbStVollzG die Unterbringung im geschlossenen oder offenen Vollzug normiert wurde, regelt Absatz 2 die Voraussetzungen für eine Unterbringung im offenen Vollzug. Schließlich enthält Absatz 3 besondere Vorgaben zur Unterbringung besonderer Täter:innengruppen. Insofern ist § 11 Abs. 3 HmbStVollzG als Spezialregelung für die Verlegung von solchen Gefangenen in den offenen Vollzug zu verstehen, die wegen der in Absatz 3 Satz 1 genannten Straftaten inhaftiert sind oder inhaftiert waren.

Durch den Verweis in § 12 Abs. 1 S. 4 HmbStVollzG sind die Vorgaben des § 11 Abs. 3 HmbStVollzG zum offenen Vollzug in einigen Fällen zudem auch bei der Gewährung von Lockerungen zu beachten. § 12 Abs. 1 S. 4 HmbStVollzG verweist dabei auf alle in § 12 Abs. 1 HmbStVollzG genannten Lockerungen mit Ausnahme der Ausführung gemäß § 12 Abs. 1 S. 1 Nr. 1 HmbStVollzG.

Aufgrund des Verweises in § 12 Abs. 1 S. 4 HmbStVollzG auf § 11 Abs. 3 HmbStVollzG wird nachfolgend in einem ersten Schritt die Regelung des § 11 Abs. 3 HmbStVollzG näher untersucht. Erst im Anschluss daran werden in einem zweiten Schritt die Besonderheiten bei der entsprechenden Anwendung der Vorschrift auf die Gewährung von Vollzugslockerungen erörtert.

§ 11 Abs. 3 S. 1 HmbStVollzG sieht als Grundsatz vor, dass vor der Verlegung in den offenen Vollzug eine schriftliche psychologische Fachstellungnahme oder ein psychiatrisches Gutachten eingeholt werden muss. Die Anforderungen an die psychologische Stellungnahme werden dahingehend konkretisiert, dass diese durch eine psychologische Fachkraft zu erstellen ist, welche nicht mit dem bzw. der Gefangenen therapeutisch befasst ist oder war. Alternativ zu der psychologischen Stellungnahme kann ein psychiatrisches Gutachten eingeholt werden, wobei in diesem Fall keine Einschränkung hinsichtlich des Gutachters bzw. der Gutachterin besteht.

Nach § 11 Abs. 3 S. 2 HmbStVollzG kann von der Einholung der fachdienstlichen Stellungnahme oder Begutachtung unter bestimmten Voraussetzungen abgesehen werden. Hierzu ergibt sich schon aus dem Wortlaut der Vorschrift, dass die Freiheitsstrafe wegen der relevanten Straftat bereits während eines vorangegangenen Freiheitsentzugs vollzogen worden sein muss und die weitere Entwicklung des bzw. der Gefangenen keine Begutachtung mehr erfordert. Weiterhin ist die Zustimmung der Aufsichtsbehörde notwendige Voraussetzung. Eine nähere Konkretisierung, unter welchen Voraussetzungen die „seither eingetretene Entwicklung" eine Begutachtung entbehrlich macht, enthält die Vorschrift nicht. Dies ist insofern problematisch, als die Einholung des Fachgutachtens nach § 11 Abs. 3 S. 1 HmbStVollzG bei den genannten Straftaten grundsätzlich obligatorisch ist, selbst wenn für diese die Freiheitsstrafe bereits vollständig vollzogen wurde. Der Anstalt kommt insoweit im Grundsatz also kein Ermessen zu. Dass die Ausnahmeregelung zu diesem Grundsatz in Satz 2 sehr vage Voraussetzungen hat, ist aus der Sicht der Gefangenen wegen der zu erwartenden restriktiven Vollzugspraxis kritikwürdig.

Hinsichtlich der entsprechenden Anwendung des § 11 Abs. 3 HmbStVollzG auf Vollzugslockerungen gemäß § 12 Abs. 1 S. 4 HmbStVollzG ist zunächst zu beachten, dass § 12 Abs. 1 S. 1 einen Beispielskatalog enthält, in dem die unterschiedlichen Lockerungen legaldefiniert werden. Nicht anwendbar ist § 11 Abs. 3 HmbStVollzG, wie bereits erwähnt, auf die Ausführung gemäß § 12 Abs. 1 S. 1 Nr. 1 HmbStVollzG. Insofern sieht § 12 Abs. 1 S. 4 HmbStVollzG also nur eine partielle Anwendbarkeit für Lockerungen nach den Nrn. 2 bis 5 vor. Hinzu kommt eine Mindestvorgabe von zwei Ausführungen jährlich für Langzeitstrafgefangene nach § 12 Abs. 1 S. 3 HmbStVollzG. Begrüßenswert ist in diesem Zusammenhang, dass zumindest für eine Ausführung – also einen überwachten Aufenthalt außerhalb der Anstalt – im Regelfall keine Begutachtung i. S. d. § 11 Abs. 3 HmbStVollzG erfolgen muss. Allerdings gilt dies nicht für die Ausführung von Langzeitgefangenen, die sich nach § 12 Abs. 1 S. 3 HmbStVollzG seit mindestens fünf Jahren ununterbrochen in Haft befinden. Insofern enthält das Hamburger Strafvollzugsgesetz also für Langzeitstrafgefangene eine besonders weitreichende Begutachtungspflicht. Für eine eigene rechtliche Bewertung dieser

Begutachtungsvorgaben muss im Rahmen der teleologischen Auslegung die ratio legis der Vorschrift genauer untersucht werden.

In den Allgemeinen Verfügungen zum Hamburger Strafvollzugsgesetz (AV zum HmbStVollzG)[169] finden sich sowohl zu § 11 HmbStVollzG als auch zu § 12 HmbStVollzG nähere, inhaltlich gleiche Vorgaben für die Justizvollzugsbehörden. Daher wird nachfolgend nur auf die AV zu § 11 HmbStVollzG näher eingegangen. Nach der AV zu § 11 HmbStVollzG sind im Rahmen der Eignungsprüfung für Lockerungen i. S. d. § 11 Abs. 2 HmbStVollzG bei bestimmten Täter:innengruppen besondere Vorgaben zu beachten. So sind bei bestimmten Täter:innengruppen i. S. d. § 11 Abs. 3 HmbStVollzG „sowohl Ergebnisse aus dem laufenden Freiheitsentzug als auch Erkenntnisse aus einem vorangegangenen, innerhalb eines zurückliegenden Zeitraumes von höchstens fünf Jahren abgeschlossenen Freiheitsentzuges zu berücksichtigen“[170]. Zudem wird auf die Anlage zur AV verwiesen.

In der Anlage zur AV zu § 11 HmbStVollzG wird herausgestellt, dass der Gesetzestext klar bezeichnet, welche Straftaten gegen die sexuelle Selbstbestimmung für eine Begutachtung i. S. d. § 11 Abs. 3 HmbStVollzG relevant sind.[171]

Die Begrifflichkeit der „groben Gewalt“ wird in der Anlage zur AV zu § 12 HmbStVollzG weitergehend konkretisiert. Grobe Gewalt liege immer dann vor, wenn es sich bei der Anlasstat um einen vollendeten oder versuchten Mord oder Totschlag handelte. Bei weiteren Delikten sei zu prüfen, ob ein Fall grober Gewalt vorliege. Als relevante Delikte genannt werden die Körperverletzungsdelikte gemäß §§ 223 bis 226 StGB, Raubdelikte gemäß §§ 249 bis 250 StGB, der räuberische Diebstahl gemäß § 252 StGB, die räuberische Erpressung gemäß § 255 StGB, der erpresserische Menschenraub gemäß § 239a StGB, der räuberische Angriff auf Kraftfahrer:innen gemäß § 316a StGB, die schwere Brandstiftung gemäß § 306a StGB und die besonders schwere Brandstiftung gemäß § 306b StGB. Von grober Gewalt sei auszugehen, wenn der bzw. die Betroffene sie selbst gegen ein oder mehrere Tatopfer angewandt hat. Hierzu gehöre auch der Gebrauch von Waffen jeder Art. Die Anstiftung zur Anwendung von Gewalt könne ebenfalls als grobe Gewalt gewertet werden.[172]

---

[169] Zur AV zu § 11 HmbStVollzG siehe HmbJVBl 2018, S. 65 ff.; zur AV zu § 12 HmbStVollzG siehe HmbJVBl 2018, S. 51 ff.

[170] AV zu § 11 HmbStVollzG I. Nr. 1; gleiches gilt auch für § 12 Abs. 1 S. 4 i. V. m. § 11 Abs. 3 HmbStVollzG, vgl. AV zu § 12 HmbStVollzG VII. Nr. 1.

[171] AV zu § 11 HmbStVollzG I. Nr. 1; gleiches gilt auch für § 12 Abs. 1 S. 4 i. V. m. § 11 Abs. 3 HmbStVollzG, vgl. AV zu § 12 HmbStVollzG VII. Nr. 1.

[172] HmbJVBl 2018, S. 56.

Zu begrüßen ist, dass mit der Anlage zur AV zu § 11 HmbStVollzG der Begriff der „groben Gewalttätigkeit“ im Vergleich zur AV zu § 11 StVollzG Bund Nr. 7 Abs. 4 durch die Nennung konkreter Straftatbestände präzisiert wurde.

Problematisch an der Anlage zur AV zu § 11 HmbStVollzG erscheint allerdings, dass bereits bei einer einfachen Köperverletzung nach § 223 StGB grobe Gewalt angenommen werden kann. Dies ist zwar im Ausgangspunkt im Einzelfall zu prüfen. Jedoch liegt nach der Anlage zur AV grobe Gewalt vor bei einer Anwendung von Gewalt gegen ein oder mehrere Opfer.[173] Zu der Frage, ob eine solche Anwendung von Gewalt eine bestimmte Intensität voraussetzt, sagt die Anlage zur AV nichts. Der in der Anlage enthaltene Hinweis, dass der Gebrauch von Waffen jeder Art als Gewalt i. S. d. § 11 HmbStVollzG zu verstehen ist, hilft im Hinblick auf § 223 StGB nicht weiter. Bei einer Verwendung von Waffen wird eine gefährliche Körperverletzung nach § 224 Abs. 1 Nr. 2 StGB vorliegen. Dabei ergibt sich die besondere Strafwürdigkeit gerade aus der Gefährlichkeit der Verwendung einer Waffe oder eines gefährlichen Werkzeugs.[174] Insofern kann sich diese Konkretisierung nicht auf die einfache Köperverletzung nach § 223 StGB beziehen. Im Ergebnis ist daher zu kritisieren, dass § 223 StGB ohne weitere konkretisierende Erläuterungen hinsichtlich der Voraussetzungen als Beispiel für „grobe Gewalt“ in den Straftatkatalog der Anlage zur AV zu § 11 HmbStVollzG aufgenommen wurde.

15.4.5.2.3 Hessen

In § 13 Abs. 2 HStVollzG werden die allgemeinen Voraussetzungen der Gewährung von vollzugsöffnenden Maßnahmen geregelt, während die Absätze 5 und 8 spezielle Regelungen für besondere Täter:innengruppen enthalten. Insofern regelt § 13 HStVollzG die Entscheidung über die Gewährung vollzugsöffnender Maßnahmen samt den besonderen Voraussetzungen für bestimmte Täter:innengruppen vollständig.

Im Gegensatz zu Art. 15 BayStVollzG wird im hessischen Recht nicht allein auf eine (vermutete) besondere Gefährlichkeit der Gefangenen aufgrund der Straftat abgestellt, die der Inhaftierung zugrunde liegt. Vielmehr gelten die besonderen Voraussetzungen für die Gewährung von vollzugsöffnenden Maßnahmen daneben auch beispielsweise gemäß § 13 Abs. 5 Nr. 3 HStVollzG für Gefangene, die erheblich suchtgefährdet sind. Die besonderen Umstände müssen gemäß § 13 Abs. 5 Nr. 4 HStVollzG ferner bei Gefangenen vorliegen, die in den letzten fünf

---

[173] HmbJVBl 2018, S. 56.

[174] Vgl. BGH NJW 1964, 1631 (1631).

Jahren aus dem Vollzug entwichen sind oder dies versucht haben, nicht aus vollzugsöffnenden Maßnahmen zurückgekehrt sind oder wegen einer während des Vollzugs begangenen Straftat verurteilt wurden.

Problematisch erscheint in diesem Zusammenhang, dass sich die Bezugspunkte grundlegend unterscheiden, an welche die höheren Voraussetzungen für die Lockerungsgewährung nach dem Gesetz geknüpft werden. Während Anknüpfungspunkt von § 13 Abs. 5 Nr. 4 HStVollzG ein Verhalten des bzw. der Gefangenen während des Vollzugs einer Freiheitsstrafe ist, wird bei der Nr. 1 auf die Straftat abgestellt, die der Inhaftierung zugrunde liegt.

In dem Anknüpfen an die der Verurteilung zugrunde liegenden Straftat nach der Nr. 1 könnte sachlich eine Berücksichtigung der Schuldschwere zu sehen sein, die letztlich in einer Verschärfung des Vollzugs für bestimmte Täter:innengruppen mündet.

Bei anderen Täter:innengruppen als den in § 13 Abs. 5 HStVollzG genannten muss lediglich eine Prognose dahingehend getroffen werden, dass der bzw. die Gefangene sich nicht dem Vollzug der Freiheitsstrafe entziehen oder die vollzugsöffnende Maßnahme zur Begehung von Straftaten oder auf andere Weise missbrauchen wird.

Für Inhaftierte, die einer Gefangenengruppe nach § 13 Abs. 5 HStVollzG zugeordnet werden können, müssen hingegen nach § 13 Abs. 5 HStVollzG a.E. besondere Umstände vorliegen, die eine Flucht- und Missbrauchsgefahr ausschließen. Bereits nach dem Wortlaut der Vorschrift können vollzugsöffnende Maßnahmen nur unter dieser einschränkenden Voraussetzung gewährt werden; eine Gewährung ohne Vorliegen dieser besonderen Umstände ist nicht zulässig. Daher sind die Anforderungen an die Gewährung vollzugsöffnender Maßnahmen gegenüber bestimmten Täter:innengruppen bereits unabhängig von einer gutachterlichen Einschätzung ihrer Gefährlichkeit erhöht. Hierin ist eine besondere Gewichtung der Straftat bzw. der ihr innewohnenden Schuld zu sehen, welche der Inhaftierung der Gefangenen zugrunde liegt. Mithin wird die Schwere der Schuld nach § 13 Abs. 5 HStVollzG a.E. unmittelbar bei der Gewährung von Vollzugslockerungen berücksichtigt. Diesbezüglich ist eine restriktive Auslegung der Anforderungen für Lockerungen bei bestimmten Täter:innengruppen angezeigt, um eine schematische Anwendung dieser Vorgaben zu vermeiden. Dies bedeutet nicht, dass der strenge Maßstab des Gesetzes bei Sexual- und Gewaltstraftäter:innen nicht geboten erscheint. Vielmehr sollte eine gutachterliche Stellungnahme zur Gefährlichkeit der betroffenen Gefangenen eingeholt werden, um eine Abwägung zwischen dem Resozialisierungsinteresse der Gefangenen und dem Schutz von tatsächlichen und potenziellen Opfern überhaupt zu ermöglichen.

In den Verwaltungsvorschriften zu den hessischen Vollzugsgesetzen (HVV)[175] wird in der Nr. 1.3 der VV zu § 13 HStVollzG der Begriff der groben Gewalttätigkeit gegen Personen i. S. d. § 13 Abs. 5 Nr. 1 HStVollzG konkretisiert. Danach liegt eine derartige Gewalttätigkeit insbesondere dann vor, wenn der Verurteilung eine Straftat nach den „§§ 211 bis 213, 224 bis 227, 231, 232 Abs. 3 Nr. 2, 3 und Abs. 4, § 233 Abs. 3, § 235 Abs. 4 Nr. 1, den §§ 239a, 239b, 249 bis 252, 255, 306a bis 306c, 307, 308, 316a oder 323a StGB (bei entsprechender Rauschtat), aber auch in Fällen psychischer Gewalt, wenn der Verurteilung eine Straftat nach § 238 StGB zugrunde liegt“[176]. Insofern wird der Begriff der Gewalttätigkeit i. S. d. § 13 Abs. 5 Nr. 1 HStVollzG durch die Nennung bestimmter Straftatbestände im Vergleich zur VV Nr. 7 Abs. 4 zu § 11 StVollzG Bund näher konkretisiert. Zudem ist die Konkretisierung in den VV zu § 13 HStVollzG durch die Einbeziehung der psychischen Gewalt im Zusammenhang mit § 238 StGB auch weiter gefasst als alle in den Landesgesetzen enthaltenen Straftatkataloge.

15.4.5.2.4 Niedersachsen

§ 16 NJVollzG regelt die Begutachtung und körperliche Untersuchung von Gefangenen. Hierbei bezieht sich Absatz 1 vornehmlich auf Fälle, in denen dies zum Zweck der Feststellung der Voraussetzungen für die Verlegung in den offenen Vollzug oder der Gewährung von Lockerungen erforderlich ist. Für das in Satz 1 enthaltene Merkmal der Erforderlichkeit sieht Satz 2 die Regelvermutung vor, dass diese bei Gefangenen vorliegt, die zu einer lebenslangen Freiheitsstrafe verurteilt worden sind (Nr. 1), wegen eines Sexual- oder Tötungsdelikts bzw. einer entsprechenden Rauschtat inhaftiert sind (Nr. 2) oder bei denen Anhaltspunkte für eine Abhängigkeit oder einen Missbrauch von Sucht- oder Arzneimitteln vorliegen (Nr. 3). Nach Satz 3 sollen an der Begutachtung nach Satz 2 Nr. 1 und 2 Sachverständige verschiedener Fachrichtungen beteiligt werden.

In der Gesamtschau wurden in § 16 Abs. 1 NJVollzG also insbesondere durch Satz 2 Nummer 2 spezielle Vorgaben für bestimmte Täter:innengruppen für die Verlegung in den offenen Vollzug bzw. die Gewährung von Lockerungen normiert. Die Aufzählung der Regelbeispiele in Satz 2 deutet zumindest mit Blick auf die Nummern 1 und 2 auf eine (vermutete) besondere Gefährlichkeit der betreffenden Gefangenen hin. Allerdings ist der Vollzugsbehörde durch die

---

[175] Verwaltungsvorschriften zu den hessischen Vollzugsgesetzen – ohne Sicherungsverwahrungsvollzugsgesetz – (HVV), Runderlass des Ministeriums der Justiz vom 8.3.2017, JMBl. Hessen 2017, S. 249 ff.

[176] HVV § 9 Vollzugsöffnende Maßnahmen (zu § 13 HStVollzG, § 13 HJStVollzG), Nr. 1.3, JMBl. Hessen 2017, S. 257.

Formulierung, dass eine Erforderlichkeit bei diesen Täter:innengruppen „in der Regel" gegeben ist, ein gewisser Spielraum eröffnet.

Die vom Gesetzgeber in § 16 Abs. 1 S. 2 NJVollzG gewählte Regelungsmethode des Regelbeispiels[177] hat zur Folge, dass für die in Satz 2 Nrn. 1 bis 3 genannten Gefangenengruppen eine widerlegbare Indizwirkung hinsichtlich der Erforderlichkeit einer Begutachtung oder körperlichen Untersuchung für die Feststellung der Voraussetzung der Gewährung vollzugsöffnender Maßnahmen besteht. Weiterhin erscheint bei vergleichbaren Gefangenen wie den im Regelbeispielskatalog aufgeführten Gruppen eine entsprechende Anwendung der Vorschrift möglich. Zu denken ist mit Blick auf § 16 Abs. 1 S. 2 Nr. 2 a) NJVollzG beispielweise an Gefangene, die wegen einer vorsätzlichen schweren Körperverletzung gemäß § 226 StGB oder einer Körperverletzung mit Todesfolge gemäß § 227 StGB inhaftiert sind.

Problematisch erscheint im Zusammenhang mit der in § 16 Abs. 1 NJVollzG gewählten Regelbeispielmethode zweierlei. Zum einen stellt sich die Frage, ob diesen Straftaten ein mit den in § 16 Abs. 1 S. 2 Nr. 2 a) NJVollzG vergleichbarer Unrechts- und Schuldgehalt im Sinne der Gegenschlussfunktion von Regelbeispielen[178] zukommt. Zum anderen ist fraglich, ob die Vollzugsanstalt den für eine derartige Prüfung notwendigen Sachverstand hat.

In § 16 Abs. 3 NJVollzG wird in Satz 1 zunächst festgelegt, dass die Begutachtung oder körperliche Untersuchung der Zustimmung des bzw. der Gefangenen bedarf. Allerdings wird nach Satz 2 bei einer Verweigerung der Zustimmung in der Regel der Schluss gezogen, dass die Voraussetzungen für eine Verlegung in den offenen Vollzug oder die Gewährung von Lockerungen nicht gegeben sind. Satz 3 enthält insofern eine Pflicht zu einem entsprechenden Hinweis bei einer Anordnung nach § 16 Abs. 1 NJVollzG.

Die in § 16 Abs. 3 S. 2 NJVollzG angelegte Regelwirkung bezüglich des Nichtvorliegens der Voraussetzungen für die Verlegung in den offenen Vollzug oder die Anordnung der Lockerung erscheint mit Blick auf § 16 Abs. 1 NJVollzG

---

[177] Allgemein zur Regelbeispielsmethode im materiellen Strafrecht siehe *Fischer*, StGB, 69. Aufl. 2021, § 46 Rn. 90 ff.; *Wittig*, in: BeckOK StGB, 53. Ed. Stand: 01.05.2022, § 243 StGB Rn. 1 ff.; *Eisele*, Regelbeispielsmethode, 2004, S. 191 ff.; speziell zur Verwendung dieser Methode schon im StVollzG Bund vgl. *Calliess/Müller-Dietz*, StVollzG, 11. Aufl. 2008, § 13 Rn. 23.

[178] Von der Gegenschlusswirkung sind mit Blick auf das materielle Strafrecht Fälle erfasst, bei denen zwar Ähnlichkeiten zu einem normierten Regelbeispiel bestehen, der Unrechts- und Schuldgehalt jedoch hinter jenen der gesetzlich festgeschriebenen Regelbeispiele zurück bleibt, vgl. BGHSt 28, 318 (322); *Fischer*, StGB, 69. Aufl. 2022, § 46 Rn. 94; *Wittig*, in: BeckOK StGB, 53. Ed. Stand: 01.05.2022, § 243 StGB Rn. 3; *Eisele*, Regelbeispielsmethode, 2004, S. 191 ff.

problematisch. Denn bei bestimmten Gefangenengruppen i. S. d. § 16 Abs. 1 S. 2 NJVollzG kann eine für sie ungünstige Indizwirkung gleich auf zwei Ebenen zum Tragen kommen, wenn die Gefangenen ihre Zustimmung verweigern. Diese Gefangenen haben daher faktisch kaum eine Möglichkeit, in den offenen Vollzug verlegt zu werden oder vollzugsöffnende Maßnahmen zu erlangen. Ob dies mit dem Vollzugsziel der Resozialisierung und dem allgemeinen Gleichheitsgrundsatz des Art. 3 Abs. 1 GG im Vergleich zu anderen Gefangenengruppen vereinbar ist, wird im Rahmen der teleologischen Auslegung noch genauer untersucht werden.

Anders als die VV zu § 10 StVollzG Bund sehen die Niedersächsischen Ausführungsvorschriften für den Strafvollzug (NAV)[179] eine erhöhte Prüfpflicht nur für vollzugsöffnende Maßnahmen vor und nicht für den offenen Vollzug[180]. Da die NAV nur eine Ergänzung zu den bundeseinheitlichen VV darstellen, dürften sich freilich letztlich auch für die besonders gründliche Prüfung der Eignung des bzw. der Gefangenen für den offenen Vollzug keine Unterschiede im Vergleich zur Geltung des StVollzG Bund ergeben.

Weiterhin wird in der NAV Nr. 1 zu § 11 StVollzG Bund unter D. V. Absatz 2 die Voraussetzung der Begutachtung von Gefangenen konkretisiert, die wegen einer Straftat nach §§ 174 bis 180, 182, 211, 212 sowie einer entsprechenden Rauschtat i. S. d. § 323a StGB verurteilt worden sind. Dort wird ausgeführt, dass neben einem internen Gutachten oder einer gutachterlichen Stellungnahme einer Anstaltspsychologin bzw. eines Anstaltspsychologen zusätzlich ein externes psychiatrisches Gutachten anzufordern ist. Des Weiteren legt die Ausführungsvorschrift das Prozedere zur Einholung des Gutachtens und mögliche Ausnahmen von der Begutachtung fest.[181]

15.4.5.2.5 Sachsen-Anhalt

Für die Regelungen zu bestimmten Täter:innengruppen im JVollzGB I LSA lässt sich lediglich festhalten, dass diese in § 22 JVollzGB I LSA (geschlossener und offener Vollzug) als Absatz 5 bzw. in § 45 JVollzGB I LSA (Lockerungen zur Erreichung des Vollzugsziels) als Absatz 6 normiert wurden. Somit finden sich die Vorgaben für bestimmte Täter:innengruppen im direkten Zusammenhang mit den allgemeinen Regelungen zum offenen Vollzug und zu den Lockerungen. Bemerkenswert ist diesbezüglich, dass insbesondere durch die Regelung in § 45 JVollzGB I LSA der Bedeutung von vollzugsöffnenden Maßnahmen für

---

[179] Niedersächsische Ausführungsvorschriften für den Strafvollzug NAV, Erlassdatum 17.10.2001, Nds. Rpfl. 2001, 450, Fassung vom 09.02.2018, – zitiert nach juris.

[180] NAV zu § 11 D. V. Abs. 2 – zitiert nach juris.

[181] Vgl. NAV zu § 11 D. V. Abs. 2 – zitiert nach juris.

das Vollzugsziel auch für die Gruppe der Sexual- und Gewaltstraftäter:innen Rechnung getragen wurde. Die Vorschrift trägt in ihrer amtlichen Überschrift die Bezeichnung „Lockerungen zur Erreichung des Vollzugsziels" und stellt damit ausdrücklich klar, dass die Lockerungen auch für die in § 45 Abs. 6 JVollzGB I LSA genannten Täter:innengruppen dem Resozialisierungsziel dienen.

Weitere Erkenntnisse sind mit Blick auf die systematische Auslegung nicht ersichtlich. Insbesondere deutet die Normierung von § 22 JVollzGB I LSA im Zusammenhang mit den allgemeinen Regelungen nicht zwingend auf eine besondere Gewichtung des Schutzes vor bestimmten Täter:innengruppen hin. Allerdings ist im Vergleich zu den übrigen am ME LStVollzG orientierten Landesgesetzen zu bemerken, dass nur das JVollzGB I LSA und das Landesgesetz aus Thüringen Regelungen zu bestimmten Täter:innengruppen enthalten. Im ME LStVollzG waren solche Vorschriften nicht enthalten.

Für die Begutachtung von bestimmten Täter:innengruppen in § 48 Abs. 1 JVollzGB I LSA ergibt sich wie bereits in der grammatischen und historischen Auslegung auch für die systematische Auslegung eine Vergleichbarkeit mit § 16 NJVollzG. Insofern kann für die innere Regelungssystematik des § 48 JVollzGB I LSA auf die vorstehenden Ausführungen zu Niedersachsen verwiesen werden. Darüber hinaus ist für die Systematik des § 48 JVollzGB I LSA lediglich anzumerken, dass diese Vorschrift in direktem Zusammenhang mit den übrigen Vorschriften zu den Vollzugslockerungen geregelt wurde. Weitere systematische Besonderheiten sind nicht ersichtlich.

In Sachsen-Anhalt wurde die Vollzugsgeschäftsordnung zum JVollzGB I LSA erlassen, welche Teilbereiche des Justizvollzugs konkretisiert.[182] Diese Vollzugsgeschäftsordnung betrifft jedoch nur die verwaltungsinternen Abläufe und nicht die Konkretisierung des Gesetzestextes. Eine Fortgeltung der VV zum StVollzG Bund oder gar eine eigene VV zum JVollzGB I LSA sind nicht ersichtlich.

15.4.5.2.6 Thüringen

Für die Regelungen zu bestimmten Täter:innengruppen im Thüringer Justizvollzugsgesetzbuch gelten die zum JVollzGB I LSA soeben dargelegten Ergebnisse der systematischen Auslegung entsprechend. In Thüringen wurden die Vorgaben für bestimmte Täter:innengruppen in der Vorschrift zum geschlossenen und offenen Vollzug § 22 ThürJVollzGB (geschlossener und offener Vollzug) als Absatz 4 bzw. in der Vorschrift zu den Lockerungen zur Erreichung des Vollzugsziels

[182] Ministerium für Justiz und Gleichstellung, Vollzugsgeschäftsordnung vom 03.07.2017, JMBl. LSA. 2017, 91 ff.

§ 46 ThürJVollzGB (Lockerungen zur Erreichung des Vollzugsziels) als Absatz 3 normiert.

In Thüringen wurden zum ThürJVollzGB zu den vollzugsöffnenden Maßnahmen augenscheinlich keine VV erlassen.[183] Die VV zum StVollzG Bund galten in Thüringen bis zum 31. Dezember 2019 fort, sind aber derzeit außer Kraft getreten.[184]

15.4.5.3 Zusammenfassung und Folgerungen

In den Vorschriften zu besonderen Täter:innengruppen ist eine erhebliche Berücksichtigung der Sicherheitsinteressen potenzieller Opfer ersichtlich, während die tatsächlichen Straftatopfer der Gefangenen nicht berücksichtigt werden. Der Schutz der Allgemeinheit wird dabei nicht nur in den gesetzlichen Regelungen besonders betont, sondern auch in den entsprechenden Verwaltungsvorschriften. Mit Blick auf die Konkretisierung der gesetzlichen Regelungen durch Verwaltungsvorschriften ergeben sich zwei Probleme. Zum einen wird der Gesetzeswortlaut mitunter nicht hinreichend konkretisiert. Dies betrifft vor allem die VVBayStVollzG zu Art. 15, die keinen Aufschluss darüber gibt, welche Straftaten als „schwerwiegend" i. S. d. Art. 15 BayStVollzG anzusehen sind.[185] Zum anderen dehnen einige Verwaltungsvorschriften den Anwendungsbereich der Vorschriften zu bestimmten Täter:innengruppen erheblich aus. Dies betrifft vornehmlich die AV zum Hamburger Strafvollzugsgesetz, wonach unter dem Begriff der „groben Gewalt" i. S. d. § 11 Abs. 3 HmbStVollzG auch eine einfache Körperverletzung gemäß § 223 StGB subsumiert werden kann, ohne dass hinreichend herausgestellt wird, worin in diesen Fällen gerade eine „grobe Gewalt" zu sehen wäre.[186]

---

[183] Allerdings wurden zu anderen Teilbereichen in Thüringen sehr wohl VV erlassen, vgl. beispielsweise Thüringer Ministerium für Migration, Justiz und Verbraucherschutz, Verwaltungsvorschrift zur Behandlung suchtgefährdeter und suchtmittelabhängiger Inhaftierter im Thüringer Justizvollzug, JMBl. 2020, 10.

[184] Vgl. Thüringer Ministerium für Migration, Justiz und Verbraucherschutz, Verwaltungsvorschriften zum Strafvollzugsgesetz (VVStVollzG), abrufbar bei juris (zuletzt aufgerufen am 11.06.2022).

[185] Hierzu oben im Abschnitt 15.4.5.2.1.

[186] Hierzu oben im Abschnitt 15.4.5.2.2.

15.5 Teleologische Auslegung

15.5.1 Vorüberlegungen zur teleologischen Auslegung

Für die teleologische Auslegung der opferbezogenen Regelungen in den Vorschriften zu den vollzugsöffnenden Maßnahmen muss zunächst der Sinn und Zweck der vollzugsöffnenden Maßnahmen im Allgemeinen erläutert werden. Dabei ist zu beachten, dass Lockerungen als Behandlungsmaßnahmen einzuordnen sind und der Erreichung des Vollzugsziels der Resozialisierung dienen.[187] Dementsprechend sind vollzugsöffnende Maßnahmen ein wichtiger Bestandteil der Vollzugsgestaltung.[188] Es handelt sich bei Vollzugslockerungen nicht um bloße Vergünstigungen oder Belohnungen für Gefangene.[189] Vielmehr kann die Gewährung von Lockerungen bzw. vollzugsöffnenden Maßnahmen als eine Ausprägung der Vollzugsgrundsätze verstanden werden, insbesondere des Eingliederungs-, des Gegenwirkungs- und des Öffnungsgrundsatzes.[190] Die Aufrechterhaltung und Schaffung sozialer Kontakte und Bindungen außerhalb der Anstalt durch Vollzugslockerungen dient unter anderem der Wiedereingliederung der Gefangenen in die Gesellschaft und ist geeignet, schädliche Auswirkungen des Freiheitsentzugs zu reduzieren.[191]

An diesem Zusammenhang zwischen vollzugsöffnenden Maßnahmen und Resozialisierung hat sich durch die Landesgesetzgebung zum Strafvollzug im Vergleich zum StVollzG Bund nichts geändert.[192] Auch die landesrechtlichen Vorschriften zur Gewährung von Vollzugslockerungen müssen daher mit dem Resozialisierungsziel vereinbar sein, da sie diesem dienen sollen.

Mit Blick auf die Erteilung von Weisungen bei vollzugsöffnenden Maßnahmen kann festgehalten werden, dass Sinn und Zweck der Weisungserteilung die Reduzierung möglicher Gefahren durch Verhaltensanordnungen an den bzw. die

---

[187] *Burkhardt*, in: AK-StVollzG, 8. Aufl. 2022, Teil II, § 38 LandesR Rn. 49; *Dünkel/Pruin/Beresnatzki u. a.*, NK 2018, 21 (21 ff.); *Laubenthal*, Strafvollzug, 8. Aufl. 2019, Rn. 524; OLG Hamm Beschl. v. 16.06.1998 – 1 Vollz (Ws) 125/98 – zitiert nach juris Rn. 14; in diesem Sinne auch BVerfG, Beschl. v. 05.08.2010 – 2 BvR 729/08 – zitiert nach juris Rn. 32.

[188] *Harrendorf/Ullenbruch*, in: Schwind/Böhm/Jehle/Laubenthal (Hrsg.), StVollzG, 7. Aufl. 2019, 1. Kap. C. Rn. 7; 10. Kap. C. Rn. 1.

[189] *Laubenthal*, Strafvollzug, 8. Aufl. 2019, Rn. 524.

[190] *Burkhardt*, in: AK-StVollzG, 8. Aufl. 2022, Teil II, § 38 LandesR Rn. 49.

[191] *Laubenthal*, Strafvollzug, 8. Aufl. 2019, Rn. 524; vgl. OLG Hamm NStZ 1985, 189 (189); OLG Hamm Beschl. v. 16.06.1998 – 1 Vollz (Ws) 125/98 – zitiert nach juris Rn. 14.

[192] *Burkhardt*, in: AK-StVollzG,8. Aufl. 2022, Teil II, § 38 LandesR Rn. 49.

Gefangene:n ist.[193] Im Allgemeinen soll durch die Weisungen der Missbrauch von Lockerungen bzw. eine Flucht der Gefangenen verhindert werden.[194] Der Gesetzesbegründung zu § 14 StVollzG Bund ist diesbezüglich zu entnehmen, dass durch Weisungen das Recht und die Pflicht der Vollzugsbehörde zum Ausdruck kommt, den Aufenthaltsort des bzw. der Gefangenen auch bei Vollzugslockerungen zu bestimmen.[195] Insgesamt dient die Erteilung von Weisungen daher der Ausgestaltung von Vollzugslockerungen und damit zugleich einer wenigstens teilweise fortbestehenden Kontrolle der Gefangenen durch die Anstalt.

15.5.2 Berücksichtigung von Opferbelangen im Rahmen der allgemeinen Missbrauchsprognose auf Tatbestandsseite

Hinsichtlich des Telos der Flucht- und Missbrauchsprognose kann dem konkreten Straftatopfer und seinen Schutzinteressen bereits auf Tatbestandsseite Bedeutung zukommen. Hier sind insbesondere die Unrechtseinsicht und die Tataufarbeitung mögliche Anknüpfungspunkte für eine Beachtung von Opferbelangen.

Die zur Beurteilung der Flucht- und Missbrauchsgefahr vorzunehmende Prognoseentscheidung[196] dient dem Zweck, die Gefahr einer Entweichung der Gefangenen oder eine erneute Straftatbegehung durch die Inhaftierten während der Vollzugslockerungen zu vermeiden.[197] Zu beachten ist in diesem Zusammenhang zum einen, dass nach der Rechtsprechung des BVerfG ein gewisses Restrisiko hinzunehmen ist.[198] Zum anderen wird keine positive Prognose gefordert. So hat das BVerfG auf der Grundlage von § 11 Abs. 2 StVollzG Bund entschieden, dass nur eine Negativprognose hinsichtlich der Flucht- und Missbrauchsgefahr zu einer Versagung von Vollzugslockerungen bzw. der Ablehnung

[193] Vgl. *Laubenthal*, Strafvollzug, 8. Aufl. 2019, Rn. 555.

[194] *Laubenthal*, Strafvollzug, 8. Aufl. 2019, Rn. 555.

[195] Vgl. BT-Drs. 7/918, S. 54.

[196] Ausführlich hierzu *Laubenthal*, Strafvollzug, 8. Aufl. 2019, Rn. 534 m. w. N.

[197] *Laubenthal*, Strafvollzug, 8. Aufl. 2019, Rn. 534.

[198] BVerfG NStZ 1998, 430 (430).

einer Unterbringung im offenen Vollzug führe.[199] Hieraus folgt, dass der Versagungsgrund der Flucht- und Missbrauchsgefahr das Vollzugsziel der Resozialisierung und die Vollzugsaufgabe der Sicherheit der Allgemeinheit in Einklang bringt und damit letztlich auch dem Schutz potenzieller Opfer vor einer Gefährdung durch die Gefangenen dient. Daneben kann ein weiterer Zweck der Prognoseentscheidung in der Durchsetzung des staatlichen Strafanspruchs gesehen werden, da im Rahmen der vollzugsöffnenden Maßnahmen die Kontrollmöglichkeiten der Vollzugsanstalt hinsichtlich des Aufenthaltsorts der Gefangenen beschränkt sind und eine Flucht daher durch die vorherige Prognose vermieden werden soll.

Durch die meisten Landesgesetze dürfte sich gegenüber dem StVollzG Bund keine Änderung der Rechtslage ergeben haben, da in der Mehrzahl dieser Gesetze für die Entscheidung über Lockerungen keine weiteren Versagungsgründe normiert wurden. In einigen Landesgesetzen[200] scheint das Telos der Regelungen für bestimmte Täter:innengruppen allerdings in eine andere Richtung zu weisen. Hierauf deutet insbesondere das Erfordernis einer positiven Prognose bzw. die Anordnung erhöhter Prüfungsanforderungen für bestimmte Täter:innengruppen im Wortlaut einzelner Vorschriften hin. Diese Besonderheiten des Verfahrens bei bestimmten Täter:innengruppen werden sogleich im Abschnitt 15.5.5 näher untersucht.

Die Rechtsprechung hat sich in der Vergangenheit bereits mehrfach mit der Begründung von Flucht- und Missbrauchsprognosen bei Gefangenen beschäftigt, welche die Begehung der ihrer Inhaftierung zugrunde liegenden Taten leugnen. Bei diesen Gefangenen ergibt sich die Besonderheit, dass aufgrund der Leugnung der Taten auch noch nach einer rechtskräftigen Verurteilung durch ein Strafgericht bei der Prüfung von Vollzugslockerungen ein „ungünstiges prognostisches Kriterium für die Beurteilung der Missbrauchsgefahr“ vorliegt.[201] Allerdings könne das Leugnen der Tat allein die Annahme einer Missbrauchsgefahr noch nicht

---

[199] Vgl. BVerfG, NStZ 1998, 430 (430 f.); dies gilt auch bei einer fehlenden Auseinandersetzung mit der Straftat, vgl. OLG Schleswig Beschl. v. 04.10.2007 – 2 Vollz (Ws) 392/07 (212/07) – zitiert nach juris Rn. 28 f.; weiterführend *Laubenthal*, Strafvollzug, 8. Aufl. 2019, Rn. 534 f.

[200] Spezielle Regelungen für bestimmte Täter:innengruppen finden sich in den Gesetzen der Länder Bayern, Hamburg, Hessen, Niedersachsen, Sachsen-Anhalt und Thüringen.

[201] OLG Hamm, Beschl. v. 27.11.2008 – 1 Vollz (Ws) 1007/08 – zitiert nach juris, Rn. 8, hat dies bei Sexualstraftäter:innen angenommen; siehe auch OLG Hamm NStZ-RR 2016, 32 (32); allgemein zu Prognosen bei Tatleugnung siehe *Brettel*, Tatverleugnung als kriminalprognostische Falle?, in: Pollähne/Rode (Hrsg.), Opfer im Blickpunkt – Angeklagte im Abseits?, 2012, S. 109 ff.

begründen, wenn andere gewichtige Umstände gegen eine solche Gefahr sprechen. Um das Gewicht des Leugnens der Tat für die Missbrauchsgefahr beurteilen zu können, müssten daher im konkreten Fall weitere Prognosegesichtspunkte herangezogen werden, welche die aus der Tatleugnung hergeleitete fehlende Unrechtseinsicht und mangelnde Tataufarbeitung zu stützen vermögen.[202] In diesem Zusammenhang sind auch die Tatumstände und mögliche Gefährdungen für das konkrete Straftatopfer durch die in Rede stehende vollzugliche Maßnahme zu berücksichtigen.[203]

Bei Gefangenen, die sich nicht mit ihren Straftaten auseinandersetzen, dürfen vollzugsöffnende Maßnahmen ebenfalls nur aufgrund konkreter Flucht- oder Missbrauchsbefürchtungen versagt werden, nicht jedoch schon wegen eines angenommen allgemeinen Risikos.[204] Die mangelnde Tataufarbeitung darf im Rahmen der Prognoseentscheidung zur Flucht- und Missbrauchsgefahr nur insoweit berücksichtigt werden, als diese im konkreten Fall für eine negative Prognose relevant ist.[205] Daher muss auch bei einer mangelnden Tataufarbeitung durch den bzw. die Gefangene:n eine umfassende Gesamtwürdigung aller relevanten Umstände erfolgen.

Im Rahmen einer opferbezogenen Vollzugsgestaltung erscheint das Fehlen einer Auseinandersetzung des bzw. der Gefangenen mit seiner bzw. ihrer Straftat und deren Folgen für das konkrete Opfer als ein weiterer Abwägungsgesichtspunkt bei der Beurteilung der Eignungsprognose für vollzugsöffnende Maßnahmen auf Tatbestandsseite relevant. Nach dem Konzept der opferorientierten Vollzugsgestaltung sind die Aufarbeitung der Tat und die Einsicht in die Tatfolgen Bestandteile des Resozialisierungsziels[206] und könnten daher zumindest mittelbar zu einer Versagung vollzugsöffnender Maßnahmen führen. Allerdings

---

[202] OLG Hamm Forum Strafvollzug SH 2018, 26 (26 f.) zu § 12 StVollzG NRW; ähnlich OLG Hamm, Beschl. v. 27.11.2008 – 1 Vollz (Ws) 1007/08 – zitiert nach juris, Rn. 8; OLG Frankfurt a.M. NStZ-RR 2000, 251 (252); OLG Hamm NStZ-RR 2016, 32 (32); vgl. auch OLG Hamm Beschl. v. 24.1.2017 – III 1 Vollz (Ws) 538/16.

[203] Vgl. OLG Hamm, Beschl. vom 27.11.2008 – 1 Vollz (Ws) 1007/08 – zitiert nach juris, Rn. 9; vgl. auch OLG Hamm NStZ-RR 2016, 32 (32); OLG Hamm Forum Strafvollzug SH 2018, 26 (26 f.).

[204] OLG Schleswig, Beschl. v. 04.10.2007 – 2 Vollz (Ws) 392/07 (212/07) – zitiert nach juris, Leitsatz, Rn. 20 f., 27 f.; ebenso *Calliess/Müller-Dietz*, StVollzG, 11. Aufl. 2008, § 11 Rn. 14 f.

[205] Vgl. OLG Schleswig, Beschl. v. 04.10.2007 – 2 Vollz (Ws) 392/07 (212/07) – zitiert nach juris, Rn. 28.

[206] Hierzu bereits ausführlich im Abschnitt 5.2.1.1 und im Abschnitt 5.2.3.1.

ist in diesem Zusammenhang erneut zu beachten, dass der Resozialisierungsauftrag nicht nur durch den Grundsatz der Opferorientierung konkretisiert wird, sondern auch durch die anderen Vollzugsgrundsätze wie etwa den Angleichungs-, Gegensteuerungs-, Wiedereingliederungs- und Öffnungsgrundsatz. Daher kann die Opferperspektive bei der Bewertung einer fehlenden Auseinandersetzung mit der Tat und ihren Folgen zwar mittelbar berücksichtigt werden. Dies darf jedoch nicht dazu führen, dass die anderen genannten Vollzugsgrundsätze keine Berücksichtigung finden. Insofern kann die opferorientierte Vollzugsgestaltung die Gesamtabwägung im Einzelfall lediglich ergänzen.

Etwas anderes gilt jedoch in Fällen, in denen von einem bzw. einer Gefangenen eine konkrete Gefahr für das Straftatopfer oder Dritte ausgeht. Hier wird schon eine Missbrauchsgefahr anzunehmen und in der Folge eine Eignung des bzw. der Gefangenen für vollzugsöffnende Maßnahmen abzulehnen sein. In solchen Fällen wird bereits aufgrund des subjektiven Rechts des Straftatopfers auf Opferschutz aus Art. 2 Abs. 2 S. 1 GG[207] jedenfalls bei Opfern von Sexualdelikten und schweren Gewaltdelikten ein höherer Maßstab für die Prognoseentscheidung anzulegen sein. Diesen verfassungsrechtlichen Überlegungen entsprechen auf der Ebene des einfachen Gesetzesrechts die Vorschriften der Landesstrafvollzugsgesetze, die bei Gewalt- und Sexualstraftäter:innen erhöhte Anforderungen an die Prognoseentscheidung stellen.

Zu kritisieren ist jedoch, dass das konkrete Straftatopfer insoweit in den Gesetzen keine Berücksichtigung gefunden hat und auch in den VV bzw. AV der Länder kaum erwähnt wird. Eine Berücksichtigung der Interessen der Straftatopfer drängt sich allerdings zumindest für solche Opfer auf, die zum sozialen Nahraum des bzw. der Gefangenen gehören. In derartigen Fällen hätten die Landesgesetzgeber zumindest für die Opfer von Sexualdelikten und schweren Gewaltstraftaten den Schutz tatsächlicher Opfer bereits ausdrücklich im Gesetz berücksichtigen müssen. Nach dem derzeitigen Modell liegt es bei der Vollzugsbehörde, den Grundsatz der Opferorientierung in die Prognoseentscheidung über die Missbrauchsgefahr einfließen zu lassen. Dabei haben die Vollzugsbehörden jedoch zu beachten, dass der Versagungsgrund der Flucht- und Missbrauchsgefahr das Vollzugsziel der Resozialisierung und die Vollzugsaufgabe der Sicherheit der Allgemeinheit in Einklang bringt. Der Schutz tatsächlicher Opfer ist nur in Ausnahmefällen im Rahmen der Missbrauchsprognose zu berücksichtigen, nämlich dann, wenn die Missbrauchsgefahr sich gerade in einer konkreten Gefahr für das Opfer äußert.

---

[207] Ausführlich zum subjektiven Recht auf Opferschutz oben im Abschnitt 10.1.2.3.4.

In allen anderen Fällen bieten die Berücksichtigung von Belangen des Opferschutzes im Rahmen der Ermessensentscheidung auf Rechtsfolgenseite und eine Ausgestaltung vollzugsöffnender Maßnahmen durch opferbezogene Weisungen eine ausreichende Möglichkeit eines Ausgleichs zwischen Gefangenen- und Opferinteressen. Dieser Gesichtspunkt wird für die Gewährung vollzugsöffnender Maßnahmen sogleich im Abschnitt 15.5.3 und für die Ausgestaltung durch Weisungen im Abschnitt 15.5.4 näher betrachtet.

15.5.3 Berücksichtigung von Opferbelangen bei der Gewährung vollzugsöffnender Maßnahmen auf Rechtsfolgenseite

Zunächst ist nach dem Sinn und Zweck der Vorschriften zu fragen, nach denen bei der Entscheidung über die Gewährung von vollzugsöffnenden Maßnahmen neben dem Schutz der Allgemeinheit auch die Belange der Opfer bzw. Opferschutzes berücksichtigt werden sollen. Derartige Regelungen finden sich in den Gesetzen der Länder Hamburg, Hessen und Sachsen-Anhalt.[208]

Hinsichtlich der Berücksichtigung von Opferbelangen bei der Entscheidung über die Gewährung vollzugsöffnender Maßnahmen kommt dem Schutz tatsächlicher Opfer nach dem Willen der Landesgesetzgeber im Gegensatz zur Sicherheit der Allgemeinheit keine gesteigerte Bedeutung zu. Dieser Schluss ergibt sich aus zwei Umständen. Zum einen werden in den relevanten Vorschriften der Länder Hamburg, Hessen und Sachsen-Anhalt neben dem Schutz der Allgemeinheit zwar auch Belange der Opfer bzw. des Opferschutzes als Abwägungskriterium für die Entscheidung über Lockerungen benannt.[209] Allerdings ergibt sich bereits aus dem Wortlaut der Vorschriften, dass sie nicht allein auf den Schutz tatsächlicher Opfer, sondern gerade auch potenzieller Opfer ausgerichtet sind. Zum anderen wird in den Gesetzesbegründungen zwar angeführt, dass die Einbeziehung von Opferbelangen dem Schutz von Opfern vor einer Beeinträchtigung durch den bzw.

[208] In § 12 Abs. 5 HmbStVollzG „Belange der Opfer"; in § 13 Abs. 2 S. 2 HStVollzG, § 22 Abs. 2 S. 3 JVollzGB I LSA und § 45 Abs. 3 S. 3 JVollzGB I LSA „Belange des Opferschutzes"; ausführlich hierzu oben im Abschnitt 15.2.2 und im Abschnitt 15.2.3.

[209] In § 12 Abs. 5 HmbStVollzG „Belange der Opfer"; in § 13 Abs. 2 S. 2 HStVollzG, § 22 Abs. 2 S. 3 JVollzGB I LSA und § 45 Abs. 3 S. 3 JVollzGB I LSA „Belange des Opferschutzes".

die konkrete:n Gefangene:n dient.[210] Der Begriff des Opferschutzes wird diesbezüglich allerdings nicht hinreichend konkretisiert. Demgegenüber wird jedoch die Bedeutung der Sicherheit der Allgemeinheit in den Begründungen als weiteres Abwägungskriterium besonders hervorgehoben und erläutert.[211]

Der Schutz der Allgemeinheit umfasst neben potenziellen Opfern zwar auch tatsächliche Opfer, letztere nehmen infolge der Viktimisierung durch den bzw. die konkrete:n Gefangene:n jedoch eine Sonderstellung ein. Tatsächliche Opfer von Straftaten müssen nicht nur allgemein durch das Strafrechtssystem vor Straftaten geschützt werden, sondern gerade auch vor einer erneuten Viktimisierung oder (Re-)Traumatisierung durch den bzw. die konkrete:n Gefangene:n. Diese Intention kommt zwar durch die Berücksichtigung der Belange des Opfers bzw. des Opferschutzes bei der Entscheidung über vollzugsöffnende Maßnahmen im Ansatz zum Ausdruck. Allerdings wurde die Bedeutung dieser besonderen Schutzbedürftigkeit tatsächlicher Opfer vor erneuten Viktimisierungen im Zusammenhang mit der Gewährung von vollzugsöffnenden Maßnahmen durch die Landesgesetzgeber nicht besonders hervorgehoben. Daher kann nicht auf eine gesteigerte Relevanz des Opferschutzes gegenüber dem Schutz der Allgemeinheit geschlossen werden. Allenfalls erscheint eine besondere Bedeutung des Schutzes konkreter Opfer möglich, wenn die Gefahr einer erneuten Viktimisierung evident ist. Dies kommt beispielsweise in Betracht, wenn der bzw. die Gefangene dem konkreten Opfer erneute Straftaten angedroht hat und diese Drohungen in zeitlicher Nähe zu der Entscheidung über die Gewährung der vollzugsöffnenden Maßnahmen erfolgt sind. Allerdings dürfte in solchen Fällen bereits die Missbrauchsprognose gegen die Gewährung der vollzugsöffnenden Maßnahmen sprechen.[212] Eine mehrfache Berücksichtigung der Belange von Opfern bei der Entscheidung über vollzugsöffnenden Maßnahmen – in der Missbrauchsprognose, allgemein als Bestandteil des Schutzes der Allgemeinheit sowie speziell durch die Beachtung des Opferschutzes – ist mit einem angemessenem Ausgleich mit den Interessen des bzw. der Gefangenen an der Gewährung der Maßnahmen nicht vereinbar. Zumal bei der Annahme einer Missbrauchsgefahr bereits die Tatbestandsvoraussetzungen der Gewährung der vollzugsöffnenden Maßnahmen nicht vorliegen und es somit auf die Berücksichtigung der Opferbelange nicht mehr ankommen kann. Daher kann die Berücksichtigung von Belangen des Opfers

---

[210] Hierzu bereits die Begründungen zu den Vorschriften aus Hamburg, Hessen und Sachsen-Anhalt oben im Abschnitt 15.3.3.

[211] Hierzu bereits oben im Abschnitt 15.3.3.

[212] Ähnlich *Kunze*, in: BeckOK HStVollzR, 17. Ed. Stand: 01.03.2022, HStVollzG § 13 Rn. 18; zur Missbrauchsprognose bereits oben im Abschnitt 15.5.2.

bzw. Opferschutzes gerade nur auf die Ausgestaltung der vollzugsöffnenden Maßnahmen bezogen sein, welche wiederum die Rechtsfolgenseite betrifft.

Dieses Ergebnis zu den Gesetzen von Hamburg, Hessen und Sachsen-Anhalt lässt sich auch für die Vorschrift des Landes Nordrhein-Westfalen über die Gewährung von vollzugsöffnenden Maßnahmen festhalten. In § 53 Abs. 1 S. 2 StVollzG NRW wurde der Schutz der Allgemeinheit als einziges Abwägungskriterium für die Entscheidung über die Gewährung von Lockerungen normiert. Die Berücksichtigung von Opferbelangen wurde demgegenüber in § 53 Abs. 6 StVollzG NRW nur hinsichtlich der Ausgestaltung von Vollzugslockerungen festgelegt. Diese Berücksichtigung von Opferbelangen steht jedoch zumindest nach dem Willen des nordrhein-westfälischen Gesetzgebers neben der Berücksichtigung von Schutzinteressen gefährdeter Dritter.[213] Hierunter sind letztlich potenzielle Opfer zu verstehen[214], weshalb der Schutz der Allgemeinheit nicht nur ein Abwägungskriterium bezüglich der Gewährung von Lockerungen, sondern vielmehr auch ein Ausgestaltungskriterium für Vollzugslockerungen darstellen soll. Die Ausgestaltung betrifft aber wiederum nicht die Gewährung der vollzugsöffnenden Maßnahmen, sondern allein die Rechtsfolgenseite und gerade auch die Ausgestaltung durch opferbezogene Weisungen. Diese Ausgestaltung wird im nachfolgenden Abschnitt vertieft.

15.5.4 Berücksichtigung von Opferbelangen bei der Ausgestaltung vollzugsöffnender Maßnahmen

Im Hinblick auf die opferbezogenen Weisungen zur Ausgestaltung der vollzugsöffnenden Maßnahmen ist zunächst anzumerken, dass zwar bereits auf der Grundlage des StVollzG Bund die Erteilung von Weisungen nach § 14 Abs. 1 generell möglich war. Weder in § 14 Abs. 1 StVollzG Bund noch an einer anderen Stelle in dem Gesetz war jedoch eine Konkretisierung hinsichtlich der Weisungen enthalten. Die VV zu § 14 StVollzG Bund führten als Beispiele für mögliche Weisungen ebenfalls keine opferbezogenen Weisungen an. Dies schloss jedoch opferbezogene Weisungen auch bereits auf der Grundlage von § 14 Abs. 1

[213] Vgl. hinsichtlich vollzugsöffnender Maßnahmen § 53 Abs. 6 StVollzG NRW; zuvor bereits in § 25 StVollzG NRW mit Blick auf Außenkontakte.

[214] Hierzu bereits oben im Abschnitt 13.3.3; vgl. zudem die Begründung zu § 7 StVollzG NRW, Landtag Nordrhein-Westfalen Drs. 16/5413, S. 86; zu § 25 StVollzG NRW a. a. O. S. 106.

StVollzG Bund nicht aus, sodass entsprechende Weisungen hinsichtlich der Kontaktaufnahme zum Opfer während der Vollzugslockerungen auch damals schon möglich waren.

Daher kann die ausdrückliche Normierung opferbezogener Weisungen in den Landesstrafvollzugsgesetzen nicht den Zweck haben, opferbezogene Weisungen überhaupt erst zu ermöglichen. Vielmehr deutet die Normierung der Berücksichtigung von Opferinteressen bei der Ausgestaltung vollzugsöffnender Maßnahmen darauf hin, dass die Möglichkeit der Erteilung opferbezogener Weisungen ausdrücklich in die Landesgesetze aufgenommen werden sollte. Hierbei dient die Berücksichtigung der Belange von Opfern dem Schutz tatsächlicher Opfer vor einer erneuten Viktimisierung bzw. (Re-)Traumatisierung durch ein Zusammentreffen mit den Gefangenen. Insofern hat bereits die Betrachtung der Gesetzesbegründungen ergeben, dass durch die Erteilung von opferbezogenen Weisungen Belastungssituationen für das konkrete Straftatopfer vermieden werden sollen.[215]

Aus dem Zweck der Vermeidung einer erneuten Viktimisierung bzw. (Re-)Traumatisierung tatsächlicher Straftatopfer lassen sich folgende Schlüsse ziehen. Die Ausgestaltung vollzugsöffnender Maßnahmen unter Berücksichtigung von Opferbelangen[216] bzw. durch opferbezogene Weisungen[217] deuten in die gleiche Richtung wie die opferbezogenen Regelungen zu den allgemeinen Außenkontakten. In beiden Themenkreisen ist der angestrebte Zweck der ausdrücklich opferbezogenen Regelungen der Schutz des konkreten Opfers vor einer erneuten Beeinträchtigung durch den bzw. die konkrete:n inhaftierte:n Täter:in.[218] Folglich können unter den Belangen von Opfern i. S. d. § 40 S. 2 ME LStVollzG und der entsprechenden landesgesetzlichen Regelungen[219] nur jene Opferbelange zu verstehen sein, die den Schutz vor einer sekundären Viktimisierung bzw. (Re-)Traumatisierung oder einer erneuten Viktimisierung des konkreten Opfers durch

[215] Ausführlich hierzu im Abschnitt 15.3.4.

[216] Hamburg, Hessen, Nordrhein-Westfalen, Sachsen-Anhalt.

[217] Berlin, Brandenburg, Bremen, Hamburg, Mecklenburg-Vorpommern, Niedersachsen, Nordrhein-Westfalen, Rheinland-Pfalz, Saarland, Sachsen, Sachsen-Anhalt, Schleswig-Holstein, Thüringen.

[218] Vgl. zur teleologischen Auslegung des Themenkreises der Außenkontakte im Abschnitt 14.5.2.

[219] § 48 Abs. 1 S. 2 BbgJVollzG; § 40 S. StVollzG MV; § 47 S. 2 LJVollzG RP; § 40 S. 2 SLStVollzG; § 40 S. 2 SächsStVollzG; § 57 Abs. 2 LStVollzG SH; § 48 S. 2 ThürJVollzGB; mit unbedeutender Abweichung auch § 47 Abs. 3 JVollzGB I LSA; hierzu bereits oben im Abschnitt 15.2.4.

den bzw. die Täter:in betreffen. Entsprechende Beispiele für opferbezogene Weisungen sind in § 57 S. 2 Nr. 4 StVollzG NRW und § 47 Abs. 1 S. 2 Nr. 3 JVollzGB I LSA enthalten. Diese betreffen die Weisung an den bzw. die Gefangene:n, sich dem Opfer und dessen Wohnbereich nicht zu nähern. In § 12 Abs. 6 HmbStVollzG wird relativ abstrakt die Erteilung von Weisungen zu einer Kontaktaufnahme mit dem Opfer und dessen Angehörigen genannt. Als weitere Beispiele für Weisungen kommen ein generelles Kontaktverbot zum Straftatopfer während der Vollzugslockerung in Betracht oder die Weisung, den Arbeitsplatz des Opfers nicht zu besuchen.[220]

Die Einbeziehung der Opferbelange bei der Ausgestaltung der vollzugsöffnenden Maßnahmen muss jedoch ebenfalls mit dem Resozialisierungsziel vereinbar sein. Eine vollständige Ablehnung von Lockerungen aus Gründen des Opferschutzes kann nur ultima ratio sein,[221] weshalb insbesondere die Möglichkeiten einer opferschutzorientierten Ausgestaltung der vollzugsöffnenden Maßnahmen durch die Anstalten zu prüfen ist. Insofern ist eine Abwägung zwischen den Schutzinteressen des konkreten Straftatopfers mit dem Resozialisierungsanspruch des bzw. der Gefangenen notwendig.[222] Aus verfassungsrechtlicher Perspektive stehen sich bei besonders schwerwiegenden Straftaten auf der einen Seite das subjektive Recht auf Opferschutz aus Art. 2 Abs. 2 S. 1 GG[223] und auf der anderen Seite der Resozialisierungsanspruch des bzw. der Gefangenen aus Art. 2 Abs. 1 i. V. m. Art. 1 Abs. 1 GG[224] gegenüber.

Dieser verfassungsrechtlich geforderten Abwägung werden die meisten Landesgesetze gerecht, indem sie eine Ausgestaltung unter Berücksichtigung von Opferbelangen „nach Möglichkeit" vorsehen.[225]

Demgegenüber bedarf die Regelung des § 44 S. 2 StVollzG Bln einer teleologischen Reduktion. Wenn die Gewährung vollzugsöffnender Maßnahmen dem Zweck der Resozialisierung dienen soll, so müssen die vollzugsöffnenden Maßnahmen entsprechend ausgestaltet werden. Die in § 44 S. 2 StVollzG Bln

[220] Vgl. *El-Ghazi*, in: BeckOK StVollzR Saarland, 16. Ed. Stand: 01.05.2022, SLStVollzG § 40 Rn. 11.

[221] *Lohmann*, in: BeckOK HmbStVollzR, 15. Ed. Stand: 01.04.2022, HmbStVollzG § 12 Rn. 24.

[222] Ebenso *Arloth*, in: BeckOK BayStVollzR, 16. Ed. Stand: 01.04.2022, BayStVollzG Art. 5a Rn. 3.

[223] Ausführlich zur Herleitung eines subjektiven Rechts auf Opferschutz aus den grundrechtlichen Schutzpflichten im Abschnitt 10.1.2.3.4.

[224] Ausführlich zum Vollzugsziel der Resozialisierung oben im Abschnitt 5.1.1; speziell zum Verfassungsrang des Resozialisierungsauftrags siehe oben im Abschnitt 5.1.1.2.

[225] Vgl. nur § 48 Abs. 1. S. 2 BbgJVollzG; § 40 S. 2 StVollzG MV.

vorgesehene zwingende Berücksichtigung von Opferbelangen („ist […] Rechnung zu tragen") erscheint diesbezüglich zu weit zu gehen. Eine Berücksichtigung von Opferbelangen ist nicht in jedem Fall mit dem Vollzugsziel der Eingliederung des bzw. der Gefangenen vereinbar. Denkbar sind beispielsweise Fälle, in denen Gefangene oder deren Angehörige aus dem gleichen Stadtteil stammen wie das Opfer der Straftat. Hier könnten sich Konstellationen ergeben, in denen es sich nicht vermeiden lässt, dass die Gefahr eine Begegnung zwischen dem Gefangenem bzw. der Gefangenen und dem Opfer besteht. Bei einer zwingenden Berücksichtigung der Opferbelange müsste dem bzw. der Gefangenen in diesem Fall die Weisung erteilt werden, den betreffenden Stadtteil nicht aufzusuchen. Dies könnte jedoch zum einen den Zweck der Lockerung – namentlich Aufbau und Pflege sozialer Kontakte – erschweren. Zum anderen könnte die zwingende Einbeziehung von Opferbelangen gegen die Rechte des bzw. der Gefangenen beispielsweise aus Art. 6 GG verstoßen, wenn die Familie des bzw. der Gefangenen in der Nähe des Opfers lebt. Daher bedarf § 44 S. 2 StVollzG Bln einer teleologischen Reduktion dergestalt, dass ebenso wie nach § 40 S. 2 ME LStVollzG und den ihm folgenden Landesgesetzen den Belangen von Opfern bzw. Verletzten bei der Ausgestaltung von Lockerungen „nach Möglichkeit" Rechnung zu tragen ist. Nur so können das Recht auf Opferschutz einerseits und das Recht auf Resozialisierung andererseits hinreichend zu einem Ausgleich gebracht werden.

Einer derartigen teleologischen Reduktion bedarf es demgegenüber bei § 40 S. 2 BremStVollzG nicht. Zwar sieht auch diese Vorschrift eine zwingende Berücksichtigung von Belangen des Opfers vor. Allerdings ist im Gegensatz zum Berliner Gesetz nach § 40 S. 2 BremStVollzG nur „den berechtigten Belangen des Opfers Rechnung zu tragen". Daher erfolgt eine Beschränkung der zu berücksichtigenden Belange bereits nach dem Wortlaut auf solche, die als berechtigt einzuordnen sind. Bei diesen berechtigten Interessen handelt es sich gerade um dem Schutz des konkreten Opfers vor einer erneuten Viktimisierung bzw. (Re-)Traumatisierung durch den bzw. die Gefangene:n.[226] Gerade dieser Schutz kann durch opferbezogene Weisungen im konkreten Einzelfall erreicht werden und dient der opferbezogenen Gestaltung des Strafvollzugs.

Für § 40 S. 3 BremStVollzG hat bereits die systematische Auslegung ergeben, dass die Versagung von Lockerungen nur dann erfolgen kann, wenn die Wahrung der berechtigten Belange des Opfers nicht durch eine entsprechende

---

[226] Ausführlich zu den berechtigten Opferinteressen bereits oben im Rahmen der teleologischen Auslegung der allgemeinen Vorschriften im Abschnitt 13.5.2.2.

Ausgestaltung der vollzugsöffnenden Maßnahme gewährleistet ist.[227] Diese Auslegung korrespondiert auch mit dem Telos der Regelung, welcher nur auf den Schutz des Opfers vor einer erneuten Viktimisierung bzw. (Re-)Traumatisierung gerichtet sein kann. Die Versagung der Vollzugslockerung steht bereits systematisch im Zusammenhang mit einer opferschützenden Ausgestaltung der konkreten vollzugsöffnenden Maßnahme. Durch die Regelung wird die Vollzugsanstalt nach § 40 S. 3 BremStVollzG nicht nur zur Versagung der Lockerung bei Vorliegen von Opferschutzgründen ermächtigt, sondern auch zu einer umfassenden Abwägung mit den Interessen der Gefangenen an der Lockerung angehalten. Insofern muss auch für die Regelung in Bremen gelten, dass die Versagung der Lockerung nur erfolgen kann, wenn mildere Mittel – namentlich opferbezogene Weisungen – nicht ausreichen, um das Opfer hinreichend vor einer (Re-)Viktimisierung bzw. (Re-)Traumatisierung zu schützen.[228] Dies kann insbesondere dann der Fall sein, wenn der oder die Gefangene gegen opferbezogene Weisungen verstoßen hat. In diesem Zusammenhang wäre die „Versagung" von vollzugsöffnenden Maßnahmen eher als Rücknahme oder Aufhebung zu verstehen und nicht als Versagung im Sinne einer negativen Entscheidung über die Gewährung der Lockerungen.

Bei den Vorschriften der Länder Nordrhein-Westfahlen und Niedersachsen, die bei der Ausgestaltung der vollzugsöffnenden Maßnahmen neben der Berücksichtigung der Interessen der Straftatopfer zusätzlich die Beachtung der Schutzinteressen gefährdeter Dritter vorsehen[229], erscheint ebenfalls eine teleologische Reduktion hinsichtlich der Schutzinteressen „gefährdeter Dritter" geboten[230]. Dies ergibt sich aus zwei Gründen.

Zum einen hat bereits die historische Auslegung zu § 53 Abs. 6 StVollzG NRW und § 15 Abs. 1 S. 2 NJVollzG ergeben, dass nach dem Willen des Landesgesetzgebers unter der Bezeichnung „gefährdete Dritte" potenzielle Opfer zu verstehen sind.[231] Der besondere Schutz von potenziellen Opfern und somit der Schutz der Allgemeinheit wird jedoch bereits durch die Vollzugsaufgabe i. S. v. § 2 S. 2 StVollzG Bund und die entsprechenden landesrechtlichen Vorschriften hinreichend zum Ausdruck gebracht. Weiterhin bezieht sich die Prognoseentscheidung hinsichtlich der Flucht- und Missbrauchsgefahr allgemein

[227] Hierzu oben im Abschnitt 15.4.4.

[228] Für eine weite Auslegung des § 40 S. 3 BremStVollzG *Schäfersküpper*, in: BeckOK BremStVollzR, 17. Ed. Stand: 01.03.2022, BremStVollzG § 40 Rn. 19 f.

[229] Vgl. § 53 Abs. 6 StVollzG NRW; § 15 Abs. 1 S. 2 NJVollzG.

[230] Zum Vorschlag einer teleologischen Reduktion von § 25 Nr. 3 StVollzG NRW, der ebenfalls den Begriff „gefährdete Dritten" enthält, siehe bereits in der teleologischen Auslegung der Vorschriften zu den Außenkontakten oben im Abschnitt 14.5.2.1.

[231] Oben im Abschnitt 15.3.4.

auf das Gefährdungspotenzial, welches für die Gesellschaft von einem bzw. einer Strafgefangenen ausgeht.[232] Daher ist eine erneute Berücksichtigung innerhalb der grundlegenden Ausgestaltung durch die ausdrückliche Berücksichtigung von Interessen „gefährdeter Dritter“ nicht zwingend erforderlich. Ein milderes, gleich wirksames Mittel dürfte insofern eine Weisung über die Untersagung des Kontakts zu diesen „gefährdeten Dritten“ sein, nicht jedoch eine erneute Berücksichtigung der Schutzinteressen der Allgemeinheit bei der Ausgestaltung der Lockerung insgesamt.[233]

Zum anderen widerspricht eine Einbeziehung der Interessen potenzieller Opfer dem Grundgedanken des opferbezogenen Strafvollzugs. Der Sinn und Zweck der Einbeziehung des Opfers in den Strafvollzug in den Regelungen zu den vollzugsöffnenden Maßnahmen ist der Schutz vor einer erneuten Viktimisierung durch den bzw. die konkrete:n Täter:in. Allerdings kann eine erneute Viktimisierung durch den bzw. die inhaftierte:n Täter:in nur dem tatsächlichen Opfer drohen. Nur dieser Schutz tatsächlicher Opfer lässt sich mit dem Recht auf Opferschutz aus Art. 2 Abs. 2 S. 1 GG begründen.[234] Der Schutz potenzieller Opfer folgt allein aus den präventiven und repressiven Aufgaben des Strafrechts im Allgemeinen.[235] Das Recht auf Opferschutz als Ausfluss der grundrechtlichen Schutzpflichten steht potenziellen Straftatopfern gerade nicht zu.

Allenfalls in Ausnahmefällen erscheint eine Ausweitung dieses Schutzes über das tatsächliche Opfer hinaus auf seine Angehörigen möglich, allerdings wohl nur bei schwerwiegenden Straftaten.[236] Eine solche Regelung sieht beispielsweise § 12 Abs. 6 HmbStVollzG vor. Nach dieser Vorschrift ist die Prüfung von Weisungen zur Unterbindung von Kontaktaufnahmen mit dem Opfer oder dessen Angehörigen vorgesehen.

Ersichtlich ist der Begriff „Angehöriger“ enger als der des „gefährdeten Dritten“. Zudem lässt er sich besser konkretisieren. Denn § 11 Abs. 1 Nr. 1 StGB ermöglicht eine Annäherung an den Begriff „Angehörige“, wohingegen der Begriff „Dritter“ zu unbestimmt erscheint. Sollen also indirekte Opfer der Straftat

---

[232] Hierzu bereits oben im Abschnitt 15.5.2.

[233] In diesem Sinne wohl auch *Reichenbach*, in: BeckOK Nds StVollzR, 19. Ed. Stand: 01.03.2022, NJVollzG § 15 Rn. 1b f.; ähnlich auch *Knauss*, in: BeckOK StVollzR NRW, 16. Ed. Stand: 01.12.2021, StVollzG NRW § 53 Rn. 31.

[234] Ausführlich hierzu oben im Abschnitt 10.1.2.3.4.

[235] Ausführlich hierzu oben im Abschnitt 10.1.2.1.

[236] Dies ist zumindest in Ausnahmefällen für das Recht auf effektive Strafverfolgung anerkannt; ausführlich hierzu oben im Abschnitt 10.1.2.3.2; ebenfalls für eine Beschränkung auf konkrete Opfer und „Personen des sozialen Nahraumes“ *Joiko/Gelber*, TOA-Magazin 01/2013, 14 (15).

ebenfalls durch entsprechende Weisungen geschützt werden, bedarf es zumindest einer teleologischen Reduktion auf besonders schutzwürdige Personen.

Weiterhin muss für diese Personen eine erhebliche Gefährdung durch den bzw. die Gefangene:n vorliegen. Hierbei stellt sich die Frage, ob bei einer derartigen Gefährdungslage nicht bereits eine Missbrauchsgefahr anzunehmen ist, so dass die vollzugsöffnende Maßnahme insgesamt abzulehnen wäre.

Insgesamt bleibt jedenfalls festzuhalten, dass für den Schutz sogenannter „gefährdeter Dritter“ sowohl an die einzubeziehenden Personen als auch an den Grad der Gefährdung besonders hohe Maßstäbe anzulegen sind. Andernfalls würde die Berücksichtigung anderer Schutzinteressen als der des konkreten Opfers zu einer Verwässerung des Opferschutzes führen. Die opferbezogene Strafvollzugsgestaltung würde Gefahr laufen, eine unangemessen restriktive Lockerungspraxis zu fördern.

15.5.5 Besonderheiten bei der Entscheidung über vollzugsöffnende Maßnahmen gegenüber bestimmten Täter:innengruppen

15.5.5.1 Vorüberlegungen zu den vollzugsöffnende Maßnahmen gegenüber bestimmten Täter:innengruppen

15.5.5.1.1 Zu den gesetzliche Vorschriften der Landesstrafvollzugsgesetze

Bei den gesetzlichen Vorschriften über die Voraussetzungen vollzugsöffnender Maßnahmen und des offenen Vollzugs bei besonderen Täter:innengruppen ist zunächst zu beachten, dass der Gesetzeswortlaut und die Gesetzesbegründungen kaum einmal ausdrücklich auf das konkrete Straftatopfer Bezug nehmen.[237]

Lediglich in der Gesetzesbegründung zu Art. 15 BayStVollzG wird die Notwendigkeit spezieller Regelungen für Gewalt- und Sexualstraftäter:innen mit der schwerwiegenden Beeinträchtigung der Opfer dieser Straftaten begründet. Allerdings wird auch hier nicht auf die Viktimisierungsfolgen bei dem einzelnen Opfer abgestellt, sondern vielmehr von der Tat auf die Gefährlichkeit des Täters bzw. der Täterin geschlossen.[238]

Die Art der früheren Tat kann nach zutreffender Auffassung zwar durchaus bei der Beurteilung einer Flucht- und Missbrauchsgefahr berücksichtigt werden.

[237] Hierzu in der grammatischen Auslegung oben im Abschnitt 15.2.5 und in der historischen Auslegung oben im Abschnitt 15.3.5.

[238] Hierzu bereits im Abschnitt 15.3.5.1.

Jedoch ist dieses Kriterium allein nicht geeignet, um die Versagung von Vollzugslockerungen zu begründen.[239] Vielmehr bedarf es auch in solchen Fällen einer umfassenden Abwägung aller für die Versagung relevanter Umstände des Einzelfalls.[240]

Im Übrigen hat sich bereits im Rahmen der historischen Auslegung ein recht einheitliches Bild für die Regelungen zu besonderen Täter:innengruppen in den Ländern Bayern, Hamburg, Hessen, Niedersachsen, Sachsen-Anhalt und Thüringen hinsichtlich des durch die jeweiligen Landesgesetzgeber angestrebten Regelungszwecks ergeben. In den Gesetzesbegründungen zu den relevanten Vorschriften wird die restriktive Lockerungspraxis gegenüber bestimmten Täter:innengruppen länderübergreifend mit dem Sicherheitsbedürfnis der Allgemeinheit und somit letztlich mit dem Schutz potenzieller Opfer begründet.[241] Nach einzelnen Gesetzesbegründungen dienen die erhöhten Anforderungen bei der Gewährung von Lockerungen oder der Verlegung in den offenen Vollzug der Angleichung der rechtlichen Grundlagen an die zuvor schon gängige Praxis im Vollzug.[242] Wie gezeigt, sahen bereits die bundeseinheitlichen VV zu § 10 und § 11 StVollzG Bund eine derartige Verfahrensweise für Täter:innen von Sexual- und Gewaltdelikten vor.[243]

Betrachtet man das Telos der Vorschriften, die für bestimmte Täter:innengruppen eine erhöhte Prüfpflicht vorsehen, so wird deutlich, dass in diesen Regelungen bei einigen Gefangenengruppen zumindest mit Blick auf die Flucht- und Missbrauchsgefahr ein erhöhtes Risiko vermutet wird.[244] Für

---

[239] So zumindest OLG Hamm, Beschl. vom 19.02.2008 – 1 Vollz (Ws) 904/07 – zitiert nach juris, Rn. 13, 20 noch zur Rechtslage nach dem StVollzG Bund mit Verweis auf BVerfG NStZ 1998, 430 ff.

[240] Vgl. noch zur Rechtslage des StVollzG Bund OLG Hamm, Beschl. vom 19.02.2008 – 1 Vollz (Ws) 904/07 – zitiert nach juris, Rn. 20 mit Verweis auf BVerfG NStZ 1998, 430 (431) hinsichtlich der umfassenden Abwägung.

[241] Ausführlich zu den Gesetzesbegründungen der einzelnen Länder im Abschnitt 15.3.5.

[242] So ausdrücklich Landtag Hessen Drs. 18/1396, S. 86; Landtag Niedersachsen Drs. 15/3565, S. 105; vgl. auch Landtag Bayern Drs. 15/8101, S. 54; Bürgerschaft Hamburg Drs. 18/6490, S. 35; die Begründungen zu den Vorschriften in Sachsen-Anhalt und Thüringen enthalten hierzu keine Anhaltspunkte, siehe bereits oben im Abschnitt 15.3.5.5 und 15.3.5.6.

[243] Hierzu in der historischen Auslegung oben im Abschnitt 15.3.5.

[244] So bereits für § 13 Abs. 5 S. 1 Nr. 1 HStVollzG *Lesting/Burkhardt*, in: AK-StVollzG, 7. Aufl. 2017, Teil II, § 38 LandesR Rn. 89; ähnlich auch *Burkhardt*, in: AK-StVollzG, 8. Aufl. 2022, Teil II, § 38 LandesR Rn. 91.

diesen Schluss sprechen zunächst die Erkenntnisse der historischen und der systematischen Auslegung.[245]

Ein solcher Schluss lässt sich jedoch nicht auf die bisherigen Ergebnisse der Rückfallforschung stützen. Vielmehr haben bisherige Untersuchungen ergeben, dass die Rückfallquote bei entlassenen Sexualstraftäter:innen hinsichtlich einschlägiger Delikte geringer ist als bei anderen Deliktsgruppen.[246] In diesem Zusammenhang ist jedoch die besondere Problematik des großen Dunkelfelds gerade bei Sexualdelikten zu beachten.[247] Folglich dürfte sich auch für einschlägige Rückfälle von Sexualstraftäter:innen ein erhebliches Dunkelfeld ergeben.[248] Allerdings kann dieses Dunkelfeld letztlich nicht pauschal als Grundlage für eine restriktive Gewährung von Vollzugslockerungen dienen. Vielmehr muss das im Einzelfall konkret bestehende Risiko des bzw. der jeweiligen Gefangenen bei der Missbrauchsprognose beachtet werden und nicht das potenzielle Rückfallrisiko einer Deliktsgruppe.

Unabhängig von der Frage, ob insbesondere Sexualstraftäter:innen ein höheres Rückfallrisiko trifft als andere Straftäter:innen, erscheint eine restriktive Lockerungspraxis gegenüber ganzen Täter:innengruppen jedenfalls auf lange Sicht nicht geeignet, die Begehung neuer Straftaten durch die jeweiligen Gefangenen zu verhindern. Wie bereits festgestellt, dienen vollzugsöffnende Maßnahmen der Eingliederung der Gefangenen und somit dem Vollzugsziel der Resozialisierung. Wenn jedoch bei Gefangenengruppen, bei denen eine besondere Gefährlichkeit bzw. ein erhöhtes Missbrauchspotenzial im Regelfall angenommen wird, vollzugsöffnende Maßnahmen nur in Ausnahmefällen gewährt werden, widerspricht dies dem Ziel der Resozialisierung. Die generalisierte Zuschreibung einer besonderen Gefährlichkeit dieser Gefangenen kann negative Auswirkungen auf das Selbstbild des bzw. der einzelnen Gefangenen haben und somit die

[245] Zur historischen Auslegung der Regelungen in Bayern, Hamburg, Hessen, Niedersachsen, Sachsen-Anhalt und Thüringen oben im Abschnitt 15.3.5; zur systematischen Auslegung der einzelnen Regelungen oben im Abschnitt 15.4.5.2.

[246] Siehe hierzu *Jehle/Albrecht/Hohmann-Fricke u. a.*, Legalbewährung nach strafrechtlichen Sanktionen, herausgegeben vom BMJV, 2020, S. 201 f., Rückfallquoten von 16 % bis 28 % für Täter:innen von Sexualstraftaten insgesamt; nur etwa 4 % der Täter:innen von sexuellen Gewaltstraftaten werden einschlägig rückfällig, a. a. O. S. 202); *Suhling/Rehder*, FPPK 2012, 17 (21) (Rückfallquote von 8,7 %); ein Überblick zu älteren Rückfalluntersuchungen mit teilweise erheblich höheren Rückfallquoten sowie zu eigenen Studien findet sich bei *Elz*, Legalbewährung sexuelle Missbrauchsdelikte, 2001, S. 51 ff., 201 ff.; *Elz*, Legalbewährung sexuelle Gewaltdelikte, 2002, S. 18 ff., 216 ff.

[247] Siehe hierzu *Schneider*, Kriminologie für das 21. Jahrhundert, 2001, S. 406 f. m. N. zu internationaler kriminologischer Literatur.

[248] Ebenso *Schneider*, Kriminologie für das 21. Jahrhundert, 2001, S. 406.

Resozialisierung erst recht erschweren.[249] Insofern ist eine umfassende Einzelfallabwägung gerade bei diesen bestimmten Täter:innengruppen notwendig, um eine generalisierte restriktive Lockerungspraxis allein aufgrund der Straftaten dieser Gefangenen zu vermeiden.

Legt man schließlich die Annahme zugrunde, dass eine gelungene Resozialisierung der beste Schutz vor erneuten Straftaten der Gefangenen ist[250], so kann durch die besonderen Vorschriften für bestimmte Täter:innengruppen auch dem Zweck des Schutzes potenzieller Opfer nicht hinreichend Rechnung getragen werden. Vollzugsöffnende Maßnahmen können je nach der Art der Maßnahme sowohl der Ermöglichung von Behandlungsmaßnahmen außerhalb der Anstalt als auch der Erprobung des Lebens in Freiheit dienen.[251] Beide Varianten sind als Beiträge zum Resozialisierungsziel zu verstehen und daher für eine Eingliederung der Gefangenen nach der Haftentlassung notwendig. Insofern erscheint es nicht mit dem Resozialisierungsziel vereinbar, bestimmte Gefangenengruppen durch sehr hohe Anforderungen an die Voraussetzungen einer Lockerungsgewährung faktisch von diesen auszuschließen. Vielmehr sollte der Fokus auf eine bessere und bedarfsgerechte therapeutische Betreuung von Sexual- und Gewaltstraftäter:innen gelegt werden und die Unrechtseinsicht durch entsprechende Maßnahmen gefördert werden.[252] Dies würde dem Sicherheitsinteresse der Allgemeinheit mit Blick auf die Chancen einer gelungenen Resozialisierung eher gerecht werden als eine gesetzlich angeordnete restriktive Lockerungspraxis. Zwar scheint eine derartige Betonung des Sicherheitsgedankens der öffentlichen Wahrnehmung von Kriminalität im Allgemeinen zu entsprechen.[253] Jedoch wird der Öffentlichkeit durch eine restriktive Lockerungspraxis letztlich lediglich der Schein von Sicherheit vermittelt und der eigentliche Kern der Gefährdung

---

[249] Ausführlich hierzu *Galli*, Lockerungsbegutachtungen im Strafvollzug, 2011, S. 25 ff.; allgemein zur Beeinträchtigung der psychischen Ressourcen von Gefangenen durch die Inhaftierung *Feest*, Freiheitsstrafe als staatlich verordnete De-Sozialisierung, in: Kommitee für Grundrechte und Demokratie (Hrsg.), Wider die lebenslange Freiheitsstrafe, 1990, S. 22; zu den Auswirkungen einer Begutachtung für das Leben des Einzelnen siehe *Nedopil*, NStZ 1999, 433 (435 f.); für eine frühzeitige Begutachtung von Gewalt- und Sexualstraftäter:innen bereits im Strafprozess *Böhm*, ZRP 2007, 41 (41 f.).

[250] Vgl. *Löhr*, Resozialisierung und Medien, in: Cornel/Kawamura-Reindl/Maelicke/Sonnen (Hrsg.), Resozialisierung. Handbuch, 2009, Rn. 79; *Boetticher*, FS Schöch, 2010, S. 722.

[251] Ausführlich hierzu *Laubenthal,* in: Laubenthal/Nestler/Neubacher/Verrel (Hrsg.), StVollzG, 12. Aufl. 2015, E Rn. 124.

[252] Siehe hierzu *Böhm*, ZRP 2007, 41 (42 f.); speziell für die Sicherungsverwahrung *Böttcher*, Forum Strafvollzug 2011, 281 (282 f.).

[253] Ebenso *Lesting/Burkhardt*, in: AK-StVollzG, 7. Aufl. 2017, Teil II, § 38 LandesR Rn. 89; ausführlich zur Sicherheit als kriminalpolitisches Motiv im Abschnitt 9.2.4.2.

durch bestimmte Täter:innengruppen – insbesondere die fehlende Breitstellung ausreichender Personalkapazitäten für die Behandlung der Gefangenen – in den Hintergrund gerückt.

Die aus diesen allgemeinen Überlegungen folgenden Konsequenzen für die einzelnen Vorschriften werden in den nachfolgenden Abschnitten für die verschiedenen Landesgesetze getrennt untersucht.

15.5.5.1.2 Zu den Verwaltungsvorschriften zu einzelnen landesrechtlichen Regelungen

Hinsichtlich der Verwaltungsvorschriften zu den gesetzlichen Regelungen zu bestimmten Täter:innengruppen kann im Folgenden kein vollständiges Bild gezeichnet werden. Denn nicht für alle Landesstrafvollzugsgesetze sind die landeseigenen Verwaltungsvorschriften frei zugänglich. Die nachfolgenden Ausführungen geben daher nur einen Überblick über einige Problemstellungen, die sich aus dem Zusammenspiel der gesetzlichen Regelungen über die Gewährung vollzugsöffnender Maßnahmen und die Verlegung in den offenen Vollzug hinsichtlich bestimmter Täter:innengruppen auf der einen Seite und den entsprechenden Verwaltungsvorschriften auf der anderen Seite ergeben.

Bezüglich der Funktion von Verwaltungsvorschriften, die gesetzlichen Strafvollzugsregelungen zu konkretisieren,[254] sind zwei Aspekte zu unterscheiden. Zum einen dienen die Verwaltungsvorschriften der Vollzugsbehörde als Auslegungshilfe für unbestimmte Rechtsbegriffe auf Tatbestandsebene.[255] Zum anderen konkretisieren Verwaltungsvorschriften das behördliche Ermessen auf Rechtsfolgenseite, wenn ein solches durch das Gesetz vorgesehen ist.[256]

Auf Tatbestandsebene handelt es sich bei Verwaltungsvorschriften um verwaltungsinterne Entscheidungshilfen[257], welche die Anwendung des Gesetzes durch die Vollzugsbehörden erleichtern sollen[258]. Dies birgt die Gefahr einer schematischen Anwendung der Verwaltungsvorschriften, die jedoch nach der Rechtsprechung nicht zulässig ist.[259] Verwaltungsvorschriften dürften daher allenfalls als

---

[254] Siehe nur KG Beschl. v. 30.11.2015 – 2 Ws 277/15 Vollz – zitiert nach juris Rn. 13; weiterführend *Müller-Dietz*, NStZ 1981, 409 ff.; *Harrendorf/Ullenbruch*, in: Schwind/Böhm/Jehle/Laubenthal (Hrsg.), StVollzG, 7. Aufl. 2019, 10. Kap. C. Rn. 56.

[255] *Laubenthal*, Strafvollzug, 8. Aufl. 2019, Rn. 43.

[256] *Laubenthal*, Strafvollzug, 8. Aufl. 2019, Rn. 43.

[257] *Calliess/Müller-Dietz*, StVollzG, 11. Aufl. 2008, § 13 Rn. 8; *Laubenthal*, Strafvollzug, 8. Aufl. 2019, Rn. 42.

[258] Vgl. *Laubenthal*, Strafvollzug, 8. Aufl. 2019, Rn. 42.

[259] Siehe nur OLG Frankfurt ZfStrVo 1981, 122; OLG Hamm, NStZ 1984, 143.

Anfangsvermutung und Entscheidungshilfe verstanden werden.[260] Letztlich kann das Ergebnis der Einzelfallprüfung aber von den Vorgaben der relevanten Verwaltungsvorschrift abweichen.[261] Daher entfalten Verwaltungsvorschriften auch keine unmittelbare Bindungswirkung für Gerichte.[262]

Speziell bei Entscheidungen über vollzugsöffnende Maßnahmen kommt den für die Vollzugsbehörde bindenden Verwaltungsvorschriften auf Rechtsfolgenseite eine erhebliche praktische Bedeutung zu.[263] Durch generalisierte Vorgaben der Verwaltungsvorschriften für bestimmte Täter:innen, Taten oder Vorstrafen besteht die Gefahr, dass notwendige Einzelfallbetrachtungen nicht vorgenommen werden. Bei Entscheidungen über die Verlegung in den offenen Vollzug oder die Gewährung vollzugsöffnender Maßnahmen muss jedoch eine Einzelfallentscheidung unter Abwägung aller relevanten Gesichtspunkte erfolgen.[264] Dies ergibt sich auch aus dem Wortlaut der landesrechtlichen Vorschriften zu vollzugsöffnenden Maßnahmen im Allgemeinen[265] und bisweilen aus den Regelungen zu bestimmten Täter:innengruppen im Speziellen[266]. Ein bloßer Verweis auf die einschlägigen Verwaltungsvorschriften kann die notwendige Einzelfallprüfung und die individuelle Begründung einer Vollzugsmaßnahme nicht ersetzen.[267]

Allgemein wird als eine Gefahr von Verwaltungsvorschriften angesehen, dass sie die Intention der Gesetze zu unterlaufen und zu korrigieren drohen.[268] Insbesondere können die Verwaltungsvorschriften zusätzliche Anforderungen enthalten, die nicht vom Willen des Gesetzgebers getragen werden.[269] Aufgrund

---

[260] *Burkhardt*, in: AK-StVollzG, 8. Aufl. 2022, Teil II, § 38 LandesR Rn. 76.

[261] Vgl. OLG Hamburg, NStZ 1981, 237 (237 f.).

[262] *Laubenthal*, Strafvollzug, 8. Aufl. 2019, Rn. 42; *Burkhardt/Feest*, in: AK-StVollzG, 7. Aufl. 2017, Teil II, Vor § 38 LandesR Rn. 11; OLG Frankfurt ZfStrVo SH 1977, 11 (12); OLG Nürnberg, ZfStrVo SH 1978, 50 (50 f.).

[263] *Burkhardt*, in: AK-StVollzG, 8. Aufl. 2022, Teil II, Vor § 38 LandesR Rn. 13.

[264] Ähnlich bereits *Müller-Dietz*, NStZ 1981, 409 (412); siehe auch OLG Nürnberg Beschl. v. 18.7. 2011 – 1 Ws 151/11 – zitiert nach juris Rn. 16; *Laubenthal*, in: Laubenthal/Nestler/Neubacher/Verrel (Hrsg.), StVollzG, 12. Aufl. 2015, E Rn. 150; *Burkhardt*, in: AK-StVollzG, 8. Aufl. 2022, Teil II, § 38 LandesR Rn. 94.

[265] Zur Ermessensentscheidung auf Rechtsfolgenseite bei der Entscheidung über vollzugsöffnende Maßnahmen bereits oben im Abschnitt 15.2.2 und Abschnitt 15.2.3.

[266] Hierzu ausführlich oben im Abschnitt 15.2.5.

[267] LG Kiel ZfStrVo SH 1977, 6 (6 f.); OLG Celle, ZfStrVo SH 1979, 11 (11); OLG Frankfurt ZfStrVo SH 1979, 18 (18); ZfStrVo 1981, 122; OLG München ZfStrVo SH 1979, 25 (25); OLG Hamm, NStZ 1984, 143.

[268] So bereits *Koepsel*, ZfStrVo 1992, 46 (46 f.); *Feest/Lesting*, ZfStrVo 2005, 76 (76).

[269] So bereits *Joester/Quensel/Hoffmann u. a.*, ZfStrVo 1977, 93 (93).

des verfassungsrechtlich gewährleisteten Vorrangs des Gesetzes sind dessen Vorgaben bei der Anwendung von Verwaltungsvorschriften zu beachten.[270] Daher dürfen Verwaltungsvorschriften bzw. ihre Anwendung nicht in einem offenem Widerspruch zum Gesetz stehen.

Mit Blick auf jene Bundesländer, in welchen die VVStVollzG Bund für bestimmte Täter:innengruppen keinen Eingang in den Gesetzestext gefunden haben, lässt sich keine einheitliche Aussage treffen. Nur für das Justizvollzugsgesetz aus Baden-Württemberg kann eindeutig festgestellt werden, dass die landesinterne VV die Vorgaben der VV zum StVollzG Bund für bestimmte Täter:innengruppen übernommen hat.[271]

In Berlin und Nordrhein-Westfalen wurden landeseigene VV bzw. Verwaltungsgeschäftsordnung zu den Landesgesetzen erlassen, die VV zu § 10 und § 11 StVollzG Bund jedoch nicht übernommen.[272] Daneben hat auch Schleswig-Holstein ein Verwaltungsgeschäftsordnung mit eindeutigen Vorgaben zu vollzugsöffnenden Maßnahmen erlassen, ohne die VV zu § 10 und § 11 StVollzG Bund zu übernehmen.[273]

In Sachsen gelten die VVStVollzG Bund fort[274], für die übrigen Landesgesetze ohne Regelung zu bestimmten Täter:innengruppen lässt sich dies nur vermuten[275].

---

[270] *Müller-Dietz*, NStZ 1981, 409 (410).

[271] Vgl. VV zum JVollzGB III BaWü Nrn. 3.3 zu § 7 und Nr. 7.3 zu § 9.

[272] Vgl. für Berlin: Verwaltungsvorschriften zum Abschnitt 7 des Berliner Strafvollzugsgesetzes (§§42–45 StVollzG Bln) vom 27.09.2017 und die Verwaltungsvorschriften zu § 16 des Berliner Strafvollzugsgesetzes vom 08.05.2018, abrufbar unter https://www.berlin.de/justizvollzug/service/recht/verwaltungsvorschriften/stvollzg-bln/ (zuletzt aufgerufen am 11.06.2022); für Nordrhein-Westfalen: Richtlinie treffend die Verlegung in den offenen Vollzug und vollzugsöffnende Maßnahmen, Rundverfügung des Justizministeriums vom 29.01.2015 in der Fassung vom 13.12.2016, abrufbar unter http://www.jvv.nrw.de/anzeigeText.jsp?daten=1105 (zuletzt aufgerufen am 11.06.2022).

[273] Inkraftsetzung der Neufassung der Vollzugsgeschäftsordnung (VGO), Allgemeine Verfügung des Ministeriums für Justiz, Europa, Verbraucherschutz und Gleichstellung des Landes Schleswig-Holstein vom 01.08.2018, abrufbar unter https://www.schleswig-holstein.de/DE/Fachinhalte/J/justizvollzug/Downloads/vollzugsgeschaeftsordnung.html (zuletzt aufgerufen am 11.06.2022).

[274] Ausdrücklich für Sachsen: Sachsen SächsJMBl 2002 Nr. 11, S. 132, zuletzt geändert durch die Verwaltungsvorschrift vom 06.12.2019, SächsABl. SDr. S. S. 374; anderes gilt nunmehr für Thüringen, wo die VVStVollzG Bund bis zum 31.12.2019 fort galt und nunmehr außer Kraft ist, ohne dass eine VV des Landes ersichtlich ist, vgl. Thüringer Ministerium für Migration, Justiz und Verbraucherschutz, Verwaltungsvorschriften zum Strafvollzugsgesetz (VVStVollzG), abrufbar bei juris (zuletzt aufgerufen am 11.06.2022).

[275] Dies dürfte für die Länder Brandenburg, Bremen, Mecklenburg-Vorpommern, Rheinland-Pfalz, Saarland, Sachsen gelten, da diese Länder keine landesspezifischen VV erlassen

Sollten die VVStVollzG Bund in diesen Ländern in der Rechtspraxis weiterhin fortgelten, so haben sich zumindest diesbezüglich im Vergleich zur Rechtslage unter der Geltung des StVollzG Bund keine Änderungen ergeben. Insofern kann an dieser Stelle auf die in Rechtsprechung und Schrifttum vertretenen Ansichten zu den VV zu § 10 und § 11 StVollzG Bund verwiesen werden.

Die Rechtsprechung hielt die Verwaltungsvorschrift zu den Ausschlussklauseln in § 11 StVollzG Bund[276] für mit dem Gesetz vereinbar. Nach diesen Verwaltungsvorschriften wurden bestimmte Gefangenengruppen im Regelfall als ungeeignet für die Verlegung in den offenen Vollzug bzw. die Gewährung von Vollzugslockerungen angesehen. Die gegen diese Rechtsprechung gerichtete Kritik im Schrifttum[277] hat in der Folgezeit weder in der Rechtsprechung noch in den neuen Landesgesetzen Berücksichtigung gefunden.

15.5.5.2 Teleologische Auslegung der Vorschriften zu bestimmten Täter:innengruppen

15.5.5.2.1 Bayern

Für die teleologische Auslegung von Art. 15 BayStVollzG sind zwei Fragen von besonderer Bedeutung. Zum einen ist danach zu fragen, was unter „schwerwiegenden Straftaten gegen Leib und Leben" zu verstehen ist. Zum anderen muss geklärt werden, in welchem Verhältnis die besondere Prüfung bei bestimmten Täter:innengruppen zur allgemeinen Missbrauchsprognose steht und inwiefern in diesem Zusammenhang Begutachtungen der Inhaftierten durch die VVBayStVollzG zu Art. 15 vorgesehen werden.

Für die erste Frage hat die bisherige Auslegung von Art. 15 BayStVollzG ergeben, dass sich weder aus dem Wortlaut noch aus der Gesetzesbegründung eine

---

haben; siehe zum Problem des Zugangs zu den Verwaltungsvorschriften der Länder *Burkhardt/Feest*, in: AK-StVollzG, 8. Aufl. 2022, Teil II, Vor § 38 LandesR Rn. 13; weiterführend zu den landesspezifischen Verwaltungsvorschriften vor der Föderalismusreform *Feest/Lesting*, ZfStrVo 2005, 76 ff.

[276] LG Hamburg ZfStrVo SH 1978, 1 (1); OLG Stuttgart, ZfStrVo SH 1979, 16 (17); OLG Schleswig Beschl. v. 19.05.1981 – 2 Vollz (WS) 3/81; abweichend lediglich OLG Koblenz ZfStrVo 1978, 123 (124); zur VV zu § 13 StVollzG Bund, welche der VV zu § 11 StVollzG Bund gleicht siehe LG Regensburg, ZfStrVo SH 1977, 4 (4); LG Hamburg ZfStrVo SH 1977, 8 (9); LG Hamburg, ZfStrVo SH 1978, 3 (3); LG Mannheim ZfStrVo SH 1978, 5 (5 f.).

[277] *Joester*, in: AK-StVollzG, 6. Aufl. 2012, § 11 Rn. 27 ff. und § 13 Rn. 42 ff.; *Quensel*, in: AK-StVollzG, 6. Aufl. 2012, § 10 Rn. 19.

Konkretisierung der „schwerwiegenden Straftaten gegen Leib und Leben" entnehmen lässt.[278] Gleiches hat die systematische Auslegung mit Blick auf die VVBayStVollzG zu Art. 15 ergeben.[279] Würde man streng den Wortlaut des Gesetzes und der VV zu Art. 15 BayStVollzG zugrunde legen, so wären von „schwerwiegenden Straftaten gegen Leib und Leben" wohl jene Straftaten erfasst, die sich im StGB im 16. Abschnitt als „Straftaten gegen das Leben" und im 17. Abschnitt als „Straftaten gegen die körperliche Unversehrtheit" finden. Nicht erfasst wären demgegenüber Taten, die sich in einem anderen Abschnitt des StGB befinden, wohl aber eine Gefährdung oder Verletzung von Leib und Leben beinhalten. Zu denken ist hier in erster Linie an Erfolgsqualifikationen wie den Raub mit Todesfolge gemäß § 251 StGB oder die Brandstiftung mit Todesfolge gemäß § 306c StGB.

Diesbezüglich ist zuzugeben, dass eine Zuordnung der einfachen Körperverletzung nach § 223 StGB als schwerwiegende Straftat i. S. d. Art. 15 BayStVollzG und ein Ausschluss des Raubes mit Todesfolge vom Anwendungsbereich der Vorschrift allein unter Berücksichtigung der Gesetzessystematik des StGB mit dem Sinn und Zweck des Art. 15 BayStVollzG kaum vereinbar erscheint. Das Telos des Art. 15 BayStVollzG ist der Schutz der Allgemeinheit vor als besonders gefährlich geltenden Täter:innengruppen. Hierzu zählen sicherlich Täter:innen eines Raubes mit Todesfolge, wobei auch hier eine Betrachtung des konkreten Einzelfalls erforderlich ist.

Allerdings sind auch Straftaten gegen die persönliche Freiheit wie beispielsweise der erpresserische Menschenraub gemäß § 239a StGB oder die Geiselnahme gemäß § 239b StGB als schwerwiegende Straftaten einzuordnen. Aus der Perspektive des konkreten Opfers kann gerade auch eine Tat nach §§ 239a f. StGB erhebliche psychische Traumatisierungen mit sich bringen, die sich auch körperlich auswirken können. Da die körperliche Unversehrtheit gerade auch bei einer sich körperlich auswirkenden psychischen Belastung betroffen sein kann[280], müssten neben den Taten aus dem 16. und 17. Abschnitt des StGB und den Erfolgsqualifikationen, deren Schutzgut das Leben ist, gerade jene Straftaten bei Art. 15 BayStVollzG Beachtung finden, die eine erhebliche psychische Belastung des Opfers auslösen können. Zu denken ist diesbezüglich insbesondere auch an die Nachstellung nach § 238 StGB. Ebenso wie bei den Schutzgütern Leib

---

[278] Hierzu bereits in der grammatischen Auslegung oben im Abschnitt 15.2.5.1 und in der historischen Auslegung oben im Abschnitt 15.3.5.1.

[279] Hierzu bereits oben im Abschnitt 15.4.5.2.1.

[280] Zur Einordnung psychischer Einwirkungen als Gesundheitsschädigung siehe BGH NStZ 1997, 123 (123 f.); NStZ 2003, 149 (150); *Sternberg-Lieben,* in: Schönke/Schröder (Hrsg.), StGB, 30. Aufl. 2019, § 223 Rn. 6; *Fischer*, StGB, 68. Aufl. 2021, § 223 Rn. 12.

und Leben muss auch beim Schutzgut der Freiheit das einschränkende Merkmal „schwerwiegend" erfüllt sein, wodurch leichtere psychische Belastungen des Opfers nicht zur Anwendung des Art. 15 BayStVollzG führen dürfen.

Durch die Berücksichtigung der konkreten Viktimisierung des Straftatopfers ist sogleich ein weiteres Problem der „schwerwiegenden Straftat" angesprochen. Weder das Gesetz noch die VVBayStVollzG zu Art. 15 geben Aufschluss darüber, ob die Straftat objektiv als schwerwiegend einzuordnen sein muss oder aus Sicht der viktimisierten Person. Während sich für die objektive Einordnung als schwerwiegend insbesondere der Regelstrafrahmen des einzelnen Deliktes und im konkreten Fall auch die Strafzumessung im Urteil fruchtbar machen lassen, korrespondiert dies nicht zwangsläufig mit der seitens des konkreten Opfers subjektiv empfunden Schwere der Tat. Um derartige Schwierigkeiten bei der Auslegung des Art. 15 BayStVollzG zu vermeiden, ist eine Konkretisierung der „schwerwiegenden Straftaten gegen Leib und Leben" durch den bayerischen Gesetzgeber angeraten.

Für die Frage, wie sich die Regelung des Art. 15 S. 1 BayStVollzG auf die allgemeine Missbrauchsprognose auswirkt, gilt Folgendes. Eine besonders gründliche Prüfung der Voraussetzungen für die Gewährung von Vollzugslockerungen bzw. der Unterbringung im offenen Vollzug sollte immer und nicht nur bei bestimmten Täter:innengruppen erfolgen.[281] Dies ergibt sich bereits aus der Notwendigkeit der Missbrauchsprognose, welche sowohl bei Entscheidungen über die Verlegung in den offenen Vollzug nach Art. 12 Abs. 2 BayStVollzG als auch bei Entscheidungen über Vollzugslockerungen nach Art. 13 Abs. 2 BayStVollzG für alle Gefangenen vorgesehen ist.[282] Darüber hinaus ist bereits fraglich, ob eine besonders gründliche Prüfung gerade bei schwerwiegenden Straftaten in der Vergangenheit nicht ohnehin bereits erfolgte und die gesetzliche Normierung überflüssig ist.[283]

Weiterhin darf die Regelung nicht dazu führen, dass Vollzugslockerungen oder die Unterbringung im offenen Vollzug allein aufgrund der Inhaftierung wegen

[281] Soweit die gründliche Prüfung nach *Arloth*, in: BeckOK BayStVollzR, 16. Ed. Stand: 01.04.2022, BayStVollzG Art. 15 Rn. 1, insbesondere die Frage betreffen soll, wann ein Sachverständigengutachten einzuholen ist, vermag dies nicht zu überzeugen. Der Wortlaut stellt eindeutig einen Zusammenhang zwischen den schweren Straftaten und der Entscheidung über vollzugsöffnende Maßnahmen her und gibt somit eine gründliche Prüfung der Voraussetzungen der Lockerungen vor; zum Wortlaut oben im Abschnitt 15.2.5.1

[282] Allgemein zum Telos der Missbrauchsprognose oben im Abschnitt 15.5.2.

[283] Ähnlich bereits *Cornel*, GS Walter, 2014, S. 496.

einer der in Art. 15 S. 1 BayStVollzG genannten Straftaten abgelehnt werden. Dies widerspräche nämlich den Vorgaben des BVerfG zur Feststellung der Flucht- und Missbrauchsgefahr.[284] Nach der Rechtsprechung des BVerfG ist bei derartigen Prognoseentscheidungen eine umfassende personenbezogene Gesamtwürdigung aller relevanten Umstände vorzunehmen.[285] Nicht zulässig sind nach Auffassung des BVerfG begründungslose oder pauschale Wertungen.[286] Daher muss die Vollzugsbehörde auch bei den in Art. 15 BayStVollzG genannten Gefangenengruppen eine umfassende Gesamtwürdigung aller Umstände vornehmen. Zudem ist eine Pflicht zu einer besonders gründlichen Prüfung der Lockerungsvoraussetzungen nach zutreffender Auffassung erst ab einer gewissen Tatintensität anzunehmen[287], so dass eine pauschale Anwendung der Vorschrift auf alle Gewalt- und Sexualstraftäter:innen ohnehin nicht zulässig ist. Hierfür spricht für das bayerische Recht auch die VVBayStVollzG zu Art. 15, die eine Begutachtung von Sexualstraftäter:innen erst ab einer Verurteilung zu einer Freiheitsstrafe von mindestens zwei Jahren vorsieht.[288]

Über diese Grundsätze hinaus ergeben sich aus Art. 15 BayStVollzG keine zusätzlichen Eingriffsbefugnisse. Vielmehr wurde der Entscheidungsspielraum der Vollzugsanstalt durch eine stärkere Berücksichtigung der Sicherheit der Allgemeinheit erweitert.[289] Allerdings ist es auch bei der vom Gesetzgeber gewünschten stärkeren Beachtung der Sicherheitsinteressen der Allgemeinheit weiterhin möglich, dass bei Gefangenen aus der bestimmten Täter:innengruppen keine Flucht- oder Missbrauchsgefahr besteht.[290] Daher können vollzugsöffnende Maßnahmen auch unter Berücksichtigung der restriktiven Vorgaben von Art. 15 BayStVollzG nur dann versagt werden, wenn das mit einer Lockerung verbundene Risiko unvertretbar hoch erscheint.[291] Die spezielle Regelung des Art. 15 BayStVollzG für bestimmte Täter:innengruppen entbindet die Vollzugsbehörde daher

---

[284] Hierzu bereits oben im Abschnitt 15.5.2.

[285] Vgl. BVerfG NStZ 1983, 476 (478 f.); BVerfG NStZ 1998, 430 (431); BVerfG NStZ-RR 1998, 121 (122).

[286] Vgl. BVerfG NStZ 1983, 476 (478 f.); BVerfG NStZ 1998, 430 (431).

[287] *Laubenthal,* in: Laubenthal/Nestler/Neubacher/Verrel (Hrsg.), StVollzG, 12. Aufl. 2015, E Rn. 153; *Schneider*, Strafvollzug und Jugendstrafvollzug im Bayerischen Strafvollzugsgesetz, 2010, S. 63 f.

[288] Hierzu bereits oben in der systematischen Auslegung oben im Abschnitt 15.4.5.2.1.

[289] *Laubenthal,* in: Laubenthal/Nestler/Neubacher/Verrel (Hrsg.), StVollzG, 12. Aufl. 2015, E Rn. 153 mit Verweis auf BayVerfGH Forum Strafvollzug 2009, 269.

[290] Vgl. *Lübbe-Wolff*, Rechtsprechung des Bundesverfassungsgerichts, 2016, S. 101 f.

[291] Vgl. zur Rechtslage nach § 11 StVollzG Bund BVerfG, Beschl. vom 13.12.1997 – 2 BvR 1404/96 – zitiert nach juris Rn. 17 f. mit Verweis auf BVerfGE 70, 297 (312 ff.).

weder von einer Entscheidung nach pflichtgemäßem Ermessen unter Berücksichtigung aller Umstände des Einzelfalls noch von der Hinnahme eines vertretbaren Restrisikos. Nach der Rechtsprechung des BVerfG kommt dem Resozialisierungsinteresse der Gefangenen bei der Entscheidung über Lockerungen zwar kein grundsätzlicher Vorrang gegenüber dem Sicherheitsinteresse der Allgemeinheit oder tatsächlicher Opfer zu.[292] Vielmehr bedarf es jeweils einer umfassenden Abwägung dieser mitunter gegenläufigen Interessen. Hiervon kann jedoch auch durch Art. 15 BayStVollzG nicht abgewichen werden.

Die VVBayStVollzG zu Art. 15 enthalten in den Absätzen 6 und 7 Vorgaben zur Begutachtung von Sexualstraftäter:innen vor der erstmaligen Gewährung von Lockerungen. Diese Begutachtungsvorgaben sind dem Gesetzeswortlaut des Art. 15 BayStVollzG nicht zu entnehmen. Lediglich die Berücksichtigung bereits früher erstatteter Gutachten bei der Entscheidung über Lockerungen wird nach Art. 15 S. 2 BayStVollzG angeordnet.[293] Insofern ergibt sich eine Diskrepanz zwischen dem Gesetzeswortlaut von Art. 15 BayStVollzG und der VVBaySt-VollzG zu Art. 15. Dies ist misslich, da das Erfordernis einer Begutachtung von Sexualstraftäter:innen bereits im Wortlaut der gesetzlichen Regelung für Klarheit gesorgt und das Telos der Vorschrift akzentuiert hätte. Der Sinn und Zweck der Begutachtung von Sexualstraftäter:innen vor der erstmaligen Gewährung von Lockerungen ist im Schutz der Allgemeinheit vor erneuten Straftaten dieser Gefangenen zu sehen. Da gerade Rückfälle in dieser Deliktsgruppe für die Opfer erhebliche körperliche und psychische Folgen haben können, muss eine besonders gründliche Prüfung im Einzelfall auch eine Begutachtung erfordern. Eine pauschale Begutachtungspflicht für alle Arten von Sexualdelikten wird bereits dadurch ausgeschlossen, dass nach Absatz 6 der VVBayStVollzG zu Art. 15 eine Begutachtung nur bei Gefangenen durchzuführen ist, gegen die während des laufenden Vollzugs eine Freiheitsstrafe von mehr als zwei Jahren zu vollziehen ist. Insofern werden leichtere Sexualdelikte von der Begutachtungspflicht ausgenommen. Bei weniger schwerwiegenden Straftaten gegen die sexuelle Selbstbestimmung dürfte indes bereits die Missbrauchsprognose auf Tatbestandsseite und die Erteilung von sachdienlichen Weisungen auf Rechtsfolgenseite den Anforderungen des Art. 15 BayStVollzG genügen.

Durch die in den Absätzen 6 und 7 der VV zu Art. 15 BayStVollzG vorgesehenen Beschränkungen hinsichtlich der Begutachtungspflicht auf die erstmalige Entscheidung über Lockerungen wurde schließlich dem Ausgleich zwischen

[292] Vgl. BVerfGE 64, 271 (275 f.); *Lübbe-Wolff*, Rechtsprechung des Bundesverfassungsgerichts, 2016, S. 101.

[293] Ausführlich hierzu bereits oben im Abschnitt 15.2.5.1.

den Gefangeneninteressen – insbesondere mit Blick auf das Vollzugsziel der Resozialisierung – und den Schutzinteressen der Allgemeinheit Genüge getan.

15.5.5.2.2 Hamburg

Für die Vorschriften zu bestimmten Täter:innengruppen ist zunächst das Telos von § 8a HmbStVollzG näher zu betrachten, welcher zwar nicht die Gewährung vollzugsöffnender Maßnahmen betrifft, wohl aber Aufschluss über den Umgang mit Gewalt- und Sexualstraftäter:innen im Vollzug gibt. Mit Blick auf § 11 Abs. 3 HmbStVollzG sind nachfolgend die Begriffsbestimmung der „groben Gewalttätigkeit“ i. S. d. § 11 Abs. 3 HmbStVollzG und die aus dieser Vorschrift folgende Begutachtungspflicht für bestimmte Täter:innengruppen von Interesse.

Hinsichtlich des Regelungszwecks von § 8a HmbStVollzG kann festgehalten werden, dass dieser zwar auch auf den Schutz tatsächlicher Opfer ausgerichtet ist, in der Hauptsache jedoch den Schutz der Allgemeinheit vor besonders gefährlichen Gewalt- und Sexualstraftäter:innen bezweckt. Das konkrete Straftatopfer wird zwar mit Blick auf opferbezogene Weisungen und die Berücksichtigung seiner Schutzinteressen bei der Suche und Gestaltung des sozialen Empfangsraums nach der Haftentlassung ausdrücklich im Wortlaut von § 8a HmbStVollzG berücksichtigt.[294] Das Ziel von § 8a HmbStVollzG insbesondere i. V. m. § 30 Abs. 2 S. 2 HmbResOG ist jedoch die allgemeine Straftatprävention und nicht allein ein besonderer Schutz des konkreten Straftatopfers. Deshalb sind sowohl die Wahl der Überschrift „Opferschutz“ als auch die systematische Stellung im HmbStVollzG irreführend.[295] Tatsächlich betrifft die Vorschrift den Schutz der Allgemeinheit vor Straftaten durch als besonders gefährlich geltende Straftäter:innen nach deren Entlassung aus der Haft. Dem konkreten Opfer kommt nur teilweise eine besondere Bedeutung im Rahmen dieses Präventionszwecks zu. Die allgemeine Straftatprävention hat also durch § 8a HmbStVollzG insbesondere mit Blick auf die dort genannten Täter:innengruppen eine besondere Ausrichtung und Gewichtung erfahren.

Allerdings bleibt offen, wann Gefangene als besonders gefährliche Gewalt- und Sexualstraftäter:innen nach § 8a HmbStVollzG einzuordnen sind. Zunächst kommen diesbezüglich die in § 11 Abs. 3 HmbStVollzG genannten

[294] Hierzu bereits in der grammatischen Auslegung oben im Abschnitt 15.2.5.2.

[295] Zur grammatischen Auslegung oben im Abschnitt 15.2.5.2; zur systematischen Auslegung oben im Abschnitt 15.4.5.2.2.

Täter:innengruppen in Betracht,[296] wobei sich für die Abgrenzung zwischen „normalen“ und „besonders gefährlichen“ Gewalt- und Sexualstraftäter:innen hieraus keine weitergehenden Schlüsse ableiten lassen. Eine Einordnung als „besonders gefährlich“ wird sicherlich bei Gefangenen angebracht sein, die mehrfach einschlägig vorbestraft sind oder deren Tat besonders schwerwiegend war, wobei diesbezüglich erneut der Maßstab für eine „schwerwiegende Tat“ bestimmt werden müsste. Für die Einordnung eines bzw. einer Gefangenen als besonders gefährlich wird es sich daher wohl als zweckmäßig erweisen, auf bereits im Strafverfahren erstattete Gutachten und die Strafzumessungserwägungen des Strafgerichts zurückzugreifen. Um Unklarheiten zu beseitigen, ist eine Klarstellung der als besonders gefährlich geltenden Gewalt- und Sexualstraftäter:innen durch den Gesetzgeber angeraten.

Für die teleologische Auslegung des Merkmals der „grobe[n] Gewalttätigkeit“ des § 11 Abs. 3 S. 1 HmbStVollzG kann zunächst festgehalten werden, dass dieser Begriff sich im StGB nicht wiederfindet. In der systematischen Auslegung konnte bereits festgestellt werden, dass die Anlage zur AV zu § 12 HmbStVollzG den Begriff der „groben Gewalt“ konkretisiert.[297] In Hamburg werden Straftaten gegen das Leben und die körperliche Unversehrtheit, Raub und raubähnliche Delikte, Straftaten gegen die persönliche Freiheit und schwere sowie besonders schwere Brandstiftungsdelikte als „grobe Gewalt“ eingeordnet. Es ist zu begrüßen, dass die Anlage zur AV zu § 12 HmbStVollzG den unbestimmten Rechtsbegriff der groben Gewalttätigkeit durch die Benennung relevanter Straftatbestände konkretisiert. Bedenklich ist allerdings, dass nach der Anlage zur AV von grober Gewalt auszugehen ist, wenn sich diese gegen das Opfer richtet. Bei den meisten der oben genannten Straftaten liegt es jedoch bereits in der Natur des Delikts, dass sich eine von dem bzw. der Täter:in ausgehende Gewalt gegen das konkrete Opfer richtet. Für eine Abgrenzung zwischen „einfacher“ und „grober“ Gewalt wäre es sachdienlicher, auf die Folgen der Tat beim Opfer abzustellen, wenn dieses schon der Bezugspunkt für die Bestimmung der Intensität der Gewalt sein soll.

In der Anlage zur AV wird zudem darauf abgestellt, dass „auch der Gebrauch von Waffen jeder Art […] als Gewalt“ gewertet werden könne. Diesbezüglich ist festzustellen, dass der Gebrauch von Waffen bei Straftaten gegen die körperliche Unversehrtheit und bei Raubdelikten ein strafschärfendes Merkmal darstellt.[298]

---

[296] So *Lohmann*, in: BeckOK HmbStVollzR, 15. Ed. Stand: 01.04.2022, HmbStVollzG § 8a Rn. 2.

[297] Ausführlich hierzu oben im Abschnitt 15.4.5.2.2.

[298] Vgl. § 224 Abs. 1 Nr. 2 StGB; § 250 Abs. 2 Nr. 1 StGB.

Es bietet sich daher für eine Differenzierung zwischen „einfacher“ und „grober“ Gewalt an, auf die konkrete Gefährlichkeit der Tatbegehung abzustellen.

Als weiteres vergleichbares Kriterium kann die Begehung der Tat durch mehrere Personen angesehen werden, wie sie sich beispielsweise bei der gefährlichen Körperverletzung nach § 224 Abs. 1 Nr. 4 StGB findet. Strafgrund ist hier gerade auch das erhöhte Eskalationspotenzial bei der Begehung der Tat durch mehrere Personen.[299]

Im Ergebnis ist die Konkretisierung des Begriffs „grobe Gewalt“ in der Anlage zur AV zu § 12 HmbStVollzG zwar zu begrüßen. Vor allem bietet sie für die Vollzugsanstalt eine bessere Auslegungshilfe als die VV zu § 10 und § 11 StVollzG Bund. Allerdings wird mit Blick auf die besondere Gefährlichkeit bestimmter Gefangener der Begriff der groben Gewalt nicht überzeugend konkretisiert. Dies liegt insbesondere daran, dass die Anlage zur AV nicht mit dem materiellen Strafrecht abgestimmt ist. Exemplarisch für die fehlende Kongruenz zwischen der Anlage zur AV und dem StGB ist, dass sowohl die einfache Körperverletzung gemäß § 223 Abs. 1 StGB als auch die gefährliche Körperverletzung mittels einer Waffe nach § 224 Abs. 1 Nr. 2 StGB dem Begriff der „groben Gewalt“ unterfallen. Demgegenüber handelt es sich bei der einfach Körperverletzung im materiellen Strafrecht um das Grunddelikt und bei der Verwendung einer Waffe um eine Qualifikation, also um einen Strafschärfungsgrund. Diese graduelle Unterscheidung des materiellen Strafrechts findet in der Anlage zur AV keine Berücksichtigung.

Mit Blick auf die teleologische Auslegung der Begutachtungsvorgabe des § 11 Abs. 3 S. 1 HmbStVollzG ist zunächst festzuhalten, dass die Regelung lediglich eine Verpflichtung der Anstalt zur Einholung von Fachgutachten vorsieht, jedoch keine darüber hinausgehende Rechtsfolge. Daher betrifft § 11 Abs. 3 HmbStVollzG nicht den Maßstab oder Inhalt der Prognoseentscheidung i. S. d. § 11 Abs. 2 S. 2 HmbStVollzG. Sinn und Zweck von § 11 Abs. 3 HmbStVollzG ist nur die Erweiterung der Entscheidungsgrundlage, welche die Anstalt für eine Prognose der Flucht- und Missbrauchsgefahr i. S. v. § 11 Abs. 2 S. 2 HmbStVollzG bzw. § 12 Abs. 1 S. 2 HmbStVollzG benötigt. Allein wegen einer solchen Pflicht zur Begutachtung bestimmter Täter:innengruppen besteht aber noch nicht die Gefahr, dass hieraus eine restriktive Lockerungspraxis oder weniger Verlegungen in den offenen Vollzug folgen.

Für die weitere teleologische Auslegung der Begutachtungspflicht nach § 11 Abs. 3 HmbStVollzG müssen zwei Ebenen unterschieden werden. Die erste

---

299 Vgl. *Fischer*, StGB, 68. Aufl. 2021, § 224 Rn. 25; *Sternberg-Lieben*, in: Schönke/Schröder (Hrsg.), StGB, 30. Aufl. 2019, § 224 Rn. 11.

Ebene der Betrachtung betrifft zunächst die Frage, ob durch die obligatorische Begutachtung bestimmter Täter:innengruppen in die Grundrechte der Gefangenen eingegriffen wird und wie dies zu rechtfertigen ist. Eng hiermit verbunden ist die Frage, ob die obligatorische Begutachtung mit dem verfassungsrechtlich verankerten Resozialisierungsanspruch vereinbar ist. Auf der zweiten Ebene ist schließlich danach zu fragen, ob eine Berücksichtigung bereits verbüßter Freiheitsstrafen bei der Entscheidung darüber, ob eine Begutachtung erfolgen muss, ebenfalls mit dem Resozialisierungsanspruch zu vereinbaren ist.

Hinsichtlich der Frage, ob eine zwingende Begutachtung bestimmter Täter:innengruppen mit den Grundrechten und dem verfassungsrechtlichen Resozialisierungsanspruch der Gefangenen vereinbar ist, gilt Folgendes. Zunächst ist festzustellen, dass der Vollzugsanstalt durch § 11 Abs. 3 HmbStVollzG zumindest nach dessen Satz 1 kein Ermessen hinsichtlich der Einholung von Gutachten eingeräumt wird. Die Vorschrift lässt der Anstalt lediglich die Wahl zwischen einer psychologischen Fachbegutachtung oder der Einholung eines psychiatrischen Gutachtens. Folglich muss bei den in § 11 Abs. 3 HmbStVollzG genannten Täter:innengruppen immer eine Begutachtung erfolgen.

Mit Blick auf mögliche Grundrechtseingriffe und das verfassungsrechtliche Resozialisierungsgebot stellt sich diese Begutachtungspflicht insofern als problematisch dar, als sie möglicherweise faktisch auf einen Begutachtungszwang hinauslaufen könnte. Eine Verpflichtung der Gefangenen, sich begutachten zu lassen, wird zumindest als ein Eingriff in das allgemeine Persönlichkeitsrecht aus Art. 2 Abs. 1 i. V. m. Art. 1 Abs. 1 GG zu werten sein.[300] Als Teilbereiche des allgemeinen Persönlichkeitsrechts erscheinen durch einen Begutachtungszwang der Schutz der Privatsphäre und das Recht der Selbstdarstellung besonders betroffen.[301] Daher liegt bei einer Begutachtungspflicht bestimmter Täter:innengruppen ein Eingriff in Grundrechte des bzw. der jeweils zwingend zu begutachtenden Gefangenen vor.

Ein solcher Eingriff in die Grundrechte des bzw. der Gefangenen kann jedoch gerechtfertigt sein. In Betracht kommen diesbezüglich das Vollzugsziel der Resozialisierung und der Schutz der Allgemeinheit vor weiteren Straftaten des bzw. der Gefangenen. Diesbezüglich ist zunächst festzuhalten, dass Sinn und Zweck der Begutachtung der betreffenden Gefangenen die Erweiterung der Entscheidungsgrundlage für eine Prognoseentscheidung i. S. v. § 11 Abs. 2. S. 2

---

300 So *Galli*, Lockerungsbegutachtungen im Strafvollzug, 2011, S. 33.

301 So *Galli*, Lockerungsbegutachtungen im Strafvollzug, 2011, S. 33; weiterführend zum Recht auf Privats- und Intimsphäre und zum Schutz der Selbstdarstellung als Teil des allgemeinen Persönlichkeitsrechts siehe *Di Fabio*, in: Dürig/Herzog/Scholz (Hrsg.), GG, 95. EL Juli 2021, Art. 2 Abs. 1 Rn. 166 ff.

HmbStVollzG bzw. § 12 Abs. 1 S. 2 HmbStVollzG ist. Die Vermeidung eines Flucht- bzw. Missbrauchsrisikos dient letztlich auch dem Ziel des Vollzugs, die Gefangenen zu einem zukünftigen Leben in Freiheit ohne die Begehung neuer Straftaten zu befähigen. Insofern kann eine Begutachtung für einzelne Gefangene sinnvoll sein, um vor einer Verlegung in den offenen Vollzug bzw. vor der Gewährung vollzugsöffnender Maßnahmen den Fortschritt der Resozialisierungsbemühungen festzustellen und eine mögliche Gefährdung der Sicherheit der Allgemeinheit durch den bzw. die Gefangene:n zu erkennen.[302] Das Telos des § 11 Abs. 3 HmbStVollzG umfasst daher gerade auch die Feststellung der Gefährdung der Allgemeinheit durch den bzw. die Gefangene:n. Dieses Ziel findet seine Entsprechung in der allgemeinen Vorgabe des § 8a S. 1 HmbStVollzG, nach dem für besonders gefährliche Gewalt- und Sexualstraftäter:innen eine Risikoeinschätzung durch eine psychologische Fachkraft erstellt wird.[303]

Allgemein müssen, wie gezeigt, das Vollzugsziel der Resozialisierung und die Vollzugsaufgabe des Schutzes der Allgemeinheit zum Ausgleich gebracht werden. Letztlich ist es auch im wohlverstandenen Sinne des einzelnen Gefangenen, wenn Risikofaktoren, denen er im offenen Vollzug bzw. im Rahmen von Vollzugslockerungen ausgesetzt sein könnte, vorab festgestellt werden. Durch eine Versagung von Lockerungen im Einzelfall kommt die Vollzugsbehörde in diesen Fällen einerseits ihrem Resozialisierungsauftrag und anderseits der Aufgabe des Schutzes der Allgemeinheit nach.

In diesem Zusammenhang ist darauf hinzuweisen, dass die Begutachtung des bzw. der Gefangenen nach § 11 Abs. 3 HmbStVollzG nicht notwendig zu einer Versagung der Verlegung in den offenen Vollzug führt. Gleiches gilt wegen des Verweises in § 12 Abs. 1 S. 4 HmbStVollzG auf § 11 Abs. 3 HmbStVollzG für Vollzugslockerungen. Nach einer am Telos der Vorschriften orientierten Auslegung kann die vom Gesetz geforderte Begutachtung daher allenfalls einer Absicherung der Prognoseentscheidung nach § 11 Abs. 2 S. 2 HmbStVollzG bzw. § 12 Abs. 1 S. 2 HmbStVollzG dienen und bei einer Gefahr für die Sicherheit der Allgemeinheit eine Negativprognose stützen. Allein aus der Begutachtung bestimmter Gefangenengruppen kann jedoch nicht auf eine grundsätzlich restriktive Praxis bei der Unterbringung im offenen Vollzug oder bei der Entscheidung über Vollzugslockerungen geschlossen werden. Insbesondere wird die Vollzugsanstalt durch die Begutachtung nicht davon entbunden, ihre Entscheidung über

302 Kritisch hinsichtlich der Notwendigkeit von Begutachtungen im Strafvollzug und der Vereinbarkeit mit dem Rechtsstaatsprinzip *Galli*, Lockerungsbegutachtungen im Strafvollzug, 2011, S. 33 ff.

303 Zum Wortlaut des § 8a HmbStVollzG oben im Abschnitt 15.2.5.2.

die Verlegung in den offenen Vollzug nach pflichtgemäßem Ermessen zu treffen. Diese Entscheidung muss wiederum durch eine Gesamtwürdigung aller im Einzelfall relevanten Gesichtspunkte getroffen werden, zu deren Vervollständigung die Begutachtung beitragen kann. Die Begutachtung kann letztlich auch dazu dienen, geeignete und auf den bzw. die Gefangene:n zugeschnittene Weisungen und Auflagen für Lockerungen als mildere Mittel im Vergleich zur Untersagung anzuordnen.

Daher ist eine Begutachtung der bestimmten Täter:innengruppen nur dann mit dem Vollzugsziel der Resozialisierung vereinbar, wenn eine Gefahr für die Sicherheit der Allgemeinheit durch den bzw. die betreffende Gefangene:n zu befürchten ist. Die Annahme einer solchen Gefahr kann jedoch nicht pauschal bei bestimmten Täter:innengruppen bejaht werden, sondern bedarf einer Prüfung im Einzelfall. Sofern eine Begutachtung zur Wahrung der Sicherheitsinteressen notwendig erscheint, kann diese gerade dazu dienen, das Vollzugsziel der Resozialisierung mit der Vollzugsaufgabe der Sicherheit der Allgemeinheit in Ausgleich zu bringen. Durch die Begutachtung kann insbesondere festgestellt werden, wie vollzugsöffnende Maßnahmen für den bzw. die konkrete Gefangene:n ausgestaltet werden können, um Lockerungen unter Beachtung der Sicherheitsinteressen der Allgemeinheit zu ermöglichen.

Die zweite hier interessierende Frage betrifft die Berücksichtigung von früheren bereits verbüßten Freiheitsstrafen bei der Entscheidung über die Pflicht zur Begutachtung. Nach § 11 Abs. 3 S. 1 HmbStVollzG ist bei einer Verlegung in den offenen Vollzug auch dann eine psychologische Fachstellungnahme oder ein psychiatrisches Gutachten einzuholen, wenn der bzw. die betreffende Inhaftierte lediglich zu einem früheren Zeitpunkt eine Freiheitsstrafe wegen der genannten Straftaten verbüßt hat. Gleiches gilt durch die Verweisung in § 12 Abs. 1 S. 4 HmbStVollzG für die Gewährung von Vollzugslockerungen. Diese Begutachtungspflicht ist insofern bedenklich, als für deren Annahme auf bereits verbüßte Freiheitsstrafen zurückgegriffen wird. Auf die der gegenwärtigen Inhaftierung zugrunde liegende Straftat kommt es daher nicht zwingend an.

Vor der weitergehenden Untersuchung der obigen Fragestellung soll zunächst kurz auf die Rechtfertigung einer Begutachtung von Gefangenen, die wegen einer Tat nach § 11 Abs. 3 S. 1 HmbStVollzG gegenwärtig inhaftiert sind, eingegangen werden.

Bei Gefangenen, die aktuell wegen eines Gewalt- bzw. Sexualdelikts nach § 11 Abs. 3 S. 1 HmbStVollzG inhaftiert sind, liegt die Gefährlichkeit des bzw. der Gefangenen bereits deshalb nahe, da zwischen Tat und Inhaftierung ein unmittelbarer Zusammenhang besteht. Wie soeben erläutert, soll durch die Begutachtung die Entscheidungsgrundlage für die Missbrauchsgefahr i. S. d. § 11

Abs. 2 HmbStVollzG erweitert und somit ein Ausgleich zwischen dem Sicherheitsinteresse der Allgemeinheit und dem Resozialisierungsauftrag ermöglicht werden.

Gleiches gilt für Gefangene, die bereits früher wegen einer der in § 11 Abs. 3 S. 1 HmbStVollzG genannten Taten inhaftiert waren und deren aktuelle Inhaftierung ebenfalls auf einer solchen Tat beruht. Hier ergibt sich die mögliche Gefährlichkeit des bzw. der Gefangenen nicht allein aus der aktuellen Inhaftierung, sondern zugleich aus der wiederholten Inhaftierung wegen Taten i. S. d. § 11 Abs. 3 S. 1 HmbStVollzG. Für solche Gefangene dient die Begutachtung neben der allgemeinen Risikoprognose gerade auch der Feststellung einer Wiederholungsgefahr. Letztere liegt nahe, da es bereits eine vorangegangene Inhaftierung wegen Straftaten nach § 11 Abs. 3 S. 1 HmbStVollzG gab und die bereits verbüßte Freiheitsstrafe den bzw. die Gefangene:n nicht von einer erneuten Tatbegehung abgehalten hat.

Problematisch erscheint die generelle Begutachtungspflicht jedoch bei Gefangenen, die zwar bereits eine Freiheitsstrafe wegen einer Straftat nach § 11 Abs. 3 S. 1 HmbStVollzG verbüßt haben, nunmehr aber wegen einer völlig anderen Tat inhaftiert sind. Auch für diese Gefangenen ist eine obligatorische Begutachtung vorgesehen. Aus der AV zu § 11 HmbStVollzG[304] ergibt sich, dass die Anstalt nur Inhaftierungen berücksichtigen darf, die höchstens fünf Jahre zurück liegen. Insofern wird zumindest konkludent zum Ausdruck gebracht, dass auch bei diesen Gefangenen das Telos der Begutachtung auf die Feststellung einer Wiederholungsgefahr ausgerichtet ist. Mit Blick auf diese zeitliche Beschränkung durch die AV liegt weiterhin der Schluss nahe, dass der Anstaltsleitung hinsichtlich der Berücksichtigung von einschlägigen Vorstrafen ein Ermessen zukommt. Wird in diesem Zusammenhang berücksichtigt, dass Begutachtungen resozialisierungsfeindliche Auswirkungen auf die Gefangenen haben können, liegt ein Absehen von der Begutachtung nahe, je näher die verbüßte Freiheitsstrafe an der Grenze von fünf Jahren liegt. Zudem werden bei dieser Abwägung auch positive Entwicklungen des bzw. der Gefangenen während der vorangegangenen Inhaftierung und nach der Haftentlassung zu beachten sein. Dies betrifft bei Sexualdelikten namentlich die Aufnahme einer Therapie.

Der Sinn und Zweck der Begutachtung nach § 11 Abs. 3 HmbStVollzG ist es, die Gefahr einer erneuten Straftatbegehung während vollzugsöffnender Maßnahmen bei Gefangenen zu reduzieren, deren Taten auf eine besondere Gefährlichkeit des Täters bzw. der Täterin hindeuten. Eine frühere Inhaftierung wegen der in § 11

[304] Zur AV zu § 11 HmbStVollzG siehe HmbJVBl. 2018, S. 65; ausführlich hierzu in der systematischen Auslegung oben im Abschnitt 15.4.5.2.2.

Abs. 3 HmbStVollzG genannten Taten mag zwar auf eine besondere Gefährlichkeit des bzw. der Gefangenen hindeuten. Sie lässt aber nicht ohne weiteres den Schluss zu, dass der jeweilige Gefangene erneut eine derartige Tat begehen wird. Vielmehr muss auch in diesen Fällen eine umfassende Würdigung aller Umstände des Einzelfalls erfolgen. Hieraus folgt auch, dass vor einer Begutachtung die Entwicklung des bzw. der Gefangenen nach der vorherigen Haft beachtet werden müssen.

Da die obligatorische Begutachtung der zuletzt beschriebenen Gefangenengruppe gerade nicht auf den Zusammenhang von gegenwärtiger Inhaftierung und Wiederholungsgefahr gestützt werden kann, ist eine teleologische Reduktion von § 11 Abs. 3 S. 1 HmbStVollzG angezeigt. Bei Gefangenen, die nicht wegen einer Tat nach § 11 Abs. 3 S. 1 HmbStVollzG inhaftiert sind, sollte eine Begutachtung nur erfolgen, wenn konkrete Anhaltspunkte vorliegen, die auf eine Rückfallgefahr wegen eines Gewalt- oder Sexualdelikts i. S. d. § 11 Abs. 3 S. 1 HmbStVollzG hindeuten.

In die gleiche Richtung wie die hiesigen Überlegungen weist letztlich auch § 11 Abs. 3 S. 2 HmbStVollzG. Danach kann bei bereits vollzogenen Freiheitsstrafen wegen der in § 11 Abs. 3 S. 1 HmbStVollzG genannten Straftaten von der fachdienstlichen Begutachtung abgesehen werden, wenn die seither eingetretene Entwicklung der Gefangenen diese nicht mehr erfordert.

Zu beachten ist jedoch, dass bei der hier vorgeschlagenen teleologischen Reduktion von § 11 Abs. 3 S. 1 HmbStVollzG die Ausnahmeregelung hinsichtlich der Begutachtungspflicht nach Satz 2 obsolet ist. Dies folgt aus dem Umstand, dass § 11 Abs. 3 S. 2 HmbStVollzG Fälle erfasst, in denen eine frühere Freiheitstrafe wegen der in § 11 Abs. 3 S. 1 HmbStVollzG genannten Taten vorliegt, aber die aktuelle Inhaftierung gerade nicht auf einer solchen Tat beruht. In diesen Fällen wären nach der soeben vorgeschlagenen teleologischen Reduktion des § 11 Abs. 3 S. 1 HmbStVollzG keine Begutachtungen erforderlich.

Dennoch ist eine teleologische Reduktion des § 11 Abs. 3 S. 1 HmbStVollzG geboten, da nur auf diesem Weg für Gefangene, die gegenwärtig nicht wegen eines Gewalt- oder Sexualdelikts inhaftiert sind, die obligatorische Begutachtung durch eine Begutachtung nur in begründeten Ausnahmefällen ersetzt werden kann. Da das Telos der Regelung gerade auf die Feststellung der besonderen Gefährlichkeit der Gefangenen gerichtet ist, müssen bei diesen Gefangenen neben der früheren Inhaftierung weitere Umstände hinzutreten, die eine Begutachtung und somit einen Eingriff in Grundrechte rechtfertigen. Ein Verweis auf die Ermessensvorschrift des § 11 Abs. 3 S. 2 HmbStVollzG reicht angesichts der Schwere des Eingriffs in das allgemeine Persönlichkeitsrecht der Gefangenen aus Art. 2 Abs. 1 i. V. m. Art. 1 Abs. 1 GG und die möglichen schädlichen Folgen für das

Selbstbild der Gefangenen und somit gerade auch für die Resozialisierung für eine Rechtfertigung nicht aus.

15.5.5.2.3 Hessen

Für die teleologische Auslegung von § 13 Abs. 5 Nr. 1 HStVollzG sind die Begriffsbestimmung der „groben Gewalttätigkeit" und die Negativprognose hinsichtlich der Eignung bestimmter Täter:innengruppen für vollzugsöffnende Maßnahmen von Bedeutung.

Ähnlich wie bereits in den Regelungen der Länder Bayern und Hamburg lassen sich die relevanten Sexualdelikte bereits eindeutig durch den Wortlaut des § 13 Abs. 5 Nr. 1 HStVollzG bestimmen. Demgegenüber wird der Begriff der groben Gewalttätigkeit erst durch die VV § 9 Nr. 1.3 zu § 13 HStVollzG konkretisiert.[305]

Wie bereits die Anlage zu AV zu § 12 HmbStVollzG sind auch nach der VV § 9 Nr. 1.3 zu § 13 HStVollzG Straftaten gegen Leib, Leben oder Freiheit als „grobe Gewalttätigkeit[en]" einzuordnen. Darüber hinaus soll in Hessen auch eine Verurteilung wegen Nachstellung gemäß § 238 StGB den strengeren Prüfungsmaßstab des § 13 Abs. 5 HStVollzG begründen.[306] In diesem Zusammenhang wird von „psychischer Gewalt" gesprochen. Dies ist insofern problematisch, als die psychischen Beeinträchtigungen für das konkrete Straftatopfer durch Tathandlungen i. S. d. § 238 StGB zwar durchaus vergleichbar gravierend wie körperliche Gewalt sein können,[307] sich aus dem Begriff „grobe Gewalttätigkeit gegen eine Person" im Wortlaut des § 13 Abs. 5 HStVollzG jedoch nicht ohne weiteres auf „psychische Gewalt" schließen lässt.

Die Einbeziehung von psychischer Gewalt in den Begriff der „groben Gewalttätigkeit" ergibt sich auch nicht ohne weiteres durch den Vergleich von § 238 StGB mit den übrigen in der VV § 9 Nr. 1.3 zu § 13 HStVollzG genannten Straftatbestände. Während die anderen genannten Straftaten – mit Ausnahme der §§ 239a und 239b StGB hinsichtlich der Bemächtigungslage – beispielsweise keine über einen längeren Zeitraum andauernde Tatbegehung voraussetzen, verlangte § 238 Abs. 1 StGB a. F. bis zur seiner Änderung im Jahr 2021 dem Wortlaut nach eine „beharrliche" Verwirklichung der genannten tatbestandlichen Handlungen. Seit dem 01.10.2021 ist nach § 238 Abs. 1 StGB n. F. erforderlich,

---

[305] Vgl. VV § 9 Nr. 1.3. zu § 13 HStVollzG, abrufbar unter https://www.rv.hessenrecht.hessen.de/bshe/document/VVHE-VVHE000014044 (zuletzt aufgerufen am 11.06.2022); hierzu ausführlich in der systematischen Auslegung oben im Abschnitt 15.4.5.2.3.

[306] Vgl. VV § 9 Nr. 1.3. zu § 13 HStVollzG.

[307] Vgl. hierzu *Mitsch*, NJW 2007, 1237 ff.

dass „einer anderen Person in einer Weise unbefugt nachgestellt [wird], die geeignet ist, deren Lebensgestaltung nicht unerheblich zu beeinträchtigen". Insofern ist der Anwendungsbereich des § 238 Abs. 1 StGB erweitert worden.[308]

Vor allem aber handelt es sich bei § 238 StGB sowohl in der alten als auch in de neuen Fassung um ein Gefährdungsdelikt, bei dem der Tatbestand bereits vorliegt, wenn die Tathandlungen des bzw. der Täter:in dazu geeignet sind die Lebensgestaltung des Opfers nicht nur unerheblich zu beeinträchtigen. Als geschütztes Rechtsgut der Vorschrift wird häufig die Handlungs- und Entschlussfreiheit des Opfers hinsichtlich seiner persönlichen Lebensgestaltung verstanden.[309] Daneben wird als Schutzgut von § 238 StGB bisweilen auch die psychische Gesundheit angesehen.[310] Die Beeinträchtigung der persönlichen Lebensgestaltung kann eine psychische Beeinträchtigung beim Opfer nach sich ziehen[311], die insbesondere aus Opferperspektive als „psychische Gewalt" im Sinne der VV § 9 Nr. 1.3 zu § 13 HStVollzG eingeordnet werden kann. Zwingend ist dies jedoch nicht. Zumindest hinsichtlich § 238 Abs. 2 und 3 StGB dürften weiterhin Leib und Leben als geschützte Rechtsgüter anzusehen sein, da dort ausdrücklich die Gefahr des Todes oder einer schweren Gesundheitsschädigung (Abs. 2) bzw. der Eintritt des Todes (Abs. 3) als Taterfolge genannt werden. Mithin unterscheiden sich bereits die Schutzgüter des § 238 StGB von den Schutzgütern der übrigen in der Verwaltungsvorschrift genannten Straftatbestände. Diese betreffen in der Hauptsache den Schutz der Rechtsgüter Leib und Leben bzw. setzen bereits im Grundtatbestand selbst die Anwendung von Gewalt voraus.[312]

---

[308] Weiterführend *Valerius*, in: BeckOK StGB, 53. Ed. Stand: 01.05.2022, § 238 StGB Rn. 1 ff.

[309] BT-Drs. 15/5410, S. 6 und 16/1030, S. 6; *Eisele,* in: Schönke/Schröder (Hrsg.), StGB, 30. Aufl. 2019, § 238 Rn. 4; ähnlich auch BGH NStZ 2010, 277 (279); weiterführend zum Streitstand über das Schutzgut von § 238 StGB siehe *Knauer*, Der Schutz der Psyche im Strafrecht, 2013, S. 59 ff.

[310] Ausführlich zum Meinungstand *Knauer*, Der Schutz der Psyche im Strafrecht, 2013 S. 59 ff.

[311] *Mitsch*, NJW 2007, 1237 (1237 f.); vgl. auch *Gazeas*, JR 2007, 497 (498).

[312] Siehe hinsichtlich Leib und Leben: §§ 211 bis 213 StGB, §§ 224 bis 227 StGB, § 231 StGB, § 235 Abs. 4 Nr. 1 StGB, §§ 249 bis 252 StGB, § 255 StGB, §§ 306a bis 306c, § 307 StGB, § 308 StGB, § 316a StGB sowie § 323a StGB bei entsprechenden Rauschtaten; siehe hinsichtlich des Tatbestandsmerkmals der Gewalt: § 232 Abs. 3 Nr. 2, 3 und Abs. 4 StGB, §§ 249 ff. StGB, § 255 StGB; § 316a StGB; bei der Nennung des § 233 Abs. 3 StGB im Straftatkatalog der VV § 9 Nr. 1.3 zu § 13 HStVollzG muss es sich um ein redaktionelles Versehen handeln, da nicht einleuchtend ist, weshalb nur der Versuch einer Straftat nach § 233 StGB Beachtung finden soll, nicht jedoch die Vollendung nach § 233 Abs. 1 und 2 StGB.

Daneben wird durch einige in der VV genannten Tatbestände zwar auch die persönliche Freiheit geschützt[313], welche unter anderem auch als Schutzgut des § 238 StGB angesehen wird[314]. Ausweislich der VV soll die psychische Gewalt jedoch nur bei § 238 StGB von Bedeutung sein.[315] Die psychische Integrität des Opfers kann bei der Nachstellung entweder als Bestandteil des Rechtsgut der persönlichen Freiheit verstanden werden oder wird bisweilen als eigenständiges Schutzgut des § 238 StGB anerkannt.[316] Durch die Einordnung der „psychischen Gewalt" bei § 238 StGB als „grobe Gewalttätigkeit gegen eine Person" i. S. d. § 13 Abs. 5 HStVollzG scheint die Anerkennung der erheblichen seelischen Viktimisierung und der Schutz tatsächlicher Opfer zum Tragen gekommen zu sein. Freilich ist eine Berücksichtigung einer psychischen Beeinträchtigung durch Taten i. S. d. § 238 StGB aus der Opferperspektive durchaus zu begrüßen. Es wäre jedoch wünschenswert gewesen, wenn der hessische Gesetzgeber oder zumindest das hessische Justizministerium innerhalb der VV diesbezüglich eine klarere Formulierung gewählt hätten. Die Wortwahl ist insbesondere deshalb zu kritisieren, weil eine „grobe Gewalttätigkeit" nicht hinreichend auf die Berücksichtigung seelischer Gewalt hindeutet und daher bei einer Berücksichtigung des § 238 StGB als Straftat i. S. d. § 13 Abs. 5 HStVollzG die Wortlautgrenze der Vorschrift überschritten erscheint.

Neben der Begriffsbestimmung der „groben Gewalttätigkeit" ist auch die durch § 13 Abs. 5 Nr. 1 HStVollzG normierte Negativprognose für bestimmte Täter:innengruppen hinsichtlich der Eignung für Lockerungen kritisch zu betrachten. Mit Blick auf die soeben im Zusammenhang mit dem bayerischen Recht erläuterten Vorgaben des BVerfG zu der Prognoseentscheidung hinsichtlich der Flucht- und Missbrauchsgefahr[317] erscheint auch die Regelung des § 13 Abs. 5 Nr. 1 HStVollzG problematisch.

In § 13 Abs. 5 Nr. 1 HStVollzG wurde das nach früherem Bundesrecht noch vorgesehene Erfordernis einer fehlenden Negativprognose i. S. d. § 11 Abs. 2 StVollzG Bund bzw. § 10 Abs. 1 StVollzG Bund für bestimmte Täter:innengruppen durch die engere Voraussetzung ersetzt, dass besondere Umstände die Annahme begründen, dass keine Flucht- und Missbrauchsgefahr

[313] § 232 StGB, § 233 StGB, § 235 StGB, §§ 239a, 239b StGB.

[314] *Eisele*, in: Schönke/Schröder (Hrsg.), StGB, 30. Aufl. 2019, § 238 Rn. 4; *Fischer*, StGB, 68. Aufl. 2021, § 238 Rn. 2.

[315] Vgl. VV § 9 Nr. 1.3. zu § 13 HStVollzG, abrufbar unter https://www.rv.hessenrecht.hessen.de/bshe/document/VVHE-VVHE000014044 (zuletzt aufgerufen am 11.06.2022).

[316] Ausführlich zum Meinungsstand siehe *Knauer*, Der Schutz der Psyche im Strafrecht, 2013, S. 59 ff.

[317] Hierzu oben im Abschnitt 15.4.5.2.1.

gegeben ist. Mithin hat der hessische Gesetzgeber die Anforderungen an die Gewährung von Vollzugslockerungen bzw. die Unterbringung im offenen Vollzug für diese Täter:innengruppen erhöht. Sinn und Zweck dieser Regelung kann nur die Verringerung des Risikos der Entweichung der Gefangenen bzw. des Risikos einer erneuten Straftatbegehung im Rahmen vollzugsöffnender Maßnahmen i. S. d. § 13 Abs. 2 S. 1 HStVollzG sein.

Dieses Ziel steht jedoch insofern in einem Widerspruch zur oben dargestellten Rechtsprechung des BVerfG, als ein vertretbares Restrisiko bei der Entscheidung über Lockerungen hinzunehmen ist.[318] Das Hessische Strafvollzugsgesetz geht nun jedoch davon aus, dass bei bestimmten Täter:innengruppen die Voraussetzungen für vollzugsöffnende Maßnahmen im Grundsatz erst einmal nicht gegeben sind. Nur beim Vorliegen besonderer Umstände, die ein Fehlen der Flucht- und Missbrauchsgefahr nahelegen, können vollzugsöffnende Maßnahmen gewährt werden. Diese restriktive Linie des hessischen Gesetzgebers ist schon im Ausgangspunkt mit Blick auf den verfassungsrechtlich verankerten Resozialisierungsanspruch problematisch. Auf dessen Grundlage ist gerade eine individuelle Beurteilung der Eignung für vollzugsöffnende Maßnahmen erforderlich.[319]

Kritikwürdig erscheint im gleichen Zusammenhang aber darüber hinaus auch, dass die nach § 13 Abs. 5 HStVollzG erforderlichen „besonderen Umstände“ weder durch das Gesetz selbst noch durch die VV zu § 13 HStVollzG konkretisiert werden. Insofern besteht die Gefahr, dass die Vollzugsbehörden bei den in § 13 Abs. 5 Nr. 1 HStVollzG genannten Gefangenen das Vorliegen besonderer Umstände pauschal ablehnen und die Lockerungspraxis auch aus diesem Grund faktisch sehr restriktiv gehandhabt wird.[320]

Zu beachten ist in diesem Zusammenhang, dass nach dem Konzept des Gesetzgebers allein aufgrund der Inhaftierung wegen eines bestimmten Delikts auf die Flucht- bzw. Missbrauchsgefahr bei einem bzw. einer Gefangenen geschlossen wird. Aufschlussreich ist hier ein Vergleich mit den anderen Varianten des § 13 Abs. 5 HStVollzG. Die Regelung des § 13 Abs. 5 Nr. 4 HStVollzG beispielsweise stellt auf einen bereits erfolgten Missbrauch vollzugsöffnender Maßnahmen ab und erscheint daher wenig kritikwürdig. Auch die ratio legis von § 13 Abs. 5 Nrn. 5 und 6 HStVollzG ist aufgrund der besonderen Verdichtung der Fluchtgefahr beispielsweise durch eine drohende Abschiebung,

---

[318] Vgl. BVerfG NStZ 1998, 430 (430).

[319] So *Laubenthal*, in: Laubenthal/Nestler/Neubacher/Verrel (Hrsg.), StVollzG, 12. Aufl. 2015, E Rn. 155.

[320] Ähnlich bereits *Laubenthal*, in: Laubenthal/Nestler/Neubacher/Verrel (Hrsg.), StVollzG, 12. Aufl. 2015, E Rn. 155.

eine Ausweisungsverfügung oder ein anhängiges Strafverfahren grundsätzlich nachvollziehbar. Bei den besonderen Täter:innengruppen nach Nr. 1 gilt dies hingegen nicht in gleicher Weise. Bei dieser Variante wird weder auf einen früheren Missbrauch vollzugsöffnender Maßnahmen noch auf eine drohende negative Maßnahme außerhalb des Strafvollzugs abgestellt. Vielmehr erfolgt bei der Nr. 1 eine erneute Berücksichtigung der Straftat, die der Inhaftierung des bzw. der Gefangenen zugrunde liegt.

In einer solchen erneuten Berücksichtigung der für die Inhaftierung relevanten Straftat könnte eine unzulässige Berücksichtigung der Schuldschwere zu sehen sein. Grundsätzlich ist nach der Rechtsprechung des BVerfG zwar eine mittelbare Berücksichtigung der Schwere der Schuld bei Vollzugsentscheidungen möglich.[321] Allerdings darf die Schuldschwere nicht das alleinige Abwägungskriterium sein, sondern es bedarf einer umfassenden Gesamtbetrachtung aller Umstände.[322] Innerhalb dieser Abwägung muss insbesondere auch das Resozialisierungsinteresse der Gefangenen berücksichtigt werden.[323] Dennoch wurde seitens des Schrifttums bereits im Anschluss an die Rechtsprechung des BVerfG zur Berücksichtigung der Schuldschwere bei Vollzugsentscheidungen die Gefahr einer nach Schuldgraden differenzierten Ausgestaltung der Freiheitsstrafe vorhergesehen.[324] Eine derartige Ausgestaltung wurde insbesondere im Hinblick auf die Vorenthaltung und Gewährung von Vollzugslockerungen problematisiert.[325]

Eine Differenzierung des Vollzugs war anhand der begangenen Straftaten der Gefangenen bisher nur unter Berücksichtigung der bundeseinheitlichen VV zu § 10 bzw. § 11 StVollzG Bund möglich. Da die VV jedoch lediglich als Auslegungshilfe dienen und der Vorrang des Gesetzes zu berücksichtigen war[326], musste weiterhin eine umfassende Einzelfallbetrachtung vorgenommen und somit den Vorgaben des BVerfG entsprochen werden.

Durch die Regelung des § 13 Abs. 5 Nr. 1 HStVollzG haben nun aber Tendenzen einer unmittelbaren Berücksichtigung der Schuldschwere in das gesetzliche Vollzugsrecht Eingang gefunden. Indem § 13 Abs. 5 Nr. 1 HStVollzG bei bestimmten Täter:innengruppen besondere Anforderungen für die Gewährung von vollzugsöffnenden Maßnahmen bzw. die Verlegung in den offenen Vollzug aufstellt, hat dies in der Sache eine Differenzierung der Ausgestaltung des Vollzugs

[321] Hierzu ausführlich im Abschnitt 5.1.4.1.

[322] Vgl. hierzu BVerfG NJW 1984, 33 (35 f.).

[323] BVerfG NJW 1984, 33 (35 f.).

[324] Ausführlich hierzu oben im Abschnitt 5.1.4.1.

[325] Ausführlich hierzu oben im Abschnitt 5.1.4.1.

[326] Hierzu bereits oben im Abschnitt 15.5.5.1.2.

je nach der begangenen Straftat zur Folge. Grundsätzlich kann sich aus einer besonderen Gefährlichkeit des bzw. der Inhaftierten für die Sicherheit der Allgemeinheit oder gar den Schutz konkreter Straftatopfer zwar eine negative Prognose hinsichtlich der Flucht- und Missbrauchsgefahr ergeben. Allerdings geht § 13 Abs. 5 Nr. 1 HStVollzG für alle genannten Täter:innengruppen von vornherein von einer derartigen Negativprognose aus, wobei sich diese Prognose bei den genannten Gefangenen allein auf die der Inhaftierung zugrunde liegenden Straftat gründet. Diese generelle Annahme der Negativprognose bei bestimmten Täter:innengruppen widerspricht jedoch dem Grundsatz der umfassenden Gesamtwürdigung aller Umstände unter Berücksichtigung des Resozialisierungsgebots aus Art. 2 Abs. 1 i. V. m. Art. 1 Abs. 1 GG.

Beachtenswert ist in diesem Zusammenhang, dass die Feststellung der besonderen Schwere der Schuld gemäß § 57a StGB durch das Strafgericht kein Anlass für die Annahme der Negativprognose ist. Vielmehr handelt es sich bei den in § 13 Abs. 5 Nr. 1 HStVollzG genannten Delikten um Straftaten, welche einerseits aus strafrechtlicher Perspektive einen erheblichen Eingriff in die Individualrechtsgüter Leib und Leben des jeweiligen Straftatopfers darstellen. Andererseits werden gerade solche Taten in der gesamtgesellschaftlichen Wahrnehmung als besonders sanktionierungswürdig wahrgenommen. Mit Blick auf diese besonderen Betonung der gesamtgesellschaftlichen Wahrnehmung der Tat ist in der Normierung der strengeren Voraussetzungen für Vollzugslockerungen bei Gewalt- und Sexualstraftäter:innen eine kriminalpolitische Betonung der Sicherheitsinteressen potenzieller Opfer zu sehen.[327] Dies führt im Ergebnis zu einer Überbetonung der Vollzugsaufgabe der Sicherheit der Allgemeinheit und zu einer Zurückdrängung des Vollzugsziels der Resozialisierung.

Bei einer Gesamtbetrachtung erscheint die Regelung des § 13 Abs. 5 Nr. 1 HStVollzG daher nicht mit der Rechtsprechung des BVerfG zur Berücksichtigung der Schuldschwere bei Vollzugsentscheidungen vereinbar.

Weiterhin ist zu beachten, dass bei der obligatorischen Annahme der Negativprognose auch bereits vollzogene Freiheitsstrafen aus den letzten fünf Jahren zu berücksichtigen sind, ohne dass der aktuellen Inhaftierung eine Straftat i. S. d. § 13 Abs. 5 Nr. 1 HStVollzG zugrunde liegen muss. Sinn und Zweck der Regelung ist jedoch, die Gefahr einer erneuten Straftatbegehung während vollzugsöffnender Maßnahmen bei Gefangenen zu reduzieren, deren Taten auf eine besondere Gefährlichkeit des Täters bzw. der Täterin hindeuten. Indes ist auch

---

[327] Ausführlich zu der Orientierung der Kriminalpolitik an Sicherheitsinteressen der Allgemeinheit oben im Abschnitt 9.2.4.1; allgemein zum kriminalpolitischen Motiv der Sicherheit oben im Abschnitt 9.2.4.2.

eine Berücksichtigung von weiter zurückliegenden Taten durch § 13 Abs. 5 Nr. 1 HStVollzG nicht ausgeschlossen, sodass auch frühere bereits vollständig vollstreckte Straftaten innerhalb der Abwägung zur Negativprognose berücksichtigt werden können.[328]

Die Auslegung der Regelungen zu bestimmten Täter:innengruppen in Hamburg[329] hat bereits gezeigt, dass eine pauschale Berücksichtigung bereits verbüßter Freiheitsstrafen wegen Gewalt- und Sexualdelikten nicht mit dem Resozialisierungsgebot vereinbar ist. Die hessische Regelung unterscheidet sich von jener des Landes Hamburg jedoch dadurch, dass die Vorstrafen nicht bei der Frage relevant sind, ob eine Begutachtung erfolgen muss. Vielmehr werden nach § 13 Abs. 5 Nr. 1 HStVollzG bereits verbüßte Freiheitsstrafen als Kriterium für die Negativprognose herangezogen. Wenn jedoch bereits die obligatorische Begutachtungspflicht für bestimmte Täter:innengruppen nach § 11 Abs. 3 S. 1 HmbStVollzG problematisch ist und daher mitunter einer teleologischen Reduktion bedarf[330], so muss dies erst recht für § 13 Abs. 5 Nr. 1 HStVollzG gelten. Die hessische Regelung betrifft nämlich im Gegensatz zu § 11 Abs. 3 S. 1 HmbStVollzG nicht die Erweiterung der Beurteilungsgrundlage für die Missbrauchsprognose, sondern bildet gerade die Grundlage für eine Negativprognose aufgrund bestimmter Straftaten.

Eine frühere Inhaftierung wegen einer der in § 13 Abs. 5 Nr. 1 HStVollzG genannten Taten mag zwar auf eine besondere Gefährlichkeit des bzw. der Gefangenen hindeuten. Sie lässt aber nicht ohne Weiteres den Schluss zu, dass der bzw. die jeweilige Gefangene erneut eine derartige Tat begehen wird. Insofern bedarf es einer teleologischen Reduktion der Vorschrift. Sie ist nur anzuwenden, wenn ein bzw. eine Gefangene:r gegenwärtig wegen einer Tat i. S. d. § 13 Abs. 5 Nr. 1 HStVollzG inhaftiert ist und bereits in der Vergangenheit wegen solcher Taten eine Freiheitsstrafe verbüßt hat. In diesen Fällen erscheint dann auch eine grundsätzliche Negativprognose verfassungsrechtlich nicht zu beanstanden. Denn der bzw. die Gefangene ist in solchen Fällen bereits einschlägig rückfällig geworden, was auf ein besonders hohes Gefährdungspotenzial für die Sicherheit der Allgemeinheit hindeutet. Für diese Sichtweise spricht auch, dass bereits das BVerfG bei Prognoseentscheidungen nach § 11 Abs. 2 StVollzG Bund sogar die Berücksichtigung von noch nicht rechtskräftig abgeurteilten Straftaten für zulässig gehalten hat.[331]

---

[328] *Kunze*, in: BeckOK HStVollzR, 17. Ed. Stand: 01.03.2022, HStVollzG § 13 Rn. 42.

[329] Hierzu oben im Abschnitt 15.5.5.2.2.

[330] Hierzu soeben im Abschnitt 15.5.5.2.2.

[331] Siehe BVerfG NStZ 1982, 83.

Bei Gefangenen, die bereits früher wegen einer Tat i. S. d. § 13 Abs. 5 Nr. 1 HStVollzG inhaftiert waren, kann diese Inhaftierung zwar grundsätzlich im Rahmen der Missbrauchsprognose berücksichtigt werden. Eine Berücksichtigung einschlägiger, rechtskräftiger und gegebenenfalls bereits vollstreckter Verurteilungen erscheint insbesondere dann zulässig, wenn sich hieraus eine Wiederholungsgefahr auch noch für den Zeitraum der vollzugsöffnenden Maßnahmen ergibt. Jedoch müssen im Rahmen der Einzelfallbetrachtung auch hier wieder positive Entwicklungen des bzw. der Gefangenen berücksichtigt werden. Nur so kann dem Vollzugsziel der Resozialisierung hinreichend entsprochen werden. Die grundsätzliche Annahme einer Negativprognose, wie sie derzeit in § 13 Abs. 5 Nr. 1 HStVollzG vorgesehen ist, ist jedoch nicht zulässig, da sie dem Resozialisierungsziel widerspricht.

15.5.5.2.4 Niedersachsen

Im Gegensatz zu den Vorschriften anderer Länder für bestimmte Täter:innengruppen nennt § 16 Abs. 1 NJVollzG selbst neben den aufgeführten Sexualstraftaten ausdrücklich auch den Mord gemäß § 211 StGB und den Totschlag gemäß § 212 StGB sowie § 323a StGB für entsprechende Rauschtaten. Mithin bedarf es insoweit keiner weiteren Konkretisierung der relevanten Gefangenengruppen durch Verwaltungsvorschriften. Dies ist zu begrüßen, weil sich so bereits aus der Lektüre des Gesetzestextes ergibt, bei welchen Straftaten eine Begutachtung i. S. d. § 16 Abs. 1 S. 1 NJVollzG in der Regel erforderlich ist.

Mit Blick auf das Verfahren für die in § 16 Abs. 1 NJVollzG genannten Täter:innengruppen gelten in Niedersachsen die bundeseinheitlichen Verwaltungsvorschriften fort und werden durch die „Niedersächsischen Ausführungsvorschriften für den Strafvollzug (NAV)“ weiter konkretisiert. Daher finden die VV zu § 10 StVollzG Bund und zu § 11 StVollzG Bund weiterhin Anwendung.[332] Hieraus folgt, dass auch im niedersächsischen Strafvollzug bei Gefangenen, die aufgrund einer Straftat wegen grober Gewalttätigkeit gegen Personen oder wegen eines Sexualdelikts inhaftiert sind, die Gewährung vollzugsöffnender Maßnahmen und die Verlegung in den offenen Vollzug unter Einbeziehung der VV zu § 10, § 11 und § 13 StVollzG Bund besonders gründlich zu prüfen ist.[333]

---

[332] Vgl. Niedersächsische Ausführungsvorschriften für den Strafvollzug NAV, Erlassdatum 17.10.2001, Nds. Rpfl. 2001, 450, Fassung vom 09.02.2018, NAV Nr. 1 zu § 11 D. V Abs. 2 – zitiert nach juris.

[333] Vgl. NAV Nr. 1 zu § 11 D. V. Abs. 2.

Im Gegensatz zu der zwingenden Regelung des § 11 Abs. 3 HmbStVollzG ist die Erforderlichkeit einer Begutachtung für bestimmte Täter:innengruppen nach § 16 Abs. 1 S. 2 NJVollzG nur in der Regel gegeben. Aus § 16 Abs. 1 S. 2 NJVollzG folgt also keine Begutachtungspflicht für die genannten Täter:innengruppen, wohl aber eine entsprechende Regelvermutung. In der Sache wie das Hamburger Strafvollzugsgesetz, jedoch ohne Verweisungstechnik, sieht § 16 Abs. 1 S. 1 NJVollzG die Einholung von Gutachten sowohl bei der Verlegung in den offenen Vollzug als auch bei der Gewährung von Vollzugslockerungen vor. Für die Vereinbarkeit der Begutachtung bestimmter Gefangener mit dem Vollzugsziel der Resozialisierung und der Vollzugsaufgabe des Schutzes der Allgemeinheit kann auf die Ausführungen zu § 11 Abs. 3 HmbStVollzG verwiesen werden.[334] Insbesondere dient auch das Vorgehen nach § 16 Abs. 1 NJVollzG lediglich der Vorbereitung von Lockerungsentscheidungen, sieht für die Entscheidung selbst aber keinen besonderen Maßstab vor.[335]

Problematisch erscheint mit Blick auf das niedersächsische Recht, dass durch § 16 Abs. 1 S. 3 i. V. m. § 16 Abs. 3 S. 2 NJVollzG eine doppelte Regelvermutung hinsichtlich der Nichteignung bestimmter Täter:innengruppen für die Verlegung in den offenen Vollzug bzw. die Gewährung vollzugsöffnender Maßnahmen aufgestellt wird. Diese doppelte Regelvermutung betrifft erstens die Erforderlichkeit der Begutachtung und zweitens die Verweigerung der Zustimmung der Gefangenen zu einer solchen Begutachtung.

Die Erforderlichkeit einer Begutachtung wird in Niedersachsen in der Regel bei Gefangenen vermutet, die wegen eines der in § 16 Abs. 1. S. 3 NJVollzG genannten Sexual- bzw. Tötungsdelikte inhaftiert wurden. Weitere Vorgaben zur Begutachtung dieser Inhaftierten finden sich in § 16 NJVollzG jedoch nicht, wohl aber in den NAV Nr. 1 zu § 11. Die NAV enthält Vorgaben zur Notwendigkeit der Begutachtung, zum Umfang der Begutachtung und zur Bedeutung der Begutachtung für die Entscheidung über die Gewährung vollzugsöffnender Maßnahmen.

Erstens enthält die NAV Nr. 1 zu § 11 D. V. Abs. 2 entgegen der Regelvermutung des § 16 Abs. 1 S. 2 NJVollzG eine gebundene Entscheidung der Behörde hinsichtlich der Begutachtung bestimmter Täter:innengruppen. Nach dem Wortlaut der NAV ist bei Gefangenen, die wegen einer Tat nach den §§ 174 bis 180, 182, 211 und 212 StGB sowie einer entsprechenden Rauschtat nach § 323a

[334] Hierzu soeben oben im Abschnitt 15.5.5.2.2.

[335] So bereits *Laubenthal,* in: Laubenthal/Nestler/Neubacher/Verrel (Hrsg.), StVollzG, 12. Aufl. 2015, E Rn. 156.

StGB verurteilt wurden, eine doppelte Begutachtung durchzuführen. Dies widerspricht jedoch dem Wortlaut des § 16 Abs. 1 S. 2 NJVollzG, der bei den genannten Straftaten lediglich eine Regelvermutung hinsichtlich des Begutachtungserfordernisses vorsieht. Insofern stimmt die NAV Nr. 1 zu § 11 D. V. Abs. 2 nicht mit der Regelung des § 16 Abs. 1 S. 2 NJVollzG überein. Da Verwaltungsvorschriften für die Justizvollzugsanstalten bindend sind, ist das von ihnen geforderte Verwaltungshandeln nicht mit der Rechtsgrundlage des § 16 NJVollzG vereinbar. Folglich stellt die NAV eine unzulässige Einschränkung des Gesetzeswortlauts dar und kann nicht als Auslegungshilfe für die Frage dienen, wann bestimmter Täter:innengruppen zu begutachten sind. Diese Frage muss von der Anstalt durch eine umfassende Würdigung des Einzelfalls beantwortet werden, wobei diesbezüglich ein Rückgriff auf die Regelvermutung des § 16 Abs. 1 S. 2 NJVollzG möglich ist. Die Regelvermutung hinsichtlich der Notwendigkeit einer Begutachtung bei bestimmten Täter:innengruppen dient letztlich dem Zweck einer Erweiterung der Entscheidungsgrundlage durch die Einschätzung der Gefährlichkeit der Gefangenen durch Expert:innen.[336] Dies ist grundsätzlich nicht zu beanstanden, solange die Einschätzung hinsichtlich der Notwendigkeit einer Begutachtung durch die Anstalt dem Gesetzeswortlaut entsprechend nicht durch die NAV gebunden ist.

Zweitens enthält die NAV Nr. 1 zu § 11 D. V. Abs. 2 die Vorgabe, dass bei den in § 16 Abs. 1 S. 2 Nr. 2 NJVollzG genannten Täter:innengruppen zusätzlich zum vollzugsinternen Gutachten bzw. zur gutachterlichen Stellungnahme des Anstaltspsychologen bzw. der Anstaltspsychologin ein vollzugsexternes psychiatrisches Gutachten anzufordern ist. Sinn und Zweck dieser externen Begutachtung dürfte eine möglichst unvoreingenommene Einschätzung der Eignung des bzw. der Gefangenen für vollzugsöffnende Maßnahmen oder die Verlegung in den offenen Vollzug sein. Dies ist nicht zu beanstanden, zumal die wenigsten Anstalten selbst über psychiatrische Gutachter:innen verfügen dürften. Das externe Gutachten kann nach der NAV auch bei späteren Entscheidungen über eine Verlegung in den offenen Vollzug, über die Gewährung von Urlaub oder den Einsatz im

---

[336] Nach Ansicht von *Reichenbach*, in: BeckOK Nds StVollzR, 19. Ed. Stand: 01.03.2022, NJVollzG § 16 Rn. 3 handelt es sich bei der Erforderlichkeit der Begutachtung um einen unbestimmten Rechtsbegriff; nach der überzeugenden Gegenansicht ist für die Entscheidung über das Begutachtungserfordernis als Bestandteil der Flucht- und Missbrauchsprognose ein Beurteilungsspielraum anzunehmen, vgl. für die nahezu identische Regelung des § 48 Abs. 1 JVollzGB I LSA *Arloth/Krä*, Strafvollzugsgesetze, 5. Aufl. 2021, § 48 JVollzGB I LSA Rn. 2; *Kreiner/Höft*, in: BeckOK StVollzR LSA, 14. Ed. Stand: 01.04.2022, JVollzGB I LSA § 48 Rn. 1; hieraus ergeben sich Folgen für die gerichtliche Überprüfbarkeit, da Entscheidungen mit Beurteilungsspielräumen nur eingeschränkt gerichtlich überprüfbar sind, vgl. *Laubenthal*, Strafvollzug, 8. Aufl. 2019, Rn. 813.

Freigang zugrunde gelegt werden, wenn das Gutachten die relevanten Fragestellungen bereits beantwortet.[337] Positiv zu bemerken ist, dass augenscheinlich wiederholte Begutachtungen durch die erneute Verwendung der externen Gutachten im Vollzugsverlauf nach Möglichkeit vermieden werden sollen.[338] Allerdings wird bei der Verwendung früherer Gutachten zu beachten sein, dass neben diesen Gutachten immer auch die weitere Entwicklung des bzw. der einzelnen Gefangenen im Vollzug Berücksichtigung finden muss. Die Anstalt wird nicht auf bereits erstellte Gutachten zurückgreifen dürfen, wenn sich Änderungen im Resozialisierungsprozess des bzw. der Gefangenen ergeben haben.

Drittens ist das weitere Vorgehen nach der NAV Nr. 1 zu § 11 D. V. Abs. 2 vom Ergebnis der Begutachtung abhängig. Bei einer positiven Feststellung der Eignung für die vollzugsöffnende Maßnahme ist nach der NAV Nr. 1 zu § 11 D. V. Abs. 2 „regelmäßig eine längere Zeit der Erprobung möglichst durch die Begleitung von Bediensteten" vorgesehen. Mithin ist selbst bei einer positiven Feststellung der Eignung eine Regelvermutung für die konkrete Ausgestaltung der vollzugsöffnenden Maßnahme vorgesehen. Insofern wird die Begutachtung nicht allein dazu genutzt, die Entscheidungsgrundlage für die Gewährung der vollzugsöffnenden Maßnahme zu erweitern, sondern sie hat zudem auch Auswirkungen auf die konkrete Ausgestaltung der Maßnahme.

Bei einer negativen Feststellung durch das externe Gutachten ist diese Auffassung nach der NAV Nr. 1 zu § 11 D. V. Abs. 2 „bei der zu treffenden Entscheidung über Vollzugslockerungen oder Urlaub zugrunde zu legen, wenn nicht darin verbliebene Unklarheiten Anlass für ein weiteres externes Gutachten derselben Fachrichtung geben". Diese Vorgabe kann nur so verstanden werden, dass das externe Gutachten die alleinige Entscheidungsgrundlage für die Gewährung vollzugsöffnender Maßnahmen gegenüber bestimmten Täter:innengruppen darstellt. Dem vollzugsinternen Gutachten kommt im Ergebnis daher keine Bedeutung zu, obwohl die vollzugsinterne begutachtende Person zuvor mit dem bzw. der Gefangenem häufiger Kontakt gehabt haben dürfte und so insbesondere die schädlichen Folgen der Inhaftierung im konkreten Einzelfall besser einordnen kann. Freilich ist eine externe Begutachtung, die bei einem oder einer Gefangenen ein höheres Missbrauchsrisiko der vollzugsöffnenden Maßnahmen feststellt,

337 NAV Nr. 1 zu § 11 D. V. Abs. 2.

338 *Köhne* sieht in dem umfangreichen Begutachtungserfordernis des § 16 NJVollzG vor allem die Gefahr einer Überlastung der Sachverständigen und somit eine massive Zeitverzögerung, welche die Genehmigung von Lockerungen verzögern oder gar ganz verhindern könnte. Daher fordert er eine Beschränkung auf Fälle, in den die Notwendigkeit für die Begutachtung durch entsprechende Tatsachen ersichtlich ist, *Köhne*, NStZ 2009, 130 (131 f.).

besonders zu berücksichtigen. Zugleich darf aber nicht außer Acht gelassen werden, dass vollzugsöffnende Maßnahmen der Resozialisierung und diesbezüglich insbesondere der Minderung von schädlichen Einflüssen durch die Haft wie Prisonisierung und Deprivation dienen.[339] Diese Ausformungen des Gegensteuerungsgrundsatzes sind auch bei Gewalt- und Sexualstraftäter:innen zu beachten. Daher bedarf es auch bei einer negativen Einschätzung durch das externe Gutachten einer umfassenden Würdigung des vollzugsinternen Gutachtens und einer Abwägung dahingehend, ob gegebenenfalls die Gewährung von Lockerungen unter Aufsicht in Betracht kommt. Nur so können die Anforderungen an eine umfassende Abwägung aller Umstände des Einzelfalls im Verfahren zur Gewährung vollzugsöffnender Maßnahmen bei bestimmten Täter:innengruppen erfüllt werden. Positiv zu bemerken ist dennoch, dass nach den NAV bei einer negativen Stellungnahme zu der Eignung für die vollzugliche Maßnahme bei fortbestehenden Unklarheiten ein weiteres externes Gutachten eingeholt werden kann. Dies führt zwar zu einer erneuten Begutachtung des bzw. der betreffenden Gefangenen, macht jedoch deutlich, dass neben der externen Begutachtung immer noch auch die Einschätzung durch die Anstalt relevant ist.

Für die Regelvermutung hinsichtlich der Verweigerung der Zustimmung zur Begutachtung gilt das Folgende. Gemäß § 16 Abs. 3 S. 2 NJVollzG ist aus einer Verweigerung des bzw. der Gefangenen hinsichtlich der Zustimmung zur Begutachtung in der Regel der Schluss zu ziehen, dass die Voraussetzungen für die Verlegung in den offenen Vollzug bzw. für die Anordnung von Lockerungen nicht gegeben sind. Auf diese mögliche Folge der Ablehnung einer Begutachtung i. S. v. § 16 Abs. 1 S. 1 NJVollzG ist der bzw. die Gefangene hinzuweisen, wie sich aus § 16 Abs. 3 S. 3 NJVollzG ergibt. Da somit Begutachtungen und Untersuchungen gemäß § 16 Abs. 1 i. V. m. Abs. 2 S. 1 NJVollzG nach § 16 Abs. 3 Satz 1 nur mit Zustimmung des bzw. der Gefangenen vorgenommen werden dürfen, wird im Schrifttum teilweise die Ansicht vertreten, dass § 16 Abs. 1 NJVollzG gar keine Eingriffsgrundlage darstellt.[340] Dieser Standpunkt vermag nicht zu überzeugen. Denn faktisch folgt aus der Regelvermutung des § 16 Abs. 3 S. 2 NJVollzG letztlich ein Zustimmungszwang des bzw. der Gefangenen hinsichtlich der Begutachtung, wenn der bzw. die Gefangene nicht bereits ohne Begutachtung als nicht geeignet für die jeweilige Maßnahme gelten will. Aufgrund der Regelvermutung

---

[339] Ausführlich zum Gegensteuerungsgrundsatz oben im Abschnitt 5.1.1.3.2.

[340] *Arloth/Krä*, Strafvollzugsgesetze, 5. Aufl. 2021, § 16 NJVollzG Rn. 1; a. A. *Freise/Lindner*, in: Schwind/Böhm/Jehle/Laubenthal (Hrsg.), StVollzG, 6. Aufl. 2013, § 10 Rn. 17.

des § 16 Abs. 3 S. 2 NJVollzG bedarf es für die Entscheidung, dass die Voraussetzungen für eine Verlegung bzw. für die Gewährung von Lockerungen nicht vorliegen, keiner weitergehenden Begründung durch die Anstalt. Diese Regelwirkung lässt sich lediglich durch besondere Umstände widerlegen.[341] Wann solche besonderen Umstände vorliegen, wird jedoch weder durch das Gesetz noch die NAV konkretisiert.

Durch das Regelungskonzept des niedersächsischen Gesetzgebers wird letztlich eine restriktive Lockerungspraxis gegenüber bestimmten Gefangenengruppen gefördert. Die Gefangenen sind zu einer Zustimmung zur Begutachtung gezwungen, wenn sie die Regelwirkung des § 16 Abs. 3 S. 2 NJVollzG vermeiden möchten. Ein derartiger Zustimmungszwang ist jedoch nicht mit dem Vollzugsziel der Resozialisierung vereinbar, indem er insbesondere dem Gegensteuerungsgrundsatz widerspricht. Zu den negativen Folgen des Freiheitsentzugs zählt gerade auch die seitens der Gefangenen verspürte Machtlosigkeit gegenüber der totalen Institution Gefängnis. Durch den faktischen Zwang zu einer Zustimmung zur Begutachtung, um überhaupt die Möglichkeit für eine ermessensfehlerfreie Entscheidung durch die Anstalt zu eröffnen, wird die Zwangslage der Gefangenen weiter vertieft.

Indes ist eine gesonderte Anfechtung des Verfahrens nach § 16 Abs. 1 NJVollzG nach Ansicht des OLG Celle nicht möglich, da es sich hierbei lediglich um die Vorbereitung einer vollzuglichen Maßnahme handelt, die selbst noch keine Regelungswirkung i. S. d. § 109 Abs. 1 StVollzG entfaltet.[342]

Für die vorliegend zu untersuchenden Fragestellungen erscheint aus den genannten Gründen eine teleologische Reduktion des § 16 Abs. 3 S. 2 NJVollzG geboten. Nach dieser Auslegung entbindet eine fehlende Zustimmung des bzw. der Gefangenen die Vollzugsbehörde nicht von ihrer Pflicht zur ermessensfehlerfreien Entscheidung unter Berücksichtigung aller relevanten Gesichtspunkte im Einzelfall. Insofern ist eine fehlende Zustimmung des bzw. der Gefangenen im Rahmen der Gesamtwürdigung zwar zu berücksichtigen. Sie darf jedoch nicht dazu führen, dass die Verlegung in den offenen Vollzug bzw. die Gewährung von Lockerungen allein aufgrund der fehlenden Zustimmung abgelehnt wird. Nur durch eine solche einschränkende Auslegung kann dem Sinn und Zweck der Vorschrift entsprochen werden, einerseits den Schutz der Allgemeinheit vor gefährlichen Gefangenen zu gewährleisten und andererseits zugleich dem verfassungsrechtlichen Resozialisierungsgebot zu entsprechen. Ein Ausgleich zwischen

[341] Vgl. *Eisele*, Regelbeispielsmethode, 2004, S. 191.

[342] OLG Celle NStZ 2009, 577.

beiden Aspekten ist nur durch eine umfassende Interessenabwägung im Einzelfall möglich.

15.5.5.2.5 Sachsen-Anhalt

Im Hinblick auf den Sinn und Zweck der Regelungen für bestimmte Täter:innengruppen im JVollzGB I LSA hat die historische Auslegung bereits ergeben, dass bei den relevanten Gefangenengruppen die Entscheidungsbasis durch eine besonders gründliche Prüfung der Voraussetzungen einer Unterbringung im offenen Vollzug bzw. der Gewährung von Lockerungen erweitert werden soll.[343] Aus dem Wortlaut von § 22 Abs. 5 und § 45 Abs. 6 JVollzGB I LSA ergibt sich dies jedoch nicht ohne weiteres.

Die Regelungen aus Sachsen-Anhalt zählen „schwerwiegende Straftaten gegen die körperliche Unversehrtheit und das Leben oder gegen die sexuelle Selbstbestimmung“ zu den Taten, wegen denen eine besonders gründliche Prüfung der Voraussetzungen für vollzugsöffnende Maßnahmen notwendig ist. Der Wortlaut von §§ 22 Abs. 5 S. 1 und § 45 Abs. 6 S. 1 JVollzGB I LSA unterscheidet sich mit Blick auf Gewalt- und Sexualstraftäter:innen von jenem des Art. 15 S. 1 BaySt-VollzG nur dadurch, dass in Sachsen-Anhalt schwerwiegende Straftaten gegen die körperliche Unversehrtheit und das Leben als relevante Straftaten genannt werden und in Bayern schwerwiegende Straftaten gegen Leib oder Leben. Ein über diese sprachliche Abweichung hinausgehender Unterschied hinsichtlich der benannten Straftaten liegt fern. Daher kann für die Auslegung hinsichtlich der relevanten Straftaten auf die Ausführungen zu Art. 15 BayStVollzG verwiesen werden.[344]

Nach § 22 Abs. 5 S. 1 und § 45 Abs. 6 S. 1 JVollzGB I LSA sind die durch die Regelungen genannten Täter:innengruppen für vollzugsöffnende Maßnahmen ungeeignet. Beim Vorliegen besonderer Umstände kommen nach § 22 Abs. 5 S. 3 und § 45 Abs. 6 S. 3 JVollzGB I LSA für Gewalt- und Sexualstraftäter:innen und weitere in den Vorschriften genannte Täter:innengruppen ausnahmsweise vollzugsöffnende Maßnahmen in Betracht.[345] Die besonderen Umstände werden durch das Gesetz nicht konkretisiert. Eine das Gesetz konkretisierende VV ist für Sachsen-Anhalt ebenfalls nicht ersichtlich. Da die Annahme einer generellen

[343] Hierzu oben im Abschnitt 15.3.5.5; siehe auch *Kreiner/Höft*, in: BeckOK StVollzR LSA, 14. Ed. Stand: 01.04.2022, JVollzGB I LSA § 45 Rn. 21.

[344] Hierzu oben im Abschnitt 15.5.5.2.1.

[345] In § 22 Abs. 5 S. 1 und 2 bzw. § 45 Abs. 6 S. 1 und 2 JVollzGB I LSA werden noch Gefangene als ungeeignet eingestuft, die wegen Handelns mit Betäubungsmittel inhaftiert sind oder bei denen der Verdacht des Handelns oder Einbringens solcher Stoffe in den Vollzug besteht sowie Gefangene, die der organisierten Kriminalität zugeordnet werden.

Negativprognose der Eignung bestimmter Täter:innengruppen für vollzugsöffnende Maßnahmen bereits mit Blick auf § 13 Abs. 5 HStVollzG umfassend betrachtet wurde, kann auf die dortigen Ausführungen verwiesen werden.[346]

Letztlich erscheint die grundsätzliche Annahme einer Ungeeignetheit bestimmter Gefangenengruppen für vollzugsöffnende Maßnahmen nicht mit dem Resozialisierungsziel vereinbar. Daher werden § 22 Abs. 5 und § 45 Abs. 6 JVollzGB I LSA im Sinne einer umfassenden Prüfung der Voraussetzungen des offenen Vollzugs bzw. der Gewährung vollzugsöffnender Maßnahmen aufgrund der Parallelen zu § 13 Abs. 5 HStVollzG ebenso wie die hessische Regelung auszulegen sein.[347] Hieraus folgt, dass auch für die im Gesetz näher bestimmten Täter:innengruppen eine umfassende Prüfung der Flucht- und Missbrauchsgefahr im Verfahren nach § 22 Abs. 5 und § 45 Abs. 6 JVollzGB I LSA erfolgen muss, da die Regelungen nicht mit der Rechtsprechung des BVerfG zur Berücksichtigung der Schuldschwere bei Vollzugsentscheidungen zu vereinbaren sind.

Für die Begutachtung bestimmter Täter:innengruppen nach § 48 JVollzGB I LSA gilt das oben im Abschnitt zu § 16 NJVollzG Gesagte. Die bisherige Auslegung zu § 48 JVollzGB I LSA hat gezeigt, dass sowohl der Wortlaut als auch die Gesetzesbegründung zu dieser Vorschrift fast identisch zum Wortlaut und zur Begründung des § 16 NJVollzG sind.[348] Daher ergibt sich auch für das Telos des § 48 JVollzGB I LSA keine anderes Ergebnis als für die Regelung aus Niedersachsen.

15.5.5.2.6 Thüringen

Das soeben zu den Regelungen zu bestimmten Täter:innengruppen des Landes Sachsen-Anhalt Gesagte gilt auch für § 22 Abs. 4 und § 46 Abs. 3 ThürJVollzGB. Zwar ergibt sich für Vorschriften zu bestimmten Täter:innengruppen im ThürJVollzGB bereits aus dem Wortlaut der Regelungen das Telos, dass die Entscheidungsbasis durch eine besonders gründliche Prüfung der Voraussetzungen erweitert werden soll. Im Übrigen sind § 22 Abs. 4 und § 46 Abs. 3 ThürJVollzGB aufgrund des ähnlichen Wortlauts aber ebenso wie Art. 15 BayStVollzG auszulegen, weshalb auf die dortigen Ausführungen verwiesen werden kann.[349]

---

[346] Hierzu oben im Abschnitt 15.5.5.2.3.

[347] Hierzu oben im Abschnitt 15.5.5.2.3.

[348] Zur grammatischen Auslegung oben im Abschnitt 15.2.5.5; zur historischen Auslegung oben im Abschnitt 15.3.5.5.

[349] Hierzu oben im Abschnitt 15.5.5.2.1.

15.5.5.3 Zusammenfassung

Für die teleologische Auslegung der Vorschriften zu den Entscheidungen über vollzugsöffnende Maßnahme gegenüber bestimmten Täter:innengruppen lassen sich insgesamt vier Ergebnisse festhalten.

Erstens konnte allgemein das bereits innerhalb der übrigen Auslegungsmethoden gewonnene Ergebnis gestärkt werden, dass die Vorschriften für bestimmte Täter:innengruppen in den Ländern Bayern, Hamburg, Hessen, Niedersachsen, Sachsen-Anhalt und Thüringen dem Schutz der Allgemeinheit vor weiteren Straftaten durch inhaftierte Täter:innen von Gewalt- und Sexualdelikten dienen. Der Schutz konkreter Opfer ist in diesem Zusammenhang von geringer Bedeutung.[350]

Zweitens kann für die teleologische Auslegung der Vorschriften zu bestimmten Täter:innengruppen allgemein festgehalten werden, dass diese in den Ländern Bayern, Hamburg, Hessen und Niedersachsen durch Verwaltungs- bzw. Ausführungsvorschriften konkretisiert werden. Für Sachsen-Anhalt und Thüringen ließen sich keine VV finden.[351] In Baden-Württemberg und Sachsen gelten die VV StVollzG Bund zu § 10, § 11 und § 13 fort bzw. wurden diese in landeseigene VV übernommen, sodass in diesen Ländern auch ohne eigenständige Normierung bei bestimmten Täter:innengruppen hinsichtlich der allgemeinen Flucht- und Missbrauchsprognose eine besonders gründliche Prüfung vorzunehmen ist. Für die übrigen Länder waren entweder keine VV auffindbar bzw. frei zugänglich oder es wurden zwar landeseigene VV erlassen, die VVStVollzG Bund zu vollzugsöffnenden Maßnahmen jedoch nicht übernommen.[352]

Drittens hat die teleologische Auslegung der Vorschriften zu bestimmten Täter:innengruppen ergeben, dass diese mit Blick auf die genannten Straftaten äußerst unpräzise sind. Dies gilt in besonderem Maße für die bayerische Regelung, da sich weder aus dem Wortlaut noch aus der VVBayStVollzG zu Art. 15 ergibt, was unter „schwerwiegenden Straftaten gegen Leib und Leben" zu verstehen ist.[353] Demgegenüber wird die hamburgische Regelung zwar in der Anlage zur AV zu § 12 HmbStVollzG hinsichtlich des Begriffs der „groben Gewalttätigkeit gegen eine Person" präzisiert. Allerdings stehen die Erläuterungen nicht vollständig im Einklang mit der Dogmatik des StGB.[354] Für das hessische Recht wurde der Begriff der „groben Gewalttätigkeit gegen eine Person" durch die VV § 9 Nr. 1.3 zu § 13 HStVollzG vor allem insofern konkretisiert als dort eine

---

[350] Ausführlich hierzu oben im Abschnitt 15.5.5.2.

[351] Hierzu oben im Abschnitt 15.5.5.1.2.

[352] Hierzu oben im Abschnitt 15.5.5.1.2.

[353] Ausführlich hierzu oben im Abschnitt 15.5.5.2.1.

[354] Ausführlich hierzu oben im Abschnitt 15.5.5.2.2.

Vielzahl relevanter Straftaten aufgezählt werden. Jedoch wurde mit Blick auf die Einbeziehung der psychischen Gewalt im Zusammenhang mit der Nachstellung gemäß § 238 StGB festgestellt, dass diese Art der Gewalt nicht ohne weiteres als „grob" i. S. d. § 13 Abs. 5 Nr. 1 HStVollzG einzuordnen ist. Daher fehlt es hier an der begrifflichen Präzisierung des Wortlauts der Vorschrift.[355] In Niedersachsen wurden bereits im Wortlaut alle relevanten Straftatbestände genannt, sodass diese Regelung weder auf unbestimmte Rechtsbegriffe abstellt noch begriffliche Unschärfen aufweist.[356] Für die Regelungen der Länder Sachsen-Anhalt und Thüringen gilt schließlich das zu Art. 15 BayStVollzG Gesagte, da die Vorschriften dieser Länder hinsichtlich der relevanten Täter:innengruppen einen ähnlichen Wortlaut aufweisen.[357] In der Gesamtbetrachtung ist die begriffliche Präzision mit Blick auf die „bestimmten Täter:innengruppen" als überwiegend ungenügend einzuordnen.

Viertens können für die Auswirkungen auf das Verfahren zur Gewährung vollzugsöffnender Maßnahmen bei bestimmten Täter:innengruppen die folgenden Erkenntnisse festgehalten werden.

In Bayern wird bereits durch den Wortlaut des Art. 15 BayStVollzG eine besonders genaue Prüfung der Eignung bestimmter Täter:innengruppen für vollzugsöffnende Maßnahmen vorgesehen. Diese wird für Gefangene, die wegen eines Sexualdelikts zu einer Freiheitsstrafe von mehr als zwei Jahren verurteilt wurden, durch die Vorgabe einer Begutachtung konkretisiert. Mit Blick auf das Telos der Regelung – der Schutz der Allgemeinheit vor besonders gefährlichen Gefangenen – ist eine derartige Begutachtung nicht zu beanstanden, solange sie nur der Erweiterung der Entscheidungsgrundlage für die allgemeine Missbrauchsprognose dient. Dies ist im bayerischen Recht der Fall.[358]

Aus dem hamburgischen Recht ergibt sich sogar eine Begutachtungspflicht für alle in § 11 Abs. 3 HmbStVollzG genannten Täter:innengruppen. Dies ist unter den soeben genannten Voraussetzungen nicht zu beanstanden. Allerdings bedarf es einer teleologischen Reduktion der Vorschrift dahingehend, dass eine solche pauschale Begutachtungspflicht nicht bei Gefangenen angenommen werden kann, die in der Vergangenheit wegen einer der in § 11 Abs. 3 HmbStVollzG aufgeführten Taten inhaftiert waren, derzeit aber wegen anderer Taten eine Freiheitsstrafe

355 Ausführlich hierzu oben im Abschnitt 15.5.5.2.3.

356 Ausführlich hierzu oben im Abschnitt 15.5.5.2.4.

357 Ausführlich hierzu oben im Abschnitt 15.5.5.2.5 und 15.5.5.2.6.

358 Ausführlich hierzu oben im Abschnitt 15.5.5.2.1.

verbüßen.[359] Die Rechtfertigung von Eingriffen in das allgemeine Persönlichkeitsrecht aus Art. 2 Abs. 1 i. V. m. Art. 1 GG und die Hinnahme möglicher negativer Folgen für die Resozialisierung durch eine Begutachtung müssen in diesen Fällen neben der Vorstrafe auf weitere Umstände gestützt werden, die auf eine besondere Gefährlichkeit des konkreten Gefangenen hindeuten.[360]

Noch gravierendere Eingriffe in die Rechte der Gefangenen sieht derzeit das hessische Recht vor. In Hessen enthält die Vorschrift für bestimmte Täter:innengruppen eine pauschale Negativprognose hinsichtlich der Geeignetheit dieser Gefangenen für vollzugsöffnende Maßnahmen.[361] Hierin ist eine unmittelbare Berücksichtigung der Schuldschwere bei Entscheidungen über vollzugsöffnende Maßnahmen zu sehen. Da dies nicht mit der Rechtsprechung des BVerfG vereinbar ist, muss auch bei bestimmten Täter:innengruppen nach § 13 Abs. 5 HStVollzG eine umfassende Abwägung aller Umstände des Einzelfalls im Rahmen der Flucht- und Missbrauchsprognose vorgenommen werden.[362] Soweit § 13 Abs. 5 HStVollzG ähnlich wie § 11 Abs. 3 HmbStVollzG eine Berücksichtigung von bereits verbüßten Freiheitsstrafen wegen Gewalt- oder Sexualdelikten vorsieht, gilt das soeben zum Hamburger Strafvollzugsgesetz gesagte.

In Niedersachsen erscheint die doppelte Regelvermutung – hinsichtlich der Notwendigkeit einer Begutachtung bei bestimmten Täter:innengruppen und hinsichtlich der Ungeeignetheit für vollzugsöffnende Maßnahmen bei fehlender Zustimmung der Gefangenen zur Begutachtung – äußerst problematisch.[363] Hieraus resultiert ein faktischer Begutachtungszwang für bestimmte Täter:innengruppen, zumal die NAV Nr. 1 zu § 11 eine Begutachtung für die in § 16 Abs. 1 NJVollzG genannten Täter:innen zwingend vorsieht. Insofern steht die NAV zum Gesetzeswortlaut in offenem Widerspruch. Insgesamt begünstigt das Regelungskonzept des niedersächsischen Gesetzes eine restriktive Lockerungspraxis. Mit Blick auf die Vermutung einer Ungeeignetheit für vollzugsöffnende Maßnahmen erscheint eine teleologische Reduktion geboten. Daher muss die Anstalt auch bei einer fehlenden Zustimmung des oder der Gefangenen zur Begutachtung für die Entscheidung über die Gewährung bzw. Versagung vollzugsöffnender Maßnahmen eine umfassende Abwägung aller Umstände des Einzelfalls vornehmen.[364]

---

[359] Ausführlich hierzu oben im Abschnitt 15.5.5.2.2.

[360] Ausführlich hierzu oben im Abschnitt 15.5.5.2.2.

[361] Ausführlich hierzu oben im Abschnitt 15.5.5.2.3.

[362] Ausführlich hierzu oben im Abschnitt 15.5.5.2.3.

[363] Ausführlich hierzu oben im Abschnitt 15.5.5.2.4.

[364] Ausführlich hierzu oben im Abschnitt 15.5.5.2.4.

In Sachsen-Anhalt wird ähnlich wie im hessischen Recht eine Ungeeignetheit bestimmter Täter:innengruppen für vollzugsöffnende Maßnahmen angenommen.[365] Dies ist ebenso wie im hessischen Recht mit der Rechtsprechung des BVerfG unvereinbar, weshalb das zu § 13 Abs. 5 HStVollzG Gesagte auch hier gilt. Für die Annahme einer grundsätzlichen Erforderlichkeit der Begutachtung bei bestimmten Täter:innengruppen gelten die Ausführungen zu § 16 NJVollzG entsprechend, da sich diese Regelung und die Vorschrift aus Sachsen-Anhalt gleichen.

Für Thüringen gilt schließlich aufgrund des ähnlichen Wortlauts das zu Art. 15 BayStVollzG Gesagte mit der Ausnahme, dass in Thüringen keine VV zum Landesgesetz auffindbar ist und daher auch keine Begutachtungspflicht bei Sexualstraftaten nach dem Vorbild der VVBayStVollzG zu Art. 15 angenommen werden kann.[366]

15.6 Gesamtbetrachtung

15.6.1 Ergebnisse der grammatischen Auslegung

Für die grammatische Auslegung lassen sich für die vier Teilbereiche der Untersuchung von Vorschriften zu den vollzugsöffnenden Maßnahmen folgende Ergebnisse festhalten.

Die Untersuchung der Berücksichtigung von Opferbelangen bei der allgemeinen Missbrauchsprognose hat zunächst ergeben, dass die Belange tatsächlicher Straftatopfer diesbezüglich nicht von unmittelbarer Bedeutung sind.[367] Die Flucht- und Missbrauchsprognose findet sich nach dem Vorbild des StVollzG Bund in allen Landesgesetzen. Für eine mögliche Einbeziehung von Belangen tatsächlicher Opfer kann allein die Missbrauchsprognose relevant sein, da diese das Risiko der erneuten Straftatbegehung während der vollzugsöffnenden Maßnahmen betrifft und somit auch mögliche erneute Straftaten gegenüber dem konkreten Opfer umfasst. Da die meisten Landesgesetze sich hinsichtlich der Missbrauchsprognose am Wortlaut des StVollzG Bund orientiert haben, finden sich für die Berücksichtigung von Opferbelangen keine ausdrücklichen Anhaltspunkte. In den Gesetzen der Länder Hamburg, Hessen und Sachsen-Anhalt

[365] Ausführlich hierzu oben im Abschnitt 15.5.5.2.5.

[366] Ausführlich hierzu oben im Abschnitt 15.5.5.2.6.

[367] Hierzu und zum Nachfolgenden ausführlich oben im Abschnitt 15.2.2.

wurde zwar die Berücksichtigung von Opferbelangen bei der Prüfung vollzugsöffnender Maßnahmen geregelt. Diese Berücksichtigung betrifft jedoch nicht die Missbrauchsprognose auf Tatbestandsebene, sondern vielmehr die Ermessensentscheidung auf Rechtsfolgenseite. Daher können Belange tatsächlicher Opfer der Gefangenen nur im Rahmen der Abwägung aller Umstände des Einzelfalls berücksichtigt werden.

Für die Berücksichtigung von Opferbelangen bei der Gewährung vollzugsöffnender Maßnahmen kann zunächst festgehalten werden, dass nur in den Gesetzen der Länder Hamburg, Hessen und Sachsen-Anhalt die Belange von Opfern bei der Gewährung vollzugsöffnender Maßnahmen ausdrücklich normiert worden sind.[368] Von Bedeutung sind die Opferbelange jedoch nur bei der Ermessensentscheidung auf der Rechtsfolgenseite und somit im Rahmen der umfassenden Abwägung aller Umstände des Einzelfalls. Die Unterscheidung zwischen Opfern und Angehörigen[369] und dem „Schutz der Allgemeinheit und [den] Belangen des Opferschutzes"[370] stützen den in dieser Arbeit vertretenen, engen strafvollzugsrechtlichen Opferbegriff[371]. Opfer im strafvollzugsrechtlichen Sinne sind auch hier nur Personen, die durch den bzw. die Gefangene:n in strafrechtlich relevanter Weise viktimisiert wurden.

Bei der Untersuchung der Berücksichtigung von Opferbelangen bei der Ausgestaltung vollzugsöffnender Maßnahmen konnte festgestellt werden, dass die meisten Landesgesetze Regelungen hierzu getroffen haben.[372] Allein in den Gesetzen der Länder Baden-Württemberg, Bayern und Hessen fehlen solche Vorschriften. Die Länder Hamburg, Nordrhein-Westfalen und Sachsen-Anhalt sehen eine Berücksichtigung von Opferbelangen bzw. berechtigter Schutzinteressen bei der Ausgestaltung vollzugsöffnender Maßnahmen insgesamt vor und haben daneben noch die Erteilung opferbezogener Weisungen normiert. In den übrigen Landesgesetzen findet sich allein die Möglichkeit zur Erteilung opferbezogener Weisungen[373], wobei sich die meisten Gesetze an § 40 ME LStVollzG orientiert haben.[374] Die Länder Berlin und Bremen und enthalten im Vergleich zu § 40

[368] Hierzu und zum Nachfolgenden ausführlich oben im Abschnitt 15.2.3.

[369] Vgl. § 12 Abs. 5 S. 1 und Abs. 6 HmbStVollzG.

[370] § 13 Abs. 2 S. 2 HStVollzG; § 22 Abs. 2 S. 3 und § 45 Abs. 3 S. 3 JVollzGB I LSA.

[371] Zu dem in dieser Arbeit vertretenen engen strafvollzugsrechtlichen Opferbegriff oben im Abschnitt 4.2.2.

[372] Hierzu und zum Nachfolgenden ausführlich oben im Abschnitt 15.2.4.

[373] Berlin, Bremen, Brandenburg, Mecklenburg-Vorpommern, Niedersachsen, Rheinland-Pfalz, Saarland, Sachsen, Schleswig-Holstein und Thüringen.

[374] Brandenburg, Mecklenburg-Vorpommern, Rheinland-Pfalz, Saarland, Sachsen, Schleswig-Holstein und Thüringen; Niedersachsen hat sich nicht am ME LStVollzG

ME LStVollzG noch weitergehende Regelungen. In den an § 40 ME LStVollzG orientierten Gesetzen und in Niedersachsen ist eine Einzelfallentscheidung hinsichtlich der Erteilung von Weisungen allgemein vorgesehen, weshalb auch die Erteilung opferbezogener Weisungen eine Einzelfallprüfung erfordert. Gleiches muss auch für die Regelungen der Länder Hamburg und Nordrhein-Westfalen gelten, wenngleich der Wortlaut diesbezüglich nicht gleichermaßen eindeutig ist. Aus den Vorschriften dieser Länder ergibt sich zwar die zwingende Berücksichtigung von Opferbelangen bei der Ausgestaltung insbesondere durch Weisungen, jedoch wird der Umfang dieser Berücksichtigung und die Gewichtung durch das Gesetz nicht weitergehend konkretisiert. Daher kann die Berücksichtigung nur im Wege einer Abwägung aller Umstände des Einzelfalls erfolgen. Hinsichtlich des Prüfungsumfangs beschränken die Länder Nordrhein-Westfalen und Bremen die zu berücksichtigenden Opferbelange auf berechtigte Schutzinteressen bzw. berechtigte Belange. Anhaltspunkte, welche Interessen „berechtigt" sind, enthalten die Vorschriften jedoch nicht. Auch die opferbezogenen Weisungen werden in den meisten Landesgesetzen nicht durch Beispiele konkretisiert. Allein die Gesetze der Länder Hamburg, Nordrhein-Westfalen und Sachsen-Anhalt enthalten konkrete Beispiele für opferbezogene Weisungen.

Die Vorschriften der Länder Hamburg, Nordrhein-Westfalen und Niedersachsen zur opferbezogenen Ausgestaltung von vollzugsöffnenden Maßnahmen können ebenfalls noch für den vorliegend vertretenen engen strafvollzuglichen Opferbegriff[375] fruchtbar gemacht werden. In den Vorschriften finden sich ausdrückliche Unterscheidungen zwischen Opfern und anderen Personen, deren Interessen bei der Ausgestaltung vollzugsöffnender Maßnahmen zu berücksichtigen sind.[376] Hierdurch wird bereits im Wortlaut dieser Vorschriften herausgestellt, dass es sich bei Opfern nur um die direkt viktimisierten Personen handelt.

Für die Entscheidung über vollzugsöffnende Maßnahmen gegenüber bestimmten Täter:innengruppen kann zunächst festgehalten werden, dass in den Gesetzen der Länder Bayern, Hamburg, Hessen, Niedersachsen, Sachsen-Anhalt und Thüringen spezielle Regelungen zu finden sind.[377] Diese Regelungen knüpfen bei

---

orientiert und gehörte auch nicht zur sogenannten Zehnergruppe, die am Musterentwurf mitgewirkt hat.

[375] Zu dem in dieser Arbeit vertretenen engen strafvollzugsrechtlichen Opferbegriff oben im Abschnitt 4.2.2.

[376] In § 12 Abs. 6 HmbStVollzG „Opfer und dessen Angehörigen"; in § 53 Abs. 6 StVollzG NRW „Schutzinteressen der Opfer und gefährdeter Dritter"; in § 15 Abs. 1 S. 2 NJVollzG „Interessen der durch ihre oder seine Straftat Verletzten sowie das Schutzinteresse gefährdeter Dritter".

[377] Hierzu und zum Nachfolgenden ausführlich oben im Abschnitt 15.2.5.

einer Inhaftierung wegen bestimmter Straftaten an die Verlegung in den offenen Vollzug bzw. die Gewährung vollzugsöffnender Maßnahmen besondere Voraussetzungen. In allen soeben genannten Ländern zählen zu diesen beachtenswerten Straftaten dem Wortlaut nach Sexualdelikte. Die übrigen relevanten Straftaten werden in den Ländern Bayern und Thüringen lediglich mit „schwerwiegende Straftaten gegen Leib und Leben“, in Sachsen-Anhalt mit „schwerwiegende Straftaten gegen die körperliche Unversehrtheit und das Leben“ und in Hamburg und Hessen als „grobe Gewalttätigkeit gegen Personen“ umschrieben. Weitere Präzisierungen enthält der jeweilige Gesetzeswortlaut nicht. Allein in Niedersachsen wurden die relevanten Straftaten präzise benannt, da nach dem Wortlaut der Vorschrift auf die Verurteilung zu einer lebenslangen Freiheitsstrafe oder auf eine Verurteilung wegen einer Straftat nach §§ 174 bis 180, 182, 211, 212 StGB bzw. eine Verurteilung gemäß § 323a StGB abgestellt wird. Während für die Länder Bayern, Sachsen-Anhalt und Thüringen bei der Wortlautauslegung die Terminologie des StGB fruchtbar gemacht werden kann, findet sich der Begriff der „groben Gewalttätigkeit gegen Personen“ weder im StGB noch in der StPO. Dennoch ist eine Beschränkung auf schwere Gewaltdelikte und somit schwere Straftaten gegen Leib und Leben für die Regelungen der Länder Hamburg und Hessen naheliegend.

Die Vorschriften zu bestimmten Täter:innengruppen in den Landesgesetzen unterscheiden sich bereits im Wortlaut hinsichtlich der Berücksichtigung früherer Verurteilungen bei der Entscheidung über vollzugsöffnende Maßnahmen.[378] Weiterhin wird in Hessen und in Sachsen-Anhalt die Ungeeignetheit bestimmter Täter:innengruppen für vollzugsöffnende Maßnahmen grundsätzlich unterstellt und die Eignung nur bei Vorliegen „bestimmter Umstände“ anders beurteilt. Hinsichtlich des konkreten Verfahrens bei bestimmten Täter:innengruppen lässt sich ebenfalls keine einheitliche Linie feststellen. In Bayern, Hamburg, Hessen, Niedersachsen und Thüringen werden dem Wortlaut nach Gutachten bei der Entscheidung über die Gewährung vollzugsöffnender Maßnahmen verwendet. Die Länder Hamburg, Hessen, Niedersachsen und Sachsen-Anhalt enthalten Vorgaben zur Einholung von Gutachten für bestimmte Täter:innengruppen im Zusammenhang mit Entscheidungen über vollzugsöffnende Maßnahmen. Demgegenüber enthalten die Regelungen der Länder Bayern und Thüringen im Wortlaut nur Anhaltspunkte für die Verwendung älterer Gutachten bei der Entscheidung

[378] In Hessen und Hamburg sind auch frühere Inhaftierungen wegen der in den Vorschriften genannten Straftaten von Bedeutung; in Bayern, Sachsen-Anhalt und Thüringen ist allein die aktuelle Inhaftierung relevant; aus dem Wortlaut der niedersächsischen Vorschrift ergibt sich weder die Beschränkung auf die aktuelle noch die Einbeziehung früherer Inhaftierungen; ausführlich hierzu oben im Abschnitt 15.2.5.

über vollzugsöffnende Maßnahmen. Da die Vorschriften zu den bestimmten Täter:innengruppen sehr komplex sind, muss an dieser Stelle für Einzelheiten auf die Ausführungen innerhalb der grammatischen Auslegung verwiesen werden.[379]

15.6.2 Ergebnisse der historischen Auslegung

Für die historische Auslegung lassen sich für die vier Teilbereiche der Untersuchung von Vorschriften zu den vollzugsöffnenden Maßnahmen folgende Ergebnisse festhalten.

Die Untersuchung der Berücksichtigung von Opferbelangen bei der allgemeinen Missbrauchsprognose hat ergeben, dass sich in den Gesetzesbegründungen keine Anhaltspunkte finden lassen, die auf eine Einbeziehung der Belange tatsächlicher Straftatopfer hindeuten.[380] Das Erfordernis der Missbrauchsprognose dient allein der Verhinderung von Straftaten während der vollzugsöffnenden Maßnahmen und somit allgemein dem Schutz der Allgemeinheit vor den Gefangenen.

Für die Berücksichtigung von Opferbelangen bei der Gewährung vollzugsöffnender Maßnahmen kann zunächst festgehalten werden, dass nach den Gesetzesbegründungen der Länder Hamburg, Hessen und Sachsen-Anhalt die Einbeziehung von Opferbelangen in den allgemeinen Vorschriften über vollzugsöffnende Maßnahmen dem Schutz tatsächlicher Opfer vor dem konkreten Gefangenen dient.[381] Gleichwohl enthalten die Begründungen zum Schutz tatsächlicher Opfer vergleichsweise kurze Ausführungen, wohingegen der Schutz der Allgemeinheit umfassend thematisiert wird. Dies deutet auf eine deutliche Gewichtung zugunsten des Schutzes der Allgemeinheit hin.

Hinsichtlich der Untersuchung einer Berücksichtigung von Opferbelangen bei der Ausgestaltung vollzugsöffnender Maßnahmen konnte festgestellt werden, dass sowohl die Berücksichtigung von Opferbelangen bei der Ausgestaltung im Allgemeinen und durch opferbezogene Weisungen im Besonderen dem Schutz konkreter Opfer dient.[382] Die Gesetzesbegründungen wiesen diesbezüglich alle in eine ähnliche Richtung. Zum einen wird die Bedeutung vollzugsöffnender Maßnahmen für die Resozialisierung durch die Landesgesetzgeber durchaus betont.

[379] Ausführlich zu den Vorschriften für bestimmte Täter:innengruppen oben im Abschnitt 15.2.5.

[380] Hierzu und zum Nachfolgenden ausführlich oben im Abschnitt 15.3.2.

[381] Hierzu und zum Nachfolgenden ausführlich oben im Abschnitt 15.3.3.

[382] Hierzu und zum Nachfolgenden ausführlich oben im Abschnitt 15.4.4.

Zum anderen wird aber ebenso die Notwendigkeit einer Abwägung mit den Interessen von Straftatopfern akzentuiert. Anhand der Begründungen wird deutlich, dass durch eine opferorientierte Ausgestaltung von vollzugsöffnenden Maßnahmen eine (Re-)Viktimisierung bzw. (Re-)Traumatisierung von tatsächlichen Straftatopfern durch eine ungeplante Konfrontation mit den Gefangenen vermieden werden soll. Zugleich sollen aber auch für die Gefangenen tatanreizende Situationen und somit einschlägige Rückfälle vermieden werden. Allerdings wurden neben den tatsächlichen Opfern von Straftaten auch weitere Personen in den Schutzbereich der Ausgestaltung vollzugsöffnender Maßnahmen einbezogen – namentlich Angehörige von Opfern und gefährdete Dritte. Gleichwohl lag das Hauptaugenmerk der opferbezogenen Ausgestaltung auf dem Schutz direkter Opfer vor den konkreten Gefangenen.

Schließlich kann für das Verfahren gegenüber bestimmten Täter:innengruppen zunächst festgehalten werden, dass bereits in der VVStVollzG Bund zu § 10, § 11 und § 13 eine restriktive Lockerungspraxis für bestimmte Täter:innengruppen vorgesehen war.[383] Diese Vorgaben wurden durch die Vorschriften zu bestimmten Täter:innengruppen in den Ländern Bayern, Hamburg, Hessen, Niedersachsen, Sachsen-Anhalt und Thüringen im Gesetzestext normiert. Das Hauptaugenmerk des jeweiligen Landesgesetzgebers liegt ganz nach dem Vorbild der VVStVollzG Bund auf dem Schutz der Allgemeinheit vor besonders gefährlichen Täter:innengruppen – namentlich Täter:innen von Sexual- und schweren Gewaltdelikten. Die konkreten Straftatopfer und ihre Viktimisierung sind allenfalls für die Begründung der besonderen Gefährlichkeit der bestimmten Täter:innengruppen von Bedeutung. Die Vorschriften zu bestimmten Täter:innengruppen dienen allein der Konkretisierung der Sicherheitsaufgabe des Strafvollzugs – mithin dem Schutz potenzieller Opfer vor den Inhaftierten.

15.6.3 Ergebnisse der systematischen Auslegung

Für die systematische Auslegung lassen sich für die vier Teilbereiche der Untersuchung von Vorschriften zu den vollzugsöffnenden Maßnahmen folgende Ergebnisse festhalten.

Die Untersuchung der Berücksichtigung von Opferbelangen bei der allgemeinen Missbrauchsprognose hat ergeben, dass die Länder die Systematik des

[383] Hierzu und zum Nachfolgenden ausführlich oben im Abschnitt 15.3.5.

StVollzG Bund hinsichtlich des Erfordernisses der Flucht- und Missbrauchsprognose für die Gewährung vollzugsöffnender Maßnahmen übernommen haben.[384] Das konkrete Straftatopfer ist in diesem Zusammenhang ebenso wie nach dem StVollzG Bund nicht von Bedeutung.

Für die Berücksichtigung von Opferbelangen bei der Gewährung vollzugsöffnender Maßnahmen hat die systematische Auslegung ergeben, dass in den Ländern Hamburg, Hessen und Sachsen-Anhalt das Opfer und seine Belange bei der Ermessensentscheidung auf Rechtsfolgenseite relevant sind.[385] Eine Überbetonung der Sicherheitsinteressen der Allgemeinheit konnte demgegenüber innerhalb der systematischen Auslegung nicht festgestellt werden.

Die Untersuchung der Berücksichtigung von Opferbelangen bei der Ausgestaltung vollzugsöffnender Maßnahmen hat ergeben, dass tatsächliche Opfer und ihre Interessen eine erhebliche Beachtung bei der Ausgestaltung vollzugsöffnender Maßnahmen erfahren.[386] Dies tritt insbesondere durch die Akzentuierung opferbezogener Weisungen hervor. Aus der Bedeutung des Resozialisierungsziels für den Strafvollzug folgt zudem, dass auch in jenen Ländern, in denen die Erteilung opferbezogener Weisungen nicht ausdrücklich normiert worden ist, solche dennoch möglich sind. Dies gilt wegen der opferbezogenen Vollzugsgestaltung nach Art. 5a BayStVollzG insbesondere für das bayerische Recht. Aber auch für das Strafvollzugsrecht der Länder Baden-Württemberg und Hessen kann mit Blick auf das Vollzugsziel nichts anderes gelten, da Weisungen im Vergleich zur Versagung vollzugsöffnender Maßnahmen das mildere Mittel darstellen.

Schließlich kann für das Verfahren gegenüber bestimmten Täter:innengruppen festgehalten werden, dass bei den Vorschriften zu bestimmten Täter:innengruppen der Schutz der Allgemeinheit vor diesen Gefangenen im Vordergrund steht.[387] Dies ergibt sich bereits aus der Übernahme der VVStVollzG in den Gesetzestext der betreffenden Länder. Vertieft wird dieser Eindruck durch die landesinternen Verwaltungsvorschriften, welche bisweilen kaum zu einer Konkretisierung des Gesetzestextes für die Vollzugsanstalt beitragen oder gar in einem offenen Widerspruch zum Gesetzeswortlaut stehen.

[384] Hierzu und zum Nachfolgenden ausführlich oben im Abschnitt 15.4.2.

[385] Hierzu und zum Nachfolgenden ausführlich oben im Abschnitt 15.4.3.

[386] Hierzu und zum Nachfolgenden ausführlich oben im Abschnitt 15.4.4.

[387] Hierzu und zum Nachfolgenden ausführlich oben im Abschnitt 15.4.5.

15.6.4 Ergebnisse der teleologischen Auslegung

Für die teleologische Auslegung lassen sich zu den vier Teilbereichen der Untersuchung von Vorschriften zu den vollzugsöffnenden Maßnahmen folgende Ergebnisse festhalten.

Die Untersuchung der Berücksichtigung von Opferbelangen bei der allgemeinen Missbrauchsprognose hat ergeben, dass in diesem Zusammenhang konkrete Opfer mit Blick auf die Unrechtseinsicht und Tataufarbeitung relevant sind.[388] Dies betrifft insbesondere Fälle, in denen der bzw. die inhaftierte Täter:in die Tat leugnet und hieraus die Gefahr einer erneuten Viktimisierung des konkreten Opfers während einer vollzugsöffnenden Maßnahme drohen kann. Allerdings kommt gerade in solchen Konstellationen die Notwendigkeit einer umfassenden Abwägung aller Umstände des Einzelfalls zum Ausdruck, da allein die Leugnung der Tat keine unmittelbare Gefahr für das konkrete Opfer beinhaltet. Eine solche unmittelbare Gefahr besteht für das konkrete Opfer jedoch, wenn der bzw. die Gefangene diesem gegenüber beispielsweise erneute Straftaten androht. Auf dieser Grundlage wäre aber auch eine negative Missbrauchsprognose anzunehmen, wodurch die Voraussetzungen für die Gewährung vollzugsöffnender Maßnahmen auf Tatbestandsebene schon nicht vorlägen. Wenn das Opfer bereits zuvor durch schwerwiegende Taten wie beispielsweise Gewalt- und Sexualdelikte durch den bzw. die Gefangene:n viktimisiert wurde und eine Wiederholungsgefahr besteht, ist dies im Rahmen der Missbrauchsprognose zu berücksichtigen. In solchen Fällen kann die Versagung vollzugsöffnender Maßnahmen unter Berücksichtigung des subjektiven Rechts auf Opferschutz aus Art. 2 Abs. 2 S. 1 GG[389] und zudem durch die allgemeine Straftatprävention gerechtfertigt sein.

Für die Berücksichtigung von Opferbelangen bei der Gewährung vollzugsöffnender Maßnahmen kann festgehalten werden, dass nur die allgemeine Straftatprävention als Kriterium für die Gewährung vollzugsöffnender Maßnahmen das Telos der Vorschriften bildet.[390] Diese Vollzugsaufgabe ist mit dem Vollzugsziel der Resozialisierung in Einklang zu bringen; der Schutz konkreter Opfer wird erst mit Blick auf die Ausgestaltung der vollzugsöffnenden Maßnahmen relevant. Sollte die konkrete Gefahr einer erneuten Viktimisierung des tatsächlichen Opfers eines bzw. einer Gefangenen bestehen, so ist dies entsprechend der obigen Ausführungen schon bei der allgemeinen Missbrauchsprognose zu berücksichtigen.

---

[388] Hierzu und zum Nachfolgenden ausführlich oben im Abschnitt 15.5.2.

[389] Ausführlich zum subjektiven Recht auf Opferschutz oben im Abschnitt 10.1.2.3.4.

[390] Hierzu und zum Nachfolgenden ausführlich oben im Abschnitt 15.5.3.

Für die Untersuchung der Berücksichtigung von Opferbelangen bei der Ausgestaltung vollzugsöffnender Maßnahmen konnte festgestellt werden, dass die ausdrückliche Normierung nicht erstmalig die Erteilung opferbezogener Weisungen ermöglichen sollte.[391] Solche Weisungen waren schon auf der Grundlage des StVollzG Bund möglich. Die ausdrückliche Kodifizierung opferbezogener Weisungen im Gesetzestext dient vielmehr der besonderen Berücksichtigung von Opferbelangen im Strafvollzugsrecht. Insbesondere sollen Opfer vor einer (Re-) Viktimisierung bzw. (Re-)Traumatisierung durch ein ungeplantes Zusammentreffen mit dem bzw. der inhaftierten Täter:in geschützt werden. Aus diesem Zweck der opferbezogenen Weisungen folgen mehrere Konsequenzen für die teleologische Auslegung der landesrechtlichen Regelungen. Zunächst muss die Erteilung von opferbezogenen Weisungen mit dem Vollzugsziel der Resozialisierung vereinbar sein, weswegen die Belange von Opfern in allen Ländern nur nach Möglichkeit zu berücksichtigen sind.[392] Weiterhin können ebenfalls wegen des Vollzugsziels der Resozialisierung nur berechtigte Opferbelange bei der Erteilung von Weisungen berücksichtigt werden.[393] Für die Frage, welche Belange als „berechtigt" anzusehen sind, kann zunächst auf die Auslegung zu den allgemeinen Vorschriften verwiesen werden.[394] Mit Blick auf die Gewährung vollzugsöffnender Maßnahmen handelt es sich bei solchen „berechtigten" Opferbelangen vor allem um den Schutz vor einer erneuten Viktimisierung bzw. einer (Re-)Traumatisierung durch den bzw. die inhaftierte:n Täter:in. Diesen Schutzinteressen des Opfers kann durch entsprechende Weisungen wie beispielsweise der Untersagung des Kontakts zum Opfer entsprochen werden, ohne dass der Nutzen von Lockerungen für die Resozialisierung zunichtegemacht wird. Insofern bedarf es einer umsichtigen und sachdienlichen Prüfung der Geeignetheit von opferbezogenen Weisungen für den Schutz des Opfers und der Wahrung des Resozialisierungsinteresses der Gefangenen. Ein erhöhter Maßstab für die Erteilung von Weisungen muss im Übrigen für Fälle gelten, in denen nicht das konkrete Opfer, sondern dessen Angehörige oder „gefährdete Dritte" durch die Weisungen geschützt werden sollen. Dies folgt schon aus dem Umstand, dass der opferbezogene Strafvollzug gerade den Schutz direkter Opfer bezweckt und eine sekundäre oder erneute Viktimisierung nur gegenüber diesen möglich ist. An

[391] Hierzu und zum Nachfolgenden ausführlich oben im Abschnitt 15.5.4.

[392] Insofern bedarf § 44 S. 2 StVollzG Bln einer teleologischen Reduktion.

[393] In diesem Sinne bisher nur § 40 S. 2 BremStVollzG und § 53 Abs. 6 StVollzG NRW.

[394] Hierzu oben im Abschnitt 13.5.2.2.

eine Erteilung von Weisungen zum Schutz von Angehörigen des Opfers oder „gefährdeter Dritter" sind besonders hohe Maßstäbe anzulegen, um eine restriktive Lockerungspraxis zum Schutz indirekter oder potenzieller Opfer zu vermeiden.[395]

Schließlich kann für das Verfahren gegenüber bestimmten Täter:innengruppen zunächst festgehalten werden, dass auch nach der teleologischen Auslegung die Vorschriften zu bestimmten Täter:innengruppen dem Schutz der Allgemeinheit vor weiteren Straftaten durch inhaftierte Täter:innen von Gewalt- und Sexualdelikten dienen.[396] Dem Schutz konkreter Opfer als Individuen kommt demgegenüber eine äußerst geringe Bedeutung zu. Weiterhin konnte festgestellt werden, dass die Vorschriften zu bestimmten Täter:innengruppen in den Ländern Bayern, Hamburg, Hessen und Niedersachsen durch Verwaltungs- bzw. Ausführungsvorschriften konkretisiert werden; für Sachsen-Anhalt und Thüringen konnte dies nicht festgestellt werden. Da in einigen Bundesländern die VVStVollzG Bund fortgelten[397], liegt der Schluss nahe, dass auch in Ländern ohne spezielle Vorschriften für bestimmte Täter:innengruppen eine restriktive Lockerungspraxis besteht. Für die Länder mit einer ausdrücklichen Regelung für bestimmte Täter:innengruppen kann weiterhin festgehalten werden, dass diese insbesondere hinsichtlich der im Wortlaut genannten Straftaten äußerst unpräzise sind.[398] Bei allen Landesvorschriften mit Ausnahme der Regelung aus Niedersachsen ist eine umfassende Auslegung notwendig. Selbst die VV bzw. AV zu den einzelnen Vorschriften können nur schwerlich als Auslegungshilfe dienen. Diesbezüglich ist allein die VV zur hessischen Regelung ansatzweise gelungen, wenngleich auch diese VV in Teilen kritikwürdig ist. Ebenfalls kritikwürdig ist das Verfahren gegenüber den bestimmten Täter:innengruppen. Die zu beanstanden Regelung betreffen die Berücksichtigung von verbüßten Vorstrafen in Hamburg und Hessen, die ausdrückliche bzw. faktische Begutachtungspflicht in Hamburg, Niedersachsen und Sachsen-Anhalt, dem Gesetzeswortlaut widersprechende VV in Bayern und Niedersachsen sowie die pauschale Annahme der Ungeeignetheit bestimmter Täter:innengruppen für vollzugsöffnende Maßnahmen in Hessen und Sachsen-Anhalt. Insbesondere durch Letzteres kommt eine unmittelbare Berücksichtigung der Schuldschwere bei der Ausgestaltung des Vollzugs zum Ausdruck. Dies steht in einem offenen Widerspruch zur Rechtsprechung des BVerfG. Es muss daher auch für Entscheidungen über vollzugsöffnende Maßnahmen bei Gewalt- und

---

[395] Hierzu ausführlich oben im Abschnitt 15.5.4.

[396] Hierzu und zum Nachfolgenden ausführlich oben im Abschnitt 15.5.5.2.

[397] Nachweisbar zumindest für Baden-Württemberg und Sachsen, siehe hierzu oben im Abschnitt 15.5.5.1.2.

[398] Hierzu und zum Nachfolgenden ausführlich oben im Abschnitt 15.5.5.2.

Sexualstraftäter:innen eine umfassenden Einzelfallbetrachtung erfolgen. Dies gilt auch für die Frage der Notwendigkeit einer Begutachtung für die Erstellung einer Missbrauchsprognose.[399] Eine Pauschalisierung der Ungeeignetheit allein aufgrund einer vermutete Gefährlichkeit ist abzulehnen. Da die einzelnen Ergebnisse der telelogischen Auslegung der Vorschriften für bestimmte Täter:innengruppen zu komplex für eine zusammenfassende Darstellung sind, muss im Übrigen auf die obigen umfangreichen Ausführungen verwiesen werden.[400]

15.6.5 Gesamtergebnis zur Auslegung opferbezogener Vorschriften zu den vollzugsöffnenden Maßnahmen

Für die Untersuchung der Berücksichtigung von Opferbelangen im Rahmen der allgemeinen Missbrauchsprognose lässt sich als Gesamtergebnis festhalten, dass diesbezüglich dem Opfer und seinen Belangen nur mittelbare Bedeutung zukommt. Sowohl die grammatische als auch die historische Auslegung haben gezeigt, dass die Missbrauchsprognose Bestandteil der allgemeinen Straftatprävention ist. Das Opfer und seine Belange werden erst bei der umfassenden Abwägung auf der Rechtsfolgenseite bei der Entscheidung über die Gewährung von vollzugsöffnenden Maßnahmen berücksichtigt. In der systematischen Auslegung konnte festgestellt werden, dass die Länder die Systematik des StVollzG Bund zum Erfordernis der Flucht- und Missbrauchsprognose übernommen haben. Insofern ergibt sich auch aus der systematischen Auslegung keine unmittelbare Bedeutung des Opfers und seiner Belange für die Missbrauchsprognose. Allein durch die teleologische Auslegung wurde eine mittelbare Bedeutung des tatsächlichen Straftatopfers und seiner Belange ersichtlich. Da im Rahmen der Missbrauchsprognose auch die Unrechtseinsicht und die Tataufarbeitung durch die Gefangenen von Bedeutung sind, ergeben sich Verbindungen zu dem Belangen der Straftatopfer des bzw. der betreffenden Gefangenen. Dies gilt insbesondere für Gefangene, die ihre Straftaten leugnen und bei denen sich hieraus eine Wiederholungsgefahr für eine erneute Viktimisierung des konkreten

---

[399] In diesem Sinne wohl auch *Reichenbach*, in: BeckOK Nds StVollzR, 19. Ed. Stand: 01.03.2022, NJVollzG § 16 Rn. 6, der ein Absehen von der Begutachtung nach § 16 Abs. 1 NJVollzG bei den dort genannten Täter:innengruppen für möglich hält, wenn zwar eine erhebliche Anlasstat vorliegt, diese aber unter ganz besonderen, kaum wiederholbaren Umständen begangen wurde und der bzw. die Gefangene im Übrigen sozial integriert ist.

[400] Ausführlich zu den Vorschriften für bestimmte Täter:innengruppen der Länder Bayern, Hamburg, Hessen, Niedersachsen, Sachsen-Anhalt und Thüringen oben im Abschnitt 15.5.5.

Straftatopfers ergibt. Gleiches muss gelten, wenn ein bzw. eine Gefangene:r dem konkreten Opfer gegenüber weitere Straftaten androht. Zudem kann bei besonders schwerwiegenden Viktimisierungen des Opfers – insbesondere durch Gewalt- und Sexualdelikte – ein subjektives Recht auf Opferschutz aus Art. 2 Abs. 2 S. 1 GG vorliegen, welches im Rahmen der Missbrauchsprognose im Zusammenhang mit dem Risiko einer erneuten Viktimisierung durch den bzw. die konkrete:n Gefangene:n zu beachten ist. Die mittelbare Berücksichtigung von Schutzinteressen des konkreten Opfers kann, wie gezeigt, jedoch nur erfolgen, wenn eine konkrete Gefahr dieser erneuten Viktimisierung während der vollzugsöffnenden Maßnahmen anzunehmen ist und somit eine negative Missbrauchsprognose vorliegt.

Die Betrachtung der Berücksichtigung von Opferbelangen bei der Gewährung vollzugsöffnender Maßnahmen auf Rechtsfolgenseite hat gezeigt, dass die Sicherheit der Allgemeinheit bei diesen Entscheidungen im Vordergrund steht. Zwar hat die grammatische Auslegung ergeben, dass Opferbelange auch für die Prüfung vollzugsöffnender Maßnahmen zumindest in den Ländern Hamburg, Hessen und Sachsen-Anhalt bedeutsam sind. Allerdings hat die Wortlautauslegung auch ergeben, dass diese Prüfung sich nur auf die Ermessensentscheidung auf der Rechtsfolgenseite der Gewährung bezieht. Demgegenüber wird die allgemeine Straftatprävention – und somit die Sicherheit der Allgemeinheit – bereits auf Tatbestandsseite innerhalb der allgemeinen Missbrauchsprognose immer berücksichtigt und zudem ebenfalls auf der Rechtsfolgenseite im Rahmen der Einzelfallabwägung. Bereits hieraus kann auf eine besondere Gewichtung der Sicherheitsinteressen der Allgemeinheit bei der Gewährung vollzugsöffnender Maßnahmen geschlossen werden. Dieses Ergebnis wird auch durch die Erkenntnisse der historischen Auslegung gestützt. Zwar wird der Schutz tatsächlicher Opfer vor dem bzw. der inhaftierten Täter:in in den Gesetzesbegründungen angesprochen. Umfassende Ausführungen finden sich jedoch lediglich zu den Sicherheitsinteressen der Allgemeinheit. Durch die systematische Auslegung wurden die innerhalb der grammatischen Auslegung gewonnen Erkenntnisse ebenfalls gestützt. Weiterhin wird die Annahme einer gesteigerten Bedeutung der allgemeinen Straftatprävention und die geringe Relevanz der Belange tatsächlicher Opfer durch das Ergebnis der teleologischen Auslegung bestärkt. Sinn und Zweck von vollzugsöffnenden Maßnahmen ist die Ermöglichung der Resozialisierung durch verstärkte und weniger überwachte Kontakte zur Außenwelt und zugleich der Schutz der Allgemeinheit vor neuen Straftaten der Inhaftierten. Daher müssen das Vollzugsziel der Resozialisierung und die Vollzugsaufgabe des Schutzes der Allgemeinheit bei der Gewährung von vollzugsöffnenden Maßnahmen zum Ausgleich gebracht werden. Die Belange von tatsächlichen Opfern können in diesem Zusammenhang nur dann über die allgemeine Straftatprävention hinausgehen, wenn eine konkrete Gefahr einer erheblichen erneuten Viktimisierung für das Opfer besteht und somit das subjektive Recht auf Opferschutz aus Art. 2 Abs. 2 S. 1 GG zu beachten ist. In solchen Fällen sind jedoch konkrete Opferbelange bereits im Rahmen der Missbrauchsprognose zu berücksichtigen.

Mit Blick auf die Berücksichtigung von Opferbelangen bei der Ausgestaltung vollzugsöffnender Maßnahmen hat die Auslegung ergeben, dass diesbezüglich vor allem der Schutz tatsächlicher Opfer von Bedeutung ist. Dieser Befund wird durch die Ergebnisse zu allen Auslegungsmethoden gestützt. Die grammatische Auslegung hat gezeigt, dass in den meisten Ländern Regelungen zur opferbezogenen Ausgestaltung vollzugsöffnender Maßnahmen getroffen wurden. Allein in Baden-Württemberg, Bayern und Hessen finden sich keine solchen Vorschriften. Allerdings kann mit Blick auf die Erkenntnisse der systematischen Auslegung festgehalten werden, dass auch in diesen Ländern eine opferbezogene Ausgestaltung insbesondere durch entsprechende Weisungen möglich ist. Dies ergibt sich für Bayern aus der opferbezogenen Vollzugsgestaltung nach Art. 5a BayStVollzG. Für Baden-Württemberg und Hessen kann die Erteilung sachdienlicher opferbezogener Weisungen aus der Bedeutung der vollzugsöffnenden Maßnahmen für die Resozialisierung sowie die Unterstützung der Gefangenen in diesen Zusammenhang durch die Vermeidung tatanreizender Situationen hergeleitet werden. Mit Blick auf das Verfahren der Erteilung von opferbezogenen Weisungen haben alle Auslegungsmethoden ergeben, dass solche Weisungen mit dem Resozialisierungsziel des Strafvollzugs vereinbar sein müssen. Daher bedarf es einer umfassenden Abwägung im Einzelfall, ob opferbezogene Weisungen für die konkrete vollzugsöffnende Maßnahme sachdienlich sind und in welchem Umfang sie zu erfolgen haben. In diesem Zusammenhang haben insbesondere die grammatische und die teleologische Auslegung ergeben, dass bei der Ausgestaltung der vollzugsöffnenden Maßnahmen nur berechtigte Interessen der Opfer berücksichtigt werden können. Bei diesen berechtigten Interessen handelt es sich insbesondere um den Schutz des direkten Straftatopfers vor einer erneuten Viktimisierung oder auch (Re-)Traumatisierung durch den bzw. die inhaftierte:n Täter:in. Das Telos der opferbezogenen Ausgestaltung vollzugsöffnender Maßnahmen insbesondere durch opferbezogene Weisungen ist gerade im Schutz direkter Opfer zu sehen. Daher bedarf es für die Berücksichtigung anderer Personen – namentlich Opferangehöriger und gefährdeter Dritter – besonders hoher Maßstäbe hinsichtlich deren Gefährdung durch den bzw. die Gefangene:n.

Nur so kann die besondere Gewichtung des Schutzes tatsächlicher Opfer gewährleistet und eine restriktive Lockerungspraxis durch die Belange anderer Personen vermieden werden.

Für die Auslegung der Vorschriften zu bestimmten Täter:innengruppen kann zusammenfassend festgehalten werden, dass die Vorschriften zu bestimmten Täter:innengruppen dem besonderen Schutz der Allgemeinheit vor Gefangenen dienen, die als gefährlich eingeordnet werden. Das konkrete Straftatopfer ist für das Verfahren zur Gewährung vollzugsöffnender Maßnahmen bei bestimmten Täter:innengruppen kaum von Belang. Dies ergibt sich insbesondere aus der historischen und teleologischen Auslegung. Die Viktimisierung des konkreten Opfers durch eine bestimmte Tat und möglicherweise auch die Schwere seiner Viktimisierung dienen allein dazu, die Annahme einer besonderen Gefährlichkeit des bzw. der Gefangenen zu begründen. Die aus dieser Gefährlichkeit folgende besondere Schutzbedürftigkeit der Gesellschaft vor diesen Gefangenen und somit die Notwendigkeit einer restriktiven Lockerungspraxis haben jedoch keinen unmittelbaren Bezug zum Opfer. Dies ist grundsätzlich zu begrüßen, da die individuellen Schutzinteressen tatsächlicher Straftatopfer, wie bereits gezeigt, nur in Ausnahmefällen zu einer restriktiven Lockerungspraxis führen dürfen. Dennoch erscheint auch die Überbetonung der Sicherheitsinteressen bei bestimmten Täter:innengruppen vor allem mit Blick auf das Resozialisierungsziel bedenklich.

Die Regelungen in den Ländern Bayern, Hamburg, Hessen, Niedersachsen, Sachsen-Anhalt und Thüringen ebnen den Weg für eine restriktive Lockerungspraxis gegenüber bestimmten Täter:innengruppen. Dieses Ergebnis wird durch alle vier Auslegungsmethoden gestützt. Eine restriktive Lockerungspraxis bei besonders gefährlichen bzw. rückfallgefährdeten Gefangenen wäre für sich genommen nicht zu beanstanden und lässt sich insbesondere mit der Vollzugsaufgabe der Sicherheit der Allgemeinheit legitimieren. Allerdings hat bereits die grammatische Auslegung gezeigt, dass die Regelungen zu bestimmten Täter:innengruppen durch eine Vielzahl unbestimmter Rechtsbegriffe und unpräziser Vorgaben geprägt sind. Dieses Ergebnis konnte innerhalb der systematischen Auslegung durch die Betrachtung der landesinternen Verwaltungs- und Ausführungsvorschriften gestützt werden. Die meisten VV und AV zu den einzelnen Vorschriften präzisieren weder den Wortlaut der Vorschriften hinreichend, noch können sie als taugliche Auslegungshilfe für unbestimmte Rechtsbegriffe dienen. Vereinzelt stehen die VV auch in einem offenem Widerspruch zum Gesetzeswortlaut. Während sich die unmittelbare Einbeziehung der Schuldschwere durch die Vorschriften zu bestimmten Täter:innengruppen nur vermuten lässt, ist eine solche Berücksichtigung in Hessen und Sachsen-Anhalt normiert worden. Dieses Ergebnis wird vor allem durch die teleologische Auslegung gestützt, da die Annahme einer generellen Ungeeignetheit bestimmter Täter:innengruppen für Lockerungen nicht mit der Rechtsprechung des BVerfG vereinbar ist. Daneben wird dieser Befund auch durch die Ergebnisse der übrigen Auslegungsmethoden gestützt. Insgesamt wurden mit den Regelungen zu bestimmten Täter:innengruppen eine Vielzahl kritikwürdiger Vorgaben geschaffen, bei denen häufig die Bedeutung vollzugsöffnender Maßnahmen für die Resozialisierung nicht hinreichend beachtet wurde. Nicht ohne Grund werden daher durch die vorliegende Arbeit eine Vielzahl von teleologischen Reduktionen und Anregungen für Nachbesserungen der Landesgesetzgeber vorgeschlagen.[401]

Als übergeordnetes Auslegungsergebnis der Vorschriften zu den vollzugsöffnenden Maßnahmen kann zudem festgehalten werden, dass der Begriff des Opfers auch bei diesen Vorschriften eng auszulegen ist. Dies ergibt sich aus der grammatischen Auslegung zur Gewährung und zur Ausgestaltung vollzugsöffnender Maßnahmen für jene Gesetze, die ausdrücklich zwischen der Sicherheit der Allgemeinheit und dem Opferschutz[402] sowie Opfern und anderen Personen[403] unterscheiden. Weiterhin ergibt sich dies aus der teleologischen Auslegung zur opferbezogenen Ausgestaltung der vollzugsöffnenden Maßnahmen, da Sinn und Zweck der untersuchten Regelungen der Schutz des direkten Opfers vor dem bzw. der inhaftierten Täter:in ist. Insofern kann der in dieser Arbeit vertretene enge strafvollzugsrechtliche Opferbegriff[404] durch die Auslegung zu den vollzugsöffnenden Maßnahmen gestützt werden.

---

[401] Hierzu im Einzelnen in der teleologischen Auslegung zum Verfahren bei bestimmten Täter:innengruppen oben im Abschnitt 15.5.5.2.

[402] § 13 Abs. 2 S. 2 HStVollzG; § 22 Abs. 2 S. 3 und 45 Abs. 3 S. 3 JVollzGB I LSA.

[403] § 12 Abs. 6 HmbStVollzG; § 15 Abs. 1 S. 2 NJVollzG; § 53 Abs. 6 StVollzG NRW.

[404] Hierzu ausführlich oben im Abschnitt 4.2.2.

Wiedergutmachung und Tatausgleich 16

16.1 Allgemeine Vorüberlegungen

Den Überlegungen zur Auslegung der Vorschriften zu dem Themenkreis „Wiedergutmachung und Tatausgleich" sind einige allgemeine Hinweise vorauszuschicken.

Die Wiedergutmachung umfasst nach dem dieser Arbeit zugrunde liegenden Verständnis alle Arten des Ausgleichs der Straftatfolgen und somit neben dem Ausgleich gegenüber dem konkreten Opfer auch die symbolische Wiedergutmachung.[1] Insofern ist der Begriff der Restorative Justice i. w. S. treffender als jener der Wiedergutmachung. Die Restorative Justice i. w. S. umfasst neben direkt opferbezogenen Maßnahmen wie dem Täter-Opfer-Ausgleich gerade auch Maßnahmen der sogenannten „wiedergutmachenden Justiz", welche Perspektiven der Wiedergutmachung ohne Beteiligung des konkreten Opfers eröffnen.[2] Daher wird nachfolgend für all jene Varianten der Wiedergutmachung, die nicht unmittelbar das tatsächliche Straftatopfer betreffen, der Begriff „wiedergutmachende Justiz" verwendet.[3]

Neben allgemeinen Regelungen zur Schadenswiedergutmachung finden sich in einigen Landesgesetzen aber auch Regelungen, die speziell den Ausgleich gegenüber dem konkreten Straftatopfer besonders hervorheben. Hierbei handelt

---

[1] Ausführlich hierzu oben in den kriminologischen Grundlagen im Abschnitt 7.2.1.2.3 und 7.2.1.4.2; in den kriminalpolitischen Grundlagen oben im Abschnitt 9.2.3 und 9.3.4; weiterführend zum Potenzial und zur praktischen Umsetzung der symbolischen Wiedergutmachung im Strafvollzug *Müller*, Workshop 3: Symbolische Wiedergutmachung, in: Höffler/Jesse/Bliesener (Hrsg.), Opferorientierung im Strafvollzug, 2019, S. 51 ff.

[2] Ausführlich hierzu bereits in den kriminologischen Grundlagen oben im Aschnitt 7.2.1.2.3.

[3] Hierzu bereits in den kriminologischen Grundlagen oben im Abschnitt 7.2.1.2.3.

K. M. Radke, *Opferorientierung im Strafvollzug*,
https://doi.org/10.1007/978-3-658-39044-0_16

es sich um Varianten der Restorative Justice i. e. S., da ebenso wie beim Täter-Opfer-Ausgleich und anderen Methoden des direkten Ausgleichs mit dem Opfer ein konkreter Bezug zum Straftatopfer besteht.[4] Diese Varianten der Restorative Justice i. e. S. werden nachfolgend als Tatausgleich bezeichnet.

Im Gegensatz zu den zuvor untersuchten Außenkontakten (Kapitel 14) und vollzugsöffnenden Maßnahmen (Kapitel 15) finden sich die Vorschriften zur Wiedergutmachung und zum Tatausgleich in den Landesgesetzen nicht in einem speziellen Abschnitt, sondern an unterschiedlichen Stellen in den Gesetzen. In einigen Landesgesetzen wird bereits in den allgemeinen Regelungen auf Teilaspekte der Wiedergutmachung und den Tatausgleich Bezug genommen oder der Täter-Opfer-Ausgleich ausdrücklich erwähnt.[5] Spezielle Regelungen mit einem Opferbezug finden sich zudem in den Vorschriften zum Vollzugs- und Eingliederungsplan[6] zur (sozialen) Hilfe im Vollzug[7] und in einigen Landesgesetzen zum Überbrückungsgeld[8].

16.2 Grammatische Auslegung

16.2.1 Allgemeine Vorschriften

In den allgemeinen Regelungen lassen sich bereits im Wortlaut mehrerer Vorschriften Anknüpfungspunkte für die wiedergutmachende Justiz und den Tatausgleich gegenüber dem konkreten Opfer finden.Im Rahmen der Auslegung der allgemeinen Regelungen mit einem Opferbezug wurde bereits festgestellt, dass wesentlicher Bestandteil einer opferorientierten Vollzugsgestaltung die Förderung von Unrechtseinsicht und Verantwortungsübernahme für die Tatfolgen ist.[9] Nachfolgend soll der Schwerpunkt der Betrachtungen daher auf Anknüpfungspunkten für die wiedergutmachende Justiz und den Tatausgleich beim direkten Straftatopfer liegen.

Aus Gründen der Übersichtlichkeit werden nachfolgend gesetzliche Regelungen, die wortgleiche oder sehr ähnliche Formulierungen enthalten, gemeinsam

---

[4] Zum Begriff der Restorative Justice i. e. S. oben im Abschnitt 7.2.1.2.3.

[5] Hierzu bereits oben im Abschnitt 13.2 sowie sogleich in den Abschnitten 16.2.1, 16.3.1, 16.4.1 und 16.5.2.

[6] Hierzu sogleich in den Abschnitten 16.2.2, 16.3.2, 16.4.2 und 16.5.3.

[7] Hierzu sogleich in den Abschnitten 16.2.3, 16.3.3, 16.4.3 und 16.5.4.

[8] Hierzu sogleich in den Abschnitten 16.2.4, 16.3.4, 16.4.4 und 16.5.5.

[9] Ausführlich im Abschnitt 13.2.4.2 und im Abschnitt 13.5.4.2.

betrachtet. Dies betrifft letztlich die Regelungen der Länder Brandenburg, Rheinland-Pfalz, Sachsen-Anhalt und Thüringen (sogleich im Abschnitt 16.2.1.4), da diese sich im Wortlaut kaum unterscheiden und stark an § 3 Abs. 1 ME LStVollzG orientiert sind.

16.2.1.1 Baden-Württemberg

Nach dem Wortlaut von § 2 Abs. 5 JVollzGB III BaWü sollen zur Erreichung des Vollzugsziels zum einen die Einsicht in die dem Opfer zugefügten Tatfolgen geweckt und zum anderen geeignete Maßnahmen zum Ausgleich angestrebt werden.

Somit wird mit dieser Vorschrift ein Zusammenhang zwischen der Förderung der Einsicht der Gefangenen in die Tatfolgen beim Opfer und geeigneten Maßnahmen zu deren Ausgleich hergestellt. Aufgrund der ausdrücklichen Beschränkung auf „die dem Opfer zugefügten" Tatfolgen, beziehen sich die „geeignete[n] Maßnahmen zum Ausgleich" ersichtlich auf einen Ausgleich mit dem konkreten Straftatopfer. Hierfür sprechen die durch den Gesetzeswortlaut festgelegten Zielvorgaben für derartige Maßnahmen. Nach § 2 Abs. 5 JVollzGB III BaWü sollen geeignete Maßnahmen zum Ausgleich „angestrebt" werden. Insofern stehen die Ausgleichsmaßnahmen ausdrücklich in einem engen Zusammenhang mit der Einsicht des bzw. der Gefangenen in die Tatfolgen beim konkreten Opfer und können sich daher auch nur auf den Ausgleich dieser Folgen beziehen.

Inhaltlich beschränkt sich die Regelung des § 2 Abs. 5 JVollzGB III BaWü nicht allein auf den durch die Straftat entstandenen Schaden beim Opfer, sondern umfasst alle Folgen der Tat für das Opfer. Der Begriff der Tatfolgen ist weiter gefasst als der in anderen Landesgesetzen verwendete Schadensbegriff[10]. Der Begriff des Schadens setzt bei einer engen Auslegung eine Schädigung durch die Straftat voraus und bezieht sich somit vor allem auf die unmittelbare Schädigung durch die Tat. Für eine Berücksichtigung mittelbarer Folgen bedarf es einer weiten Auslegung des Begriffs „Schaden". Indem die baden-württembergische Regelung jedoch auf die Tatfolgen im Allgemeinen abstellt, ist für die Einbeziehung mittelbarer Straftatfolgen bei § 2 Abs. 5 JVollzGB III BaWü keine weite Auslegung erforderlich. Vom Begriff der „Tatfolgen" können neben den unmittelbaren Folgen durch das Viktimisierungsereignis auch nur mittelbare Folgen ohne größeren Begründungsaufwand erfasst sein. Zu denken wäre diesbezüglich an psychische Beeinträchtigungen beim Straftatopfer, die auf das konkrete Viktimisierungsereignis zurückgeführt werden können. Möglich sind jedoch auch

[10] So beispielsweise in Art. 5a Abs. 2 S. 2 BayStVollzG; § 8 Abs. 1 S. 2 BbgJVollzG; § 8 Abs. 1 S. 2 LJVollzG RP; § 8 Abs. 1 S. 2 JVollzGB I LSA; § 8 Abs. 1 S. 2 Thür JVollzGB.

noch weiter von der ursprünglichen Tat entfernte Folgen, wie etwa ein Arbeitsplatzverlust wegen einer infolge der Viktimisierung beim Opfer entstandenen Traumatisierung.

Die Vorgabe, dass die Einsicht in die Tatfolgen durch „geeignete" Maßnahmen zum Ausgleich nach § 2 Abs. 5 JVollzGB III BaWü angestrebt werden soll, begrenzt die entsprechenden Maßnahmen lediglich hinsichtlich ihrer Eignung. Eine Beschränkung auf bestimmte Arten von Ausgleichsmaßnahmen ist der Regelung hingegen nicht zu entnehmen. Vielmehr erscheinen grundsätzlich alle Maßnahmen möglich, die der Voraussetzung der Geeignetheit entsprechen. Eine Beschränkung auf den Täter-Opfer-Ausgleich lässt sich dem Wortlaut des baden-württembergischen Gesetzes nicht entnehmen. Da nach der Regelung jedoch ausdrücklich ein Zusammenhang zwischen der Einsicht in die Tatfolgen beim Opfer und dem Ausgleich durch geeignete Maßnahmen bestehen muss, erscheinen vom Wortlaut der Vorschriften nur Maßnahmen des Tatausgleichs – mithin die Wiedergutmachung gegenüber dem konkreten Straftatopfer – erfasst.

Nach dem Wortlaut des § 2 Abs. 5 JVollzGB III BaWü „soll" die Förderung des Ausgleichs der Tatfolgen durch geeignete Maßnahmen der Vollzugsanstalt erfolgen. Insoweit ist die Regelung als Handlungsanweisung für die Anstalt ausgestaltet worden, die Einsicht in die Tatfolgen zu fördern und die Gefangenen zu geeigneten Ausgleichsmaßnahmen zu motivieren.[11] Dies verpflichtet die Anstalten zwar nicht zu einer Förderung des Tatausgleichs, sieht die Förderung jedoch als Regelfall vor. Eine Abweichung hiervon bedarf einer besonderen Begründung seitens der Anstalt.[12]

16.2.1.2 Bayern

Art. 5a Abs. 2 S. 2 BayStVollzG sieht vor, dass die Gefangenen anzuhalten sind, den durch die Straftat verursachten Schaden wiedergutzumachen. Nach Satz 3 ist in geeigneten Fällen die Durchführung eines Täter-Opfer-Ausgleichs anzustreben. Mithin wird der Täter-Opfer-Ausgleich in Art. 5a Abs. 2 S. 3 BayStVollzG ausdrücklich als eine Möglichkeit der Schadenswiedergutmachung während des Strafvollzugs angesehen.

Die Formulierung in Art. 5a Abs. 2 S. 2 BayStVollzG, dass „[d]ie Gefangenen […] anzuhalten [sind], den durch die Straftat verursachten Schaden wiedergutzumachen" ist mit Blick auf den Schadensbegriff weit gefasst. Bei den durch die

---

[11] Ähnlich auch *Dorsch*, in: BeckOK StVollzR BaWü, 16. Ed. Stand: 31.03.2022, JVollzGB III § 2 Rn. 30 ff.

[12] Vgl. *Maurer/Waldhoff*, Allgemeines Verwaltungsrecht, 20. Aufl. 2020, § 7 Rn. 12.

Tat verursachten Schäden ist nämlich nicht nur an Schäden des konkreten Straftatopfers zu denken, sondern vielmehr auch an Schäden bei Dritten. So wurde bereits bei der grammatischen Auslegung von Art. 5a BayStVollzG im Zusammenhang mit den allgemeinen Regelungen[13] festgestellt, dass der Wortlaut von Art. 5a BayStVollzG in seinem ersten Absatz ausdrücklich auf die Schutzinteressen gefährdeter Dritter Bezug nimmt. Wird dies in die Betrachtung einbezogen, so schließt der Wortlaut des zweiten Absatzes eine Schadenswiedergutmachung gegenüber Dritten nicht aus. Insbesondere werden in Art. 5a Abs. 2 S. 1 BaySt-VollzG die beim Opfer verschuldeten Tatfolgen nur exemplarisch genannt. Im zweiten Satz von Absatz 2 wird sodann nur allgemein auf die durch die Straftat verursachten Schäden abgestellt. Eine zwingende Beschränkung auf Schäden beim konkreten Opfer ist aus dem Wortlaut des Art. 5a Abs. 2 BayStVollzG daher nicht abzuleiten.

Die Präposition „durch" in Abs. 2 S. 2 stellt einen eindeutigen Bezug zwischen Straftat und Schaden her. Danach muss die Straftat ursächlich für den Schaden gewesen sein. Diesbezüglich ist zunächst an Schäden beim Opfer zu denken, die unmittelbar durch die Tat entstanden sind, wie beispielsweise Beeinträchtigungen der körperlichen Integrität bei einer Körperverletzung oder die Verletzung des Eigentums und Gewahrsams durch einen Diebstahl.

Allerdings erscheinen durch die Tat daneben auch mittelbare Folgen wie Beeinträchtigungen der psychischen Integrität durch Angstzustände oder Traumatisierungen möglich, die zwar auf das Viktimisierungsereignis zurückgeführt, aber nicht als unmittelbarer Taterfolg der jeweiligen Straftat angesehen werden können. Die Berücksichtigung solcher psychischer Schäden erscheint richtigerweise erst ab einer gewissen Erheblichkeit möglich, da ansonsten der Begriff des Schadens zu weit ausgelegt werden würde. Denkbar ist daher insbesondere die Einbeziehung solcher psychischer Folgen, die ihrerseits wieder körperliche Auswirkungen nach sich ziehen.[14]

---

[13] Oben im Abschnitt 13.2.2.

[14] Zur Einordnung psychischer Einwirkungen als Gesundheitsschädigung siehe BGH NStZ 1997, 123 (123 f.); NStZ 2003, 149 (150); *Sternberg-Lieben,* in: Schönke/Schröder (Hrsg.), StGB, 30. Aufl. 2019, § 223 Rn. 6; *Fischer*, StGB, 69. Aufl. 2022, § 223 Rn. 12; für die Einbeziehung der immateriellen Aussöhnung statt oder neben einem materiellen Ausgleich *Arloth,* in: BeckOK BayStVollzR, 16. Ed. Stand: 01.04.2022, BayStVollzG Art. 5a Rn. 7.

Weiterhin ist an Schäden zu denken, welche zwar durch die Straftat bedingt sind, jedoch nicht unmittelbar als Nachteile im tatbestandlichen Sinne einzuordnen sind.[15] Beispiele dafür sind etwa negative soziale Folgen für das Opfer bei Sexualdelikten oder die Folgen der Tat für Hinterbliebene bei Tötungsdelikten.[16] Zu denken ist aber auch an Schäden bei den Familien der Gefangenen, die durch die Inhaftierung entstanden sind.

In Betracht kommen schließlich auch gesamtgesellschaftliche Schäden, die durch die Straftat entstanden sind, wie beispielweise eine Erschütterung des Rechtsvertrauens in der Gemeinschaft.

Hinsichtlich der Art der Schadenswiedergutmachung enthält Art. 5a Abs. 2 BayStVollzG keine näheren Vorgaben. Daher steht zumindest der Wortlaut der Vorschrift einer umfassenden Einbeziehung der wiedergutmachenden Justiz nicht entgegen. In Betracht kommen derartige Wiedergutmachungsmaßnahmen insbesondere im Zusammenhang mit der Einsicht der Gefangenen in ihre Tatverantwortung, die nach Art. 5a Abs. 2 S. 1 BayStVollzG geweckt werden soll.

Gemäß Art. 5a Abs. 2 S. 2 BayStVollzG „sind" die Gefangenen zur Schadenswiedergutmachung „anzuhalten". Hieraus folgt als konkreter Handlungsauftrag ein aktives Hinwirken auf die Schadenswiedergutmachung durch die Anstalt.[17] Die Formulierung „sind anzuhalten" deutet auf eine gewisse Förderungspflicht der Anstalt mit Blick auf die Schadenswiedergutmachung hin, ohne dass freilich ein Förderungserfolg vorausgesetzt werden kann.

Mit Blick auf die Durchführung des Täter-Opfer-Ausgleichs in geeigneten Fällen ist zunächst zu berücksichtigen, dass sich der Begriff „Täter-Opfer-Ausgleich" allein auf einen Ausgleich zwischen dem bzw. der konkreten Täter:in und dem konkreten Opfer beziehen kann, da es sich bei dem Begriff bereits um einen im Strafrechtsystem etablierten Terminus handelt.[18]

Beachtenswert ist ferner, dass ein Täter-Opfer-Ausgleich nach Art. 5a Abs. 2 S. 3 BayStVollzG nur „in geeigneten Fällen anzustreben [ist]". Dem Wortlaut der Regelung nach ergeben sich daher für die weitere Auslegung

[15] Siehe mit Blick auf das Strafzumessungsrecht die „verschuldeten Auswirkungen der Tat" gemäß § 46 Abs. 2 S. 2 StGB; näher hierzu *Kinzig,* in: Schönke/Schröder (Hrsg.), StGB, 30. Aufl. 2019, § 46 Abs. 26a.

[16] So *Kinzig,* in: Schönke/Schröder (Hrsg.), StGB, 30. Aufl. 2019, § 46 Abs. 26a m. w. N. zur Berücksichtigung dieser außertatbestandlichen Nachteile in der Strafzumessung.

[17] Ähnlich auch *Bahl/Pollähne*, in: AK-StVollzG, 8. Aufl. 2022, § 5 LandesR Rn. 75; *Arloth*, in: BeckOK BayStVollzR, 16. Ed. Stand: 01.04.2022, BayStVollzG Art. 5a Rn. 6 f.

[18] Ausführlich hierzu bereits in den kriminologischen Grundlagen oben im Abschnitt 7.2.1.2.3.

zwei Vorgaben. Zum einen muss ein „geeigneter Fall“ für einen Ausgleich zwischen Täter:in und Opfer vorliegen. Zum anderen enthält die Vorschrift durch die Formulierung „ist anzustreben“ eine klare Vorgabe an die Vollzugsanstalt, in geeigneten Fällen auf die Durchführung eines Täter-Opfer-Ausgleichs hinzuwirken.

Bei der Formulierung „in geeigneten Fällen“ handelt es sich um einen unbestimmten Rechtsbegriff, der einen Beurteilungsspielraum der Anstalt eröffnet.[19] Insofern kommt der Vollzugsanstalt hinsichtlich der Frage, ob ein geeigneter Fall i. S. v. Art. 5a Abs. 2 S. 3 BayStVollzG vorliegt, eine Einschätzungsprärogative zu.[20] Wann ein geeigneter Fall vorliegt, ist dem Wortlaut der Vorschrift nicht zu entnehmen und wird daher mithilfe der weiteren Auslegungsmethoden noch weiter zu untersuchen sein.

Kommt die Vollzugsbehörde zu dem Ergebnis, dass ein geeigneter Fall vorliegt, ergibt sich aus der Regelung jedoch kein Entschließungsermessen hinsichtlich der Förderung der Durchführung eines Täter-Opfer-Ausgleichs. Dies folgt aus der Formulierung „ist anzustreben“ des Art. 5a Abs. 2 S. 3 BayStVollzG. Insofern hat die Anstalt die Gefangenen in geeigneten Fällen zumindest auf die Möglichkeit eines Täter-Opfer-Ausgleichs hinzuweisen und interessierte Gefangene bei der Durchführung zu unterstützen. Allerdings wird durch den Wortlaut nicht vorausgesetzt, dass die Anstalt die Gefangenen in geeigneten Fällen tatsächlich zu einem Täter-Opfer-Ausgleich bewegt. Vielmehr kann die Formulierung „ist anzustreben“ als ergebnisoffene Handlungsanweisung an die Anstalt verstanden werden.

16.2.1.3 Berlin

Nach dem Wortlaut von § 6 Abs. 2 StVollzG Bln ist der „Vollzug [...] darauf auszurichten, dass die Gefangenen sich mit den Folgen ihrer Straftat für die Verletzten und insbesondere auch deren Angehörige auseinandersetzen und Verantwortung für ihre Straftat übernehmen“. Nach Absatz 3 „sollen [die Gefangenen] angehalten werden, den durch die Straftat verursachten materiellen und immateriellen Schaden wieder gut zu machen“. Beide Absätze des § 6 StVollzG Bln sind aufgrund ihres Wortlauts als Handlungsauftrag für die Vollzugsanstalt zu verstehen. Während nach Absatz 2 der Vollzug insgesamt auf die

[19] *Mayer*, Täter-Opfer-Ausgleich im Strafvollzug, 2017, S. 61; allgemein zum Beurteilungsspielraum bei unbestimmten Rechtsbegriffen *Laubenthal*, Strafvollzug, 8. Aufl. 2019, Rn. 813.

[20] So bereits *Mayer*, Täter-Opfer-Ausgleich im Strafvollzug, 2017, S. 61.

Übernahme der Verantwortung für die Tatfolgen seitens der Gefangenen auszurichten ist, bezieht sich Absatz 3 konkret auf die Wiedergutmachung von Straftatschäden durch die Gefangenen.

Mit der Ausrichtung des Vollzugs auf die Auseinandersetzung mit den Straftatfolgen kann für Berlin ebenso wie bereits für die Regelung aus Baden-Württemberg festgestellt werden[21], dass der Wortlaut durch den Begriff der Folgen bereits ohne besonderen Begründungsaufwand die Einbeziehung von unmittelbaren und mittelbaren Folgen zulässt. Eine Begrenzung auf Straftatschäden besteht bei § 6 Abs. 2 StVollzG Bln daher dem Wortlaut nach nicht.

Die Regelung des § 6 Abs. 2 StVollzG Bln sieht als Gestaltungskriterien für den Vollzug die Auseinandersetzung mit den Straftatfolgen und die Übernahme der Verantwortung für die Straftat vor. So ist „der Vollzug darauf auszurichten, dass sich die Gefangenen mit den Folgen ihrer Straftat [...] auseinandersetzen und Verantwortung für ihre Straftat übernehmen". Der Anstalt kommt hinsichtlich dieser Ausrichtung kein Ermessen zu, da der Vollzug darauf auszurichten „ist". Hieraus folgt, dass die Anstalt durch die Ausgestaltung des Vollzugs die notwendigen Voraussetzungen für eine Auseinandersetzung der Gefangenen mit den Straftatfolgen und für die Übernahme der Verantwortung für die Straftat schaffen muss.

Bei der Auseinandersetzung mit dem Straftatfolgen nach § 6 Abs. 2 StVollzG Bln werden neben den Folgen für die Verletzten ausdrücklich auch die Folgen für deren Angehörige benannt. Hieraus lässt sich zunächst schließen, dass mit dem Begriff des Verletzten i. S. d. § 6 Abs. 2 StVollzG Bln nur das direkte Opfer gemeint sein kann.[22]

Mit Blick auf die Verantwortung für die Straftat ist ein ausdrücklicher Bezug zum Opfer aus dem Wortlaut nicht ersichtlich. Vielmehr wurden im Gesetz die Auseinandersetzung unter Einbeziehung der Opferperspektive und die Übernahme der Verantwortung für die Tat sprachlich getrennt. Begrifflich umfasst die Verantwortungsübernahme aber gerade auch eine Auseinandersetzung mit den Folgen für das Opfer. Die Übernahme von Verantwortung für Straftaten kann nur dann stattfinden, wenn zuvor eine Auseinandersetzung mit der Tat und den Folgen für das konkrete Opfer stattgefunden hat. Daher muss die Übernahme der Verantwortung für die Straftat nach § 6 Abs. 2 StVollzG Bln zumindest teilweise als Resultat der Auseinandersetzung mit den Straftatfolgen für das Opfer verstanden

[21] Hierzu soeben oben im Abschnitt 16.2.1.1.

[22] Allgemein zur Verwendung des Verletztenbegriffs im StVollzG Bln bereits oben in den kriminalpolitischen Grundlagen im Abschnitt 9.3.2.1.1.2.

werden. Daneben ist zudem die allgemeine Auseinandersetzung der Gefangenen mit ihrer Straftat und deren Folgen nach § 3 Abs. 1 StVollzG Bln als Voraussetzung für die Verantwortungsübernahme i. S. d. § 6 Abs. 2 StVollzG Bln zu sehen.[23]

Nach § 6 Abs. 3 StVollzG Bln sollen „die Gefangenen [...] angehalten werden, den durch die Straftat verursachten materiellen und immateriellen Schaden wieder gut zu machen". Dem eindeutigen Wortlaut nach werden daher von § 6 Abs. 3 StVollzG Bln gerade auch immaterielle Straftatschäden und somit Nichtvermögensschäden als Folgen von Straftaten umfasst. Eine Beschränkung auf Schäden beim direkten Opfer enthält der Wortlaut der Vorschrift nicht. Daher können von § 6 Abs. 3 StVollzG Bln dem Wortlaut nach auch andere als Opferschäden umfasst sein, weshalb die Regelung die wiedergutmachende Justiz betrifft und nicht allein den Tatausgleich gegenüber den konkreten Opfern.

Zu dieser Schadenswiedergutmachung des § 6 Abs. 3 StVollzG Bln sollen die Gefangenen „angehalten" werden. Insofern kann die Aufgabe der Anstalt mit Blick auf die Schadenswiedergutmachung als aktives Hinwirken auf die Wiedergutmachung verstanden werden. Dieses Hinwirken beschränkt sich dem Wortlaut nach allerdings wohl auf Hinweise zu Wiedergutmachungsmöglichkeiten. Eine Förderungspflicht der Anstalt oder eine Pflicht zur Unterstützung der Gefangenen bei der Schadenswiedergutmachung lässt sich aus dem Wortlaut des § 6 Abs. 3 StVollzG Bln nicht ohne weiteres ableiten. Weiterhin ergibt sich aus der Vorschrift ein Handlungsauftrag für die Anstalt, da die Gefangenen angehalten werden „sollen", den Schaden wiedergutzumachen. Das Anhalten der Gefangenen zur Schadenswiedergutmachung stellt somit den Regelfall dar, von dem die Anstalt nur in begründeten Ausnahmefällen abweichen kann.

16.2.1.4 Brandenburg, Rheinland-Pfalz, Sachsen-Anhalt und Thüringen

In einigen am ME LStVollzG orientierten Landesgesetzen wird neben der in § 3 Abs. 1 ME LStVollzG vorgegebenen Ausrichtung des Vollzugs auf die Auseinandersetzung der Gefangenen mit ihren Straftaten und deren Folgen[24] auch noch ausdrücklich auf die durch die Straftat entstandenen Opferschäden Bezug genommen. Nach § 8 Abs. 1 S. 2 BbgJVollzG sowie den fast wortgleichen Regelungen

[23] Zu § 3 Abs. 1 StVollzG Bln siehe bereits oben im Rahmen der Auslegung der allgemeinen Vorschriften im Abschnitt 13.2.4.2.

[24] Hierzu bereits ausführlich oben im Abschnitt 13.2.4.2.

in Rheinland-Pfalz, Sachsen-Anhalt und Thüringen[25] „[soll] [d]as Bewusstsein für die den Opfern zugefügten Schäden geweckt werden".

Dem Wortlaut dieser Vorschriften ist nicht die in anderen Landesgesetzen enthaltene weitere Regelung zu entnehmen, dass die Wiedergutmachung oder der Tatausgleich durch die Anstalt zu fördern sind.[26] Für die Länder Brandenburg, Rheinland-Pfalz, Sachsen-Anhalt und Thüringen bleibt es daher dabei, dass die beim konkreten Straftatopfer eingetretenen Schäden allenfalls bei der allgemeinen Ausrichtung des Vollzugs auf die Auseinandersetzung der Gefangenen mit ihren Straftaten und deren Folgen berücksichtigt werden können. Ausdrücklich geregelt wurde dies jedoch nicht.

Die genannten Landesgesetze enthalten zumindest in ihren allgemeinen Regelungen insoweit keine an die Anstalt gerichtete Handlungsaufforderung. Aus den Vorschriften nach dem Vorbild des § 3 Abs. 1 ME LStVollzG kann keine Pflicht zur Motivation der Gefangenen zur Wiedergutmachung und zum Tatausgleich entnommen werden. Auch eine Verpflichtung zur Unterstützung bei den Wiedergutmachungsbemühungen oder beim Tatausgleich oder gar eine entsprechende Förderungspflicht sind nicht ersichtlich. Die an § 3 Abs. 1 ME LStVollzG orientierten Vorschriften der Länder Brandenburg, Rheinland-Pfalz, Sachsen-Anhalt und Thüringen stehen einer Förderung von Wiedergutmachungs- bzw. Ausgleichsbemühungen der Gefangenen durch die Anstalt allerdings ihrem Wortlaut nach auch nicht entgegen.

16.2.1.5 Hessen

Nach § 5 Abs. 1 S. 4 HStVollzG soll „die Einsicht der Gefangenen in das Unrecht der Tat und in die beim Opfer verursachten Tatfolgen […] vermittelt und durch geeignete Maßnahmen zum Ausgleich der Tatfolgen vertieft werden". Im Wortlaut ähnelt § 5 Abs. 1 S. 4 HStVollzG stark der Regelung des § 2 Abs. 5 JVollzGB III BaWü. Ebenso wie die Vorschrift aus Baden-Württemberg wird auch in § 5 Abs. 1 S. 4 HStVollzG ein Zusammenhang zwischen der Förderung der Einsicht der Gefangenen in die Tatfolgen beim Opfer und geeigneten Maßnahmen zu deren Ausgleich hergestellt.[27]

---

[25] Siehe § 8 Abs. 1 S. 2 LJVollzG RP; § 8 Abs. 1 S. 2 JVollzGB I LSA; § 8 Abs. 1 S. 2 Thür JVollzGB.

[26] Nach Art. 5a Abs. 2 S. 2 BayStVollzG sind die Gefangenen zur Wiedergutmachung „anzuhalten"; vgl. soeben im Abschnitt 16.2.1.2; nach § 6 Abs. 2 StVollzG Bln sollen die Gefangenen zur Schadenswiedergutmachung „angehalten werden", vgl. soeben im Abschnitt 16.2.1.3.

[27] Ausführlich zu § 2 Abs. 5 JVollzGB III BaWü soeben oben im Abschnitt 16.2.1.1.

Da auch in Hessen eine Beschränkung auf „die beim Opfer verursachten" Tatfolgen vorgenommen wird, beziehen sich die „geeignete[n] Maßnahmen zum Ausgleich" ebenso wie in Baden-Württemberg auf den Ausgleich mit dem konkreten Straftatopfer. Dies ergibt sich aus den im Gesetzeswortlaut festgelegten Zielvorgaben für derartige Maßnahmen.[28] Nach § 5 Abs. 1 S. 4 HStVollzG soll die Einsicht in das Unrecht der Tat und in die beim Opfer verursachten Tatfolgen durch derartige Maßnahmen „vertieft" werden. Daher besteht zwischen den Ausgleichsmaßnahmen und der Einsicht des bzw. der Gefangenen in die Tatfolgen beim konkreten Opfer ein enger Zusammenhang. Die Ausgleichsmaßnahmen können sich somit nur auf den Ausgleich der Folgen für das Opfer beziehen.

Mit Blick auf den Begriff der „Tatfolgen" kann auf die Ausführungen zu § 2 Abs. 5 JVollzGB III BaWü verwiesen werden.[29] Insbesondere sind vom Begriff der Tatfolgen ohne weiteren Begründungsaufwand auch mittelbare Folgen beim Opfer erfasst.

Durch die Vorgabe des § 5 Abs. 1 S. 4 HStVollzG, dass die Einsicht in die Tatfolgen durch „geeignete" Maßnahmen zu deren Ausgleich vertieft werden sollen, werden die Maßnahmen lediglich hinsichtlich ihrer Eignung begrenzt. Eine Beschränkung auf bestimmte Arten von Ausgleichsmaßnahmen ist hingegen nicht ersichtlich. Es erscheinen vielmehr ebenso wie bei § 2 Abs. 5 JVollzGB III BaWü grundsätzlich alle Maßnahmen möglich, die der Voraussetzung der Geeignetheit entsprechen. Da durch die Ausgleichsmaßnahmen nach § 5 Abs. 1 S. 4 HStVollzG die Einsicht in das Unrecht der Tat und die Tatfolgen für das Opfer „vertieft" werden sollen, deutet der Wortlaut dieser Vorschrift in erster Linie auf Maßnahmen hin, die auf einen Ausgleich mit dem konkreten Straftatopfer ausgerichtet sind. Eine Beschränkung auf den Täter-Opfer-Ausgleich lässt sich dem Wortlaut zwar nicht entnehmen. Da jedoch ausdrücklich ein Zusammenhang zwischen der Einsicht in die Tatfolgen beim Opfer und dem Ausgleich durch geeignete Maßnahmen bestehen muss, erscheinen vom Wortlaut der Vorschriften nur Maßnahmen des Tatausgleichs – also des Ausgleichs gegenüber dem konkreten Straftatopfer – erfasst.

Nach dem Wortlaut der Vorschrift „soll" die Förderung des Ausgleichs der Tatfolgen durch geeignete Maßnahmen der Vollzugsanstalt erfolgen. Daher ist die Förderung der Einsicht in die Tatfolgen für das Opfer und die Motivation der Gefangenen hinsichtlich geeigneter Ausgleichsmaßnahmen als Handlungsauftrag an die Anstalt ausgestaltet worden. Diese Ausgestaltung verpflichtet die Anstalt

---

[28] Soeben im Abschnitt 16.2.1.1.

[29] Ausführlich hierzu soeben im Abschnitt 16.2.1.1.

zwar nicht zur Förderung des Tatausgleichs, sieht diese jedoch als Regelfall vor, von dem nur in begründeten Fällen abgewichen werden kann.[30]

16.2.1.6 Niedersachsen

In Niedersachsen ist in § 2 Abs. 3 S. 2 NJVollzG geregelt, dass die Einsicht der Gefangenen in das Unrecht ihrer Straftat und ihre Bereitschaft, für deren Folgen einzustehen, geweckt und gefördert werden soll. Der Wortlaut bezieht sich angesichts der weiten Formulierung („deren Folgen") und der fehlenden Eingrenzung auf bestimmte Betroffene nicht allein auf die Straftatfolgen für das konkrete Straftatopfer, sondern vielmehr auf alle aus der Straftat resultierenden Folgen.

Weiterhin sollen nach § 6 Abs. 2 S. 1 NJVollzG den Gefangenen geeignete Maßnahmen angeboten werden, die sie darin unterstützen, Verantwortung für ihre Straftat und deren Folgen zu übernehmen, sowie ihnen die Chance eröffnen, sich nach Verbüßung der Strafe in die Gesellschaft einzugliedern. Mit dieser Vorschrift wird die in § 2 Abs. 3 S. 2 NJVollzG an die Vollzugsanstalten gerichtete allgemeine Vorgabe durch die spezielle Forderung nach einem Angebot geeigneter Maßnahmen in § 6 Abs. 2 S. 1 NJVollzG konkretisiert.

Hinsichtlich der Reichweite der Formulierung „Straftaten und […] deren Folgen" in § 2 Abs. 2 S. 3 NJVollzG kann zunächst auf die obigen Ausführungen zu § 2 Abs. 5 JVollzGB III BaWü und § 5 Abs. 1 S. 4 HStVollzG verwiesen werden. Da § 2 Abs. 3 S. 2 NJVollzG keine Einschränkung hinsichtlich dieser Folgen vorsieht, kommen neben den Straftatfolgen für das konkrete Opfer auch Folgen in Betracht, die beispielsweise die Familien der Gefangenen oder die gesamte Gesellschaft in Form einer Erschütterung des Normvertrauens betreffen. Für die vorliegende Untersuchung ist vor allem relevant, dass im Wortlaut von § 2 Abs. 3 S. 2 NJVollzG das konkrete Straftatopfer zwar nicht genannt wird, die Einsicht in das Unrecht der Tat und die Bereitschaft des Einstehens für deren Folgen sich jedoch gerade auch auf das Unrecht gegenüber dem konkreten Straftatopfer und auf die Folgen der Straftat bei diesem beziehen muss.

Nach § 2 Abs. 3 S. 2 NJVollzG soll die Bereitschaft der Gefangenen geweckt und gefördert werden, für die Folgen ihrer Straftaten einzustehen. Adressatin der Vorschrift ist die Vollzugsanstalt. Das „[W]ecken" der Bereitschaft kann als Motivationsaufgabe der Anstalt gegenüber den Gefangenen verstanden werden. Der Anstalt kommt diesbezüglich jedoch keine Verpflichtung zu. Vielmehr handelt es sich um eine „Soll-Vorschrift", die als Handlungsauftrag an die Anstalt zu verstehen ist. Die Förderung und das Wecken der Bereitschaft zum Ausgleich der

---

[30] Vgl. *Maurer/Waldhoff*, Allgemeines Verwaltungsrecht, 20. Aufl. 2020, § 7 Rn. 12.

Tatfolgen stellt hierbei den Regelfall dar. Die Anstalt kann hiervon abweichen, muss dies aber besonders begründen.[31]

Indem das Gesetz die Vorgabe enthält, dass die Anstalt die Gefangenen dazu motivieren soll, Verantwortung für die Straftatfolgen zu übernehmen, und die Verantwortungsübernahme sogar gefördert werden soll, scheint der Wortlaut einer Durchführung von Maßnahmen der wiedergutmachenden Justiz und des Tatausgleichs nicht entgegenzustehen. Die Förderung des Einstehens für die Tatfolgen kann gerade auch die Wiedergutmachung eben dieser Folgen beinhalten. Insofern lässt sich die Förderung von Maßnahmen der wiedergutmachenden Justiz und des Tatausgleichs gegenüber dem konkreten Opfer auf den Wortlaut der Vorschrift stützen. Da § 2 Abs. 3 S. 2 NJVollzG keine Beschränkung auf die Tatfolgen für das konkrete Opfer enthält, erscheint auf der Grundlage der Vorschrift insbesondere auch die symbolische Wiedergutmachung möglich.

16.2.1.7 Nordrhein-Westfalen

Die Vorschrift des § 7 StVollzG NRW betrifft ausweislich ihrer Überschrift die opferbezogene Vollzugsgestaltung insgesamt und wurde daher bereits innerhalb der Auslegung der allgemeinen Vorschriften untersucht.[32] Nachfolgend beschränken sich die Ausführungen daher allein auf den für die Wiedergutmachung und den Tatausgleich relevanten Absatz 2 des § 7 StVollzG NRW.

Nach § 7 Abs. 2 S. 1 StVollzG NRW soll die Einsicht der Gefangenen in das Unrecht der Tat und deren Folgen für das Opfer geweckt oder vertieft werden. Insofern ergeben sich Parallelen zu dem soeben betrachteten § 2 Abs. 3 S. 2 NJVollzG. Durch geeignete Behandlungsmaßnahmen sollen die Gefangenen gemäß § 7 Abs. 2 S. 2 StVollzG NRW dazu angehalten werden, Verantwortung für ihre Tat zu übernehmen. Dabei sind die Gefangenen nach § 7 Abs. 2 S. 3 StVollzG NRW zu unterstützen, den verursachten materiellen und immateriellen Schaden auszugleichen.

Durch § 7 Abs. 2 S. 1 StVollzG NRW wird zunächst der Anstalt die Handlungsanweisung erteilt, die Unrechtseinsicht und die Einsicht in die Straftatfolgen für das Opfer zu wecken oder zu vertiefen. Insofern besteht auf Seiten der Anstalt nicht nur die Aufgabe, die Einsicht in Unrecht und Folgen der Tat bei den Gefangenen hervorzurufen, sondern diese vielmehr auch zu vertiefen. Letzteres kann nur so verstanden werden, dass bei einer bereits bestehenden Einsicht in Unrecht

[31] Vgl. zum sogenannten intendierten Ermessen *Maurer/Waldhoff*, Allgemeines Verwaltungsrecht, 20. Aufl. 2020, § 7 Rn. 12.

[32] Zur Wortlautauslegung des § 7 StVollzG NRW bereits oben im Abschnitt 13.2.2.

und Folgen der Tat diese mit Unterstützung der Anstalt weiter aufgearbeitet und somit intensiviert werden soll.

Für diese Überlegung sprechen auch die Sätze 2 und 3 des § 7 Abs. 2 StVollzG NRW. Sofern die Gefangenen durch „geeignete Behandlungsmaßnahmen" zur Übernahme von Verantwortung für ihre Taten gemäß § 7 Abs. 2 S. 2 StVollzG NRW angehalten werden sollen, muss zwischen Unrechtseinsicht und Verantwortungsübernahme ein enger Zusammenhang bestehen. Die Übernahme von Verantwortung kann nur erfolgreich sein, wenn der betreffende Gefangene zuvor das Unrecht seiner Tat und die Folgen für das Opfer erfasst hat. Andernfalls kann nicht von einer Übernahme der Verantwortung gesprochen werden. Weiterhin ist in § 7 Abs. 2 S. 3 StVollzG NRW hinsichtlich des Schadensausgleichs eine Unterstützung durch die Anstalt vorgesehen. Da der Schadensausgleich im Idealfall auf einer Einsicht des Unrechts und der Folgen der Straftat beruht, wird auch der Einsichtsprozess durch die Anstalt zu unterstützen sein.

Ersichtlich kommen im nordrhein-westfälischen Landesrecht die Wiedergutmachung und der Gedanke des Tatausgleichs in zweierlei Hinsicht zum Tragen. Einerseits soll die Bereitschaft zur Verantwortungsübernahme bei den Gefangenen gemäß § 7 Abs. 2 S. 2 StVollzG NRW durch geeignete Behandlungsmaßnahmen gefördert werden. Andererseits „sind" nach § 7 Abs. 2 S. 3 StVollzG NRW die Gefangenen beim Schadensausgleich durch die Anstalt zu unterstützen. Während die Förderung der Verantwortungsübernahme durch die Anstalt in Satz 2 als „Soll-Vorschrift" und damit nur als intendierte Handlungsanweisung normiert ist, besteht hinsichtlich der Unterstützung bei der materiellen und immateriellen Schadenswiedergutmachung nach Satz 3 eine echte Verpflichtung der Anstalt.

Der Schadensausgleich nach § 7 Abs. 2 S. 3 StVollzG NRW beschränkt sich nach seinem Wortlaut nicht allein auf materielle Schäden, sondern umfasst auch immaterielle Schäden. Insofern ist der Wortlaut der Vorschrift sehr weit und berücksichtigt, dass bei Straftatopfern neben Vermögensschäden häufig auch Nichtvermögensschäden von Bedeutung sind.

Weiterhin wird der Schadensausgleich durch den Wortlaut von § 7 Abs. 2 S. 3 StVollzG NRW nicht auf den Tatausgleich gegenüber dem Opfer begrenzt. Da die Verantwortungsübernahme für die Tat nicht allein auf die Folgen für das Straftatopfer beschränkt sein muss, erscheinen in diesem Zusammenhang auch Maßnahmen der wiedergutmachenden Justiz möglich. Dies wird ferner durch die Wortlautauslegung zu den allgemeinen Regelungen gestützt. Bereits die dortige Auslegung hat ergeben, dass im Rahmen der opferbezogenen Gestaltung i. S. d. § 7 StVollzG NRW neben tatsächlichen Straftatopfern auch Dritte berücksichtigt werden können.[33] Insofern steht der Wortlaut des § 7 Abs. 2 StVollzG NRW einer Einbeziehung der wiedergutmachenden Justiz und damit der symbolischen Wiedergutmachung zumindest nicht entgegen.

16.2.2 Vorschriften zum Vollzugs- und Eingliederungsplan

In den meisten Landesgesetzen wurde der Ausgleich von Tatfolgen als Bestandteil des Vollzugs- bzw. Eingliederungsplan normiert. Da sich die Regelungen der Länder Berlin, Brandenburg, Bremen, Rheinland-Pfalz, Saarland und Thüringen auf der einen Seite und Mecklenburg-Vorpommern, Sachsen und Schleswig-Holstein auf der anderen Seite im Wortlaut kaum unterscheiden, werden diese Regelungen in den soeben genannten Gruppen nachfolgend jeweils gemeinsam betrachtet. Weiterhin finden sich in den Ländern Hamburg, Hessen und Nordrhein-Westfalen Regelungen zum Ausgleich von Tatfolgen innerhalb des Vollzugs- bzw. Eingliederungsplans.

16.2.2.1 Berlin, Brandenburg, Bremen, Rheinland-Pfalz, Saarland, Schleswig-Holstein und Thüringen

In den Ländern Berlin, Brandenburg, Bremen, Rheinland-Pfalz, Saarland und Thüringen wurde der Ausgleich von Tatfolgen in einem Maßnahmenkatalog zum Inhalt des Vollzugs- und Eingliederungsplans sowie seiner Fortschreibungen normiert.[34] Hierbei haben sich die genannten Länder an § 9 ME LStVollzG orientiert. Die Regelungen der Länder entsprechen § 9 Abs. 1 ME LStVollzG. Abweichungen ergeben sich lediglich hinsichtlich der Nummerierung innerhalb des Maßnahmenkatalogs.

Nach § 9 Abs. 1 ME LStVollzG und den entsprechenden Regelungen der genannten Länder zählt der „Ausgleich von Tatfolgen" zum Mindestinhalt des Vollzugs- und Eingliederungsplans.[35] Zum Ausdruck kommt dies durch die Formulierung, dass der „Vollzugs- und Eingliederungsplan sowie seine Fortschreibungen [...] insbesondere folgende Angaben [enthalten]" und der Ausgleich von Tatfolgen sodann im Maßnahmenkatalog genannt wird.

---

[33] Hierzu bereits oben im Abschnitt 13.2.3.

[34] § 10 Abs. 1 S. 1 Nr. 19 StVollzG Bln; § 15 Abs. 1 S. 1 Nr. 21 BbgJVollzG; § 9 Abs. 1 S. 1 Nr. 20 BremStVollzG; § 15 Abs. 1 S. 1 Nr. 20 LJVollzG RP; § 9 Abs. 1 S. 1 Nr. 20 SLStVollzG; § 10 Abs. 1 Nr. 2 g LStVollzG SH;§ 15 Abs. 1 S. 1 Nr. 20 ThürJVollzGB.

[35] § 10 Abs. 1 S. 1 Nr. 19 StVollzG Bln; § 15 Abs. 1 S. 1 Nr. 21 BbgJVollzG; § 9 Abs. 1 S. 1 Nr. 20 BremStVollzG; § 15 Abs. 1 S. 1 Nr. 20 LJVollzG RP; § 9 Abs. 1 S. 1 Nr. 20 SLStVollzG; § 10 Abs. 1 Nr. 2 g LStVollzG SH; § 15 Abs. 1 S. 1 Nr. 20 ThürJVollzGB.

Für den Begriff der Tatfolgen kann auf die umfangreichen Ausführungen zu § 2 Abs. 5 JVollzGB III BaWü hinsichtlich des Begriffs der „Tatfolgen" verwiesen werden.[36] Der Begriff „Tatfolgen" ist einer weiten Auslegung zugänglich, weshalb neben den unmittelbar durch die Straftat verursachten Folgen und Schäden auch ohne größeren Begründungsaufwand mittelbare Folgen und Schäden erfasst sind. Aufgrund des weiten Begriffs der Tatfolgen erscheint es möglich, in der Vollzugsplanung eine Vielzahl verschiedener Ausgleichsmaßnahmen und -methoden zu berücksichtigen. Daher ist der Wortlaut der Vorschriften, die den Ausgleich der Tatfolgen als Bestandteil des Vollzugsplans vorsehen, einer Einbeziehung von Methoden der wiedergutmachenden Justiz zugänglich.

Mit Blick auf die Bedeutung der unterschiedlichen Maßnahmen innerhalb des Katalogs enthalten die landesrechtlichen Regelungen im jeweiligen Absatz 2 der entsprechenden Vorschriften eine Gewichtung. Auch diesbezüglich haben sich die genannten Länder an § 9 Abs. 2 S. 1 ME LStVollzG orientiert.[37] Nach dem Wortlaut des § 9 Abs. 2 S. 1 ME LStVollzG sind nur die „Maßnahmen nach Abs. 1 Nr. 5 bis 10, die nach dem Ergebnis des Diagnoseverfahrens als zur Erreichung des Vollzugsziels zwingend erforderlich erachtet werden, [...] als solche zu kennzeichnen und gehen allen anderen Maßnahmen vor". Bei solchen vorrangigen Maßnahmen handelt es sich ausweislich des Gesetzeswortlauts von § 9 Abs. 1 ME LStVollzG beispielsweise um die „Unterbringung in einer sozialtherapeutischen Abteilung und Teilnahme an deren Behandlungsprogrammen" (Nr. 5), die „Teilnahme an Trainingsmaßnahmen zur Verbesserung der sozialen Kompetenz" (Nr. 8) oder „die Teilnahme an schulischen und beruflichen Qualifizierungsmaßnahmen einschließlich Alphabetisierungs- und Deutschkursen (Nr. 9)".

Da der Ausgleich der Tatfolgen in § 9 Abs. 1 Nr. 18 ME LStVollzG geregelt wurde, ist diese Maßnahme keine vorrangige Maßnahme i. S. d. § 9 Abs. 2 S. 2 ME LStVollzG. Weiterhin regelt § 9 Abs. 2 S. 2 ME LStVollzG, dass „[a]ndere Maßnahmen [...] nicht gestattet werden [dürfen], soweit sie die Teilnahme an Maßnahmen nach Satz 1 beeinträchtigen würden". Zu diesen „anderen Maßnahmen" zählt gerade auch der Ausgleich von Tatfolgen. Daher muss vor einer Festschreibung des Ausgleichs von Tatfolgen zunächst geprüft werden, ob diese Maßnahme vorrangige Maßnahmen nach § 9 Abs. 1 Nr. 5 bis 10 ME LStVollzG beeinträchtigen würde. Weiterhin handelt es sich ausweislich des Wortlauts des

---

[36] Hierzu soeben im Abschnitt 16.2.1.1.

[37] § 10 Abs. 2 StVollzG Bln; § 15 Abs. 2 BbgJVollzG; § 9 Abs. 2 BremStVollzG; § 15 Abs. 2 LJVollzG RP; § 9 Abs. 2 SLStVollzG; § 15 Abs. 2 ThürJVollzGB; in § 10 Abs. 2 LStVollzG SH ist eine derartige Gewichtung nicht ersichtlich.

§ 9 Abs. 2 S. 1 ME LStVollzG beim Ausgleich der Tatfolgen nach § 9 Abs. 1 Nr. 18 ME LStVollzG nicht um eine für das Erreichen des Vollzugsziels besonders wichtige Maßnahme. Daher kann der Ausgleich von Tatfolgen nur dann gestattet werden, wenn er besonders wichtige Maßnahmen zum Erreichen des Vollzugsziels nicht beeinträchtigt.

Wenngleich der Ausgleich von Tatfolgen keine vorrangige Maßnahme i. S. d. § 9 Abs. 2 S. 2 ME LStVollzG ist, wurde durch die Normierung dieser Maßnahme als Teil der Vollzugsplanung die erhebliche Bedeutung des Tatausgleichs zum Ausdruck gebracht. Ob dieser Ausgleich alle Folgen der Tat umfasst oder auf den Ausgleich beim konkreten Opfer zugeschnitten ist, lässt sich aus dem Wortlaut des § 9 Abs. 1 Nr. 18 ME LStVollzG und den dieser Regelung nachgebildeten Landesvorschriften nicht ableiten. Insbesondere können Tatfolgen auch Folgen bei Dritten und gesellschaftliche Gesichtspunkte betreffen.

16.2.2.2 Hamburg

Im Gesetz des Landes Hamburg findet sich in § 8 HmbStVollzG unter der Überschrift „Resozialisierungsplan“ ebenfalls eine Regelung zur Vollzugsplanung mit weiteren Vorgaben diesbezüglich. Begrifflich handelt es sich beim Resozialisierungsplan i. S. d. § 8 HmbStVollzG ebenfalls um einen Vollzugs- bzw. Eingliederungsplan. Die Verwendung des Begriffs „Resozialisierungsplan“ deutet dabei auf eine verstärkte Ausrichtung der Vollzugsplanung auf die Eingliederung der Gefangenen in die Gesellschaft hin.

Nach § 8 Abs. 2 S. 1 Nr. 5 HmbStVollzG enthält der Resozialisierungsplan Angaben über „besondere Hilfs- und Behandlungsmaßnahmen“, insbesondere „Schadensausgleich“ und „Maßnahmen des Täter-Opfer-Ausgleichs“. Durch die Unterscheidung zwischen Schadensausgleich und Maßnahmen des Täter-Opfer-Ausgleichs kommt zum Ausdruck, dass diese Maßnahmen sowohl begrifflich als auch inhaltlich nicht deckungsgleich sind. Unter Schadensausgleich könnten zunächst materielle Schäden der Straftat zu subsumieren sein. Demgegenüber deutet die Trennung von Schadensausgleich auf der einen und Täter-Opfer-Ausgleich auf der anderen Seite darauf hin, dass Maßnahmen des Täter-Opfer-Ausgleichs sich gerade nicht in einem Ausgleich von Straftatschäden erschöpfen. Insofern wird eine Einbeziehung immaterieller Schäden und ein nichtmonetärer Ausgleich angedeutet, auch wenn beides dem Wortlaut freilich nicht ausdrücklich zu entnehmen ist.

Für eine solche Auslegung des § 8 Abs. 2 S. 1 Nr. 5 HmbStVollzG spricht auch § 8 Abs. 3 S. 3 HmbStVollzG, wonach die Gefangenen „angehalten werden [sollen], den durch die Straftat verursachten materiellen und immateriellen Schaden wiedergutzumachen“. Da es sich bei § 8 Abs. 3 S. 3 HmbStVollzG um eine „Soll-Vorschrift“ handelt, ist die Regelung als konkreter Handlungsauftrag für die Vollzugsanstalten zu verstehen. Hinsichtlich der Auslegung des Merkmals „angehalten werden“ kann auf die entsprechenden Ausführungen zu § 6 Abs. 2 StVollzG Bln erwiesen werden.[38] „Anhalten“ i. S. d § 8 Abs. 3 S. 3 HmbStVollzG muss auch als aktives Hinwirken auf die Wiedergutmachung der Straftatschäden durch die Gefangenen seitens der Anstalt verstanden werden.

Durch den Wortlaut von § 8 Abs. 2 S. 1 Nr. 5 HmbStVollzG wird zudem die Berücksichtigung von Maßnahmen der wiedergutmachenden Justiz nicht ausgeschlossen. Denn nach dem Wortlaut der Vorschrift handelt es sich bei den ausdrücklich genannten Varianten „Schadensausgleich“ und „Maßnahmen des Täter-Opfer-Ausgleichs“ nur um Beispiele für entsprechende Hilfs- und Behandlungsmaßnahmen. Die Einbeziehung ähnlicher Maßnahmen in den Resozialisierungsplan ist also grundsätzlich möglich. Dementsprechend steht der Wortlaut von § 8 Abs. 2 S. 1 Nr. 5 HmbStVollzG einer Berücksichtigung anderer Methoden der Wiedergutmachung und des Tatausgleichs als durch Schadensausgleich und Täter-Opfer-Ausgleich nicht entgegen.

16.2.2.3 Hessen

Nach § 10 Abs. 4 S. 1 Nr. 9 HStVollzG enthält der Vollzugsplan – je nach Stand des Vollzugs – insbesondere Angaben zu „Maßnahmen zum Ausgleich von Tatfolgen“. Mit Blick auf den Ausgleich von Tatfolgen ergeben sich im Vergleich zu den an § 9 ME LStVollzG orientierten Regelungen der Länder Berlin, Brandenburg, Bremen, Rheinland-Pfalz, Saarland und Thüringen begrifflich keine Abweichungen. Daher kann an dieser Stelle auf die dortigen Ausführungen verwiesen werden.[39]

Eine Gewichtung der in § 10 Abs. 4 S. 1 Nrn. 1 bis 11 HStVollzG genannten Maßnahmen des Vollzugsplans enthält die hessische Regelung im Gegensatz zu den an § 9 ME LStVollzG orientierten Landesregelungen allerdings nicht. Daher kommt dem Ausgleich von Tatfolgen zumindest nach dem Wortlaut der hessischen Regelung im Vergleich zu anderen Maßnahmen innerhalb des Vollzugsplans keine geringere Bedeutung zu.

16.2.2.4 Nordrhein-Westfalen

Im Strafvollzugsgesetz des Landes Nordrhein-Westfalen sieht § 10 Abs. 1 S. 4 vor, dass der Vollzugsplan „regelmäßig“ Angaben zu den in den Nummern 1 bis

[38] Zur Auslegung des Merkmals „angehalten“ i. S. d. § 6 Abs. 2 StVollzG Bln oben im Abschnitt 16.2.1.3.

[39] Hierzu soeben im Abschnitt 16.2.2.1.

20 genannten Maßnahmen enthält. Nach § 10 Abs. 1 S. 4 Nr. 12 StVollzG NRW zählen hierzu Angaben über „opferbezogene Behandlungsmaßnahmen und Maßnahmen zum Ausgleich von Tatfolgen“. Somit kommt durch den Wortlaut der Regelung einerseits zum Ausdruck, dass Angaben zu den in § 10 Abs. 1 S. 4 Nr. 12 StVollzG NRW genannten Maßnahmen die Regel darstellen. Andererseits wird mit den „opferbezogenen Behandlungsmaßnahmen“ die Opferperspektive ausdrücklich in die Vollzugsplanung einbezogen.

Hinsichtlich der opferbezogenen Behandlungsmaßnahmen nimmt § 10 Abs. 1 S. 4 Nr. 12 StVollzG NRW selbst keine weitere Konkretisierung vor, um welche Maßnahmen es sich genau handelt. Festhalten lässt sich immerhin, dass als opferbezogene Maßnahmen wohl solche im Rahmen der Tataufarbeitung in Betracht kommen.[40] Zu denken ist beispielsweise an sogenannte Opferempathietrainings oder andere auf die Übernahme von Tatverantwortung und Unrechtseinsicht ausgerichtete Methoden der wiedergutmachenden Justiz. Auch diese Methoden ohne Beteiligung des direkten Opfers können als opferbezogene Behandlungsmaßnahmen gemäß § 10 Abs. 1 S. 4 Nr. 12 StVollzG NRW eingeordnet werden. Voraussetzung dürfte nach dem Wortlaut des § 10 Abs. 1 S. 4 Nr. 12 StVollzG NRW jedoch sein, dass durch die Maßnahme ein Bezug zum konkreten Straftatopfer und dessen Viktimisierung hergestellt wird.

Vom Begriff „opferbezogene Behandlungsmaßnahmen“ ist demgegenüber der Täter-Opfer-Ausgleich nicht umfasst. Der Täter-Opfer-Ausgleich lässt sich eher unter den Begriff des „Ausgleichs von Tatfolgen“ subsumieren. Allerdings kann auch der Täter-Opfer-Ausgleich Elemente der Behandlung enthalten. Zu denken ist insbesondere an die Tataufarbeitung unter Einbeziehung der Opferperspektive als Vorbereitung auf den Täter-Opfer-Ausgleich. Daher erscheint eine strikte Trennung von opferbezogenen Behandlungsmaßnahmen und Maßnahmen zum Ausgleich von Tatfolgen bereits mit Blick auf den im Strafrecht etablierten Täter-Opfer-Ausgleich problematisch.

Mit Blick auf den Ausgleich von Tatfolgen erscheint nach dem Wortlaut der Regelung möglich, neben dem klassischen Täter-Opfer-Ausgleich auch Conferencing-Verfahren oder andere Ausgleichsmodelle zwischen dem Gefangenen und dem Opfer im Vollzugsplan zu berücksichtigen. Insofern kann auf die bisherigen Überlegungen zum Begriff „Ausgleich von Tatfolgen“ verwiesen werden.[41]

Weiterhin steht der Wortlaut des § 10 Abs. 1 S. 4 Nr. 12 StVollzG NRW jedenfalls in der Variante des Ausgleichs von Tatfolgen auch einer Einbeziehung von

---

[40] Zum Begriff der Restorative Justice i. w. S. oben im Abschnitt 7.2.1.2.3.

[41] Hierzu soeben oben im Abschnitt 16.2.2.1.

Maßnahmen der wiedergutmachenden Justiz nicht entgegen. Insofern erscheint deren Einbeziehung zumindest nach dem Wortlaut der Regelung grundsätzlich möglich.

In § 10 Abs. 1 S. 4 Nr. 13 StVollzG NRW wurden als opferbezogene Maßnahmen weiterhin solche „zur Sicherung berechtigter Schutzinteressen von Opfern und gefährdeten Dritten“ normiert. Da diese Maßnahmen bereits ihrem Wortlaut nach den Schutz von Opfern und gefährdeten Dritten betreffen und somit insgesamt die opferbezogene Vollzugsgestaltung i. S. d. § 7 StVollzG NRW, wurden diese Maßnahmen bereits innerhalb der Auslegung zu den allgemeinen Vorschriften untersucht.[42]

16.2.2.5 Mecklenburg-Vorpommern und Sachsen

Weitergehend als die an § 9 ME LStVollzG orientierten Länder Berlin, Brandenburg, Bremen, Rheinland-Pfalz, Saarland und Thüringen sind die Gesetze aus Mecklenburg-Vorpommern, Sachsen und Schleswig-Holstein. In den letztgenannten Ländern wird neben dem Ausgleich der Tatfolgen noch ausdrücklich der Täter-Opfer-Ausgleich erwähnt. Nach den Vorschriften von Mecklenburg-Vorpommern und Sachsen enthalten der Vollzugs- und Eingliederungsplan und seine Fortschreibungen insbesondere Angaben zum „Ausgleich von Tatfolgen einschließlich Täter-Opfer-Ausgleich“.[43]

Die ausdrückliche Nennung des Täter-Opfer-Ausgleichs als Beispiel für den „Ausgleich von Tatfolgen“ deutet darauf hin, dass den Folgen für das konkrete Straftatopfer in Mecklenburg-Vorpommern und Sachsen besondere Bedeutung zukommt. Hierfür spricht bereits, dass Maßnahmen zum Ausgleich der Tatfolgen „einschließlich“[44] den Täter-Opfer-Ausgleich betreffen. Auf diese Weise wird der Täter-Opfer-Ausgleich und somit die Einbeziehung des konkreten Opfers und seiner Belange in den Vollzugsplan hervorgehoben.

Allerdings erscheinen daneben auch andere Formen des Ausgleichs der Tatfolgen möglich. Dies betrifft zum einen andere Ausgleichsmethoden gegenüber dem konkreten Opfer als den Täter-Opfer-Ausgleich. Zum anderen eröffnet der Wortlaut der Regelungen die Möglichkeit, Tatfolgen bei anderen Personen auszugleichen. Diesbezüglich könnten namentlich die Familien der Gefangenen oder Dritte in Betracht kommen.[45]

---

[42] Hierzu oben im Abschnitt 13.1.

[43] § 9 Abs. 1 S. 1 Nr. 20 StVollzG MV; § 9 Abs. 1 S. 1 Nr. 20 SächsStVollzG.

[44] § 9 Abs. 1 S. 1 Nr. 20 StVollzG MV; § 9 Abs. 1 S. 1 Nr. 20 SächsStVollzG.

[45] Zur Schadenswiedergutmachung nach Art. 5a BayStVollzG bereits oben im Abschnitt 16.2.1.2.

Die Vorschriften zum Inhalt des Vollzugs- bzw. Eingliederungsplans der Länder Mecklenburg-Vorpommern und Sachsen enthalten ebenso wie § 9 Abs. 2 ME LStVollzG eine Gewichtung der Maßnahmen des Plans.[46] Da sich hinsichtlich der Einordnung des Ausgleichs von Tatfolgen als nicht vorrangige Maßnahme keine Abweichungen ergeben, kann diesbezüglich auf die Ausführungen zu den Ländern Berlin, Brandenburg, Bremen, Rheinland-Pfalz, Saarland und Thüringen verwiesen werden, die sich ebenfalls an der Regelung des § 9 Abs. 2 ME LStVollzG orientiert haben.[47]

16.2.3 Vorschriften zur (sozialen) Hilfe im Vollzug

16.2.3.1 Vorüberlegungen

In den meisten Landesgesetzen finden sich innerhalb der Regelungen zur (sozialen) Hilfe im Vollzug weitere Anknüpfungspunkte für die Wiedergutmachung und den Tatausgleich. Lediglich in den Gesetzen der Länder Bayern und Nordrhein-Westfalen finden sich in den Vorschriften zur Hilfe im Vollzug keine derartigen Bezugspunkte.[48] Das Gesetz von Hamburg enthält keine gesonderte Vorschrift zur Hilfe im Vollzug.

Der Betrachtung der Vorschriften zur (sozialen) Hilfe ist vorauszuschicken, dass in einigen Ländern die nachfolgend relevanten Regelungen mit der Überschrift „soziale Hilfe" im Vollzug versehen wurden[49], wohingegen andere Länder die jeweilige Vorschrift nur mit „Hilfe" während des Vollzugs[50] überschrieben haben. In der Sache ergibt sich hieraus aber kein inhaltlicher Unterschied zwischen den Regelungen.

Eine Besonderheit weist noch das Gesetz von Schleswig-Holstein auf. Dort werden die Wiedergutmachung und der Ausgleich von Tatfolgen nicht in § 20 LStVollzG SH, der allgemeinen Vorschrift zur sozialen Hilfe im Vollzug, geregelt. Vielmehr weist dieses Landesgesetz mit § 21 LStVollzG SH eine spezielle Vorschrift zum Ausgleich von Tatfolgen auf.

In den Landesgesetzen von Baden-Württemberg, Berlin, Brandenburg, Bremen, Hessen, Niedersachsen und Sachsen enthalten die Regelungen zur (sozialen) Hilfe im Vollzug bereits im Wortlaut Anknüpfungspunkte für die Einbeziehung

---

[46] Vgl. § 9 Abs. 2 StVollzG MV; § 9 Abs. 2 SächsStVollzG.

[47] Soeben im Abschnitt 16.2.2.1.

[48] Vgl. Art. 78 BayStVollzG; § 4 StVollzG NRW.

[49] Bremen, Sachsen, Schleswig-Holstein, in Hessen „[s]oziale und psychologische Hilfe".

[50] Baden-Württemberg, Niedersachsen.

der Wiedergutmachung und des Tatausgleichs.[51] Gleiches gilt für das Gesetz des Landes Schleswig-Holstein und den dortigen § 21 LStVollzG SH. Ein ausdrücklicher Opferbezug findet sich allerdings lediglich in den Gesetzen der Länder Niedersachsen, Sachsen und Schleswig-Holstein.[52]

16.2.3.2 Baden-Württemberg

Bereits § 73 StVollzG Bund enthielt die Vorgabe, dass der Gefangene in dem Bemühen unterstützt wird, seine Rechte und Pflichten wahrzunehmen. Als Beispiel wurde die Regelung des durch die Straftaten entstandenen Schadens genannt, § 73 StVollzG Bund a. E.

Eine nahezu gleichlautende Regelung wie in § 73 a. E. StVollzG Bund findet sich nun in § 41 Abs. 2 S. 2 JVollzGB III BaWü. Nach dieser Vorschrift ist den Gefangenen „zu helfen, für Unterhaltsberechtigte zu sorgen, Schulden zu regulieren und den durch die Straftat verursachten Schaden zu regeln".

Die Regelung des JVollzGB III BaWü enthält also weder den Begriff der Wiedergutmachung noch den des Opfers ausdrücklich. Allerdings kann unter der Regelung des durch die Straftat verursachten Schadens zumindest ein Ausgleich des materiellen Schadens verstanden werden. „Regeln" kann in diesem Zusammenhang gerade auch so verstanden werden, dass ein vollständiger materieller Ausgleich des Schadens zwar wünschenswert, jedoch nicht zwingend ist. Insofern sind die Gefangenen dabei zu unterstützen, den Schaden bestmöglich auszugleichen. Der Begriff des Schadens und im Zusammenhang mit dem Merkmal „regeln" deutet zwar darauf hin, dass vor allem der materielle Schaden erfasst sein soll. Allerdings ist der Wortlaut einer Auslegung zugänglich, bei der von § 41 Abs. 2 S. 2 JVollzGB III BaWü neben dem materiellen auch der immaterielle Schaden erfasst wird. Für eine derartige Auslegung spricht auch die Benennung der Schuldenregulierung in der gleichen Vorschrift. Immaterielle Straftatschäden können gerade auch zu den Schulden des bzw. der Gefangenen gezählt werden, da dem Opfer jedenfalls deliktsrechtliche Ausgleichsansprüche zustehen können. Daher kann der Begriff „Schaden" i. S. d. § 41 Abs. 2 S. 2 JVollzGB sehr wohl auch immaterielle Straftatschäden umfassen.

---

[51] Vgl. § 41 Abs. 2 S. 2 JVollzGB III BaWü; § 5 Abs. 2 BremStVollzG; § 26 Abs. 1 S. 2 HStVollzG; § 69 Abs. 2 S. 2 und 3 NJVollzG; § 5 Abs. 2 SächsStVollzG.

[52] § 69 Abs. 2 S. 3 NJVollzG; § 5 Abs. 2 S. 2 SächsStVollzG; § 21 Abs. 1 LStVollzG SH.

16.2.3.3 Berlin, Brandenburg, Bremen, Rheinland-Pfalz, Saarland, Sachsen, Sachsen-Anhalt und Thüringen

Die Gesetze der Länder Berlin, Brandenburg, Bremen, Rheinland-Pfalz, Saarland, Sachsen, Sachsen-Anhalt und Thüringen haben sich hinsichtlich der Einbeziehung der Schadenswiedergutmachung am Wortlaut von § 5 Abs. 2 ME LStVollzG orientiert.[53] Danach sollen die Gefangenen „angehalten werden, den durch die Straftat verursachten materiellen und immateriellen Schaden wieder gut zu machen".

Mit Ausnahme des Berliner Strafvollzugsgesetzes wurde in allen oben genannten Landesgesetzen die Schadenswiedergutmachung in der Vorschrift zur sozialen Hilfe geregelt. Demgegenüber findet sich die Formulierung des § 5 Abs. 2 ME LStVollzG in § 6 Abs. 3 StVollzG Bln und somit in der allgemeinen Vorschrift zur „verletztenbezogenen Vollzugsgestaltung". Daher wurde § 6 Abs. 3 StVollzG Bln auch bereits bei der grammatischen Auslegung der allgemeinen Vorschriften vertieft untersucht.[54]

In den Gesetzen der Länder Berlin, Bremen und Thüringen wurde der Wortlaut des § 5 Abs. 2 ME LStVollzG ohne Ergänzungen übernommen.[55] In Brandenburg, Rheinland-Pfalz, Saarland, Sachsen und Sachsen-Anhalt wurde zusätzlich noch die Herbeiführung der Schuldenregulierung aufgenommen.[56] Da der jeweilige Wortlaut von § 5 Abs. 2 ME LStVollzG und von § 6 Abs. 3 StVollzG Bln identisch ist, kann hinsichtlich der Auslegung der Merkmale der landesrechtlichen Regelungen auf die Ausführungen zu § 6 Abs. 3 StVollzG Bln verwiesen werden.[57]

Festzuhalten bleibt daher auch für die Regelungen in den oben genannten Ländern, dass vom Wortlaut gerade auch Nichtvermögensschäden als Folge von

---

[53] § 6 Abs. 3 StVollzG Bln; § 11 Abs. 2 BbgJVollzG; § 5 Abs. 2 BremStVollzG; § 11 Abs. 2 LJVollzG RP; § 5 Abs. 2 SLStVollzG; § 5 Abs. 2 SächsStVollzG; § 11 Abs. 2 JVollzGB I LSA; § 11 Abs. 2 ThürJVollzGB.

[54] Hierzu oben im Abschnitt 16.2.1.3 und zuvor im Abschnitt 13.2.2.

[55] § 6 Abs. 3 StVollzG Bln; § 5 Abs. 2 BremStVollzG; § 11 Abs. 2 ThürJVollzGB, mit der Abweichung, dass das Gesetz aus Thüringen auch den Vollzug der Jugendstrafe regelt; zur Förderung Tateinsicht, Verantwortungsübernahme und Einsicht in die Opferfolgen sowie zur Schadenswiedergutmachung siehe im Abschnitt 13.2.4.2 sowie im Abschnitt 13.5.4.2.

[56] § 11 Abs. 2 BbgJVollzG; § 11 Abs. 2 LJVollzG RP; § 5 Abs. 2 SächsStVollzG; § 5 Abs. 2 SLStVollzG; § 11 Abs. 2 JVollzGB I LSA; anzumerken ist noch, dass in den Vollzugsgesetzen der Länder Brandenburg, Rheinland-Pfalz und Sachsen-Anhalt neben dem Erwachsenenstrafvollzug u. a. auch der Vollzug der Jugendstrafe geregelt wurde (vgl. jeweils § 1 Abs. 1) und daher neben den Strafgefangenen auch die Jugendstrafgefangenen zur Schadenswidergutmachung angehalten werden sollen.

[57] Mit Blick auf § 6 Abs. 3 StVollzG Bln bereits oben im Abschnitt 16.2.1.3.

Straftaten umfasst sind. Weiterhin ergibt sich aus dem Wortlaut keine Beschränkung auf die Schäden beim direkten Opfer, sodass die Regelungen auch die wiedergutmachende Justiz betreffen und nicht allein den Tatausgleich gegenüber dem konkreten Opfer. Das Merkmal „angehalten werden" ist als konkrete Handlungsanweisung an die Anstalt dergestalt zu verstehen, dass auf die Schadenswiedergutmachung aktiv hingewirkt werden soll. Eine Förderungspflicht lässt sich dem Wortlaut jedoch nicht entnehmen. Vielmehr folgt aus der Gestaltung als „Soll"-Vorschrift, dass das Anhalten der Gefangenen zur Schadenswiedergutmachung den Regelfall beschreibt und die Anstalt hiervon nur in begründeten Ausnahmefällen abweichen kann.[58]

Im Gesetz des Landes Sachsen wurde der Wortlaut des § 5 Abs. 2 ME LStVollzG ebenfalls übernommen und darüber hinaus um einen zweiten Satz ergänzt. Nach § 5 Abs. 2 S. 2 SächsStVollzG soll „[d]ie Einsicht der Gefangenen in ihre Verantwortung für die Tat, insbesondere für die beim Opfer verursachten Tatfolgen, (…) geweckt werden". Diese Formulierung entspricht im Wesentlichen dem Wortlaut des § 2 Abs. 5 JVollzGB III BaWü, weshalb insoweit auf die Auslegungsergebnisse zu dieser Vorschrift verwiesen werden kann.[59]

16.2.3.4 Hessen

Im Hessischen Strafvollzugsgesetz findet sich eine mit § 73 a. E. StVollzG Bund und § 41 Abs. 2 S. 2 JVollzGB III BaWü vergleichbare Regelung. Nach § 26 Abs. 1 S. 1 HStVollzG sind „[d]ie Beratungs-, Betreuungs- und Behandlungsmaßnahmen der Anstalt (…) darauf auszurichten, Persönlichkeitsdefizite der Gefangenen, die ursächlich für die Straffälligkeit sind, abzubauen sowie sie zu befähigen, ihre persönlichen, sozialen und wirtschaftlichen Schwierigkeiten eigenständig zu bewältigen und ihre Entlassung vorzubereiten". Gemäß § 26 Abs. 1 S. 2 HStVollzG „gehört [dazu] auch, den durch die Straftat verursachten Schaden wieder gut zu machen (…)".

Durch § 26 Abs. 1 S. 2 HStVollzG wird die Schadenswiedergutmachung ausdrücklich als Bestandteil der sozialen Hilfe benannt und mit der Befähigung der Gefangenen in Bezug gesetzt, ihre persönlichen, sozialen und wirtschaftlichen Schwierigkeiten eigenständig zu bewältigen und ihre Entlassung vorzubereiten.

---

[58] Ausführlich mit Blick auf § 6 Abs. 3 StVollzG Bln bereits oben im Abschnitt 16.2.1.3.

[59] Zur grammatischen Auslegung von § 2 Abs. 5 JVollzGB III BaWü soeben im Abschnitt 16.2.1.1.

Da diese Befähigung letztlich das Vollzugsziel widerspiegelt[60], wird die Wiedergutmachung des durch die Straftat verursachten Schadens bereits durch den Wortlaut der Regelung als Teil des Resozialisierungsprozesses angesehen.

Zwar findet sich im Wortlaut des § 26 Abs. 2 S. 2 HStVollzG allein der Begriff „Schaden" und keine weitere Ausdifferenzierung in materielle und immaterielle Straftatschäden. Allerdings schließt der Wortlaut eine Einbeziehung von immateriellen Schäden nicht aus. Daher ist § 26 Abs. 1 S. 2 HStVollzG ebenso wie bereits § 41 Abs. 2 S. 2 JVollzGB III BaWü einer weiten Auslegung und somit der Einbeziehung von immateriellen Schäden zugänglich. Im Übrigen kann auf die Auslegungsergebnisse zu § 41 Abs. 2 S. 2 JVollzGB III BaWü verwiesen werden.[61]

16.2.3.5 Mecklenburg-Vorpommern

Für § 5 StVollzG MV besteht bereits mit Blick auf die Überschrift der Vorschrift eine Besonderheit im Vergleich zu den übrigen Regelungen zur (sozialen) Hilfe, da § 5 StVollzG MV mit „Soziale Hilfe und Wiedergutmachung" überschrieben ist. Mithin wurde die Wiedergutmachung bereits in der Überschrift ausdrücklich benannt und nicht allein als Teil der „sozialen Hilfe" eingeordnet.

Nach § 5 S. 2 StVollzG MV „sollen [die Gefangenen] dazu angeregt und in die Lage versetzt werden, ihre Angelegenheiten selbst zu regeln, insbesondere Schulden zu regulieren und den durch die Straftat verursachten materiellen und immateriellen Schaden wieder gutzumachen". Die Regelung aus Mecklenburg-Vorpommern unterscheidet sich daher in zweierlei Hinsicht von der Formulierung des § 5 Abs. 2 ME LStVollzG. Zum einen sollen die Gefangenen nach § 5 S. 2 StVollzG MV zur Wiedergutmachung „angeregt" werden, wohingegen in § 5 Abs. 2 ME LStVollzG das Wort „angehalten" verwendet wird. Zum anderen sollen die Gefangenen „in die Lage versetzt werden", ihre Angelegenheiten selbst zu regeln, wobei zu diesen Angelegenheiten ausdrücklich auch die Schadenswiedergutmachung gezählt wird. Da die weiteren Merkmale des § 5 S. 2 StVollzG MV jenen des § 5 Abs. 2 ME LStVollzG gleichen, kann im Übrigen auf die Auslegung der an § 5 Abs. 2 ME LStVollzG orientierten Vorschriften verwiesen werden.[62] Nachfolgend soll daher nur auf die Unterschiede näher eingegangen werden.

---

[60] Vgl. z. B. § 2 Abs. 1 HStVollzG: „Im Vollzug der Freiheitsstrafe sollen die Gefangenen fähig werden, künftig in sozialer Verantwortung ein Leben ohne Straftaten zu führen (Vollzugsziel Resozialisierung)"; ausführlich zur Resozialisierung bereits in den strafvollzugsrechtlichen Grundlangen oben im Abschnitt 5.1.1.

[61] Zu § 2 Abs. 5 JVollzGB III BaWü soeben im Abschnitt 16.2.1.1.

[62] Zu § 6 Abs. 3 StVollzG Bln soeben im Abschnitt 16.2.1.3 und im Abschnitt 16.2.3.3.

„Anregen“ i. S. d. § 5 S. 2 StVollzG MV kann als eine Empfehlung der Wiedergutmachung der Anstalt gegenüber dem Gefangenen verstanden werden. Insofern sind seitens der Anstalt Impulse zu setzen, die auf eine Schadenswiedergutmachung durch die Gefangenen hinwirken. Eine Förderungspflicht der Anstalt für die Schadenswiedergutmachung ergibt sich aus § 5 S. 2 StVollzG MV jedoch nicht. Insofern ergeben sich zwischen den Begriffen „anregen“ und „anhalten“ keine graduellen Unterschiede. Daher ist auch das Merkmal „anregen“ i. S. d. § 5 S. 2 StVollzG MV als konkrete Handlungsanweisung an die Anstalt zu verstehen, dass auf die Schadenswiedergutmachung aktiv hingewirkt werden soll.[63]

Mit Blick auf den zweiten Unterschied zwischen der Regelung in Mecklenburg-Vorpommern und § 5 Abs. 2 ME LStVollzG gilt Folgendes. Zwar wird in § 5 S. 2 StVollzG MV die Anregung der Gefangenen zur Wiedergutmachung der Straftatschäden ausdrücklich damit in Bezug gesetzt, dass die Gefangenen „in die Lage versetzt werden“ sollen, ihre Angelegenheiten selbst zu regeln. Aus dem Wortlaut ergibt sich daher, dass die Anstalt neben der Motivation der Gefangenen zum Schadensausgleich ebenso entsprechende Vorkehrungen treffen soll, die eine Umsetzung der Schadenswiedergutmachung ermöglichen. Diesbezüglich ist jedoch zu beachten, dass nach § 5 Abs. 1 ME LStVollzG die Gefangenen ebenfalls „dazu angeregt und in die Lage versetzt werden [sollen], ihre Angelegenheiten selbst zu regeln, insbesondere eine Schuldenregulierung herbeizuführen“. Der ME LStVollzG bezieht sich dann erst in Absatz 2 des § 5 ME LStVollzG auf die Schadenswiedergutmachung. Allerdings kann durch die Formulierung „insbesondere eine Schuldenregulierung herbeizuführen“ geschlossen werden, dass zu den „Angelegenheiten“ der Gefangenen neben der Schuldenregulierung auch die Schadenswiedergutmachung gezählt werden kann. Daher kann für den Vergleich zwischen § 5 ME LStVollzG und § 5 StVollzG MV zunächst festgehalten werden, dass nach beiden Vorschriften die Gefangenen in die Lage versetzt werden sollen, ihre Angelegenheiten selbst zu regeln. Sofern durch § 5 S. 2 StVollzG MV die Schadenswiedergutmachung ausdrücklich als „Angelegenheit“ der Gefangenen benannt wird, kommt die bereits in der Überschrift des § 5 StVollzG MV ersichtliche besondere Gewichtung der Wiedergutmachung erneut zum Ausdruck.

Die Vorgaben, dass die Gefangenen „in die Lage versetzt werden sollen“, muss als Befähigung der Gefangenen zur Regelung ihrer eigenen Angelegenheiten verstanden werden. Daher folgt hieraus ein Handlungsauftrag für die

[63] Zum Merkmal „angehalten“ bereits im Rahmen der Auslegung von § 6 Abs. 3 StVollzG Bln oben Abschnitt 16.2.1.3.

Anstalt, welcher in § 5 S. 2 StVollzG MV durch die ausdrückliche Nennung von Schuldenregulierung und Schadenswiedergutmachung präzisiert wird. Durch die Ausgestaltung des § 5 S. 2 StVollzG MV als „Soll"-Vorschrift hat die Anstalt die Gefangenen bei der Regelung ihrer Angelegenheiten – und daher insbesondere auch der Schadenswiedergutmachung – zu unterstützen und kann hiervon nur in begründeten Ausnahmefällen abweichen.[64] Hieraus folgt wiederum, dass zwar auch für die Befähigung der Gefangenen keine Förderungspflicht, wohl aber eine gesetzgeberische Handlungsvorgabe besteht.

16.2.3.6 Niedersachsen

Nach § 69 Abs. 2 S. 1 NJVollzG werden die Gefangenen insbesondere in dem Bemühen unterstützt, ihre Rechte und Pflichten wahrzunehmen. Dies gilt nach Satz 2 ebenso „für den Ausgleich eines durch ihre oder seine Straftat verursachten Schadens". Nach Satz 3 sollen „[i]n geeigneten Fällen (…) der oder dem Gefangenen zur Durchführung von Maßnahmen zur Wiedergutmachung der Folgen ihrer oder seiner Straftat, insbesondere eines Täter-Opfer-Ausgleichs, Stellen und Einrichtungen außerhalb des Justizvollzuges benannt werden".

In § 69 Abs. 2 NJVollzG wird der Täter-Opfer-Ausgleich (Satz 3) somit im Zusammenhang mit der Unterstützung der Gefangenen bei der Wahrnehmung ihrer Rechte und Pflichten (Satz 1) und dem Ausgleich des durch die Straftat entstandenen Schadens (Satz 2) genannt. Hinsichtlich des Merkmals des „durch ihre oder seine Straftat verursachten Schadens" in Satz 2 dürften sich in der Wortlautauslegung keine Unterschiede zu den allgemeinen Vorschriften[65] ergeben. Mit Blick auf das Merkmal der „geeigneten Fälle" in Satz 3 kann zunächst auf die bisherigen Überlegungen zur Auslegung von Art. 5a BayStVollzG verwiesen werden.[66] Eine nähere Untersuchung der Voraussetzungen einer Einordnung von Fällen als „geeignet" für einen Täter-Opfer-Ausgleich wird in dem Abschnitt zur teleologischen Auslegung erfolgen.

Bemerkenswert ist mit Blick auf § 69 Abs. 2 NJVollzG jedoch, dass die Unterstützung der Gefangenen bei dem Bemühen, ihre Rechte und Pflichten wahrzunehmen, nach dem Wortlaut von Satz 1 („wird") als eine Pflicht der Anstalt ausgestaltet ist. Demgegenüber ist die Benennung von Stellen und Einrichtungen

---

[64] Siehe zum sogenannten intendierten Ermessen *Maurer/Waldhoff*, Allgemeines Verwaltungsrecht, 20. Aufl. 2020, § 7 Rn. 12.

[65] Gemeint sind hier die Regelungen der Länder, die oben im Abschnitt 16.2.1 untersucht wurden.

[66] Siehe bereits mit Blick auf Art. 5a BayStVollzG oben im Abschnitt 16.2.1.2; ausführlich zur Einordnung von Fällen als „geeignet" siehe sogleich im Abschnitt 16.5.1.2.

zur Durchführung eines Täter-Opfer-Ausgleichs in Satz 3 lediglich als „Soll-Vorschrift" formuliert und somit als Handlungsauftrag an die Anstalt ausgestaltet worden. Dies erscheint insofern problematisch, als die Pflicht der Anstalt hinsichtlich einer Unterstützung der Gefangenen bei dem Schadensausgleich nach Satz 2 sich insbesondere auch auf die Unterstützung bei der Kontaktaufnahme mit Stellen und Einrichtungen für einen Täter-Opfer-Ausgleich erstrecken dürfte.

16.2.3.7 Schleswig-Holstein

Hinsichtlich der Regelungen zur Hilfe im Vollzug mit direktem Opferbezug weist § 21 LStVollzG SH insofern eine Besonderheit auf, als sich die gesamte Vorschrift auf den Ausgleich von Tatfolgen bezieht und das Straftatopfer hierbei mehrmals ausdrücklich Erwähnung findet. Daneben enthält das Gesetz in § 22 LStVollzG SH noch die Vorgabe, dass „[d]ie Anstalt [...] Angebote zur Beratung der Gefangenen bei der Regulierung ihrer Schulden und zur Erfüllung ihrer wirtschaftlichen Verpflichtungen [...] vor[hält], um die Gefangenen in die Lage zu versetzen, [...] den durch ihre Taten verursachten Schaden auszugleichen". Allerdings betrifft diese Regelung allein eine Verpflichtung der Anstalt, die Gefangenen bei der Schuldenregulierung im Allgemeinen zu unterstützen. Dabei wird der Ausgleich des durch die Tat verursachten Schadens in den Blick genommen, wovon auch der Schaden beim konkreten Opfer umfasst sein muss.

Da das Gesetz aber mit § 21 LStVollzG SH eine spezielle Vorschrift zum Tatausgleich gegenüber dem Opfer beinhaltet, soll nachfolgend der Schwerpunkt der Betrachtung auf diese Regelung gelegt werden. Die Vorschrift des § 21 LStVollzG SH besteht aus drei Absätzen, welche für die Wortlautauslegung nachfolgend einzeln untersucht werden.

Nach § 21 Abs. 1 S. 1 LStVollzG SH sind „[t]atfolgenausgleichende Maßnahmen im Justizvollzug, insbesondere der Täter-Opfer-Ausgleich, [...] ein Angebot an Verletzte und Gefangene sowie deren Angehörige, die Straftat und ihre Folgen zu bearbeiten mit dem Ziel, eine dauerhafte Konfliktlösung zu erreichen". Gemäß § 21 Abs. 1 S. 2 LStVollzG SH „[weist] [d]ie Anstalt [...] die Gefangenen auf tatfolgenausgleichende Angebote hin und stellt die Vermittlung an die Mediationsstellen sicher". In den Sätzen 3 und 4 des § 21 Abs. 1 findet sich schließlich die Notwendigkeit der Zustimmung zur Teilnahme aller Beteiligten (Satz 3) und die Möglichkeit des jederzeitigen Widerrufs dieser Zustimmung (Satz 4).

Der Regelung des § 21 Abs. 1 S. 1 LStVollzG SH ist mithin zu entnehmen, dass tatausgleichende Maßnahmen als ein Angebot für eine dauerhafte Konfliktlösung zwischen den Beteiligten zu verstehen sind. Die Vorschrift enthält daher gerade keine Verpflichtung der Gefangenen zur Teilnahme an Maßnahmen der Konfliktlösung.

Beteiligte an derartigen Maßnahmen sind nach dem Wortlaut von § 21 Abs. 1 S. 1 LStVollzG SH zunächst Verletzte und Gefangene. Als weitere mögliche Beteiligte werden Angehörige genannt. Insofern wird bereits im Wortlaut deutlich, dass neben den Verletzten und den Gefangenen auch Angehörige an tatausgleichenden Verfahren beteiligt werden können. Dadurch ergeben sich Anknüpfungspunkte für das Conferencing-Modell, welches gerade auch Angehörige von Gefangenen und Opfern als indirekt Betroffene in die Konfliktlösung einbezieht.[67] Für die Frage, wer Angehöriger ist, kann immerhin bereits auf die bisherigen Auslegungsergebnisse und nicht zuletzt auf § 11 Abs. 1 Nr. 1 StGB zurückgegriffen werden.[68]

Der Begriff der tatfolgenausgleichenden Maßnahmen in § 21 Abs. 1 S. 1 LStVollzG SH ist sehr weit gefasst. Eine Beschränkung auf bestimmte Maßnahmen ist dem Wortlaut der Vorschrift daher nicht zu entnehmen. Im Kern wird bei Maßnahmen, welche die Folgen der Tat ausgleichen sollen, zunächst an Maßnahmen zur Beseitigung von Folgen für das konkrete Opfer zu denken sein. Hierfür spricht auch, dass der Täter-Opfer-Ausgleich in § 21 Abs. 1 S. 1 LStVollzG SH als einziges Beispiel für tatausgleichende Maßnahmen ausdrücklich genannt und seine Relevanz durch die Verwendung des Wortes „insbesondere" betont wird. Allerdings steht der Wortlaut von § 21 Abs. 1 S. 1 LStVollzG SH einer Einbeziehung anderer Maßnahmen der Restorative Justice i. e. S.[69] nicht entgegen. Insbesondere mit Blick auf die vom Gesetz ausdrücklich vorgesehene Einbeziehung von Angehörigen erscheinen in Schleswig-Holstein gerade auch das Conferencing-Modell oder andere Ausgleichsmethoden möglich. Aber selbst einer Berücksichtigung von Verfahren der wiedergutmachenden Justiz steht der Wortlaut der Vorschrift nicht entgegen, da als Ziel der tatfolgenausgleichenden Maßnahmen vom Gesetzgeber in § 21 Abs. 1 S. 1 LStVollzG SH eine „dauerhafte Konfliktlösung" festgelegt wurde. Zu einer solchen dauerhaften Konfliktlösung kann auch ein Tatfolgenausgleich des bzw. der Gefangenen gegenüber Dritten und gegebenenfalls sogar gegenüber der Gesellschaft beitragen.

Weiterhin regelt § 21 Abs. 1 LStVollzG SH in den Sätzen 3 und 4 ausdrücklich die Freiwilligkeit aller Beteiligten hinsichtlich der Teilnahme an den tatfolgenausgleichenden Maßnahmen und den jederzeit möglichen Widerruf einer einmal erteilten Zustimmung. Insofern wurde das Prinzip der Freiwilligkeit

---

[67] Zum Conferencing-Modell oben in den kriminologischen Grundlagen im Abschnitt 7.2.1.4.2.2.

[68] Zum Begriff der Angehörigen bereits oben im Abschnitt 13.5.3.

[69] Zum Begriff der Restorative i. e. S. oben in den kriminologischen Grundlagen im Abschnitt 7.2.1.2.3.

des Restorative-Justice-Konzepts in Schleswig-Holstein also ausdrücklich in den Wortlaut des Gesetzes aufgenommen. Bereits aus § 21 Abs. 1 S. 1 LStVollzG SH ergibt sich, dass tatfolgenausgleichende Maßnahmen im Justizvollzug als „Angebot" zum Erreichen einer „dauerhaften Konfliktlösung" zu verstehen sind. Auch diese Formulierung deutet auf die besondere Betonung der Freiwilligkeit im Rahmen dieser Ausgleichsmaßnahmen hin.

Aus dem Wortlaut des § 21 Abs. 1 S. 2 LStVollzG SH lässt sich ferner ein Handlungsauftrag für die Justizanstalt ableiten. Danach sind die Gefangenen auf entsprechende Ausgleichsangebote hinzuweisen und die Vermittlung an Mediationsstellen ist sicherzustellen. Der Anstalt kommt diesbezüglich kein Ermessen zu, vielmehr lässt sich bereits aus dem Wortlaut („weist ... hin", „stellt ... sicher") eine Hinweis- und Vermittlungspflicht ableiten. Der Begriff der Mediationsstelle schließt andere Maßnahmen der Restorative Justice i. e. S.[70] als den Täter-Opfer-Ausgleich nicht aus. Die Mediation wird als strukturiertes Verfahren zur außergerichtlichen Konfliktlösung verstanden[71] und muss daher nicht zwingend als Täter-Opfer-Ausgleich durchgeführt werden. Weiterhin kommt als Gegenstand der aussöhnenden Vermittlung und unparteiischen Beratung neben zwischenmenschlichen Konflikten auch eine gesamtgesellschaftlich orientierte Aussöhnung in Betracht. Insofern besteht auch die Möglichkeit der Einbeziehung von Maßnahmen der wiedergutmachenden Justiz[72] und damit der symbolischen Wiedergutmachung ohne direkte Beteiligung eines konkreten Opfers.

Der Absatz 2 des § 21 LStVollzG SH enthält organisatorische Vorgaben für das Verfahren nach Abschluss einer Konfliktlösungsmaßnahme. Gemäß § 21 Abs. 2 LStVollzG SH teilt die durchführende Stelle nach Beendigung der Maßnahme der Vollzugsanstalt deren Ergebnis und gegebenenfalls getroffene Wiedergutmachungsvereinbarungen schriftlich mit. Mit dieser Regelung wird der Informationsaustausch zwischen Mediationsstelle und Anstalt durch eine entsprechende schriftliche Mitteilung der Mediationsstelle sichergestellt. Der Inhalt dieser Mitteilung wird durch den Wortlaut klar umgrenzt, indem „das Ergebnis der Maßnahme" und „gegebenenfalls getroffene Wiedergutmachungsvereinbarungen" genannt werden. Offen bleibt, ob die Pflicht aus § 21 Abs. 2 LStVollzG SH mit dem Freiwilligkeitsprinzip bzw. der Widerrufsmöglichkeit gemäß § 21 Abs. 1 S. 3 und 4 LStVollzG SH vereinbar ist. Dies wird im Fortgang

[70] Zum Begriff der Restorative i. e. S. oben in den kriminologischen Grundlagen im Abschnitt 7.2.1.2.3.

[71] *Schäfer*, Einführung in die Mediation, 2017, S. 14.

[72] Zum Begriff der wiedergutmachenden Justiz oben in den kriminologischen Grundlagen im Abschnitt 7.2.1.2.3.

der Überlegungen insbesondere im Rahmen der systematischen Auslegung noch näher zu untersuchen sein.

Schließlich sieht § 21 Abs. 3 S. 1 LStVollzG SH seit dem 01.01.2022 vor, dass „zur Ermöglichung tatfolgenausgleichender Maßnahmen den beteiligten Verletzten und Angehörigen auf Antrag die Erstattung von angemessenen Fahrtkosten und Aufwandsentschädigungen zu gewähren [ist]“. Eine vergleichbare Regelung findet sich in keinem anderen Landesstrafvollzugsgesetz. Die alte Fassung von § 21 Abs. 3 S. 1 LStVollzG SH war lediglich als „Kann“-Vorschrift ausgestaltet und sah eine Kostenerstattung auch nur bei Bedürftigkeit der teilnehmenden Personen vor. Insofern hat sich der Landesgesetzgeber durch die Änderung des Wortlauts der Regelung deutlich dazu bekannt, dass tatfolgenausgleichende Maßnahmen nicht an den möglicherweise geringen finanziellen Möglichkeiten der Teilnehmenden scheitern sollen und zugleich den stigmatisierenden Begriff der Bedürftigkeit gestrichen. Nunmehr sind die finanziellen Verhältnisse der Teilnehmenden nicht mehr von Bedeutung, wenn auch die Kostenerstattung gerade Personen mit geringen finanziellen Möglichkeiten entgegenkommen dürfte. Weiterhin stand die Erstattung von Fahrtkosten und Aufwandsentschädigungen nach § 21 Abs. 3 S. 1 LStVollzG SH a. F. noch unter der Voraussetzung, dass die „Beteiligung im vollzuglichen Interesse liegt oder zur Erreichung des Vollzugsziels förderlich ist“. Nach der Neuregelung von § 21 Abs. 3 LStVollzG ist nunmehr davon auszugehen, dass finanzielle Aufwendungen für eine Teilnahme von Verletzten und Angehörigen immer zu erstatten sind und lediglich die Frage der Angemessenheit der entstanden bzw. zu erstattenden Kosten noch von Belang ist. Auf die Frage, wann eine Teilnahme im vollzuglichen Interesse liegt oder zur Erreichung des Vollzugsziels förderlich ist, kommt es daher nicht mehr an. Nach § 21 Abs. 3 S. 2 LStVollzG SH sind die Betroffenen auf die Kostenerstattung hinzuweisen. Die Prüfung der Angemessenheit der Kosten obliegt nach § 21 Abs. 3 S. 2 der Anstalt.

Hinsichtlich der Regelung des § 21 Abs. 3 LStVollzG SH ist fraglich, auf wen sich der Begriff „Angehörige“ hier bezieht. In Betracht kommen hier Angehörige der Verletzten, der Gefangenen oder beider Gruppen. Während die Satzstellung in § 21 Abs. 1 S. 1 LStVollzG SH eher auf die Einbeziehung von Angehörigen der Gefangenen hindeutet, wird in § 21 Abs. 3 S. 1 LStVollzG SH der Angehörigenbegriff in einem engen Zusammenhang mit den Verletzten verwendet. Folglich ist das Ergebnis der Wortlautauslegung nicht eindeutig. Insofern muss der Angehörigenbegriff insbesondere im Rahmen der systematischen und teleologischen Auslegung später noch näher untersucht werden.

Durch die Streichung der Voraussetzungen, dass die Teilnahme der Verletzten und Angehörigen im vollzuglichen Interesse liegen oder zur Erreichung des

Vollzugsziels förderlich sein muss, deutet darauf hin, dass die Teilnahme an Ausgleichsmaßnahmen insgesamt als förderlich für die Resozialisierung angesehen wird. Eine ausdrückliche Verbindung zwischen den tatausgleichenden Maßnahmen unter Beteiligung des bzw. der Verletzten bzw. von Angehörigen und dem Erreichen des Vollzugsziels der Resozialisierung wird bereits durch § 21 Abs. 1 LStVollzG SH hergestellt, wonach die Tataufarbeitung und eine dauerhafte Konfliktlösung durch die Maßnahmen erreicht werden sollen. Danach können tatfolgenausgleichende Maßnahmen also Teil des Resozialisierungskonzepts sein.

16.2.4 Vorschriften zum Überbrückungs- und Eingliederungsgeld

Einige Landesgesetze enthalten schließlich auch noch in ihren Vorschriften zum Überbrückungs- bzw. Eingliederungsgeld[73] einen ausdrücklichen Bezug auf das Straftatopfer. Derartige Vorschriften finden sich in den Ländern Brandenburg, Hamburg, Nordrhein-Westfalen und Sachsen. Weiterhin findet sich in Niedersachsen eine Regelung, die zwar keinen ausdrücklichen Bezug zum Opfer, wohl aber zum Ausgleich des Straftatschadens enthält. In den Gesetzen einiger anderer Länder fehlt es zwar an einem ausdrücklichen Wortlautbezug auf das Opfer, jedoch lässt der Wortlaut eine entsprechende Auslegung zu. Zu diesen Ländern zählen Baden-Württemberg, Bayern und Hessen.

Beim Überbrückungs- bzw. Eingliederungsgeld handelt es sich um ein während der Haftzeit gebildetes Guthaben der Gefangenen, welches den notwendigen Lebensunterhalt der Gefangenen unmittelbar nach der Haft abdecken soll[74] bzw. der Eingliederung nach der Entlassung dient[75]. In Brandenburg, Hamburg, Nordrhein-Westfalen und Sachsen kann dieses Geld unter bestimmten Voraussetzungen bereits während der Haft verwendet werden.

---

[73] Überbrückungsgeld in Baden-Württemberg, Bayern, Hamburg, Hessen, Niedersachsen, Nordrhein-Westfalen, Sachsen; Eingliederungsgeld in Brandenburg.

[74] Vgl. § 52 Abs. 1 JVollzGB III BaWü; Art. 51 Abs. 1 BayStVollzG; § 47 Abs. 2 S. 1 HmbStVollzG; §42 Abs. 1 HStVollzG; § 47 Abs. 2 S. 1 NJVollzG; § 37 Abs. 1 S. 1 StVollzG NRW.

[75] Vgl. die Legaldefinition in § 73 Abs. 1 S. 1 BbgJVollzG; ähnlich auch § 62 Abs. 1 S. 1 SächsStVollzG.

16.2.4.1 Baden-Württemberg, Bayern und Hessen

Die Vorschriften der Länder Baden-Württemberg, Bayern und Hessen zum Überbrückungs- bzw. Eingliederungsgeld enthalten im Wortlaut zwar keinen ausdrücklichen Bezug zur Wiedergutmachung oder zum Tatausgleich. Allerdings erscheint eine entsprechende Auslegung möglich.

Nach § 52 Abs. 3 JVollzGB III BaWü, Art. 51 Abs. 3 BayStVollzG und § 42 Abs. 3 S. 1 HStVollzG kann das Überbrückungsgeld für Ausgaben in Anspruch genommen werden, die der Eingliederung der Gefangenen dienen. Eine Verwendung des Überbrückungsgeldes für den Tatausgleich kommt daher nach dem Wortlaut der Vorschriften nur in Betracht, wenn dies der Eingliederung der Gefangenen dient.

Für eine Einbeziehung des Tatausgleichs in die Verwendung des Überbrückungsgeldes für die Eingliederung des bzw. der Gefangenen könnte argumentiert werden, dass die Tataufarbeitung und in diesem Zusammenhang die finanzielle Wiedergutmachung gegenüber dem Straftatopfer positive Auswirkungen für die Eingliederung haben könnte.[76] Grundsätzlich erscheint die Verwendung des Überbrückungsgeldes für Geldzahlungen zu Wiedergutmachungszwecken mit Blick auf die Übernahme der Tatverantwortung seitens der Gefangenen und eine mögliche Vermeidung von Schadensersatzforderungen seitens des Opfers durchaus gewinnbringend für die Eingliederung der Gefangenen. Ob diese dem Wortlaut nach mögliche Auslegung von § 52 Abs. 3 JVollzGB III BaWü, Art. 51 Abs. 3 BayStVollzG und § 42 Abs. 3 S. 1 HStVollzG auch im Ergebnis überzeugend ist, wird unter Berücksichtigung der weiteren Auslegungsmethoden noch näher zu untersuchen sein.

Hinsichtlich der Entscheidung über die Verwendung der Geldmittel hat die Anstalt nach pflichtgemäßem Ermessen zu handeln. Dies folgt aus der Ausgestaltung als „Kann“-Vorschrift. Daher muss im Einzelfall eine Abwägung zwischen dem Nutzen des Tatausgleichs für die Eingliederung und dem Zweck des Überbrückungsgeldes vorgenommen werden. Dieser Gesichtspunkt wird im Rahmen der teleologischen Auslegung weiter vertieft werden.

16.2.4.2 Brandenburg, Hamburg und Sachsen

Ausdrücklich genannt wird das Straftatopfer innerhalb der Vorschriften zum Überbrückungs- bzw. Eingliederungsgeld der Länder Brandenburg, Hamburg und Sachsen. Nach § 73 Abs. 2 S. 2 BbgJVollzG und § 47 Abs. 3 S. 3 HmbStVollzG „kann“ die Anstaltsleitung den Gefangenen gestatten, dass Überbrückungs- bzw.

[76] Ausführlich zum Zusammenhang von Opferorientierung und Resozialisierung oben im Abschnitt 5.2.3.

Eingliederungsgeld zur Entschädigung der Opfer ihrer Straftaten in Anspruch zu nehmen. Gemäß § 62 Abs. 3 SächsStVollzG „soll“ eine derartige Gestattung der Inanspruchnahme des Überbrückungsgeldes gestattet werden. Übereinstimmend eröffnen diese Vorschriften den Gefangenen daher die Möglichkeit, das Überbrückungs- bzw. Eingliederungsgeld für eine Entschädigung des Opfers mit Genehmigung der Anstaltsleitung zu verwenden. Während die Genehmigung nach den Regelungen des HmbStVollzG und des BbgJVollzG durch die Anstaltsleitung nach pflichtgemäßem Ermessen zu treffen ist („kann“), enthält das SächsStVollzG insofern einen intendierten Handlungsauftrag an die Anstalt („soll“).

Aus dem Wortlaut der Vorschriften der Länder Brandenburg und Sachsen lassen sich keine speziellen Beschränkungen für die Verwendung des Überbrückungs- bzw. Eingliederungsgeldes entnehmen. Demgegenüber ist in § 47 Abs. 3 S. 3 HmbStVollzG geregelt, dass eine Verwendung des Überbrückungsgeldes zur Entschädigung der Opfer nur gestattet werden kann, soweit der Zweck des Überbrückungsgeldes nicht gefährdet wird. Gemäß § 47 Abs. 2 S. 1 HmbStVollzG dient das Überbrückungsgeld dem Lebensunterhalt der Gefangenen und ihrer Unterhaltsberechtigten für die ersten vier Wochen nach der Haftentlassung. Daher sind dem Wortlaut des § 47 Abs. 3 S. 3 HmbStVollzG durch den Verweis auf § 47 Abs. 2 S. 1 HmbStVollzG als Voraussetzungen für die Verwendung des Überbrückungsgeldes zur Opferentschädigung die Gestattung durch die Anstaltsleitung und eine ausreichende Höhe für die finanzielle Absicherung der ersten vier Wochen nach Haftentlassung zu entnehmen. Da die vorzeitige Verwendung des Überbrückungsgeldes durch die Anstaltsleitung gestattet werden kann, hat diese die Entscheidung über die Verwendung des Geldes zur Opferentschädigung nach pflichtgemäßem Ermessen zu treffen.

Eine dem § 47 Abs. 3 S. 3 HmbStVollzG entsprechende Regelung ist für die Länder Brandenburg und Sachsen im Wortlaut der Vorschriften nicht ersichtlich. Mit Blick auf Brandenburg könnte eine Auslegung nach dem Vorbild des § 47 Abs. 3 S. 3 HmbStVollzG in Betracht kommen, da die Gefangenen das Eingliederungsgeld gemäß § 73 Abs. 1 S. 1 BbgJVollzG „für Zwecke der Eingliederung nach der Entlassung (…) in angemessener Höhe“ bilden „dürfen“. Während der Tatausgleich gegenüber dem Opfer der Eingliederung der Gefangenen dienen kann, könnte die „angemessen[e] Höhe“ eine einschränkende Voraussetzung sein. Allerdings spricht gegen eine Einschränkung der Verwendung des Eingliederungsgeldes für den Tatausgleich bereits der Umstand, dass die Entscheidung über die Bildung des Eingliederungsgelds nach § 73 Abs. 1 S. 1 BbgJVollzG den Gefangenen obliegt. Dem Wortlaut ist zu entnehmen, dass die Strafgefangenen das Eingliederungsgeld bilden „dürfen“. Demgegenüber „wird“ nach § 47 Abs. 1 S. 1 HmbStVollzG das Überbrückungsgeld unabhängig vom Willen der

Gefangenen gebildet. Wenn bereits die Bildung des Eingliederungsgeldes zur Disposition der Gefangenen steht, dann gilt dies wohl auch für die konkrete Verwendung des Geldes, solange der Ansparungszweck erfüllt wird oder die Verwendung gemäß § 73 Abs. 2 S. 2 BbgJVollzG der Entschädigung des Opfers dient und von der Anstalt gestattet wird. Folglich kann allein aus dem Wortlaut der Regelung aus Brandenburg keine mit § 47 Abs. 3 S. 3 HmbStVollzG vergleichbare Einschränkung abgeleitet werden.

Einer solchen, jener des § 47 Abs. 3 S. 3 HmbStVollzG entsprechenden, Auslegung steht für die sächsische Vorschrift bereits der Umstand entgegen, dass die Verwendung zur Entschädigung des Opfers gemäß § 62 Abs. 3 SächsStVollzG gestattet werden „soll". Die Genehmigung der Anstalt stellt in Sachsen somit den Regelfall dar. Weiterhin obliegt auch nach § 62 Abs. 1 S. 1 SächsStVollzG die Entscheidung über die Bildung des Überbrückungsgeldes den Gefangenen. Insofern kann auf die Argumentation zu § 73 BbgJVollzG verwiesen werden.

16.2.4.3 Niedersachsen

Nach § 47 Abs. 4 NJVollzG „kann [Gefangenen] gestattet werden, das Guthaben auf dem Überbrückungsgeldkonto für Ausgaben zu verwenden, die [der] Eingliederung oder dem Ausgleich eines durch ihre oder seine Straftaten verursachten Schadens dienen". Mithin wird der monetäre Ausgleich gegenüber dem Opfer nicht ausdrücklich benannt, wohl aber der Schadensausgleich im Allgemeinen.

Die Formulierung im Gesetz des Landes Niedersachsen setzt für die Verwendung des Überbrückungsgeldes einen durch die Straftat verursachten Schaden voraus. Mit Blick auf den Schadensbegriff kann auf die entsprechenden Ausführungen in der grammatischen Auslegung zu den allgemeinen Vorschriften im Themenkreis Wiedergutmachung und Tatausgleich verwiesen werden.[77] Erfasst sind daher vom Begriff „Schaden" unproblematisch unmittelbare materielle und immaterielle Schädigungen durch die Straftat. Für die Einbeziehung mittelbarer Schäden und Folgen bedarf es demgegenüber eines höheren Begründungsaufwands.

Durch die Ausgestaltung als „Kann"-Vorschrift steht die Gestattung der Verwendung des Geldes im Ermessen der Anstalt. Diese Entscheidung ist durch die Anstalt daher nach pflichtgemäßem Ermessen zu treffen.

[77] Mit Blick auf Art. 5a BayStVollzG bereits oben im Abschnitt 16.2.1.2.

16.2.4.4 Nordrhein-Westfalen

In § 37 Abs. 4 StVollzG NRW findet das konkrete Straftatopfer im Wortlaut zwar keine ausdrückliche Erwähnung. Allerdings kann die Anstaltsleitung den Gefangenen nach dieser Vorschrift gestatten, das Überbrückungsgeld schon vor der Entlassung für Ausgaben in Anspruch zu nehmen, die der Eingliederung dienen. Hierzu zählt nach dem Wortlaut von § 37 Abs. 4 StVollzG NRW der Tatausgleich gemäß § 7 StVollzG NRW.

Mit dem Verweis auf den Tatausgleich gemäß § 7 StVollzG NRW nimmt § 37 Abs. 4 StVollzG NRW zugleich auf die Schadenswiedergutmachung gegenüber dem Straftatopfer Bezug. Daher kann für die daraus erwachsenden Einzelheiten auf die Überlegungen zur Wortlautauslegung von § 7 StVollzG NRW verwiesen werden.[78] Die Entscheidung über die Gestattung der Verwendung des Überbrückungsgeldes zum Tatausgleich hat die Anstaltsleitung auch gemäß § 37 Abs. 4 StVollzG NRW nach pflichtgemäßen Ermessen zu treffen („kann [...] gestatten").

Eine einschränkende Voraussetzung für eine Verwendung für den Tatausgleich ist gemäß § 37 Abs. 4 StVollzG NRW a. E, dass das Überbrückungsgeld zum Zeitpunkt der Entlassung in angemessener Höhe zur Verfügung steht bzw. dies zu erwarten ist. Insofern bestehen Ähnlichkeiten mit der Regelung aus Hamburg, sodass auf die dortigen Ausführungen verwiesen werden kann.[79] Was unter der „angemessenen Höhe" i. S. d. § 37 Abs. 4 StVollzG NRW zu verstehen ist, ergibt sich aus dem Wortlaut der Regelung nicht. Insofern muss dies im weiteren Verlauf der Auslegung im Blick behalten werden.

16.3 Historische Auslegung

16.3.1 Allgemeine Vorschriften

Hinsichtlich der allgemeinen Regelungen kann zunächst auf die Ausführungen zur historischen Auslegung dieser Vorschriften in dem eigenen Abschnitt verwiesen werden. Dort wurde bereits festgestellt, dass die Tataufarbeitung

[78] Hierzu im Abschnitt 13.2.2 und im Abschnitt 16.2.1.7.

[79] Soeben im Abschnitt 16.2.4.2.

und die Verantwortungsübernahme für die Tatfolgen insbesondere beim konkreten Opfer als eine Konkretisierung bzw. als ein wesentlicher Bestandteil des Resozialisierungsziels angesehen werden können.[80]

16.3.1.1 Baden-Württemberg

Die Gesetzesbegründung zu § 2 Abs. 5 JVollzGB III BaWü spricht dafür, dass der Landesgesetzgeber den Nutzen von Wiedergutmachung und Tataufarbeitung für die Resozialisierung der Gefangenen in den Blick genommen hat. Die Regelung soll der Begründung zufolge zur Auseinandersetzung der Gefangenen mit den Tatfolgen für ihre Opfer beitragen sowie die Verantwortungsübernahme und die Entwicklung von Opferempathie fördern.[81] Hieraus sollen die Gefangenen schließlich „den Schluss ableiten, künftig keine Straftaten mehr zu begehen“[82].

Bemerkenswert ist, dass der baden-württembergische Gesetzgeber eine Gefahr der Instrumentalisierung des Straftatopfers für behandlerische Zwecke erkannt und diese in der Begründung ausdrücklich abgelehnt hat. In diesem Zusammenhang wurde zumindest der Gedanke der Freiwilligkeit der Teilnahme des Straftatopfers an dem Ausgleichsverfahren mit dem bzw. der Gefangenen mitbedacht. Dass dieses Freiwilligkeitserfordernis für die Gefangenen nach zutreffender Auffassung in gleicher Weise zu gelten hat[83], bleibt in den Gesetzesmaterialien demgegenüber unerwähnt.

Die Gesetzesbegründung zu § 2 Abs. 5 JVollzGB III BaWü stellt allein auf die Verankerung des strafrechtlichen Täter-Opfer-Ausgleichs im Strafvollzug ab.[84] Mithin dürfte der Landesgesetzgeber bei der Schaffung von § 2 Abs. 5 JVollzGB III BaWü andere Formen der Wiedergutmachung und des Tatausgleichs nicht im Blick gehabt haben. Wenngleich nach dem oben Gesagten der Wortlaut einer Berücksichtigung der wiedergutmachenden Justiz nicht entgegensteht, kann die historische Auslegung der Vorschrift hierfür nicht als weiteres Argument herangezogen werden.

---

80 Ausführlich hierzu oben im Abschnitt 13.3; zudem waren Wiedergutmachung und Tatausgleich bereits seit Mitte der 1980er Jahre als wesentlicher Teil der Resozialisierung betrachtet und ihre Einbeziehung in das Strafvollzugsrecht gefordert worden; hierzu ausführlich oben im Abschnitt 5.2.1. Teilweise wurden sogar die Formulierungen aus den früheren Konzepten und dem AE-Wiedergutmachung in die Landesstrafvollzugsgesetze übernommen, vgl. oben im Abschnitt 5.2.1.1 und im Abschnitt 5.2.1.3.

81 Landtag Baden-Württemberg Drs. 14/5012, S. 209.

82 Landtag Baden-Württemberg Drs. 14/5012, S. 209.

83 Ausführlich zu den Grundsätzen der Restorative Justice im Abschnitt 7.2.1.2.

84 Landtag Baden-Württemberg Drs. 14/5012, S. 209.

16.3.1.2 Bayern

Laut der Gesetzesbegründung zu Art. 5a BayStVollzG hebt der zweite Absatz dieser Vorschrift „im Interesse des Opferschutzes […] besonders hervor, dass die Einsicht der Gefangenen in die Verantwortung für die Tat geweckt werden soll".[85] Insgesamt diene die Schadensregulierung gegenüber dem Opfer und gegenüber anderen Gläubiger:innen der Wiedereingliederung der Gefangenen.[86]

Der in Art. 5a Abs. 2 BayStVollzG genannte Täter-Opfer-Ausgleich ist nach der Gesetzesbegründung insofern weit zu verstehen, als in seinem Rahmen sowohl ein materieller Schadensausgleich als auch eine immaterielle Aussöhnung mit dem Opfer möglich sein sollen.[87]

Mit Blick auf die bayerische Gesetzgebung ist weiterhin zu beachten, dass Art. 3 BayJAVollzG[88] auf Art. 5a Abs. 2 BayStVollzG verweist. Die Begründung zu Art. 3 BayJAVollzG ist mit Blick auf das Verständnis der Wiedergutmachung des durch die Straftat verursachten Schadens interessant, da dort für Jugendliche auch eine unspezifische oder symbolische Wiedergutmachung in Betracht gezogen wird.[89] Die besondere Hervorhebung dieser Wiedergutmachungsmaßnahmen in der Begründung zum BayJAVollzG lässt sich letztlich wohl auf die erzieherische Ausrichtung des Jugendstrafrechts und des Jugendarrestvollzugs zurückführen. Aus der jugendspezifischen Ausrichtung des BayJAVollzG kann jedoch nicht geschlossen werden, dass derartige Formen der Wiedergutmachung nicht auch im Erwachsenenvollzug berücksichtigt werden können. Vielmehr können bereits nach dem Wortlaut von Art. 5a Abs. 2 BayStVollzG im Rahmen des Merkmals der Einsicht in die Tatverantwortung ebenfalls Maßnahmen der symbolischen Wiedergutmachung durch die Gefangenen in Betracht kommen.[90]

Keinen Aufschluss gibt die Gesetzesbegründung über die nähere Zuordnung von Fällen als geeignet oder ungeeignet i. S. v. Art. 5a Abs. 2 BayStVollzG.[91]

---

[85] Siehe Begründung zu Art. 78 BayStVollzG, Landtag Bayern Drs. 15/8101, S. 66; Art. 78 Abs. 2 BayStVollzG a.F. wurde durch das Gesetz über den Vollzug des Jugendarrestes vom 26.06.2018, BayGVBl. 2018 S. 438 ff., unverändert in Art. 5a Abs. 2 BayStVollzG übernommen, vgl. Landtag Bayern Drs. 17/21101, S. 34.

[86] Landtag Bayern Drs. 15/8101, S. 66.

[87] Landtag Bayern Drs. 15/8101, S. 66.

[88] Gesetz über den Vollzug des Jugendarrestes vom 26.06.2018, BayGVBl. 2018 S. 438 ff.

[89] Vgl. Landtag Bayern Drs. 17/21101, S. 20.

[90] Ausführlich hierzu bereits oben im Abschnitt 13.2.2 und im Abschnitt 16.2.1.2.

[91] Zu diesem Ergebnis kam bereits *Mayer* hinsichtlich der Auslegung von Art. 78 Abs. 2 BayStVollzG, welcher Art. 5a Abs. 2 BayStVollzG entspricht, vgl. *Mayer*, Täter-Opfer-Ausgleich im Strafvollzug, 2017, S. 61.

Daher wird diese Frage im Rahmen der teleologischen Auslegung noch näher zu untersuchen sein.

16.3.1.3 Berlin

In der Gesetzesbegründung zu § 6 Abs. 3 StVollzG Bln wird ausgeführt, dass diese Regelung im Interesse der Verletzten den Aspekt der Schadenswiedergutmachung betont.[92] Daher steht nach der gesetzgeberischen Intention der Tatausgleich mit dem Straftatopfer im Mittelpunkt der Wiedergutmachung. Die Regelung verpflichte die Anstalt, die Gefangenen beim Ausgleich des begangenen Unrechts zu unterstützen und auf einen Ausgleich der Folgen der Straftat hinzuwirken.[93] Jedoch sei bei allen Maßnahmen stets die Unabhängigkeit des bzw. der Verletzten zu wahren, weshalb es keinen aufgedrängten Tatausgleich geben dürfe.[94] Ebenso wie bereits in der baden-württembergischen Begründung hat also auch der Gesetzgeber des Landes Berlin die Freiwilligkeit der Teilnahme des Opfers an Ausgleichsverfahren mit dem bzw. der Gefangenen herausgestellt. Das Freiwilligkeitserfordernis hinsichtlich der Gefangenen wurde jedoch – insoweit ebenfalls übereinstimmend mit der Begründung von Baden-Württemberg – auch in Berlin nicht bedacht.

16.3.1.4 Brandenburg, Rheinland-Pfalz, Sachsen-Anhalt und Thüringen

In den Gesetzesmaterialien der Länder Brandenburg, Rheinland-Pfalz, Sachsen-Anhalt und Thüringen wird lediglich darauf Bezug genommen, dass die Beschäftigung mit den Straftaten auch das Opfer mit in den Blick nehmen müsse. Die Anstalt solle drauf hinwirken, „dass die Täterinnen und Täter sich des beim Opfer angerichteten Schadens bewusst werden".[95] Mithin wird allein die Einbeziehung der Opferperspektive innerhalb der Tataufarbeitung konkretisiert. Bezugspunkt sind die Tatfolgen für das konkrete Opfer. Zu Methoden der Konfliktlösung zwischen Täter:in und Opfer finden sich keine Ausführungen in den Begründungen. Weder die wiedergutmachende Justiz noch der Tatausgleich gegenüber dem konkreten Opfer wurden somit berücksichtigt. Hieraus kann geschlossen werden, dass derartige Ausgleichs- und Konfliktlösungsmethoden durch die Landesgesetzgeber

[92] Abgeordnetenhaus Berlin Drs. 17/2442, S. 194.

[93] Abgeordnetenhaus Berlin Drs. 17/2442, S. 194.

[94] Abgeordnetenhaus Berlin Drs. 17/2442, S. 194.

[95] Zu § 8 Abs. 1 S. 2 BbgJVollzG siehe Landtag Brandenburg Drs. 5/6437, Begründung S. 13; zu § 8 Abs. 1 S. 2 LJVollzG RP siehe Landtag Rheinland-Pfalz Drs. 16/1910, S. 116; ähnlich auch Landtag Sachsen-Anhalt Drs. 6/3799, S. 160 zu § 8 Abs. 1 S. 2 JVollzGB I LSA; Landtag Thüringen Drs. 5/6700, S. 79 zu § 8 Abs. 1 S. 2 ThürJVollzGB.

zumindest nicht ausdrücklich als Teil der allgemeinen Ausgestaltung des Vollzugs eingeordnet wurden.

16.3.1.5 Niedersachsen

Nach der Gesetzesbegründung zu § 2 Abs. 3 NJVollzG dient die Unterstützung der Gefangenen bei der Auseinandersetzung mit ihren Taten und bei der Wiedergutmachung materieller und immaterieller Tatfolgen letztlich dem Vollzugsziel der Resozialisierung.[96]

Die Resozialisierung beschränkt sich den Gesetzesmaterialien zufolge nicht nur auf die individuelle Perspektive der Gefangenen, sondern soll im Rahmen der Auseinandersetzung mit der jeweiligen Straftat auch die Bedürfnisse der von ihren Folgen betroffenen Dritten in den Blick nehmen. Dieser Personenkreis ist aber nach der Gesetzesbegründung zu § 2 Abs. 3 NJVollzG nicht nur auf Straftatopfer beschränkt, da „im Rahmen der Auseinandersetzung mit der jeweiligen Straftat auch die Bedürfnisse der von ihren Folgen betroffenen Dritten in den Blick" genommen werden müssen.[97] Um diese Einbeziehung von „betroffenen Dritten" bereits im Gesetzestext deutlich zu machen, sei bewusst auf eine Bezugnahme zwischen den Folgen der Straftat und einer bestimmten Personengruppe abgesehen worden. Mit in den Blick genommen werden sollen auch die Auswirkungen der Straftaten auf das soziale Umfeld der Gefangenen.[98] Die Förderung der Verantwortungsübernahme für die Straftat und ihre Folgen soll nach der Begründung zu § 2 Abs. 3 NJVollzG für eine „umfassende und [der] nachhaltige[n] Wiederherstellung des Rechtsfriedens dienende Vollzugsgestaltung" Raum schaffen.[99]

In dem gleichen Sinn ist die Verantwortungsübernahme i. S. v. § 6 Abs. 2 NJVollzG zu verstehen, da diese ausweislich der Gesetzesbegründung eine wesentliche Voraussetzung für die Wiederherstellung des Rechtsfriedens darstellt.[100] Mit Blick auf mögliche negative Konsequenzen bei einer fehlenden Mitwirkung der Gefangenen wird in der Begründung zu § 6 Abs. 2 NJVollzG klargestellt, dass sich aus der Vorschrift lediglich eine Pflicht der Vollzugsbehörde ergibt, geeignete Maßnahmen anzubieten. Eine Mitwirkungspflicht der Gefangenen folge hieraus jedoch nicht.[101]

---

[96] Vgl. Landtag Niedersachsen Drs. 17/7414, S. 19.

[97] Landtag Niedersachsen Drs. 17/7414, S. 19.

[98] Landtag Niedersachsen Drs. 17/7414, S. 19.

[99] Landtag Niedersachsen Drs. 17/7414, S. 19.

[100] Landtag Niedersachsen Drs. 17/7414, S. 19.

[101] Landtag Niedersachsen Drs. 17/7414, S. 20.

Aus der Gesetzesbegründung zu den §§ 2 und 6 NJVollzG ergibt sich, dass die Verantwortungsübernahme und der Ausgleich von Tatfolgen letztlich einen Betrag zur Wiederherstellung des Rechtsfriedens leisten können. Daher kommen in diesem Zusammenhang nicht nur der Täter-Opfer-Ausgleich und andere opferbezogene Maßnahmen des Tatausgleichs in Betracht. Vielmehr können mit Blick auf die Wiederherstellung des Rechtsfriedens aus der gesamtgesellschaftlichen Perspektive auch Maßnahmen der wiedergutmachenden Justiz und somit auch der symbolischen Wiedergutmachung berücksichtigt werden.[102]

16.3.1.6 Nordrhein-Westfalen

Die Begründung zu § 7 Abs. 2 S. 1 StVollzG NRW stimmt hinsichtlich des gesetzgeberischen Regelungszwecks in weiten Teilen mit der zu § 2 Abs. 5 JVollzGB III BaWü überein. Allerdings werden die geeigneten Behandlungsmaßnahmen i. S. d. § 7 Abs. 2 S. 1 StVollzG NRW in den Gesetzesmaterialien dahingehend konkretisiert, dass Tateinsicht, Verantwortungsübernahme und Empathie durch Gespräche, im Rahmen von Gruppenarbeit oder sonstigen therapeutischen Interventionen gefördert werden können.[103] Bei der Auswahl geeigneter Maßnahmen soll der Opferschutz besonders beachtet werden.[104]

In der Begründung zu § 7 Abs. 3 StVollzG NRW wird der Umfang der Wiedergutmachung mit Blick auf den Ausgleich des materiellen und immateriellen Schadens der Straftat konkretisiert. Insoweit wird klargestellt, dass diese Art der Wiedergutmachung eine Entschädigungsleistung in Geld durch die Gefangenen umfasst, welche sie „als Zeichen der Übernahme sozialer Verantwortung aus den ihnen zur Verfügung stehenden Mitteln leisten können und auch sollen“[105]. Dementsprechend werden Ausgleichsvarianten ohne monetäre Komponente durch die Begründung ausdrücklich vom Tatausgleich i. S. d. § 7 Abs. 3 StVollzG NRW ausgeschlossen. Diese Ansicht des Gesetzgebers verkennt, dass sich der Unrechtsausgleich nicht allein in einer monetären Komponente erschöpft. Es wird daher später in der teleologischen Auslegung noch zu überlegen sein, ob der hier beschriebene gesetzgeberische Wille hinter den Sinn und Zweck des Tatausgleichs im Strafvollzug zurücktreten muss.

[102] Ausführlich hierzu *Jacob/Prätor/Höher u. a.*, Projekt Opferorientierung im Justizvollzug. Abschlussbericht, herausgegeben von der Projektgruppe „Opferorientierung im Justizvollzug“, 2016, S. 24 ff.; eine Zusammenfassung findet sich bei *Jesse/Jacob/Prätor*, Opferorientierung im Justizvollzug, in: Maelicke/Suhling (Hrsg.), Das Gefängnis auf dem Prüfstand, 2018, S. 169 ff.

[103] Landtag Nordrhein-Westfalen Drs. 16/5413, S. 86.

[104] Landtag Nordrhein-Westfalen Drs. 16/5413, S. 86.

[105] Landtag Nordrhein-Westfalen Drs. 16/5413, S. 86.

16.3.2 Vorschriften zum Vollzugs- und Eingliederungsplan

Zwar enthielt bereits das StVollzG Bund in § 7 Abs. 2 einen Katalog über die Mindestangaben zu Behandlungsmaßnahmen im Vollzugsplan, jedoch war dieser mit acht Nummern noch recht knapp. Insbesondere enthielt dieser Katalog keinen Anknüpfungspunkt für eine Einbeziehung der Wiedergutmachung oder des Tatausgleichs. Erst in den Landesstrafvollzugsgesetzen wurden derartige Maßnahmen als Teil des Vollzugs- bzw. Eingliederungsplans in den meisten Ländern berücksichtigt.

Im Rahmen der Ausführungen zu den kriminalpolitischen Grundlagen wurde oben bereits festgestellt, dass die Gesetzesbegründungen kaum Anhaltspunkte dafür enthalten, warum die meisten Landesgesetze den Ausgleich von Tatfolgen bzw. den Täter-Opfer-Ausgleich in den Katalog zum Inhalt des Vollzugs- bzw. Eingliederungsplans aufgenommen haben.[106] Die Begründungen geben lediglich darüber Aufschluss, dass der Ausgleich von Tatfolgen nach Ansicht der Landesgesetzgeber zu jenen Maßnahmen zählt, bei welchen im Einzelfall zu prüfen ist, ob diese zur Erreichung des Vollzugsziels durchzuführen sind.[107]

Allein in der Begründung zu § 10 StVollzG NRW wird noch näher ausgeführt, dass Maßnahmen nach Nr. 12 (opferbezogene Behandlungsmaßnahmen und Ausgleich von Tatfolgen) als eine Konkretisierung der in § 7 StVollzG NRW aufgeführten Grundsätze des Tatausgleichs und des Opferschutzes zu verstehen sind.[108] In den übrigen Gesetzesbegründungen lassen sich keine vergleichbaren Hinweise finden.

Wenngleich die Aufnahme des Tatausgleichs bzw. des Täter-Opfer-Ausgleichs in den Vollzugsplan durch die Landesgesetzgeber nicht gesondert begründet wurde, deutet deren Einbeziehung in die entsprechenden Kataloge mit Mindestanforderungen an diese Pläne dennoch auf eine besondere Gewichtung der Wiedergutmachung und des Tatausgleichs insbesondere gegenüber dem konkreten Opfer hin.

---

[106] Hierzu bereits im Abschnitt 9.3.4.1.2; für die am ME LStVollzG orientierten Gesetze siehe nur die Begründungen zu § 9 StVollzG MV in Landtag Mecklenburg-Vorpommern Drs. 6/1337, S. 76 f.; zu § 8 HmbStVollzG siehe Bürgerschaft Hamburg Drs. 18/6490, S. 33; zu § 10 HStVollzG siehe Landtag Hessen Drs. 18/1396, S. 82.

[107] Siehe hierzu nur Landtag Thüringen Drs. 5/6700, S. 88 f.; ähnlich auch Landtag Nordrhein-Westfalen Drs. 16/5413, S. 90.

[108] Landtag Nordrhein-Westfalen Drs. 16/5413, S. 91.

Die Gesetzesbegründungen sehen zudem eine Einzelfallprüfung hinsichtlich des Nutzens des Ausgleichs von Tatfolgen für das Resozialisierungsziel vor.[109] Hieraus lässt sich zum einen schließen, dass der Ausgleich von Tatfolgen bzw. der Täter-Opfer-Ausgleich als eine grundsätzlich resozialisierungsfördernde Maßnahme angesehen wird. Zum anderen wird diese Annahme auch nicht für alle Gefangenen gleichermaßen pauschalisiert, sondern durch die Vorgabe einer Einzelfallprüfung auch erkannt, dass der Ausgleich von Tatfolgen nicht in jedem Fall für die Erreichung des Vollzugsziels erforderlich oder gar förderlich sein muss.

Bemerkenswertes ergibt sich noch mit Blick auf die Gesetzesbegründung des Landes Hamburg. In der grammatischen Auslegung von § 8 Abs. 3 HmbStVollzG war festgestellt worden, dass die dortige Regelung zum Ausgleich der Tatfolgen wie in anderen Gesetzen auch in der Vorschrift zum Vollzugsplan – in Hamburg Resozialisierungsplan – zu finden ist.[110] Daneben hat die grammatische Auslegung zudem ergeben, dass das Gesetz von Hamburg keine eigenständige Vorschrift zur (sozialen) Hilfe im Vollzug enthält.[111] Der Begründung zu § 8 Abs. 3 HmbStVollzG ist nun zu entnehmen, dass in dieser Regelung der „aus dem Sozialstaatsprinzip des Grundgesetzes resultierende Rechtsanspruch der Gefangenen auf die Gewährung sozialer Hilfe" normiert worden ist.[112] Daher enthält das Gesetz von Hamburg zwar keine eigenständige Vorschrift zur sozialen Hilfe, wohl aber mit § 8 Abs. 3 HmbStVollzG eine Regelung im direkten Zusammenhang mit der Vollzugsplanung. Dieser Umstand wird insbesondere in der systematischen Auslegung sogleich näher noch betrachtet.

16.3.3 Vorschriften zur (sozialen) Hilfe im Vollzug

16.3.3.1 Vorüberlegungen

In der früheren bundesrechtlichen Vorschrift zur Hilfe im Vollzug, dem § 73 StVollzG Bund, war festgelegt worden, dass die Gefangenen in dem Bemühen unterstützt werden, ihre Rechte und Pflichten wahrzunehmen. Als eines von mehreren Beispielen („insbesondere") nannte das Gesetz die Regelung des durch seine Straftat verursachten Schadens. Eine nähere Konkretisierung der Schadensregulierung oder gar einen konkreten Opferbezug enthielt die bundesgesetzliche

---

[109] Siehe hierzu nur Landtag Thüringen Drs. 5/6700, S. 88 f.; ähnlich auch Landtag Nordrhein-Westfalen Drs. 16/5413, S. 90.

[110] Oben im Abschnitt 16.2.2.2.

[111] Oben im Abschnitt 16.2.3.1.

[112] Bürgerschaft Hamburg Dr. 20/6795, S. 76.

Regelung jedoch nicht. Demgegenüber berücksichtigen nunmehr einige Landesgesetze die Wiedergutmachung und teilweise auch die Opferperspektive in den Vorschriften zur (sozialen) Hilfe im Vollzug ausdrücklich.

Wenngleich der Gesetzeswortlaut des § 73 StVollzG Bund keinen ausdrücklichen Opferbezug aufwies, so ergab sich dieser umso mehr aus der Gesetzesbegründung. In der Gesetzesbegründung zu § 73 StVollzG Bund wurde ausgeführt, dass der Gesetzesentwurf die Hilfe zur Wiedergutmachung des durch die Straftat angerichteten Schadens hervorhebt. Diese Rücksichtnahme auf die Belange der Opfer von Straftaten habe nicht nur allgemeine Bedeutung, sondern diene auch dem Behandlungsziel.[113] Einerseits sollte durch die Vorschrift eine mögliche Verschuldung der Gefangenen nach der Haftentlassung vermieden bzw. verringert werden. Andererseits sollte durch die monetäre Wiedergutmachung bei den Gefangenen die Einsicht in die Folgen der Tat für die Opfer geweckt werden.[114]

16.3.3.2 Baden-Württemberg

Die Begründung zu § 41 Abs. 2 S. 2 JVollzGB III BaWü selbst enthält keine näheren Ausführungen zur Regelung des durch die Straftat verursachten Schadens.[115] Allerdings war ein konkreter Bezug zum Straftatopfer bereits in der Gesetzesbegründung zu § 73 StVollzG Bund enthalten[116], an dem sich § 41 Abs. 2 S. 2 JVollzGB III BaWü zumindest seinem Wortlaut nach orientiert.

16.3.3.3 Berlin, Brandenburg, Bremen, Rheinland-Pfalz, Saarland, Sachsen, Sachsen-Anhalt und Thüringen

Nach den Gesetzesbegründungen zu den Landesvorschriften von Berlin, Brandenburg, Bremen, Rheinland-Pfalz, Saarland, Sachsen, Sachsen-Anhalt und Thüringen, die vollständig oder teilweise am Wortlaut des § 5 Abs. 2 ME LStVollzG orientiert sind, soll durch die Einbeziehung des Tatausgleichs in die Vorschriften zur sozialen Hilfe bzw. zur Hilfe im Vollzug das Interesse der Opfer an einer

---

113 BT-Drs. 7/918, S. 75 zu § 66 StVollzG Bund-RegE.

114 BT-Drs. 7/918, S. 75 zu § 66 StVollzG Bund-RegE.

115 Vgl. Landtag Baden-Württemberg Drs. 14/5012, S. 222.

116 Siehe Begründung zu § 66 StVollzG Bund-RegE, welcher schließlich als § 73 StVollzG Bund erlassen wurde, BT-Drs. 7/918, S. 75.

und eine Begegnung der Beteiligten auf Augenhöhe.[125] Die Erfahrung vieler Mediator:innen zeige, dass eine professionell begleitete, direkte Kommunikation zwischen Täter:innen und Verletzten die Tatfolgen sehr stark reduzieren könne und sich diese bestenfalls auflösen würden. Die Wiedergutmachung von begangenem Unrecht diene den Interessen der Geschädigten meist mehr als die Strafe; es werde häufig eine Art heilende Wirkung erlebt, wenn der bzw. die Täter:in aktiv Verantwortung für sein bzw. ihr Handeln übernehme.[126] Schließlich wirke die direkte Begegnung zwischen Verletzten und Täter:innen nachhaltig im Sinne einer Rückfallvermeidung.[127]

Nach der Gesetzesbegründung zu § 21 LStVollzG SH entspricht die Einbeziehung des Tatausgleichs den Vorgaben der sogenannten EU-Opferschutzrichtlinie 2012/29/EU zum Ausbau von Mediationsverfahren.[128] Daneben seien im Ausland bereits positive Erfahrungen mit der Durchführung des Täter-Opfer-Ausgleichs im Strafvollzug gemacht worden. Den Anknüpfungspunkt für die Einbeziehung der Restorative Justice i. e. S.[129] bildet nach der Begründung zuvörderst die Verantwortungsübernahme der Gefangenen für ihre Tat und deren Folgen. Gründe für die Durchführung eines Täter-Opfer-Ausgleichs oder anderer Verfahren der Restorative Justice i. e. S. im Strafvollzug werden zum einen darin gesehen, dass Opfer und/oder Täter:in während des Strafverfahrens noch nicht bereit für einen Ausgleich waren.[130] Zum anderen erscheine es auch möglich, dass Staatsanwaltschaft oder Gericht keine Möglichkeit eines Ausgleichsverfahrens sahen.[131] Die intensive Auseinandersetzung mit der Straftat und ihren Folgen während des Vollzugs könne diesbezüglich neue Perspektiven eröffnen.[132] Neben der materiellen Wiedergutmachung seien Restorative-Justice-Maßnahmen vor allem auf die versöhnende Täter:in-Opfer-Beziehung ausgerichtet, welche „die Systeme von Familie, lokaler Gemeinschaft sowie Gesellschaft mitintegriert".[133]

---

[125] Landtag Schleswig-Holstein Drs. 18/3153, S. 111.

[126] Landtag Schleswig-Holstein Drs. 18/3153, S. 111.

[127] Landtag Schleswig-Holstein Drs. 18/3153, S. 111.

[128] Landtag Schleswig-Holstein Drs. 18/3153, S. 111; ausführlich zur Richtlinie im Abschnitt 8.2.2.3.3.

[129] Zum Begriff der Restorative Justice i. e. S. oben im Abschnitt 7.2.1.2.3.

[130] Hierauf deuten auch die Ergebnisse des Pilotprojekts zum Täter-Opfer-Ausgleich im Strafvollzug in Baden-Württemberg hin, vgl. *Kilchling*, Täter-Opfer-Ausgleich im Strafvollzug, 2017, S. 112.

[131] Landtag Schleswig-Holstein Drs. 18/3153, S. 111.

[132] Landtag Schleswig-Holstein Drs. 18/3153, S. 111.

[133] Landtag Schleswig-Holstein Drs. 18/3153, S. 111.

Mithin wird vom schleswig-holsteinischen Landesgesetzgeber anerkannt, dass die Methoden der Restorative Justice neben dem bereits im Strafrechtsystem etablierten Täter-Opfer-Ausgleich ein vielfältiges Spektrum an weiteren möglichen Maßnahmen eröffnen. Die Berücksichtigung von Familie, lokaler Gemeinschaft und Gesellschaft deutet insbesondere auf eine mögliche Einbeziehung des Conferencing-Modells hin, wenngleich der Gesetzgeber dies nicht ausdrücklich erwähnt. Demgegenüber werden Handlungsformen der symbolischen Wiedergutmachung in den Gesetzesmaterialien nicht ausdrücklich angesprochen. Dies ist insofern bedauerlich, als die symbolische Wiedergutmachung auch unabhängig von einer Mitwirkungsbereitschaft seitens des Opfers positive Effekte für die Resozialisierung des bzw. der Gefangenen haben kann.[134]

Als mögliche tatausgleichende Maßnahmen nennt die Gesetzesbegründung zu § 21 LStVollzG SH die Bereitstellung eines sogenannten Opferempathietrainings und einer Straftataufarbeitung für die Gefangenen und deren Angehörige. Daneben werden persönliche Begegnungen zwischen Täter:in und Opfer und die Einbeziehung von Wiedergutmachungsleistungen vorgeschlagen. Möglich sollen jedoch auch mediative Verfahren durch schriftliche Kommunikation sein.[135] Die Maßnahmen des Opferempathietrainings und der Straftataufarbeitung werden im direkten Zusammenhang mit einem möglichen – schriftlichen – Tatausgleich genannt. Daher kann nicht allgemein auf die Berücksichtigung von Verfahren der wiedergutmachenden Justiz ohne Einbeziehung des direkten Opfers durch den Landesgesetzgeber geschlossen werden. Vielmehr müssen das Opferempathietraining und die Straftataufarbeitung als den Tatausgleich vorbereitende Maßnahmen verstanden werden. Gleichwohl handelt es sich bei diesen Maßnahmen um jene der wiedergutmachenden Justiz, wodurch zumindest die grundsätzliche Intention einer umfassenden Einbeziehung der Restorative Justice in den Strafvollzug des Landes Schleswig- Holstein zum Ausdruck kommt.

Als Gesichtspunkte des Opferschutzes nennen die Gesetzesmaterialien die sensible Vorbereitung des Opfers durch sogenannte Straftat-Dialog-Gruppen und die Durchführung der Ausgleichsverfahren durch „unparteiliche, geschulte Mediatoren".[136] Die Klarstellung der Notwendigkeit einer freiwilligen Teilnahme beider

[134] Ausführlich hierzu im Abschnitt 7.2.1.4.2.2; weiterführend *Müller*, Workshop 3: Symbolische Wiedergutmachung, in: Höffler/Jesse/Bliesener (Hrsg.), Opferorientierung im Strafvollzug, 2019, S. 51 f.

[135] Landtag Schleswig-Holstein Drs. 18/3153, S. 112.

[136] Landtag Schleswig-Holstein Drs. 18/3153, S. 112; treffender für die Mediation ist der Begriff „allparteilich", vgl. *Schäfer*, Einführung in die Mediation, 2017, S. 14, 48; die Gesetzesbegründung verwendet im Zusammenhang mit dem Mediationsverfahren auch den Begriff „allparteilich", vgl. Landtag Schleswig-Holstein Drs. 18/3153, S. 112.

Seiten[137] – also des Opfers und des bzw. der Gefangenen – deutet zunächst auf einen sensiblen Umgang mit der Vermeidung einer Instrumentalisierung des Straftatopfers für die Resozialisierung des bzw. der Gefangenen hin. Gleichzeitig wird jedoch auch zutreffend deutlich, dass ein erfolgreicher Tatausgleich immer auch die Freiwilligkeit des bzw. der Gefangenen voraussetzt.

Der Tatausgleich soll nach der Gesetzesbegründung zu § 21 LStVollzG SH zudem aktiv durch die Vollzugsanstalt gefördert werden. Weiterhin sollen die Gefangenen auf die Restorative-Justice-Angebote hingewiesen werden, wofür Mitarbeiter:innen als Ansprechpartner:innen zur Verfügung stehen sollen.[138] Zudem werde für die Durchführung von Ausgleichsmaßnahmen regelmäßig eine Stelle außerhalb des Vollzugs zu beauftragen sein, wodurch insbesondere die Allparteilichkeit in mediativen Verfahren gewährleistet werden soll.[139]

Insgesamt lassen die Gesetzesmaterialien mithin erkennen, dass der Landesgesetzgeber in Schleswig-Holstein mit § 21 LStVollzG dem Tatausgleich im Strafvollzug ein weitestgehend durchdachtes Konzept zugrunde gelegt und sich diesbezüglich stark an den Grundsätzen der Restorative Justice orientiert hat.

16.3.4 Vorschriften zum Überbrückungs- und Eingliederungsgeld

16.3.4.1 Vorüberlegungen

Bereits das StVollzG Bund enthielt mit § 51 eine Regelung zum Überbrückungsgeld. In Absatz 3 dieser Vorschrift war geregelt, dass der bzw. die Anstaltsleiter:in eine vorzeitige Verwendung des Überbrückungsgeldes für Ausgaben gestatten kann, die der Eingliederung dienen. Ähnliche Regelungen finden sich noch heute in den Vollzugsgesetzen der Länder Bayern, Baden-Württemberg und Hessen.[140]

Der Gesetzesbegründung zu § 51 StVollzG Bund ist zu entnehmen, dass die Ansparung des Überbrückungsgeldes die Gefangenen in der Übergangszeit nach der Haftentlassung finanziell absichern soll.[141] Weiterhin ist der Begründung zu Absatz 3 zu entnehmen, dass die Befugnis der vorzeitigen Inanspruchnahme des Überbrückungsgeldes zum Schutz von Gläubiger:innen der Gefangenen eng

[137] Landtag Schleswig-Holstein Drs. 18/3153, S. 112.

[138] Landtag Schleswig-Holstein Drs. 18/3153, S. 111 f.

[139] Landtag Schleswig-Holstein Drs. 18/3153, S. 112; zum Begriff „Allparteilichkeit“ siehe *Schäfer*, Einführung in die Mediation, 2017, S. 14, 48.

[140] § 52 Abs. 3 JVollzGB III BaWü; Art. 51 Abs. 3 BayStVollzG; § 42 Abs. 3 S. 1 HStVollzG.

[141] Vgl. BT-Drs. 7/918, S. 70 f.

auszulegen sei und sich daher vornehmlich auf Anschaffungen erstrecke, deren Aufschub mit Blick auf die Entlassung unzweckmäßig oder nicht möglich sei.[142] Hieraus lässt sich schließen, dass der Bundesgesetzgeber keine Verwendung des Überbrückungsgeldes für die Entschädigung von Straftatopfern im Blick hatte, da diese Ausgaben weder für die Eingliederung zwingend sind noch ihr Aufschub unzweckmäßig erscheint.

Im Rahmen der grammatischen Auslegung wurde bereits festgestellt, dass nach den Vorschriften der Länder Brandenburg, Hamburg und Sachsen die Verwendung von Teilen des Überbrückungs- bzw. Eingliederungsgeldes ausdrücklich auch zur Entschädigung des Opfers verwendet werden kann.[143] In Nordrhein-Westfalen gilt dies durch die ausdrückliche Verwendungsmöglichkeit für den Tatausgleich ebenfalls.[144] Weiterhin steht der Wortlaut der jeweiligen Vorschriften aus Baden-Württemberg, Bayern und Hessen, die sich allein auf eine nützliche Verwendung hinsichtlich der Entlassung beziehen, einer Nutzung des Überbrückungsgeldes zur Opferentschädigung zumindest nicht entgegen.

16.3.4.2 Baden-Württemberg, Bayern und Hessen

Die Gesetzesbegründungen zu § 52 Abs. 3 JVollzGB III BaWü[145], Art. 51 Abs. 3 BayStVollzG[146] und § 42 Abs. 3 S. 1 HStVollzG[147] enthalten keine Anhaltspunkte dafür, dass der jeweilige Landesgesetzgeber die Entschädigung von Straftatopfern als eine Ausgabe ansieht, die der Eingliederung der Gefangenen dient. Als der Eingliederung dienende Ausgaben nennt der bayerische Gesetzgeber vielmehr Ausgaben zur Erlangung eines Arbeitsplatzes oder einer Unterkunft nach der Entlassung.[148] In den übrigen Begründungen finden sich gar keine Beispiele für Ausgaben, die der Eingliederung dienen. Daher kann nicht davon ausgegangen werden, dass die betreffenden Landesgesetzgeber von der bezüglich § 51 Abs. 3 StVollzG Bund geltenden Rechtslage abweichen wollten. Für die historische Auslegung der Regelungen aus Baden-Württemberg,

[142] BT-Drs. 7/918, S. 71.

[143] Hierzu oben im Abschnitt 16.2.4.2.

[144] § 37 Abs. 4 StVollzG NRW benennt den Tatausgleich ausdrücklich und verweist auf § 7 StVollzG NRW.

[145] Landtag Baden-Württemberg Drs. 14/5012, S. 227.

[146] Landtag Bayern Drs. 15/8101, S. 61.

[147] Landtag Hessen Drs. 18/1396, S. 104.

[148] Landtag Bayern Drs. 15/8101, S. 61.

Bayern und Hessen kann folglich festgehalten werden, dass weder die wiedergutmachende Justiz noch der Tatausgleich seitens der Gesetzgebung als der Eingliederung dienende Ausgaben eingeordnet wurden.

16.3.4.3 Brandenburg, Hamburg und Sachsen

Nach der Begründung zu § 73 Abs. 2 S. 2 BbgJVollzG trägt die Gestattung einer Verwendung des Überbrückungsgeldes für die Opferentschädigung gerade den Belangen der Straftatopfern Rechnung.[149]

Wenngleich § 47 Abs. 3 S. 3 HmbStVollzG ebenfalls eine Verwendung des Überbrückungsgeldes zur Entschädigung der Straftatopfer des bzw. der Gefangenen ermöglicht, enthält die Begründung zu dieser Regelung keine weiteren Erläuterungen.[150] Lediglich die Verwendung des Überbrückungsgeldes für die Tilgung einer Ersatzfreiheitsstrafe und eine damit einhergehende Verkürzung der Haftzeit finden in den Materialien Erwähnung.[151]

Der Gesetzesbegründung zu § 62 Abs. 3 SächsStVollzG ist zu entnehmen, dass einem Antrag des bzw. der Gefangenen regelmäßig stattzugeben ist, der sich auf die Freigabe des Überbrückungsgeldes für Entschädigungsleistungen an das konkrete Straftatopfer bezieht.[152] Die Gefangenen erhielten so die Möglichkeit, Reue gegenüber den Opfern ihrer Straftaten zu zeigen und Schuld abzutragen.[153]

16.3.4.4 Niedersachsen

Nach der Gesetzesbegründung zu § 47 Abs. 4 NJVollzG greift die Regelung die bereits in § 2 Abs. 3 S. 2 und § 6 Abs. 2 S. 1 NJVollzG[154] „zum Ausdruck gebrachte Bedeutung der Verantwortungsübernahme für die Folgen der Straftaten auf"[155]. Ausweislich der Gesetzesbegründung handelt es sich bei § 47 Abs. 4 NJVollzG um eine Ausnahmeregelung hinsichtlich der Verwendung des Überbrückungsgeldes. Allerdings soll die Verwendung des angesparten Überbrückungsgeldes auch dann möglich sein, „wenn dies etwa mit Blick auf die

---

[149] Landtag Brandenburg Drs. 5/6437, Begründung S. 72; hierzu auch *Judeich*, in: BeckOK BbgStVollzR, 17. Ed. Stand: 01.11.2021, BbgJVollzG § 73 Rn. 10.

[150] Vgl. Bürgerschaft Hamburg Drs. 21/11906, S. 39.

[151] Bürgerschaft Hamburg Drs. 21/11906, S. 39.

[152] Landtag Sachsen Drs. 5/10920, S. 129.

[153] Landtag Sachsen Drs. 5/10920, S. 129.

[154] Zu § 2 Abs. 3 S. 2 und § 6 Abs. 2 S. 1 NJVollzG bereits in der historischen Auslegung im Abschnitt 16.3.1.5.

[155] Landtag Niedersachsen Drs. 17/7414, S. 30.

verbleibende Vollzugsdauer nicht unmittelbar der Eingliederung dient".[156] Mit der Regelung des § 47 Abs. 4 NJVollzG werden die Möglichkeiten einer Auseinandersetzung mit der Straftat und deren Folgen unter dem Aspekt der materiellen Wiedergutmachung erweitert.[157] Aus Opferperspektive biete die Regelung die Möglichkeit einer früheren und umfangreicheren Entschädigung, als es „mit den sonstigen verfügbaren Mitteln" der Gefangenen möglich wäre.[158]

Durch die Gesetzesbegründung zu § 47 Abs. 4 NJVollzG wurde der Zusammenhang zwischen der Verwendung des Überbrückungsgeldes zur Schadenswiedergutmachung und dem Opfer deutlich gemacht, auch wenn sich aus dem Wortlaut kein ausdrücklicher Opferbezug ergibt. Allerdings scheint insbesondere die „in größerem Umfang" mögliche Entschädigung der Opfer durch die Regelung unrealistisch, da den Gefangenen allein durch die Möglichkeit einer Verwendung des Überbrückungsgeldes zur Opferentschädigung nicht mehr Geld zur Verfügung steht. In Anbetracht der geringen Entlohnung der Inhaftierten für Arbeit im Vollzug werden für die Entschädigung von Opfer keine erheblichen Summen zur Verfügung stehen.[159]

16.3.4.5 Nordrhein-Westfalen

Wie gezeigt, eröffnet der Wortlaut von § 37 Abs. 4 StVollzG NRW lediglich die Möglichkeit einer vorzeitigen Verwendung des Überbrückungsgeldes für den Tatausgleich nach § 7 StVollzG NRW. In der Gesetzesbegründung wird zur Konkretisierung des Begriffs des Tatausgleichs der Wortlaut des § 7 Abs. 2 S. 3 StVollzG NRW wiedergegeben.[160] Ausweislich der Begründung sind unter einem Tatausgleich daher Zahlungen zur Wiedergutmachung materieller und immaterieller Schäden von Opfern der Straftat der Gefangenen zu verstehen.[161] Weitere Ausführungen zum Zweck der Regelung enthält zwar die Begründung zu § 37

[156] Landtag Niedersachsen Drs. 17/7414, S. 30; für *Reichenbach*, in: BeckOK Nds StVollzR, 19. Ed. Stand: 01.03.2022, NJVollzG § 47 Rn. 15a ergibt sich hieraus eine enge Auslegung der Regelung.

[157] Landtag Niedersachsen Drs. 17/7414, S. 30.

[158] Landtag Niedersachsen Drs. 17/7414, S. 30.

[159] Zu Kritik an der geringen Arbeitsentlohnung im Vollzug siehe nur *Dünkel*, Täter-Opfer-Ausgleich und Schadenswiedergutmachung, in: Marks/Rössner (Hrsg.), Täter-Opfer-Ausgleich, 1990, S. 408; *Kawamura*, ZfStrVo 1994, 3 ff.; *Steffens*, Wiedergutmachung und Täter-Opfer-Ausgleich, 1999, S. 81; *Laubenthal*, in: Laubenthal/Nestler/Neubacher/Verrel (Hrsg.), StVollzG, 12. Aufl. 2015, H Rn. 132; *Laubenthal*, Strafvollzug, 8. Aufl. 2019, Rn. 168.

[160] Landtag Nordrhein-Westfalen Drs. 16/5413, S. 118.

[161] Landtag Nordrhein-Westfalen Drs. 16/5413, S. 118.

Abs. 4 StVollzG NRW selbst nicht. Jedoch ist die Begründung zum Tatausgleich nach § 7 Abs. 2 S. 3 StVollzG NRW dafür umso ausführlicher.[162] Vorliegend kann daher für die historische Auslegung von § 37 Abs. 4 StVollzG NRW auf die Ergebnisse der historischen Auslegung zu § 7 Abs. 2 S. 3 StVollzG NRW verwiesen werden.[163] Da es sich bei § 7 StVollzG NRW um eine allgemeine Vorschrift handelt, wird durch die speziellere Regelung des § 37 Abs. 4 StVollzG NRW die Art der Unterstützung der Gefangenen bei dessen Bemühungen um den Tatausgleich mit dem Opfer i. S. d. § 7 Abs. 2 S. 3 StVollzG NRW konkretisiert.

16.4 Systematische Auslegung

16.4.1 Allgemeine Vorschriften

Für die systematische Betrachtung der Einbeziehung von Wiedergutmachung und Tatausgleich in den allgemeinen Vorschriften kann zunächst auf die Ergebnisse der systematischen Auslegung zu den allgemeinen Vorschriften insgesamt verwiesen werden.[164] Die Berücksichtigung der Wiedergutmachung und des Tatausgleichs in den allgemeinen Vorschriften deutet auf eine besondere Gewichtung dieser beiden Aspekte des opferbezogenen Strafvollzugs hin.

Bereits in den strafvollzugsrechtlichen Grundlagen und in den kriminologischen Grundlagen im Teil II dieser Arbeit wurde auf die Bedeutung der wiedergutmachenden Justiz und des Tatausgleichs für die Resozialisierung der Gefangenen hingewiesen.[165] Durch die Einbeziehung von Tataufarbeitung, Tatausgleich und anderen Wiedergutmachungsmaßnahmen wird das Vollzugsziel der Resozialisierung weiter konkretisiert.[166] So wird letztlich eine Verbindung zwischen der Resozialisierung der Gefangenen und der opferbezogenen Vollzugsgestaltung hergestellt.

Diese Verknüpfung von Wiedergutmachung und Tatausgleich mit dem Vollzugsziel der Resozialisierung muss für alle Landesgesetze gelten, die in den allgemeinen Vorschriften auf die Wiedergutmachung und den Tatausgleich direkt

---

[162] Landtag Nordrhein-Westfalen Drs. 16/5413, S. 86.

[163] Hierzu bereits oben im Abschnitt 16.3.1.6.

[164] Hierzu bereits oben im Abschnitt 13.4.

[165] Ausführlich hierzu in den strafvollzugsrechtlichen Grundlagen oben im Abschnitt 5.2.3.2 und in den kriminologischen Grundlagen oben im Abschnitt 7.2.2.

[166] Hierzu oben im Abschnitt 5.2.3.2.

oder indirekt Bezug nehmen. Dies betrifft insgesamt sechs Landesgesetze.[167] In diesen Gesetzen können die wiedergutmachende Justiz und der Tatausgleich für das gesamte Strafvollzugsrecht als Auslegungshilfe und Entscheidungsmaßstab von Bedeutung sein. Ob die wiedergutmachende Justiz und der Tatausgleich in diesen Ländern als konkretisierende Maßnahmen zur Befähigung der Gefangenen zu verstehen sind, künftig ein Leben in sozialer Verantwortung ohne Straftaten zu führen, muss im Wege der systematischen Auslegung näher betrachtet werden.

Hinsichtlich der einzelnen Landesgesetze gilt Folgendes.

Die Regelung in § 2 Abs. 5 JVollzGB BaWü kann als Generalnorm[168] verstanden werden. So wird eine Berücksichtigung des Tatausgleichs in der gesamten Vollzugsgestaltung bzw. im Zusammenhang mit allen vollzuglichen Maßnahmen ermöglicht, auch wenn im Landesgesetz von Baden-Württemberg keine weiteren ausdrücklichen opferbezogenen Regelungen zu finden sind.[169]

Für Art. 5a BayStVollzG konnte bereits in der Auslegung der allgemeinen Vorschriften oben im Kapitel 13 festgestellt werden, dass diese Vorschrift insgesamt als Generalnorm einzuordnen ist.[170] Diese Einordnung muss daher auch für den Tatausgleich in Art. 5a Abs. 2 BayStVollzG gelten. Zudem wurde speziell für Art. 5a Abs. 2 BayStVollzG die systematische Bedeutung des Tatausgleichs durch die Normierung in den allgemeinen Vorschriften auch durch die Gesetzesbegründung noch einmal ausdrücklich hervorgehoben. Während im BayStVollzG von 2007 der Tatausgleich zunächst in § 78 Abs. 2 a. F. und somit in der Vorschrift zur Hilfe im Vollzug geregelt war, wurde dieser Aspekt mit der Einfügung des Art. 5a BayStVollzG in die Grundsätze des Vollzugs der Freiheitsstrafe aufgenommen. Nach der Gesetzesbegründung sollte der Opferschutz auf diese Weise systematisch konsequent im BayStVollzG geregelt werden.[171] Beachtenswert ist in diesem Zusammenhang noch, dass der bayerische Gesetzgeber den Tatausgleich augenscheinlich als Bestandteil des Opferschutzes ansieht.

Die Regelung des Tatausgleichs im Gesetz des Landes Berlin zeichnet sich dadurch aus, dass diese in § 6 StVollzG Bln und somit in der Vorschrift zum verletztenbezogenen Vollzug normiert wurde. Insofern wird mit § 6 StVollzG Bln

---

[167] Baden-Württemberg, Bayern, Berlin, Hessen, Niedersachsen, Nordrhein-Westfalen.

[168] Der Begriff der Generalnorm wird vorliegend in Abgrenzung zu jenem der Generalklausel verwendet, da letzterer im Strafvollzugsrecht durch § 4 Abs. 2 S. 2 StVollzG Bund und die entsprechenden Landesvorschriften vorgeprägt ist, vgl. nur *Laubenthal*, Strafvollzug, 8. Aufl. 2019, Rn. 242.

[169] Siehe hierzu bereits die Überlegungen zur grammatischen Auslegung der allgemeinen Regelungen oben im Abschnitt 13.2.4.1.

[170] Weiterführend hierzu oben im Abschnitt 13.4.2.1.

[171] Landtag Bayern Drs. 17/21101, S. 34.

neben der umfassenden Berücksichtigung von Opferinteressen im Vollzug gerade auch der Einbeziehung des Tatausgleichs in den Absätzen 2 und 3 der Vorschrift ein besonderes Gewicht beigemessen.

In den Ländern Brandenburg, Rheinland-Pfalz, Sachsen-Anhalt und Thüringen, in denen die Tataufarbeitung in den „Grundsätzen der Gestaltung des Vollzugs“ normiert wurde, gilt dies nicht in gleichem Maße.[172] Allein die Ausrichtung des Strafvollzugs auf das Vollzugsziel der Resozialisierung unter Einbeziehung der Tataufarbeitung sagt noch nichts über eine besondere Gewichtung des Tatausgleichs in den genannten Gesetzen aus.

Mit Blick auf § 5 Abs. 1 S. 4 HStVollzG lässt sich feststellen, dass diese Regelung zum Tatausgleich als Auslegungshilfe für weitere Vorschriften des hessischen Landesgesetzes dienen kann. Dies dürfte beispielsweise gelten für die Auslegung des Merkmals „Ausgleich von Tatfolgen“ i. S. v. § 10 Abs. 4 S. 1 Nr. 9 HStVollzG oder das Merkmal, den durch die Straftat verursachten Schaden „wieder gut zu machen“ nach § 26 Abs. 1 S. 2 HStVollzG.

In Niedersachsen wurde als allgemeiner Gestaltungsgrundsatz in § 2 Abs. 3 S. 2 NJVollzG normiert, dass die Bereitschaft des bzw. der Gefangenen zum Einstehen für die Straftatfolgen geweckt und gefördert werden soll. Insofern müssen die Wiedergutmachung der Straftatfolgen und auch der Tatausgleich gegenüber dem konkreten Opfer bei der Ausgestaltung des niedersächsischen Vollzugs Beachtung finden und als Auslegungshilfe für weitere Vollzugsvorschriften dienen.

In Nordrhein-Westfalen wurde der Tatausgleich ähnlich wie in Berlin in der besonderen Vorschrift zur opferbezogenen Vollzugsgestaltung geregelt. Mithin ermöglicht die Normierung in § 7 StVollzG NRW eine umfassende Einbeziehung des Tatausgleichs in die gesamte Vollzugsgestaltung.

16.4.2 Vorschriften zum Vollzugs- und Eingliederungsplan

Die Regelungen zu den Vollzugs- und Eingliederungsplänen finden sich in allen 16 Ländern im zweiten Abschnitt der jeweiligen Gesetze nach den allgemeinen Vorschriften bzw. Grundsätzen. Als Titel dieser Abschnitte wurden Formulierungen gewählt, die sich auf die Planung des Vollzugs beziehen und mitunter

[172] § 8 Abs. 1 S. 2 BbgJVollzG; § 8 Abs. 1 S. 2 LJVollzG RP; § 8 Abs. 1 S. 2 JVollzGB I LSA; § 8 Abs. 1 S. 2 Thür JVollzGB.

die Aufnahme und das Diagnoseverfahren berücksichtigen.[173] Innerhalb dieser Abschnitte lassen sich je nach Landesgesetz Regelungen zur Aufnahme, zur Sozialtherapie, zur Vollzugsplanung und teilweise auch zu vollzugsöffnenden Maßnahmen finden.[174] Dies entspricht der Regelungssystematik des StVollzG Bund in dessen §§ 5 bis 16. Andere Gesetze enthalten in dem zweiten Abschnitt lediglich Regelungen zur Aufnahme, zum Diagnoseverfahren und zur Vollzugsplanung, während die vollzugsöffnenden Maßnahmen in einem gesonderten Gesetzesabschnitt enthalten sind.[175]

Fast alle Landesgesetze haben den Tatausgleich oder andere opferbezogene Maßnahmen in einen umfangreichen Katalog zum Inhalt der Vollzugs- und Eingliederungspläne aufgenommen.[176] Neben den hier besonders interessierenden Maßnahmen des Tatausgleichs enthalten diese Kataloge insbesondere Angaben zur Unterbringung der Gefangenen, zu therapeutischen Maßnahmen, zu schulischen und beruflichen Qualifizierungsmaßnahmen und zu vollzugsöffnenden Maßnahmen.[177] Die umfangreichen Kataloge der Landesgesetze stellen einen Fortschritt dar im Vergleich zu § 7 Abs. 2 StVollzG Bund, dessen Katalog zum Inhalt des Vollzugsplans lediglich einige wenige Mindestangaben enthielt. Eine Ausnahme zu den meistens recht umfangreichen Katalogen der Landesgesetze bildet § 8 Abs. 2 S. 1 HmbStVollzG, dessen knapper Katalog im Umfang eher jenem des § 7 Abs. 2 StVollzG Bund ähnelt.

---

[173] Baden-Württemberg: „Planung, Ablauf und Öffnung des Vollzugs"; Bayern und Hessen: „Planung des Vollzugs"; Berlin: „Aufnahme- und Diagnoseverfahren, Vollzugs- und Eingliederungsplan"; Hamburg: „Planung und Ablauf des Vollzuges"; Brandenburg, Bremen, Mecklenburg-Vorpommern, Rheinland-Pfalz, Saarland, Sachsen und Sachsen-Anhalt: „Aufnahme, Diagnose[,] [und] Vollzugs- und Eingliederungsplanung"; Niedersachsen: „Planung und Verlauf des Vollzuges"; Nordrhein-Westfalen: „Aufnahme und Vollzugsplanung"; Schleswig-Holstein und Thüringen: „Aufnahme, Diagnose und Vollzugsplan[ung]".

[174] In Baden-Württemberg, Bayern, Hamburg, Hessen und Niedersachsen.

[175] In Berlin, Brandenburg, Bremen, Mecklenburg-Vorpommern, Nordrhein-Westfalen, Rheinland-Pfalz, Saarland, Sachsen, Sachsen-Anhalt, Schleswig-Holstein und Thüringen.

[176] § 10 Abs. 1 Nr. 19 StVollzG Bln; § 15 Abs. 1 S. 1 Nr. 21 BbgJVollzG; § 9 Abs. 1 S. 1 Nr. 20 BremStVollzG; § 8 Abs. 2 S. 1 Nr. 5 HmbStVollzG; § 10 Abs. 4 S. 1 Nr. 9 HStVollzG; § 9 Abs. 1 S. 1 Nr. 20 StVollzG MV; § 15 Abs. 1 S. 1 Nr. 20 LJVollzG RP; § 9 Abs. 1 S. 1 Nr. 20 SLStVollzG; § 9 Abs. 1 S. 1 Nr. 20 SächsStVollzG; § 10 Abs. 1 Nr. 2 g LStVollzG SH; § 15 Abs. 1 S. 1 Nr. 20 ThürJVollzGB.

[177] Vgl. nur die Maßnahmenkataloge in § 10 Abs. 4 HStVollzG und § 15 Abs. 1 LJVollzG RP.

Weiterhin finden sich in den Landesgesetzen die Formulierungen, dass der Vollzugsplan „insbesondere“[178] bzw. „regelmäßig“[179] die aufgezählten Angaben enthält. Dies gilt auch für den vergleichsweise knappen Katalog in § 8 Abs. 2 S. 1 HmbStVollzG, da dieser durch die Formulierung „insbesondere“ die Möglichkeit der Einbeziehung weiterer Maßnahmen hervorhebt. Im Ergebnis besteht zwischen den Begriffen „mindestens“ und „insbesondere“ jedoch kein Unterschied, sodass sich die Maßnahmenkataloge zwar vom Umfang her, nicht jedoch hinsichtlich ihrer Ausgestaltung als beispielhafte Aufzählung von Maßnahmen unterscheiden. Unabhängig davon, welche Formulierung gewählt wurde, können weitere nicht ausdrücklich genannte Maßnahmen in den Vollzugsplan aufgenommen werden.

Für § 8 Abs. 3 HmbStVollzG hat die historische Auslegung ergeben, dass diese Regelung den Grundsatz der sozialen Hilfe im Vollzug enthält.[180] Um der systematischen Auslegung der Vorschriften zur (sozialen) Hilfe nicht vorzugreifen, erfolgt die systematische Auslegung von § 8 Abs. 3 HmbStVollzG sogleich im Zusammenhang mit diesen Vorschriften (unten im Abschnitt 16.4.3).

Eine Besonderheit enthält auch das Landesrecht von Nordrhein-Westfalen. Während sich die meisten Landesgesetze auf die Nennung des Ausgleichs von Tatfolgen in einer Nummer der Kataloge beschränken, enthält § 10 Abs. 1 S. 4 StVollzG NRW in den Nummern 12 und 13 neben dem Tatfolgenausgleich weitere opferbezogene Gesichtspunkte. In der Nr. 12 werden zusammen mit dem Ausgleich von Tatfolgen zudem opferbezogene Behandlungsmaßnahmen genannt. Nach der Nr. 13 sind im Regelfall ferner Maßnahmen zur Sicherung berechtigter Schutzinteressen von Opfern und gefährdeten Dritten Teil des Vollzugsplans. Aus der Gesetzessystematik ergibt sich daher, dass unter opferbezogenen Behandlungsmaßnahmen nur Maßnahmen zu verstehen sind, die auf der einen Seite nicht zum Ausgleich von Tatfolgen gehören und auf der anderen Seite auch nicht den berechtigten Schutzinteressen von Opfern zuzuordnen sind. Bei opferbezogenen Behandlungsmaßnahmen wäre etwa an Maßnahmen zur Tataufarbeitung zu denken, welche die Folgen der Straftat für das konkrete Straftatopfer berücksichtigen. Zu denken ist diesbezüglich beispielsweise an ein Opferempathietraining.

Fraglich ist in diesem Zusammenhang ferner, ob der Täter-Opfer-Ausgleich den opferbezogenen Behandlungsmaßnahmen zuzuordnen ist oder den Maßnahmen des Tatausgleichs. Unter Berücksichtigung von § 7 Abs. 2 S. 2

[178] § 10 Abs. 1 S. 1 StVollzG Bln; § 15 Abs. 1 S. 1 BbgJVollzG; § 9 Abs. 1 S. 1 BremStVollzG; § 10 Abs. 4 S. 1 HStVollzG; § 9 Abs. 1 S. 1 StVollzG MV; § 15 Abs. 1 S. 1 LJVollzG RP; § 9 Abs. 1 S. 1 SLStVollzG; § 9 Abs. 1 S. 1 SächsStVollzG; § 9 Abs. 1 LStVollzG SH; § 10 Abs. 1 Nr. 2 g LStVollzG SH; § 15 Abs. 1 S. 1 ThürJVollzGB.

[179] § 10 Abs. 1 S. 3 StVollzG NRW.

[180] Oben im Abschnitt 16.3.2.

StVollzG NRW dürften unter opferbezogenen Behandlungsmaßnahmen solche zu verstehen sein, die die Gefangenen dabei unterstützen, Verantwortung für ihre Tat zu übernehmen. Unter dem Ausgleich von Tatfolgen kann mit Blick auf § 7 Abs. 2 S. 3 StVollzG NRW wiederum der Ausgleich materieller und immaterieller Schäden der Tat verstanden werden. Da der Täter-Opfer-Ausgleich jedoch sowohl die Übernahme von Verantwortung für die Tat und ihre Folgen beinhalten kann als auch den Ausgleich materieller und immaterieller Schäden, ergibt sich aus der Gesetzessystematik keine eindeutige Zuordnung zu einer Variante des § 10 Abs. 1 S. 4 Nr. 12 StVollzG NRW. Insbesondere ist hierbei zu beachten, dass der Täter-Opfer-Ausgleich im Strafvollzug seine Zielsetzung verfehlt, wenn in seinem Rahmen allein auf den Ausgleich von materiellen Straftatschäden abgestellt wird.

16.4.3 Vorschriften zur (sozialen) Hilfe im Vollzug

16.4.3.1 Systematische Stellung innerhalb der Landesgesetze

Die opferbezogenen Regelungen zur (sozialen) Hilfe im Vollzug befinden sich in den meisten am ME LStVollzG orientierten Landesgesetzen im ersten Abschnitt des Gesetzes mit den allgemeinen Bestimmungen. Dies ist der Fall in den Ländern Brandenburg, Bremen, Mecklenburg-Vorpommern, Rheinland-Pfalz, Saarland, Sachsen, Sachsen-Anhalt und Thüringen.[181] Hinsichtlich der systematischen Stellung in den Landesgesetzen insgesamt kann daher auf die Ausführungen zur Auslegung der allgemeinen Vorschriften verwiesen werden.[182] Die Regelung im ersten Abschnitt der Landesgesetze mit den allgemeinen Bestimmungen deutet auf eine besondere Gewichtung der Hilfe im Vollzug hin. Durch die systematische Stellung der Vorschriften wird die Verbindung zwischen den Regelungen zur (sozialen) Hilfe und dem Vollzugsziel der Resozialisierung besonders betont.

Im Gegensatz zu diesem am ME LStVollzG orientierten Aufbau waren die Vorschriften zur Hilfe im Vollzug im StVollzG Bund als neunter Titel unter der Überschrift „Soziale Hilfe" in den §§ 71 bis 75 in einem gesonderten Abschnitt geregelt. Die Normierung der sozialen Hilfe im ersten Abschnitt der am ME LStVollzG orientierten Landesgesetze betont die besondere Bedeutung

[181] § 6 Abs. 3 StVollzG Bln; § 11 BbgJVollzG; § 5 BremStVollzG; § 5 StVollzG MV; § 11 LJVollzG RP; § 5 SLStVollzG; § 5 SächsStVollzG; § 11 JVollzGB I LSA; § 11 ThürJVollzGB.

[182] Hierzu oben im Abschnitt 13.3.

dieser Regelungen insbesondere im Hinblick auf die Resozialisierung der Gefangenen damit stärker als das StVollzG Bund. Weiterhin ergibt sich in den am ME LStVollzG orientierten Landesgesetze nunmehr bereits aus der Gesetzessystematik, dass die Regelungen über die soziale Hilfe als allgemeine Bestimmungen während der gesamten Zeit des Strafvollzugs von Bedeutung sind.[183]

Demgegenüber haben die Länder Baden-Württemberg, Hessen, Niedersachsen und Schleswig-Holstein die Gesetzessystematik des StVollzG Bund insofern beibehalten, als die Vorschriften zur Hilfe im Vollzug in einem eigenständigen Abschnitt geregelt wurden. Während Hessen und Schleswig-Holstein die Vorschriften im dritten bzw. vierten Abschnitt des Gesetzes geregelt haben, finden sich die entsprechenden Regelungen in Baden-Württemberg und Niedersachsen im siebten bzw. zehnten Abschnitt.

Das JVollzGB III BaWü enthält im siebten Abschnitt unter der Überschrift „Soziale Hilfe" eine Vorschrift zum Grundsatz der sozialen Hilfe und eine Regelung zur Hilfe während des Vollzugs.[184]

In Hessen trägt der dritte Gesetzesabschnitt die Überschrift „Unterbringung und Versorgung der Gefangenen" und enthält neben der sozialen und psychologischen Hilfe nach § 26 HStVollzG unter anderem Regelungen zur Unterbringung, zur Ausstattung des Haftraums, zur Kleidung, zur Verpflegung und zum Einkauf, zur Gesundheitsvorsorge sowie zur medizinischen Versorgung.[185]

Im niedersächsischen Gesetz findet sich im zehnten Abschnitt unter der Überschrift „Soziale Hilfen, durchgängige Betreuung" neben der sozialen Hilfe und der Hilfe im Vollzug ebenso eine Regelung zur Entlassungsbeihilfe[186], weshalb das NJVollzG diesbezüglich eine starke Orientierung an der Regelungssystematik des StVollzG Bund aufweist.[187]

Das Gesetz des Landes Schleswig-Holstein enthält im vierten Gesetzesabschnitt unter der Überschrift „Soziale Hilfen, Beratung und Behandlung" neben der Vorschrift zum Ausgleich von Tatfolgen (§ 21 LStVollzG SH) auch noch Regelungen zur sozialen Hilfe, Schuldenregulierung, Suchtmittelberatung, zu familienunterstützenden Angeboten, zum sozialen Training und zur Psychotherapie.[188]

---

[183] Vgl. hierzu auch *Bahl/Pollähne*, in: AK-StVollzG, 8. Aufl. 2022, Teil II, § 5 LandesR Rn. 1.

[184] Vgl. §§ 40 und 41 JVollzGB III BaWü.

[185] Vgl. §§ 18 bis 26 HStVollzG.

[186] Vgl. §§ 68 bis 70 NJVollzG.

[187] Vgl. §§ 71 bis 75 StVollzG Bund.

[188] Vgl. §§ 20 bis 26 LStVollzG SH.

Bei einer Gesamtbetrachtung wird damit deutlich, dass die Länder Baden-Württemberg, Hessen, Niedersachsen und Schleswig-Holstein hinsichtlich der Vorschriften zur (sozialen) Hilfe zwar eine ähnliche Regelungssystematik wie das StVollzG Bund aufweisen. Daraus kann allerdings nicht generell auf eine geringere Bedeutung der Hilfe im Vollzug für das Vollzugsziel der Resozialisierung geschlossen werden. Denn wenn die Gesetze aus Baden-Württemberg, Niedersachsen und Schleswig-Holstein der Hilfe im Vollzug einen eigenen Gesetzesabschnitt widmen, weist dies ebenfalls auf eine besondere Gewichtung dieser Vorschriften im gesamten Gesetz hin. Allerdings wird die Bedeutung für das Resozialisierungsziel und somit für die gesamte Vollzugsgestaltung weniger deutlich hervorgehoben als in jenen Gesetzen, in welchen die (soziale) Hilfe dem Vorbild des ME LStVollzG folgend in den allgemeinen Vorschriften normiert wurde.

Eine Besonderheit ergibt sich zudem für das Gesetz von Hamburg. Dort wurde der Grundsatz der (sozialen) Hilfe nicht in einer eigenständigen Vorschrift, sondern in § 8 Abs. 3 HmbStVollzG und somit in der Vorschrift zum Vollzugsplan geregelt, welcher in Hamburg als „Resozialisierungsplan" bezeichnet wird. Durch diese Normierung des Grundsatzes der sozialen Hilfe im Vollzug in der Vorschrift zum Resozialisierungsplan kommt in Hamburg die besondere Bedeutung der sozialen Hilfe innerhalb der vollzuglichen Resozialisierungsbemühungen zum Ausdruck.

16.4.3.2 Systematische Gewichtung von Wiedergutmachung und Tatausgleich

Allein in Schleswig-Holstein wurde die Bedeutung des Tatausgleichs durch dessen Normierung in der eigenständigen Regelung des § 21 LStVollzG SH besonders betont. Zwar werden auch in den übrigen Landesgesetzen in den Vorschriften zur Hilfe im Vollzug die Schadenswiedergutmachung, der Tatausgleich und als besondere Form dieser Maßnahmen der Täter-Opfer-Ausgleich berücksichtigt. Allerdings hat sich nur der Landesgesetzgeber in Schleswig-Holstein dazu entschieden, dem Tatausgleich durch § 21 LStVollzG SH ein besonderes Gewicht in diesem Regelungsbereich einzuräumen.

In den Ländern Bremen, Saarland und Thüringen wurde der Tatausgleich zumindest dadurch akzentuiert, dass der Ausgleich von materiellen und immateriellen Schäden in einem eigenen Absatz der jeweiligen Landesnorm geregelt wurde.[189] Im Gegensatz dazu steht der Tatausgleich in den Gesetzen der Länder Brandenburg, Rheinland-Pfalz und Sachsen-Anhalt lediglich gleichrangig

[189] Vgl. § 5 Abs. 2 BremStVollzG; § 5 Abs. 2 SLStVollzG; § 11 Abs. 2 ThürJVollzGB.

neben der allgemeinen Schuldenregulierung.[190] Ähnlich wurde der Tatausgleich in Baden-Württemberg und Hessen geregelt.[191]

Im Gesetz des Landes Mecklenburg-Vorpommern wird die Wiedergutmachung bereits in der Überschrift des § 5 StVollzG MV („Soziale Hilfe und Wiedergutmachung") besonders betont. Allerdings wird in Mecklenburg-Vorpommern der Ausgleich von Straftatschäden innerhalb der Vorschrift nicht weitergehend hervorgehoben. Vielmehr wurde die Schadenswiedergutmachung lediglich als Beispiel für die Unterstützung der Gefangenen bei der Regelung ihrer Angelegenheiten neben der Schuldenregulierung genannt.[192]

In Niedersachsen wurde der Tatausgleich zusammen mit der Unterstützung der Gefangenen bei der Wahrnehmung ihrer Rechte und Pflichten im Allgemeinen normiert.[193] Allerdings wird die besondere Bedeutung der Wiedergutmachung und des Tatausgleichs durch die Nennung des Täter-Opfer-Ausgleichs in § 69 Abs. 2 S. 3 NJVollzG in Niedersachsen immerhin noch ein Stück weit hervorgehoben. Gleiches gilt für § 5 Abs. 2 S. 2 SächsStVollzG, der die Förderung der Verantwortungseinsicht insbesondere in die beim Opfer verursachten Tatfolgen gesondert hervorhebt.

Für das Land Hamburg gilt, dass die besondere Bedeutung der sozialen Hilfe für die Resozialisierung der Gefangenen unter Einbeziehung des Tatausgleichs durch die Normierung in § 8 Abs. 3 HmbStVollzG und somit in einem eigenen Absatz in der Vorschrift zum Resozialisierungsplan zum Ausdruck kommt.

16.4.4 Vorschriften zum Überbrückungs- und Eingliederungsgeld

Im StVollzG Bund waren die Vorschriften zum Überbrückungsgeld im fünften Teil des Gesetzes unter der Überschrift „Arbeit, Ausbildung und Weiterbildung" geregelt.

Im Gesetz des Landes Baden-Württemberg findet sich die Regelung zum Überbrückungsgeld ebenso wie bereits im StVollzG Bund in einem Abschnitt, der mit „Arbeit, Ausbildung und Weiterbildung" überschrieben ist. In Bayern trägt der die entsprechende Regelung enthaltende Abschnitt die Überschrift „Gelder

---

[190] Vgl. § 11 Abs. 2 S. 1 BbgJVollzG; § 11 Abs. 2 LJVollzG RP; § 11 Abs. 2 JVollzGB I LSA.

[191] Vgl. § 41 Abs. 2 S. 2 JVollzGB III BaWü; § 26 Abs. 1 S. 2 HStVollzG.

[192] Vgl. § 5 S. 2 StVollzG MV.

[193] Vgl. § 69 Abs. 2 NJVollzG.

der Gefangenen“, in Hessen ist der Abschnitt mit „Anerkennung für Arbeit und Ausbildung, Gelder der Gefangenen“ überschrieben.

Systematische Besonderheiten ergeben sich für die Regelungen der Länder Baden-Württemberg, Bayern und Hessen nicht. Insbesondere ergeben sich aus den Regelungen selbst keine systematischen Argumente für eine Einbeziehung von wiedergutmachender Justiz und Tatausgleich. Allenfalls das Vollzugsziel der Resozialisierung und somit der Nutzen von Maßnahmen der Wiedergutmachung und des Tatausgleichs für dieses Ziel könnten als Auslegungshilfe fruchtbar gemacht werden. Insofern kann auf die Ausführungen zu den allgemeinen Vorschriften und deren Funktion als Auslegungshilfe für das gesamte Vollzugsrecht verwiesen werden.[194]

Die Landesgesetze aus Brandenburg, Hamburg und Sachsen weichen von der Systematik des StVollzG Bund ab. In Hamburg wurde das Überbrückungsgeld im sechsten Abschnitt unter der Überschrift „Gelder der Gefangenen“ zusammen mit weiteren Vorschriften zu diesem Themenkreis geregelt. Sowohl das BbgJVollzG als auch das SächsStVollzG haben sich am ME LStVollzG orientiert und fassen alle Vorschriften, welche die Gelder der Gefangenen betreffen, im zehnten Abschnitt unter der Überschrift „Vergütung, Gelder der Gefangenen und Kosten“ zusammen.

Hinsichtlich der systematischen Auslegung ergibt sich für die Regelung aus Hamburg folgende Besonderheit. Nach § 47 Abs. 3 S. 3 HmbStVollzG darf das Überbrückungsgeld nur insoweit zur Entschädigung von Straftatopfern verwendet werden, als der Zweck des Überbrückungsgeldes nach § 47 Abs. 2 S. 1 HmbStVollzG dadurch nicht gefährdet wird. Nach § 47 Abs. 2 S. 1 HmbStVollzG dient das Überbrückungsgeld dem Lebensunterhalt der Gefangenen und ihrer Unterhaltsberechtigten für die ersten vier Wochen nach der Entlassung. Mithin knüpft § 47 Abs. 3 S. 3 HmbStVollzG für die Verwendung des Überbrückungsgeldes zur Entschädigung der Straftatopfer an zwei Voraussetzungen. Zum einen bedarf es einer Gestattung der Verwendung durch die Anstaltsleitung und zum anderen muss eine ausreichende finanzielle Absicherung für die ersten vier Wochen nach Haftentlassung vorliegen.

Eine derartige quantitative Einschränkung der Verwendung des Überbrückungsgeldes ergibt sich aus der Systematik der Vorschriften der Länder Brandenburg und Sachsen nicht. Allerdings ist auch etwa nach § 73 Abs. 1 S. 1 BbgJVollzG das Eingliederungsgeld in angemessener Höhe zu bilden. Entsprechend dürfte ein Versagungsgrund für die Verwendung des Eingliederungsgeldes zum Zweck der Opferentschädigung in Brandenburg ebenfalls in der Gefährdung

[194] Hierzu soeben oben im Abschnitt 16.4.1.

des Eingliederungszwecks zu sehen sein. Hierbei ist jedoch zu beachten, dass die Bildung des Eingliederungsgeldes nach § 73 Abs. 1 S. 1 BbgJVollzG freiwillig erfolgt, während das Überbrückungsgeld nach § 47 Abs. 1 S. 1 HmbStVollzG immer nach den dortigen Vorgaben gebildet wird. Sollte sich ein bzw. eine Gefangene:r im brandenburgischen Vollzug daher zu einer Verwendung des Geldes zur Entschädigung des Opfers entschließen, obwohl der Betrag noch nicht in angemessener Höhe gebildet wurde oder dies gefährdet ist, so muss die Entscheidung der Anstaltsleitung gemäß § 73 Abs. 2 S. 2 BbgJVollzG nach pflichtgemäßem Ermessen getroffen werden. Demgegenüber ist für den gleichen Fall in Hamburg die Verwendung des Überbrückungsgeldes nach § 47 Abs. 3 S. 3 HmbStVollzG zu versagen, ohne dass der Anstaltsleitung ein Ermessenspielraum zukommt.

Für das SächsStVollzG ergibt sich, dass die Verwendung des Überbrückungsgeldes für die Entschädigung des Opfers nur in Ausnahmefällen nicht gestattet werden kann. Dies folgt zum einen aus der freiwilligen Bildung des Überbrückungsgeldes nach § 62 Abs. 1 S. 1 und zum anderen aus der intendierten Handlungsanweisung nach § 62 Abs. 3 hinsichtlich der Gestattung einer Verwendung des Überbrückungsgeldes zur Opferentschädigung.

Im niedersächsischen Gesetz wurde die Regelung zum Überbrückungsgeld im Abschnitt mit der Überschrift „Gefangenengelder und Kostenbeteiligung“ geregelt. Weitergehende systematische Besonderheiten sind für § 47 Abs. 4 NJVollzG nicht ersichtlich. Insbesondere enthält § 47 NJVollzG keine Pflicht zur Bildung des Überbrückungsgeldes. Bereits die historische Auslegung hat zudem gezeigt, dass § 47 Abs. 4 NJVollzG eine Ausnahmeregelung zu § 47 Abs. 3 NJVollzG ist. In § 47 Abs. 3 NJVollzG werden die Auszahlung des Überbrückungsgeldes an die Gefangenen und weitere Varianten der Auszahlung nach Haftentlassung geregelt.

Im Strafvollzugsgesetz des Landes Nordrhein-Westfalen wurde das Überbrückungsgeld ebenso wie die übrigen Vorschriften zu den Geldern der Gefangenen im sechsten Abschnitt unter der Überschrift „Gelder der Gefangenen, Haftkostenbeitrag“ geregelt. Für die systematische Auslegung des § 37 Abs. 4 StVollzG NRW muss § 7 StVollzG NRW in die Betrachtung einbezogen werden, da § 37 Abs. 4 StVollzG NRW auf diesen verweist. Der monetäre Tatausgleich wird durch § 7 Abs. 2 S. 3 StVollzG NRW insofern konkretisiert, als er den Ausgleich sowohl materieller als auch immaterieller Schäden umfasst. Mit Blick auf § 37 Abs. 4 StVollzG NRW ergibt sich als Voraussetzung für die Gestattung der Verwendung des Überbrückungsgeldes für den Tatausgleich weiterhin, dass das Überbrückungsgeld bei der Entlassung des bzw. der Gefangenen in ausreichender Höhe zur Verfügung steht. Insofern ähnelt die Regelung den Vorgaben von § 47

Abs. 3 S. 3 i. V. m. § 47 Abs. 2 S. 1 HmbStVollzG. Da das Überbrückungsgeld gemäß § 37 Abs. 1 S. 1 StVollzG NRW ebenso wie nach § 47 Abs. 1 S. 1 HmbStVollzG zwingend zu bilden ist, sind beide Vorschriften in systematischer Hinsicht gleich auszulegen. Inwiefern diese Auslegung mit der opferbezogenen Vollzugsgestaltung nach § 7 StVollzG NRW zu vereinbaren ist, wird im Rahmen der teleologischen Auslegung noch näher zu untersuchen sein.

16.5 Teleologische Auslegung

16.5.1 Allgemeine Kriterien

16.5.1.1 Vorüberlegungen

Die Auslegung der opferbezogenen Vorschriften, welche die Wiedergutmachung und den Tatausgleich in das Strafvollzugrecht einbeziehen, muss im Ergebnis dem übergeordneten Zweck des Schutzes direkter Opfer dienen.[195] Daher ist insbesondere bei der Anwendung jener Vorschriften, die den Täter-Opfer-Ausgleich oder ähnliche direkte Konfliktlösungsmodelle während des Vollzugs ermöglichen, auf die Vermeidung einer sekundären oder erneuten Viktimisierung des Straftatopfers zu achten. Diese Vorgabe ergibt sich für besonders schutzwürdige Opfergruppen aus dem Recht auf Opferschutz als Ausfluss der grundrechtlichen Schutzpflicht des Art. 2 Abs. 2 S. 1 GG.[196]

Aber auch für Straftatopfer, bei denen keine Traumatisierung durch die Tat oder eine besondere Schutzbedürftigkeit[197] angenommen werden kann, müssen Vorkehrungen zum Schutz einer sekundären oder gar erneuten Viktimisierung durch den bzw. die Gefangenen oder die Maßnahmen der Restorative Justice

[195] Zum Schutz direkter Opfer bereits in den verfassungsrechtlichen Grundlagen oben im Abschnitt 10.1.2.3.4; zudem ausführlich zum kriminalpolitischen Motiv des Opferschutzes in den kriminalpolitischen Grundlagen oben im Abschnitt 9.3.3; zu den Ergebnissen der teleologischen Auslegung der allgemeinen Vorschriften oben im Abschnitt 13.6.4.

[196] Zum subjektiven Recht auf Opferschutz oben im Abschnitt 10.1.2.3.4.

[197] Als besonders schutzbedürftig können kindliche Opfer und Opfer von erheblichen Viktimisierungen durch Gewalt- und Sexualdelikten gelten; zusammenfassend zur besonderen Schutzbedürftigkeit bestimmter Opfergruppen bereits oben in den internationalrechtlichen Grundlagen im Abschnitt 8.5. mit weiteren Verweisen zu den einzelnen internationalrechtlichen Quellen; zum subjektiven Recht auf Opferschutz bei schwerwiegenden Viktimisierungen in den verfassungsrechtlichen Grundlagen oben im Abschnitt 10.1.2.3.4.

i. e. S. getroffen werden. Dies ergibt sich letztlich aus der Fürsorgepflicht des Staates als Bestandteil des Sozialstaatsprinzips des Art. 20 Abs. 1 GG.[198]

Daher kann festgehalten werden, dass die Anstalt dafür Sorge zu tragen hat, dass alle Straftatopfer keiner erneuten Viktimisierungsgefahr durch den bzw. die konkrete:n Täter:in innerhalb eines Ausgleichsverfahrens ausgesetzt sind. Weiterhin muss auch eine sekundäre Viktimisierung durch das Verfahren selbst vermieden werden.

Auf eine besondere Sensibilität der Landesgesetze für mögliche negative Folgen der Wiedergutmachung und des Tatausgleichs im Strafvollzug deutet die Beschränkung des Täter-Opfer-Ausgleichs auf „geeignete Fälle" gemäß Art. 5a Abs. 2 S. 3 BayStVollzG und § 69 Abs. 2 S. 3 NJVollzG hin. Aber auch für die übrigen Landesgesetze, die keine Beschränkung der Wiedergutmachung und des Tatausgleichs auf „geeignete Fälle" vorsehen[199], ist eine am Opferschutzgedanken orientierte Auslegung angezeigt. Eine andere Betrachtung würde dem Sinn und Zweck der opferbezogenen Vorschriften in den Landesstrafvollzugsgesetzen widersprechen. Gleiches muss für die „geeigneten Maßnahmen zum Ausgleich der Tatfolgen" gemäß § 5 Abs. 1 S. 4 HStVollzG gelten. Nur solche Maßnahmen, die dem Opferschutzgedanken entsprechen, können als „geeignet" für den Tatausgleich mit dem konkreten Opfer angesehen werden.

Sofern auch eine Einbeziehung der wiedergutmachenden Justiz in Betracht kommt, steht weniger das konkrete Opfer als der Nutzen der Wiedergutmachungsmaßnahme für die Resozialisierung des bzw. der Gefangenen im Vordergrund. Die wiedergutmachende Justiz erfasst gerade auch Fälle, in denen entweder kein direktes Opfer identifiziert werden kann oder das konkrete Opfer kein Interesse an einem Tatausgleich hat. Daher muss im Rahmen der teleologischen Auslegung jener Vorschriften, bei denen die Einbeziehung der wiedergutmachenden Justiz in Betracht kommt, insbesondere der Nutzen dieser Maßnahmen für die Resozialisierung der Gefangenen beachtet werden.

16.5.1.2 Eignung für einen Täter-Opfer-Ausgleich

Da die bisherige grammatische, historische und systematische Auslegung noch keinen Aufschluss über die Einordnung von Täter:in-Opfer-Konflikten als geeignet oder ungeeignet geben konnte, müssen aus Opferperspektive Gesichtspunkte

---

198 Ausführlich hierzu oben im Abschnitt 10.2.1.1.

199 Dies betrifft die Länder Baden-Württemberg, Berlin, Brandenburg, Bremen, Hamburg, Hessen, Mecklenburg-Vorpommern, Nordrhein-Westfalen, Rheinland-Pfalz, Saarland, Sachsen, Sachsen-Anhalt, Schleswig-Holstein und Thüringen.

außerhalb des Strafvollzugsrechts herangezogen werden.[200] Hinsichtlich der Täter:innenperspektive bietet sich zudem ein Rückgriff auf das Resozialisierungsziel an, da die Auflösung des Täter:in-Opfer-Konflikts gerade der Resozialisierung dienen kann. Für einen Rückgriff auf andere Rechtsgebiete außerhalb des Strafvollzugsrechts liegt zudem für die Bestimmung von Kriterien für die Durchführung eines Täter-Opfer-Ausgleichs insbesondere das Strafverfahrensrecht nah. Der Täter-Opfer-Ausgleich ist im Strafverfahrensrecht bereits seit längerer Zeit etabliert.[201] Daher konnten dort bereits Erfahrungen gesammelt werden, welche Art von Konflikten für Ausgleichsverfahren geeignet sind und welche nicht. Die Entwicklung im Strafverfahrensrecht ist mittlerweile sogar so weit fortgeschritten, dass dort für die Durchführung des Täter-Opfer-Ausgleichs bereits gewisse Standards entwickelt wurden. Zu denken ist namentlich an die sogenannten TOA-Standards, die vom Servicebüro für Täter-Opfer-Ausgleich und Konfliktschlichtung herausgegeben wurden.[202] Diese Standards können auch im Strafvollzug als Orientierung für die Auslegung von opferorientierten Vorschriften dienen. Speziell für den Täter-Opfer-Ausgleich im Strafvollzug des Landes Baden-Württemberg sind zudem die „Standards für TOA-Vollzug" frei zugänglich.[203] Auch diese können bei der nachfolgenden Betrachtung berücksichtigt werden, jedoch mit der Einschränkung, dass diese Standards an die Gegebenheiten des Strafvollzugs in Baden-Württemberg und die dortigen gesetzlichen Vorgaben angepasst sind.

Den TOA-Standards zufolge müssen bei einem Täter-Opfer-Ausgleich auf Opferseite nicht zwingend nur natürliche Personen beteiligt sein, vielmehr kommen auch juristische Personen als Teilnehmer:innen dieses Konfliktlösungsverfahrens in Betracht.[204] Auf der Grundlage dieser TOA-Standards hat *Mayer* daher das Erfordernis eines bzw. einer konkreten, individualisierten Ansprechpartner:in auf Opferseite bei einem Täter-Opfer-Ausgleich mit Unternehmen

---

[200] Zu den unklaren Voraussetzungen für die Einordnung von Fällen als „geeignete" i. S. v. § 69 Abs. 2 S. 3 NJVollzG bereits *Böök*, Opferschutz und Restorative Justice als ganzheitliche Aufgabe der Justiz?, in: Höffler/Jesse/Bliesener (Hrsg.), Opferorientierung im Strafvollzug, 2019, S. 143.

[201] Hierzu im Abschnitt 7.2.1.4.2.

[202] *Servicebüro für Täter-Opfer-Ausgleich und Konfliktschlichtung* (Hrsg.), Standards Mediation in Strafsachen, 7. Aufl. 2017.

[203] *Wulf*, Workshop 4: Täter-Opfer-Ausgleich im Vollzug, in: Höffler/Jesse/Bliesener (Hrsg.), Opferorientierung im Strafvollzug, 2019, Anh. S. 70 ff.

[204] Vgl. *Mayer*, Täter-Opfer-Ausgleich im Strafvollzug, 2017, S. 62 f.

oder Einrichtungen herausgearbeitet.[205] Demgegenüber können Verfahren wie der Täter-Opfer-Ausgleich oder andere kommunikative Konfliktlösungsverfahren nicht bei den sogenannten opferlosen Delikten zur Anwendung kommen, bei denen weder eine konkrete natürliche noch eine juristische Person geschädigt ist und daher auch kein tatsächliches Opfer oder ein:e direkte:r Ansprechpartner:in auf Seiten eines geschädigten Unternehmens zur Verfügung steht. Folglich sind jedenfalls derartige Straftaten für einen Täter-Opfer-Ausgleich nicht „geeignet".[206] Zu denken ist in diesem Zusammenhang beispielsweise an Straftaten gegen die Umwelt oder gegen die öffentliche Ordnung.[207] Allerdings können diese Fälle im Wege einer symbolischen Wiedergutmachung und somit der wiedergutmachenden Justiz aufgearbeitet werden.

Als ein weiteres Erfordernis kann aus den genannten TOA-Standards die ausdrückliche Zustimmung von Opfer und Täter:in zum Ausgleichsverfahren abgeleitet werden.[208] Die Standards aus Baden-Württemberg sehen eine solche Zustimmung ebenfalls vor.[209] Dies ergibt sich freilich auch bereits aufgrund allgemeiner Überlegungen aus dem Konzept der Restorative Justice.[210] Insbesondere darf der Tatausgleich dem Straftatopfer nicht aufgedrängt werden.[211] Ein aufgedrängter Tatausgleich würde zu einer Instrumentalisierung des Opfers zu Vollzugszwecken führen und letztlich in einem Widerspruch zum Konzept eines opferorientierten Strafvollzugs stehen. Der bedeutsame Grundsatz der Freiwilligkeit wurde in Schleswig-Holstein in § 21 Abs. 1 S. 3 und 4 LStVollzG SH und von den Gesetzgebern der Länder Baden-Württemberg und Berlin zumindest in den Gesetzesbegründungen zu den allgemeinen Vorschriften daher zu Recht ausdrücklich betont[212], dürfte letztlich jedoch dem Willen aller Landesgesetzgeber entsprechen.

---

[205] *Mayer*, Täter-Opfer-Ausgleich im Strafvollzug, 2017, S. 62 f.; vgl. *Servicebüro für Täter-Opfer-Ausgleich und Konfliktschlichtung* (Hrsg.), Standards Mediation in Strafsachen, 7. Aufl. 2017, S. 9.

[206] So auch *Mayer*, Täter-Opfer-Ausgleich im Strafvollzug, 2017, S. 63.

[207] Zu den sogenannten „opferlosen Delikten" bereits oben im Abschnitt 4.2.1.1.2.2.

[208] *Servicebüro für Täter-Opfer-Ausgleich und Konfliktschlichtung* (Hrsg.), Standards Mediation in Strafsachen, 7. Aufl. 2017, S. 8; so auch *Mayer*, Täter-Opfer-Ausgleich im Strafvollzug, 2017, S. 63.

[209] *Wulf*, Workshop 4: Täter-Opfer-Ausgleich im Vollzug, in: Höffler/Jesse/Bliesener (Hrsg.), Opferorientierung im Strafvollzug, 2019, Anh. S. 70 § 5 und § 6 Abs. 3.

[210] Hierzu oben im Abschnitt 7.2.1.2.1.

[211] Ähnlich auch bereits *Kubink*, ZRP 2017, 237 (239 f.).

[212] Landtag Baden-Württemberg Drs. 14/5012, S. 209; Abgeordnetenhaus Berlin Drs. 17/2442, S. 194.

Neben der Freiwilligkeit des Opfers muss auch die Freiwilligkeit des bzw. der Gefangenen hinsichtlich der Teilnahme an dem Ausgleichsverfahren gewährleistet werden. Diesem Umstand wurde in den Landesgesetzen ausdrücklich nur durch § 21 Abs. 1 S. 3 und 4 LStVollzG SH Rechnung getragen[213], obwohl die Freiwilligkeit eines der Grundelemente des Restorative-Justice-Konzepts ist[214]. Daher sind mit Blick auf die TOA-Standards insbesondere autonome Ausgleichswünsche der Gefangenen, aber auch der Straftatopfer ernst zu nehmen und durch die Vollzugsanstalten zu berücksichtigen. Nur so kann dem Ziel der Resozialisierung bzw. dem Wunsch nach Wiedergutmachung bei Gefangenen, aber insbesondere auch bei Straftatopfern entsprochen werden. Aus Opferperspektive kann bereits durch die Berücksichtigung von Wünschen nach einem Tatausgleich der persönliche Normgeltungsschaden abgemildert werden[215], selbst wenn ein Ausgleich letztlich nicht zustande kommt. Entscheidend ist vielmehr, dass dem Opfer überhaupt die Möglichkeit zu einer selbstbestimmten Entscheidung eingeräumt und so die durch die Straftat erfahrene Neutralisation nicht aufrechterhalten oder gar vertieft wird.

Weiterhin kommt nach den TOA-Standards die Mediation in Strafsachen unabhängig von der Schwere der Straftat in Betracht.[216] Folglich kann die Geeignetheit für den Täter-Opfer-Ausgleich nicht für bestimmte Deliktsarten generell ausgeschlossen werden. Vielmehr kann eine Eignung für den Täter-Opfer-Ausgleich beispielsweise aufgrund einer erfolgten Tataufarbeitung durch den bzw. die Täter:in unter Einbeziehung der Opferperspektive und eines hieraus folgenden sozialadäquaten Verhaltens auch bei schwersten Gewalt- und Sexualdelikten bejaht werden.[217] Dies gilt selbstverständlich nur unter Berücksichtigung

---

[213] Ausführlich zu § 21 LStVollzG SH bereits in der Wortlautauslegung oben im Abschnitt 16.2.3.7.

[214] Zum Konzept der Restorative Justice siehe ausführlich oben im Abschnitt 7.2.1.2.

[215] Siehe insofern den straftheoretischen Ansatz der Opferprävention oben im Abschnitt 11.2.3.4.

[216] *Servicebüro für Täter-Opfer-Ausgleich und Konfliktschlichtung* (Hrsg.), Standards Mediation in Strafsachen, 7. Aufl. 2017, S. 8; ähnlich auch *Rössner*, TOA-Magazin 01/2013, 9 (9); *Kratzer-Ceylan/Kaspar*, Forum Strafvollzug 2017, 295 (296); die Standards aus Baden-Württemberg enthalten insoweit zumindest keine Einschränkung, vgl. *Wulf*, Workshop 4: Täter-Opfer-Ausgleich im Vollzug, in: Höffler/Jesse/Bliesener (Hrsg.), Opferorientierung im Strafvollzug, 2019, Anh. S. 70 ff.; zu den Ergebnissen für das Pilotprojekt zum Täter-Opfer-Ausgleich im Strafvollzug in Baden-Württemberg *Kilchling*, Täter-Opfer-Ausgleich im Strafvollzug, 2017, S. 109; zu praktischen Erfahrungen mit einem Täter-Opfer-Ausgleich bei schweren Straftaten siehe *Geske*, Restorative Justice in Prison, in: Höffler/Jesse/Bliesener (Hrsg.), Opferorientierung im Strafvollzug, 2019, S. 108.

[217] So *Mayer*, Täter-Opfer-Ausgleich im Strafvollzug, 2017, S. 62.

der Vermeidung einer sekundären Viktimisierung des konkreten Opfers[218] und bei dessen Bereitschaft zur Teilnahme am Täter-Opfer-Ausgleich.

Nach den TOA-Standards und den Standards aus Baden-Württemberg kann eine Mediation in Strafsachen zu jedem Zeitpunkt des Verfahrens noch eingeleitet werden.[219] Wird dies streng auf das Strafverfahren als solches bezogen, wäre ein Täter-Opfer-Ausgleich mit der Verurteilung des Täters bzw. der Täterin nach den TOA-Standards im Strafvollzug nicht mehr möglich. Versteht man den Begriff des Verfahrens als umfassend und bezieht neben dem Strafverfahren gerade auch die Strafvollstreckung i. w. S.[220] und somit den Strafvollzug in die Betrachtung ein, steht einer Mediation zwischen Täter:in und Opfer im Strafvollzug zumindest die Inhaftierung nicht entgegen. Für ein solch weites Verständnis des Begriffs „Verfahren" spricht insbesondere der Nutzen, den ein Täter-Opfer-Ausgleich für die Resozialisierung des inhaftierten Täters bzw. der inhaftierten Täterin haben kann. Zugleich wird so auch dem Opfer die Möglichkeit eröffnet, zu einem späteren Zeitpunkt als im Strafprozess mit etwas mehr Abstand zur Tat und selbstbestimmt an einem Täter-Opfer-Ausgleich teilhaben zu können. Auch wenn während des Strafverfahrens bereits Schlichtungsversuche durchgeführt wurden und gegebenenfalls gescheitert sind, ist ein Täter-Opfer-Ausgleich im Strafvollzug damit nicht notwendig ausgeschlossen.[221] Solange sich Opfer und Gefangene:r freiwillig zu einem Konfliktlösungsverfahren bereit erklären, erscheint die Durchführung des Täter-Opfer-Ausgleichs oder anderer Verfahren in diesen Fällen weiterhin möglich.

Ferner weisen die TOA-Standards darauf hin, dass eine Mediation in Strafsachen auch von den Konfliktbeteiligten selbst angeregt werden kann.[222] Hieraus leitet *Mayer* ab, dass Personen, die sich direkt an die Schlichtungsstelle wenden, nicht abgewiesen werden dürfen.[223] Ausgleichswünsche volljähriger Opfers sind daher immer zu beachten und können von der Anstalt nur dann abgelehnt

[218] Vgl. hierzu auch *Servicebüro für Täter-Opfer-Ausgleich und Konfliktschlichtung* (Hrsg.), Standards Mediation in Strafsachen, 7. Aufl. 2017, S. 8.

[219] Vgl. hierzu auch *Servicebüro für Täter-Opfer-Ausgleich und Konfliktschlichtung* (Hrsg.), Standards Mediation in Strafsachen, 7. Aufl. 2017, S. 8; *Wulf*, Workshop 4: Täter-Opfer-Ausgleich im Vollzug, in: Höffler/Jesse/Bliesener (Hrsg.), Opferorientierung im Strafvollzug, 2019, Anh. S. 70 § 5 Abs. 3.

[220] Zur Strafvollstreckung i. w. S. oben im Abschnitt 4.1.1.

[221] So *Mayer*, Täter-Opfer-Ausgleich im Strafvollzug, 2017, S. 64.

[222] *Servicebüro für Täter-Opfer-Ausgleich und Konfliktschlichtung* (Hrsg.), Standards Mediation in Strafsachen, 7. Aufl. 2017, S. 8.

[223] *Mayer*, Täter-Opfer-Ausgleich im Strafvollzug, 2017, S. 63; ähnlich auch die Standards aus Baden-Württemberg, wonach Opfer, die sich direkt an eine:n Vermittler:in wenden und

werden, wenn der bzw. die Gefangene nicht zum Ausgleich bereit oder eine Gefährdung des Resozialisierungsziels zu befürchten ist. Allein der Umstand, dass das Opfer möglicherweise während des Tatausgleichs eine sekundäre oder gar erneute Viktimisierung erfahren könnte, kann eine generelle Ablehnung solcher Maßnahmen nicht begründen. Für die Annahme einer Ungeeignetheit braucht es vielmehr konkrete Anhaltspunkte für die Gefahr einer sekundären oder gar erneuten Viktimisierung durch den bzw. die Gefangene:n. Und auch in diesen Fällen ist der Wille des Opfers zu beachten, um dessen Autonomie zu wahren. Andernfalls besteht wiederum die Gefahr einer Entmündigung des Opfers und somit einer sekundären Viktimisierung durch die Verweigerung des Täter-Opfer-Ausgleichs.[224]

Dies gilt jedoch nur für volljährige Opfer; gegenüber minderjährigen Straftatopfern trifft die Anstalt eine erhöhte Schutzpflicht.[225] Bei einer Beteiligung minderjähriger Opfer ist neben deren Bereitschaft zur Teilnahme an einem Ausgleichsverfahren auch die besondere Schutzbedürftigkeit minderjähriger Opfer von Bedeutung.[226] In solchen Fällen wird sich ebenso wie bei der Entscheidung über Außenkontakte zu minderjährigen Opfern eine Zusammenarbeit mit anderen Behörden wie beispielsweise dem Jugendamt anbieten.[227] Gegenüber volljährigen Straftatopfern verbleibt der Anstalt die Möglichkeit einer umfassenden Aufklärung des Opfers über eine mögliche Reviktimisierungsgefahr während des Ausgleichsverfahrens. Dem Opfer darf die selbstbestimmte Entscheidung für oder gegen ein Ausgleichsverfahren jedoch nicht durch die Anstalt abgenommen werden.

---

einen TOA-Vollzug wünschen, nicht abgewiesen werden dürfen, *Wulf*, Workshop 4: Täter-Opfer-Ausgleich im Vollzug, in: Höffler/Jesse/Bliesener (Hrsg.), Opferorientierung im Strafvollzug, 2019, Anh. S. 70 § 6 Abs. 4.

[224] Zur Bedeutung der Opferautonomie bereits oben im Abschnitt 13.5.2.3; in den Standards aus Baden-Württemberg wird ausdrücklich die Vermeidung einer (erneuten) Viktimisierung während des Ausgleichsverfahrens genannt, vgl. *Wulf*, Workshop 4: Täter-Opfer-Ausgleich im Vollzug, in: Höffler/Jesse/Bliesener (Hrsg.), Opferorientierung im Strafvollzug, 2019, Anh. S. 70 § 2.

[225] Vgl. hierzu bereits im Abschnitt 14.5.2.3.3.2; weiterführend zur Empfehlung des Europarats vom 28.06.1985 oben im Abschnitt 8.2.1.2; zur Berücksichtigung von Art. 3 EMRK bei kindlichen Opfern siehe oben im Abschnitt 8.1.1.2.

[226] Siehe bereits zur Bedeutung der besonderen Schutzbedürftigkeit von minderjährigen Opfern unter Berücksichtigung der internationalen Grundlagen oben im Abschnitt 8.4.2 und im Abschnitt 8.5; zudem zum Schutz von minderjährigen Opfern bei Außenkontakten auch in den kriminalpolitischen Grundlagen oben im Abschnitt 9.3.3.4.

[227] Siehe hierzu bereits oben im Abschnitt 14.5.2.3.3.2., allerdings unter Berücksichtigung der Grundrechte der Gefangenen aus Art. 6 GG.

Neben der Vermeidung einer erneuten Viktimisierung des Opfers ist für die Durchführung eines Täter-Opfer-Ausgleich im Strafvollzug Voraussetzung, dass der bzw. die Gefangene die Straftat wenigstens ein Stück weit bereits aufgearbeitet hat.[228] Andernfalls bestehen erhebliche Befürchtungen, dass das Opfer innerhalb des Ausgleichsverfahrens einer sekundären oder gar erneuten Viktimisierung ausgesetzt sein kann. In diesen Fällen müssen Ausgleichsverfahren vorerst zurückgestellt und eine Tataufarbeitung durch den bzw. die Gefangene:n angestrebt werden.

Sollten Konfliktlösungsverfahren wie der Täter-Opfer-Ausgleich unter Beachtung der vorstehend genannten Kriterien für einen Fall nicht geeignet sein, so ist nach bestmöglich geeigneten Alternativen zu suchen. Bei einem Wiedergutmachungs- bzw. Ausgleichswunsch des bzw. der Gefangenen, der an einer fehlenden Mitwirkungsbereitschaft des Opfers scheitert, kommt beispielsweise immer noch eine symbolische Wiedergutmachung in Betracht.

Besteht hingegen beim Straftatopfer der Wunsch nach einem Konfliktlösungsverfahren und birgt dieses jedoch die Gefahr einer Sekundärviktimisierung, so ist eine indirekte Kommunikation durch einen (überwachten) Schriftverkehr zwischen Gefangenen und Opfer zu erwägen. Aber auch Verfahren der Restorative Justice i. w. S. bieten Möglichkeiten zur Konfliktverarbeitung auch für die Opfer von Straftaten, ohne dass der bzw. die konkrete Täter:in mitwirken müsste.[229] Die Durchführung derartiger Verfahren wird jedoch nur dann dem Aufgabenbereich des Strafvollzugs zugeordnet werden können, wenn die Verfahren der Restorative Justice i. w. S. für andere Gefangene der jeweiligen Vollzugsanstalt als den bzw. die konkrete:n Täter:in in Betracht kommen. Zu denken ist an Gesprächskreise mit Täter:innen und Opfern vergleichbarer Straftaten oder an Opferempathietrainings unter Einbeziehung von Viktimisierungsberichten durch Straftatopfer. Möglich sind auch Fälle, in denen das Opfer eine Wiedergutmachung oder einen Tatausgleich anstrebt, der bzw. die Gefangene jedoch kein Interesse daran hat oder die Gefahr einer sekundären oder erneuten Viktimisierung bei minderjährigen Opfern droht. In derartigen Konstellationen kann der Strafvollzug lediglich durch die Vermittlung des Opfers an geeignete Beratungsstellen einen Beitrag zur Wiedergutmachung leisten.

Gerichtlich ist die Entscheidung, ob ein konkreter Fall für einen Täter-Opfer-Ausgleich geeignet ist, nur beschränkt überprüfbar, da den Vollzugsanstalten

---

228 In diesem Sinne wohl die Standards aus Baden-Württemberg, vgl. *Wulf*, Workshop 4: Täter-Opfer-Ausgleich im Vollzug, in: Höffler/Jesse/Bliesener (Hrsg.), Opferorientierung im Strafvollzug, 2019, Anh. S. 70 § 6 Abs. 1.

229 Ausführlich hierzu oben im Abschnitt 7.2.1.4.2.2.

diesbezüglich ein Beurteilungsspielraum zukommt.[230] Allerdings sind auch bei derartigen Entscheidungen alle Umstände des Einzelfalls abzuwägen.[231] Wesentliche Kriterien für die Entscheidung sind insbesondere der Nutzen eines Tatausgleichs für die Resozialisierung des Täters bzw. der Täterin und der Schutz des konkreten Opfers. Da bisher kaum Erfahrungswerte hinsichtlich des Täter-Opfer-Ausgleichs im Vollzug bestehen und nur wenige Pilotprojekte durchgeführt wurden, erscheint eine ungleiche Handhabung sowohl bei einem Vergleich verschiedener Bundesländer als auch innerhalb eines Landes möglich.[232] Insofern bleibt abzuwarten, ob die hier vorgeschlagenen Kriterien sich auch in rechtstatsächlicher Hinsicht etablieren werden.[233]

16.5.1.3 Kontaktaufnahme mit dem Straftatopfer

Neben der Einordnung von Fällen als für einen Täter-Opfer-Ausgleich geeignet oder ungeeignet erscheint die Kontaktaufnahme mit einem Straftatopfer zum Zweck des Tatausgleichs problematisch.[234] So kann bereits die Kontaktaufnahme der Anstalt mit dem Opfer eine sekundäre Viktimisierung auslösen.[235]

Hieraus folgt, dass die Anstalt vor der Kontaktierung des Opfers zum Zweck des Tatausgleichs oder des Täter-Opfer-Ausgleichs die Schutzinteressen des konkreten Straftatopfers berücksichtigen und die Kontaktaufnahme möglichst opferschonend gestalten muss. Möglich erscheinen Kontaktaufnahmen über den Anwalt bzw. die Anwältin des Opfers, wenn dieses im Strafprozess anwaltlich vertreten worden ist.[236] In Betracht kommt ferner eine Kontaktvermittlung über Opferschutzorganisationen, deren Mitarbeiter:innen im Umgang

---

[230] *Mayer*, Täter-Opfer-Ausgleich im Strafvollzug, 2017, S. 61, 68; allgemein zum Beurteilungsspielraum bei unbestimmten Rechtsbegriffen *Laubenthal*, Strafvollzug, 8. Aufl. 2019, Rn. 813.

[231] *Mayer*, Täter-Opfer-Ausgleich im Strafvollzug, 2017, S. 68.

[232] So *Mayer*, Täter-Opfer-Ausgleich im Strafvollzug, 2017, S. 68 f.; zur Umsetzung in Baden-Württemberg siehe *Kilchling*, Täter-Opfer-Ausgleich im Strafvollzug, 2017, S. 109, 118.

[233] Ähnlich auch *Mayer*, Täter-Opfer-Ausgleich im Strafvollzug, 2017, S. 68.

[234] Siehe hierzu bereits *Mayer*, Täter-Opfer-Ausgleich im Strafvollzug, 2017, S. 197 ff.

[235] Ähnlich bereits *Kubink/Henningsmeier*, Forum Strafvollzug 2017, 301 (104); für Kontaktaufnahmen zur Mitteilung von Haftverhältnissen *Arloth/Krä*, Strafvollzugsgesetze, 5. Aufl. 2021, § 180 StVollzG Rn. 4; für das Pilotprojekt zum Täter-Opfer-Ausgleich im Strafvollzug in Baden-Württemberg *Kilchling*, Täter-Opfer-Ausgleich im Strafvollzug, 2017, S. 109.

[236] Für Baden-Württemberg siehe hierzu bereits *Kilchling*, Täter-Opfer-Ausgleich im Strafvollzug, 2017, S. 109 f.; das Modellprojekt in Baden-Württemberg hat ergeben, dass eine Vermittlung über die Staatsanwaltschaften eher nicht erfolgversprechend ist, a. a. O.

mit Straftatopfern geschult sind. In diesem Zusammenhang werden sich häufig Möglichkeiten ergeben, das Opfer hinreichend auf die Konfrontation mit dem bzw. der Täter:in vorzubereiten und etwaige Gefahren einer sekundären oder gar erneuten Viktimisierung des Opfers durch den Kontakt zu dem bzw. der Gefangenen bereits im Vorfeld des Täter-Opfer-Ausgleichs zu erkennen. Ein solch opferschonendes Vorgehen entspricht letztlich den grundrechtlichen Schutzpflichten aus Art. 2 Abs. 2 S. 1 GG und ist in besonderem Maße gegenüber besonders schutzbedürftigen Opfergruppen zu fordern.

16.5.2 Allgemeine Vorschriften

Für den Sinn und Zweck der Berücksichtigung der Wiedergutmachung und des Tatausgleichs in den allgemeinen Regelungen der Landesstrafvollzugsgesetze kann zunächst auf die Ausführungen zur teleologischen Auslegung der allgemeinen Vorschriften verwiesen werden.[237] Wiedergutmachung und Tatausgleich können zum einen als Bestandteil eines umfassenden Resozialisierungskonzepts angesehen werden.[238] Zum anderen erfährt das Vollzugsziel durch die Berücksichtigung des Tataufarbeitung als ein Gestaltungskriterium des Vollzugs insbesondere in jenen Ländern eine opferbezogene Konkretisierung, in denen die Opferorientierung als Gestaltungs-[239] bzw. Behandlungsgrundsatz[240] oder gar innerhalb einer Grundsatznorm[241] bzw. Generalnorm[242] normiert wurde. Durch die Aufnahme der Tataufarbeitung in die allgemeinen Vorschriften zum Vollzug und zur Vollzugsgestaltung wird die allgemeine Bedeutung der Opferorientierung für den Strafvollzug insgesamt besonders stark betont. Dies spiegelt sich

[237] Oben im Abschnitt 13.5.4.

[238] Ähnlich auch *Kilchling*, Täter-Opfer-Ausgleich im Strafvollzug, 2017, S. 107; *Arloth*, in: BeckOK BayStVollzR, 16. Ed. Stand: 01.04.2022, BayStVollzG Art. 5a Rn. 6; kritisch mit Blick auf die Bedeutung im Vollzug *Bahl/Pollähne*, in: AK-StVollzG, 8. Aufl. 2022, Teil II, § 5 LandesR Rn. 73 f.

[239] § 8 Abs. 1 S. 2 BbgJVollzG; § 8 Abs. 1 S. 2 LJVollzG RP; § 8 Abs. 1 S. 2 JVollzGB I LSA; § 8 Abs. 1 S. 2 ThürJVollzGB; in Hessen als „Grundsatz vollzuglicher Maßnahmen", vgl. § 5 Abs. 1 S. 4 HStVollzG.

[240] § 2 Abs. 5 JVollzGB III BaWü, da dort die Gestaltungsgrundsätze als Behandlungsgrundsätze bezeichnet werden; im Übrigen noch § 4 S. 2 und 3 HmbStVollzG.

[241] § 6 Abs. 3 StVollzG Bln; § 7 Abs. 2 und 3 StVollzG NRW.

[242] Art. 5a BayStVollzG.

auch in den Begründungen zu den Landesgesetzen wider, in denen Wiedergutmachung und Tatausgleich als resozialisierungsfreundliche Maßnahmen eingeordnet wurden.[243]

Aus der Regelung des Tatausgleichs in den allgemeinen Vorschriften der Landesgesetze von Baden-Württemberg, Bayern, Berlin, Hessen, Niedersachsen und Nordrhein-Westfalen folgt letztlich,[244] dass dieser während des gesamten Vollzugs in Betracht gezogen und ebenso wie die übrigen Gestaltungsgrundsätze bei der Auslegung des Vollzugsrechts berücksichtigt werden muss. Dies gilt im besonderen Maße für die Landesgesetze aus Baden-Württemberg und Bayern, die in den übrigen Vorschriften keinen direkten oder indirekten Bezug zur Wiedergutmachung und zum Tatausgleich aufweisen. Aber auch in den hier genannten und allen anderen Gesetzen muss der Tatausgleich bei der Ausgestaltung des Vollzugs beachtet werden. Wenn Gefangene nach den allgemeinen Vorschriften der Landesgesetze zur Tataufarbeitung und teilweise sogar zum Tatausgleich motiviert werden sollen, so beinhaltet dies gerade auch, dass den Gefangenen überhaupt die Möglichkeit zum Tatausgleich gegeben wird.

Ferner muss die allgemeine Ausrichtung des Vollzugs an den Belangen der Straftatopfern dazu führen, dass neben dem Ausgleich materieller und immaterieller Schäden auch noch andere Maßnahmen der ideellen Wiedergutmachung ermöglicht werden.[245] Hieraus können für das einzelne Straftatopfer günstige Auswirkungen für den eigenen Rehabilitationsprozess folgen. Dies wird insbesondere bei Opfern der Fall sein, die an einer Aufarbeitung oder Verarbeitung des durch die Straftat entstandenen zwischenmenschlichen Konflikts interessiert sind. Solchen Opfern ist an einem bloßen finanziellen Tatausgleich häufig gerade nicht bzw. nicht in erster Linie gelegen. Insofern muss die Wiedergutmachung in einem opferorientierten Strafvollzug aus Opferperspektive weit gefasst werden und darf nicht allein auf monetäre Entschädigungszahlungen beschränkt sein.[246] Dies gilt

[243] Ausführlich hierzu oben in der historischen Auslegung im Abschnitt 16.3.1.

[244] Hierzu oben in der grammatischen Auslegung im Abschnitt 16.2.1.

[245] Ähnlich für § 6 Abs. 3 StVollzG Bln *Kühl*, in: BeckOK StVollzR Bln, 11. Ed. Stand: 01.12.2021, StVollzG Bln § 6 Rn. 5.

[246] Ebenso *Kratzer-Ceylan/Kaspar*, Forum Strafvollzug 2017, 295(296); *Heuchemer*, in: BeckOK StVollzR RP, 17. Ed. Stand: 01.03.2022, LJVollzG RP § 11 Rn. 3; zur geringen Bedeutung der monetären Wiedergutmachung für das Pilotprojekt zum Täter-Opfer-Ausgleich im Strafvollzug in Baden-Württemberg *Kilchling*, Täter-Opfer-Ausgleich im Strafvollzug, 2017, S. 111.

insbesondere für § 7 Abs. 3 StVollzG NRW, da diesbezüglich die Intention des Landesgesetzgebers nur auf den monetären Ausgleich gerichtet ist.[247]

Die Einbeziehung der Wiedergutmachung und des Tatausgleichs gegenüber dem Straftatopfer dient auch aus straftheoretischer Perspektive der positiven Opferprävention.[248] Dem Opfer wird durch das Angebot der Tataufarbeitung durch die staatliche Institution des Strafvollzugs vermittelt, dass das Unrecht der Tat und die Viktimisierung nicht bereits mit der Verurteilung des Täters bzw. der Täterin zu einer Freiheitsstrafe abgegolten sind. Vielmehr wird im Rahmen einer umfassenden Tataufarbeitung im Vollzug die strafgerichtliche Feststellung des Unrechts auch gegenüber dem Opfer noch einmal bestätigt. Dies kann positive Auswirkungen auf die Rehabilitation des Straftatopfers und den eigenen Prozess bei der Bewältigung der Viktimisierungsfolgen haben.

Gleiches ergibt sich aus der Gefangenenperspektive. Selbst wenn Gefangene die materiellen und immateriellen Schäden beim Straftatopfer ausgleichen wollten, so würde dies die meisten Gefangenen finanziell überfordern. Ein Grund für diese Überforderung ist die geringe Arbeitsentlohnung während des Strafvollzugs.[249] Als Alternative zu einem monetären Ausgleich kommen daher auch aus Gefangenenperspektive ideelle Maßnahmen des Tatausgleichs in Betracht.[250] Zu denken ist daneben an Methoden der Restorative Justice i. w. S. wie beispielsweise die symbolische Wiedergutmachung. Dies betrifft zum einen Konstellationen, in denen das Opfer zu einem Tatausgleich nicht bereit oder dieser aus anderen Gründen nicht möglich ist. Zum anderen erscheint eine symbolische Wiedergutmachung auch bei sogenannten opferlosen Delikten möglich.[251]

---

[247] Hierzu oben im Abschnitt 16.3.1.6; *Schmitt*, in: BeckOK BremStVollzR, 17. Ed. Stand: 01.03.2022, BremStVollzG § 5 Rn. 6, nimmt dies auch für das BremStVollzG an.

[248] Ausführlich zur Opferprävention in den straftheoretischen Grundlagen oben im Abschnitt 11.2.3.4.

[249] Zu Kritik an der geringen Arbeitsentlohnung im Vollzug siehe nur *Dünkel*, Täter-Opfer-Ausgleich und Schadenswiedergutmachung, in: Marks/Rössner (Hrsg.), Täter-Opfer-Ausgleich, 1990, S. 408; *Kawamura*, ZfStrVo 1994, 3 ff.; *Steffens*, Wiedergutmachung und Täter-Opfer-Ausgleich, 1999, S. 81; *Laubenthal*, in: Laubenthal/Nestler/Neubacher/Verrel (Hrsg.), StVollzG, 12. Aufl. 2015, H Rn. 132; *Laubenthal*, Strafvollzug, 8. Aufl. 2019, Rn. 168.

[250] Siehe auch die Ergebnisse des Pilotprojekts zum Täter-Opfer-Ausgleich im Strafvollzug in Baden-Württemberg bei *Kilchling*, Täter-Opfer-Ausgleich im Strafvollzug, 2017, S. 111, 113.

[251] So bereits *Müller-Dietz*, GA 1985, 147 (153); siehe auch *Jacob/Prätor/Höher u. a.*, Projekt Opferorientierung im Justizvollzug. Abschlussbericht, herausgegeben von der Projektgruppe „Opferorientierung im Justizvollzug“, 2016, S. 24.

In beiden Fällen kann der bzw. die Gefangene zwar den Wunsch nach Wiedergutmachung und Verantwortungsübernahme haben, die Umsetzung jedoch mangels Ausgleichspartner:in schwierig sein. Der Begriff des Tatausgleichs muss jedoch nicht allein auf den finanziellen Ausgleich von Tatfolgen beim Opfer bezogen werden. Vielmehr kann der Tatausgleich ebenso auf eine Wiedergutmachung des Normgeltungsschadens beim konkreten Opfer, die Durchführung anderer Formen der Restorative Justice i. e. S. wie beispielsweise das Conferencing-Modell oder eine Wiedergutmachung des allgemeinen Normgeltungsschadens in der Gesellschaft bezogen werden.[252] Daher erscheint ebenso die Berücksichtigung der wiedergutmachenden Justiz möglich. Dies kann bei Gefangenen, die zu einer Wiedergutmachung bereit sind, letztlich ebenso positive Effekte für das Erreichen des Vollzugsziels haben wie ein Täter-Opfer-Ausgleich.

16.5.3 Vorschriften zum Vollzugs- und Eingliederungsplan

Für die teleologische Auslegung der Vorschriften zum Vollzugs- und Eingliederungsplan ist zunächst deren Sinn und Zweck zu klären. Die Erstellung eines Vollzugsplans dient der Konkretisierung des Vollzugsziels[253] und ist daher ein zentrales Element des Resozialisierungsvollzugs[254]. Im Vollzugsplan werden die grundlegenden Entscheidungen des Vollzugsverlaufs festgelegt, weshalb er als Orientierungshilfe für die Vollzugsmitarbeiter:innen, aber auch für die Gefangenen selbst anzusehen ist.[255] In einigen Landesgesetzen wird die Bezeichnung „Vollzugs- und Eingliederungsplan" verwendet[256], wodurch die Bedeutung der

[252] Vgl. schon *Joiko/Gelber*, TOA-Magazin 01/2013, 14 (15); ähnlich auch *Jacob/Prätor/Höher u. a.*, Projekt Opferorientierung im Justizvollzug. Abschlussbericht, herausgegeben von der Projektgruppe „Opferorientierung im Justizvollzug", 2016, S. 24; *Jacob*, Forum Strafvollzug 2017, 306 (307); *Jesse/Jacob/Prätor*, Opferorientierung im Justizvollzug, in: Maelicke/Suhling (Hrsg.), Das Gefängnis auf dem Prüfstand, 2018, S. 168.

[253] So *Weßels/Böning*, in: AK-StVollzG, 8. Aufl. 2022, Teil II, § 8 LandesR Rn. 2; vgl. auch BVerfG NStZ-RR 2008, 60 (61 f.).

[254] *Morgenstern/Wischka*, in: Schwind/Böhm/Jehle/Laubenthal (Hrsg.), StVollzG, 7. Aufl. 2019, 2. Kap. C. Rn. 1; *Laubenthal*, Strafvollzug, 8. Aufl. 2019, Rn. 322.

[255] *Laubenthal*, Strafvollzug, 8. Aufl. 2019, Rn. 322.

[256] So beispielsweise in Brandenburg, Mecklenburg-Vorpommern, Rheinland-Pfalz, Saarland, Sachsen und Thüringen.

Eingliederung der Gefangenen in die Gesellschaft auch für die Vollzugsplanung besonders betont wird.[257]

Bereits in den Überlegungen zu den kriminalpolitischen Grundlagen konnte festgestellt werden, dass die Einbeziehung des Tatausgleichs bzw. des Täter-Opfer-Ausgleichs in die Regelungen zu den Vollzugs- und Eingliederungsplänen als eine besondere Gewichtung der Restorative Justice in den Landesgesetzen anzusehen ist.[258] Insbesondere folgt aus einer Aufnahme derartiger Maßnahmen in den Vollzugsplan eine Selbstbindung der Verwaltung, woraus ein Anspruch des bzw. der Gefangenen auf eine sachgerechte Durchführung der Maßnahmen des Vollzugsplans resultiert.[259] Hieraus folgt wiederum, dass in jenen Ländern mit Regelungen, welche die Aufnahme von Maßnahmen des Tatausgleichs und/oder des Täter-Opfer-Ausgleichs in den Vollzugsplan vorsehen, durch die Anstalten die notwendigen Voraussetzungen für eine sachgerechte Durchführung geschaffen werden müssen. Folglich hat die Vollzugsanstalt bei einer Aufnahme des Tatausgleichs bzw. des Täter-Opfer-Ausgleichs in den Vollzugsplan die personellen und räumlichen Ressourcen für die Durchführung dieser Maßnahmen zu gewährleisten.

Hinsichtlich der konkreten Durchführung von Ausgleichsverfahren kann auf die allgemeinen Kriterien für die Berücksichtigung der Wiedergutmachung und des Tatausgleichs im Vollzug verwiesen werden.[260] Letztlich dürften die Regelungen zum Tatausgleich unter Einschluss des Täter-Opfer-Ausgleichs so auszulegen sein, dass solche Maßnahmen nur dann in den Vollzugsplan aufgenommen werden, wenn sie der Resozialisierung des bzw. der Gefangenen dienen und eine sekundäre bzw. erneute Viktimisierung oder Instrumentalisierung des Straftatopfers nicht zu befürchten sind. Andernfalls wäre die Anstalt verpflichtet, einen Tatausgleich zu ermoglichen, der nicht mit den Grundprinzipien der Restorative Justice – wie namentlich Freiwilligkeit und umfassende Einbeziehung der betroffenen Parteien – vereinbar ist. Weiterhin würde eine derartige Verpflichtung der Anstalt in einem Widerspruch zum Resozialisierungsziel und zum Opferschutzgedanken stehen. Dies ist jedoch nicht mit dem Sinn und Zweck des Vollzugsplans vereinbar, wonach dieser dem Resozialisierungsziel dienen soll.

---

[257] Vgl. *Laubenthal*, Strafvollzug, 8. Aufl. 2019, Rn. 322; Landtag Brandenburg Begründung Drs. 5/6437, Begründung S. 21.

[258] Hierzu im Abschnitt 9.3.4.1.1.

[259] *Nestler*, in: Laubenthal/Nestler/Neubacher/Verrel (Hrsg.), StVollzG, 12. Aufl. 2015, C Rn. 35.

[260] Hierzu soeben im Abschnitt 16.5.1.

16.5.4 Vorschriften zur (sozialen) Hilfe im Vollzug

Mit den Regelungen zur (sozialen) Hilfe im Vollzug wurde bereits im StVollzG Bund dem Sozialstaatsprinzip des Art. 20 Abs. 1 GG Rechnung getragen.[261] Der Gedanke der sozialen Hilfe im Vollzug wurde in die Landesgesetze übernommen, so dass sich heute in allen Landesgesetzen gleichlautende oder ähnliche Vorschriften wie in §§ 71 ff. StVollzG Bund finden.

Die besondere Betonung des Tatausgleichs in diesen Vorschriften zur (sozialen) Hilfe in einigen Landesgesetzen stimmt mit dem Ergebnis der Überlegungen zu den verfassungsrechtlichen Grundlagen überein, wonach die Berücksichtigung der Wiedergutmachung und des Tatausgleichs als Ausfluss des verfassungsrechtlichen Sozialstaatsprinzips anzusehen sind.[262] Daneben hat auch die historische Auslegung bereits ergeben, dass die Unterstützung der Gefangenen bei Wiedergutmachung und Tatausgleich dem Resozialisierungsziel dienen soll.[263] In diesen Prozess können sowohl nach dem Wortlaut als auch nach der Gesetzesbegründung neben den Gefangenen und den Opfern auch mitbetroffene Angehörige einbezogen werden. Insofern ist das sogenannte Conferencing-Modell als Methode der Restorative Justice i. e. S. zwar nicht ausdrücklich, wohl aber nach dem Sinn und Zweck der Vorschrift in § 21 Abs. 1 LStVollzG SH verankert.[264]

Zugleich ist mit Blick auf die Vorschriften zur Hilfe im Vollzug jedoch auch die Gefahr einer sekundären oder gar erneuten Viktimisierung des Opfers zu beachten, die durch Maßnahmen des Tatausgleichs drohen.[265] Hieraus folgt, dass bei der Anregung der Gefangenen zum Tatausgleich und bei der Unterstützung der Durchführung dieser Maßnahmen Opferschutzgesichtspunkte zu beachten sind.

Als ein bemerkenswertes Beispiel kann insofern § 21 LStVollzG SH angeführt werden, dessen Gesetzeswortlaut ausdrücklich auf die Grenzen des Tatausgleichs im Strafvollzug hinweist. Die Vorschrift fordert in ihrem Absatz 1 die Freiwilligkeit der Beteiligten und enthält das Ziel der dauerhaften Konfliktlösung.

---

[261] Vgl. *Laubenthal*, Strafvollzug, 8. Aufl. 2019, Rn. 643; zu den Landesgesetzen siehe etwa Begründung zu § 5 StVollzG MV Landtag Mecklenburg-Vorpommern Drs. 6/1337, S. 72.

[262] Hierzu ausführlich oben im Abschnitt 10.2.1.

[263] Soeben im Abschnitt 16.3.3; vgl auch *Straßer*, in: BeckOK StVollzR Sachsen, 18. Ed. Stand: 01.03.2022, SächsStVollzG § 5 Rn. 17.

[264] Zum Conferencing-Modell siehe oben in den kriminologischen Grundlagen im Abschnitt 7.2.1.4.2.2.

[265] Zur Gefahr einer sekundären Viktimisierung bei Ausgleichsverfahren zwischen Täter:in und Opfer bereits oben im Abschnitt 7.2.3.

Weiterhin ist die Vollzugsanstalt gemäß § 21 Abs. 1 S. 2 LStVollzG SH ausdrücklich für die Sicherstellung der Vermittlung an Mediationsstellen verantwortlich. Die Vorschrift des § 21 LStVollzG SH entspricht damit in weiten Teilen den in der Literatur entwickelten Anforderungen an Konzepte der Restorative Justice[266]. Dies war ausweislich der Gesetzesbegründung auch die Zielsetzung des schleswig-holsteinischen Landesgesetzgebers.[267]

Problematisch erscheint am schleswig-holsteinischen Recht lediglich, dass die Anstalt durch die Mediationsstelle gemäß § 21 Abs. 2 LStVollzG SH über das Ergebnis der Ausgleichsmaßnahme und gegebenenfalls getroffener Wiedergutmachungsvereinbarungen zu unterrichten ist. Dies könnte bei einem negativen Verlauf des Ausgleichsversuchs zu negativen Folgen für den Gefangenen beispielsweise hinsichtlich späterer Vollzugsentscheidungen führen.[268] Richtigerweise muss die Anstalt hierbei aber beachten, dass beispielsweise ein Abbruch des Ausgleichsverfahrens seitens des bzw. der Gefangenen immer möglich sein muss, wie sich bereits aus § 21 Abs. 1 S. 3 und 4 LStVollzG SH ergibt. Daher widerspräche es dem Sinn und Zweck der Freiwilligkeitsvorgabe, wenn ein Abbruch des Ausgleichsverfahrens negative Folgen für die Gefangenen hätte.[269] Demgegenüber können negative Einwirkungen des bzw. der Gefangenen auf das Opfer während des Ausgleichsverfahrens auf einen weiterhin bestehenden Resozialisierungsbedarf oder gar eine Gefährdung für das Opfer hindeuten. In solchen Fällen wäre eine Berücksichtigung des Ergebnisses der Maßnahme ausnahmsweise im Hinblick auf das Recht auf Opferschutz aus Art. 2 Abs. 2 S. 1 GG bei bestimmten besonders schutzbedürftigen Opfergruppen zulässig. Für alle übrigen Opfer besteht eine staatliche Fürsorgepflicht aus Art. 20 Abs. 1 GG hinsichtlich der Vermeidung weiterer Beeinträchtigungen.[270] Daneben besteht zudem durch die Vollzugsaufgabe des Schutzes der Allgemeinheit vor den Gefangenen und der damit übereinstimmenden allgemeinen Aufgabe zur Straftatprävention die staatliche Schutzpflicht gegenüber den Opfern als Teil der Allgemeinheit.[271]. Die

[266] Ausführlich zum Konzept der Restorative Justice oben im Abschnitt 7.2.1.

[267] Vgl. Landtag Schleswig-Holstein Drs. 18/3153, S. 111.

[268] *Schöch*, Forum Strafvollzug 2016, 274 (274); *Kratzer-Ceylan/Kaspar*, Forum Strafvollzug 2017, 295 (299); allgemein zur Problematik der Freiwilligkeit für Gefangene *Mayer*, Täter-Opfer-Ausgleich im Strafvollzug, 2017, S. 25, 284 f.

[269] Ähnlich bereits *Joiko/Gelber*, TOA-Magazin 01/2013, 14 (15); für die Wahrung des Freiwilligkeitsprinzips gegenüber Gefangenen siehe auch *Schöch*, Forum Strafvollzug 2016, 274 (278); *Bahl/Pollähne*, in: AK-StVollzG, 8. Aufl. 2022, Teil II, § 5 LandesR Rn. 74.

[270] Ausführlich zur sozialstaatlichen Fürsorgepflicht gegenüber Straftatopfern oben im Abschnitt 10.2.1.1.

[271] Zur Vollzugsaufgabe des Schutzes der Allgemeinheit oben im Abschnitt 5.1.2.

Berücksichtigung der Ergebnisse der Ausgleichsmaßnahme im Rahmen weiterer Vollzugsentscheidungen zum Schutz des konkreten Opfers betrifft jedoch Ausnahmefälle und bedarf zudem einer umfassenden Abwägung im Einzelfall unter Berücksichtigung des verfassungsrechtlichen Resozialisierungsinteresses des bzw. der Gefangenen.

Die in § 21 Abs. 2 LStVollzG SH geforderte Mitteilung von Wiedergutmachungsvereinbarungen an die Anstalt ist demgegenüber wenig problematisch, da nur so eine Unterstützung der Gefangenen bei der Erfüllung dieser Vereinbarungen durch die Anstalt überhaupt erst ermöglicht wird.

Die Umsicht des Landesgesetzgebers von Schleswig-Holstein wird gerade auch durch die Regelung zur Kostenerstattung in § 21 Abs. 3 LStVollzG SH ersichtlich. Demnach sollen dem Opfer und Angehörigen angemessene Fahrtkosten und Aufwandsentschädigungen erstattet werden. Insofern wurde durch den Landesgesetzgeber gerade auch berücksichtigt, dass ein Tatausgleich zumindest nicht an hohen Fahrtkosten oder sonstiger Kosten für die Opfer oder Angehörigen scheitern sollte.

Darüber hinaus dürfte eine Kostenerstattung nach § 21 Abs. 3 LStVollzG SH auch dann Anwendung finden, wenn ein Tatausgleich nicht stattgefunden hat und gleichwohl Kosten im Sinne der Vorschrift entstanden sind. Dies kommt beispielsweise in Fällen in Betracht, in denen das Opfer für den Tatausgleich bereits angereist ist, der bzw. die Gefangene aber kurzfristig an der Maßnahme nicht teilnehmen kann oder will. In diesen Fällen sind die Fahrtkosten und Auslagen des Opfers und der Angehörigen gleichwohl entstanden. Somit werden durch die Regelung zur Kostenerstattung auch die Interessen des Opfers gewahrt, falls es nicht zum Tatausgleich kommt und es durch die Ausgaben für die Anreise erheblich belastet ist. Bei einer Durchführung von Methoden wie dem Conferencing, bei welchem auch die Angehörigen von Opfer und Täter:in in die Konfliktlösung einbezogen werden, ergibt sich zudem, dass hinsichtlich der Kostenerstattung nicht zwischen Opferangehörigen und Angehörigen der Gefangenen zu unterscheiden ist. Dies ergibt sich bereits aus dem Umstand, dass nach dem Konzept des Conferencing alle beteiligten Personen für die Durchführung des Ausgleichsverfahrens von Bedeutung sind.[272] Insofern muss auch die Kostenerstattung für alle beteiligten Angehörigen gleichermaßen erfolgen. Auf eine Bedürftigkeit der Beteiligten kommt es nach der Änderung der Regelung seit dem 01.01.2022 richtigerweise nicht mehr an, da auch die Abfrage der finanziellen Verhältnisse von

[272] Ausführlich zum Conferencing-Modell in den kriminologischen Grundlagen im Abschnitt 7.2.1.4.2.2.

Opfern und Angehörigen eine stigmatisierende Wirkung haben kann und eine solche nicht mit einem schonenden Umgang mit Opfern und Angehörigen vereinbar ist.

Insgesamt nehmen die Vorschriften zur Hilfe im Vollzug vornehmlich das konkrete Straftatopfer in den Blick. Hieraus folgt, dass die wiedergutmachende Justiz in diesem Zusammenhang nicht von Bedeutung ist. Hierauf deuten auch jene Vorschriften hin, die sich zwar nicht konkret auf das Straftatopfer beziehen, wohl aber die Schadenswiedergutmachung in den Blick nehmen.[273]

Sinn und Zweck der Regelungen zur (sozialen) Hilfe im Vollzug unter Berücksichtigung des opferorientierten Strafvollzugs ist daher der Ausgleich bzw. die Schadenswiedergutmachung beim konkreten Straftatopfer.[274] Allerdings ergibt sich aus der Einbeziehung der Opferperspektive in die Vorschriften zur Hilfe im Vollzug ebenso, dass seitens der Anstalt eine Unterstützung des bzw. der Gefangenen bei Maßnahmen der Wiedergutmachung und des Tatausgleichs vorausgesetzt wird. Nur so können die Gefangenen in die Lage versetzt werden, Verantwortung für ihre Straftaten und deren Folgen auch gegenüber dem Opfer zu übernehmen.

16.5.5 Vorschriften zum Überbrückungs- und Eingliederungsgeld

Eine Vorschrift zum Überbrückungsgeld enthielt bereits das StVollzG Bund. Nach der Gesetzesbegründung sollte sie dem Zweck dienen, dass die Gefangenen nach ihrer Entlassung über finanzielle Mittel für den Übergang in die Freiheit verfügen.[275] Insofern war die Ansparung des Überbrückungsgeldes nach § 51 StVollzG Bund eng mit dem Nutzen dieses Geldes für die Eingliederung der Gefangenen verbunden. Ein opferbezogener Zweck wurde mit der Regelung des StVollzG Bund jedoch nicht verfolgt.[276]

---

[273] § 41 Abs. 2 S. 2 JVollzGB III BaWü; § 5 Abs. 2 BremStVollzG; § 26 Abs. 1 S. 2 HStVollzG.

[274] Ähnlich speziell für das HStVollzG *Kunze*, in: BeckOK HStVollzR, 17. Ed. Stand: 01.03.2022, HStVollzG § 26 Rn. 7; für das ThürJVollzGB *Goers*, in: BeckOK StVollzR TH, 20. Ed. Stand: 01.05.2022, ThürJVollzGB § 11 Rn. 3.

[275] Vgl. BT-Drs. 7/918, S. 70 f.; siehe auch *Nestler*, in: Laubenthal/Nestler/Neubacher/Verrel (Hrsg.), StVollzG, 12. Aufl. 2015, F Rn. 173; *Laubenthal*, Strafvollzug, 8. Aufl. 2019, Rn. 473.

[276] Vgl. bereits die Überlegungen zur historischen Auslegung im Abschnitt 16.3.4.1; für eine enge Auslegung siehe auch *Arloth*, in: BeckOK BayStVollzR, 16. Ed. Stand: 01.04.2022, Art. 51 Rn. 9.

Im Gegensatz dazu hat bereits die Wortlautauslegung der Regelungen der Länder Brandenburg, Hamburg, Niedersachsen, Nordrhein-Westfalen und Sachsen ergeben, dass eine vorzeitige Verwendung des Eingliederungs- bzw. Überbrückungsgeldes zugunsten des Opfers möglich ist.[277] Daneben hat auch die historische Auslegung gezeigt, dass die gesetzlich vorgesehene Möglichkeit einer vorzeitigen Verwendung des Überbrückungsgeldes für die Entschädigung von Opfern der Berücksichtigung von Opferbelangen dient.[278] Die Einbeziehung der Entschädigungsmöglichkeiten gegenüber dem Opfer in die Regelungen zu den Geldmitteln der Gefangenen entspricht der Zielsetzung eines opferbezogenen Strafvollzugs. Darüber hinaus dürfte insbesondere die Begründung zu § 62 Abs. 3 SächsStVollzG insofern verallgemeinerungsfähig sein, als neben der Berücksichtigung von Opferbelangen den Gefangenen auch ermöglicht wird, Reue zu zeigen und einen Teil ihrer Schuld gegenüber dem Opfer abzutragen.[279]

Demgegenüber dürfte für die Regelungen der Länder Baden-Württemberg, Bayern und Hessen das gleiche Telos wie für das StVollzG Bund gelten. In diesen Ländern ist eine enge Orientierung am Konzept des StVollzG zu erkennen und die Interessen der Opfer werden dementsprechend nicht berücksichtigt.[280]

Neben der ausdrücklich geregelten Entschädigungsmöglichkeit der Opfer in Brandenburg, Hamburg, Nordrhein-Westfalen und Sachsen dürfte aber auch in allen anderen Bundesländern die Opferorientierung gerade auch die Verwendung von Geldmitteln für die Entschädigung von Straftatopfern beinhalten.[281] Hierfür spricht auch die Empfehlung in Nr. 105.5 der Europäischen Strafvollzugsgrundsätze, die gerade den monetären Tatausgleich mit Gefangenengeldern während der Haftzeit vorschlägt.[282] Eine derartige Verwendung des Überbrückungsgeldes zur Entschädigung des Opfers kommt gleichwohl nur dann in Betracht, wenn dies durch die Gefangenen gewünscht ist. Eine erzwungene Entschädigung mit Geldmitteln, die der Eingliederung dienen sollen, widerspricht dem Vollzugsziel der Resozialisierung und ist daher nicht mit diesem vereinbar.

---

[277] Zu Brandenburg, Hamburg und Sachsen oben im Abschnitt 16.2.4.2; zu Nordrhein-Westfalen oben im Abschnitt 16.2.4.4.

[278] Zu Brandenburg, Hamburg und Sachsen oben im Abschnitt 16.3.4.3; zu Niedersachsen siehe oben im Abschnitt 16.3.4.4; zu Nordrhein-Westfalen siehe oben im Abschnitt 16.3.4.5.

[279] Vgl. Landtag Sachsen Drs. 5/10920, S. 129.

[280] Hierzu bereits in der historischen Auslegung oben im Abschnitt 16.3.4.2.

[281] Für eine enge Auslegung des Art. 51 Abs. 3 BayStVollzG ohne ausdrückliche Ablehnung der Opferentschädigung *Arloth*, in: BeckOK BayStVollzR, 16. Ed. Stand: 01.04.2022, BayStVollzG Art. 51 Rn. 9.

[282] Hierzu bereits oben in den internationalrechtlichen Grundlagen im Abschnitt 8.2.1.5.

Besteht der Wunsch des bzw. der Gefangenen nach einem monetären Ausgleich mit dem Opfer, so kann die Verwendung des Überbrückungsgeldes durchaus der Resozialisierung dienen. Es entspricht dem Bemühen einer umfassenden Konfliktlösung, wenn den Gefangenen die Möglichkeit gegeben wird, das Unrecht gegenüber dem Opfer durch Entschädigungszahlungen zumindest symbolisch wiedergutzumachen[283]. Den Gefangenen wird somit eine niedrigschwellige Möglichkeit geboten, Verantwortung für ihre Straftaten und deren Folgen zu übernehmen. Dies dient letztlich der Resozialisierung.

Aus der Perspektive der Opfer ist zu beachten, dass die Entschädigungszahlungen aus dem angesparten Überbrückungsgeld im Regelfall nicht sonderlich hoch ausfallen dürften. Dies liegt zum einen an der geringen Arbeitsentlohnung im Vollzug.[284] Zum anderen ist ein weiterer Grund, dass zumindest nach § 47 Abs. 3 S. 3 HmbStVollzG und § 37 Abs. 4 StVollzG NRW die Genehmigung zur vorzeitigen Verwendung seitens der Anstalt nur erteilt werden kann, wenn dem bzw. der Gefangenen ausreichend Geld für den eigentlichen Zweck des Überbrückungsgeldes verbleibt. Insofern dürften Entschädigungen aus dem Überbrückungsgeld in der Rechtspraxis insgesamt eher eine symbolische Wirkung haben.[285] Nichtsdestotrotz kann auch diese symbolische Leistung des bzw. der Gefangenen für die Rehabilitierung des Straftatopfers förderlich sein. Dennoch sollte langfristig die Arbeitsentlohnung von Gefangenen insbesondere unter Berücksichtigung der Opferbelange im Vollzug erhöht werden, um die Entschädigung der Opfer durch finanzielle Leistungen der Gefangenen zu ermöglichen und somit dem Normzweck der landesrechtlichen Regelungen Genüge zu tun. Hierin ist letztlich ebenfalls ein Beitrag zur positiven Opferprävention zu erblicken, wenn die monetären Ausgleichsinteressen von Straftatopfern im Strafvollzug gerade auch durch eine angemessene Entlohnung der Gefangenen mittelbar berücksichtigt werden.

---

[283] In diesem Sinne bereits *Müller-Dietz*, GA 1985, 147 (153); *Kaspar*, ZfStrVo 2005, 85 (86); vgl. auch *Straßer*, in: BeckOK StVollzR Sachsen, 18. Ed. Stand: 01.03.2022, SächsStVollzG § 62 Rn. 40; in die Richtung einer nur symbolischen Geldzahlung deuten auch die Erkenntnisse der wissenschaftlichen Begleitung eines Projekts zum Täter-Opfer-Ausgleich im Strafvollzug, vgl. *Schlupp-Hauck/Hartmann/Mayer u. a.*, Täter-Opfer-Ausgleich im Justizvollzug, in: Kriegel-Schmidt (Hrsg.), Mediation als Wissenschaftszweig, 2017, S. 278, wonach ein Ausgleich oft an den geringen finanziellen Mitteln der Gefangenen scheitert.

[284] Allgemein zur Höhe der Arbeitsentlohnung im Vollzug siehe nur *Galli*, in: AK-StVollzG, 8. Aufl. 2022, Teil II, § 55 LandesR Rn. 10 ff., 50 ff.; *Laubenthal*, Strafvollzug, 8. Aufl. 2019, Rn. 442.

[285] Zur Notwendigkeit einer entsprechenden Aufklärung der Straftatopfer *Bliesener*, Opferorientierung im Justizvollzug, in: Höffler/Jesse/Bliesener (Hrsg.), Opferorientierung im Strafvollzug, 2019, S. 124.

16.6 Gesamtbetrachtung

16.6.1 Ergebnisse der grammatischen Auslegung

16.6.1.1 Allgemeine Vorschriften

Die grammatische Auslegung hat für die allgemeinen Vorschriften zunächst Folgendes ergeben. In den Landesgesetzen werden die Einsicht in die Tatfolgen für das Opfer[286] bzw. die Auseinandersetzung mit der Tat und deren Folgen[287] innerhalb der allgemeinen Vorschriften geregelt und somit die Grundlagen für die Wiedergutmachung und den Tatausgleich gelegt.

Während alle Landesgesetze auf die Folgen der Tat abstellen, werden in einigen Gesetzen auch die Schäden der Straftat in den Mittelpunkt gerückt[288]. Mit Blick auf die Einbeziehung mittelbarer Folgen der Straftat ergibt sich bei der letztgenannten Regelungsvariante ein höherer Begründungsaufwand, da der Begriff des Schadens diesbezüglich einer weiten Auslegung bedarf.

Von den Ländern, welche den Ausgleich von Straftatschäden in den Mittelpunkt gerückt haben, werden im Wortlaut nur in Berlin und Nordrhein-Westfalen immaterielle Schäden ausdrücklich benannt. Die übrigen Länder[289] enthalten allerdings auch keine Beschränkung auf materielle Schäden, sodass der Wortlaut einer Einbeziehung von immateriellen Schäden zumindest nicht entgegensteht.

Ein ausdrücklicher Bezug zum Tatopfer findet sich in den Gesetzen der Länder Baden-Württemberg, Bayern, Berlin, Brandenburg, Hessen, Hamburg, Nordrhein-Westfalen, Rheinland-Pfalz, Sachsen-Anhalt und Thüringen. In diesen Ländern wird entweder die Auseinandersetzung mit den Folgen bzw. Schäden für das Opfer angeführt[290] oder gar ausdrücklich auf Maßnahmen zum Ausgleich ebendieser abgestellt[291].

In den Gesetzen der Länder Baden-Württemberg, Hessen und Nordrhein-Westfalen werden bereits in den allgemeinen Vorschriften „Maßnahmen zum

---

[286] Baden-Württemberg, Bayern, Hessen, Niedersachsen, Nordrhein-Westfalen; ähnlich auch Berlin.

[287] Berlin, Brandenburg, Bremen, Hamburg, Mecklenburg-Vorpommern, Rheinland-Pfalz, Saarland, Sachsen, Sachsen-Anhalt, Schleswig-Holstein Thüringen, auch Niedersachen.

[288] Bayern, Berlin, Brandenburg, Nordrhein-Westfalen, Rheinland-Pfalz, Sachsen-Anhalt, Thüringen.

[289] Bayern, Brandenburg, Rheinland-Pfalz, Sachsen-Anhalt, Thüringen; ähnlich auch Baden-Württemberg, Hessen, Niedersachsen.

[290] Hamburg, Brandenburg, Rheinland-Pfalz, Sachsen-Anhalt, Thüringen.

[291] Baden-Württemberg, Bayern, Berlin, Hessen, Nordrhein-Westfalen.

Ausgleich“ genannt; in Bayern wird konkret auf den Täter-Opfer-Ausgleich Bezug genommen. In Berlin wird die Schadenswiedergutmachung genannt.

Die Maßnahmen zum Ausgleich von Tatfolgen bzw. die Wiedergutmachung des Schadens sollen in Baden-Württemberg „angestrebt“ und in Hessen „vertieft“ werden. In Bayern und Berlin sind die Gefangenen zu solchen Maßnahmen „anzuhalten“. Nordrhein-Westfalen sieht eine Unterstützung bei der Wiedergutmachung der Straftatschäden vor. Trotz der unterschiedlichen sprachlichen Gestaltung dieser Handlungsanweisungen gegenüber den Vollzugsanstalten wird deutlich, dass keine generelle Förderungspflicht für „Maßnahmen zum Ausgleich“ der Tatfolgen besteht. Vielmehr deuten die Worte „anstreben“, „vertiefen“, „unterstützen“ und „anhalten“ darauf hin, dass die Anstalt aktiv auf geeignete Maßnahmen hinwirken soll. Daher wurden die Regelungen in den Landesgesetzen auch als „Soll“-Vorschriften ausgestaltet.

Hinsichtlich der Ausgleichsmaßnahmen sehen Baden-Württemberg, Bayern und Nordrhein-Westfalen eine qualitative Beschränkung vor. So sollen nach der Regelung aus Baden-Württemberg „geeignete Maßnahmen zum Ausgleich angestrebt werden“. Nach der bayerischen Regelung ist die Durchführung „eines Täter-Opfer-Ausgleichs […] in geeigneten Fällen anzustreben“. In Nordrhein-Westfalen wurde normiert, dass die „Gefangenen […] durch geeignete Behandlungsmaßnahmen dazu angehalten werden [sollen], Verantwortung für ihre Tat zu übernehmen“.

Für die wiedergutmachende Justiz finden sich in den allgemeinen Vorschriften zwar keine ausdrücklichen Anknüpfungspunkte. Die allgemeinen Vorschriften stehen ihrem Wortlaut nach einer Einbeziehung der wiedergutmachenden Justiz jedoch auch nicht entgegen. Insbesondere kann die Übernahme von Verantwortung und die Wiedergutmachung von Straftatschäden auch Maßnahmen umfassen, die der wiedergutmachenden Justiz zugeordnet werden. Zu denken ist insbesondere an die symbolische Wiedergutmachung gegenüber der Gesellschaft.[292]

16.6.1.2 Vorschriften zum Vollzugs- und Eingliederungsplan

Für die Vorschriften zum Vollzugs- und Eingliederungsplan lässt sich nach der grammatischen Auslegung Folgendes festhalten.

In den meisten Landesgesetzen wurde der Ausgleich von Tatfolgen innerhalb der Vorschrift zum Inhalt des Vollzugs- und Eingliederungsplans normiert.[293] In

---

[292] In diesem Sinne auch *Bliesener*, Opferorientierung im Justizvollzug, in: Höffler/Jesse/Bliesener (Hrsg.), Opferorientierung im Strafvollzug, 2019, S. 122 ff.

[293] Berlin, Brandenburg, Bremen, Hamburg, Hessen, Mecklenburg-Vorpommern, Nordrhein-Westfalen, Rheinland-Pfalz, Saarland, Sachsen, Schleswig-Holstein und Thüringen.

einigen Ländern wurde der Bezug zum Opfer durch die ausdrückliche Benennung des Täter-Opfer-Ausgleichs in diesem Zusammenhang herausgestellt.[294]

Allerdings ergibt sich zumindest für die am ME LStVollzG orientierten Landesgesetze aus dem Wortlaut der untersuchten Vorschriften, dass der Ausgleich von Tatfolgen kein essentieller Bestandteil des Vollzugs- bzw. Eingliederungsplans ist.[295] Eine vergleichbare Beschränkung der Bedeutung des Ausgleichs von Tatfolgen findet sich in den Regelungen der übrigen Länder nicht.[296]

Die untersuchten Regelungen stehen zumindest ihrem Wortlaut nach der Einbeziehung von Maßnahmen der wiedergutmachenden Justiz nicht entgegen.

16.6.1.3 Vorschriften zur (sozialen) Hilfe im Vollzug

Mit Blick auf die Vorschriften zur (sozialen) Hilfe im Vollzug konnten für die grammatische Auslegung folgende Erkenntnisse gewonnen werden.

Die Regelungen der Länder Baden-Württemberg und Hessen haben sich stark an der Vorschrift des StVollzG Bund orientiert und enthalten dementsprechend keinen direkten Opferbezug. Allerdings wird die Unterstützung der Gefangenen bei der Regelung bzw. bei der Wiedergutmachung des durch die Straftat verursachten Schadens als Bestandteil der Hilfe im Vollzug angesehen.[297]

Nach den meisten Landesgesetzen sollen die Gefangenen zu Schadenswiedergutmachung „angehalten“ werden.[298] Hierin ist eine konkrete Handlungsanweisung gegenüber der Vollzugsanstalt zur Unterstützung der Schadenswiedergutmachung zu sehen.

Mit Blick auf den Begriff des Schadens ergibt sich folgendes Bild. In den Ländern Hessen und Niedersachsen wird der Begriff durch den Wortlaut selbst nicht weiter konkretisiert. Nach dem Wortlaut der Regelungen der Länder Berlin, Brandenburg, Bremen, Mecklenburg-Vorpommern, Rheinland-Pfalz, Saarland, Sachsen-Anhalt und Thüringen sind sowohl materielle als auch immaterielle Schäden ausdrücklich erfasst.

Wenngleich das Strafvollzugsgesetz des Landes Mecklenburg-Vorpommern stark am ME LStVollzG orientiert ist, ergibt sich für die Regelung zur sozialen Hilfe eine nennenswerte Abweichung. Im StVollzG MV wird bereits durch

---

[294] Hamburg, Mecklenburg-Vorpommern, Sachsen und Schleswig-Holstein.

[295] Dies betrifft die Länder Berlin, Brandenburg, Bremen, Mecklenburg-Vorpommern, Rheinland-Pfalz, Saarland, Sachsen und Thüringen.

[296] Hamburg, Hessen, Nordrhein-Westfalen, Schleswig-Holstein.

[297] „regeln“ in Baden-Württemberg, „wiedergut zu machen“ in Hessen.

[298] Berlin, Brandenburg. Bremen, Niedersachsen, Rheinland-Pfalz, Saarland, Sachsen, Schleswig-Holstein, Thüringen; dies gilt auch für Mecklenburg-Vorpommern, da „anregen“ im Ergebnis nichts anderes meint als „anhalten“.

die Überschrift „Wiedergutmachung und soziale Hilfe" der Wiedergutmachung ein besonderes Gewicht verliehen.

Die Regelung des Landes Niedersachsen weist insgesamt eine besondere Gewichtung der Opferorientierung auf. Dies kommt insbesondere durch die ausdrückliche Benennung des Täter-Opfer-Ausgleichs als eine mögliche Maßnahme der Wiedergutmachung zum Ausdruck. Die Regelung enthält ähnlich wie die allgemeine Vorschrift in Bayern eine qualitative Beschränkung der Wiedergutmachungsmaßnahmen auf „geeignete Fälle". Zudem enthält die Regelung auch organisatorische Vorgaben hinsichtlich der Benennung von Stellen und Einrichtungen zur Durchführung von Wiedergutmachungsmaßnahmen.

Besonders deutlich wird die Gewichtung des Ausgleichs von Tatfolgen durch die eigenständige Vorschrift im Gesetz des Landes Schleswig-Holstein. Durch § 21 LStVollzG SH wird tatfolgenausgleichenden Maßnahmen unter besonderer Nennung des Täter-Opfer-Ausgleichs eine eigene Vorschrift gewidmet. Innerhalb der Vorschrift werden das Ziel der dauerhaften Konfliktlösung und die Freiwilligkeit der Teilnahme aller Beteiligten betont. Weiterhin können aus dem Wortlaut der Vorschrift Hinweis- und Vermittlungspflichten der Anstalt abgeleitet werden, um die Durchführung der tatausgleichenden Maßnahmen zu gewährleisten. Zudem enthält die Vorschrift Vorgaben zum Verfahren und zur Kostenerstattung für Verletzte und Angehörige. Insgesamt wird durch die Vorschrift des § 21 LStVollzG SH deutlich, dass die tatausgleichenden Maßnahmen eng mit dem Vollzugsziel der Resozialisierung verknüpft sind.

Da § 21 LStVollzG SH auf eine Konfliktlösung zwischen den an der Straftat Beteiligten ausgerichtet ist, erscheint eine Einbeziehung der wiedergutmachenden Justiz nicht ohne weiteres möglich. Für die Vorschriften der anderen Länder zur (sozialen) Hilfe im Vollzug kann demgegenüber festgehalten werden, dass sie zumindest ihrem Wortlaut nach einer Einbeziehung der wiedergutmachenden Justiz nicht entgegen stehen.[299] Die Regelungen sind allgemein auf die Wiedergutmachung der Straftatschäden ausgerichtet und weisen nur vereinzelt einen direkten Opferbezug auf.

16.6.1.4 Vorschriften zum Überbrückungs- und Eingliederungsgeld

Die grammatische Auslegung der Vorschriften zum Überbrückungs- und Eingliederungsgeld hat Folgendes ergeben.

---

[299] Dies betrifft die Länder Baden-Württemberg, Berlin, Brandenburg. Bremen, Hessen, Mecklenburg-Vorpommern, Niedersachsen, Rheinland-Pfalz, Saarland, Sachsen und Thüringen.

Die Vorschriften der Länder Baden-Württemberg, Bayern und Hessen weisen keinen ausdrücklichen Opferbezug auf. Allerdings kann das Überbrückungsgeld vorzeitig für Ausgaben verwendet werden, die der Eingliederung dienen. Da der Tatausgleich gerade auch dem Vollzugsziel der Resozialisierung und somit der Eingliederung dienen kann, erscheint eine entsprechende opferbezogene Auslegung möglich.

Einen ausdrücklichen Opferbezug enthalten die Regelungen der Länder Brandenburg, Hamburg und Sachsen. Nach diesen Vorschriften kann[300] bzw. soll[301] die Verwendung des Überbrückungs- bzw. Eingliederungsgeldes für die Entschädigung der Opfer durch die Anstalt gestattet werden.

Die Regelung des Landes Niedersachsen bezieht sich demgegenüber nur allgemein auf den Ausgleich von Straftatschäden und stellt die Gestattung durch die Anstalt in das Ermessen der Behörde.

In Nordrhein-Westfalen wird lediglich auf eine mögliche Gestattung der Verwendung des Überbrückungsgeldes für den Tatausgleich nach § 7 StVollzG NRW abgestellt. Der Tatausgleich umfasst nach § 7 Abs. 2 S. 3 StVollzG NRW wiederum den Ausgleich des materiellen und immateriellen Straftatschadens.

Die opferbezogene Verwendung wird in Hamburg dadurch beschränkt, dass der Zweck des Überbrückungsgeldes nicht gefährdet werden darf. Vergleichbar ist die Voraussetzung in Nordrhein-Westfalen, wonach das Überbrückungsgeld zum Zeitpunkt der Entlassung in „angemessener Höhe“ vorhanden sein muss.

16.6.2 Ergebnisse der historischen Auslegung

16.6.2.1 Allgemeine Vorschriften

Die historische Auslegung hat für die allgemeinen Vorschriften ergeben, dass der Einbeziehung des Opfers verschiedene kriminalpolitische Motive zugrunde lagen.

In den Begründungen zu den Gesetzen der Länder Baden-Württemberg, Bayern und Niedersachsen wurde der Nutzen von Tataufarbeitung und Wiedergutmachung für das Vollzugsziel der Resozialisierung herausgestellt. Hinsichtlich der opferbezogenen Maßnahmen wurde in den Begründungen aus Baden-Württemberg und Nordrhein-Westfalen in diesem Zusammenhang die Entwicklung von Opferempathie benannt. Nach der bayerischen Begründung dient insbesondere die Tataufarbeitung auch dem Opferschutz. Aus den Begründungen

[300] Brandenburg und Hamburg.

[301] Sachsen.

der Länder Berlin, Brandenburg, Rheinland-Pfalz, Sachsen-Anhalt und Thüringen ergibt sich lediglich, dass die Opferperspektive im Allgemeinen einbezogen werden sollte.

Nur in Baden-Württemberg und Berlin wurde die Freiwilligkeit der Teilnahme des Opfers bei Ausgleichsmaßnahmen betont. Die Freiwilligkeit des bzw. der Gefangenen wurde lediglich in der Begründung des Landes Niedersachsen aufgegriffen.

Hinsichtlich der Frage, ob vom Begriff des Schadens auch immaterielle Schäden umfasst sind, geben nur die Begründungen der Länder Bayern, Niedersachsen und Nordrhein-Westfalen Aufschluss. Aus den Begründungen ergibt sich, dass neben materiellen auch immaterielle Schäden erfasst sind. Beachtenswert ist, dass nach der Begründung aus Nordrhein-Westfalen ausdrücklich nur ein monetärer Tatausgleich in Betracht kommt. Ideelle Wiedergutmachungsleistungen des bzw. der Gefangenen sind nach der Gesetzesbegründung ausgeschlossen. Für das Gesetz von Nordrhein-Westfahlen hat daher die historische Auslegung ergeben, dass der Ausgleich immaterieller Schäden beim Opfer allenfalls durch Schmerzensgeldzahlungen seitens der Gefangenen möglich ist.

Für die Frage, ob auch die wiedergutmachende Justiz durch die Landesgesetzgeber in den Blick genommen wurde, ergibt sich kein einheitliches Bild. In der Begründung des Landes Baden-Württemberg wird ausdrücklich nur der Täter-Opfer-Ausgleich als Variante der Wiedergutmachung benannt. Demgegenüber enthalten die Begründungen der Länder Bayern und Niedersachsen durchaus Hinweise auf eine mögliche Berücksichtigung der wiedergutmachenden Justiz.

16.6.2.2 Vorschriften zum Vollzugs- und Eingliederungsplan

Die historische Auslegung zu den Vorschriften zum Vollzugs- und Eingliederungsplan war wenig ergiebig. Zumindest konnte die Sichtung der Gesetzesbegründung zum StVollzG Bund zeigen, dass dort der Themenkreis Wiedergutmachung und Tatausgleich nicht von Bedeutung war. Insofern stellt die Aufnahme des Ausgleiches von Tatfolgen in die Landesstrafvollzugsgesetze eine tatsächliche Neuerung dar.

Beachtenswert ist jedoch, dass der Ausgleich von Tatfolgen nach den Gesetzesbegründungen keine Maßnahme ist, die immer als resozialisierungsförderlich einzuordnen ist. Vielmehr zählen einige Begründungen den Ausgleich von Tatfolgen zu jenen Maßnahmen, bei denen im Wege einer Einzelfallprüfung der Nutzen für das Resozialisierungsziel festgestellt werden muss.

16.6.2.3 Vorschriften zur (sozialen) Hilfe im Vollzug

Die historische Auslegung hat für die Regelungen zur (sozialen) Hilfe im Vollzug Folgendes ergeben.

Bereits in der Begründung zu § 73 StVollzG Bund war ein konkreter Bezug zum Straftatopfer hinsichtlich der Schadenswiedergutmachung ersichtlich. Die Regelung des Landes Baden-Württemberg hat sich im Wortlaut zwar stark an § 73 StVollzG Bund orientiert, die zugehörige gesetzgeberische Begründung ist allerdings wenig aufschlussreich. Durch die Orientierung am Wortlaut des § 73 StVollzG Bund spricht jedoch vieles dafür, dass auch der baden-württembergische Gesetzgeber die Schadenswiedergutmachung gegenüber dem konkreten Straftatopfer im Blick hatte.

In den Begründungen zu den übrigen Landesgesetzen[302] wird ausdrücklich auf die Interessen des Opfers an der Schadenswiedergutmachung abgestellt. Zur Frage, ob auch Maßnahmen der wiedergutmachenden Justiz in Betracht kommen, liefern die Begründungen keine Anhaltspunkte.

Besonders ausführlich ist die Begründung zu § 21 LStVollzG SH. Diese Begründung enthält ausdrückliche Bezüge zum Konzept der Restorative Justice und zur EU-Opferschutzrichtline 2012/29/EU. Insgesamt zeugt die Begründung zu § 21 LStVollzG SH davon, das in Schleswig-Holstein dem Tatausgleich ein besonderes Gewicht beigemessen und ein umfassendes Konzept zugrunde gelegt wurde.

16.6.2.4 Vorschriften zum Überbrückungs- und Eingliederungsgeld

Die Gesetzesbegründungen zu den Vorschriften zum Überbrückungs- und Eingliederungsgeld sind wenig aufschlussreich.

Mit Blick auf die Regelungen der Länder Baden-Württemberg, Bayern und Hessen kann festgehalten werden, dass eine opferbezogene Verwendung des Überbrückungsgeldes nicht auf die historische Auslegung gestützt werden kann. Die Begründungen enthalten keine Hinweise drauf, dass eine Entschädigung des Opfers durch die Verwendung des Überbrückungsgeldes in Betracht kommt.

Nach der brandenburgischen Begründung wird durch die Regelung den Belangen von Straftatopfern Rechnung getragen. In Sachsen wird darauf verwiesen, dass der bzw. die Gefangene die Möglichkeit zum Zeigen von Reue und zum Abtragen von Schuld erhält. Weiterhin ist nach der sächsischen Begründung

302 Berlin, Brandenburg, Bremen, Hessen, Mecklenburg-Vorpommern, Niedersachsen, Rheinland-Pfalz, Saarland, Sachsen, Sachsen-Anhalt, Schleswig-Holstein und Thüringen.

einem Antrag auf Freigabe zur opferbezogenen Verwendung des Überbrückungsgeldes regelmäßig stattzugeben. Die Begründung zum Hamburger Strafvollzugsgesetz enthält überhaupt keine Ausführungen zur opferbezogenen Verwendung des Überbrückungsgeldes.

Für Niedersachsen konnte festgestellt werden, dass die Regelung auf eine Möglichkeit der Verantwortungsübernahme für die Straftatfolgen ausgerichtet ist. Zudem sollten die Voraussetzungen für eine frühere und umfangreichere Entschädigung des Opfers geschaffen werden.

Die Begründung zur Regelung des nordrhein-westfälischen Gesetzes verweist letztlich nur auf den Tatausgleich nach § 7 Abs. 3 StVollzG NRW und enthält keine darüber hinausgehenden Ausführungen.

16.6.3 Ergebnisse der systematischen Auslegung

16.6.3.1 Allgemeine Vorschriften

Für die systematische Auslegung der allgemeinen Vorschriften konnte zunächst auf die im Kapitel 13 gefunden Ergebnisse zurückgegriffen werden. Die Normierung von Wiedergutmachung und Tatausgleich in den allgemeinen Vorschriften deutet auf eine besondere Gewichtung ebendieser und eine enge Verknüpfung mit dem Vollzugsziel der Resozialisierung hin. In insgesamt sechs Landesgesetzen[303] wurden Wiedergutmachung und Tatausgleich in den allgemeinen Vorschriften erwähnt. Daher können sie als Auslegungshilfe und Entscheidungsmaßstab in den jeweiligen Gesetzen von Bedeutung sein.

Dies gilt in besonderem Maße für die Regelungen der Länder Baden-Württemberg und Bayern. In diesen Ländern wurde der Opferbezug in den übrigen Vorschriften der Vollzugsgesetze nicht aufgegriffen. Für den Tatausgleich folgt daher, dass es sich bei § 2 Abs 5 JVollzGB III BaWü und Art. 5a Abs. 2 BayStVollzG um Generalnormen[304] speziell für dessen Einbeziehung handelt.

In Berlin und Nordrhein-Westfalen wurden dem Opfer und seinen Belangen bereits durch die Regelung der verletzten- bzw. opferbezogenen Vollzugsgestaltung jeweils in einer eigenständigen Vorschrift ein erhebliches Gewicht beigemessen. Wie gezeigt gilt dies durch die Berücksichtigung in § 6 Abs. 2

[303] Baden-Württemberg, Bayern, Berlin, Hessen, Niedersachsen, Nordrhein-Westfalen.

[304] Der Begriff der Generalnorm wird vorliegend in Abgrenzung zu jenem der Generalklausel verwendet, da letzterer im Strafvollzugsrecht durch § 4 Abs. 2 S. 2 StVollzG Bund und die entsprechenden Landesvorschriften vorgeprägt ist, vgl. nur *Laubenthal*, Strafvollzug, 8. Aufl. 2019, Rn. 242.

und 3 StVollzG Bln und § 7 Abs. 2, 3 und 4 StVollzG NRW auch für den Tatausgleich. Da es sich bei § 6 StVollzG Bln und § 7 StVollzG NRW insgesamt um Grundsatznormen handelt[305], sind auch Gesichtspunkte des Tatausgleichs innerhalb des gesamten Strafvollzugsrechts in Berlin und Nordrhein-Westfalen zu berücksichtigen.

In den Ländern Brandenburg, Rheinland-Pfalz, Sachsen-Anhalt und Thüringen kommt in den allgemeinen Regelungen kein enger Zusammenhang zwischen Resozialisierung und Tatausgleich zum Ausdruck, da dort allein die Tataufarbeitung als Gestaltungsgrundsatz normiert wurde.[306]

Für die Länder Hessen und Niedersachsen sind die Regelungen zum Tatausgleich innerhalb der allgemeinen Vorschriften ebenfalls als Auslegungshilfen für das gesamte Strafvollzugsrecht anzusehen.

16.6.3.2 Vorschriften zum Vollzugs- und Eingliederungsplan

Hinsichtlich der Vorschriften zum Vollzugs- und Eingliederungsplan hat die systematische Auslegung ergeben, dass in der ausdrücklichen Aufnahme des Ausgleichs von Tatfolgen die Bedeutung von Wiedergutmachung und Tatausgleich für die Vollzugsplanung zum Ausdruck kommt. Dieser Befund lässt sich zumindest für zwölf Länder festhalten.[307]

Zu beachten ist jedoch auch, dass eine Aufnahme von Maßnahmen des Ausgleichs von Tatfolgen in den Vollzugs- bzw. Eingliederungsplan nur im Abgleich mit dem Nutzen für das Vollzugsziel der Resozialisierung erfolgen kann. Dies kommt in jenen Ländern besonders zum Ausdruck, die den Ausgleich von Tatfolgen ausdrücklich nicht zu den vorrangigen Maßnahmen zählen.[308] Mit Blick auf die Ergebnisse der systematischen Auslegung zu den allgemeinen Vorschriften und der allgemeinen Ausrichtung des Strafvollzugs am Vollzugsziel der Resozialisierung[309] muss dies aber auch für jene Gesetze gelten, die innerhalb der Maßnahmenkataloge keine Gewichtung vorsehen.[310] Als allgemeiner Grundsatz kann daher die Voraussetzung der Vereinbarkeit von Resozialisierungsziel und Maßnahmen des Ausgleichs der Tatfolgen angesehen werden.

---

[305] Hierzu bereits oben im Abschnitt 13.4.2.1.

[306] Hierzu in der grammatischen Auslegung oben im Abschnitt 13.2.4.2.

[307] Berlin, Brandenburg, Bremen, Hamburg, Hessen, Mecklenburg-Vorpommern, Nordrhein-Westfalen, Rheinland-Pfalz, Saarland, Sachsen, Schleswig-Holstein und Thüringen.

[308] Berlin, Brandenburg, Bremen, Mecklenburg-Vorpommern, Rheinland-Pfalz, Saarland, Sachsen, Thüringen.

[309] Ausführlich zum Vollzugsziel der Resozialisierung oben im Abschnitt 5.1.1.

[310] Hamburg, Hessen, Nordrhein-Westfalen und Schleswig-Holstein.

16.6.3.3 Vorschriften zur (sozialen) Hilfe im Vollzug

Die systematische Auslegung der Vorschriften zur (sozialen) Hilfe im Vollzug hat zunächst gezeigt, dass sich aufgrund der unterschiedlichen Regelungsmodelle innerhalb der Landesstrafvollzugsgesetze keine eindeutigen Schlüsse zur Gewichtung der Hilfe im Vollzug und des dortigen Opferbezugs ziehen lassen.

Allein für das Gesetz des Landes Schleswig-Holstein lässt sich bereits aus der Normierung des Tatausgleichs in einer eigenständigen Vorschrift eine besondere Gewichtung ablesen. Dagegen steht in den übrigen Ländern[311] der Tatausgleich gleichrangig neben anderen Gesichtspunkten der (sozialen) Hilfe wie der Schuldenregulierung oder der Unterstützung der Gefangenen bei der Wahrnehmung ihrer Rechte und Pflichten.

16.6.3.4 Vorschriften zum Überbrückungs- und Eingliederungsgeld

Mit Blick auf die Vorschriften zum Überbrückungs- und Eingliederungsgeld lassen sich kaum systematische Besonderheiten feststellen, die für die Auslegung von Bedeutung sind.

Erwähnenswert ist immerhin, dass in den Ländern Brandenburg, Niedersachsen und Sachsen die Verwendung des Überbrückungsgeldes zur Entschädigung von Opfern ermöglicht wird, ohne dass dies von der Höhe des angesparten Geldes abhängig gemacht wird. Demgegenüber enthalten die Länder Hamburg und Nordrhein-Westfalen als zusätzliche Voraussetzung, dass das Überbrückungsgeld seinem Zweck entsprechend zum Zeitpunkt der Entlassung noch in ausreichender Höhe vorhanden sein muss.

Für die Länder Baden-Württemberg, Bayern und Hessen konnte in der systematischen Auslegung eine mögliche Einbeziehung des Tatausgleichs nicht festgestellt werden. Allenfalls über die Berücksichtigung der allgemeinen opferbezogenen Vorschriften und des Vollzugsziels erscheint eine entsprechende Auslegung möglich.

[311] Baden-Württemberg, Brandenburg, Bremen, Hessen, Mecklenburg-Vorpommern, Niedersachsen, Rheinland-Pfalz, Saarland, Sachsen, Sachsen-Anhalt und Thüringen.

16.6.4 Ergebnisse der teleologischen Auslegung

16.6.4.1 Allgemeine Erkenntnisse der teleologischen Auslegung

Innerhalb der teleologischen Auslegung konnten zunächst allgemeine Grundsätze für die Einbeziehung von Wiedergutmachung und Tatausgleich in das Strafvollzugsrecht herausgearbeitet werden.

Mit Blick auf den Schutz von Straftatopfern vor einer erneuten oder sekundären Viktimisierung müssen die Vollzugsanstalten insbesondere bei direkten Ausgleichsverfahren zwischen Gefangenen und Opfern dafür sorgen, dass die Opfer nicht gefährdet werden. Während dies in einigen Landesgesetzen durch die Voraussetzungen der „geeigneten Fälle" für einen Täter-Opfer-Ausgleich zum Ausdruck kommt, muss dies darüber hinaus auch für alle übrigen Landesgesetze gelten.[312] Dies folgt für besonders schutzwürdige Opfer aus dem Recht auf Opferschutz aus Art. 2 Abs. 2 S. 1 GG und für alle übrigen Opfer aus der Fürsorgepflicht des Staates als Bestandteil des Sozialstaatsprinzips des Art. 20 Abs. 1 GG.[313]

Eng mit dem Schutz des Opfers in Zusammenhang steht die Kontaktaufnahme mit dem Straftatopfer zum Zweck des Tatausgleichs. Diese muss zur Vermeidung einer sekundären Viktimisierung in Form einer (Re-)Traumatisierung des Opfers möglichst opferschonend und gegebenenfalls über Mittelspersonen wie Opferschutzverbände oder die Nebenklagevertretung erfolgen.

Für die Eignung von Fällen für einen Täter-Opfer-Ausgleich im Vollzug konnten folgende Kriterien herausgearbeitet werden. Zunächst kommen derartige Verfahren nicht bei sogenannten opferlosen Delikten in Betracht, da es bei diesen Straftaten an einem tatsächlich greifbaren Opfer fehlt. Demgegenüber können Ausgleichsverfahren unabhängig davon durchgeführt werden, ob es sich bei dem konkreten Opfer um eine natürliche oder eine juristische Person handelt.

Als weiteres Erfordernis für Ausgleichsverfahren zwischen Gefangenen und Opfern konnte die Freiwilligkeit zur Teilnahme festgehalten werden. Die Freiwilligkeit der Teilnahme gilt für alle Beteiligten, also nicht nur für die Opfer, sondern gerade auch für die Gefangenen.[314] Die Voraussetzung der freiwilligen Teilnahme beider Seiten findet sich nur in Schleswig-Holstein ausdrücklich, in einigen Ländern wurde dieser Aspekt zumindest aus Opferperspektive in die

---

[312] So in Baden-Württemberg, Bayern und Niedersachsen.

[313] Ausführlich hierzu oben im Abschnitt 10.2.1.1.

[314] Ähnlich auch *Dorsch*, in: BeckOK StVollzR BaWü, 16. Ed. Stand: 31.03.2022, JVollzGB III § 2 Rn. 34; *Bahl/Polähne*, in: AK-StVollzG, 8. Aufl. 2022, Teil II, § 5 LandesR Rn. 74 f.

Gesetzesbegründungen[315] aufgenommen. Gleichwohl muss die Freiwilligkeit bei der Teilnahme an Ausgleichsverfahren in allen Ländern beachtet werden, da andernfalls ein Grundelement des Konzepts der Restorative Justice[316] nicht erfüllt ist.

In eine ähnliche Richtung wie die Freiwilligkeit weisen auch jene Voraussetzungen, die auf eine Autonomie von Opfern und Gefangenen bei der Entscheidung über die Durchführung von Ausgleichsmaßnahmen hindeuten. So stellt die Schwere der Straftat kein Ausschlusskriterium dar, solange das Opfer zur Teilnahme an einem Ausgleichsverfahren bereit ist. Diese Opferautonomie unterliegt zwar mit Blick auf die besondere Schutzbedürftigkeit kindlicher Opfer gewissen Grenzen. Bei volljährigen Opfern obliegt die Entscheidung, ob ein Ausgleich mit dem bzw. der Täter:in durchgeführt werden soll, aber allein dem Straftatopfer. Freilich kann seitens der Vollzugsanstalten ein derartiger Wunsch des Opfers auch abgelehnt werden, wenn der Ausgleich nicht mit der Resozialisierung des bzw. der Gefangenen in Einklang zu bringen ist. Allerdings dürfen bestimmte Deliktsgruppen nicht per se von Ausgleichsverfahren ausgeschlossen werden. Ebenso wie über die Frage nach dem „Ob" eines Ausgleichs kann das Opfer auch über die Frage des „Wann" dieses Verfahrens entscheiden. Gerade die Einbeziehung in den Strafvollzug bietet für den Zeitpunkt des Ausgleichs neue Perspektiven.

Sofern Konfliktlösungsverfahren unter Beachtung der vorstehenden Kriterien nicht in Betracht kommen, allerdings ein Ausgleichswunsch seitens des bzw. der Gefangenen weiterhin besteht, ist an Verfahren der wiedergutmachenden Justiz zu denken. Relevant ist diesbezüglich insbesondere die symbolische Wiedergutmachung, die einen Beitrag zur Resozialisierung des bzw. der Gefangenen leisten kann. Wenn der bzw. die Gefangene demgegenüber kein Interesse an einer Konfliktlösung hat, das Opfer den Wunsch danach jedoch gegenüber der Anstalt äußert, erschöpft sich die Aufgabe der Vollzugsanstalt in einer Vermittlung des Opfers an geeignete außervollzugliche Beratungsstellen.

Hinsichtlich der Einbeziehung von Maßnahmen der wiedergutmachenden Justiz steht die Resozialisierung der Gefangenen im Vordergrund; das direkte Opfer ist hier weniger von Bedeutung. Daher eröffnet die Berücksichtigung von Maßnahmen der wiedergutmachenden Justiz zahlreiche vom konkreten Opfer unabhängige Perspektiven der Verantwortungsübernahme.

---

315 So in Baden-Württemberg und Berlin; siehe hierzu bereits die Ergebnisse zur historischen Auslegung oben im Abschnitt 16.6.2.1.

316 Ausführlich zum Konzept der Restorative Justice in den kriminologischen Grundlagen oben im Abschnitt 7.2.1.2.

16.6.4.2 Allgemeine Vorschriften

Die teleologische Auslegung hat ergeben, dass die Regelung von Wiedergutmachung und Tatausgleich in den allgemeinen Vorschriften als Bekenntnis zu ihrer Bedeutung für die Resozialisierung eingeordnet werden können. Grundsätzlich werden Wiedergutmachung und Tatausgleich als resozialisierungsfreundliche Maßnahmen eingeordnet und sind daher Bestandteile eines umfassenden Resozialisierungskonzepts.

Mit der Normierung der Wiedergutmachung und des Tatausgleichs innerhalb der allgemeinen Vorschriften sind diese als Auslegungshilfen und Entscheidungskriterien für das gesamte Strafvollzugsrecht anzusehen. Dies betrifft zunächst jene Landesgesetze, die Wiedergutmachung und Tatausgleich als Gestaltungs- oder Behandlungsgrundsatz oder gar innerhalb einer Grundsatznorm oder Generalnorm normiert haben.[317] Aber auch in allen anderen Landesgesetzen muss der Tatausgleich als Bestandteil des Resozialisierungsziels beachtet werden.[318]

Innerhalb der Landesgesetze wird vornehmlich der monetäre Ausgleich von materiellen und immateriellen Schäden betont. Aufgrund des Bekenntnisses aller Landesstrafvollzugsgesetze zu einer Berücksichtigung von Opferinteressen muss daneben aber auch für den ideellen Ausgleich zwischen Gefangenen und Opfern Raum sein. Hierfür spricht als pragmatisches Argument zunächst der Umstand, dass die Gefangenen für einen umfangreichen monetären Ausgleich häufig nicht über ausreichende finanzielle Mittel verfügen. Daneben kommt mit Blick auf den ideellen Ausgleich aus straftheoretischer Perspektive der Nutzen für die positive Opferprävention zum Tragen.[319] Die Aufarbeitung der Tat und ein ideeller Ausgleich gegenüber dem Straftatopfer kann nicht nur für die Resozialisierung des bzw. der Gefangenen, sondern auch für die Rehabilitation des Opfers günstig sein.

Bezüglich der Einbeziehung der wiedergutmachenden Justiz kann zudem festgestellt werden, dass diese aufgrund der möglichen positiven Auswirkungen auf den Resozialisierungsprozess der Gefangenen als Bestandteil des Vollzugsziels betrachtet werden muss. Wenngleich die wiedergutmachende Justiz nicht ausdrücklich in die Landesstrafvollzugsgesetze einbezogen wurde, so würde ihr Ausschluss zu einer Beschränkung des Potenzials der Restorative Justice für den Strafvollzug führen. Die Einbeziehung der wiedergutmachenden Justiz ist auch im

[317] Baden-Württemberg, Bayern, Berlin, Brandenburg, Hamburg, Hessen, Niedersachsen, Nordrhein-Westfalen, Rheinland-Pfalz, Sachsen-Anhalt und Thüringen.

[318] Also auch in den Ländern Bremen, Mecklenburg-Vorpommern, Saarland, Sachsen und Schleswig-Holstein.

[319] Ausführlich zur Opferprävention in den straftheoretischen Grundlagen oben im Abschnitt 11.2.3.4.

Sinne der Europäischen Strafvollzugsgrundsätze, die in Nr. 103.7 die Restorative Justice i. w. S. vorschlagen.[320]

16.6.4.3 Vorschriften zum Vollzugs- und Eingliederungsplan

Für die teleologische Auslegung der Vorschriften zum Vollzugs- und Eingliederungsplan lässt sich festhalten, dass aus der Berücksichtigung des Ausgleichs von Tatfolgen ebendiesem ein besonderes Gewicht innerhalb des Resozialisierungsvollzugs eingeräumt wurde. Sobald Maßnahmen des Ausgleichs von Tatfolgen im Vollzugsplan festgeschrieben wurden, besteht eine Selbstbindung der Vollzugsanstalt zur sachgerechten Durchführung dieser Maßnahmen. Insofern verpflichtet sich die Anstalt, den Gefangenen beim Ausgleich der Tatfolgen zu unterstützen.

16.6.4.4 Vorschriften zur (sozialen) Hilfe im Vollzug

Die Normierung des Tatausgleichs innerhalb der Vorschriften zur (sozialen) Hilfe im Vollzug deckt sich mit der Erkenntnis aus den Überlegungen zu den verfassungsrechtlichen Grundlagen, wonach Wiedergutmachung und Tatausgleich als Ausfluss des verfassungsrechtlichen Sozialstaatprinzips anzusehen sind.[321] Für die konkrete Ausgestaltung der wiedergutmachenden und tatausgleichenden Maßnahmen spielt die Regelung innerhalb der Vorschriften zur (sozialen) Hilfe im Vollzug allerdings keine Rolle. Die Grundsätze zum Schutz des Opfers und zur Beachtung der Grundprinzipien der Restorative Justice gelten auch hier. Für die Übernahme von Verantwortung für die Tat und ihre Folgen benötigt der bzw. die Gefangene die Unterstützung durch die Vollzugsanstalt. Auch dies kommt durch die Vorschriften zur (sozialen) Hilfe zum Ausdruck.

Für eine Einbeziehung der wiedergutmachenden Justiz bieten die Regelungen zur (sozialen) Hilfe im Vollzug nur wenig Raum, da die Schadenswiedergutmachung gegenüber dem konkreten Opfer im Mittelpunkt steht.

16.6.4.5 Vorschriften zum Überbrückungs- und Eingliederungsgeld

Die teleologische Auslegung zu den Vorschriften zum Überbrückungs- und Eingliederungsgeld hat gezeigt, dass Sinn und Zweck der opferbezogenen Verwendung zum einen die monetäre Entschädigung des konkreten Opfers ist. Zum anderen soll die opferbezogene Verwendung des Überbrückungsgeldes dem bzw. der Gefangenen die Möglichkeit bieten, Reue zu zeigen und einen Teil der Schuld gegenüber dem Opfer zu begleichen.

---

[320] Ausführlich hierzu oben im Abschnitt 8.2.1.5.

[321] Ausführlich zu Sozialstaatsprinzip und Opferorientierung oben im Abschnitt 10.2.1.

Zwar wurde die opferbezogene Verwendung des Überbrückungs- bzw. Eingliederungsgeldes nur in Brandenburg, Hamburg, Niedersachsen, Nordrhein-Westfalen und Sachsen teilweise ausdrücklich normiert oder sie ergibt durch eine Gesamtbetrachtung des jeweiligen Gesetzeswortlaut und der Gesetzesbegründung. Allerdings ist diese Möglichkeit insgesamt im Sinne einer opferbezogenen Vollzugsgestaltung und daher auch in den übrigen Ländern mit Blick auf das Vollzugsziel sinnvoll.[322] Die Übernahme von Verantwortung für die Straftat und ihre Folgen wird in allen Landesgesetzen mehr oder weniger deutlich hervorgehoben. Eine freiwillige monetäre Entschädigung durch – in den meisten Ländern freiwillig zu bildendes – Überbrückungsgeld zeichnet sich gerade durch die Einsicht in das Unrecht der Tat und die Übernahme von Verantwortung hierfür aus.

Im Übrigen dürfte sich diese monetäre Entschädigung in der Rechtspraxis ohnehin nur auf eine geringe Zahlung und somit auf eine symbolische Wirkung beschränken. Der Nutzen dieser symbolischen Wirkung ist aber gerade mit Blick auf das Vollzugsziel der Resozialisierung und die positive Opferprävention als bedeutsam einzuordnen.

16.6.5 Gesamtergebnis zur Auslegung opferbezogener Vorschriften zur Wiedergutmachung und zum Tatausgleich

Aufgrund der Vielzahl an Einzelergebnissen für die zahlreichen innerhalb dieses Kapitels untersuchten Vorschriften können nachfolgend nur sieben übergeordnete Gesamtergebnisse zusammenfassend dargestellt werden. Für Einzelheiten zu den jeweiligen landesrechtlichen Regelungen muss zur Vermeidung von Wiederholungen auf die vorherigen ausführlichen Ausführungen zur Auslegung und zu den zusammenfassenden Ergebnissen der einzelnen Auslegungsmethoden verwiesen werden.

Für die Auslegung der opferbezogenen Vorschriften zur Wiedergutmachung und zum Tatausgleich lässt sich als erstes Gesamtergebnis zunächst feststellen, dass dieser Themenkreis in allen Landesstrafvollzugsgesetzen zu finden ist. Wenngleich der Regelungsumfang und die systematische Verortung innerhalb der Landesgesetze unterschiedlich gehandhabt wurden, hat die Auslegung

[322] Und steht zudem in Einklang mit Nr. 105.5 der Europäischen Strafvollzugsgrundsätze, vgl. oben im Abschnitt 8.2.1.5.

gezeigt, dass der Wiedergutmachung und dem Tatausgleich insgesamt eine erhebliche Bedeutung beigemessen wurde. Dies hat neben der Wortlautauslegung[323] insbesondere auch die historische Auslegung[324] ergeben. Weiterhin hat die systematische Auslegung gezeigt, dass insbesondere die Normierungen des Tatausgleichs innerhalb der allgemeinen Vorschriften so zu deuten sind, dass der Tatausgleich als Auslegungshilfe für die Ausgestaltung des Vollzugs anzusehen ist.[325]

Die besondere Gewichtung der Restorative Justice i. e. S. in der Form des Tatausgleichs kommt insgesamt bereits im Wortlaut der untersuchten Vorschriften zum Tragen. So finden sich in allen Landesgesetzen Vorschriften, die eine Grundlage für die Einbeziehung von Maßnahmen zum Ausgleich mit dem konkreten Straftatopfer bilden. In zehn Landesgesetzen wurde das konkrete Straftatopfer im Zusammenhang mit der Wiedergutmachung von Straftatfolgen bzw. dem Ausgleich von Straftatfolgen ausdrücklich genannt.[326] Bei der Auseinandersetzung mit den Folgen der Tat wurde in 13 Ländern explizit auf die Auswirkungen für das Opfer Bezug genommen.[327] In den Ländern Hamburg, Mecklenburg-Vorpommern und Niedersachsen wurde zumindest durch die ausdrückliche Benennung des Täter-Opfer-Ausgleichs als opferbezogene Maßnahme ein konkreter Opferbezug hergestellt.

In Mecklenburg-Vorpommern wurde der Wiedergutmachung durch die ausdrückliche Nennung in der Überschrift der Vorschrift zur sozialen Hilfe Gewicht verliehen. Im Landesgesetz von Schleswig-Holstein findet sich mit § 21 sogar eine ganze Vorschrift zum Tatausgleich.

Die besondere Bedeutung von Wiedergutmachung und Tatausgleich innerhalb des Strafvollzugsrechts kommt auch in den anderen Landesgesetzen an mehreren Stellen zum Ausdruck. Bereits in den allgemeinen Vorschriften einiger Länder wurden die Einsicht in die Folgen der Tat für das Opfer mit dem Ausgleich dieser Folgen verknüpft.[328] Insofern kommt bereits im Wortlaut zum Ausdruck, dass die

---

[323] Ausführlich hierzu oben im Abschnitt 16.2.

[324] Ausführlich hierzu oben im Abschnitt 16.3.

[325] Ausführlich hierzu oben im Abschnitt 16.4.1.

[326] Dies gilt für Baden-Württemberg, Bayern, Berlin, Brandenburg, Hamburg, Hessen, Mecklenburg-Vorpommern, Nordrhein-Westfalen, Sachsen, Schleswig-Holstein.

[327] Dies gilt für Baden-Württemberg, Bayern, Berlin, Brandenburg, Hamburg, Hessen, Nordrhein-Westfalen, Rheinland-Pfalz, Saarland, Sachsen, Sachsen-Anhalt, Schleswig-Holstein und Thüringen; ausführlich hierzu bereits oben bei der Auslegung der allgemeinen Vorschriften im Abschnitt 13.2.4 und für den vorliegenden Abschnitt im Rahmen der grammatischen Auslegung im Abschnitt 16.2.

[328] Baden-Württemberg, Bayern, Hessen.

Tataufarbeitung sich nicht allein in der Unrechtseinsicht erschöpft, sondern auch ein Tatausgleich mit dem konkreten Opfer Teil dieses Prozesses sein kann. Dies gilt auch für jene Regelungen, in denen die Übernahme von Verantwortung für die Tat Anklang findet[329], da diese gerade auch den Ausgleich von Tatfolgen beim Opfer beinhalten kann.

In den meisten Ländern wurde der Ausgleich von Tatfolgen zwar erst innerhalb der Vorschriften zum Vollzugs- und Eingliederungsplan geregelt.[330] Gleichwohl kommt durch diese Regelungsvariante den Maßnahmen zum Ausgleich von Tatfolgen keine geringere Bedeutung zu. Gerade die Regelungen zur Vollzugsplanung deuten ebenso wie die allgemeinen Vorschriften in systematischer Hinsicht auf eine gesteigerte Bedeutung von Wiedergutmachung und Tatausgleich für die gesamte Vollzugsgestaltung hin.

Abgerundet wird das Bild von der Bedeutung des Tatausgleichs innerhalb des Strafvollzugs durch die Möglichkeit der Verwendung von Überbrückungs- bzw. Eingliederungsgeld für die Entschädigung der Opfer. Ausdrücklich geregelt wurde dies in Brandenburg, Hamburg, Niedersachsen, Nordrhein-Westfalen und Sachsen. Eine vergleichbare opferorientierte Auslegung lässt sich jedoch auch für die übrigen Landesgesetze begründen, wenn das Ziel eines opferorientierten Strafvollzugs und der mögliche Nutzen für die Resozialisierung des bzw. der Gefangenen im Einzelfall beachtet werden. Diese Auslegung der landesrechtlichen Vorschriften zum Überbrückungsgeld lässt sich insbesondere durch die teleologische Auslegung stützen, findet mit Blick auf das Vollzugsziel aber auch in der systematischen Auslegung eine Grundlage.

Das zweite Gesamtergebnis betrifft die begrifflichen Unterschiede innerhalb der Landesgesetze hinsichtlich der Straftatfolgen und der durch die Straftat verursachten Schäden beim konkreten Opfer.Während der Begriff der Straftatfolgen auf den ersten Blick weiter zu sein scheint als jener des Schadens, hat bereits die grammatische Auslegung ergeben, dass der Begriff des Schadens im Zusammenhang mit der Wiedergutmachung und dem Tatausgleich einer weiten Auslegung zugänglich ist. Dies lässt sich insbesondere auch durch die historische Auslegung stützen, da nach den Begründungen der Landesgesetze die Opferperspektive bei der Einbeziehung von Wiedergutmachung und Tatausgleich im Mittelpunkt

[329] Berlin und Nordrhein-Westfalen; ähnlich auch in Niedersachsen, wo nach § 2 Abs. 3 S. 2 NJVollzG die Bereitschaft zu wecken ist, für die Folgen der Taten einzustehen.

[330] Brandenburg, Bremen, Mecklenburg-Vorpommern, Niedersachsen, Rheinland-Pfalz, Saarland, Sachsen, Schleswig-Holstein und Thüringen; in Hamburg in der Vorschrift zum Resozialisierungsplan; zusätzlich findet sich der Ausgleich von Tatfolgen auch in Berlin, Hessen und Nordrhein-Westfalen in der jeweiligen Vorschrift zum Vollzugs- und Eingliederungsplan.

stand.[331] Sofern zumindest in Nordrhein-Westfalen der Tatausgleich auf monetäre Gesichtspunkte beschränkt wird, sprechen gegen eine solche Einengung bereits der Ansatz einer umfassenden Konfliktlösung und die beschränkten finanziellen Möglichkeiten der meisten Gefangenen.[332] Insofern hat die teleologische Auslegung ergeben, dass der Tatausgleich umfassend zu verstehen ist und neben dem monetären Ausgleich gerade auch ideelle Ausgleichsbestrebungen umfasst.[333] Dies stimmt auch mit dem Konzept der umfassenden Konfliktlösung nach dem Prinzip der Restorative Justice überein.[334]

Als drittes Gesamtergebnis können einige Aussagen über den Umfang des Schadensbegriffs festgehalten werden. Die Auslegung hat insofern ergeben, dass vom Begriff des Schadens neben materiellen zumindest auch immaterielle Schäden umfasst sind. Zwar werden nicht in allen Landesgesetzen materielle und immaterielle Straftatschäden ausdrücklich genannt.[335] Die grammatische Auslegung hat jedoch keine Beschränkung auf eine bestimmte Schadensart ergeben. Auch im Wege der historischen und systematischen Auslegung konnte keine Einschränkung des Schadensbegriffs auf materielle Schäden festgestellt werden. Schließlich entspricht es auch dem Sinn und Zweck einer opferorientierten Strafvollzugsgestaltung, wenn neben materiellen Straftatschäden gerade auch Nichtvermögensschäden beim Opfer ausgeglichen werden sollen.[336]

Als viertes Gesamtergebnis kann festgehalten werden, dass die Landesgesetze unterschiedliche Handlungsformen der Restorative Justice vorsehen. Neben allgemeinen Formulierungen wie dem Ausgleich von Tatfolgen[337] und der Wiedergutmachung von Straftatschäden[338] wird der Täter-Opfer-Ausgleich als spezielle opferbezogene Maßnahme zumindest in sieben Ländern ausdrücklich

---

[331] Hierzu oben im Abschnitt 16.3.

[332] Zur historischen Auslegung siehe oben im Abschnitt 16.3.1.6; zum Telos der Regelung aus Nordrhein-Westfalen siehe oben im Abschnitt 16.5.2.

[333] Hierzu oben im Abschnitt 16.5.2.

[334] Zum Konzept der Restorative Justice bereits oben im Abschnitt 7.2.1.2.

[335] In Baden-Württemberg, Bayern, Hessen, Niedersachsen und Schleswig-Holstein wird der Schadensbegriff nicht in materielle und immaterielle Schäden unterteilt.

[336] Hierzu bereits oben im Abschnitt 16.5.2; siehe auch *Heuchemer*, in: BeckOK StVollzR RP, 17. Ed. Stand: 01.03.2022, LJVollzG RP § 11 Rn. 3.

[337] Vgl. Regelungen in Baden-Württemberg, Berlin, Brandenburg, Bremen, Hessen, Mecklenburg-Vorpommern, Nordrhein-Westfalen, Rheinland-Pfalz, Saarland, Sachsen, Schleswig-Holstein und Thüringen.

[338] Vgl. Regelungen in Bayern, Berlin, Brandenburg, Bremen, Hamburg, Hessen, Niedersachsen, Mecklenburg-Vorpommern, Saarland, Sachsen, Sachsen-Anhalt, Thüringen; ähnlich Nordrhein-Westfalen („Schaden auszugleichen").

genannt[339]. In zwei Ländern wird der Tatausgleich als Handlungsform der Restorative Justice benannt und somit vom vorgeprägten Begriff des Täter-Opfer-Ausgleichs abgewichen.[340] Mit Blick auf die teleologische Auslegung kann aber insgesamt festgehalten werden, dass auch bei einer Beschränkung des Wortlauts auf den Täter-Opfer-Ausgleich daneben andere Handlungsformen der Restorative Justice i. e. S. in Betracht kommen.[341] Dies lässt sich bereits aus dem Nutzen von Maßnahmen der Wiedergutmachung und des Tatausgleichs für die Resozialisierung der Gefangenen und dem Ansatz der umfassenden Konfliktlösung der Restorative Justice ableiten. Die Vorschriften, die allein auf den Täter-Opfer-Ausgleich als Handlungsform der Restorative Justice i. e. S. abstellen, sind daher weit auszulegen.[342] Sie umfassen gerade auch andere Varianten des Tatausgleichs, wie beispielsweise das Conferencing-Modell.[343] Anzumerken ist, dass das Conferencing-Modell in § 21 Abs. 1 LStVollzG SH durch die ausdrückliche Einbeziehung von Angehörigen in die Möglichkeit der Konfliktlösung bereits angelegt ist, wenngleich der Wortlaut das Verfahren nicht ausdrücklich benennt.

Hinsichtlich der Kriterien für die Durchführung von Ausgleichsmaßnahmen – insbesondere des Täter-Opfer-Ausgleichs – wird auf die Ausführungen zur teleologischen Auslegung verwiesen.[344] Wenngleich die Landesgesetze dem Tatausgleich mit dem direkten Opfer unterschiedliches Gewicht beigemessen haben, gelten die herausgearbeiteten Kriterien für alle Landesgesetze in gleicher Weise. Als besonders wichtige Kriterien sollen vorliegend nur noch einmal der Schutz von besonders schutzbedürftigen Opfern, die Opferautonomie und die Freiwilligkeit aller Beteiligten – also sowohl des Opfers als auch des bzw. der Gefangenen – genannt werden. Wenn diese Kriterien eingehalten werden, können der Nutzen der Maßnahmen der Restorative Justice für die Resozialisierung und der Schutz von Straftatopfern vor einer (Re-)Viktimisierung oder (Re-) Traumatisierung in Einklang gebracht werden.

Für die Rolle der Vollzugsanstalten bei der Durchführung von Maßnahmen der Restorative Justice kann als fünftes Gesamtergebnis festgehalten werden, dass

[339] Bayern, Hamburg, Mecklenburg-Vorpommern, Niedersachsen, Sachsen und Schleswig-Holstein.

[340] Nordrhein-Westfalen und Schleswig-Holstein.

[341] Hierzu oben im Abschnitt 16.5.2.

[342] Dies betrifft die Regelungen der Länder Bayern und Hamburg da in diesen Ländern der Täter-Opfer-Ausgleich ausdrücklich benannt, jedoch nicht als ein Beispiel für den Ausgleich von Tatfolgen normiert wurde; siehe zur Wortlautauslegung oben im Abschnitt 16.2.

[343] Zum Conferencing-Modell siehe oben in den kriminologischen Grundlagen im Abschnitt 7.2.1.4.2.2.

[344] Ausführlich hierzu oben im Abschnitt 16.5.1.

diesbezüglich zwischen der Tataufarbeitung und der Förderung und Unterstützung von Maßnahmen der Restorative Justice zu unterscheiden ist. Bereits die Auslegung zu den allgemeinen Vorschriften (oben im Kapitel 13) hat ergeben, dass die Tataufarbeitung in allen Landesgesetzen zu finden ist.[345] Die Tataufarbeitung ist ein wichtiger Bestandteil der Resozialisierung und dient dem Erreichen des Vollzugsziels. Daher hat die Vollzugsanstalt im Rahmen der Vollzugsgestaltung auf die Tataufarbeitung durch die Gefangenen hinzuwirken und den Vollzug entsprechend auszugestalten. Dies gilt für den Tatausgleich nicht im gleichen Maße. Zwar wurde der Tatausgleich in einigen Ländern als Vollzugsgrundsatz normiert, allerdings muss mit Blick auf Ausgleichsmaßnahmen eine Vereinbarkeit mit dem Vollzugsziel der Resozialisierung geprüft werden. Dies betrifft auf Täter:inseite in besonderem Maße die Vermeidung tatanreizender Situationen durch Kontakte zum Opfer und die Wahrung der Freiwilligkeit hinsichtlich der Teilnahme an solchen Maßnahmen. Zudem ist daran zu denken, dass der Gefangene unter Umständen noch nicht bereit sein kann, einen Tatausgleich durchzuführen, sei es, weil die Tataufarbeitung noch nicht weit fortgeschritten ist oder sei es weil der bzw. die Gefangene dem Tatausgleich nur zustimmt, da er bzw. sie sich Vorteile mit Blick auf eine vorzeitige Haftentlassung verspricht. Insbesondere das letzte Motiv stimmt nicht mit dem Konzept der Restorative Justice überein und ist indes auch nicht förderlich für den Resozialisierungsprozess des bzw. der Gefangenen. Daher kann sich für den Einzelfall ergeben, dass ein Tatausgleich nicht resozialisierungsfördernd ist und daher nicht in Betracht kommt.

Ferner lässt sich als sechstes Gesamtergebnis mit Blick auf die wiedergutmachende Justiz festhalten, dass sich in den Landesgesetzen zwar kaum eindeutige Anknüpfungspunkte im Wortlaut finden lassen.[346] Die historische Auslegung war in dieser Hinsicht auch nicht ergiebig. Allerdings können Maßnahmen der wiedergutmachenden Justiz der Resozialisierung der Gefangenen dienen. Daher ist die Durchführung von Maßnahmen der wiedergutmachenden Justiz in allen Landesgesetzen mit Blick auf das Vollzugsziel der Resozialisierung in Betracht zu ziehen. Eine entsprechende Auslegung des Strafvollzugsrechts ist daher erforderlich. Die Untersuchung der in Betracht kommenden Vorschriften hat bei keiner der vier Auslegungsmethoden überzeugende Argumente gegen eine solche an der resozialisierenden Wirkung orientierte Auslegung ergeben. Daher bestehen gegen eine Einbeziehung von Maßnahmen der wiedergutmachenden Justiz keine Bedenken, solange sie im Einklang mit dem Vollzugsziel der Resozialisierung stehen. Dies lässt sich neben der systematischen Auslegung unter Berücksichtigung des

---

[345] Hierzu bereits oben im Abschnitt 13.2.4.

[346] Zur grammatischen Auslegung oben im Abschnitt 16.2.

Vollzugsziels als Auslegungsmaßstab ebenso durch die teleologische Auslegung begründen. Letztere hat ergeben, dass die wiedergutmachende Justiz insbesondere für solche Fälle in Betracht kommt, in denen Gefangene die Übernahme von Verantwortung für ihre Taten wünschen, ein konkretes Opfer für einen Tatausgleich aber nicht zur Verfügung steht.[347] Gerade hier können Maßnahmen der wiedergutmachenden Justiz für das Resozialisierungsziel von Nutzen sein.

Damit ist zugleich das siebte und vielleicht wichtigste Ergebnis der Auslegung opferbezogener Vorschriften zur Wiedergutmachung und zum Tatausgleich angesprochen. Alle Varianten der Restorative Justice i. w. S. müssen innerhalb des Strafvollzugsrechts in Einklang mit dem Vollzugsziel der Resozialisierung gebracht werden. Dieser Befund lässt sich durch die Wortlautauslegung stützen, wonach insbesondere in den allgemeinen Vorschriften der Landesstrafvollzugsgesetze die Tataufarbeitung Bestandteil des Resozialisierungsprozesses ist.[348] Da die angestrebte Übernahme von Verantwortung für die Tat und ihre Folgen durch die Gefangenen gerade in den Maßnahmen der Restorative Justice i. w. S. zum Ausdruck kommt, müssen diese Maßnahmen mit dem Resozialisierungsziel in Einklang gebracht werden. Daneben hat auch die systematische Auslegung gezeigt, dass die Tataufarbeitung unter Einbeziehung von Wiedergutmachung und Tatausgleich im Vollzugsziel der Resozialisierung ihren Grund findet.[349]

---

[347] Hierzu oben im Abschnitt 16.5.1.1 und im Abschnitt 16.5.2.

[348] Hierzu bereits oben im Abschnitt 13.2.4 sowie soeben im Abschnitt 16.2.1.

[349] Ausführlich zur systematischen Auslegung oben im Abschnitt 16.4.

Teil IV

Folgerungen für die zukünftige Ausgestaltung der Opferorientierung im Strafvollzug

17 Vorbemerkungen

Das Ziel der vorliegenden Arbeit war es, die gegenwärtige Rechtslage hinsichtlich des Opferbezugs im Strafvollzug rechtsdogmatisch zu untersuchen und zugleich einen Beitrag zur Anwendung der entsprechenden Vorschriften der Landesstrafvollzugsgesetze zu leisten. Der Schwerpunkt der Betrachtung lag dabei vor allem auf der Vereinbarkeit von der Täter:innenorientierung des Strafvollzugsrechts und der Einbeziehung von Opferbelangen.

Bereits die umfangreiche Betrachtung der Grundlagen für Entwicklung von Auslegungsmaßstäben im Teil II dieser Arbeit hat zahlreiche Ergebnisse geliefert, die für die Auslegung des derzeitigen opferbezogenen Strafvollzugsrechts, aber auch für dessen Fortentwicklung von Bedeutung sind.

Bei der genaueren rechtsdogmatischen Untersuchung der 16 Landesstrafvollzugsgesetze im Teil III konnte schließlich eine Vielzahl an Erkenntnissen für die gegenwärtige rechtsdogmatische Ausgestaltung des opferorientierten Strafvollzugsrechts gewonnen werden. Diese Erkenntnisse bieten Anlass für weitere kriminalpolitische Erwägungen für die zukünftige Ausgestaltung der Opferorientierung im Strafvollzugsrecht.

Für die nachstehenden Überlegungen zur zukünftigen Ausgestaltung des opferorientierten Strafvollzugsrechts gilt daher Folgendes. Zunächst werden allgemeine Folgerungen für die zukünftige Ausgestaltung des Vollzugsrecht dargestellt, die die Opferorientierung des Strafvollzugsrechts insgesamt betreffen und daher für alle Regelungsbereiche mit opferbezogenen Vorschriften gleichermaßen von Bedeutung sind (Kapitel 18). Im Anschluss daran werden Folgerungen für die zukünftige Ausgestaltung der Opferorientierung aufgezeigt, die für einzelne Teilbereiche des opferbezogenen Strafvollzugsrechts von besonderer Relevanz

K. M. Radke, *Opferorientierung im Strafvollzug*,
https://doi.org/10.1007/978-3-658-39044-0_17

sind (Kapitel 19). Die Darstellung erfolgt anhand der bereits für die Auslegung im Teil III gebildeten vier Themenkreise, also allgemeine Vorschriften (Abschnitt 19.1), Außenkontakte (Abschnitt 19.2), vollzugsöffnende Maßnahmen (Abschnitt 19.3) sowie Wiedergutmachung und Tatausgleich (Abschnitt 19.4). Die Reformüberlegungen enden mit einer Gesamtbetrachtung (Kapitel 20).

18 Allgemeine Reformüberlegungen zur Opferorientierung im Strafvollzug

Bereits die Betrachtung der Entwicklung der opferbezogenen Gesetzgebung zum Straf- und Strafprozessrecht seit der Mitte der 1980er Jahre[1] und der zugrunde liegenden kriminalpolitischen Motive[2] hat gezeigt, dass der Opferorientierung in den vergangenen Jahrzehnten im gesamten Strafrechtssystem erhebliche Bedeutung beigemessen wurde. Die zentralen kriminalpolitischen Motive waren dabei der Schutz direkter Opfer von Straftaten[3] und die Etablierung der Restorative Justice i. e. S. – insbesondere des Täter-Opfer-Ausgleichs[4].

Diese besondere Gewichtung der Opferorientierung und somit die Entwicklung hin zu einer insgesamt opferorientierten Strafrechtspflege kommt gerade auch durch die opferbezogenen Vorschriften der Landesstrafvollzugsgesetze zum Ausdruck. In allen Landesgesetzen finden sich Regelungen mit mehr oder weniger ausdrücklichen Opferbezügen[5] und spätestens nach der Sichtung der Gesetzesbegründungen wird deutlich, dass sich alle Landesgesetzgeber zur Opferorientierung im Strafvollzug bekennen[6]. Ebenso wie bereits für die opferbezogene Gesetzgebung im Straf- und Strafprozessrecht konnten als kriminalpolitische Leitmotive auch für das opferorientierte Strafvollzugsrecht der Schutz des direkten

[1] Ausführlich hierzu oben in den historischen Grundlagen im Abschnitt 6.3.

[2] Ausführlich hierzu oben in den kriminalpolitischen Grundlagen im Abschnitt 9.1 und im Abschnitt 9.2.

[3] Hierzu oben im Abschnitt 9.2.1; zum Motiv des Opferschutzes im Strafvollzugsrecht zudem oben im Abschnitt 9.3.3.

[4] Zum Motiv der Einbeziehung der Restorative Justice i. w. S. in das Strafvollzugsrecht oben im Abschnitt 9.3.4.

[5] Ein Überblick findet sich oben in den strafvollzugsrechtlichen Grundlagen im Abschnitt 5.2.2.2.

[6] Ausführlich hierzu oben in den kriminalpolitischen Grundlagen im Abschnitt 9.3.

K. M. Radke, *Opferorientierung im Strafvollzug*,
https://doi.org/10.1007/978-3-658-39044-0_18

Opfers und die Etablierung der Restorative Justice i. e. S. – und damit der Tatausgleich mit dem direkten Opfer – festgestellt werden.

Der Schutz potenzieller Opfer – also der Allgemeinheit – stand demgegenüber nicht im Mittelpunkt der opferorientierten Strafvollzugsgesetzgebung in den Landesstrafvollzugsgesetzen. Die Vollzugsaufgabe des Schutzes der Allgemeinheit wurde nicht im Zuge eines „opferorientierten" Strafvollzugs gestärkt; insbesondere wurden die Belange tatsächlicher Opfer nicht zur Legitimation einer Aufwertung der Vollzugsaufgabe herangezogen. Dies gilt auch für die Vorschriften zu bestimmten Täter:innengruppen in einigen Landesstrafvollzugsgesetzen.[7] Zwar kommt durch diese Regelung das kriminalpolitische Motiv der Sicherheit zum Tragen, allerdings wurde diese sicherheitsorientierte Gesetzgebung in weiten Teilen gerade nicht mit dem Schutz direkter Opfer begründet. Daher kann als Gesamtbefund für die Opferorientierung im Strafvollzug festgehalten werden, dass die Vollzugsaufgabe des Schutzes der Allgemeinheit keine generelle Aufwertung erfahren hat. Die Opferorientierung des Strafvollzugs ist vielmehr überwiegend auf den Schutz direkter Opfer vor Beeinträchtigungen durch den bzw. die inhaftierte:n Täter:in ausgerichtet.

Mit dem kriminalpolitischen Motiv des Schutzes direkter Opfer ist zugleich der in den begrifflichen Grundlagen dieser Arbeit entwickelte enge strafvollzugsrechtliche Opferbegriff angesprochen.[8] Die Auslegung des opferbezogenen Strafvollzugsrechts hat gezeigt, dass dieser enge Opferbegriff für das Strafvollzugsrecht sachgerecht ist und den Landesgesetzen zugrunde liegt. Soweit neben den direkten Opfern in einigen landesrechtlichen Regelungen auch Angehörige und besonders gefährdete Dritte Berücksichtigung finden, ist eine enge Auslegung und somit eine restriktive Anwendung der entsprechenden Regelungen angeraten. Nur so können Unschärfen des strafvollzugsrechtlichen Opferbegriffs vermieden und die Zielsetzung des opferorientierten Strafvollzugs – der Schutz direkter Opfer vor einer sekundären oder gar erneuten Viktimisierung – erreicht werden.

Perspektivisch sollten zudem die Belange gefährdeter Dritter im Strafvollzugsrecht nicht stärker als bislang berücksichtigt werden. Der Strafvollzug hat zwar die Aufgabe, die Allgemeinheit während der Inhaftierung vor weiteren Straftaten der Gefangenen zu schützen.[9] Ein individueller Schutz einzelner Personen kann

---

[7] Hierzu in den kriminalpolitischen Grundlagen im Abschnitt 9.3.3.5 sowie ausführlich innerhalb der historischen Auslegung zu diesen Vorschriften im Abschnitt 15.3.5.

[8] Hierzu oben in den begrifflichen Grundlagen im Abschnitt 4.2.2.

[9] Ausführlich hierzu oben in den strafvollzugsrechtlichen Grundlagen im Abschnitt 5.1.2.

jedoch nur in Ausnahmefällen in Betracht kommen und ist zudem am Vollzugsziel der Resozialisierung zu messen. Während sich für den Schutz des konkreten Opfers aus Art. 2 Abs. 2 S. 1 GG in Einzelfällen ein subjektives Recht auf Opferschutz ableiten lässt[10], das den Resozialisierungsanspruch der Gefangenen beschränken kann, steht Dritten dieses Recht gerade nicht zu. Eine Berücksichtigung von Schutzinteressen Dritter kommt daher allenfalls in Betracht, wenn diese zugleich der Resozialisierung des bzw. der konkreten Gefangenen oder dem Schutz der Allgemeinheit dient. In diesen Fällen sind die „Schutzinteressen Dritter" aber ohnehin zu beachten. Daher ist bereits die ausdrückliche Aufnahme der Schutzinteressen Dritter beispielsweise in Art. 5a Abs. 1 S. 2 BayStVollzG und § 7 Abs. 1 S. 2 StVollzG NRW überflüssig, sofern mit „Dritten" nicht Angehörige des Opfers gemeint sind. Denn für Angehörige des Opfers gilt, dass diese zwar nur mittelbar durch die Straftat betroffen sind. Gleichwohl kann sich jedoch auch für Angehörige eine besondere Schutzbedürftigkeit ergeben. Allerdings kommt eine Berücksichtigung von Interessen der Angehörigen von Opfern nur in Ausnahmefällen, wie beispielsweise bei einer erheblichen Beeinträchtigung bei der Tötung des direkten Opfers, in Betracht. Nur so kann der hohen Eingriffsintensität vollzuglicher Entscheidungen in die Rechte der Gefangenen Rechnung getragen werden. Um den engen Rahmen, in denen andere Interessen die der direkten Opfer berücksichtigt werden können, deutlich zu machen, sollte der Begriff „Dritte" daher durch den Angehörigenbegriff ersetzt werden.[11] Weiterhin sollten die betreffenden Landesstrafvollzugsgesetze[12] einen Verweis auf § 11 Abs. 1 StGB enthalten, da so ein einheitlicher Angehörigenbegriff für das materielle Strafrecht und das Strafvollzugsrecht etabliert werden kann.

Neben der engen Auslegung des Opferbegriffs im Strafvollzugsrecht ist auch die besondere Schutzbedürftigkeit bestimmter Opfergruppen – namentlich von Kindern und Opfern von Sexual- und schweren Gewaltstraftaten – für die Opferorientierung insgesamt von gesteigerter Bedeutung. Dies muss im Rahmen der Abwägung bei opferbezogenen Vollzugsentscheidungen eine besondere Gewichtung erfahren, da der Schutz dieser besonders schutzbedürftigen Opfergruppen bereits im gesamten Strafrechtssystem[13] etabliert wurde, aber auch durch das

---

[10] Dies ist der Fall, wenn vom Gefangenen die konkrete Gefahr einer erneuten Viktimisierung für das Opfer ausgeht; ausführlich zum subjektiven Recht auf Opferschutz in den verfassungsrechtlichen Grundlagen oben im Abschnitt 10.1.2.3.4.

[11] Die betrifft folgende Vorschriften: Art. 5a Abs. 1 S. 2 BayStVollzG; § 15 Abs. 1 S. 2 NJVollzG; §§ 7 Abs. 1 S. 2, 10 Abs. 1 S. 4 Nr. 13, 25 Nr. 3, 53 Abs. 6 StVollzG NRW.

[12] Dies betrifft die Landesgesetze von Bayern, Niedersachsen und Nordrhein-Westfalen, vgl. soeben Fn. 11.

[13] Hierzu oben in den kriminalpolitischen Grundlagen im Abschnitt 9.1.1.

internationale Recht[14] vorgegeben ist. Besonders relevant wird der Schutz von minderjährigen Opfern im Hinblick auf Außenkontakte und der Schutz des direkten Opfers im Zusammenhang mit vollzugsöffnenden Maßnahmen. Daher wird dies sogleich dort jeweils noch einmal aufgegriffen und präzisiert.[15]

Zu wenig betont wird innerhalb des opferbezogenen Strafvollzugsrechts bislang noch die Autonomie des Straftatopfers. Die Landesstrafvollzugsgesetze enthalten kaum Hinweise darauf, dass bei Entscheidungen über konkrete Opferbelange dem Opfer ein Äußerungsrecht hinsichtlich des Bestehens oder Nichtbestehens von sogenannten „Schutzinteressen des Opfers" zugestanden wird. Hierin liegt jedoch die Gefahr einer Entmündigung des Opfers und somit gerade auch einer sekundären Viktimisierung durch Entscheidungen, die zwar mit der Intention des Schutzes des Opfers getroffen werden, jedoch dem tatsächlichen Opferwillen widersprechen. Da die Operautonomie insbesondere bei der Gewährung von Außenkontakten und im Rahmen des Tatausgleichs bedeutsam ist, wird sie sogleich innerhalb dieser Themenkreise vertieft und hinsichtlich der sich ergebenden Folgerungen konkretisiert.[16]

---

[14] Ausführlich zu der besonderen Schutzbedürftigkeit bestimmter Opfergruppen unter Berücksichtigung von Art. 3 EMRK oben in den internationalrechtlichen Grundlagen im Abschnitt 8.1.1.2; zur Betonung der besonderen Schutzbedürftigkeit bestimmter Opfergruppen durch den Europarat im Abschnitt 8.2.1.2, im Abschnitt 8.2.1.7 und im Abschnitt 8.2.1.8; zur Betonung durch die Opferschutzrichtlinie der EU oben im Abschnitt 8.2.2.3.3.

[15] Zu den Außenkontakten sogleich unten im Abschnitt 19.2; zu den vollzugsöffnenden Maßnahmen unten im Abschnitt 19.3.

[16] Sogleich im Abschnitt 19.4.

19 Reformüberlegungen zu einzelnen Themenbereichen der Opferorientierung im Strafvollzug

19.1 Allgemeine Vorschriften

Für die allgemeinen Vorschriften lässt sich festhalten, dass nach den Gesetzen der Länder Bayern, Berlin und Nordrhein-Westfalen die Belange von Opfern bei der Gestaltung des Vollzugs ausdrücklich zu berücksichtigen sind.[1] Wenngleich eine solche ausdrückliche Inbezugnahme der Opferbelange für die Vollzugsgestaltung in den übrigen Ländern fehlt, ergibt sich bereits aus der Opferorientierung aller Landesgesetze, dass die Belange von Opfern im Vollzug berücksichtigt werden sollen.[2]

Für diese Berücksichtigung von Opferbelangen innerhalb des Strafvollzugs konnte festgehalten werden, dass nur berechtigte Belange des Opfers berücksichtigt werden können.[3] Dies ergibt sich teilweise bereits aus dem Wortlaut einiger landesrechtlicher Regelungen, muss aber für das gesamte Strafvollzugsrecht gelten. Die Beschränkung auf berechtigte Opferbelange ist bereits deshalb erforderlich, weil durch die Berücksichtigung von Opferinteressen innerhalb des Strafvollzugs die Rechte der Gefangenen beeinträchtigt werden können. Dabei ist insbesondere an Beschränkungen und Versagungen von Außenkontakten und Lockerungen und somit eine Beschränkung des verfassungsrechtlichen Resozialisierungsanspruchs der Gefangenen aus Art. 2 Abs. 1 i. V. m. Art. 1 Abs. 1 GG zu denken. Als berechtigte Opferinteressen können der Schutz vor einer sekundären oder erneuten Viktimisierung durch den bzw. die Gefangene:n und

[1] Art. 5a Abs. 1 BayStVollzG; § 6 Abs. 1 StVollzG Bln; § 7 Abs. 1 StVollzG NRW; ausführlich hierzu oben im Kapitel 13.

[2] Ausführlich hierzu in den kriminalpolitischen Grundlagen oben im Abschnitt 9.3.2.

[3] Zusammenfassend hierzu oben im Abschnitt 13.6.5 und im Abschnitt 15.6.5.

K. M. Radke, *Opferorientierung im Strafvollzug*,
https://doi.org/10.1007/978-3-658-39044-0_19

das Interesse an einem Tatausgleich mit dem bzw. der Gefangenen eingeordnet werden. Für den Tatausgleich gilt, dass dieser ohnehin keinen Eingriff in die Rechte der Gefangenen nach sich ziehen darf.[4] Daher ist das Interesse des Opfers an einem Tatausgleich immer als berechtigt einzuordnen; problematisch erscheint in diesem Zusammenhang eher die Umsetzung möglicher Ausgleichsmaßnahmen.[5] Demgegenüber ist der Schutz des Opfers vor einer sekundären oder erneuten Viktimisierung nur dann berechtigt, wenn konkrete Anhaltspunkte für eine mögliche Gefährdung des Opfers vorliegen. Gehen von einem bzw. einer Gefangenen konkrete Gefahren einer sekundären oder gar erneuten Viktimisierung für das konkrete Opfer aus, so müssen der Resozialisierungsanspruch des bzw. der Gefangenen und das Recht des Opfers auf Opferschutz aus Art. 2 Abs. 2 S. 1 GG gegeneinander abgewogen werden. Dies betrifft vor allem Gefährdungen bei Außenkontakten zwischen Gefangenen und Opfern und eine mögliche Gefährdung des Opfers im Rahmen von vollzugsöffnenden Maßnahmen.[6] In den Landesgesetzen sollten daher immer dann, wenn die Belange von Opfern durch eine opferorientierte Vollzugsgestaltung Berücksichtigung erfahren sollen, die Opferinteressen bereits im Wortlaut ausdrücklich auf berechtigte Interessen beschränkt werden.

Weiterhin ist mit Blick auf die allgemeinen Vorschriften bemerkenswert, dass allein die Gesetze der Länder Berlin und Nordrhein-Westfalen Regelungen zur organisatorischen Ausgestaltung der Opferorientierung im Strafvollzug enthalten.[7] Nur nach diesen Landesgesetzen ist ausdrücklich vorgesehen, dass in den Vollzugsanstalten Ansprechpartner:innen für Opfer vorhanden sein sollen. Durch diese Ansprechpartner:innen sollen Opfer, die sich an die Anstalt wenden, über ihre Rechte aus dem opferbezogenen Vollzugsrecht informiert werden. Mit Blick auf einen umfassenden Schutz tatsächlicher Opfer und die Etablierung des Tatausgleichs im Strafvollzug wäre es jedoch zum einen wünschenswert, wenn sich

---

[4] Ausführlich hierzu in den kriminologischen Grundlagen oben im Abschnitt 7.2.1.2.1 sowie in den verfassungsrechtlichen Grundlagen oben im Abschnitt 10.2.1.3.

[5] Ausführlich zu den Ergebnissen der neueren rechtstatsächlichen Untersuchungen zum Täter-Opfer-Ausgleich im Strafvollzug siehe *Mayer*, Täter-Opfer-Ausgleich im Strafvollzug, 2017, S. 149 ff., 265 ff. und *Kilchling*, Täter-Opfer-Ausgleich im Strafvollzug, 2017, S. 107 ff.

[6] Daher hierzu sogleich unten im Abschnitt 19.2 und im Abschnitt 19.3.

[7] Vgl. § 6 Abs. 4 StVollzG Bln und § 7 Abs. 4 und 5 StVollzG NRW; ausführlich zum Wortlaut oben im Abschnitt 13.2.5.

derartige Vorgaben in allen Landesgesetzen finden würden.[8] Zum anderen sollte die Bereitstellung von Ansprechpartner:innen für Straftatopfer überall als zwingende Regelung und daher nicht als bloße „Soll-Vorschrift" normiert sein. Der Umgang mit teilweise erheblich viktimisierten und traumatisierten Opfern erfordert ein hohes Maß an Professionalität und fachlicher Kompetenz. Diese Aufgabe sollte daher nicht als bloße Nebentätigkeit innerhalb der Anstalt an das dortige Personal verteilt werden. Notwendig erscheinen regelmäßige Schulungen und Fortbildungen der Ansprechpartner:innen, um eine sekundäre Viktimisierung des Opfers zu vermeiden.[9] Nur so können die internationalen Vorgaben zum Umgang mit Straftatopfern durch die Opferschutzrichtlinie[10] und die nationalen Vorschriften zum Schutz vor einer sekundären Viktimisierung in der Strafrechtspflege[11] durch das Strafvollzugsrecht umgesetzt bzw. ergänzt werden.

19.2 Außenkontakte

Die Außenkontakte zwischen Gefangenen und Opfern sind ein besonders sensibler Bereich, der sowohl die Resozialisierungsinteressen der Gefangenen als auch die Schutzinteressen der direkten Opfer betrifft. Für die zukünftige Ausgestaltung des opferbezogenen Strafvollzugs gilt hinsichtlich der Außenkontakte daher Folgendes.

Um den Schutz von direkten Opfern vor einer erneuten Viktimisierung durch die Gefangenen im Zusammenhang mit Außenkontakten zu gewährleisten, muss eine Beschränkung aus Opferschutzgründen in allen Bundesländern möglich sein. Dies folgt bereits aus dem Umstand, dass sich alle Landesgesetzgeber zur Opferorientierung im Strafvollzug bekannt haben und infolgedessen

[8] Ebenso bereits *Gelber/Walter*, Forum Strafvollzug 2012, 171 (173); *Gelber/Walter*, BewHi 2013, 5 (9); *Joiko/Gelber*, TOA-Magazin 01/2013, 14 (18); *Kubink/Henningsmeier*, Forum Strafvollzug 2017, 301 (303 f.).

[9] Ähnlich *Jacob/Prätor/Höher u. a.*, Projekt Opferorientierung im Justizvollzug. Abschlussbericht, herausgegeben von der Projektgruppe „Opferorientierung im Justizvollzug", 2016, S. 10), jedoch nur mit Blick auf ein allgemeines Fortbildungsangebot für Vollzugsbedienstete.

[10] Hierzu oben in den internationalen Grundlagen im Abschnitt 8.2.2.3.3.

[11] Ein Überblick hierzu findet sich oben in den historischen Grundlagen im Abschnitt 6.3.2; siehe zudem speziell zu den kriminalpolitischen Motiven für das Strafverfahrensrecht oben im Abschnitt 9.2.1.

in allen Landesgesetzen opferbezogene Regelungen zu finden sind.[12] Daher ist auch in den Ländern Baden-Württemberg, Bayern, Hamburg und Niedersachsen die Berücksichtigung von Opferschutzinteressen bei Entscheidungen über die Beschränkung oder Versagung von Außenkontakten möglich, auch wenn die dortigen Landesgesetze diesbezüglich keine ausdrücklichen Regelungen vorsehen. Wünschenswert ist daher eine ausdrückliche Normierung der Berücksichtigung von Opferschutzinteressen auch in den Gesetzen der eben genannten Länder. Dies würde zum einen die Bedeutung des Opferschutzes im Strafvollzugsrecht noch deutlicher hervortreten lassen und zum anderen den Vorgaben der Europäischen Strafvollzugsgrundsätze[13] entsprechen. Weiterhin sollte sich auch bereits aus dem Wortlaut der Landesgesetze eindeutig ergeben, dass der opferbezogene Versagungsgrund für alle Arten der Außenkontakte gilt. Dies gilt mit Blick auf die fortschreitende Digitalisierung gerade auch für andere Formen der Telekommunikation. Insofern besteht in einigen Landesgesetzen noch Überarbeitungsbedarf.[14]

Der opferbezogene Versagungsgrund für Außenkontakte ist ferner nur auf den Schutz von direkten Opfern vor einer erneuten Viktimisierung zu beschränken. Eine solche enge Auslegung des opferbezogenen Versagungsgrundes nach geltendem Recht konnte für fast alle Landesgesetze festgestellt werden. Eine Ausnahme hierzu bildet allein § 25 Nr. 3 StVollzG NRW, welcher daneben ebenso dem Schutz gefährdeter Dritter und somit dem Schutz potenzieller Opfer dienen soll.[15] Die Einbeziehung von Dritten in den Schutzbereich der Versagungsgründe ist jedoch mit Blick auf die verfassungsrechtliche Legitimation der Beschränkung von Außenkontakten problematisch. Während für das direkte Straftatopfer der Schutz vor einer sekundären oder gar erneuten Viktimisierung aus den grundrechtlichen Schutzpflichten des Art. 2 Abs. 2 S. 1 GG hergeleitet wird und sich hieraus ein subjektives Recht auf Opferschutz ergeben kann, gilt dies für Dritte nicht. Da bei der Versagung von Außenkontakten der verfassungsrechtlich verankerte Resozialisierungsanspruch des bzw. der Gefangenen betroffen ist, bedarf es jedoch einer verfassungsrechtlichen Legitimation hinsichtlich der Berücksichtigung von Schutzinteressen Dritter. Diese Schutzinteressen beziehen sich jedoch letztlich auf die Sicherungsaufgabe des Vollzugs und somit auf den

[12] Ein Überblick hierzu findet sich oben in den strafvollzugsrechtlichen Grundlagen im Abschnitt 5.2.2.2; zu den kriminalpolitischen Motiven zur opferbezogenen Vollzugsgestaltung oben in den kriminalpolitischen Grundlagen im Abschnitt 9.3.

[13] Hierzu oben in den internationalrechtlichen Grundlagen im Abschnitt 8.2.1.5.

[14] Im Einzelnen hierzu oben im Abschnitt 14.2.2.4.

[15] Zum Wortlaut dieser Regelung siehe oben im Abschnitt 14.2.2.6.

Schutz der Allgemeinheit vor den Inhaftierten. Daher ist die Anwendbarkeit der Kontaktverbote allein auf tatsächliche Straftatopfer zum Zweck des Schutzes des Straftatopfers zu beschränken. Folglich sollte die Berücksichtigung von Schutzinteressen gefährdeter Dritter gemäß § 25 Nr. 3 StVollzG NRW aus dem Gesetzestext entfernt werden. Bis zur Umsetzung dieses Vorschlags sollte diese Regelungen zudem entsprechend der soeben genannten verfassungsrechtlichen Vorgaben ausgelegt werden.

Mit der Beschränkung auf den Schutz direkter Opfer ist zugleich die erforderliche sprachliche Klarstellung in den Vorschriften mit opferbezogenen Untersagungsgründen der Länder Brandenburg, Rheinland-Pfalz, Sachsen-Anhalt und Thüringen angesprochen. In diesen Ländern ergibt sich aus dem Wortlaut nicht eindeutig, dass bei Personen, die lediglich im Haftbefehl als „Opfer" benannt werden, eine Untersagung von Außenkontakten nur im Rahmen der Untersuchungshaft erfolgen kann. Insofern besteht die Notwendigkeit einer sprachlichen Überarbeitung der betreffenden Vorschriften.

Da allein das Strafvollzugsgesetz des Landes Nordrhein-Westfalen neben der Untersagung von Außenkontakten zum Schutz von Opfern auch deren Beschränkung vorsieht, besteht in den übrigen Landesgesetzen ein entsprechender Handlungsbedarf. Zwar muss die Beschränkung als milderes Mittel im Vergleich zur Untersagung des Außenkontakts bereits aufgrund des Übermaßverbots und somit der Verhältnismäßigkeit der Entscheidung möglich sein. Durch eine ausdrückliche Normierung würde jedoch die besondere Bedeutung der Außenkontakte für die Resozialisierung der Gefangenen[16] stärker betont und letztlich auch den Empfehlungen der Europäischen Strafvollzugsgrundsätze besser entsprochen werden[17].

Aus Opferperspektive ist im Zusammenhang mit der Gewährung von Außenkontakten zudem zu berücksichtigen, dass die Autonomie von Opfern durch eine Entscheidung der Vollzugsanstalten nicht beschränkt werden darf. Derzeit wird die Opferautonomie in den landesrechtlichen Regelungen zur Untersagung von Außenkontakten kaum beachtet. Die Untersagung von Kontakten zwischen Gefangenen und Opfern darf nicht zu einer Entmündigung des Straftatopfers führen und die Gefahr einer sekundären Viktimisierung des Opfers durch die Vollzugsanstalt begünstigen. Daher sind Kontaktwünsche des Opfers unter Beachtung der allgemeinen Handlungsfreiheit nach Art. 2 Abs. 1 GG zu berücksichtigen.[18] Sofern ein Opfer zudem Ehepartner:in des bzw. der betreffenden Gefangenen ist,

[16] Hierzu bereits oben im Abschnitt 14.5.1.

[17] Hierzu oben in den internationalrechtlichen Grundlagen im Abschnitt 8.2.1.5.

[18] Ausführlich hierzu oben im Abschnitt 14.5.2.2.

ist der Schutz der Ehe aus Art. 6 Abs. 1 GG zu beachten.[19] Wenn sowohl seitens des bzw. der Gefangenen als auch seitens des Opfers der Wunsch nach einem Kontakt besteht, kann die Vollzugsanstalt diese Außenkontakte des bzw. der Gefangenen zumindest bei volljährigen Opfern nicht unter Rückgriff auf den Versagungsgrund des Opferschutzes unterbinden. In Betracht kommt gleichwohl eine Versagung von Außenkontakten mit der Begründung, dass sie die Erreichung des Vollzugsziels behindern würden.[20] Hinsichtlich der Familienangehörigen des bzw. der Gefangenen, die zugleich Straftatopfer sind, ist jedoch auch diesbezüglich das Angehörigenprivileg zu beachten.[21]

Problematisch erscheint in diesem Zusammenhang die Feststellung von Kontaktwünschen des Opfers. Eine Möglichkeit wäre, dass die Anstaltsleitung das Opfer vor der Kontaktaufnahme durch den bzw. die Gefangene:n zunächst kontaktiert und erfragt, ob ein Kontaktwunsch des Opfers besteht. Bei einem dem Kontaktwunsch des bzw. der Gefangenen entgegenstehenden Willen des Straftatopfers wird die Anstalt den Außenkontakt bereits aus Gründen der Opferautonomie als Ausfluss der allgemeinen Handlungsfreiheit des Art. 2 Abs. 1 GG versagen können. Dies gilt im Übrigen auch bei Wiedergutmachungsbestrebungen des bzw. der Gefangenen. Allerdings könnte auch bereits eine Erkundigung der Vollzugsanstalt beim Opfer hinsichtlich eines möglicherweise bestehenden Kontaktwunsches eine sekundäre Viktimisierung des Opfers verursachen. In Betracht käme daher eine Kontaktaufnahme über Mittelspersonen, wie zum Beispiel Opferanwält:innen, Mitarbeiter:innen des Weißen Rings oder Opferbeauftragte der Bundesländer, um eine sekundäre Viktimisierung bzw. (Re-)Traumatisierung des Opfers zu vermeiden. Daher ist es wünschenswert, dass die Landesgesetzgeber die opferschützende Ausrichtung der Außenkontakte auch hinsichtlich der Feststellung und Berücksichtigung der individuellen Interessen des betroffenen Opfers besser ausgestalten. So könnten die landesrechtlichen Regelungen einerseits der Bedeutung von Außenkontakten für die Resozialisierung der Gefangenen gerecht werden und andererseits tatsächliche Opfer vor einer erneuten Viktimisierung durch den bzw. die konkrete:n Gefangene:n bestmöglich schützen.

Weiterhin bedarf es in den landesrechtlichen Vorschriften zu den Außenkontakten einer Unterscheidung zwischen volljährigen und minderjährigen Opfern.

---

[19] Ausführlich hierzu oben im Abschnitt 14.5.2.3.3.1.

[20] Dieser Versagungsgrund findet sich nach dem Vorbild des § 25 Nr. 2 StVollzG Bund in allen Landesgesetzen, siehe z. B. Art. 28 Nr. 2 BayStVollzG; § 30 Nr. 2 StVollzG Bln; § 25 Nr. 2 StVollzG NRW; § 35 Nr. 2 ThürJVollzGB.

[21] Zum Angehörigenprivileg oben im Abschnitt 14.5.2.3.1.

Eine solche ist bislang allein in den Gesetzen der Länder Sachsen und Schleswig-Holstein ersichtlich. Dies wird jedoch der Wahrung von Kontaktwünschen volljähriger Opfer und dem damit einhergehenden Verzicht auf Opferschutz auf der einen Seite und der besonderen Schutzbedürftigkeit minderjähriger Straftatopfer und der staatlichen Schutzaufgabe aus Art. 6 Abs. 2 S. 2 GG auf der anderen Seite nicht gerecht.

Für den Kontakt zu minderjährigen Opfern müssen deren besondere Schutzbedürftigkeit und bei Kindern des bzw. der Gefangenen insbesondere auch der Schutz der Familie aus Art. 6 GG beachtet werden.[22] Der Staat muss gerade minderjährige Opfer aufgrund ihrer erhöhten Schutzbedürftigkeit vor einer sekundären oder gar erneuten Viktimisierung schützen. Bei Opfern, die zugleich Kinder des bzw. der Gefangenen sind, muss der Staat in Fällen schwerwiegender Viktimisierungen seiner grundrechtlichen Schutzpflicht aus Art. 2 Abs. 2 S. 1 GG i. V. m. Art. 6 Abs. 2 S. 2 GG gegenüber dem Kind nachkommen und somit, wenn nötig, das kindliche Opfer vor seinen inhaftierten Eltern schützen. Insgesamt ist in Fällen, die Außenkontakte der Gefangenen zu minderjährigen Opfern betreffen, eine umfassende Abwägung aller Umstände des Einzelfalls erforderlich. Diese Abwägung stellt sich als höchst komplex dar. Daher wäre es ratsam, wenn diese Aufgabe nicht dem Strafvollzug allein überlassen bleibe, sondern insbesondere das Jugendamt in den Entscheidungsprozess involviert werden würde. Eine Vorbildfunktion könnte diesbezüglich der Regelung des § 43 Abs. 2 LStVollzG SH zukommen, welcher für ein Kontaktverbot bei der Gefahr einer Kindeswohlgefährdung den bestehenden Richter:innenvorbehalt ausdrücklich klar stellt und der Anstalt nur eine Eilzuständigkeit eröffnet. Zudem sieht § 43 Abs. 2 LStVollzG SH eine Zusammenarbeit der Vollzugsanstalt mit dem Jugendamt vor, was ebenfalls zu begrüßen ist.

Unter Berücksichtigung der soeben zusammenfassend dargestellten Erkenntnisse der Auslegung sollte zukünftig in den Landesstrafvollzugsgesetzen ausdrücklich zwischen volljährigen und minderjährigen Straftatopfern unterschieden werden. Freilich kann auch gegenüber volljährigen Opfern ein Schutz vor dem bzw. der inhaftierten Täter:in durch die Versagung von Außenkontakten notwendig sein. Allerdings darf dies nicht zu einer grundsätzlichen Versagung von Außenkontakten zum Opfer führen. Daher sollte in den Landesstrafvollzugsgesetze neben dem opferbezogenen Versagungsgrund ebenso die Berücksichtigung von Kontaktwünschen volljähriger Opfer und der besondere Schutz minderjähriger Opfer berücksichtigt werden. Eine entsprechende Überarbeitung der Landesstrafvollzugsgesetze würde sowohl der Opferautonomie als auch dem

[22] Ausführlich hierzu oben im Abschnitt 14.5.2.3.3.2.

Schutz besonders schutzbedürftiger Opfer Rechnung tragen. Unerheblich ist dabei, ob die Schutzbedürftigkeit durch die Minderjährigkeit des Opfers impliziert wird oder ob das Opfer selbst den Schutz für sich beansprucht. Daneben sollte sich die Zusammenarbeit der Justizvollzugsanstalten mit anderen Behörden wie beispielsweise dem Jugendamt und mit den Familiengerichten bereits aus dem Gesetzeswortlaut ergeben. Nur durch eine gute Zusammenarbeit kann der Schutz minderjähriger Opfer gewährleistet werden. Eine solch wichtige Aufgabe des Opferschutzes sollte auch Eingang in den Gesetzestext finden.

19.3 Vollzugsöffnende Maßnahmen

Mit Blick auf die opferbezogenen Regelungen zu den vollzugsöffnenden Maßnahmen ist zunächst positiv hervorzuheben, dass das Opfer und seine Belange nur bei deren Ausgestaltung relevant sind und nicht bereits bei der Entscheidung über die Gewährung dieser Maßnahmen. Insofern ist eine pauschale Versagung aus Opferschutzgründen zumindest aus rechtsdogmatischer Sicht nicht vorgesehen. Eine in der Vollzugspraxis gleichwohl mögliche Entwicklung in diese Richtung findet keine Grundlage in den Landesstrafvollzugsgesetzen und wäre daher nicht rechtmäßig.

Für die Ausgestaltung vollzugsöffnender Maßnahmen gilt, dass durch die opferbezogenen Vorgaben eine klare Gewichtung der Opferperspektive deutlich wird. Zwar lassen sich Regelungen zur Einbeziehung von Opferbelangen nicht in allen Landesstrafvollzugsgesetzen finden. Allerdings waren opferbezogene Weisungen auch bereits vor der Föderalismusreform möglich.[23] Von einer Opferorientierung des Strafvollzugsrechts kann gleichwohl nur gesprochen werden, wenn diese auch in den besonders relevanten Bereichen des Strafvollzugsrechts zum Ausdruck kommt. Hierzu zählen neben den Außenkontakten gerade auch die vollzugsöffnenden Maßnahmen, da die Anstalt das Zusammentreffen von Gefangenen und Opfern bei vollzugsöffnenden Maßnahmen nicht uneingeschränkt kontrollieren kann. Da sich alle Landesgesetzgeber zur Opferorientierung bekannt haben, sollte die opferbezogene Ausgestaltung der vollzugsöffnenden Maßnahmen auch in allen Landesstrafvollzugsgesetzen normiert werden. Um den Vollzugsbehörden die besondere Bedeutung der konkreten Ausgestaltung für den Opferschutz zu verdeutlichen, ist zudem eine ausdrückliche Normierung opferbezogener Weisungen angeraten. Zwar bedarf es für die Erteilung von opferbezogenen Weisungen keiner ausdrücklichen Regelung in den

[23] Siehe hierzu oben im Abschnitt 15.4.4.

Weisungskatalogen der Landesgesetze. Aber gerade durch die ausdrückliche Nennung opferbezogener Weisungen werden Opferbelange besonders gewichtet und bei den zuständigen Vollzugsbediensteten ein Bewusstsein für die Opferperspektive geschaffen. Die ausdrückliche Normierung der opferbezogenen Weisungen in Nordrhein-Westfalen und Sachsen sollte daher Vorbildfunktion für die übrigen Landesgesetzgeber haben.

Hinsichtlich der Berücksichtigung von Opferinteressen bei der Ausgestaltung vollzugsöffnender Maßnahmen sollte zudem der Gesetzgeber des Landes Berlin ausdrücklich herausstellen, dass allein die berechtigten Interessen des Opfers bedeutsam sein können.[24] Die Beschränkung auf berechtigte Opferinteressen ergibt sich zwar bereits aus dem Umstand, dass für die konkrete Ausgestaltung die Opferinteressen mit dem Resozialisierungsinteresse der Gefangenen abgewogen werden müssen. Da die konkrete Ausgestaltung der vollzugsöffnenden Maßnahmen den Resozialisierungsanspruch des bzw. der Gefangenen aus Art. 2 Abs. 2 i. V. m. Art. 1 Abs. 2 GG einschränken kann, sind diese Opferinteressen daher ohnehin eng auszulegen. Allerdings sollte diese enge Auslegung bereits im Wortlaut durch die Beschränkung auf berechtigte Opferinteressen deutlich werden.

Sofern zudem neben den Schutzinteressen von Opfern auch die Interessen Dritter bei der Ausgestaltung vollzugsöffnender Maßnahmen von Bedeutung sein sollen[25], sind diese Vorgaben sehr eng auszulegen, um die besondere Gewichtung des Schutzes tatsächlicher Opfer nicht zu schmälern. Zudem sollte der Begriff „Dritte" durch den Angehörigenbegriff ersetzt werden, da diese zumindest mittelbar durch die Straftat viktimisiert sein können und daher möglicherweise auch traumatisiert sind.[26] In allen anderen Fällen kann mit „Dritten" nur der Schutz der Allgemeinheit gemeint sein, welcher bereits in der Vollzugsaufgabe der Sicherung zum Ausdruck kommt. Eine nochmalige ausdrückliche Betonung des Schutzes der Allgemeinheit im Zusammenhang von opferbezogenen Vorschriften des Vollzugsrechts ist weder notwendig noch für den opferorientierten Strafvollzug förderlich.

Hinsichtlich der Vorschriften zu bestimmten Täter:innengruppen ist ebenfalls zu begrüßen, dass die Belange tatsächlicher Opfer für die Entscheidung über die Gewährung vollzugsöffnender Maßnahmen nicht bedeutsam sind. Kritikwürdig

---

[24] Zum derzeit sehr weiten Wortlaut des § 44 S. 2 StVollzG Bln siehe oben im Abschnitt 15.2.4.

[25] So in Niedersachsen ausdrücklich in § 15 Abs. 1 S. 2 NJVollzG; für Nordrhein-Westfalen in § 53 Abs. 6 StVollzG NRW; ausführlich hierzu oben im Abschnitt 15.2.4.

[26] Hierzu bereits oben im Abschnitt 15.5.4.

ist gleichwohl, dass teilweise der Begriff des „Opferschutzes“ im Zusammenhang mit den bestimmten Täter:innengruppen verwendet wird. Dies sollte zukünftig unterlassen werden, da die Regelungen zu bestimmten Täter:innengruppen gerade den Schutz der Allgemeinheit vor als besonders gefährlich geltenden Inhaftierten betreffen und nicht allein den Schutz eines konkreten Opfers.

Zur Vermeidung einer zu restriktiven Lockerungspraxis bei bestimmten Täter:innengruppen ist eine Überarbeitung der Voraussetzungen für die Gewährung von vollzugsöffnenden Maßnahmen angeraten. Insbesondere sollten die Landesgesetzgeber eine zwingende Einzelfallprüfung unter Beachtung der Entwicklung des bzw. der Gefangenen vorsehen. Von der derzeit durch die betreffenden Vorschriften vorgesehen pauschalen Annahme der Gefährlichkeit bestimmter Täter:innengruppen sollte insbesondere auch unter Beachtung des verfassungsrechtlichen Resozialisierungsauftrags Abstand genommen werden.

19.4 Wiedergutmachung und Tatausgleich

In allen Landesstrafvollzugsgesetzen finden sich mehr oder weniger umfangreiche Bezüge zur Restorative Justice i. w. S. Eine besondere Gewichtung findet sich vor allem im Gesetz des Landes Schleswig-Holstein, welches mit § 21 LStVollzG SH eine eigene Vorschrift zum Tatausgleich enthält. Die Berücksichtigung der Restorative Justice innerhalb der Landesstrafvollzugsgesetze ist zu begrüßen; gleichwohl besteht an unterschiedlichen Stellen noch Bedarf für Verbesserungen.

Dieses Verbesserungspotenzial betrifft zunächst den Umstand, dass sich innerhalb der Vorschriften, die den Ausgleich des Straftatschadens betreffen, bereits aus dem Wortlaut ergeben sollte, dass neben dem materiellen auch der immaterielle Schaden gleichermaßen erfasst ist. Insbesondere bei erheblichen Traumatisierungen des Opfers durch die Straftat wird der immaterielle Schaden bedeutsamer sein als der Ausgleich materieller Schäden.[27]

Mit dem Umfang des Straftatschadens ist zugleich die Art und der Umfang des Tatausgleichs gegenüber dem direkten Opfer angesprochen. Da die finanziellen Mittel der meisten Gefangenen sehr begrenzt sind, ist eine Einbeziehung des ideellen Tatausgleichs angeraten. Dies sollte aus zwei Gründen ausdrücklich innerhalb der Landesgesetze geregelt werden. Zum einen werden bei den Opfern keine Erwartungen an einen finanziellen Tatausgleich geweckt, die durch die Gefangenen nicht erfüllt werden können. Zum anderen wird mit der Betonung

[27] Ähnlich auch *Heuchemer*, in: BeckOK StVollzR RP, 17. Ed. Stand: 01.03.2022, LJVollzG RP § 11 Rn. 3.

des ideellen Ausgleichs gerade die umfassende Konfliktlösung nach dem Konzept der Restorative Justice betont. Diese Konfliktlösung erschöpft sich gerade nicht im monetären Ausgleich, sondern betrifft vielmehr die zwischenmenschliche Aufarbeitung der Straftat durch Täter:in und Opfer. Hierin ist letztlich auch die Verbindung zwischen Restorative Justice und Tataufarbeitung zu sehen. Diese Verbindung zeigt, dass die Restorative Justice im Vollzug einen Beitrag zum Resozialisierungsziel leisten kann.

Unabhängig von der Einbeziehung des ideellen Ausgleichs der Tatfolgen beim Opfer sollten auch die Möglichkeiten der Gefangenen zum finanziellen Ausgleich gestärkt werden. Zwar enthalten bereits heute einige Landesgesetze Regelungen zur Verwendung des Überbrückungs- bzw. Eingliederungsgeldes zur Entschädigung des Opfers.[28] Jedoch können auch diese wohlgemeinten Regelungen zum tatsächlichen monetären Tatausgleich keinen spürbaren Beitrag leisten, solange die Entlohnung der Gefangenen keine erhebliche Erhöhung erfährt. Die Landesgesetzgeber haben die Opferorientierung zwar in vielerlei Hinsicht innerhalb der Landesstrafvollzugsgesetze betont. Eine angemessene Entlohnung der Gefangenen und somit die finanzielle Grundlage für eine monetäre Entschädigung von Straftatopfern wurden jedoch nicht geschaffen. Insofern besteht ein erheblicher kriminalpolitischer Handlungsbedarf hinsichtlich der Gefangenenentlohnung, wobei eine angemessene Entlohnung nicht nur elementarer Bestandteil eines opferorientierten Strafvollzugs, sondern vielmehr bereits des Resozialisierungsstrafvollzugs sein sollte.[29]

Weiterhin besteht in fast allen Landesgesetzen Verbesserungspotenzial mit Blick auf den Grundsatz der Freiwilligkeit einer Teilnahme an Verfahren der Restorative Justice. Dieses Grundprinzip der Restorative Justice wurde lediglich in Schleswig-Holstein sowohl für Opfer und als auch für Gefangene normiert. In Baden-Württemberg und Berlin wurde die Opferautonomie zumindest in den Gesetzesbegründungen betont. In der Begründung zum Niedersächsischen Strafvollzugsgesetz wurde neben der Autonomie des Opfers auch die Freiwilligkeit der Teilnahme des bzw. der Gefangenen thematisiert. Da es sich bei der Freiwilligkeit der Teilnahme um ein Grundprinzip des Restorative Justice-Konzepts handelt, sollte sie in allen Landesgesetzen ausdrücklich normiert werden. Die Normierung der Freiwilligkeit der Teilnahme des Opfers entspricht letztlich dem Schutz des Straftatopfers vor einer sekundären Viktimisierung, da eine Instrumentalisierung

[28] So in Brandenburg, Hamburg, Niedersachsen, Nordrhein-Westfalen und Sachsen; siehe hierzu oben im Abschnitt 16.2.4, im Abschnitt 16.3.4, im Abschnitt 16.4.4 und im Abschnitt 16.5.5.

[29] So bereits *Wrage*, ZRP 1997, 435 (435).

des Opfers für Maßnahmen wie beispielsweise den Täter-Opfer-Ausgleich nicht im Sinne des opferbezogenen Strafvollzugsrechts sein kann. Hinsichtlich des bzw. der Gefangenen ist von Bedeutung, dass weder aus der Teilnahme an einem Tatausgleich mit dem Opfer noch aus der Ablehnung eines Tatausgleichs negative Konsequenzen für den Vollzug der Freiheitsstrafe folgen dürfen. Um die Funktion des Prinzips der Freiwilligkeit besonders hervorzuheben und auch für die Vollzugsanstalten als einen verbindlichen Grundsatz zu gestalten, sollte die Freiwilligkeit der Teilnahme für Opfer und Gefangene ausdrücklich in allen Gesetzen geregelt werden.

Während der Tatausgleich mit dem Opfer in den Landesstrafvollzugsgesetzen besonders betont wird, gilt dies für Verfahren der wiedergutmachenden Justiz nicht in gleichem Maße. Dabei können die letztgenannten Verfahren ebenso wie der Tatausgleich für die Resozialisierung der Gefangenen von Nutzen sein. Gerade die symbolische Wiedergutmachung könnte dort zum Tragen kommen, wo die Opfer einen Tatausgleich ablehnen oder er aus anderen Gründen nicht möglich ist. Wenn Gefangene das Bedürfnis haben, das Unrecht ihrer Tat auszugleichen – und sei es nur durch einen symbolischen Akt –, so sollte ihnen diese Möglichkeit im Rahmen des Resozialisierungsvollzugs gewährt werden. Die Berücksichtigung der wiedergutmachenden Justiz innerhalb des Strafvollzugsrechts steht zudem im Einklang mit den Vorgaben der Europäischen Strafvollzugsgrundsätze.[30] Daher sollten die Landesgesetzgeber auch Maßnahmen der wiedergutmachenden Justiz häufiger ausdrücklich in die Landesgesetze einbeziehen und somit das Potenzial der Restorative Justice für das Vollzugsziel der Resozialisierung ausschöpfen

[30] Vgl. Nr. 103.7 und Nr. 105.5 der Europäischen Strafvollzugsgrundsätze; ausführlich hierzu oben im Abschnitt 8.2.1.5

Gesamtbetrachtung 20

Die rechtsdogmatische Untersuchung der opferbezogenen Strafvollzugsvorschriften hat gezeigt, dass die Einbeziehung des Opfers und seiner Belange mit dem bislang hauptsächlich täter:innenorientierten Strafvollzug vereinbar ist. Die Opferorientierung fügt sich in vielerlei Hinsicht in den am Vollzugsziel der Resozialisierung ausgerichteten Strafvollzug ein. Diese Vereinbarkeit von Resozialisierung und Opferorientierung findet ihre Grundlage im Vollzugsgrundsatz der Tataufarbeitung und letztlich auch im Tatausgleich zwischen Gefangenen und Opfern. Wenn der bzw. die Gefangene durch den Strafvollzug fähig werden soll, künftig in sozialer Verantwortung ein Leben ohne Straftaten zu führen, dann beinhaltet dies gerade auch die Auseinandersetzung mit der Straftat, den Folgen für das konkrete Opfer und – soweit möglich – auch den Ausgleich dieser Folgen. Diese Gesichtspunkte finden sich in den Landesstrafvollzugsgesetzen, wenn die Opferperspektive gerade bei der Tataufarbeitung einbezogen oder gar Möglichkeiten zum Tatausgleich geschaffen werden sollen.

Neben den Ergänzungen für das individuelle Resozialisierungskonzept des bzw. der einzelnen Gefangenen[1] wird durch die Einbeziehung von Schutzinteressen der Straftatopfer auch den staatlichen Schutzpflichten gegenüber den Opfern von Straftaten nach einer Viktimisierung Rechnung getragen. Diese Ausprägung der Opferorientierung findet sich in den Vorschriften, die eine Beschränkung der Gefangenenrechte oder eine bestimmte Ausgestaltung des Vollzugs zum Schutz der konkreten Opfer vorsehen. Auch diese opferbezogenen Regelungen müssen sich am Vollzugsziel der Resozialisierung messen lassen und können erst nach einer umfassenden Prüfung im Einzelfall zu einer Einschränkung des verfassungsrechtlichen Resozialisierungsanspruchs der Gefangenen aus Art. 2 Abs. 1 i.V. m. Art. 1 Abs. 2 GG führen.

---

[1] Hierzu oben in den strafvollzugsrechtlichen Grundlagen im Abschnitt 5.1.1.1.6.

K. M. Radke, *Opferorientierung im Strafvollzug*,
https://doi.org/10.1007/978-3-658-39044-0_20

Insgesamt kann die Opferorientierung innerhalb der Landesstrafvollzugsgesetze als Bereicherung für den Resozialisierungsstrafvollzug gesehen werden. Dies schließt nicht aus, dass je nach Landesgesetz oder Regelungsbereich noch einiges Verbesserungspotenzial für die Opferorientierung im Strafvollzug besteht.[2]

[2] Zu konkreten kriminalpolitischen Forderungen an die Landesgesetzgeber im Einzelnen soeben im Kapitel 18 und im Kapitel 19.

Literaturverzeichnis

55. Deutscher Juristentag: Die Beschlüsse, III. Abteilung Strafrecht, NJW 1984, S. 2674–2682.

Achenbach, Hans: Kommentar zur Strafprozeßordnung, Band 2, Teilband 1 §§ 94–212b, Neuwied 1992 (zitiert als AK-StPO).

Agency for Fundamental Rights: Victims of crime in the EU. The extent and nature of support for victims, Luxembourg 2014.

Albrecht, Hans-Jörg: Öffentliche Meinung, Kriminalpolitik und Kriminaljustiz, in: Walter, Michael/Kania, Harald/Albrecht, Hans-Jörg (Hrsg.), Alltagsvorstellungen von Kriminalität. Individuelle und gesellschaftliche Bedeutung von Kriminalitätsbildern für die Lebensgestaltung, Münster 2004, S. 491–520.

Albrecht, Peter-Alexis: Kriminologie. Eine Grundlegung zum Strafrecht, 4. Aufl. München 2010.

Alexy, Robert: Theorie der Grundrechte, 2. Aufl. Frankfurt a. M. 1994.

Allen, Rob/Stern, Vivien (Hrsg.), Justice Reinvestment – A New Approach to Crime and Justice, London 2007.

Ambos, Kai: Zum heutigen Verständnis von Akkusationsprozess und -verfahren aus historischer Sicht, JURA 2008, S. 586–594.

Androulakis, Nikolaos K.: Über den Primat der Strafe, ZStW (108) 1996, S. 300–332.

Appel, Ivo: Verfassung und Strafe. Zu den verfassungsrechtlichen Grenzen staatlichen Strafens, Berlin 1998.

Arloth, Frank/Krä, Horst: StVollzG. Strafvollzugsgesetze von Bund und Ländern. Kommentar, 5. Aufl. München 2021.

Bachmann, Mario: Bundesverfassungsgericht und Strafvollzug. Eine Analyse aller veröffentlichten Entscheidungen, Berlin 2015.

Bals, Nadine: Der Täter-Opfer-Ausgleich. Ein Weg zur (Wieder-)Herstellung von Verständnis und Sympathie?, BewHi 2007, S. 258–269.

Bals, Nadine/Hilgartner, Christian/Bannenberg, Britta: Täter-Opfer-Ausgleich im Erwachsenenbereich. Eine repräsentative Untersuchung für Nordrhein-Westfalen, Mönchengladbach 2005.

von Bar, Ludwig: Geschichte des deutschen Strafrechts und der Strafrechtstheorien, Berlin 1882.

K. M. Radke, *Opferorientierung im Strafvollzug*,
https://doi.org/10.1007/978-3-658-39044-0

Barabás, Tünde: The possibilities of reconciliation and restoration in prisons, in: Barabás, Tünde/Fellegi, Borbála/Windt, Szandra (Hrsg.), Responsibility-taking, Relationship-building and Restoration in Prisons. Mediation and Restorative Justice in Prison Settings, Budapest 2012, S. 23–64.

Baratta, Alessandro: Resozialisierung oder soziale Kontrolle? Für ein kritisches Verständnis der sozialen „Reintegration", in: Britz, Guido/Jung, Heike/Koriath, Heinz/Müller, Egon (Hrsg.), Grundfragen staatlichen Strafens. Festschrift für Heinz Müller-Dietz zum 70. Geburtstag, München 2001, S. 1–17.

Barrows, Samuel J.: The sixth International Prison Congress held at Brussels, Belgium, August 1900: report of its proceedings and conclusions, Washington 1903, https://archive.org/details/sixthinternatio00barrgoog (zuletzt aufgerufen am 11.06.2022).

Barton, Stephan: Strafrechtspflege und Kriminalpolitik in der viktimären Gesellschaft. Effekte, Ambivalenzen und Paradoxien, in: Barton, Stephan/Kölbel, Ralf (Hrsg.), Ambivalenzen der Opferzuwendung des Strafrechts. Zwischenbilanz nach einem Vierteljahrhundert opferorientierter Strafrechtspolitik in Deutschland, Baden-Baden 2012, S. 111–137.

Barton, Stephan/Kölbel, Ralf: Einführung in den Band, in: Barton, Stephan/Kölbel, Ralf (Hrsg.), Ambivalenzen der Opferzuwendung des Strafrechts. Zwischenbilanz nach einem Vierteljahrhundert opferorientierter Strafrechtspolitik in Deutschland, Baden-Baden 2012, S. 11–25.

Baumann, Jürgen/Brauneck, Anne-Eva/Burgstaller, Manfred u. a.: Alternativ-Entwurf Wiedergutmachung (AE-WGM). Entwurf eines Arbeitskreises deutscher, österreichischer und schweizerischer Strafrechtslehrer (Arbeitskreis AE), München 1992.

Baumann, Jürgen/Brauneck, Anne-Eva/Calliess, Rolf-Peter u. a.: Alternativ-Entwurf eines Strafvollzugsgesetzes. Vorgelegt von einem Arbeitskreis deutscher und schweizerischer Strafrechtslehrer, Tübingen 1973.

Baumann, Jürgen/Weber, Ulrich/Mitsch, Wolfgang/Eisele, Jörg (Hrsg.): Strafrecht Allgemeiner Teil. Lehrbuch, 13. Aufl. Bielefeld 2021.

Baurmann, Michael: Über die Bedürfnisse von Kriminalitätsopfern. Empirische Ergebnisse aus dem Forschungsschwerpunkt „Viktimologie" in der Kriminalistisch-kriminologischen Forschungsgruppe im BKA, in: Egg, Rudolf (Hrsg.), Brennpunkte der Rechtspsychologie. Polizei – Justiz – Drogen, Bonn 1991, S. 11–38.

Baurmann, Michael/Schädler, Wolfram: Das Opfer nach der Straftat – seine Erwartungen und Perspektiven, Wiesbaden 1991.

Beck'scher Online-Kommentar Grundgesetz, Epping, Volker/Hillgruber, Christian (Hrsg.), 50. Ed. München Stand: 15.02.2022 (zitiert als BeckOK GG).

Beck'scher Online-Kommentar StPO mit RiStBV und MiStra, Graf, Jürgen-Peter (Hrsg.), 43. Ed. München Stand: 01.04.2022 (zitiert als BeckOK StPO).

Beck'scher Online-Kommentar Strafgesetzbuch, von Heintschel-Heinegg, Bernd (Hrsg.), 53. Ed. München Stand: 01.05.2022 (zitiert als BeckOK StGB).

Beck'scher Online-Kommentar Strafvollzugsrecht Baden-Württemberg, Müller, Joachim (Hrsg.), 16. Ed. München Stand: 31.03.20233 (zitiert als BeckOK StVollzR BaWü).

Beck'scher Online-Kommentar Strafvollzugsrecht Bayern, Arloth, Frank (Hrsg.), 16. Ed. München Stand: 01.04.2022 (zitiert als BeckOK BayStVollzR).

Beck'scher Online-Kommentar Strafvollzugsrecht Berlin, Arloth, Frank (Hrsg.), 11. Ed. München Stand: 01.12.2021 (zitiert als BeckOK StVollzR Bln).

Beck'scher Online-Kommentar Strafvollzugsrecht Brandenburg, Graf, Jürgen (Hrsg.), 17. Ed. München Stand: 01.11.2021 (zitiert als BeckOK BbgStVollzR).
Beck'scher Online-Kommentar Strafvollzugsrecht Bremen, Peglau, Jens (Hrsg.), 17. Ed. München Stand: 01.03.2022 (zitiert als BeckOK BremStVollzR).
Beck'scher Online-Kommentar Strafvollzugsrecht Bund, Graf, Jürgen (Hrsg.), 21. Ed. München Stand: 01.02.2022 (zitiert als BeckOK StVollzR Bund).
Beck'scher Online-Kommentar Strafvollzugsrecht Hamburg, Schatz, Holger (Hrsg.), 15. Ed. München Stand: 01.04.2022 (zitiert als BeckOK HmbStVollzR).
Beck'scher Online-Kommentar Strafvollzugsrecht Hessen, Kunze, Torsten (Hrsg.), 17. Ed. München Stand: 01.03.2022 (zitiert als BeckOK HStVollzR).
Beck'scher Online-Kommentar Strafvollzugsrecht Mecklenburg-Vorpommern, Goers, Matthias (Hrsg.), 16. Ed. München Stand: 01.03.2022 (zitiert als BeckOK StVollzR MV).
Beck'scher Online-Kommentar Strafvollzugsrecht Niedersachsen, Reichenbach, Peter (Hrsg.), 19. Ed. München Stand: 01.03.2022 (zitiert als BeckOK Nds StVollzR).
Beck'scher Online-Kommentar Strafvollzugsrecht Nordrhein-Westfalen, Graf, Jürgen/Peglau, Jens (Hrsg.), 16. Ed. München Stand: 01.12.2021 (zitiert als BeckOK StVollzR NRW).
Beck'scher Online-Kommentar Strafvollzugsrecht Rheinland-Pfalz, Gerhold, Söhnke F. (Hrsg.), 17. Ed. München Stand: 01.03.2022 (zitiert als BeckOK StVollzR RP).
Beck'scher Online-Kommentar Strafvollzugsrecht Saarland, Hettenbach, Christoph (Hrsg.), 16. Ed. München Stand: 01.05.2022 (zitiert als BeckOK StVollzR Saarland).
Beck'scher Online-Kommentar Strafvollzugsrecht Sachsen, Gerhold, Söhnke F. (Hrsg.), 18. Ed. München Stand: 01.03.2022 (zitiert als BeckOK StVollzR Sachsen).
Beck'scher Online-Kommentar Strafvollzugsrecht Sachsen-Anhalt, Goers, Matthias (Hrsg.), 14. Ed. München Stand: 01.04.2022 (zitiert als BeckOK StVollzR LSA).
Beck'scher Online-Kommentar Strafvollzugsrecht Schleswig-Holstein, Graf, Jürgen/Anders, Ralf P. (Hrsg.), 14. Ed. München Stand: 01.04.2020 (zitiert als BeckOK StVollzR SH).
Beck'scher Online-Kommentar Strafvollzugsrecht Thüringen, Goers, Matthias (Hrsg.), 20. Ed. München Stand: 01.05.2022 (zitiert als BeckOK StVollzR TH)
beck-online Großkommentar BGB, Gsell, Beate/Krüger, Wolfgang/Lorenz, Stepahn/Reymann, Christoph (Hrsg.), München Stand: 01.03.2022 (zitiert als BeckOGK BGB).
Becker, Ulrich/Hatje, Armin/Schoo, Johann/Schwarze, Jürgen (Hrsg): EU-Kommentar, 4. Aufl. Baden-Baden 2019.
Behrendes, Udo: Die Kölner Silvesternacht 2015/2016 und ihre Folgen. Wahrnehmungsperspektiven, Erkenntnisse und Instrumentalisierungen, NK 2016, S. 322–343.
Beier, Klaus M./Schaefer, Gerard A./Goecker, David u. a.: Das Präventionsprojekt Dunkelfeld (PPD). Der Berliner Ansatz zur therapeutischen Primärprävention von sexuellem Kindesmissbrauch, Berliner Ärzte 2007, S. 32–35.
Bemmann, Günter: Über das Ziel des Strafvollzugs, in: Kaufmann, Arthur/Bemmann, Günter/Krauss, Detlef/Volk, Klaus (Hrsg.), Festschrift für Paul Bockelmann zum 70. Geburtstag am 7. Dezember 1978, München 1979, S. 891–899.
Bemmann, Günter: „Im Vollzug der Freiheitsstrafe soll der Gefangene fähig werden, künftig in sozialer Verantwortung ein Leben ohne Straftaten zu führen", StV 1988, S. 549–552.
Bemmann, Günter: Entlohnung von Strafgefangenen für Zwangsarbeit und Resozialisierungsgebot, StV 1998, S. 604–606.

Bemmann, Günter: Strafvollzug und Menschenwürde, in: Prittwitz, Cornelius/Manoledakis, Ioannis (Hrsg.), Strafrecht und Menschenwürde. Deutsch-Griechisches Symposium Thessaloniki 1995, Baden-Baden 1998, S. 123–132.

Bemmann, Günter: Täter-Opfer-Ausgleich im Strafrecht, JR 2003, S. 226–231.

Ben-David, Sarah: Die Interaktion zwischen Täter und Opfer während der Vergewaltigung, in: Schneider, Hans J. (Hrsg.), Das Verbrechensopfer in der Strafrechtspflege, Münster 1982, S. 242–252.

Ben-David, Sarah: Die Rolle des Opfers in der Therapie von Tätern – Die Funktion des Sozialarbeiters als Therapeut, in: Janssen, Helmut/Kerner, Hans-Jürgen (Hrsg.), Verbrechensopfer, Sozialarbeit und Justiz, Bonn 1985, S. 271–284.

Benda, Ernst: Resozialisierung als Verfassungsauftrag, in: Zeidler, Wolfgang (Hrsg.), Festschrift Hans Joachim Faller, München 1984, S. 307–324.

Beyerle, Franz: Das Entwicklungsproblem im germanischen Rechtsgang. Sühne, Rache und Preisgabe in ihrer Beziehung zum Strafprozeß der Volksrechte, Heidelberg 1915.

Binding, Karl: Die Entstehung des öffentlichen Strafrechts im germanisch-deutschen Recht. Rede bei Antritt des Rektorats, in: Universität Leipzig (Hrsg.), Rektorwechsel an der Universität Leipzig am 31. Oktober 1908. Sonderdruck, Leipzig 1908, S. 17–47.

Bittmann, Folker: Referentenentwurf für ein Gesetz zur Stärkung der Rechte von Opfern sexuellen Missbrauchs (StORMG), ZRP 2011, S. 72–74.

Bliesener, Thomas: Opferorientierung im Justizvollzug – Ansätze und Gelingensbedingungen, in: Höffler, Katrin/Jesse, Christiane/Bliesener, Thomas (Hrsg.), Opferorientierung im Strafvollzug, Göttingen 2019, S. 119–129.

Bock, Michael: Schädlich, überflüssig, schmutzig. Die Argumentation der kriminologischen Verächter der Resozialisierung in: Feuerhelm, Wolfgang/Schwind, Hans-Dieter/Bock, Michael (Hrsg.), Festschrift für Alexander Böhm zum 70. Geburtstag am 14. Juni 1999, Berlin 1999, S. 285–303.

Bock, Stefanie: Das Opfer vor dem Internationalen Strafgerichtshof, Berlin 2010.

Bock, Stefanie: Internationale Perspektiven: Einflüsse des Europarates und der Europäischen Union, in: Pollähne, Helmut/Rode, Irmgard (Hrsg.), Opfer im Blickpunkt – Angeklagte im Abseits? Probleme und Chancen zunehmender Orientierung auf die Verletzten in Prozess, Therapie und Vollzug, Berlin 2012, S. 43–62.

Bock, Stefanie: Opferrechte im Lichte europäischer Vorgaben, in: Barton, Stephan/Kölbel, Ralf (Hrsg.), Ambivalenzen der Opferzuwendung des Strafrechts. Zwischenbilanz nach einem Vierteljahrhundert opferorientierter Strafrechtspolitik in Deutschland, Baden-Baden 2012, S. 67–88.

Boers, Klaus: Kriminalitätseinstellungen und Opfererfahrungen, in: Kaiser, Günther/Jehle, Jörg-Martin (Hrsg.), Kriminologische Opferforschung. Neue Perspektiven und Erkenntnisse. Teilband II. Verbrechensfurcht und Opferwerdung. Individualopfer und Verarbeitung von Opfererfahrungen, Heidelberg 1995, S. 3–36.

Boetticher, Axel: Die Sünden der Rechtspolitik bei den Änderungen des Rechts der Sicherungsverwahrung ohne Rücksicht auf kriminologische Erkenntnisse, in: Dölling, Dieter/Götting, Bert/Meier, Bernd-Dieter/Verrel, Torsten (Hrsg.), Verbrechen – Strafe – Resozialisierung. Festschrift für Heinz Schöch zum 70. Geburtstag am 20. August 2010, Berlin 2010, S. 715–732.

Böhm, Alexander: Bemerkungen zum Vollzugsziel, in: Prittwitz, Cornelius/Baurmann, Michael/Günther, Klaus/Kuhlen, Lothar u. a. (Hrsg.), Festschrift für Klaus Lüderssen zum 70. Geburtstag am 2. Mai 2002, Baden-Baden 2002, S. 807–819.
Böhm, Klaus M.: Mehr Begutachtung im Strafverfahren: mehr Opferschutz? Kriminalpolitische Perspektiven, in: Pollähne, Helmut/Rode, Irmgard (Hrsg.), Opfer im Blickpunkt – Angeklagte im Abseits? Probleme und Chancen zunehmender Orientierung auf die Verletzten in Prozess, Therapie und Vollzug, Berlin 2012, S. 129–147.
Böhm, Michael: Opferschutz und Strafvollzug: Neue Wege zum Schutz vor gefährlichen Gewalt- und Sexualstraftätern, ZRP 2007, S. 41–43.
Böök, Kirsten: Opferschutz und Restorative Justice als ganzheitliche Aufgabe der Justiz?, in: Höffler, Katrin/Jesse, Christiane/Bliesener, Thomas (Hrsg.), Opferorientierung im Strafvollzug, Göttingen 2019, S. 131–147.
Böttcher, Reinhard: Das neue Opferschutzgesetz, JR 1987, S. 133–141.
Böttcher, Reinhard: Täter-Opfer-Ausgleich und Mediation – Fragen aus der Opferhilfe, 12. Forum für TOA 2008, S. 20–27.
Böttcher, Reinhard: Reform der Sicherungsverwahrung: Überlegungen aus Opfersicht, Forum Strafvollzug 2011, S. 281–284.
Brähler, Volker: Herleitung, Inhalt und Grenzen des staatlichen Strafanspruchs, in: Thiel, Markus (Hrsg.), Wehrhafte Demokratie. Beiträge über die Regelungen zum Schutze der freiheitlichen demokratischen Grundordnung, Tübingen 2003, S. 251–289.
Braithwaite, John, Restorative Justice: Theories and Worries, in: United Nations Asia and Far East Institute of the Prevention of Crime and the Teatment of Offenders (Hrsg.), Resource Material Series No. 63, Tokyo 19.03.2018, S. 47–56.
Braithwaite, John: Crime, shame and reintegration, Cambridge 1989.
Braithwaite, John: Restorative Justice and Responsive Regulation, Oxford 2002.
Braithwaite, John: Principles of Restorative Justice, in: von Hirsch, Andreas/Roberts, Julian/Bottoms, Anthony E. (Hrsg.), Restorative Justice & Criminal Justice. Competing or Reconcilable Paradigms?, Oxford 2003, S. 1–20.
Braithwaite, John: Restorative Justice, in: Schneider, Hans J. (Hrsg.), Internationales Handbuch der Kriminologie. Besondere Probleme der Kriminologie, Band 2, Berlin 2009, S. 497–506.
Brenzikofer, Paul: Wiedergutmachung im Strafvollzug, in: Marks, Erich/Rössner, Dieter (Hrsg.), Täter-Opfer-Ausgleich. Vom zwischenmenschlichen Weg zur Wiederherstellung des Rechtsfriedens, Bonn 1989, S. 379–393.
Brenzikofer, Paul: Wiedergutmachungsformen im Freiheitsentzug. Erfahrungsbericht aus der Strafanstalt Saxerriet, Reader Gefängnisseelsorge 1996, S. 23–32.
Brettel, Hauke: Tatverleugnung als kriminalprognostische Falle?, in: Pollähne, Helmut/Rode, Irmgard (Hrsg.), Opfer im Blickpunkt – Angeklagte im Abseits? Probleme und Chancen zunehmender Orientierung auf die Verletzten in Prozess, Therapie und Vollzug, Berlin 2012, S. 109–120.
Britz, Gabriele: Das Grundrecht des Kindes auf staatliche Gewährleistung elterlicher Pflege und Erziehung – jüngere Rechtsprechung des Bundesverfassungsgerichts, JZ 2014, S. 1069–1074.
Britz, Gabriele: Kindesgrundrechte und Elterngrundrecht: Fremdunterbringung von Kindern in der verfassungsgerichtlichen Kontrolle, FamRZ 2015, S. 793–798.
Brummer, Klaus: Der Europarat. Eine Einführung, Wiesbaden 2008.

Brunner, Heinrich: Deutsche Rechtsgeschichte. Erster Band, Leipzig 1887.

Brunner, Heinrich/von Schwerin, Claudius: Deutsche Rechtsgeschichte. Zweiter Band, 2. Aufl. München 1928.

Brunner, Rudolf/Dölling, Dieter: Jugendgerichtsgesetz Kommentar, 13. Aufl. Berlin 2018.

Bublitz, Jan-Christoph: Der (straf-)rechtliche Schutz der Psyche. Vom Körperverletzungstatbestand zum Grundrecht auf mentale Selbstbestimmung, RW 2011, S. 28–69.

Bundeskriminalamt (Hrsg.): Polizeiliche Kriminalstatistik Bundesrepublik Deutschland, Band 1, 2016, https://www.bka.de/SharedDocs/Downloads/DE/Publikationen/PolizeilicheKriminalstatistik/2016/pks2016Jahrbuch1Faelle.pdf (zuletzt aufgerufen am 11.06.2022).

Bundeskriminalamt (Hrsg.): Polizeiliche Kriminalstatistik Bundesrepublik Deutschland, Band 1, 2017, https://www.bka.de/SharedDocs/Downloads/DE/Publikationen/PolizeilicheKriminalstatistik/2017/pks2017Jahrbuch1Faelle.pdf (zuletzt aufgerufen am 11.06.2022).

Bundeskriminalamt (Hrsg.): Polizeiliche Kriminalstatistik Bundesrepublik Deutschland, Band 1, 2018, https://www.bka.de/SharedDocs/Downloads/DE/Publikationen/PolizeilicheKriminalstatistik/2018/pks2018Jahrbuch1Faelle.pdf (zuletzt aufgerufen am 11.06.2022).

Bundeskriminalamt (Hrsg.): Polizeiliche Kriminalstatistik Bundesrepublik Deutschland, Band 1, 2019, https://www.bka.de/SharedDocs/Downloads/DE/Publikationen/PolizeilicheKriminalstatistik/2019/Jahrbuch/pks2019Jahrbuch1Faelle.pdf (zuletzt aufgerufen am 11.06.2022).

Bundesministerium der Justiz Berlin/Bundesministerium für Justiz Wien/Eidgenössisches Justiz- und Polizeidepartment Bern (Hrsg.): Europäische Strafvollzugsgrundsätze. Die Empfehlungen des Europarates REC(2006) 2. Neufassung der Mindesgrundsätze für die Behandlung der Gefangenen, Mönchengladbach 2007.

Bundesministerium der Justiz Berlin/Bundesministerium für Justiz Wien/Eidgenössisches Justiz- und Polizeidepartment Bern (Hrsg.): Freiheitsentzug. Die Empfehlungen des Europarates 1962–2003, Mönchengladbach 2004.

Burgi, Martin: Vom Grundrecht auf Sicherheit zum Grundrecht auf Opferschutz, in: Depenheuer, Otto/Heintzen, Markus/Jestaedt, Matthias/Axer, Peter (Hrsg.), Staat im Wort. Festschrift für Josef Isensee, Heidelberg 2007, S. 655–665.

Burgstaller, Manfred: Diskussionsbeitrag zum 13. ÖJT 1997, in: Österreichischer Juristentag (Hrsg.), 13. ÖJT Salzburg 1997, IV/2 Strafrecht. Referate und Diskussionsbeiträge, Wien 1999, S. 53–56.

Bussmann, Kai-Detlef: Das Konzept „Versöhnung statt Strafe". Konzepte und Praxis von Mediationsprogrammen in Kanada und USA – Bericht einer Studienreise, MSchrKrim 1986, S. 152–163.

Bussmann, Kai-Detlef: Gewalt in der Familie, in: Ecarius, Jutta (Hrsg.), Handbuch Familie, Wiesbaden 2007, S. 637–652.

Calliess, Christian/Ruffert, Matthias (Hrsg): EUV/AEUV mit Europäischer Grundrechtecharta. Kommentar, 6. Aufl. München 2022.

Calliess, Rolf-Peter: Strafvollzugsrecht, 3. Aufl. München 1992.

Calliess, Rolf-Peter/Müller-Dietz, Heinz: Strafvollzugsgesetz. Gesetz über den Vollzug der Freiheitsstrafe und der freiheitsentziehenden Maßregeln der Besserung und Sicherung mit ergänzenden Bestimmungen, 10. Aufl. München 2005.

Calliess, Rolf-Peter/Müller-Dietz, Heinz: Strafvollzugsgesetz. Gesetz über den Vollzug der Freiheitsstrafe und der freiheitsentziehenden Maßregeln der Besserung und Sicherung mit ergänzenden Bestimmungen, 11. Aufl. München 2008.

Carl, Horst: Landfrieden, in: Cordes, Albrecht/Haferkamp, Hans-Peter/Kannowski, Bernd/Lück, Heiner u. a. (Hrsg.), Handwörterbuch zur deutschen Rechtsgeschichte, Band 3, Berlin 2021, Spalte 483–505, https://www.hrgdigital.de/id/landfrieden/stichwort.html (zuletzt aufgerufen am 11.06.2022).

Christie, Nils: Conflicts as Property, British Journal of Criminology 1977, S. 1–15.

Christie, Nils: The ideal victim, in: Fattah, Ezzat A. (Hrsg.), From Crime Policy to Victim Policy. Reorienting the Justice System, London 1986, S. 17–30.

Christoph, Stephan: Ressourcenstärkende Kriminalprävention als Antwort auf Kriminalitätsfurcht, NK 2017, S. 130–146.

Conrad, Hermann: Deutsche Rechtsgeschichte, Band 1: Frühzeit und Mittelalter, 2. Aufl. Karlsruhe 1962.

Cornel, Heinz: Aktuelle Debatten zur Strafvollzugsgesetzgebung in Deutschland. Vom Musterentwurf eines Landesstrafvollzugsgesetzes zu einem Resozialisierungsgesetz, in: Neubacher, Frank/Kubink, Michael (Hrsg.), Kriminologie – Jugendkriminalität – Strafvollzug. Gedächtnisschrift für Michael Walter, Berlin 2014, S. 491–506.

Cornel, Heinz: Zum Begriff der Resozialisierung, in: Cornel, Heinz/Kawamura-Reindl, Gabriele/Maelicke, Bernd/Sonnen, Bernd-Rüdeger (Hrsg.), Resozialisierung Handbuch, 4. Aufl. Baden-Baden 2018, S. 31–62.

Cremer, Wolfram: Freiheitsgrundrechte. Funktionen und Strukturen, Tübingen 2003.

Dearing, Albin: Das Recht des Opfers auf ein Strafverfahren und die Strafpflicht des Staates nach der EMRK, in: Dearing, Albin/Löschnig-Gspandl, Marianne (Hrsg.), Opferrechte in Österreich. Eine Bestandsaufnahme, Innsbruck 2004, S. 81–103.

Deiters, Mark: Legalitätsprinzip und Normgeltung, Tübingen 2006.

Deutsch, Andreas: Ehre, in: Cordes, Albrecht/Haferkamp, Hans-Peter/Kannowski, Bernd/Lück, Heiner u. a. (Hrsg.), Handwörterbuch zur deutschen Rechtsgeschichte, Band 1, Berlin 2021, Spalte 1224–1231, https://www.hrgdigital.de/id/ehre/_sid/SANE-400957-c2Fa/stichwort.html (zuletzt aufgerufen am 11.06.2022).

Dhami, Mandeep K./Mantle, Greg/Fox, Darrell: Restorative justice in prisons, Contemporary Justice Review 2009, S. 433–448.

Dietlein, Johannes: Die Lehre von den grundrechtlichen Schutzpflichten, 2. Aufl. Berlin 2005.

Doda, Zbigniew/Weigend, Ewa: Polen, in: Eser, Albin/Walther, Susanne (Hrsg.), Wiedergutmachung im Kriminalrecht. Internationale Perspektiven, Band 1, Freiburg i. Br. 1996, S. 421–538.

Dolde, Gabriele: Vollzugslockerungen im Spannungsfeld zwischen Resozialisierung und Risiko der Allgemeinheit, in: Busch, Max/Edel, Gottfried/Müller-Dietz, Heinz (Hrsg.), Gefängnis und Gesellschaft. Gedächtnisschrift für Albert Krebs, Pfaffenweiler 1994, S. 109–125.

Dölling, Dieter: Der Täter-Opfer-Ausgleich – Möglichkeiten und Grenzen einer neuen kriminalrechtlichen Reaktionsform, JZ 1992, S. 493–499.

Dölling, Dieter: Täter, Opfer und Verfassung, in: Anderheiden, Michael/Keil, Rainer/Kirste, Stephan/Schaefer, Jan Philipp (Hrsg.), Verfassungsvoraussetzungen. Gedächtnisschrift für Winfried Brugger, Tübingen 2013, S. 649–660.

Dölling, Dieter/Bannenberg, Britta/Hartmann, Arthur u. a.: Täter-Opfer-Ausgleich. Eine Chance für Opfer und Täter durch einen neuen Weg im Umgang mit Kriminalität, Bonn 1998.

Dölling, Dieter/Hartmann, Arthur: Anmerkung zu BGH, Urt. v. 25.05.2001 – 2 StR 78/01 (LG Trier), NStZ 2002, S. 366–367.

Dreier, Horst (Hrsg): Grundgesetz Kommentar, Band 1, Art. 1–19, 3. Aufl. Tübingen 2013.

Drenkhahn, Kirstin: Langstrafenvollzug und Menschenrechte – Erste Ergebnisse eines internationalen Forschungsprojekts, NK 2009, S. 8–13.

Drobesch, Heinz: Das Recht des Opfers und seiner Angehörigen auf Sicherheit, in: Dearing, Albin/Löschnig-Gspandl, Marianne (Hrsg.), Opferrechte in Österreich. Eine Bestandsaufnahme, Innsbruck 2004, S. 105–137.

Dudenredaktion, „Einfluss" auf Duden online, https://www.duden.de/rechtschreibung/Einfluss (zuletzt aufgerufen am 11.06.2022).

Dudenredaktion, „schädlich" auf Duden online, https://www.duden.de/rechtschreibung/schaedlich (zuletzt aufgerufen am 11.06.2022).

Dudenredaktion, „Wohnbereich" auf Duden online, https://www.duden.de/rechtschreibung/Wohnbereich (zuletzt aufgerufen am 11.06.2022).

Duff, R.A.: Punishment, Communication, and Community, Oxford 2003.

Dünkel, Frieder: Täter-Opfer-Ausgleich und Schadenswiedergutmachung. Neuere Entwicklungen des Strafrechts und der Strafrechtspraxis im internationalen Vergleich, in: Marks, Erich/Rössner, Dieter (Hrsg.), Täter-Opfer-Ausgleich. Vom zwischenmenschlichen Weg zur Wiederherstellung des Rechtsfriedens, Bonn 1990, S. 371–430.

Dünkel, Frieder: Sicherheit im Strafvollzug – Empirische Daten zur Vollzugswirklichkeit unter besonderer Berücksichtigung der Entwicklung bei den Vollzugslockerungen in: Albrecht, Peter-Alexis (Hrsg.), Festschrift für Horst Schüler-Springorum zum 65. Geburtstag, Köln 1993, S. 641–669.

Dünkel, Frieder: Die Europäischen Strafvollzugsgrundsätze von 2006 und die deutsche Strafvollzugsgesetzgebung, Forum Strafvollzug 2012, S. 141–149.

Dünkel, Frieder: Restorative Justice – Aktuelle Entwicklungen einer wiedergutmachenden Strafrechtpflege in Europa, in: Bannenberg, Britta/Brettel, Hauke/Freund, Georg/Meier, Bernd-Dieter u. a. (Hrsg.), Über allem: Menschlichkeit. Festschrift für Dieter Rössner, Baden-Baden 2015, S. 499–515.

Dünkel, Frieder: Resozialisierung im Strafvollzug und internationale Menschenrechtsstandards, in: Spinellis, Calliope D./Theodorakis, Nikolaos/Billis, Emmanouil/Papadimitrakopoulos, George (Hrsg.), Europe in Crisis: Crime, Criminal Justice, and the Way Forward. Festschrift für Nestor Courakis, Athen 2017, S. 1777–1798.

Dünkel, Frieder/Cornel, Heinz/Pruin, Ineke u. a.: Brauchen wir ein Resozialisierungsgesetz?, in: Reichenbach, Marie-Therese/Bruns, Sabine (Hrsg.), Resozialisierung neu denken. Wiedereingliederung straffällig gewordener Menschen als gesamtgesellschaftliche Aufgabe, 2. Aufl. Freiburg i. Br. 2018, S. 42–77.

Dünkel, Frieder/Pruin, Ineke/Beresnatzki, Paul u. a.: Vollzugsöffnende Maßnahmen und Entlassungsvorbereitung – Gesetzgebung und Praxis in den Bundesländern, NK 2018, S. 21–50.

Dürig, Günter/Herzog, Roman/Scholz, Rupert (Hrsg): Grundgesetz. Kommentar, 95. EL München Juli 2021.

Duttge, Gunnar/Hörnle, Tatjana/Renzikowski, Joachim: Das Gesetz zur Änderung der Vorschriften über die Straften gegen die sexuelle Selbstbestimmung, NJW 2004, S. 1065–1072.

Eder-Rieder, Maria A.: Der Opferschutz. Schutz und Hilfe für Opfer einer Straftat in Österreich, Wien 1998.

Edgar, Kimmett/Newell, Tim: Restorative Justice in Prisons. A Guide to Making it Happen, Winchester 2006.

Egg, Rudolf: Straftäterbehandlung unter Bedingungen äußeren Zwanges, in: Feuerhelm, Wolfgang/Schwind, Hans-Dieter/Bock, Michael (Hrsg.), Festschrift für Alexander Böhm zum 70. Geburtstag am 14. Juni 1999, Berlin 1999, S. 397–418.

Eglash, Albert: Creative Restitution: Some Suggestions for Prison Rehabilitation Programs, American Journal of Correction 1958, S. 20–22 und 34.

Ehert, Beate: Friedenszirkel als Modell der Restorative Justice im Strafvollzug. Wiederherstellung von Gerechtigkeit?, TOA-Magazin 01/2013, S. 36–40.

Eisele, Jörg: Die Regelbeispielsmethode im Strafrecht. Zugleich ein Beitrag zur Lehre vom Tatbestand, Tübingen 2004.

Eisenberg, Ulrich/Kölbel, Ralf: Kriminologie, 7. Aufl. Tübingen 2017.

Eisenberg, Ulrich/Kölbel, Ralf (Hrsg): Jugendgerichtsgesetz, 23. Aufl. München 2022.

Elz, Jutta: Legalbewährung und kriminelle Karrieren von Sexualstraftätern. Sexuelle Missbrauchsdelikte, Wiesbaden 2001.

Elz, Jutta: Legalbewährung und kriminelle Karrieren von Sexualstraftätern. Sexuelle Gewaltdelikte, Wiesbaden 2002.

Epping, Volker: Grundrechte, 9. Aufl. Berlin 2021.

Eser, Albin: Zur Renaissance des Opfers im Strafverfahren. Nationale und internationale Tendenzen, in: Dornseifer, Gerhard/Horn, Eckhard/Schilling, Georg/Schöne, Wolfgang u. a. (Hrsg.), Gedächtnisschrift für Armin Kaufmann, Köln 1989, S. 723–747.

Esser, Robert/Lubrich, Felix: Anspruch des Verletzten auf Strafverfolgung Dritter: Der Kunduz-Beschluss des Bundesverfassungsgerichts, StV 2017, S. 418–424.

Feasey, Simon/Williams, Patrick: An evaluation of the Sycamore Tree Programme: based on an analysis of Crime Pics II Data, 2009, http://shura.shu.ac.uk/1000/1/fulltext.pdf (zuletzt aufgerufen am 11.06.2022).

Feest, Johannes: Freiheitsstrafe als staatlich verordnete De-Sozialisierung, in: Kommitee für Grundrechte und Demokratie (Hrsg.), Wider die lebenslange Freiheitsstrafe – Erfahrungen, Analysen, Konsequenzen aus menschenrechtlicher Sicht, Sensbachtal 1990, S. 19–28.

Feest, Johannes: Ein Musterentwurf nicht ohne Wert. Anmerkungen zum ME StVollzG vom Autorenkreis des AK StVollzG, NK 2012, S. 4–8.

Feest, Johannes: Anmerkungen zum Referentenentwurf eines Landesstrafvollzugsgesetzes von NRW, Forum Strafvollzug 2014, S. 173–176.

Feest, Johannes/Lesting, Wolfgang: Der Angriff auf die Lockerungen. Daten und Überlegungen zur Lockerungspolitik der Länder, ZfStrVo 2005, S. 76–82.

Feest, Johannes/Lesting, Wolfgang: Kommentar zum Strafvollzugsgesetz (AK-StVollzG), 6. Aufl. Köln 2012 (zitiert als AK-StVollzG).

Feest, Johannes/Lesting, Wolfgang/Lindemann, Michael: Strafvollzugsgesetze. Kommentar (AK-StVollzG), 7. Aufl. Köln 2017 (zitiert als AK-StVollzG).

Feest, Johannes/Lesting, Wolfgang/Lindemann, Michael: Strafvollzugsgesetze. Kommentar (AK-StVollzG), 8. Aufl. Köln 2022 (zitiert als AK-StVollzG).

Feinberg, Joel: The expressive function of punishment, The Monist 1965, S. 397–423.

Ferber, Sabine: Stärkung der Opferrechte im Strafverfahren – Das 3. Opferrechtsreformgesetz, NJW 2016, S. 279–282.

Finger, Horst Rudolf: Die strukturellen und finanziellen Voraussetzungen einer umfassenden Anwendung des Täter-Opfer-Ausgleichs, ZRP 2002, S. 514–518.

Fischer, Gottfried/Becker-Fischer, Monika: Neue Wege in der Hilfe für Gewaltopfer. Reader über Ergebnisse und Verfahrensvorschläge aus dem Kölner Opferhilfe Modell (KOM). Ministerium für Arbeit, Gesundheit und Soziales des Landes Nordrhein-Westfalen, Düsseldorf 1998.

Fischer, Thomas: Strafgesetzbuch mit Nebengesetzen, 69. Aufl. München 2022.

Fletcher, George P.: Der Platz des Opfers in einer Vergeltungstheorie, in: Schünemann, Bernd/Dubber, Markus Dirk (Hrsg.), Die Stellung des Opfers im Strafrechtssystem. Neue Entwicklungen in Deutschland und in den USA, Köln 2000, S. 75–84.

Frehsee, Detlev: Für weniger Strafrecht – und ein Hinweis auf Alternativen, Der Kriminalist 1982, S. 313–319.

Frehsee, Detlev: Schadenswiedergutmachung als Instrument strafrechlicher Sozialkontrolle. Eine kriminalpolitische Betrachtung zur Suche nach alternativen Sanktionsformen, Berlin 1987.

Frehsee, Detlev: Wiedergutmachung, in: Sieverts, Rudolf/Schneider, Hans J. (Hrsg.), Handwörterbuch der Kriminologie, Bd. 5, 2. Aufl. Berlin 1998, S. 391–405.

Frenz, Walter: Handbuch Europarecht, Band 4 Europäische Grundrechte, Berlin 2009.

Frese, Heinz: 1984–2009. Fünfundzwanzig Jahre Opferhilfe in Hanau, in: Hanauer H!lfe e.V. (Hrsg.), Die Entwicklung professioneller Opferhilfe. 25 Jahre Hanauer Hilfe, Wiesbaden 2009, S. 9–14.

Fricke, Lioba: Mediation im Strafvollzug. Eine gesunde Alternative für die Regelung von Konflikten zwischen Anstalt und Gefangenen?, in: Ochmann, Nadine/Schmidt-Semisch, Henning/Temme, Gaby (Hrsg.), Healthy Justice. Überlegungen zu einem gesundheitsförderlichen Rechtswesen, Wiesbaden 2016, S. 207–227.

Frisch, Wolfgang: Der Begriff des „Verletzten“ im Klageerzwingungsverfahren, JZ 1974, S. 7–13

Frisch, Wolfgang: Zum Begründungshintergrund von Übel und Tadel in der Theorie der Strafe. Grundlinien einer kommunikativen Straftheorie, GA 2019, S. 537–553.

Frommel, Monika: Umrisse einer liberal-rechtsstaatlichen Normverdeutlichung durch Strafrecht, in: Albrecht, Peter-Alexis (Hrsg.), Festschrift für Horst Schüler-Springorum zum 65. Geburtstag, Köln 1993, S. 257–276.

Frommel, Monika: Sexueller Missbrauch in Institutionen – Mediale Wirkung und politische Folgen eines Medien-Hypes, NK 2011, S. 45–49.

Früchtel, Frank/Halibrand, Anna-Maria: Restorative Justice. Theorie und Methode für die Soziale Arbeit, Wiesbaden 2016.

Frühauf, Ludwig: Wiedergutmachung zwischen Täter und Opfer. Eine neue Alternative in der strafrechtlichen Sanktionspraxis, Gelsenkirchen 1988.

Gräfin von Galen, Margarete: „Parallel Justice“ für Opfer von Straftaten. Ein Verfahren mit „Opfervermutung“ außerhalb des Strafrechts, StV 2013, S. 171–178.

Galli, Thomas: Lockerungsbegutachtungen im Strafvollzug. Kritik aus kriminologischer Sicht, Wiesbaden 2011.

Gärditz, Klaus F.: Anmerkung zu BVerfG, Beschluss v. 19.5.2015 – 2 BvR 987/11, JZ 2015, S. 896–900.

Garland, David: Die Kultur der „High Crime Societies“. Voraussetzungen einer neuen Politik von „Law and Order“, in: Oberwittler, Dietrich/Karstedt, Susanne (Hrsg.), Soziologie der Kriminalität, Wiesbaden 2004, S. 36–68.

Garland, David: Kultur der Kontrolle. Verbrechensbekämpfung und soziale Ordnung in der Gegenwart, Frankfurt a. M. 2008.

Gavrielides, Theo: Restorative Practices: From the early societies to the 1970s, Internet Journal of Criminology 2011, S. 1–20, https://www.researchgate.net/publication/265247294_RESTORATIVE_PRACTICES_FROM_THE_EARLY_SOCIETIES_TO_THE_1970s (zuletzt aufgerufen am 11.06.2022).

Gazeas, Nikolaos: Der Stalking-Straftatbestand – § 238 StGB (Nachstellung), JR 2007, S. 497–505.

Gelber, Claudia: Opferbezogene Vollzugsgestaltung. Erfahrungen mit dem Täter-Opfer-Ausgleich im deutschen und belgischen Strafvollzug, MSchrKrim 2012, S. 142–145.

Gelber, Claudia: Workshop „Opferbezogene Vollzugsgestaltung“. Viktimologische Ansätze im Strafvollzug, MSchrKrim 2012, S. 441–448.

Gelber, Claudia/Walter, Michael: Opferbezogene Vollzugsgestaltung: Was ist das?, kuckucksei 2/2012, S. 23–25.

Gelber, Claudia/Walter, Michael: Über Möglichkeiten einer opferbezogenen Vollzugsgestaltung, Forum Strafvollzug 2012, S. 171–174.

Gelber, Claudia/Walter, Michael: Opferbezogene Vollzugsgestaltung – Theoretische Perspektiven und Wege ihrer praktischen Umsetzung, BewHi 2013, S. 5–19.

Gelber, Claudia/Walter, Michael: Probleme des Opferschutzes gegenüber dem inhaftierten Täter, NStZ 2013, S. 75–83.

Gerhold, Söhnke: Der Einfluss der Rechtsprechung des EGMR, der Istanbul-Konvention und weiterer völkerrechtlicher Verträge auf die Auslegung des Merkmals der schutzlosen Lage in § 177 Abs. 1 Nr. 3 StGB, JR 2016, S. 122–129.

Gernhuber, Joachim: Die Landfriedensbewegung in Deutschland bis zum Mainzer Reichslandfrieden von 1235, Bonn 1952.

Geske, Janine P.: Restorative Justice in Prison, in: Höffler, Katrin/Jesse, Christiane/Bliesener, Thomas (Hrsg.), Opferorientierung im Strafvollzug, Göttingen 2019, S. 107–111.

Glaser, Julius: Handbuch des Strafprozesses, Leipzig 1883.

Goderbauer, Rainer/Engell, Rudolf: Aus der Sozialtherapeutischen Anstalt Baden-Württemberg, ZfStrVo 1988, S. 84–87.

Gonsa, Helmut: Die Europäischen Strafvollzugsgrundsätze und das österreichische Strafvollzugsgesetz, in: Probst, Karlheinz (Hrsg.), Menschenrechte im Strafvollzug. Über die Menschenwürde zu einer Anhaltekultur in den Vollzugsanstalten, Wien 1998, S. 43–83.

Goossens, Els: A case from Belgium, in: Barabás, Tünde/Fellegi, Borbála/Windt, Szandra (Hrsg.), Responsibility-taking, Relationship-building, and Restoration in Prisons. Mediation and Restorative Justice in Prison Settings, Budapest 2012, S. 279–288.

Göppinger, Hans/Bock, Michael (Hrsg): Kriminologie, 6. Aufl. München 2008.

Görges, Thomas/Greve, Werner: Gewalt gegen alte Menschen – Stand der Forschung, in: Landespräventionsrat Nordrhein-Westfalen (Hrsg.), Alter – Ein Risiko? Ältere Menschen als Opfer von häuslicher und institutioneller Gewalt, Münster 2005, S. 53–72.

Grabenwarter, Christoph/Pabel, Katharina: Europäische Menschenrechtskonvention. Ein Studienbuch, 7. Aufl. München 2021.

Graebsch, Christine/Burkhardt, Sven-U., Reform des Strafvollzugsgesetzes NRW: Reintegration und Opferschutz nicht gegeneinander ausspielen, Legal Tribune Online 2014, Beitrag vom 30.05.2014, https://www.lto.de//recht/hintergruende/h/reform-strafvollzugsgesetz-nrw-reintegration-opferschutz/ (zuletzt aufgerufen am 11.06.2022).

Greco, Luís: Strafjurist mit gutem Gewissen – Kritik der opferorientierten Straftheorie, GA 2020, S. 258–265.

Greco, Luís/Roger, Benjamin: Strafrechtsreform als Wissenschaft – zum 50-jährigen Jubiläum des Alternativ-Entwurfs eines Strafgesetzbuchs 1966, JZ 2016, S. 1125–1133.

Groenhujisen, Marc: Neue Wege der Wiedergutmachung im Strafrecht der Niederlande, in: Eser, Albin/Kaiser, Günther/Madlener, Kurt (Hrsg.), Neue Wege der Wiedergutmachung im Strafrecht. Internationales strafrechtlich-kriminologisches Kollquium in Freiburg i. Br., 2. Aufl. Freiburg i. Br. 1990, S. 257–289.

Günther, Klaus: Die symbolisch-expressive Bedeutung der Strafe – Eine neue Straftheorie jenseits von Vergeltung und Prävention?, in: Prittwitz, Cornelius/Baurmann, Michael/Günther, Klaus/Kuhlen, Lothar u. a. (Hrsg.), Festschrift für Klaus Lüderssen zum 70. Geburtstag am 2. Mai 2002, Baden-Baden 2002, S. 205–219.

Günther, Louis: Die Idee der Wiedervergeltung in der Geschichte und Philosophie des Strafrechts. Ein Beitrag zur universalhistorischen Entwicklung desselben, Erlangen 1889.

Győry, Csaba: Ein pragmatischer Idealist: John Braithwaite, MSchrKrim 2008, S. 317–336.

Haarländer, Andrea: „Wenn ich hier rauskomme, dann ist die Sache für mich erledigt?“ Opfer-Empathie-Training in der Jugendarrestanstalt Moltsfelde, Forum Strafvollzug 2016, S. 60–63.

Haffke, Bernhard: Vom Rechtsstaat zum Sicherheitsstaat?, KJ 2005, S. 17–35.

Hagemann, Otmar: „Gemeinschaftskonferenzen” als Konfliktregelungsinstrument – eine Weiterentwicklung des TOA?, TOA-Infodienst 17/2002, S. 26–29.

Hagemann, Otmar: „Opfer im Blickpunkt“ – Eine Gruppenarbeit mit Straffälligen, Rundbrief für Straffälligenhilfe Nr. 41 2005, S. 42–55.

Hagemann, Otmar: Erster Zwischenbericht über Gemeinschaftskonferenzen in Elmshorn, 2008, https://www.fh-kiel.de/fileadmin/data/sug/pdf-Dokument/Hagemann/Zwischenbericht_GMK.pdf (zuletzt aufgerufen am 11.06.2022).

Hagemann, Otmar: „Conferencing“: Ein Ansatz zur Aufarbeitung von Straftaten und Opfererlebnissen in erweiterten sozialen Kontexten, Praxis der Rechtspsychologie 2010, S. 306–324.

Hagemann, Otmar: Restorative Justice: Konzept, Ideen und Hindernisse, in: Lummer, Ricarda/Hagemann, Otmar/Tein, Jo (Hrsg.), Restorative Justice – A European and Schleswig-Holsteinian Perspective, Kiel 2011, S. 151–178.

Hagemann, Otmar: Gemeinschaftskonferenzen und andere Restorative Conferencing-Verfahren, in: Ochmann, Nadine/Schmidt-Semisch, Henning/Temme, Gaby (Hrsg.), Healthy Justice. Überlegungen zu einem gesundheitsförderlichen Rechtswesen, Wiesbaden 2016, S. 229–259.

Hagenmaier, Martin: Straftäter und ihre Opfer. Restorative Justice im Gefängnis, Sierksdorf 2016.
Hagenmaier, Martin: Vom aufregenden Projekt zum schnöden Alltag: Opferempathie im Strafvollzug, in: Höffler, Katrin/Jesse, Christiane/Bliesener, Thomas (Hrsg.), Opferorientierung im Strafvollzug, Göttingen 2019, S. 85–106.
Hahn, Karl/Stegemann, Eduard: Die gesammten Materialien zu den Reichs-Justizgesetzen, Band 3: Die gesammten Materialien zur Strafprozeßordnung und dem Einführungsgesetz zu derselben vom 1. Februar 1877, Abtheilung 1, 2. Aufl. Berlin 1885.
Hähnchen, Susanne: Rechtsgeschichte. Von der Römischen Antike bis zur Neuzeit, 6. Aufl. Heidelberg 2021.
Hain, Karl-Eberhard: Der Gesetzgeber in der Klemme zwischen Übermaß- und Untermaßverbot?, DVBl. 1993, S. 982–984.
Harper, Douglas: restore (v.), in: Harper, Douglas (Hrsg.), Online Etymology Dictionary, 2021, https://www.etymonline.com/word/restore?ref=etymonline_crossreference (zuletzt aufgerufen am 11.06.2022).
Hartmann, Arthur: Legal Provisions on Restorative Justice in Germany, in: Gyökös, Melinda/Lányi, Krisztina (Hrsg.), European Best Practices of Restorative Justice in the Criminal Procedure, Budapest 2010, S. 125–129.
Hartmann, Arthur/Haas, Marie/Steengrafe, Felix: Täter-Opfer-Ausgleich im Strafvollzug – Ergebnisse des MEREPS-Projektes, BewHi 2013, S. 39–55.
Hartmann, Arthur/Haas, Marie/Steengrafe, Felix u. a.: Prison mediation in Germany, in: Barabás, Tünde/Fellegi, Borbála/Windt, Szandra (Hrsg.), Responsibility-taking, Relationship-building, and Restoration in Prisons. Mediation and Restorative Justice in Prison Settings, Budapest 2012, S. 205–260.
Hartmann, Arthur/Schmidt, Marie/Kerner, Hans-Jürgen: Täter-Opfer-Ausgleich in Deutschland. Auswertung der bundesweiten Täter-Opfer-Ausgleich-Statistik für die Jahrgänge 2017 und 2018, herausgegeben vom Bundesministerium für Justiz und Verbraucherschutz, Berlin 2020.
Hartmann, Jutta: Qualifizierte Unterstützung von Menschen, die Opfer von Straf- bzw. Gewalttaten wurden. Opferhilfe als professionalisiertes Handlungsfeld Sozialer Arbeit, in: Hartmann, Jutta/ado e.V. (Hrsg.), Perspektiven professioneller Opferhilfe. Theorie und Praxis eines interdisziplinären Handlungsfelds, Wiesbaden 2010, S. 9–36.
Hassemer, Winfried: Innere Sicherheit und Rechtsstaat, StV 1993, S. 664–670.
Hassemer, Winfried: Warum und zu welchem Ende strafen wir?, ZRP 1997, S. 316–321.
Hassemer, Winfried: Opferorientierte Strafjustiz, in: AsJ Hamburg (Hrsg.), AsJ-Seminar 20./21.6.1998 – Täter, Opfer und Strafjustiz – ein disharmonischer Dreiklang, 1998, http://www.richterverein.de/j2000/asjopfer1.htm (zuletzt aufgerufen am 11.06.2022).
Hassemer, Winfried: Grundlinien einer personalen Rechtsgutslehre, in: Hassemer, Winfried (Hrsg.), Strafen im Rechtsstaat, Baden-Baden 2000, S. 160–169.
Hassemer, Winfried: Freiheitliches Strafrecht, Berlin 2001.
Hassemer, Winfried: Darf der strafende Staat Verurteilte bessern wollen? Resozialisierung im Rahmen der positiven Generalprävention, in: Prittwitz, Cornelius/Baurmann, Michael/Günther, Klaus/Kuhlen, Lothar u. a. (Hrsg.), Festschrift für Klaus Lüderssen zum 70. Geburtstag am 2. Mai 2002, Baden-Baden 2002, S. 221–240.
Hassemer, Winfried: Sicherheit durch Strafrecht, HRRS 2006, S. 130–143.
Hassemer, Winfried: Einführung in die Grundlagen des Strafrechts, 2. Aufl. München 1990.

Hassemer, Winfried/Reemtsma, Jan Philipp: Verbrechensopfer. Gesetz und Gerechtigkeit, München 2002.

Haverkamp, Rita: Frauenvollzug in Deutschland. Eine empirische Untersuchung vor dem Hintergrund der Europäischen Strafvollzugsgrundsätze, Berlin 2011.

Haverkamp, Rita: Die Opferperspektive in der Kriminalprävention (Teil 1). Begriffsverständnis, Opfererfassung und Opfergefährdung, forum kriminalprävention 2015, S. 45–50.

Haverkamp, Rita: Die Opferperspektive in der Kriminalprävention (Teil 2). Rechtlicher Rahmen, praktische Ansätze und mediales Interesse, forum kriminalprävention 2016, S. 45–50.

Haverkamp, Rita: Im Labyrinth des Opferschutzes – Zum Entwurf eines Dritten Opferschutzreformgesetzes, ZRP 2015, S. 53–56.

Hegel, Georg W. F.: Grundlinien der Philosophie des Rechts, Hamburg 1995.

Heger, Martin: Die Rolle des Opfers im Strafverfahren, JA 2007, S. 244–248.

Heinz, Wolfgang: Kriminalprävention – Anmerkungen zu einer überfälligen Kurskorrektur der Kriminalpolitik, in: Kerner, Hans-Jürgen/Jehle, Jörg-Martin/Marks, Erich (Hrsg.), Entwicklung der Kriminalprävention in Deutschland. Allgemeine Trends und bereichsspezifische Perspektiven. Zugleich Dokumentation des 3. Deutschen Präventionstages in Bonn vom 5. bis 7. Mai 1997, Mönchengladbach 1998, S. 17–59.

Helmken, Kai: Ein Recht des Tatopfers auf ein faires Strafverfahren? Zum Anwendungsbereich des Art. 6 EMRK, StV 2016, S. 456–461.

von Hentig, Hans: The criminal and his victim. Studies in the sociobiology of crime, Oxford 1948.

Herman, Judith: Die Narben der Gewalt. Traumatische Erfahrungen verstehen und überwinden, 5. Aufl. Paderborn 2018.

Hermann, Dieter/Streng, Franz: Die Bewältigung des Traumas. Zum Stellenwert spezifischer Opferstrategien im Viktimisierungsprozess, BewHi 1991, S. 5–21.

Hermes, Georg: Das Grundrecht auf Schutz von Leben und Gesundheit. Schutzpflicht und Schutzanspruch aus Art. 2 Abs. 2 Satz 1 GG, Heidelberg 1987.

Herrmann, Joachim: Die Entwicklung des Opferschutzes im deutschen Strafrecht und Strafprozessrecht. Eine unendliche Geschichte, ZIS 2010, S. 236–245.

Hertle, Dirk: Schadenswiedergutmachung als opfernahe Sanktionsstrategie, Frankfurt a. M. 1994.

Heselhaus, F. Sebastian M./Nowak, Carsten (Hrsg): Handbuch der Europäischen Grundrechte, 2. Aufl. München 2020.

Hilf, Marianne: Der Strafrechtszweck der Restitution, in: Jesionek, Udo/Hilf, Marianne (Hrsg.), Die Begleitung des Verbrechensopfers durch den Strafprozess, Innsbruck 2006, S. 13–22.

Hillenkamp, Thomas: Anmerkung zu OLG Hamburg, Urt. v. 31.1.1989 – 1 Ss 165/88, StV 1989, S. 532–533.

von Hippel, Robert: Beiträge zur Geschichte der Freiheitsstrafe. Erster Teil, ZStW (18) 1898, S. 419–494.

von Hippel, Robert: Deutsches Strafrecht. Erster Band: Allgemeine Grundlagen, Berlin 1925.

von Hirsch, Andreas: Doing Justice. The Choice of Punishments, Boston 1986.

von Hirsch, Andreas: Warum soll die Strafsanktion existieren? – Tadel und Prävention als Element einer Rechtfertigung, in: von Hirsch, Andreas/Neumann, Ulfrid/Seelmann, Kurt

(Hrsg.), Strafe – warum? Gegenwärtige Strafbegründungen im Liche von Hegels Straftheorien, Baden-Baden 2011, S. 43–68.
Hirsch, Hans J.: Zur Stellung des Verletzten im Straf- und Strafverfahrensrecht. Über die Grenzen strafrechtlicher Aufgaben, in: Dornseifer, Gerhard/Horn, Eckhard/Schilling, Georg/Schöne, Wolfgang u. a. (Hrsg.), Gedächtnisschrift für Armin Kaufmann, 1989, S. 699–721.
Hirsch, Hans J.: Wiedergutmachung des Schadens im Rahmen des materiellen Strafrechts, ZStW (102) 1990, S. 534–562.
His, Rudolf: Das Strafrecht des deutschen Mittelalters. Teil 1: Die Verbrechen und ihre Folgen im allgemeinen, Leipzig 1964.
His, Rudolf: Geschichte des deutschen Strafrechts bis zur Karolina, Darmstadt 1967.
Hoerster, Norbert: Muss Strafe sein? Positionen der Philosophie, München 2012.
Höffler, Katrin/Gernbeck, Ursula: Der Täter-Opfer-Ausgleich – Sinnvolles Instrument der Resozialisierung oder erneute Traumatisierung der Opfer?, in: Bannenberg, Britta/Brettel, Hauke/Freund, Georg/Meier, Bernd-Dieter u. a. (Hrsg.), Über allem: Menschlichkeit. Festschrift für Dieter Rössner, Baden-Baden 2015, S. 516–533.
Höffler, Katrin/Jesse, Christiane/Bliesener, Thomas (Hrsg.), Opferorientierung im Strafvollzug, Göttingen 2019.
Hohenlohe, Constantin: Beiträge zum Einfluss des kanonischen Rechts auf Strafrecht und Prozeßrecht, Innsbruck 1918.
Holz, Wilfried: Justizgewähranspruch des Verbrechensopfers, Berlin 2007.
Hopkins, Belinda: Restorative Justice and Problem-Solving, in: Lummer, Ricarda/Hagemann, Otmar/Tein, Jo (Hrsg.), Restorative Justice – A European and Schleswig-Holsteinian Perspective, Kiel 2011, S. 170–190.
Hörnle, Tatjana: Tatproportionale Strafzumessung, Berlin 1999.
Hörnle, Tatjana: Die Opferperspektive bei der Strafzumessung, in: Schünemann, Bernd/Dubber, Markus Dirk (Hrsg.), Die Stellung des Opfers im Strafrechtssystem. Neue Entwicklungen in Deutschland und in den USA, Köln 2000, S. 175–199.
Hörnle, Tatjana: Das Unwerturteil und der Schuldvorwurf – Inhalt und Adressaten, in: Hefendehl, Roland (Hrsg.), Empirische und dogmatische Fundamente, kriminalpolitischer Impetus. Symposium für Bernd Schünemann zum 60. Geburtstag, Köln 2005, S. 105–134.
Hornle, Tatjana: Die Rolle des Opfers in der Straftheorie und im materiellen Strafrecht, JZ 2006, S. 950–958.
Hörnle, Tatjana: Claus Roxins straftheoretischer Ansatz, in: Heinrich, Manfred/Jäger, Christian (Hrsg.), Strafrecht als Scientia Universalis. Festschrift für Claus Roxin zum 80. Geburtstag am 15. Mai 2011, Berlin 2011, S. 3–21.
Hörnle, Tatjana: Gegenwärtige Strafbegründungstheorien: Die herkömmliche deutsche Diskussion, in: von Hirsch, Andreas/Neumann, Ulfrid/Seelmann, Kurt (Hrsg.), Strafe – warum? Gegenwärtige Strafbegründungen im Liche von Hegels Straftheorie, Baden-Baden 2011, S. 11–30.
Hörnle, Tatjana: Anmerkung zu BVerfG, Beschluss v. 19.5.2015 – 2 BvR 987/11, JZ 2015, S. 893–896.
Hörnle, Tatjana: Expressive Straftheorien, in: Hilgers, Thomas/Koch, Gertrud/Möllers, Christoph/Müller-Mall, Sabine (Hrsg.), Affekt & Urteil, Paderborn 2015, S. 143–158.
Hörnle, Tatjana: Straftheorien, 2. Aufl. Tübingen 2017.

Hörnle, Tatjana/von Hirsch, Andreas: Positive Generalprävention und Tadel, GA 1995, S. 261–282.

Horrer, Kathrin: Restorative Justice im Strafrecht. Eine vergleichende Analyse von Konzeptionen des Konfliktausgleiches und der Verwirklichung in Deutschland, Österreich, den Vereinigten Staaten von Amerika, Australien und Belgien, Tübingen 2014.

Hosser, Daniela: Hilfe oder Hindernis? – Die Bedeutung sozialer Unterstützung für Opfer krimineller Gewalt, MSchrKrim 1997, S. 388–403.

Hoven, Elisa: Der Einfluss der Medienberichterstattung auf die Reform des Sexualstrafrechts. Eine Analyse der Diskursstrategien digitaler Medien, MSchrKrim 2017, S. 161–178.

Hufen, Friedhelm: Staatsrecht II. Grundrechte, 9. Aufl. München 2021.

Ipsen, Jörn: Ehe für alle – verfassungswidrig?, NVwZ 2017, S. 1096–1099.

Ipsen, Jörn: Staatsrecht II. Grundrechte, 24. Aufl. München 2021.

Isensee, Josef: Das Grundrecht auf Sicherheit. Zu den Schutzpflichten des freiheitlichen Verfassungsstaates, Berlin 1983.

Isensee, Josef: § 191 Das Grundrecht als Abwehrrecht und als staatliche Schutzpflicht, in: Isensee, Josef/Kirchhof, Paul (Hrsg.), Handbuch des Staatsrechts der Bundesrepublik Deutschland. Band IX: Allgemeine Grundrechtslehren, 3. Aufl. Heidelberg 2011, S. 414–568.

Jacob, Bruce: Reparation or Restitution by the Criminal Offender to His Victim: Applicability of an Ancient Concept in the Modern Correctional Process, Journal of Criminal Law, Criminology and Police Sience 1970, S. 152–167.

Jacob, Susanne/Prätor, Susann/Höher, André Matthias u. a.: Projekt Opferorientierung im Justizvollzug. Abschlussbericht, herausgegeben von der Projektgruppe „Opferorientierung im Justizvollzug", 2016.

Jacob, Susanne: Opferorientierung. Ergebnisse einer Projektarbeit im niedersächsischen Justizvollzug, Forum Strafvollzug 2017, S. 306–307.

Jaeckel, Liv: Schutzpflichten im deutschen und europäischen Recht. Eine Untersuchung der deutschen Grundrechte, der Menschenrechte und Grundfreiheiten der EMRK sowie der Grundrechte und Grundfreiheiten der Europäischen Gemeinschaft, Baden-Baden 2000.

Jähnke, Burkhard/Schramm, Edward: Europäisches Strafrecht, Berlin 2017.

Jarass, Hans D. (Hrsg): Charta der Grundrechte der Europäischen Union unter Einbeziehung der sonstigen Grundrechtsregelungen des Primärrechts und der EMRK. Kommentar, 4. Aufl. München 2021.

Jehle, Jörg-Martin: Wie gefährlich sind die Langzeitstrafgefangen? Basisdaten aus der Rückfallstatistik, in: Schöch, Heinz/Helgerth, Roland/Dölling, Dieter/König, Peter (Hrsg.), Recht gestalten – dem Recht dienen. Festschrift für Reinhard Böttcher zum 70. Geburtstag am 29. Juli 2007, Berlin 2007, S. 263–282.

Jehle, Jörg-Martin/Albrecht, Hans-Jörg/Hohmann-Fricke, Sabine u. a.: Legalbewährung nach strafrechtlichen Sanktionen. Eine bundesweite Rückfalluntersuchung 2013 bis 2016 und 2004 bis 2016, herausgegeben vom Bundesministerium der Justiz und für Verbraucherschutz, Berlin 2020.

Jerouschek, Günter: Straftat und Traumatisierung, JZ 2000, S. 185–194.

Jescheck, Hans-Heinrich/Weigend, Thomas: Lehrbuch des Strafrechts. Allgemeiner Teil, 5. Aufl. Berlin 1996.

Jesionek, Udo: Das Verbrechensopfer als Prozesspartei, in: Bundesministerium der Justiz Österreich (Hrsg.), 33. Ottensteiner Fortbildungsseminar aus Strafrecht und Kriminologie, Wien 2005, S. 41–70.

Jesionek, Udo: Die Wiederentdeckung des Verbrechensopfers. Ein Paradigmenwechsel im Strafrecht, Juridikum 2005, S. 171–173.

Jesse, Christiane/Jacob, Susanne/Prätor, Susann: Opferorientierung im Justizvollzug. Theoretische Grundlagen, empirische Befunde und Leitlinien für eine praktische Umsetzung, in: Maelicke, Bernd/Suhling, Stefan (Hrsg.), Das Gefängnis auf dem Prüfstand. Zustand und Zukunft des Strafvollzugs, Wiesbaden 2018, S. 159–174.

Joester, Erich/Quensel, Edelgart/Hoffmann, Erhard u. a.: Lockerungen des Vollzugs. Versuch einer sozialwissenschaftlich angeleiteten Kommentierung des § 11 Strafvollzugsgesetz und einer Auseinandersetzung mit den dazu ergangenen Verwaltungsvorschriften, ZfStrVo 1977, S. 93–104.

Johnstone, Gerry: How, and in what terms, should restorative justice be conceived?, in: Zehr, Howard/Toews, Barb (Hrsg.), Critical Issues in Restorative Justice, London 2010, S. 5–15.

Johnstone, Gerry: Restorative Justice in Prison: Methods, Models and Effectiveness, herausgegeben vom Council for Penological Co-operation (PC-CP), PC-CP (2014) 17.

Joiko, Holger/Gelber, Claudia: Opferperspektiven im Strafvollzug – Tatausgleich und Opferschutz, TOA-Magazin 01/2013, S. 14–18.

Jung, Heike: Die Stellung des Verletzten im Strafprozeß, ZStW (93) 1981, S. 1147–1176.

Jung, Heike: Was können die Medien in der kriminalpolitischen Meinungsbildung leisten?, in: Kielwein, Gerhard (Hrsg.), Entwicklungslinien der Kriminologie. Vorträge und Beiträge anläßlich des 30. Jahrestages der Gründung des Instituts für Kriminologie der Universität des Saarlandes, Köln 1985, S. 47–57.

Jung, Heike: Behandlung als Rechtsbegriff, ZfStrVo 1987, S. 38–42.

Jung, Heike: Zur Renaissance des Opfers – Ein Lehrstück kriminalpolitischer Zeitgeschichte, ZRP 2000, S. 159–163.

Jung, Heike: Wider die neue „Straflust"! Heinz Müller-Dietz zum 75. Geburtstag, GA 2006, S. 724–736.

Jung, Heike: Viktimologie, in: Kaiser, Günther/Kerner, Hans-Jürgen/Sack, Fritz/Schellhoss, Hartmut (Hrsg.), Kleines kriminologisches Wörterbuch, 3. Aufl. Heidelberg 1993, S. 582–588.

Kaiser, Günther: Moderne und postmoderne Kriminalpolitik als Probleme des Strukturvergleichs, in: Arnold, Jörg/Burkhardt, Björn/Gropp, Walter/Heine, Günter u. a. (Hrsg.), Menschengerechtes Strafrecht. Festschrift für Albin Eser zum 70. Geburtstag, München 2005, S. 1355–1374.

Kaiser, Günther: Kriminologie, 3. Aufl. Heidelberg 1996.

Kaiser, Günther: Kriminologie. Eine Einführung in die Grundlagen, 10. Aufl. Heidelberg 1997.

Kaiser, Günther/Dünkel, Frieder/Ortmann, Rüdiger: Die sozialtherapeutische Anstalt – das Ende einer Reform?, ZRP 1982, S. 198–207.

Kaiser, Günther/Schöch, Heinz: Strafvollzug, 5. Aufl. Heidelberg 2002.

Kargl, Walter: Friede durch Vergeltung. Über den Zusammenhang von Sache und Zweck im Strafbegriff, GA 1998, S. 53–77.

Kargl, Walter: Zur Strafbarkeit staatlich gelenkter Angriffe auf die Psyche. Probleme des strafrechtlichen Gefühlsschutzes, NJ 2017, S. 94–101.

Karlsruher Kommentar zur Strafprozessordnung mit GVG, EGGVG und EMRK, Hannich, Rolf (Hrsg.), 8. Aufl. München 2019 (zitiert als KK-StPO).

Kaspar, Johannes: Wiedergutmachung und Mediation im Strafrecht. Rechtliche Grundlagen und Ergebnisse eines Modellprojekts zur anwaltlichen Schlichtung, Münster 2004.

Kaspar, Johannes: Wiedergutmachung im Strafvollzug – Bestandsaufnahme und Perspektiven, ZfStrVo 2005, S. 85–90.

Kaspar, Johannes: Verhältnismäßigkeit und Grundrechtsschutz im Präventionsstrafrecht, Baden-Baden 2014.

Kaspar, Johannes/Mayer, Stefanie: Täter-Opfer-Ausgleich im Strafvollzug – Grundlagen und praktische Erfahrungen aus Modellprojekten, Forum Strafvollzug 2015, S. 261–266.

Kawamura, Gabriele: Täter-Opfer-Ausgleich im Strafvollzug?, ZfStrVo 1994, S. 3–7.

Kempfer, Jacqueline/Rössner, Dieter: Kriminalprävention durch TOA – Ergebnisse aus der Rückfallforschung, 12. Forum für TOA 2008, S. 11–19.

Kepplinger, Hans M.: Die Entwicklung der Kriminalitätsberichterstattung, in: Bundesministerium der Justiz (Hrsg.), Kriminalität in den Medien. 5. Kölner Symposium, 27.-29. September 1999, Universität zu Köln, Mönchengladbach 2000, S. 58–77.

Kertai, Benjamin: Sicherheit, Risiko und Opferschutz. Anlässe der Strafgesetzgebung und Möglichkeiten wissenschaftlicher Einflussnahme, Frankfurt a. M. 2014.

Kiefl, Walter/Lamnek, Siegfried: Soziologie des Opfers. Theorie, Methoden und Empirie der Viktimologie, München 1986.

Kilchling, Michael: Opfer werden – Opfer bleiben?, in: Hanns Seidel Stiftung (Hrsg.), Fachtagung der Hanns Seidel Stiftung, 2. April 2008, https://www.hss.de/fileadmin/migration/downloads/080306_RM_Kilchling.pdf (zuletzt aufgerufen am 11.06.2022).

Kilchling, Michael: Opferinteressen und Strafverfolgung, Freiburg i. Br. 1995.

Kilchling, Michael: Aktuelle Perspektiven für Täter-Opfer-Ausgleich und Wiedergutmachung im Erwachsenenstrafrecht, NStZ 1996, S. 309–317.

Kilchling, Michael: TOA-E versus ATA-E. Empirische Befunde zur Praxis des Täter-Opfer-Ausgleichs, in: Jehle, Jörg-Martin (Hrsg.), Täterbehandlung und neue Sanktionsformen. Kriminalpolitische Konzepte in Europa, Mönchengladbach 2000, S. 295–321.

Kilchling, Michael: Opferschutz und der Strafanspruch des Staates – Ein Widerspruch?, NStZ 2002, S. 57–63.

Kilchling, Michael: Restorative justice developments in Germany, in: Miers, David/Aertsen, Ivo (Hrsg.), Regulating Restorative Justice. A comparative study of legislative provision in European countries, Frankfurt a. M. 2012, S. 158–209.

Kilchling, Michael: Opferrechte und Restorative Justice, in: Sautner, Lyane/Jesionek, Udo (Hrsg.), Opferrechte in europäischer, rechtsvergleichender und österreichischer Perspektive, Innsbruck 2017, S. 63–81.

Kilchling, Michael: Restorative Justice, insbesondere Täter-Opfer-Ausgleich im Strafvollzug, in: Kerner, Hans-Jürgen/Kinzig, Jörg/Wulf, Rüdiger (Hrsg.), Kriminologie und Strafvollzug. Symposium am 19. März 2016, Tübingen 2017, S. 45–59.

Kilchling, Michael: Täter-Opfer-Ausgleich im Strafvollzug. Wissenschaftliche Begleitung des Modellprojekts Täter-Opfer-Ausgleich im baden-württembergischen Justizvollzug, Berlin 2017.

Kirchhoff, Gerd F.: History and a Theoretical Structure of Victimology, in: Shoham, Shlomo G./Knepper, Paul/Kett, Martin (Hrsg.), International Handbook of Victimology, Boca Raton 2010, S. 95–123.
Kirchhoff, Gerd F./Sessar, Klaus: Das Verbrechensopfer. Ein Reader zur Viktimologie, Bochum 1979.
Klein, Eckart: Grundrechtliche Schutzpflicht des Staates, NJW 1989, S. 1633–1640.
Klein, Oliver: Das Untermaßverbot – Über die Justiziabilität grundrechtlicher Schutzpflichterfüllung, JuS 2006, S. 960–964.
Kleinig, John: Punishment and Moral Seriousness, Israel Law Review 1991, S. 401–421.
Klimke, Daniela/Lautmann, Rüdiger: Die neoliberale Ethik und der Geist des Sexualstrafrechts, Zeitschrift für Sexualforschung 2006, S. 97–117.
Klimke, Daniela/Lautmann, Rüdiger: Opferorientierung im Bereich Kriminalität und Strafe, in: Anhorn, Roland/Balzereit, Marcus (Hrsg.), Handbuch Therapeutisierung und Soziale Arbeit, Wiesbaden 2016, S. 549–581.
Knauer, Florian: Der Schutz der Psyche im Strafrecht, Tübingen 2013.
Knauer, Florian: Der Schutz der Menschenwürde im Strafrecht, ZStW (126) 2014, S. 305–336.
Koepsel, Klaus: Das Vollzugskonzept des Strafvollzugsgesetzes und seine Veränderung durch Verwaltungsvorschriften und Erlasse der Landesjustizverwaltungen, ZfStrVo 1992, S. 46–51.
Köhne, Michael: Resozialisierungsunfähige Strafgefangene, ZRP 2003, S. 207–209.
Köhne, Michael: 3 Landesstrafvollzugsgesetze – Beiträge zum „Wettbewerb der Schäbigkeit"?, NStZ 2009, S. 130–133.
Köhne, Michael: Opferbezogener Vollzug – Vorbild oder Irrweg?, JR 2016, S. 7–10.
Kölbel, Ralf: Kriminalpolitische Instrumentalisierung der „Gefahr sekundärer Viktimisierung"?, in: Barton, Stephan/Kölbel, Ralf (Hrsg.), Ambivalenzen der Opferzuwendung des Strafrechts. Zwischenbilanz nach einem Vierteljahrhundert opferorientierter Strafrechtspolitik in Deutschland, Baden-Baden 2012, S. 213–232.
Kölbel, Ralf/Bork, Lena: Sekundäre Viktimisierung als Legitimationsformel, Berlin 2012.
Kondziela, Andreas: Täter-Opfer-Ausgleich und Unschuldsvermutung, MSchrKrim 1989, S. 177–189.
Krapp, Andreas/Seidel, Tina: Pädagogische Psychologie, 6. Aufl. Weinheim 2014.
Kratzer-Ceylan, Isabel/Kaspar, Johannes: Opferschutz und Täterverantwortung als vollzugliche Aufgabe?, Forum Strafvollzug 2017, S. 295–300.
Krause, Thomas: Geschichte des Strafvollzugs. Von den Kerkern des Altertums bis zur Gegenwart, Darmstadt 1999.
Krauß, Detlef: Täter und Opfer im Rechtsstaat, in: Prittwitz, Cornelius/Baurmann, Michael/Günther, Klaus/Kuhlen, Lothar u. a. (Hrsg.), Festschrift für Klaus Lüderssen zum 70. Geburtstag am 2. Mai 2002, Baden-Baden 2002, S. 269–278.
Kreitz, Benjamin-Samuel: Innere Sicherheit – Das ideale Wahlkampfthema? Wie sich die deutschen Parteien aus innenpolitischem Kalkül nach dem 11. September 2001 auf dem Gebiet der Anti-Terror-Gesetzgebung zu profilieren suchten, Göttingen 2012.
Kreuzer, Arthur: Strafrecht als präventiver Opferschutz? – Plädoyer für eine einheitliche vorbehaltene Sicherungsverwahrung anstelle des dringend reformbedürftigen dreigeteilten Systems, NK 2010, S. 89–95.

Krey, Alexander: Inquisitionsprozess, in: Cordes, Albrecht/Haferkamp, Hans-Peter/Kannowski, Bernd/Lück, Heiner u. a. (Hrsg.), Handwörterbuch zur deutschen Rechtsgeschichte, Band 2, Berlin 2021, Spalte 1243–1248, https://www.hrgdigital.de/HRG.inquisitionsprozess (zuletzt aufgerufen am 11.06.2022).

Kubink, Michael: Opferbezogene Vollzugsgestaltung als kriminalpolitische Idee, ZRP 2017, S. 237–241.

Kubink, Michael/Henningsmeier, Isabel: Die Entwicklung der opferbezogenen Vollzugsgestaltung. Eine kritische Bestandsaufnahme aus der Sicht des Justizvollzugsbeauftragten NRW, Forum Strafvollzug 2017, S. 301–305.

Kühl, Kristian: Zum Missbilligungscharakter der Strafe, in: Arnold, Jörg/Burkhardt, Björn/Gropp, Walter/Heine, Günter u. a. (Hrsg.), Menschengerechtes Strafrecht. Festschrift für Albin Eser zum 70. Geburtstag, München 2005, S. 149–161.

Kunz, Karl-Ludwig: Opferschutz und Verteidigungsrechte im Kontext von Strafrechtstheorie und symbolischer Rechtspolitik, in: 4. Schweiz. Kongress Strafverteidiger/innen (Hrsg.), Bern 27.04.2002, S. 1–28.

Kunz, Karl-Ludwig: Grundzüge der heutigen Kriminalpolitk, NK 2005, S. 151–156.

Kunz, Karl-Ludwig: Die Sicherung als gefährlich eingestufter Rechtsbrecher: Von der Strategie der Inklusion zur strafrechtlichen Exklusion, in: Barton, Stephan (Hrsg.), „...weil er für die Allgemeinheit gefährlich ist!“ Prognosegutachten, Neurobiologie, Sicherungsverwahrung, Bielefeld 2006, S. 71–86.

Kunz, Karl-Ludwig: Strafrechtsmodelle und Gesellschaftsstruktur, KrimJ 2010, S. 9–23.

Kunz, Karl-Ludwig/Singelnstein, Tobias: Kriminologie. Eine Grundlegung, 8. Aufl. Bern 2021.

Kury, Helmut: Zum Stand der Behandlungsforschung oder: Vom nothing works zum something works, in: Feuerhelm, Wolfgang/Schwind, Hans-Dieter/Bock, Michael (Hrsg.), Festschrift für Alexander Böhm zum 70. Geburtstag am 14. Juni 1999, Berlin 1999, S. 251–274.

Kury, Helmut: Opfererfahrungen und Meinungen zur Inneren Sicherheit in Deutschland. Ein empirischer Vergleich von Viktimisierungen, Anzeigeverhalten und Sicherheitseinschätzung in Ost und West vor der Vereinigung, 2. Aufl. Wiesbaden 1996.

Kury, Helmut/Obergfell-Fuchs, Joachim: Punitivität in Deutschland. Zur Diskussion um eine neue „Straflust“, in: Feltes, Thomas/Pfeiffer, Christian/Steinhilper, Gernot (Hrsg.), Kriminalpolitik und ihre wissenschaftlichen Grundlagen. Festschrift für Professor Dr. Hans-Dieter Schwind zum 70. Geburtstag, Heidelberg 2006, S. 1021–1043.

Lackner, Karl/Kühl, Kristian (Hrsg): Strafgesetzbuch. Kommentar, 29. Aufl. München 2018.

Lagodny, Otto: Strafrecht vor den Schranken der Grundrechte. Die Ermächtigung zum strafrechtlichen Vorwurf im Lichte der Grundrechtsdogmatik dargestellt am Beispiel der Vorfeldkriminalisierung, Tübingen 1996.

Laubenthal, Klaus: Strafvollzug, 8. Aufl. Berlin 2019.

Laubenthal, Klaus/Nestler, Nina/Neubacher, Frank/Verrel, Torsten (Hrsg): Strafvollzugsgesetze, 12. Aufl. München 2015.

Lautmann, Rüdiger/Klimke, Daniela/Sack, Fritz (Hrsg.), Punitivität, KrimJ Beiheft 8/2004.

Leipziger Kommentar StGB, Band 7, §§ 211–241a, Laufhütte, Heinrich Wilhelm/Rissing-van Saan, Ruth/Tiedemann, Klaus (Hrsg.), 12. Aufl. Berlin 2019 (zitiert als LK-StGB).

Leipziger Kommentar Strafgesetzbuch, Band 1, Einleitung, §§ 1–18, Cirener, Gabriele/Radtke, Henning/Rissing-van Saan, Ruth/Rönnau, Thomas u. a. (Hrsg.), 13. Aufl. Berlin 2020 (zitiert als LK-StGB).

Leyendecker, Natalie Andrea: (Re-)Sozialisierung und Verfassungsrecht, Berlin 2002.

Liebmann, Marian: Restorative Justice. How It Works, London 2007.

Liebmann, Marian/Braithwaite, Stephanie: Restorative Justice in Custodial Settings. Report for the Restorative Justice Working Group in Nothern Ireland, 1999, https://restorativejustice.org.uk/sites/default/files/resources/files/Research%20into%20Restorative%20Justice%20in%20Custodial%20Settings.pdf (zuletzt aufgerufen am 11.06.2022).

Löffler, Martin: Der Rechtsbegriff der öffentlichen Meinung, in: Baier, Horst/Kepplinger, Hans M./Reumann, Kurt (Hrsg.), Öffentliche Meinung und sozialer Wandel. Public Opinion and Social Change, Opladen 1981, S. 64–70.

Löhr, Holle Eva: Resozialisierung und Medien, in: Cornel, Heinz/Kawamura-Reindl, Gabriele/Maelicke, Bernd/Sonnen, Bernd-Rüdeger (Hrsg.), Resozialisierung. Handbuch, 3. Aufl. Baden-Baden 2009, S. 576–597.

Löschnig-Gspandl, Marianne: Die Wiedergutmachung im österreichischen Strafrecht, Wien 1996.

Löschnig-Gspandl, Marianne: Das Recht des Opfers auf Wiedergutmachung, in: Dearing, Albin/Löschnig-Gspandl, Marianne (Hrsg.), Opferrechte in Österreich. Eine Bestandsaufnahme, Innsbruck 2004, S. 157–189.

Löwe, Ewald/Rosenberg, Werner (Hrsg): Die Strafprozeßordnung und das Gerichtsverfassungsgesetz, StPO Band 8 §§ 374–448, 26. Aufl. Berlin 2009.

Lübbe-Wolff, Gertrude: Die Rechtsprechung des Bundesverfassungsgerichts zum Strafvollzug und Untersuchungshaftvollzug, Baden-Baden 2016.

Lüderssen, Klaus: Resozialisierung und Menschenwürde, KJ 1997, S. 179–186.

Lüderssen, Klaus: Opfer im Zwielicht, in: Weigend, Thomas/Küpper, Georg (Hrsg.), Festschrift für Hans Joachim Hirsch zum 70. Geburtstag am 11. April 1999, Berlin 1999, S. 879–895.

Lüderssen, Klaus: Rechtsfreie Räume?, Berlin 2012.

Lummer, Ricarda: Restorative Justice nach der Verurteilung – Das EU Projekt – Opfer schützen und unterstützen, TOA-Magazin 01/2013, S. 30–35.

Maelicke, Bernd: Perspektiven für den deutschen Strafvollzug, NK 2005a, S. 126–128.

Maelicke, Bernd: Helga Einsele und ihre kriminalpolitischen Wirkungen in der Öffentlichkeit, NK 2005b, S. 128–130.

Majer, Christian: Das Kinderehenbekämpfungsgesetz im Kreuzfeuer der Kritik, NZFam 2019, S. 659–662.

Manssen, Gerrit: Staatsrecht II. Grundrechte, 18. Aufl. München 2021.

Matt, Eduard/Winter, Frank: Täter-Opfer-Ausgleich. Auf dem Weg zu einer gemeinschaftlichen Konfliktlösung, in: Ochmann, Nadine/Schmidt-Semisch, Henning/Temme, Gaby (Hrsg.), Healthy Justice. Überlegungen zu einem gesundheitsförderlichen Rechtswesen, Wiesbaden 2016, S. 167–187.

Matthews, Roger: Doing Time. An Introduction to the Sociology of Imprisonment, 2. Aufl. London 2009.

Maurach, Reinhart/Gössel, Karl Heinz/Zipf, Heinz (Hrsg): Strafrecht Allgemeiner Teil. Teilband 2: Erscheinungsformen des Verbrechens und Rechtsfolgen der Tat, 8. Aufl. Heidelberg 2014.

Maurer, Hartmut/Waldhoff, Christian: Allgemeines Verwaltungsrecht, 20. Aufl. München 2020.

Maxwell, Gabrielle/Liu, James H.: Restorative Justice and Practices in New Zealand: Towards a Restorative Society, Eugene OR 2007.

von Mayenburg, David: Missetat, in: Cordes, Albrecht/Haferkamp, Hans-Peter/Kannowski, Bernd/Lück, Heiner u. a. (Hrsg.), Handwörterbuch zur deutschen Rechtsgeschichte, Band 3, Berlin 2021, Spalte 1551–1558, https://www.hrgdigital.de/HRG.missetat (zuletzt aufgerufen am 11.06.2022).

Mayer, Stefanie: Täter-Opfer-Ausgleich im Strafvollzug. Vergleich der gesetzlichen Regelungen der Bundesländer und wissenschaftliche Begleitung des Pilotprojekts in Bayern, Baden-Baden 2017.

McCold, Paul: The recent history of restorative justice: mediation, circles, and conferencing, in: Sullivan, Dennis/Tifft, Larry (Hrsg.), Handbook of Restorative Justice. A Global Perspective, 2006, S. 23–51.

McCold, Paul: What is the role of community in restorative justice theory and practice?, in: Zehr, Howard/Toews, Barb (Hrsg.), Critical Issues in Restorative Justice, London 2010, S. 155–172.

Meier, Bernd-Dieter: What works? Ergebnisse der neueren Sanktionsforschung aus kriminologischer Sicht, JZ 2010, S. 112–120.

Meier, Bernd-Dieter: Täter-Opfer-Ausgleich und Schadenswiedergutmachung im Strafrecht. Bestandsaufnahme zwanzig Jahre nach der Einführung von § 46a StGB, JZ 2015, S. 488–494.

Meier, Bernd-Dieter: Strafrechtliche Sanktionen, 5. Aufl. Berlin 2019.

Meier, Bernd-Dieter: Kriminologie, 6. Aufl. München 2021.

Mendelsohn, Benjamin: Victimology and Contemporary Society's Trends, Victimology: An International Journal 1976, S. 8–28.

Mergen, Armand: Hans von Hentig. Begründer der Viktimologie und deren Entwicklung bis heute, in: Haesler, Walter T. (Hrsg.), Viktimologie, Grüsch 1986, S. 9–16.

Meyer, Jürgen (Hrsg): Charta der Grundrechte der Europäischen Union, 5. Aufl. Baden-Baden 2019.

Meyer-Goßner, Lutz: Die Rechtsstellung des Verletzten im Strafprozeß, ZRP 1984, S. 228–233.

Meyer-Goßner, Lutz/Schmitt, Bertram (Hrsg): Strafprozessordnung mit GVG und Nebengesetze, 64. Aufl. München 2021.

Meyer-Ladewig, Jens/Nettesheim, Martin/von Raumer, Stefan (Hrsg): EMRK. Europäische Menschenrechtskonvention. Handkommentar, 4. Aufl. Baden-Baden 2017.

Meyer-Ladewig, Jens/Petzold, Herbert: Anmerkung zu EGMR (II. Sektion), Urteil v. 28.10.2014 – 25018/10 (Ibrahim Demirtaş/Türkei). Schlag ins Gesicht bei Streit zwischen Privatpersonen als Verstoß gegen das Folterverbot, NJW 2015, S. 3772–3773.

Mitsch, Wolfgang: Der neue Stalking-Tatbestand im Strafgesetzbuch, NJW 2007, S. 1237–1242.

Mitteis, Heinrich/Lieberich, Heinz: Deutsche Rechtsgeschichte. Ein Studienbuch, 19. Aufl. München 1992.

Moore, Michael: Opfer und Vergeltung: Eine Erwiderung auf George P. Fletcher, in: Schünemann, Bernd/Dubber, Markus Dirk (Hrsg.), Die Stellung des Opfers im Strafrechtssystem. Neue Entwicklungen in Deutschland und in den USA, 2000, S. 85–104.

Mösl, Albert: Zum Strafzumessungsrecht, NStZ 1982, S. 148–152.
Möstl, Markus: Die staatliche Garantie für die öffentliche Sicherheit und Ordnung. Sicherheitsgewährleistung im Verfassungsstaat, im Bundesstaat und in der Europäischen Union, Tübingen 2002.
Mrozynski, Peter: Resozialisierung und soziales Betreuungsverhältnis. Eine Untersuchung zur Bedeutung des Sozialrechts in der Resozialisierung, Heidelberg 1984.
Mühler, Kurt: Sozialisation. Eine soziologische Einführung, Paderborn 2008.
Müller-Dietz, Heinz: Wege zur Strafvollzugsreform, Berlin 1972.
Müller-Dietz, Heinz: Die Rechtsprechung der Strafvollstreckungskammern zur Rechtsgültigkeit der VVStVollzG, NStZ 1981, S. 409–417.
Müller-Dietz, Heinz: Sozialstaatsprinzip und Strafverfahren, in: Hanack, Ernst-Walter/Rieß, Peter/Wendisch, Günter (Hrsg.), Festschrift für Hanns Dünnebier zum 75. Geburtstag am 12. Juni 1982, Berlin 1982, S. 75–99.
Müller-Dietz, Heinz: Anmerkung zu OLG Stuttgart, Beschl. v. 28.05.1984 – 4 Ws 71/84, NStZ 1984, S. 526–527.
Müller-Dietz, Heinz: Schuldschwere und Urlaub aus der Haft, JR 1984, S. 353–361.
Müller-Dietz, Heinz: Resozialisierung durch Strafvollzugsprogramme und Entlassenenhilfe unter Einbeziehung der Opfer, in: Janssen, Helmut/Kerner, Hans-Jürgen (Hrsg.), Verbrechensopfer, Sozialarbeit und Justiz. Das Opfer im Spannungfeld der Handlungs- und Interessenkonflikte, Bonn 1985, S. 247–269.
Müller-Dietz, Heinz: Strafvollzug, Tatopfer und Strafzwecke. Zu Bedeutung von Tatschuld im Langzeitvollzug, GA 1985, S. 147–175.
Müller-Dietz, Heinz: Menschenwürde und Strafvollzug. Erweiterte Fassung eines Vortrages gehalten vor der Juristischen Gesellschaft zu Berlin am 20. Oktober 1993, Berlin 1994.
Müller-Terpitz, Ralf: § 147 Recht auf Leben und körperliche Unversehrtheit, in: Isensee, Josef/Kirchhof, Paul (Hrsg.), Handbuch des Staatsrechts der Bundesrepublik Deutschland. Band VII: Freiheitsrechte, 3. Aufl. Heidelberg 2009, S. 9–78.
Müller, Dietmar: Workshop 3: Symbolische Wiedergutmachung – Aktive Übernahme gesellschaftlicher Verantwortung, in: Höffler, Katrin/Jesse, Christiane/Bliesener, Thomas (Hrsg.), Opferorientierung im Strafvollzug, Göttingen 2019, S. 51–61.
Münchener Kommentar zum Bürgerlichen Gesetzbuch, Band 10, §§ 1589–1921, SGB VIII, Säcker, Franz Jürgen/Rixecker, Roland/Oetker, Hartmut/Limperg, Bettina (Hrsg.), 8. Aufl. München 2020 (zitiert als MüKo BGB).
Münchener Kommentar zum Strafgesetzbuch, Band 2, §§ 38–79b, Joecks, Wolfgang/Miebach, Klaus (Hrsg.), 4. Aufl. München 2020 (zitiert als MüKo StGB II).
Münchener Kommentar zum Strafgesetzbuch, Band 1, §§ 1–37, Joecks, Wolfgang/Miebach, Klaus (Hrsg.), 4. Aufl. München 2020 (zitiert als MüKo StGB I).
Münchener Kommentar zum Strafgesetzbuch, Band 4, §§ 185–262, Joecks, Wolfgang/Miebach, Klaus (Hrsg.), 4. Aufl. München 2021 (zitiert als MüKo StGB IV).
Münchener Kommentar zur Strafprozessordnung, Band 1, §§ 1–150 StPO, Kudlich, Hans (Hrsg.), München 2014 (zitiert als MüKo StPO I).
Münchener Kommentar zur Strafprozessordnung, Band 2, §§ 151–332, Schneider, Hartmut (Hrsg.), München 2016 (zitiert als MüKo StPO II).

Münchener Kommentar zur Strafprozessordnung, Band 3/1, §§ 333–499, Knauer, Christoph (Hrsg.), München 2019 (zitiert als MüKo StPO III/1).
Münster, Peter M.: Das Konzept des reintegrative shaming von John Braithwaite. Kriminalsoziologische und praktische Bedeutung einer neuen alten Theorie der strafrechtlichen Sozialkontrolle, Münster 2006.
Nedopil, Norbert: Verständnisschwierigkeiten zwischen dem Juristen und dem psychiatrischen Sachverständigen, NStZ 1999, S. 433–439.
Nedopil, Norbert: Forensische Psychiatrie: Schutz oder Risiko für die Allgemeinheit?, in: Schöch, Heinz/Jehle, Jörg-Martin (Hrsg.), Angewandte Kriminologie zwischen Freiheit und Sicherheit. Haftvermeidung, Kriminalprävention, Persönlichkeitsstörung, Restorative Justice, Mönchengladbach 2004, S. 347–366.
Nestler, Nina: Der Musterentwurf für ein Landesstrafvollzugsgesetz als Konsequenz des Phlegmas um die Europäischen Strafvollzugsgrundsätze?, NK 2012, S. 87–91.
Netzig, Lutz: „Brauchbare Gerechtigkeit". Täter-Opfer-Ausgleich aus der Perspektive der Betroffenen, Mönchengladbach 2000.
Neubacher, Frank: Kriminologie, 4. Aufl. Baden-Baden 2020.
Oehler, Dietrich: Zur Entstehung des strafrechtlichen Inquisitonsprozesses, in: Hirsch, Hans J./Kaiser, Günther/Marquardt, Helmut (Hrsg.), Gedächtnisschrift für Hilde Kaufmann, Berlin 1986, S. 847–861.
Opp, Karl-Dieter: Strafvollzug und Resozialisierung. Theoretische Überlegungen, empirische Forschungsergebnisse und praktische Empfehlungen, München 1979.
Ortmann, Rüdiger: Die Nettobilanz einer Resozialisierung im Strafvollzug: Negativ? Plädoyer für eine theoriegeleitete kriminologische Forschung am Beispiel der Begriffe Resozialisierung, Prisionisierung, Anomie und Selektionseffekt, in: Kury, Helmut (Hrsg.), Gesellschaftliche Umwälzung. Kriminalitätserfahrungen, Straffälligkeit und soziale Kontrolle. Das Erste deutsch-deutsche kriminologische Kolloquium, Freiburg i. Br. 1992, S. 375–451.
Ostendorf, Heribert: Der Missbrauch von Opfern zum Zwecke der Strafschärfung, HRRS 2009, S. 158–164.
Ostendorf, Heribert/Drenkhahn, Kirstin: Jugendstrafrecht, 11. Aufl. Baden-Baden 2021.
Pauly, Walter: Sperrwirkungen des verfassungsrechtlichen Ehebegriffs, NJW 1997, S. 1955–1957.
Pecher, Willi: Resozialisierung, in: Pecher, Willi (Hrsg.), Justizvollzugspsychologie in Schlüsselbegriffen, Stuttgart 2004, S. 215–224.
Peter, Frank K.: Verbesserung der Stellung des Opfers im Strafverfahren unter Berücksichtigung der Auswirkungen auf die Rechte des Beschuldigten, Hamburg 2014.
Peters, Karl: Die ethischen Voraussetzungen des Resozialisierungs- und Erziehungsvollzuges, in: Lüttger, Hans (Hrsg.), Festschrift für Ernst Heinitz zum 70. Geburtstag am 1. Januar 1972, Berlin 1972, S. 501–516.
Peters, Karl: Beurlaubung von zu lebenslanger Freiheitsstrafe Verurteilter, JR 1978, S. 177–180.
Peuckert, Rüdiger: Norm, soziale, in: Schäfers, Bernhard/Kopp, Johannes (Hrsg.), Grundbegriffe der Soziologie, 10. Aufl. Opladen 2010, S. 215–218.
Peuckert, Rüdiger/Scherr, Albert: Sozialisation, in: Kopp, Johannes/Schäfers, Bernhard (Hrsg.), Grundbegriffe der Soziologie, 10. Aufl. Wiesbaden 2010, S. 268–272.

Pin, Xavier/Lombard, Françoise: Frankreich, in: Eser, Albin/Walther, Susanne (Hrsg.), Wiedergutmachung im Kriminalrecht. Internationale Perspektiven, Band 3, Freiburg i. Br. 2001, S. 1–127.

Pitzing, H.-Jürgen: Ambulante Psychotherapie von Sexualstraftätern ist ein Beitrag zur Prävention und zum Opferschutz, in: Kerner, Hans-Jürgen/Marks, Erich (Hrsg.), Internetdokumentation Deutscher Präventionstag, 2003, https://www.praeventionstag.de/nano.cms/vortraege/id/22 (zuletzt aufgerufen am 11.06.2022).

Pollähne, Helmut: „Opfer“ im Blickpunkt – „Täter“ im toten Winkel?, in: Pollähne, Helmut/Rode, Irmgard (Hrsg.), Opfer im Blickpunkt – Angeklage im Abseits? Probleme und Chancen zunehmender Orientierung auf die Verletzten in Prozess, Therapie und Vollzug, Berlin 2012, S. 5–19.

Pranis, K./Stuart, B./Wedge, M.: Peacemaking Circles: From Crime to Community, St. Paul 2003.

Preusker, Harald: Schutz der Bürger- und Menschenrechte im Strafvollzug, in: Puschke, Jens (Hrsg.), Strafvollzug in Deutschland. Strukturelle Defizite, Reformbedarf und Alternativen, Berlin 2011, S. 97–104.

Prittwitz, Cornelius: Strafrecht und Risiko. Untersuchungen zur Krise von Strafrecht und Kriminalpolitik in der Risikogesellschaft, Frankfurt a. M. 1993.

Prittwitz, Cornelius: Opferlose Straftheorien?, in: Schünemann, Bernd/Dubber, Markus Dirk (Hrsg.), Die Stellung des Opfers im Strafrechtssystem. Neue Entwicklungen in Deutschland und in den USA, Köln 2000, S. 51–73.

Prittwitz, Cornelius: Positive Generalprävention und „Recht des Opfers auf Bestrafung des Täters“?, in: Albrecht, Peter-Alexis/Denninger, Erhard/Grimm, Dieter/Hassemer, Winfried u. a. (Hrsg.), Sonderheft KritV für Winfried Hassemer zum 60. Geburtstag, Baden-Baden 2000, S. 162–175.

Puppe, Ingeborg: Strafrecht als Kommunikation. Leistungen und Gefahren eines neuen Paradigmas in der Strafrechtsdogmatik, in: Samson, Erich/Dencker, Friedrich/Frisch, Peter/Frister, Helmut u. a. (Hrsg.), Festschrift für Gerald Grünwald zum siebzigsten Geburtstag, Baden-Baden 1999, S. 469–494.

Rabe, Heike/Leisering, Britta: Die Istanbul-Konvention. Neue Impulse für die Bekämpfung von geschlechtsspezifischer Gewalt, Berlin 2018.

Radbruch, Gustav: Elegantiae juris criminalis. Vierzehn Studien zur Geschichte des Strafrechts, 2. Aufl. Basel 1950.

Reemtsma, Jan P.: Das Recht des Opfers auf Bestrafung des Täters – als Problem, Regensburg 1999.

Reemtsma, Jan P.: Im Keller, 2. Aufl. Hamburg 1997.

Reiling, Katharina: Die Anwendung des Grundsatzes der Völkerrechtsfreundlichkeit auf rechtsunverbindliche internationale Standards, ZaöRV 2018, S. 311–338.

Rengier, Rudolf: Strafrecht Allgemeiner Teil, 13. Aufl. München 2021.

Rengier, Rudolf: Strafrecht Besonderer Teil II. Delikte gegen die Person und die Allgemeinheit, 23. Aufl. München 2022.

Renzikowski, Joachim/Kudlich, Hans: Reform der Menschenhandelsdelikte im zweiten Anlauf – und immer noch nichts gelernt, ZRP 2015, S. 45–47.

Rieß, Peter: Gutachten C: Die Rechtsstellung des Verletzten im Strafverfahren, in: Ständige Deputation des Deutschen Juristentages (Hrsg.), Verhandlungen des fünfundfünfzigsten Deutschen Juristentages, 1984, S. C 9–C 136.

Rieß, Peter/Hilger, Hans: Das neue Strafverfahrensrecht – Opferschutzgesetz und Strafverfahrensänderungsgesetz 1987, NStZ 1987, S. 145–157.

Rixen, Stephan: Wiedergutmachung im Strafvollzug? Eine kritische Analyse der Vorschläge des „Alternativ-Entwurfs Wiedergutmachung (AE-WGM)“, ZfStrVo 1994, S. 215–221.

Robbers, Gerhard: Sicherheit als Menschenrecht. Aspekte der Geschichte, Begründung und Wirkung einer Grundrechtsfunktion, Baden-Baden 1987.

Rodi, Katja: CEDAW – Fünf Buchstaben für Frauenrechte und Gleichstellung, RuP 2017, S. 361–364.

Rössner, Dieter: Gesetzliche Rahmenbedingungen des Täter-Opfer-Ausgleichs im Strafvollzug – ein Vorschlag, TOA-Magazin 01/2013, S. 9–11.

Rössner, Dieter: Wiedergutmachen statt übelvergelten – (Straf)theoretische Begründung und Eingrenzung der kriminalpolitischen Idee, in: Marks, Erich/Rössner, Dieter (Hrsg.), Täter-Opfer-Ausgleich. Vom zwischenmenschlichen Weg zur Wiederherstellung des Rechtsfriedens, Bonn 1989, S. 7–41.

Rössner, Dieter: Täter-Opfer-Ausgleich und Kriminalitätsverhütung, in: Frank, Christel/Harrer, Gerhart (Hrsg.), Der Sachverständige im Strafrecht. Kriminalitätsverhütung, Berlin 1990, S. 164–174.

Rössner, Dieter: Rechtliche Rahmenbedingungen und Möglichkeiten des Täter-Opfer-Ausgleichs im Strafvollzug, Reader Gefängnisseelsorge 1996, S. 5–22.

Rössner, Dieter: Wirklichkeit und Wirkung des Täter-Opfer-Ausgleichs in Deutschland, in: Schöch, Heinz/Helgerth, Roland/Dölling, Dieter/König, Peter (Hrsg.), Festschrift für Reinhard Böttcher zum 70. Geburtstag am 29. Juli 2007, Berlin 2007, S. 357–377.

Rössner, Dieter: Was bringt Mediation im Strafrecht?, BewHi 2009, S. 259–267.

Rössner, Dieter/Wulf, Rüdiger: Opferbezogene Strafrechtspflege. Leitgedanken und Handlungsvorschläge für Praxis und Gesetzgebung, Bonn 1984.

Rox, Barbara: Schutz religiöser Gefühle im freiheitlichen Verfassungsstaat?, Tübingen 2012.

Roxin, Claus: Sinn und Grenzen staatlicher Strafe, JuS 1966, S. 377–387.

Roxin, Claus: Zur jüngsten Diskussion über Schuld, Prävention und Verantwortlichkeit im Strafrecht, in: Kaufmann, Arthur/Bemmann, Günter/Krauss, Detlef/Volk, Klaus (Hrsg.), Festschrift für Paul Bockelmann zum 70. Geburtstag am 7. Dezember 1978, München 1979, S. 279–309.

Roxin, Claus: Die Wiedergutmachung im System der Strafzwecke, in: Schöch, Heinz (Hrsg.), Wiedergutmachung und Strafrecht. Symposium aus Anlass des 80. Geburtstages von Friedrich Schaffstein, München 1987, S. 37–55.

Roxin, Claus: Wandelung der Strafzwecklehre, in: Britz, Guido/Jung, Heike/Koriath, Heinz/Müller, Egon (Hrsg.), Grundfragen staatlichen Strafens. Festschrift für Heinz Müller-Dietz zum 70. Geburtstag, München 2001, S. 701–715.

Roxin, Claus: Prävention, Tadel und Verantwortung. Zur neuesten Strafzweckdiskussion, GA 2015, S. 185–202.

Roxin, Claus/Greco, Luís: Strafrecht Allgemeiner Teil. Band 1. Grundlagen. Der Aufbau der Verbrechenslehre, 5. Aufl. München 2020.

Roxin, Claus/Schünemann, Bernd: Strafverfahrensrecht. Ein Studienbuch, 29. Aufl. München 2017.

Rüping, Hinrich/Jerouschek, Günter: Grundriss der Strafrechtsgeschichte, 6. Aufl. München 2011.

Sack, Fritz: Symbolische Kriminalpolitik und wachsende Punitivität, in: Dollinger, Bernd/Schmidt-Semisch, Henning (Hrsg.), Handbuch Jugendkriminalität. Kriminologie und Sozialpädagogik im Dialog, Wiesbaden 2010, S. 63–89.

Sarhan, Amr: Wiedergutmachung zugunsten des Opfers im Lichte strafrechtlicher Trennungsdogmatik. Plädoyer für eine opferorientierte Ausrichtung des Strafgrundes, Berlin 2006.

Sauer, Heiko: Die neue Schlagkraft der gemeineuropäischen Grundrechtsjudikatur. Zur Bindung deutscher Gerichte an die Entscheidungen des Europäischen Gerichtshofs für Menschenrechte, ZaöRV 2005, S. 35–69.

Sautner, Lyane: Opferinteressen und Strafrechtstheorien. Zugleich ein Beitrag zum restorativen Umgang mit Straftaten, Innsbruck 2010.

Sautner, Lyane: Viktimologie. Die Lehre von Verbrechensopfern, Wien 2014.

von Savigny, Friedrich Carl: System des heutigen Römischen Rechts, Band 1, Berlin 1840.

Schädler, Wolfram: Opferschutz und Opferhilfe – eine kriminalpolitische Bestandsaufnahme, in: Kaiser, Günther/Jehle, Jörg-Martin (Hrsg.), Kriminologische Opferforschung. Neue Perspektiven und Erkenntnisse. Teilband I. Grundlagen. Opfer und Strafrechtspflege. Kriminalität der Mächtigen und ihre Opfer, Heidelberg 1994, S. 117–124.

Schäfer, Christa D.: Einführung in die Mediation. Ein Leitfaden für die gelingende Konfliktbearbeitung, Wiesbaden 2017.

Schafer, Stephen: Victim Compensation and Responsibility, Southern California Law Review (43) 1970, S. 55–67.

Schammler, Anja: Gerichtliche Mediation in Strafvollzugssachen – ein Erfahrungsbericht zum Gemeinschaftsprojekt des LG Berlin und der JVA Berlin, in: Gläßer, Ulla/Schroeter, Kirsten (Hrsg.), Gerichtliche Mediation. Grundsatzfragen, Etablierungserfahrungen und Zukunftsperspektiven, Baden-Baden 2011, S. 243–254.

Scheerer, Sebastian: Der politisch-publizistische Verstärkerkreislauf. Zur Beeinflussung der Massenmedien im Prozeß strafrechtlicher Normgenese, KrimJ 1978, S. 223–227.

Schetsche, Michael: Die Karriere sozialer Probleme. Soziologische Einführung, München 1996.

Schiemann, Carolin: Die Berücksichtigung von Opferinteressen in der Straftheorie, Hamburg 2015.

Schlepper, Christina: Strafgesetzgebung in der Spätmoderne. Eine empirische Analyse legislativer Punitivität, Wiesbaden 2014.

Schlupp-Hauck, Wolfgang/Hartmann, Arthur/Mayer, Stefanie u. a.: Täter-Opfer-Ausgleich im Justizvollzug. Forschungsberichte zum Potenzial der Mediation bei schweren Straftaten, in: Kriegel-Schmidt, Katharina (Hrsg.), Mediation als Wissenschaftszweig. Im Spannungsfeld von Fachexpertise und Interdisziplinarität, Wiesbaden 2017, S. 273–284.

Schmahl, Stefanie: Kinderrechtskonvention mit Zusatzprotokollen. Handkommentar, 2. Aufl. Baden-Baden 2017.

Schmidhäuser, Eberhard: Vom Sinn der Strafe, 2. Aufl. Berlin 1971.

Schmidt, Eberhard: Vergeltung, Sühne und Spezialprävention, ZStW (67) 1955, S. 177–195.

Schmidt, Eberhard: Einführung in die Geschichte der deutschen Strafrechtspflege, 2. Aufl. Göttingen 1951.

Schmidt, Richard: Die Aufgaben der Strafrechtspflege, Leipzig 1895.

Schneider, Hans J.: Viktimologie. Wissenschaft vom Verbrechensopfer, Tübingen 1975.

Schneider, Hans J.: Opferschaden, Wiedergutmachung und Opferbehandlung, in: Kirchhoff, Gerd F./Sessar, Klaus (Hrsg.), Das Verbrechensopfer. Ein Reader zur Viktimologie, Bochum 1979, S. 365–378.

Schneider, Hans J.: Der gegenwärtige Stand der Viktimologie in der Welt, in: Schneider, Hans J. (Hrsg.), Das Verbrechensopfer in der Strafrechtspflege, Berlin 1982, S. 9–44.

Schneider, Hans J.: Der gegenwärtige Stand der kriminologischen Opferforschung. Kongreß- und Literaturreferat über das letzte Jahrzehnt, MSchrKrim 1998, S. 316–344.

Schneider, Hans J.: Kriminalpolitik an der Schwelle zum 21. Jahrhundert. Eine vergleichende Analyse zur inneren Sicherheit, Berlin 1998.

Schneider, Hans J.: Kriminologie für das 21. Jahrhundert. Schwerpunkte und Fortschritte der internationalen Kriminologie, Münster 2001.

Schneider, Hans J.: Die gegenwärtige Situation der Verbrechensopfer in Deutschland. Eine wissenschaftliche Bilanz, JZ 2002, S. 231–237.

Schneider, Hans J.: Hasskriminalität: eine neue kriminologische Deliktskategorie, JZ 2003, S. 497–504.

Schneider, Hans J./Bussmeyer, Hans J.: Fortschritte in der Rechtsstellung der Verbrechensopfer im Strafrecht und im Strafverfahren, in: Haesler, Walter T. (Hrsg.), Viktimologie, Grüsch 1986, S. 17–30.

Schneider, Ragnar: Strafvollzug und Jugendstrafvollzug im Bayerischen Strafvollzugsgesetz. Eine Analyse ausgewählter Aspekte im Vergleich mit den Regelungen der anderen Bundesländer unter besonderer Berücksichtigung der Sozialtherapie, Baden-Baden 2010.

Schöch, Heinz: Die Rechtsstellung des Verletzen im Strafverfahren, NStZ 1984, S. 385–391.

Schöch, Heinz: Strafrecht zwischen Freien und Gleichen im demokratischen Rechtsstaat. Zur konkreten Utopie der Wiedergutmachung im Strafverfahren, in: Kaufmann, Arthur/Mestmäcker, Ernst-Joachim/Zacher, Hans F. (Hrsg.), Rechtsstaat und Menschenwürde. Festschrift für Werner Maihofer zum 70. Geburtstag, Frankfurt a. M. 1988, S. 461–479.

Schöch, Heinz: Gutachten C: Wiedergutmachung als neue Spur strafrechtlicher Sanktionen, in: Ständige Deputation des Deutschen Juristentages (Hrsg.), Verhandlungen des neunundfünfzigsten Deutschen Juristentages, Hannover 1992, S. C 54–C 81.

Schöch, Heinz: Neue Perspektiven für eine opferbezogene Vollzugsgestaltung in: Neubacher, Frank/Kubink, Michael (Hrsg.), Kriminologie – Jugendkriminalrecht – Strafvollzug. Gedächtnisschrift für Michael Walter, Berlin 2014, S. 607–620.

Schöch, Heinz: Restorative Justice in Deutschland und Europa, in: Burkhardt, Björn/Koch, Hans-Georg/Gropp, Walter/Lagodny, Otto u. a. (Hrsg.), Scripta amicitiae. Freundschaftsgabe für Albin Eser zum 80. Geburtstag am 26. Januar 2015, Berlin 2015, S. 185–201.

Schöch, Heinz: Rechtliche Apekte einer Opferorientierung im Strafvollzug, Forum Strafvollzug 2016, S. 274–278.

Schöch, Heinz/Jehle, Jörg-Martin (Hrsg.), Angewandte Kriminologie zwischen Freiheit und Sicherheit. Haftvermeidung, Kriminalprävention, Persönlichkeitsstörung, Restorativ Justice, Mönchengladbach 2004.

Schönke, Adolf/Schröder, Horst (Hrsg): Strafgesetzbuch. Kommentar, 27. Aufl. München 2006.

Schönke, Adolf/Schröder, Horst (Hrsg): Strafgesetzbuch. Kommentar, 30. Aufl. München 2019.

Schöpp-Schilling, Hanna B.: Einführung. Die Allgemeinen Empfehlungen des Ausschusses für die Beseitigung der Diskriminierung der Frau, in: Deutsches Institut für Menschenrechte (Hrsg.), Die „General Comments“ zu den VN-Menschenrechtsverträgen. Deutsche Übersetzung und Kurzeinführungen, Baden-Baden 2005, S. 413–425.

Schorb, Bernd/Mohn, Erich/Theunert, Helga: Sozialisation durch (Massen-)Medien, in: Hurrelmann, Klaus/Ulrich, Dieter (Hrsg.), Handbuch der Sozialisationsforschung, 5. Aufl. Weinheim 1998, S. 493–508.

Schroth, Klaus: 2. Opferrechtsreformgesetz – Das Strafverfahren auf dem Weg zum Parteienprozess?, NJW 2009, S. 2916–2919.

Schroth, Klaus/Schroth, Marvin: Die Rechte des Verletzten im Strafprozess, 3. Aufl. Heidelberg 2018.

Schüler-Springorum, Horst: Was stimmt nicht mit dem Strafvollzug?, Hamburg 1970.

Schüler-Springorum, Horst: Die Resozialisierung des normalen erwachsenen Straftäters in: Kaufmann, Arthur/Mestmäcker, Ernst-Joachim (Hrsg.), Rechtsstaat und Menschenwürde. Festschrift für Werner Maihofer zum 70. Geburtstag, Frankfurt a. M. 1988, S. 503–515.

Schulz, Lorenz: Verschlungene Wege des Lebensschutzes. Zum zweiten Abtreibungsurteil des BVerfG, StV 1994, S. 38–46.

Schünemann, Bernd: Zur Stellung des Opfers im System der Strafrechtpflege, NStZ 1986, S. 193–200.

Schünemann, Bernd: Die Stellung des Opfers im System der Strafrechtspflege: Ein Drei-Säulen-Modell, in: Schünemann, Bernd/Dubber, Markus Dirk (Hrsg.), Die Stellung des Opfers im Strafrechtssystem. Neue Entwicklungen in Deutschland und in den USA, Köln 2000, S. 1–13.

Schünemann, Bernd: Die Vorschläge der Europäischen Kommission für eine Opferschutzrichtlinie. The European Commission's proposals for a Victims‘ Rights Directive, ERA Forum 2011, S. 445–463.

Schwab, Dieter: Gleichberechtigung der Geschlechter, in: Cordes, Albrecht/Haferkamp, Hans-Peter/Kannowski, Bernd/Lück, Heiner u. a. (Hrsg.), Handwörterbuch zur deutschen Rechtsgeschichte, Band 2, Berlin 2021, Spalte 390–398, https://www.hrgdigital.de/HRG.gleichberechtigung_der_geschlechter (zuletzt aufgerufen am 11.06.2022).

Schwabe, Jürgen: Die sogenannte Drittwirkung der Grundrechte, München 1971.

Schwabe, Jürgen: Probleme der Grundrechtsdogmatik, Darmstadt 1977.

Schwind, Hans-Dieter: Kriminologie und Kriminalpolitik. Eine praxisorientierte Einführung mit Beispielen, 23. Aufl. Heidelberg 2016.

Schwind, Hans-Dieter/Schwind, Jan-Volker: Kriminologie und Kriminalpolitik. Eine praxisorientierte Einführung mit Beispielen, 24. Aufl. Heidelberg 2021.

Schwind, Hans-Dieter/Böhm, Alexander/Jehle, Jörg-Martin/Laubenthal, Klaus (Hrsg): Strafvollzugsgesetz Bund und Länder. Kommentar, 6. Aufl. Berlin 2013.

Schwind, Hans-Dieter/Böhm, Alexander/Jehle, Jörg-Martin/Laubenthal, Klaus (Hrsg): Strafvollzugsgesetz Bund und Länder. Kommentar, 7. Aufl. Berlin 2019.

Seebode, Manfred: Strafvollzug. Recht und Praxis, 1. Teil: Grundlagen, Lingen 1997.

Seelmann, Kurt: Strafzwecke und Wiedergutmachung, Zeitschrift für evangelische Ethik 1981, S. 44–55.

Seelmann, Kurt: Paradoxien der Opferorientierung im Strafrecht, JZ 1989, S. 670–676.

Seelmann, Kurt: Risikostrafrecht. Die „Risikogesellschaft“ und ihre „symbolische Gesetzgebung“ im Umwelt- und Betäubungsmittelstrafrecht, KritV 1992, S. 452–471.

Seelmann, Kurt: Täterschutz versus Opferschutz, Waseda proceedings of comparative law 2008, S. 197–205.

Sellert, Wolfgang: Landschädliche Leute, in: Cordes, Albrecht/Haferkamp, Hans-Peter/Kannowski, Bernd/Lück, Heiner u. a. (Hrsg.), Handwörterbuch zur deutschen Rechtsgeschichte, Band 3, Berlin 2021, Spalte 578–581, https://www.hrgdigital.de/HRG.landschaedliche_leute (zuletzt aufgerufen am 11.06.2022).

Sellin, Thorsten/Wolfgang, Marvin E.: The Measurement of Delinquency, New York 1964.

Servicebüro für Täter-Opfer-Ausgleich und Konfliktschlichtung (Hrsg.): Standards Mediation in Strafsachen im Rahmen des Täter-Opfer-Ausgleichs, 7. Aufl. Köln 2017.

Sessar, Klaus: Rolle und Behandlung des Opfers im Strafverfahren – Gegenwärtiger Stand und Überlegungen zur Reform, BewHi 1980, S. 328–339.

Sessar, Klaus: Neue Wege der Kriminologie aus dem Strafrecht, in: Hirsch, Hans J. (Hrsg.), Gedächtnisschrift für Hilde Kaufmann, Berlin 1986, S. 373–391.

Sessar, Klaus: Wiedergutmachen oder strafen. Einstellungen in der Bevölkerung und der Justiz. Ein Forschungsbericht, Pfaffenweiler 1992.

Sessar, Klaus: Strafbedürfnis und Konfliktregelung – Zur Akzeptanz der Wiedergutmachung im und statt Strafrecht, in: Marks, Erich/Rössner, Dieter (Hrsg.), Täter-Opfer-Ausgleich. Vom zwischenmenschlichen Weg zur Wiederherstellung des Rechtsfriedens, 2. Aufl. Bonn 1990, S. 39–43.

Sessar, Klaus/Beurskens, Andreas/Boers, Klaus: Wiedergutmachung als Konfliktregelungsparadigma?, KrimJ 1986, S. 86–104.

Shapland, Joanna: Restorative Justice and Prisons. Presentation on the Commission on English Prison Today, Sheffield 07.11.2008, http://mereps.foresee.hu/uploads/media/Paper_by_Joanna_Shapland.pdf (zuletzt aufgerufen am 11.06.2022).

Sieber, Ulrich/Satzger, Helmut/von Heintschel-Heinegg, Bernd (Hrsg): Europäisches Strafrecht, 2. Aufl. Baden-Baden 2014.

Simma, Bruno/Khan, Daniel-Erasmus/Nolte, Georg (Hrsg): The Charter of the United Nations. A Commentary, 3. Aufl. 2012.

Starck, Christian: Der verfassungsrechtliche Schutz des ungeborenen menschlichen Lebens. Zum zweiten Abtreibungsurteil des BVerfG, JZ 1993, S. 816–822.

Starck, Christian: Praxis der Verfassungsauslegung, Baden-Baden 1994.

Steffen, Marc: Der Täter-Opfer-Ausgleich und die Wiedergutmachung. Historische Bezüge und moderne Ausgestaltung, Aachen 2005.

Steffen, Marc: TOA und Wiedergutmachung im Strafvollzug. Vorschläge zur Reformierung des § 57 StGB, ZRP 2005, S. 218–219.

Steffen, Wiebke: Gutachten für den 18. Deutschen Präventionstag: Mehr Prävention – weniger Opfer, in: Marks, Erich/Steffen, Wiebke (Hrsg.), Ausgewählte Beiträge des 18. Deutschen Präventionstages 22. und 23. April 2013 in Bielefeld, Mönchengladbach 2014, S. 51–121.

Steffens, Rainer: Wiedergutmachung und Täter-Opfer-Ausgleich im Jugend- und Erwachsenenstrafrecht in den neuen Bundesländern, Mönchengladbach 1999.

Stein, Anke: Berliner Gefangene telefonieren – z. B. in der JVA Heidering, Forum Strafvollzug 2014, S. 152.

Steinberg, Georg: Strafe für das Versetzen in Todesangst. Psychische Gesundheit als strafrechtliches Rechtsgut, Baden-Baden 2014.

Steinert, Heinz: Populismus und Viktimismus im Wissen über Kriminalität, in: Cremer-Schäfer, Helga/Steinert, Heinz (Hrsg.), Straflust und Repression. Zur Kritik der populistischen Kriminologie, 2. Aufl. Münster 2014, S. 208–218.

Stern, Vivien: Prisons and their communities: testing a new approach, London 2005.

Stibbe, Gabriela: Täter-Opfer-Ausgleich (TOA) im Vollzug. Heilsame Kommunikationsprozesse zwischen Opfern und Tätern ermöglichen, Evangelische Stimmen 2014, S. 36–39.

Stoll, Peter-Tobias: Sicherheit als Aufgabe von Staat und Gesellschaft. Verfassungsordnung, Umwelt- und Technikrecht im Umgang mit Unsicherheit und Risiko, Tübingen 2001.

Strauch, Dieter: Mannheiligkeit, in: Cordes, Albrecht/Haferkamp, Hans-Peter/Kannowski, Bernd/Lück, Heiner u. a. (Hrsg.), Handwörterbuch zur deutschen Rechtsgeschichte, Band 3, Berlin 2021, Spalte 1238–1240, www.HRGdigital.de/HRG.mannheiligkeit (zuletzt aufgerufen am 11.06.2022).

Streng, Franz: Bewältigungsstrategien der Opfer von Gewaltdelikten. Befunde und Überlegungen zum Stellenwert des sog. Genugtuungsbedürfnisses, ÖJZ 1994, S. 145–154.

Streng, Franz: Strafrechtliche Sanktionen. Die Strafzumessung und ihre Grundlagen, 3. Aufl. Stuttgart 2012.

Strobl, Rainer: Becoming a Victim, in: Shoham, Giora S./Knepper, Paul/Kett, Martin (Hrsg.), International Handbook of Victimology, Florida 2010, S. 3–26.

Sturm, Jan Felix: Der grundrechtliche Anspruch auf effektive Strafverfolgung Dritter. Die neuere Kammerrechtsprechung des BVerfG und ihre Folgen für Opportunitätseinstellungen nach den §§ 153, 153a StPO, GA 2017, S. 398–410.

Suhling, Stefan/Rehder, Ulrich: Zur Validität des Prognoseinstruments „Rückfallrisiko bei Sexualstraftätern“, FPPK 2012, S. 17–24.

Süss, Daniel/Lampert, Claudia/Trültzsch-Wijnen, Christine W.: Medienpädagogik. Ein Studienbuch zur Einführung, 3. Aufl. Wiesbaden 2018.

Sykes, Gresham M./Matza, David: Techniken der Neutralisation: Eine Theorie der Delinquenz, in: Sack, Fritz/König, René (Hrsg.), Kriminalsoziologie, 1979, S. 360–371.

Systematischer Kommentar zur Strafprozessordnung, Band 10, EMRK, Wolter, Jürgen (Hrsg.), 5. Aufl. Köln 2019 (zitiert als SK-StPO X).

Systematischer Kommentar zur Strafprozessordnung, Band 8, §§ 374–500 StPO, Wolter, Jürgen (Hrsg.), 5. Aufl. 2020 (zitiert als SK-StPO VIII).

Thiele, Christoph Wilhelm: Ehe- und Familienschutz im Strafvollzug. Strafvollzugsrechtliche und -praktische Maßnahmen und Rahmenbedingungen zur Aufrechterhaltung familiärer Beziehungen von Strafgefangenen, Mönchengladbach 2016.

Trenczek, Thomas: Täter-Opfer-Ausgleich. Grundgedanken und Mindeststandards, ZRP 1992, S. 130–132.

Tügel, Hanne/Heilemann, Michael: Frauen verändern Vergewaltiger, Frankfurt a. M. 1987.

Ulrich, Silvia/Rössl, Ines: Das Übereinkommen des Europarats zur Verhütung und Bekämpfung von Gewalt gegen Frauen und häuslicher Gewalt. Schutz von Frauen vor Gewalt als transversales Schutzkonzept, in: Sautner, Lyane/Jesionek, Udo (Hrsg.), Opferrechte in europäischer, rechtsvergleichender und österreichischer Perspektive, Innsbruck 2017, S. 41–61.

Umbreit, Mark: The Handbook of Victim Offender Mediation. An Essential Guide to Practice and Research, San Francisco 2001.

Unruh, Peter: Zur Dogmatik der grundrechtlichen Schutzpflichten, Berlin 1996.
Van Ness, Daniel: Prisons and Restorative Justice, in: Johnstone, Gerry/Van Ness, Daniel (Hrsg.), Handbook of Restorative Justice, Portland 2007, S. 312–324.
Vinzens, Martin: Auseinandersetzung mit der Tat und deren Opferproblematik – am Beispiel der Schweizer Strafanstalt Saxerriet, Rundbrief für Straffälligenhilfe Nr. 41, 2005, S. 27–33.
Vogt, Alfons: Die Anfänge des Inquisitionsprozesses in Frankfurt am Main, ZRG GA 1951, S. 234–307.
Walter, Michael: Kriminalpolitik im Zeichen der Verbrechensfurcht: von der Spezial- über die General- zur „Ubiquitäts"prävention?, in: Weigend, Thomas/Küpper, Georg (Hrsg.), Festschrift für Hans Joachim Hirsch zum 70. Geburtstag am 11. April 1999, Berlin 1999, S. 897–915.
Walter, Michael: Referat zur gesetzlichen Verankerung des Täter-Opfer-Ausgleichs vor anderen strafrechtlichen Sanktionen, in: Bundesministerium der Justiz (Hrsg.), Abschlussbericht der Kommission zur Reform des strafrechtlichen Sanktionensystems, Berlin 2000, S. 63–69.
Walter, Michael: Von der Kriminalität in den Medien zu einer Bedrohung durch Medienkriminalität und Medienkriminologie?, in: Bundesministerium der Justiz (Hrsg.), Kriminalität in den Medien. 5. Kölner Symposium, 27.-29. September 1999, Universität zu Köln, Mönchengladbach 2000, S. 10–22.
Walter, Michael: Abkehr von der Resozialisierung im Strafvollzug? Über Kriminalpolitik im Fahrwasser ökonomisierten Denkens, in: Britz, Guido/Jung, Heike/Koriath, Heinz/Müller, Egon (Hrsg.), Grundfragen staatlichen Strafens. Festschrift für Heinz Müller-Dietz zum 70. Geburtstag, München 2001, S. 961–974.
Walter, Michael: Strafvollzug – Ende der Resozialisierung?, in: Bieschke, Volker/Egg, Rudolf (Hrsg.), Strafvollzug im Wandel. Neue Wege in Ost- und Westdeutschland, Wiesbaden 2001, S. 25–38.
Walter, Michael: Tätigkeitsbericht des Justizvollzugsbeauftragten des Landes Nordrhein-Westfalen 2011, Köln 2012.
Walter, Michael: Strafvollzug. Lehrbuch, 2. Aufl. Stuttgart 1999.
Walter, Tonio: Die Vergeltungsidee als Grenze des Strafrechts, JZ 2019, S. 649–656.
Walther, Jutta: Möglichkeiten und Perspektiven einer opferbezogenen Gestaltung des Strafvollzuges, Herbolzheim 2002.
Wandrey, Michael/Delattre, Gerd: Perspektiven und Grenzen von Konfliktregelung und Schadenswiedergutmachung im Strafvollzug, Reader Gefängnisseelsorge 1996, S. 33–49.
Wanitschek, Anna: Die Grundrechtecharta der Europäischen Union im Strafverfahren. Anwendbarkeit und Rechtsfolgen, Wiesbaden 2018.
Warner, Kate: Australia, in: Eser, Albin/Walther, Susanne (Hrsg.), Wiedergutmachung im Kriminalrecht. Internationale Perspektiven, Band 2, Freiburg i. Br. 1997, S. 155–317.
Weber, Joachim: Zum Genugtuungsinteresse des Verletzten als Strafzweck, Baden-Baden 1997.
Weder, Ulrich: Das Opfer, sein Schutz und seine Rechte im Strafverfahren, unter besonderer Berücksichtigung des Kantons Zürich, ZStrR 1995, S. 39–55.
Weidner, Jens: Anti-Aggressivitäts-Training für Gewalttäter. Ein deliktspezifisches Behandlungsangebot im Jugendvollzug, 3. Aufl. Bonn 1995.

Weigend, Thomas: Das Opferschutzgesetz – kleine Schritte zu welchem Ziel?, NJW 1987, S. 1170–1177.
Weigend, Thomas: Deliktsopfer und Strafverfahren, Berlin 1989.
Weigend, Thomas: Unverzichtbares im Strafverfahrensrecht, ZStW 2001, S. 271–304.
Weigend, Thomas: Wiedergutmachung als, neben oder statt Strafe?, in: Britz, Guido/Jung, Heike/Koriath, Heinz/Müller, Egon (Hrsg.), Grundfragen staatlichen Strafens. Festschrift für Heinz Müller-Dietz zum 70. Geburtstag, München 2001, S. 975–994.
Weigend, Thomas: „Die Strafe für das Opfer"? Zur Renaissance des Genugtuungsgedankens im Straf- und Strafverfahrensrecht, RW 2010, S. 39–57.
Weigend, Thomas: Kommentar zu Tatjana Hörnle, Gegenwärtige Strafbegründungstheorien, in: von Hirsch, Andreas/Neumann, Ulfrid/Seelmann, Kurt (Hrsg.), Strafe – Warum? Gegenwärtige Strafbegründungen im Lichte von Hegels Straftheorie, Baden-Baden 2011, S. 31–42.
Weigend, Thomas: Echte Verfahrensrechte für angebliche Opfer?, in: Neubacher, Frank/Kubink, Michael (Hrsg.), Kriminologie – Jugendkriminalrecht – Strafvollzug Gedächtnisschrift für Michael Walter, Berlin 2014, S. 243–256.
Weitekamp, Elmar G. M.: „Just Health" meets „Restorative Justice": Ein Blick auf die historischen Wurzeln des Konzepts der Restorative Justice, in: Bannenberg, Britta/Brettel, Hauke/Freund, Georg/Meier, Bernd-Dieter u. a. (Hrsg.), Über allem: Menschlichkeit. Festschrift für Dieter Rössner, Baden-Baden 2015, S. 564–570.
Werle, Gerhardt/Jeßberger, Florian: Völkerstrafrecht, 5. Aufl. Tübingen 2020.
Wessels, Johannes/Beulke, Werner/Satzger, Helmut: Strafrecht Allgemeiner Teil. Die Straftat und ihr Aufbau, 51. Aufl. Heidelberg 2022.
Weyrich, Hanna: Straftheorien und Rechtswirklichkeit, Tübingen 2021.
Whitman, James Q.: Harsh Justice. Criminal Punishment and the Widening Divide between America and Europe, Oxford 2003.
Williams, Brain: Recent legislation on offenders and victims of crime: restorative justice or co-option?, Safer Communities 2005, S. 13–19.
Winter, Frank/Matt, Eduard: Restorative Justice und Täter-Opfer-Ausgleich in Deutschland – zwischen lästiger Pflicht und sozialintegrativem Potential, NK 2012, S. 73–80.
Wolfgang, Marvin E./Singer, Simon I.: Opferkategorien, in: Kirchhoff, Gerd F./Sessar, Klaus (Hrsg.), Das Verbrechensopfer. Ein Reader zur Viktimologie, Bochum 1979, S. 39–60.
Wrage, Nikolaus: Die ökonomische Situation der Strafgefangenen oder: Die Achillesferse des Resozialisierungsvollzugs, ZRP 1997, S. 435–437.
Wu, Kai-Yuan: Die Rechtsstellung des Verbrechensopfers im staatlichen Strafverfahren am Beispiel der Nebenklage, Frankfurt a. M. 2007.
Wulf, Rüdiger: Ein Modellprojekt aus Baden-Württemberg und Entwicklung von Standards, TOA-Magazin 01/2013, S. 19–20.
Wulf, Rüdiger: Opferausgleich und Strafverfahren. Eine rechtliche und viktimiologische Betrachtung, DRiZ 1980, S. 205–209.
Wulf, Rüdiger: Opferbezogene Vollzugsgestaltung – Grundzüge eines Behandlungsansatzes, ZfStrVo 1985, S. 67–77.
Wulf, Rüdiger: Workshop 4: Täter-Opfer-Ausgleich im Vollzug. Erfahrungen aus Baden-Württemberg, in: Höffler, Katrin/Jesse, Christiane/Bliesener, Thomas (Hrsg.), Opferorientierung im Strafvollzug, Göttingen 2019, S. 63–75.

Würdinger, Alexander: Die Zeitenwende im Klageerzwingungsverfahren, HRRS 2016, S. 29–38.

Yantzi, M. D.: Das Täter-Opfer-Ausgleichsprojekt (VORP) in Kitchener (Ontario) – (Wieder)Aussöhnung zwischen Täter und Opfer als Alternative zur traditionellen Justiz, in: Janssen, Helmut/Kerner, Hans-Jürgen (Hrsg.), Verbrechensopfer, Sozialarbeit und Justiz. Das Opfer im Spannungsfeld der Handlungs- und Interessenkonflikte, Bonn 1985, S. 329–343.

Zedner, Lucia: England, in: Eser, Albin/Walther, Susanne (Hrsg.), Wiedergutmachung im Kriminalrecht. Internationale Perspektiven, Band 1, Freiburg i. Br. 1996, S. 109–227.

Zehr, Howard: Changing lenses. A new focus for crime and justice, Scottdale 1990.

Zehr, Howard: Commentary: Restorative Justice: Beyond Victim-Offender Mediation, Conflict Resolution Quarterly 2004, S. 305–315.

Zehr, Howard: The Little Book of Restorative Justice. Revised and Updated, New York 2015.

Zipf, Heinz: Die Bedeutung der Viktimologie für die Strafrechtspflege, MSchrKrim 1970, S. 1–13.

Zipf, Heinz: Kriminalpolitik. Ein Lehrbuch, 2. Aufl. Heidelberg 1980.

Zöller, Mark A.: Opferschutz im Strafverfahren – Zwischenbilanz eines Widerspruchs, in: Stuckenberg, Carl-Friedrich/Gärditz, Klaus Ferdinand (Hrsg.), Strafe und Prozess im freiheitlichen Rechtsstaat. Festschrift für Hans-Ullrich Paeffgen zum 70. Geburtstag am 2. Juli 2015, Berlin 2015, S. 719–736.

Zürcher, Tobias: Legitimation von Strafe. Die expressiv-kommunikative Straftheorie zur moralischen Rechtfertigung von Strafe, Tübingen 2014.

GPSR Compliance
The European Union's (EU) General Product Safety Regulation (GPSR) is a set of rules that requires consumer products to be safe and our obligations to ensure this.

If you have any concerns about our products, you can contact us on

ProductSafety@springernature.com

In case Publisher is established outside the EU, the EU authorized representative is:

Springer Nature Customer Service Center GmbH
Europaplatz 3
69115 Heidelberg, Germany

www.ingramcontent.com/pod-product-compliance
Lightning Source LLC
Chambersburg PA
CBHW072002040826
49219CB00015BA/549
* 9 7 8 3 6 5 8 3 9 0 4 3 3 *